## *Die Autoren*

**Baumann,** Dr. *Wolf-Rüdiger,* geb. 1948; Bank- und Außenhandelskaufmann, Studium der Wirtschaftswissenschaften an der Universität Bremen, Diplom-Ökonom; seit 1977 Studium der Wirtschaftsgeschichte, 1980/81 Research Fellow am Europäischen Hochschulinstitut in Florenz; Veröffentlichungen zur Wirtschaftsgeschichte; wissenschaftlicher Referent. (Ständiger Autor des »Weltalmanachs«.)

**Böhm,** *Adolf,* geb. 1919; Studium an der Hochschule für Bildende Künste in München. Freischaffender Graphiker und Kartograph. Kartolithographische Ausführung aller Figuren und Karten dieses Buches. (Ständiger Mitarbeiter des »Weltalmanachs«.)

**Clauss,** Dr. *Jan Ulrich,* geb. 1950; sozialwissenschaftliches Studium, Diplom-Verwaltungswissenschaftler (Univ. Konstanz) 1976, Promotion (Europ. Hochschulinst. Florenz) 1980, Leiter der I.u.D.-Stelle »Staat und Verwaltung« (Hochschule Speyer) 1981/82, seit 1983 wissenschaftlicher Lektor; zahlreiche Publikationen zu Regionalismus- und Sprachminderheiten-Problemen; Mitarb. des »Internationalen Handbuchs – Länder aktuell« (Ravensburg). (Ständiger Autor des »Weltalmanachs«.)

**Fochler-Hauke,** Prof. Dr. *Gustav,* geb. 1906, Studium der Geowissenschaften und Völkerkunde, Promotion, Habilitation, Lehre an der Universität München bis 1973. Forschungsreisen bes. in Ostasien und Lateinamerika. Zahlreiche Buchveröffentlichungen, Übersetzungen in mehrere Sprachen (s. »Kürschners Deutscher Gelehrten-Kalender«, »Wer ist Wer«, hg. v. W. Habel sowie »Who's Who in Western Europe«). Begründer u. ehem. Herausgeber (1960–1982) des »Fischer Weltalmanachs« und Begründer (1954) sowie wissenschaftlicher Bearbeiter (bis 1966) der »Aktuellen Iro-Landkarte« und des »Iro-Weltwirtschaftsatlas«.

**Haefs,** *Hanswilhelm,* geb. 1935; Studium der Slawistik, Allgemeinen und Vergleichenden Sprachwissenschaft, Völkerkunde, Religionswissenschaft an den Univ. Bonn, Zagreb, Madrid; 1958/64 Redakteur, 1964/79 Chefredakteur des »Archiv der Gegenwart«, Verantwortlicher Redakteur von »Weltgeschehen«; Autor, Hrsg., Übersetzer u. a. von »Zusammenschlüsse und Pakte der Welt« (3.–12. Auflage), »Die Ereignisse in der ČSSR 1967/68«, »Die verirrte Generation, die Erinnerungen von Arnošt Kolman«, 1982, »Dokumentation zur Abrüstung und Sicherheit« (bisher 20 Bde.), »Der deutsche Museumsführer«, 1983 (2. Auflage), »Die deutschen Heimatmuseen«, 1984. (Seit 1984 Herausgeber des »Weltalmanachs«.)

**Kraus,** Prof. Dr. *Willy,* geb. 1918; Studium der Wirtschafts- und Sozialwissenschaften in Wien, Bonn und Köln; 1950 Promotion zum Dr. rer. pol. Univ. Bonn; 1955 Habil. Univ. Köln; 1956–57 Johns Hopkins Univ., Stanford Univ. USA; 1962–63 Univ. Kabul/Afgh.; 1964 o. Prof. Univ. Gießen; 1966 Univ. Bochum; seit 1970 ebd. o. Prof. für Wirtschaft Ostasiens. Veröffentl. (u. a.): »Wirtschaftliche Entwicklung und sozialer Wandel in der Volksrepublik China«, 1979. – (Hrsg.) »Humanisierung der Arbeitswelt. Gestaltungsmöglichkeiten in Japan und in der Bundesrepublik Deutschland«, 1979. – »Die japanische Herausforderung. Fernöstliche Mentalität und Strategie«, 1982.

**Kreisky,** Dr. *Bruno,* geb. 1911; Studium der Rechtswissenschaften, 1935/37 und 1938 in Haft, danach Emigration nach Schweden; Rückkehr nach Österreich 1946, Eintritt in den diplomatischen Dienst, 1946/51 Legationssekretär in Stockholm, 1951/53 in der Kanzlei des Bundespräsidenten, 1953/59 Staatssekretär beim Bundeskanzler, 1959/66 Außenminister; 1967/83 Vorsitzender der SPÖ, 1970/83 Bundeskanzler Österreichs.

**Krieger,** Dr. *Hubert,* geb. 1951; Studium der Volkswirtschaft und Soziologie in Köln, Dipl.-Volkswirt; Promotionsstudium in Köln und Florenz; Veröffentlichungen in den Bereichen Arbeitsmarkttheorie und -politik, Angestelltensoziologie, Wahlforschung; seit 1981 wissenschaftlicher Mitarbeiter in der Abteilung Wahlforschung bei infas (Bonn-Bad Godesberg).

**Magg,** *Winfried,* geb. 1930, nach Abitur Verlagsausbildung, mehrsemestriges Gaststudium an der Universität München. Redaktionskartographische Bearbeitung von verkehrs- und kulturgeographischen Karten, Weltatlanten und Globen. (Ständiger Autor des »Weltalmanachs«.)

**Michler,** Dr. *Günther,* geb. 1942, Studium der Chemie, Biologie u. Geographie an der Universität München, Promotion. Studienreisen im tropischen Westafrika und in Vorderasien. Akademischer Oberrat am Geographischen Institut der Universität München. Über 50 Veröffentlichungen zu ökologischen, hydrologischen und geographischen Fragestellungen. Herausgeber und Autor von Atlanten und Naturreiseführern. (Ständiger Autor des »Weltalmanachs«.)

**Paesler,** Dr. *Reinhard,* geb. 1942, Studium der Geographie, Geschichte, Anglistik und Amerikanistik in München und Manchester, Promotion. Akademischer Oberrat am Institut für Wirtschaftsgeographie der Universität München. Veröffentlichungen zur Geographie und Raumplanung (Bevölkerungs- u. Raumentwicklung, Urbanisierung, Sozialgeographie, Politische Geographie, Landeskunde von Bayern). (Ständiger Autor des »Weltalmanachs«.)

**Stuth,** *Reinhard,* geb. 1956; Studium der Rechtswissenschaft und Afrikanistik; Rechtsreferendariat in Hamburg, Berlin und Heidelberg; seit 1983 Leiter der Abteilung Außen-, Deutschland- und Sicherheitspolitik der CDU-Bundesgeschäftsstelle; Zeitschriftenbeiträge u.a. zu Lateinamerika und zum Nahen Osten.

**Timmler,** Dr. *Markus,* geb. in Königsberg; Studium Neuerer Sprachen, Volkswirtschaft, Geschichte an den Univ. Königsberg, Jena und München; 1954–1957 Chefredakteur des »Volkswirt«, dann bis 1975 internationaler Korrespondent der Bundesstelle für Außenhandelsinformationen, Mitbegründer der jährlichen Ausstellung »Partner des Fortschritts« in Berlin; Herausgeber der Dokumentationen von 3 Welthandelskonferenzen; beobachtete in Afrika, Asien und Lateinamerika sowie bei den entsprechenden internationalen Konferenzen die Entwicklung der Dritten Welt; 14 themabezogene Buchpublikationen und zahlreiche Aufsätze in Zeitungen und Zeitschriften, u.a. in »Nachrichten für Außenhandel«, »Außenpolitik«, »Politik und Zeitgeschehen« usw.

**Walf,** Prof. Dr. *Knut,* geb. 1936; 1957–1962 Studium der Philosophie, kath. Theologie und der Rechtswissenschaft in München und Fribourg (Schweiz), 1962 Priesterweihe, 1963–1965 Kanonistische Fachausbildung an der Univ. München. 1965 Promotion, 1971 Habilitation. 1972–1977 Univ.-Dozent für kath. Kirchenrecht und Staatskirchenrecht in München, seit 1977 Prof. für kanonisches Recht an der Universität Nijmegen/Niederlande.

**Weidenfeld,** Prof. Dr. *Werner,* geb. 1947; Studium der Politikwissenschaft, Geschichte und Philosophie an der Univ. Bonn, 1971 Promotion, 1975 Habilitation in Politikwissenschaft, seit 1975 Prof. der Politikwissenschaft an der Univ. Mainz; Veröffentlichungen u.a.: »Jalta und die Teilung Deutschlands«, 1969; »Die Englandpolitik Gustav Stresemanns«, 1972; »Konrad Adenauer und Europa«, 1976; »Die Frage nach der Einheit der deutschen Nation«, 1981; (Hrsg.) »Die Identität der Deutschen«, 1983; (Hrsg. mit W. Wessels) »Jahrbuch der Europäischen Integration«, 1981ff.; (Hrsg. der Reihe) »Mainzer Beiträge zur Europäischen Einigung; Die Bilanz der Europäischen Integration«, 1984.

*Über dieses Buch*

Der FISCHER WELTALMANACH liefert jährlich neueste Zahlen, Daten, Fakten und Hintergrundinformationen zu Politik, Demographie, Wirtschaft und Kultur. Er erscheint mit dieser Ausgabe zum 26. Mal.

Der FISCHER WELTALMANACH '85 informiert umfassend über alle Staaten der Erde, wichtige ausländische Politiker und in einer Länderchronik über Ereignisse des vergangenen Jahres. Er beschreibt Zusammensetzung und Ziele internationaler und supranationaler Organisationen, Bündnisse und Konferenzen sowie nationale und globale Entwicklungen des wirtschaftlichen Geschehens in Text und Skizze und liefert Daten und Statistiken zu Industrie, Landwirtschaft, Handel und Verkehr.
Acht Aufsätze kompetenter Fachleute beleuchten Hintergründe von Problemfeldern, deren Verständnis sich durch eine lexikalische Aufzeichnung nur schwer erschließt. Sie behandeln u. a. Nahostthemen (Libanon, Golfkrieg), analysieren die Europawahlen und Europas Perspektiven, stellen das neue Gravitationszentrum Pazifischer Raum und die Regionalprobleme Indiens vor, wägen kritisch den neuen Codex Iuris Canonici der römisch-katholischen Kirche und suchen vernünftige Auswege für die westliche Entwicklungspolitik.
Die »Ausgewählte Kulturstatistik« gewährt einen Überblick über die Medien und enthält eine umfangreiche Aufstellung der verschiedenen Kulturpreise mit ihren neuesten Preisträgern. Ein umfangreiches Register erleichtert den Zugang zu allen Angaben.

Durch Sachlichkeit, Themenbreite und Aktualität ist dieses Jahrbuch nicht nur als Ergänzung zu jedem Lexikon, sondern auch als eigenständiges Werk unentbehrlich geworden.

# DER FISCHER WELTALMANACH 1985

Begründet von Prof. Dr. Gustav Fochler-Hauke

Herausgegeben von Hanswilhelm Haefs

Ständige Autoren:
Dr. Wolf-Rüdiger Baumann
Dr. Jan Ulrich Clauss
Winfried Magg
Dr. Günther Michler
Dr. Reinhard Paesler

Autoren der Sonderkapitel:
Prof. Dr. Gustav Fochler-Hauke · Prof. Dr. Willy Kraus
Dr. Bruno Kreisky · Dr. Hubert Krieger · Reinhard Stuth
Dr. Markus Timmler · Prof. Dr. Knut Walf
Prof. Dr. Werner Weidenfeld

Kartographie: Adolf Böhm

FISCHER TASCHENBUCH VERLAG

*Redaktionsschluß 10. September 1984*

Redaktion: Anke Rasch

Originalausgabe
des Fischer Taschenbuch Verlages
November 1984
Umschlagentwurf: Rambow, Lienemeyer, van de Sand
Fischer Taschenbuch Verlag GmbH, Frankfurt am Main

Herstellung: Alexander Gutfreund
Satz: Fotosatz Otto Gutfreund, Darmstadt
Druck und Bindung: Clausen & Bosse, Leck
Printed in Germany
1280-ISBN-3-596-19085-1
ISSN 0430-5973

# Vorwort

Aufgabe des FISCHER WELTALMANACH ist es, seinen Benutzern in knapper Form Informationen an die Hand zu geben, die zum Verständnis der wichtigsten politischen und wirtschaftlichen Vorgänge und Entwicklungen in allen Ländern der Erde – den 177 unabhängigen wie den noch nicht souveränen, aber ihre Unabhängigkeit anstrebenden oder (wie Hongkong) einer ungewissen Zukunft ausgesetzten – sowie der von ihnen gebildeten regionalen, überregionalen und internationalen Zusammenschlüsse unentbehrlich sind. Angesichts der längst schon unübersehbar gewordenen Faktenmassen auf allen Gebieten wird das nur möglich dank der durchdachten Organisation des FISCHER WELTALMANACHS und dank des Fachwissens der Autoren, aus dem heraus sie die Auswahl der jeweils unabdingbaren Informationen treffen können, sowie ihrer Kunst, sie auf knappstem Raum verständlich darzustellen.
Dazu gehören so unauffällige wie unentbehrliche und oft mühsam erarbeitete Hilfsmittel wie Zeitzonenkarte, Kalender (Ferien-, Ewiger Kalender), Jahrestage (Übersicht über historische Gedenktage), Maße und Gewichte, internationale Abkürzungen, Diagramme, Kartenskizzen und Tabellen aller Art, eine Übersicht über während des Berichtszeitraums verstorbene Persönlichkeiten, Register usw.
Dazu gehören vor allem die großen Hauptteile »Weltchronik« mit den Unterteilungen »Länderchronik« (die wichtigsten Entwicklungen in ausgewählten Staaten, Gebieten, Völkern ohne Staat) und »Thesen Kommentare und Hintergrundberichte zu ausgewählten Kapiteln aus dem Weltgeschehen«; »Die souveränen Staaten« (mit systematisch vergleichbar angeordneten Angaben der wichtigsten demographischen, politischen, wirtschaftlichen Daten); »Die deutschsprachigen Staaten« (hier sind aus verständlichen Gründen die relevanten Angaben aus den Kapiteln »Länderchronik«, »Die souveränen Staaten« und »Wirtschaft« zusammengezogen worden); »Kurzbiographien ausländischer Staatsmänner und Politiker« (wobei das Bemühen dahin geht, die unbekannteren im Zweifelsfall ausführlicher darzustellen als die bekannten); »Internationale und supranationale Organisationen« (mit den wichtigsten Angaben zu Gründung, Ziel, Organisationsform, Aktivitäten usw.); »Weltbevölkerung« (mit Demographischem wie Analphabeten, Todesursachen, mit Statistiken zu den großen Religionen und den Weltsprachen); »Wirtschaft« (beschrieben nach Tendenzen, Großthemen wie Bergbau, Landwirtschaft, Verkehr; Produkten wie Gerste, PKW, Steinkohle; Systemen wie Eisenbahn, Post- und Fernmeldewesen, Fremdenverkehr – Beschreibung, Fakten, Daten); schließlich »Kulturstatistik« (u.a. deutsche und ausländische Presse, internationale Kulturpreise).
Dazu gehören aber auch die Hintergründe und Zusammenhänge analysierenden Arbeiten hervorragender Autoren für die »Weltchronik«. Nahostfragen untersuchen Dr. Bruno Kreisky (Libanon), Dr. Wolf-Rüdiger Baumann und Reinhard Stuth (Golfrat-Staaten, Konflikt Irak–Iran); vom neuen Gravitationszentrum Pazifik berichtet Prof. Dr. Willy Kraus, von Problemen des Regionalismus in Indien Prof. Dr. Gustav Fochler-Hauke; europäische Probleme analysieren Prof. Dr. Werner Weidenfeld (Notwendigkeit und Möglichkeit neuer Europainitiativen) und Dr. Hubert Krieger (die Ergebnisse der 2. Direktwahlen zum Europäischen Parlament); nötige Neuorientierungen in der Entwicklungshilfepolitik stellt Dr. Markus Timmler dar, die neue Verfassungsurkunde der ca. 800 Millionen Katholiken, den CIC 1983, nicht weniger kritisch Prof. Dr. Knut Walf.
Ihnen allen, den Ständigen Autoren wie den Verfassern der besonderen Beiträge wie dem Kartographen Adolf Böhm, gebührt ebenso der Dank des Herausgebers wie den zahlreichen Lesern, deren kenntnisreiche Hinweise wertvolle Verbesserungen ermöglichten, und den Herren Thomas-Josef Resch (Salzburg) und Dieter Lindner (München) für bedeutende Hilfen im Bereich »Souveräne Staaten«.

Hanswilhelm Haefs

# Inhaltsverzeichnis

# Verzeichnis der Karten und Figuren

## KALENDER FÜR DAS JAHR 1985

| | JANUAR | FEBRUAR | MÄRZ | APRIL |
|---|---|---|---|---|
| Mo | 7 14 21 28 | 4 11 18 25 | 4 11 18 25 | 1 **8** 15 22 29 |
| Di | **1** 8 15 22 29 | 5 12 19 26 | 5 12 19 26 | 2 9 16 23 30 |
| Mi | 2 9 16 23 30 | 6 13 20 27 | 6 13 20 27 | 3 10 17 24 |
| Do | 3 10 17 24 31 | 7 14 21 28 | 7 14 21 28 | 4 11 18 25 |
| Fr | 4 11 18 25 | 1 8 15 22 | 1 8 15 22 29 | **5** 12 19 26 |
| Sa | 5 12 19 26 | 2 9 16 23 | 2 9 16 23 30 | 6 13 20 27 |
| So | **6 13 20 27** | **3 10 17 24** | **3 10 17 24 31** | **7 14 21 28** |

| | MAI | JUNI | JULI | AUGUST |
|---|---|---|---|---|
| Mo | 6 13 20 **27** | 3 10 **17** 24 | 1 8 15 22 29 | 5 12 19 26 |
| Di | 7 14 21 28 | 4 11 18 25 | 2 9 16 23 30 | 6 13 20 27 |
| Mi | **1** 8 15 22 29 | 5 12 19 26 | 3 10 17 24 31 | 7 14 21 28 |
| Do | 2 9 **16** 23 30 | **6** 13 20 27 | 4 11 18 25 | 1 8 **15** 22 29 |
| Fr | 3 10 17 24 31 | 7 14 21 28 | 5 12 19 26 | 2 9 16 23 30 |
| Sa | 4 11 18 25 | 1 8 15 22 29 | 6 13 20 27 | 3 10 17 24 31 |
| So | **5 12 19 26** | **2 9 16 23 30** | **7 14 21 28** | **4 11 18 25** |

| | SEPTEMBER | OKTOBER | NOVEMBER | DEZEMBER |
|---|---|---|---|---|
| Mo | 2 9 16 23 30 | 7 14 21 28 | 4 11 18 25 | 2 9 16 23 30 |
| Di | 3 10 17 24 | 1 8 15 22 29 | 5 12 19 26 | 3 10 17 24 31 |
| Mi | 4 11 18 25 | 2 9 16 23 30 | 6 13 **20** 27 | 4 11 18 **25** |
| Do | 5 12 19 26 | 3 10 17 24 31 | 7 14 21 28 | 5 12 19 **26** |
| Fr | 6 13 20 27 | 4 11 18 25 | **1** 8 15 22 29 | 6 13 20 27 |
| Sa | 7 14 21 28 | 5 12 19 26 | 2 9 16 23 30 | 7 14 21 28 |
| So | **1 8 15 22 29** | **6 13 20 27** | **3 10 17 24** | **1 8 15 22 29** |

Neujahrstag 1. Januar
Hl. 3 Könige 6. Januar
(nur in Bad.-W. u. Bayern)
Karfreitag 5. April
Ostern 7./8. April
Ges. Feiertag 1. Mai
Christi Himmelfahrt 16. Mai
Pfingsten 26./27. Mai
Fronleichnam 6. Juni
(nur in Bad.-W., Bayern, Hessen, Nordrh.-W., Rheinld.-Pf., Saarld.)
Ges. Feiertag 17. Juni
Mariä Himmelfahrt 15. August
(nur in Bayern u. Saarld.)
Erntedankfest 6. Oktober
Reformationstag 31. Oktober
Gedenktag (kein Feiertag)
Allerheiligen 1. November
(nur in Bad.-W., Bayern, Nordrh.-W., Rheinld.-Pf., Saarland)
Bußtag 20. November
Totensonntag 24. November
Weihnachten 25./26. Dezember

## KALENDER FÜR DAS JAHR 1986

| | JANUAR | FEBRUAR | MÄRZ | APRIL |
|---|---|---|---|---|
| Mo | **6** 13 20 27 | 3 10 17 24 | 3 10 17 24 **31** | 7 14 21 28 |
| Di | 7 14 21 28 | 4 11 18 25 | 4 11 18 25 | 1 8 15 22 29 |
| Mi | **1** 8 15 22 29 | 5 12 19 26 | 5 12 19 26 | 2 9 16 23 30 |
| Do | 2 9 16 23 30 | 6 13 20 27 | 6 13 20 27 | 3 10 17 24 |
| Fr | 3 10 17 24 31 | 7 14 21 28 | 7 14 21 **28** | 4 11 18 25 |
| Sa | 4 11 18 25 | 1 8 15 22 | 1 8 15 22 29 | 5 12 19 26 |
| So | **5 12 19 26** | **2 9 16 23** | **2 9 16 23 30** | **6 13 20 27** |

| | MAI | JUNI | JULI | AUGUST |
|---|---|---|---|---|
| Mo | 5 12 **19** 26 | 2 9 16 23 30 | 7 14 21 28 | 4 11 18 25 |
| Di | 6 13 20 27 | 3 10 **17** 24 | 1 8 15 22 29 | 5 12 19 26 |
| Mi | 7 14 21 28 | 4 11 18 25 | 2 9 16 23 30 | 6 13 20 27 |
| Do | **1 8** 15 22 **29** | 5 12 19 26 | 3 10 17 24 31 | 7 14 21 28 |
| Fr | 2 9 16 23 30 | 6 13 20 27 | 4 11 18 25 | 1 8 **15** 22 29 |
| Sa | 3 10 17 24 31 | 7 14 21 28 | 5 12 19 26 | 2 9 16 23 30 |
| So | **4 11 18 25** | **1 8 15 22 29** | **6 13 20 27** | **3 10 17 24 31** |

| | SEPTEMBER | OKTOBER | NOVEMBER | DEZEMBER |
|---|---|---|---|---|
| Mo | 1 8 15 22 29 | 6 13 20 27 | 3 10 17 24 | 1 8 15 22 29 |
| Di | 2 9 16 23 30 | 7 14 21 28 | 4 11 18 25 | 2 9 16 23 30 |
| Mi | 3 10 17 24 | 1 8 15 22 29 | 5 12 19 26 | 3 10 17 24 31 |
| Do | 4 11 18 25 | 2 9 16 23 30 | 6 13 20 27 | 4 11 18 **25** |
| Fr | 5 12 19 26 | 3 10 17 24 31 | 7 14 21 28 | 5 12 19 **26** |
| Sa | 6 13 20 27 | 4 11 18 25 | **1** 8 15 22 29 | 6 13 20 27 |
| So | **7 14 21 28** | **5 12 19 26** | **2 9 16 23 30** | **7 14 21 28** |

Neujahrstag 1. Januar
Hl. 3 Könige 6. Januar
(nur in Bad.-W. u. Bayern)
Karfreitag 28. März
Ostern 30./31. März
Ges. Feiertag 1. Mai
Christi Himmelfahrt 8. Mai
Pfingsten 18./19. Mai
Fronleichnam 29. Mai
(nur in Bad.-W., Bayern, Hessen, Nordrh.-W., Rheinld.-Pf., Saarld.)
Ges. Feiertag 17. Juni
Mariä Himmelfahrt 15. August
(nur in Bayern u. Saarld.)
Erntedankfest 5. Oktober
Reformationstag 31. Oktober
Gedenktag (kein Feiertag)
Allerheiligen 1. November
(nur in Bad.-W., Bayern, Nordrh.-W., Rheinld.-Pf., Saarland)
Bußtag 19. November
Totensonntag 23. November
Weihnachten 25./26. Dezember

## BEWEGLICHE FESTE 1987–1990

| *Jahr *Schalt-jahr* | *Ascher-mittwoch* | *Oster-sonntag* | *Christi Himmel-fahrt* | *Pfingst-sonntag* | *Fron-leichnam* | *Erster Advent* | *1. Weih-nachtstag fällt auf* |
|---|---|---|---|---|---|---|---|
| 1987 | 4. März | 19. April | 28. Mai | 7. Juni | 18. Juni | 29. Nov. | Freitag |
| *1988 | 17. Febr. | 3. April | 12. Mai | 22. Mai | 2. Juni | 27. Nov. | Sonntag |
| 1989 | 8. Febr. | 26. März | 4. Mai | 14. Mai | 25. Mai | 3. Dez. | Montag |
| 1990 | 28. Febr. | 15. April | 24. Mai | 3. Juni | 14. Juni | 2. Dez. | Dienstag |

## EWIGER KALENDER · Auszug aus dem Ewigen Kalender für die Jahre 1901 bis 2099

*Gebrauchsanleitung:* Sie wollen z. B. wissen, auf welchen Wochentag der Aufstand vom 17. Juni 1953 fiel.

Aus *Tabelle I* entnehmen Sie die zu den einzelnen Jahren gehörende *Ziffer Z*: 1953 = 3. (In Schaltjahren gilt für die Monate Januar und Februar die erste, für die anderen die zweite Ziffer.)

Aus *Tabelle II* entnehmen Sie dann die für jeden Monat gültige *Ziffer M.* Die Ziffern M gelten für die ersten 7 Tage des Monats; bei höheren Tagesdaten müssen Sie so viele Wochen abziehen, bis Sie auf eine Zahl zwischen 1 und 7 kommen: hier also 17 abzüglich 2 Wochen (14 Tage) = 3. Gehen Sie nun in der Kolumne der Monatsziffern von Juni 3 hinunter in den 2. Block bis zur Zeile Z = 3 (entspricht Resultat aus Tabelle I), so ergibt sich: *Mittwoch.*

| 19.. | *Tabelle I* (Ziffern *Z*) | | | | 20.. |
|---|---|---|---|---|---|
| 6 0 | 00 | 28 | 56 | 84 | 5 6 |
| 1 | 01 | 29 | 57 | 85 | 0 |
| 2 | 02 | 30 | 58 | 86 | 1 |
| 3 | 03 | 31 | 59 | 87 | 2 |
| 4 5 | 04 | 32 | 60 | 88 | 3 4 |
| 6 | 05 | 33 | 61 | 89 | 5 |
| 0 | 06 | 34 | 62 | 90 | 6 |
| 1 | 07 | 35 | 63 | 91 | 0 |
| 2 3 | 08 | 36 | 64 | 92 | 1 2 |
| 4 | 09 | 37 | 65 | 93 | 3 |
| 5 | 10 | 38 | 66 | 94 | 4 |
| 6 | 11 | 39 | 67 | 95 | 5 |
| 0 1 | 12 | 40 | 68 | 96 | 6 0 |
| 2 | 13 | 41 | 69 | 97 | 1 |
| 3 | 14 | 42 | 70 | 98 | 2 |
| 4 | 15 | 43 | 71 | 99 | 3 |
| 5 6 | 16 | 44 | 72 | | 4 5 |
| 0 | 17 | 45 | 73 | | 6 |
| 1 | 18 | 46 | 74 | | 0 |
| 2 | 19 | 47 | 75 | | 1 |
| 3 4 | 20 | 48 | 76 | | 2 3 |
| 5 | 21 | 49 | 77 | | 4 |
| 6 | 22 | 50 | 78 | | 5 |
| 0 | 23 | 51 | 79 | | 6 |
| 1 2 | 24 | 52 | 80 | | 0 1 |
| 3 | 25 | 53 | 81 | | 2 |
| 4 | 26 | 54 | 82 | | 3 |
| 5 | 27 | 55 | 83 | | 4 |

| *Tabelle II* (Ziffern *M*) | | | | | | | |
|---|---|---|---|---|---|---|---|
| Januar | 1 | 2 | 3 | 4 | 5 | 6 | 7 |
| Februar | 5 | 6 | 7 | 1 | 2 | 3 | 4 |
| März | 5 | 6 | 7 | 1 | 2 | 3 | 4 |
| April | 2 | 3 | 4 | 5 | 6 | 7 | 1 |
| Mai | 7 | 1 | 2 | 3 | 4 | 5 | 6 |
| Juni | 4 | 5 | 6 | 7 | 1 | 2 | 3 |
| Juli | 2 | 3 | 4 | 5 | 6 | 7 | 1 |
| August | 6 | 7 | 1 | 2 | 3 | 4 | 5 |
| September | 3 | 4 | 5 | 6 | 7 | 1 | 2 |
| Oktober | 1 | 2 | 3 | 4 | 5 | 6 | 7 |
| November | 5 | 6 | 7 | 1 | 2 | 3 | 4 |
| Dezember | 3 | 4 | 5 | 6 | 7 | 1 | 2 |
| | ↓ | ↓ | ↓ | ↓ | ↓ | ↓ | ↓ |
| Z = 6 | So | Mo | Di | Mi | Do | Fr | Sa |
| Z = 5 | Sa | So | Mo | Di | Mi | Do | Fr |
| Z = 4 | Fr | Sa | So | Mo | Di | Mi | Do |
| Z = 3 | Do | Fr | Sa | So | Mo | Di | Mi |
| Z = 2 | Mi | Do | Fr | Sa | So | Mo | Di |
| Z = 1 | Di | Mi | Do | Fr | Sa | So | Mo |
| Z = 0 | Mo | Di | Mi | Do | Fr | Sa | So |

## FERIENTERMINE 1984/85 in den Ländern der Bundesrepublik Deutschland

(Nach Angaben des Sekretariats der Ständigen Konferenz der Kultusminister der Länder i. d. Bundesrepublik Deutschland)

| *Land* | *Weihnachtsferien* | *Osterferien* | *Pfingstferien* | *Sommerferien* | *Herbstferien* |
|---|---|---|---|---|---|
| Baden-Württembg. | 24.12.84–11.1.85 | 1.4.–12.4. | 28.5.–31.5. | 25.7.– 7.9. | 28.10.–30.10.[3] |
| Bayern | 24.12.84– 8.1.85 | 1.4.–13.4. | 28.5.– 8.6. | 1.8.–16.9. | — |
| Berlin (West) | 22.12.84– 5.1.85 | 23.3.–13.4. | 25.5.–28.5. | 18.7.–31.8. | 26.10.– 2.11. |
| Bremen | 24.12.84– 8.1.85 | 28.3.–15.4. | 28.5.–29.5. | 18.7.–31.8. | 28.10.– 2.11. |
| Hamburg | 24.12.84– 5.1.85 | 4.3.–16.3.[2] | 17.5.–27.5. | 15.7.–24.8. | 21.10.–26.10. |
| Hessen | 21.12.84–12.1.85 | 25.3.–13.4. | 28.5. | 11.7.–21.8. | 7.10.–12.10. |
| Niedersachsen | 21.12.84– 5.1.85 | 23.3.–13.4. | 25.5.–28.5. | 18.7.–28.8. | 23.10.– 2.11. |
| Nordrhein-Westf. | 22.12.84– 7.1.85 | 23.3.–13.4. | — | 18.6.– 3.8. | 7.10.–12.10. |
| Rheinland-Pfalz | 22.12.84– 8.1.85 | 1.4.–19.4. | 25.5.–28.5. | 4.7.–14.8. | 21.10.–26.10. |
| Saarland | 22.12.84– 5.1.85[1] | 25.3.–15.4. | — | 4.7.–17.8. | 26.10.– 2.11. |
| Schleswig-Holstein | 22.12.84– 5.1.85 | 27.3.–13.4. | — | 11.7.–21.8. | 14.10.–26.10. |

[1] Fastnacht: 18.2.–19.2.1985 [2] Frühjahrsferien [3] Reformationsfest 31.10.1985

# Verzeichnis wichtiger Abkürzungen

## 1. INTERNATIONALE ORGANISATIONEN

Die Auswahl richtet sich normalerweise nach der im Kapitel »Internationale Organisationen« gebrauchten Abkürzungsform und Abkürzungssprache, die **stets in der gebräuchlichsten Form** (also auch im fremdsprachigen Original) **und nur einmal pro Organisation** aufgeführt werden.

| | |
|---|---|
| ACE | Alliiertes Kommando Europa →NATO |
| ADB | Asiatische Entwicklungsbank |
| ADF | Entwicklungsfonds →ADB/→AfDB |
| AFCENT | Truppenhauptquartier Zentrum →NATO |
| AFNORTH | Truppenhauptquartier Nord →NATO |
| AFSOUTH | Truppenhauptquartier Süd →NATO |
| AfDB | Afrikanische Entwicklungsbank |
| AFESD | Arabischer Entw.-Fonds → Arab. Liga |
| AJA | Arabische Liga |
| AKP-Lomé | Sonderabkommen der EWG mit Staatengruppen der Dritten Welt → EG |
| ALAB | Arab.-Lateinamerik. Entw.-Bank |
| ALADI | Lateinam. Integrationsvereinigung |
| ALALC | Lateinamerik. Freihandelszone→ ALADI |
| AMF | Arab. Währungsfonds → Arab. Liga |
| ANZUS | Pazifikpakt zwischen Australien, Neuseeland und den USA |
| ASEAN | Verband Südostasiatischer Nationen |
| ASIN | System zum Inform.-Austausch→ SELA |
| BAD | (schweizerdt. Abk. v.) → AfDB |
| BADEA | Arab. Wirtschafts-Entw.-Bank in Afrika |
| BCEAO | Zentralbank Westafrikanischer Staaten |
| BCIE | Zentralamerikanische Bank → MCCA |
| BDA | Afrikanische Entwicklungsbank → OAU |
| BDEAC | Zentralafrikan. Entw.-Bank → UDEAC |
| BDEAO | Westafrikan. Entw.-Bank → BCEAO |
| BENELUX | Belgisch-Niederld.-Luxemb. Zollunion |
| BIAC | Unternehmerausschuß der → OECD |
| BID | Interamerik. Entwicklungsbank → IDB |
| BIZ | Bank für Internat. Zahlungsausgleich |
| BLADEX | Lateinamerikan. Exportbank → SELA |
| CAF | Entwicklungsbank des → Andenpaktes |
| CARICOM | Karibischer Gemeinsamer Markt |
| CARIFTA | Karib. Freihandelszone → CARICOM |
| CC | (frz. u. ital. Abk.) Rechnungshof → EG |
| CCC | Zollkooperationsrat |
| CDB | Karibische Entw.-Bank → CARICOM |
| CE | (frz. Abk. von) → EG |
| CECA | (frz. Abk. von) EGKS → EG |
| CECLA | Sonderkoordinierungskomm. → OAS |
| CEDEAO | Wirtschaftsgem. Westafrikan. Staaten |
| CEDEFOP | (frz.) Berufsbildungszentrum der → EG |
| CEE | (frz. Abk. von) EWG → EG |
| CEMT | Europäische VerkehrsMin. Konferenz |
| CEN | Europäisches Komitee f. Normung |
| CENELEC | (Unterkomitee des) → CEN |
| CENTAG | Zentrale Armeegr. von AFCENT → NATO |
| CENTO | Zentrale Paktorganisation |
| CEPAL | Wirtsch.-Komm. f. Lateinamer. → UNO |
| CEPGL | Wirtschaftsgemeinschaft der Staaten an den Großen Seen (in Afrika) |

| | |
|---|---|
| CEPT | Eur. Post- u. Fernmeldeministerkonf. |
| CER | Transtasmanischer Markt |
| CERI | (Sonderforschungszentrum d. → OECD) |
| CERN | Europäisches Kernforschungszentrum |
| CIES | Interam. Wirtsch.- u. Sozialrat → OAS |
| CINCHAN | Ärmelkanalausschuß der → NATO |
| CIRCE | Info.- u. Dokum.-Zentrale der → EG |
| COCOM | Koordinationskomitee Ost-West (NATO) |
| COMECON | (engl., inoffizielle, Abk. von) → RGW |
| CONDECA | Zentralamerik. Verteidigungsrat |
| CONTADORA | Mittelamerikan. Staatengruppe (keine Abkürzung/keine IGO) |
| COREPER | Ausschuß der Ständ. Vertreter → EG |
| CUSRPG | Regionale Planungsgruppe → NATO |
| DAC | Ausschuß f. Entwicklung → OECD |
| D.O.M. | (Französische Überseedepartements; keine IGO) |
| DPC | Ausschuß f. Vertdgs.-Planung → NATO |
| EAC | Ostafrikan. Gemeinsch. u. Gem. Markt |
| EAG | Europäische Atomgemeinschaft → EG |
| EAGFL | Europäischer Ausgleichs- u. Garantiefonds für die Landwirtschaft → EG |
| ECA | Wirtsch.-Komm. f. Afrika der → UNO |
| ECE | Wirtsch.-Komm. f. Europa der → UNO |
| ECLA | W.-Komm. f. Lateinamerika → UNO |
| ECOSOC | Wirtschafts- u. Sozialrat der → UNO |
| ECOWAS | (engl. Abk. von) → CEDEAO |
| ECS–1 | Navigationssatellit der → ESA |
| ECU | Europäische Währungseinheit → EG |
| ECWA | Wirtsch.-Komm. f. Westasien → UNO |
| EEF | Europäischer Entwicklungsfonds → EG |
| EEZ | FAO-Fischereiprogramm → UNO |
| EFTA | Europäische Freihandelsassoziation |
| EG | Europäische Gemeinschaften |
| EGHMR | Eur. Gerichtsh. f. Menschenrechte→ ER |
| EGKS | Eur. Gem. für Kohle und Stahl → EG |
| EG/MR | Eur. Gerichtsh. f. Menschenrechte→ ER |
| EHI | Europäisches Hochschulinstitut → EG |
| EIB | Europäische Investitionsbank → EG |
| ELDO | (Aufgegangen in der) → ESA |
| EMS | (engl. Abk. von) EWS → EG |
| EP | Europäisches Parlament → EG |
| EPA | Europäisches Patentamt |
| EPZ | Eur. Politische Zusammenarbeit → EG |
| EFRE | Europäischer Regionalfonds → EG |
| ESA | Europäische Weltraumorganisation |
| ESCAP | Wirtsch.-Komm. f. Asien der → UNO |
| ESF | Europäischer Sozialfonds → EG |
| ESO | (Kooperationsorg. mit der) → ESA |
| ESOC | Eur. Operationsz. f. Raumfahrt → ESA |
| ESRIN | Eur. Forschgs.-Inst. f. Raumf. → ESA |

| | |
|---|---|
| ESRO | (Aufgegangen in der) → ESA |
| ESTEK | Eur. Raumf. u. Technol.-Zentr. → ESA |
| EUCOM | Hauptquartier der US-Gesamtstreitkräfte in Europa → NATO |
| EuGH | Europäischer Gerichtshof → EG |
| EURATOM | Europäische Atomgemeinschaft → EG |
| EURO-CONTROL | Europäische Luftfahrt-Sicherungsorganisation |
| EUROGROUP | Eur. Verteidigungsgruppe → NATO |
| EURONET | Datenverbundnetz der → EG |
| EWF | Europäischer Währungsfonds → EG |
| EWG | Europ. Wirtschaftsgemeinschaft → EG |
| EWS | Europäisches Währungssystem → EG |
| EXOSAT | Wissenschaftl. Satellit der → ESA |
| FAD | Afrikan. Entwicklungsfonds → AfDB |
| FAO | Landw.- u. Ernährungsorg. der → UNO |
| FECOM | Währungsbeistandsfonds der → EG |
| FED | (frz. Abk. von) EEF → EG |
| FEDER | (frz. Abk. des) ERFE → EG |
| FEM | (frz. Abk. von) EWF → EG |
| FEOGA | (frz. Abk. von) EAGFL → EG |
| FES | (frz. Abk. von) ESF → EG |
| FINEFTA | Gemischter Finnlandausschuß → EFTA |
| GATT | Allg. Zoll- u. Handelsabkommen → UNO |
| GCC | Golf-Kooperationsrat |
| GFS | Gemeins. Forschungsstelle der → EG |
| Gruppe 77 | (Untergruppe der) → Blockfreien |
| GTZ | (Gesellschaft für Technische Zusammenarbeit; keine IGO) |
| HRC | (Die beiden) Menschenrechtskommissionen von → UNO/→ ER |
| IACESC | Kulturrat der → OAS |
| IACHR | Menschenrechtsgerichtshof der → OAS |
| IAEA | Int. Atomenergieorganisation → UNO |
| IAF | (Kooperationsorganisation der) → ESA |
| IAJC | Rechtsausschuß der → OAS |
| IBRD | Internationale Bank für Wiederaufbau und Entwicklung (Weltbank) → UNO |
| IBWZ | Investitionsbank des → RGW |
| ICAO | Internationale Zivilluftfahrtorg. → UNO |
| ICJ | Internationaler Gerichtshof der → UNO |
| ICM | Zwischenstaatl. Auswanderungskomitee |
| ICO | Islamische Weltkonferenz |
| IDA | Int. Entwicklungsgesellschaft → UNO |
| IDB | Interamerikanische Entwicklungsbank |
| IEA | Internationale Energieagentur der OECD |
| IEPG | Europäische Programmgruppe → NATO |
| IFAD | Int. Landw.-Entwicklungsfonds → UNO |
| IFC | Internat. Finanz-Corporation → UNO |
| IGOs | (Sammelbegriff für Internationale Organisationen m. Völkerrechtsstatus) |
| IIB | Internationale Investitionsbank → RGW |
| IILA | (Institut der) → IDB |
| IKRK | Internationales Rotkreuzkomitee |
| ILO | Internat. Arbeitsorganisation → UNO |
| IMF | Internationaler Währungsfonds → UNO |
| IMO | Schiffahrtsorganisation der → UNO |
| IMS | Internationaler Militärstab → NATO |
| INA | Islamische Nachrichtenagentur → ICO |
| INGOs | (Sammelbegriff f. Internationale Nichtregierungsorganisationen) |
| INMARSAT | Seenavigationssatellit der → ESA |
| INTELSAT | Internat. Satellitenorganisation → ESA |
| INTIB | Bank der → UNIDO → UNO |
| IOC | Internat. Olymp. Komitee |
| IPU | Interparlamentarische Union |
| IRO | Int. Flüchtlings-Organisation → ICEM |
| IsDB | Islamische Entwicklungsbank |
| ISO | Int. Org. f. Standardisierung → CEN |
| ITU | Internationale Fernmeldeunion → UNO |
| IUE | (frz. u. ital. Abk. des) → EHI → EG |
| JET | (Thermonukleares Programm der) → EG |
| KSZE | Konferenz über Sicherheit und Zusammenarbeit in Europa |
| KVAE | Konferenz für vertrauensbildende Maßnahmen und Abrüstung in Europa |
| LDCs | (engl.) Unterentwickelte Länder |
| LEP | Nuklear-Speicherring der → CERN |
| LLDCs | (engl.) Am wenigsten entwick. Länder |
| MARECS | Seenavigationssatellit der → ESA |
| MBFR | (inoffiz. Abk. für) Wiener Verhandlungen über gegenseitigen Truppenabbau |
| MC | Militärausschuß der → NATO |
| MCCA | Zentralamerikan. Gemeinsamer Markt |
| MEDSEA | (Sonderministerkonferenz) → ASEAN |
| MUR-FAAMCE | (offizielle, frz. Abk. v. MBFR) |
| NAFTA | Neuseeländisch-Australisches Freihandels-Abkommen → CER |
| NATO | Organisation des Nordatlantikvertrages |
| NDAC | Ausschuß f. Nukl. Verteidigung → NATO |
| NEA | Nuklearenergieagentur der OECD → IEA |
| NIF | Nord. Investitionsbank → Nord. Rat |
| NORDEL | Nord. Energiegemeinsch. → Nord. Rat |
| NORDSAT | Nord. Satellitensystem → Nord. Rat |
| NORDTEST | Nord. Materialprüfstelle → Nord. Rat |
| NPG | Nukleare Planungsgruppe → NATO |
| N&N | (Untergruppe der → Blockfreien) |
| OAPEC | Arabische Erdölexportländer-Organis. |
| OAS | Organisation Amerikanischer Staaten |
| OAU | Organisation der Afrikanischen Einheit |
| OCAM | Gemeins. Afrikan.-Mauritianische Org. |
| ODECA | Organis. Zentralamerikanischer Staaten |
| OECD | Org. f. Wirtschaftliche Zusammenarbeit und Entwicklung |
| OECS | Org. Ostkaribischer Staaten |
| OLADE | Lateinamerikan. Energieorganisation |
| OMVS | Org. f. d. Nutzung des Senegalflusses |
| OPEC | Organisation Erdölexportierender Länder |
| OPECNA | Nachrichtenagentur der → OPEC |
| OUA | (frz. Abk. von) → OAU |
| PE | (frz. Abk. von) EP → EG |
| PLA | Lateinamerikan. Parlament |
| PLO | Palästin. Befreiungsfront → Arab. Liga |
| PTC | Programm f. techn. Kooperation → UNO |
| RCD | Regionale Entwicklungs-Kooperation |
| RGW | Rat für Gegenseitige Wirtschaftshilfe |
| SACEUR | Oberster Alliierter Befehlshaber für Europa → NATO |
| SACLANT | Oberkommando Atlantik der → NATO |
| SADCC | Südafrikan. Entwickl.-Koord.-Komitee |
| SAEMU | Südafrikan. Wirtsch.- u. Währungsunion |
| SALT | Abrüstungsgespräche USA/UdSSR |
| SARC | Südasiat. Regionalkooperation |
| SATBVC | umfassende Kooperationsgemeinschaft Südafrikas mit den von ihm für unabhängig erklärten vormaligen Homelands |

| | |
|---|---|
| SEAMEO | Erziehungsorganisation des → ASEAN |
| SELA | Lateinamerikan. Wirtschaftssystem |
| SEW | (russ. Abk. von) → RGW |
| SHAPE | Hauptquartier der Alliierten Gesamtstreitkräfte für Europa der → NATO |
| SPEC | Wirtschaftsorganisation des → SPF |
| SPF | Südpazifisches Forum |
| SPFF | Fischereiagentur des → SPF |
| STABEX | Exporterlös-Stabilisierungsfonds → EG |
| START | (Nachfolgegespräche der → SALT) |
| SZR | Sonderziehungsrechte des IMF → UNO |
| TAB | Amt f. techn. Hilfeleistung der → UNO |
| TCP | Kooperationsprogramm→ FAO/→ UNO |
| TIAR | Interamerikan. Rio-Vertrag → OAS |
| TNC | Ausschuß f. Handelsvereinb. der→ UNO |
| T.O.M. | (Franz. Überseegebiete; keine IGO) |
| TUAC | Gewerkschaftsausschuß der → OECD |
| UDEAC | Zentralafrikan. Zoll- u. Wirtsch.-Gem. |
| UDEAO | Westafrikanische Zollunion → Afrika |
| UEBL | Belg.-Luxemburg. Union → BENELUX |
| UIA | Arabische Parlamentarier-Union → AJA |
| UMOA | Westafrikanische Währungsunion |
| UNC | UN-Kommandostelle Korea → UNO |
| UNCLOS | Seerechtskonferenz der → UNO |
| UNCTAD | Konferenz f. Handel u. Entw. der → UNO |
| UNDOF | Entflechtungs-Beobachtungs-Streitkräfte der UN auf dem Golan → UNO |
| UNDP | Entwicklungsprogramm der → UNO |
| UNEP | Umweltsekretariat der → UNO |
| UNESCO | Erziehungs-, Wissenschafts- und Kulturorganisation der → UNO |
| UNFICYP | Friedenstruppe auf Zypern der → UNO |
| UNFPA | Bevölkerungsfonds der → UNO |
| UNHCR | Hochkommissar f. Flüchtlinge → UNO |
| UNICEF | Weltkinderhilfswerk → UNO |
| UNIDO | Org. f. industrielle Entwicklung → UNO |
| UNIFIL | Interimsstreitkräfte im Libanon → UNO |
| UNITAR | Inst. f. Ausbildung u. Forschung → UNO |
| UNISPACE | Weltraumkonferenz → UNO |
| UNO | Organisation der Vereinten Nationen |
| UNRWA | Hilfswerk f. Palästinaflüchtlinge → UNO |
| UNSO | Statistisches Amt der → UNO |
| UNTAG | Namibia-Hilfstruppe der → UNO |
| UNTSO | Waffenstillstandsüberwachungskommission im Nahen Osten der → UNO |
| UNU | Universität der Vereinten Nat. → UNO |
| UPU | Weltpostverein → UNO |
| Weltbank | (Kurzbezeichnung) → IBRD, → UNO |
| WEU | Westeuropäische Union |
| WFC | Welternährungsrat der → UNO |
| WFP | Welternährungsprogramm der → UNO |
| WFUNA | Weltföderation der UN-Vereinigungen |
| WHO | Weltgesundheitsorganisation → UNO |
| WIPO | Weltorg. f. geistiges Eigentum → UNO |
| WMO | Weltorganisat. f. Meteorologie → UNO |
| WSA | Wirtschafts- u. Sozialausschuß → EG |

## 2. STAATEN, LÄNDER UND GEBIETE

Die **fettgedruckten** Abkürzungen weichen von den internationalen Kfz-Kennzeichen ab, sind aber im allgemeinen Schriftgebrauch üblicher – z. B. **UdSSR** (statt SU) für die Sowjetunion – oder haben offiziellen Charakter bei internationalen Organisationen und im Völkerrecht – z. B. **UK** (statt GB) für das Vereinigte Königreich von Großbritannien und Nordirland.

| | |
|---|---|
| A | **Österreich** (Austria) |
| ADN | Demokr. Volksrep. **Jemen** (fr.: Aden) |
| AFG | **Afghanistan** |
| AL | **Albanien** |
| AND | **Andorra** |
| AUS | **Australien** |
| B | **Belgien** |
| BD | **Bangladesch** |
| BDS | **Barbados** |
| BG | **Bulgarien** |
| BH | **Belize** (früher Britisch-Honduras) |
| BOL | **Bolivien** |
| BR | **Brasilien** |
| BRN | **Bahrein** |
| BRU | **Brunei** |
| BS | **Bahamas** |
| BUR | **Birma** (Burma) |
| C | **Cuba** |
| CDN | **Kanada** (Canadian Dominion) |
| CH | **Schweiz** (Confœderatio Helvetica) |
| CI | **Elfenbeinküste** (Côte d'Ivoire) |
| CL | **Sri Lanka** (früher Ceylon) |
| CO | **Kolumbien** |
| CR | **Costa Rica** |
| CS | **Tschechoslowakei** |
| **ČSSR** | **Tschechoslowakei** |
| CY | **Cypern** |
| D | **Deutschland** (auch **BR Dtld.**) |
| **DARS** | Saharaúische Republik (s. auch **RASD**) |
| DDR | **Deutsche Demokratische Republik** |
| DK | **Dänemark** |
| DOM | **Dominikanische Republik** |
| DY | **Benin** (früher Dahomey) |
| DZ | **Algerien** (Djazaïria) |
| E | **Spanien** (España) |
| EAK | **Kenia** (East Africa: Kenia) |
| EAT | **Tansania** (East Africa: Tanzania) |
| EAU | **Uganda** (East Africa: Uganda) |
| EC | **Ecuador** |
| ES | **El Salvador** |
| ET | **Ägypten** (engl. Egypt) |
| ETH | **Äthiopien** (engl.-ital. Ethiopia) |
| F | **Frankreich** |
| FJI | **Fidschi** |
| FL | Fürstentum **Liechtenstein** |
| FR | Färöer-Inseln (dänisch) |
| FSM | Föderierte Staaten von **Mikronesien** |

GB **Großbritannien und Nordirland** (s. auch **UK**)
GBA Alderney (Kronlehnsgut)
GBG Guernsey (Kronlehnsgut)
GBJ Jersey (Kronlehnsgut)
GBM Isle of Man
GBZ Gibraltar (Kolonie)
GCA **Guatemala**
GH **Ghana** (früher Goldküste)
GR **Griechenland**
GRØ Grönland (dänisch)
GUY **Guyana**
H **Ungarn** (engl./frz. Hungary/Hongrie)
HK **Hongkong** (britisch)
HV **Obervolta** (frz. Haute-Volta)
I **Italien**
IL **Israel**
IND **Indien**
IR **Iran**
IRL Republik **Irland** (Éire)
IRQ **Irak** (Iraquia)
IS **Island**
J **Japan**
JA **Jamaika**
JOR **Jordanien**
K **Kambodscha** (Kampuchea)
KWT **Kuwait**
L **Luxemburg**
LAO **Laos**
LAR **Libyen** (Libysche Arabische Republik)
LB **Liberia**
LS **Lesotho** (früher Basutoland)
M **Malta**
MA **Marokko**
MAL **Malaysia**
MC **Monaco**
MEX **Mexiko**
MS **Mauritius**
MW **Malawi**
N **Norwegen**
NA **Niederländische Antillen** (zu NL)
NIC **Nicaragua**
NL **Niederlande**
NZ **Neuseeland**
P **Portugal**
PA **Panama**
PAK **Pakistan**
PE **Perú**
PL **Polen**
PNG **Papua-Neuguinea**
PY **Paraguay**
Q **Katar** (Quatar)
RA Republik **Argentinien**
**RASD** Saharaúische Republik (s. auch **DARS**)
RB **Botswana** (früher Betschuanaland)
RC Republik **China** (Taiwan, Formosa)
RCA **Zentralafrikanische Republik** (frz. Abk.)
RCB **Kongo** (Volksrepublik; früher Franz.-Kongo)
RCH Republik **Chile**
RH Republik **Haïti**
RI Republik **Indonesien**
RIM Islamische Republik **Mauretanien**
RL Republik **Libanon**
RM Republik **Madagaskar**
RMM Muslimische Republik **Mali**
RN Republik **Niger**
RO **Rumänien**
ROK Republik **Korea** (Südkorea)
ROU **Uruguay** (span. República Oriental del U.)
RP Republik **Philippinen**
**RPB** **Benin** (früher Dahomey)
RSA Rep. **Südafrika** (offiziell aber ZA)
RSM Republik **San Marino**
RU **Burundi** (Republika y' Uburundi)
RWA **Ruanda** (Rwanda)
S **Schweden**
**S.-A.** **Saudi-Arabien**
**SCV** **Vatikan** (Stato della Città del Vaticano)
SD **Swasiland** (Ngwane)
SF **Finnland** (Suomi)
SGP **Singapur**
SME **Surinam**
SN **Senegal**
SP **Somalia**
SU **Sowjetunion** (siehe auch **UdSSR**)
**SWA** **Namibia** (Südwestafrika)
SY **Seschellen** (Seychellen)
SYR **Syrien**
TG **Togo**
THA **Thailand**
TN **Tunesien**
TR **Türkei**
TT **Trinidad und Tobago**
**UAE** **Vereinigte Arabische Emirate** (engl. Abk.)
**UK** **Vereinigtes Königreich von Großbritannien und Nordirland**
USA **Vereinigte Staaten von Amerika**
**UdSSR** **Sowjetunion** (siehe auch SU)
VN **Vietnam**
**VRC** **Volksrepublik China**
WAG **Gambia** (Westafrika)
WAL **Sierra Leone** (Westafrika)
WAN **Nigeria** (Westafrika)
WD **Dominica** (Westindien)
WG **Grenada** (Westindien)
WL **Saint Lucia** (Westindien)
WS **Samoa** (West-Samoa)
WV **Saint Vincent** (Westindien)
YU **Jugoslawien** (engl. Yugoslavia)
YV **Venezuela**
Z **Sambia** (Zambia)
ZRE **Zaïre** (früher Belgisch-Kongo)
ZW **Zimbabwe** (früher Süd-Rhodesien)

# Jahrestage 1985

## Ausgewählte Gedenktage der Welt-, Kultur- und Zeitgeschichte für das Jahr 1985

Dieser Überblick für das Jahr 1985 enthält erstmals Informationen für die etwa 5 Millionen Philatelisten im deutschsprachigen Raum in der Form des philatelistischen Kalendariums (vgl. die halbfetten Ziffern im Kalender).

**Zum Gebrauch des Kalendariums:** Wenn Sie z.B. wissen wollen, ob der 23. Februar als Gedenktag verzeichnet ist, suchen Sie sich dieses Datum im tabellarischen Kalender. Sie stoßen auf die **1**, finden dann im Text unten (auf der nächsten Seite) – wie bei den meisten verzeichneten Tagesdaten – am Zeilenende eine halbfette Ziffer (hier die **1**) und wissen nun, daß dies Georg Friedrich Händels Geburtstag ist **und** daß die Deutsche Bundespost aus diesem Anlaß eine Sondermarke herausgibt. – Aus Gründen der Übersichtlichkeit wird allerdings pro Kalendertag nur ein bedeutsames Ereignis hervorgehoben.

* = geboren (**DBP 1985**) = Hinweis auf eine Gedenkmarke der Deutschen Bundespost im J. 1985
† = gestorben (**LDP 1985**) = Hinweise auf eine Gedenkmarke der Landespostdirektion Berlin

| | 1. | 2. | 3. | 4. | 5. | 6. | 7. | 8. | 9. | 10. | 11. | 12. | 13. | 14. | 15. | 16. | 17. | 18. | 19. | 20. | 21. | 22. | 23. | 24. | 25. | 26. | 27. | 28. | 29. | 30. | 31. |
|---|---|---|---|---|---|---|---|---|---|---|---|---|---|---|---|---|---|---|---|---|---|---|---|---|---|---|---|---|---|---|---|
| **Januar** | 45 | | | **5** | | | | | 48 | | 54 | 53 | 19 | | | | 19 | 59 | 57 | 57 | 57 | | 49 | | | | | | | | |
| **Februar** | 49 | | | | 66 | | | 27 | 68 | | | | 51 | | | | **12** | 36 | | | 59 | | **1** | | | | | | | | |
| **März** | | 8 | | | | | 6 | | | | | | | | | 20 | | | | | 2 | | | | | | | | | | 59 |
| **April** | 67 | | | | | | | **9** | | | 16 | | | 16 | | | | | 52 | | 50 | | | 69 | | 52 | 62 | 62 | **14** | | |
| **Mai** | 38 | | 32 | | 38 | | | | | | 70 | 25 | | | | 39 | 39 | | | | | 13 | 56 | | | 63 | 63 | | | 71 | |
| **Juni** | | | | | | | 24 | | | | | 23 | | | | 57 | | 17 | 58 | 35 | | | | | | 21 | 40 | | | 3 | |
| **Juli** | 46 | | | | | 60 | | | | | 41 | 34 | | 41 | | 72 | | | | | | | | 73 | | | | | | | |
| **August** | 34 | | 34 | | 34 | | 61 | | | | 34 | 62 | 34 | | 34 | | 55 | | | 35 | 34 | | | | | | | | 74 | | |
| **Sept.** | | | | | | | 75 | | 47 | | | 76 | | | 22 | 42 | | | | | | 35 | **15** | | | | | | | | |
| **Okt.** | 34 | | 18 | | 65 | | | | | | | | | 77 | | | | | | 28 | | | | | | 4 | | | | | 44 |
| **Nov.** | | | | | | | | 64 | | | | | | 37 | | 78 | | | | | | | | | | | 34 | 29 | | 10 | |
| **Dez.** | 79 | | | | 11 | | **7** | | | | | | | 33 | | | | 26 | | 43 | **30** | | | | 31 | | | | | | |

*Es geschah vor etwa 2000 Jahren:* **15 vor Christi Geburt**

**Römisches Reich:** Kaiserzeit unter Augustus (27 v. Chr.–14 n. Chr.): u. a. Territorialreform, Sittengesetze, neues Eherecht. **Augustus** m. Sondervollmachten (imperium proconsulare) auf Lebenszeit ausgestattet. Grenzen des Reiches an Rhein, Donau und Euphrat. – Gründung/Entwicklung Triers (Augusta Treverorum) **(= DBP 1984)** und Augsburgs (Augusta Vindelicum **(= DBP 1985)** als Militärkolonien.
– Römer unter **Drusus und Tiberius** unterwerfen Alpengebiete (Noricum u. Raetia usw.) bis zur Donau.
– **Lusitania** (Portugal) röm. Provinz – **Baetica** (Andalusien) senat. Provinz mit Sonderrechten.

**Wissenschaft und Literatur:** »De Architectura«, technisches Grundwerk von Vitruvius Pollio (Vitruv) u. a., mit Anleitungen zum Wasserleitungsbau, Uhrenbau und zum Maschinenwesen.

*Vor etwa 1000 Jahren:* **985**

**Deutschland:** Verleihung der Münz-, Markt-, Zoll- und Bannrechte an Verden **(= DBP 1985).**
**Spanien:** Mauren (ursprünglich westarabisch und berberisch) zerstören Barcelona.
Höhepunkt maurischer Offensiven gegen christliche Staaten in Nordspanien.

*Vor 750 Jahren:* **1235**

**Deutschland:** Mainzer Landfriede: Nach Niederwerfung eines Aufstandes (Empörung) und Absetzung seines Sohnes Heinrich (VII.) erläßt Kaiser Friedrich II. ein Landfriedensgesetz; es ist als 1. Reichsgesetz auch in deutscher Sprache veröffentlicht.

– Herrschaft von an die Zustimmung ständeartiger Gremien gebundener Territorialfürsten.
– Rechtlicher Abschluß der Territorialisierung des Reiches; allg. Zollrecht der Landesfürsten.
– Pfingstfest Kaiser Friedrichs II. in Mainz: Die Zeit gilt mit ihren Turnieren und ihrer Prachtentfaltung als **Höhepunkt des Mittelalters.**
– **Welfen** werden Herzöge von Braunschweig-Lüneburg (bis 1866).
– Dom zu Limburg a. d. Lahn (Baubeginn 1215) fertiggestellt (= **DBP 1985).**
– Bamberger Reiter (spätromanische staufische Plastik); Fürstenportal des Bamberger Doms.
– Etwa um diese Zeit: Eike von Repgows »Sachsenspiegel« als Grundlage späterer Rechtsbücher.
**Kaukasus:** Mongolen verheeren Armenien und Georgien (bis 1236).
**Spanien:** Navarra französisch; Balearen aragonesisch (ca. 200000 Mauren vertrieben/versklavt) **Auftakt zur Expansion Aragons im Mittelmeer.**

*Vor 500 Jahren:* **1485**

**England:** Ende der Rosenkriege (seit 1455) zwischen Lancaster (rote Rose als Symbol) und York (weiße Rose), wobei letztere siegen (gefolgt von Versöhnungsheirat):
Schlacht bei Bosworth: Henry Count of Richmond (Tudor) nach Sieg über Richard III. (York) (†) König (als Heinrich VII., bis 1509).
– Tudor-Dynastie (bis 1603): Stärkung von Krone und Städten, Schwächung des Adels.
– Star Chamber (bis 1641): königlich-despotischer Staatsgerichtshof in London.
**Italien/Pisa:** England entsendet seinen ersten Konsul in die Seerepublik.
– 25 Monumentalfresken Benozzo Gozzolis auf dem Camposanto (Friedhof) vollendet (beg. 1468).
**Rußland:** Iwan III. erobert und annektiert das mit Moskau rivalisierende Großfürstentum Twer.

*Vor 300 Jahren:* **1685**

**England/Schottland:** Rebellion des Duke of Monmouth (in England) und des Duke of Argyll (in Schottland) gegen König Jakob II. (von England) niedergeschlagen.
(Bis heute letzte Schlacht auf englischem Boden: bei Sedgemoor im Bürgerkrieg um die Thronfolge.)
**Frankreich:** Ludwig XIV. hebt Edikt von Nantes (Toleranz für Hugenotten seit 1598) auf.
Katholische Glaubenseinheit wiederhergestellt.
– **Hugenotten:** Massenflucht/Auswanderung zahlreicher Reformierter, vor allem nach Deutschland, u. a. Brandenburg, Preußen und Berlin, aber auch Südafrika (Winzer) / Gewerbekrise in Frankreich.

*23.02. Georg Friedrich **Händel,** dt.[-engl.] Komp. (†1759), in Halle/Saale (= **DBP 1985) (1)**
*21.03. Johann Sebastian **Bach,** dt. Komponist u. Organist (†1750), in Eisenach (= **DBP 1985) (2)**
*30.06. Dominikus **Zimmermann,** dt. Barockmeister (†1766). in Wessobrunn (= **DBP 1985) (3)**
*26.10. Domenico **Scarlatti,** italienischer Komponist und Cembalist (†1757), in Neapel **(4).**

*Vor 250 Jahren:* **1735**

**INTERNATIONALE POLITIK:** Wiener Vertrag/Wiener Vorfriede soll polnischen Erbfolgekrieg (seit 1733) beenden. – August III. von Sachsen wird anerkannt.
**Polen/Frankreich:** Stanislaus I. bis 1766 Herzog von Bar und von Lothringen.
**Spanien/Italien:** Karl III. bis 1788 König beider Sizilien (mit Sitz in Neapel).
**Wissenschaft:** Der Schwede Carl von Linné schafft mit Band I der »Systema naturae« die Grundlage moderner biologischer Systematik (Einteilung in 6 Tierklassen und 4 Menschenrassen).

*Vor 200 Jahren:* **1785**

**England:** Erfindung des mechan. Webstuhls; Gründung der Tageszeitung »THE TIMES«.
*04.01. Jacob **Grimm,** dt. Sprachwissenschaftler (†1863), in Hanau a. M. (= **DBP 1985) (5).**
*07.03. Alessandro **Manzoni,** romantischer italienischer Dichter (†1873), in Mailand **(6).**

*Vor 150 Jahren:* **1835**

**Deutschland:** Erste Eisenbahnstrecke Nürnberg–Fürth am 7.12. eingeweiht (= **DBP 1985) (7).**
**USA:** Erster Revolver mit Kipplauf (Single-action-Prinzip; Colt) von S. Colt entwickelt.
– Beginn der umfassenden abolitionistischen Kampagne gegen die Sklaverei.
†02.03. **Franz II.** Joseph Karl, letzter römisch-deutscher Kaiser in Wien (1804–1835 Franz I. von Österreich; *1768 in Florenz) **(8).**
†08.04. Wilhelm **von Humboldt,** Sprachgelehrter (*1767), in Tegel/Berlin (= **LPD 1985) (9).**
*30.11. Mark **Twain** (eigentl. S. L. Clemens), US-Schriftst. (†1910), in Florida (Montana/USA) **(10).**
†05.12. August Graf **von Platen**[-Hallermünde], dt.-ital. Lyriker (*1796), in Syrakus/Siz. **(11).**

*Vor 100 Jahren:* **1885**

**Südostasien:** Japan erzwingt für Korea Kondominium mit China.
**Angola** von Portugal für den Westen erschlossen und kolonisiert (bis 1975 portugiesisch).
**Bulgarien:** Krieg mit Serbien (bis 1886) um Ost-Rumelien (seit Berliner Kongreß 1878 autonome osman. Provinz, durch nat. Aufstand mit Bulgarien vereinigt) endet mit bulgarischem Sieg.
**Indien:** Nationalkongreß als Repräsentanz der europäisch gebildeten Oberschicht (z.B. Motilal Nehru [= Pandit Nehrus Vater] Abgeordneter)
**Kongo (belg.):** Unabhängiger Kongostaat unter dem belg. König Leopold II. (bis 1960; → dort)
**Madagaskar** von Frankreich erobert und annektiert (bis 1960 französisch).

**WISSENSCHAFT UND TECHNIK, SCHÖNE KÜNSTE UND PERSÖNLICHKEITEN**

**Kraftfahrzeuge:** Carl F. Benz konstruiert in Mannheim dreirädrigen Kraftwagen (Benzin- bzw. Otto-Motor); Gottlieb W. Daimler entwickelt unabhängig von Benz in Cannstatt ein Kraftrad.
**Medizin:** Ernst von Bergmann erprobt erfolgreich die keimfreie Chirurgie (Asepsis). Erste aseptische Klinik durch Gustav Adolf Neuber.

*17.02. Romano **Guardini,** ital.-dt. Theologe u. Relig.-Phil. (†1968), in Verona **(= DBP 1985) (12).**
†22.05. Victor **Hugo,** Hauptvertreter d. franz. Romantik u. Politiker (*1802), in Paris **(13).**
*29.04. Egon Erwin **Kisch,** tschech.-jüd. Journalist dt. Sprache (†1948), in Prag **(= DBP 1985) (14).**
†23.09. Carl **Spitzweg,** dt. Maler u. Illustr. d. Biedermeier (*1808), in München **(= DBP 1985) (15).**

*Vor 50 Jahren:* **1935**

**INTERNATIONALE POLITIK** **Konferenz von Stresa** (ab 11.4.):
**Großbritannien, Frankreich und Italien** warnen am 14.4. Deutschland wegen seiner Aufrüstungspolitik (→ unten) vor weiteren Verletzungen des Versailler Vertrages **(16).**
**Großbritannien:** Beginn der Appeasement-Politik (britische Außenpolitik der Nachgiebigkeit).
**Deutsch-britisches Flottenabkommen** v. 18.6. ermöglicht stärkere deutsche Hochseeflotte (mit maximal 35% der britischen Tonnage) **(17).**
Großbritannien gibt damit wesentliche Teile des Versailler Vertrages preis; Frkr. protestiert.
**Abessinienkrieg: Italien** beginnt am 3.10. lang vorbereiteten Afrika-Krieg gegen Äthiopien; Invasion (faschistisches »Imperium«) – Völkerbund und Westmächte sanktionslos (18.11.) **(18).**

**DEUTSCHLAND**

**Saargebiet:** Die Bevölkerung entscheidet sich durch Plebiszit am 13.1. mit 91% der Stimmen für die Rückgliederung zum Reich (17.1.) **(19).**
**Allgemeine Aufrüstungspolitik,** u.a. mit kurzfristiger Arbeitsbeschaffung verbunden:
– Wiedereinführung d. Allg. Wehrpflicht; Aufbau der Wehrmacht (bisher »Reichswehr«) ab 16.3. **(20).** Luftwaffenaufbau sowie U-Boot-Bau entgegen Versailler Bestimmungen.
– Einführung der halbjährigen Arbeitsdienstpflicht am 26.6. (Reichsarbeitsdienst »RAD«) **(21).**
**»Nürnberger Gesetze« (Rassengesetze)** vom 15.9. aberkennen den Juden alle deutschen Bürgerrechte.
– Heinrich Himmler wird Chef der Gestapo (ihr sind auch die Konzentrationslager unterstellt).
**Hakenkreuzfahne** wird am 15.9. Reichs- u. Nationalflagge (statt bisher Schwarz-weiß-rot) **(22).** Auflösung der Studentenverbindungen; jetzt »Kameradschaften des NSDStB«/»NS-Altherrenbund«.

**AUSLAND**

**Südamerika:** Waffenstillstand im Chacokrieg (seit 1932) zwischen Bolivien und Paraguay am 12.6. **(23).** Schiedsgerichtsverfahren spricht Paraguay das Chacogebiet zu, Bolivien erhält Atlantik-Transitrecht.
**Südasien:** Neue indische Verfassung trennt Burma von Indien und unterteilt (Rest-)Indien in 11 von Gouverneuren regierte Provinzen.
**Belgien:** Faschistische Rex-Bewegung unter Léon Degrelle (vor allem im frankophonen Landesteil).
– Kabinett der Nationalen Konzentration unter Paul van Zeeland / Militärabkommen mit Frankreich.
**China:** Mao Vorsitzender des Politbüros der KP / Ende des »Langen Marsches«. Neuer Stützpunkt in den Lößhöhlen in Shensi (Nordchina).
**Griechenland:** Wiedereinführung der Monarchie: Rückrufung König Georgs II. im Oktober. Neuer amtlicher Landesname HELLAS.
**Großbritannien:** Rücktritt des Premierministers Ramsey MacDonald (seit 1931). Nachfolger wird am 7.6. der Tory (Konservative) Stanley Baldwin/A. Eden AußMin **(24).**
**Indien:** Oppositionelle Kongreßpartei nach Wahlen Mehrheitspartei. Nach neuem Verfassungsentwurf durch Großbrit. Blockierung der legislativen Körperschaften (s.o.).

**Iran:** Erste Universität in Teheran; neuer amtl. Landesname Iran (bisher Persien): Versuch der Legitimierung durch Rückgriff auf die antike Geschichte.
**Japan:** Niederschlagung eines Militärputsches / zunehmend faschistische Tendenzen des Regimes. Festlegung der Regierung und Militärs auf die »gemäßigte Form des Imperialismus«.
**Polen:** Neue Verfassung festigt autoritäre »Erziehungsdiktatur« m. d. Ziel einer spät. Demokratie.
– Josef Piłsudski, Marschall und Diktator (seit 1926) †12.5. **(25).** Macht geht auf Armeeoberbefehlshaber Edward Rydź-Smigły über († um 1941).
**Tschechoslowakei:** Rücktritt Präs. Thomáš Masaryks (85 J.) als Staatspräs. der ČSR (seit 1919). Eduard Beneš am 18.12. Nachfolger (bis zur Emigration 1938) **(26).**
**USA:** Einführung d. Altersgrenze; forciertes Arbeitsbeschaffungsprogr. m. planwirtschaftl. Ansätzen.
– Gründung des CIO (Congress of Industrial Organization) als branchenspezifische Gewerkschaft.
**UdSSR:** Liquidierung der »trotzkistischen« Opposition (leninistisch-bolschewistische »Alte Garde«) durch Stalin / Schauprozesse bis 1938.
– Sog. Stachanow-Bewegung (Normübererfüllung als Arbeitsziel) neues wirtsch. Leistungsprinzip.

## WISSENSCHAFT UND TECHNIK, SCHÖNE KÜNSTE UND PERSÖNLICHKEITEN

**Bakteriologie:** Der dt. Mediziner Gerhard Domagk führt **Sulfonamide** in die Therapie ein. – E. C. Kendall und T. Reichstein entdecken unabh. voneinander das **Corticosteron** (Basis f. Cortison-Therapie).
**Farbphotographie:** Entwicklung von »Technicolor«/»Kodachrom« [Erste Farbwochenschau in den USA].
**Fernsehen:** Regelmäßiges Televisionsprogramm sowie erste öffentl. Fernsehstelle in Berlin.
**Geolinguistik:** Erste Ausgabe des Deutschen Sprachatlas erscheint.
**Musikinstrumente:** Entwicklung der »Hammond-Orgel« mit rein elektrischer Tonerzeugung in den USA.
**U-Bahnen:** Erste (repräsentative) Linie der Moskauer Untergrundbahn in Betrieb.
**Nobelpreise:** Physik an James Chadwick/UK, Chemie an Jean-Frédéric Joliot/Irène Joliot-Curie (beide F) (→ JT 1984: 1934); Physiologie/Medizin an Hans Spemann/D, Frieden an Carl von Ossietzky/D; Preisannahme verhindert († 1938 infolge KZ-Aufenth.); kein Literaturpreis vergeben.

†08.02. Max **Liebermann,** führender dt. Impressionist (* 1847), in Berlin **(27)**
†30.08. Henri **Barbusse,** franz. Schriftsteller und Pazifist (* 1873), in Moskau **(27).**
†20.10. Arthur **Henderson,** brit. Politiker (Labour), Friedensnobelpr. 1934 (* 1863), in London **(28).**
†28.11. Erich **von Hornbostel,** österr. vgl. Musikwissenschaftler (* 1877), in Cambridge **(29).**
†21.12. Kurt **Tucholsky,** dt. Zeitkritiker (* 1890), in Hindås/Schweden **(= LPD 1985) (30).**
†25.12. Paul **Bourget,** franz. katholisch-konservativer Erzähler (* 1852), in Paris **(31).**

*Vor 25 Jahren:* **1960**

## INTERNATIONALE POLITIK

**Europa/EFTA:** Konvention zur Errichtung einer Europ. Freihandelsassoziation von 7 Gründerstaaten unter Führung Großbritanniens als Gegengewicht zur EWG am 4.1. unterzeichnet (in Kraft 3.5.) **(32).** Irland tritt später, Finnland wegen sowjet. Protest nur assoziiert bei (→ Kap. »Internat. Organisationen«).
**OECD:** 18 westeuropäische OEEC-Mitgl. sowie die USA und Kanada gründen am 14.12. die OECD (→ Kap. »Internat. Organisationen«), die die bisherige OEEC ablöst **(33).**
**Afrika:** Dekolonisationswelle bringt folgende neue Staaten im sog. »Afrikanischen Jahr« hervor: Kamerun 1.1., Togo 27.4., Madagaskar 30.6., Kongo[-Léopoldville] (heute Zaïre) 30.6., Ghana 1.7., Somalia 1.7., Kongo[-Brazzaville] 12.7. bzw. 15.8., Dahomey (heute Benin) 1.8., Niger 3.8., Obervolta (heute Burkina-Faso) 5.8., Elfenbeinküste 7.8., Tschad 11.8., Zentralafrikan. Republik 13.8., Gabun 17.8., Senegal 21.8., Nigeria 1.10., Mauretanien 27.11. **(34).**
– Die **Mali-Föderation** (vormals Frz. Sudan sowie Senegal) wird am 20.6. selbständig, bricht aber bereits am 20.8. auseinander. – Der ehem. frz. Sudan nimmt den Namen Mali an (22.9.) **(35).**
**Amerika:** Lateinamerikan. Freihandelszone ALALC (Vorläufer d. heutigen → ALADI) am 18.2. gegr. **(36).**
– OAS-Außenministerkonferenz in San José protestiert gegen sowjetisch-chinesische Interventionen, besonders gegen die Aktivitäten auf Kuba (August).
**Nahost/OPEC:** 6 Staaten (5 arabische sowie Venezuela) gründen am 14.11. formell in Bagdad die bereits 1946 geplante OPEC (→ Kap. »Internationale Organisationen«) **(37).**
**UdSSR/USA:** Chruschtschow gibt am 5.5. den sowjetischen Abschuß eines US-amerikanischen Aufklärungsflugzeuges **U2** über Swerdlowsk (am 1.5.) bekannt. Die USA leugnen die Spionageaktivitäten (»berechtigte Abwehrmaßnahmen«) über der UdSSR nicht **(38).**
**Weltgipfel:** Die Ost-West-Konferenz der britischen, französischen, sowjetischen und US-amerikanischen Regierungschefs am 16./17.5. in Paris scheitert bereits vor dem Verhandlungsbeginn, da die UdSSR auf einer Entschuldigung der Amerikaner in der U-2-Frage besteht **(39).**

**Genfer Gespräche:** Die Ostblockdeleg. verläßt am 27.6. die Zehnmächte-Abrüstungskonferenz **(40).**
**Vereinte Nationen/Kongokrise:** Die Regierung des Kongo-L. ruft am 11.7. die UN um Hilfe an (UN-Truppenankunft [überwiegend afrikan. Herkunft] nach dem 14.7.) **(41).**
– Auseinandersetzungen im Weltsicherheitsrat um die Entsendung von UN-Truppen zwischen UdSSR (Delegierter Sorin dagegen) und USA (dafür) (15./16.9.) **(42).**
– UN-Sondergeneralversammlg. nimmt gegen UdSSR afro-asiat. Resolution zur Gutheißung der v. Gen.-Sekr. Dag Hammarskjöld ergriffenen Maßnahmen im Kongo an. Am 20.12. Vertagung auf 1961 **(43).**
– Chruschtschow u.a. östliche Parteichefs fordern Statutenrevision der UN. – Angriffe gegen den UN-Generalsekretär sowie die Bundesrepublik Deutschland.
– **Südtirolfrage** vor der UN-Gen.Vers. (31.10.) regt ital.-österreich. Verhandlungsbeginn an **(44).**

**DEUTSCHLAND**

**Bundesrepublik:** Inkrafttreten des (zivilen) Atomgesetzes (am 1.1.) als Atomenergierechts-Kernstück. **(45).**
– Großer Arbeitskräftemangel hält trotz ca. 275000 ausländischer Arbeitnehmer an.
– Inkrafttreten des Gesetzes über soziales Miet- und Wohnrecht (am 1.7.) löst bisheriges Wohnungszwangswirtschaftsgesetz ab **(46).**
**DDR:** Zwangskollektivierung der Landwirtschaft bis 14.4. abgeschlossen. – Verfassungsänderung nach dem Tode Wilhelm Piecks (→ unten): 24köpfiger Staatsrat, dessen Vorsitzender **Walter Ulbricht** wird (bis 1971), ersetzt ab 12.9. den bisherigen Präsidenten. – Bewohnern der Bundesrepublik wird das Betreten des Berliner Ostsektors ohne Genehmigung **(Passierscheine)** ab 9.9. verboten **(47).**
– Deutscher Reisepaß bei Westberlinern wird nicht mehr anerkannt.
– Nationaler Verteidigungsrat, der der Volkskammer untersteht, formiert sich mit Ulbricht als Vors.
– Neuer Verteidigungsminister wird General Karl-Heinz Hoffmann (bis dato).
– Im Laufe des Jahres werden 199188 Republikflüchtige (davon 48,8% unter 25 Jahren) in der zentralen Erfassungsstelle Salzgitter registriert.

**AUSLAND**

**Ägypten/VAR:** Die UdSSR gewährt der VAR eine Anleihe für den Bau des 5km langen Assuan-Staudammes (Febr.), Baubeginn 9.1. **(48).**
**Albanien** bricht mit der UdSSR Kontakte ab und orientiert sich (bis 1978) nach der VR China.
**Algerien:** Ablösung General J. Massus durch die französische Regierung führt zu einem Aufstand extremistischer französischer Siedler in Algier (23.1.–1.2.) **(49).**
**Belgien:** Im Dez. Streiks und Unruhen nach Sparprogrammen der Regierung (wegen finanzieller Verluste infolge Unabhängigkeit des Kongo).
**Brasilien:** Neue Bundeshauptstadt Brasília (aus einer Hand auf Beschluß des Präs. Kubitschek vom deutschstämmigen Architekten Oscar Niemeyer) löst ab 21.4. Rio de Janeiro ab **(50).**
**Ceylon (heute Sri Lanka):** Ab 24.7. neue Regierung; Frau S.R. Bandaranaike wird als Witwe Nachf. ihres ermordeten Mannes und erste Regierungschefin eines mod. Staates, zugleich Außenministerin usw.
**China/UdSSR:** Spannungen; Rückzug der sowjet. Wirtschaftsexperten und Techniker aus der VR China (ab August). – Ideologische Auseinandersetzung über Vermeidbarkeit von Kriegen.
**Frankreich:** (13.2.) erster Atombombenversuch erfolgt in der Sahara **(51).**
Militärstrategie der »Force de frappe« wird weiterverfolgt.
**Indien/VR China:** Fertigstellung chinesischer Stellungen auf indischem Gebiet. China wird am 8.2. als Aggressor bezeichnet. – Ergebnisloses bilaterales Gespräch Nehrus und Zhou Enlais [Tschou En-lai] über die Grenzkonflikte Ladakh u. Kaschmir (19.–26.4.) **(52).**
– Eröffnung des mit dt. u. österreich. Hilfe erbauten Stahlwerks in Rourkela (12.1.) **(53).**
**Indien/Pakistan:** Grenzabkommen über Punjab [Pandschab = 5-Strom-Land] (11.1.) **(54).**
**Indonesien:** Abbruch der diplomatischen Beziehungen zu den Niederlanden (17.8.), da diese offensichtlich NL-Neuguinea (Irian) internationalisieren wollen **(55).**
**Israel:** Entführung des ehemaligen SS-Führers Adolf Eichmann vom israelischen Geheimdienst (Mossad) aus Argentinien (23.5.) **(56).**
**Japan:** Schwere politische Krise wegen des 10-Jahre-Sicherheitsabkommens mit den USA (v. 19.–21.1.; US-Stützpunktrechte) enden mit Besuchsabsage für den US-Präsidenten Eisenhower am 16.6. **(57).** Das Abkommen wird in der Folge ohne die Oppositionspartei ratifiziert (19.6.) **(58).**
Neuer Ministerpräsident (Hayato Ikeda); Neuwahlen.
– Streit mit der UdSSR wegen der Inselchen an der Nemuro-Str. verschärft.
**Kenia:** Notstandsmaßnahmen gegen Mau-Mau-Bewegung (seit 1952) endgültig aufgehoben (12.1.).
– Verfassungskonferenz vom 18.1.–21.2. – Afrikaner partizipieren an neuer Reg. (ab 31.3.) **(59).**
**Kongo (belg., heute Zaïre):** Nach Meuterei kongolesischer Truppeneinheiten gegen die belgischen Offiziere

(6.7.) unter anderem Sezession der Kupfer- und Uranprovinz **Katanga** unter Moïse Tschombé (14.7.; bis 1963). – UN-Truppen (s.o.) innenpolitisch neutral; ihre Präsenz wirkt nur partiell schlichtend **(60).** Staatspräsident Kasavubu und Oberst Joseph D. Mobutu wollen abgesetzten Regierungschef Lumumba vor Gericht stellen.

**Kuba:** USA isolieren die Insel. – Fidel Castro läßt am 1.7. US-Ölraffinerien auf Kuba besetzen und am 7.8. US-Einrichtungen enteignen **(61).** – Aufnahme wirtschaftspolitischer Beziehungen mit der UdSSR.

**Südkorea:** Präsident Syngman Rhee (seit 1948) tritt nach mit Unruhen verbundenen angeblichen Wahlresultatsfälschungen am 27.4. zurück. – Vizepräs. Lee Ki Poong begeht am 28.4. mit seiner Familie Selbstmord. – Neue demokr. Wahlen am 12.8.: Yoon Bo-Sun Präsident **(62).**

**Türkei:** Untersuchungsausschuß über die republikan. Oppositionspartei führt zu Studentenunruhen ab 28.4., schließlich am 26./27.5. zum Sturz der Regierung Adnan Menderes (seit 1950), die eine Militärregierung unter Gen. Cemal Gürsel ersetzt. – Im Okt. Parteiausschaltungen und Prozesse **(63).**
– Gürsel kündigt freie Wahlen an und erläßt, nach Säuberungen, eine Amnestie für politische Gegner.

**USA:** Bei den Präsidentschaftswahlen siegen die Demokraten knapp über die Republikaner unter Führung von Richard Nixon. **John F. Kennedy** neuer Präs. (Lyndon B. Johnson Vize) (8.11.) **(64).**
– Dean Rusk wird Außen-, Robert S. McNamara Verteidigungsminister.

**RSA:** Neue Paßgesetze (Identitätskarte) für Farbige (Einschränkung der Freizügigkeit) führen zu Unruhen: **Massaker von Sharpeville** (Transvaal; am 21.3.).
– Farbige verlieren im Zentralparlament Pretoria eigene Vertretung (weiße Fürsprecher; 30.6.).
– Nach einer Volksabstimmung vom 5.10. wird d. Südafrikanische Union offiziell Republik (= RSA) und tritt aus dem [brit.] Commonwealth of Nations aus **(65).**

## WISSENSCHAFT UND TECHNIK, SCHÖNE KÜNSTE UND PERSÖNLICHKEITEN

**Buchverlage:** 12 Verlagshäuser gründen unter Beibehaltung ihres Programms zusätzlich in München den Deutschen Taschenbuchverlag (dtv).

**Chemie:** Martin Strell, Anton Kalojanow u. Henry Koller erreichen Vollsynthese des Chlorophylls.

**Kernphysik:** CERN-Protonensynchroton (CERN → Kap. »Internationale Organisationen«) für 25 Mrd. Elektronenvolt bei Genf ab 5.2. in Betrieb **(66).**

**Klimatologie:** Natürliches Kälteminimum mit –88,3 °C beim Stützpunkt Wostok in der Antarktis gemessen.

**Physik/Optik:** Erfindung des Laser (= Light Amplification by Stimulated Emmission of Radiation) in USA.

**Technologie:** Stapellauf d. ersten atomgetriebenen Flugzeugträgers »Enterprise« am 23.9. in den USA.

**Universitäten:** Politische Geographie wird wieder Lehrfach an deutschen Hochschulen.

**Weltraumfahrt:** USA starten (u.a.) ersten Wettersatelliten »Tiros I« (1.4.) sowie Ballon-Nachrichtensatelliten »Echo I« **(67).**

**Nobelpreise:** Physik an Donald A. Glaser/USA; Chemie an Willard F. Libby/USA; Physiologie/Medizin an Sir Frank MacFarlane [Burnet]/AUS und Peter B. Medawar/UK/BR; Literatur an Saint-John Perse/F; Frieden an Albert J. Luthuli/RSA.

†04.01. Albert **Camus,** frz. Schriftst. und Nobelpreistr. (*1913), bei Villeblevin (Yonne).
†09.02. Ernst **von Dohnányi,** ungar.-US-amerik. Pianist u. Dirigent (*1877), in New York **(68).**
†24.04. Max **von Laue,** dt. theoret. Physiker u. Nobelpreistr. (*1879), in Berlin **(69).**
†11.05. John D. **Rockefeller** (jun.), US-amerikan. Wirtschaftsmagnat (*1874), in Tucson/Ariz. **(70).**
†30.05. Boris **Pasternak,** russ. Schriftst. u. Nobelpreistr. (*1890), in Pereldelkino b. Moskau **(71).**
†16.07. Albert **Kesselring,** dt. Generalfeldmarschall 1940–45 (*1885), in Bad Nauheim **(72).**
†24.07. Hans **Albers,** Filmschauspieler (*1891), in Kempfenhausen b. Starnberg **(73).**
†29.08. Vicki **Baum,** österr. Romanschriftst. (*1888), in Hollywood/USA **(74).**
†07.09. Wilhelm **Pieck,** Präsident der DDR (*1876), in Berlin-Ost **(75).**
†12.09. Curt **Goetz,** Dramatiker und Schauspieler (*1888), in Grabs/Schweiz **(76).**
†14.10. Abraham F. **Joffe,** russ. Physiker (*1880), u.a. Schüler Röntgens, in Leningrad **(77).**
†16.11. Clark **Gable,** US-amerikanischer Filmschauspieler (*1901), in Hollywood/USA **(78).**
†01.12. Ernst **Rowohlt,** Verleger (*1887), in Hamburg. – R. machte nach 1945 moderne Weltliteratur durch Massenauflagen im Zeitungsformat (rowohlts rotations romane/rororo) preiswert dem deutschen Publikum wieder zugänglich und führte 1950 das Taschenbuch in Dtld. ein **(79).**

# Weltchronik

## 1. THESEN, KOMMENTARE, HINTERGRUNDBERICHTE ZU AUSGEWÄHLTEN KAPITELN AUS DEM WELTGESCHEHEN

BRUNO KREISKY

## Aufgaben und Chancen Europas und der EG-Sozialisten im Libanon- und Nahost-Konflikt

Ich möchte in aller Kürze über einige Aspekte eines Problems reden, von dem ich glaube, daß es von entscheidender Bedeutung für den Frieden in der Welt war, ist und noch eine Zeitlang bleiben wird – über den Mittleren Osten, und hier speziell den Libanon-Konflikt. **Der Libanon-Konflikt** ist deshalb so gefährlich, weil in ihm zwar die Supermächte und die großen Mächte involviert sind, aber zwei Staaten – Syrien und Israel – sich ein hohes Maß an eigener Entscheidungsfreiheit gesichert haben, was bei den Supermächten zwangsläufig und mit Recht das Gefühl erwecken muß, daß sie die Lage nicht unter ihrer Kontrolle haben; und das hat sich ja auch häufig genug gezeigt. Das muß dazu führen, daß die Supermächte und die Großmächte ein gemeinsames Interesse an der Ruhigstellung des Libanon-Konfliktes haben müßten.

Ich habe den Einsatz **multinationaler Streitkräfte** im Libanon von Anfang an für einen Fehler gehalten – für einen schweren Fehler – und das auch sehr klar zum Ausdruck gebracht. Ehemalige Kolonialmächte müssen, wenn sie in irgendeinen geographischen Raum, in dem sie früher waren, zurückkehren, zwangsläufig das Mißtrauen der großen Mehrheit der »non committed countries« hervorrufen. Es war aber nicht nur ein psychologischer Fehler, der militärisch und politisch nichts gebracht hat; es war – ärger noch – ein großer Prestigeverlust (vielleicht am wenigsten für Frankreich). Er muß jetzt korrigiert werden.

Ich bin seit Jahrzehnten ein Freund der US-Demokratie, und zwar aus meiner praktischen politischen Arbeit heraus. Wenn man aber ein Freund der US-Demokratie ist, dann kann es einem keine Genugtuung bereiten, das Schauspiel mitansehen zu müssen, wie im Libanon die **US-Flagge eingezogen** wurde: die Folgen einer verfehlten Politik. Was mich dabei am meisten berührt, ist, daß das Volk der USA das offenbar nicht versteht oder nicht erkennt. Ich habe schon vor langer Zeit vor dem Überengagement und einer Ideologisierung der Außenpolitik der USA gewarnt und gemeint, beides könne den Demokratien und den USA nur schaden.

Ich habe den Mächten, die im Libanon waren, in Erkenntnis der Sackgasse, in die sie geraten sind, im Magazin der italienischen Sozialisten »Socialismo oggi« am 20. Januar 1984 – ahnend die Katastrophe, die da eintreten werde – einen Vorschlag gemacht, wie man ohne Gesichtsverlust aus dieser Situation herauskommen könne: indem man diese **Frage wieder an die Vereinten Nationen** zurückgibt. Ich habe im Prinzip den Standpunkt vertreten, daß man alle Beteiligten in einer eigenen Libanon-Kommission unter dem Vorsitz des Generalsekretärs der UNO zu Beratungen zusammenrufen sollte, weil nur durch Rückführung des Problems in die UNO es möglich werde, die Sowjetunion einzubinden. Ohne sie aber wird es dort keine Lösung geben. Und das Argument unserer israelischen Freunde, was die Sowjetunion im Mittleren Osten zu suchen habe, ist deshalb falsch, weil sie schon dort ist.

Man hat **einen anderen Weg** gewählt, einen weniger systematischen. Ich bin nicht sicher, ob er zum Ziel führen wird. Zwei Schritte sind getan worden, die für die Ruhigstellung des Libanon von essentieller Bedeutung zu sein scheinen. 1. haben die multinationalen Streitkräfte libanesisches Territorium verlassen. 2. unternehmen die innerlibanesischen Parteien nun den ernsthaften Versuch, zu neuen Formen der nationalen Koexistenz zu gelangen. Das alles unter der Schirmherrschaft des syrischen Präsidenten *Assad:* die Folge einer, wie ich glaube, verfehlten Politik der europäischen Mächte und der USA.

Und damit **ein Wort zu Syrien.** Dieses Land und sein Präsident werden seit Jahren falsch beurteilt. Ich jedenfalls habe trotz häufiger Besuche in Syrien und trotz häufiger Begegnungen mit syrischen Politikern nie gehört, daß sie die Forderung der Palästinenser nach einem eigenen Staat wirklich unterstützten. Ich bin der Meinung, daß es in Syrien ganz andere Vorstellungen gibt, wie die Probleme dieser Region zu behandeln sind. Eigentlich glaubt man in den herrschenden syrischen Kreisen, daß Jordanien, der Libanon und Palästina – das heißt also auch Israel – zum natürlichen Herrschaftsbereich eines Groß-Syrien gehören. Zwar ist man realistisch genug, sich heute eine solche Lösung nicht vorzustellen, aber man betrachtet diese Region doch als ein ureigenstes Einflußgebiet. Und dank der Politik Israels und der USA ist es auch dazu geworden. Damit aber entsteht eine neue Kriegsgefahr im Mittleren Osten; denn eine israelische Regierung, die politische Grundsätze vertritt, die – so ungern manche das hören möchten – ich als semifaschistisch bezeichne, die muß (wenn sie in der Lage ist, ihre Politik weiterzuführen) in eine Konfrontation mit Syrien treten.

Warum ich **die israelische Regierung unter Begin semifaschistisch** genannt habe, entsprang nicht einfach meiner Neigung zu Übertreibungen, sondern ich habe dafür 3 Definitionsmerkmale angeführt: 1. es handelte sich damals um eine Regierung, die den Krieg als ein Mittel der Politik betrachtete; 2. die einen großen Teil der ihr unterworfenen Bevölkerung, die Palästinenser in der Westbank und im Gazastreifen, zu Menschen ohne politische Rechte gemacht hat; 3. weil diese Regierung sich lange Zeit in ihrer Politik auf eine Massenbasis, die auf demokratische Art realisiert wurde, gestützt hat. Die Mehrheit des israelischen Volkes hat ohne Zweifel damals diese Politik gestützt. Heute ist diese Regierungsmehrheit auseinandergebrochen.

Ich komme nun zu der Frage: was hätte der Libanon-Krieg Israel bringen sollen, also der Frage nach den **Kriegszielen,** die man in **Israel** – ausgesprochen oder unausgesprochen – hatte. 1. sollte das militärische Potential der Palästinenser vernichtet werden – es ist im Augenblick durch den inneren Konflikt unter den Palästinensern gelähmt, aber sicher nicht eliminiert worden (es wird sich in Kürze wieder retablieren, und ich fürchte, wir werden unter Umständen mit einer neuen Terroraktivität konfrontiert werden, wie wir sie bisher noch nicht erlebt haben). 2. Der Libanon sollte zu einem dauernden Friedensvertrag mit Israel veranlaßt werden – wir alle wissen, daß diese Absicht anfänglich der Verwirklichung nahezustehen schien, aber von Kennern der Lage von vornherein als Trugschluß beurteilt wurde. Und 3. sollten als »side effect« Hunderttausende Palästinenser in die Flucht getrieben werden, hauptsächlich nach Jordanien, denn das war ja der grausame Sinn von Sabra und Schatilla: Die Angst vor ähnlichen Ereignissen sollte zu einer Liquidation der Lager im Libanon führen. (Man erinnere sich, daß es die unerschütterliche Überzeugung des Verteidigungsministers *Arik Sharon* der *Begin*-Regierung war, daß der Palästinenser-Staat ja schon existiere, man müsse nur Jordanien als solchen deklarieren. Heute kann man feststellen, daß Israel keines dieser Kriegsziele erreicht hat, daß es hingegen einen Teil Libanons besetzt halten muß und daß die Probleme dieser Region dadurch nur noch komplizierter und schwieriger geworden sind.)

Ich glaube, daß dieser sinnlose Krieg (der als solcher immer deutlicher ins Bewußtsein der israelischen Bevölkerung tritt) zusammen mit der schweren Wirtschaftskrise Israels die Voraussetzung für einen **politischen Sinneswandel** der israelischen Führung darstellt, für den sie allerdings noch einige Zeit brauchen wird. Nach letzten Untersuchungen und Meinungsbefragungen gibt es bereits ein starkes Übergewicht der Labour Party. Persönlich glaube ich aber, daß dieses Übergewicht nur dann bei Wahlen zum Ausdruck kommen wird, wenn eine Reihe von Personalfragen in der Führerschaft der Labour Party gelöst sein wird. Das scheint mir ausschlaggebend zu sein. Tendenziell aber ist ein solcher Bewußtseinswandel bereits vorhanden. Und weil es ihn gibt und weil es ohne Israel keine Lösung eines so komplizierten Problems geben kann – denn schließlich ist der Libanon vor allem durch das ungelöste Palästinenser-Problem destabilisiert worden –, möchte ich gerne folgende Anregung unterbreiten:

Ich sagte, daß der Libanon vor allem durch das Palästinenser-Problem destabilisiert worden ist. Ich weiß, daß *Jassir Arafat* das Gegenteil behauptet; nur richtig ist das nicht. Ich erinnere mich an Zeiten, in denen es im Libanon noch ein zwar prekäres Gleichgewicht zwischen den Parteien gegeben hat, aber in Wirklichkeit die Palästinenser sich selber dort einen Staat, einen Quasi-Staat, eingerichtet haben. Und das hat durch das Eingreifen Syriens gegen die Palästinenser zur Destabilisierung geführt. Gegen **die Anregung, die ich geben möchte,** habe ich sogar in Diskussionen mit Vertretern der US-Administration und mit Vertretern der Arabischen Liga keinen ernstzunehmenden Widerspruch gehört. Sie lautet: Angesichts des Umstandes, daß die USA vom Wahlfieber erfaßt sind und von dort keine Initiativen, die der Sache dienen könnten, zu erwarten sind, und angesichts der Tatsache, daß von sowjetischer Seite keine besondere Neigung besteht, sichtbar Initiativen zu entfalten, scheint es mir geradezu eine europäische Aufgabe zu sein, hier Gute Dienste anzubieten. Ich könnte mir z. B. vorstellen, daß eine Europäische Kommission der Guten Dienste angeboten wird und daß diese Kommission in Kontakt tritt mit der Arabischen Liga und Israel einlädt, dieser Kommission zur Verfügung zu stehen und an ihren Arbeiten teilzunehmen.

Was sollte nun die Arbeitsgrundlage dieser Kommission sein? Zwei ganz konkret vorliegende politische Pläne:

- der **Reagan-Plan** vom 1. September 1982
- der **Fez-Plan** vom 9. September 1982.

Wobei es gar keine Frage sein kann, daß der Fez-Plan eine Antwort auf den Reagan-Plan war, also von den Arabern ernstgenommen wurde.

Ich will eine **synoptische Darstellung** der beiden Pläne versuchen. Daraus ergibt sich, daß bezüglich der **Grenzen Israels** zwischen beiden Plänen Annäherungsmöglichkeiten bestehen: Der Fez-Plan verlangt den Rückzug Israels aus allen 1967 besetzten Gebieten, einschließlich Jerusalems; der Reagan-Plan bezieht sich auf die Resolution 242. Beide Vorstellungen liegen im wesentlichen nicht so weit auseinander, als daß sie nicht überbrückt werden könnten.

Zur **Frage der Siedlungen** verlangt der Fez-Plan die Beseitigung aller seit 1967 errichteten Siedlungen, der Reagan-Plan einen Siedlungsstopp während eines Übergangsprozesses und daß die schon bestehenden israelischen Siedlungen keine exterritorialen Vorposten sein sollen. Ich selbst bin überzeugt, daß sich für die bestehenden Siedlungen ein Statut finden ließe, das kombiniert werden könnte mit den Rechten der Palästinenser innerhalb Israels. Ich habe diese Überzeugung aus zahlreichen Gesprächen mit exponierten Repräsentanten vor allem auch der arabischen Minderheit gewonnen. Die Erfahrung lehrt, daß Minderheiten dann am besten geschützt sind, wenn es sie auf beiden Seiten gibt, und das gilt auch hier. Es muß schließlich nicht immer nach der klassischen Formel, wie sie zwischen dem zaristischen Rußland und der Österreichisch-Ungarischen Monarchie einmal bestanden hat, vorgegangen werden: »Haust du meine Juden, so hau' ich deine Juden.«

Was die **Palästinenser** betrifft, so sieht der Fez-Plan **Selbstbestimmung** unter PLO-Führung, der Reagan-Plan Selbstbestimmung über Land und Volk als legitimes Recht vor. Auch hier lassen sich sicher Brücken schlagen, da es sich vor allem um Fragen der Semantik handeln dürfte. Nach dem Fez-Plan sollte es einen unabhängigen Staat Palästina mit der Hauptstadt Jerusalem geben, nach dem Reagan-Plan eine Assoziation mit Jordanien. Aus meinen vielen Gesprächen mit israelischen Parteifreunden, anläßlich zahlreicher Versuche, eine Gesprächsbasis mit Jordanien und jordanischen Vertretern herzustellen, weiß ich, daß man z. B. innerhalb der berühmten Jordanien-Option von *Shimon Peres* schon so weit war, anzunehmen, nach einer Assoziation der Westbank mit Jordanien wäre es Sache der Palästinenser und Jordaniens, zu entscheiden, wie man sich die weitere Entwicklung des Palästinenserproblems wünsche.

Schließlich **die Frage der PLO,** die nach dem Fez-Plan als die legitime Vertreterin des palästinensischen Volkes gilt. Dazu sagt der Reagan-Plan nichts, aber da kann es jetzt doch keine andere Position mehr geben, als daß man – angesichts der gegenwärtig unklaren Verhältnisse der Palästinenser untereinander – den Standpunkt vertritt, daß der Nationalkongreß, den der Vorsitzende *Khalid Fahoum* einberufen wird, diese unklare Situation bereinigen müsse. Denn wie immer man die Situation beurteilen mag: der palästinensische Nationalkongreß ist derzeit die demokratischste Einrichtung, die es in dieser Region gibt. Die Stellung *Arafats* ist sicher auch jetzt noch stark und symbolträchtig, aber die Bewegung ist eindeutig tief gespalten. Darüber kann auch der Umstand, daß *Arafat* zu einem der Vizepräsidenten der Islamischen Konferenz gewählt wurde, nicht hinwegtäuschen. Er hat zwar die Mehrheit der arabischen Staaten hinter sich, aber er hat Syrien und Libyen gegen sich, und was das bedeutet, weiß man inzwischen. Noch etwas ist zu beachten: Im Exekutiv-Komitee der PLO verfügt *Arafat* über 8 von 14 Stimmen – 6, die ihm fehlen, sind in Damaskus; das erforderliche Quorum aber beträgt 9 – d. h., daß das Exekutiv-Komitee keine Beschlüsse fassen kann. Zur Einberufung des Nationalkongresses ist ein Beschluß des Exekutiv-Komitees erforderlich; ein solcher aber ist im Moment eben nicht möglich. Zwar könnte ¼ seiner Mitglieder seine Einberufung verlangen, aber beide Staaten sind – so wurde mir von informierter Seite versichert – stark genug, die Beschlußfähigkeit des Gremiums zu boykottieren.

Soweit ich informiert bin, ist der Vorsitzende des Nationalkongresses *Fahoum* (der in Damaskus sitzt und der kein Agent *Assads* ist) von der Sorge erfüllt, daß es zu einer definitiven Spaltung kommen könnte, der er durch vorzeitige **Einberufung des Nationalkongresses** nicht auch noch Vorschub leisten möchte. Ich habe allerdings den Eindruck, daß Kräfte innerhalb des palästinensischen Volkes und seiner politischen Vertreter der Meinung sind (so etwas passiert ja oft in politischen Bewegungen), eine Spaltung sei in Kauf zu nehmen, wenn damit die Immobilisierung der palästinensischen Politik überwunden werden könne. Da aber die Immobilisierung nicht nur von der arabischen Seite und insbesondere von der palästinensischen abhängt, sondern auch von der israelischen, muß man auch den Tendenzen, die auf eine Zusammenarbeit mit Jordanien und Ägypten zielen, Beachtung schenken. Aber es besteht die Gefahr, daß man diese Zusammenarbeitsmöglichkeiten überschätzt. Die arabischen Staaten in ihrer Mehrheit werden sich vorerst nur auf Vertrauenskundgebungen für *Arafat* einlassen.

Schließlich bleibt **das Problem Jerusalem,** von dem ich selber einmal gemeint habe, daß ein klassisches Beispiel, wie eine Stadt religiöses Zentrum einerseits und Hauptstadt eines Landes andererseits sein kann, doch Rom sei. Und wenn dieses Problem nach Jahrhunderten eine Lösung gefunden hat (Lateranverträge von 1929), so könnte man sich etwas Ähnliches auch für Jerusalem vorstellen, wobei der gegenwärtige Bürgermeister der Stadt, *Teddy Kolek,* sehr konstruktive Ideen hat, die bei den Arabern keineswegs auf absolute Ablehnung stoßen.

Was nun die **Frage der Sicherheit** der Staaten dieser Region betrifft, so gibt es in beiden Friedensplänen deutliche Hinweise. Ich glaube, daß hier weder technische noch politische Hindernisse bestehen, diese Frage für beide Teile befriedigend zu lösen, wobei ich mir natürlich der Schwierigkeiten bewußt bin.

Auf was es mir nun ankommt und wofür ich hier eintrete, ist folgendes: daß eine solche **Arbeitsgruppe** – und wenn es nicht anders geht, nur aus der sozialistischen Fraktion heraus – gebildet wird, die sich mit diesen Fragen befaßt und im Gespräch mit

Vertretern der Arabischen Liga herausfindet, wo Annäherungsmöglichkeiten zwischen den Plänen bestehen, wo sie sich herstellen lassen und wo die Gegensätze unüberbrückbar sind. Es wird sich dann sicherlich zeigen, daß es hier ein sehr konstruktives Gespräch über 2 ernstzunehmende Versuche geben wird – der Reagan-Plan stellt nach Camp David die erste öffentliche Grundsatzerklärung der US-Administration zur Palästinenserfrage dar, und der Fez-Plan ist immerhin, ob mit Hintergedanken oder nicht, von der Gesamtheit der arabischen Staaten einhellig beschlossen worden. **Europa** und insbesondere **die europäischen Sozialisten** sollten diese Gelegenheit nicht vorübergehen lassen, sollten sich nicht in ihrer eigenen Aktivität paralysieren lassen von der US-Wahlbewegung.

Ich habe mich seit Jahrzehnten mit diesem Problem befaßt und bin deshalb in diesem Zusammenhang **die folgende Erklärung** schuldig: Ich bin ein österreichischer Sozialdemokrat, geprägt vom Gedankengut und der Methodik meiner austromarxistischen Lehrer, von *Karl Renner* über *Rudolf Hilferding* bis zu *Otto Bauer.* Aber ich habe auch unendlich viel von der sozialdemokratischen Praxis in den skandinavischen Ländern gelernt, und ich bin zutiefst beeindruckt von den Erfolgen der sozialistischen Parteien im Süden Europas und in der Welt des Mittelmeeres.

Ich weiß, daß im Augenblick eine altkonservative Springflut über die USA und Großbritannien und einige Länder Europas hinweggeht. Aber der kann man meiner festen Überzeugung nach widerstehen. Ein Mittel für die demokratischen Sozialisten – neben gewissen anderen, sehr fundamentalen Fragen wie die Überwindung der Arbeitslosigkeit, die Verstärkung der europäischen Zusammenarbeit und vor allem die Verhinderung des Krieges – scheint mir eine aktive Rolle der europäischen Sozialdemokratie und der europäischen Sozialisten in der Frage des Mittleren Ostens zu sein. Da gibt es neue Partner für uns, aber auch die wichtigsten Energiequellen der europäischen Wirtschaft, also die klassischen Voraussetzungen für eine fruchtbare Zusammenarbeit. Es wäre tragisch, wenn wir, wenn Europa diese Aufgabe nicht wahrnähme, wenn wir nicht handelten und so eine Chance, die sich heute darbietet, vertäten.

**Anmerkung:**
Der österreichische Alt-Bundeskanzler Dr. Bruno Kreisky trug seine Gedanken zur Libanon- und Nahost-Problematik am 20. März 1984 vor der Sozialistischen Fraktion des Europäischen Parlaments in Brüssel vor und stellte den Text anschließend dem FISCHER WELTALMANACH zur Verfügung, wofür hier ausdrücklich gedankt sei. Der Herausgeber hat das Wortprotokoll des Vortrages im Hinblick auf die Veröffentlichung im WA '85 entsprechend und mit Vorsicht redigiert. Dieser Text wurde vom Autor anschließend für die Veröffentlichung genehmigt.

HUBERT KRIEGER

# Die 2. Direktwahl zum Europäischen Parlament 1984

## Eine zusammenfassende Analyse für die Länder der EG

Am 14. (Irland, Großbritannien, Niederlande, Dänemark) und 17. Juni 1984 (Luxemburg, Belgien, Bundesrepublik, Frankreich, Griechenland, Italien) fand die Zweite Direktwahl zum Europäischen Parlament (EP) statt. 199,6 Mill. Europäer waren zur Wahl aufgerufen, an die 100 Parteien bewarben sich europaweit um die 434 Sitze im EP. Das Ergebnis für »Europa« war ernüchternd: Nur 59,1 % der Wahlberechtigten konnten an die Wahlurnen gelockt werden; die Zahl der Nichtwähler stieg von 74 Mill. (1979) auf 81 Mill. (1984). Besonders niedrig war die Wahlbeteiligung in Großbritannien (32,6 %), wo nur jeder 3. von seinem Stimmrecht Gebrauch machte. Aber auch in Irland (47,6 %), den Niederlanden (50,5 %) und Dänemark (52,3 %) wählte jeweils nur etwa die Hälfte der Stimmberechtigten.
Der stärkste Rückgang der Wahlbeteiligung gegenüber der letzten Europawahl (EW) war in Irland (– 16,0 %-Punkte[1]), in der Bundesrepublik (– 8,9 Punkte) und in den Niederlanden (– 7,5 Punkte) zu beobachten; Europamüdigkeit in traditionell proeuropäischen Ländern. Überraschend hingegen das Anwachsen der Wahlbeteiligung in einem Land mit besonders starken anti-europäischen Stimmungen. Die Dänen waren dieses Mal um 4,5 Prozentpunkte eifriger dabei. Europaweit zeigte sich folgendes Muster im Wahlergebnis: Starke Stimmenbewegungen in einzelnen Ländern mit teilweise aufsehenerregenden Einzelergebnissen korrespondierten mit geringen Veränderungen der Mandatsverteilung zwischen den Fraktionen im EP.

### Erwartungsklima: Innenpolitik dominierte

In allen EG-Staaten wurde die Europawahl weitgehend zu einem innenpolitischen Test umfunktioniert: Nicht die Politik im Straßburger Parlament, sondern die jeweilige nationale Innenpolitik stand auf dem Prüfstand. Da 1984 außer in Dänemark (Januar) und in Luxemburg (Juni) keine Nationalwahl in einem EG-Land abgehalten wurde, nutzten die Parteien die EW als nationale Testwahl.
Ein weiterer Grund für diese Akzentverschiebung bestand in der enttäuschenden Europapolitik der letzten Jahre und in der geringen rechtlichen Kompetenz des Straßburger Parlaments. Die EW war weder eine Abstimmung über die Politik einer supranationalen Regierung noch bot sie die Möglichkeit, Mandatsträger mit politischem Einfluß in Europa zu wählen. Die Legislative der EG ist nicht das Parlament, sondern der Ministerrat, damit also die nationalen Regierungen. Ein Haushaltsrecht steht dem Straßburger Parlament in Hinsicht auf den allergrößten Teil der EG-Ausgaben nicht zu. Nur bei »nicht-obligatorischen« Ausgaben hat das Parlament ein Mitspracherecht. Fast alle großen europäischen Parteien erkannten: Zur Wahl eines »ohnmächtigen Parlaments« lassen sich die Bürger nur schwer mobilisieren.
Darüber hinaus waren die Enttäuschungen über die Europapolitik der letzten Jahre vielfältig: Die beiden letzten Gipfeltreffen vor der EW in Athen und Brüssel scheiterten an der Frage des britischen EG-Beitrags, eine fundamentale Lösung der EG-Agrarpolitik war nicht in Sicht, ein Europa ohne Grenzen blieb Illusion, und die Massenarbeitslosigkeit wurde, obwohl tot geglaubt, erneut zum Problem Nummer eins. Das EP trug für all dies zwar keine Verantwortung, aber es war zu befürchten, daß die Wähler es dennoch zur Verantwortung ziehen würden.
Die europäische Aufbruchstimmung, die im Vorfeld der ersten Direktwahl noch zu spüren war, hat sich verflüchtigt. Die EW 1979 war von den Parteien der Bundesrepublik noch zur »Zeitenwende in der Europapolitik« hochstilisiert worden. Das Parlament sollte danach »Treibsatz« und »Sauerteig« für den ökonomischen, sozialen und politischen Integrationsprozeß in Europa sein. Diese hochgeschraubten Erwartungen konnte das Parlament nicht erfüllen.
Die allgemein verbreitete Enttäuschung über die Europapolitik der letzten Jahre äußerte sich in unterschiedlichen Formen und in unterschiedlicher Intensität:

▷ In Frankreich kam es zu gewalttätigen Protesten der Stahlarbeiter und der Bauern aus Angst um Arbeitsplätze bzw. aus Furcht vor der drohenden südeuropäischen Konkurrenz.

▷ In Dänemark stärkte sich im Vorfeld der Europawahl die Anti-EG-Bewegung.

▷ In Griechenland gab es innerhalb der regierenden PASOK-Partei große Auseinandersetzungen über den Verbleib in EG und NATO.

▷ In der Bundesrepublik blieb es eher bei verbal geäußertem Unmut, insbesondere bei den Bauern.

▷ In Irland kam es zu starken Unmutsreaktionen

1 Prozentpunkt (%-Punkt bzw. PP) = Differenz zwischen 2 Prozentzahlen: z. B. ist der Zugewinn von 50 % auf 53 % nicht = 3 % (3 % zu 50 % ergeben 51,5 %, da % immer auf 100 bezogen ist), sondern = 3 %-Punkte.

der Bauern über die Kürzung der Agrarsubventionen, von denen die »Grüne Insel« überdurchschnittlich betroffen wurde.

▷ In Großbritannien nutzte *Margaret Thatcher* latenten Unmut über Europa, um ihr eigenes Image als »Eiserne Lady« aufzupolieren: Sie ließ das Brüsseler Gipfeltreffen wegen des Streits über die Beitragshöhe der Briten platzen.

Still und damit fast pro-europäisch verhielten sich neben Italien eigentlich nur die BENELUX-Staaten, die einen als Nutznießer des Systems, die anderen als Gastgeber, die dritten aus der Räson eines kleinen bevölkerungsreichen Landes heraus, das weiß, daß es auf ein »Europa ohne Grenzen« mehr als andere angewiesen ist.

Trotz dieser allgemeinen Enttäuschung und Ernüchterung hat sich in einigen Ländern die grundsätzliche Haltung größerer Parteien gegenüber Europa verbessert. So veränderte sich die Strategie der britischen Labour Party von einer offenen Ablehnung hin zu einem Versuch der inneren Reform der EG, und in Frankreich kam eine gemeinsame Liste von Giscardisten, Liberalen und Gaullisten zustande, wobei die Gaullisten auf Druck der Bündnispartner ihre seit je anti-europäische Haltung etwas revidieren mußten.

Dennoch: Die Innenpolitik rückte nach vorne. Die innenpolitische Komponente der Wahlkämpfe in den verschiedenen europäischen Ländern lag meist im Bereich der Wirtschaftspolitik: In der Bundesrepublik und in Frankreich stritt man über die Frage der Wochenarbeitszeitverkürzung; in Großbritannien, Frankreich, Belgien und Luxemburg stand das Problem strukturschwacher Industriezweige (Kohle/Stahl) im Scheinwerferlicht, und in Italien griff die kommunistische Opposition massiv das Antiinflationsprogramm der Regierung *Craxi* an.

Die Innenpolitik in den Niederlanden wurde von der Nachrüstungsdebatte im Haager Parlament bestimmt, während in Deutschland und Italien akzidentielle Ereignisse unmittelbar vor dem Wahltermin Wirkung zeigten: in Italien der Tod *Berlinguers*–, in der Bundesrepublik die Amnestiedebatte über die Parteispenden-Affäre sowie der Arbeitskampf bei Metall und im Druckbereich.

Auch wenn die Auswirkungen dieser Entwicklungen im Vorfeld der EW ungewiß waren, so wurde angesichts der Krise der EG zumindest eine spürbare Abnahme der Wahlbeteiligung erwartet.

### Wahlergebnis: Starke Bewegungen in den Ländern – wenig Veränderung im EP

Die Trends für die einzelnen Fraktionen und Parteigruppierungen im EP laufen in den Mitgliedsländern in unterschiedliche Richtungen. Starken Bruttoveränderungen beim Zu- und Abgang von Mandaten stehen relativ geringe Veränderungen des Kräfteverhältnisses im EP gegenüber. Nach dem vorläufigen Stand der Ergebnisse stellen die Sozialisten mit 132 Abgeordneten erneut die stärkste Fraktion. Im Vergleich zu 1979 ist dies ein Zuwachs von 9 Mandaten, der wesentlich aus dem guten Abschneiden der Labour Party (+15 Mandate) resultiert. Die Verlierer im Linksblock sind die Kommunisten, die im neuen EP nur noch über 42 Sitze (−6) verfügen. Allein in Frankreich verloren die Kommunisten 9 Mandate.

Unter den bürgerlich-liberalen Parteien bleibt die Europäische Volkspartei (EVP) mit 109 Mandaten (−9) die stärkste Kraft. Verluste gegenüber 1979 müssen die Europäischen Demokraten (ED) mit −13 Mandaten und die Liberalen mit −8 Mandaten hinnehmen. Gewinner im bürgerlichen Block sind die Europäischen Demokraten für den Fortschritt (EDF), die 29 Mandate im neuen EP besetzen (+7). Damit stellt der bürgerliche Block mit insgesamt 218 Mandaten etwas mehr als die Hälfte der Abgeordneten; im letzten Parlament hatte er mit 240 Mandaten noch eine klare absolute Mehrheit.

Der große Gewinner der Wahl waren die kleineren Parteien. Die Ökologen ziehen mit insgesamt 11 Mandaten in das neue EP ein. In der Gruppe der Fraktionslosen und Unabhängigen haben rechtsextreme Gruppen mit insgesamt 16 Mandaten den höchsten Anteil (+11).

### Mandatswechsel

Innerhalb der 10 Länder kam es insgesamt zu 116 Mandatswechseln (Addition von Zu- und Abgängen). Die größten absoluten Veränderungen gab es hierbei in Frankreich und Großbritannien, wo jeweils 30 Mandate von insgesamt 81 Mandaten wechselten; d. h. über ⅓ der Mandate wurde neu vergeben. Noch höher war der relative Anteil des Mandatswechsels in Irland (10 Mandatswechsel bei 15 Mandaten) und in Belgien (10 Mandatswechsel bei 24).

Darüber hinaus zeigen sich gewisse Verzerrungen zwischen der Sitzverteilung im Straßburger Parlament für die einzelnen Fraktionen und dem relativen Anteil der entsprechenden Fraktionen auf europäischer Ebene. Diese »Verzerrungen« entstehen einerseits durch die unterschiedliche Ausformulierung des nationalen Wahlrechts und andererseits durch die unterschiedliche Höhe der Wahlbeteiligung in den einzelnen Ländern.

Im europäischen Durchschnitt sind heute etwa 270000 Stimmen für den Gewinn eines Mandats erforderlich. Relativ billig kamen die Abgeordneten der ED zu ihrem Sitz: Es genügten hierfür 126000 Stimmen. Am teuersten wurde ein Sitz für die Kommunisten mit 378000 Wählerstimmen und für die Liberalen mit 367000 Stimmen. Ein Parlament, das streng nach proportionalen Stimmverhältnissen gebildet würde, hätte eine andere Zusammensetzung als das, welches durch die RRealität von Wahlrecht und Wahlbeteiligung im Juni 1984 entstanden ist. Auf der nachfolgenden Übersicht findet sich links die fiktiv e, in der Mitte die faktische Verteilung der Mandate; in der dritten Spalte das Plus oder Minus von Mandaten gegenüber der aufgrund der Stimmverhältnisse »simulierten« Sitzverteilung:

| | Fiktives Ergebnis | Faktische Mandatsverteil. | Diff. |
|---|---|---|---|
| Sozialisten . . . . . . | 115 | 132 | +17 |
| EVP . . . . . . . . | 116 | 109 | – 7 |
| ED (Konservative) . . | 23 | 50 | +27 |
| EDF . . . . . . . . | 18 | 29 | +11 |
| Kommunisten . . . | 58 | 42 | –16 |
| Liberale . . . . . . | 42 | 31 | –11 |
| Grüne . . . . . . . . | 13 | 11 | – 2 |
| Sonstige . . . . . . | 49 | 30 | –19 |

Die EVP bleibt, obwohl sie nach Wählerstimmen knapp die stärkste Gruppierung vor den Sozialisten ist, 1984 in der Mandatszahl noch wesentlich deutlicher hinter der sozialistischen Fraktion zurück. Die Kommunisten, obwohl nach Stimmen drittstärkste Fraktion, verfügen über 8 Mandate weniger als die dänischen und die britischen Konservativen der ED-Fraktion, die nicht einmal halb so viele Stimmen wie die Kommunisten erhielten.
Wie läßt sich das Wahlergebnis der 2. Direktwahl auf Gesamteuropa bezogen interpretieren?

### Kein Rechts-Links-Effekt, aber ein spürbarer Oppositionseffekt

Eine traditionelle Spannungslinie westlicher Demokratien verläuft entlang dem Rechts-Links-Spektrum. Gemessen hieran zeigen die Ergebnisse der Europawahl weder einen gradlinigen Vormarsch der bürgerlichen Parteien noch des Links-Blocks. Hiermit wird eine Entwicklung bestätigt, die sich schon zwischen 1979 und 1984 bei einzelnen Nationalwahlen in Europa andeutete. Es zeigten sich regionale Trends, die zwischen dem südlicheren und dem nördlicheren Teil EG-Europas unterschiedlich verliefen: Während es in Italien, Griechenland und Frankreich zu Regierungen mit sozialistischer Beteiligung bzw. Dominanz kam, verloren in Dänemark und in der Bundesrepublik die Sozialdemokraten die Vorherrschaft.
Diese gegenläufige Entwicklung wird auch bei der Europawahl erneut bestätigt. Die sozialistischen Parteien gewannen gegenüber der letzten Europawahl in Luxemburg, Belgien, Großbritannien, den Niederlanden und Griechenland, während sie in den anderen Ländern Verluste bis zu 6,1%-Punkte (Irland) hinnehmen mußten. Die Christdemokraten und Europäischen Demokraten verloren in insgesamt 8 Ländern (höchster Verlust in Belgien mit 10,3 PP) und konnten in Dänemark und Griechenland zulegen. Ähnliche Muster zeigen sich auch bei den beiden kleineren Blockparteien, den Liberalen und den Kommunisten.
Die Kommunisten verloren in Frankreich (– 9,3 PP), Griechenland (– 3,1), Belgien (– 1,2) und Luxemburg (– 0,9). Auf dem Vormarsch waren sie hingegen in Dänemark sowie in Italien, wo nach dem Tode *Berlinguers* die PCI 3,7 PP hinzugewann.
Geprägt wurde der Wahlgang vielmehr von einem **Oppositionseffekt** gegen die jeweils national regierenden Parteien. Hiermit zeigt sich auch bei der Europawahl der sogenannte »Mid-Term«-Effekt, nach dem Regierungsparteien bei Zwischenwahlen ein strukturelles Defizit aufweisen. Regierungsverantwortung wirkt unter diesen Bedingungen nicht als Bonus, sondern als Malus. In 8 der 10 EG-Länder verloren die Regierungsparteien gegenüber der **letzten Nationalwahl** (Addition des Ergebnisses aller Koalitionsparteien); Ausnahmen sind Dänemark und Luxemburg. Den höchsten Verlust erleidet hiernach die Linkskoalition von *Mitterrand* in Frankreich mit 21,7 PP (Sozialisten und Kommunisten zusammen) gegenüber der letzten Nationalwahl von 1981. Mittlere Verluste sind in Irland (– 8,0), Griechenland (– 6,8) und in der Bundesrepublik (– 5,1 PP) zu beobachten. Hatte in der Bundesrepublik die CDU/CSU/F.D.P.-Koalition bei der Wahl 1983 noch eine absolute Mehrheit von 55,8%, so reduzierte sich dieser Vorsprung bei der EW 1984 auf 50,8%.
Wie verteilen sich diese Verluste in den verschiedenen Ländern auf die jeweiligen Koalitionspartner? In 6 der 8 Länder mit einem Oppositionseffekt gibt es Koalitionsregierungen (Ausnahme: Großbritannien, Griechenland). In 3 Ländern (Bundesrepublik, Frankreich, Irland) verlieren alle Koalitionsparteien im Vergleich zur letzten Nationalwahl, während in Belgien, Italien und den Niederlanden nur einzelne Koalitionspartner verlieren. In diesen Ländern gab es ausschließlich Koalitionen zwischen Liberalen und Christdemokraten, in Italien auch unter Beteiligung der beiden sozialistischen Parteien. Auffallend: Die Liberalen verlieren in allen 3 Ländern, während sich die Christdemokraten als Regierungspartei stabilisieren und leichte Zugewinne erreichen.
Diese Entwicklung – zusammen mit den relativ hohen Mandatsverlusten der Liberalen Fraktion im neuen EP – deutet möglicherweise auf eine internationale Krise des politisch organisierten Liberalismus hin. Das ideologische Terrain, welches der Liberalismus über mehr als ein Jahrhundert hinweg besetzt hat, ist zunehmend zum Allgemeingut auch anderer Parteien geworden. Der Wirtschaftsliberalismus findet sich bei christdemokratischen und konservativen Parteien wieder, während der »Bürgerrechtsliberalismus« durch sozialdemokratische Parteien repräsentiert wird. Diese Ideologiedefizite werden dann besonders wirksam, wenn die entsprechende Partei gleichzeitig im personellen Bereich Defizite aufweist oder durch akzidentielle Ereignisse (Parteispenden-Affäre) geschwächt wird.

Ein eindeutiger Gewinner im Oppositionslager läßt sich weder entlang der Links-Rechts-Achse noch entlang der Größe der jeweiligen Oppositionspartei festmachen. In 4 Ländern profitieren insbesondere die großen Oppositionsparteien vom »Mid-Term«-Effekt (Belgien, Italien, Niederlande, Großbritannien). In den anderen 4 Ländern verzeichnen jeweils die kleineren Oppositionsparteien die höchsten Zuwächse. In der Bundesrepublik und in Frankreich gibt es bei den starken Zugewinnen der kleineren Oppositionsparteien eine dialektische Bewegung: Gegenüber dem bürgerlichen Rechtsblock in der Bundesrepublik werden die Ökologen als Linkspartei gestützt; gegenüber der französischen Linksregierung setzen größere Teile der Wählerschaft auf die rechtsradikale »Nationale Front«. Anders in Griechenland: Hier profitieren von der Schwäche der Sozialisten alle anderen Parteien.
Wie ist es zu erklären, daß in Dänemark und in Luxemburg der Oppositionseffekt nicht eintritt? In **Luxemburg** war die EW – wie 1979 auch – mit der Nationalwahl verbunden. Bei einer Nationalwahl verkehren sich in der Regel die strukturellen Bedingungen: Die regierenden Parteien profitieren vom Regierungsbonus; die Oppositionsparteien tun sich schwer. In **Dänemark** bekamen die oppositionellen Sozialdemokraten einen Denkzettel für ihre schwankende Europapolitik. Obwohl die Parteiführung eher pro-europäisch ausgerichtet war, glaubte man im Wahlkampf einem Teil der Stammwählerschaft, der Europa kritisch gegenübersteht, eine zu positive Europapolitik nicht zumuten zu können. Die Konsequenz: Die Sozialdemokraten verloren nach allen Seiten. Der anti-europäische Teil wählte die konsequenteren Anti-Europäer, d. h. die Volksbewegung gegen die EG, während der pro-europäische Teil der sozialdemokratischen Wählerklientel entweder nicht zur Wahl ging oder eine bürgerliche Partei wählte.

**Zunahme linker und rechter Randgruppen im EP**

Ein weiterer Effekt der 2. Direktwahl war die Ausdifferenzierung der Flügelparteien im Straßburger Parlament. Auf der Linken konnten sich die Ökologen auch als europäische Kraft etablieren; die extreme Rechte verstärkte sich insbesondere durch das gute Abschneiden der Front National in Frankreich, aber auch durch die Stimmengewinne der Rechten in Griechenland und Italien. Die Ökologen errangen insgesamt 11, die extreme Rechte 16 Mandate. Die Zahl der fraktionslosen Abgeordneten kleinerer Parteien erhöhte sich von 23 auf 30.
Ein Grund für den Zuwachs kleinerer und radikalerer Parteien liegt in der geringeren Wahlbeteiligung. Je geringer die Wahlbeteiligung, desto weniger Stimmen sind für ein Mandat notwendig. Da gleichzeitig die kleinen Parteien in der Regel ihre Anhänger besser mobilisieren als die großen Parteien, profitieren sie von einer geringen Wahlbeteiligung. Dies zeigt sich auch in der Bundesrepublik: Legt man als Vergleich die Zahl der Zweitstimmen der Bundestagswahl vom März 1983 zugrunde, so ist es nur den Grünen gelungen, ihre »Stammkundschaft« fast vollständig (93%; Zweitstimmen Bundestagswahl 1983 gleich 100%) zu mobilisieren. Die beiden großen Parteien CDU/CSU und SPD lagen mit einem Mobilisierungsgrad von 60 bzw. 62,5% deutlich hinter den Grünen.
Darüber hinaus war bei den Wählern ein gewisser politischer »Spielwieseneffekt« zu beobachten. Das geringe politische Gewicht, das einer Stimme für das Europaparlament von der öffentlichen Meinung zuerkannt wurde, gab den vielen kandidierenden Sondergruppen eine eigenartige Attraktivität, weil man die Formschwäche der etablierten Parteien ausnutzen und ohne Skrupel Bekenntnisse zu Frieden oder Mündigkeit, Christlichem oder Nationalem, Emanzipation oder Ökologie abgeben konnte.
Die Gewinne von Ökologen und Rechtsextremisten lassen sich hiermit jedoch nicht hinreichend erklären. Bei den Grünen scheinen sich in den BENELUX-Ländern und in Frankreich ähnliche Tendenzen durchzusetzen wie in der Bundesrepublik. Der Wertewandel von Materialismus zu Postmaterialismus, der sich insbesondere bei jüngeren und besser gebildeten Wählerschichten einstellt, findet seine politische Ausdrucksform in einer ökologisch-pazifistisch ausgerichteten Partei. Darüber hinaus hat die Serie der Wahlerfolge der bundesdeutschen Grünen sicherlich einen Signaleffekt für die Nachbarländer gehabt.
Die Rechtsradikalen gewinnen vor allem in Frankreich. Hier hat einerseits die Massenarbeitslosigkeit und andererseits der Ruf nach »Law and Order« zu einer Abwendung von den etablierten Parteien geführt, die ihren Transmissionsriemen im Nationalismus, Fremdenhaß und »Rechtspopulismus« der Front National fand. Darüber hinaus hatte die Koalition der bürgerlichen Parteien dazu geführt, daß die Gaullisten ihre starke nationale Ausrichtung einschränken mußten. Für viele Wählerschichten, die am rechten Rand des etablierten Parteienspektrums standen, wurde damit ein Überwechseln zur Front National möglich.

**Wirkungen:
Mehr innenpolitische als außenpolitische**

Welche Wirkung hat die EW vom 14./17. Juni 1984 auf die Innenpolitik der einzelnen Mitgliedsländer und auf die zukünftige Arbeit des EP? Insgesamt läßt sich feststellen: Die Wahlergebnisse – vor allem in den größeren Mitgliedsländern der EG – haben eine bedeutende Signalfunktion für die zukünftige Innenpolitik, ohne daß es zu einer Veränderung der Mandatsverteilung in den nationalen Parlamenten gekommen ist.
Der »politische« Verlierer der Europawahl in der

## Zweite Direktwahl zum Europäischen Parlament 14./17.6.1984

| Die Ergebnisse der Fraktionen (bzw. Konföderationen) des EP nach Ländern (in %) | Belgien | Dänemark | Bundesrepublik | Griechenland | Frankreich | Irland | Italien | Luxemburg | Niederlande | Großbritannien |
|---|---|---|---|---|---|---|---|---|---|---|
| **Fraktionen/Konföderationen** | | | | | | | | | | |
| Sozialisten | 30,4 | 19,4 | 37,4 | 41,3 | 20,8 | 8,4 | 14,7 | 30,3 | 33,7 | 35,9 |
| Europäische Volkspartei (EVP) | 27,4 | 6,6 | 45,9 | 38,1 | –* | 32,2 | 33,6** | 35,3 | 30,0 | – |
| Europäische Demokraten (ED) | – | 20,8 | – | – | – | – | – | – | – | 39,9 |
| Kommunisten und Nahestehende | 1,5 | 9,2 | – | 15,0 | 11,2 | – | 33,3 | 4,1 | – | – |
| Liberale (und Demokraten) | 18,0 | 12,5 | 4,8 | – | –* | – | 6,1 | 21,2 | 18,9 | 18,5 |
| Europäische Demokraten für den Fortschritt (EDF) | – | 3,5 | – | – | 42,9* | 39,2 | – | – | – | 1,6 |
| Grüne/Ökologen | 8,2 | – | 8,2 | – | 3,4 | – | – | 6,2 | 5,6 | – |
| Andere/Unabhängige und Fraktionslose | 14,5 | 28,0 | 3,7 | 5,6 | 21,7 | 20,2 | 12,3 | 2,9 | 11,8 | 4,1 |

* 1984: Gemeinsame Liste (RPR/UDF) von EDF, EVP und Liberalen in Frankreich
** Christdemokraten und Südtiroler Volkspartei

**Bundesrepublik** waren die Liberalen, die zum ersten Mal seit 1949 bei einer bundesweiten Wahl an der Sperrklausel scheiterten. Deutet sich ein Umbruch im Parteiensystem der Bundesrepublik an? Sind die Grünen damit zur »dritten politischen Kraft« geworden?

In **Italien** gelang den Kommunisten erstmals der »sorpasso«, die Erringung der relativen Mehrheit der gültigen Stimmen. Dieser Wahlerfolg der PCI ist sicherlich nicht nur auf den Tod von *Berlinguer* zurückzuführen, sondern auch auf die konsequente Oppositionspolitik gegen die Umverteilungswirkung des Antiinflationsprogramms der Regierung *Craxi*. Die schwierige strategische Situation der PCI zwischen einem gescheiterten »historischen Kompromiß« mit den Christdemokraten und einer gescheiterten »demokratischen Alternative« mit den Sozialisten bleibt bestehen.

In **Frankreich** ist das Verhältnis der Stimmenanteile von Regierungs- und Oppositionsparteien umgekehrt worden: Überträgt man das Ergebnis der EW in das Wahlsystem der Nationalratswahl, dann hätten die Oppositionsparteien im Nationalrat eine klare Mehrheit von ca. 57 zu 43; eine schwere Belastung für die sozialistisch geführte Regierung 18 Monate vor der nächsten Wahl zur Nationalversammlung. Durch den Wahlerfolg der rechtsextremistischen »Nationalen Front« hat sich das Oppositionslager erweitert. Kann sie sich etablieren, oder bleibt es bei einem einmaligen Erfolg?

In **Großbritannien** kündigt sich ein Wiederaufstieg von Labour an, gleichzeitig bestätigt sich aber, daß unter den Bedingungen des britischen Mehrheitswahlrechts die Vorherrschaft der Konservativen nur schwer zu brechen sein wird.

Die Auswirkungen auf die Europapolitik, insbesondere auf die Arbeit des EP, sind weniger dramatisch, eine »europäische Katastrophe« *(Gaston Thorn)* stellt die 2. Direktwahl nicht dar. Dennoch: Der Kampf des EP zur Wahrung und zur Ausdehnung seiner rechtlichen Kompetenz wird durch dieses Wahlergebnis eher schwieriger. Die politische Legitimation des Parlaments ist unmittelbar abhängig von der Zahl der Bürger, die das EP an die Wahlurnen bringt. Darüber hinaus wird die Arbeit des Parlaments durch die Stärkung eher anti-europäischer Kräfte, wie sie sich bei den Grünen, den Rechtsradikalen und innerhalb der britischen Labour Party finden, nicht einfacher. Ungelöste Probleme der Europapolitik und die ökonomisch-soziale Krise Europas setzen das 2. direkt gewählte Parlament einer harten Bewährungsprobe aus.

### Wahlbeteiligung bei den Europa-Wahlen 1979 und 1984 im europäischen Vergleich

| | Wahlbeteiligung in % Europa-Wahl 1984 | Europa-Wahl 1979 | Differenz EW '79–'84 in PP |
|---|---|---|---|
| Belgien | 92,2 | 91,4 | + 0,8 |
| Dänemark | 52,3 | 47,8 | + 4,5 |
| BR Deutschland | 56,8 | 65,7 | – 8,9 |
| Griechenland | 77,1 | 78,6 | – 1,5 |
| Frankreich | 56,7 | 60,7 | – 4,0 |
| Irland | 47,6 | 63,6 | –16,0 |
| Italien | 83,9 | 86,0 | – 2,1 |
| Luxemburg | 87,0 | 88,9 | – 1,9 |
| Niederlande | 50,5 | 58,1 | – 7,6 |
| Großbritannien | 32,6 | 31,6 | – 1,0 |
| Europa insgesamt | 59,1 | 62,5 | – 3,4 |

*Quelle der Tabellen:* Generaldirektion Information und Öffentlichkeitsarbeit des Europäischen Parlaments, 4. Ausgabe zur Europawahl, 20. Juni 1984

WERNER WEIDENFELD

# Europäische Perspektiven

Es gab Zeiten, da konnte man sich zum Thema »Europa« in eine wolkige Rhetorik absetzen. Das Pathos großer Formulierungen ging den Europäern immer relativ leicht über die Lippen. Diese Zeiten sind vorbei. Europa ist zum Ernstfall der Politik geworden – ein Ernstfall, der viele Gesichter hat: Da werden Fragen gestellt, wo Europa in der weltpolitischen Architektur festgemacht sein soll, an der Seite der USA oder als Solist auf weltpolitischer Bühne? Und da werden Fragen nach der Vitalität der Europäer gestellt. Über 12 Mill. Arbeitslose in der Europäischen Gemeinschaft. Das alles sind Varianten des Ernstfalls Europa.

Bei näherem Hinsehen entzieht sich jedoch der Prozeß der europäischen Integration einfachen Formeln der Interpretation. Die grundlegenden Erfahrungen der vergangenen 10 bis 15 Jahre sind zu vielschichtig, als daß man sie auf ein simples Schema reduzieren könnte. Da stehen plakative integrationspolitische Erfolge: von der Direktwahl des Europäischen Parlaments über den Ausbau der Regional-, Sozial- und Entwicklungspolitik, der Umstellung des EG-Haushaltes auf Eigenmittel, bis hin zur Schaffung der Europäischen Politischen Zusammenarbeit (EPZ) – neben offenkundigen Mißerfolgen: von der mangelnden Effizienz und Transparenz der Institutionen, über das Fehlen langfristiger Finanzierungskonzepte bis hin zu einer tiefgreifenden Reform des Agrarmarktes. Der unübersehbaren Attraktivität der EG für die internationale Umwelt einerseits steht andererseits innerhalb der Gemeinschaft das Bewußtsein einer Krise der Integration gegenüber. In den Einzelheiten sind diese Probleme in all ihren Verästelungen kaum noch zu überschauen. Dies kann nicht überraschen, denn die Gemeinschaft verbindet 10 unterschiedlich komplizierte Staaten zu einem neuen, seinerseits höchst komplizierten politischen System.

Wir wollen die Überschaubarkeit der europäischen Vorgänge erhöhen, indem wir eine Inventarisierung der wesentlichen Fragestellungen, Schwierigkeiten und Lösungsansätze vornehmen. Dies geschieht in 3 Schritten:

1. die Krisensymptome,
2. die Strukturprobleme,
3. die Reformdiskussion.

## Die Krisensymptome

3 Krisensymptome sind gegenwärtig besonders anschaulich begreifbar. Sie beherrschen weitgehend die europapolitischen Schlagzeilen.

1. **Das sozialpsychologische Unterfutter** des Europa-Gedankens hat sich gewandelt. Die emotionalen Schubkräfte der Gründergeneration sind weitgehend aufgezehrt. Skeptische Fragezeichen, negative Assoziationen drängen in den Vordergrund. Dabei darf nicht übersehen werden, daß – nach allen empirischen Untersuchungen – die allgemeine Bejahung der Einigung Europas zu den stabilen Faktoren im Meinungsspektrum der Bevölkerung zählt. Aber daneben beschäftigen zunehmend die aktuellen Bewegungsunfähigkeiten der Gemeinschaft die europapolitischen Diskussionen. Im Grunde liegt das sozialpsychologische Mißgeschick der Europäischen Integration darin, daß sie mit ihrem – mehr oder minder erfolgreichen – Funktionieren die Grundlage für eine bewegende Begeisterung der Bürger selbst unterlaufen hat. Aus der großen Idee ist teilweise die selbstverständliche Erfahrung des politischen Alltags geworden, mit allen dann ganz normalen Konflikten, Reibungsverlusten und Schwerfälligkeiten. Der Erwartungshorizont der Bürger hat diesen Wandel nicht mitvollzogen. Daher wird die Diskrepanz zwischen Ansprüchen und Hoffnungen einerseits und dem Leistungsvermögen der Europäischen Gemeinschaft andererseits zu einem zentralen europapolitischen Problem.

Dabei ist besonders zu berücksichtigen, daß **das politische System »Europäische Gemeinschaft« unter** einem viel **stärkeren Begründungszwang** steht als die vergleichbaren politischen Systeme der Mitgliedstaaten. Im Unterschied zu den Mitgliedstaaten muß die EG nicht nur ihre politischen Einzelmaßnahmen begründen, sondern sie muß zudem Sinn und Zweck ihrer Existenz insgesamt nachweisen. Daß diese Frage nach der Beziehung zwischen Bürger und politischem System in Europa inzwischen eine solche Bedeutung erfahren hat, geschieht nicht ohne konkreten Grund: Die historischen Motive und Hoffnungen, die nach dem II. Weltkrieg zur großen europäischen Aufbauleistung bewegten, haben an Ausstrahlung und Dringlichkeit in der Einschätzung der westeuropäischen Bevölkerung eindeutig eingebüßt. So ist die nach dem II. Weltkrieg zu beobachtende tiefe Reserve gegenüber dem Nationalstaat inzwischen in den Hintergrund getreten. Die Sicherheitslage erscheint durch ein relatives Gleichgewicht zwischen Ost und West stabilisiert. Die friedliche Konfliktregelung zwischen den westeuropäischen Staaten ist eine Selbstverständlichkeit geworden. Es stellt sich daher heute die Frage nach der zeitgemäßen, zukunftsträchtigen Fortentwicklung dieser historischen Begründungen.

2. **Der Konsens der** europapolitischen **Akteure** über die mittelfristigen Integrationsschritte **hat sich** – im Vergleich zur Gründerzeit – **eindeutig verringert.** *Walter Hallstein* konnte noch unumwunden erklären, »das Prinzipielle der europäischen Integration besteht darin, daß die Richtung auf immer mehr Einheit eingehalten wird«. Diese Übereinstimmung ist inzwischen dahin. Die Vergemeinschaftung hat in den Augen wichtiger Kräfte offenbar ein Maß erreicht, das den Wunsch nach noch mehr Einheit als nicht mehr verkraftbar ablehnen läßt. Es wird also nicht nur über die einzelnen Inhalte der europapolitischen Zielsetzungen gestritten, sondern auch um die Aufrechterhaltung der Grundforderung fortschreitender Vergemeinschaftung selbst.

In diesem Zusammenhang ist auch zu sehen,

▷ daß die EG in einem Klima wirtschaftlichen Wachstums konzipiert worden ist, kaum ausgestattet für eine Phase erbitterter Verteilungskämpfe,

▷ daß die EG in einer größeren europäisch-US-amerikanischen Harmonie konzipiert worden ist, womit auch die Ausklammerung der Sicherheitskomponente ihren Sinn erhielt.

▷ daß die EG in einer Zeit relativer Geldwertstabilität konzipiert wurde; in einer Zeit der Währungsturbulenzen muß sie sich zwangsläufig entscheidungsschwächer darstellen.

Diese **wachsende Heterogenität** der Gemeinschaft bildet auch den Hintergrund dafür, daß eine Reihe entscheidungsbedürftiger Grundprobleme über die Jahre ungelöst in der Schwebe bleiben, so etwa die Entwicklung des institutionellen Gefüges und die Frage der langfristigen Ausgestaltung des EG-Haushaltes.

3. Seit Jahren ist ein **Prozeß der Entsolidarisierung** in der EG zu beobachten. Gerade in jüngster Zeit bieten sich vielfältige Anschauungsmaterialien dafür an:

▷ Zunehmend werden Gemeinschaftsprobleme in nationale Sonderfragen transformiert, z. B. das EG-Finanzierungsproblem in ein besonderes britisches Zahlungsproblem.

▷ Die europapolitischen Debatten geraten mehr und mehr in den Sog von nationalen Bilanzberechnungen der Positiv- und Negativ-Transfers der Zahlungen in der EG. Dabei übersieht man häufig, daß es sich um Eigenmittel der Gemeinschaft, nicht um nationale Beiträge handelt.

▷ Die Verfahren gegen Wettbewerbsverstöße häufen sich. Das Funktionieren des Binnenmarktes sieht sich erheblichen Belastungsproblemen ausgesetzt.

▷ Die Gemeinschaft hat noch keine gemeinsame, wirkungsvolle Antwort auf die drastische Verschlechterung der ökonomischen Daten gefunden.

Hinter alldem steht mehr und mehr ein Verständnis von der EG als einer **materiellen Verteilungsagentur,** die ausschließlich oder vornehmlich unter dem Gesichtspunkt des direkten Finanztransfers zu beurteilen ist. Die entsprechenden Vorbehalte in Griechenland, Großbritannien, Dänemark, Frankreich, aber auch in der Bundesrepublik Deutschland zeigen, in welch ausgeprägter Form die EG von der innenpolitischen Szenerie eines jeden Mitgliedstaates abhängig geworden ist. Der Egoismus kurzfristiger einzelstaatlicher Interessen wird wieder stärker zur mentalen Reserve gegenüber dem europäischen Einigungswerk. Die differenzierteren Muster der internationalen Umwelt und die härteren internen Verteilungskämpfe haben die Verlockungen zu nationalen Alleingängen einzelner EG-Mitglieder wachsen lassen. Dies ist so lange nicht gefährlich, als sich die nationalen Interessen im politischen System der EG in die Gemeinschaftsdisziplin nehmen und so zum Gemeinschaftsinteresse umformulieren lassen. Gegenwärtig wächst der Zweifel, in welchem Ausmaß und wie lange dies noch gelingen kann.

## Die Strukturprobleme

Hinter der ganzen Bandbreite dieser Schlaglichter aus dem europapolitischen Alltag stehen einige wenige, aber fundamentale Strukturprobleme der EG. 3 Strukturprobleme sollen hier besonders beleuchtet werden:

1. **Der politische Entscheidungsprozeß** in der EG ist zu schwerfällig und zu wenig transparent. Das institutionelle Gefüge der EG kann den hohen Bedarf an Initiative und Führung einerseits sowie an Koordination andererseits nicht befriedigen. Dazu fehlt es ihm zunächst an einer mit allen notwendigen Möglichkeiten ausgestatteten Führungsinstanz; und dazu fehlt es ihm an einem überschaubaren Verfahren, das alle politischen Potentiale ihrem jeweiligen Gewicht entsprechend integrieren würde. Dieser Gesamteindruck ergibt sich aus einer Vielzahl aktueller institutioneller Schwierigkeiten:

▷ Der **Ministerrat** ist das übermächtige Entscheidungsorgan geblieben und infolge der sehr weitgehend befolgten Praxis des Einstimmigkeitsprinzips und der damit verbundenen langwierigen Konsensprozeduren zum Nadelöhr aller Vorlagen geworden.

▷ Der **Europäische Rat** hat den Ministerrat im Blick auf diesen Überhang an entscheidungsbedürftigen Materien nicht entlastet. Er hat die diesbezüglichen Erwartungen nicht erfüllt. Vielmehr ist zu beobachten, daß der Europäische Rat brisante Fälle wieder an den Ministerrat zurückverweist und damit die Prozeduren nochmals verlängert.

▷ Die **Kommission** hat einen erheblichen politischen Gewichtsverlust erlitten. Indem der Ministerrat das Einstimmigkeitsprinzip praktiziert, ist dem Initiativrecht der Kommission der politische Sinn weitgehend genommen. Die Römischen Verträge haben die Kommission als Impulsgeber und Wahrer des Gemeinschaftsinteresses installiert. Ihr Monopol zur Initiative im Gesetzgebungsverfahren wurde dadurch besonders gewichtet, daß der Rat von diesem Vorschlag nur einstimmig abweichen kann. Wenn aber die Einstimmigkeit sowieso zum Regelfall wird, dann ist die Kommission im legislativen Prozeß weitgehend aus der politischen Verantwortung verdrängt.

▷ Dem direktgewählten **Europäischen Parlament** fehlt es immer noch an Durchsetzungsvermögen, um wirklich als das zentrale Organ der europäischen Repräsentation der Bürger begreifbar zu sein.

Insgesamt ist festzuhalten: Die Gründungsväter der EG haben das institutionelle Gefüge als ein dynamisches, auf Fortentwicklung angelegtes Kraftfeld konzipiert. Sie haben dazu jeweils konkrete Aufträge zur Weiterentwicklung vertraglich festgehalten. Dieses Kraftfeld verliert zwangsläufig seinen Spannungsbogen und seine Ausstrahlung, sobald der Prozeß institutioneller Fortentwicklung stagniert.

**2.** Alle Versuche, die Einigung Europas zu organisieren, wurden seit Ende des II. Weltkriegs von **2 unterschiedlichen Strategiekonzepten** und Zielbildern begleitet: vom Gedanken einer neuen supranationalen Einheit – sei sie föderalistisch oder funktionalistisch inspiriert – und vom Gedanken eines lockeren, konföderalen Staatenkonzerts. Die Spannung zwischen beiden Ansätzen hat sich immer wieder konkret historisch manifestiert:

▷ in der Bandbreite der ersten Organisationsversuche vom Europarat bis zur Europäischen Verteidigungsgemeinschaft,

▷ in dem Streit um Freihandelszone oder Gemeinsamen Markt in den 50er Jahren,

▷ im Ringen um die *Fouchet*-Pläne am Anfang der 60er Jahre,

▷ in der Diskussion um die europapolitische Tragfähigkeit der EPZ am Anfang der 70er Jahre.

Auch heute stehen wieder zwei Strategien nebeneinander – nämlich die Strategie der supranationalen Entscheidungsfindung und die Strategie der internationalen Koordination. Es besteht dabei auch durchaus die Gefahr, daß die eine Strategie, nämlich die der internationalen Koordination, die andere Strategie aushöhlt, nämlich die der supranationalen Integration. Aber selbst wenn dies nicht eintreten sollte, wird das Spannungsverhältnis zwischen den beiden Strategien auf lange Sicht das Erscheinungsbild der Gemeinschaft bestimmen.

Möglichkeiten und Grenzen dieser **Koordinationsstrategie** zeigen sich besonders anschaulich **im Rahmen der EPZ.** Die **Erfolge** der EPZ liegen in erster Linie in den Bereichen, in denen es lediglich um eine wechselseitige Abstimmung der verschiedenen nationalen Positionen geht – so im Blick auf die Formulierung von Übereinstimmungen in der UNO, bei den KSZE-Konferenzen, bei den gemeinsamen Deklarationen zu jeweils aktuellen Fragestellungen. Die EPZ-Methode stößt dort an ihre **Grenzen,** wo es in Spannungs- oder Krisensituationen um kurzfristiges und konfliktfähiges Handeln der EG geht – etwa bei der Boykottierung des Iran, bei den Reaktionen auf den sowjetischen Einmarsch in Afghanistan, bei der Reaktion auf die Ausrufung des Kriegszustandes in Polen. Überall dort waren die konkreten Reaktionen der EG zögerlich, unpräzise, ohne nennenswerte Wirkung beim jeweiligen Adressaten.

**3. Die wirtschaftlichen Disparitäten** innerhalb der EG erweisen sich als ein schwerwiegendes Integrationshindernis. Diese Disparitäten kommen aktuell zum Ausdruck in den Schwierigkeiten des Europäischen Währungssystems (EWS), in den Arbeitsmarktproblemen, in den Divergenzen der wirtschaftspolitischen Konzepte der Gemeinschaft, in den unbefriedigenden Entscheidungen zur Stahlkrise. Die Möglichkeiten der EG, auf die fundamentalen ökonomischen Herausforderungen wirkungsvoll zu reagieren, sind bis heute höchst begrenzt geblieben. Allein ein Blick auf den EG-Haushalt relativiert sehr nachhaltig die möglicherweise vorhandenen Erwartungen, die Gemeinschaft verfüge über ein effizientes Finanzinstrumentarium. Der Haushalt weist politisch **4 Strukturdefekte** auf, die seine politische Wirksamkeit auf längere Sicht kontinuierlich behindern werden:

▷ Die Höhe der EG-Finanzausstattung erweist sich, trotz beachtlicher Zuwachsraten in den letzten Jahren, mit ca. 60 Mrd. DM als vergleichsweise bescheiden.

▷ Der Haushalt weist ein drastisches Ungleichgewicht auf, da ca. ⅔ aller Ausgaben auf den Agrarmarkt fixiert und damit auch weitgehend dem parlamentarischen Zugriff entzogen sind.

▷ Das Verfahren zur Einstellung des EG-Haushaltes ist so außerordentlich kompliziert, daß eine klar konstruierte öffentliche Diskussion praktisch unmöglich ist.

▷ Die Kompliziertheit des Verfahrens führt immer wieder dazu, daß die Verabschiedung des Haushaltes rechtlich und politisch angreifbar ist.

## Die Reformdiskussion

Gewissermaßen in einer dialektischen Beziehung zu den Krisensymptomen und Strukturproblemen stehen die Reformdiskussionen, die die EG seit über 10 Jahren sehr intensiv führt und in denen sich die zentralen europapolitischen Anliegen widerspiegeln. Die **Zukunft des europäischen Einigungsziels** wird stark davon abhängen, inwieweit es gelingen kann, den Bezirk an europäischer Gemeinsamkeit in den Zielen und Wegen wieder zu präzisieren und auszubauen. Nur auf der Grundlage eines Ziel- und

Strategie-Konsenses werden die anstehenden Konflikte konstruktiv zu regeln sein.
Im Blick auf die **Zielbeschreibung** ist Europa gefragt, welche Verfassung die Grundlage des Zusammenlebens bilden soll. Es kann heute kein Zweifel darüber bestehen, daß Europa **eine Verfassung** braucht: Die Rechtsgrundlagen sind unüberschaubar geworden; die Reform Europas ist überfällig, die elementare Übereinstimmung der Europäer muß fixiert werden. Eine Europäische Verfassung könnte so zu einem wichtigen Orientierungselement werden.
Die Frage nach dem Ziel wird zwangsläufig begleitet von der **Frage nach der Strategie.** In einer Zeit, in der der Konsens brüchig geworden ist, wollen die beteiligten Akteure genauer wissen, auf welche Schritte sie sich mit welchen Konsequenzen einlassen sollen. Sie wollen genauer kalkulieren können, welche Reaktionen sie auf welche Folgemaßnahmen einplanen müssen. Die dazu notwendigen Zweck-Mittel-Analysen haben ergeben, welches Verhältnis zwischen dem Ziel, der mittelfristigen Aktionsabfolge und den einzusetzenden Instrumenten besteht. Was liegt vor diesem Hintergrund näher, als eine neue Strategiedebatte über die Realisierung der Idee Europas zu beginnen und vielleicht dabei auch den experimentierenden Grundzug der Europapolitik wiederzuentdecken?
Die **Strategiedebatte** gehört in der Europapolitik zu den sträflich vernachlässigten Stiefkindern. Dafür mag die integrationspolitische Mentalität verantwortlich sein, die Dinge treiben zu lassen und aus dem Augenblick heraus zu handeln. Die erste Frage dieser längst überfälligen Strategiedebatte lautet: Wer kann der Impulsgeber für neue Integrationsschritte sein: Ein Honoratiorenkomitee nach dem Vorbild *Jean Monnets?* Europäische Eliten-Parlamentarier, Intellektuelle, Journalisten, Wissenschaftler? Regierungskonferenzen oder Volksbewegungen? Ein gemeinsam entwickelter Führungswille von Frankreich und der Bundesrepublik Deutschland, der eine Sogwirkung auf dritte ausübt – nach dem Modell, das *Adenauer* und *de Gaulle* bei Abschluß des Freundschaftsvertrages vorschwebte?
**Wer kann** also **der Föderator Europas sein** und damit der Idee Europa neue Ausstrahlung verschaffen?
Die einzelnen Faktoren dieser Frage lassen sich recht präzise kalkulieren: Dieser Föderator kann nur in den Staaten zu finden sein, deren politische und wirtschaftliche Potenz die notwendigen Führungsimpulse freisetzen kann. Man muß das europapolitische Kalkül an den wirklich vorhandenen Machtpotentialen festmachen. Die Träume lösen sich auf, wenn das machtpolitische Deklinieren begonnen hat. Es gehört wohl zu den merkwürdigen Illusionsspielen der europäischen Integration, Entwürfe für Reformperspektiven oftmals den kleinen Staaten zu überlassen, um sie dann bestenfalls als Spielmaterial für Seminaristen und Visionäre aller Art zu benutzen.
**Der gesuchte Föderator** kann nur in den Staaten zu finden sein, die mit der Integration Europas mehr verbinden als nur eine pragmatische wirtschaftliche Kooperation. Die Axt war an die politische Union Europas angelegt, als die EG den Beitritt von Staaten zuließ, die nur unter dem Sog des wirtschaftlichen Erfolges an der Gemeinschaft interessiert waren. Und das bedeutet: Wir müssen sorgfältig registrieren, welche Mitglieder der EG mit dem erreichten Status quo im wesentlichen zufrieden sind und welche darüber hinaus die politische Union anstreben. Die Lösung ist dann relativ einfach: Diejenigen, die das politisch geeinte Europa wollen, sollen es bauen, auch wenn es zunächst nur 2, 3 oder 6 Staaten sind. Diejenigen, die sich ausschließlich dem EG-Status quo widmen wollen, sollen sich auf das Krisenmanagement konzentrieren. Der gesuchte Föderator muß außerdem seinen politischen Willen an **existentiellen Aufgaben** festmachen. Er darf als Themen nicht die bisherige Agenda wählen – dazu sind die Konfliktlinien und wechselseitigen Lähmungen ja hinreichend bekannt. Er darf als Themen auch nicht die unendlichen Details der alltäglichen Brüsseler Abläufe wählen – dafür ließen sich kaum die notwendigen politischen Kräfte mobilisieren.

**Die großen Themen** für ein solches Unternehmen liegen auf der Hand:

▷ Europa steht in der Gefahr, im **Modernisierungswettlauf** dieser Welt abgehängt zu werden. Zukunftstechnologie, Strukturwandel des Informationssektors, Kommunikationstechnologie, Raumfahrt, neue Energien – Europa kann hierzu nicht warten, bis dies der letzte begriffen hat. Es darf auch nicht noch den letzten Bremser einbinden wollen. Nicht im Sinne der »abgestuften Integration« innerhalb der EG ist dies gemeint, sondern in der Tradition von EPZ und EWS als Ergänzung der EG, also in der Tradition der Vielfalt von Organisationsformen..

▷ Als zweites großes Thema drängt sich die Frage nach der **Sicherheit Europas** auf. Die traditionelle Forderung nach einem kräftigeren Beitrag der Europäer zu ihrer Sicherheit wird zunehmend ergänzt durch den wachsenden Wunsch, das atlantische Gespräch als Dialog selbstbewußter Partner zu führen. Eine Schritt für Schritt immer dichter werdende sicherheitspolitische Kooperation der Westeuropäer könnte den neuen Weg markieren. Dazu böte sich die Westeuropäische Union, die EPZ, aber auch die Wiederentdeckung der europäischen Idee des deutsch-französischen Freundschaftsvertrages an. Die Sorgen der Vertragsväter am Anfang der 60er Jahre waren praktisch identisch mit den heutigen Schwierigkeiten: Spannungen im Ost-West-Verhältnis, Zweifel an der Handlungsfähigkeit der Atlantischen Allianz, europapolitische Krisen. Das eigentliche Thema der vertraulichen Gespräche zwischen *Adenauer* und *de Gaulle* war vor diesem Hintergrund auch nicht die bilaterale Aussöhnung zwischen beiden Völkern – die war in ihrer Sicht bereits

weitgehend vollzogen. Ihr Thema war die sicherheitspolitische Union Europas. Ihre Idee lautete: Die politische und sicherheitspolitische Verklammerung von Deutschland und Frankreich soll der Motor der politischen Union Europas sein und die anderen Staaten mitziehen.
Keine dieser Ideen wird jedoch Erfolg haben können, solange man meint, die entscheidenden Schritte seien allein am prasselnden Kaminfeuer zu vollziehen. **Unter den Existenzbedingungen moderner Industriegesellschaften reicht der gute Wille** der Staats- und Regierungschefs allein **nicht aus. Er muß in** politische, in **europäische Strukturen übersetzt werden.** Solange die europapolitisch Verantwortlichen nur im Erfolgssog nationaler Kräftefelder stehen, kann es und wird es keine wesentlichen Veränderungen der europäischen Szenerie geben. Heute erweist es sich wohl als **schwerstwiegender Fehler der Europapolitik,** den Aufbau einer europäischen Infrastruktur bisher weitgehend verschleudert zu haben. Die Idee der Einigung Europas kann erst dann wieder wirkliche Erfolgserlebnisse bieten, wenn die Europapolitik machtpolitisch nicht mehr fast ausschließlich im Bann nationaler Kraftzentren steht.
Wenn man sich dieses Panorama der Aufgaben vor Augen führt, dann muß man sich einen Sachverhalt immer wieder in Erinnerung rufen: Bei allem Reformdruck, bei aller Dringlichkeit zum Handeln, also bei allem Zeitdruck, ist es notwendig, die **Einigung Europas** als **eine Langzeitaufgabe der politischen Kultur** zu begreifen. Viele Urteile über die Europapolitik erweisen sich als höchst punktuelle, vordergründig tagesorientierte Fixierung. Wir müssen weiter denken als bis zur nächsten Gipfelkonferenz, und wir müssen weiterdenken als nur in Wahlperioden des Europäischen Parlaments. Die politische Atemlosigkeit der Detailentscheidung des nächsten Tages darf nicht der letzte Beurteilungsmaßstab für Europa sein.
Diese historische Dimension unserer Aufgabe muß wieder stärker in unser Bewußtsein treten. Im ersten Reformbericht, den die EG vor vielen Jahren über sich selbst in Auftrag gegeben hat, ist dies schon klug festgehalten. Es heißt dort: »Europa ist historisch eine Eilsache. Gewiß scheinen einige der angestrebten Ziele in weiter Ferne zu liegen. Ein Grund mehr, sie unverzüglich in Angriff zu nehmen. Je höher der Gipfel, desto früher macht sich die Seilschaft auf den Weg.«
Wir sollten in Europa diese Bergsteigerweisheit wieder beherzigen: Uns früh auf den Weg machen und den Gipfel nie aus den Augen verlieren.

KNUT WALF

# Das katholische innerkirchliche Rechtssystem

(Der neue Codex Iuris Canonici = CIC von 1983)

Am 27. November 1983 trat ein neues Gesetzbuch für die katholische Kirche in Kraft. In diesem **Codex Iuris Canonici** sind nun die Normen des allgemeinen, also für den Gesamtbereich der katholischen Kirche geltenden Rechts versammelt. Da wegen der Vielzahl christlicher Kirchen der Begriff »Kirchenrecht« sehr umfassend ist, muß hier vorab festgehalten werden, daß dieser Codex lediglich die Normen der Lateinischen Kirche enthält, also nicht für Christen anderer Konfessionen und auch nicht für die Angehörigen jener Ostkirchen gilt, die sich dem römischen Papst unterordnen (= unierte Kirchen). Das Gesetzbuch enthält dementsprechend auch nur Normen des inneren Kirchenrechts (Ordnung der Kirche) und keine des äußeren Kirchenrechts (Staatskirchenrecht). Mit den Normen des Kirchenrechts befaßt sich die Kirchenrechtswissenschaft (Kanonistik), die sich als eine theologische Disziplin begreift, welche sich juristischer Methoden bedient.

**Zur Entwicklung des neuen CIC**

Das geltende katholische Kirchenrecht kann auf eine jahrhundertealte, ungebrochene Tradition zurückschauen. **Elemente einer Kirchenordnung** bildeten sich bereits in der Frühen Kirche aus. Im 4. Jh. wurde erstmals der Versuch unternommen, eine Art Rechtssammlung der damals bestehenden kirchlichen Ordnungen zustande zu bringen (die »Apostolischen Konstitutionen«, Syrien um 380). Seit dem 5. Jh. entstanden bereits strenger gegliederte Rechtssammlungen; die bedeutendste der westlichen Kirche war die Dionysiana (nach ihrem Verfasser, dem skythischen Mönch *Dionysius Exiguus* »Der Kleine«, gest. um 550 in Rom), auch Corpus Canonum genannt (um 500). Seit dem 12. Jh. wurde die Rechtsordnung der Lateinischen Kirche nach dem Vorbild des Römischen Rechts systematisiert. Der Bologneser Mönch und Rechtsgelehrte *Gratian* vollendete 1140–42 eine Rechtssammlung (Concordia discordantium canonum, etwa »Harmonisierung der widersprüchlichen Gesetze«), die später durch weitere Sammlungen ergänzt wurde. Dieses Konvolut erhielt die Bezeichnung »Corpus Iuris Canonici« (etwa »Sammlung der Rechtsvorschriften«). Das Corpus I.C. war eine Rechtssammlung mit offiziösem Charakter, die erst nach der Kirchenspaltung durch die Reformation in einer päpstlich approbierten Ausgabe erschien (1580/82). Unter dem Eindruck der Rechtskodifikationen in vielen Staaten während des 18. und 19. Jhs. kamen auf dem I. Vatikanischen Konzil (1869/70) Stimmen auf, die eine Kodifizierung der unübersichtlichen Materie kirchlichen Rechts forderten, jedoch berief erst *Pius X.* 1904 eine Kommission zur Erarbeitung eines derartigen Gesetzbuches. Dieser »Codex Iuris Canonici«/CIC (etwa »Kodex der Rechtsvorschriften«) wurde 1917 von *Benedikt XV.* promulgiert (= »veröffentlicht«) und trat Pfingsten 1918 in Kraft.

Zu den Plänen *Johannes XXIII.* für eine Erneuerung der katholischen Kirche (»aggiornamento«) gehörte auch die Revision des kirchlichen Rechts und damit des CIC von 1917. *Johannes XXIII.* setzte noch während des II. Vatikanischen Konzils (1962–65) eine Kardinalskommission für die Revision des CIC ein (1963), doch nahm diese ihre Arbeit wegen des Konzils erst 1965 auf. Wichtige Akzente für die Arbeit der Kommission und damit für die Erneuerung des katholischen Kirchenrechts setzte die Bischofssynode – ein »Konzil im kleinen« – 1967 mit ihren 10 Leitsätzen. Während der 70er Jahre legte die Kommission verschiedene Teilentwürfe (»Schemata«) des neuen Gesetzbuches vor, die teilweise oder gänzlich (etwa das Ordensrecht) durch die Befragten (Bischöfe, Orden, Wissenschaftler usw.) abgelehnt oder mit Änderungswünschen versehen zurückgeschickt worden sind. 1980 wurde ein Gesamtentwurf des neuen Codex den Kardinälen zur Stellungnahme zugeleitet. Dieser Entwurf ist dann nochmals in einem bislang nicht gänzlich aufgehellten Revisionsprozeß (u. a. hat *Johannes Paul II.* kurzfristig eine Sonderkommission einberufen und, ohne ihr die Zeit zu ernsthaften Beratungen zu geben, wieder aufgelöst) in wichtigen Punkten erheblich abgeändert worden. Am 25. Januar 1983 unterzeichnete *Johannes Paul II.* die Apostolische Konstitution »Sacrae Disciplinae Leges«, mit der der neue CIC promulgiert wurde. Er trat am 27. Nov. 1983 in Kraft. Der insbesondere von der römischen Kurie lange Zeit gehegte **Plan,** der katholischen Kirche neben dem CIC auch **ein völlig neuartiges Grundgesetz** (»Lex Ecclesiae Fundamentalis«) zu geben, wurde erst in der Schlußphase der Revisionsarbeiten (1982) **aufgegeben,** nachdem dieses Projekt in den Teilkirchen auf breite Opposition gestoßen war (unter »Teilkirchen« versteht Rom a) die »nationalen« Kirchen, b) im engeren Sinne die Diözesen, c) schließlich auch die unierten Kirchen). Bislang liegt keine offizielle Erklärung vor, ob dieses Projekt nicht mehr weiterverfolgt wird oder ob es zu einem späteren Zeitpunkt als Rahmengesetz zu den Rechtsordnungen für die Lateinische Kirche und die mit Rom unierten Ostkirchen realisiert werden soll.

**Aufbau des neuen CIC**

Das erste systematisch geordnete Gesetzbuch der katholischen Kirche, der **Codex von 1917**, war nach einem dem klassischen Römischen Recht entliehenen Schema (»Institutionen des Gaius«, gest. 180 n. Chr.) gegliedert worden, doch erwies es sich später aus theologischen Gründen als inadäquat für die Ordnung der Materien des Kirchenrechts.

Unter dem Einfluß der Terminologie, die das II. Vatikanische Konzil in seiner Lehre über die Kirche (Ekklesiologie) verwendet hat, ist daher der **Codex von 1983** anders gegliedert worden, doch schimmert das alte Schema noch durch. Der neue Codex besteht aus 7 »Büchern« (libri): Buch I: Allgemeine Normen; II: Volk Gottes (= Verfassung oder Struktur der Kirche, enthält u.a. auch das Ordensrecht); III: Verkündigungsdienst der Kirche (Lehramt); IV: Heiligungsdienst der Kirche (Sakramentenrecht); V: Kirchenvermögen; VI: Strafbestimmungen; VII: Prozeßrecht. Der Codex umfaßt 1752 Einzelbestimmungen, »canones« genannt, die häufig in Paragraphen und/oder Nummern unterteilt sind. Gegenüber dem Codex von 1917 wurde der Umfang der Gesetzesmaterie um ⅓ vermindert; insbesondere das Strafrecht ist stark beschnitten worden (fast auf ⅓ des früheren Bestands). Im Unterschied zum früheren Codex besitzt das neue Gesetzbuch (bislang?) keinen Index im Sinne eines Begriffsverzeichnisses, was das Auffinden der Bestimmungen für einen Laien erschwert.

In der Vorrede zum neuen Codex wird u. a. erwähnt (hier und im folgenden wird aus der im Auftrag der Deutschen Bischofskonferenz für die deutschsprachigen Teilkirchen angefertigten offiziösen Übersetzung ins Deutsche zitiert), daß »während der gesamten Arbeitsdauer... 105 Kardinäle, 77 Erzbischöfe und Bischöfe, 73 Weltpriester, 47 Ordenspriester, 3 Ordensfrauen und 12 Laien aus 5 Kontinenten und 31 Nationen als Mitglieder, Konsultoren und als andere Mitglieder der Kommission ihre Mitarbeit zur Verfügung« stellten. Diese Aufzählung verdeutlicht zur Genüge die **geringe Beteiligung der Laien,** insbesondere der Frauen, bei Erarbeitung und Redaktion des neuen Gesetzbuches. In diesem Vorwort wird auch auf die bereits erwähnte Beratung der Teilentwürfe in den Teilkirchen hingewiesen, etwa durch die Bischöfe und deren Berater, in den Orden oder an den (kirchlichen) Universitäten und Fakultäten. Derartige Beratungen haben zwar stattgefunden, doch waren sie von sehr unterschiedlicher Frequenz und Qualität. Aus nicht wenigen Teilkirchen kam keine oder nur geringe Kritik an den Entwürfen; das mag teilweise auf Desinteresse zurückzuführen sein, hatte aber auch damit zu tun, daß es in nicht wenigen Teilen der Kirche zu wenig versierte Fachleute des Kirchenrechts gibt. Und dies gilt insbesondere für die **Teilkirchen in der »Dritten Welt«.** Es ist nicht unwichtig, darauf hinzuweisen; denn nicht nur wegen seines inneren Aufbaus und der juristischen Denkweise ist dieser Codex ein Produkt der westlichen Welt. (Als Beispiel sei hier nur ein Komplex zitiert: Während der Bischofssynode im Herbst 1983 berichteten vor allem afrikanische Bischöfe über die Schwierigkeiten mit der Einehe in überwiegend schwarzafrikanischen Sprengeln; zwar sehe der CIC vor, daß die Kirche sich jener Frauen wirtschaftlich und sozial annehmen solle, die nach dem Übertritt des Hausherrn zum Glauben aus der polygamen Ehe zu entlassen seien, doch könne einerseits die Kirche diese Versorgung in keiner Weise leisten oder gar sicherstellen noch werde durch eine solche Versorgung andererseits das Hauptproblem gelöst: Wer zum Glauben übertrete, löse sich auf gefährliche Weise aus der örtlichen Gemeinschaft, ohne deren Stütze und Schutz kaum jemand überleben könne, und wer dann noch aus der Gemeinschaft unverständlichen Gründen aus den Gesetzen der Polygamie ausbreche, mache sich in selbstzerstörerischer Weise zum Gegner dieser ihn tragenden Lebensgemeinschaft.) Die unzureichende Mitsprache der Kirchen in der »Dritten Welt« wird vermutlich von entscheidender Bedeutung für das Schicksal des Codex sein, da sich die größeren und lebendigeren Teilkirchen innerhalb der katholischen Kirche in Zukunft in Ländern der »Dritten Welt« befinden werden.

**Die wesentlichen Neuerungen**

**1. Geltungsbereich:** Bislang spielte gelegentlich bei Kontakten zwischen Katholiken und Christen anderer Konfessionen eine Rolle, daß der Codex von 1917 den Anspruch erhob, für alle Getauften, also für alle Christen zu gelten (c.12 CIC–1917). Diesen ohnehin irrealen Anspruch gibt der neue Codex auf; nach seinem c.11 binden die kirchlichen Gesetze nur noch die in der katholischen Kirche Getauften und die in diese Kirche aufgenommenen Christen (»Konvertiten«). Die Möglichkeit eines Kirchenaustritts ist auch weiterhin mit dem katholischen Kirchenverständnis unvereinbar. Dennoch trägt das neue Kirchenrecht der heutigen Entwicklung insofern Rechnung, als ein Katholik, der formell die katholische Kirche verlassen hat (etwa durch eine Erklärung vor der staatlichen Behörde oder einer Urkundsperson [Notar]), außerhalb der katholischen Kirche und ohne deren Zustimmung eine auch für die katholische Kirche gültige Ehe schließen kann (c.1117).

**2. Mitgliedschaft:** Während der frühere Codex eine Bestimmung enthielt, die knapp und deutlich die Zugehörigkeit zur Kirche definierte (c.87 CIC–1917), muß man dazu im neuen Codex 3 »canones« konsultieren: cc.96, 204 und 205. Gemäß c.96 wird »ein Mensch durch die Taufe Angehöriger der Kirche Christi und in ihr zu einer Person mit Pflichten und Rechten, die Christen – unter Beachtung ihrer Stellung – eigen sind, soweit sie sich in der kirchlichen Gemeinschaft befinden und sofern nicht eine rechtmäßig verhängte Strafe entgegensteht«. In dieser Definition steckt eine Reihe wichtiger Elemente: Durch die Taufe wird jemand Angehöriger der Kirche Christi, also nicht unbedingt der katholischen Kirche. Die Zugehörigkeit zur katholischen Kirche, die sich weiterhin als *die* Kirche Christi versteht, wird aber angesprochen, wenn von der »kirchlichen Gemeinschaft« die Rede ist. Schließlich wird auf die »Stellung« in der Kirche hingewiesen; dies zielt auf die unterschiedliche Rechtsstellung von Klerikern und Laien in der katholischen Kirche. Mit c.96 stimmt c.204 § 1 weitgehend überein, allerdings hat man terminologisch eher auf Begriffe des II. Vatikanischen Konzils zurückgegriffen. Wichtiger und auch neu im Recht der katholischen Kirche ist hingegen c.205, in dem definiert wird, wer »voll« zur katholischen Kirche gehört. Dabei folgt der neue Codex der Definition von *Kardinal Bellarmin* († 1621), einem der bedeutenden Verteidiger des Papsttums während der Gegenreformation. »Voll« zur Gemeinschaft der katholischen Kirche gehören danach jene Getauften, die den Glauben der Kirche, die Sakramente und die kirchliche Leitung anerkennen (»Kirchliche Leitung« bedeutet: Papst und Bischöfe).

**3. Pflichten und Rechte** der »Christgläubigen«: Die katholische Kirche ist eine ständisch strukturierte Gemeinschaft. Der protestantische Kirchenrechtler *Ulrich Stutz* hat nach Erscheinen des Codex von 1917 davon gesprochen, **die Kleriker** seien in der katholischen Kirche **die »Vollgenossen«**, während **die Laien** lediglich **die »Schutzgenossen«** dieses Rechts seien. Daran hat sich durch den neuen Codex inhaltlich kaum etwas geändert. Allerdings wollte man – dem II. Vatikanischen Konzil folgend – stärker das Gemeinsame von Klerikern und Laien herausstellen. Dazu dient auch die Bildung des umgreifenden Oberbegriffs »Christgläubiger«. Im neuen Codex findet sich nun ein eigener Abschnitt, in dem »die Pflichten und Rechte aller Christgläubigen« umschrieben werden. Wenn in ersten Kommentaren zum neuen Codex darauf hingewiesen worden ist, im neuen Codex befinde sich ein »Grundrechtekatalog«, dann betraf dies den genannten Abschnitt. Es ist allerdings übertrieben, diesen so zu bezeichnen. Wie schon der Titel verdeutlicht, wird eher von den Pflichten als von den Rechten der Gläubigen gesprochen. Obendrein wird immer wieder unterstrichen, die Laien müßten den »heiligen Hirten«, also den Klerikern, folgen, und zwar »in christlichem Gehorsam« (c.212 § 1). Werden gelegentlich auch Rechte genannt (z.B. das auf Vereinsbildung), sind es zumindest für Menschen, die in einer demokratischen Gesellschaft leben, pure Selbstverständlichkeiten.

Die **Rechte der Laien** sind allerdings in einigen Punkten im Vergleich zum früheren Recht durch Bestimmungen des nachkonziliaren Rechtes erweitert worden. Dies tat der kirchliche Gesetzgeber nicht zuletzt unter dem Druck des Priestermangels in vielen Teilkirchen. Es ist also hervorzuheben, daß gemäß den nun geltenden gesetzlichen Bestimmungen die Dienste der Laien in der Kirche erst dann gefragt sind, wenn Kleriker nicht oder nicht in ausreichender Zahl zur Verfügung stehen. Ist das der Fall, dann dürfen Laien gemäß c.230 § 3 die Liturgie leiten, Wortgottesdienste halten, predigen, taufen und die Kommunion austeilen. Weitere Bestimmungen, die Laien Rechte einräumen, finden sich in verschiedenen Teilen des neuen Codex. So dürfen sie unter gewissen Voraussetzungen Ehen schließen (c.1112), Sakramentalien spenden (c.1168) und auch als Richter in einem Kollegialgericht mitwirken (c.1421 § 2).

**4. Stellung der Frau:** Der Codex vermeidet es in auffallender Weise, von oder über Frauen zu sprechen. Gelegentlich wird hervorgehoben, gewisse Rechte kämen nur »männlichen Laien« zu. Meint das Gesetzbuch auch Frauen, wird eben ganz allgemein von »Laien« gesprochen. Folglich dürfen in gewissen Notsituationen auch Frauen die oben genannten liturgischen Funktionen ausüben (für das Gebiet der Deutschen Bischofskonferenz wurde von ihr die Möglichkeit einer »Notsituation« in ihrem Bereich grundsätzlich verneint, so daß etwa Priester, die Ministrantinnen zulassen oder diesen gar das Recht der Kommunionreichung einräumen, das sehr weit außerhalb der Rechtsvorschriften in kühner Auslegung pastoraler und seelsorgerlicher Aufgaben angesichts der allgemeinen Frauenemanzipation auf eigene Verantwortung zu unternehmen haben), und kirchliche Richter werden. Letzteres ist von gewisser Bedeutung, da bislang allein Männer und zudem in der Regel nur Priester Recht sprechen, in Verfahren, die meistens über Ehen handeln (»Ehenichtigkeitsverfahren«). Es gehört zu den wenigen Verbesserungen, die die Endfassung des Codex gegenüber seinem Entwurf von 1980 aufweist, daß die diskriminierende Bestimmung gestrichen wurde, wonach die Beichten von Frauen allein im Beichtstuhl gehört werden durften, der gemäß c.964 § 2 »mit einem festen Gitter zwischen dem Beichtenden und dem Beichtvater versehen« sein muß.

**5. Verfassung der Kirche:** Der neue Codex wird nicht selten als das juridische Resultat des II. Vatikanischen Konzils bezeichnet. Bei näherer Betrachtung des Verfassungsrechts dieses Codex wird es allerdings schwierig, dieser Bewertung zuzustimmen. Eher schon ist man versucht festzustellen, daß es sich um eine komprimierte Zusammenfassung des I. Vatikanischen Konzils (1869/70) handelt, das den Jurisdiktionsprimat des Papstes definiert hat. Die **Gewalt des Papstes** wird im neuen Codex nämlich stärker und öfters betont, als dies im früheren Codex der Fall war. Der Papst »erfreut sich« nunmehr »höchster, voller, unmittelbarer und universaler ordentlicher Gewalt in der Kirche« (c.331). Durch weitere andere Begriffe und Formeln wird zudem die Stellung des Papstes gegenüber den Bischöfen herausgestellt. Neben den häufigen Wiederholungen über seine Gewalt wird etwa in c.333 § 1 gesagt, der Papst besitze »eine Herrscherstellung« ordentlicher Gewalt über alle Teilkirchen und deren Verbände. Zu den aufsehenerregenden Veränderungen zählt ferner, daß der Papst in c.331 als **»Stellvertreter Christi«** bezeichnet wird. Derartige Formulierungen dürften dem Verständnis zwischen der katholischen Kirche und den anderen christlichen Kirchen kaum förderlich sein. In auffallender Weise wurde auch die **Rechtsstellung des** Allgemeinen (Ökumenischen) **Konzils eingeengt.** Im Unterschied zum früheren Codex ist ihm im neuen kein eigenes Kapitel mehr gewidmet. Es wird nun in einem Kapitel behandelt, in dem vornehmlich über die beherrschende Stellung des Papstes im Bischofskollegium gesprochen wird. Man hat den Eindruck, daß das Konzil neutralisiert werden soll. An seine Stelle soll offensichtlich das »Konzil im kleinen« treten, die erst nach dem II. Vatikanischen Konzil rechtlich institutionalisierte Bischofssynode.

**6. Eherecht:** Mit diesem Bereich des katholischen Kirchenrechts kommt der durchschnittliche Kirchenangehörige heute noch am ehesten in Berührung. Auch betätigt sich die kirchliche Rechtsprechung heute beinahe ausschließlich auf diesem Gebiet. Deshalb werden sich viele allein für die Neuerungen in diesem Teil des Kirchenrechts interessieren. Nach dem neuen Codex gelten seine eherechtlichen Bestimmungen nur noch für Ehen, in denen wenigstens 1 Partner Katholik ist. Die neue Regelung (c.1059) stellt einen Fortschritt dar, da bislang dieser Anspruch für Ehen aller Getauften, also aller Christen erhoben wurde (c.1016 CIC–1917). Die neue Bestimmung ergibt sich folgerichtig aus dem bereits erwähnten neuen c.11.

Von fundamentaler Bedeutung ist die veränderte Sicht oder Einschätzung der Ehe durch das neue Kirchenrecht im Vergleich zum früheren Codex. Das neue Recht sieht **die Ehe** in erster Linie **als Lebensgemeinschaft.** Der **Aspekt der Leibesgemeinschaft,** der im früheren Recht im Vordergrund stand, wird allerdings auch im neuen Codex hervorgehoben, da nach katholischer Auffassung die Ehe ihrer Natur nach auf Nachkommenschaft gerichtet ist (c.1055 § 1).

Die katholische Kirche hält auch in ihrem neuen Recht an der absoluten Unauflöslichkeit der Ehe fest. Gemäß c.1056 sind Einheit (= Einpaarigkeit) und Unauflöslichkeit die wesentlichen Eigenschaften einer Ehe. Was das **Prinzip der Unauflöslichkeit** betrifft, muß allerdings darauf hingewiesen werden, daß auch der neue Codex die Möglichkeit der Auflösung gültiger sogenannter Naturehen »zugunsten des Glaubens« kennt, das **Privilegium Paulinum** (cc.1141 ff.): Wenn einem zum Glauben Bekehrten nicht zugemutet werden kann, mit seinem Partner zusammenzuleben, der diese Bekehrung heftig ablehnt, so kann der Papst die Ehe auflösen. Daß sich der kirchliche Gesetzgeber der Zweifel und Fragen bewußt war, die viele Zeitgenossen hinsichtlich derartiger Regelungen haben dürften, erhellt die Tatsache, daß die Bestimmungen über das noch weiterreichende **Privilegium Petrinum** nicht im Codex stehen. Ob dies allerdings bedeutet, daß die in den letzten Jahren immer bedenklichere Dispenspraxis der römischen Kurie eingestellt wird, muß bezweifelt werden. (Beide Privilegien entstanden im 16./17. Jh. im Zusammenhang mit der Ausdehnung der Kirche in nichteuropäische Kulturen Asiens, Afrikas, Amerikas; beide behandeln die einzigen Fälle von Ehescheidung im katholischen Recht – alle anderen »Scheidungen« sind in Wirklichkeit Nichtigkeitserklärungen: Die Ehen haben also nie existiert; das Petrinum sieht, über das Paulinum hinausgehend, vor, daß ein Nichtkatholik von einem Katholiken geschieden werden kann, wenn er einen anderen Partner ehelichen will – selbst wenn es sich bei diesem um einen Nichtkatholiken handelt.)

Die **kirchlichen Ehehindernisse** werden durch das neue Gesetzbuch vermindert. Hindernisse, von denen früher ohnehin dispensiert wurde (die »aufschiebenden Ehehindernisse«), bestehen nun nicht mehr, sieht man einmal von dem Sonderfall der konfessionsverschiedenen Ehen (»Mischehen«) ab. Will ein Katholik einen nichtkatholischen Christen heiraten, bedarf er zur Trauung – soll sie auch für die katholische Kirche gültig sein – der Erlaubnis »der zuständigen Autorität« (c.1124); damit dürfte der Codex den Bischof meinen, der jedoch diese Vollmacht delegieren kann. In Deutschland besitzen Seelsorger, die trauen dürfen, diese Vollmacht; dies sind in der Regel die Pfarrer. Die Erlaubnis wird nur erteilt, wenn der katholische Partner sich bereit erklärt, alles seinen Kräften Mögliche zu tun, daß die Kinder katholisch getauft und erzogen werden (c.1125 n.1). (Der nichtkatholische Teil »nimmt zur Kenntnis«; sollte sich der katholische Teil später unwillig zeigen, seine Bereitschaftserklärung zu erfüllen, besteht trotz aller ökumenischer Ansätze die Möglichkeit, ihn durch Exkommunikation zu strafen.) Der neue Codex kennt nun noch folgende Ehehindernisse: Eheunmündigkeit, geschlechtliches Unvermögen, bestehendes Eheband, Religionsverschiedenheit, Weihe, Gelübde, Entführung (der Frau!), Verbrechen (= Tötungsdelikt im Zusammenhang mit einer geplanten Ehe), Blutsverwandtschaft, Schwägerschaft, öffentliche Ehrbarkeit (d.i. die »nachgebildete Schwägerschaft«: Geschwister von im Konkubinat Lebenden gelten wie gesetzliche Schwäger/innen) und gesetzliche Verwandtschaft (aufgrund einer Adoption). Was das geschlechtliche Unvermögen betrifft, bringt das neue Recht insofern eine wichtige Änderung, da nunmehr allein die Unfähigkeit zur Vollziehung des Beischlafs eine gültige Ehe nicht zustande kommen läßt.

**7. Verwaltungsgerichtsbarkeit:** Es war der dringende Wunsch einiger Teilkirchen (so auch der bundesdeutschen) sowie vieler Kirchenrechtler, daß in der katholischen Kirche endlich eine Rechtsprechung bzw. Gerichtsbarkeit über Entscheidungen der Verwaltung (Verwaltungsgerichtsbarkeit) eingeführt wird. Im Entwurf des Codex von 1980 war denn auch ein ganz brauchbarer Abschnitt über verwaltungsgerichtliche Verfahren enthalten. Es gehört zu den Enttäuschungen, die insbesondere die Kirchenrechtler bei der Promulgation des neuen Codex erlebt haben, daß diese Regelungen nun doch nicht enthalten sind.

**8. Laisierung von Priestern** (»Laisierung« bedeutet Freisetzung von allen Priesterpflichten; die Befreiung vom Zölibat hat gesondert zu geschehen; durch die Laisierung wird die Gültigkeit der Sakramentenspende durch den Freigesetzten nicht berührt, auch wenn er das Recht, sie zu spenden, nicht mehr hat; Ausnahme: falls ein Laisierter die Beichte hört und Absolution erteilt, gilt beides als ungültig. Für einen weiteren Bereich des kirchlichen Rechts, der seit vielen Jahren aktuell ist, trifft das neue Gesetzbuch gleichfalls keine Vorsorge, nämlich für die sog. »Laisierung von Klerikern«, also besonders von Priestern. Die Möglichkeit der Laisierung, die es seit den Pontifikaten *Johannes XXIII.* und *Pauls VI.* gab, wird nur ganz kurz in c.290 n.3 genannt: Durch einen Bescheid des Hl. Stuhls können Diakone aus schwerwiegendem, Priester sogar nur aus ganz besonders schweren Gründen aus dem Klerikerstand entlassen werden. Dabei betont c.291, daß die Befreiung von der **Zölibatspflicht** – und darum geht es ja in der Regel – nur vom Papst selbst gewährt werden kann. Zum Zölibat ist jeder Kleriker (Diakon, Priester, Bischof) verpflichtet. Der Zölibat beinhaltet zweierlei: vollkommene, lebenslange geschlechtliche Enthaltsamkeit und (somit) Ehelosigkeit. Die Einhaltung des Zölibats wird bei der Diakonsweihe versprochen. Es ist zu unterstreichen, daß der Zölibat eine gesetzliche Vorschrift der Kirche ist und daß er nicht mit dem Keuschheitsgelübde der Ordensleute verwechselt werden darf.

Es ist zu bedauern, daß also eines der wichtigsten disziplinären Probleme der heutigen katholischen Kirche in ihrem neuen Gesetzbuch nicht eindeutiger geregelt ist. Die damit zusammenhängenden Fragen wurden vielmehr durch ein Rundschreiben der römischen Glaubenskongregation, dem früheren Hl. Officium, geregelt, das 1980 vertraulich, also geheim, den Bischöfen und Ordensoberen zugesandt wurde. Seit dem Beginn des Pontifikats *Johannes Paul II.*, besonders seit diesem **Geheimerlaß** ist die **Laisierungspraxis** auf ein kaum nennenswertes Niveau zurückgebracht worden. Zudem ist nicht deutlich, nach welchen Kriterien Kleriker laisiert werden bzw. ein entsprechender Antrag abgewiesen oder nicht behandelt wird.

**9. Territorialprinzip.** Personalprälaturen: Ähnlich wie im Falle der Laisierung zeigt sich auch in einem anderen Bereich des Gesetzbuches die Handschrift des derzeitigen Papstes. Bekannt sind seine Sympathien für die nicht unumstrittene Gemeinschaft **»Opus Dei«** (= »Werk Gottes«), die als Organisation in Franco-Spanien entstanden ist und dort – insbesondere während der Franco-Ära – großen politischen Einfluß besaß und immer noch besitzt, heute weniger im politischen, dafür aber besonders im universitären Bereich. [Leider verdunkelt dieser »Geburtsmakel« die Notwendigkeit, sich auch von kirchlicher Seite gründlich mit der »Theologie« des »Opus Dei« auseinanderzusetzen und die darin enthaltenen, ans Häretische grenzenden Elemente extremer spanischer Katholizität zu erkennen. Auch erleichtert der Faschismus-Vorwurf es allen (auch sonst kritischen nichtkirchlichen Kreisen), zu übersehen, daß der Erfolg des »Opus Dei« zweifellos (ebenso wie der anderer extrem hierarchisch ausgerichteter Gruppen) insbesondere auf den Verlust an Spiritualität in dem von der Großkirche zu verantwortenden seelsorgerischen Bereich zurückzuführen ist.] *Johannes Paul II.* hat wenige Monate vor der Promulgation des neuen Codex »Opus Dei« als **Personalprälatur** errichtet. Das bedeutet, daß sich »Opus Dei« und ähnliche Gemeinschaften weitgehend unabhängig von den Bischöfen organisieren und entfalten können. Normalerweise ist die katholische Kirche nach dem Territorialprinzip strukturiert. Davon wird mit der Personalprälatur eine erste wichtige Ausnahme gemacht (neben dem »Opus Dei« wurde, sozusagen als Feigenblatt, noch die »Personalprälatur vom Hl. Kreuz« errichtet). Dies fällt besonders deshalb auf, weil durch das neue Kirchenrecht die Orden und anderen Religiosengemeinschaften stärker unter die Weisungsbefugtheit der Ortsbischöfe gestellt worden sind, als dies das frühere Recht kannte, etwa in der Form der »Exemtion« (= Freisetzung von den Amtsbefugnissen des sonst nach dem Territorialprinzip zuständigen Bischofs).

**10. Strafrecht:** Wie bereits gesagt, wurde von allen Teilen des Gesetzbuches das Strafrecht am stärksten gekürzt. Von früher 219 »canones« blieben 88 übrig. Die Zahl der Exkommunikationen (Strafe der Ausschließung vom Sakramentenempfang) wurde von mehr als 40 auf 7 drastisch verringert. Bei den weiterhin mit Exkommunikation bedrohten Straftaten handelt es sich um recht unterschiedliche Delikte. Dazu zählen alle Formen des Glaubensabfalls (Apostasie = vollkommener Abfall; Häresie = Leugnung wichtiger Glaubensinhalte; Schisma = Trennung von Papst und Bischöfen), Verunehrung der Eucharistie, auch Abtreibung. Bei einigen Exkommunikationen bleibt die Lossprechung weiterhin dem Hl. Stuhl vorbehalten (Sakrileg = Verunehrung der Eucharistie, Attentat auf den Papst, Lossprechung eines Mitschuldigen bei Verletzung des 6. Gebotes, Bischofsweihe ohne Erlaubnis des Papstes, Bruch des Beichtgeheimnisses). In diesem Zusammenhang ist allerdings darauf hinzuweisen, daß in einer Reihe von Tatbeständen, die früher mit Exkommunikation belegt waren, nunmehr das Interdikt angedroht wird (oder bei Klerikern auch die Suspension). Das Interdikt (neuer Art) hat faktisch die gleichen Folgen wie eine Exkommunikation, jedenfalls für den normalen Kirchenangehörigen; bei der Exkommunikation tritt noch das Verbot hinzu, kirchliche Ämter oder Funktionen auszuüben.

**11. Sonstige Änderungen:** Im Vergleich zum früheren Codex hat das neue Gesetzbuch eine zeitgemäßere und auch den kirchlichen Bedürfnissen angepaßte **Einteilung** erhalten. Während der frühere Codex in seinem 3. Buch (»Sachenrecht«) zugleich über die Sakramente und das Vermögen der Kirche handelte, hat man nun diese beiden sehr verschiedenen Rechtsmaterien in 2 getrennten Büchern untergebracht. Was die vom Codex verwendete **Sprache** betrifft, hat diese gegenüber dem Codex von 1917 an Klarheit und Präzision verloren. Nicht wenige zentrale Begriffe sind multivalent. Dies hat sich insbesondere bei den Übersetzungen des neuen Codex in die modernen bzw. lebenden Sprachen gezeigt. Die Übersetzung des Codex aus dem verbindlichen lateinischen Originaltext in die heutigen Sprachen stellt gleichfalls eine nicht unwichtige Neuheit dar. Der frühere Codex durfte – wie auch das neue Gesetzbuch – nicht ohne päpstliche Erlaubnis übersetzt werden, doch wurde sie – abgesehen von einer Ausnahme für Spanien – nicht erteilt; dementsprechend existiert keine offizielle Übersetzung des früheren Codex in deutscher Sprache. Da der neue Codex – wie bereits erwähnt – **keinen Index** besitzt und zudem die Querverweise sehr selten sind, ist das neue Gesetzbuch der katholischen Kirche trotz der Übersetzung in die modernen Sprachen nur schwer verständlich.

### Versuch einer Beurteilung

Die **Kodifikation** des Rechtes gilt nicht als moderne, dem heutigen gesellschaftlichen Entwicklungstempo angepaßte Form der Gesetzgebung. Bereits der Codex von 1917 wurde als eine späte Frucht der »Kodifikationsära« (18. bis 20. Jh.) betrachtet. Wegen ihrer Starre und Unbeweglichkeit gilt die Kodifikation des Rechtes bei ihren Kritikern bereits seit Beginn des 19. Jh. als wenig überzeugend und ineffizient. Das zivile Recht rückt von der Kodifikation immer mehr ab.

Obwohl auch für die katholische Kirche die Nachteile einer Kodifikation deutlich wurden, insbesondere der Nachteil der **Unbeweglichkeit,** ist man seitens der Kirchenleitung auf entsprechende Bedenken nicht weiter eingegangen. Besonders *Paul VI.* (1963–78) ging selbstverständlich davon aus, daß eine weitere Kodifikation zur Kontinuierung der Rechtstradition der katholischen Kirche gehöre. Zweifelsohne entspricht die Kodifikation des Rechts am meisten der katholischen Idealvorstellung einer einen und unter der Leitung von Papst und Bischöfen geeinten Kirche. Und natürlich besitzt eine Kodifikation Vorzüge, die sie ja auch dem staatlichen Gesetzgeber früherer Zeiten oder selbst heute noch in manchen Entwicklungsländern den dort Regierenden faszinierend erscheinen lassen: ihr einigender, zusammenfassender Charakter, der Anspruch, alles Notwendige zumindest allgemein zu regeln, eine gründliche Systematik und ein einheitlicher Sprachgebrauch bzw. ein deutliches juristisches Begriffsarsenal. Aber nicht jede Kodifikation, die verwirklicht worden ist, hat diese Vorzüge in sich vereinigt. Auch bei dieser neuen Kodifikation des katholischen Kirchenrechts ist es nicht gelungen, alle Vorzüge zu erreichen.

Die **Unvollkommenheiten** des neuen Codex mögen nur Fachleuten auffallen, aber auch Laien auf dem Gebiet des Kirchenrechts werden rasch merken, daß seine Sprache nur wenig mit jener Welt zu tun hat, in der sie leben. Begriffe und Formulierungen erinnern an die Sprache feudalistischer Zeiten (die Herrscherstellung des Papstes in und über alle/n Teilkirche/n wird etwa mit »principatus/Fürst« gekennzeichnet), stammen teilweise aus der Binnensprache einer veralteten Theologie (mit Ausdrücken aus dem Bereich der Agrikultur; z. B. Begriffe wie »heilige Hirten« für die Bischöfe) und sind bezeichnenderweise teilweise überhaupt nicht oder nicht adäquat in moderne Sprachen zu übersetzen (etwa »munus«, was sowohl Dienst im Sinne auch von Demut, wie u. a. Amt im Sinne von »principatus« usw. bedeuten kann; es gibt »munera« des Heiligens, des Lehrens, des Regierens). Die Aussagen des Codex lassen die Resultate der heutigen Theologie auf fast allen Gebieten außer acht. Neben Überflüssigem, was überhaupt nicht in ein Gesetzbuch gehört (z. B. die Ermahnung der Seminaristen zum Gehorsam gegenüber dem Papst oder die Festlegung der Friedhofsordnung), behandelt der Codex Bereiche, die sinnvoller und effizienter durch die Teilkirchen geregelt werden können (etwa das Vermögensrecht).

Über **das Schicksal dieses Codex** wird schließlich alles das entscheiden, was nicht in ihm steht: dynamische Entwicklungen im Bereich der kirchlichen Organisationsformen (etwa die Ausbildung von Personal- und Basisgemeinschaften) und die zahlreichen Wünsche und Forderungen, die man in Rom glaubte übergehen zu können (etwa Erleichterungen im Eherecht, beim Zölibat, Forderungen nach einer Verwaltungsgerichtsbarkeit und rechtlich geregeltem Widerspruch). Der neue Codex folgt nicht dem alten Grundsatz, wonach das Recht dem Leben folgt. Er will vielmehr das Leben der Kirche regeln. Es darf bezweifelt werden, ob er dieses Ziel auch nur annähernd erreichen wird.

**Bibl. Hinweis:** Codex Iuris Canonici, Vatikanstadt 1983 in der Libreria Editrice Vaticana; deutsche Ausgabe bei Butzon & Bercker, Kevelaer; *Knut Walf* »Kirchenrecht« (eine Darstellung der Probleme, die der neue CIC aufwirft bzw. offenläßt), Patmos-Verlag, Düsseldorf 1984

# Das neue italienische Konkordat

Nach beinahe 17jährigen Verhandlungen wurde am 18. Februar 1984 in Rom **ein neues Konkordat** zwischen Italien und dem Hl. Stuhl geschlossen[1]. Der Vertrag löst das Konkordat von 1929 ab (nicht aber die die staatsrechtliche Stellung des Vatikan betreffenden Teile der Lateran-Verträge) und berücksichtigt die heutigen gesellschaftlichen Verhältnisse des Landes. Daß es zur Unterzeichnung kam, wird insbesondere dem italienischen Ministerpräsidenten *Bettino Craxi* als politischer Erfolg angerechnet. Es ist allerdings unsicher, ob das Konkordat in absehbarer Zeit die Zustimmung des italienischen Parlaments finden wird, da wichtige Detailfragen, besonders steuerrechtlicher Art, erst noch durch eine paritätische Kommission geregelt werden müssen. Nach dem Zusatzprotokoll zum Konkordat muß die Kommission diese Aufgabe innerhalb eines halben Jahres nach Unterzeichnung des Vertrages erfüllt haben.
Etwa gleichzeitig schloß der Staat Vereinbarungen mit den Methodisten und Waldensern; ein Vertrag mit der jüdischen Gemeinschaft wird derzeit vorbereitet.
Statt der 45 Artikel des Konkordats von 1929 umfaßt der neue Vertrag nur 14 Artikel. Darin werden die 3 Hauptgebiete der klassischen Konkordate geregelt: Stellung der Kirche im Staat, Ehegesetzgebung, Fragen der Schule bzw. des Religionsunterrichts.
Was die **Stellung der Kirche im Staat** betrifft, werden teilweise die verfassungsrechtlichen Garantien wiederholt. Neu ist, daß aufgrund dieses Konkordats der Katholizismus nicht mehr Staatsreligion in Italien ist. Die bislang recht engen Bande zwischen Staat und Kirche werden gelockert. So muß die Kirche die Ernennung von Bischöfen und Pfarrern in Zukunft den staatlichen Behörden nur noch mitteilen. Rom verliert seinen »heiligen« Charakter (dessen zivilrechtliche Folgen etwa waren: Verbot von Prostitution, Nacktrevuen und Varietés in der Stadt, es sei denn auf Grund richterlicher Genehmigung).
In Art. 2 Abs. 4 wird aber noch von der »besonderen Bedeutung« (»il particolare significato«) Roms für die katholische Christenheit gesprochen. Während im übrigen Italien die kirchlichen Amtsträger italienischer Nationalität sein müssen, gilt dies nicht für Rom und die Bistümer in der unmittelbaren Umgebung Roms (die »suburbikarischen Bistümer«), wodurch der übernationale und gesamtkirchliche Charakter der römischen Kurie garantiert wird (Art. 3 Abs. 3). Durch Art. 4 Abs. 1 werden Kleriker und Ordensleute mit Gelübde vom Militärdienst befreit. In Art. 6 findet sich eine Garantie kirchlicher Feiertage.
Bemerkenswert sind die **Neuerungen im Eherecht.** Der Staat sieht zwar von der Einführung der Zwangszivilehe ab, doch müssen die Daten über den Vollzug einer kirchlichen Trauung an das zuständige Standesamt gemeldet werden. Die Nichtigkeitsurteile kirchlicher Ehegerichte werden vom Staat anerkannt, doch muß dann noch ein staatliches Appellationsgericht darüber befinden, ob das kirchliche Urteil mit den Grundsätzen des italienischen Rechts übereinstimmt (Art. 8).
Der **schulische Religionsunterricht** wird vom Staat garantiert (Art. 9 Abs. 2), er ist jedoch in Zukunft kein Pflichtfach mehr. Geradezu erstaunlich ist auch die Bestimmung, wonach die Eltern ihre Kinder bzw. die religionsmündigen Schulpflichtigen sich selbst zum Religionsunterricht anmelden müssen. Lediglich für die »Grenzregionen« (»regioni di confine«) gilt weiterhin das Abmeldungsprinzip; dort ist der Religionsunterricht also ein Fach, von dem man sich ausdrücklich abmelden muß. Unter »Grenzregionen« dürften Südtirol und andere ehemals österreichische Gebiete zu verstehen sein.
Obwohl das neue Konkordat den bestehenden gesellschaftlichen Verhältnissen in Italien Rechnung trägt, ist doch erstaunlich, zu welchen **Konzessionen der Hl. Stuhl** bereit war, insonderheit, wenn man bedenkt, daß für ihn nicht unwichtige Detailfragen von finanziell-wirtschaftlicher Bedeutung bislang ungeklärt sind. Die ersten Reaktionen aus Kreisen des italienischen Episkopats waren auffallend zurückhaltend. Politische Beobachter vertreten die Ansicht, daß der Abschluß dieses Konkordats ein Beweis für die durch Finanzskandale und politische Unklugheiten geschwächte Position des Vatikans sei.

[1] L'Osservatore Romano (Vatikanstadt), 19. Febr. 1984, S. 2.

WILLY KRAUS

# Gravitationszentrum Pazifik

## Wirtschaftliche und politische Schwerpunktverlagerungen in den pazifischen Raum

### Kulturkreise und Weltkultur

Stärker als bisher fordern Regionen und regionale Schwerpunkte der Weltwirtschaft und Weltpolitik zum Nachdenken und Handeln heraus. Diese Sicht ist nicht nur bedingt durch bestimmte überdurchschnittliche Fortschritte oder Rückschritte einzelner Ländergruppen. Sie wird auch dadurch bestärkt, daß uns regional stark differenzierte Kulturstile als Lebenseinheiten bewußt werden, die alle Lebensgebiete – Literatur und Kunst, Politik und Wirtschaft, geistige Einstellungen und Ausdrucksformen – umschließen. Demgegenüber ist lange Zeit die These vertreten worden, daß der Prozeß der Industrialisierung über alle Kulturkreise hinwegschreite, nicht nur das Gefälle des Lebensstandards kontinuierlich verringere, sondern unaufhaltsam **die weithin** homogene, **nivellierte Industriegesellschaft** schaffe. Die Kulturgrenzen würden immer offener, die Völker sich zunehmend durchdringen und damit zur Entstehung einer neuen Weltkultur beitragen. Dieses egalitäre Konzept setzte natürlich die Annahme konkreter Wertsysteme und Wertehaltungen voraus. So wurde unterstellt, daß im Zuge der Industrialisierung die industrielle Gesellschaft entstehe, in der auch noch so divergierende Wertorientierungen auf einen Grundtypus reduziert werden – unabhängig von den jeweils berührten Kulturkreisen, losgelöst von der überkommenen Traditionsmasse, abseits der geschichtlichen Kraft des Vergangenen und des faktisch Bestehenden.

Inzwischen sind wir eines Besseren belehrt worden. Trotz Ausbreitung einer Massenzivilisation besinnt man sich in großen Teilen Asiens, Afrikas und Südamerikas auf eigene kulturelle Werte, auf **eigenständige Entwicklungen** und auf **geistig-kulturelle Kontinuität.** Man grenzt sich ab, trotz eines neuen Weltverständnisses. Wir haben in diesen Tagen sogar die unerwartete Erfahrung machen müssen, daß sich dieser Prozeß mit fortschreitender Entwicklung noch verstärkt. So besteht hinreichend Veranlassung, an Stelle einer wirklichkeitsfremden Globalschau stärker als bisher das Augenmerk auf Regionen und regionale Schwerpunkte zu lenken. Und es ist keineswegs so, daß unter allen Umständen Europa in Hinblick auf Bedeutung und Gewicht auch weiterhin im Vordergrund stehen wird. Vielmehr ist nicht mehr von der Hand zu weisen, daß andere Regionen im Begriffe sind, Europa den Rang abzulaufen – soweit dies nicht bereits geschehen ist.

**Das pazifische Becken** als einer der Wirtschaftsräume mit der gegenwärtig höchsten Wachstumsdynamik wird in seiner Bedeutung wohl kaum überschätzt werden können. Der pazifische Wirtschaftsraum wird als kommendes Zentrum der Weltwirtschaft und Weltpolitik angesehen. Selbst ein so großes Wort wie das vom Kommen eines pazifischen Jahrhunderts wird weithin zustimmend zitiert, nicht selten unter Hinweis auf Arnold Toynbees Vorhersage, daß vom 21. Jh. an eine blühende asiatisch-pazifische Zivilisation entstehen werde. Nun ist gegenüber langfristigen Prognosen wohl stets eine gewisse Skepsis angebracht. Aber gleichzeitig wird auch deutlich, welch hohe Erwartungen und Ambitionen sich gegenwärtig bereits mit einem pazifischen Wirtschaftsraum und einer pazifischen Wirtschaftskooperation verbinden, Erwartungen, die auch im politischen wie im militärischen Bereich nicht wirkungslos bleiben werden. Es steht außer Zweifel, daß das pazifische Becken im Gefolge des Aufstiegs Japans zu einer wirtschaftlichen Supermacht und angesichts der Vielzahl dynamischer Schwellenländer zu einem regionalen Gravitationszentrum wirtschaftlicher Aktivitäten geworden ist. Auch treffen hier die politischen Ambitionen und Interessen dreier Atommächte – der USA, der Sowjetunion und der VR China – unmittelbar aufeinander und konkurrieren um die Gewinnung bzw. Sicherung von Einflußsphären.

### Regionale Abgrenzung

Der abstrakte Terminus »Pazifischer Wirtschaftsraum« kann unterschiedlich eng bzw. weit inhaltlich ausgefüllt werden. Im einzelnen handelt es sich derzeit um folgende Länder, die zu 3 Ländergruppen zusammengefaßt werden können:

1. Die Industrieländer Japan, Australien, Neuseeland, die USA, Kanada.
2. Die ASEAN-Staaten Indonesien, Malaysia, die Philippinen, Thailand, Singapur, Brunei.
3. Die ostasiatischen Schwellenländer außerhalb von ASEAN: Taiwan, Südkorea, Hongkong.

Dieses Expansionszentrum ist vorerst auf Länder beschränkt, die den Grundprinzipien einer marktwirtschaftlich orientierten Wirtschaftsordnung folgen. Sein asiatischer Teil hat entweder unmittelbar durch Zugehörigkeit zum konfuzianisch geformten Kulturkreis der Japaner, Chinesen und Koreaner oder mittelbar von dieser Seite her wesentliche Impulse zu seiner Dynamik erhalten. Insgesamt bilden die angeführten Ländergruppen den Kern der pazifischen Kooperationsbemühungen. Alle übrigen Anrainerstaaten des Pazifik stehen lediglich am Rande der sich immer stärker herausbildenden Kooperationszone. Die VR China gehört zwar ebenfalls dem konfuzianisch geprägten Kulturkreis an; außerdem ist sie nach Maos Tod sichtlich bemüht, ihr zentrales Lenkungssystem durch Einbau von Marktelementen aufzulockern. Dennoch wird sie gegenwärtig den 3 pazifischen Ländergruppen, die als Träger der pazifischen Kooperationsidee gelten, nicht zugerechnet. Gleichwohl gehört nach Meinung der Mitglieder der pazifischen Gemeinschaft auch die VR China dazu, allerdings unter der Voraussetzung, daß sie sich auch weiterhin von manchen ideologischen Fesseln befreit und Kooperationsbereitschaft zeigt.

## Wirtschaftliches Gewicht

Es ist auf die riesigen Vorräte mineralischer **Rohstoffe** zu verweisen, die im pazifischen Becken lagern. So verfügen die pazifischen Staaten in der hier vorgenommenen Abgrenzung z. B. über 56 % der bekannten Weltreserven an Blei. Bei Zink sind es 47 %, bei Nickel 41 %, bei Kobalt 37 % und bei Kupfer 32 %. Es ist heute unbestritten, daß sich der pazifische Raum durch seinen Ressourcenreichtum besonders auszeichnet.
Nicht nur Japan, sondern auch die Entwicklungsländer des pazifischen Wirtschaftsraumes weisen im internationalen Vergleich außerordentlich hohe **Zuwachsraten** der Produktion auf. Japan hat durch stürmisches Wachstum seinen Anteil am Weltsozialprodukt zwischen 1969 und 1983 von 3% auf rd. 11% angehoben. In den 70er Jahren betrug die jährliche Wachstumsrate des Bruttoinlandsprodukts etwa im Durchschnitt in Indonesien 11,3%, in Thailand 10,4%, in Südkorea 10,3%, in Hongkong 9,4%, in den Philippinen und in Singapur jeweils 8,4% und in Malaysia 7,9%.
Die schnelle Industrialisierung der ASEAN-Staaten ging einher mit einer rapide zunehmenden **Kapitalbildung** im Zeitraum 1973–1978. Die Investitionen wuchsen im Durchschnitt um 9,5% jährlich und stützten damit das wirtschaftliche Wachstum ab, das jenes westlicher Industrieländer weit übertraf.
Durch Intensivierung der **Arbeitsteilung** und Veränderungen ihrer Produktionsstruktur sind die pazifischen Entwicklungsländer aus ihrer Rolle als Nahrungsmittel- und Rohstofflieferanten herausgewachsen. Der Anteil der verarbeitenden Industrie am Bruttosozialprodukt lag 1981 für die ASEAN-Staaten insgesamt schon knapp oberhalb von 20 %, erreichte für Südkorea 33 % und für Taiwan gar 43 %. Während der Export der ostasiatischen Schwellenländer fast ausschließlich aus Fertigwaren besteht, liegt der entsprechende Prozentsatz für die ASEAN-Staaten mittlerweile bei ca. 30 %.
Nicht zu übersehen ist die Intensität der **Intra-Handelsverflechtungen.** 1980 haben die oben angeführten pazifischen Länder etwa 52 % ihrer Exporte und 54 % ihrer Importe innerhalb der pazifischen Region abgewickelt und damit einen Grad innerer Handelsverflechtung erreicht, der jenen der EG-Staaten (1981: Intra-Exporte 51 %; Intra-Importe 47 %) schon übertrifft.
Insgesamt machen die hier angeführten Daten deutlich, daß die Kooperationsbestrebungen im pazifischen Becken keineswegs darauf abzielen, ein realitätsfernes künstliches Gebilde aufzubauen. Faktisch bestehen bereits intensive Verflechtungen, die durch einen institutionellen Überbau noch an Breite und Tiefe zunehmen könnten.

## Bemühungen um einen institutionellen Rahmen

Bereits Mitte der 60er Jahre hat *Kiyoshi Kojima* vorgeschlagen, eine pazifische Freihandelszone (PAFTA – Pacific Free Trade Area) zwischen den 5 pazifischen Industrieländern USA, Japan, Kanada, Australien und Neuseeland zu gründen. Dieses Konzept hat bei den pazifischen Entwicklungsländern wenig Resonanz gefunden, obwohl *Kojima* nachdrücklich deren Modernisierung und Entwicklungsförderung als vorrangiges Ziel seines Vorschlags bezeichnet hat. Nach ihrer Auffassung standen die vorgesehenen Maßnahmen zur Handelsliberalisierung nicht in Einklang mit ihren spezifischen wirtschaftsstrukturellen Bedingungen. Zur Hauptsache wurde aber die Befürchtung laut, daß der eigentliche Nutznießer der anfallenden Wohlfahrtsgewinne Japan sein werde. Unter diesen Umständen hatte das PAFTA-Konzept kaum eine Realisierungschance.
Eine konzeptionelle Umorientierung erfolgte alsbald auf einen neuen Ansatz hin, der **anstelle der Integration** weit mehr den Gedanken einer **Koordination** in den Vordergrund schob. 1968 präsentierten *Drysdale* und *Kojima* auf der Pacific Trade and Development Conference einen solchen Vorschlag. Damit sollte die als Vorbild gewählte OECD ein pazifisches Pendant in Form der OPTAD (Organization for Pacific Trade and Development) erhalten. Als Hauptfunktionen der OPTAD werden genannt:

1. Neuorganisation des Ressourcentransfers im regionalen Rahmen.
2. Ausarbeitung von Maßnahmen zwecks Förderung eines stetigen Handelswachstums (vor allem: Abbau von Handelshemmnissen und Förderung des Strukturwandels).
3. Sicherung der Rohstoffversorgung.

Dieser Aufgabenkatalog signalisiert deutlich den Versuch eines **Interessenausgleichs** zwischen Industrie- und Entwicklungsländern des pazifischen Raumes: Sicherung der Rohstoffversorgung als Ausgleich für Entwicklungshilfeleistungen und Handelsliberalisierung. Das OPTAD-Konzept strebt zunächst nur eine geringe institutionelle pazifische Integrationsintensität an. Funktionale Aspekte stehen im

Vordergrund, die selektive Zusammenarbeit in bestimmten Bereichen hat Vorrang.
In Wissenschaft und Politik hat der OPTAD-Vorschlag zahlreiche Anhänger gefunden. So haben in einem Hearing für den US-Kongreß 1974 renommierte Wirtschaftswissenschaftler wie z. B. *Lawrence Krause* von der Brookings Institution u. a. auf die Notwendigkeit der Gründung der OPTAD hingewiesen. Auch der dem Hearing zugrunde gelegte Bericht von *Drysdale* und *Patrick* war nicht so sehr an dem fortgeschrittenen Integrationsmodell der EG orientiert, sondern knüpfte weit eher an den lockeren Konsultationsmechanismus der OECD an.
Am 6. März 1979 hat die japanische Regierung »**Zur Zusammenarbeit im pazifischen Becken**« eine Beratergruppe unter dem Vorsitz von *Saburo Okita* gebildet. Im Abschlußbericht, der am 19. Mai 1980 dem Ministerpräsidenten *Ohira* vorgelegt wurde, heißt es u. a.: »Dieses Konzept zur Bildung einer Wirtschaftsgemeinschaft in einer Region, die in solchem Umfang mit einem reichen Ressourcenpotential unterschiedlicher Art ausgestattet ist, muß als historisch einmalig bezeichnet werden.« Vorschläge des Beratergremiums haben inzwischen ihren konkreten Niederschlag in einem 4-Punkte-Programm gefunden, das Japan 1981 den ASEAN-Staaten angeboten hat. Eine verstärkte Zusammenarbeit mit dieser Gruppe bildet aus japanischer Sicht einen entscheidend wichtigen Baustein zur Verwirklichung einer Institutionalisierung der pazifischen Kooperation.
**Von der europäischen Öffentlichkeit weitgehend unbemerkt** haben inzwischen zahllose Konferenzen und Seminare über diese Problematik stattgefunden. Hervorzuheben ist das von den Ministerpräsidenten *Ohira* und *Fraser* 1980 initiierte Seminar an der Australian National University in Canberra. Hier hat erstmalig auch die VR China an einer pazifischen Konferenz teilgenommen. Aus der Initiative *Ohiras* und *Frasers* ist die gegenwärtig bedeutendste pazifische Gemeinschaftsveranstaltung hervorgegangen: die Pacific Economic Cooperation Conference (PECC); Teilnehmerstaaten sind die pazifischen Industrieländer – Japan, Neuseeland, Australien, USA und Kanada –, ferner die ASEAN-Staaten und Südkorea. Die Mitgliederversammlungen, die regelmäßig stattfinden (Canberra 1980, Bangkok 1982, Bali 1983, Seoul 1985), dienen dem Informationsaustausch sowie der Diskussion zur Lösung der vorrangigen Probleme der Region. In allen beteiligten Ländern sind inzwischen National Committees for Pacific Economic Cooperation gebildet worden, denen die Aufgabe zufällt, die pazifische Kooperationsbewegung in Schwung zu halten.
Selbstverständlich verfügt die pazifische Kooperation auch nicht annähernd über einen festgefügten institutionellen Rahmen, wie dies bei der EG der Fall ist. Man sollte allerdings auch nicht allzusehr die Aufmerksamkeit auf kodifizierte Vertragswerke nach europäischem Muster konzentrieren, denn in weiten Teilen Asiens scheint es verfehlt zu sein, nur kodifizierten Beziehungssystemen konstitutive Bedeutung beizumessen. Bei der Bildung der ASEAN-Gruppe können wir z. B. feststellen, daß gerade wegen der fehlenden kodifizierten Form die ständigen persönlichen Kontakte auf den verschiedenen Regierungsebenen bis hin zur Ebene der Ministerpräsidenten und Staatsoberhäupter zu den außerordentlichen Leistungen und Erfolgen beigetragen haben.

### Pazifisches Gemeinschaftsbewußtsein

Unverkennbar wächst im ostasiatisch-pazifischen Raum die Bereitschaft zur engen wirtschaftlichen und politischen Zusammenarbeit. Darüber hinaus entsteht in der gesamten Region ein neues Gemeinschaftsbewußtsein. In allen Subregionen und Einzelstaaten, in den unterschiedlichen Bevölkerungsschichten und Altersstufen breiten sich Selbstbewußtsein und Stolz darüber aus, daß man einer Ländergruppe angehört, die durch ihre Leistungen und Erfolge weltweit Aufsehen erregt. Man fühlt sich stark und sieht unsere Schwächen.
Es ist nicht zu übersehen, daß die gesamte Region von den gewaltigen Fortschritten der **Informationstechnik und** ihren **Folgetechnologien** geradezu fasziniert ist. Man glaubt, daß diese Technologien in besonderem Maße dem konfuzianisch geformten Kulturkreis der Chinesen, Japaner und Koreaner sowie den mittelbar beeinflußten Völkern Südostasiens angemessen sind und daß sie die technologisch-wirtschaftliche Basis eines pazifischen Zeitalters bilden. Technologieintensive bzw. wissensintensive Industrien haben daher in allen Ländern der pazifischen Kooperation höchste Priorität erhalten. Auch sieht man sich veranlaßt, »Science-based Industrial Parks« zu errichten, in die auch Universitäten und Institute integriert sind. Grundlagenforschung, angewandte Forschung und Entwicklungsaufgaben sowie ihre Träger sollen auch räumlich zu einer möglichst engen Kooperation zusammengeführt werden. Zur Entstehung solcher Science-Parks hat wohl unstreitig die Errichtung der Wissenschaftsstadt Tsukuba in Japan beigetragen. In Tsukuba sind 2 neue Universitäten errichtet worden. ⅓ aller staatlichen Forschungseinrichtungen mit etwa 45 % des vom Staat beschäftigten wissenschaftlichen Personals ist in Tsukuba untergebracht. Sehr schnell folgten auch private Institute und Forschungsabteilungen. Selbst ausländische Unternehmen lassen sich in Tsukuba nieder – »to use Japanese Brains«. Hier wird auch 1985 die Weltausstellung für Wissenschaft und Technologie stattfinden. Es ist zu erwarten, daß auf dieser Ausstellung das 21. Jh. zu besichtigen sein wird.
Durch die Einbeziehung Australiens und Neuseelands sowie der ASEAN-Staaten in die pazifische Kooperation werden auch weiterhin **erhebliche Un-**

**terschiede in den** religiösen und philosophischen **Grundeinstellungen** der pazifischen Teilnehmerstaaten bestehenbleiben – trotz aller kulturellen und rassischen Verschmelzungsprozesse. Aber diese Heterogenität wird durch eine Reihe von überlagernden Eigenschaften eingebunden: durch vitale Lernbegierde, Fortschrittsglaube, Fortschrittsfreude, Kommunikationsbereitschaft, Zusammengehörigkeitsgefühl – vor allem durch den Willen zur Dynamik. Indessen stellen wir fest, daß im gesamten asiatisch-pazifischen Raum – bis hin ins kommunistische China – der **Bedarf an Ideologie** kräftig **im Schwinden** begriffen ist. Man setzt auf wirtschafts- und entwicklungspolitischen Pragmatismus. Produktivität und Effizienz, Flexibilität und Anpassung, leistungsorientierte Elitenbildung und zukunftsorientierte solide Facharbeiterausbildung stehen hoch im Kurs und bilden das konfuzianisch tradierte neue Glaubensbekenntnis der pazifischen Welt. Selbst das lange Zeit vorherrschende Mißtrauen gegenüber einem Japan, das vor und während des II. Weltkriegs seine hegemonistischen Ansprüche im Pazifik geltend gemacht hat, nimmt stark ab. Es setzt sich eben die Überzeugung durch, daß die pazifische Kooperation den Interessen aller Anrainer dient. Während noch vor knapp 10 Jahren der Besuch des damaligen japanischen Ministerpräsidenten *Tanaka* in Djakarta, in Manila und in Bangkok die Studenten auf die Straßen trieb und antijapanische Krawalle auslöste, war der japanische Ministerpräsident *Nakasone* z. B. im Mai 1983 auf seiner 11tägigen Reise durch die ASEAN-Länder in der Lage, sogar ohne Aufbegehren und Protest die militärisch-strategischen Absichten Japans zu erläutern und die Zustimmung der 5 Länder einzuholen: Japan gilt als nachahmenswertes Vorbild, **Europa** hingegen in den Augen vieler Asiaten als **abschreckendes Beispiel für Sattheit und Arbeitsunlust.**

Unter den Mitgliedern der pazifischen Wirtschaftskooperation besteht grundsätzlich Übereinstimmung über das hohe Maß faktischer Interdependenz und damit auch der reziproken Verletzlichkeit. Man ist sich auch darüber im klaren, daß zusätzliche Mechanismen zur Verhaltensabstimmung auf die Dauer unentbehrlich sind. Gleichzeitig besteht **uneingeschränkter Konsens** über den Sachverhalt, daß neue ökonomische Kooperationsformen im pazifischen Raum nur dann die erwartete Wirksamkeit aufweisen können, wenn sich auch die USA in irgendeiner Form daran beteiligen werden.

### Position der USA

Der II. Weltkrieg hat die USA zur absoluten pazifischen Militärmacht gestempelt. Gleichwohl war aber das intellektuelle Selbstverständnis und das politische Handeln weit stärker auf Europa gerichtet. Vielfach ist sogar breiten US-Bevölkerungsschichten geradezu entgangen, welche immanenten Wandlungen sich inzwischen in den USA vollzogen haben, die das Land zu einer pazifischen Macht prägen – und dies über den militärischen Bereich hinaus.

Verfolgt man den Verlauf des US-Außenhandels zwischen 1965 und 1980, so ist der relative Bedeutungsverlust Westeuropas als Handelspartner nicht zu übersehen. Inzwischen hat die pazifische Staatengruppe (einschließlich der VR China), selbst ohne Berücksichtigung Kanadas, zumindest rein quantitativ die Staaten Westeuropas überrundet. Während der Anteil pazifischer Staaten am Außenhandel der USA zwischen 1965 und 1980 von rd. 17 % auf rd. 26 % angestiegen ist, mußten die westeuropäischen Staaten im gleichen Zeitraum einen Anteilsverlust von 29 auf rd. 23 % hinnehmen. Diese Verschiebung beruht nicht allein auf der rasanten Expansion des Handels mit Japan. Das geht schon daraus hervor, daß sich der Anteil der Entwicklungsländer am Pazifikhandel der USA zwischen 1965 und 1980 glatt verdoppelt hat. Man kann daher die Feststellung treffen: Die Handelsströme der USA und damit auch ihre wirtschaftlichen Interessen weisen in Richtung Pazifik. Im technologischen Bereich spricht man bereits von einer **Achse Japan–Kalifornien.**

Ferner haben sich auch innerhalb der USA die wirtschaftlichen Gewichte stetig nach Westen zur pazifischen Küstenregion verlagert. Wachstumsbranchen wie Flugzeugbau, Computerbau, Halbleiter- und elektronische Industrie, Raumfahrt, Werkzeugmaschinenproduktion, Petrochemie usw. haben in zunehmendem Maße ihren Standort in den Südwest-Staaten (Sun-Belt) gefunden. Der Anteil der traditionellen Industriegebiete in den Nordost-Staaten, der in den 40er Jahren noch bei 72 % lag, ist in den 70er Jahren auf ca. 46 % abgesunken. Ähnliche Verlagerungen haben in Kanada stattgefunden, verbunden mit der Herausbildung eines Wachstumsgefälles von Westen nach Osten. Die Provinz Britisch-Kolumbien am Pazifik weist bei überdurchschnittlichem Wachstum des Sozialprodukts und der Bevölkerung das höchste Einkommensniveau aller kanadischen Provinzen auf. Man sollte auch die innenpolitischen Auswirkungen des **Strukturwandels in den USA** nicht übersehen. Da sich nach der Bevölkerungszahl der Einzelstaaten die Anzahl der Sitze im Repräsentantenhaus richtet, haben die Bevölkerungsbewegungen in Richtung Westen und Süden die Staaten des Mittleren Westens und der Nordostküste Mandate und damit politisches Gewicht gekostet. Pazifische Interessen werden sich entsprechend verstärkt durchsetzen.

Wir sollten uns auch vor Augen führen, daß die US-Außenpolitik immer wieder herausgefordert wird, sich entweder stärker atlantisch oder mehr pazifisch zu orientieren. Eine solche Entscheidung ist keineswegs Frage einer republikanischen oder demokratischen Mehrheit. Auch prominente Demokraten stehen vor dieser Alternative oder haben sogar ihre Präferenzen erkennen lassen. Europa ist häufig davon ausgegangen, daß es im eigenen Interesse der USA liege, das Atlantische Bündnis unter allen Umständen aufrechtzuerhalten; das gewaltige europäische Industriepotential zwinge dazu. Heute ist anzunehmen, daß inzwischen andere Verhältnisse eingetreten sind: Der ehemalige Außenminister der Carter-Administration, *Cyrus Vance*, erklärte 1981: »Von allen unseren Verbündeten und Freunden ist keiner wichtiger als Japan.« In grundsätzlicher Übereinstimmung mit dieser Auffassung hat unlängst *Eagleburger*, Staatssekretär im Washingtoner Außenministerium, in aller Offenheit zum Ausdruck gebracht, daß **die USA das Schwergewicht ihrer Außenpolitik** in den nächsten Jahren von den transatlantischen Beziehungen zu Europa **zur pazifischen Region** und von dort vor allem nach Japan hin **verlagern** werden. Es besteht wohl kein Grund, *Eagleburgers* Feststellungen nicht ernst zu nehmen. Falls Europa nicht wünscht, auf Dauer isoliert zu sein, dann ist es wohl an der Zeit, das Atlantische Bündnis gehörig zu aktivieren und grundlegende politische Meinungsverschiedenheiten zwischen den USA und Europa aus der Welt zu schaffen. Daneben werden die Europäer und die EG der wirtschaftlichen Schwerpunktverlagerung in den pazifischen Raum zielstrebig Rechnung tragen müssen.

### Pazifische Herausforderung Europas

Es ist nicht zu übersehen, daß die pazifischen Länder zunehmend mit weitläufigen, großräumigen Dimensionen rechnen, so daß aus ihrer Sicht europäische Einzelstaaten gegenüber den EG immer mehr zurücktreten. Indessen haben in **Europa nationale Egoismen** laufend zugenommen. Europäischer **Partikularismus** verhindert allzu häufig das geschlossene Auftreten der EG in wichtigen Fragen gegenüber Japan und der ganzen pazifischen Gemeinschaft. Marktbeobachtung und die Verfolgung technologischer Entwicklungen werden von den Mitgliedsländern meist als autonome Aktionen aufgefaßt, die keiner europäischen Koordination bedürfen. Nationale Segmentierungen stehen einheitlichen Zollformalitäten im Wege. Von einer europaweiten öffentlichen Beschaffungspolitik, die in ihrer innovativen Bedeutung für die Wiedergewinnung der Leistungsfähigkeit in der Spitzentechnologie kaum überschätzt werden kann, sind wir noch weit entfernt. Man wird auch fragen müssen, ob angesichts neuer weltweiter Dimensionen eine jeweils nur auf den nationalen Raum ausgerichtete Wettbewerbspolitik dazu beitragen kann, die Wettbewerbsfähigkeit Europas gegenüber dem pazifischen Raum wiederzuerlangen und zu sichern. Wir werden ferner den globalen Aktivitäten der **japanischen Generalhandelshäuser** (Sogo Shosha) nicht tatenlos zuschauen können, sondern selbst leistungsfähige Vertriebsstrukturen zur weltweiten Vermarktung schaffen müssen. Auch sind noch manche Hemmnisse zu beseitigen, die in einzelnen speziellen Branchen einer durchrationalisierten, Japan gegenüber konkurrenzfähigen **Großserienfertigung** im Wege stehen. Daneben ist darauf zu verweisen, daß zukunftsorientierte **Großforschungsprojekte** nur noch auf europäischer Ebene in Angriff genommen werden können, falls uns daran gelegen ist, mit den technologischen Entwicklungen der USA und Japans überhaupt Schritt zu halten. Das sollte natürlich nicht bedeuten, moderne Technologieentwicklung durch Bürokraten nationaler und supranationaler Prägung steuern zu wollen. Auch in Japan hat es eine solch bürokratisch gesteuerte Entwicklung nicht gegeben. Hier formierte sich wohl eine staatlich-privatwirtschaftliche Kooperation auf der Grundlage einer gemeinsamen Technikfreundlichkeit.

Es ließen sich zahlreiche weitere Beispiele dafür anführen, daß eine Reihe ernster **Probleme** unserer Zeit **nicht mehr auf einzelstaatlicher Ebene lösbar** sind. Die weltwirtschaftliche Schwerpunktverlagerung in den Pazifik, verbunden mit der zwingenden Notwendigkeit, in Europa einen tiefgreifenden Strukturwandel zu vollziehen und die technologische Leistungsfähigkeit wiederzugewinnen, müssen uns veranlassen, mit der Bildung eines Europas mit homogenem durchgängigem Binnenmarkt nun endlich Ernst zu machen. Das bedeutet schließlich gründliche Rückbesinnung auf das Ziel der europäischen Einigung und wirtschaftlichen Integration.

Ein zweiter, eng damit verbundener Gesichtspunkt bedarf ebenfalls der besonderen Hervorhebung. **Kleinlaute europäische Provinzialität**, die nicht über den Zaun zu sehen vermag und auch nicht versteht, laufend die weltweit gesammelten Erfahrungen zu nutzen, sollte endgültig überwunden werden. Wir müssen uns weitaus intensiver als bisher mit dem pazifischen Raum, mit seiner Kultur, Wirtschaft, Politik und Technik, mit seinen Menschen und seiner Geschichte auseinandersetzen. Wir müssen uns endlich dazu aufraffen, im ostasiatisch-pazifischen Raum in angemessenem Umfang mit Personen und Waren präsent zu sein, was bisher keineswegs zu Fall war.

Die Überwindung **europäischer Halbherzigkeit** erfordert sicherlich ihre Zeit. Aber auf nationaler Ebene kann und muß ohne jeden Verzug vieles getan werden – und dies nicht nur unter dem Gesichtspunkt der Bildung eines homogenen europäischen Marktes. Unsere Bildungs- und Gesellschaftspolitik wird in nicht geringem Maße gefordert werden, um den wirtschaftlich-technologischen Aufgaben unserer Zeit durch Förderung der Spitzenforschung und der Spitzenbegabungen gewachsen zu sein. Anderenfalls werden wir den Anschluß an die industriellen Supermächte USA und Japan nicht mehr finden können. Wir haben darüber hinaus unsere ganze Einstellung zur Arbeit, zum technischen Fortschritt, zum strukturellen Wandel, zur flexiblen Anpassung, zur individuellen und allgemeinen Wohlfahrt und zum

Staat grundlegend zu überprüfen. Dazu gehört auch, daß weithin anerkannte und vernünftige Maßstäbe wie z. B. Intelligenz, Lerneifer und Fleiß, Verantwortungsbewußtsein und Verständigungsbereitschaft wieder Verwendung finden, daß längst bewährte, aber inzwischen verschüttete Grundsätze, insbesondere Rechtsstaatlichkeit, Leistungswettbewerb, Verpflichtung zur Selbsthilfe, sozialer Interessenausgleich und entsprechende Leitbilder ihre Geltung zurückerlangen. Es besteht kein Grund, die pazifische Herausforderung nicht zu bestehen. Aber dies setzt voraus, daß wir auch dazu willens sind. Treuherzige Bekenntnisse nutzen wenig, wenn nicht mit Entschlossenheit Fehler und Fehlentwicklungen beseitigt werden.

**Bibl. Hinweise:** *K. Kojima,* Economic Cooperation in a Pacific Community. The Japan Institute of International Affairs, Tokyo, 1980. – *W. Kraus* u. *W. Lütkenhorst,* Pazifisches Becken. Wachstumsdynamik, Handelsverflechtungen und wirtschaftliche Kooperationsansätze. K. Thienemanns Vlg., Stuttgart 1984. – Dieselben, Atlantische Gegenwart – Pazifische Zukunft? In: Asien. Deutsche Zeitschrift für Politik, Wirtschaft und Kultur, Nr. 10, Jan. 1984. – *W. Kraus,* Die EG vor der pazifischen Herausforderung. In: Außenpolitik. Zeitschrift für Internationale Fragen. Jg. 35, April 1984. – *Hw. Haefs,* Die neue japanische Außenpolitik, in: Archiv der Gegenwart 1968, S. 14186 B ff. – *L. Krause* u. *S. Sekiguchi (Hg.),* Economic Interaction in the Pacific Basin, The Brookings Institution, Washington, 1980. – *W. Lütkenhorst,* Konzepte einer wirtschaftlichen Kooperation zwischen Industrie- und Entwicklungsländern im pazifischen Raum, Bochum 1982. – Derselbe, Pacific Basin Interdependencies. A Case for Large-Scale Economic Cooperation? In: Intereconomics, January/February 1983. – *M. West Oborne* u. *N. Fourt,* Pacific Basin Economic Cooperation. OECD, Paris 1983. – *E. Rhein,* Die pazifische Herausforderung: Gefahren und Chancen für Europa. In: Europa-Archiv, Folge 4/1984.

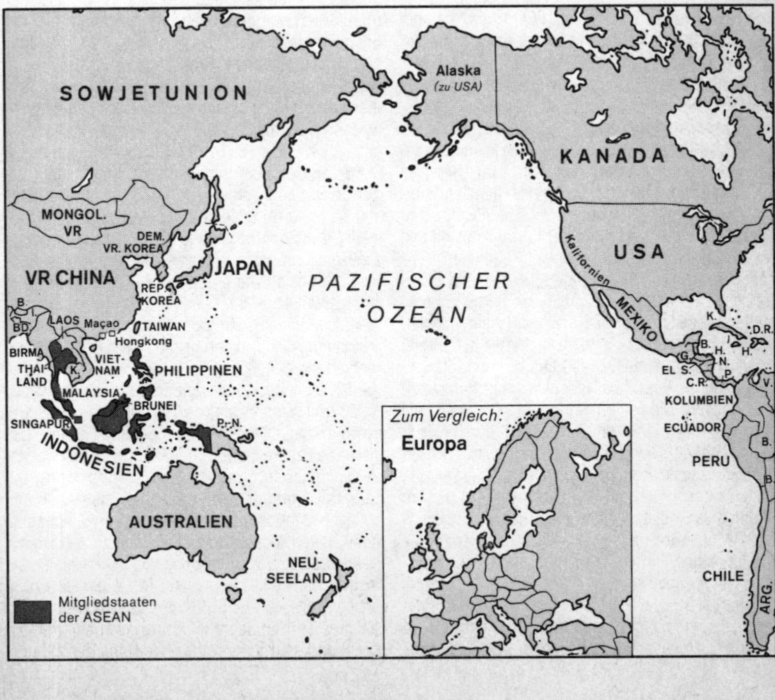

GUSTAV FOCHLER-HAUKE

# Indien: Regionalprobleme und Grenzkonflikte

Die Republik Indien (Bharat) nimmt den weitaus größten Teil des Subkontinentes **Vorderindien** ein und übertrifft nicht nur flächenmäßig die EG-Länder um das Doppelte, sondern mit 730 (S 1984) Mill. Einwohnern deren Gesamtbevölkerung um weit mehr als das 2½fache. Zwar gibt es (nach *H. Haarmann*) auch im EG-Bereich etwa 1½ Dutzend Sprachen, die als Muttersprache gesprochen werden, doch der weitaus größte Teil der EG-Bewohner spricht eine der 5 Hauptsprachen. In Indien aber ist neben dem zur Nationalsprache erklärten Hindi, das für ⅓ der Inder auch Muttersprache ist, eine Fülle von Sprachen vorhanden: einschließlich der »Minisprachen« sind es fast 200. Dazu kommt die in Indien besonders intensive Auswirkung der Religionen in Geisteshaltung und Lebensführung. Bei einer Auseinandersetzung mit den Problemen Indiens, des nach China bevölkerungsreichsten Staates der Erde, drängt sich daher stets der schwer erfaßbare **Faktor der sprachlichen, religiösen und sozioökonomischen Komplexität** in den Vordergrund.

Während Franzosen und Portugiesen sich nur an einigen Küstenplätzen zu halten vermochten, war es den **Briten** möglich, seit dem 17., besonders aber seit dem 18. Jh. ihre **Macht in Indien** auszuweiten, den Subkontinent zu erobern und durch ihre Politik des Grundsatzes »divide et impera« die Gegensätze zwischen Hindus und Muslimen, Fürsten und anderen Herrschaftsgruppen für ihre Zwecke auszunutzen. Sie waren es dann auch, die einen leistungsfähigen Verwaltungsapparat – den »Indian Civil Service« (jetzt »Indian Administrative Service«) und ein wirksames Verkehrsnetz schufen, wichtige Zweige moderner Wirtschaftsmethoden einführten und indirekt zur Gründung von Hochschulen beitrugen, aus denen eine neue indische Bildungsschicht mit Erfahrungen in Verwaltung, Recht, Wirtschaft und Informationswesen hervorging. Nun entstanden auch, meist nach westlichen Vorbildern, Parteien, in denen britisches Demokratieverständnis Wurzel faßte und ein modernes indisches Nationalbewußtsein zu keimen begann. Die Folgen des I. Weltkrieges und die zunehmende Politisierung der Massen durch Führer wie *Mahatma Gandhi* und *Nehru* bereiteten dann die Voraussetzungen für die Unabhängigkeit vor.

Hatten *Gandhi* und *Nehru* die Unabhängigkeit im Sinne eines Einheitsstaates für den ganzen Subkontinent angestrebt, so erwies sich bald, daß die muslimischen Führer – darunter *Jinnah [Dschinnah]* – sich einem solchen Ziel widersetzten, weil sie die Dominierung durch die Hindumehrheit fürchteten. Es entstanden schließlich **2 Staaten,** die im August 1947 ihre Souveränität proklamierten: die mehrheitlich **hinduistische »Indische Union«** und das ganz überwiegend **muslimische,** aber zweigeteilte **»Pakistan«**. Die Geburt der beiden Staaten war mit schweren Konfliktfaktoren belastet. Religiöse Fanatiker wiegelten die Massen gegeneinander auf, so daß es in den religiös gemischten Gebieten zu blutigen Verfolgungen und Massakern kam, Hunderttausende ihr Leben lassen mußten und Millionen aus dem einen in den anderen neuen Staat flohen oder vertrieben wurden.

Eine bedeutende Leistung Indiens war es aber dann, die **innere Um- und Neugliederung** im wesentlichen **gewaltlos** durchzuführen, separatistische Strömungen mit starker Hand zu unterdrücken und die über 500 »Fürstenstaaten« einzubeziehen. Diese Neugliederung des Gesamtstaates war fast durchwegs mit komplizierten Problemen verbunden, weil man, soweit wie möglich, auch die sprachliche Situation berücksichtigen mußte. Noch in den 70er Jahren wurden aus diesem Grunde neue Bundesstaaten geschaffen und auch Gebiets- und Namensänderungen vorgenommen. Sikkim wurde zielbewußt an Indien angebunden und 1975 in einen indischen Bundesstaat umgewandelt.

Indien entschied sich von Anfang an in seiner Verfassung für eine **föderal gegliederte demokratische Republik** mit einem Bundesparlament aus 2 Kammern, sorgte jedoch gleichzeitig für eine ausreichende Machtbasis der Zentralregierung, gesichert u.a. durch das Recht des Staatspräsidenten, bei größeren Unruhen, Verfassungsverstößen oder Regierungsunfähigkeit eines Bundesstaates so lange die Verantwortung der Bundesregierung zu übertragen **(»President's rule«),** bis die Ruhe gesichert bzw. gegebenenfalls eine neue Regierung eingesetzt ist. Regionale Differenzen mit der Zentralregierung infolge wirklicher oder angeblicher Benachteiligung bei Investitionen oder wegen Eingriffen in die Selbstverwaltung sind nicht selten. Die Bundesländer wehren sich dagegen. So gründeten z.B. im März 1984 die Bundesstaaten Andhra Pradesh, Karnataka und Tamil Nadu sowie das Territorium Pondicherry einen »Rat der Chefminister«, um ihre Forderungen nach Gleichberechtigung des Südens gegenüber der Zentralregierung besser koordinieren zu können.

Es hat sich gezeigt, daß sowohl die Bundesregierung als auch die Bundesstaaten durchaus vorsichtig zu handeln vermögen, um unerwünschte Konflikte mit Nachbarstaaten zu vermeiden, obwohl diese schon mehrfach Indien hegemonialer Tendenzen bezichtigt haben. Diese Zurückhaltung zeigte sich u.a. seit Anfang der 80er Jahre im Zusammenhang mit den **Unruhen in Sri Lanka** (früher Ceylon), wo sich die überwiegend **hinduistische Tamilen-Minderheit** gegenüber den vorwiegend **buddhistischen Singhalesen** benachteiligt fühlt. Im Gegensatz zu den Nachkommen der seit dem 1. und besonders seit dem 5. Jh. n. Chr. eingewanderten, meist im Nordosten und Osten siedelnden **»Ceylon-Tamilen«** besitzen die erst seit dem 19. Jh. von den Briten auf die tropischen Pflanzungen geholten **»indischen Tamilen«** noch nicht die Staatsbürgerschaft des Inselstaates. Im Kampf um die Gleichberechtigung der Tamilen haben die »indischen« die meisten Führungspositionen der separatistisch bis sezessionisch agierenden »Vereinigten Tamil-Befreiungsfront«/TULF inne. Die indische Zentralregierung hat schon vor Jahren versucht, durch Vereinbarungen mit Sri Lanka über die Repatriierung eines großen Teils der nicht eingebürgerten Tamilen die Spannungen abzubauen. Dieser Plan konnte jedoch nur ungenügend realisiert werden. Der familiäre und religiöse Kontakt weiter Kreise der Tamilen – nicht nur der »indischen« – mit dem Festland, besonders mit dem indischen Bundesstaat Tamil Nadu, hat bei den buddhistischen Singhalesen die Befürchtung einer künftigen Majorisierung durch die Tamilen ausgelöst. Nationalistische, aber auch marxistische Kräfte haben die seit dem Sommer 1983 wiederholt ausgebrochenen blutigen Verfolgungen und ebensolchen tamilischen Gegenaktionen geschürt. Die Gesamtzahl der Todesopfer soll zwischen vielen Hundert und mehreren Tausend liegen. *Indira Gandhi* forderte die Regierung Sri Lankas auf, eine gerechte Lösung des Minderheitenproblems anzustreben. Die Regierung des indischen Bundesstaates Tamil Nadu hat die Unterstützung der radikalen TULF-Anhänger verweigert, war aber offenbar nicht in der Lage, Kontakte zwischen radikalen Gruppen des Festlandes und der Insel ganz zu verhindern.

Ist für Indien der singhalesisch-tamilische Gegensatz bislang fast nur ein Problem des Insel-Nachbarlandes geblieben, so haben die **Unruhen im Nordwesten** des eigenen Staates die indische Politik schon seit Gewinnung der Unabhängigkeit immer wieder schwer belastet. Das **Punjab** ([Pandschab = Fünfstromland]; 16,78 Mill. Einw. Z 1981), geographisch die Stromebene der großen linken Zuflüsse des Indus, war bereits in vorkolonialer Zeit eine Region mit ertragreicher Bewässerungswirtschaft und ist eine der »Kornkammern« geblieben. Bei der Teilung des britischen Indien wurde 1947 das vorwiegend von Muslimen bevölkerte Drittel mit etwa der Hälfte der Bevölkerung zu Pakistan geschlagen, während der größere, heute mehrheitlich von **Sikhs** besiedelte Teil an Indien fiel. Die Sikhs (altindisch etwa »Schüler«) machen zwar nur rund 2% der Bevölkerung Indiens aus, aber sie gelten als diszipliniert, selbstbewußt und strebsam; sie haben bereits unter den Briten als Soldaten eine Rolle gespielt und sind, wenn auch rückläufig, in der indischen Armee überproportional vertreten. Der Gründer der seit etwa 1500 entstandenen religiösen Reformbewegung – *Guru-Nanak* – erstrebte eine Versöhnung zwischen Hindus und Muslimen und verwarf u.a. die Polygamie des Islam sowie die Witwenverbrennung und das Kastenwesen des Hinduismus. Die Gemeinschaft geriet später immer stärker in Gegensatz zum Islam, behielt dagegen viel Gemeinsames mit dem Hinduismus; so gelang es u.a. nicht, das Kastensystem völlig abzuschaffen, wenn auch der Sikhismus keine religiösen oder metaphysischen Rechtsgrundlagen für dieses kennt und seine Anhänger weniger tiefgreifende soziale Unterschiede aufweisen. Die Sikh haben in Amritsar ihr kulturelles Zentrum und in dessen »Goldenem Tempel« ihren religiösen Mittelpunkt. Sie sprechen das dem Hindi nahestehende Punjabi [Pandschabi], das jedoch im Gegensatz zu jenem in Gurmukhi geschrieben wird. In jahrelangem Kampf erreichten sie ihr erstes Ziel, die Teilung des damaligen Bundesstaates Punjab in 2 Staaten: in Haryana, ein hauptsächlich von Hindus bewohntes Bundesland mit Sikh-Minderheiten, und in den jetzigen Bundesstaat Punjab, in dem 52% der (S 1984) über 17 Millionen Einwohner Sikhs sind und der rund 90% der Gesamtzahl dieser Bevölkerungsgruppe umfaßt. Seit der Teilung ist das in den 50er Jahren erbaute Chandigarh [Tschandigarh] Hauptstadt für beide Bundesländer, wird jedoch von den Sikhs – wie von Sikhs besiedelte Gebiete der Nachbarländer – allein für den Punjab beansprucht.

Hatten die Sikhs des Punjab, bei denen es sich fast zur Hälfte um Vertriebene aus an Pakistan gefallene Gebiete bzw. Nachkommen von solchen handelt, zunächst einen schweren Existenzkampf zu bestehen, so gewannen doch bald das Selbstvertrauen und damit die politische Forderung nach Autonomie an Stärke. Im Zusammenhang damit entstanden mehrere Parteien, darunter der relativ gemäßigte »Alkali Dal« von *Sant Harchand Singh Longowal.*

Diese Partei wurde zunächst von Intellektuellen, dann zunehmend von Vertretern aus Handel und Industrie sowie von der Schicht wohlhabender Bauern (»Jat«) getragen. Diese bäuerlichen Schichten hatten den größten Nutzen von der Agrarmodernisierung (»Grüne Revolution«); sie machen zwar nur 20% der Sikhs aus, besitzen aber rund 60% des Bodens. Durch diese Entwicklung verloren viele Pächter ihr Land; gleichzeitig stieg auch die Zahl der Arbeitslosen in der Agrarbevölkerung. Dagegen wurden billige Hindu-Arbeiter als saisonale Arbeitskräfte auf die größeren Besitzungen geholt, deren Ausbleiben dann infolge der wachsenden Unruhen die »Jats« schädigte. Auch in den Städten vermehrte sich die Zahl der Hindu-Arbeitskräfte, so daß bei den Sikhs zunehmend existenzielle Sorgen um sich griffen.

Es bildeten sich extremistische Gruppen (u.a. »Dal Khalsa«), die einen unabhängigen Staat »Khalistan« [»Land der Reinen«] forderten. Populärster religiös-politischer Führer der radikalen Sikhs wurde seit

**Indien:** Grenz- und Religionsprobleme
Religionen – Sprachen – Politische Gliederung

**Religionen:**

Über 80 % Hindus, über 11 % meist sunnitische Muslime, 2,6 % Christen, weniger als 2 % Sikhs, etwa 1 % Buddhisten, 0,5 % Jainas (Dschainas), kleine Gruppen von Parsi (Parsen).

**Zur Sprachsituation:**

Staatssprache ist Hindi in Devanagari-Schrift; Englisch gilt als „Arbeitssprache", wird aber nur von etwa 1 % der Bevölkerung gesprochen. Anerkannt sind (mit Sanskrit, altind. Kultursprache, von Bedeutung in Dichtung u. [z. T.] Wissenschaft) 15 Hauptsprachen. Außerdem 24 selbständige Regional- und etwa ebensoviele Stammessprachen. Viele Hundert Dialekte. Indoarische Sprachen sprechen rund 70 %, Drawidasprachen etwa ein Viertel der Inder.

Die in der Karte in den Unionsstaaten- und Territorien eingetragenen Ziffern beziehen sich auf die dort vorherrschende(n) Sprache(n), neben die faktisch fast überall noch weitere Sprachen treten.

① = Assami (Assamesisch) (Nicht eingetragen sind u. a. die dazu gehörenden Munda-Sprachen in Zentralindien, im Dekan usw.)
② = Austroasiatische Sprachen
③ = Bengali
④ = Gujarati (Gudscharati)
⑤ = Hindi
⑥ = Kannada
⑦ = Kashmiri
⑧ = Malayalam
⑨ = Marathi
⑩ = Oriya
⑪ = Pahari
⑫ = Punjabi (Pandschabi)
⑬ = Radjasthani (Radschasthani, dem Hindi nahe)
⑭ = Sindhi
⑮ = Singhalesisch (auf Sri Lanka)
⑯ = Sinotibetische Sprachen
⑰ = Tamil
⑱ = Telugu
⑲ = Urdu
⑳ = Französisch
㉑ = Portugiesisch

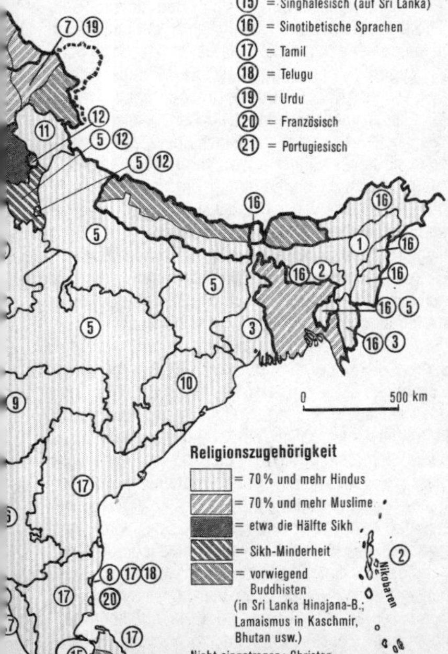


Beginn der 80er Jahre der im »Goldenen Tempel« von Amritsar residierende fundamentalistische Prediger *Sant Jarnail [Dscharneil] Singh Bhindrawale,* der nicht nur die wachsenden sozialen Spannungen ausnutzte, sondern auch die Sikh-Fundamentalisten anzog, die ihre Interessen durch den »Alkali Dal« nicht gewahrt sahen. Seine Aufrufe haben mit dazu beigetragen, daß sich im seit 1983 »President's Rule« unterstellten Punjab bürgerkriegsähnliche Zustände entwickelten. Obgleich *Indira Gandhi* in Aussicht gestellt hatte, den Artikel 25 der Verfassung, der die Sikhs dem Hinduismus subsumiert, abzuändern und auch den Punjab wirtschaftlich stärker zu fördern, kam eine Lösung nicht zustande. Nach langem Zögern entschloß sich die Regierung im Juni 1984 zum Handeln. Sturmabteilungen griffen am 5. Juni den von schwerbewaffneten Sikhs bewachten und zäh verteidigten Bezirk des »Goldenen Tempels« von Amritsar an und brachen am nächsten Tag den Widerstand. Unter den 646 (offiz. Ang.) Opfern befand sich auch der Prediger *Singh Bhindrawale,* der als Märtyrer für lange Zeit nicht nur unter seinen engeren Anhängern gegenwärtig sein dürfte.

Das »Sikh-Problem« bleibt zweifellos weiterhin offen. Ein Kenner Indiens und des Punjab, *K. Spekker,* stellt im Zusammenhang damit fest: »Es ist ein Grundmerkmal von **Nationalitätskämpfen,** daß sich kulturelle und religiöse Gegensätze mit wirtschaftlichen und politischen Antagonismen in einem gewissen Maß decken.« (NZZ v. 29./30. 7. 1984 – Einzelereignisse seit 1983 → »Länderchronik«, Sp. 163.)

Das **Verhältnis zwischen Indien und Pakistan** war und ist durch mehr oder weniger ausgeprägte Spannungen charakterisiert. Indien hatte u. a. den Zuschlag von Ostbengalen an Pakistan als ungerecht empfunden, da die Bevölkerung zwar ganz überwiegend muslimisch ist, aber ebenso Bengali spricht wie jene des zu Indien gekommenen Westbengalen. Außerdem befürchtete Indien bei einer eventuellen kriegerischen Verwicklung die Gefahr eines Zweifrontenkrieges. Als die Benachteiligung Ostpakistans durch die im Westteil des Staates amtierende Zentralregierung zunehmend Unzufriedenheit hervorrief und sich separatistische Tendenzen verstärkten, fanden diese Verständnis in Indien, das schließlich die Ende der 60er Jahre immer stärker werdenden Aktionen der ostbengalischen Freiheitsbewegung (»Mukhti Bahini«) in der einen oder anderen Weise unterstützte; 1971 ermöglichte es durch militärisches Eingreifen deren Sieg und die **Bildung von Bangladesch.**

Verhältnismäßig wenig internationales Aufsehen erregte 1965 ein Grenzstreit mit Pakistan im erdölhöffigen Sumpfgebiet des **Rann von Cutch** [Katsch]; er konnte durch einen für Indien günstigen internationalen Schiedsspruch geregelt werden.

Ungelöst ist dagegen der **Streit um Kaschmir,** das in der Zeit britischer Herrschaft seinen vor der Teilung von 1947 bestehenden Umfang erreicht hatte. Der aus dem mehrheitlich von Hindus besiedelten Jammu [Dschammu] stammende Maharadscha hatte zunächst ein Stillhalteabkommen mit Pakistan geschlossen, aber als aus diesem pathanische Freischärler einfielen, Indien um Hilfe gebeten. Am 26. 10. 1947 erklärte er den Anschluß an Indien. Unter Einschaltung der UNO kam es schließlich zu einem Waffenstillstandsabkommen, das am 1. 1. 1949 in Kraft trat und seither mehrfach verletzt wurde; die Linie der Feuereinstellung blieb jedoch im wesentlichen gewahrt. Die von der UNO festgelegte Volksabstimmung wurde nie abgehalten. Indien billigte dem von ihm besetzten Gebiet 1952 Autonomie zu, die aber nie im echten Sinne realisiert wurde. 1957 wurde dann gegen den Protest der UNO und Pakistans Kaschmir mit Jammu in die Indische Union eingegliedert. Nach mehrfachen Grenzkonflikten versuchten im Sommer 1965 von Pakistan unterstützte **»kaschmirische Freiheitskämpfer«** einen Aufstand, den indische Truppen niederschlugen. Aber nicht nur in Kaschmir, sondern auch in Grenzbereichen des geteilten Punjab brachen Kampfhandlungen aus, bei denen indische Truppen vorübergehend auf pakistanisches Gebiet vorstießen. Erst am 22. 9. 1965 wurde durch Vermittlung der UNO, Londons und Moskaus das Feuer eingestellt. Nach Einschaltung Moskaus vereinbarten der indische und der pakistanische Staatspräsident am 10. 1. 1966 in der nach dem Tagungsort genannten **»Erklärung von Taschkent«** Konferenzen zur Regelung strittiger Grenzfragen, die allerdings nie verwirklicht wurden. Wie Indien sich nach und nach die von ihm besetzten Gebiete des ehemaligen Fürstenstaates Jammu und Kaschmir völlig eingliederte, so unterstellte auch Pakistan einige Landstriche unmittelbar seiner Verwaltung und machte aus den übrigen ein **»Freies Kaschmir«** [»Azad Kashmir«], das sozusagen den Anspruch auf das gesamte Kaschmir symbolisieren soll.

Nicht Pakistan zeigte sich jedoch in diesem umstrittenen Raum als ein gefährlicher Gegner Indiens, sondern die **Volksrepublik China,** mit der es schon 1954 Grenzzwischenfälle gegeben hatte. Es stellte sich heraus, daß die Chinesen bereits Mitte der 50er Jahre eine wichtige Verbindungsstraße von Xinjang [Sinkiang] nach Tibet gebaut hatten, quer durch das Aksai-Chin[Tschin]-Plateau, ein von Indien beanspruchtes, aber nicht unter Verwaltung genommenes und damals menschenleeres Hochgebiet. Im Herbst 1962 entwickelte sich nun ein regelrechter **indisch-chinesischer Gebirgskrieg,** der durch einen weiteren Vorstoß chinesischer Truppen im Nordosten, an der »MacMahon-Linie«, »flankiert« wurde, deren Festlegung durch die »Konferenz von Simla« (1913/14) China nie anerkannt hat. Den Chinesen gelang es hier, bis an das assamesische Vorland vorzustoßen; sie zogen sich später wieder weitgehend an ihre Ausgangspositionen zurück, behielten aber im Nordwesten das Aksai-Chin-Plateau besetzt. Das provisorische pakistanisch-chinesische Grenzabkommen von 1963 sieht Indien als ungültig an.

**Der indische Nordosten** ist nur durch einen relativ schmalen Landstreifen mit dem übrigen Indien verbunden und lange Zeit stark vernachlässigt gewesen. Seit 1962 wurden hier zur Befriedigung von Selbstverwaltungswünschen der sehr unterschiedlichen Bevölkerung größere **Gebiete aus Assam ausgegliedert.** Die eigentliche Erschließung begann vor allem seit der Mitte des 19. Jhs. mit der Anlage von Teekulturen und in neuerer Zeit mit der Ausbeutung der Erdölvorkommen. Diese Entwicklung löste Zuwanderung aus Bihar, Orissa, Bengalen und Zentralindien aus, so daß ethnisch, sprachlich und nach Religionszugehörigkeit – Hindus, Muslime, Christen, Anhänger von Animismus – ein sehr vielschichtiges Bevölkerungsbild entstand. Mit der Teilung des britischen Indien 1947 sowie später mit der Umwandlung von Ostpakistan zu Bangladesch intensivierte sich erneut der Zuwanderungsdruck durch Flüchtlinge. Die Assamesen haben sich seit langem, aber ohne Erfolg gegen die sprachlich-kulturelle und wirtschaftliche Überfremdung gewehrt.

**Nagaland,** in dem die tibetobirmanische Sprachen sprechenden Naga wiederholt rebellierten, wurde 1962 ein eigener Bundesstaat; **Meghalaya** und **Tripura** erhielten unter ähnlichen Bedingungen 10 Jahre später den gleichen Status, ebenso **Manipur.** Die gebirgige ehemalige »North East Frontier Agency«, in die 1962 die Chinesen eindrangen, wurde 1972 als **Arunachal Pradesh** ein Bundesterritorium, desgleichen **Mizoram** mit seinen überwiegend christianisierten Bewohnern. Trotz vermehrter Stationierung indischer Truppen in den einzelnen Regionen des Nordostens war es bisher **nicht möglich,** eine **endgültige Beruhigung** zu erreichen.

Es gibt nicht wenige Beobachter, die **Indiens Zukunft** als düster ansehen. Auch werden Spannungen mit den Nachbarn in unterschiedlicher Stärke noch lange weiterbestehen. Aber Indien hat seine Sicherheit seit dem Debakel von 1962 systematisch ausgebaut und kann etwaigen Grenzkonflikten mit ungleich mehr Zuversicht entgegentreten als 1962/63. Noch ist unentschieden, ob die auf religiöse und sprachlich-kulturelle Unterschiede zurückzuführenden Regionalprobleme sich mildern oder, was wahrscheinlicher ist, verstärken werden. Festzuhalten bleibt: Indien – »eine Nation im Werden«, die »größte Demokratie der Welt«, wie es oft genannt wird – hat zwar seit seiner Unabhängigkeit in Fällen von Ausnahmezustand rücksichtsloses Vorgehen der Sicherheitskräfte, aber **keinen Militärputsch** erlebt. Im Bund wie in den Ländern hat sich bisher der Führungswechsel stets durch – wenn auch vielfach manipulierte – Wahlen vollzogen.

WOLF-RÜDIGER BAUMANN/REINHARD STUTH

# Die Staaten an der »Piratenküste«

## Vom Golfkrieg zum Golfrat

Wenn von der **»Golfregion«** (dem »Persischen« oder »Arabischen« Golf) die Rede ist, wird man unschwer Irak und Iran, die Straße von Hormuz und Erdöl, vielleicht noch Kuwait und Saudi-Arabien assoziieren und – globaler – an die Gefahr eines sowjetischen Zugriffs auf das Nahost-Erdöl und damit an den Konflikt Ost-West und die Abhängigkeit Japans und Westeuropas vom Nahost-Erdöl denken. Aber schon die Frage, ob der sowjetische Einmarsch nach Afghanistan eher in diesem Lichte oder doch in jenem des Kampfes gegen den schiitischen Fundamentalismus zu sehen ist, führt in bisher kaum erfaßte Dimensionen. Zu deren Eckdaten gehören Tatsachen wie die Existenz unabhängiger Staaten der ehemals als »Piratenküste« verschrienen Gebiete am Golfufer der Arabischen Halbinsel, ihr Zusammenschluß im Golfrat, ihre Bedrohung durch *Khomeinys* Schia, die Anwesenheit Pakistans auf der Gegenküste. Daher ist es nützlich, diese Region etwas detaillierter darzustellen.

Die arabischen Golfstaaten fühlen sich durch 3 Ereignisse in der Region **bedroht und gefährdet:** die Revolution in Iran, die sowjetische Invasion in Afghanistan und den Golfkrieg zwischen Irak und Iran. Dies waren die wichtigsten Motive für die Gründung des Golf-Kooperationsrates (The Cooperation Council for the Arab States of the Gulf/GCC), zu dem sich am 25. Mai 1981 in Abu Dhabi Saudi-Arabien, Kuwait, Bahrain, Katar, die Vereinigten Arabischen Emirate (UAE) und Oman zusammengeschlossen haben. Gemeinsam wollen sie Gefährdungen ihrer äußeren und inneren Sicherheit begegnen, aber auch ihre wirtschaftliche und politische Zusammenarbeit intensivieren. Seit der iranischen Revolution sind die nach der Sunna ausgerichteten Golfratsstaaten, in denen starke **schiitische Minderheiten** – hauptsächlich Gastarbeiter – leben, besorgt über die Ausstrahlungskraft des schiitischen Fundamentalismus.

**Die USA und die Sowjetunion** haben sich in den letzten Jahren machtpolitisch mehr und mehr in dieser erdölreichen Weltregion engagiert. Mit großer Besorgnis wird der Expansionsdrang der Sowjetunion im Nahen Osten seit »Afghanistan« beobachtet. Der seit September '80 andauernde **Golfkrieg** bleibt ein ständiger Unruheherd mit Auswirkungen auf die gesamte Region. Bagdad kämpft mit Giftgas, Teheran schickt fanatisierte Kinder in die Schlacht. Der Krieg, in den Sümpfen des Schatt-al-Arab steckengeblieben, hat seit dem Mai '84 durch Angriffe auf Handelsschiffe unbeteiligter Staaten im Golf eine neue Qualität erlangt. Nach dem irakischen Präsidenten *Saddam Hussein* sollen die irakischen Aktionen Iran von der Notwendigkeit überzeugen, den Krieg einzustellen und Frieden zu schließen. Demgegenüber begründet der iranische Parlamentspräsident *Hodschatoleslam Rafsanjani* die Beschießung saudischer und kuwaitischer Schiffe durch den Iran damit, daß der Golf entweder für alle oder für niemanden sicher sei. Er kündigte die Schließung dieses Wasserweges an, falls Iran gehindert werde, seine essentiellen Ressourcen zu nutzen. Die Eskalation des Golfkrieges bedeutet eine wachsende Gefahr für die freie Schiffahrt im Golf und damit für die Erdölversorgung des Westens. Darüber hinaus wird eine Ausweitung des iranisch-irakischen Konflikts auf die angrenzenden Staaten der Golfregion befürchtet. Möglicherweise ist die Übereinkunft zwischen Teheran und Bagdad, künftig Angriffe auf Städte zu unterlassen, um die Zivilbevölkerung zu schonen, ein erstes Zeichen für ein Einlenken der Kontrahenten.

**Die GCC-Staaten** sind verbunden durch gemeinsame Kultur, Sprache, Religion und gleichartige Regierungsform (Monarchie). Früher waren sie Spielball türkischer und britischer Interessen und bis zu ihrer Unabhängigkeit – zum Teil als Protektorat – unter britischer Oberherrschaft. Mit Hilfe der Briten (»Lawrence of Arabia«) verdrängte *Abdul-Aziz Ibn Saud* im Zusammenhang mit dem I. Weltkrieg die Türken aus dem Nord-Ost-Teil der Arabischen Halbinsel und den Haschemitenherrscher *Husain Ibn Ali* aus Mekka. In Religionsfragen zeichnen sich die strenger sunnitischer Observanz anhängenden islamischen Golfratsstaaten durch Intoleranz gegenüber Christen und sonstigen Andersgläubigen aus.

**Die Herrscher** regieren (mit Ausnahme Kuwaits) absolut. In Bahrain stellt die *Khalifa*-Familie 7 von 17, in Kuwait die *Sabah*-Familie 6 von 16 Kabinettsmitgliedern. Parteien sind in keinem GCC-Staat zugelassen. Nur in Kuwait gibt es ein Parlament, die Nationalversammlung, zu der nur 43000 männliche Bürger 1. Klasse bei etwa 1,5 Mill. Einwohnern insgesamt wahlberechtigt waren. In Bahrain wurde das nach der Verfassung von 1973 vorgesehene und gewählte Parlament Mitte 1975 (wegen »Linkstendenzen«) wieder aufgelöst.

Politisch und militärisch ist die Sechsergemeinschaft noch schwach, aber **wirtschaftlich ein Riese.** Sie zählt nur etwa 14 Mill. Einwohner, die auf einem Gebiet von rd. 2,5 Mill. $km^2$ leben, aber verfügt über mehr als 50% aller bekannten Welterdölreserven, fördert gut ¼ der Produktion der nichtkommunistischen Welt, liefert etwa 50% aller Erdölimporte der westlichen Industrienationen und kassiert daraus pro Jahr an die 150 Mrd. \$. Das Bruttosozialprodukt dieser 6 Staaten beläuft sich auf etwa 180 Mrd. \$ (zum Vergleich: Israel: 17 Mrd. \$; Schweiz: 106 Mrd. \$), ihre Importe aus den westlichen Industriestaaten werden auf rd. 50 Mrd. \$ pro Jahr geschätzt. In den Golfratsländern wurden im 1. Quartal 1984 täglich 7–8 Mill. Barrel (1 Barrel = 159 l) Erdöl gefördert. Davon gingen u. a. 3,0 Mill. Barrel in den pazifischen Raum, vor allem nach Japan, 2,0 Mill. nach Europa und 0,8 Mill. nach Nordamerika.

Die Führungsrolle in der Organisation spielt **Saudi-Arabien** (dessen Hauptstadt ar-Riad auch der Sitz des GCC ist), mit ca. 10 Mill. Einwohnern und mit Erdölreserven von schätzungsweise 165 Mrd. Barrel; das Königreich hat mit 100 Mrd. \$ das größte Bruttosozialprodukt aller Golfstaaten; *(Details der Bevölkerungsstruktur, insbesondere des schiitischen Anteils der Gastarbeiter → Kap. »Souveräne Staaten«).* Militärisch besteht eine enge Kooperation mit dem Westen, vor allem mit den USA. Der wirtschaftlich und politisch am weitesten entwickelte Golfratsstaat ist **Kuwait;** in dem Emirat werden im Schnitt 1,05 Mill. Barrel Erdöl pro Tag gefördert; die Kuwaiter sind eine Minderheit im eigenen Land; 1982 waren von 1,5 Mill. Einwohnern etwa 800 000 Ausländer; bei den Parlamentswahlen vom 23.2.1981 gingen fast 75% der Sitze an konservative Kandidaten der Beduinenstämme sowie an Technokraten und dem Herrscherhaus nahestehende Geschäftsleute; die rund 400 000 schiitischen Einwohner entsenden nur noch 4 Abgeordnete (bisher 10) in die Nationalversammlung; als einziger der konservativen Golfratstaaten unterhält Kuwait diplomatische Beziehungen zu den Ostblock-Ländern. Im kleinsten der GCC-Staaten, dem Insel-Scheichtum **Bahrain,** einst Stätte der ersten industriellen Erdölförderung in der Golfregion, neigen sich die Erdölreserven dem Ende zu; heute ist Bahrain ein wichtiges Dienstleistungszentrum (Handel, Banken, Versicherungen, Flughafen); es baut die bereits recht gut entwickelte Industrie weiter aus. **Katar,** auf einer Halbinsel im Golf gelegen, fördert täglich 350 000 Barrel Erdöl; auch in Katar sind die Staatsbürger mit 120 000 eine Minderheit unter den 260 000 Einwohnern. Die **Vereinigten Arabischen Emirate** bestehen aus einer Föderation von 7 autonomen Emiraten an der Golfküste (Abu Dhabi, Dubai, Sharja – Transitflughafen für die Pekingroute –, Ras al Khaimah, Ajman, Fujairah, Umm al-Qaiwain); die Föderation fördert täglich etwa 1,1 Mill. Barrel Erdöl. Das Sultanat **Oman** ist mit 920 000 Einwohnern auf über 212 000 $km^2$ der am dünnsten besiedelte GCC-Staat; das Sultanat hat mit 390 Mill. \$ das niedrigste Bruttosozialprodukt; Oman hat den USA in begrenztem Umfang militärische Einrichtungen zur Verfügung gestellt.

**Organe des Golfrates** sind der Oberste Rat, der Ministerrat und das Generalsekretariat. Daneben bestehen mehrere Fachausschüsse. Eine gemeinsame parlamentarische Volksvertretung mit direkt gewählten oder delegierten Abgeordneten ist nicht vorgesehen. Als **Sonderorganisationen** wurden vom Obersten Rat im November 1982 eine gemeinsame Investitionsgesellschaft (GIC) mit Sitz in Kuwait und im selben Jahr eine Golf-Universität mit Sitz in Bahrain gegründet. Ohne ausdrückliche vertragliche Grundlage treffen sich darüber hinaus auch andere Regierungsvertreter. Gemeinsam mit Irak gründeten die 6 Golfstaaten 1981 einen Entwicklungsfonds (AGFUND), der über UNO-Organisationen Entwicklungsprojekte in zahlreichen Ländern der Dritten Welt unterstützt.

Oberstes Entscheidungsgremium ist der **Oberste Rat** (»Supreme Council«) der 6 Staatsoberhäupter, der einmal im Jahr im November zusammentritt. Die Präsidentschaft im Obersten Rat wechselt zwischen den Mitgliedsstaaten mit Beginn jeder neuen Sitzung in alphabetischer Reihenfolge. Im **Ministerrat** sind die 6 Außenminister des Golfrates vereinigt. Er tritt turnusmäßig alle 3 Monate zusammen, darüber hinaus zusätzlich auf Antrag von mindestens 2 Mitgliedern. Außerdem finden Ratstreffen der Fachminister statt. Entscheidungen im Obersten Rat und im Ministerrat müssen in Sachfragen einstimmig, in Geschäftsordnungsfragen mit Mehrheit getroffen werden. An der Spitze des ständigen **Generalsekretariats** am Sitz des Golfrates in Riad steht der Generalsekretär. Seit Gründung des Golfrates ist dieses der Kuwaiti *Abdullah Ya'qub Bishara.* Ihm zur Seite stehen je 1 stellv. Generalsekretär für wirtschaftliche (z. Zt. Dr. *Abdullah al-Kwaize*) sowie politische Angelegenheiten (z. Zt. Dr. *Abdulkarim M. Hamadi*). Das Generalsekretariat gliedert sich in mehrere Abteilungen (u. a. Energie, Zollunion, Umwelt, Recht). Die **Fachausschüsse,** vom Obersten Rat eingesetzt, sollen die Zusammenarbeit auf konkreten Teilgebieten fördern. Derzeit bestehen 5 Fachausschüsse: für wirtschaftliche und soziale Planung, für finanzielle und wirtschaftliche Zusammenarbeit sowie Warenaustausch, für industrielle Zusammenarbeit, für Erdölpolitik, für soziale und kulturelle Dienstleistungen.

Bedeutendster Schwerpunkt des Golfrates sind gemeinsame Maßnahmen zum **Schutz vor Destabilisierung und militärischer Bedrohung:** Durch gemeinsame Verteidigungsanstrengungen sollen potentielle Gegner vor militärischen Aggressionen abgeschreckt werden; durch gemeinsame außenpolitische Bemühungen sollen Konflikte innerhalb der arabischen Welt eingedämmt und ein Übergreifen auf die Golfregion verhindert werden; durch eine enge Zusammenarbeit bei der Aufrechterhaltung der inneren Ordnung sollen revolutionäre Bestrebungen in den eigenen Ländern bereits im Keim erstickt werden. Die Zielrichtung dieser Aktivitäten ist defensiv.

Die Mitglieder des Golfrats streben nicht nach Dominanz oder Expansion, sondern nach einer Absicherung des Status quo in der Region.

Die Golfratsstaaten bemühen sich um die **Vereinbarung einer gemeinsamen Verteidigungsstrategie.** Am 25./26.1.1984 beschlossen die GCC-Verteidigungsminister die Einführung eines Luftabwehrsystems. Die Mitglieder des Golfrats geben gegenwärtig erhebliche Mittel für militärische Zwecke aus. Allein von 1984 bis 1986 stehen über 90 Mrd. DM für die Verteidigung zur Verfügung. Das **Aufrüstungsprogramm,** das die GCC-Mitglieder zunehmend miteinander koordinieren, ist von den durch rückläufige Einnahmen aus Erdölexporten bedingten Haushaltskürzungen offenbar nicht berührt. Mittelfristig planen die GCC-Staaten den Aufbau einer gemeinsamen Waffenindustrie.

Im Oktober 1983 führten Einheiten aus allen Golfratsstaaten in Wüstengebieten der UAE erstmalig ein **gemeinsames Manöver** durch. Zwei Wochen übten insgesamt 7300 Mann das militärische Zusammenspiel der Bodentruppen. Für den Herbst 1984 ist eine weitere Übung, vorrangig der See- und Luftstreitkräfte, geplant. Doch darf die Bedeutung der Manöver nicht überschätzt werden. Die 6 Armeen, auf dem Papier 140000 Mann stark, verfügen über einen hohen Anteil an Ausländern. Allein Oman hat drei pakistanische Bataillone, die UAE mehr jemenitische als einheimische Soldaten, und in allen Ländern stehen pakistanische, jordanische und britische Offiziere an Kommandostellen. Über das Ausmaß der Zusammenarbeit herrscht noch keine Einigkeit. Während der saudische Verteidigungsminister Prinz *Sultan* und der stellvertretende Oberkommandierende der UAE-Streitkräfte und Kronprinz Scheich *Khalifa Bin Said al Nahayan [Chalifa ibn Zaid al Nuhajjan]* die Manöver als Geburt einer **integrierten, schnellen Eingreiftruppe des Golfrats betrachten, sieht GCC-Generalsekretär** *Bishara,* wie andere Politiker aus Kuwait auch, die Übungen lediglich als »symbolische militärische Zusammenarbeit«, die aller Welt zeige, daß ein Angriff auf ein Golfrats-Mitglied ein Angriff gegen alle 6 Mitglieder ist.

Uneinigkeit herrscht auch über die **Frage ausländischer Militärpräsenz.** In Oman bauen die USA Luftwaffenstützpunkte; in Saudi-Arabien sind mehrere AWACS-Frühwarn-Flugzeuge stationiert; in Bahrain unterhält die US-Marine Versorgungsanlagen. Die anderen Golfratsstaaten lehnen dagegen ausländische Militärstützpunkte auf ihren Territorien ab. Sie fürchten eine Beeinträchtigung ihrer Unabhängigkeit und die Förderung US-amerikanisch/sowjetischer Rivalitäten im Golf. Sollte es allerdings zu einer ernsten Gefahr für die äußere Sicherheit kommen, billigt Kuwait im Gegensatz zu den UAE der NATO ein Recht auf militärische Intervention zu. Alle Golfratsstaaten wollen sich jedoch so lange wie möglich auf eigene Anstrengungen verlassen.

Außenpolitisch bemühen sich die Golfratsmitglieder, mit einer Stimme zur Vermittlung in allen größeren Konflikten in der arabischen Welt beizutragen. So spricht Generalsekretär *Bishara* in seinem 3. GCC-Jahresbericht von »der Existenz einer gemeinsamen Golf-Diplomatie in arabischen und internationalen Fragen«. Beispiele erfolgreicher **gemeinsamer Außenpolitik des Golfrats** waren die Vermittlungsbemühungen zwischen den verfeindeten Bürgerkriegsparteien im Libanon und die Aushandlung einer Waffenruhe bei den Kämpfen innerhalb der PLO im November 1983 in Tripoli. Auch im israelisch-arabischen Konflikt sprach der Golfrat innerhalb der Arabischen Liga mit einer – mäßigenden – Stimme.

Häufigster Tagesordnungspunkt der Sitzungen von Oberstem Rat und Ministerrat ist der iranisch-irakische Krieg. Die GCC-Staaten wollen die freie Schiffahrt im Golf erhalten und eine Eskalation des Krieges und damit eine unmittelbare Beeinträchtigung ihrer eigenen Sicherheit verhindern. An einem kontrollierten Weiterschwelen des Golfkrieges »auf kleiner Flamme« haben die GCC-Mitglieder jedoch ein gewisses Interesse: Sie wollen, daß keiner der beiden Gegner des Golfkriegs obsiegt und so eine Vormachtstellung erringt. Mit Hinweis auf die äußere Bedrohung lassen sich auch oppositionelle Regungen im Innern leichter unterdrücken. Schließlich können die Golfratsstaaten angesichts der Krisensituation ihre strategische Bedeutung und damit die Notwendigkeit von Waffenlieferungen gegenüber den USA und Westeuropa verdeutlichen.

Im Bereich der Zusammenarbeit bei der **Aufrechterhaltung der inneren Ordnung** bestehen nach den offiziellen Verlautbarungen noch erhebliche Meinungsverschiedenheiten und Schwierigkeiten. Trotz vielfacher Bemühungen scheiterte beispielsweise ein multilaterales GCC-Abkommen über innere Sicherheit bislang am Widerstand Kuwaits. Die 3. GCC-Innenminister-Konferenz am 28. November 1983 in Riad konnte sich nur auf die allgemeinen Zielsetzungen einigen, die Sicherheitsgesetze zu vereinheitlichen, die Auslieferung politisch Verdächtiger zu erleichtern und umstürzlerische Bestrebungen oder Terroraktionen frühzeitig zu bekämpfen.

Am 11. November 1981 bestätigte der Oberste Rat ein Abkommen zur Bildung eines Gemeinsamen Markts. Angestrebt werden eine engere Zusammenarbeit, Angleichung der Marktbedingungen, komplementäre statt konkurrierende Industrieentwicklung. Das **Wirtschaftsabkommen nach dem Vorbild der EG** trat in seiner ersten Phase zum 1. März 1983 in Kraft; zunächst wird die Freizügigkeit stetig erweitert; auf Waren, die in einem Mitgliedsland des Rates produziert worden sind, werden keine Zölle mehr erhoben; für importierte Güter soll innerhalb von 5 Jahren ein einheitlicher Zolltarif erarbeitet werden; nichttarifäre Handelshemmnisse werden abgebaut; bei der Gründung von Unternehmen wird Freizügigkeit gewährt, vorausgesetzt, eine Sperrminorität von 25% bleibt in lokalem Besitz.

**Freizügigkeit** wurde auch für bestimmte Berufsgruppen geschaffen: Die Aufenthaltsgenehmigungen für Ärzte, Rechtsanwälte, Wirtschaftsprüfer und Ingenieure sowie die Eröffnung von Ingenieurbüros, von beratenden, verwaltungstechnischen, wirtschaftlichen und technischen Büros wurden für GCC-Staatsbürger abgeschafft; seit dem 1. März 1984 wurden auch die Berufssparten Pharmakologie, Hotel- und Restaurantbetriebe sowie »Kaufleute mit besonderen Handelsgeschäften« einbezogen. Die erwähnten Personenkreise können ohne besondere Bedingungen oder Maßnahmen reisen und arbeiten. Die GCC-Staaten prüfen auch Empfehlungen zur Vereinheitlichung der Einwanderungsgesetze und zur Einführung eines gemeinsamen Reisepasses.

Auch der **Gemeinsame Markt** macht rasche Fortschritte: Die nationalen Erdölgesellschaften der Golfratsstaaten werden einheitliche Verträge für den Verkauf von Erdgas und Erdölprodukten abschließen; zur Vermeidung von Konkurrenz wollen sie eine einheitliche Marktpolitik betreiben; die Mitgliedsstaaten werden einem Land, das seine Produktionsquoten nicht erfüllen kann, zu Hilfe kommen. Die an Erdgas reichen Mitgliedsstaaten sollen durch Rohrleitungen mit den neu entstehenden Industriezentren im Golfraum verbunden werden, z. B. die Erdgasvorkommen von Katar mit dem petrochemischen Zentrum von Jobail in Saudi-Arabien; industrielle Joint ventures sollen zunächst auf Bahrain und Oman beschränkt werden, wobei Oman Priorität eingeräumt wird: Dort soll ein erstes Werk der petrochemischen Industrie errichtet werden.

Die Pläne des GCC, bis 1987/88 einen **gemeinsamen Wirtschaftsblock** zu bilden, werden durch die weltweite Rezession gehemmt, von der auch die reichen Golfratstaaten nicht ausgespart blieben. Der Generalsekretär des Rates wies im März 1984 darauf hin, daß das Wirtschaftsabkommen zwischen den Mitgliedstaaten planmäßige Fortschritte mache und das 2. Stadium seiner Verwirklichung begonnen habe; doch könnten die Organe der Mitgliedstaaten nicht mit dem gewünschten Tempo weitermachen. Es sei deshalb besser, die Dinge nicht zu übereilen.

Das **Rechtswesen** der GCC-Staaten ist heute noch uneinheitlich. **Die Schari'a** umfaßt das rituelle Recht, die ethischen Normen wie die Rechtsgrundsätze für alle Lebensbereiche, da der Islam die Aufspaltung der Lebensbereiche in laizistische und spirituelle nicht anerkennt; sie wurde im 7.–10. Jahrhundert von islamischen Gesetzesgelehrten aufgrund des Korans und der von Mohammed überlieferten Rechtspraxis geschaffen. Die Auslegung erfolgt: »willkürlich« durch den theokratischen Herrscher (vormals etwa der Khalif) in den UAE, in Oman und Bahrain (hier gilt für Nichtmuslime britisches Recht); durch das kodifizierte, aber an den Koran gebundene Recht der Schari'a in Saudi-Arabien; durch stellenweise laizistisches Recht (ergänzt durch Schari'a und/oder britisches bzw. »ägyptisches« Recht) autochthoner Herkunft in Katar und Kuwait. Nach einem Treffen der GCC-Justizminister am 29./30. Januar 1984 in Manama/Bahrain gab Scheich *Abdallah Ibn Khalid Al-Khalifa [Chalifa]*, der gastgebende Minister für Justiz und islamische Angelegenheiten, bekannt, man habe sich über die Fertigstellung eines umfassenden Programms verständigt, um in den GCC-Ländern innerhalb von 5 Jahren allgemein die Schari'a in Kraft zu setzen. Mit dem Programm, das auch die Durchsetzung der islamischen Strafgesetze wie das Abhacken der Hand von Dieben vorsieht, hätten sich ausnahmslos alle GCC-Länder einverstanden erklärt. Ein Ausschuß von Geistlichen soll das Programm für die GCC-Justizminister ausarbeiten. Die Justizminister forderten auch die Vereinigung der nationalen Schari'a-Fakultäten an den GCC-Universitäten.

Die durch den Erdölboom hervorgerufene Industrialisierung der meisten GCC-Staaten und der damit einhergehende wachsende Einfluß des Westens auf kulturelle Belange hat die **Frauen z.T. aus ihrer Isolation befreit.** Am 24. März 1984 eröffnete der Präsident der UAE, Scheich *Zaid Bin Sultan al Nahayan [Said Ibn Sultan al Nuhajjan]*, in Abu Dhabi die 3. Regionalkonferenz über Frauen am Golf und auf der Arabischen Halbinsel mit der Forderung nach einer aktiveren Rolle der Frauen in der Gesellschaft: dazu schließlich habe man den Frauen bei der Gründung der UAE 1971 bezüglich der Ausbildung Gleichberechtigung eingeräumt. Tatsächlich besteht für Frauen Schulpflicht. Sie können studieren, doch nur 5% der Frauen in den UAE sind berufstätig. Die Schari'a setzt allen Bestrebungen, die Rechte für die Frauen zu erweitern, sehr enge Grenzen. So lehnte das kuwaitische Parlament im Januar 1982 das Frauenwahlrecht mit der Begründung ab, es verstoße gegen die islamische Tradition.

**Der Golfrat und die EG** weisen teilweise vergleichbare Strukturen und Organe sowie zahlreiche gemeinsame Zielvorstellungen auf. Aufgrund ihrer jeweiligen politischen, kulturellen und wirtschaftlichen Potenzen und Ressourcen sind beide natürliche Partner. Gleichwohl hat die EG – in anderen Weltregionen grundsätzlich positiv zu Regionalorganisationen eingestellt – den Golfrat als politischen und wirtschaftlichen Partner noch nicht entdeckt. Sie verpaßt damit wichtige Einflußmöglichkeiten.

**Die EG-Kommission** hat zum GCC verschiedentlich Kontakte unterhalten, ohne bislang Ergebnisse von Bedeutung erzielt zu haben. Der Antrittsbesuch des GCC-Generalsekretärs *Bishara* bei der Kommission in Brüssel im Juni 1982 wurde im März 1983 von einer EG-Delegation unter Leitung des Stellv. Generaldirektors für Auswärtige Beziehungen erwidert. Bei dieser Gelegenheit wurde eine Zusammenarbeit auf eng umgrenzten Gebieten der Bereiche Statistik, Zoll, Information und Energie vereinbart. Dem Abschluß eines Handelsabkommens stehen gegenwärtig unterschiedliche wirtschaftliche Interessen entgegen. So ist die EG nicht bereit, den Golfstaaten Zollfreiheit für den Export von petrochemischen Produkten zuzugestehen.

**Das Europäische Parlament** hatte bereits 1981 in einer Entschließung über die Handelsbeziehungen der EG mit den Golf-Staaten ein Kooperationsabkommen mit den Golf-Staaten als »äußerst nützlich« bezeichnet. Auch hat das Parlament seit einiger Zeit eine 10köpfige Interparlamentarische Delegation mit den GCC-Staaten eingerichtet, die auch für den Nord-Jemen zuständig ist. Aber in allen 4 Entschließungen zum Golfkrieg wird der GCC entweder nur am Rand oder gar nicht erwähnt.

**Der Ministerrat** der Gemeinschaft und **die Europäische Politische Zusammenarbeit** widmen dem Golfrat ebenfalls nur geringe Aufmerksamkeit und beziehen ihn kaum in ihre Überlegungen zur Eindämmung des Golfkrieges ein. Eine enge, umfassende Kooperation zwischen EG und Golfrat ist jedoch dringend wünschenswert. Es bietet sich der Abschluß eines Abkommens an, das weit über die Regelung von Handels- und Wirtschaftsfragen hinausgeht, und auch regelmäßige politische Konsultationen über die Entwicklungen in Afrika und im Nahen und Mittleren Osten, eine Zusammenarbeit bei der partnerschaftlichen Hilfe für die Dritte Welt und eine Kooperation in der Wissenschaft, bei der beruflichen Ausbildung und in kulturellen Angelegenheiten vorsieht.

Bei Gründung des Golfkooperationsrats schienen einige Zweifel am Erfolg der hochgreifenden Pläne angebracht. Aller Skepsis zum Trotz hat der GCC kaum erwartete Fortschritte vor allem auf sicherheits- und wirtschaftspolitischem Gebiet gemacht. Die **außenpolitische Rolle** der GCC-Staaten **als Konfliktvermittler** im Nahen Osten kann nicht hoch genug eingeschätzt werden. Die äußeren Konflikte in der Region haben gewiß zu einer Stabilisierung innerhalb der GCC-Staaten geführt und zugleich ihre strategische Position nicht nur in der Region, sondern auch im Rahmen des Ost-West-Konflikts gestärkt. Andererseits birgt dieser Ost-West-Konflikt im Nahen Osten auch erhebliche Risiken für die GCC-Staaten. Deswegen bemühen sie sich um eine noch engere **Anlehnung an den Westen,** vor allem an das westliche Europa. Es bleibt zu hoffen, daß die EG die ausgestreckte Hand nicht zurückweist.

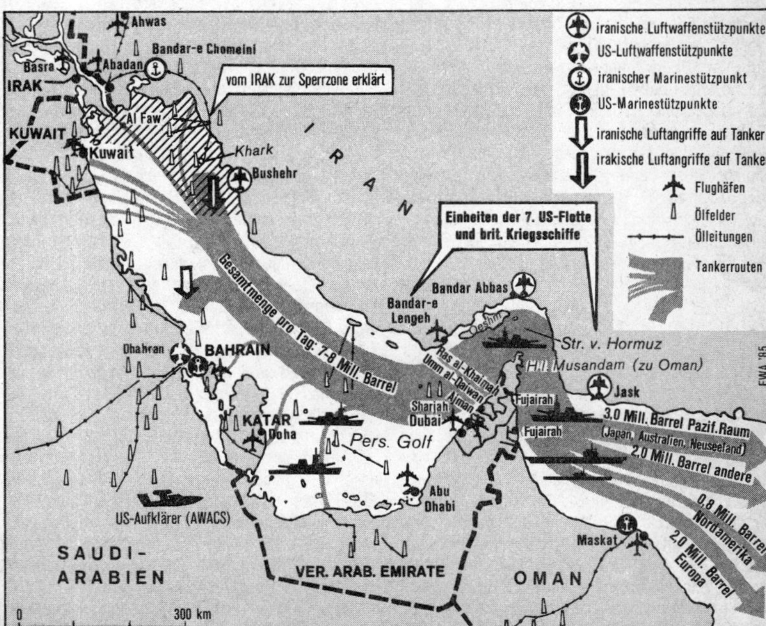


**Tankerroute durch die Straße von Hormuz**

MARKUS TIMMLER

# Auswege aus der Sackgasse »Entwicklungspolitik«

Die 17 westlichen Industrieländer (IL) des Ausschusses für Entwicklung der OECD (DAC) und die EG haben seit 1956 bis zur Gegenwart der Dritten Welt insgesamt etwa 950 Mrd. US-$ in Form von Spenden, Geschenken, Zuschüssen, Krediten und Technischer Hilfe zur Verfügung gestellt mit dem Ziel, die zu dieser Gruppe zählenden 127 Entwicklungsländer in die Weltwirtschaft zu integrieren. Das ist in über 2 Jahrzehnten nicht gelungen. Wie ist dies zu erklären? Wie ist es zu erklären, daß auf 25 % der Weltbevölkerung (z. Zt. rd. 4,8 Mrd.) in der Ersten und Zweiten Welt, also auf die marktwirtschaftlichen IL plus die europäischen Staatshandelsländer, 80 % des Welteinkommens entfallen, auf die 3,6 Mrd. Bürger der Dritten Welt im Süden unserer Erdkugel aber nur 20 %?

Welches sind die Gründe dafür, daß die Landflucht in den Entwicklungsländern (EL) mit 4 % der Bevölkerung pro Jahr dramatische Formen angenommen hat, und dies, obwohl die Landwirtschaft in der Mehrzahl der EL auf absehbare Zeit die mit Abstand wichtigste Quelle des Lebensunterhalts sein wird? Städte wie Mexico, Bombay, Djakarta, Teheran oder Lagos dürften im Jahr 2000 mit jeweils 31, 19, 17, 14 und 9 Mill. Einwohnern unübersehbare Ausmaße angenommen haben, die Slums und Elendsviertel aber noch rascher wachsen. Schon heute haust ¼ bis die Hälfte der Einwohner in Städten wie Ankara, Bagdad, Seoul, Rio de Janeiro, Kalkutta in wilden Randsiedlungen, die aus Blech und Pappe bestehen, ohne daß an eine Befriedigung der Grundbedürfnisse (regelmäßige Arbeit, ausreichende Ernährung, Trinkwasser, Licht, sanitäre Einrichtungen, Gesundheitsvorsorge und Ausbildung) auch nur zu denken wäre.

### Wie konnte es dahin kommen?

Wie ist es zu erklären, daß die Erzeugung von Nahrungsmitteln in der Dritten Welt hinter dem Wachstum der Bevölkerung seit 20 Jahren zunehmend zurückbleibt, so daß die 50 in Afrika gelegenen Länder 1984 insgesamt 1,6 Mill. t zusätzlich einführen müssen und außerdem 100 Mill. $ an landwirtschaftlicher Hilfe benötigen (Saatgut, Ackergerät, Düngemittel usw.)? Daß die internationale Verschuldung der EL mit über 600 Mrd. $ (das sind nach dem Wechselkurs Mitte 1984 rund 1,75 Bill. DM) ein die privaten Banken und damit die gesamte Weltwirtschaft gefährdendes Ausmaß angenommen hat? Zusammengefaßt: Wie sind der anhaltend größer werdende Abstand zwischen Arm und Reich, das zunehmende Gefälle zwischen »Nord« und »Süd«, das immer unbefriedigendere Verhältnis zwischen finanziellem Einsatz sowie menschlichem Aufwand und Erfolg zu erklären? Wie konnte es dahin kommen, daß die Entwicklungspolitik der westlichen IL in eine Sackgasse geraten ist und diese Staaten nun, als Folge der Verschuldung, Gefahr laufen, in die Abhängigkeit der EL zu geraten, auch wenn Politiker darüber nicht zu sprechen wagen?

Die Antworten gibt zum einen die Geschichte. Im Hinblick auf die gegenwärtigen Probleme sind die Antworten zum anderen komplex und vielschichtig. Gleichwohl können sie hier, da die einzelnen Zahlen bekannt und außerdem in diesem Almanach nachzulesen sind, auf relativ wenige grundlegende Hinweise beschränkt werden, wobei Vergangenheit und Gegenwart einander erklären.

### Nicht genügend nachgedacht

Es ist offensichtlich, daß die Verantwortlichen in Politik und Wirtschaft über die Folgen, die sich aus einer enttäuschenden E-Politik ergeben, nach wie vor zu wenig nachdenken. Darum waren und sind die Vertreter der Staaten, im »Norden« wie im »Süden«, auch (noch) nicht bereit, ihre Voreingenommenheiten gegeneinander aufzugeben.

Die IL sahen in Zeiten des wirtschaftlichen Wachstums (50er und 60er Jahre) keine Veranlassung, darüber nachzudenken, was es für die Weltwirtschaft bedeuten könnte und – langfristig gesehen – welche Chance für jeden einzelnen Unternehmer darin liegt, daß 3,5 Mrd. Menschen der Dritten Welt in der Ersten und Zweiten alles kaufen würden, von der Nähnadel bis zum Computer, wenn die industrialisierten Länder sie dazu in den Stand setzten. Erst recht hat man sich keine Gedanken darüber gemacht, was notwendig wäre, um die dafür erforderliche Kaufkraft zu schaffen. Die IL haben es auch nicht für möglich gehalten, daß sie eines Tages über Preise und Menge der Rohstoffe (Erdöl) sowie über die Arbeitskräfte in den EL nicht mehr allein den jeweils eigenen Bedürfnissen entsprechend so verfügen könnten, wie dies bis Anfang der 70er Jahre der Fall war. Man fuhr daher fort, ähnlich wie in der Kolonialzeit, einzelne Projekte zu erstellen, anstatt die wirtschaftliche, soziale und technische Entwicklung der einzelnen Länder und deren Bevölkerungen zu fördern. »Beton-Projekte« (Staudämme, Glas-, Zement-Fabriken, Hotel-Bauten), deren Kapazitäten zum Teil nur zu 25 % genutzt wurden, vergammelten mangels genügend fachmännischer Wartung als »Kathedralen in der Wüste«.

Mit anderen Worten: Entwicklung wurde (und wird

noch heute) nicht als ein organischer Vorgang begriffen, den man, eben da er organisch ist, weder kaufen noch verkaufen, weder verordnen noch befehlen kann. Wohl aber kann man ihn durch Motivation auslösen, wie etwa bei der Pflanze durch das Samenkorn oder beim Ei durch Befruchtung, so daß die Entwicklung dann aus sich heraus schöpferisch fortwirkt. Vielmehr versuchte man, Entwicklung von außen her gemäß Wertvorstellungen und mit Methoden herbeizuführen, die den Menschen in der Dritten Welt fremd waren. Dieses Vorgehen hat seine Wurzeln in der kolonialen Vergangenheit.

## Eine unheilträchtige Kombination

Dazu kommt, daß die für die Übernahme der Macht in den jungen Staaten Afrikas, Asiens, aber auch Lateinamerikas ausersehenen Kräfte in europäischen, später auch in US-Universitäten ausgebildet wurden. Dies brachte zunächst einmal mit sich, daß später Verhandlungen zwischen Vertretern von EL und IL in Englisch, Französisch oder Spanisch geführt wurden und werden, also in einer den Vertretern der Dritten Welt fremden Sprache. Daraus erklären sich viele vordergründige Schwierigkeiten für das gegenseitige Verstehen, etwa bei bilateralen Verhandlungen, auf der Ebene der Verwaltung oder für die Präzision bei Abfassung von Verträgen.
Eine weitere fast automatische Folge der kolonialen Vergangenheit reicht tiefer. Die Ausbildung in den IL brachte es auch mit sich, daß die EL zu dem Wirtschaftssystem des »Westens« bzw. des »Ostens« ja sagten, ohne daß die im internationalen Geschäft völlig unerfahrenen Minister wußten, wofür sie sich da entschieden hatten und was diese Entscheidung für die Zukunft ihrer Länder an persönlicher Mühsal und Opferbereitschaft beinhaltet.
Daher verharrten die EL jahrelang in der irrigen Annahme, daß ähnlich rasch und mühelos, wie in vielen Staaten Afrikas die politische Souveränität erlangt worden war, auch die wirtschaftliche Eigenständigkeit zu haben wäre. Man war sich nicht bewußt, daß in den EL dafür alle grundlegenden Voraussetzungen fehlten, Voraussetzungen, auf die die Kolonialmächte beim Übergang von der kolonialen Abhängigkeit zur politischen Unabhängigkeit entweder überhaupt nicht oder nicht mit genügendem Nachdruck hingewiesen hatten, geschweige, daß sie diese Voraussetzungen geschaffen hätten.
Eine weitere Folge der Ausbildung in fremdem Milieu war, daß die leitenden Kräfte der Dritten Welt Konsumgewohnheiten, gesellschaftliche Formen und sozialen Status der führenden Kreise in Paris, London, München, Madrid oder auch Moskau zum Leitbild ihres Verhaltens machten. Mit dieser Mercedes-Haltung entfernten sie sich aber von allen einheimischen Traditionen und damit von der sozialen Basis ihrer Völker. Sie bildeten eine privilegierte Schicht, die sehr bald mehr an ihre persönlichen Interessen als an die Verpflichtung gegenüber ihren Mitbürgern dachte.
Zu dieser unheilträchtigen Kombination von Prestigedenken und Machtstreben gesellten sich in vielen Fällen noch Korruption und Vetternwirtschaft. Hier wäre allerdings auch anzumerken, daß zur Korruption immer zwei gehören, einer, der gibt, und einer, der nimmt. Aktuelle und historische Tatsachen besagen also, daß die Industriestaaten von einer gewissen Mitschuld an sozialen Unruhen, Militärputschen, Verschuldung und anderen negativen Entwicklungen in der Dritten Welt nicht freigesprochen werden können.
Doch hinter diesem Fehlverhalten standen (ursprünglich) weder im »Norden« noch im »Süden« absichtsvolle Böswilligkeit oder bewußter Vorsatz, sondern Mangel an Wissen und Erfahrung. Dies ist um so verständlicher, als die wirtschaftlichen und politischen Repräsentanten sowohl der IL wie der EL mit der nach dem Kriege sich anbahnenden Zusammenarbeit zwischen ihnen in Neuland vorstießen. Begriffe wie Entwickungshilfe und Entwicklungspolitik gab es vor 35 Jahren noch nicht. Interdependenz war noch keine Vokabel der gängigen Fachsprache. Das gilt zwar weniger für die weltweiten Unternehmen, aber auch sie hatten unmittelbar nach dem Kriege nicht damit gerechnet, daß sie eines Tages in den Ländern Afrikas und Asiens ohne Rücksicht auf die Einheimischen nicht mehr nach eigenem Gutdünken schalten und walten könnten. Auch sie mußten erst lernen, was es heißt, »heute verhandeln zu müssen, wo sie gestern befahlen« *(Spengler)*.
Daher waren noch bis Ende der 60er Jahre afrikanische Mentalitäten und asiatische Glaubensvorstellungen für Politiker und Wirtschaftler einschließlich Bankiers keine Realitäten, mit denen sie zu rechnen hatten. Vielmehr waren sie der ehrlichen Meinung, daß ihre Ordnungssysteme und Methoden, die sich in den schwierigen Zeiten nach dem Kriege in ihren nationalen Bereichen bewährt hatten, in den EL ebenfalls erfolgreich sein müßten.
In ihrem Fehlverhalten wurden Politiker wie Unternehmer überdies indirekt bestärkt durch die Arbeiten der Wissenschaftler. Mehr noch als für jene aber war die Dritte Welt für diese eine Terra incognita. Sie waren in dem geistigen und wirtschaftlichen Klima einer hoch entwickelten Industriegesellschaft aufgewachsen. Ihre Studien gründeten in der nationalen wie internationalen Wirtschaftsgeschichte und wurden geschrieben in der vertrauten Atmosphäre der IL. Ungeachtet dessen meinten die allermeisten von ihnen, den Problemen der Entwicklungsländer auch ohne jede Kenntnis der Mentalitäten und materiellen Gegebenheiten in Übersee allein mit den in Europa und Amerika entstandenen Lehrmeinungen auf die Spur kommen zu können.
Die wenigen, die sich dieses Irrtums während ihrer Arbeit inne wurden und ihn öffentlich bekannten, wie der schwedische Volkswirtschaftler *Gunnar Myr-*

*dal,* oder deren Vorschläge von vornherein auf afrikanischen, asiatischen oder lateinamerikanischen Erfahrungen beruhten, wie die des deutschen Soziologen und Volkswirts *Richard F. Behrendt,* wurden nicht beachtet. Statt dessen ließen sich die Wissenschaftler im Laufe der Zeit mit ihrer Arbeit in die Verhaltensnormen und Interessen der westlichen bzw. östlichen Industriegesellschaften einbinden. Ihre Studien über Probleme der Dritten Welt setzten sich direkt oder indirekt mit den (wechselnden) Vorstellungen der politischen Parteien auseinander, ihre Vorschläge waren daher mehr an Dogmen und Ideologien als an sozialen, ökonomischen und politischen Tatsachen in Übersee orientiert. So entstanden in den 50er und 60er Jahren eine Fülle von Theorien – vom »Überschwappen« des Wohlstands auf die armen Länder bis zur Abkoppelung der EL von den »Metropolen«, den II. Alle diese Vorschläge haben sich in der Praxis jedoch als obsolet erwiesen.

### Erklärungen, keine Entschuldigungen

Die vorstehenden Erklärungen können jedoch nicht als Entschuldigung für Hunger, Verschuldung, Rückständigkeit und die anhaltende Verschlechterung der Beziehungen zwischen »Nord« und »Süd« gelten. Noch weniger können sie ein Freispruch von jeder Verantwortung für das Versagen der E-Politik sein. Vielmehr werfen sie die Frage auf, was könnte, was sollte getan werden, um die E-Politik aus der Sackgasse herauszubringen, der E-Hilfe eine solide zukunftsträchtige Grundlage zu geben, in der Dritten Welt Kaufkraft zu schaffen, den Welthandel wieder »flott«zumachen und damit die Gesundung der Weltwirtschaft einzuleiten.

Beim Bemühen um eine konstruktive, zukunftsträchtige Antwort auf diese komplexe Frage wäre von einigen psychologischen Erwägungen und sachbezogenen Feststellungen auszugehen:

**1. Die E-Politik** wird **von Menschen für Menschen** gemacht. Also ist der Mensch zugleich Urheber und Ziel aller Überlegungen. Die Maßnahmen, von der Planung bis zur Verwirklichung eines Vorhabens, welchen Umfangs auch immer, sind auf diese Bedürfnisse, auf die in den EL vorhandenen Fähigkeiten und auf die jeweiligen Mentalitäten abzustellen.

**2. Alle Menschen,** im »Norden« wie im »Süden«, haben eines gemeinsam: sie **wollen mehr haben.** Wer Hunger hat, will Brot haben, wer Brot hat, die Butter dazu, dann später den Käse usw.

**3.** Alle Menschen, die einen **Lebensstandard** haben, wie erbärmlich oder wie luxuriös er auch sei, wollen diesen **verbessern.** Das gilt für den Unberührbaren (outcast) in Indien wie für den Generaldirektor in New York. Jener sucht sich in den Straßen von Kalkutta zur Übernachtung auf dem Pflaster einen besseren Platz, als er ihn 12 Stunden vorher gefunden hatte; dieser kauft sich eine Segeljacht oder neben seiner Villa in der Stadt noch ein Landhaus oder beides.

### Elend – Armut – sozialer Fortschritt

**4.** Wir haben zu unterscheiden zwischen Elend, Armut und sozialem Forschritt. **Elend ist ein starrer Zustand.** Elend kann sich – aus Mangel an Mitteln und Kräften – selbst nicht zu Wort melden. Es kann sich selbst nicht helfen. Es hat auch keine Lobby. Elend ist auf Spenden und Wohltaten von außen angewiesen. Allerdings sollte diese Hilfe von außen nicht dahingehend degenerieren, daß sie das Elend gerade noch, gleichwohl aber auf Dauer, am Leben hält. Der diesbezügliche Aufwand wäre letzten Endes sinnlos vertan.

**5.** Zum Unterschied von Elend ist **Armut ein labiler Zustand.** Man kann arm und doch glücklich sein, in Industriestaaten wie E-Ländern. Solche gelebte Armut ist im Umkreis eines jeden Menschen zu beobachten Der Afrikaner (Bénin) *Albert Tévoédjrè* hat ein Buch geschrieben »Armut – Reichtum der Völker«. Er zeigt darin, wie Einfachheit des Lebensstils den eigentlichen Sinn der persönlichen und sozialen Entwicklung ausmacht.

Problematisch wird die Armut, wenn das Gleichgewicht von Bedürfnis und Zufriedenheit durch Einflüsse von außen gestört wird, die Wünsche, Absichten oder Forderungen auslösen. Diese Möglichkeit besteht in den IL zum Beispiel durch Versprechungen der Parteien zwecks Stimmenfang und in den EL etwa durch eine fragwürdige Reklame für Erzeugnisse, die der Afrikaner erst begehrt, nachdem eine Stimme aus dem Transistorgerät das entsprechende Begehren in ihm provoziert hat. Eine kluge, auf die Zukunft angelegte E-Politik besteht darin, Interessen der Armen, auf welche Weise auch immer hervorgerufen, konstruktiv und systematisch in Richtung einer persönlichen sozialen Verbesserung zu lenken. Konstruktiv, das heißt, nach sorgfältiger Abwägung aller materiellen und psychologischen Gegebenheiten, ein Ziel anstreben, das im Bereich der physischen und geistigen Kapazitäten der Betroffenen liegt, und diese Ziele so darstellen, daß sie als erreichbar erscheinen. Systematisch, das heißt, die ebenso umsichtige Festlegung der einzelnen Etappen, die bei einem möglichst geringen Aufwand von Zeit, Kraft und Mitteln im Hinblick auf dieses Ziel zu meistern sind. Mit diesen beiden Elementen ist das erfolgversprechende Vorgehen der E-Förderung gekennzeichnet.

### Entwicklung ist ein organischer Vorgang

Damit ist noch nichts über den organischen Vorgang »Entwicklung« gesagt. Dieser kann, wie vorstehend bereits beschrieben, nur ausgelöst, er kann weder von außen gefördert noch gar erzwungen werden. Erst wenn Entwickung in Gang gekommen ist, kann dem, was sich aus dem Selbst heraus entwickelt hat, geholfen, nachgeholfen, kann es gefördert werden. Wir haben also nicht nur zu unterscheiden zwischen

sich entwickeln und entwickeln, sondern sollten uns auch bewußt sein, daß der Begriff »**Entwicklungshilfe**« zwar international üblich geworden ist, es sich in Wirklichkeit aber um **Förderung einer in Gang gekommenen Entwicklung** handelt.
Bleibt die Frage: **Wie löst man Entwicklung aus,** und wie fördert man sie so, daß sie über sich einander ergänzende Etappen – es sind insgesamt acht (s. weiter unten) – zur Verbesserung des Lebensstandards der einzelnen Menschen, auf diese Weise im Laufe der Zeit automatisch zur wirtschaftlichen Gleichberechtigung der EL und schließlich zur Mitsprache in der Weltwirtschaft führt? Bei der Beantwortung dieser Frage wäre immer der Tatsache eingedenk zu sein, daß die Entwicklung **im Menschen ausgelöst** werden muß, daß sie **von Menschen für Menschen gefördert** wird und dies am erfolgreichsten **im Verein mit anderen Menschen** geschieht.
Sie kann nur durch **Motivation** ausgelöst werden, und zwar, wenn die Entwicklung schöpferisch fortwirken soll, am ehesten durch eine positive, nicht durch eine negative Motivation, also nicht durch Drohungen, sondern durch Anreize, Überredung oder Überzeugung. Diese konstruktive Motivierung kann schon auf der Ebene des Elends ansetzen. Ist es gelungen, die Apathie zu überwinden, das Interesse für eine Verbesserung der persönlichen sozialen bzw. wirtschaftlichen Lage zu wecken, für eine Tätigkeit zu mobilisieren, folgt die 2. Stufe der Entwicklung bzw. die 1. der E-Förderung, die **Demonstration,** das Vormachen. Lesen und Schreiben sind auch heute nicht unabdingbare Voraussetzungen für eine ertragreiche Bearbeitung des Bodens. Für den Anfang genügt es, wenn vorgemacht wird, wie man mit einem Spaten umzugehen hat, ein Loch gräbt und dann eine Pflanze einsetzt. Der Demonstration folgt als 3. Etappe die **Information,** warum eine Arbeit zweckmäßigerweise so und nicht anders verricht wird, und welche Ergebnisse bei richtigem Vorgehen zu erwarten sind.

## Die verschiedenen Etappen

Wenn mit fortschreitender Arbeit, das heißt, mit ersten Ergebnissen, sich das Erfolgserlebnis einstellt, wird auch das Interesse wachsen, und es wird notwendig werden, Gebrauchsanweisungen lesen zu können, zum Beispiel, wie man eine Hacke, ein Fahrrad oder eine Pumpe zu reparieren hat. Der **schulischen Erziehung** folgt dann in der nächsten Etappe die **systematische Ausbildung** etwa zum Schlosser, Tischler oder auch zum Leiter einer kleinen Genossenschaft. Die **Arbeitsteilung,** die sich bereits bei der Ausbildung angekündigt hat, nimmt bei der Ausübung der verschiedenen Tätigkeiten automatisch konkrete Formen an. Unter Hinzuziehung kleinerer Maschinen beginnt dann die **industrielle Produktion.** Sie verarbeitet zunächst vornehmlich landwirtschaftliche Rohstoffe. Man nennt diese erste Stufe der maschinellen Verarbeitung Agro-Industrie. Mit dem Einsatz zunehmend größerer und technisch komplizierterer Maschinen sowie der Verarbeitung mineralischer und chemischer Rohstoffe wird eine ständig wachsende Vielfalt von Erzeugnissen ausgestoßen. Zugleich bekommt der **Handel,** bis hierhin ein mehr oder minder sekundärer Faktor, eine gleichrangige Bedeutung neben der Produktion. Mit den **Verhandlungen** zwischen Anbietern und Abnehmern sowie den Dienstleistungen, die mit den Erzeugnissen und deren Verkauf einhergehen, ist die letzte Stufe der wirtschaftlichen Leiter erreicht.
Diesen langwierigen, freilich sehr mühevollen Weg von der Land- bzw. Subsistenzwirtschaft über das Handwerk und die Manufaktur zur Industrialisierung meinte man vermeiden zu können. Die während der letzten 200 Jahre gemachte lehrreiche Erfahrung, daß mit diesem systematischen Vorgehen sowie den damit verbundenen Anstrengungen, Leistungen, Rückschlägen, aber auch Erfolgserlebnissen die unentbehrliche Basis für den gegenwärtigen hohen Stand der Technik und Industrialisierung in den IL und damit für deren Wohlstand geschaffen wurde, ließ man außer acht.
Statt dessen versuchten die IL, die Entwicklung der Dritten Welt nach dem Kriege mit politischem und kommerziellem »Wechselgeld« zu fördern. Die BR Deutschland zum Beispiel handelte zwar unausgesprochen, aber für jedermann wahrnehmbar, Hilfe gegen Nichtanerkennung der DDR. Die Weltbank vergab Kredite in erster Linie für Industrieprojekte (Anlagen, Flugplätze, Fabriken). Die IL folgten diesem Beispiel, die USSR nicht ausgenommen. Man war eben der Meinung, je nachhaltiger man Produktionsverfahren und Methoden der IL auf die jungen Staaten übertrug, desto rascher würde dort die Entwicklung dadurch vorankommen, daß die Erträge dieser Produktion den Einheimischen in verschiedenen Formen, in erster Linie aber als Verdienstmöglichkeiten verschiedenster Art, zugute kommen würden.

## Unterlassungen und Irrtümer

Dabei übersah man zum einen, daß in den EL keinerlei Voraussetzungen für eine Industrialisierung, noch nicht einmal in Ansätzen, gegeben waren, angefangen von Fachkräften über fehlende Transportmöglichkeiten bis zu Verteilungssystemen. Zum anderen wollte man die Entwicklung sozusagen aus dem Stand bewerkstelligen. Man hatte vergessen, daß alle Weltunternehmen, etwa seinerzeit Siemens, als Handwerksbetriebe begonnen hatten, oder daß der Landwirt seinen Hof zunächst von Hand betrieb und nicht mit Melkmaschinen oder computergesteuerter Versorgung der Tiere begonnen hat. Als Folge aller dieser Unterlassungen und Irrtümer konnte kein

nachhaltiger, selbsttragender Wirtschaftsprozeß in den EL in Gang kommen. Dies wiederum ist der Grund dafür, daß in der Dritten Welt auch das sich ergänzende Zusammenwirken der 3 Bereiche Landwirtschaft, Industrie und Dienstleistung nicht zustande gekommen ist. Hingegen hat das Fehlverhalten einen Menschen, Wirtschaft und Politik zerstörenden Kreislauf bewirkt:
Die meisten **Bauern in den EL leben von cash-crops** (Kaffee, Tee, Zucker, Bananen, Erdnüsse usw.). Die Preise hierfür wurden von den Regierungen in den meisten jungen Staaten (bisher) so niedrig festgesetzt, daß sie für die Bauern nicht lohnend waren, das heißt, sie konnten damit die Materialien zum Erhalt ihrer Plantagen nicht kaufen, vorausgesetzt, daß die jeweiligen Regierungen für Spritzen, Pestizide oder Saatgut überhaupt Devisen zur Verfügung stellen konnten. Die Erlöse aus den deshalb immer kleiner werdenden Ernten reichten bald nicht mehr aus, um die immer größer werdenden Familien (Bevölkerungsexplosion) zu ernähren. Ergebnis: Es wurde und wird nur so viel angebaut, wie zum Unterhalt notwendig ist, wobei für mögliche Naturkatastrophen (Dürre, Überschwemmungen) nicht vorgesorgt wird, auch nicht vorgesorgt werden kann, schon weil Speichermöglichkeiten fehlen. Also Rückkehr zur Subsistenzwirtschaft!

## Ein langwieriger, aber lohnender Prozeß

Weitere negative Ergebnisse: Landflucht, Slums, abnehmende Staatseinnahmen, Devisenmangel, Verschuldung und soziale Unruhen. Die damit verbundenen, heute überall festzustellenden Konsequenzen für die ökonomischen Zustände auch in den IL und für den Frieden in der Welt sind alarmierende Warnungen, die Bedeutung der Entwicklungsländer für das internationale Kräftespiel nicht weiter zu unterschätzen.
Auch die relativ wenigen afrikanischen, asiatischen und lateinamerikanischen Wissenschaftler, die die Probleme der Dritten Welt und die anhaltende politische Spannung zwischen »Nord« und »Süd« zum Gegenstand ihrer Studien gemacht haben, konnten bisher keinen Ausweg aus der Sackgasse Entwikkungspolitik weisen. Überdies nutzten einige von ihnen in den IL erlernte Methoden, Wertvortstellungen und Modelle, um diesen Staaten Mißachtung ihrer eigenen Lehrmeinungen vorzuhalten. Sie erhoben von daher ableitend bei internationalen Konferenzen ideologisch bestimmte und/oder unsachliche Forderungen. Andere versuchten, die IL »mit ihren eigenen Waffen«, sprich Ordnungsprinzipien, in der Praxis zu schlagen (OPEC-Staaten). Wieder andere paßten sich dem »Westen« oder »Osten« an bzw. traten in Dienste dieser IL (Brain-drain).
Aber auch die kleine Zahl unvoreingenommen denkender, allein auf das Wohl der Dritten Welt bedachten Theoretiker wußten keinen gangbaren Ausweg aus der Sackgasse Entwicklungspolitik. Die Self-Reliance, das Besinnen auf die eigenen Kräfte, scheiterte nicht zuletzt daran, daß diese Besinnung und die damit zwangsläufig verbundene private Initiative nicht bei den einzelnen Menschen ausgelöst wurde, sondern ihnen mit zum Teil drakonischen Maßnahmen aufgezwungen werden sollte.
Ich bin mir natürlich bewußt, daß der vorstehend skizzierte Stufenplan einer aus sich selbst schöpferisch fortwirkenden Entwicklung hier nur äußerst grob und stark vereinfacht umrissen worden ist. Ebenso selbstverständlich ist, daß es zu seiner Verwirklichung sehr vieler fördernder flankierender Maßnahmen bedarf, daß die Verwirklichung mühevoll, daß sie langwierig ist und daß mit spektakulären Erfolgen, wohlgemerkt, spektakulären, nicht vor 5, 10, vielleicht sogar erst nach 20 Jahren gerechnet werden kann. Es ist auch einsichtig, daß bis dahin, das heißt, bis sich die in der Dritten Welt geschaffene Kaufkraft auf die jeweils nationale und damit auch internationale Wirtschaft auswirkt, keine großen Geschäfte zu machen sind. Dafür aber kann während dieser Jahre im Verein mit den gezielten Förderungsmaßnahmen der IL im Lebensbereich von 3,5 Mrd. Menschen eine dauerhafte, zukunftsträchtige ökonomische Basis geschaffen werden, die auf Dauer Geschäfte aller Art und jeden Umfangs ermöglicht.

## Weder irreal noch unmöglich

Wenn behauptet werden sollte, der Plan sei irreal und daher nicht zu verwirklichen, so sprechen eine 30 Jahre lange praktische Erfahrung in Afrika, Asien und Lateinamerika dagegen. Vor allem aber widerspräche einer solchen Behauptung die Tatsache, daß die Kirchen und die Nicht-Regierungsorganisationen nach diesem Plan in etwa von jeher vorgegangen sind und zielstrebiger denn je mit wachsendem Erfolg vorgehen. Sie motivieren, sie machen vor, erklären und fördern Vorhaben, die für jeden Eingeborenen überschaubar sind und für seine alltäglichen Bedürfnisse nutzbringend. Als eines von zahlreichen Beispielen sei hier auf die Arbeit der Welt-Hunger-Hilfe (WHH) verwiesen. Diese finanziert ihre Tätigkeit mit Spenden. Bei Aufnahme ihrer Tätigkeit 1962 betrug ihr Etat 500000 DM; gegenwärtig sind es 45 Mill. Ihre Projekte werden ausschließlich von Einheimischen geleitet. Die WHH leistet nur Geburtshilfe und fördert die ersten Gehversuche.
Das geht dann etwa so vor sich: In Thailand fehlte es, wie in vielen EL, an sauberem Wasser. Man wandte sich um Rat und Unterstützung an die WHH. Diese stellte 1750000 DM für einen »revolving fund« zur Verfügung. Aus diesem Fonds wurden auf den Dächern der Häuser bzw. Hütten in Selbsthilfe Zisternen gebaut. Das Material, vornehmlich Bambus und Zement, wurde für 500 DM im Lande gekauft. Dieser Betrag wurde jeder Familie als Kredit zur Verfügung gestellt. Er muß ratenweise in 3 bis 5

Jahren an den Fonds zurückgezahlt werden. Jede Zisterne ist 11,3 $m^3$ groß, faßt also 11 300 l. Diese Menge reicht aus, um eine 7köpfige Familie mit 4 l Trinkwasser pro Person und Tag während der 9 Monate langen Trockenzeit zu versorgen. Mit Hilfe der zurückgezahlten Kreditraten konnten bisher 5 000 Zisternen gebaut werden. Die einzelne Zisterne kostete also, bezogen auf das Anfangskapital, nur noch 375 DM. Bei 10 000 werden es eines nicht zu fernen Tages nur 175 DM sein.

**Erfolge sprechen für sich selbst**

In Chile genügten 72 000 DM, um 650 Familien zu einem je 100 $m^2$ großen Gemüsegarten zu verhelfen und damit die diesbezügliche Versorgung sicherzustellen. Dies geschah in einer Gegend, wo die Quote der Arbeitslosen 80 % beträgt. In Peru konnte in einer Sandwüste für 32 000 Menschen die Versorgung mit Trinkwasser und zugleich die Entsorgung der Abwasser sichergestellt werden. Kosten 118 DM pro Person. Ein Kindergarten in Indien beschäftigt die Vierjährigen nicht mit Knetmasse oder Malstiften, sondern mit dem Anbau von Gemüse. Ob ähnliche Vorhaben in Haiti, Mittelamerika oder Botswana, der Grundsatz ist überall der gleiche: Motivation, Entfaltung der eigenen Initiative, Selbsthilfe, Leistung und Wettbewerb. Hier braucht soziale Marktwirtschaft nicht übernommen oder von landfremden Kräften gepredigt zu werden, die schöpferisch fortwirkende Entwicklung vollzieht sich automatisch nach diesem Ordnungsprinzip.

Die Träger aller dieser bisher rund 500 Projekte und Partner der WHH sind durchweg landeseigene, nichtstaatliche Organisationen. Die Aufgabe der wenigen von der WHH entsandten fachkundigen Projektleiter heißt: motivieren, die Tätigkeit der verschiedenen einheimischen privaten Organisationen koordinieren, gegebenenfalls mit den lokalen Verwaltungen verhandeln, falls gewünscht, beraten, und, wo erforderlich, auch selbst zupacken.

Diese Basisarbeit hat schließlich den nicht hoch genug zu veranschlagenden Vorzug, daß herkömmliche Arbeitsmethoden und lokale Traditionen zwanglos mit fremden Erfahrungen und ausländischen Arbeitsmethoden bzw. Techniken eine Synthese eingehen.

Zu den vielen ähnlich strukturierten Aktionen der allein in der Bundesrepublik bestehenden insgesamt 18 Nicht-Regierungsorganisationen kommen die privaten Initiativen einer beträchtlichen Anzahl deutscher Unternehmer, die – ob in Indien oder Afrika – nach dem Grundsatz vorgehen, »keine Millionenprojekte, sondern Millionen kleiner Projekte«.

**Schöpferisch fortwirkend**

Diese Hilfe von der Basis her wirkt auf verschiedene Weise schöpferisch und zukunftsträchtig fort:

**1.** Bei Afrikanern und Asiaten wurden und werden weitere **Initiativen ausgelöst,** ohne daß es in vielen Fällen noch einer Motivation von außen her bedarf. Beweis: Kirchen und Nicht-Regierungsorganisationen erhalten laufend mehr Ansuchen um Rat und Unterstützung. Die WHH z. B. konnte schon 1980 von 500 Anträgen nur ein Drittel genehmigen.

**2.** Durch die Entwicklung von der Basis her bekommt der Eingeborene ein **kreatives Verhältnis zur Tätigkeit.** Arbeit wird dort, wo die Entwicklung ausgelöst wurde, immer weniger als bedrückende Plackerei zur Sicherung der Existenz empfunden. Sie vermittelt ein Erfolgserlebnis, eine Sinnerfüllung des Daseins und stärkt somit das Selbstbewußtsein.

**3.** Viele Menschen sind durch ein zunehmend sachkundigeres Bebauen des Ackers sowie durch die zunächst einfache Verarbeitung ländlicher Erzeugnisse **organisch in die industrielle Produktion hineingewachsen,** ohne »entwurzelt« zu werden oder ihre Identität verloren zu haben.

**4.** Der Ansatz zu einer **aus sich heraus fortwirkenden Entwicklung** bedeutet weder ein nostalgisches »Zurück zur Natur« noch einen radikalen Bruch mit allem, was bisher geleistet wurde.

Die großen Projekte, die bisher von den IL hingestellt wurden, sind keineswegs alle »weiße Elefanten« oder »Kathedralen in der Wüste«. Staudämme, Flughäfen, Raffinerien, Überlandstraßen und Fabriken verschiedenster Art werden gebraucht. Auf die Dauer werden diese aber nur dann rentabel arbeiten, wenn sie zum einen im Laufe der Zeit Bestandteil eines von der Landwirtschaft her entwickelten Wirtschaftsprozesses und wenn sie zum anderen auch in Herz und Hirn der Einheimischen verankert werden. Diese solide, alles verbindende Basis kann, ähnlich wie man bei einem nachlässig gebauten Haus das Fundament im nachhinein einspritzt, mit dem vorstehend skizzierten Stufenplan geschaffen werden. Dabei können die einzelnen Stufen angesichts der vorliegenden Erfahrungen heute viel schneller überwunden werden, als dies zur Zeit der industriellen Pioniere möglich war. Nur auslassen darf man sie nicht. Und auch Hast wäre fehl am Platze; denn, so schreibt der bereits erwähnte Afrikaner *Tévoédjrè:* »Will man, daß eine Bevölkerung an einem Projekt mitwirkt, so ist es sicherlich nicht geraten . . ., ihre Gewohnheiten umzustoßen unter dem Vorwand, schnell zu sichtbaren Resultaten zu gelangen. Man wartet lieber, bis jeder sich persönlich . . . an einem Programm beteiligt fühlt.«

Der hier aufgezeichnete Ausweg aus der Sackgasse Entwicklungspolitik ist fraglos schwierig. Er fordert von allen Interessenten Einfühlungsvermögen, Flexibilität, Mobilität und persönliches Engagement. Der Plan verursacht übrigens erheblich geringere Kosten und ist mit weit weniger Risiko belastet als alle anderen bisher versuchten Methoden. Wer das bezweifelt, der weise einen besseren Weg.

## 2. LÄNDERCHRONIK

Chronik der (souveränen) **Staaten** (Afghanistan bis Zaïre), der **Länder** (z. B. Antarktis, Falkland) sowie der **»Völker ohne Staaten«** (z. B. Armenier), ohne Berücksichtigung der in den *Ausgewählten Kapiteln aus dem Weltgeschehen* schwerpunktmäßig dargestellten Themen.

**Die Darstellung der deutschsprachigen Staaten → Kapitel »Die deutschsprachigen Staaten«, Sp. 451 ff.**

*Vergleiche dazu auch folgende Kapitel*


Einzelstaatliche politische und ökonomische Strukturdaten → *Die souveränen Staaten* u. Gebiete
In der Chronik genannte Personennamen → *Kurzbiographien* und *Verstorbene*
Internationale Organisationen, Bündnisse und Konferenzen → *Internationale Organisationen*
Einzelstaatliche Wirtschafts- und Produktionsdaten → *Wirtschaft* und *Verkehr*


**Bibl.:** = [überwiegend aktueller] bibliographischer Hinweis [ohne Anspruch auf Repräsentativität]
**AußMin** = Außenminister **PremMin** = Premierminister
**MinPräs** = Ministerpräsident **VertMin** = Verteidigungsminister

**AFGHANISTAN** Am 2. 11. **1983** fordert »ai« Präs. *Babrak Karmal* auf, Folterungen und willkürliche Verhaftungen einzustellen. – An den 4. Jahrestag der sowj. Invasion (27. 11.) erinnern Kundgebungen in Bangkok, Bonn, Neu-Delhi, Paris, Rom, Teheran und Washington, an denen auch afghan. Flüchtlinge teilnehmen. – Bei sowj. Luft- und Raketenangriffen auf die Städte Rawza-i-Sultan (31. 12.) und Godal-i-Ahangaran (14. 12.) in der Provinz Ghasni werden Dutzende Zivilisten getötet. – Am 27. 1. **1984** werden bei einem Bombenangriff zweier aus A. kommenden Militärflugzeuge in Angur Adda in der westl. pakistan. Grenzprovinz Wasiristan 40 Zivilisten getötet und etwa 60 verwundet. – Zum Abschluß einer 6wöchigen Sitzungsperiode in Genf beschließt die UNO-Menschenrechtskommission am 15. 3., erstmalig einen Sonderberichterstatter zu ernennen und ihn mit der Untersuchung von Klagen über Menschenrechtsverletzungen in A. zu betrauen. – Am 22./23. 4. starten die sowj. Truppen mit ihrer **Frühjahrsoffensive im Panschir-Tal,** die auf beiden Seiten schwere Verluste fordert. Am 4. 6. beginnen sowj. Truppen eine Offensive gegen die Mudschahedin in der Nähe der Grenze zum Iran. – Am 14. 6. kommt es zum Abschluß eines Freundschaftsvertrages mit der Mongolei. In Genf beginnen am 24. 8. die 3. »indirekten« A.-Gespräche zwischen den AußMin der Regierungen von A. und Pakistan.

**ÄGYPTEN** Anf. Okt. **1983** gewinnt die Nation.-Dem. Partei unter Präsident *Muhammad Hosni Mubarak* bei den **Wahlen** zur Beratenden Versammlung (Schura) alle 70 Sitze. – Ägypt. und brit. Land- und Seestreitkräfte halten ab 27. 10. erstmals gemeinsame **Manöver** westl. der Hafenstadt Alexandria ab. – Rumänien liefert der Armee im Oktober 200 Panzer vom Typ M-77, eine modifizierte Version des sowj. T-55. Anf. Dez. unterzeichnet die franz. Fa. »Aerospatiale« einen Vertrag mit einem ägypt. Unternehmen über den Lizenzbau franz. Hubschrauber vom Typ »Super-Puma« in Ä. – Anf. Jan. **1984** darf die konserv. **Wafd-Partei** nach einer Entscheidung des Obersten Verwaltungsgerichts ihre Tätigkeit aufnehmen, nachdem die Reg. im Herbst 1983 Einspruch gegen deren Wiederbegründung eingelegt hatte. – Weitere Maßnahmen der »Islamisierung« werden Mitte Jan. **1984** durch die Streichung des Weihnachtsfestes von der Liste der offiziellen Feiertage vorgenommen. – Die Islam. Gipfelkonferenz in Casablanca spricht sich am 18. 1. für die **Wiederaufnahme** von Ä. **in die »Konferenz der Islam. Organisation«/ICO** aus; am 30. 1. stimmt *Mubarak* dem Wiederaufnahmebeschluß zu. – Am 16. 4. bekräftigen Ä. und die UdSSR ihren Wunsch nach einer Verbesserung ihrer Beziehungen; am 26. 4. vereinbaren beide Länder einen Botschafteraustausch. – Aus den **Parlamentswahlen am 27. 5.** geht die Nation. Dem. Partei/NDP als Sieger hervor. Der Interims-MinPräs Gen. Kamal Hassan Ali bildet am 17. 7. eine neue Regierung.

**ALBANIEN** Nach Meldungen des griech. *Epirus-Komitees* (von A. nicht dementiert), findet Ende Okt. **1983** in Tirana die **Hinrichtung** zahlreicher Persönlichkeiten statt, die dem **»Clan«** des 1982 unter mysteriösen Umständen ums Leben gekommenen langjährigen MinPräs **Mehmed Shehu** zugerechnet werden: sein Neffe und Ex-Innenmin. *Sfeçor Shehu,* Gesundheitsmin. *Llambi Zicishti,* sein Schwager und VertMin *Kadri Hasbiu,* der Sicherheitschef von Valona, *Lambi Petriti,* sowie der frühere Generalstabschef *Vasil Lakvi.* Alle werden als Hochverräter wegen Spionage für die USA, die UdSSR und Jugoslawien verurteilt. Ex-AußMin *Nesti Nase,* der Parteisekretär von Durazzo *Milhalki Zicishti* sowie die Witwe Shehus sollen zu 25 J., 2 Shehu-Söhne zu 17 bzw. 20 J. Zuchthaus verurteilt worden sein. – Die Säuberungswelle bestätigt frühere Vermutungen, daß der Shehu-»Clan« seinen politischen Einfluß dazu benutzt hat, die Frage um die

Nachfolge des dienstältesten Parteichefs der Welt, *Enver Hoxha* (75 J.), möglichst bald zu seinen Gunsten zu regeln.
Der bayer. MinPräs *Franz Josef Strauß* besucht als 1. Politiker der Bundesrepublik (auf einer »Privatreise«) das Land. Dabei trifft er am 21.8.**1984** u.a. mit dem Stellv. MinPräs *Manusch Myftiü* zusammen.
*(Kosovo/Amselfeld-Albaner → Jugoslawien)*

**Bibl.:** B. Tönnes: Sonderfall A. – Enver Hoxhas »eigener Weg«. München: Oldenbourg 1980.

**ALGERIEN** Die FLN bekräftigt am 22.5.**1984** anläßlich der 12. Sitzung ihres ZK den Willen zur Schaffung eines arab. **Großmaghreb**. Sie verurteilt Gewaltanwendung zwischen arab. Staaten, ruft Marokko und die POLISARIO zu direkten Verhandlungen auf und betont die Unterstützung für die PLO.

**ANGOLA** **Die kriegerischen Auseinandersetzungen** zwischen Reg.-Truppen und Cubanern einerseits sowie Südafrika und der von *Jonas Savimbi* geführten UNITA, die ⅓ des Landes kontrollieren soll, andererseits **eskalieren,** als nach Bombardierungen ihrer Luftwaffe 10000 südafrik. Soldaten Mitte Aug. **1983** zum 4. Mal in A. einmarschieren. Über 1000 Zivilisten und Kämpfer auf beiden Seiten werden dabei bis Ende Sept. getötet. – Am 8.11.1983 und 9.2.1984 sterben 226 Insassen zweier Flugzeuge, die von der UNITA abgeschossen werden. – Bei einer neuen Offensive Südafrikas (6.12.1983–13.1.1984) kommt es zu direkten Kampfhandlungen. Dabei werden nach südafrik. Angaben 500 feindl. und 21 eigene Soldaten getötet. Der UNO-Sicherheitsrat fordert zweimal (20.12.1983 bzw. 6.1.1984) bei Stimmenthaltung der USA und GB's den Abzug der südafrik. Truppen aus A. – Nach erneuten Gesprächen unter US-Beteiligung Ende Januar **1984** auf den Kap Verden schließen A. und Südafrika am 16.2. das **Waffenstillstandsabkommen von Lusaka.** Die darin vereinbarte gemeinsame Kontrollkommission nimmt am 25.2. im südangolan. Cunene ihre Arbeit auf. – In Havanna vereinbaren der cubanische Staatschef *Fidel Castro* und Präs. *José Eduardo Dos Santos* Mitte März u.a. Südafrikas Rückzug aus A. und Namibia als Bedingung für einen stufenweisen Abzug der rd. 28000 in A. stationierten cuban. Soldaten. – Als Beginn einer **Stadtguerillaoffensive** bezeichnet *Savimbi* einen Sprengstoffanschlag **der UNITA** auf ein von sowj. und cuban. Beratern bewohntes Gebäude in Huambo, bei dem am 19.4. nach unterschiedl. Meldungen zwischen 24 und 354 Menschen sterben.

**ARGENTINIEN** **Am 30.10.1983** finden **Wahlen zum Abgeordnetenhaus und zum Wahlmännergremium statt, das am 30.11. den Präs. wählt.** Die »Radikale Bürgerunion« (Unión Civica Radical/UCR) mit ihrem Kandidaten *Raúl Alfonsín* erhält 52% der Stimmen (129 Mandate in der Abgeordnetenkammer, 317 Wahlmänner) vor den Peronisten (Partido Justicialista/PJ) mit *Italo Luder* mit 40% der Stimmen (111 Mandate, 259 Wahlmänner). Am 10.12. tritt **Alfonsín** als Nachf. von Gen. **Reynaldo Bignone** sein Präs.-Amt an. – Die Reg. hebt am 14.12. das von der Militärreg. unter *Bignone* am 29.9. erlassene Selbstamnestiegesetz auf und ordnet **Verfahren** gegen alle ehem. Junta-Mitgl. vor dem Obersten Militärgericht an. – Am 16.12. bildet die Reg. eine »Nationale Kommission für **Vermißte**«, die das Schicksal der im Zuge des »schmutzigen« Anti-Terroristenkrieges Mitte der 70er Jahre »Verschwundenen« (10000–30000 Personen) klären soll. – Die Guerillagruppe »Monteneros« gibt am 20.12. ihre Auflösung bekannt. – A. erreicht 1983 die Rekord-Inflationsrate von 433,7%. Am 15.1.**1984** befindet sich A. mit 2,5 Mrd. $ Zinszahlungen im Rückstand. – Zum 151. Jahrestag der brit. Besetzung der Falklandinseln/Malvinen am 3.1. erklärt die Reg., daß sie eine friedliche Lösung herbeiführen will, und bietet Garantien für die Bewohner an. – Am 23.1. geben durch Vermittlung des Vatikan die Delegationen von A. und Chile eine Erklärung zur **friedlichen Beilegung des Beagle-Konflikts** ab. – In den ersten Monaten entläßt die Reg. 80 von 105 Generälen/Admirälen. Am 23.2. werden **Verfahren** gegen die für den Falklandkrieg verantwortlichen Junta-Mitgl. vor dem Obersten Militärgericht eröffnet. – Am 5.4. wird ein Gerichtsverfahren gegen alle ehem. Junta-Mitgl. wegen des Staatsstreiches von 1976 eröffnet. – Die Führerin der Peronisten, Frau **»Isabelita« Perón,** kehrt am 19.5. nach A. zurück; zuvor hat das Parlament alle Strafen gegen sie aufgehoben. Am 20.5. führt Frau *Perón* Gespräche mit *Alfonsín*. – Am 22.6. zahlt A. seit Okt. 1983 erstmals 100 Mill. $ Zinsen an seine Gläubigerbanken. Der Haushaltsplan für 1984 ist bis Juli noch nicht verabschiedet. Die Reg. will nun vorrangig die Inflation bekämpfen; das Haushaltsdefizit soll weiter gesenkt werden. Damit nähert sich die Reg. den **»Austerity«-Forderungen des IMF.** A. braucht ein neues Abkommen mit dem IMF, sonst droht Zahlungsunfähigkeit. Die Auslandsverschuldung beträgt 43,6 Mrd. $, davon sind 1984 21,7 Mrd. $ fällig. A. ist mit 2,7 Mrd. $ Zinsen in Verzug, d.h. die Gesamtschuld beträgt rd. 47 Mrd. $; daraus ergeben sich allein an Zinsen 5,5 Mrd. $ für 1984. Will **Alfonsín** die Wirtschaftspol. ändern, **ist** er **auf einen Konsens mit den Peronisten angewiesen.** – Die ersten direkten argent.-brit. Gespräche nach dem Falkland-Krieg vom Frühjahr 1982 scheitern Mitte Juli 1984 an den Souveränitätsansprüchen beider Staaten. *(bearb.: M. Benzel)*

**Armenier**
Von den weltweit auf ca. 7 Mill. geschätzten Armeniern leben heute in Transkaukasien, dem sowjet. Teil

des Kaukasus, über 4,15 Mill., davon ca. ⅔ in der Armenischen SSR. In der Türkei, früher Hauptsiedlungsgebiet, wird ihre Anzahl auf nur ca. 30000, nach anderen Angaben auf 150000 (= Ges. f. bedrohte Völker), geschätzt, so daß sich heute, insgesamt gesehen, mindestens ⅓ des Volkes weit außerhalb seiner ursprünglichen Heimat – vor allem im Libanon und Iran sowie in Westeuropa und Nordamerika – aufhält.
Der 1915–1918 türkischerseits verübte **Völkermord an den Armeniern** forderte bei einer damaligen Population der Osttürkei von bis zu 2,38 Mill. Menschen schätzungsweise 1,5 Mill. Todesopfer durch Massaker, Deportationen, Flucht usw.
In Europa erregen heute **terroristische Organisationen der Exilarmenier** (vor allem die ASALA und ARA, → unten) durch Anschläge auf türkische Einrichtungen (Botschaften usw., Flugbüros) in den europäischen Zentren internationaler Organisationen die Aufmerksamkeit der Weltöffentlichkeit. Allein 1979–1983 sind dabei mindestens 40 Menschen, überwiegend türkische Diplomaten, aber auch Sicherungspersonal und zufällige Passanten, ums Leben gekommen. Hauptakteure des armen. Terrorismus in Frankreich sind die
**ASALA,** die »Armenische Geheimarmee zur Befreiung Armeniens«, eine an keine Organisation bzw. Partei gebundene gewalttätige, »revolutionäre« Gruppe, die Terroranschläge gegen türkische Einrichtungen »zur Befreiung der Armenier vom türkischen Joch« unter Inkaufnahme unbeteiligter Opfer in großangelegter Form (z. B. auf dem Pariser Flughafen Orly 1983) verübt (Sitz bis 1982 Beirut, seitdem unbekannt, wahrsch. Paris), sowie die
**ARA,** die »Armenische Revolutionäre Armee«, eine eher punktuell auftretende Terrororganisation, die gezielt gegen einzelne türkische Diplomaten (so z. B. in Wien 1975 und 1984) Attentate verübt. Ihre Zentrale ist nicht bekannt.
Weiterhin wichtig sind das in Frankreich bekannte
**CDCA,** das »Komitee zur Verteidigung der armenischen Sache« (weniger gewalttätig), die
**MCPSA-Dachnak** (»Armen. Sozialist. Partei«), die
**FRA** – »Revolutionäre Armenische Front«, sowie die
**MNA,** Dachorganisation der Armenier (»Armen. Nationalbewegung«) mit Hauptsitz in Paris. Sie fungiert auch als Koordinator zahlreicher weiterer Organisationen in F., z. B. für die zahllosen Gruppen der ca. 80000 in Marseille lebenden Armenier. – Das Verhältnis der MNA zur ASALA ist ambivalent und etwa analog demjenigen der irischen Sinn Fein zur irischen IRA. Da der MNA-Chef *Ara Toranian* 1984 von der französ. Polizei festgenommen wurde, besteht zumindest der Verdacht der Kollaboration mit den Terroristengruppen.
Seit neuestem häufen sich in F. antiarmenische Terroranschläge, die auf das Konto französ. Rechtsextremisten gehen sollen, und zwar aus Protest gegen die »zurückhaltenden« Urteile der Justiz im Fall armen. Terroristen und deren »lasche« Bekämpfung durch Polizei und Gendarmerie.

**Bibl.:** Y. Ternon: Tabu Armenien. Geschichte eines Völkermordes. Ffm.–Berlin: Ullstein 1981 (Original: Paris 1977; in der Weltpresse rezensiertes Standardwerk zum Problem).

**ÄTHIOPIEN** Unter Aufsicht von Vertretern der UNHCR läuft am 15. 8. **1983** ein **Rückkehrprogramm** an, in dessen Verlauf bis zum Jahresende etwa 5000 der 30000 Flüchtlinge aus Dschibuti heimkehren sollen. Die deutsche Sektion der »Internationalen Gesellschaft für Menschenrechte« verurteilt die Repatriierungsbemühungen und fordert ihre sofortige Beendigung, da die Zustände in Ä. sich nicht gebessert hätten und daher die Bereitschaft der Betroffenen zur Rückkehr fehle. – Zum 9. Jahrestag des Sturzes von Kaiser *Haile Selassie* wird am 12. 9. die Freilassung von 1183 Gefangenen bekanntgegeben. – Am 15. 12. unterzeichnen Ä. und die Dem. Volksrepublik Jemen ein Kooperationsabkommen. – Bei neuen Kämpfen im Gebiet von Baluba Mitte Dez. werden nach Angaben der eritreischen Widerstandsbewegungen **EPLF** und **ELF** 50 äthiop. Soldaten getötet und 70 verwundet. – Anf. Febr. **1984** kommt es zu einer Rückkehrwelle früherer Bewohner der ostäthiop. Region Ogaden aus Somalia in ihre Heimat. – Im Mai befindet sich der größte Teil der Bevölkerung in Eritrea, Tigre und Nord-Wollo am Rande einer **Hungerkatastrophe.** Ursachen dafür sind nach Angaben des Internat. Komitees vom Roten Kreuz/IKRK die unsichere politische Lage und die ungenügende Infrastruktur.

**AUSTRALIEN / Kokos-Inseln** Die seit 1955 offiziell unter Verwaltung des Commonwealth of Australia stehenden, faktisch aber feudal beherrschten Bewohner der 27 Inselchen im Indischen Ozean südwestl. von Sumatra stimmen am 8. 4. **1984** über ihr künftiges Schicksal ab. Bei der UN-überwachten Wahl spricht sich die überwältigende Mehrheit für die Assoziation mit Australien und gegen die Unabhängigkeit aus. Letztere hätte die fortgesetzte Herrschaft des »Sklavenhalters und sog. Kokos-Königs« *John Clunies-Ross* (so »The Australian«) festgeschrieben. – Die auch Keeling-Inseln genannten Atolle haben eine strategische Bedeutung für Zwischenlandungen von US-Aufklärungsflügen zwischen Australien und Indien.

**BANGLADESCH** Ein dem Militärregime unter Gen. *Hussain Ershad* am 1. 11. **1983** von den 22 Oppositionsgruppen vorgelegtes **5-Punkte-Programm fordert u. a. die sofortige Aufhebung des Kriegsrechts und die Ausschreibung von Parlamentswahlen.** Am 14. 11. wird das öffentliche Betätigungsverbot für pol. Parteien aufgehoben. – Am 27. 11. gibt Präs. *Ashanudin Choudhury* in Dhaka die Gründung der »Volkspartei« (»Janadal«) bekannt. – Bei der Blockade des Reg.-Zentrums in Dhaka durch etwa 50000 Demonstranten am 28.11. kommt es zu schweren Zusammenstößen mit der Polizei, die mehrere Menschenleben und mehr als 600 Verletzte fordern. Die Reg. verhängt eine Ausgangssperre und verbietet erneut alle pol. Aktivitäten (aufgehoben am 26.3.1984.) – Anf. Dez. 1983 gibt die Reg. das Verbot der bengal. Zeitung »Dainik Desh« bekannt, ordnet die Schließung des sowj. Kulturzentrums in Dhaka an und verfügt die Verminderung des 36 Diplomaten umfassenden Stabes der sowj. Botschaft um die Hälfte. Ende Dez. werden 9 weitere Diplomaten zum Verlassen des Landes aufgefordert. – Am 11.12. übernimmt *Ershad* auch das Präsidentenamt. – Bei erneuten Zusammenstößen zwischen der Polizei und Demonstranten am 28.2.**1984** in Dhaka werden mindestens 5 Menschen getötet und mehr als 200 verletzt. – Am 29.3. übernimmt der bisherige Oppositionspolitiker und Vors. der »Jatiya-Gal-Partei«, *Ataur Rahman Khan,* von *Ershad* das Amt des Reg.-Chefs. – Am 1.4. demonstrieren in Dhaka rd. 100000 Menschen gegen das seit 2 Jahren geltende Kriegsrecht. – Am 24.4. kommt es an der Grenze zu Indien wegen des dort begonnenen Baus eines Stacheldrahtzaunes (→ Indien) zu einem Schußwechsel. – Mitte Mai werden die 1983 angekündigten Präsidentschafts-, Parlaments- und Kommunalwahlen auf unbestimmte Zeit verschoben.

**BELGIEN** Der Herbst **1983** war erneut durch umfangreiche Streikaktionen der bei den Gewerkschaften *CSC* (christl.), *FGTB* (sozialist.) und *CGSLB* (liberal) organisierten Arbeitnehmer gekennzeichnet: Den Auftakt des Protests gegen die mit Reallohnkürzungen und Einschnitten im Sozialbereich verbundene Sanierungspolitik der öffentl. Finanzen bilden spontane Streiks wallon. Eisenbahner (9.9.), gefolgt vom **10tägigen Generalstreik** (15.–24.9.) im öff. Dienst. Der Personen-, Güter- und Nachrichtenverkehr liegt brach. Am 25.9., nach Konzessionen auf beiden Seiten, akzeptieren die Gewerkschaften die Vorschläge zur Besoldung der Staatsbediensteten und einigen sich – nach weiteren punktuellen Streiks Anfang April **1984** – erstmals auf die **Konzertierung der Sozialpartner** auch außerhalb des Staatsbereiches. – Das Parlament billigt am 27.6. ein neues Sanierungsgesetz zur Fortsetzung des Rechts von »Notverordnungen«, das am 31.3. erloschen war, und schafft damit die Basis für die Beibehaltung der bisherigen restriktiven Politik der Mitte-Rechts-Regierung.

**Deutsch-Ostbelgien (Eupen-St. Vith)**
Als Regionalparlament und Regionalregierung für die 3. eigenständige Gemeinschaft (neben der flämischen und der französischen) konstituiert sich am 30.1.**1984** in Eupen, unter Teilnahme der nationalen und der regionalen Regierungen des Landes, offiziell der **Rat der Deutschsprachigen Gemeinschaft/RDG** (25 Sitze) und seine Exekutive (3er-Gremium). Damit verfügen nun auch die rd. 65000 deutschsprachigen Belgier aus 25 Dörfern (= 9 Gemeinden) über ein gewähltes Gremium mit weitreichenden Vollmachten bei Kultur- und Gesundheitsangelegenheiten, beim autonomen Haushalts- und Steuererhebungsrecht. – Die sog. »Kompetenz-Kompetenz« des von *Manfred Betsch* präsidierten Rates sieht u.a. vor, mit der bisherigen wallon. Regionalregierung die Übergabe wirtschaftlicher und regionalpolitischer Vollmachten auszuhandeln.

**Bibl.:** J. Fitzmaurice: The Politics of Belgium. Crisis and Compromise in a Plural Society. London: Hurst 1983.

**BIRMA** Bei einem Bombenanschlag auf die Delegation des südkorean. Staatspräsidenten *Chun Doo Hwan* am 9.10.**1983** in Rangun sterben 20 Personen, darunter 4 korean. Minister. – Am 4.11. bezeichnet B. Nordkorea für den Anschlag verantwortlich und reagiert mit dem Abbruch der dipl. Beziehungen. – Bei einem Grenzzwischenfall am 12.3.**1984** dringen birman. Soldaten während einer Operation gegen aufständische Karen auf thailänd. Gebiet vor.

**BOLIVIEN** Von den USA erhält B. **1983** 55 Mill. $ Wirtschaftshilfe; davon sollen u.a. Maßnahmen gegen den Kokainanbau finanziert werden. – Rd. 5000 Bergarbeiter bestreiken am 20.9. das wichtigste Zinnbergwerk, die Zeche Huanani. Sie fordern um 41% höhere Löhne und eine Zurückweisung der Kreditbedingungen des IMF. Die von Präs. *Hernán Siles Zuazo* am 18.11. bekanntgegebenen **einschneidenden Wirtschaftsmaßnahmen** führen zu starken Protesten in der Bevölkerung. Insbesondere die Mitglieder der mächtigen Gewerkschaftszentrale Central Obrera Boliviana/COB reagieren mit einer Reihe von Generalstreiks (März–Mai 1984), um eine Änderung der Wirtschaftsmaßnahmen der Reg. zu erreichen. – Bei einem Bombenanschlag auf das Parlamentsgebäude am 24.11.1983 entsteht erheblicher Sachschaden. Präs. *Siles Zuazo* warnt vor einem Staatsstreich und beschuldigt seinen Vizepräs. *Jaime Paz Zamora* öffentlich, ihn stürzen zu wollen. – Mitte April **1984** eröffnet die Reg. eine **Alphabetisierungskampagne,** die insgesamt 300000 Menschen erreichen soll. – Am 13.4. wird ein **»Sanierungsprogramm«** vorgelegt, dessen Kernstück die drastische Abwertung des Peso darstellt. Mehrere Male im Berichtszeitraum kommt es zu Reg.-Umbildungen; Mitte Mai wird eine **»Notstandsreg.«** unter Beteiligung der »Bewegung der Revolutionären Linken«/MIR (im Jan. 1983 aus der Reg. ausgeschieden) gebildet. – Am 30.5. kommt es zur **Aussetzung der Rückzahlung der Auslandsschulden** an internat. Privatbanken aufgrund des von den Gewerkschaften ausgeübten Drucks. – Anf. Juli scheitert ein Putschversuch, bei dem Präs. *Siles Zuazo* vorübergehend entführt worden war.

**BRASILIEN** Am 9.11.**1983** billigt das Parlament in Abwesenheit der meisten Abgeordneten der Opposition das am 20.10. von Präs. *João Figueiredo* per Dekret erlassene, heftig umstrittene Gesetz über die **Lohnindexierung.** (Noch am 19.10. hatte die Opposition die Annahme eines ähnlichen Gesetzes im Kongreß verhindert; zugleich hatte **Figueiredo** ein auf 60 Tage befristetes beschränktes Ausnahmegesetz für die Hauptstadt Brasilia verhängt.) – Anf. Dez. billigt der Präs. Gesetze zur Stärke des Heeres in Friedenszeiten, wonach es künftig 296334 Mann (bisher 113550) umfaßt. 1983 exportiert die **Rüstungsindustrie** Waffen im Wert von mehr als 2 Mrd. $; B. gehört zu den 5 wichtigsten Waffenexporteuren in der Welt. – Am 2.1.**1984** läuft das Forschungsschiff »Barao de Treffe« mit Kurs auf die Antarktis aus, wo B. auf der Palmer-Halbinsel einen 1. Stützpunkt errichtet. – Ende Jan. schließt B. mit einer Interessengemeinschaft von mehr als 700 Banken einen Vertrag über einen **neuen Kredit** in Höhe von 6,5 Mrd. $; zusätzlich billigen die Banken die **Umschuldung** von fälligen Kreditschulden über 5 Mrd. $ für 8 Jahre. Von allen Ländern der Dritten Welt ist B. mit etwa 93 Mrd. $ am stärksten verschuldet. – Am 23.2. schließen sich die 4 Oppositionsparteien (PMDB, PDT, PT, PTB → Staatenteil), eine Splittergruppe der Reg.-Partei sowie die wichtigsten gesellschaftl. Organisationen zu einer **Bewegung zur Wiederherstellung der direkten Präsidentschaftswahlen** zusammen. – Der 2. Indianerkongreß vom 2.–4.4. in Brasilia fordert die Auflösung der Indianerbehörde FUNAI. – Für das direkte Wahlsystem demonstrieren am 11.4. in Rio de Janeiro etwa 1 Mill. und am 16.4. in São Paulo über 1,7 Mill. Menschen. – Am 19.4. werden Brasilia und 10 benachbarte Städte unter **Ausnahmerecht** gestellt. Die von der Opposition geforderte Direktwahl scheitert am 26.4. im Parlament, da 22 Stimmen an der für die Verfassungsänderung notwendigen ⅔-Mehrheit fehlen. Auch 54 Abgeordnete der reg. PDS stimmen mit Teilen der Opposition. Damit wird der Nachf. von Präs. *Figueiredo* am 15.1.1985 noch einmal durch ein Wahlmännergremium bestimmt, in dem die PDS mit einer Mehrheit rechnen kann. – Zum 1. Mal in der Geschichte des Landes werden Anf. Mai 1984 2 Indianer in hohe Ämter der FUNAI berufen.

**BULGARIEN** Personelle Änderungen im 15köpfigen Politbüro der BKP bringen junge Technokraten an die Macht, was auf eine verstärkte zentralistische Wirtschaftspolitik hindeuten könnte: Ende Sept. **1983** tritt ihr Chefideologe *Alexander Liloff* als Politbüromitglied und vom Amt des ZK-Sekretärs zurück. Zu seinem Nachf. bestimmt das ZK am 3.1.**1984** *Jordan Jotoff. Tschudomir Alexandroff* wird Politbüromitglied und Erster Stellv. MinPräs, Planungschef *Bonew* und Innenmin. *Stojanow* werden Kandidaten des Politbüros. – Im April und Mai wenden sich MinPräs *Grischa Filipoff* und AußMin *Petar Mladenoff* mehrfach gegen westl. Pressemeldungen über eine bevorstehende Stationierung von sowjet. SS-20-Raketen in ihrem Land. BG strebe vielmehr – wie GR und RO – eine kernwaffenfreie Zone auf dem Balkan an.

**Bibl.:** E. Hoffmann: B.'s Balkanpolitik nach dem Zweiten Weltkrieg. Ffm und Schotten: Vlg. f. Studien v. Zeitfr. 1979.

**BURKINA-FASO (früher Obervolta)** Die Reg. stellt im Zuge ihrer Anti-Korruptions-Kampagne 3 ehem. Entwicklungsmin. wegen Veruntreuung staatl. Gelder vor ein Revolutionsgericht, das im Jan. **1984** die Angeklagten zu mehrjährigen Haftstrafen und Geldbußen verurteilt. – Ende April wird die Presse- u. Informationsfreiheit wesentlich eingeschränkt: Die staatl. Presseagentur kontrolliert sämtl. Informationen; Mitarbeiter ausländ. Presseagenturen sollen vom Regime in Ouagadougou ernannt werden. – Gegen den ehem. Präsidenten, Oberst *Saye Zerbo,* u. weitere 17 Mitgl. des damaligen Militärausschusses wird Ende April wegen Bestechlichkeit ein Gerichtsverfahren eröffnet; ihnen wird vorgeworfen, 800 Mill. CFA-Francs veruntreut zu haben. – Am **27.5.** wird ein **Putschversuch niedergeschlagen,** ein Dutzend Offiziere werden verhaftet. 7 »Verschwörer« werden am 12.6. nach der Verurteilung durch ein Kriegsgericht hingerichtet. – Am 4.8. wird Obervolta zunächst in Bourkina-Fasso (»Land der Unbestechlichen«), am 15.8. in Burkina-Faso umbenannt. – Staatschef Hptm. *Thomas Sankara* ernennt am 31.8. – 2 Wochen nach der überraschenden Entlassung der alten Regierung – ein neues Kabinett aus 4 Militärs und 18 Zivilisten, darunter 3 Frauen.

**CHILE** Zwischen dem 8.9. und 11.9.**1983** kommt es anläßlich des von der Opposition ausgerufenen 5. Tages des nationalen Protests (8.9.) und des 10. Jahrestages der Machtübernahme durch die Streitkräfte (11.9.) zu regierungsfeindlichen **Kundgebungen.** Bei schweren Auseinandersetzungen verlieren allein in Santiago mindestens 12 Menschen das Leben. – Die Führer der in der **»Demokratischen Allianz«** zusammengeschlossenen Oppositionsparteien veröffentlichen am 22.8. eine Erklärung, in der sie ein Referendum zur Bildung einer Verfassunggebenden Versammlung und den Rücktritt von Staatspräsident *Augusto Pinochet Ugarte* verlangen. In einer Fernsehrede am 11.9. bekräftigt *Pinochet,* daß er den in der 1980 plebiszitär angenommenen Verfassung festgelegten Zeitplan nicht aufgeben werde. – Lt. Angaben des chilen. Menschenrechtskomm. sind 1983 **Folter, Verhaftungen, Verbannungen** und die Zahl der Opfer polit. Gewalt im Vergleich zu den Vorjahren angestiegen. – Bei Demonstrationen anläßlich des von Oppositionsgruppen am 27.3.**1984** ausgerufenen Nationalen Protesttags in allen Teilen des Landes werden bei

Zusammenstößen mit der Polizei 5 Menschen getötet. – Am 7. 4. werden der Gen.-Sekr. der oppositionellen MDP, *Jaime Insunza,* und der Führer der Menschenrechtskomm., *Leopoldo Ortega,* ausgewiesen; 4 Mitgl. der verbotenen »Bewegung der revolutionären Linken«/MIR werden nach Ecuador abgeschoben. – Ende April wird *Pinochet* von einer von ihm einberufenen Beraterkommission ein **Gesetzentwurf zur Legalisierung polit. Parteien** vorgelegt.
Zu neuen gewalttätigen Protesten gegen die Militärjunta, bei denen fast 200 Demonstranten festgenommen werden, kommt es am 3. 9. auf der Plaza Central von Santiago de Chile.

## CHINA

### 1. Volksrepublik China

Am 6. 9. **1983** beschließt der Nat. Volkskongreß eine Verschärfung der Strafbestimmungen für Verbrechen gegen die öffentl. Sicherheit. – Am 8. 9. kommt der stellv. sowjet. AußMin *Michail S. Kapitza* zu einem 1wöchigen Arbeitsbesuch nach Peking; er ist damit seit über 20 Jahren der 1. hochrangige Besucher aus der SU. – Am 26. 9. weiht der Modeschöpfer *Pierre Cardin* in Peking eine Filiale seiner weltweiten Luxusrestaurant-Kette »Maxim« ein. – 12 Jahre nach dem Ausschluß Taiwans wird am 11. 10. die **VR China** per Akklamation in die Internat. Atomenergieorg. IAEO in Wien **aufgenommen.** – »ai« appelliert am 28. 10. an Ch., die Welle von Hinrichtungen zu stoppen, in deren Verlauf seit August mehr als 600 angeblich Kriminelle hingerichtet worden seien. – 7 Jahre nach ihrer Verhaftung werden in Peking am 3. 11. 7 Gefolgsleute der sog. »Viererbande« zu Freiheitsstrafen (15–18 Jahre) verurteilt. Am 18. 11. wird bekannt, daß *Jen Wang Ping,* einer der Initiatoren des »Pekinger Frühlings«, im April 1983 freikam. – Nach Angaben der »Peking Review« vom 6. 11. sind 1983 über 6600 Menschen bei Naturkatastrophen ums Leben gekommen. – Im Rahmen der Kampagne gegen Abweichler wird der Leiter des Parteiorgans »Renmin Ribao« am 14. 11. abgesetzt. – Am 26. 12. begeht Ch. *Mao Zedongs* 90. Geburtstag; das Mao-Mausoleum wird an diesem Tag wiedereröffnet. – Der 76jährige Oberhirte der nordchin. Diözese Boading, Bischof *Tan Xsüeh-Yan,* wird »wegen Beziehungen zum Vatikan und Annehmens ausländischer Gelder« am 29. 12. zu 10 Jahren Gefängnis verurteilt. – Am 15. 1. **1984** wird Vietnam fortgesetzter Grenzprovokationen bezichtigt. – Lt. Meldung v. 7. 2. will Ch. in den nächsten Jahren Atommüll aus Westeuropa übernehmen und lagern. – Am 3. 4. werden Stellungen im Grenzgebiet zu Vietnam bombardiert, als »Antwort auf bewaffnete vietn. Provokationen«. – Zum Abschluß des Staatsbesuches von US-Präsident *Ronald Reagan* (26.–30. 4.) kommt es am 30. 4. zur Paraphierung eines **Abkommens über** Zusammenarbeit bei der **friedlichen Nutzung der Kernenergie.** – Ein gleiches Abkommen schließt Ch. am 9. 5. in Bonn mit der Bundesrepublik Deutschland ab (Laufzeit bis zum Jahre 2000). – Am 7. 5. empfängt MinPräs *Zhao Ziyang* den PLO-Vors. *Jassir Arafat* und sagt zu, der Sache der Palästinenser moralische und materielle Hilfe zu gewähren. – Auf der **Tagung des VI. Nat. Volkskongresses** (15.–31. 5.) wird der Entwurf eines **neuen Wehrdienstgesetzes verabschiedet;** vorgesehen ist u. a. eine umfassende Wehrpflicht (bislang sind die meisten der 3,2 Mill. Soldaten der Armee Freiwillige) sowie die Wiedereinführung milit. Ränge. – Nach Aussagen des Präs. des Obersten Gerichtshofs ist die Zahl der Vergehen bis Mai wegen des »intensiven und wirksamen Kampfes gegen Schwerverbrecher« um ⅓ zurückgegangen. – Die Bevölkerung wird am 5. 7. zu einer Spendenaktion zur Rettung der teilweise zerfallenden Großen Mauer aufgerufen.

### 2. Republik China (Taiwan)

Bei den **Teilwahlen zum Parlament** am 3. 12. **1983** siegt die Reg.-Partei Kuomintang/KMT erwartungsgemäß mit großer Mehrheit. – Am 16. 3. **1984** wird StaatsPräs *Chiang Ching-kuo* von der seit 20. 2. tagenden Nationalversammlung als einziger Kandidat für eine 2. Amtszeit wiedergewählt. Sein Stellv. *Li Teng-hui* ist gebürtiger Taiwan-Chin. – Am 20. 5. wird der 70jährige Wirtschaftsexperte *Yu Kuo-hua* zum neuen Reg.-Chef ernannt. – Bei einer **Explosion in einem Bergwerk** 20 km südöstlich von Taipeh am 20. 6. kommen mehrere Bergleute ums Leben. Am 11. 7. ereignet sich das in der Geschichte der Insel bisher schwerste **Grubenunglück** mit mehr als 100 Toten. MinPräs *Yu Kuo-hua* ordnet die Schließung aller Bergwerke an, bis **Sicherheitskontrollen** durch Reg.-Ingenieure durchgeführt sein werden.

**COSTA RICA** Am 18. 11. **1983** proklamiert Präs. *Luis Alberto Monge* die »immerwährende aktive und unbewaffnete **Neutralität**« des Landes. – Am 18. 12. kommt es zur Gründung der konserv. Partei Unidad Social Christiana/USC, die aus 4 Parteien der Opposition hervorgeht. – Wegen der Grenzzwischenfälle mit Nicaragua ersucht C. R. im April **1984** die USA formell um sofortige Militärhilfe zur Abwehr weiterer **Grenzübergriffe.** – Am 15. 5. kommt es zur Unterzeichnung eines Abkommens mit Nicaragua, das die Einsetzung einer Überwachungskommission, der auch Vertreter der Contadora-Gruppe angehören, vereinbart, die an der gemeinsamen Grenze zum Abbau der Spannungen beitragen soll.

**CUBA** Ende Okt. **1983** verurteilt Vizepräs. *Carlos Raffael Rodrigues* die US-Invasion Grenadas als »nackten Imperialismus« und verneint jede militär. Verwicklung Cubas. Mitte Nov. sind von den insgesamt 784 auf Grenada tätigen Cubanern (darunter 42 Militärberater und Berater der Sicherheitskräfte) 755 zurückgekehrt. – Für einen schrittweisen Abzug cuban. Truppen aus Angola erklärt sich C. Ende März **1984** unter bestimmten Voraussetzungen bereit: Einseitiger Abzug der südafrik. Truppen aus Angola und Namibia; Gewährung der Unabhängigkeit Namibias; Verzicht auf jede Aggression gegen Angola seitens Südafrika, der USA oder ihrer Verbündeten; Einstellung jeder Unterstützung für die UNITA. – Die Befragungskommission einer vom »Internat. Sacharow-Komitee« in Kopenhagen Ende April veranstalteten Cuba-Anhörung kommt zu dem Schluß, daß »schrecklichste Verletzungen der Menschenrechte« in C. stattfinden. – Am 20.6. wird der politische Schriftsteller und Dichter *Jorge Valls Arango* nach 20jähriger Haft freigelassen; am 23.6. verläßt er das Land.

**CYPERN** Der griech. MinPräs *Andreas Papandreou* und der cypr. StaatsPräs *Spyros Kyprianou* unterstützen die vom UN-Gen.Sekr. *Javier Pérez de Cuéllar* unterbreiteten Vorschläge vom 8.8.**1983** zu Verhandlungen mit dem seit 15.7.1974 besetzten türk. Teil der Insel.

Das Parlament des türk. Teils proklamiert am **15.11.1983** eine **»Unabhängige Türkische Republik Nordcypern«**, deren Präsident der langjährige Führer der Türkischcyprioten, *Rauf Denktaş*, wird. Noch am selben Tage wird die Republik von der Türkei als bisher einziges Land anerkannt; ein Botschafteraustausch findet am 17.4.1984 statt. Die Türkei betrachtet sich als Garantiemacht, während der UN-Sicherheitsrat die Ausrufung als »rechtlich ungültig« bezeichnet und alle Staaten auffordert, weiterhin nur die (griech.) Republik C. anzuerkennen. *Denktaş* erklärt, die Unabhängigkeit des Nordens werde die Bildung einer echten (= nicht griech. dominierten) Föderation beider Inselteile nicht behindern, sondern erleichtern. Am 6.12. tritt die Verfassunggebende Versammlung des Nordteiles nach Auflösung des bisherigen Parlaments der türk.

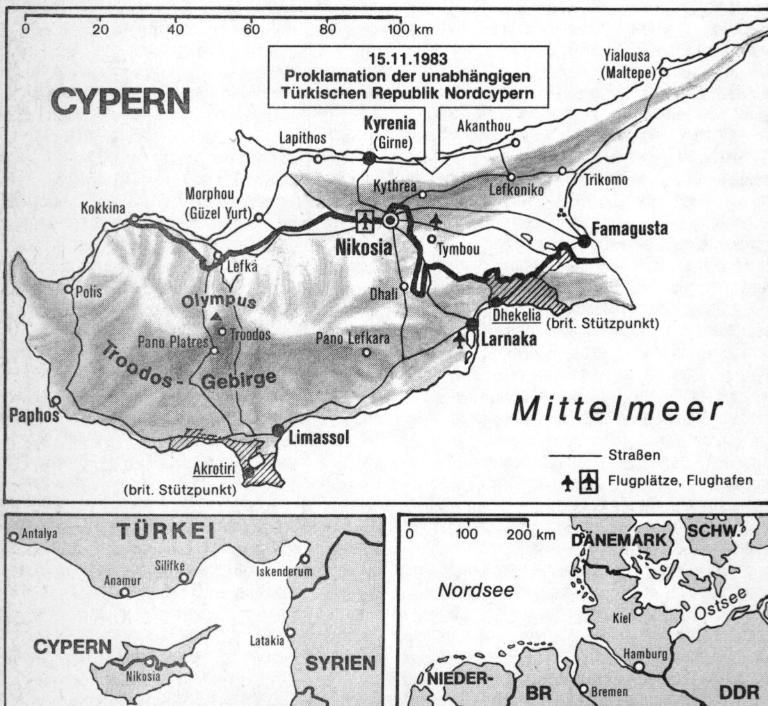


**Das geteilte Cypern.** Die Einbettung Cyperns in die Nahostregion (mit Größenvergleich Dtld.)

Volksgruppe zusammen. Am 13.12. ernennt der Präsident die Regierung des Separatstaates, der *Nejat Konuk* vorsteht *(s. Karte Sp. 147/148).*

**DÄNEMARK** Ein **Grenzkonflikt mit Schweden** wegen dän. Probebohrungen vor der Insel Hesselö im Kattegat findet am 29.10.**1983** in Kopenhagen mit der Unterzeichnung eines Seegrenzvertrages für Skagerrak, Kattegat, Öresund und Bornholm ein Ende; im wesentlichen wird dabei am universellen Mittellinienprinzip von 1958 festgehalten. – Der **Folketing lehnt** am 1.12. mit 87 gegen 75 Stimmen die Stationierung neuer **US-Mittelstreckenraketen** (NATO-Doppelbeschluß) im Lande **ab** und billigt damit einen entsprechenden Antrag der Sozialdemokraten (SDP); er beauftragt die Regierung, dies beim Nordatlantikrat zu vertreten. – Am 16.12. beantragt MinPräs *Poul Schlüter* bei der Königin die vorzeitige Ausschreibung von Neuwahlen für den 10.1.**1984** und tritt zurück. Aus den **Folketingwahlen** geht *Schlüters* KFP mit 42 (vorher 26) Sitzen bzw. 23,4% der Stimmen verstärkt hervor (die SDP verliert als stärkste Partei 4 S.), muß jedoch als Chef einer Vierer-Mitte-Rechts-Minderheitskoalition bei Abstimmungen auf 3 weitere Parteien zählen, und zwar auf die Radikalliberalen sowie Abg. aus den Außenbesitzungen. Das seit Sept. 1982 bestehende Kabinett bleibt personell unverändert; eine Neuauszählung der Stimmen zuungunsten der SDP stärkt *Schlüter* unvorhergesehenermaßen. Der Haushalt 1984, äußerer Anlaß der vorzeitigen Parlamentsauflösung im Dez., wird nun am 22.2. endgültig verabschiedet und damit die Sanierungspolitik fortgesetzt. – Am 3.5. befürwortet der Folketing bei Enthaltung der Regierungskoalition einen SDP-Antrag zur Schaffung einer **kernwaffenfreien Zone in Nordeuropa.** Eine Woche später streicht er den dän. Beitrag für das Infrastrukturprogramm der US-Raketen in Höhe von 48 Mill. dkr. (ca. 13,4 Mill. DM) und blockiert damit die beginnende Nachrüstung im Lande. Erstmalig in der Geschichte der NATO widerruft ein Mitgliedstaat definitiv früher eingegangene Verpflichtungen. – Kurz vor den **Europawahlen** (→ Sonderkapitel Sp. 57ff.) votiert die Parlamentsmehrheit gegen die Erweiterung der Befugnisse des EP und gegen eine Europäische Union (29.5.).

**DOMINIKANISCHE REPUBLIK** Am 25.4.**1984** kündigt Präs. *Salvador Jorge Blanco* unnachgiebiges Vorgehen gegen die Proteste an, die sich gegen die im Zuge eines Abkommens mit dem IMF erfolgten Preissteigerungen richten; Zusammenstöße zwischen Demonstranten und Sicherheitskräften fordern mindestens 45 Todesopfer. Unter dem Eindruck weiterer Unruhen wegen der Erhöhung der Lebensmittelpreise bricht die Reg. Ende Mai die **Umschuldungsverhandlungen mit dem IMF** ab. – Zur Vermeidung angebl. geplanter Unruhen am 22.6. kommt es zur Verhaftung prominenter Linkspolitiker.

**DSCHIBUTI** (Zur Repatriierungspolitik → Äthiopien)

**ECUADOR** Nach einem bewaffneten **Grenzzwischenfall** mit Perú am 15.1.**1984** beschuldigen sich beide Staaten gegenseitig der Provokation. – Aus den **Präsidentschaftswahlen** am 29.1. und 6.5. (Stichwahl) geht der konserv. *Leon Febres Cordero* mit 47,38% der Stimmen vor dem Sozialdemokraten *Rodrigo Borja Cevallos* (43,11%) als Sieger hervor. – Nach einem Sprengstoffanschlag auf die Andenpipeline am 7.3. und wegen anhaltender Unruhen und Streiks erklärt die Reg. am 17.3. die Provinzen Napo-Pastaza und Esmeralda zu **Sicherheitszonen.** Über das ganze Land wird der Ausnahmezustand verhängt (am 27.4. aufgehoben).

**EL SALVADOR** Unter Leitung des kolumb. Präs. *Belisario Betancur Cuartes* finden am 29.9.**1983** in Bogota ergebnislos Gespräche zwischen Vertretern der salvadorian. Reg. und der linken Guerilla über eine politische Lösung für das vom Bürgerkrieg erschütterte Land statt. – Anf. Dez. verurteilt zum 1. Mal ein Reg.-Mitglied, VertMin *Vides Casanova,* die **»Todesschwadronen«.** US-Vizepräs. *George Bush* warnt am 11.12. die salvadorian. Reg., daß die US-Hilfe eingestellt würde, falls nicht »sehr schnell« etwas gegen die »Todesschwadronen« unternommen werde. – Am 20.12. setzt die Verfassunggebende Versammlung eine von ihr ausgearbeitete **neue Verfassung** in Kraft und konstituiert sich neu als Gesetzgebende Versammlung. – Ende Dez. verlängert das Parlament die Frist für den Erwerb von Land durch salvadorian. Bauern bis Juli 1984. – Der Erzbischof von San Salvador, Monsignore *Arturo Rivera y Damas,* gibt am 16.1.**1984** bekannt, daß sich die Zahl der Opfer von Gewalttätigkeit unter der Zivilbevölkerung 1983 auf 5142 erhöht habe. Am 3.1.1984 nehmen die linksgerichteten Guerillaverbände der »Nationalen Befreiungsbewegung Farabundo Marti«/FMLN erstmals in dem 4 Jahre dauernden Bürgerkrieg einen Standort der Reg.-Truppen, das Brigadehauptquartier in El Paraiso ein, das aber von der Armee zurückerkämpft wird. – Die **Präsidentschaftswahlen am 25.3.** werden in weiten Teilen des Landes durch Störaktionen der bewaffneten Opposition und organ. Schwierigkeiten beeinflußt. Auf den Kandidaten der christdem. Partei/PDC, *José Napoleón Duarte,* entfallen 43,4% der Stimmen, auf *Roberto d'Aubuisson* von der rechtsextremen Arena-Partei 29,77%, auf *Francisco José Guerrero* von der Nation. Versöhnungspartei/PCN 19,3%. Am 6.5. findet eine **Stichwahl** statt; dabei erringt *Duarte* 53,6% der Stimmen, *d'Aubuisson* 46,4%. – Am 21.5. wirft »ai« der bisherigen Reg. vor, »nicht entschieden genug gegen wahllose Tötungsaktionen von Zivilisten durch die Sicherheitskräfte des Landes vorgegangen zu sein«. Mitte Juni werden 5 ehem. Mitgl. der Nationalgarde wegen der

Ermordung von 4 US-amerik. Nonnen im Jahre 1980 zur Höchststrafe von 30 Jahren Gefängnis verurteilt. – Bei einem Guerillaangriff auf das Cerron-Grande-Kraftwerk kommen am 28. 6. mindestens 100 Personen ums Leben; das größte Wasserkraftwerk des Landes wird teilweise zerstört.

**FALKLAND Isl. MALVINAS** Die neue argentin. Regierung bietet Großbritannien am 3. 1. **1984** besondere Garantien in Form eines Sonderstatuts für die Bewohner der F., falls sich die brit. Regierung zur Übergabe der Inseln bereit fände. Die derzeitigen Stationierungskosten für ca. 4000 brit. Soldaten auf den Inseln liegen mit umgerechnet ca. 65 Mrd. DM bei 4% des gesamten Verteidigungsbudgets. Der argentin. AußMin *Dante Caputo* fordert am 3. 2. die Aufhebung der Sperrzone für Schiffe seines Landes sowie den Stopp des Ausbaues der Inseln zu einer militär. Festung und wiederholt die Aufforderung des neugewählten Präsidenten *Raúl Alfonsín* nach Verhandlungen über die Souveränitätsfrage. Am 18. 7. beginnt in Bern erstmals eine Gesprächsrunde der beiden Staaten, die im April 1982 ihre diplomat. Beziehungen abgebrochen hatten.

**Bibl.:** J. Seefried/A. Barnett: Der Falklandkrieg/Souveränität und Krieg; in: Weltpolitik. Jg. 2/3 (1982/1983), S. 118–124, S. 93–112.

**FINNLAND** Wie schon 1969 und 1981 führen ideologische und personelle Spannungen bei den Kommunisten zu Parteiausschlüssen: Auf dem XX. **Parteitag der SKP** am 26./27. 5. **1984** in Helsinki sowie Mitte Juni kommt es zum **Ausschluß der dogmatisch-moskautreuen Minderheit** in ZK und Politbüro (sog. *Sinisalo-Flügel*) sowie zum Sturz von SKP-Chef *Jouko Kajanoja,* der noch 1981 als Vertreter der »weichen« Linie bei den eurokommunistisch orientierten »Mehrheitskommunisten« nationaler Prägung galt. *Kajanoja* wird durch den bish. Gen.-Sekr. *Arvo Aalto* ersetzt, dessen Nachf. *Aarno Aitamurto* übernimmt. Der sog. *Aalto-Flügel* gehörte bis Ende 1982 dem Kabinett des Sozialdemokraten *Kalevi Sorsa* an. Die neue Konstellation der SKP, die von jeher starke Rückendeckung der KPdSU für die finn. Politik bekam, wird nur noch als »verantwortungsbewußt« bezeichnet; eine faktische Spaltung der Partei zeichnet sich ab.

## FRANKREICH

### Der Schulstreit und seine Folgen

Wichtigstes innenpolitisches Thema des Berichtszeitraumes ist der Streit zwischen Laizisten und Katholiken über die Realisierung von Punkt 90 der **Regierungserklärung von 1981,** der **»ein großes öffentliches, vereinheitlichtes und laizistisches Erziehungssystem«** versprach. – Die 10000 **konfessionellen (= »freien«) Schulen** mit ca. 16% der gesamten Schülerschaft würden in diesem neuen staatlichen Unterrichtssystem aufgehen. Sie genießen allgemein einen besseren Ruf als die von der Lehrergewerkschaft *FEN* beherrschten **öffentlichen (= »laizistischen«) Schulen,** obwohl das Lehrprogramm bis hin zum Religionsunterricht exakt dasselbe ist.

Hauptkritikpunkt der Öffentlichkeit sind die zahlreichen, immer wieder abgewandelten Reformzeitpläne und Gesetzentwürfe des sozialistischen Erziehungsmin. *Alain Savary* **zwischen Dez. 1982 und Juli 1984.** Sie sind eine der Ursachen für das Auswechseln der gesamten Regierung am 17. 7. 1984, mit der gleichzeitig das Reformprojekt zur Privatschule ersatzlos gestrichen wird.

Äußerer Anlaß monatelangen und millionenfachen **Massenprotests** in allen Großstädten ist zunächst *Savarys* Plan vom 19. 10. 1983, die Idee einer Integration des privaten in das öffentliche Schulwesen in bisheriger Form nicht weiterzuverfolgen. Daraufhin signalisieren die freien Schulträger am 12. 11. Verhandlungsbereitschaft mit dem Staat. Das **Nationale Komitee der laizistischen Aktion (CNAL)** veranstaltet erste Protestdemonstrationen, um von der Sozialistischen Partei/PS die Einlösung ihres Wahlversprechens zu verlangen. Schon am 15. 11. billigt der (konservativ dominierte) Senat *Savarys* Gesetzentwurf, während ihn die Nationalversammlung als »entstellt« bezeichnet und zahllose Änderungsanträge einbringt.

*Savarys* neuer Kompromißvorschlag vom 12. 1. 1984 ruft das **Komitee für das katholische Erziehungswesen (CNEC)** unter *Lionel Jospin* mit Demonstrationen auf den Plan, womit die Privatschulbefürworter insgesamt Rückenstärkung erfahren. Die Verhandlungen gehen am 24. 1. in die 2. Runde. *Savarys* 3. Anlauf am 16. 3. berücksichtigt die Verhandlungspunkte der beiden Parteien als neuerliche Kabinettsvorlage und findet dort am 18. 3. Zustimmung. Die öffentliche Meinung – ob pro oder contra Freie Schule – lehnt mittlerweile jegliche Reform ab. PS-Abgeordnete sprechen von »Gewissensproblemen« bei der neuen Vorlage. Die Laizisten sind unzufrieden, die Katholiken »reserviert«, die militante linksgerichtete FEN spricht vom »Verrat an *Mitterrands* Programm«. Der Staatspräsident enthält sich jeglicher Äußerung. Der Erzbischof von Paris, Kardinal *Jean Lustiger,* protestiert am 18. 4. gegen den künftigen Identitätsverlust der Konfessionsschule, weil eine Verbeamtung der katholischen Lehrer und die Mitfinanzierung der Schulen durch die Gemeinden vorgesehen sei.

Die CNAL sammelt im Verein mit den Parteien (PS und PCF) und Gewerkschaften (CGT und CFDT) bis Ende April nochmals Hunderttausende zu Protestmärschen gegen die Beibehaltung der Privatschulen. Die Nationalversammlung billigt den erneut abgeänderten Gesetzentwurf nach Ablehnung eines Mißtrauensvotums der Opposition und tagelanger Debatte am 24. 5. – Die PS/PCF-Koalitionsregierung des

MinPräs *Pierre Mauroy* will voll zu ihrer Verantwortung stehen. Zugeständnisse an die Linke lösen die **2. große Protestwelle der Privatschulanhänger** aus: Fast 2 Mill. Demonstranten, darunter die gesamte Oppositionsprominenz (*R. Barre, J. Chirac, V. Giscard d'Estaing, M. Lecanuet,* Frau *S. Veil* usw.) und der Rechtsextreme *Le Pen,* folgen am 24.6. der Aufforderung der Privatschul-Elternorganisation *UNAPEL* und anderer, kirchlicher, Vereinigungen unter dem Motto »Peuple de Droite« zu einem Sternmarsch nach Paris, der damit zur **größten Demonstration der frz. Nachkriegsgeschichte** wird. Senatoren der Opposition fordern am 29.6. erstmals ein Plebiszit zur Schulfrage (vom Senat am 5.7. beschlossen).

Nach weiteren Debatten im Parlament kündigt Staatspräsident *François Mitterrand* am 12.7. überraschend für September eine **Volksabstimmung über eine Verfassungsänderung** an, die die Möglichkeit des Plebiszits auf alle Bereiche bürgerlicher Freiheiten erweitern soll. Gleichzeitig greift er erstmals persönlich in den Schulstreit ein und annonciert einen weiteren Gesetzesvorschlag zur Privatschule. Damit sind *Mauroy, Savary* und die militanten Laizisten gleichermaßen desavouiert und ist dem Verlangen der bürgerlichen Opposition und Senatsmehrheit entsprochen.

Bereits am 17.7., wenige Stunden nach dem Rücktrittsgesuch *Savarys,* tritt *Mauroy,* zurück. Zum **neuen Regierungschef** ernennt *Mitterrand* den seit der Lothringer Stahlkrise (→ unten) als »Superminister« bezeichneten 37jährigen *Laurent Fabius* (→ Kurzbiographien), der sein neues, zahlenmäßig verringertes Kabinett schon am 19.7. vorstellt. Die **Kommunisten** sehen sich wegen anderer Ansichten in der Wirtschafts- und vor allem Beschäftigungspolitik zur **Aufkündigung der Koalition** veranlaßt, wollen aber weiterhin parlamentarische Unterstützung leisten. Regierungserklärung und Vertrauensfrage im Parlament folgen am 24.7. (279/157/46 St.)

### Lothringen und die Stahlkrise

Abweichend vom Wahlversprechen der Koalitionsparteien PS und PCF und vom Stahlplan 1982, der bis 1987 ca. 27000 eingesparte Arbeitsplätze vorsah, beschließt die Regierung am 8.2.**1984** einen bereits am 29.3. zurückgezogenen, in der Sache aber ergänzten, **industriellen Modernisierungsplan** mit besonderen Auswirkungen für die Beschäftigten der überkapazitären Lothringer Stahlindustrie:

1. Weiterer Abbau der Stahlproduktionsmenge sowie damit verbundene Personaleinsparungen. (Seit 1975 sind bereits 75000 Arbeitsplätze, davon allein 50000 von insgesamt 90000 im Stahlbereich, verlorengegangen.)
2. Berufsfortbildender Urlaub und Umschulungsmaßnahmen für die Betroffenen (auch im Schiffbau und auf den Zechen außerhalb Lothringens).
3. Abgrenzung der 14. sog. »Umwandlungspole« in den betreffenden Regionen (besonders Lothringen), wo die Schaffung von Arbeitsplätzen dank steuerlicher und finanzieller Anreize für Unternehmen forciert wird.
4. Der frz. Industrialisierungsfonds stellt 0,5 Mrd. FF für Neuansiedlungen bzw. Umsiedlungen aus anderen Gebieten des Landes (und für Maßnahmen aus 3.) zur Verfügung (so *Mitterrand* am 4.4.).
5. Einsetzung des Ministers für Industrie und Forschung sowie industrielle Erneuerung, *Laurent Fabius,* mit Sondervollmachten bei der lothringischen Industriereform (so *Mitterrand* am 4.4.).
6. Schaffung von 4000 neuen Arbeitsplätzen bis 1987 (so *Fabius* am 26.4. in Metz bei Verhandlungen mit Vertretern der Gewerkschaften und der Region Lothringen).

Die neuen Initiativen täuschen nicht darüber hinweg, daß der bereits eingeschlagene industrielle Stahlsparplan weitere zigtausend Arbeitsplätze gefährdet (im mitbetroffenen Chemiebereich Lothringen stehen 15000 Arbeitsplätze auf dem Spiel). So kommt es ab 2.4., vor allem zwischen Metz, Thionville und Longwy, zu einem von den 6 Gewerkschaften (CGT, FO, CFDT, CFTC, CGC und FEN) organisierten **Generalstreik gegen die »Strukturveränderungen«.** Das öffentliche Leben der Region ist mehrere Tage lang gelähmt. Bereits seit Dez. 1983 ruht in zahlreichen Stahlwerken wochenlang die Arbeit. PCF-Chef *Georges Marchais* spricht von einem Bruch der Koalitionsübereinkunft von 1981 mit der PS. Am 13.4. demonstrieren allein in Paris 40000 lothringische Stahlarbeiter, unterstützt von den Gewerkschaftsspitzen des CGT (kommunistisch), und fordern die Rücknahme des Sparplanes sowie schriftliche Garantien der Regierung. *Mauroy* bereinigt am 15.4. kurzfristig das Verhältnis zum kommunistischen Regierungspartner, tritt aber ansonsten kaum in Erscheinung. *Fabius* wird ins Krisengebiet entsandt. Am 3.5. wird der gerade zur Regierung übergewechselte ehemalige Stellv. Generalsekretär der sozialist. Gewerkschaft CFDT, *Jacques Chérèque,* zum Staatskommissar für den industriellen Aufbau Lothringens ernannt, nachdem *Fabius'* Mission beschwichtigend auf die Streikenden einwirkte. *Chérèque* gilt als Anhänger der Marktwirtschaft. Am 29.6. passiert das Gesetz zur »Entwicklung der wirtschaftlichen Initiative«, welches im Restrukturierungsplan vom 29.3. (→ oben) vorgesehen war, das Parlament. Am 11.7. wird in Metz ein **»Planvertrag zwischen dem Staat und der Region Lothringen«** unterzeichnet, der die während der Protestwochen von Regierung und Staatspräsidenten gemachten Zusagen schriftlich untermauert.

(Armenierattentate → Armenier)
(Baskenland → Spanien)

**Bibl.:** U. Kempf: Das polit. System Frankreichs. Eine Einführung. Opladen: Westdt. Vlg. [2]1980 [m. 7 S. Bibliographie] (Vgl. auch dessen Beitrag in der Ztschr. »Bürger im Staat« 1983)

### a) Korsika [Corse]

Obwohl die Anzahl der Attentate und Bombenanschläge zurückgeht (1980: 463; 1981: ca. 400; 1982: 806; 1983: 591 und 1. Hj. 1984: unter 200), wird die Mittelmeerinsel mit Sonderstatut weiterhin von Unruhen geschüttelt: Anläßlich einer feierlichen Zeremonie für den am 17. 6. 1983 auf mysteriöse Weise ums Leben gekommenen *Guy Orsoni* (vermutlich Angehöriger der am 5. 1. verbotenen Befreiungsorganisation FLNC) werden 7 Führer der **»Consulte des comités nationalistes/CCN«** verhaftet, am 15. 7. aber wieder auf freien Fuß gesetzt. – Als am 14. 9. bei Bastia der Gen.Sekr. des Départemant Haute Corse, *Pierre-Jean Massimi,* ermordet wird, übernimmt die FLNC die Verantwortung für das Attentat und bezeichnet es als Racheakt für *Orsonis* Tod, was die Polizei bezweifelt. Nach Ansicht der FLNC ist *Orsoni* auf Anordnung des Sicherheits-Staatskommissars *Joseph Franceschi* umgebracht worden. In diesem Zusammenhang wird bekannt, daß *Paul Barril* von der **Antiterrorgruppe GIGN** noch zahlreiche »Missionen« (einschließl. Terroristenkontakte) durchgeführt hat und bisher unbekannte, der Polizei peinliche Einzelheiten der Affäre *Orsoni* kennt, obwohl seit Jan. der Sonderpolizeipräfekt *Robert Broussard* im Amt ist. Am 27. 9. beschließt die franz. Reg. die **Auflösung des CCN,** die sie als getarnte Frontorganisation der FLNC ansieht.
Anfang **1984** häufen sich in Ajaccio Morddrohungen gegen kontinentalfranzös. Lehrer, woraufhin zahlreiche Familien ab 10. 1. die Insel verlassen. – Am 14. 1. wird von *France Radio 3* eine Ehrung eines bei Terrorakten umgekommenen FLNC-Mitgliedes in Serriera gesendet, worauf sich die Polizei zum Eingreifen gezwungen sieht und die Reportage beschlagnahmt. – In ihrer Gefängniszelle in Ajaccio werden am 7. 6. die vermutlich Verantwortlichen für *Orsonis* Tod, *Marc-Leccia* und *Contini,* von einem FLNC-Kommando getötet. Die 3 Täter und 3 Komplizen werden in Marseille verhaftet. Nach fortgesetzter »Politik des leeren Stuhls« von 5 Abg. im Regionalrat der autonomistischen Bewegung UPC unter *Edmond Simeoni* seit 12. 2., der sich andere Splittergruppen anschließen, **löst die französ. Reg. am 27. 6. das Regionalparlament auf.** Die Neuwahl am 12. 8., bei der erstmals die 5-%-Klausel gilt, bringt nicht die erhoffte Mehrheit für die großen Parteien (Konservative u. Zentrum: 19 Abg.; PS u. PCF: 25; Nationalisten u. Nat. Front: 12; UPC u. kors. Bewegung für Selbstbestimmung je 3).

### b) Überseedepartements (D.O.M.)

Am 14. 11. **1983** werden auf **Guadeloupe** 6 Bombenattentate verübt, worauf die französ. Reg. Verstärkungstruppen sendet. Am 16. 11. bekennt sich die bereits im Mai durch Attentate auf den Antillen und in Guyana in Erscheinung getretene **Alliance revolutionnaire caraïbe/ARC** zu den Anschlägen. Die Reg. verbietet die ARC am 3. 5. **1984.**

### c) Überseeterritorien (T.O.M.)

Anläßlich eines Treffens bei Paris mit Vertretern **Neukaledoniens** am 12. 7. **1983** verpflichtet sich die französ. Reg. zu »Schritten zur Selbstbestimmung des neukaledon. Volkes«. Staatssekr. *Georges Lemoine* kündigt auf der Inselgruppe für 1989 ein Referendum über den Verbleib bei Frkr. an (23. 11.). Der Senat billigt am 17. 7. **1984** einstimmig für **Polynesien** die »innere Autonomie im Rahmen der Republik« und am 31. 7. das neue Statut für Neukaledonien.

**GRENADA** Nach längeren Machtkämpfen innerhalb der Einheitspartei New Jewel Movement/NJM wird Premiermin. *Maurice Bishop,* der wenige Tage zuvor aus dem ZK der NJM ausgeschlossen und unter Hausarrest gestellt worden war, am 19. 10. **1983** von Reg.-Truppen ermordet. Ein Militärrat unter Führung von Gen. *Hudson Austin* übernimmt die Macht. Als eigentlicher Hintermann des Umsturzes gilt der stellv. MinPräs und Finanzmin. *Bernard Coard,* dem die sozialistische Entwicklung G.s nicht schnell genug ging. Am 25. 10. **intervenieren Truppen der USA und mehrerer karib. Staaten auf der Insel.** US-Präs. *Ronald Reagan* beruft sich auf ein »formelles Ersuchen von 5 Mitgl.-Staaten der OECS (→ Internat. Organisationen) um Wiederherstellung der Demokratie auf der Insel« und weist auf die wachsende militärische Präsenz Cubas auf G. hin. Bei den Kämpfen mit grenad. Truppen sowie cuban. Einheiten kommen insgesamt 91 Menschen ums Leben. Am 31. 10. erklärt der brit. Generalgouverneur von G., Sir *Paul Scoon,* er habe die USA und nicht Großbritannien um Hilfe gebeten, da US-Hilfe schneller habe erfolgen können. *Scoon* fordert am 1. 11. die dipl. Vertr. der UdSSR, Cubas, Libyens, Nordkoreas, Bulgariens und der DDR zum Verlassen des Landes auf. – Am 9. 11. ernennt *Scoon* eine Übergangsreg. unter Führung von *Alistair McIntyre* (am 15. 11. vereidigt). – Am 15. 12. werden die

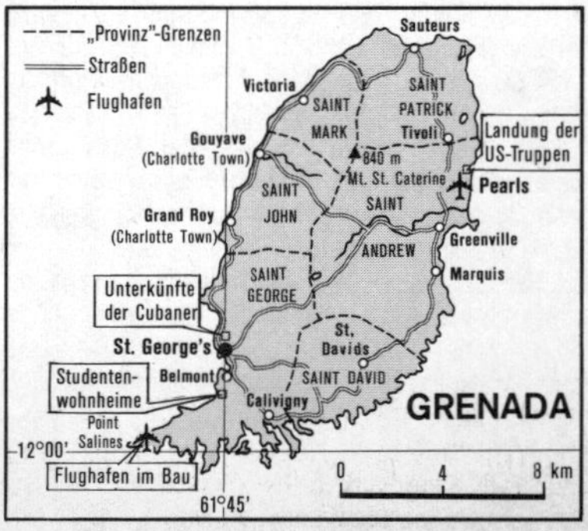


**Krisenherd Mittelamerika: Grenada**

letzten 80 US-Soldaten abgezogen. – Anf. Febr. **1984** erklärt der AußMin der Übergangsreg., *Patrick Immanuel,* Ende Nov. würden in G. Wahlen abgehalten. – Ehem. Kabinettsmitglieder des ermordeten *Bishop* gründen am 27.5. eine neue Partei, die »Patriotische Bewegung Maurice *Bishop*«. – Am 27.6. beginnt die gerichtl. Anhörung im Verfahren gegen 20 frühere Mitgl. der Revolutionsreg. und der Streitkräfte, darunter der frühere stellv. MinPräs *Coard* und Ex-Gen. *Austin.*

**GRIECHENLAND** Nach zähen Verhandlungen wird mit den **USA** am 8.9. **1983** ein neues **Stützpunktabkommen** geschlossen, welches die Nutzung der US-Militärbasen bis einschl. 1988 verlängert (parlamentar. Ratifizierung: 7.11.1983). Gegen diese Vereinbarung demonstrieren über 50000 Menschen. – Aufgrund des Streits mit der **Türkei** um den militär. Status der **Ägäis-Insel Limnos** zieht die Reg. am 27.9. ihre Einheiten aus dem NATO-Manöver *»D-D 83«* zurück (ebenfalls bei **»DD 84«** ab Mitte Sept. 1984). Am 15.11. wird im Rahmen zahlreicher antiamerikan. Demonstrationen – besonders seit dem 10. Jahrestag der Studentenrevolte am 17.10. – der US-Marineattaché in Athen getötet (weitere **Diplomatenmorde** folgen bis Mitte 1984).
Zum zweitenmal in seiner Amtszeit (seit 10/1981) nimmt MinPräs *Andreas Papandreou* am 17.1. **1984** eine umfassende **Regierungsumbildung** vor, die als Schwenk zu einer gemäßigteren Linie gewertet wird: Der bish. Vertraute Papandreous und »Kanzleramtsminister« *Menios Koutsogiorgas* – wegen seines polit. Fanatismus wiederholt, sogar vom Staatspräsidenten *Karamanlis,* kritisiert – wird durch *Apostolos Lazaris* ersetzt (dieser war aus ungeklärten Gründen als Koordinationsminister der neuen PASOK-Regierung beim MinPräs in Ungnade gefallen). – Ende Januar wird der zu lebenslanger Haft verurteilte Ex-Juntachef Georgios *Papadopoulos* zum Vors. der neuen rechtsextremen *EPEN* (Nat. Politische Union) gewählt. – Bis Febr. beraten in Athen Experten der Balkanstaaten (ohne Albanien) über eine **kernwaffenfreie Zone** und verstärkte wirtschaftl. Zusammenarbeit in der Region. – Eine Führungskrise in der rechtsoppositionellen *»Nia Dimokratia«* seit 5/1980 (= der Wahl des Parteigründers *Karamanlis* zum Staatspräsidenten) führt am 29.8. zum Rücktritt des Parteichefs *Evangelos Averoff,* Nachfolger wird *Kostas Mitsotakis* (Parteiwahl am 1.9.)

**Bibl.:** Der Griechenland-Brockhaus, Wiesbaden: F.A.B. 1983.

**GRÖNLAND** Das Parlament billigt am 9.3. **1984** den **Austritt der Insel aus den EG** (EAG, EGKS, EWG) zum Ende des Jahres. Ab 1985 gilt für G. der **EWG-Sonderstatus** eines überseeischen Territoriums analog zahlreicher Gebiete ehemal. europ. Kolonialmächte (sog. ÜLG-Status). – Die Minderheitsregierung (12 der 26 Parlamentssitze) des Siumut-Sozialisten Pastor *Jonathan Motzfeldt* hatte mit dem EG-Ministerrat den zollfreien Zugang aller grönländ. Exportgüter zum Gemeins. Markt (= EWG-Zollunion) im Gegenzug für Fischfangrechte über jährl. bis zu 100000 t zum Preis von 26,5 Mill. ECU ausgehandelt. – Obwohl das Parlament mit großer Mehrheit, auch der EG-freundlichen Atassut-Partei in der Opposition (12 Sitze), den Austritt aus der Gemeinschaft gutheißt, **erzwingen Atassut und Inuit** (extreme EG-Gegner; marxistisch) aus Verärgerung über die Austrittsprozedur eine **Änderung des bisherigen Autonomiegesetzes,** wodurch u.a. die Regierung *Motzfeldt* am 16.3. zurücktreten muß. Die neuen staatsrechtlichen Normen gelten als eigentliche **Einführung des Parlamentarismus** auf der Insel. Die Wahlen am 6.6. verändern die Pattsituation nicht; *Motzfeldt* bleibt mit 44,2% der abgegebenen Stimmen Regierungschef.

**GROSSBRITANNIEN** Das Unterhaus lehnt am 13.7. **1983** die Wiedereinführung der **Todesstrafe** ab. – Mit Datum vom 9.8. wird die »Financial Times« nach 10wöchigem **Druckerstreik** der in der Gewerkschaft NGA Organisierten in London (und Frankfurt/M.) erstmalig wieder ausgeliefert. – Auf dem **Labour-Parteitag** in Brighton wählen die Delegierten am 2.10. den walisischen Abg. **Neil Kinnock** als Nachf. *Michael Foots* zum neuen Vors., der auch gleichzeitig Oppositionschef in Westminster wird. Handels- und Industrieminister **Cecil Parkinson,** einer der fähigsten und engsten Mitarbeiter der Premierministerin, wird nach einer Kampagne brit. Skandalblätter und Druck der Öffentlichkeit am 14.10. aus privaten Gründen **zum Rücktritt gezwungen.** *Margaret Thatcher* nimmt dies zum Anlaß einer nochmaligen »Kleinen Regierungsumbildung«, von der u.a. zahlr. Staatssekretäre betroffen sind. Am 31.10. spricht sich das Unterhaus mit 362/218 Stimmen für die **Stationierung von US-Missiles** auf brit. Boden aus; schon zwei Wochen später sind die ersten 16 von insges. 160 vorgesehenen Marschflugkörpern auf dem Luftwaffenstützpunkt **Greenham Common** einsatzbereit.
**1984:** Eine Ministerialverordnung vom 25.1. verbietet bei Gewährung einer Abfindung von 1000£ pro Beschäftigten jede gewerkschaftliche Tätigkeit für die ca. 8000 Angestellten des Geheimdienstes in der elektronischen **Nachrichtenzentrale Cheltenham,** um diese »vor Streiks zu schützen«. Der für das Spionagezentrum zuständige AußMin, *Sir Geoffrey Howe,* gerät daraufhin unter Beschuß von Labour und seiner eigenen, Konservativen Partei. Ein Obergericht in London erklärt am 16.7. das **Gewerkschaftsverbot** aus prozeduralen Gründen für **ungültig,** da die Reg. weder die ca. 5000 organis. Angestellten noch ihren Personalrat konsultiert habe.
Anläßlich einer Demonstration gegen den libyschen

Staatschef **Gaddafi** am 17. 4. wird vor der **Botschaft in London** eine Polizistin tödlich getroffen. Nach tagelanger Abriegelung des Geländes durch die Polizei werden am 22. 4. die diplomat. Beziehungen abgebrochen und die ca. 30 Botschaftsangehörigen des Landes verwiesen.
VertMin *Michael Heseltine* stützt am 14. 5. die im neuen **Weißbuch der Reg.** angegebene militär. Ausgabenzuwachsrate von 3% (real) bis 1985/86 im Sinne des von der NATO vorgegebenen Verteidigungszieles. (Zweites Weißbuch zur Reorganisation der militär. Leitungsstruktur am 18. 7.)
Die Tory-Regierung erleidet am 28. 6. eine empfindliche parlamentar. Niederlage im Tory-dominierten Oberhaus, als die Peers das Kommunalreform-Gesetz (Annullierung der 1985 fällig werdenden Großraumwahlen für Greater London und 7 andere Agglomerationen) blockieren. Sie nehmen es erst am 16. 7. in 2. Lesung abgewandelt an, so daß die 8 betroffenen Labour-Regionalräte 1986 aufgelöst werden können.
Der am 12. 3. begonnen **Streik** von ca. 130000 der 190000 **Bergarbeiter** auf 121 (von insges. 176) Zechen in Schottland, Yorkshire und Wales gegen den geplanten Kapazitätsabbau um 4% und die Schließung von etwa 20 Bergwerken ist bei Redaktionsschluß noch nicht beendet. Im April, Juli u. Aug. erfolgen kurzfristige Streikaktionen der **Dockarbeiter** und der **Eisenbahner** im Güterverkehr (80% der Kohle werden per Bahn transportiert).
Der Vorsitzende der *National Union of Mineworkers* (Bergarbeitergewerkschaft NUM), *Arthur Scargill,* wehrt sich beständig gegen eine Urabstimmung der NUM-Mitglieder und protestiert gleichzeitig gegen die Weiterarbeit (definitive Entscheidung am 2. 7.) der in 14 Bünden zusammengeschlossenen **Stahlarbeiter.** Öffentlichkeit und Regierung werfen *Scargill* zunehmend einen politisch motivierten Kreuzzug zur Untergrabung der öffentlichen Ordnung und des demokratischen Systems vor; auch Labourchef *Kinnock* versagt *Scargill* jegliche Unterstützung. Im Verlauf der Streikaktionen im Sommer kommt es fast täglich zu gewalttätigen Auseinandersetzungen zwischen Arbeitswilligen und den einige tausend Mann umfassenden sog. **Mobilen Streikkommandos** der NUM. Bis Ende August sind mehrere Todesopfer zu beklagen.
Der Präsident der **staatl. Kohlebehörde,** *Ian MacGregor,* garantiert am 21.6. nochmals, daß die Fördermengenreduzierung keine Entlassungen zur Folge habe, und fordert die Bergarbeiter zur Wiederaufnahme der Arbeit auf. Die Verhandlungen mit der NUM gehen im Juli (5.–18.) erfolglos in die 7. Runde. Regierung und Gewerkschaften bleiben auch Anf. Sept. kompromißlos.
Der Gen.-Sekr. des Gewerkschaftsdachverbandes TUC, *Len Murray,* tritt am 5. 9. auf dem Jahreskongreß aus gesundheitlichen und politischen Gründen zurück (Nachf. *Norman Willis*).

(Falklandkonflikt → Falkland Isl. Malvinas)
(Nordirlandkonflikt → Irland)

**GUATEMALA** Präs. *Oscar Humberto Mejía Victores* löst Anf. Okt. **1983** den ein Jahr zuvor von seinem Vorgänger *Efraín Ríos Montt* eingesetzten Staatsrat auf. – Nach einem Bericht des »Internat. Verbandes für Menschenrechte«/FIDH werden rd. 15000 Menschen in G. vermißt oder sind seit der Machtergreifung von *Ríos Montt* im März 1982 ermordet worden. – Anf. Dez. nehmen die USA nach 6jähriger Unterbrechung ihre Waffenlieferungen an G. wieder auf. – Im Febr. **1984** lädt die Militärreg. die UNO und die OAS als Beobachter zu der **Wahl zur verfassunggebenden Versammlung** am 1. 7. ein, aus der die »Christdem. Partei«/PDC mit 15,59% der Stimmen vor der »Nation. Zentrumsunion« (13,20%) als Sieger hervorgeht.

**GUINEA** Schwere Erdbeben fordern am 22. 12. und am 24./25. 12. **1983** im Gebiet der Städte Gaoual und Koumbia 443 Todesopfer; 350 Menschen werden verletzt und 2000 vermißt; in Europa werden umgehend zahlreiche Hilfsmaßnahmen eingeleitet. – Staatspräs. *Ahmed Sékou Touré* stirbt am 26. 3. **1984** in einem Hospital in Cleveland/Ohio nach einer Herzoperation. MinPräs *Lansana Béavogui* wird zum Nachf. ernannt. – **Am 3. 4. übernimmt nach einem unblutigen Putsch ein »Militärrat zur nationalen Erneuerung«** unter Führung von Oberst *Lansana Conté* die Macht. Die Einheitspartei Parti Démocratique de Guinée/PDG, Reg. und Parlament werden aufgelöst. Der Militärrat veröffentlicht am 4. 4. ein 10 Punkte umfassendes Programm. Neben der Wiederherstellung der Grundrechte ist eine Sanierung der zerrütteten Wirtschaft des Landes geplant mit Schwerpunkten auf freiem Unternehmertum und ausländischer Kapitalbeteiligung an der Erschließung der mineral. Rohstoffe. Fundamentale Reformen des Erziehungs-, Finanz-, Rechts- und Militärwesens werden angekündigt. Am 5. 4. wird Oberst *Conté* zum Staatspräs. ernannt; MinPräs wird Oberst *Diara Traore.* Dem Kabinett aus 32 Min. und Staatssekr. gehören nur 8 Zivilisten an. – Erst im Laufe des Sommers, als zahlreiche **Konzentrationslager und Folterstätten** des Regimes *Sékou Touré* zugänglich gemacht werden, erkennt die Weltöffentlichkeit die Schreckensherrschaft des verstorbenen Diktators in vollem Ausmaße.

**GUINEA-BISSAU** Der am 10. 3. **1984** wegen »Verschwörung gegen die Staatssicherheit« abgesetzte Reg.-Chef *Victor Saude Maria* verläßt Ende März die ihm Asyl gewährende portug. Botschaft und wird unter Hausarrest gestellt. – **Am 31. 3.** finden als 1. Schritt im Rahmen einer Rückkehr zu verfassungsmäßigen Verhältnissen **Parlamentswahlen** statt. Am 14. 5. tritt die gewählte Volksversammlung zusammen, die aus 150 Abgeordneten besteht, von denen

⅓ Mitgl. der Einheitspartei Partido Africano da Independência da Guiné e Cabo-Verde/PAIGC sind. Der vom Parlament gewählte 15köpfige Staatsrat ersetzt den bisherigen Revolutionsrat. Gen. *João Bernardo Vieira* wird Präs. des Staatsrates und damit zugleich als Staats- und Reg.-Chef bestätigt.

**HAÏTI** Am 25.8.**1983** setzt Präs. *Jean-Claude Duvalier* eine **neue Verfassung** in Kraft, die u.a. auch die Auflösung des Parlaments vorsieht. Aus den **»Parlamentswahlen« am 12.2.1984** geht die reg. Einheitspartei unter *Duvalier* mit 59 Sitzen als Sieger hervor. Der US-Botschafter *McManaway* verurteilt die Wahlen und fordert die Zulassung pol. Parteien und einer freien Presse. – Am 10.5. verbietet die Reg. jede pol. Tätigkeit für alle Organisationen und jegl. »publizistische Agitation«. – Nach 2tägigen Unruhen in der Stadt Gonaives werden am 25.5. Polizeieinheiten aus der Hauptstadt dorthin verlegt. Unruhen in der Küstenstadt Cap-Haïtien Ende Mai, deren Ursache die durch Lebensmittelknappheit zu hohen Preise für Grundnahrungsmittel sind, führen zu Zusammenstößen zwischen Demonstranten und Militär; angebl. werden 10 Menschen getötet.

**HONDURAS** Am 31.2.**1984** teilt *Präs. Roberto Suazo Córdova* die **Absetzung des Oberkommandierenden der Streitkräfte,** Gen. *Gustavo Alvarez Martinez,* und einiger anderer hoher Offiziere mit. Zusammen mit seinem Stellvertreter wird Gen. *Alvarez* nach San José/Costa Rica ausgeflogen, das pol. Asyl gewährt. *Alvarez* bezeichnet sich als »Opfer einer schmutzigen Verschwörung«. Nach Angaben der Reg. habe es sich um eine von der Armee gewünschte »interne Neuordnung« gehandelt. – Am 5.4. und Anf. Juni demonstrieren mehrere tausend Menschen in der Hauptstadt Tegucigalpa gegen die Präsenz von US-Truppen und US-Militärberatern. Aus Protest gegen den Abschuß eines honduran. Hubschraubers durch nicaraguan. Militäreinheiten wird Mitte Mai der nicaraguan. Botschafter des Landes verwiesen. – Am 23.5. beginnt unter Beteiligung von 1000 US-Soldaten, 1800 aus H. und erstmals 1300 aus El Salvador die 2. Phase der gemeinsamen **»Grenadier«-Manöver.** – In Übereinstimmung mit dem UNHCR beschließt die Reg. Mitte Juni, die 18000 salvadorian. und 500 guatemaltek. **Flüchtlinge** ein 2. Mal zu verlegen. Dagegen regt sich der Widerstand der Betroffenen, der kirchl. Organisationen und der Bevölkerung von Olanchito im Norden des Landes, dem vorgesehenen Siedlungsgebiet. – Die Gesamtzahl der aus Nicaragua nach H. **geflüchteten** indian. **Miskitos, Sumos** und **Ramas** sowie sog. »Criollos Negros« beträgt angebl. 18500; davon sollen sich 16000 in Flüchtlingslagern und etwa 2500 bei honduran. Stammesverwandten befinden (→ auch Karte *Miskitos* Sp. 187).

**HONGKONG** Vor Beginn einer neuen Verhandlungsrunde über den Status der brit. Kronkolonie bekräftigt im Sept. **1983** die VR China ihren Standpunkt, wonach Großbritannien bis 1997 alle Ansprüche auf das Gebiet des Stadtstaates aufgeben müsse. Mitte Jan. **1984** sichert MinPräs *Zhao Ziyang* H. den Status quo für weitere 50 Jahre zu; ein entsprechendes Gesetz werde der Volkskongreß in Peking verabschieden. – Am 14.3. billigt der »Legislative Council« einen Antrag, »daß jeder Vorschlag über die Zukunft H.s in diesem Rat debattiert werden soll, bevor ein endgültiges Abkommen geschlossen wird«. Anf. Aug. einigen sich Ch und GB nach 2jährigen Verhandlungen.

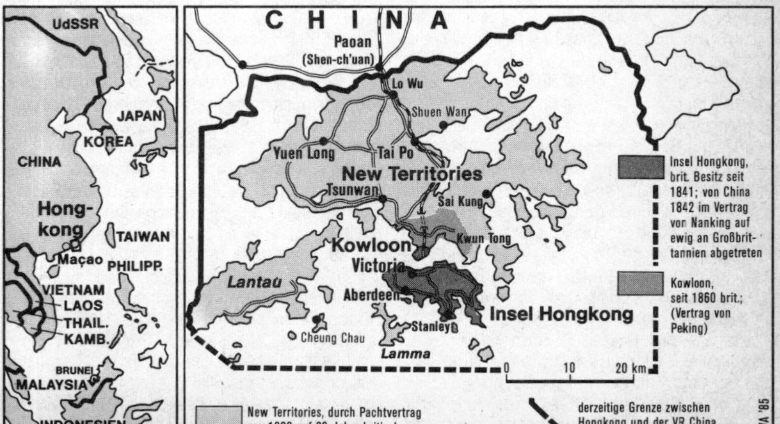


**Britische Kronkolonie Hongkong** (Quelle: floridoc-Weltarchiv)

**INDIEN** Nach einem am 19.8.**1983** veröffentl. Bericht einer Reg.-Kommission leben mehr als 2,2 Mill. der 609 Mill. Inder noch heute im **Zustand der Sklaverei.** – Ende Sept. erklärt der Oberste Gerichtshof die Hinrichtung durch Erhängen als verfassungskonform, nachdem mehrere zum Tode Verurteilte durch Berufung die Hinrichtung durch den Strang als unmenschlich bezeichnet hatten. – Die ind.-chines. Gespräche über den Grenzverlauf usw. gehen im Okt. in die 4. Runde; über 250 Exiltibeter werden in Delhi festgenommen, als sie dagegen protestieren. – Wie das Gesundheitsministerium im März **1984** mitteilt, haben sich im Rahmen der ind. **Familienplanung** mehr als 3 Mill. Menschen (darunter knapp 80% Frauen) sterilisieren lassen. – Bei gewalttätigen Zusammenstößen zwischen der Polizei und Hafenarbeitern in der ostind. Hafenstadt Paradeep werden Hunderte von Personen getötet. – Bei den alle 2 Jahre stattfindenden **Oberhaus-Teilwahlen** gewinnt die Kongreß-I-Partei Ende März 47 von 72 Sitzen; die Janata-Partei verliert Stimmen, die CPI-M (Marxistische Kommunisten) wird zur größten Oppositionspartei.

**Im** nördlichen Bundesstaat **Punjab** [Pandschab] fordern **blutige Unruhen** immer wieder neue Opfer (zu den Hintergründen → Sp. 103ff.). Überfälle der Sikh-Autonomisten auf Autobusse und Bahnhöfe, Ermordung von Hindus oder auch andersgesinnten Sikhs sind an der Tagesordnung. Die angegriffenen Gruppen reagieren ebenfalls mit Gewalttaten. Wegen der anhaltenden Unruhen, denen auch einige Persönlichkeiten des öffentl. Lebens zum Opfer fallen, gründen Anf. Mai 7 Hindu-Organis. im Punjab ein Schutzbündnis, die »Nationale Hindu-Verteidigungskraft«, und rufen zur Selbsthilfe gegen den Sikh-Terror auf. Mitte Mai wird ein Hindu-Proteststreik in ganz Nordindien befolgt. Nachdem die militanten Sikhs für Anf. Juni eine neue Phase der Agitation ankündigen, stürmt die Armee am 5.6. den Goldenen Tempel in Amritsar und verhaftet 450 Sikh-Kämpfer. Der Führer der Alkali Dal, *Longowale,* ergibt sich freiwillig, die Extremisten um den radikalen Prediger *Bhindranwale* liefern den Soldaten ein mehrtägiges Gefecht, bei dem über 300 Menschen sterben. Weitere 26 Tempel des Landes werden von der Armee gestürmt, über 1000 Personen festgenommen. Die Aktion führt zu einer neuen Eskalation der Gewalt im Punjab und den angrenzenden Staaten Haryana und Jammu. Hindus werden von Sikhs gelyncht, der Armee-Einsatz gegen das bedeutendste Heiligtum der Sikhs löst Empörung in der Zivilbevölkerung und in der Armee selbst aus, da Sikhs einen Großteil der ind. Soldaten stellen; Meutereien brechen aus und werden niedergeschlagen. Ende Juni tritt Gouverneur vom Punjab zurück.

Seit dem Wahlsieg der Nationalen Konferenz-Partei im Juni 1983 kommt der Unionsstaat **Jammu und Kashmir nicht zur Ruhe.** Versuche der Kongreß-Führung, Chefmin. *Farooq [Faruk] Abdullah* mit außerparlamentar. Mitteln zu stürzen, mehren sich. Nach der Ermordung eines ind. Diplomaten in Großbritannien Anf. Febr. 1984, zu der sich eine bisher unbekannte Untergrundorganisation »Kashmir Liberation Armee« bekennt, läßt die ind. Reg. über 400 pro-pakistan. Separatisten in Kashmir verhaften. Am 2.7. entläßt die Bundes-Reg. die Reg. von Kashmir, nachdem 12 Abgeordnete der Nationalen Konferenz-Partei dem Kabinett unter *Abdullah* ihre Unterstützung entzogen hatten. Neuer Reg.-Chef von Kashmir wird der Führer der 12 Rebellen, *G. M. Shah,* der auch auf die Stimmen der Abgeordneten der Kongreß-Partei zählen kann.

Als Indien die Errichtung eines **Stacheldrahtzaunes** entlang der Grenze **zu Bangladesch** ankündigt, um damit die ständige Einwanderung aus dem übervölkerten Staat, insbesondere nach **Assam,** zu unterbinden, kommt es dort Ende April zu einem Schußwechsel. – Im Mai kommt es in Bombay und anderen westind. Städten zu blutigen Kämpfen zwischen **Hindus und Moslems,** innerhalb weniger Tage sterben an die 200 Menschen, Hunderte werden verletzt, die Polizei nimmt über 3000 Personen fest. Über Bombay wird Ausgangssperre verhängt.

Am 16.8. wird der MinPräs des Unionsstaates **Andra Pradesh,** *N. T. Rama Rao,* gestürzt. Bei Demonstrationen gegen seine Entlassung am 19. und 20.8. werden über 100 Personen verletzt und 25 getötet. (→ Sonderkapitel: Indien, Sp. 103ff.)

**INDONESIEN** Seit April **1983** wurden Tausende Mitglieder von Untergrundorganisationen unter dem Vorwand, sie seien Kriminelle, Rückfalltäter und Drogenabhängige, von **Todesschwadronen** ermordet. Die Existenz dieser »penembak misterius«, auch *PeTrus-Kommandos* genannt, wurden vom Chef des Generalstabs und der Sondereinheiten, Gen. *Murdani,* und vom Justizminister, Gen. *Ali Said,* durch Nichtdementierung entsprechender Presseberichte indirekt bestätigt. Die Presse darf seit 8/1983 nicht mehr über die Massenmorde berichten. Eine Menschenrechtsorganisation beziffert die Anzahl der Morde bis Febr. **1984** auf ca. 5000; weitere »Schwarze Listen« seien in Händen der Armee.

Auf dem indones. besetzten **Osttimor** halten die Kämpfe zwischen Regierungstruppen und FRETILIN-Guerilleros an; dabei kommen zwischen Herbst 1983 und Frühjahr 1984 auf beiden Seiten insgesamt ca. 400 Menschen ums Leben.

**IRAK** Der im Sept. 1980 ausgebrochene **Krieg zwischen Iran und Irak** dauert an. Irak hat sein ursprüngl. Ziel der »Befreiung« Khusistans aufgegeben und führt einen Verteidigungskrieg. Trotz beidseitiger Meldungen militärischer Erfolge bleibt die Frontlinie im wesentl. unverändert. Die hohen Kosten des Krieges haben die irak. Devisenreserven aufgezehrt; die Bevölkerung ist aufgerufen, freiwillig Goldschmuck zur Unterstützung der Staatskasse zu spenden. Durch die Blockierung der südirak. Erdölfelder und die Sperrung der Pipeline durch Syrien ist der Erdölexport schwer beeinträchtigt (1983 Ausfuhren im Werte von 9 Mrd. $ gegenüber 26 Mrd. $ 1980). – Im Okt. **1983** liefert Frankreich 5 Super-Etendard-Kampfflugzeuge, die mit Exocet-Raketen ausgerüstet sind; die UdSSR liefert im Jan. **1984** SS-12-Raketen. – Das Internat. Komitee des Roten Kreuzes (IKRK) hat bisher 34000 Gefangene auf beiden Seiten registriert, die tatsächliche Zahl ist aber wesentlich höher. Man spricht von insgesamt 1,5 Mill. Toten und 3 Mill. Obdachlosen. – Als Antwort auf die 6. »Morgenröte«-Offensive des Iran Ende Febr. beginnt Irak Anf. März eine Schlacht um die Erdöl-Insel Madjnon nördl. von Basra und greift wiederholt Schiffe an, die sich dem iran. Erdölhafen Kharg nähern. – VertMin *Adnan Khairallah* bestreitet am 6.3., daß von Irak im Krieg mit Iran **chem. Waffen** eingesetzt würden. Eine internat. Kommission im Kampfgebiet diagnostiziert hingegen den Einsatz von Senfgas und des Nervengases Tabun. – Mitte Mai schießen irak. Kampfflugzeuge erneut vor der iran. Erdölinsel Kharg liegende Handelsschiffe verschiedener Nationalitäten in Brand. Iran. Kampfflugzeuge greifen ebenfalls auch außerhalb des von Irak zur Kriegszone erklärten Gebietes an. Es besteht die Gefahr einer **Internationalisierung des Konflikts,** da Iran wiederholt mit der Blockade der Straße von Hormuz droht, falls seine Erdölhäfen und Inseln angegriffen werden sollten. (→ »Die Staaten an der Piratenküste – vom Golfkrieg zum Golfrat«, Sp. 113ff.)

**IRAN** Mitte Sept. **1983** wird die Bahai-Religion (ca. 300000 Anhänger) offiziell verboten; alle Bahai-Einrichtungen werden aufgelöst. – Nach 3jähriger Schließung werden die Univers. wieder geöffnet, auch Auslandsstudium ist in bestimmten Staaten wieder möglich. – Ende Okt. unternimmt der Iran im **Golfkrieg** eine neuerliche Offensive und dringt an der NW-Front in den Irak ein. Der Weltsicherheitsrat beschließt eine Resolution, die beide Staaten zur Feuereinstellung und Gewährleistung der Sicherheit des Schiffsverkehrs im Pers. Golf auffordert; Iran lehnt diese Resolution und für die Zukunft jede weitere Vermittlung ab.
Anf. Nov. unterzeichnet in Paris die Organisation der Exil-Kurden ein Autonomie-Statut ihres Landes für den Fall des Sturzes von Ajatollah *Khomeiny.* – Als Reaktion auf die Unterstützung, die Frankreich Irak im Golfkrieg zukommen läßt, greift I. zu wirtschaft. Sanktionen, die praktisch einem Ende der Handelsbeziehungen gleichkommen (Boykott von Warenlieferungen, Ausschluß franz. Banken von Erdölgeschäften). – Die am 16.2. **1984** beginnende Serie von **Offensiven** an der irak.-iran. Front bleibt **in den Sümpfen** im Grenzgebiet stecken. Ende Febr. nehmen die Iraner einen Streifen irak. Gebiets nordöstl. von Basra einschließlich des Erdölfelds von Madjnon ein. (→ Irak) – Ende Febr. werden 10 führende Mitgl.

**Hauptschauplatz des irakisch-iranischen Krieges**

der aufgelösten kommunist. Tudeh-Partei wegen Spionage hingerichtet. Weitere 86 Angeklagte erhalten Freiheitsstrafen von 1 Jahr bis zu lebenslängl. – Die UNO-Menschenrechtskommission fordert im März I. auf, keine Kinder als Soldaten einzusetzen; die Zahl der am Krieg teilnehmenden Kinder und Jugendlichen wird auf ca. 400000 geschätzt. – Ajatollah *Teherani,* ehem. Mitgl. der iran. Revolutionsführung und Mitarbeiter *Khomeinys,* flüchtet im April in den Irak, wo ihm polit. Asyl gewährt wird, und richtet einen Appell an alle islam. Staaten, mit dem »diktatorischen Regime« des Iran zu brechen. – Aus den **Parlamentswahlen** am 15.4. und 17.5. geht die Islam.-Republik-Partei/IRP geschwächt hervor; sie verliert ihre absolute Mehrheit.
*(Vgl. auch das Sonderkapitel Sp. 113ff.)*

## IRLAND

1. **Britisch-Irische Beziehungen Nordirlandkonflikt/Ulster (britisch)**

Die brit.-ir. Gespräche auf Regierungsebene werden am 28.7. **1983** fortgesetzt, zwei Wochen nach neuen

IRA-Anschlägen in Belfast, Ballynahinch und Ballygawley (weitere Attentate im Spätsommer). Der ir. PremMin *Garret FitzGerald* stellt am 7.11. in London das anglo-irische Komitee **New Ireland Forum** vor, welches einen Bericht zur Entschärfung des Nordirlandkonfliktes ausarbeitet. Die wesentlichen 4 kathol. bzw. nationalist. Parteien beider Staaten (ohne IRA u. a. Extremisten) schlagen darin am 2. 5. **1984 3 Modelle als Verfassungsform** einer Befriedung vor: **1.** ein Einheitsstaat auf der ganzen Insel, **2.** ein wiedervereinigter Föderal- bzw. Konföderalstaat, **3.** eine gemeinsam durch London und Dublin gewährleistete Souveränität (Condominium). – Die brit. Reg. hält den Rapport für unrealistisch. Nordirlandmin. *James Prior* kündigt Mitte Mai seinen Rücktritt für Herbst 1984 an. – Der **Ausbruch von 38 bewaffneten IRA-Terroristen** aus dem zur höchsten Sicherheitsstufen zählenden »Labyrinth«-Gefängnis in Belfast am 25. 9. **1983** war nur möglich, weil das Vollzugspersonal – aus Angst vor IRA-Repressalien – »nachlässig« Aufsicht tat. (Bis Febr. 1984 werden 19 der Ausbrecher gefaßt.) Der Massenausbruch richtet sich gegen die **»Erfolgsprozesse« der Justiz,** die erst im Sommer 1983 durch ein Dutzend Kronzeugen – denen Straffreiheit und hohe Geldprämien zugesagt werden – ermöglicht werden; zu ihnen gehören u. a. der Stabschef der IRA, *Ivor Malachy Bell,* und der Stellv. Chef des IRA-Kommandos Belfast, *Robert Lean* (Mitarbeiter von *Gerry Adams,* der einerseits für das parlamentar. System und gegen sektiererische Attentate, andererseits für Gewalt als »legitimes Mittel« im Kampf gegen Großbritannien eintritt und am 13.11. zum **Chef der** polit. Vertretung der [kathol.] IRA, **Sinn Fein** gewählt wird). – Nach weiteren Attentaten, auch auf protestant. Kirchgänger in Darkley/ULS, tritt die brit. Reg. für ein Verbot der Sinn Fein ein, die auch im Frühjahr **1984** terroristische Akte unterstützt. Die Kontroverse setzt sich zwischen der ir. Regierung und dem **Kardinal von ganz Irland,** *Tomas O'Fiaich,* fort: dieser hält einen Beitritt zur **Sinn Fein für »möglicherweise moralisch gerechtfertigt«** (16.1.). – Auf *Adams* wird am 14.3. ein Attentat verübt; der protestant. Pastor *Ian Paisley* (MdEP) bedauert am 15.3. öffentlich, daß der Anschlag mißglückt sei. – Vor dem Londoner Luxuskaufhaus Harrods werden am 17. 12. **1983** bei einem **Bombenanschlag** ir. Terroristen 5 Menschen getötet und 91 verletzt. Die IRA distanziert sich davon; die gewalttätige INLA bekennt sich nicht dazu.

2. **Republik Irland**
In einem Referendum am 8. 9. **1983** votieren bei sehr geringer Beteiligung (54 %) 67 % der Abstimmenden für die Einführung des **Abtreibungsverbotes** als Zusatzartikel der Verfassung. Damit erhält ein Gesetz von 1861 Verfassungsrang. Ein weiteres Verfassungsreferendum am 14. 6. **1984** stellt das allg. Wahlrecht von in I. lebenden Ausländern zur Abstimmung (75,4 % dafür); dieses Recht galt bisher nur bei den Kommunal- und Europawahlen.

**ISRAEL** Am 15. 9. **1983** reicht MinPräs *Menachem Begin* seinen **Rücktritt** ein. Am 10.10. stellt sein Nachf., *Yitzhak Shamir,* der am 21. 9. mit der Reg.-Bildung beauftragt worden war, sein Kabinett vor. – Anf. Okt. kommt es zu landesweiten Streiks wegen der von Finanzminister *Yoram [Joram] Aridor* geplanten Abkehr vom **Indexsystem** für Löhne und Gehälter, das auch die Anpassung an das Preisniveau regelt. Nachdem sein Plan, die Währung an den US-$ zu binden, Proteste in der Öffentlichkeit und Meinungsverschiedenheiten im Kabinett auslöst, tritt *Aridor* am 13.10. zurück und wird durch *Yigal [Jigal] Cohen-Orgad* ersetzt. Dieser erteilt als 1. Maßnahme ein Verbot für den freien Handel mit Devisen. – Ende Nov. kommt es zum bisher größten **Gefangenenaustausch** mit der PLO: ca. 4700 Palästinenser und Libanesen werden gegen 6 israelische Gefangene der PLO freigelassen; weitere 2700 Gefangene bleiben noch in Israel. Bei einem Anschlag der PLO auf einen Linienbus in Jerusalem kommen im Dez. 4 Menschen ums Leben, 46 werden verletzt. – I. wendet sich gegen die Evakuierung des PLO-Führers *Arafat* (20.12.) aus Beirut, unterläßt aber auf Druck der USA eine Behinderung dieses Vorhabens. – Der US-Kongreß bewilligt 910 Mill. $ Wirtschaftshilfe für I. (1983: 785 Mill. $) und 1,7 Mrd. $ Militärhilfe. Dennoch sind für Ende 1984 insgesamt 30 Mrd. $ an **Auslandsverschuldung** zu erwarten, die Inflationsrate liegt 1983 bei 190,7 %; die Devisenreserven sinken um 1,1 Mrd. $ auf 2,67 Mrd. $. Die Unterhaltung der Besatzungstruppen im Libanon stellt eine zusätzliche Belastung des Haushalts dar. – Als erster deutscher Kanzler der »Nachkriegsgeneration« trifft *Helmut Kohl* zu einem offiziellen Besuch (24.–29. 1. **1984**) ein: I. will vor allem eine Lieferung deutscher Waffen nach Saudi-Arabien verhindern, kann jedoch von deutscher Seite keine Zusagen erreichen. – Anf. Febr. beschließt die Reg., **weitere 5 Siedlungen auf den Golan-Höhen** mit etwa 7000 Siedlern zu errichten. Gleichzeitig ergibt eine Umfrage, daß die Mehrheit der israel. Bevölkerung bereit ist, für einen Frieden mit Jordanien zumindest einen Teil der besetzten Gebiete aufzugeben (so die Jerusalem Post). Die jüdische Untergrundbewegung **»Terror gegen Terror«**/TNT verübt Anf. März einen Anschlag auf einen Autobus bei Ashdod/Westjordanland, bei dem 3 Menschen getötet und 8 verletzt werden. – MinPräs *Shamir* erklärt am 9. 3., die Kündigung des israel.-libanes. Abkommens (→ Libanon) entbinde I. von Verpflichtungen, die es im Verlauf der damaligen Verhandlungen eingegangen sei, besonders hinsichtlich von Sicherheitsvereinbarungen. – Am 22. 3. beschließt die Knesset ihre vorzeitige Auflösung und schreibt am 23. 3. **Neuwahlen** für den **23. 7.** aus. – Am 29. 4. wird ein Bombenanschlag auf 7 arab. Omnibusse in

Ostjerusalem verhindert; etwa 20 jüd. Siedler, meist nationale Extremisten, werden festgenommen; fast alle sind, wie sich später herausstellt, auch für frühere antiarab. Terrorakte (Anschlag gegen arab. Bürgermeister 1980, Angriff gegen die islam. Univers. von Hebron 1983) mitverantwortlich. – Nach monatlichen Teuerungsraten von 12–14% senkt Finanzminister *Cohen-Orgad* diese im Mai auf 9%, was in Wirtschaftskreisen auf scharfe Kritik stößt. Außerdem müssen die israel. Banken endgültig von der inflationsgeschwächten Landeswährung (Shekel) Abschied nehmen und sich auf den US-$ umstellen. – Rabbi *Moshe Levinger,* einer der Gründer und Anführer der religiös-nationalistisch motivierten Siedlerbewegung Gush Emunim, wird am 14.5. wegen des Verdachts der Unterstützung und Mitwisserschaft von Plänen antiarab. Terrorakte verhaftet. – Nach den vorgezogenen Neuwahlen v. 23.7. gelingt erst am 13.9. die Bildung einer »Regierung der nationalen Einheit«, eine große Koalition aus 10 Parteien (→ Kap. »Die souveränen Staaten«).

*(bearb.: Christine Ableidinger-Günther)*

**Bibl.:** M. Wolffsohn: Politik in Israel – Entw. u. Struktur des polit. Systems des Staates Israel. Opladen: Leske u. Budrich 1983, 776 S. (= Schriften des Dt. Orient-Instituts) [Grundsatzwerk].

**ITALIEN** Die II. Kammer hebt am 21.9.**1983** die parlamentar. Immunität des erst am 26.6. während seiner U-Haft gewählten radikalen Abg. *Toni Negri* auf (gilt als Chefdenker der ehemal. terroristischen **Brigate rosse**/Rote Brigaden sowie **Autonomia operaia**/Arbeiterautonomie und ist Hauptangeklagter im Röm. **Terroristenprozeß,** wo er am 12.6.1984 mit 60 weiteren, großenteils in Abwesenheit, verurteilt wird; ein Prozeß gegen 30 Mitgl. der BR-Abspaltung **Prima Linea** endet am 8.7.)

Das Spielcasino der ital. **Exklave Campione d'Italia** am Luganer See/CH wird in der Nacht vom 10./11.11.1983 in einer Blitzaktion der *Guardia di Finanza* (Zoll) geschlossen. Leiter des Casinos sowie Bürgermeister und Stellv. (am 15.5.1984 auch der Altbürgermeister) werden unter dem Verdacht der Falschgeldschieberei für **Mafia** (u.a. sizilian. Bauspekulanten), **Camorra** (u.a. napolitan. Kokainhändler) und **Marseillesa** (u.a. Heroindealer) festgenommen. Parallelrazzien in den vermuteten »Geldwaschanlagen« von San Remo, Sant Vincent und Venedig-Lido führen zu über 150 Hausdurchsuchungen, 80 Beschlagnahmungen, 100 Vorladungen und 40 Verhaftungen. Mit ausländischen Casinos und der New Yorker Mafia **(Cosa Nostra)** bestehen Finanzverflechtungen. Ab 29.11.1983 werden auch der Bürgermeister von San Remo und weitere Stadträte, am 7.12. ca. 2 Dtzd. Mitgl. der Kontrollkommission der Spielbank Sant Vincent, darunter auch der aostanische Regionalkommissar *Eraldo Manganone,* verhaftet. Der langjährige Regionalpräsident des Aostatales und Chef der Autonomisten »Union Valdotâine«, *Mario Andrione,* entzieht sich der Verhaftung durch Flucht (19.12.).

Ein seit Monaten diskutiertes **Sparprogramm der Regierung** *Bettino Craxi*/PSI scheitert am 16.4.**1984** aufgrund der parlamentarischen Geschäftsordnung, die sich Oppositionsabgeordnete des PCI zunutze machen. Bereits am 8.3. war ein Konsens unter den 3 zusammengeschlossenen großen Gewerkschaften *CGIL* (4,5 Mill. Mitgl., ⅔ kommunistisch, fast ⅓ sozialistisch), *CISL* (3 Mill., überwieg. kathol. orientiert) und *UIL* (1,5 Mill., überwieg. sozialist.) hierüber nicht zustande gekommen, so daß die seit 1972 bestehende **Gewerkschaftseinheit zerbrach.** Die dominierende Kraft im CGIL ist mit einer Abschwächung des automat. Lohnindexes (Scala mobile) nicht einverstanden und organisiert am 25.3. eine Demonstration in Rom gegen *Craxis* Wirtschaftspolitik, an der ca. 700000 Personen teilnehmen. – Infolge Gehirnschlages verstirbt am 11.6. der GenSekr des PCI, *Enrico Berlinguer.* Zum Nachf. wählt das ZK am 26.6. den 66jährigen *Alessandro Natta.*

Die Parlamentarische Untersuchungskommission zur Affäre um die skandalumwitterte **Freimaurerloge P-2** legt am 10.7.**1984** ihren Abschlußbericht vor. Sie hält dabei an der Echtheit der 1981 beschlagnahmten Mitgliederliste *Licio Gellis* fest (der Großmeister der P-2 war am 10.8.1983 kurz vor seiner Auslieferung aus einem Genfer Gefängnis geflüchtet). Haushaltsminister *Pietro Longo* – Chef der Sozialdemokraten/PSDI und auf der P-2-Liste verzeichnet – tritt am 12.7.1984 nach langem Zögern und wochenlangen Rücktrittsdrohungen aller 3 PSDI-Minister zurück. Dies wird symbolisch als »Remoralisierung« von Politik, Militär und Justiz gewertet (Kabinettsumbildung am 30.7.)

(Konkordat mit dem Hl. Stuhl → Vatikan)

**Bibl.:** Th. Wieser/F. Spotts: Der Fall Italien – Dauerkrise einer schwierigen Demokratie. Frankfurt/M.: Vlg. J. Wörner 1983 [W. ist seit 1972 NZZ-Korrespondent in Rom].

**Sardinien** [Regione autonoma sarda]

Die Regionalwahlen vom 24.6.**1984** vervierfachen die Mandate der Autonomisten des **Partito sardo d'azione** (zu Lasten der DC). Sie ziehen mit 13,8% der Stimmen als drittstärkste Fraktion in den Regionalrat. Die PCI verbessert sich auf 28,6%.

**Südtirol** [Autonome Provinz Bozen-Südtirol]

Bei den für die Region Trentino-Südtirol wichtigen Regionalwahlen vom 20./21.11.1983 erhält die **Südtiroler Volkspartei/SVP** 193902 Stimmen zum Landtag (Provinzparlament in Bozen). Die SVP schart damit mehr Wähler um sich als die großen nationalen Parteien, die parallel z.B. in Neapel und Reggio Calabria bei den Kommunalwahlen antreten. Allein in der Provinz Bozen-Südtirol fallen ihr 59,5% der Stimmen aus deutschem und italienischem Wählerpotential zu; sie erhält damit 22 von 34 Sitzen; Rechtsextremisten 2, Grüne und Radikale (Linke) 2, DC, PCI, PSI usw. insgesamt 8.

**Bibl.:** J. U. Clauss: Linguistic Minorities in Italy; in: V. Wright/Y. Mény (Hrsg.): Centre-Periphery Relations in Western Europe. London: Allen & Unwin 1984.

**JAMAIKA** Bei den vorgezogenen **Wahlen am 15. 12. 1983** erhält MinPräs *Edward Seaga* mit seiner Jamaica Labour Party/JLP sämtliche 60 Sitze im Repräsentantenhaus, weil die oppositionelle Peoples National Party/PNP die Wahl mit der Begründung boykottiert, das Wählerverzeichnis sei überholt. Anf. Jan. **1984** ernennt *Seaga* eine eigene Senatsopposition. – Mehrere tausend Anhänger der PNP demonstrieren Mitte Jan. vor dem Parlament in Kingston gegen die Konstituierung der Volksvertretung.

**JAPAN** Bei den vorgez. **Parlamentswahlen am 18. 12. 1983** muß die reg. »Liberal-Demokratische Partei« unter MinPräs *Yasuhiro Nakasone* den Verlust der absol. Mehrheit hinnehmen. Sie erhält 250 (1980: 284) von insgesamt 511 Sitzen, kann aber die Unterstützung verschiedener unabhängiger Abgeordneter gewinnen. Die Neuwahlen waren wegen der Auseinandersetzungen um die Verwicklung des früheren liber.-demokrat. MinPräs *Kakuei Tanaka* in eine Bestechungsaffäre notwendig geworden. – *Nakasone* wird am 26. 12. mit 265 Stimmen erneut zum MinPräs gewählt. – Am 27. 1. **1984** billigt die Reg. das Staatsbudget für 1984: Die **Militärausgaben** werden um 6,55% auf 2934 Mrd. Yen (12,5 Mrd. US-$) erhöht. Ein Hauptmerkmal des Budgets ist die Kürzung der Ausgaben für soziale Sicherheit und Ausbildung. – Mitte März wird die Gewährung von Krediten in Höhe von 2,2 Mrd. $ an die VR China und von 1,9 Mrd. $ an Süd-Korea bekanntgegeben. – In Anwesenheit von Kaisersohn Prinz *Hitachi* und MinPräs *Nakasone* eröffnet der damalige Bundeswirtschaftsmin. *Otto* Graf *Lambsdorff* am 23. 4. auf dem Tokioter Messegelände die **»Deutsche Leistungsschau** Japan '84«. – Am 15. 5. beginnen 5 westl. Staaten mit dem bisher größten **Marinemanöver** im Pazifik. Die USA, Japan, Kanada, Australien und Neuseeland beteiligen sich mit insgesamt 50 000 Mann, 80 Kriegsschiffen und 250 Flugzeugen an der 9. »Rimpac«-Übung, die sich auf das Gebiet zwischen der US-Westküste und Hawaii erstreckt. – *Chun Doo Hwan* stattet als 1. südkor. StaatsPräs vom 6. bis 9. 9. Japan einen Staatsbesuch ab; Kaiser *Hirohito* erklärt im Blick auf die jap. Besetzung Koreas 1910/45, er bedaure, daß es im Verhältnis beider Staaten »für eine Zeit in diesem Jahrhundert eine unglückliche Vergangenheit« gegeben habe; *Nakasone* erklärt, sein Land habe der koreanischen Bevölkerung Leid zugefügt und bedaure das zutiefst; er lobt den Beitrag der in Japan lebenden Koreaner (meist Kinder von während des II. Weltkriegs nach Japan verschleppter Zwangsarbeiter, die sich beklagen, als Bürger 2. Klasse behandelt zu werden) zum öffentlichen Leben.

**JEMEN**

**a) Beziehungen zwischen Nord- und Südjemen**
Der »gemeinsame Legislativ- und Rechtsausschuß« der 2 Jemen-Staaten empfiehlt im Dez. **1983** den Justizministerien, den Obersten Gerichtshöfen und den Staatsanwaltschaften in beiden Teilen des J., mehr Kontakte zwischen jur. Institutionen zu fördern. Bei einem Treffen der beiden Staatschefs, *Ali Nasir Muhammad Hasani* und *Ali Abdullah Saleh* am 18./19. 2. **1984** in Aden werden u. a. **Absprachen über die Koordinierung der Außenpol.** getroffen (fortgesetzt auf der 1. Tagung des gemeins. außenpol. Ausschusses vom 23.–26. 3.).

**b) Arab. Rep. Jemen (Nordjemen)** Am 12. 11. **1983** ernennt Präs. *Saleh* im Rahmen einer Reg.-Umbildung *Abdel Aziz Abdel Ghani* zum MinPräs. – Am 26. 12. trifft der PLO-Vors. *Jassir Arafat* mit einem Teil seiner Anhänger nach der Evakuierung aus Tripolis im J. ein. Seit dem 28. 12. 83 bis Mitte Jan. **1984** kommt es angebl. im Grenzgebiet zu Saudi-Arabien zu bewaffneten Zusammenstößen.

**JORDANIEN** Am 3. 12. **1983** äußert sich König *Hussein* in einem Interview mit der »New York Times« beunruhigt über die neue strategische Zusammenarbeit zwischen den USA und Israel, da diese die Unversöhnlichkeit Israels noch verstärken werde. – Am 7. 1. **1984** löst *Hussein* den »Nation. Konsultativrat«/NKR auf, dessen Amtsperiode im April abläuft. **10 Jahre nach seiner Suspendierung tritt am 9. 1. das Parlament** zu einer Sitzung **zusammen** und beschließt einen Verfassungszusatz, der die Nachwahlen für inzwischen verstorbene Mitgl. regelt. Er sieht vor, daß nur in Ostjordanien gewählt wird, während die den Palästinensern aus dem israel. besetzten Westjordanland zustehenden Sitze durch Ernennung besetzt werden. – Am 10. 1. wird der frühere Geheimdienstchef und bisherige Innenmin., *Ahmed Obeidat,* als Nachf. des zurückgetretenen *Moudar Badrane* zum MinPräs ernannt. – Am 23. 2. bricht die Reg. die dipl. Beziehungen zu Libyen ab; sie reagiert damit auf die Verwüstung der jord. Botschaft in Tripolis am 18./19. 2. durch Demonstranten. – Bei Treffen zwischen König *Hussein* und dem PLO-Vors. *Jassir Arafat* (26. 2.–1. 3. und 3./4. 5.) geht es um die Einigung auf eine pol. Formel bei den Bemühungen zur Lösung der Palästina-Frage im Rahmen der vorgelegten Friedenspläne im Nahen Osten. – Mitte März erklärt *Hussein,* die USA hätten wegen ihrer einseitigen Unterstützung Israels ihre

Glaubwürdigkeit als Vermittler im arab.-israel. Konflikt verloren.

**JUGOSLAWIEN** Nach monatelanger erfolgloser **Wirtschaftsreformdebatte,** bei der Titoisten und Nationalisten (der jugosl. Republiken) Ideologiedifferenzen in die anhaltende Versorgungs- und Verschuldungskrise des Landes einbringen, meldet sich am 14.10.**1983** ein Mitgl. des sog. Bundesrates – eines beratenden Gremiums verdienter Altjugoslawen – zu Wort: *Mijalka Todorovic,* ehemal. Sekretär des BdKJ und Titokritiker (1974 abgelöst) analysiert die Krise wie folgt: **1.** Die Mißachtung der Liquiditätshaltung bei der Währung und eine unausgeglichene Zahlungsbilanz – bei Produktion und Konsum sowie auch bei der Auslandsverschuldung (ca. 25 Mrd. US-$). **2.** Eine hypertrophe politische Verwaltungsbürokratie, die Produktion und Produktivität behindert und so der Wirtschaft optimale Bedingungen vorenthält. **3.** Die Mißachtung der Arbeiterselbstverwaltungsorganisation, so daß diese der Bürokratie machtlos gegenübersteht. **4.** Der krampfhafte Versuch, die Krise ohne Änderung des herrschenden Systems zu lösen, obwohl alle vorliegenden Analysen eine Überwindung gegenwärtiger Strukturen und Prozeduren fordern. **5.** Ein wiederaufflammender Nationalismus (der Republiken) als Folge davon, daß gesamtgesellschaftliche (jugoslaw.) Werte kein erstrebenswertes Ziel mehr darstellen. **6.** Die Degradierung der »sozialistischen Allianz« (ursprüngl. eine Art Massenbewegung) zum Forum der Beamten und Podium formaler »Statements«. **7.** Der Verlust des Gewerkschaftscharakters als unabhängige Bewegung der Arbeiter: Ohne syndikale Demokratie können aber die Werktätigen die Verwaltung gewerkschaftlichen Kapitals nicht verwirklichen.

Am 13.12. – mitten in Umschuldungsverhandlungen bei IWF und Weltbank und noch vor Verabschiedung des Haushaltes 1984 – tritt Bundesfinanzminister *Joze Florijančić* zurück. Er gibt als Grund an, die 6 jugoslaw. Republiken und die 2 Autonomen Gebiete seien nicht bereit, ihre eigene (lockere) Devisen- und Währungspolitik einem rigiden Sparkurs des Bundes zu opfern. Weihnachten verfügt die Bundesregierung – nach kräftigen **Preiserhöhungen** – einen halbjährigen totalen **Preisstopp.** Schon im Jan. **1984** wird deutlich, daß die Verfügung – teilweise wegen ihrer Mißverständlichkeit – **nicht befolgt** wird (die Inflation liegt 1983 bei 58,5%).

Am 20.4.1984 nimmt die Staatspolizei in einer Privatwohnung in Belgrad 28 als Regimegegner betrachtete Intellektuelle fest, darunter *Milovan Djilas* sowie einige bekannte Anwälte politischer Prozesse. Dem am 9.7. vom Kreisgericht Sarajewo verurteilten *Vojislaw Šešelj* – bereits am 20.4. unter den Verhafteten – bezeugt der prominente Bundespolitiker *Mitja Ribičić,* der sich gegen die neue politische Verhaftungswelle wendet, öffentlich Sympathie (6.7.).

Am 15.5. – parallel zur Umbesetzung der **Kollektiven Staatspräsidentschaft** bei 7 von 9 Mitgliedern (gewählt am 13.4.; Namen → Staatenteil) – verfügt RegChefin *Milka Planinc* eine **Regierungsumbildung,** die 11 von 28 Ministern betrifft. Die Auswahl des neuen Personenkreises im Staatspräsidium deutet auf eine künftig extensive Kompetenzausnutzung dieses ranghöchsten Staatsorganes hin. – Den rotationsmäßigen einjährigen **Vorsitz im BdKJ** übernimmt am 26.6. erstmalig ein Albaner aus dem Kossovo, *Ali Shukrija.*

**KAMBODSCHA/KAMPUCHEA** Nach inzwischen 5jähriger Besetzung durch Vietnam dauern die Kämpfe zwischen den nationalistischen Partisanen und den vietnamtreuen Reg.-Truppen bzw. vietnames. Divisionen weiter an. Ende Jan. **1984** überfallen Rote Khmer ein vietnames. Stabsquartier in der Nähe von Siem Reap sowie die Märkte in den Städten Kompong Thom und Phnom Penh. Zum 1. Mal seit dem *Pol-Pot*-Regime gelingt es den Roten Khmer wieder, Rekruten unter der Bevölkerung anzuwerben. – Bei einem Besuch in Indonesien und Australien erklärt der vietnam. AußMin *Nguyen Co Thach* die Ausschaltung der Roten Khmer zur Vorbedingung für jede pol. Regelung in K. – Am 25.3. greifen vietnam. Truppen Stellungen der Roten Khmer entlang der Grenze zu Thailand an. Die thailänd. Armee vertreibt 300 vietnam. Soldaten, die auf thailänd. Territorium vorgedrungen waren. Die traditionelle »Trockenzeit-Offensive« treibt 80000 kambodschan. Flüchtlinge nach Thailand. Mitte April überrennen vietnam. Truppen das größte Flüchtlingslager an der Thai-Grenze und greifen Quartiere der »Volksbefreiungsfront der Khmer«/KPNLF in Ampil und Nong Chan an. – Die wirtschaftl. Lage des Landes macht kaum Fortschritte; die Versorgung mit Nahrungsmitteln bleibt prekär und die Infrastruktur ist in schlechtem Zustand. Zum Aufbau des Landes sollen sich etwa 5000 sowj. Experten in K. aufhalten.

**KAMERUN** Im Sept. **1983** wird Staatspräs. *Paul Biya* zum Vors. der reg. »Kamerunischen Nationalunion«/UNC gewählt. – Bei den **Präs.-Wahlen am 14.1.1984** wird *Biya* als Präs. bestätigt. – Ein Militärgericht verurteilt am 27.2. den früheren Präs. *Ahmadou Ahidjo* (seit Juli 1983 im Exil in Frankreich) in Abwesenheit zum Tode; am 14.3. gibt Biya die Umwandlung in lebenslange Haft bekannt. *Ahidjo* soll im Juni 1983 (als er sich noch in K. befand) versucht haben, Präs. *Biya* zu stürzen. – Am 6.4. scheitert ein gegen *Biya* gerichteter Putschversuch von Angehörigen der Palastgarde in Jaunde. Amtl. Angaben zufolge werden bei der Niederschlagung des Putsches 70 Menschen getötet und 51 verletzt. Der Anführer der Putschisten, Oberst *Saleh*

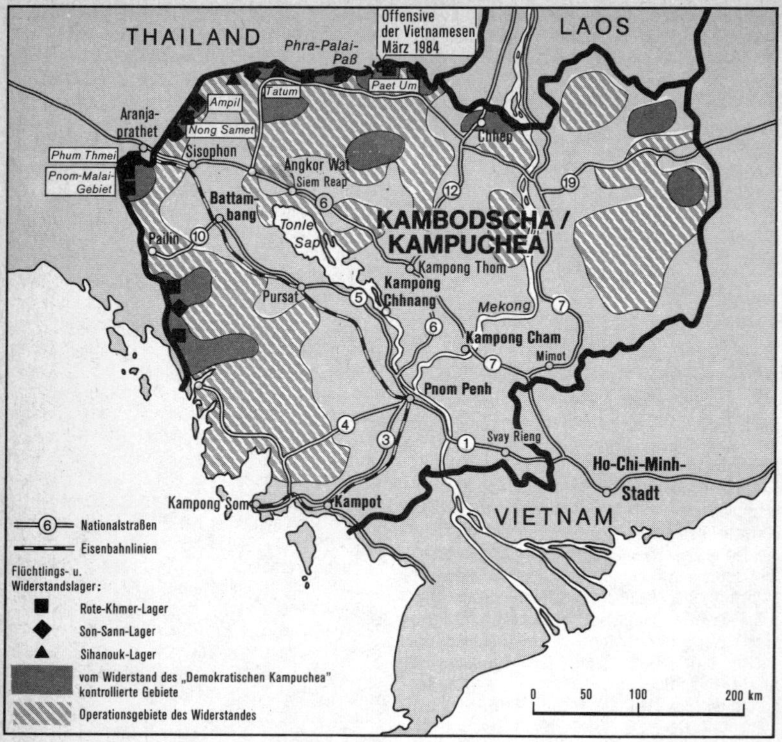


**Zur Lage in Kampuchea (Mitte 1984)** (nach »Spiegel« modifiz.)

*Ibrahim,* wird verhaftet und Mitte Mai, zusammen mit weiteren 46 Personen, zum Tode verurteilt.

**KANADA** Die von Königin Elizabeth II. ernannte *Jeanne Sauvé,* bisher Speaker des Unterhauses, tritt am 1. 3. **1984** die Nachf. von *Edward Schreyer* als **Generalgouverneur** der brit. Krone an. Unabhängig davon kündigt PremMin *Pierre Elliot Trudeau* am Vortag dem Vorstand der Liberalen Partei an, von seinem Staats- und Parteiamt zurückzutreten, sobald die Liberalen einen neuen Vors. gewählt haben. Der einflußreiche und langjährige Minister verschiedener Schlüsselressorts unter *Trudeau, Allan MacEachen,* gibt am 27. 6. sein Ausscheiden aus der Politik bekannt, ebenso der Minister für Indianerangelegenheiten, *John Munro,* nachdem er bei der Wahl des **Nachfolgers Trudeaus im Parteivorsitz John Turner** unterliegt. *Turner* – am 16. 6. zum neuen Chef der Liberalen gewählt – löst bereits am 30. 6. *Trudeau* in dessen Staatsamt ab. Trotz »Kanzlerbonus« siegen jedoch die **Progressiv-Konservativen unter Brian Mulroney** mit einer überwältigenden Mehrheit von 211 der 282 Sitze (und 50 % der Stimmen) bei den vorzeitig ausgeschriebenen Parlamentswahlen vom 4. 9.

**KENIA** Bei den **Parlamentswahlen am 26. 9. 1983** wird Präs. *Daniel arap Moi* im Amt bestätigt. – Am 17. 11. führt die Versöhnung der ostafrik. Staaten K., Tansania und Uganda zur Wiedereröffnung der seit 1977 geschlossenen Grenze mit Tansania. – Am 12. 12. begnadigt Präs. *Moi* aus Anlaß des 20. Jahrestages der Unabhängigkeit des Landes von Großbritannien 7000 wegen kleinerer Vergehen verurteilte Häftlinge. – Ende Jan. **1984** berichtet ein Parlamentsabgeordneter, daß im Dawajir-Distrikt in der Nordostprovinz Armee und Polizei bei ihrer Suche nach Banditen 300 Einheimische getötet hätten; 600 Menschen würden vermißt. Die Reg. dementiert den Bericht. Das Innenmin. erklärt Ende März, der Armee-Einsatz sei aufgrund ständiger bewaffneter Überfälle des Degodia-Stammes (Gruppe von Somalis mit ken. Staatsangehörigkeit) gegen die Ajuran notwendig geworden. – Am 19.3. wird der mutmaßl. Führer des gescheiterten Militärputsches gegen Präs. *Moi* im Jahre 1982, der ehem. Luftwaffengefreite *Hezekial Ochuka,* von einem Kriegsgericht in Nairobi zum Tode verurteilt.

**KOLUMBIEN** Amtl. Angaben zufolge nutzen rd. 1500 linksgerichtete Untergrundkämpfer das im Nov. 1982 verabschiedete **Amnestiegesetz** und legen im Sept. 1983 ihre Waffen nieder. – Aus Protest gegen eine Amnestie für linke Guerilleros erklären am 18.1.**1984** der VertMin, der Generalstabschef sowie die Kommandeure von Heer und Luftwaffe ihren Rücktritt. – Seit 2.2. verschärft die Reg. durch neue Gesetze die **Drogenbekämpfung;** u.a. sind jetzt Militärgerichte für Verfahren gegen Rauschgifthändler zuständig, Freilassungen auf Kaution verboten. – Am 6.2. gibt die Weltbank die Bewilligung eines 40-Mill.-$-**Kredits** für den Wiederaufbau des Popayan-Gebietes bekannt, das 1983 durch ein Erdbeben verwüstet worden war. – Mehrtägige Unruhen über Preiserhöhungen im Versorgungs- und Dienstleistungsbereich fordern Ende Febr. in der Provinz Antioquia 9 Menschenleben. – Aus den **Kommunalwahlen** am 11.3. geht die »Liberale Partei« als eindeutiger Sieger hervor. Die Wahlbeteiligung (weniger als 30%) ist die niedrigste seit 20 Jahren. – Am 15.3. verhängt die Reg. in Zusammenhang mit Guerillaüberfällen und Beschlagnahmungen von Kokain über die Provinzen Caqueta, Cauca, Huila und Meta den Ausnahmezustand. – Am 28.3. unterzeichnet die von der Reg. eingesetzte »Friedenskommission« mit der stärksten Guerillaorganisation, den »Revolutionären Streitkräften der Kolumbianischen Volksarmee«/FARC-EP, ein **Waffenstillstandsabkommen,** das am 28.5. in Kraft tritt. Am 29.5. erklären sich 2 weitere Guerillaorganisationen, »M-19« und die »Volksbefreiungsarmee«/EPL, zur Unterzeichnung eines Waffenstillstandsabkommens mit der Reg. bereit. – Am 1.5. verhängt die Reg. den **Ausnahmezustand** über das ganze Land. Begründet wird die Maßnahme mit der Ermordung von Justizmin. *Bonilla* am 31.3. und der anhaltenden, verstärkten Guerillatätigkeit.

**KOREA**

1. **Beziehungen zwischen Nord- u. Süd-Korea**
Am 10.1.**1984** spricht sich **Nord-K. für direkte Friedensgespräche mit Süd-K. und den USA** aus: eine Dreier-Konferenz solle noch 1984 einen Friedensvertrag zwischen den 3 Seiten und eine Nichtangriffs-Erklärung zwischen Nord-K. und Süd-K. ausarbeiten; der Friedensvertrag solle das Waffenstillstandsabkommen von 1953 ersetzen, das den K.-Krieg beendete; außerdem werden der Abzug der US-Truppen aus Süd-K. und eine »nationale Konferenz« zur Wiedervereinigung vorgeschlagen. **Süd-K. lehnt** am 14.2. diesen Gesprächsvorschlag **ab, erklärt sich** aber **bereit, in direkte Gespräche mit Nord-K. einzutreten. Nord-K. lehnt** am 7.3. seinerseits bilaterale Friedensgespräche **ab,** solange der Süden von den USA »besetzt« sei und der US-Befehlshaber den Oberbefehl über die südk. Truppen habe. – Am 7.3. scheitern die Gespräche über die Bildung gemeinsamer Mannschaften für internat. Sportveranstaltungen. – Mitte Mai spricht sich der nordk. Staats- u. Parteichef *Kim Ir Sen* dafür aus, beide Staaten zu einer »Demokratischen Föderativen Republik« zu vereinigen, wobei das jeweilige politische und gesellschaftliche System beibehalten werden solle. (Vorschläge dieser Art mit gleichem negativen Ergebnis werden von Nord-K. seit vielen Jahren unregelmäßig vorgetragen, von Süd-K. entsprechend beantwortet.)

2. **Republik Korea (Süd-K.)**
Am 1.9.**1983** kommt es zum Abschuß eines südk. Jumbo-Jets mit 269 Personen an Bord durch sowjet. Kampfflugzeuge westlich der sowjet. Halbinsel Sachalin. Staatspräs. *Chun Doo Hwan* spricht von einem brutalen Akt der Barbarei, für den es keine Entschuldigung geben könne; die UdSSR spricht von einer »Spionageoperation unter Benutzung eines Zivilflugzeuges«. – An den am 1.2.**1984** beginnenden gemeinsamen Großmanövern nehmen mehr als 200000 Soldaten teil, davon 60000 aus den USA. – Am 25.2. erlaubt Staatspräs. *Chun* anläßlich des 3. Jahrestages seiner Wahl 202 prominenten Politikern und anderen Oppositionellen die Rückkehr ins öffentliche Leben. – Bei Studentenprotesten am 19./20.4. werden mehr als 170 Personen verletzt. Als oberstes Ziel des Mitte Mai gegründeten »**Rates für Demokratisierung**« erklärt einer der beiden führenden Oppositionspolitiker, *Kim Young Sam,* demokratische Verhältnisse unter einer Zivilregierung zu erreichen. – Bei Kundgebungen anläßl. des 4. Jahrestages der Unruhen von Kwangja am 18.5. in mehreren Städten werden mehrere hundert Personen verletzt und 750 festgenommen. – Im Hinblick auf die von Seoul im Jahre 1988 auszurichtenden Olympischen Spiele beschließt die Reg. im Juni, nichtpolitische Kontakte zur UdSSR stufenweise wieder aufzunehmen. – Der Präs. stattet v. 6.–9.9. Japan einen Besuch ab *(→ Japan).*
(→ auch Birma)

3. **Koreanische Volksdemokrat. Rep. (Nord-K.)**
Anf. Nov. **1983** bestreitet die Reg. jegliche Beteiligung an dem Attentat in Rangun am 9.10. (→ Birma). Am 9.12. werden 2 nordk. Offiziere in Rangun (→ Birma) zum Tode verurteilt. – Anf. Febr. **1984** wird MinPräs *Li Jong Ok* durch seinen bisherigen 1. Stellv., *Kang Song San,* abgelöst.
*(bearb.: E. Baumann)*

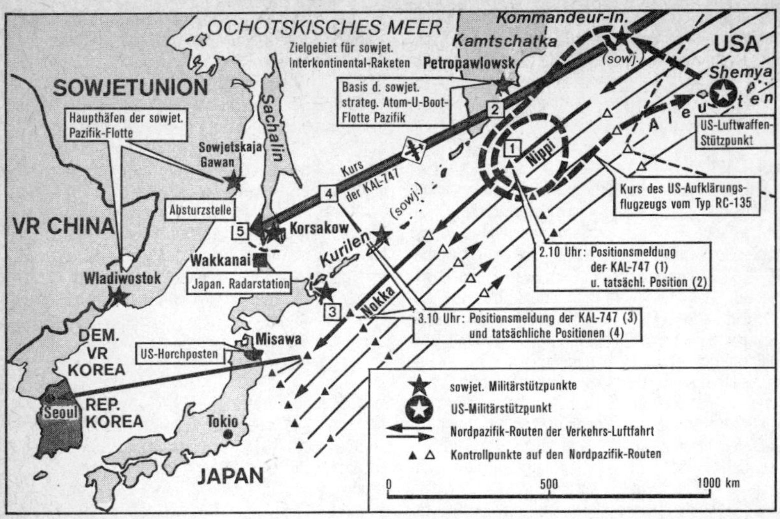


**Der Abschuß einer südkoreanischen Passagiermaschine durch einen sowjetischen Abfangjäger**

**KUWAIT** Am 12.12.**1983** werden bei 6 gleichzeitig verübten **Bombenattentaten** (darunter auf die franz. und die US-Botschaft), zu denen sich eine Organisation »Islamischer Heiliger Krieg« bekennt, 4 Personen getötet und 54 verletzt. Seit Ende Dez. werden in K. Terroristen mit dem Tod oder der Amputation eines Armes oder eines Beines bestraft. Diese Strafen entsprechen der islam. Rechtstradition, der »Haraba« (Vertreibung von der Erde). 5 Iraker und ein Libanese werden am 27.3.**1984** wegen Beteiligung an den Bombenanschlägen zum Tode, 7 weitere Angeklagte zu lebenslanger Haft verurteilt.

**LIBANON** Am 23.10.**1983** fordern 2 Bombenanschläge von Selbstmordkommandos auf die Hauptquartiere des franz. und des US-Kontingents der Multinationalen Friedenstruppe/MNF in Beirut 285 Todesopfer; eine »Bewegung der Freien Islamischen Revolution« bekennt sich zu den Attentaten. – Auf der **Genfer Versöhnungskonferenz** der Konfliktparteien im liban. Bürgerkrieg (31.10.–3.11.) unter Beteiligung des saudi-arab. und des US-Unterhändlers sowie des syrischen AußMin *Abdul Halim Khaddam* wird eine Einigung über die liban. Identität erzielt: danach ist L. ein freier, souveräner, unabhängiger, territorial und national geeinter Staat, der der arabischen Welt zugehört. – Bei einem Kamikaze-Anschlag am 4.11. auf das israel. Hauptquartier in Tyrus kommen 28 Israelis und 32 Araber ums Leben. Die israel. Luftwaffe reagiert mit Vergeltungsangriffen auf palästinensische Stellungen in den Chouf-[Schuf]Bergen. – Nach heftigen Kämpfen zwischen den Anhängern des PLO-Chefs *Jassir Arafat* und Rebellen innerhalb der Al-Fatah, die Hunderte von Menschenleben kosten, und dem Fall der Flüchtlingslager Nahr al-Barid (6.11.) und Baddawi (16.11.) wird **Arafat** mit seinen Anhängern **in Tripoli eingeschlossen.** – Am 15.11. bombardieren franz. Kampfflugzeuge Stellungen islamischer Extremisten; dabei kommen mindestens 39 Menschen ums Leben. – Erstmals seit dem Einsatz von US-Marine-Infanteristen im L. werden am 4.12. 2 US-Kampfflugzeuge von syrischen Einheiten abgeschossen. – Am 15.12. Beginn des **Auszugs von** 10000 Mann **christlicher Milizen** und einer ca. 1700 Mann starken Gruppe der Phalange-Miliz **aus** der von Drusen belagerten Stadt **Deir el-Kamar** in den Chouf-Bergen mit Hilfe des Roten Kreuzes und der israelischen Armee. – Am **20.12.** werden **Arafat und 4000 in Tripoli eingeschlossene PLO-Kämpfer** durch 5 griechische Schiffe unter UN-Flagge unter dem Schutz franz. Kriegsschiffe **über See evakuiert;** ihr Ziel: Irak, Algerien, Tunesien und Nord-Jemen. – In den Chouf-Bergen und am Südostrand Beiruts brechen am 3.1.**1984** erneut Kämpfe zwischen drusischen Milizen und der liban. Armee aus. Am **7.2.** wird der **Westteil Beiruts von der schiitischen Amal-Miliz** mit Unterstützung drusischer Milizen **erobert.** – Am 8.2. zieht sich das brit. Kontingent der MNF aus Beirut zurück. – **Am 5.3. verwirft die Regierung das Truppenabzugsabkommen mit Israel** vom 17.5.1983, das noch nicht ratifiziert worden war. – Vom 12.–20.3.1984 findet in Lausanne die **2. Runde der nationalen Versöhnungskonferenz** aller Kon-

**Libanon – Aufteilung nach Volksgruppen und politischer Macht**
(nach »FAZ« modifiz.)

fliktparteien statt. **Hauptpunkte des Kommuniqués:** Waffenstillstand, Entflechtung der Streitkräfte; Ausarbeitung eines Friedensplans; Übernahme der Sicherheitsaufgaben durch die Streitkräfte; Bildung eines Sicherheitsausschusses unter Führung des Staatspräsidenten *Amin Gemayel*, Bildung einer »Verfassungskommission«. – **Als letztes Kontingent der MNF verlassen die Franzosen am 30.3.** (nach Briten, Italienern und US-Amerikanern) **das Land.** – Am 19.4. einigt sich der Sicherheitsausschuß auf einen Waffenstillstand und gibt die Truppenentflechtung am selben Tag bekannt, sie wird am 26.4. abgeschlossen. – Zum Nachf. des am 5.2. zurückgetretenen MinPräs *Chafic al-Wazzan* ernennt *Gemayel* am 26.4. *Rashid Karamé*. In seiner Reg.-Erklärung am 30.5. beantragt *Karamé* Ausnahmevollmachten für 9 Monate, die das Parlament am 12.6. gewährt. Anf. Juni ersucht die Regierung Israel, sein Verbindungsbüro in Dbaijeh, nordöstlich von Beirut, zu schließen. Am 23.6. beschließt die Reg. eine Reform der Armee und einen Sicherheitsplan f. Groß-Beirut, der mit der Aufhebung der Grünen Linie (5.7.) sowie der Öffnung von Flug- und Seehafen (9./10.7.) zu einer Normalisierung des öffentl. Lebens in B. führt.

**LIBERIA** Im Nov. **1983** kommt es wegen angebl. Putschpläne zu Verhaftungen führender Militärs. Am 22.11. werden der sowjet. Botschafter und der Geschäftsträger der ghanaischen Botschaft zum Verlassen des Landes innerhalb von 48 Std. aufgefordert. Am 6.4. **1984** werden 13 wegen Hochverrats und Mord verurteilte Putschisten hingerichtet.

**LIBYEN** Am 9.10. **1983** reagiert die Regierung auf die Festnahme des Libyers *Rashid Said* (dem Mordanschläge auf Exil-Libyer zur Last gelegt werden) Anfang Okt. in Frankreich mit der Geiselnahme von 37 franz. Staatsbürgern in Tripolis, die mit einem Linienflugzeug das Land verlassen wollen. Durch Vermittlung des griech. Reg.-Chefs *Andreas Papandreou* wird die Ausreise der Franzosen erreicht. – Ende Okt. werden alle Vertreter von palästinensischen Organisationen, die zu PLO-Chef *Arafat* stehen, zum Verlassen des Landes innerhalb von 48 Std. aufgefordert. – Am 17.3. **1984** weist die Regierung den sudanesischen Vorwurf zurück, L. sei Urheber eines Luftangriffs auf Omdurman. – Als Reaktion auf die Abriegelung der lib. Botschaft in London durch Polizeikräfte wegen der Tötung einer Polizistin durch Schüsse aus der lib. Botschaft auf demonstrierende

Libyer wird am 17.4. die brit. Botschaft in Tripolis ebenfalls abgeriegelt; am 27.4. können die Angehörigen beider Botschaften ausreisen. – Am **8.5.** scheitert ein **bewaffneter Anschlag auf das Hauptquartier Gaddafis** in Tripolis, zu dem sich die »Nationale Front zur Rettung Libyens« bekennt. *Gaddafi* bezeichnet die radikal-islamische Muslimbruderschaft als Drahtzieher des Anschlages. Anf. Juni werden 2 Angehörige der Muslimbruderschaft wegen CIA-Kooperation hingerichtet; 6 angebl. am Anschlag vom 8.5. beteiligte Männer (darunter 3 Berber) werden gehenkt. – Am 13.8. unterzeichnen bei einem Treffen in Oujda *Gaddafi* u. König *Hassan II.* v. Marokko (dem es offenbar um Schwächung der Positionen Algeriens und POLISARIO-F geht) einen Vertrag über eine »Staatenunion« L.s. m. Marokko. Der Allg. Volkskongreß L.s stimmt am 31.8. einstimmig zu, in Marokko bringt eine Volksabstimmung 99,97% Ja-Stimmen. Somit tritt die »Staatenunion« am 1.9. in Kraft. (Es ist der 7. Versuch L.s zu einem Zusammenschluß; weitreichende Strukturveränderungen oder gar ein wirkl. Zusammenschluß werden nicht erwartet.)

**MAROKKO** Ende Okt. **1983** liefern sich Reg.-Soldaten und Guerilleros der Saharaúischen Befreiungsbewegung FPOLISARIO schwere Gefechte. – Ende Jan. **1984** kommt es nach einer Preiserhöhung der Grundnahrungsmittel zu heftigen Unruhen im ganzen Land. Von offiz. Seite werden 29 Tote und 114 Verletzte gemeldet, Schätzungen aus anderer Quelle sprechen von 150–400 Toten und Hunderten Verletzter. Die Reg. verhaftet und verurteilt 400 Menschen wegen Anstiftung der **»Brotrevolte«** zu Gefängnisstrafen bis zu 5 Jahren, darunter auch Mitgl. der sozial. Union der Volkskräfte/USFP. – Anläßlich des 23. Jahrestages seiner Thronbesteigung befreit König *Hassan* die Bauern bis zum Jahr 2000 von Steuerzahlungen (die Trockenperioden der letzten Jahre haben die Landwirtschaft schwer in Mitleidenschaft gezogen) und amnestiert Hunderte Gefangene. – M. baut seine befestigte Verteidigungslinie in der nördl. Westsahara um weitere 42 km aus und vermindert so die Beweglichkeit der POLISARIO-F-Kämpfer. – Anläßlich des Kongresses der jüd. Gemeinde in Marokko Mitte Mai wird zum 1. Mal auch eine Delegation israel. Politiker eingeladen. Dies trägt M. Kritik vor allem von syrischer Seite ein. – Am 1.9. tritt die »Staatenunion« mit Libyen in Kraft *(→ Libyen)*.

**MAURETANIEN** Mitte Dez. **1983** tritt M. dem alger.-tunes. Freundschaftsvertrag bei – dies wird als Schritt in ein neues Stadium der Schaffung eines Groß-Maghreb gesehen. – Am 27.2.**1984** erkennt die Reg. die »Demokr. Arab. Republ. Sahara« offiziell an. M. ist somit der 54. Staat, der die Anerkennung ausspricht, in Afrika der 27.

**MEXIKO** Ende Jan. **1984** spricht sich die kath. Kirche für die Wiederaufnahme der 1867 abgebrochenen diplomat. Bez. des Landes zum Vatikan aus, der in M. durch einen »apostolischen Delegierten« vertreten ist. – Ende Febr. versichert die Reg., daß die guatemaltek. Flüchtlinge nicht zwangsverlegt werden. – Vom 6.–14.8. findet in Mexiko-City die 2. Weltbevölkerungskonferenz der UNO statt, an der Delegierte aus 146 Nationen teilnahmen.

**MONGOLISCHE VOLKSREPUBLIK** Am 23.8.1984 wird **Jumshagin Tsedenbal** von e. ao. Plenum des ZK d. Mongol. Revol. Volkspartei in Abwesenheit »aus Gesundheitsgründen u. mit seiner persönl. Zustimmung« als GenSekr d. ZK u. Mitgl. d. Politbüros **seiner Parteiämter entbunden;** sein Nachfolger wird MinPräs *Shambyn Batmunch,* der weiterhin MinPräs bleibt. Anschließend entbindet der Große Volks-Chural *Tsedenbal* ebenso s. Amtes als Vors. d. Präsidiums (also StaatsPräs; ein Nachfolger wurde noch nicht ernannt). [*Ts.* hatte ständig gegen Tendenzen zur Wiedervereinigung des mongol. Volkes der VR M. mit dem d. »Inneren M.« (heute Auton. Gebiet d. VR China) u. antiruss. Bestrebungen zu kämpfen, die vor allem zu Zeiten Moskauer Führungsschwäche deutlich werden: 1964 plädierte d. mong. Historiker *Rintschen* für d. Abschaffung d. kyrillischen Alphabets – verurteilt z. »Umerziehung im Bergwerk«; 1980 kam es zu e. Reinigung örtl. Schulbücher v. »antisowjet. Texten«; 1982 wurde erst d. VizePräs d. Mong. Akad. d. Wissensch. (»Höhle d. Korruption«) abgelöst, weil er i.d. Wüste Gobi mit Sonnenenergie experimentierte, um die M. v. sowj. Erdöl unabhängig zu machen, dann d. Präs: er hatte auf d. hist. Zugehörigkeit d. M. zu China (bis 1911) hingewiesen u. so d. Parole »Lernen v. d. SU nur Lippendienste« erwiesen; 1983 entließ *Ts.* s. Stellv. *Schalan-Aschaw,* d. f. Schulwesen, Presse, Akad. d. Wissensch. u. Justiz zuständig war: er habe sein »kaltes Herz« durch »Verschwörung u. Anheizen nationalistischer Gefühle« gezeigt; im Juli 1984 jedoch verhandelt d. Vize AußMin in Beijing über »Entwicklung der wirtsch., techn. u. kulturellen Beziehungen auf d. Grundlage d. friedl. Koexistenz« u. schließt e. Protokoll über d. Inspektion der gemeinsamen Grenzen (i.d. Wüste Gobi) ab. *Batmunch* erklärt sich i. s. Antrittsrede zur »größtmögl. Kooperation m. d. großen SU u. d. anderen Ländern d. sozialistischen Gemeinschaft u. z. Entwicklung brüderl. Bez. mit allen anderen KPs« bereit.]

**MOSAMBIK** Ein Sonderkommando der südafrikan. Streitkräfte sprengt am 17.10.**1983** die Zentrale des African National Congress/ANC in Maputo. – Nach Angaben der von Südafrika unterstützten Resistencia Nacional Mocambicana/RNM werden zwischen Dez. 1983 und Mitte Febr. **1984** mindestens 755 Reg.-Soldaten und 60 Zivilisten von ihr getötet. – **Am 16.3. unterzeichnen Präs. Samora Machel und der süd-**

**afrik. MinPräs Pieter Botha** im Grenzort Komatipoort **ein »Abkommen über Gewaltverzicht und gutnachbarl. Beziehungen«**, das den Entzug der Unterstützung des ANC durch M. und der RNM durch Südafrika vorsieht. Der Vertragsabschluß, für den von den Front-Staaten und der OAU »Verständnis« geäußert wird, wurde notwendig durch die schlechte Wirtschaftslage und die Hungersnot im Land, an deren Folgen allein bis Mai über 5000 Menschen starben. Am 26. 3. findet in Maputo das 1. Treffen der aus dem Vertrag hervorgegangenen Sicherheitskommission statt. – Bis Ende April werden **ANC-Angehörige** von der Reg. **ausgewiesen oder interniert**. – Mit Portugal und Südafrika wird am 2. 5. ein Abkommen über den Cabora-Bassa-Staudamm geschlossen (→ Südafrika). – In London treffen sich am 3. 7. erstmals Vertreter der Reg. u. d. RNM zu Geheimgespr. über die Beendigung der seit 8 Jahren anhaltenden Kämpfe.

**Bibl.**: Norman Mac Queen: Die Eröffnung der Außenpolitik Mosambiks, in: EA, 39. Jg. (1984), Folge 3, S. 91–98.

**NAMIBIA/SÜDWESTAFRIKA** Ohne sichtbare Fortschritte sondiert UN-Gen.-Sekr. *Javier Pérez de Cuéllar* i. A. des Weltsicherheitsrats Ende Aug. **1983** in Südafrika, Namibia und Angola, weil Südafrika mit Unterstützung der USA an seinem Junktim festhält, das eine Waffenruhe mit der SWAPO und die Entlassung Namibias in die Unabhängigkeit auf Grundlage der UNO-Resolution 435 vom Abzug der auf 25000 Mann geschätzten cuban. Truppen aus Angola abhängig macht, während die angol. Reg. von Südafrika den Rückzug seiner Soldaten aus Südangola und die Einstellung jegl. Hilfe an die UNITA (→ Angola) fordert. – Mehr als 10000 Menschen sterben bis Mitte Sept. nach Angaben aus Johannesburg in dem seit 17 Jahre andauernden Buschkrieg zwischen SWAPO und südafrikan. Streitkräften. – Nach heftigen Angriffen auf Südafrika und die USA gibt der franz. AußMin *Claude Cheysson* am 8. 12. den Rückzug seines Landes aus der seit 1978 arbeitenden westlichen »Kontaktgruppe« (USA, CDN, F, GB, D) bekannt. – SWAPO-Gründer *Herman Toivo Ja Toivo* wird Anf. März **1984** nach 16jähriger Haft vorzeitig auf freien Fuß gesetzt. – Mitte Febr. versichert SWAPO-Chef *Sam Nujoma* in Paris, seine Organisation respektiere das Waffenstillstandsabkommen von Lusaka, obwohl sie von ihm nicht betroffen sei, und bietet Südafrika direkte Verhandlungen über eine Waffenruhe an. Daraufhin erklärt sich die südafrikan. Reg. am 11. 3. bereit, an einer Allparteienkonferenz für die Unabhängigkeit Namibias unter Einschluß der SWAPO teilzunehmen, was jedoch von Angola abgelehnt wird. – Bei einer Bombenexplosion im Norden N.s werden am 15. 4. der Leiter des kurz zuvor eröffneten US-Verbindungsbüros in Windhuk, *Dennis Keogh,* und der Militärattaché getötet. – In Lusaka beginnen am 11. 5. erstmals offizielle Gespräche zwischen SWAPO und »internen« Namibia-Parteien (→ Sambia). – Gegenüber »Reuter« erklärt der südafrikan. MinPräs *Botha* am 6. 6. in Berlin (West), sein Land sei zum Rückzug aus N. bereit, wenn die Regierungen der Kontaktgruppe die Verwaltung übernehmen würden. – Deutsch wird Mitte Juni 3. offizielle Landessprache. – Auf den Kapverden führen Südafrika und die SWAPO am 25. 7. ergebnislos erste direkte Gespräche über die Einstellung der Kämpfe in N. *(bearb.: G. Frickenhelm)*

**NEPÁL** König *Birendra* besucht Mitte Dez. **1983** die USA, u. a. mit der Bitte um Anerkennung N.s als »Friedenszone« zwischen China und dem ind. Subkontinent, um dem wachsenden Druck aus Indien und damit indirekt dem aus der UdSSR zu entgehen. – Im Mai **1984** startet die Reg. eine Kampagne zur Beseitigung des **Mülls auf den Hängen des Mount Everest;** sie reagiert damit auf Wahrnehmungen von Experten, daß die Landschaft durch den wachsenden »Hochgebirgstourismus« im Himalaya zunehmend verschmutzt wird.

**NEUSEELAND** Die vorgezogenen **Neuwahlen** am 14. 7. **1984** enden mit einem unerwartet deutlichen Sieg und einer stabilen absoluten Mehrheit von 17 Sitzen der **Labor Party unter David Lange** (→ Kurzbiographien) über die regierenden Konservativen unter Sir *Robert Muldoon.* Muldoon hatte seine Einstimmenmehrheit im Parlament im Juni verloren, als ein Abg. seiner *National Party/NP* für den Labor-Oppositionsantrag stimmte, NZ zur kernwaffenfreien Zone zu erklären. Die überregionale Bedeutung der Wahl resultiert aus den militärpolitischen Bedingungen und Konzessionen der **ANZUS-Mitgliedschaft** (→ Internat. Organisationen), die die Sozialisten nun in Frage stellen. ANZUS, die welthöchste Auslandsverschuldung (pro Kopf), Arbeitslosigkeit und der autokratische Regierungsstil *Muldoons* waren Hauptwahlkampfthemen. Muldoon selbst bezeichnet die Gründung der neuen rechten New Zealand Party unter *Bob Jones* im Dez. 1983 als für ihn wahlerschwerend, zumal sich deren Führer fast alle aus der NP rekrutieren. Der gewählte MinPräs *Lange* fordert als erste Maßnahme zur Wirtschaftssanierung und zur Vermeidung weiterer Kapitalflucht (vor den Wahlen rd. 120 Mill. NZ-$ tägl.) Mitte Juli eine Abwertung des NZ-$ um 20 %, die noch die alte Regierung vornimmt.

**NICARAGUA** VertMin *Humberto Ortega* gibt **am 20. 11.** die **Mobilmachung der rd. 250000 Mann starken Volksmiliz** bekannt. – Der Koordinator der Reg.-Junta, *Daniel Ortega Saavedra,* gibt am 21. 2. **1984** bekannt, daß am **4. 11. »freie und geheime Wahlen«** stattfinden sollen; für eine 6jährige Amtszeit sollen ein **Präsident und** eine **Nationalversammlung** gewählt werden. – Die letzten beiden

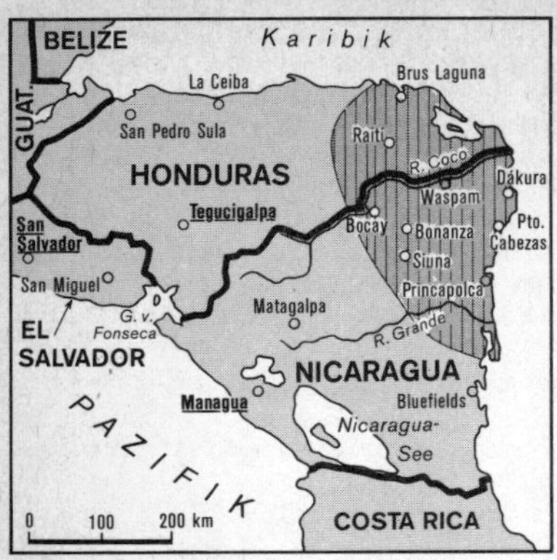


**Siedlungsgebiet der Miskito-Indios am Rio Coco**

im Staatsrat verbliebenen Oppositionsparteien, die »Liberal-Konservative Partei«/PLC und die »Konservativ-Demokratische Partei/«PCD, die beide dem oppositionellen Zusammenschluß »Demokratische Koordination«/CDN angehören, stellen am 12. 3. ihre Mitarbeit ein. – Die USA legen am 4. 4. im UNO-Sicherheitsrat ihr Veto gegen einen Resolutionsentwurf ein, in dem die Verminung der nicaraguan. Häfen verurteilt und die Aufrechterhaltung der freien Schiffahrt in den internat. Gewässern gefordert wird; für den Text stimmen 13 Mitglieder, GB enthält sich der Stimme. – Die 4 AußMin der **Contadora-Staaten** *(→ Internationale Organisationen)* **verurteilen** zum Abschluß einer Dringlichkeitssitzung am 8. 4. **jede Form der Unterstützung für reg.-feindliche Rebellen,** die **Militärmanöver in Mittelamerika und** die **Verminung nicarag. Häfen.** – Mitte April erklärt die Junta das gesamte Land zur »Kriegszone«, weil die von den USA unterstützten Rebellen im Norden mit 8 000 Mann zu einer »Großoffensive« angetreten seien. Rebellen der »Revolutionären Demokratischen Allianz«/**ARDE** unter *Eden Pastora* erobern die Hafenstadt San Juan del Norte, die am 17. 4. in die Hände der Reg.-Truppen zurückfällt. – Der **Internationale Gerichtshof** in Den Haag gibt am 10. 5. einer Dringlichkeitsklage N.s statt: das Gericht **verlangt von den USA, »unverzüglich Handlungen jeglicher Art zu beenden, die den Zugang zu nicaraguanischen Häfen blockieren oder bedrohen, insbesondere das Verlegen von Minen«.** Die USA hatten bereits am 6. 4. erklärt, daß sie in den nächsten 2 Jahren keinen Spruch des ICJ zu Zentralamerika akzeptierten. – Ende Mai erklärt der franz. Journalist *Reichle* nach 4 Monaten illegalen Aufenthalts in N. in Washington, »die Sandinisten haben nach meinem Augenschein in den letzten Jahren 15 000 **Miskitos umgebracht;** 30 000 leben in Zwangs- u. Arbeitslagern in N., 500 in Gefängnissen«, was insgesamt einem Genozid gleichzusetzen sei. Andere Beobachter, wie die »Internat. Ges. f. Menschenrechte«/IGFM, bezweifeln diese Angaben. – Am 24. 5. kündigt die Junta weitere **Enteignungen großer Landbesitzer** an. – Der Koordinator der Junta, *Saavedra,* empfängt am 1. 6. US-AußMin *George P. Shultz.* Beide Seiten kommen überein, weitere Gespräche zu führen. – Der Erzbischof von Managua, *Obando y Bravo,* und die Lateinamerikan. Bischofskonferenz/CELAM, verurteilen Mitte Juli die Ausweisung von 10 ausländ. Priestern aus. N. – Ende Juli gibt die oppositionelle Coordinadora Democratica/CDN bekannt, sie werde an den geplanten Wahlen nicht teilnehmen, weil die regierende FSLN einen Dialog mit allen Kräften des Landes ablehne.

**NIEDERLANDE** Die Mitte-Rechts-Koalitionsregierung gibt am 1. 6. **1984** ihre grundsätzliche Zustimmung zu einer **Stationierung neuer US-Cruise Missiles** bekannt. Formal wird die endgültige Entscheidung bis 1. 11. 1985 aufgeschoben, wenn die Anzahl der bis 1988 zu installierenden Atomraketen (48 Stück beim evtl. Scheitern der Genfer Verhandlungen) festgelegt werden soll. Auf diese Weise will MinPräs *Ruud Lubbers* eine weitere inner- und außerparlamentarische Konfrontation über die Nachrüstung vermeiden, die seit dem NATO-Doppelbeschluß im Dez. 1979 in Gang ist. Der Regierungsbeschluß wird am 13. 6. 1984 vom Parlament mit den (meisten) Stimmen der Koalitionsparteien CDA und VVD sowie der Unterstützung rechter Splittergruppen gebilligt.

**Bibl.:** H. Lademacher: Geschichte der Niederlande. Politik – Verfassung – Wirtschaft. Darmstadt: Wiss. Buchges. 1983.

**NIGER** Präsident *Seyni Kountié* erklärt Mitte Sept. **1983** das Jahr 1984 zum »Jahr der Aufforstung« und fordert, um das Vordringen der Sahara zu stoppen, jeden Nigrer dazu auf, einen Baum zu pflanzen. – **Am 6. 10. 1983 scheitert ein Putschversuch** unter Führung des Gendarmerieleutnants *Amadou Oumarou,* zuletzt Sicherheitschef des Präsidenten. *O.* flieht daraufhin angebl. nach Paris.

**NIGERIA** Mitte Nov. **1983** ergreift Staatspräsident *Alhaji Shehu Shagari* eine Tschad-Initiative, indem er die Bildung einer Beobachtergruppe oder einer Friedenstruppe im Tschad unter UNO-Schirmherrschaft vorschlägt. – Ende Nov. meldet Radio Accra, N. weise täglich »Hunderte von Ghanaern« aus, die sich illegal im Land befinden. – Am 29. 12. verkündet *Shagari* ein Sparprogramm für 1984, das die Weltbank und den IWF veranlassen soll, N. die dringend benötigten Kredite zu geben. – **Am 31. 12. wird** die Regierung unter Präsident **Shagari durch einen Militärputsch gestürzt;** damit regiert nach einer 4jährigen Phase der Demokratie wieder ein Militärregime. Der Anführer, Generalmajor *Mohammed Buhari,* bildet am 1. 1. **1984** einen **Obersten**

**Militärrat** und übernimmt dessen Leitung; er erklärt, das Militär habe die Macht übernommen, um das Land vor dem völligen wirtschaftl. Zusammenbruch zu retten. – Am 18. 1. ernennt der Militärrat einen **Nationalen Exekutivrat** unter Leitung von *Buhari.* – Ein Erlaß vom 19. 1. erlaubt die Inhaftierung von Personen ohne förmliche Anklage für die Dauer von 3 Monaten. Nach einem Verfassungszusatz können Teile der Verfassung von 1979 außer Kraft gesetzt oder geändert werden. – Am 27. 2. kommen bei angebl. von fanatischen Muslimen (Anhänger der Maitatsine-Sekte) ausgelösten **Unruhen** nach offiz. Angaben etwa 500 Menschen ums Leben; inoffiz. Angaben nennen 1200 Tote. – Als einen Schritt zur wirtschaftl. Sanierung bezeichnet die Militärregierung die am 23. 4. verfügte Währungsreform, innerhalb der am 25. 4. die Landeswährung (Naira) in neue Noten umgetauscht werden kann; bis zum Ablauf der Umtauschaktion werden die Grenzen geschlossen. – Innerhalb einer Serie von Prozessen zur Bekämpfung der **Korruption** wird am 31. 5. im 1. Prozeß der ehem. Gouverneur des Staates Ogun vom Gericht in Lagos zu 22 Jahren Haft verurteilt. – Angesichts der alarmierenden Zunahme der **Kriminalität** werden Anfang Juni die Strafbestimmungen verschärft: für bewaffneten Raubüberfall können die Gerichte jetzt die Todesstrafe aussprechen, für Beihilfe können Gefängnisstrafen bis zu 21 Jahren verhängt werden. – Am 5. 7. werden der entführte nigerian. Exil-Politiker *Umar Dikko* und 2 seiner Begleiter auf dem brit. Flughafen Stansgate aus »Diplomatengepäck« befreit (*Dikko* tritt in GB als einer der schärfsten Kritiker der Militärregierung in N. auf). Der nigerian. Hochkommissar und die Militärregierung in Lagos bestreiten jede Beteiligung an der Entführung.

**NORWEGEN** Die Sicherheitspolizei verhaftet nach über 2jähriger Observation am 20. 1. **1984** den früheren sozialdemokrat. Staatssekretär im Handels- und Seerechtsministerium (unter *Jens Evensen*) und jetzigen Leiter der Presse- und Kulturabteilung im Außenministerium, Ministerialrat **Arne Treholt,** der gesteht, als **Agent für den sowjet. KGB** gearbeitet zu haben. Vor allem bei den Seerechtsverhandlungen mit der UdSSR in Fragen der Kontinentalsockel-Gesetzgebung, der Grenze in der Barentssee (Nordpolarmeer) und bei den Recherchen des KGB über NATO-Aktivitäten in Nordeuropa hat *Treholt* ein Doppelspiel betrieben. Nach Ansicht des norweg. Reichsadvokats (Generalstaatsanwalt) ist dieser Fall in Verbindung zur **Affäre um Haavik** zu setzen, der nach jahrelanger Mitarbeit beim KGB erst 1977 enttarnt wurde und dessen einflußreicher Kontaktpartner in der norweg. Regierung unbekannt blieb. – *Treholts* Kontaktmann beim KGB, *Genadij Titow,* wurde 1977 als Diplomat aus Oslo ausgewiesen.

**OBERVOLTA → BURKINA-FASO**

**PAKISTAN** Die Mitte Aug. **1983** eröffnete Protestkampagne der 8 Oppositionsparteien vereinigenden »Bewegung für die Wiederherstellung der Demokratie«/MDR, die ein Ende des Kriegsrechts und nationale Wahlen fordert, dauert Ende Sept. trotz harten Durchgreifens der Militärregierung an. **Bei** schweren **Zusammenstößen** am 29. 9. u. 9. 10. zwischen Demonstranten u. Sicherheitskräften **in der Südprovinz Sind werden** nach offiz. Angaben **17 Menschen getötet u. 48 verletzt** (die Opposition spricht von 44 Toten und 200 Verletzten). Mitte Nov. startet die wichtigste religiöse Partei, die Jamiat-i-Ulema-i-Pakistan/JUP ein Programm der »direkten Aktion« gegen die Regierung und droht mit einem Generalstreik. – Anf. Dez. erklärt Präs. *Zia ul-Huq,* der Wahlprozeß werde im März 1985 abgeschlossen sein, der März 1984 sei verfrüht. – Als Teil eines Plans zur **Islamisierung der Gerichte** ist für März 1985 die Schaffung separater Gerichte für Frauen vorgesehen. Frauenverbände bekämpfen die beabsichtigten »islam. Reformen« als Einschränkung ihrer Gleichberechtigung. Die Ehefrau des Präs., *Begum Zia* spricht sich Ende Dez. gegen die Reform des Gesetzes über **Zeugenaussagen** aus, wonach gem. der Shari'a die Aussagen zweier Frauen notwendig sind, um die Aussage eines Mannes vor Gericht zu widerlegen. – Am 12. 4. **1984** werden auf Veranlassung Präs. *Zias* fast 300 polit. Häftlinge, darunter mehrere Oppositionsführer, freigelassen. – Durch das am 26. 4. in Kraft getretene »Dekret zur Verhinderung antiislamischer Aktivitäten der Ahmadi« gerät die bereits zuvor bedrängte religiöse Gemeinschaft der Ahmadi-Muslime (3–5 Mill. Mitgl.) abermals in Schwierigkeiten. – Vom 1. 7. an müssen alle Banken, auch ausländische, zum **islam. Banksystem** übergehen, das Zinsen verbietet (sie werden durch Gewinn- u. Verlustbeteiligung von Kreditgebern und -nehmern ersetzt). *(bearb.: E. Baumann)*

**PANAMÁ** Nachf. des zurückgetretenen Präsidenten *Ricardo de la Espriella* wird am 13. 2. **1984** der bisherige AußMin u. Vizepräs., *Jorge Illueca.* – Nach den **Präsidentschaftswahlen am 6. 5.** kommt es am 7. 5. zu blutigen Zusammenstößen (1 Toter, 36 Verletzte) zwischen Anhängern der beiden Spitzenkandidaten, des von den Militärs unterstützten *Nicolás Ardito Barletta* und des Oppositionspolitikers *Arnulfo Arias Madrid,* die beide den Wahlsieg für sich in Anspruch nehmen. Am 16. 5. verkündet der GenSekr des Obersten Wahlgerichts den Sieg *Barlettas* mit 300748 Stimmen vor *Arias Madrid* mit 299035 Stimmen. Im Parlament erhält die Parteienkoalition Barlettas 40 Sitze; die Opposition 27. Gesamtergebnisse der Wahl werden von den Richtern nicht bekanntgegeben.

**PARAGUAY** Im Februar **1984** bilden 4 Gruppen die demokratische Oppositionsfront »Acuerdo Nacional«, die ein Reg.-Programm mit konkreten wirtschaftl. Vorschlägen ausarbeiten will, um beim Rücktritt oder Sturz von Staatspräs. General *Alfredo Stroessner* nicht unvorbereitet zu sein. – Nach einem »ai«-Bericht gibt es in P. zahlreiche Fälle von Mord, willkürlichen Festnahmen und Folterungen; viele Verletzungen der Menschenrechte seien das Ergebnis von Machtmißbrauch (seit 30 Jahren gilt in P. der Belagerungszustand). – Mitte Mai ordnet ein paraguayischer Richter im Zusammenhang mit einem offiz. Auslieferungsersuchen der Bundesrepublik Deutschland die Verhaftung des ehem. Lagerarztes von Auschwitz, Josef *Mengele,* an – falls man seiner habhaft werden könne.

**PERÚ** Aus den **Kommunalwahlen am 13.11.1983** geht die sozialdemokratisch orientierte »Revolutionäre Volksallianz«/APRA als Sieger hervor. Die regierende Acción Popular/AP und die »Christliche Volkspartei«/PPC erleiden eine schwere Niederlage. Die »Vereinigte Linke« (Izquierda Unida) stellt mit dem Kommunisten *Alfonso Barrantes* den Bürgermeister von Lima. – Am 12.2.**1984** wird der GenSekr der APRA, *Alan Garcia,* offiziell zum Kandidaten für die 1985 vorgesehenen Präsidentschaftswahlen ernannt. – Anläßlich eines 24stündigen Generalstreiks der Gewerkschaften am 21.3., der sich gegen die Wirtschaftspolitik der Regierung richtet, kommt es in Lima zu schweren **Zusammenstößen** zwischen Demonstranten und der Polizei. Die Reg. verhängt vom 21.–23.3. einen landesweiten Ausnahmezustand. – Wegen anstehender »Änderungen in der Wirtschaftspolitik« reicht MinPräs *Fernando Schwalb* am 9.4. seinen **Rücktritt** ein. Am 11.4. wird Senator *Sandro Mariategui* sein Nachfolger. – Am 20.5. legt Präsident *Fernando Belaúnde Terry* im Amazonasgebiet den Grundstein für eine neue Stadt »Ciudad Constitución« (Verfassungsstadt). – Anf. Juni bestellt die Regierung in Frankreich 26 Jagdflugzeuge des Typs »Mirage 2000«; Kosten 700 Mill. $. – Am 4.6. beginnen **Umschuldungsverhandlungen** mit den im »Club von Paris« zusammengeschlossenen Gläubigerstaaten: Die Auslandsverschuldung beläuft sich auf 14 Mrd. $. – Die **Terroranschläge** der Guerilleros des »Leuchtenden Pfades« (Sendero Luminoso) dauern vor allem in der Provinz Ayacucho unvermindert an. Im Rahmen eines Armee-Einsatzes gegen die Terroristen (ab 28.7.) werden knapp einen Monat später 7 Massengräber gefolterter Zivilisten aufgedeckt, doch steht keinesfalls fest, ob die Armee nicht selbst für Morde dieser Art verantwortlich gemacht werden kann.

**PHILIPPINEN** Die seit der Ermordung des Oppositionspolitikers *Benigno Aquino* am 21.8.**1983** begonnenen **Massenproteste gegen das Regime** von Präsident *Fernando Marcos* und seiner Frau *Ismelda* verschärfen sich im Herbst. In diesem Zusammenhang wird ein Staatsbesuch von US-Präsident *Ronald Reagan* überraschend auf den 3.10. vorverlegt, um damit das schärfere Vorgehen der Sicherheitskräfte gegen Demonstranten zu rechtfertigen. Die Hauptforderungen der nun unter *Salvador H. Laurel* vereinigten Opposition »UNDO« richten sich im Nov. konkret gegen die katastrophale Wirtschaftslage und die Inhaftierung Tausender politischer Gefangener aus ideologischen und auch religiösen Gründen (Moslems auf Mindanao usw.). *Ismelda M.* tritt am 21.11. von einem ihrer hohen Staatsämter zurück, bleibt aber weiterhin Gouverneur von Manila und Ministerin im Kabinett der Regierung *Cesar Virata.* Sie verzichtet jedoch auf eine Kandidatur zur Staatspräsidentschaft als spätere Nachfolgerin ihres Mannes. Der Protestbewegung schließen sich Ende d. J. auch zahlreiche einflußreiche Geschäftsleute an; sie ergreift damit über die Parteianhänger *Aquinos* hinaus immer weitere Kreise. Sie wendet sich offen gegen den **»Marcos-Clan«** und die derzeitige Vetternwirtschaft, mit der keine vernünftige Wirtschafts-und Währungspolitik ermöglicht werde (das Land gehört zu den auf internationalem Kreditmarkt höchstverschuldeten Staaten). Die 110 katholischen Bischöfe unter Anführung von **Kardinal Sin** rufen in einem Hirtenbrief die Streitkräfte auf, statt einem Diktator »einem ganzen Volk« loyal zu dienen, und fordern freie Wahlen.
4 Verfassungsänderungen (u.a. zur Wiedereinführung eines Vizepräsidentenamtes) werden am 17.1.**1984** bei schwacher Beteiligung plebiszitär gebilligt. Bei den durch öffentlichen Druck vorzeitig ermöglichten **Parlamentswahlen** am 14.5. *scheint* die Regierungspartei *Marcos',* die »Bewegung für eine neue Gesellschaft« (KBL), sich die Mehrheit in der Nationalversammlung zu sichern. (Für den Wahltag geben die Sicherheitskräfte offiziell über 90 Tote zu.) Definitive Wahlergebnisse mit genauen Prozentangaben werden nicht bekanntgegeben. Die Mandatsverteilung liegt bei 100 für die KBL, 49 für die UNDO und 21 für übrige Gruppen; die Opposition rückt also eindeutig vor. Die langwierige und umständliche Auszählungsprozedur beunruhigt natürlich die UNDO am meisten. Bei Protesten gegen angeblichen Wahlbetrug in der Stadt Cebu – eine UNDO-Hochburg ca. 600 km südöstl. Manila – gibt es zahlreiche Tote und Verletzte. *Marcos* stellt am 1.7. *Viratas* neues, kaum verändertes Kabinett vor. *Virata* hatte am 26.6. vor der unabhängigen 3. **Untersuchungskommission** zur Aufklärung des Mordes an *Aquino* bestätigt, daß eine Beteiligung von »Angehörigen des öffentlichen Dienstes« am Attentat nicht auszuschließen sei. Die Zeugenvernehmung wird nach 8monatiger Dauer (185 Personenprotokolle und 458 Beweisstücke) am 6.7. beendet; am Jahrestag des Attentats, dem 21.8., werden die Ergebnisse dem Staatspräsidenten und der Öffentlichkeit vorgestellt.

**POLEN** In einem am 16. 9. **1983** westlichen Pressevertretern zugespielten Interview schlägt *Lech Walesa* den Mitgliedern der verbotenen Gewerkschaftsbewegung eine neue Strategie (Bildung regionaler Organisationen, Verzicht auf den Namen »Solidarność«) vor. Am 18. 9. distanziert er sich von »dem angeblichen« Interview. In Anerkennung seines »Kampfes für Frieden und Freiheit« verleiht ihm das Osloer Komitee am 5. 10. den Friedensnobelpreis 1983. Regierungssprecher *Jerzy Urban* kommentiert am 11. 10., die Verleihung bedeute einen »Nobelpreis für die Teilung in Europa, für Konflikt und gegen Frieden und Koexistenz«.

Partei- und Regierungschef General *Wojciech Jaruzelski* tritt am 22. 11. von seinem Posten als VertMin (seit 1968) zurück. Gleichzeitig wird ihm der Vorsitz des mit erweiterter Machtfülle ausgestatteten Komitees zur Verteidigung des Landes (Nationaler Verteidigungsrat; mit Oberbefehl über Armee; Kriegs- und Ausnahmerechts-Vollmachten usw.) übertragen. – *Walesa* sorgt Anfang Dez. mit dem Plädoyer für die Aufhebung westlicher Sanktionen (v. a. der USA) gegen Polen für Überraschung unter seinen Anhängern. Die US-Sanktionen werden zwar am 20. 1. **1984** gelockert, aber nicht aufgehoben. – Zahlreiche Grundnahrungsmittel verteuern sich am 30. 1. nochmals um 10%.

Die Untergrund-Solidarność kritisiert am 15. 2. in Flugblättern in der Region Warschau die »lasche und anpasserische« Haltung Kardinal *Jozef Glemps.* Der internat. Schriftstellerverband PEN suspendiert am 19. 2. die poln. Mitgliedschaft. – Der sog. **Kruzifix-Streit** um das Entfernen von christl. Symbolen aus den Schulen weitet sich aus. Am 7. 3. wird die Schule von Mietne (Ausgangspunkt dieses »Streits«) vorübergehend geschlossen. Der Papst stellt sich am 21. 3. deutlich auf die Seite des poln. Episkopats. In der Schlußresolution des PZPR-Kongresses (16.–18. 3.) wird die Entscheidung *Jaruzelskis* vom Dez. 1981 (Kriegsrecht) nachdrücklich gebilligt. Ab Ende März wird gegen Oppositionelle eine **neue Phase der Repressionen** eröffnet, besonders durch den wachsenden Einfluß der Geheimpolizei. – Mit 936 Personen verzeichnet Österreich im I. Quartal 1984 eine neue poln. Flüchtlingswelle (hält bis Spätsommer an). – Am 1. und 3. 5. (dem Vorkriegsnationalfeiertag) kommt es in einigen Städten zu spontanen Protestkundgebungen gegen das Regime. Mit der Verhaftung von *Bogdan Liś* am 10. 6. in Danzig gelingt der Polizei ein Schlag gegen die Untergrund-Solidarność.

Nach offiziellen Angaben beteiligen sich an den **Kommunalwahlen** am 17. 6. nur ¾ der Stimmberechtigten (Warschau nur 57,4%, Danzig 55%, Posen 66%, Breslau 40%). – Der Warschauer Untergrundverlag *Nowa* wird am 11. 7. von der Polizei geschlossen.

Mit ca. 500 westl. Gläubigerbanken wird am 13. 7. in London ein neues, bis 1993 geltendes **Umschuldungsabkommen** unterzeichnet. – Im Prozeß um die **Tötung des Abiturienten** *Grzegorz Przemyk,* der im Mai 1983 im Polizeigewahrsam ums Leben kam, werden die Milizionäre am 16. 7. freigesprochen und 2 Sanitäter leicht bestraft.

Anläßlich des 40. Jahrestages der kommunist. Machtübernahme wird am 22. 7. eine **Amnestie** verkündet. Für polit. Häftlinge ist sie an eine »Wohlverhaltensklausel« (= Verzicht auf polit. Aktivitäten) gekoppelt. Am 13. 8. befinden sich die 11 prominentesten Häftlinge, 7 Mitgl. der Solidarność-Führung und die 4 Führungsmitgl. des inzwischen aufgelösten Komitees zur Verteidigung der Arbeiter/ KOR wieder in Freiheit. Der Prozeß gegen die KOR-Leute *Jacek Kuron, Adam Michnik, Henryk Wujec* und *Zbigniew Romaszewski* war erst am 13. 7. vor einem Warschauer Militärgericht eröffnet und gleich vertagt worden. – Die Ausführungen des Primas *Glemp* in einer Predigt in Tschenstochau am 15. 8., wonach es das Problem einer deutschen Minderheit in Polen nicht gebe, erregen im Westen Aufsehen.

**Bibl.:** B. Osadczuk: Weisser Adler, Kreuz und Rote Fahne. Chronik der Krisen [. . .] in Polen 1956–1982. Zürich: NZZ-Verlag 1982.

**PORTUGAL** Auf Antrag der PSP-PSD-Koalitionsregierung billigt das Parlament am 6. 7. **1983,** staatliche Schlüsselbereiche der Ökonomie für die **Privatwirtschaft zu öffnen.** Banken sowie bestimmte Handels- und Dienstleistungsbereiche sind jetzt kein Staatsmonopol mehr. Eine Reprivatisierung der nach der Revolution vom 25. 4. 1974 nationalisierten Betriebe ist nach dem neuen Gesetz jedoch nicht beabsichtigt. Zahlreiche neue Gesetze vom Herbst sehen die vorübergehende Entlassung (bis 2 J.) von Arbeitnehmern aus Staatsunternehmen und beachtliche Steuererhöhungen (z. B. Stempel- und Ausreisesteuern) vor. Der rigide Sparkurs der Wirtschaftsequipe der Reg. unter Leitung des »Technokraten« *Ernani Lopes* ist durch internationale Kreditgeber und Gläubiger (IWF, Weltbank usw.) auferlegt.

Nach einem monatelangen **Kompetenzkonflikt der politischen Spitze** des Landes wird der Generalstabschef des Heeres, *Garcia dos Santos,* am 22. 11. vom MinPräs und (durch Gegenzeichnung) vom StaatsPräs entlassen. *Dos Santos,* Freund von StaatsPräs *Eanes* und einer der Führer der »Nelkenrevolution« (1974), war im Juli mit seiner Amtsführung auf Widerstand des MinPräs *Soares* und des VertMin *Mota Pinto* gestoßen. Ein anderer Offizier, der Planungschef der Revolution, Oberstleutnant *Otelo Saraiva de Cavalho,* wird am 20. 6. **1984** im Rahmen umfangreicher Polizeirazzien unter Anschuldigung »terroristischer Umtriebe« (der ultralinken Untergrundorganisation »Volkskräfte des 25. April«) verhaftet.

Am 19. 4. wird mit parlamentarischer Billigung und künftiger ständiger Kontrolle wieder offiziell ein **Geheimdienst** geschaffen; der berüchtigte Vorgänger PIDE war mit der Revolution abgeschafft worden. – Die Koalitionsregierung steht spätestens seit dem 2.6., als die kommunistische Gewerkschaft Intersindical eine der **umfangreichsten Demonstrationen** in der Geschichte des Landes organisiert (100000 bis 500000 Teilnehmer in Lissabon) unter starkem Druck der rapide verarmenden Bevölkerung.

**RUMÄNIEN** Anfang August **1983** vereinbaren R. und Ägypten die gemeinsame Produktion von Panzerwaffen und -munition. – Bei einem Besuch in Bukarest fordert BundesAußMin *Hans-Dietrich Genscher* am 9.8. die Regierung auf, Mißbräuche bei der **Ausreiseprozedur von Rumäniendeutschen** zu unterbinden. Mitte Dez. ernennt Staats- und Parteichef *Nicolae Ceauşescu* seinen Sohn *Nicu* per Dekret zum Ersten Sekr. des Verbandes der Kommunistischen Jugend und zum Jugendminister. – Der sowjet. AußMin *Andrej Gromyko* sichert anläßlich seines Besuches vom 30.1. bis 1.2.**1984** die Lieferung von Erdöl und anderen Rohstoffen zu günstigen Bedingungen zu. Bis April wird die Regierung mehrmals umgebildet: Stellv. PremMin wird *Ioan Avram*. Die Anzahl der ZK-Sekretäre in der RKP wird von 7 auf 11 erhöht. – Der am 26.5. eröffnete, aber immer noch nicht vollendete 64 km lange **Donau-Schwarzmeerkanal** (1. Bauphase 1949–1953; dann eingestellt; Wiederaufnahme 1975, lange Zeit Arbeitsstelle vor allem politischer Häftlinge in Zwangsarbeit) verkürzt den Schiffahrtsweg um 370 km; der ökonomische Nutzen (Baukosten ca. 5 Mrd. DM) des zur nationalen Wasserstraße erklärten Projekts gilt selbst bei einer Fertigstellung des Rhein-Main-Donau-Kanals als fraglich. Ende Juli billigt die RKP Pläne zum Bau einer weiteren 74 km langen Wasserstraße zwischen Bukarest und der Donau. – Als einziger RGW-Staat nimmt R. an den Olympischen Sommerspielen in Los Angeles (→ Sonderkapitel Sp. 983ff.) teil. – Bereits Ende Juni wird *Ceauşescu* für den Parteitag der RKP im Nov. 1984 zur Wiederwahl als GenSekr vorgeschlagen.

*(bearb.: G. Frickenhelm)*

**SAHARA** Im Sept. und Okt. **1983** kommt es erneut zu schweren Gefechten zwischen der Befreiungsbewegung FPOLISARIO und der marokkan. Armee. – Der Gen.-Sekr. der FPOLISARIO, *Mohammed Abdel Aziz,* erklärt im Nov. und Dez. seine Bereitschaft zu direkten Verhandlungen mit Marokko. – Mitte Aug. **1984** anerkennt als 57. Staat Perú die Arab.-Saharaúische Demokratische Republik.

**SAMBIA** Wegen der niedrigen Weltmarktpreise für Kupfer, das 90% der Exporterlöse bringt, macht S. die schwerste **Wirtschaftskrise** seit seiner Unabhängigkeit durch. – Als einziger Kandidat der Einheitspartei UNIP wird am 27.10.**1983** *Kenneth Kaunda* mit über 90% der Stimmen für eine 5. Amtszeit als StaatsPräs gewählt. – Nach einer vorübergehenden Schließung der Grenze zu Zaïre aufgrund eines Zwischenfalls wird diese am 13.6.**1984** wieder geöffnet. – In Lusaka kommt es vom 11.–13.5. erstmals zu offiziellen Gesprächen zwischen SWAPO, 6 »internen« Parteien, dem südafrik. Gen.-Administrator *Willie van Niekerk* sowie samb. und südafrik. Reg.-Vertr. über die Unabhängigkeit Namibias, die ohne konkrete Ergebnisse enden.

**SAUDI-ARABIEN** Im Mai **1984** wird erklärt, falls der US-Markt für S.-A. geschlossen sei, würden die arab. Staaten ihre Waffen- und anderen Einkäufe in Höhe von jährl. bis zu 13 Mrd. $ in der UdSSR oder anderswo tätigen. – Im Zusammenhang mit dem sich verschärfenden Krieg zwischen Irak und Iran und den Bombenangriffen beider Staaten auf unbeteiligte Handelsschiffe im Pers. Arab. Golf wird am 16.5. der s.-a. Supertanker »Yanbu-Pride« innerhalb der saud. Hoheitsgewässer von einem Flugzeug aus in Brand geschossen. Am 5.6. schießen s.-a. Kampfflugzeuge über dem Pers. Golf ein in ihr Hoheitsgebiet eingedrungenes Flugzeug ab.

**SCHWEDEN** Trotz zahlreicher »Beweise« für das Vorhandensein fremder U-Boote bleibt die mehrmonatige Suche der Kriegsmarine im Berichtszeitraum **1983–1984** ohne Erfolg. Der Oberfehlshaber der Streitkräfte, Gen. *Lennart Ljung,* zieht daraus den Schluß, daß die **Küstenverteidigung** des neutralen Landes **unzureichend** ist und daß die militärischen Sperrgürtel – z.B. südlich des Marinestützpunktes Karlskrona – heutigen Erfordernissen (insbesondere bei der Aufstöberung von sog. Mini-U-Booten) nicht gerecht werden. Er weist am 28.9.**1983** darüber hinaus auf **Finanzengpässe der Armee** hin, für die VertMin *Anders Thunborg* entweder den Abbau der Abwehrkraft des Landes in Kauf nehmen oder die er in den Budgetjahren 1984/85 und 1986/87 mit ca. 4,5 Mrd. SKrs. ausgleichen müsse.

Die Verteidigungsproblematik als Komponente der schwed. Außenpolitik fordert neben der umstrittenen **Einführung von Gewerkschaftsfonds** (als »Lösung des Verteilungskonfliktes Arbeit–Kapital« am 21.12. vom Reichstag beschlossen) die Hauptaufmerksamkeit und setzt Fragezeichen hinter das bisherige Verständnis von »Neutralität« (MinPräs *Olof Palme* spricht 11/1983 von einer »Grauzone«).

Am 17.1.**1984** wird auf Beschluß der KSZE-Teilnehmerstaaten von Madrid 1983 in Stockholm die KSZE-Nachfolge-**Konferenz für Vertrauensbildende Maßnahmen und Abrüstung in Europa/KVAE** eröffnet, an der die 35 AußMin der Signatarstaaten der Helsinki-Akte von 1975 teilnehmen.

(Seegrenzverlauf mit Dänemark → Dänemark)

**SIMBABWE** Der Ex-Reg.-Chef *Abel Muzorewa* wird am 31.10.**1983** wegen einer geplanten Reise nach Südafrika verhaftet. – Bis Ende Dez. werden alle 7 weißen Luftwaffenoffiziere aus S. abgeschoben, denen Unterstützung bei der Sprengung von 13 Militärflugzeugen im Juli 1982 vorgeworfen wird. – In einem Hirtenbrief zum Jahreswechsel versichern die kath. Bischöfe des Landes der Reg. ihre Unterstützung. – *Ian Smith's* »Republikanische Front« nennt sich Mitte Juli in »Konservative Allianz Simbabwe« um und kündigt Widerstand gegen die Schaffung eines Einparteistaates an. – Am 4. 8. kündigt MinPräs *Robert Mugabe* ein Referendum über die Schaffung eines Einparteisystems an; es soll bis März 1985 gleichzeitig mit Parlamentswahlen stattfinden. Die 6000 Delegierten des ZANU-Parteitages billigen am 10. 8. den Entwurf einer neuen Verfassung für ihr Land; Präs. *Mugabe* wird als Parteivors. bestätigt.

**SOMALIA** Anf. März **1984** behauptet die äthiopische »Relief and Rehabilitation Commission«/RRC, daß 300000 somal. Flüchtlinge in den vergangenen 8 Monaten ins äthiop. Ogaden geflüchtet seien, um der Zwangsrekrutierung durch die somal. Armee zu entgehen. Die somal. Reg. weist die Angaben zurück und erklärt, es handle sich um äthiop. Heimkehrer. – Bei 3 Angriffen von Rebellen der »Demokratischen Rettungsfront Somalias«/SDFS gegen Reg.-Truppen Anf. April in der Zentralprovinz Galgadund sollen nach Angaben des in Addis Abeba stationierten Rebellensenders insgesamt 128 Soldaten getötet und 99 verwundet worden sein; 80 Soldaten seien gefangengenommen worden.

**SOWJETUNION (UdSSR)** Erst nach über 1 Woche Schweigens bzw. Dementis gibt die UdSSR den Abschuß einer vollbesetzten **südkoreanischen Boeing 747** am 31. 8./1. 9. **1983** bei Sachalin zu (→ Republik Korea). Am 9. 9. wird eine Untersuchungskommission zur Aufklärung des Vorfalles eingesetzt. (Bisher sind viele Gründe für den Zwischenfall, insbesondere der falsche Kurs der Maschine, nach wie vor unklar.) Nach Meldung der Armeezeitung »Krasnaja Swesda« vom 4. 7. 1984 wird Armeegeneral *Vladimir Goworow,* der wahrscheinlich den Befehl zum Abschuß der Maschine gegeben hatte, zu einem der Stellv. VertMin ernannt.
Die Zeitung »Sowjetskaja Rossija« teilt am 14. 9. 1983 mit, daß der Kapitän des am 5. 6. auf der Wolga verunglückten Passagierschiffes (über 100 Tote) wegen Fahrlässigkeit zu 10 J. Haft verurteilt wurde. – Die Prawda gibt am 20. 10. zu, daß nicht nur früh auftretendes Packeis, sondern auch Managementfehler der staatl. »Fernöstlichen Schiffahrtsgesellschaft« Ursachen für das Festsitzen von 45 Schiffen vor der ostsibirischen Küste seien.
An den Revolutionsfeiern am 7. 11. nimmt Parteichef *Juri Andropow* nicht teil; die Festansprache hält ZK-Sekretär *Grigorij Romanow.* – In einer am 24. 11. veröffentlichten Erklärung des Parteichefs wird der **Abbruch der Genfer Verhandlungen** über Euroraketen bestätigt. ZK-Informationschef *Leonid Samjatin* bekräftigt den Entschluß der UdSSR, einstweilen zu den Genfer INF-Verhandlungen nicht zurückzukehren. – Auf der ZK-Plenartagung vom 26. 12. ist *Andropow* wieder nicht anwesend. Die Tatsache, daß die beiden Kandidaten des Politbüros, *Witalj Worotnikow* (seit Juni MinPräs der RSFSR) und *Michail Solomenzew* (Vors. der Parteikontrollkommission) zu Vollmitgliedern des obersten Parteigremiums (13 Mitgl.) ernannt werden und *Viktor Tschebrikow,* Nachf. *Andropows* als KGB-Chef, zum Politbürokandidaten aufrückt, wird allgemein als Zeichen von **Andropows Führungsstärke** und Durchsetzungsfähigkeit bei wichtigen Personalentscheidungen angesehen. – Die Sitzung des Obersten Sowjet schließt am 29. 12. mit der Billigung des Staatshaushaltes und des Wirtschaftsplanes für 1984 ab.
**Am 9. 2. 1984 stirbt Andropow** – somit nur 15 Monate Parteichef der KPdSU – nach, wie es heißt, langer Krankheit. Das ZK wählt am 13. 2. einstimmig *Konstantin U.* **Tschernenko zum neuen Generalsekretär** (→ Kurzbiographien). – Am 4. 3. finden Wahlen (zuletzt 1979) zum Obersten Sowjet statt, wobei pro Wahlkreis nur 1 Kandidat aufgestellt wird. Auf der konstituierenden Sitzung, bei der Politbüromitglied *Michail S. Gorbatschow* das Hauptreferat hält, wird Parteichef **Tschernenko** am 14. 11. auch zum **Staatsoberhaupt** gewählt, der 78jährige *Nikolai A. Tichonow* als Regierungschef bestätigt. Zur Vorbereitung eines neuen KPdSU-Parteiprogramms findet am 25. 4. eine von *Tschernenko* geleitete ZK-Sitzung statt.
Neben dem Fall einer Restaurantdirektorin, die wegen Betruges und Erpressung zum Tode verurteilt wird, erscheinen weitere Meldungen über Wirtschaftsvergehen. – Mit der Begründung, die USA würden die **Olympischen Spiele** zu politischen Zwecken mißbrauchen, teilt Sportminister *Marat Gramow,* gleichzeitig Vorsitzender des NOK, mit, die UdSSR werde an den Sommerspielen in Los Angeles **nicht teilnehmen.** Nach CIA-Angaben soll im Mai bei einer **Explosionskatastrophe** nordöstl. von Murmansk ¼ bis ⅓ des Gesamtlagerbestandes der Nordmeerflotte an Boden-Luft-Raketen zerstört worden sein. – Der ehemalige MinPräs, AußMin und enge Mitarbeiter Stalins, *Wjatscheslaw Molotow,* unter *Chruschtschow* in Ungnade gefallen, wird am 5. 7. 94jährig wieder in die KPdSU aufgenommen. – Das ZK wirft am 7. 7. dem kommunistischen Jugendverband Komsomol vor, ineffektiv zu arbeiten und nicht genügend dafür zu tun, die Jugend von »nutzlosen Vergnügungen und Individualismus« abzubringen.
Im Berichtszeitraum werden zahlreiche Kulturschaffende expatriiert bzw. verbannt: Am 30. 12. 1983 wird der Schriftsteller *Michael Heller,* der derzeit an der Sorbonne lehrt, ausgebürgert. Am 7. 3. 1984 wird der Chefregisseur des renommierten Moskauer »Theaters an der Taganka«, *Jurij Ljubimow,* während eines Arbeitsaufenthaltes im Westen, entlassen

und am 11.7. ausgebürgert. StaatsPräs François *Mitterrand* spricht bei seinem offiz. Besuch in Moskau am 21.6. »den Fall des Professor *Andrej Sacharow* sowie die Verstrickungen in Afghanistan« offen an, worauf die Sowjetführung »äußerst konsterniert« reagiert. Westliche Besorgnisse um das Schicksal des ohne Gerichtsverfahren nach Gorkij (für Ausländer gesperrt) verbannten *Sacharow* und seine Frau *Jelena Bonner* werden noch verstärkt durch eine TASS-Meldung vom 5.6., sie befänden sich bei guter Gesundheit, und durch einen der BILD-Zeitung am 22.8. angebotenen Video-Film (aus Touristik-Aufnahmen der Stadt, Ausschnitten aus Überwachungsfilmen des KGB, sowie Monitor-Aufnahmen des offensichtlich in schlechtester Verfassung oder unter Drogen befindlichen *Sacharow* »in einer Klinik« offenbar in höchster Eile zusammengestellt), der das Ehepaar nie zusammen zeigt, aber bekannt macht, daß Frau *Bonner* »ihr Recht, aus G. zu verreisen, nicht mehr wahrnimmt«; kurz danach wird bekannt, daß Frau *Bonner* nunmehr zu 5 Jahren Verbannung verurteilt sei. Vermutungen werden laut, daß *Sacharow* bereits tot sei, was durch den Film und die Verbannung Frau *Bonners* verschleiert werden solle. – GenStabsChef *Nikolai Ogarkow* (der vor genau 1 Jahr den Abschuß des koreanischen Jumbo bestätigen mußte) wird am 6.9. vom Panzeroffizier General *Sergej Achromejew* auch im Amt des 1. Stellv. VertMin abgelöst.

*(bearb.: Ch. Althauser)*

**Bibl.:** M. Finke (Red.): Handbuch der Sowjetverfassung, Bd. I. Berlin: Duncker & Humblot 1983.

**SPANIEN** Das Verfassungsgericht erklärt am 9.8.**1983** das **Allgemeine Autonomiegesetz** (span. abgekürzt LOAPA) von 1982 in 14 Punkten für verfassungswidrig und bestätigt damit den Rekurs baskischer und katalanischer Nationalisten, die den Vorrang des LOAPA vor ihren Autonomiestatuten bestritten. Dagegen wird am 9.12. die umstrittene Verstaatlichung des **RUMASA-Konzerns** (per Dekret am 23.2.) vom Verfassungsgericht bestätigt. – Der Berichtszeitraum ist insgesamt von weiteren verfassungsrechtlichen Entscheidungen gekennzeichnet, die eine Korrektur geltender Politiken bewirken (z.B. beim Beamtenstatus usw.).

General *Fernando Soteras*, Kommandant der VII. Militärregion in Valladolid, wird am 14.9. wegen Äußerungen zugunsten der Putschisten vom 23.2.1981 amtsenthoben. – An die Spitze der militärischen **Guardia Civil** beruft die Regierung (am 2.11.) erstmals einen demokratisch orientierten Offizier, GenLt. *José-Antonio Saenz de Santamaria;* der francistische GenLt. *José-Luis Aramburu* wird pensioniert. – Die seit langem in Angriff genommene **Militärstrukturreform** schreitet mit 2 Gesetzesvorlagen zur massiven Reduzierung des Heeres und Lohnverbesserungen für die gesamte Armee (29.12.) voran. Die für Westeuropa einzigartige, traditionell starke politische und gesellschaftliche Stellung der Militärs kann nach jahrzehntelangem Francismus von der demokrat. gewählten Reg. nur schrittweise abgebaut werden.

Bei den **Regionalwahlen in Katalonien** vom 29.4.**1984** erringt die nationalistische Zentrumsverbindung **Convergència i Unió/CiU** unter *Jordi Pujol* die absolute Mehrheit mit 72 (vorher 43) der 135 Sitze im Parlament in Barcelona. *Pujol* wird am 30.5. erneut zum Präsidenten des Parlaments (= Regierungschef) gewählt. Bereits am 23.5. reicht der span. Generalanwalt *Luis Buron Barba* wegen Zweckentfremdung von Mitteln Strafanzeige gegen die ehem. Verwaltungsratsmitglieder der Banca Catalana – zu denen auch *Pujol* gehörte – ein, was die **Bankenaffäre** zum Politikum werden läßt. Aufgrund eines formalen Tricks weist das Oberlandesgericht von Barcelona die Anklage wegen »Unzuständigkeit« ab, womit erneut die Kompetenz von zentralstaatlichen (= spanischen) und regionalen (= autonomen, z.B. katalanischen) Behörden in Frage gestellt wird.

### Baskenland/Golf von Biskaya

Nach zahlreichen Attentaten gegen Touristen in der Region von Biarritz/F seit Sommeranfang wird anläßlich einer Schießerei mit militanten Nationalisten am 7.8.**1983** ein frz. Gendarm getötet. Ein am 5.10. auf Hptm. *Alberto Martin Barios* verübtes Attentat der **ETA-politico militar** stiftet ab 18.10. in der span. Armee erneut Unruhe. Über 500000 Bürger Madrids nehmen am 21.10. an einer **Demonstration »Gegen Terrorismus** und für Demokratie« teil.

In Saint-Jean-de Luz/F wird ein vermutliches Mitglied der **ETA-militar** – dort als span. Flüchtling deklariert – am 28.12. schwer verletzt, nachdem ein anderes bereits am 19. in Bayonne umkam. Beide **Attentate** gehen auf das Konto der neuen **»Antiterroristischen Befreiungsgruppe«/GAL,** deren Heimat man in bestimmten Kreisen der span. Staatspolizei (PN) vermutet. Bis Mai 1984 gehen noch zahlreiche weitere Anschläge auf das Konto der GAL, davon einige »aus Versehen« und mindestens 7 mit Todesfolge allein in F. Die GAL bezeichnet diese sämtlich als Racheakte gegen die von der ETA im span. Baskenland verübten Verbrechen. Aufgrund verstärkter gemeinsamer Terrorismusbekämpfung span. und frz. Behörden werden bei Bayonne/F am 10.1. ca. 15 bask. Flüchtlinge verhört und anschließend nach Lateinamerika ausgewiesen bzw. zu Wohnsitzen nördl. der Loire verpflichtet. – Bei den **Regionalwahlen im span. Baskenland** (26.2.) verbuchen die gemäßigten Nationalisten Stimmengewinne; auch Anhänger der ETA-militar können – trotz eines Attentats auf den sozialist. Senator *Enrique Casas* am 23.2. – ihre Position halten.

Neue Spannungen mit F entstehen aufgrund eines **Seezwischenfalls im Golf von Biskaya;** frz. Kriegsschiffe nehmen am 7.3. zwei span. Fischdampfer, die in frz. Gewässer eingedrungen sind, unter Beschuß, wobei 9 bask. Fischer verletzt werden. Obwohl Spanien die mehrfache Verletzung frz. Hoheitsgebietes zugibt, wird diese Reaktion F.s allgemein als unverhältnismäßig scharf angesehen und verschlechtert die span.-frz. Beziehungen in einer Phase, in der Sp. Verhandlungen mit Brüssel wegen des EG-Beitritts führt.

**SRI LANKA** Die bei blutigen Rassenkonflikten zwischen Tamilen u. Singhalesen im Juli **1983** verhängte Ausgangssperre wird am 15.9. aufgehoben. – Im Jan. **1984** kommt es zu **Allparteiengesprächen,** an denen auch die Tamil United Liberation Front/TULF teilnimmt. Nach deren Unterbrechung im Febr. kommt es seit Ende März in Jaffa u. in anderen Ortschaften im Norden der Insel erneut zu blutigen Auseinandersetzungen; die Reg. verhängt über Jaffa eine Ausgangssperre. – Anf. Mai werden auf indischen Druck hin die Allparteiengespräche wieder aufgenommen. – Mitte Juni appelliert »ai« an Präsident *Junius Richard Jayawardene,* »dem Morden unter der Zivilbevölkerung« Einhalt zu gebieten und die vielen Verhaftungen zu stoppen. In der 1. Aug.-Hälfte kommt es zu gewaltsamen Auseinandersetzungen im Norden des Landes, wo junge »Freiheitskämpfer« mit einer terroristischen Kampagne (Mordanschläge auf singhalesische Soldaten und tamilische »Verräter« sowie durch Überfälle auf Banken) die Unabhängigkeit des mehrheitlich von Tamilen bewohnten Nordens zu erzwingen suchen. (→ »Indien: Regionalprobleme und Grenzkonflikte«, Sp. 103ff.)

**SÜDAFRIKA** Mitte Aug. **1983** marschieren erneut südafrik. Soldaten von Namibia aus nach Südangola ein (→ Angola und Namibia). – Das nur aus Weißen bestehende **Parlament billigt** am 9.9. mehrheitlich eine **Verf.-Änderung,** die die Einführung des Präsidialsystems und ein bedingtes Mitspracherecht für Mischlinge und Asiaten vorsieht (→ Sp. 411ff.). Gegen den Widerstand der liber. Linken, der reaktion. Rechten sowie d. methodist., kath. u. anglikan. Kirche sprechen sich am 2.11. in einer Abstimmung über 65% der Weißen für die Verfassungsreform aus, die die schwarze Bevölkerungsmehrheit von der Politik weiter ausschließt. Von der 38. UNO-Vollversammlung wird die Verf.-Änderung Mitte Nov. als »Betrug«, Anf. Dez. die Apartheid verurteilt und der Sicherheitsrat aufgefordert, Sanktionen gegen S. zu beschließen. – 1983 **werden 90** zum Tode verurteilte **Männer gehenkt und 211 Menschen von der Polizei** »in Ausübung ihres Dienstes« **erschossen.**
Mit einer Reihe von Verträgen versucht das Land,

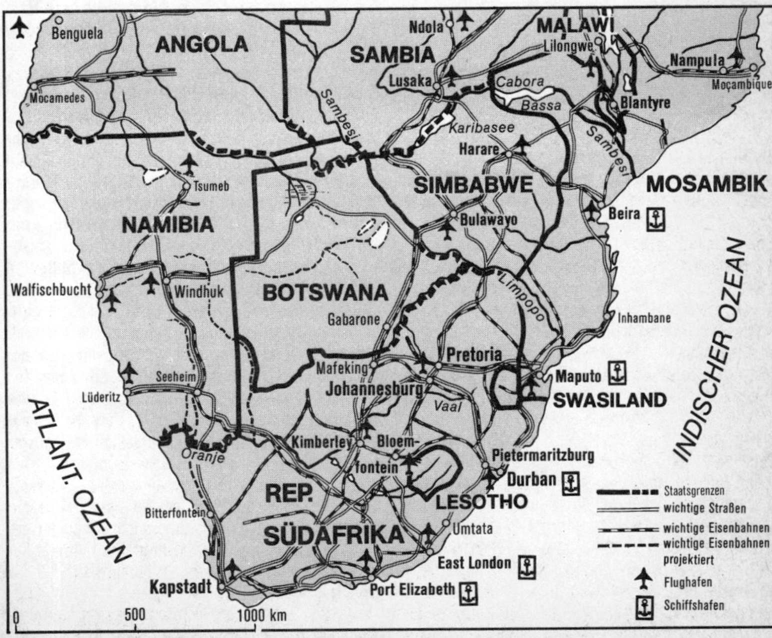


**Die Republik Südafrika und ihre Nachbarn** (Quelle: floridoc-Weltarchiv)

sein **Verhältnis zu den »Frontstaaten«** zu regeln. In Lusaka einigt es sich mit Angola am 16. 2. **1984** auf ein Waffenstillstandsabkommen. Mit → Mosambik wird am 16. 3. ein Nichtangriffspakt unterzeichnet. Ende März geben die AußMin S. s. und → Swazilands in Pretoria bekannt, bereits am 17. 2. 1982 ein Sicherheitsübereinkommen geschlossen zu haben. In Kapstadt vereinbaren S., Portugal und Mosambik am 2. 5. **1984** ein Abkommen über den Schutz des Cabora-Bassa-Staudamms vor Guerillaüberfällen. Als Gegenleistung erhält S. 32 Jahre lang Strom aus dem Kraftwerk. ANC-Präs. *Oliver Tambo* kündigt trotz der Abkommen am 21. 3. einen verstärkten Kampf gegen das Apartheidregime an.
Erstmals in der Justizgeschichte des Landes wird am 21. 2. ein weißer Polizist wegen Totschlags an einem schwarzen Häftling verurteilt. – Begleitet von Protesten und Demonstrationen der Anti-Apartheid-Bewegung besucht MinPräs *Pieter Botha* von Ende Mai bis Mitte Juni 8 westeurop. Staaten. – Nach d. Wahlen d. »Mischlinge« zum »House of Representatives« (22. 8.) u. d. Inder bzw. Asiaten zum »House of Deputies« (28. 8.) sowie dem Inkrafttreten der neuen Verfassung (3. 9.) wird am 4. 9. der bish. MinPräs *Pieter Botha* zum Staatspräsidenten mit weitgehenden exekutiven u. legislativen Kompetenzen (nach Art des USPräs) gewählt (Beginn der »2. Republik S. A.«). Es kommt zu heftigen Protesten d. Schwarzen gegen d. neue Verfassung, die ihnen immer noch alle Rechte vorenthält; Zwischenfälle vor allem in Vereeniging (die schwersten seit den Soweto-Unruhen 1976), fordern über 30 Tote: besonders rigoros geht vor allem schwarze Polizei gegen schwarze Demonstranten vor.

**SUDAN** Am 9. 9. **1983** erfolgt durch Präsident *Jaafar Mohammed el Numeiri* die **Einführung der Shari'a,** des überlieferten kanonischen Rechts des Islams, die auch für den teils christlichen, teils animistischen Religionen anhängenden Süden des Landes gelten soll. Dies **verstärkt die Spannungen zwischen Nord und Süd,** die ohnehin bestehen, seit *Numeiri* den jahrelang autonomen Süden durch einen verfassungsmäßig fragwürdigen Akt im Juni seines Sonderstatuts beraubt hat. Mitte Nov. wendet sich der Erzbischof von Khartum, *Gabriel Zubeir Wako,* gegen die Einführung islamischer Strafen. – Seitens der »Sudanes. Volksbefreiungsarmee« (Anyanya II) werden Anschläge auf Großprojekte und Geiselnahmen forciert. Am 3. 3. **1984** macht *Numeiri* den Rebellen im Süden ein Versöhnungsangebot und stellt bei Einstellung ihrer subversiven Tätigkeit eine Amnestie in Aussicht. – Am 4. 3. gibt *Numeiri* eine einstweilige Verfügung zum Sakah-(Pflichtalmosen) u. Steuergesetz für 1984 heraus, die am 26. 9. in Kraft treten soll. – Am 16. 3. kommt es zu einem Bombenangriff auf die Stadt Omdurman durch ein nichtidentifiziertes Flugzeug vom Typ TU-22; mehrere Personen werden verletzt. Die Urheberschaft lastet *Numeiri* Libyen an. – **Am 29. 4. wird das Kriegsrecht verhängt;** über 1 500 Personen werden festgenommen. – *Numeiri* dekretiert am 23. 5. die **Bildung eines Präsidialrates** unter seiner Führung, der die Reg.-Geschäfte im Sinne einer beratenden Versammlung der islam. Tradition gemäß wahrnehmen soll. – Am 8. 6. schlägt *Numeiri* dem Präs. der Volksversammlung eine Verfassungsänderung vor; danach sollen »die Achtung der Menschenrechte, die Rechte der Minderheiten und die Grundsätze des islamischen Rechts« in der Verfassung verankert werden. – Am 9. 6. dekretiert *Numeiri* die **Schaffung eines Komitees zur Förderung der arabischen Sprache** in den mehrsprachigen Gebieten.

**SURINAM** Nach einem Mitte Okt. **1983** in Washington veröffentlichten Bericht des Menschenrechtsausschusses der OAS sind unter dem Regime von Oberstleutnant *Desi Bouterse* schwere Verletzungen der Menschenrechte begangen worden. Es gebe keine unabhängige Justiz, keine Pressefreiheit, pol. Parteien und freie Gewerkschaften seien verboten. – Ende Okt. fordert *Bouterse* im Zusammenhang mit der Invasion Grenadas den cuban. Botschafter zum Verlassen des Landes auf und kündigt eine Suspendierung der kulturellen Beziehungen und aller übrigen Abkommen mit Cuba an. – Eine Streikwelle führt am 9. 1. **1984** zum Rücktritt der Reg. von *Errol Alibux.* Am 3. 2. ernennt *Bouterse* eine neue Reg. unter Führung von *Wim Udenhout,* der zugleich AußMin wird.

**SWAZILAND** Anf. April **1984** verhaften Polizei und Armee bei mehreren großangelegten Razzien 16 Mitglieder der in Südafrika verbotenen Widerstandsbewegung »African National Congress«/ANC. Am 1. 4. wird anläßlich bilateraler Handels- u. Sicherheitsverhandlungen **mit Südafrika** bekanntgegeben, daß zwischen beiden Staaten bereits **seit 1982 ein »Sicherheitsabkommen«** besteht, das aus »taktischen Gründen« geheimgehalten wurde. – Mitte Juni findet eine Regierungsumbildung statt, bei der u. a. AußMin Prinz *Richard Dlamini* entlassen wird. Gleichzeitig werden der Polizeichef und der Generalstabschef der Armee vom Dienst suspendiert. – Am 19. 6. werden 45 ANC-Mitglieder nach Mosambik abgeschoben. – Mitte Aug. unterzeichnen S. und Mosambik einen Sicherheitspakt, dessen Ziel vor allem ein Informationsaustausch ist, um das Eindringen von ANC-Kämpfern zu verhindern.

**SYRIEN** Am 5. 12. **1983** kommt es zu Kämpfen zwischen syr. und US-Truppen, nachdem letztere syr. Stellungen im Libanon angreifen. Am 6. 12. schießen syr. Truppen 2 unbemannte israel. Aufklärungsflugzeuge (»Drohnen«) ab. – Vom 10.–13. 3. **1984** findet ein Besuch des sowj. Politbüromitglieds und 1. stellv. MinPräs *Gejdar Aliev* statt. – Am 11. 3. beruft Staatspräs. *Hafez el Assad* ein neues, 35köpfiges Kabinett und ernennt 3 Vizepräs., zu denen sein Bruder, *Rifat el Assad,* der bisherige AußMin, *Abdul Halim Khaddam,* sowie der bisherige stellv. GenSekr der Baath-Partei, *Muhammad Zuhair Masharqa,* gehören. Der neue AußMin, *Farouk as-Sharea,* erklärt Anf. Mai, erst nach der Wiederherstellung der nation. Einheit des Libanon werde S. seine Truppen zurückziehen; er fordere die USA auf, ihre Nahostpolitik zu überdenken. – Mitte Mai beruft S. seinen Botschafter aus Rabat zurück, nachdem eine israel. Delegation an einem Kongreß marokkan. jüd. Gemeinden teilnimmt. Am 14.5. fordert S. die arab. Staaten zu Sanktionen gegen Marokko auf. – Ende Mai schließen sich in Damaskus die Dissidenten aus der Al-Fatah mit der von *Ahmed Jibril [Dschibril]* geführten »Volksfront zur Befreiung Palästinas/Generalkommando«, mit der »Saiqa« und mit der Splittergruppe der »Palästinensischen Volkskampffront« zu einer »Nationalistischen Palästinensischen Allianz« zusammen. Die von S. gesteuerte neue Organisation soll die »Einheit der PLO stärken und den Kampf gegen die Abweichler der *Arafat*-Gruppe« führen. – Am 28.6. kommt es zum Austausch von 6 israel. gegen 291 syr. Gefangene auf den Golan-Höhen nahe der Stadt Kuneitra.

**TANSANIA** Ende Okt. **1983** werden Hunderte in der Hauptstadt Daressalam festgenommene Arbeitslose in ihre Heimatorte zurückgebracht, um dort in der Landwirtschaft zu arbeiten. Die Festnahmen beruhen auf einem Gesetz, wonach alle Bürger des Landes produktiv tätig sein müssen. – Die Staatspartei Chama Cha Mapinduzi unterzeichnet Anf. Dez. Abkommen mit den kommun. Parteien Bulgariens, Albaniens und Cubas über den Austausch von Kadern, Dozenten der Parteihochschulen und Parteibeschlüssen. – Im Dez. unterzeichnen T. und Kenia in Arusha ein umfassendes Abkommen über Zusammenarbeit im Handel, Verkehrswesen, Fernmeldewesen und Tourismus. – Am 29.1.**1984** legt der VizePräs. T.s, *Aboud Jumbe,* zugleich Präs. Sansibars, alle Ämter nieder; sein Rücktritt erfolgt vor dem Hintergrund der **in Sansibar wachsenden Gegnerschaft zu der** am 27.4.1964 beschlossenen **Vereinigung** der Insel **mit Tanganyika zur** Vereinigten Rep. **Tansania.** Zu seinem Nachf. wird am 30.1. der bisherige StaatsMin *Ali Hassan Mwinye* ernannt. Anf. Febr. tritt auch der ChefMin Sansibars, *Ramadhani Haji Faki,* zurück. – Am 14.5. unterzeichnet Staatspräs. *Julius Nyerere* zusammen mit den Staatspräs. Ugandas, *Apollo Milton Obote,* und Kenias, *Daniel arap Moi,* ein Schlichtungsdokument zum Vermögensstreit der ehem. ostafrik. Gemeinschaft, der die 3 Staaten angehörten.

*(bearb.: E. Baumann)*

**TSCHAD** Die **Stationierung franz. Fallschirmjäger** (Aug. **1983**) nördl. von N'Djamena, etwa entlang des 15. nördl. Breitengrades, **verhindert** zunächst eine **weitere Eskalation des Konfliktes** zwischen Reg.-Truppen und den GUNT-Truppen unter *Goukouni Oueddei.* Im Gebiet zwischen Faya-Largeau, Fada und dem libysch besetzten Ausu-Streifen im Norden befinden sich ca. 6000 lib. Soldaten sowie ca. 6000 Soldaten des GUNT-Führers *Oueddei.* Präs. *Hissène Habré* verfügt neben den ca. 12000 Mann der Reg.-Truppen über die Unterstützung Zaïres und Frankreichs (ca. 5000 Soldaten). Die Truppenpräsenz schafft Flüchtlingselend und Hungersnot insbesondere unter den nomadischen Hirten der Region. *Habré* beschuldigt Frankreich, mit Libyen heimlich ein Stillhalteabkommen geschlossen zu haben und die Teilung des Tschad vorzubereiten. – Die OAU bemüht sich um die Organisation einer Tschad-Konferenz; *Habré* verweigert jedoch seine Teilnahme. – Am 24.1.**1984** greifen GUNT-Soldaten einen Reg.-Posten bei Ziguei an (200 km südl. der »Roten Linie«, entlang derer sich die franz. Fallschirmjäger befinden), töten ca. 30 Soldaten und nehmen einige Gefangene, darunter auch 2 belg. Mitgl. der Hilfsorganisation »Médecins sans Frontières«. Frankreich verstärkt daraufhin sein Kontingent um 6 Jaguar-Flugzeuge und läßt seine Truppen nach Norden etwa bis zum 16. Breitengrad vorrücken. *Oueddei* betrachtet dies als eine »Kriegserklärung«; es kommt Anf. Febr. zu neuen Kämpfen. Anfang März kündigt Frankreich das Verbleiben seiner Truppen bis zum endgültigen Abzug der lib. Einheiten an; Libyen macht einen Abzug Frankreichs zur Bedingung für den eigenen Rückzug. – Am 10.8. gründen 6 gegen das Regime *Habrés* kämpfende Rebellengruppen eine Art Gegenregierung, den sog. »Nationalen Befreiungsrat« unter Führung von *Oueddei,* der seinen Sitz in Bordai im Norden des T. haben soll.

**TSCHECHOSLOWAKEI** Als Antwort auf die westl. Nachrüstung billigt die Bundesversammlung am 26.10.**1983** einstimmig die Stationierung neuer sowjet. Kernwaffen im Lande. – Anfang Januar **1984** werden *Jana Sternova, Jiři Ruml* und *Vaclav Benda* zu neuen Sprechern der oppositionellen *Charta 77* ernannt. – Das Verhältnis zwischen **Staat und katholischer Kirche** in der ČSSR bleibt trotz eines Besuchs des Päpstlichen Sonderbeauftragten für Osteuropa, Erzbischof *Luigi Poggi,* Anfang März in Prag distanziert. Kardinal *František Tomašek,* der zuvor schon die Diskriminierung von Gläubigen kritisiert hatte, lädt am 11.4. ohne Rücksprache mit der Regierung und ohne Einverständnis der regimetreuen Priesterorganisation *Pacem in terris* Papst *Johannes Paul II.* zu einem Besuch in die ČSSR ein. Spitzenfunktionäre der Organisation versuchen – wie Anfang Juli bekannt wird – die Kirche des Landes in eine Nationalkirche umwandeln zu lassen, womit sie nicht mehr dem Papst unterstellt wäre. – Die Teilnahme von Bundespräsident *Karl Carstens* am **Sudetendeutschen Treffen** in München führt zur vorübergehenden Abberufung des Botschafters in Bonn,

*Dušan Spacil* (8.–15. 6.). – Die KPČ kündigt Mitte Juli an, daß der **Umweltschutz** angesichts besorgniserregenden Waldsterbens und zunehmender Luftverschmutzung eines der 3 Hauptziele des 1986 beginnenden neuen 5-Jahr-Plans sei.

**TUNESIEN** Am 19. 11. **1983** erteilt Staatspräs. *Habib Ben Bourguiba [Burgiba]* der sozialdem. Partei MSD des ehem. Min. *Mestiri* und der »Bewegung für Volkseinheit«/MUP die Zulassung als offiziell anerkannte Parteien. Mit der kleinen KP stehen der reg. Destour-Partei PSD nun 3 Parteien gegenüber. – Als zu Jahresbeginn **1984** der Brotpreis um über 115% erhöht wird, kommt es zuerst im armen und von Arbeitslosigkeit am stärksten betroffenen Süden zu schweren Unruhen, die rasch auch den reicheren, industrialisierten Norden ergreifen. Bei Massendemonstrationen und blutigen Auseinandersetzungen mit der Polizei werden 121 Menschen getötet und Hunderte verletzt; die Reg. ruft den Notstand aus. Der Innen- und Polizeimin. *Driss Guiga* wird im Anschluß an die Niederwerfung der **»Brotrevolte«** entlassen, und Präs. *Bourguiba* macht die Brotpreiserhöhung wieder rückgängig. Einen Monat danach wird der Brotpreis um 10% erhöht. Die wieder ins Budget aufgenommenen Lebensmittelsubventionen sollen durch Angaben zu Lasten der wohlhabenderen Bevölkerung (Treibstoff, Zigaretten, Luxusgüter und Ausreisesteuer) ausgeglichen werden.

**TÜRKEI** Seit dem Militärputsch vom 12. 9. 1980 werden bis Juli **1983** 47 Menschen hingerichtet. In Westeuropa kommen im Juli bei **Terrorakten der ASALA** und der ARA (→ Armenier, Sp. 138ff.) 15 Menschen ums Leben. Ende Sept. billigt die von den Militärs eingesetzte Beratende Versammlung starke **Einschränkungen der Pressefreiheit.** Das Europäische Parlament fordert am 13. 10. die Regierung zur Wiederherstellung der Bürgerrechte und Abschaffung von Folter sowie Todesstrafe auf (»ai« und der Republikan. Anwaltsverein erheben ähnliche Forderungen). – Bei einem schweren **Erdbeben in der Osttürkei** nordwestl. von Erzurum am 30. 10. sterben über 1330 Menschen; ca. 75000 werden obdachlos. Anfang November wird Schwangerschaftsabbruch (bis zur 10. Woche) legalisiert.
Die **Parlamentswahl** vom 6. 11., zu der nur 3 von 18 angemeldeten Parteien zugelassen werden und die der Europarat als »nicht demokratisch zustande gekommen« bezeichnet, gewinnt **Turgut Özal** (→ Kurzbiographien). Seine **Vaterlandspartei/Anap** erzielt mit 45% der Stimmen 211 der 400 Sitze, die sozialdemokrat. orientierte Populistische Partei/HP 30,4% und die von den Militärs unterstützte Nationaldemokratische Partei/MDP 23,3%. – StaatsPräs General *Kenan Evren* ernennt am 7. 12. *Özal* zum MinPräs und genehmigt am 13. 12. sein überwiegend aus Wirtschafts- und Finanzexperten rekrutiertes Kabinett. – In seiner Reg.-Erklärung kündigt *Özal* eine liberale, marktwirtschaftliche Ordnung und die schrittweise **Aufhebung des Kriegsrechts** an (bis 19. 7. 1984 in 26 der 67 Provinzen aufgehoben). Am 30. 1. **1984** räumt der Europarat der türk. Delegation »provisorisches Stimmrecht« ein. – Auch aus den **Kommunalwahlen** vom 25. 3. geht *Özals* Anap mit 41,3% der Stimmen als Siegerin hervor. Die erstmals kandidierende Sozialdemokrat. Partei/Sodep erhält 23,4%, die konservative »Partei des wahren Weges« 13,3%, die HP 8,8% und die MDP 7,1%.
Bei einer Demonstration in Ankara gegen **Folter und Hinrichtungen** am 23. 3. werden 3 deutsche MdB der Grünen festgenommen und des Landes verwiesen. Aus Protest gegen die unmenschlichen Haftbedingungen treten seit Januar Hunderte politischer Gefangene in den Hungerstreik, an dessen Folgen allein bis Mitte März 15 (bis Mitte Juli weitere) Häftlinge sterben. (Zu den politischen Gefangenen gehören auch Armenier und Kurden, amtlich als »Bergtürken« bezeichnet, sowie andere Minderheiten.)
Das Kriegsrecht in den 3 Großstädten Ankara, Istanbul und Izmir sowie in allen südöstl. Kurdenprovinzen bleibt auch im Spätsommer 1984 in Kraft. In 11 von 67 Provinzen (davon 27 ohne Kriegsrecht) ist die Zivilverwaltung wieder völlig hergestellt. Ab März **1985** wird die Wehrpflicht von 20 auf 18 Monate verkürzt.
*(→ auch Armenier, Cypern, Griechenland)*

**UNGARN** Ohne Angabe von Gründen wird AußMin *Frigyes Puja* am 8. 7. **1983** durch den bish. ZK-Sekretär *Peter Varkonyi* abgelöst. – Nach der Einrichtung **zollfreier Zonen** für westliche Betriebe und der Schaffung von fast 100 ung.-ausländischer (= westlicher) Gemeinschaftsunternehmen wird die Liberalisierung der Wirtschaftspolitik im Juli mit der Einführung von **Devisen-Sparkonten** für In- und Ausländer, der Erhöhung der Beschäftigtenzahl in **privaten Gewerbebetrieben** und der Erlaubnis, Arbeit im kapitalistischen Ausland aufzunehmen, fortgesetzt. 1983 werden allein über 10000 Lizenzen für neue Kleinunternehmer vergeben. Die Handelsbilanz mit den OECD-Staaten entwickelt sich positiv; die Tourismus-Bilanz mit 10,5 Mill. Ausländern, davon 3 Mill. aus westl. Staaten, ebenfalls. Die innenpolit. Lage zeichnet sich durch das schärfere **Vorgehen gegen Regimekritiker** und autonome Friedensgruppen (Ende Okt.) aus; nach Studentenprotesten wird die Budapester Universität für einen Tag geschlossen.
Am 22. 12. billigt das Parlament eine **Wahlrechtsreform,** die die Kandidatur konkurrierender Bewerber in jedem Wahlkreis vorsieht. Am 13. 4. **1984** setzt es darüber hinaus einen aus Abgeordneten und Personen des öff. Lebens zusammengesetzten **Verfassungsrechtsrat** ein (dieser dürfte etwa die Funktionen eines Staatsrats [Frkr., Belg.] und/oder eines Petitionsausschusses haben). – Ende Jan. bzw.

Anfang März werden Nahrungsmittel, Baumaterial, Konfektionswaren und Dienstleistungen bis zu 30% verteuert.

**URUGUAY** Am 15.8.1984 setzen die militärischen Machthaber in Form einer Verordnung ein Programm in Kraft, das am 25.11. allgemeine Wahlen und am 1. März 1985 den Amtsantritt der gewählten Regierung vorsieht. Der Übergang zur Demokratie war Anf. Aug. in Verhandlungen zwischen den Militärs und 3 polit. Gruppierungen des Landes vereinbart worden.

**VATIKAN** Die XXXIII. **Generalkongregation der Jesuiten,** das Parlament des immer noch größten kathol. Ordens (220 Deleg., 27000 Brüder), wählt am 13.9.1983 den ndld. Pater *Peter-Hans Kolvenbach* (54) zum Nachf. des erkrankten Basken *Pedro Arrupe* (77) (womit auch dessen Delegat *Paolo Dezza* [82] seiner bisherigen Funktion enthoben ist) zum neuen Jesuiten-General. – Bei den traditionsreichen **Dominikanern** (7062 B.) wird am 2.9. der irische Pater *Damian Aloysius Byrne* (54) zum Generalmeister gewählt und löst den Franzosen *Vincent de Couesnongle* (67) ab. – **Papst Johannes Paul II.** verurteilt am 17.9. in bisher unerhörter Härte »künstliche« Kontrazeptiva, nachdem er bereits am 5.9. die klassische Doktrin zu den Themen Ehescheidung, vorehelicher Geschlechtsverkehr, Homosexualität, Abtreibung, Euthanasie und weibliche Berufungen zum Priesteramt bekräftigt hatte. Das Generalthema der VI. ordentlichen Sitzung der **Römer Bischofssynode** (29.9.–29.10.) ist »Aussöhnung und Buße in der Mission der Kirche«. – Der Papst trifft am 27.12. im Römer Gefängnis Rebibbia mit dem Türken **Ali Agca** zu einem Versöhnungsgespräch zusammen (*Agca* beging 1981 das Attentat auf den Papst). – Nach über 100 Jahren tritt mit den USA wieder eine Normalisierung der diplomatischen Beziehungen ein, indem beide Partner ihre bestehenden Vertretungen in Botschaften umwandeln.
Die Republik **Italien und der Vatikan** – vertreten durch MinPräs *Bettino Craxi* und Kardinalstaatssekretär *Agostino Casaroli* – schließen am 18.2.1984 ein **neues Konkordat** ab, das nach Ratifizierung durch das ital. Parlament wesentliche Bestimmungen der Lateranverträge vom 11.2.1929 ablöst (→ Sp. 89f.). Das damalige Konkordat zwischen Papst *Pius XI.* und dem Königreich Italien *(Viktor Emanuel III.)* war durch Kardinal *Pietro Gasparri* und *Benito Mussolini* unterzeichnet worden. Kirchl. Institutionen in Italien erhalten eine neue Rechtsform, die mit finanziellen Einbußen für den Vatikan verbunden sein dürfte. Die Trennnung v. Staat u. Kirche ist damit auch in Italien vollzogen.
**Der Papst ordnet am 5.4. an,** daß die Kongregation für die Sakramente und den Gottesdienst nun offiziell in 2 Dikasterien (= Ministerien) geteilt wird, nachdem sie bereits seit geraumer Zeit getrennt verwaltet sind. Darüber hinaus wird ⅓ **der Dikasterien neu besetzt,** darunter (so die Ernennungen am 6.4.) das Oberhaupt der Bischofskongregation mit Kardinal *Bernardin Gantin* (Benin). Gem. Nr. 25 der Verfassung *Regimini Ecclesiae* wird Kardinalstaatssekretär *Agostino Casaroli* mit den Regierungsgeschäften des Staates der Vatikanstadt betraut. – Insgesamt wird die Organisation des Vatikans stark verändert (→ Sp. 436f.), wobei man eine **starke Internationalisierung** der Aufgabenverteilung erkennt. Es gilt als ungewöhnlich, daß gleichzeitig 16 leitende Positionen in den verschiedenen Kongregationen, Kommissionen, Sekretariaten, Räten und Ämtern der Zentralverwaltung neu besetzt werden. Die Ernennung von 2 Schwarzafrikanern und 1 Iren (Dikasterium für Evangelisation) deutet zudem auf eine größere Gewichtung bisher geographischer (wenn auch nicht an Gläubigenanzahl) »Peripherien« hin.
Nach Interpretation der dt. Ausgabe des »Osservatore Romano« beziehen sich die Ernennungen und Änderungen in der Struktur des Apparates auf die Person des Papstes (= ad personam) und sind keine Verfassungsänderungen (= ad aeternitatem).
Zum neuen Codex Iuris Canonici → Sp. 77ff., zur Umbildung der Kurie → Sp. 436f.

**Bibl.:** Kh. Deschner: Ein Jahrhdt. Heilsgeschichte. Die Politik der Päpste im Zeitalter der Weltkriege. Von Pius XII. 1939 zu Joh. Paul I. 1978. Köln: K.&W. 1983.

**VENEZUELA Am 4.12.1983 wird Jaime Lusinchi,** Kandidat der sozialdem. orientierten »Demokratischen Aktion«/AD, mit 56,81% der Stimmen **zum Präs.** für die Amtsperiode 1984–89 **gewählt** (Amtseinführung: 2.2.**1984**). Auf den Gegenkandidaten der Christdemokraten, den früheren Präs. *Rafael Caldera,* entfallen 34,6% der Stimmen. Bei den gleichzeitig durchgeführten Parlamentswahlen wird die AD mit 50% ebenfalls stärkste Partei. – Präs. *Lusinchi* kündigt am 14.3. Sparmaßnahmen an, die eine Reduzierung der staatl. Ausgaben, den Abbau des Defizites von Reg.-Unternehmen sowie Lohnkürzungen im öffentl. Dienst vorsehen.

**VEREINIGTE STAATEN VON AMERIKA** In seltener Einmütigkeit (2 Enthaltungen, keine Gegenstimme) verabschiedet das Repräsentantenhaus am 15.9.**1983** eine Resolution zur Verurteilung der UdSSR wegen des Abschusses des südkoreanischen Jumbojets (→ Korea und → Sowjetunion). – Am 10.10. tritt der umstrittene InnenMin *James Watt* zurück; zum Nachf. wird am 13.10. Sicherheitsberater *William Clark* berufen. – *Martha Layne-Collins* wird am 9.11. zum Gouverneur von Kentucky gewählt; sie ist z.Zt. die einzige Frau in diesem Amt. – Am 15.11. lehnt das Repräsentantenhaus einen Gesetzeszusatz, mit dem die **Gleichberechtigung** von Mann und Frau in der Verfassung verankert werden soll, mit ⅔-Mehrheit ab. – Infolge einer **Kältewelle,** die den größten Teil der USA heimsucht, kommen bis zum 28. 12. 346 Menschen ums Leben. – Der am 4. 12. über syr. kontrolliertem Gebiet abgeschossene und gefangengenommene Luftwaffenoffizier *Robert Goodman* wird in Damaskus am 30. 12. durch Intervention des demokrat. Präs.-Bewerbers *Jesse Jackson* freigelassen. – Die am 2. 8. von Präs. *Ronald Reagan* eingesetzte Kommission legt am 9. 1. **1984** ihren Bericht vor, wonach Hunger keine weitverbreitete Erscheinung in den USA sei. – JustizMin *William F. Smith* tritt am 22. 1. zurück. Zum Nachf. wird Präs.-Berater *Edwin Meese* nominiert; gegen ihn wird jedoch am 19. 3. eine Voruntersuchung (Vorwurf finanziell undurchsichtiger Geschäftsvorgänge) eingeleitet. – Am 29. 1. teilt *Reagan* offiziell seinen Entschluß zu einer 2. Präs.-Kandidatur mit. – *Reagan* legt am 3. 2. einen Gesetzesentwurf, basierend auf den Empfehlungen der *Kissinger*-Kommission, zur Herbeiführung von Frieden, Demokratie und Entwicklung in **Mittelamerika** vor. – Im Rahmen des Challenger-Fluges bewegt sich der Astronaut *Bruce McCandless* am 7. 2. als 1. Mensch ohne Sicherheitsleine zur Raumkapsel im All. – Am 8. 2. gibt *Reagan* den stufenweisen Abzug der US-Marines aus Beirut bekannt. – Nach dem Senat verabschiedet auch das Repräsentantenhaus am 12. 4. eine Resolution gegen die weitere Verwendung von Budget-Mitteln zur Unterstützung der äußerst umstrittenen Verminungsaktionen gegen Nicaragua. – In Auswertung seines 6tägigen Besuches (26. 4.–1. 5.) in die VR China, der wenig Substantielles brachte, meint Präs. *Reagan*, seine Grundansichten hätten sich nach diesem 1. Besuch in einem kommun. Land nicht geändert, doch sei eine neue Stufe des gegenseitigen Verständnisses erreicht worden. – Die Marine stellt am 28. 4. mit der »Iowa« das 2. Schlachtschiff aus der Zeit des II. Weltkriegs (1940 gebaut, 1948 außer Dienst gestellt, nun für 4,5 Mill. $ renoviert) wieder in Dienst, ein zusätzliches Anzeichen für weitgehende Änderungen in der Strategie-Konzeption der USA- – **Am 6. 6.** gehen die **Primärwahlen der Demokraten zu Ende;** nach harten Kämpfen mit Senator *Gary Hart* sowie dem farbigen Bürgerrechtler *Jesse Jackson* erreicht *Walter Mondale* die erforderliche Anzahl der Delegiertenstimmen für die Präs.-Kandidatur. – Das *Nunn*-Amendment mit der Drohung einer Reduktion von US-Truppen in Europa wird vom Senat am 21. 6. abgewiesen. – Der **Konvent der Demokraten** in San Francisco (16.–19. 7.) **nominiert Mondale als Präs.-Kandidat** und die New Yorker Kongreßabgeordnete *Geraldine Ferraro* als VizePräs-Anwärterin. Frau *Ferraros* Finanzverhältnisse geraten kurzfristig in die öffentl. Kritik, was bis zur Klärung *Mondales* Kampagne stoppt und ihn sowie Frau F. Punkte kostet. Auf dem Parteikongreß der Republikaner in Dallas (20./24. 8.) zeigt sich, daß der rechte Flügel ideol. klar dominiert; erwartungsgemäß werden *Ronald Reagan* (einziger Kandidat) und VizePräs *George Bush* nahezu einstimmig als Kandidaten für die Präsidentschaft nominiert. In seiner Rede preist *Reagan* (der am 13. 8. bei einer Mikrophonprobe mit dem »Scherz«, die Russen seien »outlawed« und würden in 5 Minuten bombardiert, für weltweites Entsetzen gesorgt hatte) die Erfolge seiner Amtszeit, die die USA in einen »Frühling der Hoffnung« geführt habe. – Am 17. 8. wird der Autofabrikant *John DeLorean*, der seine Firma in Nordirland mittels illegaler Drogengeschäfte sanieren wollte, zu denen ihn Agenten des FBI verleitet hatten, freigesprochen, da der Staat niemanden verführen dürfe, um ihn dann dafür zu bestrafen. – Nach mehreren Fehlversuchen startet am 31. 8. die Raumfähre »Discovery«.

(→ *auch Olympische Spiele,* Sp. 983 ff.)

**VIETNAM** Die vietnam. Wirtschaft erholt sich nur langsam von den Kriegsfolgen und ist in hohem Maß von sowjet. Hilfe abhängig, seit westl. Geldgeber nach V.s Einmarsch in Kambodscha ihre Hilfeleistungen eingestellt haben. In der Landwirtschaft können erste Erfolge verzeichnet werden. **1983** produziert V. erstmals soviel Getreide, daß es von Importen unabhängig ist – dies wird allgemein der Einführung des »Kontraktsystems« zugeschrieben. Ein Bevölkerungswachstum von 2,6 % im Jahr und die Kosten der Besetzung Kambodschas stellen starke Belastungen dar. – Zum Mondneujahrsfest Ende Jan. **1984** bietet V. der VR China Waffenruhe an, die jedoch abgelehnt und mit der Forderung nach Abzug aus Kambodscha beantwortet wird. Im April erringen die vietnam. Soldaten in Kambodscha ihre bisher größten Erfolge gegen die Widerstandskämpfer des »Demokratischen Kampuchea« (Zerstörung des Stützpunkts Ampil u. a.); an der chines. Grenze V.s kommt es kurz darauf zu den härtesten Zwischenfällen seit 1979. – Zum 1. Mal finden Ende April **gemeinsame sowj.-vietnam. Manöver** statt, an denen 800 sowj. Marinesoldaten mit 8 Kriegsschiffen teilnehmen.

**ZAÏRE** Mitte Sept. **1983** wird die Landeswährung um ca. 350 % abgewertet. Dies ist eine Vorbedingung des **IWF** für die Freigabe eines Kredits von 350 Mill. $ an das hochverschuldete Land. – Nach Streiks und Unruhen unter den Arbeitern in der Hauptstadt Kinshasa werden im Nov. 5 Parlamentarier der oppositionellen »Union für Demokratie und sozialen Fortschritt«/UDPS mit ihren Familien sowie mehreren hundert Parteimitgl. verhaftet. – Am 19. 1. **1984** wird das 1974 mit der UdSSR geschlossene Luftverkehrsabkommen vorläufig außer Kraft gesetzt. – Die Hauptrundfunkstation und wichtige Fernmeldeanlagen werden am 27. 3. Ziel mehrerer Bombenanschläge, zu denen sich die in Brüssel ansässige zaïr. Exil-Oppositionsbewegung bekennt.

# Die souveränen Staaten

## und die von ihnen abhängigen bzw. beanspruchten[1] Gebiete

### ERLÄUTERUNG

**NAME DES STAATES** *(geographische Lage)* – (offiz. dt. Bezeichnung; offiz. Bez. in d. Landessprache(n) – [ET] = Internat. Kfz.-Kennzeichen, auch im Postverkehr gültig, od. sonst. gebräuchliche Abkürzung)

**Fläche** ( ): in Klammern die Rangstelle dieses Staates innerhalb d. 1984 unabhängigen 177 Staaten (L: 12%) = agrarisch genutzte Fläche in % d. Staatsfläche

**Bevölkerung** ( ): B = Berechnung, F = Fortschreibung, S = Schätzung, Z = Zählung; bei Städten: m.V. = mit Vororten, A = Agglomeration

**Flagge:** Flagge des Staatsbürgers an Land (»civic flag«)

**U:** erster Tag d. Unabhängigkeit

**Abkürzungen bei Staaten über 1 Mill. Einw.:**

·· = keine Daten greifbar * = Daten erhebl. älter (bis zu 10 Jahre)

### BEVÖLKERUNG

| | | |
|---|---|---|
| **Städt. B.** | **Städtische Bevölkerung** | *z. B. Ägypten* |
| | Anteil d. Stadtbevölkerung an der Gesamtbev. 1981 in % / | 44% |
| | Zunahme d. städtischen Bevölkerung 1970–81 in % / | 2,9% |
| | Anteil d. Bevölk. in Städten mit über 500000 Einw. 1980 in % der Stadtbevölk. insges. | 53% |
| **G** | **Volksgesundheit** | |
| | Lebenserwartung bei d. Geburt 1981 in Jahren / | 57 Jahre |
| | Säuglingssterblichkeit 1981 in ‰ d. Lebendgeburten / | 110‰ |
| | Sterblichkeit d. Kinder v. 1–4 Jahren in ‰ im Jahr 1981 / | 16‰ |
| | Anzahl d. Einwohner je Arzt 1980 / | 970 E. |
| | Anzahl d. Einwohner je Beschäftigtem in d. Krankenpflege 1980 / | 1500 E. |
| | Tägl. Nahrungsangebot pro Kopf in % des Bedarfs 1980 | 117% |
| **S** | **Schulbildung** | |
| | Anteil d. Erwachsenen über 14 Jahre ohne Lese- u. Schreibkenntnisse (Analphabeten) 1980 in % / | 56% |
| | Anteil d. Grundschüler 1980 in % der Grundschulaltersgruppe (6–11 Jahre) / | 76% |
| | Anteil d. Sekundarschüler 1980 in % der Sekundarschulaltersgruppe (12–17 Jahre)/ | 52% |
| | Anzahl d. Besucher höh. Schulen u. Univ. 1979 in % d. Bev. im Alter v. 20–24 Jahren | 15% |

**Jährl. Bevölkerungswachstum:** (1970–1981) 2,5% (1981: 36 = unbereinigte Geburtenziffer je Tsd. Einw./12 = unbereinigte Sterbeziffer je Tsd. Einw.)

**BEISPIEL** *Ägypten* **Städt. B.:** 44 / 2,9 / 53 – **G:** 57 / 110 / 16 / 970 / 1500 / 117 – **S:** 56 / 76 / 52 / 15 – **Jährl. Bevölkerungswachstum:** (1970–1981) 2,5% (1981: 36/12)

### WIRTSCHAFT

| | | |
|---|---|---|
| **BSP** | **Bruttosozialprodukt** | |
| | BSP zu Marktpreisen in US-$ 1980 u. 1981 / | 23360 Mill. $ / 28160 Mill. $ |
| | BSP je Einw. zu Marktpreisen in US-$ 1981, [ ] = Rangstelle innerhalb der Ende Aug. 1984 unabhängigen Staaten / | 649 $ [108] |
| | Reale Zuwachsrate d. BSP im Jahresdurchschnitt 1970–80 je E. in % | 5,6% |
| **WS** | **Wirtschaftsstruktur** | |
| | Anteil d. Landwirtschaft am Bruttoinlandsprodukt / BIP 1981 in % / | 21% |
| | Wachstum der Landwirtschaft im Jahresdurchschnitt 1970–81 in % / | 2,9% |
| | Anteil d. Industrie am BIP 1981 in % / | 38% |
| | Wachstum der Industrie im Jahresdurchschnitt 1970–81 in % | 7,6% |

[1] Die von den souveränen Staaten beanspruchten Gebiete sind nur zum Teil erwähnt


Zum Heraustrennen
Zum Heraustrennen
Zum Heraustrennen

**WIRTSCHAFT** *(Fortsetzung)*

| | | |
|---|---|---|
| V | **Verbrauch** Anteil d. öffentl. Verbrauchs am BIP 1981 in % / | 19% |
| | Anteil d. privaten Verbrauchs am BIP 1981 in % / | 64% |
| | Anteil d. Bruttoinlandsinvestitionen am BIP 1981 in % / | 30% |
| | Anteil d. Bruttoinlandsersparnis am BIP 1981 in % / | 17% |
| | Anteil d. Ausfuhr von Gütern u. Dienstleistungen 1981 in % d. BIP / | 34% |
| | Anteil d. Außenbeitrags 1981 in % d. BIP | –13% |
| A | **Arbeitsmarkt** | |
| | Anteil d. Bev. im arbeitsfähigen Alter (15–64 J.) an d. Gesamtbev. 1980 in % / | 57% |
| | Anteil d. Erwerbspersonen in d. Landwirtschaft 1981 in % / | 50% |
| | Anteil d. Erwerbspersonen in d. Industrie 1980 in % | 30% |
| E | **Energiewirtschaft** | |
| | Energieverbrauch 1980 pro Kopf u. Jahr in kg SKE (1 Steinkohleneinh. = ca. 30000 kJoule) / | 539kg |
| | Mittlere jährliche Zuwachsrate d. Energieerzeugung 1974–80 in % / | 10,5% |
| | Netto-Leistung installierter Kraftwerke in 1000 kW im Jahre 1981 / | 4500kW |
| M | **Militärausgaben** Anteil in % des BSP 1980 | 3,3% |
| | Verteidigungsausgaben in % von Ausgaben der Zentralregierung 1980 | (7,4%) |

**BEISPIEL** *Ägypten* **Wirtschaft: BSP** 1980: 23360 Mill. $ / 1981 (S): 28160 Mill. $ / 649$ [108] / 5,6 – **WS:** 21 / 2,9 / 38 / 7,6 – **V:** 19 / 64 / 30 / 17 / 34 / –13 – **A:** 57 / 50 / 30 – **E:** 595 / 23,2 / 4500 – **M:** 3,0 (7,4)

## AUSSENHANDEL

| | | |
|---|---|---|
| Einf./Ausf. | **Einfuhr/Ausfuhr** 1982 in Mill. US-$ | **Einf.** 9078 Mill. $, **Ausf.** 3120 Mill. $ |
| W | **Währung des Landes** und ihr Kurswert in US-$ bzw. DMark, März 1984 | siehe Text |
| I | **Inflation,** Durchschnitt der Rate 1970–81 in % | 11,1% |
| AS | **Außenhandelsstruktur** | |
| | Anteil v. Brennstoffen, Mineralien u. Metallen an der ges. Warenausfuhr 1980 in % / | 67% |
| | Anteil d. Ausfuhr von Maschinenbau- u. elektrotechnischen Erzeugnissen sowie Fahrzeugen an d. gesamten Warenausfuhr 1980 in % / | <1% |
| | Anteil d. Einfuhr v. Brennstoffen an d. gesamten Warenausfuhr 1980 in % / | 2% |
| | Anteil d. Einfuhr von Nahrungsmitteln an d. gesamten Wareneinfuhr 1980 in % / | 32% |
| | Anteil d. Einfuhr von Maschinenbau- u. elektrotechnischen Erzeugnissen sowie Fahrzeugen an d. gesamten Wareneinfuhr 1980 in % | 27% |
| T | **Terms of Trade** (1975 = 100), Verhältnis Ausfuhr- zu Einfuhrpreisen 1981 | 86 |
| H | **Handelspartner** | |
| | Anteil d. Warenausfuhr in (westliche) Industrieländer 1981 in % / | 52% |
| | Anteil d. Warenausfuhr in Entwicklungsländer 1981 in % / | 36% |
| | Anteil d. Warenausfuhr in Staatshandelsländer 1981 in % | 9% |
| Z | **Zahlungsverkehr u. Schuldendienst** | |
| | Leistungsbilanzsaldo (vor Zinszahlungen auf öffentl. Auslandsverschuld.) 1981 in Mill. US-$ / | –2135 Mill. $ |
| | Anteil d. öffentl. Schuldendienstes am BSP 1981 in % / | 6,5% |
| | Anteil d. öffentl. Schuldendienstes an d. Ausfuhr von Waren u. Dienstl. 1981 in % / | 22,6% |
| | Höhe d. öffentl. Auslandsverschuldung in % des BSP 1981 | 43,7% |
| D | **Devisenreserven:** Bruttowährungsreserven 1981 in Äquivalenten von durchschnittlichen Monatsimporten | 1,8 Monate |
| K | **Kapitalverkehr** | |
| | Anteil d. geleisteten Entwicklungshilfe in % d. BSP (nur v. Ländern d. OECD u. d. OPEC), 1981/1982 / | – |
| | Nettozufluß an Auslandskapital 1981 in Mill. US-$ (öffentliche u. öffentlich garantierte mittel- u. langfristige Kredite) / | 1918 Mill. $ |
| | Private Nettodirektinvestitionen 1981 in Mill. US-$ | 746 Mill. $ |

**BEISPIEL** *Ägypten* **Außenhandel:** 1982 **Einf.** 9078 Mill. $, **Ausf.** 3120 Mill. $ – **W:** 1 Ägypt. Pfund (ägypt £) = 100 Piasters (PT) = 1000 Milliemes; Kurs d. Zentralbank: 1 US-$ = 70,00000 PT, 1 ägypt £ = 3,7000 DM – **I:** 11,1 – **AS:** 67 / <1 / 2 / 32 / 27 – **T:** 86 – **H:** 52 / 36 / 9 – **Z:** –2135 / 6,5 / 22,6 / 43,7 – **D:** 1,8 – **K:** – / 1918 / 746

# Die souveränen Staaten

## und die von ihnen abhängigen bzw. beanspruchten[1] Gebiete

### ERLÄUTERUNG

**NAME DES STAATES** *(geographische Lage)* – (offiz. dt. Bezeichnung; offiz. Bez. in d. Landessprache(n) – [ET] = Internat. Kfz.-Kennzeichen, auch im Postverkehr gültig, od. sonst. gebräuchliche Abkürzung)

**Fläche** ( ): in Klammern die Rangstelle dieses Staates innerhalb d. 1984 unabhängigen 177 Staaten (L: 12%) = agrarisch genutzte Fläche in % d. Staatsfläche

**Bevölkerung** ( ): B = Berechnung, F = Fortschreibung, S = Schätzung, Z = Zählung; bei Städten: m.V. = mit Vororten, A = Agglomeration

**Flagge:** Flagge des Staatsbürgers an Land (»civic flag«)

**U:** erster Tag d. Unabhängigkeit

**Abkürzungen bei Staaten über 1 Mill. Einw.:**

·· = keine Daten greifbar    * = Daten erhebl. älter (bis zu 10 Jahre)

### BEVÖLKERUNG

| | | *z. B. Ägypten* |
|---|---|---|
| **Städt. B.** | **Städtische Bevölkerung** | |
| | Anteil d. Stadtbevölkerung an der Gesamtbev. 1981 in % / | 44% |
| | Zunahme d. städtischen Bevölkerung 1970–81 in % / | 2,9% |
| | Anteil d. Bevölk. in Städten mit über 500000 Einw. 1980 in % der Stadtbevölk. insges. | 53% |
| **G** | **Volksgesundheit** | |
| | Lebenserwartung bei d. Geburt 1981 in Jahren / | 57 Jahre |
| | Säuglingssterblichkeit 1981 in ‰ d. Lebendgeburten / | 110‰ |
| | Sterblichkeit d. Kinder v. 1–4 Jahren in ‰ im Jahr 1981 / | 16‰ |
| | Anzahl d. Einwohner je Arzt 1980 / | 970E. |
| | Anzahl d. Einwohner je Beschäftigtem in d. Krankenpflege 1980 / | 1500E. |
| | Tägl. Nahrungsangebot pro Kopf in % des Bedarfs 1980 | 117% |
| **S** | **Schulbildung** | |
| | Anteil d. Erwachsenen über 14 Jahre ohne Lese- u. Schreibkenntnisse (Analphabeten) 1980 in % / | 56% |
| | Anteil d. Grundschüler 1980 in % der Grundschulaltersgruppe (6–11 Jahre) / | 76% |
| | Anteil d. Sekundarschüler 1980 in % der Sekundarschulaltersgruppe (12–17 Jahre)/ | 52% |
| | Anzahl d. Besucher höh. Schulen u. Univ. 1979 in % d. Bev. im Alter v. 20–24 Jahren | 15% |

**Jährl. Bevölkerungswachstum:** (1970–1981) 2,5% (1981: 36 = unbereinigte Geburtenziffer je Tsd. Einw./12 = unbereinigte Sterbeziffer je Tsd. Einw.)

**BEISPIEL** *Ägypten* **Städt. B.:** 44 / 2,9 / 53 – **G:** 57 / 110 / 16 / 970 / 1500 / 117 – **S:** 56 / 76 / 52 / 15 – **Jährl. Bevölkerungswachstum:** (1970–1981) 2,5% (1981: 36/12)

### WIRTSCHAFT

| | | |
|---|---|---|
| **BSP** | **Bruttosozialprodukt** | |
| | BSP zu Marktpreisen in US-$ 1980 u. 1981 / | 23360 Mill. $ / 28160 Mill. $ |
| | BSP je Einw. zu Marktpreisen in US-$ 1981, [ ] = Rangstelle innerhalb der Ende Aug. 1984 unabhängigen Staaten / | 649$ [108] |
| | Reale Zuwachsrate d. BSP im Jahresdurchschnitt 1970–80 je E. in % | 5,6% |
| **WS** | **Wirtschaftsstruktur** | |
| | Anteil d. Landwirtschaft am Bruttoinlandsprodukt / BIP 1981 in % / | 21% |
| | Wachstum der Landwirtschaft im Jahresdurchschnitt 1970–81 in % / | 2,9% |
| | Anteil d. Industrie am BIP 1981 in % / | 38% |
| | Wachstum der Industrie im Jahresdurchschnitt 1970–81 in % | 7,6% |

[1] Die von den souveränen Staaten beanspruchten Gebiete sind nur zum Teil erwähnt

**WIRTSCHAFT** *(Fortsetzung)*

| | | |
|---|---|---|
| V | **Verbrauch** Anteil d. öffentl. Verbrauchs am BIP 1981 in % / | 19% |
| | Anteil d. privaten Verbrauchs am BIP 1981 in % / | 64% |
| | Anteil d. Bruttoinlandsinvestitionen am BIP 1981 in % / | 30% |
| | Anteil d. Bruttoinlandsersparnis am BIP 1981 in % / | 17% |
| | Anteil d. Ausfuhr von Gütern u. Dienstleistungen 1981 in % d. BIP / | 34% |
| | Anteil d. Außenbeitrags 1981 in % d. BIP | –13% |
| A | **Arbeitsmarkt** | |
| | Anteil d. Bev. im arbeitsfähigen Alter (15–64 J.) an d. Gesamtbev. 1980 in % / | 57% |
| | Anteil d. Erwerbspersonen in d. Landwirtschaft 1981 in % / | 50% |
| | Anteil d. Erwerbspersonen in d. Industrie 1980 in % | 30% |
| E | **Energiewirtschaft** | |
| | Energieverbrauch 1980 pro Kopf u. Jahr in kg SKE (1 Steinkohleneinh. = ca. 30000 kJoule) / | 539 kg |
| | Mittlere jährliche Zuwachsrate d. Energieerzeugung 1974–80 in % / | 10,5% |
| | Netto-Leistung installierter Kraftwerke in 1000 kW im Jahre 1981 / | 4500 kW |
| M | **Militärausgaben** Anteil in % des BSP 1980 | 3,3% |
| | Verteidigungsausgaben in % von Ausgaben der Zentralregierung 1980 | (7,4%) |

**BEISPIEL** *Ägypten* **Wirtschaft: BSP** 1980: 23360 Mill. $ / 1981 (S): 28160 Mill. $ / 649$ [108] / 5,6 – **WS:** 21 / 2,9 / 38 / 7,6 – **V:** 19 / 64 / 30 / 17 / 34 / –13 – **A:** 57 / 50 / 30 – **E:** 595 / 23,2 / 4500 – **M:** 3,0 (7,4)

## AUSSENHANDEL

| | | |
|---|---|---|
| Einf./Ausf. | **Einfuhr/Ausfuhr** 1982 in Mill. US-$ | **Einf.** 9078 Mill. $, **Ausf.** 3120 Mill. $ |
| W | **Währung des Landes** und ihr Kurswert in US-$ bzw. DMark, März 1984 | siehe Text |
| I | **Inflation,** Durchschnitt der Rate 1970–81 in % | 11,1% |
| AS | **Außenhandelsstruktur** | |
| | Anteil v. Brennstoffen, Mineralien u. Metallen an der ges. Warenausfuhr 1980 in % / | 67% |
| | Anteil d. Ausfuhr von Maschinenbau- u. elektrotechnischen Erzeugnissen sowie Fahrzeugen an d. gesamten Warenausfuhr 1980 in % / | <1% |
| | Anteil d. Einfuhr v. Brennstoffen an d. gesamten Warenausfuhr 1980 in % / | 2% |
| | Anteil d. Einfuhr von Nahrungsmitteln an d. gesamten Wareneinfuhr 1980 in % / | 32% |
| | Anteil d. Einfuhr von Maschinenbau- u. elektrotechnischen Erzeugnissen sowie Fahrzeugen an d. gesamten Wareneinfuhr 1980 in % | 27% |
| T | **Terms of Trade** (1975 = 100), Verhältnis Ausfuhr- zu Einfuhrpreisen 1981 | 86 |
| H | **Handelspartner** | |
| | Anteil d. Warenausfuhr in (westliche) Industrieländer 1981 in % / | 52% |
| | Anteil d. Warenausfuhr in Entwicklungsländer 1981 in % / | 36% |
| | Anteil d. Warenausfuhr in Staatshandelsländer 1981 in % | 9% |
| Z | **Zahlungsverkehr u. Schuldendienst** | |
| | Leistungsbilanzsaldo (vor Zinszahlungen auf öffentl. Auslandsverschuld.) 1981 in Mill. US-$ / | –2135 Mill. $ |
| | Anteil d. öffentl. Schuldendienstes am BSP 1981 in % / | 6,5% |
| | Anteil d. öffentl. Schuldendienstes an d. Ausfuhr von Waren u. Dienstl. 1981 in % / | 22,6% |
| | Höhe d. öffentl. Auslandsverschuldung in % des BSP 1981 | 43,7% |
| D | **Devisenreserven:** Bruttowährungsreserven 1981 in Äquivalenten von durchschnittlichen Monatsimporten | 1,8 Monate |
| K | **Kapitalverkehr** | |
| | Anteil d. geleisteten Entwicklungshilfe in % d. BSP (nur v. Ländern d. OECD u. d. OPEC), 1981/1982 / | – |
| | Nettozufluß an Auslandskapital 1981 in Mill. US-$ (öffentliche u. öffentlich garantierte mittel- u. langfristige Kredite) / | 1918 Mill. $ |
| | Private Nettodirektinvestitionen 1981 in Mill. US-$ | 746 Mill. $ |

**BEISPIEL** *Ägypten* **Außenhandel:** 1982 **Einf.** 9078 Mill. $, **Ausf.** 3120 Mill. $ – **W:** 1 Ägypt. Pfund (ägypt £) = 100 Piasters (PT) = 1000 Milliemes; Kurs d. Zentralbank: 1 US-$ = 70,00000 PT, 1 ägypt £ = 3,7000 DM – **I:** 11,1 – **AS:** 67 / <1 / 2 / 32 / 27 – **T:** 86 – **H:** 52 / 36 / 9 – **Z:** – 2135/ 6,5 / 22,6 / 43,7 – **D:** 1,8 – **K:** – / 1918 / 746

Insgesamt wird es **Ende Sept. 1984** bei getrennter Rechnung der politisch geteilten Länder China, Deutschland u. Korea, aber ohne das im September von Südafrika formal in die Unabhängigkeit entlassene Kwandebele und ohne die nicht selbständigen, wenngleich in Politik u. Presse eigenständig behandelten Länder Anguilla, Namibia u. (West-)Sahara **177 Staaten*** geben. Diese Zahl ist maßgebend für die Rangstellen bei Fläche u. Bevölkerung; bei den Rangstellen des Bruttosozialprodukts/BSP je Einw. sind 6 kleine Staaten nicht berücksichtigt (Andorra, Belau, Marshall-Inseln, Mikronesien, San Marino, Vatikanstadt).

Für die **Flächen- u. Einwohnerangaben** sowie die zahlreichen anderen **Strukturdaten** wurden vor allem Angaben der **UNO,** der **Weltbank,** der **OECD** sowie deren zahlreichen Unterorganisationen, daneben zusätzlich Publikationen (Statist. Jahrbücher etc.) der jeweiligen Staaten herangezogen (→Literaturverzeichnis). Trotz Auswahl derartig kompetenter Quellen ist zu beachten, daß in vielen Staaten – auch in jenen mit hohem statistischen Erfassungs- und Bearbeitungsstandard – unterschiedliche statistische Konzepte angewandt werden, so daß das Datenmaterial auch bei gleicher Aussage nicht ohne weiteres vergleichbar ist. Insbesondere die Angaben zum **Bruttosozialprodukt/BSP** bzw. **BSP/Einw.** sind nur bedingt aussagekräftig. Vor allem die Unterschiede im Realeinkommen zwischen Entwicklungs- und Industrieländern werden überzeichnet. Grund hierfür ist die Tatsache, daß Wechselkurse auf den Preisen von Außenhandelsgütern und grenzüberschreitenden Dienstleistungen basieren und daher u. U. nur einen geringen Bezug zu den Preisen von Gütern und Dienstleistungen aufweisen, die international nicht gehandelt werden, aber den größten Beitrag zum Sozialprodukt der meisten Entwicklungsländer leisten. Außerdem wird die weitverbreitete Selbstversorgerwirtschaft im BSP unzureichend berücksichtigt. So war z.B. das **BIP** (= Summe der Bruttoproduktionswerte aller Wirtschaftseinheiten eines Landes, vermindert um die Vorleistungen; BSP = BIP nach Verrechnung der Einnahmen aus Erwerbstätigkeit u. Vermögensbesitz mit dem Ausland) nach dem **IVP** (Internat. Vergleichsprojekt d. UNO) zum **Kaufkraftparitätenwechselkurs** im Jahre 1975 in Kenia um 95%, Malawi 155%, Indien 222%, Sri Lanka 265%, Mexiko 70%, Brasilien 58%, Polen 39% höher als zum **amtlichen Wechselkurs,** in Frankreich jedoch um 9% u. in der BR Dtld. um 12% niedriger (Quelle: »World Development Report 1983« der Weltbank). Das **BSP zu konstanten Marktpreisen** u. in nationaler Währung wird nach dem Weltbank-Atlas-Verfahren durch Multiplikation mit dem inländ. Deflator in **konstanten Durchschnittspreisen von 1979–1981** ausgedrückt, dann in Dollar zum **gewogenen Durchschnittswechselkurs** dieser Periode umgerechnet und schließlich (durch Multiplikation mit dem BSP-Deflator der USA) für 1979–81 in **laufenden US-$** angegeben. Es ist daher nicht statthaft, eine BSP-Angabe in nationaler Währung zum laufenden Kurs in Dollars zu wandeln und mit BSP-Daten der Weltbank zu vergleichen. Nicht selten erfolgen Korrekturen auch an weiter zurückliegenden Daten, bedingt durch Korrekturen der jeweiligen Landesbehörden, etwa durch Bezug volkswirtschaftlicher Statistiken auf neue Basisjahre (wenn sich z.B. die statistischen Erfassungstechniken verbessern oder die erfaßten Bereiche ausweiten). Diese Korrekturen werden auch vom »Fischer Weltalmanach« berücksichtigt.

zu **L:** In der agrarisch genutzten Fläche (»arable land« bzw. »cultivated land«) sind Weidegebiete in der Regel nicht eingeschlossen.

zu **städt. Bev.:** Der Anteil der städt. Bevölkerung an der Gesamtbevölkerung bzw. der Anteil der städt. Bev. in Städten mit über 500000 Einw. kann von den Angaben unter der Rubrik **Städte** abweichen, da teilweise verschiedene Quellen zugrunde liegen und der Agglomerationsbegriff sehr unterschiedlich gehandhabt wird.

zu **S:** In Ländern mit umfassendem Grundschulsystem kann der Anteil d. Grundschüler 100% überschreiten, da es auch Grundschüler über und unter der willkürlich festgelegten Grundschulaltersgruppe gibt.

zu **W:** Notiert ist der Kurs für den Ankauf der jeweiligen Währung. Mittelkurse bzw. z. T. errechnete Vergleichskurse nach Dt. Bundesbank, z. T. nach Weltbank oder UNO, aber ohne Gewähr (Stand meist Mitte 1984). 1 SZR-Einheit (Sonderziehungsrecht beim Weltwährungsfonds/IMF) = 2,97001 DM; 1 Europäische Währungseinheit (ECU) = 2,23944 DM (5.9.1984).

Erläuterungen d. Abkürzungen bei Mitgliedschaft→ »Internationale u. supranationale Organisationen«. Die meisten Länder gehören auch UNCTAD, UNIDO u. WIPO, die Mehrzahl der Entwicklungsländer der Gruppe der »Bündnisfreien Staaten« an.

---

* einschließlich der völkerrechtlich als nicht völlig souverän einzustufenden Staaten Belau [Palau], Vereinigte Staaten von Mikronesien, Marshall-Inseln, Bophuthatswana, Ciskei, Transkei u. Venda.

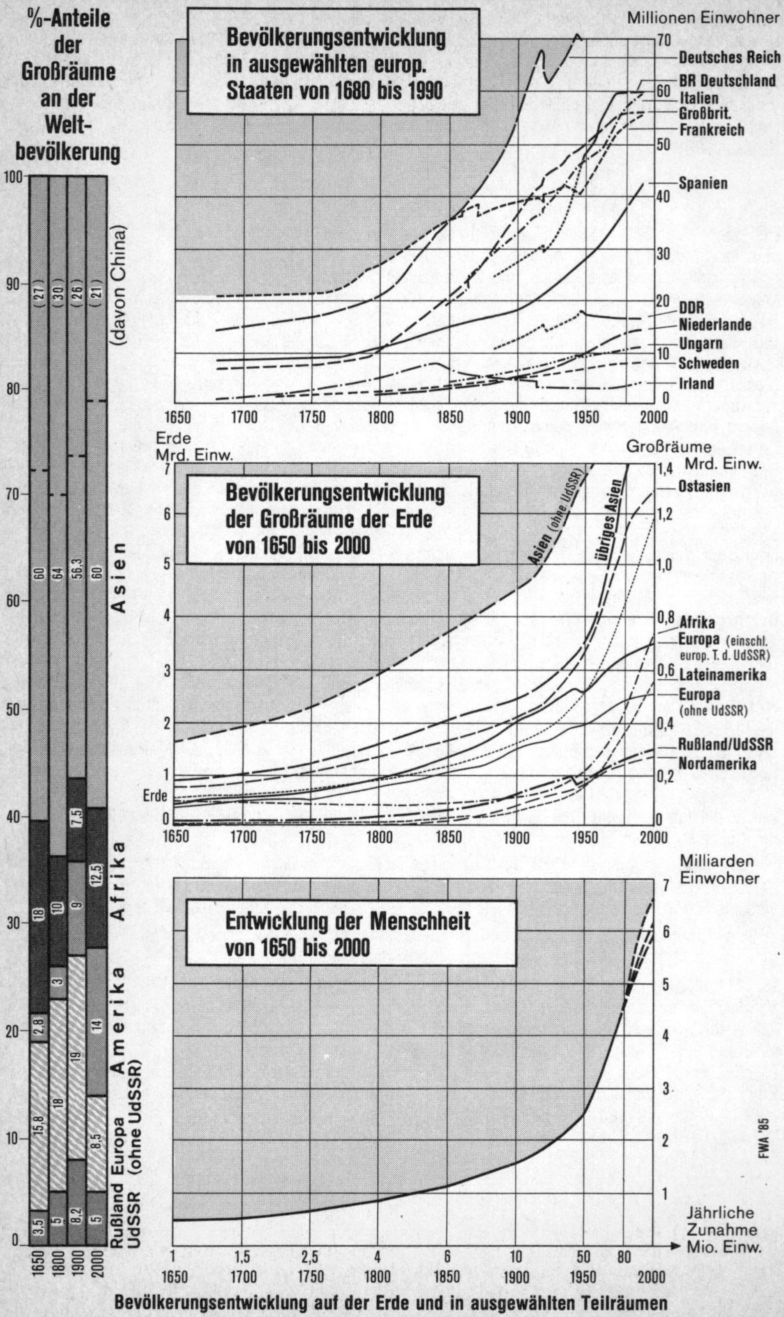


Bevölkerungsentwicklung auf der Erde und in ausgewählten Teilräumen

## AFGHANISTAN *(West-Asien)*

(Demokratische Republik Afghanistan, De Afghánistan Demokratik Djamhuriate [= Paschtu] bzw. Djamhurie-e Demokratik Afghánistan [= Dari] – [AFG])

**Fläche** (38): 647497 km² (L: 12%) – **Einwohner** (42): 17220000 (S 1983; n. and. Ang. 21370000) = 26,6 je km² – **Städt. Bev.**: 16/5,8/17 – **G**: 37/205/35/16730 / 25990 / 73 – **S**: 80 / 30 / 10 / 2 – **Jährl. Bevölkerungswachstum:** (1970–1981) 2,5% (1981: 47 / 26)

**Bevölkerung:** über 50% Paschtu sprechende Afghanen (Paschtunen, das eigentl. Staatsvolk; bes. Gilsai u. Durrani), 25–30% Tadschiken, 5% Usbeken, gegen 3% mongolische Hesoreh [Hazarah]; Nuristanis (»Kafiren«), Balutschen [Belutschen], Turkmenen, Kirgisen u. Kasachen sowie Perser i. e. S. 8–12% Afghanen sind Nomaden (»Koochis«) oder Halbnomaden – **Staatssprache:** Paschtu [Pushtu] u. Dari (Farsi bzw. Persisch) – **Religion:** Vorrechte d. Islam der sunn. Hanafi-Lehre; über 90% Sunniten, über 5% Schiiten (u. a. Hesoreh), Hindus, Juden

**Flagge:** schwarz-rot-grün (waagerecht), mit Staatswappen im Obereck – **Nationalfeiertag:** 27. 4. – **U:** endgültig 19. 8. 1919

**Staats- u. Regierungsform:** »Demokrat. Republik« seit d. Putsch vom 27. April 1978. – Verfassung außer Kraft, ersetzt durch »Grundlinien der revolutionären Aufgaben« – Wahl eines obersten Rates u. Gründung einer »Nationalen Vaterländ. Front«/NVF im Juli 1981 als Nationalversammlung ähnl. d. Großen Stammesrat – »Revolutionsrat« als höchstes Gremium – **Verwaltungsgliederung** in 28 Provinzen (Welayat) u. in Bezirke

**Staatsoberhaupt:** Babrak Karmal, Vors. d. 11köpfigen Präsidiums d. Rev.-Rates u. Gen.-Sekr. d. ZK d. »Demokr. Volkspartei Afghanistans« seit d. Staatsstreich v. Dez. 1979 – **Regierungschef:** Min.-Präs. Sultan Ali Kishtmand [Keschdmand], Führer d. Demokrat. Volkspartei A. – **Außenminister:** Schah [Shah] Mohammed Dost – **Parteien:** einzige Partei »Demokratische Volkspartei Afghanistans« (DVPA), prokommunistisch – **Dipl. B.:** BR Dtld. u. DDR

**Städte** (Z 1979): Kábul (Hptst.) 913164 Einw., Kandahár [Qandahár] 178409, Herát 140323, Mazár-i-Sharif 103372, Jalálábád 53915, Kunduz 53251, Baghlan 39228, Charikar 22424, Shiberghan 18955, Gardez 9550, Faizabad 9098, Qala-i-nau 5340

**Wirtschaft: BSP** 1978: 2290 Mill. $/1979 (S): 2590 Mill. $ / 173 $ (163) / 2,7* – **WS**: .. / 3,2 / .. / 3,2 – **V**: .. /87* (inkl. öff. V.)/16* / 13* / 4* / – 3* – **A**: 52/79 / 8 – **E**: 83 / – 3,1 / 455

**Außenhandel:** 1982/83 (Islam. Jahr 1361 v. 21. 3. 1982–20. 3. 1983) **Einf.** 661 Mill. $, **Ausf.** 673 Mill. $ – **W**: 1 Afghani (Af) = 100 Puls; 1 US-$ = 50,00 Afs, 1 Af = 0,0518 DM – **I**: 5,0 – **AS**: <1* / 3* / 12* / 14* / 14* – **T**: 112 – **H**: 46/30/21 – **Z**: .. /2,5* / .. / 58,1* – **K**: – / 19* / ..

**Wichtige Ausfuhrgüter:** Früchte 20–40%, Erdgas 10–15%, Karakulfelle 5%, Baumwolle bis 15%, Wolle, Teppiche 10%, Ölsaaten, Häute – **u. Handelspartner:** UdSSR (bis 70%), Indien, Japan, Pakistan

**Mitgliedschaft:** UNO, ADB, ECWA, FAO, IAEA, ICAO, IBRD, IDA, IDJ, IFC, ILO, IMF, ITU, UNESCO, UPU, WHO, WMO, Colomboplan

## ÄGYPTEN *(Nordost-Afrika)*

(Arabische Republik Ä.; El Dschumhurija Misr El Arabija bzw. Al Jumhuriya Misr Al Arabiya, Egypt – [ET])

**Fläche** (28): 1001449 km² (59202 km² in Asien) – **Einwohner** (20): 44670000 (S 1982; 38,2 Mill. Z 1976) = 44,6 je km²; auf den 35580 km² Kulturland liegt die Bev.-Dichte bei über 1000 je km² – **Städt. B.**: 44/2,9/53 – **G**: 57/110/16/970/1500/117 – **S**: 56/76/52/15 – **Jährl. Bevölkerungswachstum:** (1970–1981) 2,5% (1981: 36 / 12)

**Bevölkerung:** arabisierte Hamiten; 50000–80000 arab. Beduinen; im S Nubier; kleinere Minderheiten von Berbern u. Schwarzen, etwa 10000 Griechen u. 2000 Italiener; 2–3 Mill. als Gastarbeiter in and. arab. Ländern – **Staatssprache:** Arabisch – **Religion:** 93,1% Muslime, fast nur Sunniten (El-Azhar-Moschee u. -Universität als bedeutende geistl. Mittelpunkte d. Islam [Staatsreligion]), 6,8% koptische Christen, griechisch-orthodoxe u. katholische (rund 50000) sowie protestant. (etwa 15000) Minderheiten u. 400 Juden; n. and. Ang. 5,5 Mill. Christen

**Flagge:** rot-weiß (mit gold. Falken)-schwarz (waagerecht) – **Nationalfeiertag:** 23. 7. u. 6. 10. (Tag d. Streitkräfte) – **U:** 28. 2. 1922

**Staats- und Regierungsform:** Präsidiale Republik – Neue Verfassung von 1971 – Nationalversammlung (»Rat d. Volkes«) – Allgem. Wahlrecht – **Verwaltungsgliederung** in 25 Provinzen u. Gouvernorate; seit 1977 8 Wirtschaftsregionen – Wehrpflicht

**Staatsoberhaupt:** Präsident Hosni Mubarak, am 13. 10. 1981 mit 98,43% d. Stimmen gewählt – **Regierungschef:** Kamal Hassan Ali – **Außenminister:** Esmet Abdel Meguit; Staatsminister f. Äußeres: Butros Ghali – **Nationaler Verteidigungsrat** – **Parteien:** Bei den Wahlen v. 17. Mai 1984 erhielt die »Nationaldemokrat. Partei«/NDP v. Präs. Mubarak 73% d. Stimmen u. 391 d. 448 Sitze, d. konservat. »Neue Wafd« unter Fuad Seragedin 8% u. 58, die »Progressive Sammlung« 4% u. 0 Sitze. Alle Stimmen f. Parteien mit weniger als 8% Stimmenanteil werden automatisch d. stärksten, also der Regierungspartei zugeschlagen – **Dipl. B.:** BR Deutschland u. DDR

**Städte** (S 1978): Kairo [El Qahira], (Hptst.) 5291000 Einw. (m. V. 9–10 Mill.), Alexandrien [Alexandria, El Iskandariya] 2415000; (Z 1976): Gise [Giza] 1246713, Schubra el Khema 393700, Mahalla el Kubra 292853, Tanta 284636, Port Said [Bor Said] 262620, El Mansûra 257866, Assiut [Asyût] 213983, Sagasig [Zagazig] 202637, Suez [Es Suweis] 194001, Damanhûr 188927, Faijum [Faiyum] 167081, Ismailia 145978, Assuan [Aswân] 144377 (S 1983: Einw.-Zahlen mind. 20% höher!)

**Wirtschaft: BSP** 1980: 23360 Mill. $/1981 (S): 28160 Mill. $ / 649 $ (108) / 5,6 – **WS:** 21 / 2,9 / 38 / 7,6 – **V:** 19 / 64 / 30 / 17 / 34 / – 13 – **A:** 57 / 50 / 30 – **E:** 595 / 23,2 / 4500 – **M:** 3,0 (7,4)

**Außenhandel:** 1982 **Einf.** 9078 Mill. $, **Ausf.** 3120 Mill. $ – **W:** 1 Ägypt. Pfund (ägypt£) = 100 Piasters (PT) = 1000 Milliemes; Kurs d. Zentralbank: 1 US-$ = 70,00000 PT, 1 ägypt£ = 3,7000 DM – **I:** 11,1 – **AS:** 67 / < 1 / 2 / 32 / 27 – **T:** 86 – **H:** 52 / 36 / 9 – **Z:** – 2135 / 6,5 / 22,6 / 43,7 – **D:** 1,8 – **K:** – / 1918 / 746

**Wichtige Ausfuhrgüter:** Baumwolle (½), Baumwollgarne, Textilien zus. bis 30%; Erdöl (rd. 50%); Halbfertigwaren; außerdem Mineralöle, Reis (3%), Ölsamen, Gemüse, Phosphate; Einn. d. Kanalgeb. rd. 1,5 Mrd. $ – **u. Handelspartner:** USA (Exp. 20%), BR Deutschland, UdSSR, Italien, Frankreich, Großbritannien, Israel (14%)

**Mitgliedschaft:** UNO, OAU, CCC, ECA, FAO, GATT, IAEA, IBRD, ICAO, ICO, IDA, IFAD, IFC, ILO, IMO, IMF, OAPEC (seit April 1979 ausgeschlossen), ITU, UIA, UNESCO, UPU, WHO, WMO; Arabische Liga. Gemeinsamer Arab. Markt – »Org. d. Nil-Staaten«; gemeins. Kongreß u. Verteidigungspakt m. d. Sudan; Zollpräf.-Abkommen m. d. EG
Seit Mai 1983 existiert ein »Nilparlament« aus je 60 ägypt. u. sudanes. Abg., das zur wirtsch. Integration beider Länder innerh. v. 10 Jahren beitragen soll. Außerdem sind ein »Oberster Rat« u. ein gemeins. Fonds für bilat. Wirtsch.-Projekte geplant

GASA (Gaza): Fläche 378 km² – Einw. etwa 450000, größtenteils Palästinenserflüchtlinge (seit 1967 v. Israel besetzt) – Nach Abschluß d. Friedensvertrages mit Israel am 26. 3. 1979 wurde – in Teilschritten – bis 26. 4. 1982 die Sinai-Halbinsel (58824 km² u. rd. 130000 E.) zurückgegeben.

## ALBANIEN *(Südost-Europa)*

(Sozialist. Volksrep. A.; Republika Popullóre Socialiste e Shqipërisë – [AL])

**Fläche** (124): 28748 km² (L: 43%) – **Einwohner** (108): 2840000 (S 1983; 1626315 Z 1960) = 98,8 je km² – **Städt. B.:** 37 / 3,4 / 0 – **G:** 70 / 83* / 9* / 960 / 310 / 110 – **S:** .. / 108 / 63 / 6 – **Jährl. Bevölkerungswachstum:** (1970–1981) 2,5% (1981: 29 / 6)

**Bevölkerung:** 97% Albaner (Tosken im S u. Gegen im N); slawische (1%), griechische (2%) u. walachische Minderheiten; über ⅓ d. alban. Volkes i. Ausl. (1753605 in Jugoslawien, davon 1,5 Mill. in Kosovo, Mazed. u. Montenegro) – **Staatssprache:** Albanisch (Grundlage toskischer Dialekt) – **Religion:** Vor 1945 über 50% Muslime (fast ausschließl. Sunniten; dazu Bektaschiten), Christen (160000 Orthodoxe, 124000 Katholiken), 300 Juden; 1967 Erklärung zum »atheist. Staat«.

**Flagge:** rot mit schwarzem Doppeladler und gelbgerändertem roten Stern darüber – **Nationalfeiertag:** 11. 1. – **U:** 28. 11. 1912

**Staats- und Regierungsform:** Sozialist. Volksrep. seit d. neuen Verfassung v. Dezember 1976 – Parlament aus 1 Kammer (»Volksversammlung«) mit 270 Abg. – Wahl der Abgeordneten für 4 Jahre von allen über 18 J. alten Bürgern – Allg. Wehrpflicht – Innere Gliederung in 26 Bezirke (rrethët).

**Staatsoberhaupt:** Vors. d. Präsidiums d. Volksvers. Ramiz Alia – **Regierungschef:** Vors. d. Ministerrates Adil Carcani, seit Jan. 1982, faktisch **Parteichef** Enver Hoxha [Hodscha] – **Außenminister:** Reis Malile – **Parteien:** Kommun. »Alban. Arbeiterpartei« (Partia e Punës e Shqipërisë; PPSH); Erster Sekr. d. ZK Enver Hoxha (seit Nov. 1941); für d. 250 Kandidaten d. v. d. KP gesteuerten »Albanischen Demokratischen Front« stimmten bei d. Parlamentswahl v. Nov. 1982 100% der Wähler; 1981 122600 Vollmitglieder der Partei – **Dipl. B.:** DDR

**Städte** (S 1981): Tirana [Tiranë] (Hptst.) 198000 Einw., Shkodër 65000, Durrës 62500, Vlorë 61500, Korçë 53000. Elbasan 53000

**Wirtschaft: BSP** 1978: 1930 Mill. $/1979 (S): 2240 Mill. $ / 840 $ (97) / 4,2* – **A:** 58 / 61 / 25 – **E:** 1800 / 2,4 / ..

**Außenhandel:** 1976 **Einf.** 250 Mill. $, **Ausf.** 200 Mill. $ – **W:** 1 Lek = 100 Qindarka; 1 US-$ = 3,30 Lek, 1 Lek = 0,7848 DM; im Reiseverkehr: 1 US-$ = 7,00 Lek, 1 Lek = 0,3700 DM – **AS:** 49* / 1* / .. / 17* / 78* – **H:** 1* / 6* / 93*

**Wichtige Ausfuhrgüter:** Bergbauprodukte (über 50%, vor allem Chromerz u. Erdöl), Tabak, Felle, Wolle, Früchte (Oliven, Apfelsinen, Trauben) – **u. Handelspartner:** Jugoslawien über ⅛, ČSSR 1/11, DDR, Italien, Rumänien, Griechenland, Polen, BR Deutschland; sozialist. Länder insg. 60%

**Mitgliedschaft:** UNO, ECE, RGW (Mitarbeit suspendiert); FAO, IAEA, ITU, UNESCO, UPU, WHO, WMO (aus d. »Warschauer Pakt« 1968 ausgetreten)

## ALGERIEN *(Nord-Afrika)*

(Dem. Volksrep. Algerien; République Algérienne Démocratique et Populaire; El Dschamhurija el Dschasarija el demokratija escha'abija bzw. El Djemhouria El Djazaïria El Demokratia Echaabia – [DZ])

**Fläche** (10): 2381741 km² – **Einwohner** (35): 20500000 (S 1983; 18240000 Z 1977 prov.) = 8,6 je km$^2$ (Süd-A. weniger als 1) – **Städt. B.:** 44/5,6/12 – **G:** 56/114/18/2650/740/101 – **S:** 65/95/33/5– **Jährl. Bevölkerungswachstum:** (1970–1981) 3,3% (1981: 45 / 13)

**Bevölkerung:** Arabisch sprechende Mischbevölkerung sowie Berber (u.a. Kabylen); ca. 56% als Berber, ca. 19% als Araber einzustufen; im Süden schwarz-afrikan. Einflüsse; über 60000 Europäer (davon 50000 Franzosen u. 5000 ehem. franz. Siedler), über 2,3 Mill. als Gastarbeiter im Ausland – **Staatssprache:** Arabisch; Französisch als Handels- u. Bildungssprache, z.T. auch im offiziellen Verkehr wichtig. Berberdialekte (18–25%). – **Religion:** 99% Muslime (Sunniten); etwa 1000 (lt. »Stat. Yearbook« 1982/83 150000!) Juden (1970), katholische (etwa 58000) u. kleine protestant. Gruppen

**Flagge:** grün-weiß (senkrecht) mit rotem Halbmond und Stern in der Mitte – **Nationalfeiertag:** 5.7. u. 1.11. – **U:** 3.7.1962

**Staats- und Regierungsform:** Nach der im Juni 1976 durch eine Volksabstimmung gebilligten u. am 19.11.1976 durch eine solche als neue Verfassung kodifizierten »Nationalen Charta« eine »demokratische Volksrepublik« mit dem Islam als Staatsreligion u. Einparteiensystem. Wahl d. Präsidenten u. d. Nationalvers. durch das Volk nach allg. Wahlrecht – ZK d. FLN-Politbüro mit 17 Mitgl. – »Nationaldienst« – Verwaltungsglied. in 15 Bezirke (Wilayat)

**Staatspräsident:** Ben Jedid Chadli [Schadli], Verteid.-Min. u. Gen.-Sekr. d. FLN, erneut seit Jan. 1984 – **Regierungschef:** Abdelhamid Brahimi, seit 1984 – **Außenminister:** Dr. Ahmed Taleb el-Ibrahimi – **Parteien:** »Nationale Befreiungsfront« (Front de Libération Nationale/FLN) als Einheitspartei. Letzte Wahlen vom März 1982 nach der FLN-Einheitsliste (alle 261 Sitze, davon 55 Mitgl. d. Staatspartei FLN) – **Dipl. B.:** BR Dtld. u. DDR

**Städte** (S 1982): El Djaza'ir [Algier bzw. Alger], (Hptst.) 2165000 Einw.; (S 1978): Ouahran [Wahran, Oran] 633000, Ksontina [Quacentina, Constantine] 489000, El Boulaida [Blida] 438000, Setif 348000, Sidi-Bel-Abbès 330000, Annaba [Bône] 306000; (S 1974) Tizi-Ouzou 223702, Djidjeli [Dschidscheli, Skikda, Philippeville] 127968, Batna 115138, Tlemcen 115054, El Asnam [Orléansville] 114327, Mestghanem [Mostaganem] 101780

**Wirtschaft: BSP** 1980: 36650 Mill. $/1981 (S): 42010 Mill. $/2140 $ (61)/3,1 – **WS:** 6/3,9/55/7,6 – **V:** 16/45/37/39/34/2 – **A:** 49/25/25 – **E:** 814/4,4/2006 – **M:** 2,0* (..)

**Außenhandel:** 1982 **Einf.** 10754 Mill. $, **Ausf.** 13181 Mill. $ – **W:** 1 Alger. Dinar (DA) = 100 Centimes (CT); 1 US-$ = 4,8424 DA, 1 DA = 0,5349 DM – **I:** 13,4 – **AS:** 99/<1/2/21/37 – **T:** 196 – **H:** 89/9/2 – **Z:** 249/9,5/24,9/35,2 – **D:** 5,8 – **K:** 0,16/382/315

**Wichtige Ausfuhrgüter:** Erdöl u. Erdgas (über 90%), Eisenerz, Phosphate, Wein, Getreide, Früchte, Frühgemüse, Halfagras, Kork, Häute – **u. Handelspartner:** USA (30%), Frankreich (18%), BR Deutschland (15%), Italien und andere EG-Mitglieder (EG insges. über 50%), UdSSR, Marokko

**Mitgliedschaft:** UNO, OAU, Arabische Liga, CCC, ECA, FAO, GATT (assoz.), IAEA, IBRD, ICAO, ILO, IMF, ITU, OAPEC u. OPEC, UPU, UNESCO, WHO, WMO – Allg. Zollpräf.-Abk. m. d. EG, Regionalabkommen mit Nachbarstaaten, u.a. permanentes Konsultativabkommen d. Maghrebstaaten

## ANDORRA *(Südwest-Europa)*

(Fürstentum Andorra, Principat d'Andorra, Principauté d'Andorre; Valls d'Andorra; franz.: Les Vallées d'Andorre – [AND])

**Fläche** (162): 453 km$^2$ (n. and. Ang. 465 km$^2$) (L: 4%) – **Einwohner** (169): 40000 (S 1984; 26558 Z 1975) = 88,3 je km$^2$

**Bevölkerung:** rd. 12000 Andorraner (ethn. Katalanen; wahlberechtigt), im übrigen meist spanische (ca. 22000), französ. (ca. 2500) u. portugies. Staatsangeh. usw. – **Jährl. Bevölkerungswachstum:** (1976) 1,2% – **Sprache:** Katalanisch; Spanisch u. Französisch als Bildungs- u. Verkehrssprachen – **Religion:** röm.-kath., jüdische Minderheit

**Flagge:** blau-gelb-rot (senkrecht) – **U:** 1278

**Staats- und Regierungsform:** Freistaat unter Souveränität des Bischofs v. Séo de Urgel (Spanien) als Vertreter des Papstes u. d. französ. Staatspräsid. als Rechtsnachfolger der Grafen von Foix – 7 Gemeindebezirke (Paroisse, Kirchspiel) – Allgemeine Wahlberechtigung seit 1970 – »Parlament« aus 1 Kammer (»Generalrat«), mit 28 »Conseilleurs«, für 4 Jahre gewählt u. alle 2 Jahre zur Hälfte erneuert.

**Staatsoberhaupt:** die beiden »Co-Fürsten« (Coprinces), d. Präs. d. Französ. Rep. u. d. (span.) Bischof v. Séo de Urgel (derzeit: Juan M. Alanis), vertreten d. ständige Delegierte: den Präfekten d. Dép. Pyrénées Orientales u. d. Generalvikar v. Séo de Urgel – Örtl. Vertretung durch je einen »Viguir« (»Viguier«, Vikar, Landvogt) – **Regierungschef:** gem. Verfass.- u. Verwalt.-Reform v. 1981 (Präsident d. Exekutivrates; »Cap de Govern«): Josep Pintat Solans, seit Mai 1984; nimmt de facto zahlr. Aufg. eines Staatschefs wahr – **Parteien:** Die Wahlen v. Dez. 1981 zum Generalrat ergaben eine Mehrheit v. 20 d. 28 Mandate für d. damaligen konservat. Regierungschef O. Reig; »Partit. Democrata Andorra«/PDA als Oppositionspartei (links) – »Volksmiliz« – Vertretung der auswärtigen Interessen de facto durch Frankreich

**Städte** (F 1981): Andorra la Vella [Andorre-la-Vielle] (Hptst.) 13500 Einw.; (F 1978): Les Escaldes 7372, Sant Juliá 3244

Fremdenverkehr (7 Mill. Touristen), Verpachtung v.

2 Rundfunkstationen, Stromausfuhr nach u. Postunion mit Spanien. Französ. u. span. Währung

**Mitgliedschaft:** außer IOC keine; v. UNO nicht völkerrechtl. anerkannt

## ANGOLA *(Südwest-Afrika)*

Volksrepublik A.; República Popular de A.)

**Fläche** (21): (m. d. Exklave Cabinda m. 7270 km² u. 80857 Einw. Z 1970) 1246700 km² (n. UNO-Ang.) (L: 1,4%) – **Einwohner** (69): 8140000 (S 1982; Z 1970 5673046) = 6,5 je km² – **Städt. B.:** 22/5,8/64 – **G:** 42/152/33/14910*/6650*/83 – **S:** 95*/21*/2*/< 1 – **Jährl. Bevölkerungswachstum:** (1970–1981) 2,5% (1981: 49 / 23)

**Bevölkerung:** Angolaner; hauptsächlich Bantu (rund 120 Stämme u. 10 Gruppen), u.a. ⅖ Mbundu (Ubundu, Ovibundu) u. bis ¼ Kimbundu, außerdem Muschikongo im N, Imbangala im O, Ambo, Njanjeka im S u. SW, Watwa (nicht zu den Bantus gehörend) im SW u. Khoisaniden (Buschmanngruppen) im S. Vor der Abwanderung (seit 1975) bis 500000 meist portugies. Weiße, 1980 ca. 40000; rd. 150000 Mischlinge; derzeit ca. 50000 Kubaner im Land – **Staatssprache:** Portugiesisch, z.T. auch als Umgangssprache. Im übrigen Bantu-Sprachen (Umbundu 38, Kimbundu 27, Lunda 13, Kikongo 11%) – **Religion:** etwa 40% röm. Katholiken, rund 12% Protestanten; Anhänger von Naturreligionen

**Flagge:** rot-schwarz (waagerecht) m. gelbem Stern, Zahnradbogen u. »Machete« in d. Mitte – **Nationalfeiertag:** 11.11. u. 10.12. – **U:** 11.11.1975

**Staats- und Regierungsform:** Soz. Volksrepublik – Verfassung vom Nov. 1975 auf marxist. Grundlage – »Revolutionsrat« – »Volksversammlung« aus 203 Mitgliedern für 3 Jahre – Allgemeines Wahlrecht – Allg. Wehrpflicht – Gliederung in 18 Províncias

**Staatsoberhaupt u. Regierungschef:** José Eduardo dos Santos, seit 21.9.1979; Präs. d. MPLA, Vors. d. Rev.-Rats – **Außenminister:** Paulo Texeira Jorge – **Parteien:** Seit Verbot von FNLA u. UNITA nur noch d. sozialist. MPLA (bzw. Movimento Popular de Libertação de Angola – Partido de Trabalho/»Partei d. Arbeit«) zugelassen – Wahl v. Nov. 1980: alle Sitze f. Einheitsliste d. MPLA – Wahlperiode 1983 um 3 Jahre verlängert – **Dipl. B.:** BR Dtld. u. DDR

**Städte** (Z 1970): Luanda (Hptst.) 475328 (A; S 1984: 1,1 Mill.), Huambo (fr. Nova Lisboa) 61885, Lobito 59528, Benguela 40996, Cabinda 21124, Moçâmedes 12076, Uige 11972

**Wirtschaft: BSP** 1979: 2970 Mill. $/1980 (S): 3320 Mill. $/469 $ (120)/–9,6* – **WS:** 48*/–10,2*/23*/–3,9* – **V:** 25*/56*/9*/19*/43*/10* – **A:** 53/59/16 – **E:** 255 / –1,6 / 600 – **M:** 4,5* (..)

**Außenhandel:** 1979 **Einf.** 680 Mill. $, **Ausf.** 666 Mill. $ – **W:** 1 Kwanza (Kz) = 100 Lwei (Lw); 1 US-$ = 29,622 Kz, 1 Kz = 0,0874 DM – **I:** 21,0* – **AS:** 64*/1*/6*/../.. – **T:** 152 – **H:** 68 / 28 / 3

**Wichtige Ausfuhrgüter:** Erdöl (aus der Exklave Cabinda = 85% d. Staatseinn.) u. Diamanten zus. über ⅘, Kaffee (2,7%), Erze, Sisal, Fische u. Fischprodukte, Holz – u. **Handelspartner:** Portugal (½), BR Deutschland u. and. EG-Länder, RGW-Staaten, USA (50% d. Exports), Japan

**Mitgliedschaft:** UNO, OAU, FAO, IAEA, ICAO, ILO, IMO, ITU, UNESCO, UPU, WHO, WMO, Freundschaftsvertrag m. d. UdSSR und u.a. mit Guinea-Bissau; Verteid.-Abk. m. Mosambik, Sambia u. Tansania; AKP (Antrag vorliegend), Sicherheitsabk. mit Zaïre u. Sambia

## ANGUILLA *(Mittel-Amerika; Karibik)*

(Anguilla, abgeleitet v. »aalartigem« Umriß)

**Fläche** (172a): 88 km² – **Einwohner** (176a): 6500 (S 1980); Sombrero Island ist unbew. = 73,9 Einw./km²

**Bevölkerung:** Anguiller; bes. Schwarze, Mulatten u. Europäer (meist irischer Abst.) – **Staatssprache:** Englisch – **Religion:** Anglikaner, Methodisten, Katholiken

**Flagge:** weiße Fläche mit drei Fischen (orange), unten waagrechte Streifen in Türkis – **Nationalfeiertag:** nicht bekannt – **U.:** am 30.5.1980 ausgerufen, aber v. Großbritannien nicht anerkannt

**Staats- u. Regierungsform:** als Rep. 1980 für unabh. erklärt, doch de facto weiterhin »separate British dependency« – Ministeriales System mit Legislative Assembly (12 Abg.) u. 6köpfigem Exekutivrat – Wahlen alle 4 Jahre – Allg. Wahlrecht ab 18 Jahre

**Staatsoberhaupt:** Königin Elizabeth II., vertreten d. Commissioner A. T. Baillie (für Außenpolitik zust.) – **Regierungschef:** Emile Gumbs, seit März 1984 – **Parteien:** Anguilla National Alliance/ANA v. E. Gumbs (für Großbrit.), Anguilla United Party for the People des ehem. Reg.-Chefs R. Webster (für Unabh.)

**Städte:** Regierungssitz in »The Valley«

**Wirtschaft:** BSP 1980: 10 Mill. $ / 1539 $ (72a)

**Außenhandel:** 1977 **Ausf.** 661000 EC$ – **W:** 1 Ostkarib.-Dollar = 100 Cents; 5,15 EC$ = 1 £ Sterling; 1 EC$ = 0,9635 DM

**Wichtige Ausfuhrgüter:** Phosphate, Salz, landwirt. Prod. (Vieh), Fische – u. **Handelspartner:** Großbritannien, Caricom-Staaten

## ANTARKTIS *(Südpolargebiet, Antarktika = der eigentliche Kontinent)*

**Fläche:** 13,2 Mill. km² (nach neuen Radarmessungen wahrsch. nur 13 Mill. km²), mit Schelfeismassen 14,1 Mill. km² – »Nationalität der Bewohner«:

durchschnittl. 40% US-Amerikaner, 23% Sowjetrussen u. 37% Angeh. and. Nationen. Hauptstation d. USA: McMurdo: ca. 300–1000 Menschen

**Hoheitsansprüche:** Argentinien (*Antártida Argentina,* 25°–74° w. L.) – Australien (*Australian Antarctic Territory,* 45°–160° ö. L., außer Adélieland) – Chile (*Territorio antártico chileno,* 53°–90° w. L.) – Frankreich (*Terre Adélie,* 136°–142° ö. L.) – Großbritannien (*Brit. Antarctic Territory* m. Grahamland, Süd-Orkney- u. Süd-Shetland-Inseln, 20°–80° w. L.) – Neuseeland (*Ross Dependency,* 160° ö. L.–150° w. L.) – Norwegen (*Atlanten-* oder *Bouvet-Sektor,* 20° w. L.–45° ö. L.) – Die einzelnen Sektoren überschneiden sich teilweise. Auf den Sektor zwischen 90° w. L. und 150° w. L. wude bisher kein Anspruch erhoben. Die USA u. die UdSSR erkennen keine Hoheitsansprüche in d. Antarktis an. Der v. Argentinien, Australien, Belgien, Chile, Frankreich, Großbritannien, Japan, Neuseeland, Norwegen, d. Rep. Südafrika, d. UdSSR u. d. USA am 1.12.1958 geschlossene Vertrag über d. friedl. Nutzung d. Antarktis trat am 23.6.1961 in Kraft (1976 Geheimkonferenz über d. Abbau v. Bodenschätzen). Polen wurde 1977 13. Vollmitglied u. wie d. BR Deutschland (14. Vollmitglied seit 1981) 1978 in d. nicht zum ob. Abkommen gehörende »Internat. Komitee für Antarktisforschung«/SCAR, aufgenommen. Die ČSSR, Dänemark, Niederlande, Rumänien, DDR, Bulgarien u. Brasilien sind »einfache« Mitglieder (zur Zeit insg. 26 Mitgl.) ohne Stimmrecht (Voraussetzung hierfür sind Beitrittserklärung u. Bau einer Forschungsstation, mit dem v. d. BR Deutschland nach Voruntersuchungen 1980 im Jahr 1981 begonnen wurde). Für die Vollmitgliedschaft mit Stimmberechtigung ist Voraussetzung, daß die Forschungsstation handfeste wissenschaftliche Ergebnisse erbracht hat (Kosten d. bundesdt. Antarktisprogramm 300 Mill. DM, laufend jährl. 50 Mill.) – Robbenkonvention v. 1972 – Konv. z. Schutz d. leb. Meeresressourcen d. Antarktis v. 1980 – Eisfrei 600000 km² – Tiefste gemessene Temperaturen −89,2°C am 21.7.1983 (Station »Wostok«) – Forschungsstationen der USA, UdSSR, Argentiniens, Chiles usw. – Mittl. Tagestemperatur am Südpol 1976 −50°C, Eisdicke am Südpol 2800 m

## ANTIGUA und BARBUDA

*(Mittel-Amerika; Karibik)*

(State of Antigua and B.; früher z. brit. Kolonie *Leewards Islands* gehör.)

**Fläche** (163): 443 km² (davon Barbuda 161 km² u. Redonda 1 km²) (L: 54%) – **Einwohner** (165): 78000 (S 1982, davon 1300 auf Barbuda) = 176,5 je km² – **S:** bis 90% – **Jährl. Bevölkerungswachstum:** (1970–1979) 1,6%

**Bevölkerung:** 92% Schwarze, 3,5% Mischlinge, ca. 3000 Weiße – **Staatssprache:** Englisch, Umgangssprache Kreolisch – **Religion:** Anglikaner, 9500 Katholiken

**Flagge:** rotes Feld mit V-Einschnitt; darin schwarz-blau-weiß (waagerecht) m. gelber aufgehender Sonne im schwarzen Streifen – **Nationalfeiertag:** vermutl. 1.11. – **U:** 1.11.1981

**Staats- und Regierungsform:** Parlam.-demokrat. Monarchie – »Antigua Parliament« aus Senat (10 Mitgl.) und Repräsentantenhaus (17 gewählte Mitgl.) – Teilautonomie für Barbuda; eig. Inselparlament (»Barbuda Council«)

**Staatsoberhaupt:** Königin Elizabeth II., vertreten d. einen einheim. Gouverneur (Sir Wilfried E. Jacobs) – **Regierungschef:** Premierminister Vere Cornwall Bird – **Außenminister:** Lester Bird – **Parteien:** 1984 erhielt d. Antigua Labour Party/ALP ca. 70% d. Stimmen u. 16 d. insg. 17 Sitze; der für Barbuda reservierte Sitz ging an einen Unabhängigen; außerdem Antigua Caribbean Liberation Movement/ACIM u. Progressive Labour Movement (ohne Mandat) – **Dipl. B.:** BR Dtld. (Botschaft in Port-of-Spain zuständig)

**Städte** (S 1983): St. Johns (Hptst.) 35000 Einw.

**Wirtschaft: BSP** 1980: 100 Mill. $/1981 (S): 120 Mill. $/1550 $ je Einw. (71)/−1,7

**Außenhandel:** 1977 **Einf.** 119 Mill. EC$, **Ausf.** 35 Mill. EC$ – **W:** 1 Ostkaribischer Dollar (EC$) = 100 Cents; 1 US-$ = 2,6882 EC$, 1 EC$ = 0,9635 DM

**Wichtige Ausfuhrgüter:** Baumwolle, Früchte, Fisch – **u. Handelspartner:** Großbritannien

**Mitgliedschaft:** UNO (157 Mitgl.), Commonwealth, CARICOM, OAS, IMF, IPU, AKP, OECS

## ARGENTINIEN *(Süd-Amerika)*

(Argentinische Republik; República Argentina – [RA])

**Fläche** (8): 2776889 km²; A. beansprucht d. Malwinen (Falkland-I.), d. Süd-Antillen u. einen Antarktissektor mit insges. rd. 1231100 km² u. 3300 Einw. (L: 13%) – **Einwohner** (28): 29630000 (S 1983; 23362204 Z 1970) = 10,7 je km² (s. auch Antarktis) – **Städt. B.:** 83/2,0/60 – **G:** 71/44/2/530/750*/125 – **S:** 7/116/56/23 – **Jährl. Bevölkerungswachstum:** (1970–1981) 1,6% (1981: 20/9)

**Bevölkerung:** über 90% Weiße vorwiegend span. und ital. Abstammung; 1,9 Mill. Mestizen, 30000–40000 Indianer; über 200000 (bis einschl. 3. Generation ca. 1 Mill.) Deutschstämmige – **Staatssprache:** Spanisch, auch »Castellano« genannt – **Religion:** 88,6% röm.-kath.; protestant. (1,5%) u. islam. Minderheiten, Juden (500000); fast 10% Ausländer (haupts. Italiener u. Spanier)

**Flagge:** hellblau-weiß-hellblau (waagerecht) – **Nationalfeiertag:** 25. 5. u. 9. 7. – **U:** 9. 7. 1816

**Staats- und Regierungsform:** Bundesrepublik u. Präsidialdemokratie, deren Form auf einer am 25. 5. 1853 proklamierten Verfassung beruht – durch Volkswahl bestelltes Wahlmännerkollegium wählt d. Staatspräsid. u. Vizepräsid. für 4 Jahre – Präs. muß Argentinier u. Katholik sein – Präs. ist Chef d. Exekutive u. Oberbefehlshaber – Volksvertretung durch Kongreß (Congreso de la Nacion) aus Senat (46 Senatoren) u. Abg.-Haus (252 Mitgl.) – 22 Provinzen, Bundesdistrikt Buenos Aires u. Nationalterritorium Tierra del Fuego (Feuerland)

**Staatsoberhaupt u. Regierungschef:** Dr. Raúl Alfonsín, UCR, seit 30. Nov. 1983 – **Außenminister:** Dante Caputto – **Parteien:** Bei der ersten wieder demokrat. Wahl am 30. Nov. 1983 errang d. »Radikale Bürgerunion« (Unión Cívica Radical/UCR) 135 v. 254 Sitzen d. Kammer, die »Peronisten« (»Justizialisten«) 107, »Intransigente Radikale« 3, »Union Demokr. Zentrum« 2, »Christdemokraten« 1, Provinzparteien 6. – Präsidentenwahl durch Wahlkollegium: UCR 317, »Peronisten« 259 u. 24 andere (insg. 336 Wahlmänner für Präs. Alfonsín)

**Städte** (Z 10. 1980): Buenos Aires (Hptst., C. F.) 2908000 Einw., als Groß-Buenos Aires 9710000, Córdoba 990000, Rosario 935000, Mendoza 597000, La Plata 455000, San Miguel de Tucumán 393000, Santa Fé 375000, Salta 266000, Bahía Blanca 233000, San Fernando 229000, Paraná 224000, Resistencia 218000

**Wirtschaft: BSP** 1980: 71750 Mill. $/1981 (S): 72120 Mill. $/2560 $ (53)/0,7 – **WS:** 9/2,5/38/1,4 – **V:** 15/62/26/23/7/ – 3 – **A:** 63/13/28 – **E:** 2161/3,7/ 12220 – **M:** 2,3 (11,8)

**Außenhandel:** 1982 **Einf.** 5337 Mill. $, **Ausf.** 7798 Mill. $ – **W:** 1 Argent. Peso ($a) = 100 Centavos (c); Freimarktkurs am 31. 3. 84: 1 US-$ = 32,7140 $a, 1 $a = 0,0792 DM – **I:** 134,2 – **AS:** 6/7/14/6/40 – **T:** 71 – **H:** 45/30/25 – **Z:** – 3973/1,3/18,2/8,7 – **D:** 3,8 – **K:** – / 753 / 902

**Wichtige Ausfuhrgüter:** Getreide (⅕) u. Leinsaaten, Fleisch u. Vieh (⅐, Nahrungsmittel insg. 50 %), Wolle. Häute, chem. Produkte, Textilien, Maschinen – **u. Handelspartner:** USA (⅙), Brasilien (⅒), BR Dtld. (7 %), Italien, Japan

**Mitgliedschaft:** UNO, OAS, ALADI, BLADEX, CCC, CECLA, ECLA, FAO, GATT, IAEA, IBRD, ICAO, IDB, IFAD, IFC, ILO, IMO, IMF, ITU, UNESCO, UPU, WHO, WMO; seit 19677 Komitee »La-Plata-Becken« m. Bolivien, Brasilien, Paraguay u. Uruguay, Allg. Zollpräf.-Abk. mit EG; SELA; Differenzen mit Chile wegen Beagle-Kanal; Souveränitätsanspruch über die Malwinen (Falkland-I.) u. Süd-Georgien

## ARKTIS *(Nordpolargebiet)*

**Fläche:** im mathem. Sinne rund 21180000 $km^2$, im geograph. Sinne etwa 28000000 $km^2$. Von der Landfläche (9,9 Mill. $km^2$) entfallen über 5 Mill. $km^2$ auf Kanada, mehr als 2,2 Mill. $km^2$ auf die UdSSR, 2,1 Mill. $km^2$ auf Grönland, der Rest auf die USA (Alaska) und das norwegische Svalbard

## ÄTHIOPIEN *(Nordwest-Afrika))*

(Hebresebawit Ityopya, Yade Gemta Seban Ethiopia [= Oromo], Socialist Ethiopia – [ETH])

**Fläche** (23): 1221900 $km^2$ (L: 68 %) – **Einwohner** (26): 33600000 (S 1983) = 27,5 je $km^2$ – **Städt. B.:** 14/5,5/37 – **G:** 46/145/31/58490/5440/76 – **S:** 85/ 43 / 11 / 1 – **Jährl. Bevölkerungswachstum:** (1970–1981) 2,0 % (1981: 48 / 24)

**Bevölkerung:** rd. ⅓ Amharen u. Tigre, über ⅖ Oromo (Galla), außerdem Dankali, Somali, Niloten; knapp 10000 Italiener – **Staatssprache:** Amhara; Engl., Italienisch, Französ. u. Arabisch als Bildungs- u. Handelssprache, insg. 50 Sprachen (u. a. Oromo, Tigre, Gurage) – **Religion:** knapp 55 % äthiopische Christen (bes. Amharen u. Tigre), über 35 % sunnit. Muslime (vor allem Somali, Dankali, Teile d. Oromo), 28000 Juden (u. a. etwa 20000 Falascha im Gebiet des Tana-Sees) u. Anhänger v. Naturreligionen (im SW) 10 %; rd. 200000 Katholiken

**Flagge:** grün-gelb-rot (waagerecht) – **Nationalfeiertag:** 12. 9. – **U:** Blüte des Reiches v. Aksum im 4. Jh. v. Chr.; neue Einigung 1853

**Staats- und Regierungsform:** Verfass. v. 1955 im Sept. 1974 offiz. aufgehoben – »Provis. Militär. Verwaltungsrat«/DERG (engl. Abk.: PMAC), ca. 80 Mitgl., Ständiges Komitee 15 Mitgl. – Faktisch Wehrpflicht – 14 Provinzen (Kifle Hager)

**Staatsoberhaupt u. Regierungschef:** Vorsitzender der COPWE u. des DERG, von dessen ZK u. Ständ. Komitee, d. Ministerrates u. Oberbefehlshaber d. Streitkräfte: Oberstleutnant Mengistu Hailé Mariam – **Außenminister:** Oberst Goshu Wolde – **Parteien:** Am 16. 6. 1980 Kongreß d. »Kommission zur Gründung einer Arbeiterpartei v. Äthiopien« (COPWE; fungiert als marxist.-leninist. Partei) – **Dipl. B.:** BR Dtld. u. DDR

**Städte** (S 1982): Addis Abeba (Hptst.) 1,5 Mill. Einw., Asmara [Asmera] 500000; 1977 (S): Diredaua [Dire Dawa] 79973, Gondar [Gonder] 68364, Dschimma [Jimma] 63390, Dessie ca. 60000, Harar [Harer] 59122, Massaua über 30000

**Wirtschaft: BSP** 1980: 4080 Mill. $/1981 (S): 4530 Mill. $/142 $ (166) / 0,3 – **WS:** 50 / 0,9 / 16 / 1,8 – **V:** 15 / 81 / 10 / 4 / 13 / – 6 – **A:** 52 / 80 / 7 – **E:** 25 / 2,5 / 318 – **M:** 2,0* (14,3*)

**Außenhandel:** 1982 **Einf.** 787 Mill. $, **Ausf.** 404 Mill. $ – **W:** 1 Birr (Br) = 100 Cents (ct.); 1 US-$ = 2,07 Br,

1 Br = 1,2512 DM – **I:** 4,1 – **AS:** 8 / < 1 / 42 / 8 / 28 – **T:** 69 – **H:** 56 / 25 / 11 – **Z:** – 254 / 1,0 / 7,6 / 18,7 – **D:** 5,2 – **K:** – / 125 / 4*

**Wichtige Ausfuhrgüter:** Kaffee (60 % des Ausfuhrwertes), Viehzuchtprodukte, Ölsaaten, Hülsenfrüchte (6–15 %), Gold – **u. Handelspartner:** USA (knapp ⅕), Japan, Italien, BR Deutschland u. and. EG-Länder, Saudi-Arabien, UdSSR, Dschibuti

**Mitgliedschaft:** UNO, ECA, FAO, OAU, AKP, IAEA, IBRD, ICAO, IDA, IFAD, IFC, ILO, IMO, ITU, IMF, UNESCO, UPU, WHO, WMO; Ost-Südostafrik. Präf.-Handelszone; »Organ d. Nil.Staaten«; Koop. m. d. RGW

## AUSTRALIEN *(Ozeanien)*

(Australischer Bund; The Commonwealth of Australia – [AUS])

**Fläche** (6): 7686420 km² (m. Tasmanien u. vorgelagerten Inseln) (L: 64 %, vor allem Weide) – **Einwohner** (46): 15369000 (S 1983; 12755638 Z 1971) = 2,0 je km² – **Städt. B.:** 89 / 2,0 / 68 – **G:** 74 / 10 / < 1 / 560 / 120 / 117 – **S:** 0 / 110 / 86 / 26 – **Jährl. Bevölkerungswachstum:** (1970–1981) 1,4 % (1981: 16 / 7)

**Bevölkerung:** zu rd. 95 % britischer Abstammung; 1977 139000 Autochthone (zu den Autraliden gehörend) u. Mischlinge; ⅕ d. Bev. Australiens wurde in Übersee geboren; Einwanderer aus über 100 Ländern. Einwanderer 1980/81: Großbrit. 30915, Neuseeland 20736, Malaysia 7770, Thailand 4755, Österreich 3566, Rep. Südafrika 3393, Philipp. 3144, Indonesien 2766, Italien 2577 u. BR Dtld. 2422 – **Staatssprache:** Englisch – **Religion** (Z 1981): 76,4 % einer Rel. angeh., davon 26,1 % Anglikaner, 4,9 % Unierte, 1,4 % Lutheraner, 1,3 % Baptisten, 26,0 % Katholiken; 62000 Juden, rd. 35000 Buddhisten, 76000 Muslime, Naturreligionen

**Flagge:** blau, im Obereck »Union Jack«, darunter 7strahliger weißer Stern, daneben »Kreuz des Südens« aus 5 weißen Sternen – **Nationalfeiertag:** 26. 1. – **U:** 1. 1. 1901 de facto, 11. 12. 1931 nominell (Westminster-Statut)

**Staats- und Regierungsform:** Parlamentarisch-demokratische Monarchie u. unabhängiges Mitglied des »Commonwealth of Nations« – Parlament aus 2 Kammern (»House of Representatives« u. »Senate«) – Wahlberechtigt alle erwachs. Bürger – keine Wehrpflicht – Bundesstaaten mit Parlament u. Exekutivrat sowie einem Gouverneur – 7 Bundesstaaten (Einw. F Juni 1983): New South Wales 801600 km², 5354900 Einw. (Hptst. Sydney) – Victoria 227600 km², 4034600 Einw. (Melbourne) – Queensland 1727200 km², 2473000 Einw. (Brisbane) – South Australia 984000 km², 1340400 Einw. (Adelaide) – Western Australia 2525500 km², 1363200 Einw. (Perth) – Tasmania 67800 km², 432200 Einw. (Hobart) – Northern Territory 1346200 km², 134000 Einw. (Darwin) – Aust. Capital Territory/A.C.T. 2400 km², 236700 Einw. (Canberra) (Gesamtfläche 7682300 km²)

**Staatsoberhaupt:** Königin Elizabeth II., seit 1952; vertreten durch einen Generalgouverneur, Sir Ninian Martin Stephen – **Regierungschef:** Premierminister Bob Hawke, Labor P., seit März 1983 – **Äußeres:** Bill Hayden, Labor – **Parteien:** Die Wahlen v. März 1983 erbrachten d. Australian Labor Party 75 Sitze (1980: 51) bei 49,5 % d. Stimmen, d. Liberal Party 33 (54) bei 34,4 % u. d. National Party 17 Sitze im Repräs.-Haus bei 9,2 % d. Stimmen; Senat: Labor P. 30, Liberale 24, Nat. P. 4, Australian Democrats 5 u. Unabh. Tasmanier 1 – **Dipl. B.:** BR Dtld. u. DDR

**Städte** (Juni 1982): Canberra (Hptst.) 251000 Einw., Sydney 3310500, Melbourne 2836800, Brisbane 1124200, Adelaide 960000, Perth 948900, Newcastle 410300, Wollongong 233700, Hobart 178800, Gold Coast 172500, Geelong 142900

**Wirtschaft: BSP** 1980: 147140 Mill. $/1981 (S): 165460 Mill. $/11080 $ (21) / 1,3 – **WS:** 5 / 2,0* / 40* / 5,9* – **V:** 17 / 60 / 26 / 23 / 15 / – 3 – **A:** 65 / 6 / 33 – **E:** 7214 / 3,0 / 24151 – **M:** 2,3 (9,4)

**Außenhandel:** 1982 **Einf.** 24187 Mill. $, **Ausf.** 22002 Mill. $ – **W:** 1 Austral. Dollar ($A) = 100 Cents; 1 $A = 0,9374 US-$ bzw. 2,4279 DM – **I:** 11,5 – **AS:** 28 / 7 / 13 / 5 / 36 – **T:** 92 – **H:** 50 / 43 / 4 – **Z:** – 8489 / .. / .. / .. – **D:** 1,7 – **K:** 0,57 / .. / 1758

**Wichtige Ausfuhrgüter:** Wolle (7 % d. Ausfuhrwertes), Rindfleisch (9 %), Weizen (9 %), Zucker, Früchte, Häute, Felle, Bergbauprodukte (Kohle 13 %, Eisenerze, Edelmetalle, Blei, Zink, Uranerze insg. ca. 30 %), Maschinen u. Fahrzeuge (rd. 20 %) – **u. Handelspartner:** Japan (¼), USA (⅕), Großbrit. (8 %), BR Dtld. (5 %), EG insg. 25 %, Neuseeland, Kanada, China, Hongkong, Indien

**Mitgliedschaft:** Commonwealth, UNO, ADB, ANZUS, CCC, Colombo-Plan, ESCAP, FAO, GATT, IAEA, IBRD, ICAO, IDA, IEA, IFAD, IFC, ILO, IMO, IMF, ITU, NAFTA, OECD, UNESCO, UPU, WHO, WMO – Verteidigungsbündnis mit Großbritannien, Malaysia, Singapur; Südseeforum, CER (»Closer Economic Relationship« mit Neuseeland)

**Außenbesitzungen:** 1. *Christmas Island* (Weihnachtsinsel) im Indischen Ozean, 135 km² und 3000 (S 1983) Einw., davon 1820 Chinesen; Austr. Terr. seit 1. 10. 1958; Administrator; Hauptort: Flying Fish Cove; Phosphatexport – 2. *Kokos-Inseln* bzw. *Keeling-Inseln* (Terr. of Cocos-Islands), 14,2 km² u. 579 Einw. (1983); Hauptort: Bantam; bes. Cocos Malays; Relig. Islam; seit 1955 austr., starke Stellung d. ehem. Herrscherfam. Ross; Exp. Kopra – 3. *Norfolk-Inseln* (seit 1983 »Territory of Norfolk Island«), mit 2 Eilanden 3,54 km² u. 1800 Einw. (S 1983); Hauptort: Kingston 800 Einw.; Bounty-Meuterer-Nachkommen (Islanders) u. Zugewanderte (Mainlanders); Engl.-Tahit. Mischsprache; Norfolk Island Council; Tourismus, Einn. aus Zollfreiheit, Briefmarken; Nat.-Feiertag: 8.6. (»Bounty Day«); Flagge: grün-weiß (mit Fichte)-grün – 4. *Coral Sea Island Territory* (v. Norfolk aus verwaltet); Met. Station auf Willis Island – Verschiedene austr. Inseln; *Ashmore-I.* (1,89 km²) u. *Cartier-I.* in der Timor-See (zum North. Terr. gehörend) – *Heard-* und *McDonald-Inseln* in der Antarktis, 258 km² (n. and. Ang. 412 km²), unbewohnt – *Macquarie-I.*, Dependence von Tasmanien, 176 km², nur Wetterstation – *Lord Howe Island* u. *Ball's Pyramid*, zus. 13 km² u. 240 Einw. (S 1975; geh. zu New South Wales) – Australien erhebt Hoheitsanspruch auf einen Sektor in der Antarktis (6 Mill. km², 80 Einw. in Stationen)

## BAHAMAS *(Mittel-Amerika; Karibik)*

(Bund der Bahamas; The Commonwealth of The Bahamas – [BS])

**Fläche** (138): 13935 km² (L: 1%) – **Einwohner** (153): 220000 (S 1983) = 15,8 je km² – **Städt. B.**: 60% – **Jährl. Bevölkerungswachstum:** (1979) 3,6%

**Bevölkerung:** Bahamer; 85% Schwarze und Mulatten; im übrigen Mestizen und Weiße – **Staatssprache:** Englisch – **Religion:** 29% Baptisten, 23% Anglikaner (Staatskirche), 23% Katholiken, 7% Methodisten; jüd. Minderheit; Reste afrik. Naturreligionen

**Flagge:** blau-gelb-blau (waagerecht), am Flaggstock schwarzes Dreieck – **Nationalfeiertag:** 10.7. – **U:** 10.7.1973

**Staats- und Regierungsform:** Parlamentar. Monarchie – Parlament aus 2 Kammern: Senat (»Senate«) 16 ernannte u. Abgeordnetenhaus (»House of Assembly«) 43 gewählte Mitgl. – Allgemeines Wahlrecht – Keine Wehrpflicht – 18 Distrikte

**Staatsoberhaupt:** Königin Elizabeth II., seit 1973 vertreten durch einen Generalgouverneur: Sir Gerald C. Cash – **Regierungschef:** Premierminister Sir Lynden Oscar Pindling, PLP – **Außenminister:** Paul Adderley – **Parteien:** Bei den Wahlen vom 10.6.1982 erhielt die Progressive Liberal Party/PLP 32 u. d. Free Nat. Movement 11 Sitze – **Dipl. B.:** BR Dtld. (Botschafter in Kingston [Jamaika] gleichzeitig in Nassau akkreditiert)

**Städte** (S 1982): Nassau (Hptst.) 140000 Einw., Freeport 25000

**Wirtschaft: BSP** 1980: 730 Mill. $/1981 (S): 780 Mill. $ / 3620 $ (45) / –2,9

**Außenhandel:** 1980 **Einf.** 5481 Mill. $, **Ausf.** 4834 Mill. $ – **W:** 1 Bahama-Dollar (B$) = 100 Cents; 1 US-$ = 1,00 B$, 1 B$ = 2,5900 DM

**Wichtige Ausfuhrgüter:** Krustentiere, Fische, Gemüse, Holz, Zement, Rum, Salz, Mineralölprod.; bedeutender Fremdenverkehr – **u. Handelspartner:** USA (über 60%), Großbrit., Kanada

**Mitgliedschaft:** UNO, Commonwealth, FAO, GATT (assoz.), IBRD, ICAO, ILO, IMO, IMF, IPU, ITU, OAS, UPU, WHO, WMO, AKP, CARICOM

## BAHRAIN *(Vorder-Asien)*

(Staat Bahrein, engl. Bahrain; sprich »Bachreïn«; Mashyaka al Bahrein; Dawlat al-Bahrein – [BRN])

**Fläche** (158): 622 km² (n. eig. Ang. 670 km²) (L: 5%) – **Einwohner** (144): 370000 (S 1982), davon 116200 Ausländer = 594,9 je km² (Z 1981: 350798) – **Städt. Bev.:** 78% – **Jährl. Bevölkerungswachstum:** (1978) 2,8%

**Bevölkerung:** Bahrainer; insg. 73% Araber; Inder, 5% Pakistaner, 9% Perser, bis 20000 Europäer, bes. Briten u. US-Amerikaner – **Staatssprache:** Arabisch, Handelssprache Englisch – **Religion:** 91% Muslime, davon 55% Schiiten, 40% Sunniten; je 4% Christen u. Hindus

**Flagge:** rot, mit weißem gezackten Streifen am Flaggstock – **Nationalfeiertag:** 16.12. – **U:** 14.8.1971 (Proklamation), 15.8.1971 Anerkennung durch Großbritannien

**Staats- und Regierungsform:** Scheichtum (Emirat) – absolute Monarchie mit oligarchischen Strukturen – 10 Regionen – Kein Frauenstimmrecht

**Staatsoberhaupt:** Scheich Isa Bin Sulman Al Khalifa [Chalifa], seit 1961 – **Regierungschef:** Scheich Isa Bin Sulman Al Khalifa (Chalifa), seit 1975 auch m. d. gesetzgebenden Funktionen beauftragt – **Außenminister:** Scheich Mohammed Bin Mubarak Al Khalifa [Chalifa] – **Parteien:** Parlament 1975 aufgelöst. Verfass. z.T. außer Kraft, keine polit. Parteien zugelassen – Khalifa-Familie stellt 7 von 17 Kab.-Mitgl. – **Dipl. B.:** Der Botschafter der BR Dtld. in Kuwait ist auch für B. zuständig

**Städte** (S 1981): Manama (Hptst.) 121986 Einw., Al Muharraq 60000

**Wirtschaft: BSP** 1980: 2820 Mill. $ / 1981 (S): 3240 Mill. $, n. and. Ang. 4,5 Mrd. / 8960 $ (26) / 1973–80: 5,7

**Außenhandel:** 1982 **Einf.** 3730 Mill. $, **Ausf.** 3789 Mill. $ – **W:** 1 Bahrain-Dinar (BD) = 1000 Fils; 1 US-$ = 0,3725 BD, 1 BD = 6,9530 DM

**Wichtigste Ausfuhrgüter:** Erdöl (⅘), Aluminiumprod. (1/20) – **u. Handelspartner:** Großbritannien, USA, Japan, Saudi-Arabien, BR Dtld.

**Mitgliedschaft:** UNO, Arabische Liga, FAO u. GATT (assoz.), IBRD, ICAO, IFC, ILO, IMF, ITU, OAPEC, UIA, UNESCO, UPU, WHO, ECWA, GCC

## BANGLADESCH *(Süd-Asien)*

(Volksrepublik B.; Ghana Praja Tantri Bangladesh; People's Republic of Bangladesh)

**Fläche** (86): 143998 km² (L: 68%) – **Einwohner** (8): 94650000 (S 1983; 71316517 Z 1974) = 657,3 je km² – **Städt. B.**: 12/6,5/51 – **G:** 48/135/20/10940/24450/84 – **S:** 74/62/15/3 – **Jährl. Bevölkerungswachstum:** (1970–1981) 2,6% (1981: 47 / 18)

**Bevölkerung:** Bengalen; außerdem 1–1,5 Mill. Bihari usw., 0,5 Mill. Ang. v. Stämmen mit tibeto-birmanischen Sprachen – **Staatssprache:** Bengali (98%); außerdem and. indoarische u. tibeto-birman. Sprachen – **Religion:** rd. 85% Muslime (davon 80% Sunniten), etwa 18,5% Hindus; buddhist. u. christl. Minderheiten (über 130000 röm. Katholiken)

**Flagge:** grüne Fläche mit roter Scheibe – **Nationalfeiertag:** 26.3. Tag d. Unabh., 16.12. Tag d. Sieges, 21.2. Tag d. Märtyrer – **U:** 26.3.1971 (Proklamation)

**Staats- und Regierungsform:** Volksrepublik; Verfassung v. 1972 – Kriegsrecht seit 24.3.1982 – Gliederung in 9 Regionen – Keine Wehrpflicht

**Staatsoberhaupt:** General Hussain Mohammad Ershad, seit Dez. 1983 (Staatschef. u. Oberster Kriegsrechtsverwalter seit April 1982) – **Regierungschef:** Min.-Präs. Ataur Rahman Khan, seit 30.3.1984 (Vors. d. Jatiya-Dal-Partei) – **Außenminister:** A. R. Shams-ud Doha – **Parteien:** derzeit suspendiert – Wahlen v. Febr. 1979: »Nationalistische Partei Bangladesch«/BNP (Jatyatabadi Ganotantrik Dal/JAGODAL) 207, »Awami-Liga«/NAP 39, »Moslem-Liga« 19, KBP (CPB), »Demokr. Liga«/DL u. die linksextrem. »Nat. Soz. Partei«/NSP; 30 ernannte Mitgl. (BNP) – **Dipl. B.**: BR Dtld. u. DDR

**Städte** (S 1982): Dhaka [fr. Dacca] (Hptst.) ca. 3,4 Mill. Einw., Chittagong [Tschittagong] ca. 1,3 Mill., Khulna ca. 0,6 Mill., Narayanganj 298000, Rajshani 172000, Barisal 167000

**Wirtschaft: BSP** 1980: 11030 Mill. $/1981 (S): 12840 Mill. $/140 $ (167)/1,4 – **WS:** 54/2,4/14/9,0 – **V:** 8/90/17/2/7/ – 15 – **A:** 55/74/11 – **E:** 49/11,8/981 – **M:** 0,5* (5,1*)

**Außenhandel:** 1982 **Einf.** 2284 Mill. $, **Ausf.** 765 Mill. $ – **W:** 1 Taka (Tk.) = 100 Poisha (ps.); 1 US-$ = 25,17 Tk., 1 Tk. = 0,1029 DM – **I:** 15,7 – **AS:** <1/<1/27/25/24 – **T:** 79 – **H:** 34/57/8 – **Z:** – 1016/0,8/6,9/31,2 – **D:** 0,6 – **K:** – / 461 / ..

**Wichtige Ausfuhrgüter:** Jute und Juteprodukte (60–80%); Tee, Häute u. Felle, Fische – **u. Handelspartner:** USA (13%), Indien, EG-Länder, Japan

**Mitgliedschaft:** UNO, Commonwealth, ESCAP, FAO, GATT, IAEA, IBRD, ICAO, IDA, IFC, ILO, IMF, ITU, UNESCO, UPU, WHO, WMO, SARC, Colombo-plan

## BARBADOS *(Mittel-Amerika; Karibik)* [BDS]

**Fläche** (164): 431 km² (L: 76%) – **Einwohner** (148): 270000 (S 1982; 248983 Z 1980) = 626,4 je km² – **Städt. B.**: 5% i. e. S. – **Jährl. Bevölkerungswachstum:** (1979) 0,9%

**Bevölkerung:** Barbadier; Schwarze u. Mulatten (über 90%), kl. weiße Minderheit (über 10000) – **Staatssprache:** Englisch; z. T. Französisch; Umgangssprache »Bajan« – **Religion:** rund 70% Anglikaner, außerdem Methodisten u. Mährische Brüder, kathol. Minderheit, etwa 100 Juden

**Flagge:** blau-gelb (mit schwarzem Dreizack)-blau (senkrecht) – **Nationalfeiertag:** 30.11. – **U:** 30.11.1966

**Staats- und Regierungsform:** Parlamentarisch-demokratische Monarchie – Parlament aus 2 Kammern (»Senate«, »House of Assembly«) – Keine allg. Wehrpflicht

**Staatsoberhaupt:** Königin Elizabeth II., vertr. durch einen Generalgouverneur: Sir Hugh Worell Springer – **Regierungschef,** Finanzen u. Planung: J. M. G. M. Adams. BLP – **Außenminister:** Louis R. Tull – **Parteien:** Wahlen v. Juni 1981: Democratic Labour Party/DLP 10 Sitze, B. Labour Party/BLP 17 Sitze – **Dipl. B.**: BR Dtld., zuständ. Vertretung in Port of Spain (Trinidad u. T.)

**Städte** (Z 1982): Bridgetown (Hptst.) 10000 Einw., m. Umg. (St. Michael) 102000

**Wirtschaft: BSP** 1980: 810 Mill. $ / 1981 (S): 880 Mill. $ / 3500 $ (47) / 3,2

**Außenhandel:** 1982 **Einf.** 551 Mill. $, **Ausf.** 257 Mill. $ – **W:** 1 Barbados-Dollar (BDS$) = 100 Cents; 1 US-$ = 1,9937 BDS$, 1 BDS$ = 1,2991 DM

**Wichtige Ausfuhrgüter:** Zucker (bis 50%), Melasse, Krustentiere, Rum – **u. Handelspartner:** Großbritannien (10%) und karibische Gebiete, USA (über ⅓), Kanada

**Mitgliedschaft:** UNO, Commonwealth, OAS, CARICOM, CECLA, FAO, GATT, IBRD, ICAO, IDB, IFC, ILO, IMO, IMF, IPU, ITU, SELA, UNESCO, UPU, WHO, WMO, AKP

## BELAU *(Ozeanien; Pazifik)*

(Palau; Republic of Belau; früher Palau-Inseln; Palau Islands)

**Fläche** (161): 458 km² (241 Inseln, davon 11 bewohnt; u. a. Babelthuap mit 404 km²) – **Einwohner** (174): 14800 (S 1980) = 32,3 je km² – **Jährl. Bevölkerungswachstum:** (1975–1978) 3,54%

**Bevölkerung:** vorwieg. Mikronesier – **Staatssprache:** Mikronesische Dialekte; Englisch gleichberechtigt als offiz. Sprache – **Religion:** Protestanten, Katholiken

**Flagge:** hellblau m. gelber Scheibe – **Nationalfeiertag:** vermutl. U.-Tag (Unabh.-Feier am 29. 1. 1981) – **U:** 1. 1. 1981 selbst für unabhängig erklärt, völkerrechtl. erst gültig, wenn USA u. UNO zugestimmt haben

**Staats- und Regierungsform:** Präsid. Republik – vorerst freie Assoziierung mit den USA (Übereinstimmung in Außenpolitik u. Verteid.) – Nationaler Senat (Olbiil era kelulau/OEK)

**Staatsoberhaupt u. Regierungschef:** Haruo I. Remeliik – **Parteien** i. e. S. nicht vorhanden

**Städte:** (Z 1980): Koror (Hptst.) 7685 Einw.

**W:** nur US-$

**Wichtige Ausfuhrgüter:** Fische, Muscheln – **u. Handelspartner:** USA, US-Samoa, Puerto Rico, Japan

**Mitgliedschaft:** SCP, ESCAP, Südseeforum

## BELGIEN *(West-Europa)*

(Königreich Belgien; franz.: Royaume de Belgique, niederl.: Koninkrijk België – [B])

**Fläche** (122): 30519 $km^2$ (L: 28%) – **Einwohner** (60): 9858017 (F 1983; 9848647 Z III/1982) = 323,0 je $km^2$ – **Städt. B.:** 73/0,4/24 – **G:** 73/12/<1/400/120/160 – **S:** 1/101/89/24 – **Jährl. Bevölkerungswachstum:** (1970–1981) 0,2% (1981: 13/11)

**Bevölkerung** (1982): 57,1% niederländischsprechende Flamen, 32,7% französischsprechende Wallonen, rd. 1 Mill. fläm.- u. franz.-sprech. Bew. Brüssels u. ca. 65000 Deutschsprachige. 1983: 891235 Ausländer – **Staatssprachen:** Französisch, Niederländisch und als Amtssprache regional Deutsch – **Religion:** ca. 90% röm.-kath., rd. 100000 Protestanten u. 35000 Juden

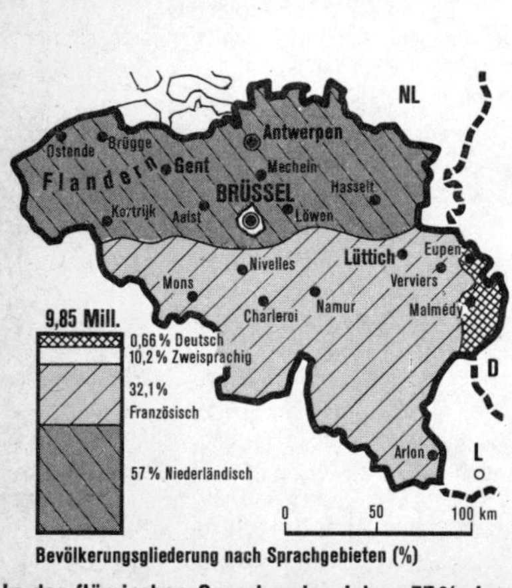


Bevölkerungsgliederung nach Sprachgebieten (%)

**In der flämischen Sprachregion leben 57% der Bevölkerung, doch 70% des Industrieexports stammen aus dieser Region Belgiens**

**Flagge:** schwarz-gelb-rot (senkrecht) – **Nationalfeiertag:** 21. 7. – **U:** 4. 10. 1830 (Proklamation durch Provisor. Reg.)

**Staats- und Regierungsform:** parlamentarisch-demokratische Monarchie – Parlament aus 2 Kammern: Senat (»Sénat« bzw. »Senaat«) u. Abgeordnetenhaus (»Chambre des Représentants« bzw. »Kamer van Volksvertegenwoordigers«); Senatoren und Abgeordnete werden für 4 Jahre gewählt – Wahlpflicht – Wehrpflicht – 3 Gemeinschaften (die flämische, die französische, die deutschsprachige) u. Gliederung in 3 Regionen: die flämische (13509 $km^2$; umfaßt niederl. Sprachregion u. 5654964 Einw. F 1983), die wallonische (16842 $km^2$; umfaßt die franz. Sprachregion u. 3213176 Einw., die deutschspr. Region mit 65860 Einw.) u. die zweisprachige Brüsseler Region (162 $km^2$ u. 989877 Einw.) – 9 Provinzen – Seit 1. 10. 1980 neue Institutionen: Fläm. Rat u. Fläm. Exekutive, Rat der Franz. Gemeinschaft u. Franz. Gem.-Exekutive, Wallon. Regionalrat u. wallon. Regionalexekutive, Rat der deutschsprachigen Gemeinschaft/RDG u. Gem.-Exek. (seit 30. 1. 1984), außerdem Rat d. Deutschen Kulturgemeinschaft, damit Regionalautonomie für Flandern u. Wallonien mit Regionalparlamenten, die über Kultur-, Gesundheitsangeleg. u. ä. entscheiden

**Staatsoberhaupt:** König Baudouin (Boudewijn, Balduin), seit 1951 – **Regierungschef:** Premierminister Wilfried Martens, CVP, Koal. v. Christdem. u. Lib. (8 Flamen u. 7 Frankophone) – **Außenminister:** Léo Tindemans – **Parteien:** Wahlen v. 8. Nov. 1981 (Dez. 1978): Christlichsoziale Partei (»Parti Social Chrétien«/PSC [francophon] 18 (25)) u. »Christelijke Volkspartij«/CVP [flämisch] 43 (57), d. h. Christdem. insg. 61 (82) der 212 Sitze im Abg.-Haus u. 26,4% d. Stimmen; Sozialisten (»Parti Socialiste«/PS) 35 (32) u. »Socialistische Partij«/SP 26 (26), zusammen 61 (58) Sitze u. 25,10%; frankophone Liberale (»Parti de la Liberté et du Progrès«/PLP oder »Parti des Réformes et de la Liberté de Wallonie«/PRLW 24 (15) u. flämische Liberale« (»Partij voor Vrijheid en Vooruitgang«/PVV 28 (22), Liberale zus. 52 (37) Sitze u. 21,5%, Flämische »Volksunie«/VU 20 (14) u. 9,8%, »Front dem. d. Francophones«/FDF 6 (11), Autonomist. Beweg. d. Wallonen (»Rassemblement Wallon«/RW) 2 (4), Arbeitspartei (»Recht op arbeid en demokratie«/RAD bzw. UDRT 3 (1), Kommunisten/BKP bzw. PCB 2 (4), »Vlaams Blok« 1 (1), Grüne (Ecolo-Agalev) 4 (0) – Senat: ähnl. Zus. wie Abg.-Haus, davon 106 Senatoren gewählt; insg. 181, mit S. K. H. Prinz Albert 182 – **Dipl. B.:** BR Dtld. u. DDR

**Städte** (F 1. 1. 1983): Brüssel [Brussel, Bruxelles] (Hptst.) mit 18 Vororten 989877 Einw., Antwerpen [Anvers] 490524 m. V., Lüttich [Liège, Luik] 207496, m. V. über 440000, Gent [Gant] 236540,

Charleroi 216144, Brügge [Brugge, Bruges] 118218, Namur [Namen] 101860, Mons [Bergen] 91868, Löwen [Leuven, Louvain] 85068, Aalst [Alost] 78068, Mechelen [Malines] 77010, Kortrijk [Courtrai] 75582, Ostende [Oostende] 69129, St. Nicolas [St. Niklass] 68157, Tournai [Doornik] 67379

**Wirtschaft: BSP** 1980: 109640 Mill. $ / 1981 (S): 117510 Mill. $ / 11920 $ (18) / 2,9 – **WS:** 2 / 0,7 / 37 / 3,1 – **V:** 20/66/18/14/65/ – 4 – **A:** 66/3/41 – **E:** 7431 / 4,5 / 11127 – **M:** 2,8 (5,4)

**Außenhandel** (m. Luxemb.): 1982 **Einf.** 58239 Mill. $, **Ausf.** 52364 Mill. $ – **W:** 1 Belg. Franc (bfr) = 100 Centimes; 1 US-$ = 52,9900 bfrs, 1 bfr = 0,0489 DM – **I:** 7,3 – **AS** (m. Luxemb.): 15/22/19/11/22 – **T:** 90 – **H** (m. Luxemb.): 83/13/2 – **Z:** – 5231/../../.. – **D:** 3,6 – **K:** 0,59 / .. / 1343

**Wichtige Ausfuhrgüter:** Eisen- und Stahlwaren, Maschinen (zus. über ⅓ d. Ausfuhrwertes), Textilien, Fahrzeuge, chem.-pharm. Produkte, Buntmetalle – **u. Handelspartner:** EG (knapp 70%; davon BR Dtld. rd. 20%, Frankr. u. Niederlande je 15%), USA (6%), Saudi-Arabien, Zaïre, Schweiz

**Mitgliedschaft:** UNO, NATO, BENELUX, ADB, WEU, Europarat, EG, OECD, ECE, EWS, FAO, GATT, IAEA, IBRD, ICAO, IDA, IDB, IEA, IFAD, IFC, ILO, IMO, IMF, ITU, UNESCO, UPU, WHO, ADB, CCC

## BELIZE *(Mittel-Amerika))*

(bis 1973 Britisch-Honduras – [BH])

**Fläche** (130): 22963 km², davon 820 km² auf kl. Inseln (Cays) (L: 4%) – **Einwohner** (155): 160000 (S 1983) = 7,0 je km² – **Jährl. Bevölkerungswachstum:** (1981) 3,6%

**Bevölkerung:** 52% Schwarze u. Mulatten, 22% Mestizen, 13% Maya u. and. Indianer, 6% Kariben, 5% Chinesen u. Inder, 2% Weiße (u.a. 3500 deutschstämmige Mennoniten) – **Staatssprache:** Englisch, zunehmend Spanisch, daneben Creole, Carib u. Maya – **Religion:** ⅔ Katholiken, 30% Protestanten (Anglikaner, Mennoniten); außerdem Juden, Buddhisten, Muslime u. Hindu

**Flagge:** blaues Feld, je 1 schmaler roter Streifen oben u. unten, weiße Scheibe m. Staatsemblem in d. Mitte – **Nationalfeiertag:** 21.9. – **U:** 21.9.1981

**Staats- und Regierungsform:** Parlamentarische Monarchie – Verfassung v. 1981: Parlament aus 2 Kammern (»Senate« mit 8 ernannten u. »House of Representatives« mit 18 gewählten Mitgl.) – Allg. Wahlrecht – Keine Wehrpflicht – 6 Verwaltungsdistrikte

**Staatsoberhaupt:** Königin Elizabeth II., vertreten d. einen Generalgouverneur: Frau Dr. Minita E. Gordon – **Regierungschef:** Premierminister George Cadle Price, seit Sept 1981 – **Außenminister:** Vernon H. Courtenay – **Parteien:** Wahlen v. Nov. 1979: Regierende »People's United Party«/PUP v. G. Price 13 (51,8% d. Stimmen), rechtsgerichtete »United Democratic Party«/UDP 5 (46,8%) Sitze, beide gegen Anschluß an Guatemala, »Toledo Progressive Party«/TPP 0,2% (für Anschluß) – **Dipl. B.:** BR Dtld. (Botschafter in Kingston/Jamaika gleichzeitig in Belmopan akkreditiert)

**Städte** (S 1982): Belmopan (neue Hptst.) 3000 Einw., Belize City 40000, Dargriga 7500, Corozal 6000

**Wirtschaft: BSP** 1980: 140 Mill. $/1981 (S): 160 Mill. $ / 1080 $ (86) / 4,8

**Außenhandel:** 1982 **Einf.** 263 Mill. Bz$, **Ausf.** 120 Mill. Bz$ – **W:** 1 Belize-Dollar (Bz$) = 100 Cents; 1 US-$ = 1,9825 Bz$, 1 Bz$ = 1,3064 DM

**Wichtige Ausfuhrgüter:** Zucker, Früchte, Rindfleisch, Holz, Kleidung, Zigaretten – **u. Handelspartner:** USA, Großbritannien, Mexiko, Jamaika

**Mitgliedschaft:** UNO (156. Mitgl.), CARICOM, AKP, Commonwealth, IMF

## BENIN *(West-Afrika)*

(Volksrepublik Benin, vor 1975 »Dahomey«; République Populaire du Bénin – [RPB])

**Fläche** (94): 112622 km² (n. eig. Ang. 113048 km²) (L: 11%) – **Einwohner** (98): 3720000 (S 1983; 2106000 Stichpr.-Z. 1961) = 33 je km² – **Städt. B.:** 15/4,1/0 – **G:** 50/152/33/17050/1670/103 – **S:** 72/62/16/1 – **Jährl. Bevölkerungswachstum:** (1970–1981) 2,7% (1981: 49 / 17)

**Bevölkerung:** Beniner; insg. 60 Stämme, meist Sudan-Gruppen (über 50%), u.a. Fon 980000, Adja 430000, Bariba 260000, Somba 90000, außerdem Joruba 240000, Fulbe 68000, Haussa; 3000 Europäer, meist Franzosen – **Staatssprache** u. z.T. Umgangssprache der gebildeten Schicht: Französisch; sonst 60 Dialekte, u.a. Kwa (Ewe), Fon (47%), Gu, Joruba, Dendi – **Religion:** Naturreligionen rd. 70%; islam. (10–15%) und christl. (kath. 12%, protestant. 3%) Minderheiten

**Flagge:** grün m. rotem Stern im Obereck – **Nationalfeiertag:** 30.11. – **U:** 1.8.1960

**Staats- und Regierungsform:** Neue Verfassung (Loi Fondamentale) v. 26.8.1977, m. Marx.-Leninismus als Staatsdoktrin; Revolut. Versamml. (360 Volkskommissare) im Nov. 1979 gewählt, die den Präsid. bestimmt: Comité Permanent et assemblée nationale révolutionaire de la République Populaire du Bénin (im Febr. 1984 auf 196 reduziert) – Verwaltungsgliederung in 6 Provinzen – Wehrpflicht

**Staatsoberhaupt:** Präs. Brig.-Gen. Ahmed Kérékou (Kereku), seit 1972, Präs. d. ZK d. Parti de la Révolution Populaire du Bénin u. Chef d. Conseil Executif nationale – **Außenminister:** Tiamiou Adjibade – **Parteien:** Seit 1975 marxistische Rev. Volkspartei von Benin als Einheitspartei (»Parti de la Révolution Populaire de Bénin«/PRPB), im Nov. 1979 97,9% d. Stimmen f. Einheitsliste – **Dipl. B.:** BR Dtld. u. DDR

**Städte** (S 1980): Porto-Novo (Hptst.) 131 989 Einw., Cotonou 178 000, m. V. 360 000, Parakou 60 797, Abomey 50 170, Natitingou 31 975, Athiémé-Lokossa 29 081

**Wirtschaft: BSP** 1980: 1 020 Mill. $ / 1981 (S): 1 140 Mill. $/317 $ (141)/1,2 – **WS:** 44/../13/.. – **V:** 13/89 /35/ – 2/31/ – 37 – **A:** 51/46/16 – **E:** 70/ – 0,5*/15 – **M:** 1,4* (..)

**Außenhandel:** 1978 **Einf.** 267 Mill. $, **Ausf.** 26 Mill. $ – **W:** 1 CFA-Franc = 100 Centimes; 1 FF = 50 CFA-Francs (1 CFA-Franc = 0,02 FF), 1 US-$ = 7,9745 FF, 1 CFA-Franc = 0,0065 DM – **I:** 9,4 – **AS:** 10*/<1* /16*/17*/18* – **T:** 84 – **H:** 75/25/<1 – **Z:** – 1/2,2/ 2,2* / 55,2 – **K:** – / 160 / 7*

**Wichtige Ausfuhrgüter:** Palmkerne, Palmöl (15%), Kakao (10%), Baumwolle (über ⅓), Erdnüsse, Kaffee, Rizinus – **u. Handelspartner:** Frankr. (¼), BR Dtld. (1/12) u. and. EG-Länder, China, Nigeria

**Mitgliedschaft:** UNO, OAU, CEDEAO, ECA, FAO, GATT, IBRD, ICAO, IDA, ILO, IMF, ITU, OCAM, UDEAO, UMOA, UNESCO, UPU, WHO, WMO, AKP, Niger-Kommission

## BHUTAN *(Süd-Asien)*

(Königreich Bhután; tibet.: Druk-Yul, »Drachenreich«; in Dsongha: Druk Gaykhab)

**Fläche** (114): 47 000 km² (L: 12%) – **Einwohner** (125): 1 350 000 (S 1982; 1 034 774 Z 1966) = 28,7 je km² – **Städt. B.:** 4/4,4/0 – **G:** 45/148/22/../../90 – **S:** 80*/11/1/<1 – **Jährl. Bevölkerungswachstum:** (1970–1981) 2,0% (1981: 40 / 19)

**Bevölkerung:** Bhutaner; tibet. Lhopa, nepales. Leptscha (Rong) u. Bhotia (Bhutija, fast 60%) – **Sprache:** das tibet. Dsongha (Dzongkha, im W gebräuchl.) ist Amtssprache; Bumthangkha (Zentrum), Sarchopkha (O) u. Nepali (S) – **Religion:** 75% Buddhisten (lamaistischer Buddhismus der alten Rotmützen-Observanz des Pantschen Lama [Drukpa-Gruppe der Karyud-Schule]), Buddhismus ist Staatsreligion; etwa 25% Hindus

**Flagge:** von links unten nach rechts oben schräg geteilt in Gelb (am Mast) u. Orange; weißer Drache in d. Mitte – **Nationalfeiertag:** 17.12. – **U:** Altes Fürstentum

**Staats- und Regierungsform:** konstitut. erbl. Monarchie, souveräner Staat, der lt. Vertrag v. 1949 zw. Bhutan u. Indien v. letzterem außenpolit. beraten u. in Verteid. u. wirtsch. Entwickl. unterstützt wird – Verwaltungsglied. in 18 Distrikte mit je 1 v. König ernannten Gouverneur – Nationalversamml. mit 150 Mitgl. als Ständeparlament, davon 100 Dorfnotabeln, 40 Reg.-Beamte, z. T. v. König ernannt, 10 Vertr. buddhist. Klöster

**Staatsoberhaupt:** König (»Druk-Gyalpo« = Drachenkönig) Jigme Singhye Wangchuk [Wangtschuk] seit 1972, gekrönt 1974 – **Ministerrat** u. Kgl. Beraterstab – **Außenminister:** Lyonpo Dawa Tsering – **Parteien:** keine eigentlichen Parteien – **Dipl. B.:** weder BR Dtld. noch DDR (i. übr. Vertr. d. Indien)

**Städte:** Hauptstadt u. Residenz Thimbu [Thimphu], 1981: 20 000 Einw., Grenzstadt Phuntsholing 20 000

**Wirtschaft: BSP** 1980: 100 Mill. $ / 1981 (S): 110 Mill. $ / 85 $ (169) / 0,0 – **A:** 55 / 93 / 2

**Außenhandel:** völlig unbedeutend, zu 99% mit Indien – **W:** 1 Ngultrum (NU) = 100 Chetrum; 100 NU = 9,365 US-$, 1 NU = 1 iR bzw. 0,2577 DM; als Zahlungsmittel auch ind. Rupie

**Mitgliedschaft:** UNO, Colombo-Plan, FAO, ESCAP, IDA, IFAD, IMF, UNCTAD, UPU, SARC

## BIRMA *(Südost-Asien)*

(Sozialist. Republik der Birmanischen Union; Pyi-Daung-Su Socialist Thammada Myanma Naingngan-Daw – [BUR])

**Fläche** (37): 676 552 km² (L: 15%) – **Einwohner** (25): 35 313 900 (Z 1983; 28 885 867 Z 1973) = 52,2 je km² – **Städt. B.:** 28/3,9/23 – **G:** 54/98/12/4660/ 4750/113 – **S:** 34/84/20/4 – **Jährl. Bevölkerungswachstum:** (1970–1981) 2,2% (1981: 37 / 13)

**Bevölkerung:** fast ¾ Birmanen; Schan (9%), Karen (ca. 7%), Katschin (1%), Tschin (2%) u. verschied. Restvölker. Inder 1% (bes. in Rangun) u. Chinesen 1–2% (bes. im NO) – **Staatssprache:** Birmanisch; Sprachen d. and. Gruppen; Englisch wichtig als intern. Handelssprache – **Religion:** 85% südl. (Theravada) Buddhisten, islamische (2–3%), hinduistische (fast 2%) u. christl. (u. a. über 300 000 Kath.) Minderheiten (2%); 200 Juden

**Flagge:** rot m. blauem Obereck; darin in Weiß m. Ähren belegtes Rad, umgeben v. 14 Sternchen – **Nationalfeiertag:** 4.1. – **U:** 4.1.1948

**Staats- und Regierungsform:** Republik m. staatssozialist. Tendenz – Neue Verfassung von 1974 – Einkammerparlament (»Volksversammlung« bzw. »Pyithu Hluttaw«, 475 Mitgl.) – Bed. Wehrpflicht – Minderheitengebiete – Provinzen, Z IV/1983 (in 1000): Irawadi 4991,0, Mandalay 4580,9, Rangun 3973,8, Sagaing 3856,0, Pegu 3800,2, Schanstaat 3718,7, Magwe 3241,1, Rakhinestaat (vorm. Arakanstaat) 2045,9, Monstaat 1682,0, Karenstaat 1057,5, Tenasserim 917,6, Katschinstaat 903,9, Tschinstaat 368,9, Kajastaat 168,3

**Staatspräsident:** General U San Yu, seit Nov. 1981, Vors. d. Staatsrates (28 Mitgl.) – **Ministerpräsident:** Dr. U Maung Maung Kha – **Außenminister:** U Chit

Hlaing – **Parteien:** Seit 1974 Einheitspartei »Birmanische Sozialistische Programm-Partei«/BSPP, die bei den Wahlen v. Okt. 1981 wieder die Mehrheit erhielt – **Dipl. B.:** BR Dtld. u. DDR

**Städte** (Z 1983): Rangun (Rangoon) (Hptst.) 2458712 Einw., Mandalay 532895, Moulmein 219991; (S 1978): Bassein 336000, Henzada 284000, Pegu 255000, Myingyan 220000

**Wirtschaft: BSP** 1980: 5630 Mill. $ / 1981 (S): 6540 Mill. $/192 $ (160)/2,3 – **WS:** 47/4,7/13/5,6 – **V:** . . / 83 (inkl. öff. V.)/24/17/9/ – 7 – **A:** 55/67/10 – **E:** 87/ 11,9 / 465 – **M:** 3,5 (24,2)

**Außenhandel:** 1982 **Einf.** 408 Mill. $, **Ausf.** 380 Mill. $ – **W:** 1 Kyat (K) = 100 Pyas (P); 1 US-$ = 7,9749 K, 1 K = 0,3248 DM – **I:** 10,7 – **AS:** 4*/0*/4*/14*/17* – **T:** 123 – **H:** 25 / 72 / 1 – **Z:** – 317 / 2,4 / 22,1 / 28,7 – **D:** 3,9 – **K:** – / 348 / . .

**Wichtige Ausfuhrgüter:** bis 80% landwirtsch. Produkte, u. a. Reis (40%), Holz (20%), Ölsaaten, Rohkautschuk, Baumwolle, Erdöl, Bergbauprodukte (18%) – **u. Handelspartner:** Japan (25% d. Einf.), Singapur (12–15%), Indonesien, Malaysia, Südkorea, BR Dtld.

**Mitgliedschaft:** UNO, ESCAP, FAO, GATT, IAEA, IBRD, ICAO, IDA, IFC, ILO, IMO, IMF, ITU, UNESCO, UPU, WHO, WMO, Colombo-Plan

## BOLIVIEN *(Süd-Amerika)*

(Republik Bolivien; República de Bolivia – [BOL])

**Fläche** (26): 1098581 km$^2$ (L: 3%) – **Einwohner** (81): 6080000 (S 1983; 4687718 Z 1976), davon 60% auf dem Altiplano = 5,5 je km$^2$ – **Städt. B.:** 45/ 6,9/44 – **G:** 51/129/23/1850/3070/87 – **S:** 37/84/ 36 / 4* – **Jährl. Bevölkerungswachstum:** (1970–1981) 2,6% (1981: 42 / 16)

**Bevölkerung:** Bolivianer; über 50% Indianer, 28–30% Mestizen, etwa 15–20% Weiße – **Staatssprache:** Spanisch, Ketschua (etwa 40%) u. Aimará (über 30%) Amtssprachen, letztere Umgangssprachen großer Teile der Hochlandindianer; im Tiefland Guaraní – **Religion:** röm-kath. 93%; Katholizismus Staatsreligion, rd. 45000 Protest. u. 2000 Juden

**Flagge:** rot-gelb-grün (waagerecht) – **Nationalfeiertag:** 6. 8. – **U:** 6. 8. 1825

**Staats- und Regierungsform:** Präsid. Republik – Parlament (»Cámara de Diputados« u. »Senado«) – Allg. Wahlrecht – Verfassung v. 1967 – Nationales Beratungs- u. Gesetzgebungskomitee seit Okt. 1980 – Wehrpflicht – 9 Departementos und 96 Provinzen

**Staatsoberhaupt u. Regierungschef:** Präsident Hernán Siles Zuazo (UDP), gewählt am 5. Nov. 1982 durch d. Parlament – **Außenminister:** Gustavo Fernandez Saavedra – **Parteien:** Bei d. Wahlen vom Juni 1980 haben Siles (UDP) 38,7%, Paz Estenssoro (MNR) 20,1% u. Hugo Banzer (ADN) 16,8% d. Stimmen erhalten. Es folgte im Juli 1980 ein Militärputsch, doch im Sept. 1982 Rückgabe d. Macht d. Militärs an gewählte Organe. – Abgeordnetenhaus (Wahl v. Juni 1980): »Unidad Democratica y Popular« (UDP, Zusammenschluß aus »Movimiento nacionalista Revolucionario de Izquierda«/MNRI [Zuazo], »Movimiento de Izqierda Revolucionaria«/MIR (im Dez. 1983 aus Kabinett ausgeschieden) u. »Partido Comunista«/PC) 57 Sitze, »Movimiento Nacionalista Revolucionario« (MNR) 44, »Alianza Democratica Nacionalista« (ADN) 30, »Partido Socialista-Uno« (PSU) 11, Sonstige 15 – **Dipl. B.:** BR Dtld. u. DDR

**Städte** (S 1982): La Paz (fakt. Hptst.) 881000 Einw. m. V. 1,8 Mill. Einw., verfassungsmäßige Hptst. Sucre 110000, Santa Cruz de la Sierra 300000, Cochabamba 220000, Oruru 125000, Potosi 80000, Tarija 40000

**Wirtschaft: BSP** 1980: 3200 Mill. $ / 1981 (S): 3440 Mill. $/600 $ (111)/1,9 – **WS:** 18/2,9/27/3,7 – **V:** 10/ 77/13/13/13/<1 – **A:** 53/50/24 – **E:** 452/ – 2,1/508 – **M:** 2,0 (16,6)

**Außenhandel:** 1982 **Einf.** 496 Mill. $, **Ausf.** 832 Mill. $ – **W:** 1 Bolivianischer Peso ($b) = 100 Centavos; 1 US-$ = 2000,00 $b, 1 $b = 0,0014 DM – **I:** 23,0 – **AS:** 86/1/1/10/44 – **T:** 153 – **H:** 46/35/16 – **Z:** – 285/ 3,7 / 27,0 / 31,9 – **D:** 3,8 – **K:** – / 237 / 60

**Wichtige Ausfuhrgüter:** Zinn (bis über 50%), Erdgas 13%, Silber 8%, Erdöl 8%, Zink 6% – **u. Handelspartner:** USA (über 20%), Argentinien (über 10%), Brasilien, Japan, Großbrit., BR Dtld.

**Mitgliedschaft:** UNO, OAS, ALADI, BLADEX, CECLA, ECLA, FAO, IAEA, IDA, IDB, IBRD, IFAD, IFC, ICAO, ILO, IMF, ITU, SELA, UNESCO, UPU, WHO, WMO; aus Andenpakt ausgetreten; »Andengruppe«, »Amazonas-Vertrag«, Intern. Zinnrat

## BOPHUTHATSWANA *(Süd-Afrika)*

(auch Bophuta Tswana; Repaboliki ya Bophutatswana; Republic of B.)

**Fläche** (118): rd. 40430 km$^2$ (aus 7 isolierten Teilen bestehend) – **Einwohner** (124): 1398458 (S 1982; ohne ca. 1,1 Mill. Tswana in d. Rep. Südafrika) = 34,6 je km$^2$ – **Städt. B.:** 12% – **Jährl. Bevölkerungswachstum:** (1970–1978) 3%

**Bevölkerung:** Bantu, 889000 Tswana (Batswana) der Sotho-Gruppe; 91000 Shangaan Sotho, 60357 Sotho, 2400 Weiße – **Staatssprache:** Tswana; daneben Englisch u. Afrikaans – **Religion:** überw. Protestanten

**Flagge:** blau m. vom Mast aufsteig. orangen Streifen; im Obereck weiße Scheibe m. schwarzem Leopardenkopf – **Nationalfeiertag:** 6. 12. – **U:** 6. 12. 1977, jedoch international nicht anerkannt u. faktisch weiterhin v. d. Rep. Südafrika abhängig

**Staats- und Regierungsform:** Republik – Nationalversamml. mit 101 Abg., davon 48 gewählt, 48 v. d. Regionalversamml. u. 3 v. Präsid. ernannt – Verwaltungsgliederung in 12 Regionalbehörden (mit zus. 76 Stammes- u. 6 Gemeindebehörden) – Kleine Nationalgarde

**Staatsoberhaupt,** Präsident und **Regierungschef:** Lucas Lawrence Manyane Mangope, BDP – **Außenminister:** T. M. Molatlhwa – **Parteien:** Wahlen v. 1982: alle 72 Sitze für »Bophuth. Democratic Party«/ BDP von Mangope.

**Städte** (S 1982): Mmbabatho (Hptst.) 9062 Einw., Ga-Rankuwa 50000; ferner u. a. Babelegi, Montshiwa, Selosesha, Temba, Mabopane 56000, Mafikeng

**Wirtschaft: BSP** 1975: 120945 Mill. Rand/335 $ (134), n. and. Ang. 1982 442 Rand – **L:** über 30 – **W:** derzeit noch der Rand (s. Südafrika)

**Wichtige Ausfuhrgüter:** Viehzucht- und Bergbau (u. a. Platin, Vanadium, Chrom)-Produkte, Mais, überwiegend nach d. Rep. Südafrika

**Mitgliedschaft:** SAEMU, SATBVC-Staaten

## BOTSWANA *(Süd-Afrika)*

(Republik Botsuana; Republic of Botswana; fr. Betschuanaland – [RB])

**Fläche** (41): 600372 km² (L: 5%) – **Einwohner** (132): 900000 (S 1982; de jure 608656 Z 1971) = 1,5 je km² – **Städt. B.:** ca. 12% – **Jährl. Bevölkerungswachstum:** (1978) 2,7%

**Bevölkerung:** Botswaner; Bantu, bes. Sotho-Tswana (u. a. Bamangwato, Bakwena); 3500 Weiße, 3000 Inder u. »Coloureds«; 20000 Buschmänner; z. T. noch intakte Stammesverfass. – **Staatssprache:** Se Tswana u. andere Bantu-Spr.; Englisch z. T. als Amts-, Bildungs- u. Handelssprache – **Religion:** etwa 60% Christen verschied. Konfess.

**Flagge:** im Verhältnis 9:1:4:1:9 Hellblau, Weiß-Schwarz-Weiß-Hellblau waagerecht gestreift – **Nationalfeiertag:** 30. 9. – **U:** 30. 9. 1966

**Staats- und Regierungsform:** Unabh. Präsid. Republik im »Commonwealth« – Einkammerparlament; dazu beratend »House of Chiefs« (15 Mitgl., davon Häuptl. d. 8 großen Stämme ständig vertr.) – Allg. Wahlrecht – Gliederung in 12 Distrikte – Keine Wehrpflicht

**Staatsoberhaupt** und Regierungschef: Dr. Quett K. J. Masire, BDP, seit Aug. 1980 – **Außenminister:** Archibald M. Mogwe – **Parteien:** »B. Democratic Party«/BDP, gemäßigt, für multirassiale Entwicklung; seit den Wahlen von 1979 29 (u. 4 gesond. gewählte Abg.) von 32 Sitzen, außerdem »B. People's Party«/BPP, nationalsoz.-panafrikanisch, 1 Sitz, »B. National Front«/BNF 2 Sitze, »B. Independence Party«/BIP 0 Sitze – **Dipl. B.:** BR Dtld. u. DDR

**Städte** (S 1982): Gaborone (Hptst.) 63000 Einw., Serowe m. V. ca. 50000, Francistown 32000, Selebi-Pikwe 29000, Kanye 22000, Lobatse 20000, Mochudy 20000, Mahalapy 19000

**Wirtschaft: BSP** 1980: 800 Mill. $ / 1981 (S): 940 Mill. $ / 1010 $ (89) / 9,0

**Außenhandel:** 1979 **Einf.** 410,52 Mill. Pula, **Ausf.** 353,10 Mill. Pula – **W:** 1 Pula (P) = 100 Thebe (t); 1 P = 0,8681 US-$ bzw. 2,2484 DM

**Wichtige Ausfuhrgüter:** Bergbauprod. (Diamanten bis 50%, Kupfer-Nickel-Matten bis ⅓, Gold, Mangan, Kohle), Fleisch u. Viehzuchtprod. knapp ¼ – **u. Handelspartner:** Rep. Südafrika, Großbritannien

**Mitgliedschaft:** Commonwealth, UNO; Zollunion m. Rep. Südafrika, FAO, GATT (assoz.), IBRD, ICAO, IDA, IFAD, IFC, ILO, IMF, ITU, OAU, UPU, WHO, WMO, SADCC, SAEMU, AKP; Ost-Südostafrik. Präf.-Handelszone

## BRASILIEN *(Süd-Amerika))*

(Föderative Rep. Brasilien; República Federativa do Brasil – [BR])

**Fläche** (5): 8511965 km² (L: 5%) – **Einwohner** (6): 129660000 (S 1983; 119098000 ohne Waldindianer Z 1980) = 15,2 je km² – **Städt. B.:** 68/3,9/52 – **G:** 64/75/7/1700/820/109 – **S:** 24/93/32/12 – **Jährl. Bevölkerungswachstum:** (1970–1981) 2,1% (1981: 30 / 8)

**Bevölkerung:** Brasilianer; Z 1980 54,7% Weiße meist portugies., italien. u. span. Abstammung, rd. 2 Mill. Deutschstämmige; über 39,1% Mulatten, Caboclos (aus Verb. zw. Weißen u. Indianern), 5,9% Schwarze und Cafusos (Mischl. von Indianern u. Schwarzen); Japaner (über 1 Mill.), 185485 Indianer – **Staatssprache:** Portugiesisch mit brasil. Eigenarten – **Religion:** rund 90% röm.-kath.; 5–6% Protestanten, Orthodoxe, Buddhisten u. 160000 Juden; Naturreligionen d. Indianer; afrobrasilian. Kulte (»Umbanda« usw.)

**Flagge:** grün mit gelber Raute, darin eine blaue Himmelskugel mit weißen Sternen (die einzelnen Staaten) und Motto »Ordnung und Fortschritt« – **Nationalfeiertag:** 7. 9. – **U:** 7. 9. 1822

**Staats- und Regierungsform:** Präsidiale Bundesrepublik, seit d. Verfass. v. 17. 10. 1969 (Änd. 1982) mit großen Vollmachten d. Präsid. – Parlament aus 2 Kammern (»Câmara dos Deputados« m. 479, »Senado Fed.« m. 69 Mitgl.) – Wahlpflicht für alle über 18 Jahre alten Bürger (abgesehen von einfachen Soldaten u. Analphabeten) – »Rat für nationale Sicherheit« – Wehrpflicht – Gliederung (einschl. Rodônia) in 23 Bundesstaaten, je m. eig. Parlament u. dir. gewähltem Gouverneur. 3 Territorien, 1 Bundesdistrikt

**Staatsoberhaupt u. Regierungschef:** General João Baptista de Oliveira Figueiredo, seit 15. 3. 1979, für 6

Jahre gewählt; Chef d. zivilen Kabinetts: João Leitao de Abreu – **Außenminister:** Ramiro Elyzio Saraiva Guerreiro – **Parteien:** Sitzverteilung im Nationalen Kongreß nach d. Wahlen v. 15. Nov. 1982 – im Senat: »Partido Democrático Social«/PDS 46 (offiz. Partei d. Militärregierung. fr. ARENA)), »P. do Movimento Democrático Brasileiro«/PMDB 21, »P. Democrático Trabalhista«/PDT u. »P. Trabalhista Brasileiro«/PTB 1; Abg.-Kammer: PDS 234, PMDB 201, PDT 23, PTB 13 u. »P. dos Trabalhadores«/PT 8 – **Dipl. B.:** BR Dtld. u. DDR

**Städte** (Z 1980): Brasília (Hptst.) 411305, als Bundesdistrikt 5814 km² u. 1202683 Einw., São Paulo 8584896 (A 13 Mill.), Rio de Janeiro 5184292 (A 9 Mill.), Belo Horizonte 1814990, Salvador (Bahia) 1525831, Recife 1184215 (A 2,1 Mill.), Pôrto Alegre 1158709 (A 1,8 Mill.), Curituba 843733, Belém 758117, Goiânia 703263, Fortaleza 648815, Manaus 613098, Campinas 566517, Sando André 549278, Nova Iguaçu 491802, Osasco 473856

**Wirtschaft: BSP** 1980: 255070 Mill. $ / 1981 (S): 267730 Mill. $ / 2220 $ (59) / 5,9 – **WS:** 13/5,2/34/9,1 – **V:** . . /81 (inkl. öff. V.)/20/19/9/–1 – **A:** 55/30/24 – **E:** 1102 / 7,5 / 37832 – **M:** 0,7 (4,3)

**Außenhandel:** 1983 **Einf.** 15400 Mill. $, **Ausf.** 21900 Mill. $ – **W:** 1 Cruzeiro (Cr$) = 100 Centavos; Freimarktkurs der Geschäftsbanken: 1 US-$ = 1333,00 Cr$, 1 Cr$ = 0,00194299 DM – **I:** 42,1 – **AS:** 11/17/53/10/19 – **T:** 56 – **H:** 54/38/7 – **Z:** –11762/3,1 / 31,9 / 16,0 – **D:** 2,3 – **K:** – / 5378 / 2317

**Wichtige Ausfuhrgüter:** Kaffee (im Mittel bis 20%), Zucker, Sojabohnen, Sojakuchen etc., Baumwolle, Eisenerz, Fleisch, Kakao, Holz, Eisen und Stahl; Industriewaren insg. rd. 40% – **u. Handelspartner:** USA, BR Deutschland u. and. EG-Länder (zus. rd. ¼), Japan, EFTA, Argentinien, Kanada, Antillen, Venezuela, UdSSR, Naher Osten

**Mitgliedschaft:** UNO, OAS, ALADI, BLADEX, CECLA, ECLA, FAO, GATT, IAEA, IDA, ICAO, IDB, IBRD, IFAD, IFC, ILO, IMO, IMF, ITU, SELA, UNESCO, UPU, WHO, WMO; »Amazonas-Vertrag«

## BRUNEI *(Süd-Asien)*

(Sultanat Brunei; Negara Brunei Darussalam – »Staat Brunei, Heimstatt des Friedens«)

**Fläche** (146): 5765 km² (L: 2%) – **Einwohner** (151): 250000 (S 1983) = 43,4 je km² – **Städt. B.:** 45% in oder bei Bandar Seri Begawan, 31% bei Seria – **Jährl. Bevölkerungswachstum:** (1975–1978) 3,3%

**Bevölkerung:** Brunesen; (Z 1981) 125717 Malaien, 39461 Chinesen, 15175 Einheimische (Protomalaien wie Iban, Dusun u. Murut) u. 12479 andere (u. a. Inder) sowie 25000 Gastarbeiter aus Indonesien u. Thailand sowie Europa – **Staatssprache:** Amtssprache Malaiisch; Englisch, Chinesisch, Iban – **Religion:** 60% Muslime

**Flagge:** weißschwarzer Querstreifen auf gelber Farbe – **Nationalfeiertag:** 15. 7. (Geb. d. Sultans) u. 23. 2. – **U:** 1. 1. 1984, Unabh.-Feiern am 22. 2. 1984

**Staatsform:** Sultanat – Gesetzgebender Rat (nur formal existierend) – Ministerrat unter Vors. d. Sultans – Verwaltungsgliederung in 4 Distrikte

**Staatsoberhaupt:** Sir Sultan Hassan al-Bolkiah Muizzaddin Waddaulah [Sultan Muda Hassanal Bolkiah] – **Chefminister:** Abdul Aziz [Asis] – **Außenminister:** Prinz Mohammed al-Bokiah – **Parteien:** Barisan Kemerdeka an Rakyat/BAKER (Brunei People's Independence Front) u. sozialreformist. Partai Ra'ayat Brunei/PRB (B. People's Party, seit 1962 verboten)

**Städte** (Z 1981): Bandar Seri Begawan (Hptst.) 49902 Einw., m. V. 75000, Kuala Belait, Seria

**Wirtschaft: BSP** 1980: 3710 Mill. $/1981 (S): 4050 Mill. $ / 17380 $ (7) / 4,6 – Devisenreserven 35 Mrd. DM

**Außenhandel:** 1982 **Einf.** 875 Mill. $, **Ausf.** 3171 Mill. $ – **W:** 1 Brunei-Dollar (BR$) = 100 Cents; 1 US-$ = 2,0755 BR$ = 1,2479 DM; außerdem Singapur-$ verbreitet

**Wichtige Ausfuhrgüter:** Erdöl u. Erdgas 98%, Kautschuk, Häute, Holz, Pfeffer – **u. Handelspartner:** Japan, USA, Singapur, Großbritannien

**Mitgliedschaft:** Commonwealth, ASEAN

## BULGARIEN *(Südost-Europa)*

(Volksrepublik Bulgarien; Narodna Republika Bălgarija – [BG])

**Fläche** (97): 110912 km² (L: 35%) – **Einwohner** (66): 8949300 (F Ende 1983; 8227866 Z 1965) = 80,7 je km² – **Städt. B.:** 65/2,4/18 – **G:** 73/20/1/410/190/146 – **S:** 9*/97/86/17 – **Jährl. Bevölkerungswachstum:** (1970–1981) 0,5% (1981: 14 / 11)

**Bevölkerung:** rund 92% Bulgaren, 4–5% Türken, 2,5% Zigeuner – **Staatssprache:** Bulgarisch; Umgangssprachen d. Minderheiten – **Religion:** Die ca. 40% sich zu einer Religion Bekennenden sind zu etwa 96% orthodoxe Christen; 80000 sunnit. Muslime, 55000 Katholiken u. 20000 Protestanten, 700 Juden

**Flagge:** weiß (mit Wappen links oben)-grün-rot (waagerecht) – **Nationalfeiertag:** 9. 9. – **U:** 3. 3. 1878, endgültig 5. 10. 1908, Volksrepublik seit 8. 9. 1946

**Staats- und Regierungsform:** Volksrepublik – Parlament aus 1 Kammer (»Sobranje«) – Wahlpflicht für alle über 18 J. alten Bürger – Wehrpflicht – Verwaltungsgliederung in 28 Bezirke – Nach d. Verfass. v. 1971 ist d. Volksversammlung/VV höchstes, der Staatsrat (v. d. VV gewählt) das ständig wirkende Organ d. Staatsmacht; er vertritt d. Land international

**Staatsoberhaupt:** Vors. d. Staatsrates Todor Schiwkoff, BKP, erneut seit 1981 – **Regierungschef:** Vors. d. Ministerrates der Volksrepublik Grischa Filipoff [Filipov], seit Juni 1981 – **Außenminister:** Petar Mladenoff – **Parteien:** Bulg. KP (Bălgarska Komunistitscheska Partija/BKP) mit ihrem aus 15 Mitgliedern bestehenden Politbüro – **Parteichef** u. Gen.-Sekr. d. ZK: Todor Schiwkoff – Die BKP zählt (1978) 812000 Mitgl. u. hält Schlüsselstellungen in der »Vaterländischen Front« (»Otetschestwen Front«; bei den Wahlen v. Juni 1981 99,96% der Stimmen), zu der auch d. »Bulg. Bauernbund« (Bălgarski Semdelski Naroden Sojus«/BSNS) gehört – Sitzverteilung in d. VV: 272 BKP, 100 BSNS, 28 Parteilose – **Dipl. B.:** BR Dtld. und DDR

**Städte** (F 1983): Sofia (Hptst.) 1110514 Einw., Plovdiv [Plowdiw] 541632, Varna [Warna] 352631, Burgas 283936, Ruse 200600; (F 1981) Stara Zagora [Sagora] 138000, Pleven 132000

**Wirtschaft: BSP** 1979: 32470 Mill. $/1980 (S): 37390 Mill. $/4150 $ (41)/5,6* – **WS:** 17*/../58*/.. – **V:** 3*/69*/27*/28*/../1* – **A:** 66/37/39 – **E:** 5957/3,4/9059 – **M:** 2,8* (..)

**Außenhandel:** 1982 **Einf.** 11527 Mill. $, **Ausf.** 11428 Mill. $ – **W:** 1 Lew (Lw) = 100 Stótinki (St); 100 US-$ = 99,40 Lw, 1 Lw = 2,6056 DM – **AS:** 3*/6*/7*/../.. – **H:** 16/9/69

**Wichtige Ausfuhrgüter:** Maschinen u. Ausrüstungen (über 40% an Ostblockländer), Bergbauprodukte, Erdölraffinerieprod. u. Metalle 10%; außerdem Tabak, Obst, Gemüse, Wein, Rosenöl – **u. Handelspartner:** UdSSR u. die and. RGW-Länder (rd. 80%); wichtige nichtkommunistische Partner sind BR Deutschland (6%), Italien, Frankreich, Österreich sowie Japan

**Mitgliedschaft:** UNO, ECE, Warschauer Vertrag, RGW, BIZ, FAO, IAEA, ICAO, IFC, ILO, IMO, IPU, ITU, UNESCO, UPU, WHO, WMO

## BURKINA-FASO *(West-Afrika)*

(Demokratische Volksrepublik B.; République démocratique populaire B.; bis 4.8.1984: Obervolta)

**Fläche** (66): 274200 km² (L: 10–20%) – **Einwohner** (74): 7170000 (S 1982; 6144013 Z 1975) = 26,1 je km²; Wohnbev. (S 1983) 6469000 – **Städt. B.:** 11/6,0/0 – **G:** 44/208/50/48510/4950/95 – **S:** 95/19/3/<1 – **Jährl. Bevölkerungswachstum:** (1970–1981) 2,0% (1981: 48/22)

**Bevölkerung:** Bourkinabés; Volta-Völker (u. a. Mossi fast 50%), westsudan. Gruppen (Bobo u. Verwandte ⅙, Sanike, Diula), außerdem Fulbe (10%) Haussa u. Tuareg; über 1000 Europäer, meist Franzosen – **Staatssprache:** Französisch; Volta-Semi-Bantu-Sprachen (Morée, Sprache d. Mossi), westsudan. Sprachen u. Ful als Umgangssprachen – **Religion:** Muslime (20%), christl. Minderheiten (rd. 7% Katholiken u. 25000 Protestanten); Anhänger von Naturreligionen (bis 70%)

**Flagge:** schwarz-weiß-rot (waagerecht) – **Nationalfeiertag:** 11.12. – **U:** 5.8.1960

**Staats- u. Regierungsform:** Präsidiale Republik – Verfassung v. 27.11.1977 (seit Militärputsch v. Nov. 1980 aufgehoben) – Parlament mit 1 Kammer – Allgemeines Wahlrecht ab 21 Jahren – Keine Wehrpflicht – Verwaltungsgliederung in 25 Bezirke (seit Nov. 1983) – Revolutionsreg. im Aug. 1984 durch Präs. Sankara aufgelöst, weitere Entwicklung unklar

**Staatsoberhaupt u. Regierungschef:** Hauptmann Thomas Sankara, seit d. Putsch v. 4.8.1983, Vors. eines »Nationalen Revolutionsrates« (Conseil national de la révolution/C.N.R.) – **Außenminister:** Basile Laita Guissou – **Parteien:** Bei den Wahlen v. April/Mai 1978 wurde die »Parti Démocratique Voltaïque – Rassemblement Démocratique Africain«/PDVRDA mit 28 Sitzen stärkste Partei; »Union Nationale pour la Défense de la Démocratie«/UNDO 13, »Front Progressiste Voltaïque«/FPV 9, »Parti du Régroupement Africain«/PRA 6 u. »Union Nationale des Indépendants«/UNI 1 Sitz; seit Putsch v. Nov. 1980 Nationalversamml. aufgelöst u. Parteien verboten – **Dipl. B.:** BR Dtld. und DDR

**Städte** (S 1982): Ouagadougou [Wagadugu] (Hptst.) 235000, als A 300000 Einw., Bobo-Dioulasso [Bobo-Diulasso] 150000, Koudougou [Kudugu] 60000

**Wirtschaft: BSP** 1980: 1250 Mill. $/1981 (S): 1490 Mill. $/240 $ (153)/1,6 – **WS:** 41/1,4/16/2,9 – **V:** 15/96/16/–11/13/–27 – **A:** 52/82/13 – **E:** 33/10,2*/39 – **M:** 2,5 (16,9)

**Außenhandel:** 1982 **Einf.** 346 Mill. $, **Ausf.** 56 Mill. $ – **W:** 1 CFA-Franc = 100 Centimes; 1 FF = 50 CFA-Francs, 1 CFA-Franc = 0,02 FF bzw. 0,0065 DM – **I:** 9,5 – **AS:** <1/2/52/21/29 – **T:** 98 – **H:** 39/61/<1 – **Z:** 9*/1,1/4,0*/23,1 – **D:** 2,0* – **K:** –/36/<1*

**Wichtige Ausfuhrgüter:** Vieh u. Viehzuchtprodukte (bis ⅓), Baumwollsaat (über ⅓), Erdnüsse, Sheanuß-Samen, getrocknete Fische – **u. Handelspartner:** Frankreich (rd. ⅓), Elfenbeinküste (⅓), BR Deutschland, Italien, Ghana, Mali

**Mitgliedschaft:** UNO, OAU, »Conseil de l'Entente«, CCC, ECA, CEDEAO, AKP, FAO, OCAM, GATT, IBRD, ICAO, IDA, IFAD, IFC, ILO, IMF, ITU, UDEAO, UMOA, UNESCO, UPU, WHO, WMO; besondere Zollvereinbarung mit Ghana, Commission du Fleuve Niger/CFN

## BURUNDI *(Ost-Afrika)*

(Republik Burundi; Republika y' Uburundi; République du Burundi – [BU; RU])

**Fläche** (127): 27834 km² (L: 50%) – **Einwohner** (93): 4420000 (S 1983; 3350000 Z 1970/71) =

158,8 je km² – **Städt. B.:** 2 / 2,7 / 0 – **G:** 45 / 120 / 24 / 45020 / 6180 / 96 – **S:** 75 / 29 / 3 / 1 – **Jährl. Bevölkerungswachstum:** (1970–1981) 2,2% (1981: 46 / 20)

**Bevölkerung:** Burundier (Barundi); über 80% Bantu (bes. Hutu), 14% hamitische Watussi (Tutsi), 1% Twa; über 3000 Europäer, meist Belgier, etwa 1500 Asiaten (überw. Inder) – **Staatssprache:** Amtssprachen KiRundi u. Französisch; sonst einheim. Sprachen; Kisuaheli z. T. als Verkehrssprache – **Religion:** über 60% Katholiken, protestantische (8%) u. muslimische (1%) Minderheiten; Anhänger v. Naturreligionen

**Flagge:** durch weißes Schrägkreuz geteilt in Rot (oben und unten) u. Grün; in d. Mitte auf weißer Scheibe 3 sechszackige, grün geränd. rote Sterne – **Nationalfeiertag:** 1.7. – **U:** 1.7.1962

**Staats- und Regierungsform:** Präsidialrepublik – Neue Verfassung v. Nov. 1981 mit 98,6% v. 1,6 Mill. Stimmabgaben angenommen – Seit Okt. 1982 Parlament mit 65 Abg. (für jed. Sitz 2 Kandid. d. UPRONA zur Wahl) – Keine allgemeine Wehrpflicht – Verwaltungsgliederung in 15 Provinzen

**Staatsoberhaupt und Regierungschef:** seit Staatsstreich v. Nov. 1976 Oberst Jean-Baptiste Bagaza [Bagasa], gleichzeitig Vors. d. Revolutionsrates – **Außenminister:** Dr. Laurent Nzeyimana – **Parteien:** UPRONA (»Union pour le Progrès National«) einzig zugelassene Partei – **Dipl. B.:** BR Dtld. und DDR

**Städte** (S 1982): Bujumbura [Usumbura] (Hptst.) 160000 Einw., Muyinga 19000, Kitega [Gitega] 10000 (ehem. Residenz)

**Wirtschaft: BSP** 1980: 850 Mill. $ / 1981 (S): 990 Mill. $ / 230 $ (154) / 1,5 – **WS:** 56 / 2,2 / 16 / 8,5 – **V:** 16 / 79 / 19 / 5 / 9 / – 14 – **A:** 53 / 84 / 5 – **E:** 16 / 35,2 / .. – **M:** 2,0* (10,3*)

**Außenhandel:** 1982 **Einf.** 214 Mill. $, **Ausf.** 88 Mill. $ – **W:** 1 Burundi-Franc (F.Bu.) = 100 Centimes; 1 US-$ = 114,43 F.Bu., 1 F.Bu. = 0,0226 DM – **I:** 11,6 – **AS:** <1 / <1 / 14 / 13 / 22 – **H:** 74 / 26 / <1 – **Z:** 2* / 0,5 / .. / 16,1 – **D:** 5,7* – **K:** – / 27 / ..

**Wichtige Ausfuhrgüter:** haupts. Kaffee (bis 90%), Tee, Baumwolle, Ölfrüchte, Häute, Mineralien – **u. Handelspartner:** BENELUX (20%), USA, BR Deutschland (über 20%), Frankreich, Japan, China

**Mitgliedschaft:** UNO, OAU, CCC, CEPGL, AKP, ECA, FAO, GATT, IBRD, ICAO, IDA, IFAD, ILO, IMF, ITU, UNESCO, UPU, WHO, WMO, OCAM (assoz.), Kagera River Basin Org. m. Tans. u. Rwanda/OBK

## CHILE *(Süd-Amerika)*

(Republik Chile; República de Chile – [RCH])

**Fläche** (35): 756945 km² (L: 6%); Ch. beansprucht darüber hinaus den zwischen 53° u. 90° w. L. gelegenen Antarktis-Sektor (1250000 km², Stützpunkte mit rd. 200 Mann) als sein Hoheitsgebiet – **Einwohner** (55): 11680000 (S 1983) = 15,4 je km² – **Städt. B.:** 81 / 2,4 / 44 – **G:** 68 / 42 / 2 / 1920 / 450 / 114 – **S:** 16* / 117 / 55 / 12 – **Jährl. Bevölkerungswachstum:** (1970–1981) 1,7% (1981: 25 / 7)

**Bevölkerung:** Chilenen; 50–60% Mestizen, 30–50% Weiße (vorw. altspan. Abstammung, über 100000 Deutschstämmige); 1,5% Araukaner-Indianer, 0,3% and. Indianer (Ketschua, Aimará, Chonos, Alakalufes, Feuerländer) – **Staatssprache:** Spanisch – **Religion:** 89% röm.-kath.; 6% Protestanten u. etwa 30000 Juden

**Flagge:** weiß-rot (waagerecht) m. blauem quadrat. Obereck, darin weißer Stern – **Nationalfeiertag:** 18.9. – **U:** 18.9.1810 (Proklamation), endgültig 12.2.1818

**Staats- und Regierungsform:** Parlament seit dem Staatsstreich vom September 1973 aufgelöst, oberstes Organ eine Militärjunta (César R. Benavides, Admiral José Merino, General Fernando Matthei, General César Mendoza). Alle Parteien suspendiert, seit März 1977 verboten – Neue Verfass. d. Volksentscheid mit 67,2% d. Stimmen im Sept. 1980 angenommen. Künft. Volksvertr. aus Abg.-Kammer (120 Mitgl.) u. Senat (26 gewählte, im übr. ernannte Mitgl.) – Wehrpflicht – Gliederung in 13 Regionen

**Staatspräsident:** General Augusto Pinochet Ugarte, seit März 1981, verfassungsmäßiger Präs. bis März 1989 – **Außenminister:** Jaime del Valle – **Parteien:** frühere Parteien verboten; Neuformierung v. Parteien soll bis 1989 erfolgen. Im Aug. 1983 Gründung einer »Demokrat. Allianz« aus 5 Oppositionsparteien, im Dez. 1983 d. »Nationalen Einheitsbewegung«/ MUN (pro Regierung) – **Dipl. B.:** BR Dtld. (DDR-Bez. am 21.9.1973 abgebrochen, jedoch Handelsbüro)

**Städte** (B 1982): Santiago de Chile (Hptst.) m. V. 4,2 Mill. Einw., Viña Del Mar 281000, Valparaíso 266000 (A 650000), Talcahuano 205000, Concepción 202000 (A 550000), Antofagasta 164000, Temuco 158000; (1978) Talca 129100, Rancagua 122500

**Wirtschaft: BSP** 1980: 25410 Mill. $/1981 (S): 28890 Mill. $ / 2558 $ (54) / – 0,5 – **WS:** 7 / 3,0 / 35 / 0,7 – **V:** 13 / 75 / 22 / 12 / 18 / – 10 – **A:** 62 / 19 / 19 – **E:** 1137 / 0,6 / 3210 – **M:** 2,4* (6,1*)

**Außenhandel:** 1982 **Einf.** 3529 Mill. $, **Ausf.** 3822 Mill. $ – **W:** 1 Chilenischer Peso (chil$) = 100 Centavos; Freimarktkurs d. Geschäftsbanken: 1 US-$ = 87,95 chil$, 1 chil$ = 0,0294 DM – **I:** 164,6 – **AS:** 59 / 1 / 24 / 14 / 27 – **T:** 61 – **H:** 67 / 31 / <1 – **Z:** – 4814 / 5,3 / 27,2 / 14,1 – **D:** 4,2 – **K:** – / – 156 / 376

**Wichtige Ausfuhrgüter:** Bergbauprodukte u. Metalle (insges. 70–80% d. Ausfuhrwertes, davon Kupfer bis über 80%, Eisenerze, Salpeter, Kohle, Jod); außerdem chem. Produkte, Wolle, Felle, Holz, Obst, Wein – **u. Handelspartner:** USA (20%), Brasilien u. Japan (je 10%), BR Deutschland (ca. 7%)

**Mitgliedschaft:** UNO, OAS, ALADI, BLADEX, CCC, CECLA, FAO, GATT, IAEA, IBRD, ICAO, IDA, IDB, IFAD, IFC, ILO, IMF, IMO, IPU, ITU, SELA, UNESCO, UPU, WHO, WMO, EG assoz., Andengruppe

**Zu Chile gehören** folgende pazifische Inseln: 1. *Oster-Insel* (Isla de Pascua, Rapanui), 162,5 km$^2$ u. 1400 Einw.; Hauptort Hangaroa. – 2. *Juan-Fernández-Inseln*, 185 km$^2$ u. etwa 300 Einw. (Robinson Crusoe/Más a Tierra, A. Selkirk/Más Afuera, Santa Clara) – 3. *Islas Desaventuradas* San Félix, San Ambrosio, Gonzales), 3,32 km$^2$ – 4. *Sala y Gómez*, 0,12 km$^2$, unbewohnt – Mit Argentinien umstritten 3 Inseln (Lennox, Nueva, Picton) im Beagle-Kanal

## CHINA, Republik *(Ost-Asien)*

(Taiwan, Formosa, Nationalchina bzw. »Ta Tschung Hua Min-Kuo« [Ta Chung-Hwa Min-Kuo], beansprucht, wie die Volksrepublik, ganz China zu repräsentieren – [RC])

**Fläche** (120): 36 188 km$^2$ (ohne die unten genannten Inseln 35 966 km$^2$) (L: 25%) – **Einwohner** (40): 18 547 000 (IV/1983; 13 512 173 Z 1966) = 512,5 je km$^2$ – **Städt. B.**: 51* / 4,4* / 12* – **G:** 72* / 25* / 1* / 1590* / .. / 119* – **S:** 18* / 67* / .. / .. – **Jährl. Bevölkerungswachstum:** (1984) 1,4%

**Bevölkerung:** Chinesen, u.a. etwa 20% Flüchtlinge v. Festland; außerdem rd. 200 000 malaio-polynesische Gaoschan – **Staatssprache:** Chinesisch; Umgangssprache z.T. Fukien-(Amoy-)Dialekte (»Minnan-hua«) – **Religion:** Konfuzianismus, nördl. (Mahajana-)Buddhismus 7,5 Mill., Taoismus 3,3 Mill.; 400 000 Protestanten, 278 000 Katholiken, 42 000 Muslime

**Flagge:** rot mit blauem Obereck, darin gelbe Sterne – **Nationalfeiertag:** 10. 10. (Tag des Aufstandes von Wutschang 1911) – **U:** Fortführung der Tradition der am 1. 1. 1912 in Peking nach dem Sturz der Mandschu-Herrschaft proklamierten Republik (Beginn der gesamtchines. Staatsgeschichte s. China, Volksrepublik).

**Staats- und Regierungsform:** Republik – Nationalversammlung (als repräsentativ f. ganz China betrachtet, gewählt 1947), ursprünglich 2961, 1984 1064 Mitglieder; Gesetzgebender Yuan [Juan] ganz Chinas 1983 372 Mitgl. (760 urspr.) u. Kontroll-Yuan, 1978 60 Mitgl. – Außerd. Parlamente f. d. Provinz Taiwan u. den Stadtstaat Taipeh [Taibei] – Allgemeines Wahlrecht – Wehrpflicht – Verwaltungsgliederung in einen »Stadtstaat«, 6 Stadtkreise u. 16 (Landkreise) »Hsien«

**Staatsoberhaupt:** Präsident Chiang Ching-kuo [Tschiang Tsching-kuo], KMT, seit 1978, erneut seit 20. Mai 1984 mit 99,2% d. Stimmen der Nationalversamml. gewählt; Vizepräs. Li Teng-Hui, KMT – **Regierungschef** bzw. Präs. d. Vollzugs-Yuan: Yu Kuo-hua, seit Mai 1984 – **Außenminister:** Chu Fu-sung [Tschu Fu-sung] – **Parteien:** entscheidend die nationale Kuomintang/KMT (volle Bez.: Chung-kuo kuo-min-tang = Chines. Volkspartei, auf die 1894 v. Sun Yat-sen gegründ. Hsing Chung hui/Ges. f. d. Erneuerung Chinas zurückgehend); 1,8 Mill. Mitgl., ihr Vorsitzender ist Chiang Ching-kuo. Außerdem »Jungchina-Partei« (»Young China Party«), »Demokratische Sozialistische Partei« (»China Democratic Socialist Party«) – Bei Teilwahlen z. Gesetzgeb. Yuan fielen v. 71 zur Wahl stehenden Mand. 62 an d. KMT, 6 an d. oppos. Tangwai, 3 an Unabh. – **Dipl. B.:** weder BR Dtld. noch DDR (doch dipl. Bez. zu 23 Ländern)

**Städte** (Jan. 1982): Taipeh (nach der Hanyu-Pinyin-Lautumschrift Taibei), als prov. Hptst. v. China betr., seit 1967 »Stadtstaat«, 2 272 520 (A 4,2 Mill.) Einw.; Kaohsiung 1 227 185, Taichung [Taitschung] 607 000, Tainan 595 000, Panchiao 422 000, Keelung [Kilung] 348 000, Shanchung [Schantschung] 335 000, Chiayi [Tschiaji] 252 000, Hsinchu [Hsintschu] 243 000, Fengshan 227 000

**Wirtschaft: BSP** 1982: 43 437 Mill. $ / 2342 $ (57) / 3,9 – **WS:** 12* / 1,5* / 46* / 12,2* – **V:** 17* / 52* / 27* / 31* / 54* / 4* – **A:** 63* / 34* / 27* – **E:** 1797* / 1,8* / .. – **M:** 7,5* (..)

**Außenhandel:** 1983 **Einf.** 20 300 Mill. $, **Ausf.** 25 100 Mill. $ – **W:** 1 Neuer Taiwan-Dollar (NT$) = 100 Cents; 1 US-$ = 39,87 NT$, 1 NT$ = 0,0650 DM – **I:** 11,0* – **AS:** 2* / 21* / 17* / 11* / 31* – **T:** 80* – **H:** 70* / 26* / 0* – **Z:** 1162* / 2,4* / 4,3* / 13,4* – **D:** 1,8* – **K:** .. / 330* / 42*

**Wichtige Ausfuhrgüter:** Textilien (⅙), chem. Produkte, elektrotechn. u. elektron. Erzeugnisse sowie and. Industriewaren (insg. 90%), Holz, Zucker, Bananen, Reis, Ananas, Tee, Metalle, Salz – **u. Handelspartner:** USA (bis 40%), Japan (⅓), BR Dtld., Kuwait, Saudi-Arabien, Hongkong

**Mitgliedschaft:** IBRD, IDA, IFC, ADB; 1971/72 wurde die Rep. China (Taiwan) aus der UNO und fast allen ihren Sonderorganisationen zugunsten der VR China ausgeschlossen, am 2. Dez. 1979 kündigten die USA ihren Verteidigungspakt mit Taiwan

**Zu Taiwan gehören** die *Pescadores-Inseln* (chin.: Penghu) in der Formosa-Straße 127 km$^2$, 116 354 Einw. (1963): Hauptort Makung (15 000 Einw.); besetzt sind eine der Spratly (Nanscha)-Inseln (0,7 km$^2$) u. die Pratas (Tungscha)-Inseln (1,5 km$^2$); schließlich auch mehrere Inselgruppen vor dem Festland der VR China, darunter die zur Provinz Fukien zählenden Landkreise (»hsien«) *Jinmen (Kinmen-, Quemoy-)* (175,4 km$^2$ u. 60 099 Einw. 1974) und *Matsu-Inseln* (Lienkian, 27 km$^2$ u. 15 029 Einw. 1974) mit einem eigenen Gouverneur. *Tung-Yin-Insel* (2,6 km$^2$ u. 800 Einw.) [s. auch China, Volksrepublik]

**CHINA, Volksrepublik** *(Ost-Asien)*
(Volksrepublik China; Chinesische Volksrepublik; Zhonghua Renmin Gongheguo bzw. Tschung-Hua Jen-Min Kung-Ho Kuo – [TJ u. VRC])

**Fläche** (3): 9560779 km² (n. UNO-Ang. 9596961 km², m. Taiwan, das von d. Volksrep. als integraler Teil angesehen wird) (L: 11%) **Einwohner** (1): 1008175288 (Z 1.7.1982) = 105,44 je km² (ohne Taiwan, Hongkong u. Macao; mit diesen 1031882511). In d. westl. Landeshälfte leben nur 5% d. Bev. 93,3% Han-Chinesen (seit Z 1964 Anstieg um 43,8%), 6,7% nation. Minderheiten (+68,4%). – **Städt. B.**: 21 / 3,1* / 73 – **G:** 6 / 71 / 7 / 1920 / 1890 / 107 – **S:** 32 (weniger als 1500 Schriftzeichen) / 117 / 34 / 1 – **Jährl. Bevölkerungswachstum:** (1970–1981) 1,5%, 1983: 1,4% (1983: 20 / 6)

**Bevölkerung:** knapp 94% Chinesen, außerdem Turkvölker, Thai-Gruppen, Mongolen, Tibeter, Mandschu; insg. 55 nat. Minderheiten – **Staatssprache:** Chinesisch (Kao-yü; als einfache Umgangssprache: Pu Tung-hua); in d. autonomen Gebieten auch Sprachen d. and. Gruppen als Amtssprachen zugelassen. Englisch wichtig als intern. Handelssprache – Ab 1.1.1979 Verwendung d. chines. phonetischen Lautumschrift (Hanyu Pinyin) – **Religion:** Konfuzianische Lehre, nördlicher (Mahajana-)Buddhismus (S 100 Mill.), Taoismus; grobe Schätzungen: 13 Mill. sunnitische Muslime, 2,5 Mill. Katholiken, 3 Mill. Protestanten

**Flagge:** rot, mit 1 großen u. 4 kleinen Sternen im Obereck – **Nationalfeiertag:** 1.10. – **U:** Fast 4000 Jahre staatl. Überlieferung. Gründung d. Volksrepublik am 1.10.1949

**Staats- und Regierungsform:** neue Verfassung 1982 auf d. Tagung d. V. Nationalen Volkskongresses/NVK verabschiedet, enthält in d. Präambel die 4 Grundprinzipien: »Sozialismus, demokrat. Diktatur d. Volkes, Marxismus-Leninismus-Mao-Ideen u. Führung d. KP« – Der Nationale Volkskongreß (Einkammerparlament mit 3478 Abg.) übt außer d. legislativen Gewalt folg. Funkt. aus: Änd. u. Überwach. d. Verfass., Wahl d. Vorsitzenden, Entscheid. über d. Ernenn. d. Min.-Präs. d. Staatsrates auf Vorschlag d. Vors. d. VR China, Wahl d. Vors. d. Zentral. Militärkommission; sein ständiges Organ ist d. Ständ. Ausschuß d. NVK – Wahl d. Abg. auf 5 Jahre – Zentrale Beraterkommission (172 Mitgl.) – Allgemeines Wahlrecht – Wehrpflicht – Gesetz der VR China über die nationale regionale Autonomie am 31.5.1984 angenommen – 116 Regionen mit nationaler Autonomie (5 auton. Gebiete, 31 aut. Bezirke u. 80 aut. Kreise oder Banner) mit insg. 6,1 Mill. km² (über 60% d. Fläche Ch.) u. 120 Mill. Menschen (davon über 50 Mill. nation. Minderheiten) – Verwaltungsgliederung in 21 (m. Taiwan 22) Provinzen (Ch'ü), 3 unmittelb. Städte (Peking, Schanghai, Tientsin), 5 auton. Gebiete (Tibet, Innenmongolei, Xinjiang Uygur [Sinkiang-Uigur], Ningxia Hui [Ningsia-Hui], Guangxi Zhuang [Kuangsi-Dschuang], 31 auton. Bezirke (»Chou«) und 80 auton. Kreise (»Hsien«)

**Staatsoberhaupt** (Vors. d. VR China): Li Xiannian [Li Hsiän-liän], seit Juni 1983; Stellv.: Ulun – Vors. d. ständ. Ausschusses des VI. NVK: Peng Zhen [Peng Dschen] – **Regierungschef:** Ministerpräsident Zhao Ziyang [Dschao Dsi-jang], seit 7.9.1980 – Vorsitzender d. zentralen Militärkommission u. d. Militärkommission d. KP (u. damit Oberbefehlshaber) Deng Xiaoping [Teng Hsiao-ping] – **Außenminister:** Wu Xuequian [Wu Hsüe-tschien] – **Partei:** KPCh (40 Mill. Mitgl.) m. ZK (210 Vollmitgl.) – **KP-Generalsekretär** Hu Yaobang [Hu Jao-bang] – Das ZK wählt die Mitgl. d. Politbüros (25 Mitgl. u. 3 Kandidat.) – Ständ. Ausschuß d. Politbüros d. ZK (6 Mitgl., engster Führungskreis): Hu Yaobang [Hu Jao-bang], Ye Jianying [Jeh Tschien-jing], Deng Xiaoping [Teng Hsiao-ping], Zhao Ziyang [Tschao Dsi-jang], Li Xiannian [Li Hsiän-liän] u. Chen Yun [Tschen Jün] – Zahl d. Parteimitglieder 1982 (S) 39,6 Mill. – Als Sammelbecken bzw. »Einheitsfront« gilt die »Polit. Konsultativkonferenz des chinesischen Volkes« (Vors.: Frau Deng Yingchao [Teng Jing-tschao]), der außer der entscheidenden KP 8 »Parteien« angehören: »Revolutionskomitee der Kuomintang«, »Demokratische Liga«, »Demokrat. Gesellschaft f. d. Nation. Aufbau«, »Gesellschaft zur Förderung der Demokratie«, »Demokrat. Arbeiter- u. Bauernpartei«, »Zhi Gong Dang« [Tschih Kung Tang = »Partei d. gemeinsamen Interessen«], »Jiusan«-[Tschiusan-]Gesellschaft (»3. September«), »Demokr. Selbstbestimmungsliga Taiwan« u. »Allchines. Vereinig. d. Industriellen u. Kaufleute« – **Dipl. B.:** BR Dtld. und DDR

**Städte** (Z VII/1982; Einw. in Mill.): Beijing [Peking] (Hptst.) 9,23, Shanghai [Schanghai] 11,8, Tianjin [Tientsin] 7,7, (S) 1976: Chongquing [Chungking bzw. Tschungking] 6, Guangzhou [Kanton] 5, Shenyang [Schenjang, früh. Mukden] 4,4, Lüda (früh. Port Arthur-Dairen) 4, Wuhan 3,5, Nanjing [Nanking] 3, Harbin 2,1; (S) 1970: Xi'an [Sian] 1,6, Lanzhou [Lantschou] 1,45, Taiyuan [Taijuan] 1,35, Qingdao [Tschingtau] 1,3, Chengdu [Tscheng-tu] 1,25, Chang-chun [Tschang-tschun] 1,2, Jinan [Tsinan] u. Kunming je über 1,1, Fushun [Fuschun] 1,08, Zhengzhou [Tschengtschou] u. Anshan [Anschan] je 1,05 und u.a. Lhasa (1982) 0,16 (davon 60000 Tibeter)

**Wirtschaft: BSP** 1980: 267810 Mill. $/1981 (S): 299770 Mill. $ / 302 $ (143) / 4,1 – **WS:** 35 / 2,8 / 46 / 8,3 – **V:** .. / 72 (inkl. öff. V.) / 28 / 28 / 9 / <1 – **A:** 62 (52% d. Bev. haben einen Arbeitsplatz) / 69 / 19 – **E:** 618 / 5,8 / 71000 – **M:** 4,6 (15,9)

**Außenhandel:** 1983 **Einf.** 42070 Mill. ¥uan, **Ausf.** 44040 Mill. ¥uan – **W:** 1 Renminbi ¥uan (RMB.¥) =

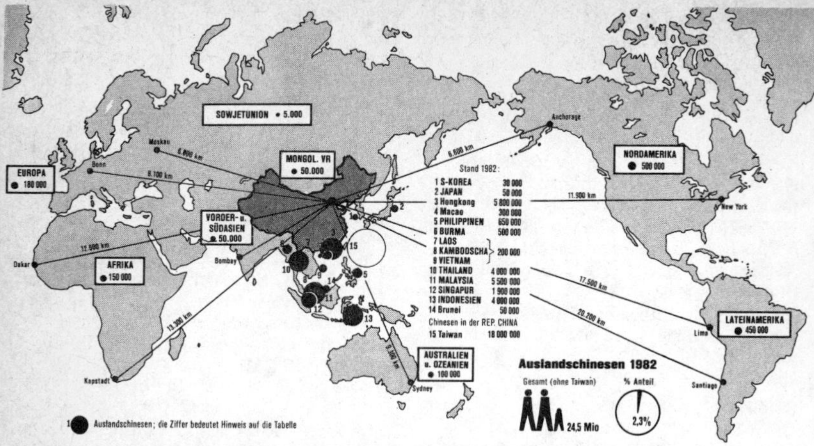


**Weltweite Verteilung chinesischer Bevölkerung (Auslandschinesen).**
(Quelle: Inf. z. polit. Bildung, 198, 1983)

10 Jiao = 100 Fen; 100 US-$ = 205,37 RMB.¥, 1 RMB.¥ = 1,2611 DM – **AS:** 25/5/../15/27 – **H:** 46/48/4 – **Z:** 2152/../../.. – **D:** 5,1 – **K:** –/../265*

**Wichtige Ausfuhrgüter:** zu knapp 40% landwirtschaftl. Erzeugnisse (Tee, Seide, Sojabohnen, Eier, Häute, Felle, Borsten, Federn, Tungöl, Lacke), zu 60% Bergbau- u. Ind.-Prod., Erze (bes. Wolfram), Erdöl (15 Mill. t bei 100 Mill. t Eigenproduktion), Textilien, Maschinen – **u. Handelspartner:** Japan (knapp ¼), Hongkong, USA, BR Deutschland (⅒) u. sonst. westl. Industrieländer (60%; nichtkommun. Staaten insg. 93%), UdSSR u. übrige RGW-Länder

**Mitgliedschaft:** UNO, ESCAP, FAO, IAEA, IBRD, ICAO, IDA, IFAD, IFC, ILO, IMO, IMF, ITU, UNESCO, UPU, WHO, WMO usw.; seit 1975 Handelsabk. mit EG

Die nordöstlich von Taiwan gelegenen *Tiaoyütai-Inseln* (jap. Sengaku, 6,3 km$^2$) werden von Peking und Taiwan als chinesisch angesehen, jedoch von Japan faktisch kontrolliert. Die *Paracel-Inseln* (chines. Xisha [Hsi-chal], 5,9 km$^2$) sind von der VR China besetzt, desgleichen zeitweise einige der in erdölhöffigem Gebiet gelegenen *Spratly-Inseln* (chines. Nansha [Nanscha], 0,7 km$^2$; philippin. Kalagan), von denen aber Itu-Abu von Taiwan, Rurok, Binago und Pugad von Vietnam und andere (u. a. Panata) von den Philippinen okkupiert sind (s. a. bei China, Republik)

## CISKEI *(Süd-Afrika)*

**Fläche** (144): z. Z. 7740 km$^2$; Arrondierungen bis 9185 km$^2$ vorgesehen – **Einwohner** (134): 707347 (S 1982) = 91,3 je km$^2$; davon 664100 Xhosa, 5620 Mischlinge, 2220 Weiße, 3680 Tswana; dazu kommen 470000 im Ausland (meist Rep. Südafrika) lebende Bürger – **Städt. B.:** 31% – **S:** 35%

**Bevölkerung:** 628421 Xhosa (Gaika, Gwali, Jingqgi), 1932 sonst. Schwarze, 3471 Coloureds, 1798 Weiße – **Staatssprache:** isiXhosa, Englisch – **Religion:** überw. Protestanten

**Flagge:** hellblau mit v. Mast aufsteig. breiten weißen Streifen, darin schwarzer Wappenvogel – **Nationalfeiertag:** noch nicht bekannt, vermutl. 4. 12. – **U:** 4. 12. 1981, jedoch international nicht anerkannt u. faktisch weiterhin v. d. Rep. Südafrika abhängig

**Staats- und Regierungsform:** Republik mit Nationalversammlung (87 Mitgl., davon 50 gewählt u. 37 Stammeshäuptlinge)

**Staatsoberhaupt u. Regierungschef:** Dr. Lennox Leslie W. Sebe, seit 1973 – **Außenminister:** B. N. Pityi – **Parteien:** Wahlen v. 1978: »Ciskei National Independence Party« (CNIP) als Einheitspartei alle Sitze

**Städte** (1982): Bisho (Hptst.), Mdantsane 150000, Zwelitsha 31000, Sada 29000, Dimbaza 15000, Alice 8000

**Wirtschaft: BSP** 1980: 114,8 Mill. südafr. Rand/464 Rand (122)

**Wichtigste Ausfuhrgüter:** landwirtsch. Prod. (bes. Südfrüchte) u. Industrieerzeugn. wie Uhren u. Fernsehapp. – **u. Handelspartner:** Rep. Südafrika, SATBVC-Staaten (mit RSA, Bophuth., Transkei u. Venda, südafrikan. Entwicklungsbank) – **W:** südafr. Rand (R) (Daten z. T. n. Th.-J. Resch)

**Mitgliedschaft:** SAEMU, SATBVC-Staaten

## COSTA RICA *(Mittel-Amerika)*

(Republik Costa Rica; República de Costa Rica = »Reiche Küste«; Kostarika – [CR])

**Fläche** (112): 50700 km² (L: 10%) – **Einwohner** (114): 2440000 (S 1983; de jure Z 1973 1871780) = 48,1 je km² – **Städt. B.:** 44 / 3,6 / 64 – **G:** 73 / 27 / 1 / 1470 / 450 / 116 – **S:** 10 / 108 / 48 / 26 – **Jährl. Bevölkerungswachstum:** (1970–1981) 2,8% (1981: 30 / 4)

**Bevölkerung:** Kostarikaner; überw. Weiße altspanischer Abstammung (über 75%); außerdem Mestizen (15%), Schwarze u. Mulatten 2%, Indianer 0,2%; rd. 200000 Ausl. (vorwieg. Flüchtl.) – **Staatssprache:** Spanisch – **Religion:** röm.-kath. rd. 95%; Protest. (40000) u. Juden (1500) als Minderheiten

**Flagge:** blau-weiß-rot (doppelte Breite)-weiß-blau (waagerecht) – **Nationalfeiertag:** 15.9. – **U:** 15.9.1821 (Proklamation), endgültig 14.11.1838 (Austritt aus d. Zentralamerikan. Konföderation)

**Staats- und Regierungsform:** Präsidiale Republik – Erklärung d. Neutralität am 17.11.1983 (»aktive, autonome, unbewaffnete u. immerwähr. Neutr.«) – Gesetzgebende Versammlung mit 1 Kammer (»Congreso Constitucional«), deren Mitglieder für 4 Jahre gewählt werden – Wahlpflicht ab 18 Jahre – Keine Wehrpflicht – Verwaltungsglied. in 7 Provinzen

**Staatsoberhaupt** u. Regierungschef: Luis Alberto Monge, PLN, seit Mai 1982 (mit 58,6% d. Stimmen gewählt) – **Außenminister:** Carlos José Gutiérrez Gutiérrez – **Parteien:** Die Wahlen v. 1982 brachten d. »Partido Liberación Nacional«/PLN (Mitte links) 33 Mandate, d. Unidad (Christdemokraten) 18, d. Kommunisten (»Pueblo Unido«) 4, d. »Unificación« 1 und Provinzparteien 1 Mandat – **Dipl. B.:** BR Dtld. u. DDR

**Städte** (Jan. 1982): San José (Hptst.) 265445 Einw., m. V. 800000, Alajuela 41502, Limón 36615, Puntarenas 30577, Heredia 28728, Cartago 27148, Liberia 13931

**Wirtschaft: BSP** 1980: 3180 Mill. $ / 1981 (S): 3340 Mill. $/1430 $ (73)/2,6 – **WS:** 23/2,2/28/7,4 – **V:** 15 /60/28/25/44/ – 3 – **A:** 59/29/23 – **E:** 829/6,7/632 – **M:** 0,7 (2,6)

**Außenhandel:** 1982 **Einf.** 887 Mill. $, **Ausf.** 872 Mill. $ – **W:** 1 Costa-Rica-Colón (₡) = 100 Centimos (c); 1 US-$ = 20,00 ₡, 1 ₡ = 0,1295 DM – **I:** 15,9 – **AS:** 1/ 4/24/9/24 – **T:** 87 – **H:** 62/36/2 – **Z:** – 372/7,8/15,3/ 92,6 – **D:** 1,0 – **K:** – / 283 / 46

**Wichtigste Ausfuhrgüter:** Agrarprod. 65%, u.a. Kaffee (ca. ⅓), Bananen (⅕), verarb. Nahrungsmittel wie Fleisch (⅒), chem. Produkte, Maschinen, Textilien, Leder – **u. Handelspartner:** USA (⅓), Japan (⅛), Guatemala (6%), El Salvador (5%), BR Dtld. (8%)

**Mitgliedschaft:** UNO, OAS, BCIE, BID, BLADEX, CARICOM, CECLA, CONDECA, ECLA, FAO, IAEA, IBRD, ICAO, IDA, IFAD, IFC, ILO, IMF, IPU, ITU, MCC, NAMUCAR, ODECA, SELA, UNESCO, UPU, WHO, WMO, Interamerik. TIAR-Militärpakt (»Rio Pakt«)

## CUBA *(Mittel-Amerika; Karibik)*

(Kuba; República de Cuba – [C])

**Fläche** (93): 114524 km² (L: 35%) – **Einwohner** (59): 9890000 (S 1983; 9706369 Z Nov. 1981) = 86,4 je km² – **Städt. B.:** 66/1,9/32 – **G:** 73/19/1/700/ 360/122 – **S:** 5/112/71/20 – **Jährl. Bevölkerungswachstum:** (1970–1981) 1,1% (1981: 18 / 6)

**Bevölkerung:** Kubaner; rund 70% Weiße, meist altspanischer Abstammung, 15–17% Mestizen u. Mulatten, mehr als 12% Schwarze, 0,5% Chinesen – **Staatssprache:** Spanisch – **Religion:** rund 90% röm-kath., kl. protestant. Gruppen, 1500 Juden

**Flagge:** blau-weiß-blau-weiß-blaue Streifen (waagerecht), weißer Stern auf rotem Dreieck am Flaggstock – **Nationalfeiertag:** 1.1., 26.7. und 10.10. – **U:** 20.5.1902 (Proklamation), endgültig 28.1.1909

**Staats- und Regierungsform:** »Sozialistische« Republik – Neue Verfassung v. 1976 auf d. Grundlage d. Marxismus-Leninismus – Nationalversammlung mit 499 Abg. – Staatsrat (»Consejo de Estado«) aus 31 Mitgl. – Politbüro aus 14 Mitgl. – Ministerrat (»Consejo de Ministros«) – Verwaltungsgliederung seit 1976 in 14 Provinzen u. 168 Municipios

**Staatsoberhaupt** u. Regierungschef: Vorsitzender d. »Staatsrates« u. d. »Ministerrates« sowie Oberbefehlshaber: Dr. Fidel Castro Ruz – **Außenminister:** Isidoro Malmierca Peoli – **Parteien:** »Partido Communista de Cuba«/PCC; Generalsekretär des ZK (11 Sekr.) d. PCC: Fidel Castro; etwa 450000 Mitgl. u. Anwärter d. PCC; letzte Wahl Okt. 1981: alle Sitze für die PCC – **Dipl. B.:** BR Dtld. und DDR

**Städte** (Z 1981): Havanna [La Habana] (Hptst.) 1924886 Einw., Santiago de Cuba 563455, Santa Clara 525402, Camagüey 480620, Holguín 456595, Guira de Melena 429090, Matanzas 421272, Bayamo 375446, Pinar del Río 312614, Sancti Spíritus 249092, Guantánamo 246739, Cienfuegos 235293

**Wirtschaft: BSP** 1979: 13920 Mill. $ / 1410 $ (75)/ 4,7* – **A:** 61 / 23 / 31 – **E:** 1361 / 5,0 / 2704 – **M:** 3,8* (..)

**Außenhandel:** 1980 **Einf.** 6293 Mill. $, **Ausf.** 5536 Mill. $ – **W:** 1 Kuban. Peso (kub$) = 100 Centavos; 1 US-$ = 0,8830 kub$, 1 kub$ = 2,9332 DM – **AS:** 5/ 0 / .. / .. / .. – **T:** 65 – **H:** 72* / 9* / 19*

**Wichtige Ausfuhrgüter:** Zucker (70–85%), außerdem Tabak, Alkohol, Früchte, Gemüse, Mineralien, vor allem Nickelerze (6%), Edelhölzer – **u. Handelspartner:** UdSSR (60%) u. and. RGW-Länder, Japan, Kanada, EG rd. 20% (davon BR Dtld. ¼), Spanien, VR China

**Mitgliedschaft:** UNO, ECLA, FAO, GATT, IAEA, ICAO, IFAD, ITU, ILO, IMO, OAS (Beob.), RGW, UNESCO, UPU, WHO, WMO; SELA

Auf Cuba befindet sich als Pachtgebiet der **US-Marinestützpunkt Guantánamo,** 111,9 km²

## CYPERN *(Europa/Kleinasien)*

(Rep. Zypern; engl.: Rep. of Cyprus; griech.: Kypriaki Dimokratía; türk.: Kibris Cumhuriyeti – [CY])

**Fläche** (143): 9251 km² (L: 46%) – **Einwohner** (136): 650000 (S 1982; 631778 Z 1973) = 70,3 je km² – **Städt. B.:** 43% – **Jährl. Bevölkerungswachstum:** (1975–1978) – 0,1% (1982: 22,1 / 8,3)

**Bevölkerung:** 80% griechische Cyprioten, 18% türkische Cyprioten, 2% Minderheiten (Maroniten, Armenier, Latiner); Libanonflüchtlinge – **Staatssprache:** Griechisch u. Türkisch. Englisch wichtig als Bildungs- u. Verkehrssprache – **Religion:** orthodoxe Christen (Griechen) rd. 460000, Muslime (Türken) 18%, Maroniten u. armenische Christen ca. 3%, ca. 50 Juden

**Flagge:** weißes Feld m. goldener Landessilhouette, darunter 2 gekreuzte grüne Ölbaumzweige – **Nationalfeiertag:** 1.10. – **U:** 16.8.1960

**Staats- und Regierungsform:** n. d. Verf. Präsidiale Republik (Parlament, 70% d. Abgeordneten verfassungsgemäß griechische Cyprioten, 30% türkische Cyprioten; griech. u. türk. Selbstverwaltungsorg.)

**Staatsoberhaupt** u. Regierungschef: Dr. Spyros Kyprianou, erneut seit Febr. 1983 (56,5% d. Stimmen); vom türkischspr. Teil u. v. d. Türkei nicht anerkannt – **Außenminister:** George Iacovou – **Parteien:** Bei der Parlamentswahl vom Mai 1981 entfielen 12 Sitze (32,8% d. Stimmen) auf die moskautreue AKEL (»Fortschrittspartei d. werktätigen Volkes«), 12 (31,9%) auf d. »Demokrat. Alarm« u. Glavkos Klerides, 8 (19,5%) auf d. »Demokrat. Partei« v. Spyros Kyprianou, 3 (8,2%) auf d. »Verein Dem. Union Cyperns«/EDEK u. 0 Sitze (ins. 7,4%) auf »Zentrumsunion«, »Neues Dem. Lager«, »Altcypr. Erneuerungsfront« u. Unabhängige (15 Sitze sind für die türkischspr. Cyprioten vorbehalten) – **Entwicklung:** Nach d. Putsch v. 1974 Besetzung d. Nordens durch türkische Truppen; Griechen aus diesem Gebiet größtenteils vertrieben oder geflohen. Am 13.2.1975 **einseitige Proklamation eines »Föderativen Türkisch-zyprischen [cyprischen] Staates«** durch die neu gebildete »Gesetzgebende Versammlung« dieses Nordgebietes der Insel (3500 km² = 38,5% des Gesamtstaates; etwa 120000 türkischspr. Cyprioten, dazu 30000–40000 aus Anatolien stammende Türken, ca. 26000 türk. Soldaten u. griech. Restgruppe v. 3000 Cyprioten). Bei Abstimmung am 8.6.1975 99,4% d. türkischspr. Cypr. f. neue Verfassung mit Sonderstatus f. diese Volksgruppe u. auton. Regierung; Ablehnung dieses Staates durch griechischspr. Cypr.; von keinem and. Staat außer d. Türkei anerkannt – Wahlen Juni 1976: Rauf Denktaş [Denktasch] Präsident d. Türk. Bundesstaates (»Kibris Türk Federe Devleti«/»Turkish Federal State of Cyprus«), erneut seit Juni 1981 mit 53% d. Stimmen. Min.-Präs. Nejat Konuk, seit Dez. 1983 – Bei den Wahlen im Juni 1981 erhielt die »Partei d. Nat. Union«/UBP (rechts) unter R. Denktaş 18, die »Kommunale Befreiungspartei«/TKP 13, die »Türk. Rep. Partei«/CTP (gemäß. links) 5, die »Volkspartei«/DHP 3 u. die rechtsextr. »Türk. Einheitspartei«/TBP 1 Sitz. Einseitige Unabh.-Proklamation am 15. Nov. 1983 nur von Türkei anerkannt. – Parlament im Dez. selbst aufgelöst, seither Verfassunggeb. Versamml. d. **»Türkischen Rep. Nordcypern«** (70 Mitgl.), soll Grundgesetz neu fassen – Flagge: roter Halbmond u. Stern auf weißem Grund zwischen 2 roten Balken – **Griech.-cypriot. Teil** rund 5750 km² mit 520000 griechischspr. Cyprioten; dazu eine türk. Restgruppe – **Dipl. B.:** BR Dtld. u. DDR

**Städte** (S 1980) Nikosia [Nicosia, Levkosia] (Hptst., derzeit geteilt) 161200, Limassol 105200; (S 1978): Famagusta 50000, Lárnaca 40000, Páphos 9100, Kyrenia [türk. Girne] 3900

**Wirtschaft: BSP** 1980: 2120 Mill. $ / 1981 (S): 2330 Mill. $ / 3740 $ (44) / 1,4*

**Außenhandel:** 1983 **Einf.** 1219 Mill. $, **Ausf.** 494 Mill. $; *Griech.-Cypr.* Teil: 1978 **Einf.** 283767 Mill. C£, **Ausf.** 128370 Mill. C£; *Türk.-Cypr.* Teil: 1978 **Einf.** 2071 Mill. TL. (Türk. Pfund), **Ausf.** 744 Mill. TL. – **W:** 1 Cypern-Pfund (C£) = 100 Cents; 1 C£ = 1,8320 US-$ bzw. 4,7449 DM

**Wichtige Ausfuhrgüter:** Industr. Fertigw. (rd. 50%), Kartoffeln (bis 20%), Obst u. Wein, Kupfer- u. Eisenkies u. -Konzentrate, Asbest – **u. Handelspartner:** Großbritannien (1/7), BR Deutschland u. and. EG-Länder, Griechenland, USA, UdSSR

**Mitgliedschaft:** Commonwealth, UNO, ECE, FAO, GATT, IAEA, IBRD, ICAO, IDA, IFAD, IFC, ILO, IMO, IMF, IPU, ITU, UNESCO, UPU, WHO, WMO, Europarat; allg. Abk. m. d. EG; CCC – Britische Stützpunkte Dhekelia u. Akrotiri (zus. 259 km²)

## DÄNEMARK *(Nord-Europa)*

(Königreich D.; Kongeriget Danmark – [DK])

**Fläche** (115): 43075 km² (L: 63%) – **Einwohner** (90): 5116464 (F 1.1.83 n. eig. Ang.; de jure 4937579 Z 1970) = 118,8 je km² – **Städt. B.:** 85/0,8/32 – **G:** 75/8/<1/480/210/133 – **S:** 1/98/87/29 – **Jährl. Bevölkerungswachstum:** (1970–1981) 0,3% (1981: 10 / 11)

**Bevölkerung:** 96,5% Dänen; etwa 1,7% Deutsche (= ca. 88400 in N-Schleswig; n. and. Ang. nur 24000), 0,4% Schweden – **Staatssprache:** Dänisch;

Deutsch teilw. Schulsprache in N-Schleswig – **Religion:** Evang.-luth. (98%); Kath. (27000) und Juden (6500)

**Flagge:** rot m. weißem skandinav. Kreuz – **Nationalfeiertag:** 16.4. u. 5.6. – **U:** Rund 1200jährige staatliche Tradition

**Staats- und Regierungsform:** Parlamentarisch-demokratische konstitut. Monarchie – Parlament mit 1 Kammer (»Folketing«); Wahl der Abg. für 4 Jahre – Wehrpflicht – Allg. Wahlrecht ab 18 Jahren – Gliederung in 14 Verwaltungseinheiten (Amtskommuner), Frederiksberg u. Kopenhagen

**Staatsoberhaupt:** Margrethe II., Königin seit 1972; bei Sitzungen Vorsitzende des Staatsrats (Statsrådet) – **Regierungschef:** Poul Schlüter (Kons.), Minderheits-Reg. seit Sept. 1982 aus Kons., Lib. V., Zentr.-Dem. u. Christl. V. – **Außenminister:** Uffe Ellemann-Jensen, Lib. – **Parteien:** Bei d. vorgezog. Wahlen v. 10. Jan. 1984 erhielten die »Sozialdemokrat. Partei« (Det socialdemokratiske parti) 31,6% u. 56 (1981: 59) Mandate, die »Konserv. Volkspartei« (Det konservative Folkeparti) 23,4% u. 42 (26), die »Sozialist. Volkspartei« 11,5% u. 21 (21), die Liberale Venstre (»Lib. Partei«) 12,1% u. 22 (20), »Fortschrittspartei« (Fremskridtsparti) v. Mogens Glistrup 3,6% u. 6 (16), »Zentrumsdemokraten« (Centrum-Demokraterne) 4,6% u. 8 (15), die sozialliberale Radikale Venstre 5,5% u. 10 (9), Linkssozialisten (Venstresocialisterne) 2,7% u. 5 (5), »Christl. Volkspartei« (Kristeligt Folkeparti) 2,7% u. 5 (4), »Rechtsverbund« 1,5 u. 0, Kommunist. Partei (Danmarks kommunistiske parti) 0,7% u. 0 Mandate. Im Parlament auch je 2 Vertreter von Grönland u. den Färöer-In. – **Dipl. B.:** BR Dtld. u. DDR

**Städte** (1.1.1983): Kopenhagen (Hptst.) mit Frederiksberg u. 25 and. Vorortsgemeinden 1372019 Einw., Århus 248509, Odense 170648, Ålborg 154755, Esbjerg 80317, Randers 61739, Kolding 56418, Helsingør 56246, Herning 55927, Horsens 54779, Vejle 49709, Roskilde 48824, Silkeborg 46998, Fredericia 46085, Næstved 45274

**Wirtschaft: BSP** 1980: 61520 Mill. $ / 1981 (S): 67190 Mill. $ / 13120 $ (12) / 1,7 – **WS:** 4/2,6/32/1,1 – **V:** 28/56/16/16/36/<1 – **A:** 65/7/35 – **E:** 5746/25,3 / 6758 – **M:** 2,3* (7,0*)

**Außenhandel:** 1983 **Einf.** 16286 Mill. $, **Ausf.** 15631 Mill. $ – **W:** 1 Dänische Krone (dkr) = 100 Øre; 100 US-$ = 953,65 dkr, 1 dkr = 0,2716 DM – **I:** 10,0 – **AS:** 5/24/26/11/20 – **T:** 87 – **H:** 81/15/2 – **Z:** – 1865 / .. / .. / .. – **D:** 1,5 – **K:** 0,77 / .. / – 40

**Wichtige Ausfuhrgüter:** ca. 20% landwirtschaftl. Erzeugnisse (Vieh, Fleisch, Speck, Molkereiprodukte, Eier, Honig); Industriegüter (72%), u.a. Maschinen u. Fahrzeuge, Textilien, Arzneimittel; Fische – u. **Handelspartner:** EG (knapp 50%; darunter BR Dtld. 20%, Großbrit. 15%), EFTA (25%), Schweden, Norwegen u. Finnland zus. 22%

**Mitgliedschaft:** UNO, NATO, Nordischer Rat, Europarat, ADB, CCC, ECE, EG, EWS, FAO, GATT, IAEA, IBRD, ICAO, IDA, IEA, IFAD, IFC, ILO, IMO, IMF, ITU, OECD, UNESCO, UPU, WHO, WMO

**Außenbesitzungen:** *Färöer-Inseln* (Schaf-Inseln; dän. Færøerne; färisch Føroyar) [FR], autonomes Land unt. d. dän. Krone (21 Inseln) – Fläche: 1398,85 km$^2$ – Einwohner (1982): 44000 (Protestanten) = 30,8 je km$^2$ – Hptst. Thorshavn 13951 Einw. – Offiz. Sprache: Dänisch, »Färoisch« (Füringisch) – Jährl. Bev.-Wachstum: (1979) 1,2% – 32% städt. Bevölk. – Leb.-Erw. 74 Jahre – Parlament (Lagting) aus 32 Mitgl. (Wahlen v. Nov. 1980: Soz.-Dem. 7, Unionsp. [Samband P.] 8, Republ. 6, Volksp. [Folkeflok] 6, Lib. Selbständigk.-P. 3, Fortschr.-P. 2) – Reg.-Chef: Pauli Ellefsen (Koalition aus Unionsp., Volksp. u. Lib.S.-P.) – BSP 1981 (S): 490 Mill. $, je E. 11100 $; Jahreszuwachs 5,1% –Ausfuhr 1982 für 149 Mil. $ (Fische, Gemüse, Heringsmehl u. Öl), Einfuhr f. 198 Mill. $ – *Grönland* [Grønland, Kalaallit Nunaat) Fläche: 2175600 km$^2$, nur rd. 341700 km$^2$ eisfrei – Einw. (1.1.1983): 51903 – Jährl. Bev.-Wachst. (1979) 1,0% – über 8000 Europäer, sonst »Grönländer« u. Eskimos – Hptst. Nuuk (Godthåb) 9848 Einw. (1983); 1978: Angmagssalik 2552, Holsteinborg 3975, Egedesminde 3666, Jakobshavn 3983 u. Julianehåb 3153 – G. ist seit 1963 gleichberecht. Teil Dänemarks; wie die Färöer mit 2 Vertr. im dän. »Folketing« – Sprachen: Dänisch u. Eskimoisch – Seit 1. Mai 1979 innere Autonomie mit Parlament u. Ministerkabinett: Premier Pastor Jonathan Motzfeldt (Vorsitz d. Siumut [»Vorwärts«]-Partei, für Autonomie, nationalistisch u. sozialistisch, 11 Sitze), Atassut (»Bindeglied«)-Partei (gemäßigt, für Dänem.) 11 Sitze, außerdem kommun. Inuit. Ataquatigit (»Eskimo-Föderation«; unterstützt Motzfeldt) 2 – BSP 1981 (S): 550 Mill. $, je E. 10850 $; Jahreszuwachs 4,3% – Unterstützung durch d. dän. Staat 1981 1,2 Mill. dkr – Ausfuhr zu 70% in d. EG (u.a. Kryolith, Graphit, Blei u. Zink; Fisch) – Ausf. (1982) 1435 Mill dkr, Einf. 2311 Mill. dkr – Dän.-US-Verteidigungsabkommen

## DEUTSCHLAND → Sp. 451 ff.

**BR Deutschland** → Sp. 453 ff.

**Berlin (West)** → Sp. 517 ff.

**Berlin (Ost)** → Sp. 526

**DDR** → Sp. 521 ff.

## DOMINICA *(Mittel-Amerika; Karibik)*

(Commonwealth of Dominica, Dominique – [WD])

**Fläche** (155): 751 km$^2$ (L: 9%) – **Einwohner** (164): 82000 (S 1981; 70513 Z 1970) = 109,2 je km$^2$ –

**Städt. B.:** 25% – **Jährl. Bevölkerungswachstum:** (1975–1978) 2,7%

**Bevölkerung:** über ⅔ Schwarze, sonst Mulatten und Kreolen; ca. 500 Kariben in Reservat; kleine weiße Minderheit – **Staatssprache:** Englisch; Umgangssprache ein kreol. Französisch (Patois) – **Religion:** rd. 90% röm-kath., Methodisten u. Anglikaner

**Flagge:** gelb-schwarz-weißes Kreuz auf grünem Tuch; in der Mitte rote Scheibe mit Papagei und 10 gelbgeränderten grünen Sternen – **Nationalfeiertag:** 3.11. – **U:** 3.11.1978

**Staats- u. Regierungsform:** Republik – Einkammerparlament – Allg. Wahlrecht – 25 Land- u. 2 Stadtkreise – Keine allg. Wehrpflicht

**Staatsoberhaupt:** Clarence A. Seignoret – **Regierungschef, Außenminister usw.:** Mary Eugenia Charles, DFP – **Parteien:** 1980 errang d. konserv. »Dominica Freedom Party«/DFP 17, die »Dominica Labour Party« d. früh. Premier J. O. Seraphine 2 d. 21 Sitze (2 Unabh.), 9 Mitgl. werden ernannt – **Dipl. B.:** BR Dtld., Botschaft in Port-of-Spain (Trinidad/Tobago) zuständig

**Städte** (S 1981): Roseau (Hptst.) 20000 Einw.

**Wirtschaft: BSP** 1980: 50 Mill. $ / 1981 (S): 60 Mill. $ / 750 $ (103) / – 3,1

**Außenhandel:** 1981 **Einf.** 136,5 Mill. EC$, **Ausf.** 49,5 Mill. EC$ – **W:** 1 Ostkarib. Dollar (EC$) = 100 Cents; 1 US-$ = 2,6882 EC$, 1 EC$ = 0,9635 DM

**Wichtige Ausfuhrgüter:** Kakao, Kopra, Bananen, Kokosnüsse, Fruchtsäfte, Gemüse – **u. Handelspartner:** Großbritannien (½), USA, karib. Nachbarn

**Mitgliedschaft:** UNO, Commonwealth, OAS, CARICOM, FAO, IDA, IFC, ILO, IMF, UNESCO, UPU, AKP, OECS

## DOMINIKANISCHE REPUBLIK

*(Mittel-Amerika; Karibik)*

(República Dominicana – [DOM])

**Fläche** (113): 48734 km² (L: 25%) n. and. Ang. 48442 km² – **Einwohner** (84): 5648000 (Z 1981; 6500000 S 1984) = 118,6 je km² – **Städt. B.:** 52/5,3/54 – **G:** 62/66/5/4020/2150/105 – **S:** 30/106/32/10 – **Jährl. Bevölkerungswachstum:** (1970–1981) 3,0% (1981: 36 / 8)

**Bevölkerung:** Mulatten 73%, Weiße 16%, Schwarze 11% – **Staatssprache:** Spanisch; Kreol.-Französ., Englisch – **Religion:** röm. Katholiken 98%, Protestanten und Juden (2%)

**Flagge:** durch weißes Kreuz in Blau (links oben u. rechts unten) u. Rot geteilt – **Nationalfeiertag:** 27.2. – **U:** 1.12.1821 (Unabh.-Erkl.), endgültig (de facto) 14.9.1863

**Staats- u. Regierungsform:** Präsidiale Republik – Parlament (»Congreso Nacional«) aus 2 Kammern (»Cámara de Diputados« 119 u. »Senado« 27 Mitgl.), für 4 Jahre gewählt – Wahlpflicht für alle über 18 J. alten Bürger – Wehrpflicht – Verwaltungsgliederung in 28 Provinzen u. in d. Hptst.-Distrikt Santo Domingo

**Staatsoberhaupt:** Salvador Jorge Blanco (Mittelinks) seit Aug. 1982 – **Außenminister:** Dr. José A. Vega Imbert – **Parteien:** »Partido Revolucionario Dominicano«/PRD 63 (Senat 17) Sitze, »Partido Reformista«/PR 49 (10), »Partido de la Liberación Dominicana«/PLD 7 (0), »P. Acción Constitutional« 1 (0) – **Dipl. B.:** BR Dtld.

**Städte** (S 1982): Nat.-Distr. (einschl. Domingo de Guzmán [fr. Santo Domingo] (Hptst.) 1550739 Einw., Santiago de los Caballeros 550372, San Francisco de Macorís 235544, Barahona 137160, San Pedro de Macorís 132495

**Wirtschaft: BSP** 1980: 6480 Mill. $ / 1981 (S): 7070 Mill. $ / 1260 $ (78) / 3,3 – **WS:** 18/3,2/27/7,6 – **V:** 8/78/24/14/18/ – 10 – **A:** 53/49/18 – **E:** 517/ – 4,7/960 – **M:** 1,9 (10,3)

**Außenhandel:** 1982 **Einf.** 1256 Mill. $, **Ausf.** 768 Mill. $ – **W:** 1 Dominik. Peso (dom$) = 100 Centavos; 1 US-$ = 0,9975 dom$, 1 dom$ = 2,5965 DM – **I:** 9,1 – **AS:** 3/1/51/17/22 – **T:** 49 – **H:** 84/15/1 – **Z:** – 670/2,7/10,6/17,1 – **D:** 1,5 – **K:** – /75/93

**Wichtige Ausfuhrgüter:** Zucker (35%), Eisen- u. Nickelerze (bis ⅕), Kaffee, Tabak, Kakao, Bauxit – **u. Handelspartner:** USA (bis ½), Japan u. BR Deutschland (je 5–10%), andere EG-Länder, Venezuela

**Mitgliedschaft:** UNO, BLADEX, ECLA, OAS, CECLA, FAO, GATT, IAEA, IBRD, ICAO, IDB, IDA, IFAD, IFC, ILO, IMF, IMO, IPU, ITU, SELA, UNESCO, UPU, WHO, WMO

## DSCHIBUTI *(Nordost-Afrika)*

(Republik D.; République de Djibouti; Dschumhuriya D.)

**Fläche** (131): 22000 km² (L: 0%) – **Einwohner** (146): 340000 (S 1982; nach and. Ang. 1981: 400000, davon 30% Nomaden) = 15,5 je km² – **Städt. B.:** 60% – **Jährl. Bevölkerungswachstum:** (1975–1978) 2,2%

**Bevölkerung** (S 1979): Issa (Nord-Somali) 47%, Afar 37%, Europäer (vorw. Franzosen) 8%, Araber 6% – **Staatssprache:** Französisch; Arabisch; kuschitische Sprachen d. Afar (Danakil) u. Issa – **Religion:** 94% sunnit. Muslime; ca. 12000 Christen (vorw. Kath.)

**Flagge:** blau-grün (waagerecht) mit rotem Stern auf weißem Dreieck am Mast – **Nationalfeiertag:** 27.6. – **U:** 27.6.1977

**Staats- u. Regierungsform:** Präsidiale Republik – Seit 1977 gewählte Verfassunggeb. Versamml. – Noch keine Einig. auf Verfassung – Nationalversammlung (60 Abgeordnete) – Einkammerparlament – Allg. Wahlrecht – Wehrpflicht noch unbestimmt – Gliederung in 4 Verwaltungsdistrikte (»cercles«)

**Staatsoberhaupt** u. für die Reg. hauptverantwortlich: Hassan Gouled Aptidon (Issa), erneut seit Juni 1981 – **Regierungschef:** Barakat Gourad Hamadou, Afar – **Außenminister:** F. A. El Hadj – Der Regierung gehören je 6 Afar und Issa, 1 Araber und 1 Somali als Minister an – **Parteien:** Seit März 1979 Einheitspartei »Rassemblement populaire pour le Progrès«/RPP, stellte bei d. Wahl 1982 alle Abg. (30 d. 65 Abg. sind Afar) – **Dipl. B.:** BR Dtld. (der Botschafter der BR Dtld. in Sana/Arab. Rep. Jemen ist zugleich in Dsch. akkreditiert) u. DDR

**Städte** (1983): Dschibuti [Djibouti] (Hptst.) 62000, m. Umg. etwa 200000 Einw.; Dikkil, Tadschura [Tadjoura], Ali Sabieh, Obock

**Wirtschaft: BSP** 1980: 160 Mill. $ / 1981 (S): 180 Mill. $ / 480 $ (119) / –4,9*

**Außenhandel:** 1981 **Einf.** 36654 Mill. FD, **Ausf.** 20348 Mill. FD – **W:** 1 Dschibuti-Franc (FD) = 100 Centimes; 1 US-$ = 176,84 FD, 1 FD = 0,0146 DM

**Wichtige Ausfuhrgüter:** Häute, Felle und andere Viehzuchtprodukte; Kaffee; wicht. Transithafen f. äthiop. Ausfuhrgüter – **u. Handelspartner:** Frankreich (über ½), Äthiopien, Italien, Japan, Arab. Rep. Jemen, Dem. Volksrep. Jemen

**Mitgliedschaft:** UNO; Arab. Liga, AKP, FAO, ICAO, IFAD, IFC, ILO, IMF, IMO, ITU, OAU, UPU, WHO, WMO; vereinbarungsgemäß Stationierung eines französ. Truppenkontingents (stellt 50% d. BSP!)

## ECUADOR *(Süd-Amerika)*

(Republik Ecuador, auch Ekuador; República del Ecuador – [EC])

**Fläche** (65): 283561 km² (m. Galápagos-In. = Archipielago Colón, 7844 km², 1974 4058 Einw.; ohne d. mit Perú umstritt. Gebiete 270670 km²) (L: 15%) – **Einwohner** (63): 9250000 (S 1983; n. and. Ang. 8053000 ohne Urwald-Ind. Z 1982) = 32,6 je km² (E. erhebt Anspruch auf 174565 km², die lt. dem Vertrag von Rio de Janeiro von 1942 an Perú abgegeben werden mußten) – **Städt. B.:** 45/4,6/51 – **G:** 62/80/8/1620/2360*/88 – **S:** 19/107/40/35 – **Jährl. Bevölkerungswachstum:** (1970–1981) 3,4% (1981: 40 / 9)

**Bevölkerung:** Ecuadorianer; über 25% (n. and. Ang. 40%) Mestizen, 30–40% Indianer (fast ¼ Ketschua-Sprechende), etwa 10–15% Weiße, etwa 5% Schwarze u. Mulatten – **Staatssprache:** Spanisch, als Umgangssprache u. a. auch Ketschua – **Religion:** rund 90% röm. Katholiken; 20000 Protestanten u. 1000 Juden; Naturrelig. der östl. Tieflandindianer

**Flagge:** gelb (doppelt breit)-blau-rot (waagerecht) – **Nationalfeiertag:** 10. 8. – **U:** 10. 8. 1809 (Proklamation), endgültig 10. 8. 1830 (Loslösung v. Großkolumbien)

**Staats- u. Regierungsform:** Präsidiale Republik n. d. Verfassung v. 1978 – Einkammerparlament (»Cámera de Representantes«), m. 69 für 5 Jahre gewählten Abg. – Wahlberechtigt: Bürger üb. 18 Jahre – Wehrpflicht – Verwaltungsglied. in 19 Provinzen u. d. Galápagos-Inseln

**Staatsoberhaupt u. Regierungschef:** León Febres Cordero, »Frente de Reconstrucción Nacional«, seit 10. Aug. 1984 – **Außenminister:** Dr. Luis Valencia Rodríguez – **Parteien:** Bei den Parlamentswahlen am 29. 1. 1984 bewarben sich 14 Parteien um 72 Mandate, dabei erhielt die Izquierda Democraticá/ID d. unterleg. Präs.-Kand. Rodrigo Borja 24, die Partido Social-Cristiano/PSC des Siegers Febres Cordero 9 Mandate; die Reg.-Koal. (4 Part.) unter Führung d. PSC hat 16. Bei d. Präs.-Wahlen fand am 6. 5. ein 2. Wahlgang statt: Febres Cordero erhielt 1381709 Stimmen (46,61% d. gült. Stimmen), Borja 1299088 (43,82%); die Wahlbet. betrug 78,77% – **Dipl. B.:** BR Dtld. u. DDR

**Städte** (S 1983): Quito (Hptst.) 919000 Einw., Guayaquil 1279000; (1981): Cuenca 144641, Machala 114320, Ambato 103821; (S 1974) Esmeraldas 60132, Riobamba 59404

**Wirtschaft: BSP** 1980: 9200 Mill. $ / 1981 (S): 10120 Mill. $ / 1180 $ (81) / 5,3 – **WS:** 12 / 2,9 / 38 / 12,5 – **V:** 15 / 61 / 26 / 24 / 22 / – 2 – **A:** 52 / 52 / 17 – **E:** 692 / 4,5 / 1100 – **M:** 1,9 (12,5)

**Außenhandel:** 1983 **Einf.** 1465 Mill. $, **Ausf.** 2203 Mill. $ – **W:** 1 Sucre (s/.) = 100 Centavos; 1 US-$ = 58,60 s/., 1 s/. = 0,0442 DM – **I:** 48 – **AS:** 56/1/2*/8/49 – **T:** 136 – **H:** 60/39/1 – **Z:** – 1001/4,3/17,8/26,9 – **D:** 2,4 – **K:** – / 762 / 60

**Wichtige Ausfuhrgüter:** Erdöl (60%), Kakao (5%), Kaffee (8%), Bananen (12%), Zucker, Fischprodukte, Balsaholz, Reis – **u. Handelspartner:** USA (ca. 40%), Japan, BR Dtld. u. and. EG-Länder, Brasilien, Venezuela, Kolumbien, Chile

**Mitgliedschaft:** UNO, OAS, ALADI, BID, CECLA, ECLA, FAO, IAEA, IBRD, ICAO, IDA, IDB, IFC, ILO, IMF, IMO, IPU, ITU, OPEC, SELA, UNESCO, UPU, WHO, WMO; »Amazonas-Vertr.«, »Anden-Gruppe«

## ELFENBEINKÜSTE *(West-Afrika)*

(Republik Elfenbeinküste; République de Côte-d'Ivoire – [CI])

**Fläche** (61): 322463 km² (L: 12%) – **Einwohner** (67): 8860000 (S 1982) = 27,5 je km² – **Städt. B.:** 41/8,3/34 – **G:** 47/125/25/21040/1590/112 – **S:** 65/76/17/2 – **Jährl. Bevölkerungswachstum:** (1970–1981) 5,0% (1981: 46 / 18)

**Bevölkerung:** Ivorianer; vornehml. Sudangruppen (insg. 60 ethn. Gruppen); Baule 23%, Bete 18%,

Senufo 15%, Malinke 11%, Agni-Aschanti ca. 14 u. Kru ca. 10%, Mande, Dan Gouro, Koua, Fulbe; ca. 1,6 Mill. d. Bev. kommen aus Mali, Obervolta (Burkina-Faso) u. a.; 60000 Europäer, davon 50000 Franzosen; rd. 100000 Libanesen u. Syrer – **Staatssprache:** Französisch; einheim. Verkehrsspr. Diula; sudanes. Sprachen (an der Küste: Kwa) – **Religion:** Christen (13%, zu etwa 70% Katholiken) und Muslime (23%); Anhänger v. Naturreligionen

**Flagge:** orange-weiß-grün (senkrecht) – **Nationalfeiertag:** 7.12. – **U:** 7.8.1960

**Staats- u. Regierungsform:** Präsidiale Republik – Parlament aus 1 Kammer (Nationalversamml. m. 147 Mitgl.) – Allgem. Wahlrecht – Keine allg. Wehrpflicht – Verwaltungsglied. in 34 Départements

**Staatsoberhaupt u. Regierungschef:** Félix Houphouët-Boigny, PDCI, wiedergewählt 1980 m. 99,99% d. Stimmen – **Außenminister:** Siméon Aké – **Parteien:** »Parti Démocratique de la Côte-d'Ivoire«/PDCI, allein im Parlament vertreten (letzte Wahl 1980) – Einheitsparteisystem – **Dipl. B.:** BR Dtld.

**Städte** (S 1983): Yamoussoukro (Hptst. seit 21.3.1984; Geburtsort d. Präsid.) 40000 Einw., Abidjan (Abidschan) m. V. 1930000, Bouaké (Buake) 250000, Man u. Daloa je 100000, Korhogo 50000, Grand Bassam 45000

**Wirtschaft: BSP** 1980: 9210 Mill. $ / 1981 (S): 10190 Mill. $ / 1200 $ (79) / 1,5 – **WS:** 27/4,7/23/9,3 – **V:** 18/62/27/20/34/ – 7 – **A:** 53/79/4 – **E:** 248/10,2/1028 – **M:** 1,3 (3,9)

**Außenhandel:** 1982 **Einf.** 2090 Mill. $, **Ausf.** 2235 Mill. $ – **W:** 1 CFA-Franc = 100 Centimes; 1 FF = 50 CFA-Francs (1 CFA-Franc = 0,02 FF), 1 CFA-Franc = 0,0065 DM – **I:** 13,0 – **AS:** 5/2/11/15/35 – **T:** 78 – **H:** 70/25/5 – **Z:** 1693/10,9/22,2/54,4 – **D:** 0,1 – **K:** – / 679 / 48

**Wichtige Ausfuhrgüter:** Kakao (bis 30%), Kaffee (rd. ⅕), Holz (bis 15%), Erze, Bananen, Ananas, Kokosnüsse, Palmöl – **u. Handelspartner:** Frankreich (rd. ⅓) u. and. EG-Länder (bes. BR Deutschland), USA (10%), Algerien, Nigeria, Spanien, Japan, UdSSR

**Mitgliedschaft:** UNO, OAU, Conseil de l'Entente, BCIE, CCC, CEDEAO, CFA, ECA, FAO, GATT, IAEA, IBRD, ICAO, IFC, ILO, IMO, ITU, OCAM, UDEAO, UMOA, UNESCO, UPU, WHO, WMO; AKP

## EL SALVADOR *(Mittel-Amerika)*

(Rep. El Salvador; República de El Salvador) – [ES])

**Fläche** (132): 21041 km² (L: 32%) – **Einwohner** (87): 5150000 (S 1982; 3554648 Z 1971) = 244,8 je km² – **Städt. B.:** 41/3,4/0 – **G:** 63/75/7/3040/870/99 – **S:** 38/74/23/8 – **Jährl. Bevölkerungswachstum:** (1970–1981) 2,9% (1981: 40 / 8)

**Bevölkerung:** Salvadorianer; etwa 70% Mestizen (Ladinos), 10–15% Indianer, 10% Weiße meist altspan. Abstammung – **Staatssprache:** Spanisch, örtlich indianische Mundarten (Nahua, Maya) – **Religion:** röm.-katholisch (85%), protestant. Minderheit (etwa 75000), 300 Juden

**Flagge:** blau-weiß-blau (waagerecht) – **Nationalfeiertag:** 15.9. – **U:** 15.9.1821 (Proklamation); endgültig 13.4.1839 (tatsächlich) bzw. 30.1.1841 (nominell)

**Staats- u. Regierungsform:** Präsidiale Rep. – Militärputsch v. 15. Okt. 1979 – Neue Verfassung v. Dez. 1983 – Beschränkte Wehrpflicht

**Staatsoberhaupt u. Regierungschef:** Präs. José Napoléon Duarte, PDC, seit Mai 1984 – **Außenminister:** Eduardo Tenorio – **Parteien:** Bei den Präs.-Wahlen v. 1. April 1984 erhielt Duarte (»Christdemokr. Partei«, Partido Democr. Cristiano/PDC) 43,41% d. Stimmen, Roberto d'Aubuisson v. d. rechtsextr. ARENA-Partei (»Nationalistisch-Republikan. Allianz«) 29,77%, »Nationale Versöhnungspartei« (P. d. Conciliación National/PNC) 19,31%, »Stabile Republik. Zentrumsbewegung«/MERECEN 0,52%, »Salvadorianische Autent. Institutionspartei«/PAISA 1,22%, »Salvadorian. Volkspartei«/PPS 1,93%, »Demokrat. Aktion«/AD 3,47% u. »Volksorientierungspartei«/POP 0,37% – **Dipl. B.:** BR Dtld.

**Städte** (S 1980): San Salvador (Hptst.) 430000, m. V. 800000 Einw., Santa Ana 168000, San Miguel 110000; (S 1977): Nueva San Salvador (Santa Tecla) 43979, Zacatecoluca 20200

**Wirtschaft: BSP** 1980: 3040 Mill. $ / 1981 (S): 3040 Mill. $ / 651 $ (106) / 1,3 – **WS:** 26/2,3/20/3,3 – **V:** 15/75/12/10/31/ – 2 – **A:** 52/50/22 – **E:** 357/20,7/502 – **M:** 1,6 (8,6)

**Außenhandel:** 1982 **Einf.** 883 Mill. $, **Ausf.** 704 Mill. $ – **W:** 1 El-Salvador-Colón (₡) = 100 Centavos; 1 US-$ = 2,50 ₡, 1 ₡ = 1,0360 DM – **I:** 10,8 – **AS:** 5/3/24/18/13 – **T:** 80 – **H:** 76/24/<1 – **Z:** – 86/1,3/3,5/19,0 – **D:** 3,5 – **K:** – / 165 / 6

**Wichtige Ausfuhrgüter:** Kaffee (bis 50% d. Ausfuhrwertes), Baumwolle, Gold, Zucker, chem. Produkte – **u. Handelspartner:** USA (30%), Venezuela, Japan, BR Deutschland, Niederlande, Guatemala

**Mitgliedschaft:** UNO, OAS, ODECA, Zentralamerikanischer Verteidigungsrat, BID, CECLA, ECLA, FAO, IAEA, IBRD, ICAO, IDA, IFC, ILO, IMF, ITU, MCCA, SELA, UNESCO, UPU, WHO, WMO

## FIDSCHI *(Ozeanien)*

(Dominion of Fiji; Matanitu Ko Viti – [FIJI])

**Fläche** (134): 18272 km² (n. eig. Ang. 18333 km²; größte Insel Viti Levu 10429 km²; insg. 320 Inseln, davon 150 bewohnt) (L: 9%) – **Einwohner** (135): 676200 (S 1983; 588068 Z 1976) = 37,0 je km² –

**Städt. B.:** bis 40 % – **Jährl. Bevölkerungswachstum:** (1978) 1,8 %

**Bevölkerung:** Fidschianer; S 1983: 49,2 % Inder, 45,1 % Fidschi (Altfidschianer; zu d. Melanesiern zählend), 11495 mit Europ. Vermischte, 3000 Europ., 14900 Rotumas, 4733 Chinesen – **Staatssprache:** Englisch u. Fidschianisch (melanes. Sprache) – **Religion:** 51 % Christen (Method. u. and. Protestanten, ca. 50000 Kath.), 40 % Hindu, 9 % Muslime

**Flagge:** hellblau, im Obereck »Union Jack«, Wappenschild rechts daneben – **Nationalfeiertag:** 10.10. – **U:** 10.10.1970

**Staats- u. Regierungsform:** Parlamentarisch-dem. Monarchie – 4 Verw.-Bez. m. insg. 14 Provinzen – Zweikammerparlament: Senat aus 22 Mitgl., darunter 7 v. Prem.-Min., 8 v. »Rat der Häuptlinge«, 6 v. Oppos.-Führer ernannt; 1 Vertr. d. »Rates von Rotuma« (Übergew. d. Altfidschianer) – Abg.-Haus – Keine allg. Wehrpflicht

**Staatsoberhaupt:** Königin Elizabeth II., seit 1970, vertreten durch einen Generalgouverneur: Ratu Sir Penaia K. Ganilau – **Regierungschef:** Premierminister: Ratu Sir Kamisese K. T. Mara, All. P. – **Außenminister:** Jonati Mavoa – **Parteien:** »Alliance Party«/All.P., mit 28 v. 52 Sitzen n. d. Wahl v. Juli 1982; außerdem »Nat. Federation Party« d. Inder unter Jai Ram Reddy 22 + 2 einer Splittergruppe. – **Dipl. B.:** BR Dtld. (Botschaft in Wellington/Neuseeland zuständig) und DDR

**Städte** (1982): Suva (auf Viti Levu) 71255 (A 120000), Lautoka City 25000, Nadi 7000

**Wirtschaft: BSP** 1980: 1110 Mill. $ / 1981 (S): 1290 Mill. $ / 2000 $ (63) / 2,9 – **M:** 0,3*

**Außenhandel:** 1983 **Einf.** 484 Mill. $, **Ausf.** 233 Mill. $ – **W:** 1 Fidschi-Dollar ($F) = 100 Cents; 1 $F = 0,9795 US-$ bzw. 2,5369 DM

**Wichtige Ausfuhrgüter:** Zucker (bis 70 %), Kokosöl, Kopra, Gold, Ingwer, Bananen, Manganerz – **u. Handelspartner:** Großbritannien (¼), Australien (⅕), Neuseeland, Japan

**Mitgliedschaft:** UNO, Commonwealth, FAO, GATT (assoz.), IAEA, IBRD, ICAO, IDA, IFAD, IFC, ILO, IMF, ITU, SPC, UNESCO, UPU, WHO, SPF, AKP, ESCAP

## FINNLAND *(Nord-Europa)*

(Rep. Finnland; finn.: Suomen Tasavalta, schwed.: Republiken Finland – [SF])

**Fläche** (56): 338127 km$^2$ (einschl. 33474 km$^2$ Wasserfläche) (L: 8 %) – **Einwohner** (91): 4820000 (F 1982; de jure 4598334 Z 1970; etwa 5 % der Staatsbürger leben im Ausland) = 14,3 je km$^2$ – **Städt. B.:** 63/2,4/27 – **G:** 75/8/<1/530/100/118 – **S:** 0/83/90/21 – **Jährl. Bevölkerungswachstum:** (1970–1981) 0,4 % (1982: 13,7 / 9)

**Bevölkerung:** (Z 1970) 93,2 % Finnen, 6,6 % Finnlandschweden, 2240 Lappen (Samen) – **Staatssprache:** Finnisch u. Schwedisch – **Religion:** Evang.-Luth. (Staatskirche) 91,5 %; orthodoxe Minderheiten (1,3 %), über 3000 Katholiken, 1300 Juden, etwa 1000 Muslime

**Flagge:** weiß mit blauem skandinav. Kreuz – **Nationalfeiertag:** 6.12. – **U:** 6.12.1917 (Proklamation)

**Staats- u. Regierungsform:** Parlamentarisch-dem. Republik – Parlament mit 1 Kammer (»Eduskunta«, Riksdag), Mitgl. für 4 Jahre gewählt – Allg. Wahlrecht – Vertraglich festgesetzte Höchstgrenze d. Wehrmacht – Verwaltungsgliederung in 12 Provinzen (darunter die weitg. auton. Åland-In. – finn.: Ahvenanmaa – m. eig. Landtag u. Schwed. als 1. Amtsspr.; 1552 km$^2$ u. 23000 Einw., 1981)

**Staatsoberhaupt:** Präs. Dr. Mauno Koivisto (Soz.-Dem.), gewählt im Jan. 1982 mit 43,3 % d. St. – **Regierungschef:** Kalevi Sorsa (Vors. d. Soz.-Dem.), Koal. aus Soz.-Dem., Zentrum, Schwed. V. u. Landvolksp. erneut seit Mai 1983 – **Außenminister:** Paavo Väyrynen, Zentrum – **Parteien** (Reichstagssitze n. d. Wahlen v. März 1983): Sozialdemokrat. Partei (»Suomen Sosialidemokraattinen puolue«) 57 Sitze (1979: 52) u. 26,7 % d. Stimmen, Nationale Sammlungspartei (»Kansallinen Kokoomus«) 44 (46) u. 22,2 %, Finn. Volksdemokr. Union (»Suomen Kansan Demokraattinen liitto«/SKDL), in Union mit der KP 27 (35) u. 14 %, Zentrumspartei (»keskustapuolue«) 38 (41) u. 17,6 %, Schwedische Volkspartei (»Svenska folkpartitet i Finland«) 11 (10) u. 4,9 %, Christl. Bund Finnlands 3 (10) u. 3,0 %, Landvolkspartei 17 (6) u. 9,7, Grüne 2 u. 1,5 %, Konstitut. Rechtspartei 1 u. 0,4 % – **Dipl. B.:** BR Dtld. und DDR

**Städte** (XII/1982): Helsinki [schwed. Helsingfors] (Hptst.) 484260 Einw., A 880000, Tampere [Tammerfors] 167211, m. V. 240000, Turku [Åbo] 163484, m. V. 240000, Espoo [Esbo] 145317, Vantaa [Vanda] 136607, Oulu [Uleåborg] 96199, Lahti 94603, Pori [Björneborg] 79147, Kuopio 75972, Iyväxkylä 64536, Kotka 60384, Vaasa [Vasa] 54249, Lappeenranta 53891, Joensuu 45584, Hämeenlinna 42042, Maarianhamina [Åland] 9733

**Wirtschaft: BSP** 1980: 46360 Mill. $ / 1981 (S): 51270 Mill. $/10680 $ (22)/2,5 – **WS:** 7/0,0/36/3,3 – **V:** 18/55/28/27/34/–1 – **A:** 68/11/35 – **E:** 6351/4,5 / 10971 – **M:** 1,7 (5,6)

**Außenhandel:** 1983 **Einf.** 12854 Mill. $, **Ausf.** 12530 Mill. $ – **W:** 1 Finnmark (Fmk) = 100 Penniä (p); 1 US-$ = 5,569 Fmk, 1 Fmk = 0,4651 DM – **I:** 12,0 – **AS:** 8/18/32/7/27 – **T:** 84 – **H:** 62/10/27 – **Z:** –289/../../.. – **D:** 1,3 – **K:** 0,30/../–124

**Wichtige Ausfuhrgüter:** Papier, Holz und Zellulose (bis über 60 %), Maschinen, Metallwaren und Schiffe (bis 35 %), Textilien – **u. Handelspartner:** UdSSR (15 %), Schweden u. BR Dtld. je 10 %, Großbritannien, USA, Niederlande, Frankreich. Dänemark; EG 35%, EFTA 20%, RGW 25%

**Mitgliedschaft:** UNO, Nordischer Rat, EFTA (assoz.), OECD, ADB, CCC, ECE, FAO, GATT, IAEA, IBRD, ICAO, IDB, IDA, IFAD, IFC, ILO, IMF, IMO, ITU, UNESCO, UPU, WHO, WMO, Freihandelsabk. mit EG, Zollpräf. m. SU, Protokoll ü. Zusammenarb. m. RGW

## FRANKREICH *(West-Europa)*

(Französische Republik; République Française – [F])

**Fläche** (44): 547026 km² (m. Korsika: 8682 km² u. 289842 Einw. 1975, aber ohne Übersee-Departements) (L: 35%) – **Einwohner** (16): 54438000 (F VII 1983; 52544400 Z II/1975) = 99,5 je km² – **Städt. B.:** 78/1,4/34 – **G:** 76/10/<1/580/120/134 – **S:** 1 (n. inoffiz. S 10%)/112/85/25 – **Jährl. Bevölkerungswachstum:** (1970–1981) 0,5% (1981: 15 / 10)

**Bevölkerung:** Franzosen; u.a. 0,9 Mill. (nach and. Ang. über 2 Mill.) mit bretonischer Sprache (Keltisch), 1,2 Mill. alemannischsprachige Elsässer u. Lothringer mit moselfränkischem Dialekt, 200000 Italienischsprechende (einschl. Korsisch), 0,3 Mill. Katalonen, 0,2 Mill. Flamen, 0,1–0,2 Mill. Basken – Anfang 1983 rd. 4,4 Mill. Ausländer (davon 640000 aus d. EG u. 170000 Flüchtlinge): Portugiesen 22%, Algerier 20%, Spanier 14,5%, Italiener 13,4%, Marokkaner 7,6%, Tunesier 4,1%, Jugoslawen 2%, Türken 1,5%, Senegalesen, Malier u.a.; zu 60% Europäer, 35% Afrikaner u. 3,5% Asiaten; 40,4% d. Ausländer sind Beschäftigte (= 7,5% d. aktiven Bevölk. Frankreichs); Ausländer in %: Grenoble 12,8, Paris 12, Lyon 11,8, Lille 8,1, Marseille 7,9 – **Staatssprache:** Französisch (als Wahlfächer in Schulen: Baskisch, Bretonisch, Katalanisch, Korsisch, Okzitanisch usw.), Sprachen d. Minderheiten im Amtsgebrauch nicht zugelassen – **Religion:** 45,5 Mill. röm-kath.; rd. 800000 Protestanten (u.a. 600000 Calvinisten), seit Zuzug aus Nordafrika über 700000 (n. and. Ang. 550000) Juden, rd. 180000 Ang. d. Armenischen Kirche, 2,4 Mill. sunnit. Muslime

**Flagge:** blau-weiß-rot (senkrecht) (»Trikolore«) – **Nationalfeiertag:** 14.7. – **U:** Wurzel der eigentl. Staatsgeschichte ist der Vertrag v. Verdun (843)

**Staats- u. Regierungsform:** Demokratische Republik (Verfassung von 1958, seit 1962 m. starker Stellung des Präsidenten, der für 7 Jahre direkt gewählt wird u. den Regierungschef ernennt) – Parlament aus 2 Kammern (»Sénat« 317 Mitgl. u. »Assemblée nationale« 419 Mitgl.), für 9 bzw. 5 Jahre gewählt – Verfassungsrat – 96 Départements innerhalb v. 22 Regionen (+ 5 Übersee-Dép.); Sonderstatus f. Korsika – Wehrpflicht

**Staatsoberhaupt:** Präsident der V. Republik François Mitterrand, seit 21. Mai 1981 – **Regierungschef:** Ministerpräsident Laurent Fabius (PS), seit 18.7.1984 – **Außenminister:** Claude Cheysson (PS) – **Parteien:** Bei d. Wahlen v. Juni 1981 erhielten die Sozialisten »Parti Socialiste«/PS einschl. Linksradikale/MRG im 2. Wahlgang 49,50% d. Stimmen u. 285 d. 491 Sitze umfassenden Nationalversammlung, die Gaullisten (»Rassemblement pour la République«/RPR) 22,43% u. 85, die Giscardisten (»Union pour la démocratie française«/UDF) 18,65% u. 64, die KP (»Parti Communiste Français«/PCF) 18,62% u. 44 sowie übr. 13 Sitze – **Dipl. B.:** BR Dtld. u. DDR

**Städte** (Z 1982, zuerst Großraum, dann Stadtgebiet): Paris (Hptst.) 8707000 (2166449) Einw., Lyon 1220800 (410547), Marseille 1110500 (869887), Lille 936300 (168139), Bordeaux 640000 (206822), Toulouse 541300 (345184), Nantes 464900 (239068), Nice [Nizza] 449500 (335505), Toulon 410400 (178663), Grenoble 392000 (156530), Rouen 379900 (105100), Strasbourg [Straßburg] 373500 (247309), Saint-Etienne 317200 (204762), Nancy 307000 (95945), Tours 262800 (131371), Clermont-Ferrand 256200 (145975), Le Havre 254600 (198875); nur Stadtgebiet: Rennes 192074, Reims 176621, Brest 155775, Limoges 139173, Dijon 139607, Angers 135509, Amiens 130562, Nimes 123196, Aix-en-Provence 120298, Metz 113415, Besançon 112960, Caen 112579, Mulhouse 111752, Perpignan 111302, Orléans 102175, Cannes 72190, Ajaccio 53514, Douai 42247, Valenciennes 40002

**Wirtschaft: BSP** 1980: 601560 Mill. $ / 1981 (S): 657560 Mill. $/12190 $ (16)/3,0 – **WS:** 4/0,5/35/2,7 – **V:** 16/67/21/17/22/–4 – **A:** 64/8/39 – **E:** 5368 / 2,8 / 69900 – **M:** 2,8 (7,3)

**Außenhandel:** 1983 **Einf.** 105428 Mill. $, **Ausf.** 91273 Mill. $ – **W:** 1 Französ. Franc (FF) = 100 Centimes; 1 US-$ = 7,9745 FF, 1 FF = 0,3248 DM – **I:** 9,9 – **AS:** 8/34/32/10/21 – **T:** 90 – **H:** 66/26/4 – **Z:** –7254/../../.. – **D:** 4,0 – **K:** 0,74/../–2166

**Wichtige Ausfuhrgüter:** Maschinen u. Fahrzeuge (bis 30%), Eisen und Stahl (bis 10%), Chem. Produkte (bis 12%), Textilien, Getreide, Obst, Gemüse, Wein, Parfümerien, Waffen (5%) – **u. Handelspartner:** BR Dtld. (15%), BENELUX, Italien (10%), USA, Großbritannien (10%), Schweiz, Spanien, Schweden, Algerien, UdSSR, Japan (EG über 50%)

**Mitgliedschaft:** UNO, NATO (ohne Truppenunterstellung an d. gemeins. NATO-Oberkommando), WEU, Europarat, CCC, ECA, ECE EG, EWS, FAO, GATT, IAEA, IBRD, ICAO, IDA, IFAD, IFC, ILO, IMF, IMO, ITU, OECD, UNESCO, UPU, WHO, WMO

ÜBERSEEGEBIETE

**1. Gebiete, die als Teil des Mutterlandes gelten** (Départements d'Outre-Mer/**D.O.M.;** Frz.-Guayana

u. Saint-Pierre u. Miquelon haben in d. Franz. Nationalversamml. u. im Senat je 1 Vertreter, die and. Dép. sind je mit 3 Abg. u. 2 Senatoren vertreten).

**Französisch-Guayana** (Übersee-Dép.; Guyane Française), 90000 km$^2$ (gegliedert in 2 Arrondissements) u. 73022 (Z 1982) Einw. (stark gemischt: Mulatten, Asiaten, Buschneger; weiße Minderheiten; 4500 Indianer) – Jährl. Bev.-Wachstum (1970–1977) 3,4% – Hauptstadt Cayenne 38155 Einw. (1982), Kourou 7167 Einw., Raketenstartplatz d. CSG – Hauptsächl. röm. Katholiken – Regionalparlamentswahlen v. 20.2.1983: »Parti socialiste guyanais« 42%, »L'Union pour le développement et le progrès de la G.« (R.P.R., U.D.F., modérés) 35,4%, »L'Union des travailleurs« 11,2% – BSP (S) 1981: 220 Mill. $, je E. 3430 $; Jahreszuwachs –0,4% (Abnahme) – Ausfuhr von Holz (80%), Krabben, Rum, Essenzen – 1982 Einf. 250 Mill. $, Ausf. 33 Mill. $ – W: Franz. Franc – Parteigruppierungen: »Mayouri« und GONG (rad. links)

**Guadeloupe** (Übersee-Dép.) m. Dependenzen, 1779 km$^2$ und 328400 (Z 1982) Einw. (92% Mulatten u. Schwarze) – Jährl. Bev.-Wachstum (1970–76): 1,6% – Hauptstadt Basse-Terre 13656 Einw., Abymes 54000, Pointe-à-Pitre 25310 (zu G. gehört ein Teil d. Insel St.-Martin m. 54 km$^2$ u. 5061 Einw.) – Wahlen v. 1983: »Parti Socialiste«/P.S. 59,1%, »L'Union pour le développement et le progrès de la G.« (R.P.R., U.D.F., Modérés) 30,2%, »P. communiste guadeloupéen« 4,6% – BSP (S) 1981: 1430 Mill. $, je E. 4340 $; Jahreszuwachs 5,4% – Ausf. v. Zucker, Bananen, Rum – 1982 Einf. 624 Mill. $, Ausf. 83 Mill. $ – W: Franz. Franc

**Martinique** (Übersee-Dép.) 1102 km$^2$ und 329000 (Z 1982; haupts. röm.-kath.) Einw., Hauptstadt Fort-de-France 97814 Einw. – Wahlen v. 1983: »Rassemblement démocratique pour le renouveau de la M.« 57,8%, »Union départementaliste« (R.P.R., U.D.F.) 30,6%, »P. socialiste« 4,1%, »P. communiste martiniquais« 3,8%, »Patriotes martiniquais« (Bew. f. Unabhängigk.) 1,26% – BSP (S) 1981: 1570 Mill. $, je E. 4820 $; Jahreszuwachs 3,8% – Ausf. v. Bananen (50%), Zucker, Rum – 1982 Einf. 736 Mill. $, Ausf. 116 Mill. $ – W: Franz. Franc

**Réunion** [La Réunion] (Übersee-Dép.) 2510 km$^2$ und 515808 (Z 1982) haupts. röm.-kath. Einw.; ca. 200000 Mestizen (Schwarze u. Madegassen), 100000 Weiße (ehem. franz. Siedler), 100000 muslim. Inder (»Araber«), 11000 Franzosen, 15000 Chinesen – Hauptstadt St.-Denis 104603 (1982) Einw.; St.-Paul 52781, St.-Pierre 46752 – Wahlen v. 1983: »L'Union départementaliste pour le renouveau et le progrès« (R.P.R., U.D.F., Modérés) 46,1%, »P. communiste réunionnais« 20,5%, »P. socialiste« 15,2%, »L'Union nouvelle dans l'intérêt de la Réunion« 11,4% – BSP (S) 1981: 2050 Mill. $, je E. 3840 $; Jahreszuwachs (S) – 0,7% (Abnahme) – Ausf. haupts. Zucker, Vanille, Rum – 1982 Einf. 804 Mill. $, Ausf. 105 Mill. $ – W: Franz. Franc

**Saint-Pierre** und **Miquelon,** 242 km$^2$ und 6041 (Z 1982) Einw., Hauptstadt St. Pierre, 5415 Einw. Seit 1976 Status als ein Übersee-Dép. – Wahlen v. 1981: A. Pen (PS) – Ausf. 43,4 Mill. FF (Kabeljau)

**»Collectivité territoriale«,** wie Dép. verwaltet:

**Mahoré** (fr. Mayotte) 374 km$^2$ u. (S 1984) 50000 Einw. – Hptst.: Dzaoudzi, etwa 8000 Einw. (Mahorais) – Ausf. (1979): 6,5 Mill. FF: Kaffee, Kopra, Ylang-Ylang – Die sehr gemischte, vorwieg. christl. Bevölkerung (Mahorais) hat sich am 8.2.1976 in einer Abstimmung gegen d. Anschluß an die Islam. Rep. Komoren ausgesprochen. Sonderstatus als »Collectivité territoriale de la Rep. française« seit 14.12.1976: Verwaltung (ähnl. einem Département) durch einen Vertreter d. französ. Regierung; Generalsekretär. Ein Rat aus 13 gewählten Mitgliedern; Wahlen v. 1981: M. Hory (versch. Linkspart.) als Abg. – Die UNO erkennt den Anspruch d. Komoren auf M. an. – Frankreich ist neuerdings bereit, dem Anschluß v. Mahoré an d. Islam. Bundesrep. Komoren zuzustimmen.

**2. Übersee-Territorien mit beschränkter Selbstverwaltung** (Territoires d'Outre-Mer/**T.O.M.;** sie haben eine lokale Exekutive [»Conseil de gouvernement«] u. eine beratende Territorialkammer. Im franz. Mutterland verabsch. Gesetze finden nur Anwendung, wenn dies ausdrückl. vorgesehen)

**Französisch-Polynesien** (Polynésie Française) mit Gesellschaftsinseln (Tahiti und andere Ins. des »Archipel de la Societé« bzw. »Gesellschafts-Ins.«), Marquesas-Inseln, Tuámotu-Gruppe, Gambier-, Tubuai- oder Austral-, Rapa-Inseln u.a.; 4200 km$^2$ u. 150000 (1982) Einw.; 39% städt. Bev. – Jährl. Bev.-Wachstum (1975–78) 3,2% – Hauptstadt Papéete 63735 (m.V. 1977) Einw. – BSP (S) 1981: 1050 Mill. $, je E. 6980 $; Jahreszuwachs 2,3% – 2 Vertr. in d. Franz. Nationalversamml. (UDF u. RPR) u. 1 im Senat – 1982 Einf. 520 Mill. $, Ausf. 28 Mill. $ – W: 1 CFP-Franc (FC.F.P.) = 100 Centimes (c); 1 FF = 18,1818 CFP-Francs, 1 CFP-Franc = 0,055 FF bzw. 0,0179 DM

**Neukaledonien (Nouvelle-Calédonie)** m. Dependenzen, 19103 km$^2$ und (S 1982) 144152 meist christl. Einw. (u.a. über 60000 Melanesier [»Kanaken«], etwa 52000 meist franz. Europäer [»Caldoches«], über 10000 Polynesier, 4000 Vietnamesen usw.) – Jährl. Bev.-Wachstum (1975–78): 2,7% – Hauptstadt Nouméa 80000 Einw. (m. V.) – Verwaltung durch Gouverneur mit Generalrat. Wahlen v. Juni 1982: Unabh.-Front d. einh. Kanaken 4 d. 7 Sitze, 2 f. d. Föd. f. eine neue kaled. Ges./FNSC, 1 Unabh. – Unabhängigkeit in Verhandl. – Je 1 Vertreter in Senat und Nat.-Vers. Wahlen v. 1981: M. Pidjot (Kand. versch. Linkspart.) u. M. Lafleur (RPR) – BSP (S) 1980: 1100 Mill. $, je E. 7830 $; Jahreszuwachs –4,9% (Abnahme) – Ausf.: Nickel (91%), Kaffee, Kopra – 1982: Einf. 367 Mill. $, Ausf. 265 Mill. $ – W: 1 CFP-Franc (FC.F.P.) = 100 Centimes (c); 1 FF = 18,1818 CFP-Francs, 1 CFP-Franc = 0,055 FF bzw. 0,0179 DM

**Wallis** und **Futuna,** 274 km$^2$ und 10930 (S 1980) Einw.; Hauptort Mata Utu auf Ueva in der Wallis-Gruppe; 11000 Wallisianer u. Futunianer leben auswärts (Neukaled. u. Vanuatu) – Wahlen v. 1981: 1 Abg. (RPR) – BSP (S) 1981: 11 Mill. $, je E. 1020 $; Ausf. (1977): 3,5 Mill. FF, Einf. 259 Mill. FF – W: 1 CFP-Franc = 100 Centimes; 1 FF = 18,1818 CFP-Francs, 1 CFP-Franc = 0,0179 DM

Französisch sind ferner: **Les Terres Australes et Antarctiques Françaises/T.A.A.F.** (insg. 439603 km$^2$ u. 200 Einw.) umfassen die **Crozet-Inseln** (327 km$^2$, Dauersiedl. Alfred-Faure), die **Kerguelen** (7215 km$^2$, wiss. Station in Port-aux-Français), **Saint-Paul** (7 km$^2$) u. **Amsterdam** (107 km$^2$; Dauersiedl. Martin-dé-Viviès) sowie **Terre-Adélie** (Adélieland), das v. Frankr. beanspr. Hoheitsgebiet in d. Antarktis (432000 km$^2$, Dauersiedl. Dumont-d'Urville). Außerdem: **Clipperton** (Isle de la Pasión) 1,6 km$^2$ (unbewohnt; v. Gouvern. v. Franz. Polynesien verwaltet) sowie die **»Îles Australes«** (Bassas da India, Europe, Glorieux-A., Juan de Nova u. Tromelin) mit knapp 50 km$^2$, größtenteils unbewohnt, v. Réunion verwaltet u. v. Madagaskar beansprucht.

## GABUN *(Äquatorial-Afrika)*

(Gabunische Republik; République Gabonaise)

**Fläche** (68): 267667 km$^2$ (L: 1,2%) – **Einwohner** (128): 1110000 (S 1982; 1232000 Z 1981 n. eig. Ang., davon 122000 im Ausland; n. and. S nur 700000) = 4,1 je km$^2$ – **Städt. B.:** 32% – **Jährl. Bevölkerungswachstum:** (1975–1978) 0,9%

**Bevölkerung:** Gabuner (Gabonesen); Bantu-Gruppen (Fang 25%, Batéké, Omyene u.a.), Pygmäen (Zwergvölker 1%); 80000 Ausländer, davon 25000 Franzosen – **Amtssprache:** Französisch; Umgangssprachen Bantu-Sprachen (bes. Fang u. Batéké) – **Religion:** 60% (n. and. Ang. nur 30%) Katholiken, rd. 10% Protestanten, kl. muslim. Minderh.; Anhänger v. Naturreligionen

**Flagge:** grün-gelb-blau (waagerecht) – **Nationalfeiertag:** 12.3. (Tag d. Einheitspartei), 17.8. – **U:** 17.8.1960

**Staats- u. Regierungsform:** Präsidiale Republik u. Parlament aus 1 Kammer – Wahlrecht für alle Erwachsenen – Keine allgem. Wehrpflicht – Verwaltungsgliederung in 9 Provinzen

**Staatsoberhaupt:** Reg.-Chef, Verteid.-Min. usw. El Hadsch Omar Albert-Bernard Bongo, erneut seit Dez. 1979 mit 99,85% d. Stimmen – **Regierungschef:** Prem.-Min. Léon Mébiame – **Außenminister:** Martin Bongo – **Parteien:** Bei den Wahlen von 1979 entfielen alle 89 Sitze d. Nat.-Vers. auf die »Parti Démocratique Gabonais«/PDG; es waren keine Gegenkandidaten aufgestellt – **Dipl. B.:** BR Dtld. und DDR

**Städte** (S 1980): Libreville (Hptst.) 340000, Port-Gentil 164000, Franceville 75000, Lambaréné 24000

**Wirtschaft: BSP** 1980: 2430 Mill. $ / 1981 (S): 2550 Mill. $ / 3810 $ (43) / 3,2

**Außenhandel** (ohne UDEAC-Handel): 1983 **Einf.** 800 Mill. $, **Ausf.** 1750 Mill. $ – **W:** 1 CFA-Franc = 100 Centimes; 1 FF = 50 CFA-Francs (1 CFA-Franc = 0,02 FF), 1 CFA-Franc = 0,0065 DM

**Wichtige Ausfuhrgüter:** Erdöl (über 80%), Holz, Mangan- und Uranerz – **u. Handelspartner:** Frankreich (fast 50%), BR Deutschland, Großbritannien u.a. EG-Länder, USA (10–15%)

**Mitgliedschaft:** UNO, OAU, Französische Gemeinschaft, UDEAC; AKP; CCC, CFA, ECA, FAO, GATT, IAEA, IBRD, ICAO, IDA, IFC, ILO, IMF, ITU, OPEC, UNESCO, UPU, WHO, WMO, OCAM

## GAMBIA *(West-Afrika)*

(Republik Gambia; Republic of the Gambia; The Gambia – [WAG])

**Fläche** (140): 11295 km$^2$ (einschl. 948 km$^2$ Binnengewässer) (L: 25–55%) – **Einwohner** (137): 640000 (S 1982; 493497 Z 1973) = 56,6 je km$^2$ – **Städt. B.:** 16% – **Jährl. Bevölkerungswachstum:** (1975–1978) 1,1%

**Bevölkerung:** Gambier, ⅖ Mandingo, Wolof u. Fulbe je 12%; 22000 Senegalesen u. etwa 600 Europäer – **Staatssprache:** Englisch ca. 50%, Mandingo 40%, Wolof u. Ful je 12–15% usw.; seit 1977 Einführung des Arabischen (neben d. Englischen) im Bildungsbereich – **Religion:** bis 90% sunnit. Muslime, 35000 Protestanten, über 10000 röm. Katholiken

**Flagge:** rot-weiß-blau-weiß-rot (waagerecht) im Verhältnis 6:1:4:1:6 – **Nationalfeiertag:** 18.2. – **U:** 18.2.1965

**Staats- u. Regierungsform:** Parlament aus 1 Kammer – Allg. Wahlrecht ab 21 Jahren – Keine Wehrpflicht – Verwaltungsgliederung in die Hauptstadt u. 6 Divisionen

**Staatsoberhaupt und Regierungschef:** Al Hadschi Sir Dawda Kairaba Jawara, PPP, wiedergewählt 1982; gleichzeitig Vize-Präs. d. Konföderation Senegambia – **Außenminister:** Lamine K. Jabang – **Parteien:** Wahlen v. Mai 1982: »Progressive People's Party«/PPP (für Senegambia) 27 v. 35 Sitzen (+4 Häuptlinge), »United P.«/UP (gegen Union) 0, »National Convention P.« 3, Unabh. 5 – **Dipl. B.:** BR Dtld. (Botschaft in Dakar [Senegal] zuständig) u. DDR

**Städte** (S 1983): Banjul (fr. Bathurst; Hptst.) 50000 Einw., Combo St. Mary 103000, Sere Kunda 16000

**Wirtschaft: BSP** 1980: 210 Mill. $ / 1981 (S): 220 Mill. $ / 370 $ (130) / 3,1

**Außenhandel:** 1982 **Einf.** 97 Mill. $, **Ausf.** 44 Mill. $ – **W:** 1 Dalasi (D) = 100 Bututs (b); 1 £ = 5,00 D (Wertverhältnis z. Pfund Sterling), 1 D = 0,7478 DM

**Wichtige Ausfuhrgüter:** Erdnüsse und Erdnußöl (80–90%), Uran, Palmkerne, Fischprod., Häute, Felle, Wachs – **u. Handelspartner:** Großbritannien (⅕) u. and. EG-Länder, Schweiz, Japan, VR China

**Mitgliedschaft:** UNO, OAU, Commonwealth, Assoziierungsabkommen mit Senegal; CEDEAO, FAO, GATT, IBRD, ILO, IMF, UNESCO, WHO; Mano-Fluß-Union (m. Liberia u. Sierra Leone); AKP, AGC (Afrik. Erdnuß-Rat)

**Seit 1. Jan. 1982 Zusammenschluß mit Senegal zur Konföderation** *Senegambia,* → Senegal

## GHANA *(West-Afrika)*

(Republik Ghana; Republic of Ghana – [GH])

**Fläche** (73): 238537 km² (L: 12%) – **Einwohner** (54): 12240000 (S 1982; 8559313 Z 1970) = 51,3 je km² – **Städt. B.:** 37/5,0/48 – **G:** 54/101/19/7630/780/88 – **S:** 73*/69/36/1 – **Jährl. Bevölkerungswachstum:** (1970–1981) 3,1% (1981: 49 / 13)

**Bevölkerung:** Ghanaer (Ghanesen); fast ausschl. Sudangruppen: Aschanti u. Fanti der Akan-Gruppe (Süd-Gh.) 44%, Ewé (im SO), Gonya (Mittel-Gh.), Dagomba u. Mamprusi der Volta-Familie (N-Gh.); außerdem u. a. Fulbe u. Haussa sowie 6000 Europäer – **Staatssprache:** Englisch; Twi, Fanti, Ga Ewé u. Dagbani; Ful u. a. westafr. Sprachen – **Religion:** über 40% Christen (10–12% Katholiken, Protestanten), im N Muslime (16%); Naturreligionen

**Flagge:** rot-gelb(mit schwarzem Stern)-grün (waagerecht) – **Nationalfeiertag:** 6.3. u. 1.7. – **U:** 6.3.1957

**Staats- u. Regierungsform:** Republik – Neue Verfassung v. Jan. 1979; Revolutionsrat seit Militärputsch v. 24.9.1979 – Allgem. Wahlrecht – Keine allg. Wehrpflicht – Verwaltungsgliederung in 10 Regionen

**Staatsoberhaupt:** seit Militärputsch v. 31. Dez. 1981 Regierungsgewalt bei Provisorischem Nationalem Verteidigungsrat/PNDC (7 Mitgl.) unter Vorsitz v. Hauptmann Jerry Rawlings – Verfass. außer Kraft – **Außenminister:** Dr. Obed Asomoah – **Parteien:** Parl. aufgelöst – Parteien verboten – Wahlen v. 1979: »Nationale Volkspartei«/PNP 71 d. 140 Sitze d. Einkammerparlaments, »Volksfrontpartei«/PFP 42, »Vereinigte Nat. Konvention«/UNC 13, »Aktionskongreßpartei« 10, »Sozialdemokrat. Front« 3; 1 Unabh. – **Dipl. B.:** BR Dtld. und DDR

**Städte** (S 1975): Akkra [Accra] (Hptst.) 716000 Einw. (Greater A. m. Tema 1982 über 1 Mill.), Kumasi 342900, Sekondi-Takoradi 161000; (Z 1970): Asamankese 101144, Tamale 98919, Bolgatanga 93182, Cape Coast 71594, Koforidua 69804, Sunyani 61772, Ho 46348 (alle m. Umgebung)

**Wirtschaft: BSP** 1980: 4490 Mill. $ / 1981 (S): 4770 Mill. $ / 400 $ (127) / –2,6 – **WS:** 60/0,0/12/–2,2 – **V:** 11/85/6/4/4/–2 – **A:** 51/53/20 – **E:** 268/2,9/900 – **M:** 0,5 (3,8)

**Außenhandel:** 1982 **Einf.** 705 Mill. $, **Ausf.** 873 Mill. $ – **W:** 1 Cedi (₵) = 100 Pesewas (p); 1 US-$ = 35,00 ₵, 1 ₵ = 0,0740 DM – **I:** 36,4 – **AS:** 7*/0*/7*/19*/26* – **T:** 75 – **H:** 77/13/10 – **Z:** –209/0,3/9,1/4,0 – **D:** 2,8 – K: – / 66 / 13

**Wichtige Ausfuhrgüter:** Kakao (bis über 50%); Holz u. Gold (je 10–15%), Bauxit, Diamanten, Manganerze, Ölfrüchte – **u. Handelspartner:** Großbritannien u. USA je 15%, BR Deutschland u. and. EG-Länder, Japan, Kanada, Nigeria, UdSSR

**Mitgliedschaft:** UNO, OAU, Commonwealth, Zollunion mit Obervolta (Burkina-Faso), ECA, CCC, CEDEAO, GATT, IAEA, IBRD, ICAO, IDA, IFC, ILO, IMF, IMO, ITU, UNESCO, UPU, WHO, WMO, AKP, Koop.-Abk. mit Zaïre

## GRENADA *(Mittel-Amerika; Karibik)*

(State of Grenada – [WG])

**Fläche** (167): 344 km² (L: 47%) – **Einwohner** (160): 110000 (S 1982; n. and. Ang. S 1978: 110390) = 320 je km² – **Städt. B.:** 65% – **Jährl. Bevölkerungswachstum:** (1975–1978) –2,8%

**Bevölkerung:** Grenader; 52% Afroamerikaner (Schwarze), 5% indischer, 42% gemischter (Mulatten) Abstammung, weniger als 1% Weiße – **Staatssprache:** Englisch, Umgangssprachen auch kreol. Englisch u. kreol. Französisch – **Religion:** Protestanten (22%) u. Katholiken (64%)

**Flagge:** rot (m. 6 gelben Sternen) umrandete Fläche aus je 2 gelben (oben u. unten) u. grünen Dreiecken (im linken Muskatnuß), die in roter Scheibe m. gelbem Stern zusammentreffen – **Nationalfeiertag:** 3.2. – **U:** 7.2.1974

**Staats- u. Regierungsform:** Parlamentarische Monarchie – Parlament (Senat aus 15 ernannten Senatoren – Repräsentantenhaus) – Allg. Wahlrecht – Keine allg. Wehrpflicht

**Staatsoberhaupt:** Königin Elizabeth II., vertreten d. einen Generalgouverneur: Sir Paul Scoon – **Regierungschef:** Nicholas Brathwaite, seit Dez. 1983,

Vors. d. Interimsreg. – **Außenminister:** Patrick Emanuel – **Parteien:** Nach Intervention durch die USA (siehe »Weltchronik«) nahmen die früheren Parteien ihre Arbeit wieder auf: »Grenada United Labour P.«, »G. National Party« u. die Bewegung d. früh. Reg.-Chefs Maurice Bishop (»New Jewel Movement«/NJM) unter Michael Kendrick

**Städte** (S 1980): Saint George's 30800 Einw.

**Wirtschaft: BSP** 1980: 90 Mill. $ / 1981 (S): 100 Mill. $ / 850 $ (96) / –0,6

**Außenhandel:** 1981 **Einf.** 146 Mill. EC$, **Ausf.** 50 Mill. EC$ – **W:** 1 Ostkarib. Dollar (EC$) = 100 Cents; 1 US-$ = 2,6882 EC$, 1 EC$ = 0,9635 DM

**Wichtige Ausfuhrgüter:** Kakao (bis 30%), Bananen (⅕), Muskatnüsse (⅓ d. Weltproduktion), Fische, Rum, Zucker – **u. Handelspartner:** Großbritannien (⅓), USA, BR Dtld., Trinidad/Tob.

**Mitgliedschaft:** UNO, OAS, Commonwealth, CARICOM, FAO, GATT (assoz.), IBRD, IDA, IFC, ILO, IMF, UNESCO, UPU, WHO, AKP, OECS

## GRIECHENLAND *(Südost-Europa)*

(Hellenische Republik; Elleniki Dimokratia – [GR])

**Fläche** (88): 131944 km² (L: 29%) – **Einwohner** (61): 9790000 (S 1982; 9706687 Z 1981) = 74,2 je km² – **Städt. B.:** 63/2,5/70 – **G:** 74/18/1/420/600/147 – **S:** 19* / 103 / 81 / 17 – **Jährl. Bevölkerungswachstum:** (1970–1981) 0,9% (1981: 15 / 9)

**Bevölkerung:** 98,5% Griechen, Türken 0,9% (n. and. Ang. 420000), Bulgaren 0,3%, Armenier 0,2% – **Staatssprache:** Griechisch (Neugriechisch); 3 Mill. Griechen im Ausland – **Religion:** Angehörige d. griech.-orthodoxen Kirche (97%), muslimische (über 1%), protestant., kathol. (35000) u. jüd. (6500) Minderheiten

**Flagge:** 9 abwechselnd blaue u. weiße Streifen (waagerecht) u. weißes Kreuz im blauen Obereck – **Nationalfeiertag:** 25. 3. – **U:** 13. 1. 1822 (Proklamation), nominell 3. 2. 1830 (Londoner Protokoll)

**Staats- u. Regierungsform:** Parlament.-dem. Republik nach der Verfassung von 1975 mit starker Stellung des Präsidenten – Wehrpflicht – Parlament – Allg. Wahlrecht ab 18 Jahren – Verwaltungsglied. in 10 Regionen u. in Verwaltungsbezirke (Nomói)

**Staatsoberhaupt:** Dr. Konstantin Karamanlis, ND, seit Mai 1980 – **Regierungschef:** Andreas Papandreou, auch Verteid.-Min., seit Okt. 1981, PA.SO.K. – **Außenminister:** Joannis Charalambopoulos – **Parteien:** Die Wahlen v. Okt. 1981 brachten der »Panhellenischen sozialist. Bewegung«/PA.SO.K. 48,06% d. Stimmen u. 172 Sitze, d. »Nea Demokratia«/ND (Vors. Evangelos Averoff) 35,86% u. 115, d. »KP Griechenlands«/KKE 10,92% u. 13, d. »Fortschrittl. Partei« 1,69% u. 0, d. »internen KP« 1,37% u. 0 Sitze – **Dipl. B.:** BR Dtld. u. DDR

**Städte** (Z 1981): Athen [Athinai] (Hptst.) 885136 Einw., Groß-A. (1982) mit Piräus 3337331, Saloniki [Thessaloniki] 402443, Piräus 187458, Patras 140878, Larissa 103263, Iraklion [Herakleion] 101668, Volos 70967, Kavalla 56260, Chania 47804, Serres [Serrä] 46168, Trikkala 45138, Joánnina 44362

**Wirtschaft: BSP** 1980: 39910 Mill. $ / 1981 (S): 42890 Mill. $ / 4420 $ (39) / 3,7 – **WS:** 17/1,7/31/4,5 – **V:** 18/66/25/14/20/–11 – **A:** 64/37/28 – **E:** 2605/8,2 / 5952 – **M:** 7,8* (14,6*)

**Außenhandel:** 1982 **Einf.** 10023 Mill. $, **Ausf.** 4297 Mill. $ – **W:** 1 Drachme (Dr.) = 100 Lepta; 1 US-$ = 103,035 Dr., 1 Dr. = 0,0251 DM – **I:** 14,8 – **AS:** 25/3/48/9/36 – **T:** 88 – **H:** 56/23/8 – **Z:** –2385/3,5/12,9/15,4 – **D:** 2,4 – **K:** – / 1225 / 520

**Wichtige Ausfuhrgüter:** Industrieprodukte bis 50%, chem. Erzeugnisse, Erze u. Metalle, landwirtschaftl. Erzeugnisse (Tabak, Korinthen, Sultaninen, Baumwolle, Wein, Olivenöl, Zitrusfrüchte), Textilien – **u. Handelspartner:** BR Dtld. (⅕), Italien (⅒), Frankreich, BENELUX, USA, Großbritannien, UdSSR, Jugoslawien, Japan, Libyen

**Mitgliedschaft:** UNO, NATO, OECD, CCC, ECE, FAO, GATT, IAEA, IBRD, ICAO, IDA, IEA, IFAD, IFC, ILO, IMF, IMO, ITU, UNESCO, UPU, WHO, WMO, Europarat, EG

**Mönchsrepublik Athos** (Hágion Oros)

336 km² mit 20 Klöstern und mit voller innerer Selbstverwaltung; 1732 (Z 1971) männl. Einw. – Hauptort Kariaí 301 Einw.

## GROSSBRITANNIEN u. NORDIRLAND *(West-Europa)*

(Vereinigtes Königreich von Großbritannien und Nordirland; United Kingdom of Great Britain and Northern Ireland – [GB])

**Fläche** (72): 244046 km² (m. 3096 km² Binnengewässern) (L: 30%, mit Weide 80%) – **Einwohner** (14): 56340000 (S 1982; 54321000 Z 1981 ohne Nordiren) = 230,9 je km² – **England** 130357 km² u. (Z 1981) 46,221 Mill. Einw. = 354,5 je km², **Wales** 20761 km² u. 2,790 Mill. Einw. = 134,4 je km², **Schottland** (Scotland) 78762 km² u. 5,116 Mill. Einw. = 64,9 je km², **Nordirland** (Ulster) 13482,6 km² u. 1,490 Mill. Einw. (Z 1981) = 110,5 je km² (künftige Regierungsform noch nicht feststehend; seit 1972 v. d. brit. Reg. direkt verwaltet) – **Städt. B.:** 91/0,3/55 – **G:** 74/12/<1/650/140/132 – **S:** 1 / 104 / 82 / 20 – **Jährl. Bevölkerungswachstum:** (1970–1981) 0,1% (1981: 13 / 12)

**Bevölkerung:** Briten (Engländer, Schotten, Waliser), Iren in Nordirland; schätzungsw. 2,6 Mill. Ausländer, darunter 1,8–2,0 (nur England) Mill. farbige Einwand. aus d. Commonwealth (dav. ⅓ in London), nach and. Ang. 3,9 Mill. Farbige in Großbrit. – **Staatssprache:** Englisch; Reste keltischer Sprachen (Schottland, Wales, Man »Manxisch«, Cornwall »Kornisch«); es sprachen z. B. 1971 in Wales 32725 Personen nur Welsh (»Kymrisch«), 509700 Welsh u. Englisch, 1971 in Schottland 88415 Gälisch u. Englisch und 338 nur Gälisch – **Religion:** vorwieg. Protestanten; anglikan. Staatskirche in England 55% d. Bev., presbyterian. Staatskirche in Schottland, Freikirchen, Römische Katholiken in England und Wales (1982) 4269019, in Schottland (1982) 824000, in Nordirland (1971) 477919 (üb. 30%); außerdem in Ulster 1971 405719 Presbyterianer, 334318 Angehörige d. »Church of Ireland«, 71235 Methodisten u. 230439 Sonstige; rd. 1 Mill. Muslime, 390000 Juden (1983)

**Flagge:** in Blau weißgerandetes rotes Georgskreuz auf schrägem weißen Andreaskreuz neben schrägem roten Patrickskreuz (»Union Jack«) – **Nationalfeiertag:** im Juni, Tag jährlich wechselnd – **U:** Beginn der engeren Staatsgeschichte im 8. Jh.

**Staats- u. Regierungsform:** parlamentarisch-demokratische Monarchie – Keine formelle (geschriebene) Verfassung, aber Gesetze, die in materieller Hinsicht Verfassungscharakter haben – Parlament aus 2 Kammern (»House of Commons«, d. h. »Unterhaus«, 635 Mitglieder für 5 Jahre gewählt, davon 71 in Schottl., 35 in Wales u. 12 in Nordirland, und »House of Lords«, »Oberhaus«, 1177 Mitgl., davon 803 Erblords, 348 ernannte Lords, 2 Erzbischöfe u. 26 Bischöfe d. anglik. Kirche); außerdem Geheimer Staatsrat (»Privy Council«) ohne verfassungsrechtliche Entscheidungsgewalt – Wahlberechtigt alle 18 Jahre alten Bürger mit Ausnahme der Peers – Wehrpflicht aufgehoben – Verwaltungsgliederung: 49 Grafschaften (Counties) u. 6 Metropolitan Counties (= Ballungsräume) in England, 8 Grafschaften in Wales, 26 Distrikte in Nordirland u. 12 Regionen in Schottland. Der Northern Ireland Act 1982 führte nach Wahlen im Okt. 1982 wieder ein Parlament ein (vorläufig jedoch weitgehend machtlos): »Official Unionists« 26, Democratic Unionists 21, Social Democratic and Labour Party 14, Alliance 10, Sinn Fein 5, Independent Unionists 1, Ulster Popular Unionist Party 1; Secretary of State im Kab. Thatcher f. Nordirl.: James Prior (Rücktritt f. Herbst 1984 angek.)

**Staatsoberhaupt:** Königin Elizabeth II., seit 1952, gekrönt 1953 – **Regierungschef:** Premierminister(in) (Prime Minister) Margaret Thatcher; Konserv. Partei, erneut seit Juni 1983 – **Außenminister** (Secretary of State for Foreign and Commonwealth Affairs): Sir Geoffrey Howe, Konserv. Partei – **Parteien:** Nach d. Wahl v. Juni 1983 erhielt die »Conservative Party« 42,4% d. Stimmen u. 397 Sitze, die »Labour Party« 27,6% u. 209, die »Liberal P.« zusammen mit d. »Social and Democratic P.«/SDP 25,3% u. 23 (17 Lib. u. 6 SDP-Abg.), Sonstige (u. a. regionale u. nationalist. Parteien) 4,7% u. 21 Sitze, u. a. SDLP (Sozialdemokr. u. Arbeiterpartei Nordirlands) 1, Sinn Fein (polit. Repräsentanz d. illeg. Irischen Republ. Armee/IRA) unter Gery Adams 1.

**Städte** (Z 1981, nach Counties): London (Hptst.) als Greater London 6696008 Einw. (Wohnbev. d. City of London [2,6 km$^2$] ca. 5000!), Birmingham 1006908, Glasgow 762288, Leeds 704974, Sheffield 536770, Liverpool 510306, Bradford 457677, Manchester 449168, Edinburgh 419187, Bristol 387977, Kirklees 371780, Belfast 362082 (A 550000), Wirral 339488, Coventry 314124, Wakefield 311787, Wigan 308927, Sandwell 307389, Sefton 300011, Dudley 299351, Sunderland 295096, Stockport 289730, Doncaster 288801, Leicester 279791, Newcastle upon Tyne 277674, Cardiff 273876, Nottingham 271080, Kingston upon Hull 268302, Walsall 266128, Bolton 260830, Wolverhampton 252447, Stoke on Trent 252351, Rotherham 251336, Plymouth 243895, Salford 243736, Barnsley 224906, Trafford 221406, Oldham 219817, Tameside 217341, Derby 215736, Gateshead 211658, Rochdale 207255, Southampton 204406, North Tyneside 198266, Calderdale 191292, Aberdeen 190200, Swansea 186199, Portsmouth 179419 – In England u. Wales lebten 1981 76,9%, in Schottland 70,0% u. in Nordirland 55,3% d. Bevölk. in städt. Siedlungen. 1981 gab es folgende »Metropolitan Counties«, die fast ⅖ d. Gesamtbevölk. umfaßten: London 6,7 Mill. (ges. Ballungsraum über 11 Mill.), Greater Manchester 2,6, W. Midlands (um Birmingham) 2,6, W. Yorkshire (um Leeds) 2, Merseyside (um Liverpool) 1,5, Tyne and Wear (um Newcastle-upon-Tyne) 1,1, in Wales: S. E. Wales (um Cardiff) 1,8, in Schottland: Conurbation Central Clydeside (um Glasgow) 1,7 Mill. Einw. – 8–10% d. Einwohner Groß-Londons sind Farbige

**Wirtschaft: BSP** 1980: 476880 Mill. $ / 1981 (S): 510310 Mill. $/9110 $ (25)/1,8 – **WS:** 2/1,6/33/0,4 – **V:** 22/58/17/20/28/3 – **A:** 64/2/42 – **E:** 5363/11,4/70158 – **M:** 4,6 (14,5)

**Außenhandel:** 1983 **Einf.** 100083 Mill. $, **Ausf.** 91653 Mill. $ – **W:** 1 Pfund Sterling (£) = 100 New Pence (p); 1 £ = 1,4430 US-$ bzw. 3,7374 DM – **I:** 14,4 – **AS:** 18/35/14/13/26 – **T:** 105 – **H:** 68/24/2 – **Z:** 12634/../../.. – **D:** 2,0 – **K:** 0,38/../– 8661

**Wichtige Ausfuhrgüter:** Maschinen, Metallwaren u. Fahrzeuge (zusammen bis 50%), chemische Produkte, elektronische Erzeugnisse, Erdöl, Genußmittel, Textilien u. sonstige Industrieartikel aller Art – **u. Handelspartner:** Commonwealth-Mitgl. (vor allem Kanada, Australien, Neuseeland, Indien), USA (10–15%), BR Dtld. (10%), Niederlande, Belgien-Lux., Schweden, Südafrika, UdSSR (EG ca. ⅓, EFTA rd. ⅛)

**Mitgliedschaft:** UNO, NATO, CENTO, WEU, Europarat, EG, OECD, Colombo-Plan, ADB, BID, CCC, ECE,

ECLA, EWS (Sonderregel.), FAO, GATT, IAEA, IBRD, ICAO, IDA, IEA, IFAD, IFC, ILO, IMO, IMF, ITU, UNESCO, UPU, WHO, WMO, Commonwealth

## I. UNMITTELBAR MIT DER KRONE VERBUNDENE GEBIETE (»Dependent Territories«)

**Kanal-Inseln** (Channel Islands, Normannische Inseln) 195 km² u. 130000 (S 1982; 123063 Z 1971) Einw. – Sie bestehen aus 2 Bailiwicks: Guernsey [GBG] (54256 S 1976) mit Alderney [GBA] (1785 Einw.), den Sark (604 Einw.), und and. Inseln sowie [GBJ] Jersey (76100 Z 1980); Staatsgewalt bei den Ständeparlamenten (»States«). Hauptorte und Sitze je eines »Lieut.-Governor« sind St. Helier (28135 Einw.) auf Jersey und St. Peter Port (16303 Einw.) auf Guernsey, Offizielle Sprachen sind Französisch auf Jersey und Englisch – als Umgangssprache – auf Guernsey; in ländlichen Gebieten z. T. ein normannischer Dialekt – BSP (S) 1981: 1600 Mill. $, je E. 12430 $; Jahreszuwachs 2,5% – Ausfuhr von Gemüse, Obst, Blumen

**Man** [GBM] (Isle of Man; Ellan Vannin), 588 km² u. (S 1982) 70000 Einw. – Hptst. Douglas (1976 Z) 19897 Einw. – Gesetzgeb. Rat, Versammlung (»House of Keys«) – Kleine neben Englisch auch »Manx« sprechende Gruppe – BSP (S) 1981: 360 Mill. $, je E. 5390 $; Jahreszuwachs – 1,2% (Abnahme) – W: Pfund Sterling – Ausf. Viehzucht- u. Fischprodukte, Blei- u. Eisenerz

*Die Insel Man und die Kanal-Inseln sind nicht Teile des Vereinigten Königreiches u. nicht EG-Mitgl., sondern als Überreste des ehem. normannischen Herzogtums unmittelbar der Krone verbunden; sie haben eigene Parlamente u. Exekutiven*

## II. ABHÄNGIGE GEBIETE MIT VERSCHIEDENEM GRAD VON SELBSTVERWALTUNG

Die auton. u. assoz. Staaten haben innere Selbstverwaltung; London ist für Verteidigung u. Außenpolitik, z. T. auch für Verfassungsfragen zuständig

**Assoziierte Staaten Westindiens**
(»The West Indies Associated States«)

*(Westindien; Karibik):*

**Zu den Assoz. Staaten** gehörten bis zur vollständigen Unabhängigkeit Antigua u. Barbuda, Dominica, Grenada, St. Kitts-Nevis, St. Lucia, St. Vincent (siehe jeweil. Hauptartikel). Einen Grad geringerer Unabh. hat **Anguilla** (siehe Hauptartikel).

*(Westindien; Karibik):*

**Montserrat** 106 km² u. 12073 (S 1980) Einw. (Hauptort Plymouth 3500 Einw.); M. hat noch nicht Ass.-Status, sondern ist Kronkolonie (»British Caribbean Dependency«). Exekutivrat mit J. A. Osborne a. d. Spitze, Gouverneur: D. K. H. Dale; alle Sitze f. »People's Liberation Movement« – BSP (S) 1981: 20 Mill. $, je E. 1640 $; Jahreszuwachs 3,8% – Einf. 45 Mill. EC$, Ausf. 3 Mill. EC$ – W: 1 Ostkarib. Dollar (EC$) = 100 Cents; 1 US-$ = 2,6882 EC$, 1 EC$ = 0,9635 DM – CARICOM-Mitgl.

*Belize* → Hauptartikel

*(Westindien; Karibik):*

**Cayman-Inseln** 259 km² u. 18000 (F 1983), meist Mulatten u. Schwarze, etwa 1600 Weiße, Hptst. George Town (auf Gr.-Cayman) 7600 (S 1980) – Gesetzgebender Rat u. Vollzugsrat – Sprache: Englisch – Religion: haupts. Protestanten – Gouverneur: George P. Lloyd – Ausfuhr: Schildkröten, Muscheln (1980: 2,2 Mill. CI$) – Import: 85,8 Mill. CI$ – Steueroase: 411 Banken u. 377 Versicherungsgesellsch. registriert!, 15000 Briefkastenfirmen – W: 1 Kaiman-Dollar (CI$) = 100 Cents; 1 US-$ = 0,82 CI$, 1 CI$ = 3,1585 DM

*(Süd-Atlantik):*

**Falkland-Inseln:** Malwinen (Falkland Islands and Dependencies) ohne Dependenzen 12173 km² u. 1813 Einw. (Z Dez. 1980), außerdem seit Juni 1982 ein ca. 3000 Mann starkes brit. Truppenkontingent; Bewohner haben Status »Brit. Bürger«; Hptst. Port Stanley 1079 Einw. – Gesetzgebender Rat 8 u. Vollzugsrat 6 Mitgl. – Dependenzen sind die Inselgruppen **Südgeorgien** (South Georgia 3753 km², hier Walfangstationen; 1980 20 Einw.) u. die **Süd-Sandwich-Inseln** (337 km²). – Die Falkland-Inseln (Islas Malvinas) sind eine britische Kronkolonie u. werden, wie die Dependenzen, v. Argentinien, die eigentliche brit. Antarktis (s. Artikel Antarktis), von Argentinien u. Chile als Hoheitsgebiet beansprucht – Gouverneur: Rex Mastermann Hunt – Ausf. (1980) 2,083 Mill. £ (Wolle, Walfangprodukte); Einf. 2,846 Mill. £ – W: 1 Falkl. Pfund (Fl£) = 100 New Pence (p); 1 £ = 1,00 Fl£, 1 Fl£ = 3,7390 DM

*(Nord-Atlantik):*

**Bermuda-Inseln** (Bermudas: rd. 300 Inseln u. Eilande, über 20 bewohnt) 53,5 km² u. 54893 Einw. (Z 1980, ohne Militär), ein Drittel Weiße, sonst Farbige – Jährl. Bev.-Wachstum (1975–78) 1,3% – Hptst.: Hamilton 3000 Einw. – BSP (S) 1981: 790 Mill. $, je E. 12910 $ (7. Stelle), Jahreszuwachs 2,2% – Kolonie mit innerer Autonomie n. d. Verfassung von 1968 – »Legislative Council« u. »House of Assembly« (Wahl 1983: »United Bermuda Party«/UBP, haupts. v. Weißen getragen, 26, »Progr. Labour Party« 14 Sitze; für Unabh.) – Sprache: Englisch – Religion: Protestanten, 8800 röm. Katholiken – Gouverneur: John David Gibbons – Premierminister einer gemischtrass. Regierung: John Swan, UBP – Ausfuhr (1981): 29 Mill. $ (Chem. Erzeugn., Essenzen), Einf. 323 Mill. $ – 600000 Touristen – W: 1

Bermuda-Dollar (BD$) = 100 Cents; 1 US-$ = 0,9960 BD$, 1 BD$ = 2,6004 DM – Unabhängigkeit in Vorbereitung

**Britisches Territorium im Indischen Ozean**

(»British Indian Ocean Territory«), 1965 geschaffen; nach der Angliederung (1976) einiger Inseln an die Seschellen (s. diesen Hauptartikel) nur noch aus dem Tschagos (Chagos)-Archipel bestehend (über 60 km² u. knapp 2000 Einw.). Wichtigste Insel ist Diego Garcia (v. d. Seschellen beanspr.); auf ihr wird ein Stützpunkt der USA ausgebaut

*(Süd-Europa; Iberische Halbinsel):*

**Gibraltar** [GBZ] 6,5 km² u. 29278 Einw. (Z 1970, ohne Militär); F 1982 30520, darunter ⅔ Einheimische meist spanischer, maltesischer u. portugiesischer Herkunft – Sprache: Englisch u. Spanisch – Religion: röm. Katholiken, Protestanten – Gesetzgebender Rat, Vollzugsrat – Stand 1984: Die »Gerechtigkeitspartei« (»Gib. Labour Party« and »Association for the Advancement of Civil Rights/AACR«) v. Sir Hassan hat 8 d. 15 Sitze, die oppos. »Democratic Party for British Gibraltar«/(DPBG) 0 (für Eingl. n. GB) u. die antispan. »Gib. Socialist Labour Party« v. Joe Bossano 7 Sitze – Gouverneur: Sir William Jackson – Chefminister: Sir Joshua Hassan, LP – Spanien erhebt Anspruch auf diese britische Besitzung, die nach ihrer neuen Verfassung brit. »Dominion« ist – Transithandel, Bunkerstation – 1980 Einf. 147 Mill. $, Ausf. 40 Mill. $ – W: 1 Gibraltar-Pfund (Gib£) = 100 New Pence (p); 1 Gib£ = 1,45 US-$ bzw. 3,7555 DM – BSP (S) 1981: 140 Mill. $, je E. 4690 $; Jahreszuwachs 2,8%

**Canton und Enderbury** – nach Vereinbarungen (1939) zwischen Großbritannien u. den USA gemeinsam kontrolliert; wurde der Rep. Kiribati zugesprochen

*(Ost-Asien):*

**Hongkong** (Hong Kong – [HK]) 1045 km² (m. Wasserflächen 2916 km²; New Territories 959 km²) (L: 14%) u. 5250000 Einw. (B 1982; inoff. S 1981 6,1 Mill.), rd. 98% Chinesen; etwa 35000 Weiße, meist Briten, 59% d. Einw. in H. geboren; Hptst. Victoria, 501700 Einw. (Z 1976) m. V. etwa 1000000 Einw., Kaulun (Kowloon) etwa 1500000, New K. 700000 Einw. (höchste Bev.-dichte d. Welt) usw. – **Städt. B.:** 90/2,5/100 – **G:** 75/10/<1/1220/790/128 – **S:** 10/109 / 62 / 10 – **Jährl. Bevölkerungswachstum:** (1970–1981) 2,4% (1981: 19 / 5) – Gesetzgeb. Rat aus 47 Mitgl. (davon 29 v. Gouverneur ernannt, 18 Statusträger; keine Parteien) und Vollzugsrat – Gouverneur: Sir Edward Youde – Sprache: Englisch, Chinesisch – Religion: Buddhisten, Konfuzianer, christl. Minderheit (u. a. 260000 röm. Katholiken), 200 Juden – **Wirtschaft: BSP** 1980: 21840 Mill. $ / 1981 (S): 26300 Mill. $ / 5100 $ (37a) / 7,2 – **WS:** 4* / –3,0* / 39* / 4,3* – **V:** 8/68/30/24/111/ – 6 – **A:** 66/3 / 57 – **E:** 1881 / 9,6* / 3365 – **M:** 0,5* (..) – **Außenhandel:** 1983 **Einf.** 24009 Mill. $, **Ausf.** 21951 Mill. $ – **W:** 1 Hongkong-Dollar (HK$) = 100 Cents; 100 US-$ = 777,00 HK$, 1 HK$ = 0,3333 DM – **I:** 18,4 – **AS:** 2/19/6/12/22 – **T:** 100 – **H:** 60/37/<1 – **Z:** – 810* / 0,8 / .. / 1,2 – **K:** – / – 115 / .. – Ausfuhr: Textilien (über ¼), Möbel, chem. u. pharm. Produkte, elektr. Apparate (nach den USA über ⅓, BR Deutschland u. Großbritannien je 8–10%, Japan; Japan führt bei d. Einfuhr vor der VR China.) – Die »New Territories« wurden von China 1898 für 99 Jahre gepachtet, aber Peking betrachtet das ganze Gebiet als unter seiner Hoheit stehend – 1997 will die VR China die Souveränität über Hongkong zurückhaben, doch soll Selbstverwaltung weiterhin eingeräumt u. das Wirtschaftssystem erhalten werden

*(Ozeanien):*

**Pitcairn** (4,6 km²) einschl. d. unbewohnten Insel-Dependenzen Ducie, Henderson u. Oeno 38 km² u. 45 Einw. (1983) – Erstmals besiedelt v. d. Meuterern der Bounty 1790 – Gouverneur: R. J. Stratton (in Wellington) als Vertr. d. Königin – Pitcairn-Englisch – Hauptort Adamstown – Briefmarken, Handarbeiten – W: £, NZ-, Austr.-, Can.- u. US-$

*(Süd-Atlantik):*

**Sankt Helena** 121,7 km² u. 5223 Einw. (1979), Hauptort Jamestown 1576 Einw. – Gesetzgebender Rat und Vollzugsrat – Zum Amtsbereich des Gouverneurs (J. D. Massingham) v. Sankt Helena gehören **Ascension,** 88 km² u. 1076 Einw. (1981), Hauptort Georgetown; **Tristan da Cunha** (104 km²) mit Gough, Inaccessible u. Nightingale-Gruppe, 209 km² u. 291 Einw. (1979) – Sprache: Englisch – Religion: haupts. Protestanten – Ausfuhr (1977/78) wertmäßig fast 0 (etwas Flachs) – Einf. 1,7 Mill. £ – W: brit. £ u. eigene Banknoten

*(Westindien; Karibik):*

**Turks- und Caicos-Inseln** 430 km² u. 7436 (F 1981) Einw., meist Schwarze u. Mulatten – Sprache: Englisch – Religion: Protestanten – Verwaltungssitz: Grand Turk 2900 Einw. – Staatsrat – Gouverneur: Christopher Turner – Ausfuhr: Salz, Langusten, Muscheln (1,8 Mill. $, S 1979) – W: US-$

*(Westindien; Karibik):*

**Virgin Islands** (The Brit. Virgin Islands; u. a. Anegada, Jost van Dyke, Tortola [8866 Einw.], Virgin Gorda) zus. 153 km² u. 11500 Einw. (S 1980), meist Schwarze und Mulatten – Sprache: Englisch – Religion: haupts. Protestanten – Gesetzgebender Rat u. Vollzugsrat – Gouverneur: D. R. Barwick – Chefminister: H. L. Stoutt – Virginia Islands Party 4 u. Unabh. 5 Mandate – Hptst. Road Town (auf Tortola) 3500 Einw. – Ausfuhr (1979) 0,7 Mill. $ (Vieh, Fische, Gemüse, Früchte), Einf. (1978) 19,8 Mill. $ – W: US-$

## COMMONWEALTH OF NATIONS

(Gemeinwesen der Nationen)

49 unabhängige Mitglieder (Stand Sept. 1984) – Gesamtfläche: 28 449 311 km²; Einwohnerzahl: 1 069 444 290

Großbritannien u. Nordirland – Antigua u. Barbuda – Australien – Bahamas – Bangladesch (Rep.) – Barbados – Belize – Botswana (Rep.) – Brunei – Cypern (Rep.) – Dominica (Rep.) – Fidschi – Gambia (Rep.) – Ghana (Rep.) – Grenada – Guyana (Rep.) – Indien (Bundesrepublik) – Jamaika – Kanada – Kenia (Rep.) – Kiribati (Rep.) – Lesotho – Malawi (Rep.) – Malaysia – Malediven (Rep.) – Malta (Rep.) – Mauritius – Nauru (Rep.) – Neuseeland – Nigeria (Rep.) – Papua-Neuguinea – Salomonen – Sambia (Rep.) – Samoa (Rep.) – Seschellen (Rep.) – Sierra Leone (Rep.) – Simbabwe (Rep.) – Singapur (Rep.) – Sri Lanka (Rep.) – St. Christopher (Kitts)-Nevis – St. Lucia – St. Vincent – Swasiland – Tansania (Rep.) – Tonga – Trinidad und Tobago (Rep.) – Tuvalu – Uganda (Rep.) – Vanuatu (Rep.)
Das britische Verbindungsorgan zu den Mitgliedern ist seit 1968 das Ministerium für Auswärtige und Commonwealth-Angelegenheiten (Foreign and Commonwealth Office) in London; es pflegt auch die Beziehungen zur Irischen Republik, die dem Commonwealth nicht angehört, aber von Großbritannien nicht als fremder Staat angesehen wird. – Gemeinsames Sekretariat mit Sitz in London – 1971 wurde ein Commonwealthfonds für technische Zusammenarbeit geschaffen. Seit 1976 besitzt das C. Beobachterstatus bei der UNO. Seit 1978 Konsultationsgruppen f. Energie, interregion. Handel usw.

## GUATEMALA *(Mittel-Amerika)*

(Republik G.; República de Guatemala – [GCA])

**Fläche** (98): 108 889 km² (L: 14%) – **Einwohner** (71): 7 700 000 (S 1982; Z 1973 5 160 221 de jure) = 70,7 je km² – **Städt. B.**: 39 / 3,9 / 36 – **G**: 59 / 66 / 5 / 8600 / 1620 / 93 – **S**: 68* / 69 / 16 / 9 – **Jährl. Bevölkerungswachstum:** (1970–1981) 3,1% (1981: 39 / 10)

**Bevölkerung:** Guatemalteken (Guatemaler); über 45% Indianer (Indígenos, meist Maya-Quiché), über 40% Mestizen (Ladinos); außerdem Schwarze, Mulatten, Zambos u. ca. 5% Weiße (bes. in den Städten) – **Staatssprache:** Spanisch, 23 Maya-Quiché-Dialekte – **Religion:** 96% röm-katholisch; Protestanten (über 100 000), 1900 Juden

**Flagge:** blau-weiß-blau (senkrecht) – **Nationalfeiertag:** 15. 9. – **U:** 15. 9. 1821 (Proklamation), endgültig 13. 4. 1839 (Austritt aus d. Zentralamerikan. Konföderation)

**Staats- u. Regierungsform:** Präsidiale Republik – Parlament n. Putsch v. März 1982 aufgelöst – Allg. Wahlrecht – Wehrpflicht – Verwaltungsglied. in 22 Departamentos

**Staatsoberhaupt u. Reg.-Chef:** Oscar Humberto Meija Víctores, seit Putsch v. 8. 8. 1983 – **Außenminister:** L. F. Andrale Diaz Durań – **Parteien:** Wahlen zu einer Verfassunggeb. Versamml. (Konstituante) im Juli 1984: Christdemokraten/CD 21,2% d. Stimmen (v. insg. 1 501 543 abgeg. gült. St.) u. 22 Sitze, Nationale Zentrumsunion/UCN 17,9 u. 22, Nation. Befreiungsbew./MNL 16,4 u. 21, Revolutionäre Partei/PR 9,5% u. 10 Sitze; in die restl. 13 Sitze teilen sich Nationale Erneuerungspartei/PNR 8,6%, Demokr. Institutionelle P. 6,8% u. Antikommunist. Vereinigungspartei 4,1% – **Dipl. B.**: BR Dtld.

**Städte** (S 1980): Ciudad de Guatemala (Hptst.) 1,4 Mill. Einw., Escuintla 117 000, Quezaltenango 96 000, Puerto Barrios 67 000, Retalhuleu 57 000, Mazatenango 56 000, Chiquimula 51 000

**Wirtschaft: BSP** 1980: 7 810 Mill. $ / 1981 (S): 8510 Mill. $ / 1 140 $ (83) / 2,8 – **WS**: . . / 4,3 / . . / 7,3 – **V**: 8 / 81 / 17 / 11 / 17 / – 6 – **A**: 54 / 55 / 21 – **E**: 308 / 7,0 / 575 – **M**: 1,3 (9,9)

**Außenhandel:** 1982 **Einf.** 1 388 Mill. $, **Ausf.** 1 120 Mill. $ – **W**: 1 Quetzal (Q) = 100 Centavos; 1 US-$ = 1,00 Q, 1 Q = 2,5900 DM – **I**: 10,4 – **AS**: 6 / 1 / 25 / 8 / 22 – **T**: 77 – **H**: 51 / 47 / 1 – **Z**: – 580 / 0,6 / 3,3 / 8,0 – **D**: 2,0 – **K**: – / 124 / 128

**Wichtige Ausfuhrgüter:** Kaffee (bis 40%), Baumwolle (10–15%), Bananen, Zucker, ätherische Öle u. Kardamom – **u. Handelspartner:** USA (⅓), El Salvador u. and. mittelamerikan. Länder, BR Deutschland (1/10), Japan, Venezuela

**Mitgliedschaft:** UNO, OAS, BCIE, BID, CECLA, ECLA, IAEA, IBRD, ICAO, IDA, IFC, ILO, IMF, ITU, MCCA, ODECA, SELA, UNESCO, UPU, WHO, WMO, Zentralamerikanischer Verteidigungsrat – G. erhebt Anspruch auf Belize (→ Hauptartikel)

## GUINEA *(West-Afrika)*

(Revolutionäre Volksrepublik Guinea; Rép. Révolut. Populaire de Guinée)

**Fläche** (71): 245 857 km² (L: 19%) – **Einwohner** (88): 5 150 000 (S 1981) = 20,9 je km² – **Städt. B.**: 20 / 6,0 / 80 – **G**: 43 / 163 / 36 / 16 630 / 2 490 / 77 – **S**: 80 / 33 / 16 / 5 – **Jährl. Bevölkerungswachstum:** (1970–1981) 2,9% (1981: 47 / 22)

**Bevölkerung:** Guineer; vorwieg. Sudan-Gruppen, besonders Mandingo (15% Malinke, 5% Sussu, Kissi); über ¼ Fulbe, je etwa 3000 Franzosen u. Libanesen – **Amtssprache:** Französisch, außerdem Mandingo-Sprachen (Malinke), Ful u. a. – **Religion:** 65–80% sunnit. Muslime, Anhänger v. Naturreligionen; christl. Minderheiten (10%; über 40 000 Katholiken)

**Flagge:** rot-gelb-grün (senkrecht) – **Nationalfeiertag:** 14.5., 2.10. u. 22.11. – **U:** 2.10.1958

**Staats- und Regierungsform:** Präsidiale »soziale« Republik – 1 Kammer (Nationalvers. aus 210 Mitgl.) – Seit Militärputsch v. April 1984 »Militärrat d. Versöhnung« (18 Mitgl.) – Allgem. Wahlrecht – Allgem. Wehrpflicht – Verwaltungsgliederung in 33 Regionen

**Staatsoberhaupt:** Oberst Lansana Conté, seit April 1984 – **Regierungschef:** Oberst Diarra Traoré – **Außenminister:** Captain Facine Touré – **Parteien:** »Demokrat. Partei Guineas« (»Parti Démocratique de Guinée«/PDG) Einheitspartei, bei Wahl 1980 alle 210 Sitze – **Dipl. B.:** BR Dtld. u. DDR

**Städte** (S 1980): Conakry (Hptst.) 750000 Einw.; (Z 1972) Kankan 100000, Kindia 80000

**Wirtschaft: BSP** 1980: 1520 Mill. $ / 1981 (S): 1660 Mill. $/300 $ (144)/0,4 – **WS:** 37/../33/.. – **V:** 19/67/11/14/34/3 – **A:** 53/82/11 – **E:** 83/0,5/175 – **M:** 4,6*

**Außenhandel:** 1981 **Einf.** 351,4 Mill. $, **Ausf.** 428,1 Mill. $ – **W:** 1 Syli (SY) = 100 Cauris; 1 US-$ = 23,332 SY, 1 SY = 0,1110 DM – **I:** 4,6 – **AS:** 42*/0*/7*/../.. – **H:** 82/18/<1 – **Z:** ../5,3/22,2*/80,4 – **D:** 1,0* – **K:** – / 80 / ..

**Wichtige Ausfuhrgüter:** Aluminiumoxid u. Bauxit (bis über 80 %), Bananen, Kaffee, Eisenerz, Diamanten – **u. Handelspartner:** Frankreich (15 %) und andere EG-Länder, UdSSR (12 %) u. andere RGW-Länder, USA, Japan, Spanien

**Mitgliedschaft:** UNO, OAU, ECA, CEDEAO, FAO, IBRD, ICAO, IDA, IFAD, ILO, IMF, ITU, UNESCO, UPU, WHO, WMO, AKP, OMVS, Mano-Fluß-Union

## GUINEA / Republik Äquatorial-Guinea

*(West-Afrika)*

(Republica de Guinea Ecuatorial)

**Fläche** (126): 28051 km², davon Bioko (fr. Fernando Poo) 2017 km², Pagalu (Annobon) 17 km², Festlandgebiet (Mbini, Rio Muni) mit Elobey-Inseln 26017 km² (L: 8 %) – **Einwohner** (142): 370000 (S 1982; davon ¾ auf dem Festland) = 13,2 je km² – **Städt. B.:** 20 % – **Jährl. Bevölkerungswachstum:** (1975–1978) 2,3 %

**Bevölkerung:** Äquatorialguineer; überw. Bantu (u. a. Fang oder Pamúes 80–90 %, Benga; auf Bioko auch etwa 10000 Bube bzw. »Bubis« u. 3000 »Fernandinos« [Mischlinge]); rd. 4000 Weiße (vorw. Spanier) – **Staatssprache:** Spanisch, Bubi; Fang; kreol. Portugiesisch auf Pagalu; Pidgin-Englisch – **Religion:** ⅘ röm-kath.; protestant. Minderheit, Anhänger von Naturreligionen

**Flagge:** grün-weiß(m. Staatswappen)-rot m. blauem Dreieck am Flaggstock – **Nationalfeiertag:** 12.10. – **U:** 12.10.1968

**Staats- u. Regierungsform:** Präsid. Republik – Staatsrat aus 11 Mitgl. u. »House of Representatives« – Bei Referendum 95 % d. Wahlberechtigten für Beibehalt d. Militärjunta bis 1989 – Verwaltungsgliederung in 7 Provinzen

**Staatsoberhaupt u. Regierungschef:** Oberstltnt. Teodoro Obiang Nguema Mbasogo, seit Staatsstreich v. Aug. 1979 – **Außenminister:** Marcelino Nguema Onguene – **Parteien:** Parteien verboten; Wahlen vorerst nicht geplant – **Dipl. B.:** BR Dtld. (Botschaft d. BR Dtld. in Jaunde, Kamerun)

**Städte** (S 1982): Malabo (fr. Santa Isabel, Hptst.) 27000 Einw., m. V. 80000, Ebebiyin 25000, Bata auf Mbini 20000, Luba 15000

**Wirtschaft: BSP** 1977: 110 Mill. $ / 1981 (S): 62 Mill. $ / 180 $ (162) / 0,2*

**Außenhandel:** 1982 **Einf.** 41,8 Mill. $, **Ausf.** 25,7 Mill. $ – **W:** 1 Ekwele (Bipk. = Plural: Bipkwele); 1 US-$ = 297,124 Bipk., 1 Ekwele = 0,0087 DM

**Wichtigste Ausfuhrgüter:** Kakao (über 50 %), Kaffee, Holz – **u. Handelspartner:** Spanien (bis 50 %), EG, UdSSR, China

**Mitgliedschaft:** UNO, OAU, CEDEAO, AKP, GATT (assoz.), IBRD, ICAO, IDA, IFAD, IFC, IMF, IMO, ITU, UNESCO, UPU, WHO, WMO

## GUINEA-BISSAU *(West-Afrika)*

(Republik Guinea-Bissau; Republica da Guiné-Bissau; Guiné Bissao)

**Fläche** (121): 36125 km² (L: 8 %) – **Einwohner** (133): 850000 (S 1982; 777214 Z 1979) = 23,5 je km² – **Städt. B.:** ca. 20 % – **Jährl. Bevölkerungswachstum:** (1975–1978) 1,7 %

**Bevölkerung:** Schwarze und Mulatten; etwa ⅓ Balantas, außerdem Manyako 14 %, Mandingo, Papeis; dazu Fulbe (rd. 20 %), weiße Minderheit – **Staatssprache:** Portugiesisch; sudanesische Umgangssprachen u. ein kreol. Portugiesisch (Crioulo) – **Religion:** ca. 35 % Muslime, im übrigen Anhänger von Naturreligionen; 5 % Katholiken

**Flagge:** gelb-grün(waagerecht), senkrechter roter Streifen am Mast mit schwarzem Stern – **Nationalfeiertag:** 24.9. – **U:** 24.9.1973 (Proklamation), endgültig 10.9.1974

**Staats- u. Regierungsform:** Republik – Allg. Volksversammlung aus 150 Mitgliedern (1976 aufgelöst) – Staatsrat seit 16.5.1984 – Neue Verfassung v. 1984 – 8 Regionen

**Staatsoberhaupt u. Regierungschef:** João Bernardo (»Nino«) Vieira, Präs. d. 15köpfigen Staatsrates, seit Nov. 1980, Reg.-Chef seit Mai 1984 (Min.-Präs.-Amt abgeschafft) – **Außenminister:** Julio Semedo – **Parteien:** »Partei f. d. Unabhängigkeit von Guinea-Bissau u. d. Kapverdischen Inseln« (»Partido Africano da Independência da Guiné e Cabo-Verde«/ PAIGC), erhielt im April 1984 96 % d. Stimmen bei den Wahlen zur Nat.-Vers. (Kap Verde hat sich v. d. PAIGC gelöst u. eine eigene Partei, PAICV, gegründet) – **Dipl. B.:** BR Dtld. (Botschaft in Dakar [Senegal] zust.) u. DDR

**Städte** (Z 1979): Bissau (Hptst.) 109214 Einw., Bafata 13429, Gabu 7803, Mansoa 5390, Catio 5170, Cantchungo 4965, Farim 4468

**Wirtschaft: BSP** 1982: 177 Mill. $ / 1981 (S): 150 Mill. $ / 190 $ (161) / 2,9*

**Außenhandel:** 1982 **Einf.** 50 Mill. $, **Ausf.** 12 Mill. $ – **W:** 1 Guinea-Peso (PG) = 100 Centavos; 1 US-$ = 93,913 PG, 1 PG = 0,0276 DM, 1 Escudo = 1 Guinea-Peso

**Ausfuhrgüter:** Erdnüsse, Kokosnüsse, Palmöl (zus. bis 80 %), Fische, Holz – **u. Handelspartner:** Portugal, Spanien, Großbritannien, Japan, Frankreich, BR Dtld., Birma

**Mitgliedschaft:** UNO, OAU, FAO, GATT (assoz.), IBRD, ICAO, IDA, IFAD, IFC, ILO, IMF, IMO, ITU, UNESCO, UPU, WHO, AKP, CEDEAO

## GUYANA *(Süd-Amerika)*

(Kooperative Republik Guyana; auch Guayana; Cooperative Republik of Guyana – [GUY])

**Fläche** (77): 214969 km² (L: 29 %) – **Einwohner** (131): 900000 (S 1982; 701885 Z 1970) = 4,2 je km² – **Städt. B.:** 40 % – **Jährl. Bevölkerungswachstum:** (1975–1978) 1,7 %

**Bevölkerung:** Guyaner; 48–52 % Inder, 32 % Schwarze, 4 % Indianer, 2 % Weiße, 0,7 % Chinesen, im übrigen Mischlinge – **Staatssprache:** Englisch; 9 Stammesdialekte, Patois, Hindi – **Religion:** 57 % Christen (Protestanten, 110000 röm. Katholiken), 33 % Hindus, 9 % Muslime

**Flagge:** grünes Feld mit v. Mast ausgehendem, schwarzgeränd. roten Dreieck auf weißgeränd. gelben Dreieck – **Nationalfeiertag:** 23. 2. – **U:** 26. 5. 1966

**Staats- u. Regierungsform:** Unabhängige Kooperative Republik – Neue Verfassung v. 6. Okt. 1980 – Präsidialsystem – Parlament aus 1 Kammer – Verwaltungsgliederung in 10 Distrikte

**Staatsoberhaupt:** Linden Forbes S. Burnham (afrik. Herkunft), PNC, seit Okt. 1980 Präs. kraft neuer Verfassung – **Regierungschef:** Prem.-Min. Desmond Hoyte, seit Aug. 1984 – **Außenminister:** Rashleigh E. Jackson – **Parteien:** Größte Partei ist (Wahlen v. 1980) der »People's National Congress«/ PNC mit 41 (1973: 37) Sitzen (vertritt vornehml. Bev. afrikan. Herkunft). Es folgen die linksradikale »People's Progressive Party«/PPP (stützt sich auf die Inder u. and. Asiaten) mit 10 (14) u. die »Liberator Party« mit 2 (2) Sitzen; zusätzl. 12 ernannte Abg. (alle PNC) – **Dipl. B.:** BR Dtld. (Botschaft in Port-of-Spain [Trinidad/Tobago] auch in Georgetown akkreditiert) u. DDR

**Städte** (S 1982): Georgetown (Hptst.) 183000 Einw.; Linden 30000, New Amsterdam 20000

**Wirtschaft: BSP** 1980: 540 Mill. $ / 1981 (S): 580 Mill. $ / 720 $ (104) / 1,1

**Außenhandel:** 1982 **Einf.** 283 Mill. $, **Ausf.** 256 Mill. $ – **W:** 1 Guyana-Dollar (G$) = 100 Cents; 1 US-$ = 3,7430 G$, 1 G$ = 0,6920 DM

**Wichtige Ausfuhrgüter:** Zucker (über 50 %), Bauxit u. Aluminiumoxid (rd. ⅓), Reis, Rum, Diamanten – **u. Handelspartner:** USA u. Großbritannien (je ¼), Trinidad u. Tobago, Kanada, Jamaika, Niederlande, BR Dtld., UdSSR

**Mitgliedschaft:** UNO, Commonwealth, FAO, GATT, IAEA, IBRD, ICAO, IDA, IFAD, IFC, ILO, IMF, ITU, UNESCO, UPU, WHO, WMO, CARICOM, AKP; »Amazonas-Vertrag«; Abk. mit RGW beantragt – Venezuela erhebt Anspruch auf 155400 km² fast menschenleeren, aber rohstoffreichen Gebiets

## HAITI *(Mittel-Amerika)*

(Republik Haïti; République d'Haïti – [RH])

**Fläche** (128): 27750 km² (L: 32 %) – **Einwohner** (85): 5200000 (S 1982: 4329991, nur de jure B., Z 1971) = 187,4 je km² – **Städt. B.:** 28 / 4,7 / 56 – **G:** 54 / 112 / 17 / 8200 / 2490 / 96 – **S:** 77 / 64 / 12 / 1 – **Jährl. Bevölkerungswachstum:** (1970–1981) 1,7 % (1981: 33 / 13)

**Bevölkerung:** Haïtianer (Haïtier); über 80 % Schwarze; außerdem Mulatten (15–20 %) u. rd. 2000 Weiße – **Staatssprache:** Französisch; Umgangssprache ein kreol. Französisch (Créole) – **Religion:** rd. 90 % röm.-kath., doch gleichzeitig Voodoo [Vudu]-Kulte weit verbreitet; 10 % Protestanten

**Flagge:** schwarz-karmesinrot (senkrecht) – **Nationalfeiertag:** 1. 1. – **U:** 1. 1. 1804

**Staats- u. Regierungsform:** Präsidiale Republik – Parlament aus 1 Kammer (»Chambre des Députés«); Verfassung von 1983 m. starker Stellung d. Präs. – Wahlberechtigt alle über 18 Jahre alten Bürger – Keine Wehrpflicht – Verwaltungsgliederung in 9 Départements

**Staatsoberhaupt u. Regierungschef:** Präsident Jean-Claude Duvalier (»Baby Doc«), seit 1971, auf Lebenszeit – Chef d. Präsidialamtes: Jean-Marie Chanoine – **Außenminister:** Jean-Robert Estimé – **Parteien:** Wahlen v. 1984; alle 59 Mandate an d. Einheitspartei »Comité national d'action jean-claudiste«/CONAJEC, einige Unabh.; KP u. and. Parteien verboten – **Dipl. B.:** BR Dtld.

**Städte** (S 1982): Port-au-Prince (Hptst.) 800000 Einw.; Le-Cap-Haïtien 58000, Gonaïves 39000, Les Cayes 28000

**Wirtschaft: BSP** 1980: 1420 Mill. $ / 1981 (S): 1510 Mill. $ / 296 $ (146) / 1,8 – **WS:** .. / 1,1 / .. / 7,1 – **V:** .. / 99 (inkl. öff. V.) / 13 / 1 / 14 / – 12 – **A:** 53 / 74 / 7 – **E:** 88 / 12,9 / 126 – **M:** 1,1* (..)

**Außenhandel:** 1981 **Einf.** 461 Mill. $, **Ausf.** 154 Mill. $ – **W:** 1 Gourde (Gde.) = 100 Centimes; 1 US-$ = 5 Gde., 1 Gde. = 0,5180 DM – **I:** 10,0 – **AS:** 0* / 0* / 47 / 26* / 58* – **H:** 97 / 3 / <1 – **Z:** – 146 / 1,6 / 6,6 / 22,9 – **D:** 0,6 – **K:** – / 88 / 18

**Wichtige Ausfuhrgüter:** Kaffee (über 30%), Bauxit (⅛), Zucker, Sisal – **u. Handelspartner:** USA (bis ½), Frankreich u. BR Dtld. (je 5–10%), Niederl. Antillen

**Mitgliedschaft:** UNO, OAS, BLADEX, CCC, CECLA, ECLA, FAO, GATT, IAEA, IBRD, ICAO, IDA, IDB, IFAD, IFC, ILO, IMF, IMO, ITU, SELA, UNESCO, UPU, WHO, WMO

## HONDURAS *(Mittel-Amerika)*

(Republik Honduras; República de Honduras)

**Fläche** (95): 112088 km² (L: 16%) – **Einwohner** (96): 3960000 (S 1982; 2653857 Z 1974) = 35,3 je km² – **Städt. B.:** 36 / 5,5 / 0 – **G:** 59 / 86 / 9 / 3120 / 700 / 96 – **S:** 40 / 89 / 21 / 8 – **Jährl. Bevölkerungswachstum:** (1970–1981) 3,4% (1981: 44 / 11)

**Bevölkerung:** Honduraner; ca. 80% Mestizen, rd. 10% Indianer, außerdem Schwarze, Mulatten, Zambos u. Weiße (5%) meist altspan. Abst.; 15000 Miskito-Indianer aus Nicaragua geflüchtet – **Staatssprache:** Spanisch; an d. Küste Englisch als Verkehrssprache; indian. Dialekte – **Religion:** etwa 86% röm-kath., rund 36000 Protestanten, 200 Juden

**Flagge:** blau-weiß(m. 5 blauen Sternen)-blau (waagerecht) – **Nationalfeiertag:** 15. 9. – **U:** 15. 9. 1821 (Proklamation), endgültig 26. 10. 1838 (Austritt aus d. Zentralamerikan. Konföderation)

**Staats- u. Regierungsform:** Präsidiale demokratische Republik – Parlament aus 1 Kammer (»Congreso Nacional«) – Allgemeines Wahlrecht – Wehrpflicht – Verwaltungsgliederung in 18 Departamentos

**Staatsoberhaupt u. Regierungschef:** Präs. Dr. Roberto Suazo Córdova, seit Nov, 1981 – **Außenminister:** Edgaro Paz Barníca – **Parteien:** Wahlen z. Nationalversamml. v. Nov. 1981: Liberale (»Partido Liberal de Honduras«/PLH) 54% d. Stimmen u. 44 d. 81 Sitze, Nationalpartei (»P. Nacional«/PN) 41,5% u. 34, Reformpartei (»P. Inovación y Unidad«/PINU) 2,5% u. 3, Christdemokraten (»P. Democrata Cristiano«/PDC) 1,6% u. 1, Patriot. Front (linksextrem) 0,3% u. 0 Mandate – **Dipl. B.:** BR Dtld.

**Städte** (S 1982): Tegucigalpa (Hptst.) 500000 Einw.; (S 1979) San Pedro Sula 255763, La Ceiba 53005, Puerto Cortés 35151, Tella 25328, El Progreso 25000

**Wirtschaft: BSP** 1980: 2080 Mill. $ / 1981 (S): 2270 Mill. $ / 595 $ (113) / 0,5 – **WS:** 32 / 1,9 / 25 / 4,9 – **V:** 14 / 68 / 24 / 18 / 32 / – 6 – **A:** 50 / 63 / 15 – **E:** 292 / 12,4 / 240 – **M:** 2,4 (11,4)

**Außenhandel:** 1982 **Einf.** 712 Mill. $, **Ausf.** 654 Mill. $ – **W:** 1 Lempira (L) = 100 Centavos; 1 US-$ = 2,00 L, 1 L = 1,2950 DM – **I:** 9,1 – **AS:** 7 / <1 / 20 / 10 / 30 – **T:** 75 – **H:** 86 / 14 / <1 – **Z:** – 303 / 4,4 / 12,7 / 47,1 – **D:** 1,0 – **K:** – / 217 / – 4

**Wichtige Ausfuhrgüter:** Bananen (rd. ¼), Kaffee (⅓), Holz, Baumwolle, Bergbauprodukte, Silber, Blei, Zink – **u. Handelspartner:** USA (über 50%), Japan (10%), BR Dtld. (7–8%), Guatemala, Venezuela

**Mitgliedschaft:** UNO, OAS, ODECA, BCIE, BID, CACM, CECLA, ECLA, FAO, IAEA, IBRD, ICAO, IDA, IDB, IFAD, IFC, ILO, IMF, IMO, ITU, MCCA, UNESCO, UPU, WHO, WMO

## INDIEN *(Süd-Asien)*

(Republik Indien; Bharat, B. Juktarashtra; Indian Union – [IND])

**Fläche** (7): 3287590 km² (3148595 km² ohne die v. Indien besetzten Teile von Kaschmir; Jammu u. Kaschmir 138935 km² – einschl. des v. China okkupierten Teiles von Ladakh mit etwa 40000 km² – und 4981600 Einw., Z 1981) (L: 57%) – **Einwohner** (2): 730000000 (S 1984; 683810051 Z 1981) m. Sikkim u. Anteil an J. und Kaschmir = 222,0 je km²; u. a. als Ausländer rd. 60000 Tibeter, über 10000 Chinesen sowie europäische u. sonstige Gruppen – **Städt. B.:** 24 / 3,7 / 39 – **G:** 52 / 121 / 17 / 3640 / 5380 / 87 – **S:** 64 / 76 / 28 / 9 – **Jährl. Bevölkerungswachstum:** (1970–1981) 2,1% (1981: 35 / 13)

**Bevölkerung:** Inder; überwiegend Bevölkerungsgruppen mit indoarischen (72%, vor allem Hindi, Bengali, Bihari, Marathi, Punjabi [Pandschabi], Gujarati [Gutscherati], Rajastani, Oriya, Assami, Urdu, Kashmiri; etwa 2000 sprechen Sanskrit), daneben mit Drawida-Sprachen (25%, bes Tamil. Telugu, Malajalam, Kannada), 3% mongol. Herkunft (z. B. 775000 Nagas). 4–5 Mill. Inder leben im Ausland – **Staatssprache:** Hindi, in Devanagari-Schrift, aber mit »arab.« Zahlenzeichen, neben Hindi als offiz. Sprache Englisch bis 1965, seither »assoziierte« Sprache. In. d. Bundesstaaten Gleichberechtigung d. Regionalsprachen; insg. 15 Haupt- u. Regionalsprachen zugelassen, daneben 24 selbständ. Sprachen, über 720 Dialekte u. 23 Stammessprachen – **Religion:** (Z 1971) 82,7% Hindus, 11,2% Muslime (zu ¾ Sunniten, ¼ Schiiten); außerdem Christen (2,6%, davon mehr als die Hälfte Katholiken), Sikh (1,9%) u. Dschainas (0,47%), 0,7% Buddhisten (durch wachsenden Übertritt von Kastenlosen wahrscheinlich mehr), etwa 200000 Parsen und 12000 Juden

**Flagge:** tiefes Safrangelb-weiß(mit Emblem: Ashokas Rad in Blau)-grün (waagerecht) – **Nationalfeiertag:** 26.1. u. 15.8. – **U:** 15.8.1947

**Staats- u. Regierungsform:** Demokrat.-parlament. Republik m. bundesstaatl. Gliederung – Parlament aus 2 Kammern (»Lok Sabha« bzw. »Haus des Volkes«, »Radja Sabha« bzw. »Haus der Staaten«); die 542 (davon 78 für »scheduled castes« u. 38 für »scheduled tribes« bestimmt) Mitglieder des Lok Sabha werden direkt für 5 Jahre gewählt; hinzu kommen 2 v. Präs. nominierte Abg. d. anglo-ind. Gemeinschaft; das »Haus der Staaten« umfaßt 244 Mitglieder, davon 12 v. Staatspräs. ernannt. – Wahlberechtigt alle Bürger ab 21 J. – Keine allgemeine Wehrpflicht – Verwaltungsglied. in 22 »States« (Bundesstaaten) u. 9 »Union territories«.

**Staatsoberhaupt:** Giani Zail (Sail) Singh, seit Juli 1982 – **Regierungschef:** Indira Gandhi, Kongreß-I, seit 14.1.1980 – **Außenminister:** K. Pandey – **Parteien:** Wahlen v. 3. u. 6. Jan. 1980 (Wahlen v. 1977 bzw. nach Spalt. d. Kongreß-Partei 1978): Kongreß-I-Partei unter Indira Gandhi 355 (72) Sitze, Kongreß-U (der nach Spaltung der »Kongreß-Partei« [»Indian National Congress«] nicht zu I. Gandhi übergeschwenkte Teil) 13 (75), »Dschanta« [Janata]-Partei 11 (202), Bharatiya-Janata/BJP 16, Lok Dal (»Volkspartei«) 25 (76), CPI-M (Kommun. Partei, unabh. Marxisten) 36 (22), CPI (Komm. Partei, pro Moskau) 12 (7) sowie regionalist. u. sonst. Parteien insg. 43 Sitze, u.a. DMK (All India Anna Dravida Munnetra Kazhagam in Tamil Nadu) 14 (1), Gesamtindische DMK (Dravida Munnetra Kazhagam) 2 (18), Alkali Dal im Punjab [Pandschab] 1 (8) (Stand Mitte 1983: Zusammenschluß v. BJP u. Lok Dal zur »Nationalen Demokr. Allianz«) – Haus d. Staaten: Kongreß-I-Partei 152 d. 244 Sitze – Kaschmir u. Jammu: »National Conference Party« 40, Kongreß-I 23, sonst. 2; Chefminister: Ghulan Shah, seit Aug. 1984 – **Dipl. B.:** BR Dtld. u. DDR

**Städte** (Z 1981, als A): Neu-Delhi (Hptst.) 5227759 Einw., Calcutta [Kalkutta] 9165650, Greater Bombay 8202759, Madras 4276635, Bangalore 2913537, Hyderabad [Haiderabad] 2565536, Ahmedabad 2515195, Kanpur 1685308, Poona [Pune] 1685308, Nagpur 1297977, Lucknow [Lakhnau] 1006843, Jaipur 1004669

**Wirtschaft: BSP** 1980: 153390 Mill. $ / 1981 (S): 176660 Mill. $ / 256 $ (151) / 1,5 – **WS:** 37 / 1,9 / 26 / 4,4 – **V:** 10/70/23/20/7/ – 3 – **A:** 57/69/13 – **E:** 210/ 4,5 / 35384 – **M:** 2,8 (19,4)

**Außenhandel:** 1982 **Einf.** 13754 Mill. $, **Ausf.** 7637 Mill. $ – **W:** 1 Indische Rupie (iR) = 100 Paise (P.); 100 iR = 9,345 US-$, 1 iR = 0,2420 DM – **I:** 8,1 – **AS:** 7/7/43/9/16 – **T:** 66 – **H:** 58/26/10 – **Z:** – 4040/0,6/ 20,9* / 10,8 – **D:** 5,4 – **K:** – / 1340 / 6*

**Wichtige Ausfuhrgüter:** Nahrungs- u. Genußmittel (bis ⅔), u.a. Baumwollwaren u. Jute (einschl. Säcke je bis 10%), Tee (knapp 10%), Pflanzenöle, Gewürze, Obst, Gemüse, Tabak, Eisenerz, Leder – **u. Handelspartner:** UdSSR, USA (⅛), Japan u. Großbritannien (je ca. 10%), BR Dtld. (1/12), Saudi-Arabien (rd. 5%), Iran (n. Ländergruppen 1976 u.a. EG 23%, RGW 17%, USA 13%)

**Mitgliedschaft:** UNO, Commonwealth, Colombo-Plan, ADB, ESCAP, FAO, GATT, IAEA, IBRD, ICAO, IDA, IFAD, IFC, ILO, IMF, IMO, ITU, UNESCO, UPU, WHO, WMO, CCC, AKP, SARC

Ca. 60000 km² an d. NW- u. NO-Grenze sind mit der VR China umstritten

## INDONESIEN *(Südost-Asien)*

(Republik Indonesien; Republic of Indonesia – [RI])

**Fläche** (14): 1919443 km² (einschl. Ost-Timor mit 14874 km²); 13611 Inseln, davon 990 bewohnt; Gesamtfläche einschl. Territorialgewässer 5193250 km² (L: 11%) – **Einwohner** (5): 156670000 (S 1982; 147490298 Z X/1980) mit Irian Jaya (üb. 1 Mill. Einw.) u. Ost-T. (555350 Einw.) (91 Mill. auf Java) = 81,6 je km² – **Städt. B.:** 21 / 4,0 / 50 – **G:** 54/105/14/11530/2300/110 – **S:** 38/98/28/1* – **Jährl. Bevölkerungswachstum:** (1970–1981) 2,3% (1981: 35 / 13)

**Bevölkerung:** ganz überwiegend malaiische Indonesier; stärkste Gruppe die Javaner mit 80–90 Mill., gefolgt v. d. Sundanesen; größte Fremdgruppe: Chinesen (1980) mit 4 Mill. (davon 1,6 indon. u. 1,5 Mill. chines. Staatsbürgerschaft, Rest staatenlos); Java mit 7% d. Fläche beherbergt 65% der Bev. – **Staatssprache:** Bahasa Indonesia; außerdem indonesische Regionalsprachen (250 Einzelsprachen). Handelssprache Englisch – **Religion:** 92% Muslime; 1,5–3% Hindus (Bali), 0,4% Buddhisten u. Konfuz. (meist Chinesen), 3–4% Protestanten u. Angeh. pfingstl. Kirchen (0,8%), röm. Katholiken 2%, 100 Juden u. rd. 1% Anh. v. Naturreligionen

**Flagge:** rot-weiß (waagerecht) – **Nationalfeiertag:** 17.8. – **U:** endgültig 27.12.1949

**Staats- u. Regierungsform:** Zentralistische Republik – Einkammerparlament (Abg.-Haus aus 360 gewählten u. 100 v. Präs. ernannten Mitgl.) – »Beratender Volkskongreß« (»Majelis Permusyawaratan Rakyat«/MPR) mit 920 Mitgl. (je zur Hälfte direkt gewählt bzw. v. Provinzen u. »funktionellen Gruppen« entsandt); wählt d. Präsid. – Keine allg. Wehrpflicht – Verwaltungsglied. einschl. Ost-Timor in 27 Provinzen u. Hptst.

**Staatsoberhaupt:** Präsident u. Regierungschef (General a.D.) Suharto, erneut seit März 1983 (4. Amtsperiode) – **Außenminister:** Prof. Dr. Mochtar Kusumaatmadja – **Parteien:** Bei d. Wahlen v. 4. Mai 1982 entfielen auf die regierungsnahe GOLKAR (»funktionale Gruppen«, »Sekber Golongan Karya«) 48 Mill. Stimmen v. rd. 120 Mill. stimmberechtigt.

Indonesiern u. damit 246 (1977: 232) Sitze, auf d. muslimische Vereinigte Entwicklungspartei (»Partai Persatuan Pembangunan«/PPP) 21 Mill. u. 94 (99), auf d. nationalist.-christl. Demokrat. Partei (»Partai Demokrasi Indonesia«/PDI) 6 Mill. u. 24 (29) Sitze. 100 Mandate werden jeweils vom Präsidenten vergeben. Die »Indonesische KP« (»Partai Komunis Indonesia«/PKI) wurde 1966 mit ihren Unterorganisationen verboten – **Dipl. B.:** BR Dtld. u. DDR

**Städte** (S 1981): Jakarta Raya (fr. Batavia; Hptst.) 6500000 Einw. Surabaya 2000000, Bandung 1400000; (S 1977): Semarang 916208, Medan 629203, Palembang 616332, Ujung Padang (fr. Makasar) 564482, Pamekasan 494696, Surakarta 435315, Yogyakarta 363253

**Wirtschaft: BSP** 1980: 66370 Mill. $ / 1981 (S): 78750 Mill. $ / 530 $ (115) / 4,8 – **WS:** 24 / 3,8 / 42 / 11,2 – **V:** 11 / 66 / 21 / 23 / 28 / 2 – **A:** 57 / 55 / 15 – **E:** 266 / 5,9 / 2860 – **M:** 3,4 (13,5)

**Außenhandel:** 1982 **Einf.** 16858 Mill. $, **Ausf.** 22293 Mill. $ – **W:** 1 Rupiah (Rp.) = 100 Sen (S); 1 US-$ = 998,50 Rp., 1 Rp. = 0,00259 DM – **I:** 20,5 – **AS:** 76 / < 1 / 8 / 13 / 34 – **T:** 154 – **H:** 74 / 25 / 1 – **Z:** – 736 / 2,4 / 8,2 / 19,0 – **D:** 3,0 – **K:** – / 1355 / 133

**Wichtige Ausfuhrgüter:** Erdöl und -produkte (bis ⅘), Kautschuk u. Holz (je ca. 1/12), Kaffee, Palmöl, Zinn, Tabak, Tee, Kopra, Gewürze – **u. Handelspartner:** Japan (ca. 40%), USA (⅕), BR Dtld., Singapur, Niederlande, Australien, Großbritannien, Thailand

**Mitgliedschaft:** UNO, Colombo-Plan, ASEAN, CCC, ESCAP, FAO, GATT, IAEA, IBRD, ICAO, IDA, IFAD, IFC, ILO, IMF, IMO, ITU, OPEC, UNESCO, UPU, WHO, WMO

## IRAK *(Vorder-Asien)*

(Demokratische Republik Irak; Al Dschumhurīja al Iraqija ad Dimukratija asch-Sha'abija bzw. Al Jumhurya al'Iraqia ad Dimuqratiya ash-Sh'abiya – [IRQ])

**Fläche** (51): 438446 km² (off. Ang., einschl. 3552 km² neutr. Zone mit Saudi-Arabien) (L: 12%) – **Einwohner** (51): 14160000 (S 1982; 8047415 Z 1965) = 32,3 je km² – **Städt. B.:** 72 / 5,3 / 70 – **G:** 57 / 76 / 7 / 1790 / 2140 / 111 – **S:** 82* / 116 / 57 / 9 – **Jährl. Bevölkerungswachstum:** (1970–1981) 3,4% (1981: 47 / 12)

**Bevölkerung:** etwa 81% arabischsprachige Iraker, 15% Kurden, fast 2% Türken, außerdem Perser u. and. kleine Volkssplitter – **Staatssprache:** Arabisch; Umgangssprachen d. and. Volksgruppen, vor allem Kurdisch – **Religion:** sunnitische (über 50%) u. schiitische Muslimen (insg. 95%); Islam ist Staatsreligion; 443000 Christen verschied. Konfessionen (über 200000 Katholiken), 30000 Jesiden (»Feueranbeter«), etwa 12000 Mandei (Sabians) und 500 Juden

**Flagge:** rot-weiß(3 grüne Sterne)-schwarz (waagerecht) – **Nationalfeiertag:** 14. 7. (Republ.-Tag) u. 17. 7. (Revolut.-Tag d. ASBP) – **U:** 3. 10. 1932 (Aufhebung des Völkerbund-Mandats vom 19. 5. 1932 tritt in Kraft)

**Staats- u. Regierungsform:** Republik m. starker Stellung d. Präsidenten – »Nationale Front« v. 17. 7. 1973 unter Führung d. »Arab. Sozialist. Baath-Partei« (1 Mill. Mitgl.) auf d. Grundlage d. Verfassung eines volksdem.-sozialist. Einheitsstaates – »Kommandorat d. Revolution« (C.C.R. aus 9 Mitgl.) u. beratender »Nationalrat« aus 250 Mitgl. (soll endgült. Verfass. ausarbeiten) – eigenes Regionalparlament (Legislativrat) aus 50 Vertr. d. Kurdenprovinzen Arbil, Soleimaneh u. Dohouk [Sulaimaniya u. D'hok] – Verwaltungsgliederung in 18 Provinzen (Muhafadha)

**Staatsoberhaupt:** Präsident u. Vors. d. »Revolutionären Führungsrates« sowie Regierungschef General Saddam Hussein al Takriti, seit Juli 1979 – **Außenminister:** Tariq Aziz [Tareq Asis] (auch Vize-Prem.) – **Parteien:** Entscheidender Einfluß der nationalistisch-sozialistischen »Arab. Sozialist. Baath-Partei« (»Wiedergeburts«- oder auch »Sendungs«-Partei/ASBP; Gen.-Sekr. Saddam Hussein); KP und »Kurd. Dem. Partei«/KPD. Bei d. Wahlen z. Nationalrat am 20. Juni 1980 errang die seit 1968 regierende Baath-Partei eine ¾-Mehrheit – **Dipl. B.:** BR Dtld. und DDR

**Städte** (S 1983): Bagdad (Hptst.) 3,2 Mill. Einw.; (S 1976): Mossul 857000, Basra [Bassora] 854000, Kirkuk 220000, Najaf [Nedschef] 190000, al-Hillah 140000, Kerbela 110000, Arbil 110000, Sulaymaniyah 100000, Erbil (Sitz d. auton. kurd. Reg.)

**Wirtschaft: BSP** 1979: 34180 Mill. $ / 1980 (S): 39500 Mill. $ / 3020 $ (49) / 9,3* – **WS:** 17* / 5,7* / 52* / 4,7* – **V:** . . / 41* (inkl. öff. V.) / 20* / 34* / 42* / 14* – **A:** 51 / 42 / 26 – **E:** 1221 / 6,6 / 1200 – **M:** 13,9* (. .)

**Außenhandel:** 1982 **Einf.** 20500 Mill. $, 1982 **Ausf.** 10230 Mill. $ – **W:** 1 Irak-Dinar (ID) = 1000 Fils; 1 ID = 3,224933 US-$ bzw. 8,3526 DM – **I:** 14,1* – **AS:** 97* / 0 / < 1* / 12* / 85* – **T:** 209 – **H:** 47 / 53 / < 1 – **Z:** 105* / 0,9* / 2,2* / 8,8* – **K:** 0,37 / 46* / 24

**Wichtige Ausfuhrgüter:** haupts. Erdöl (über 90%); Datteln, Baumwolle u. Viehzuchtprod., Zement – **u. Handelspartner:** Frankreich (⅛), BR Dtld. (1/10), Großbritannien (1/12), Italien, UdSSR, Brasilien, Japan; EG über ⅓, Naher Osten ⅓–⅖

**Mitgliedschaft:** UNO, Arabische Liga, Gemeinsamer Arabischer Markt, ECWA, FAO, IAEA, IBRD, ICAO, IDA, IFAD, IFC, ILO, IMF, IMO, ITU, OAPEC, OPEC, UNESCO, UPU, WHO, WMO, RGW (Beob.) (Neutrale Zone s. diese)

**IRAN** *(Vorder-Asien)*

(Islamische Republik Iran; Dschumhuri-i-Islami-i Irân; Persien – [IR])

**Fläche** (16): 1648000 km² (L: 14%) – **Einwohner** (22): 40240000 (S 1982; 25785210 Z 1966) = 24,4 je km² – **Städt. B.**: 51/5,0/47 – **G**: 58/105/14/2320/2520/81 – **S**: 50/101/44/5 – **Jährl. Bevölkerungswachstum:** (1970–1981) 3,1% (1981: 43 / 11)

**Bevölkerung:** Iraner; ⅔ iranische Perser, etwa 20% turktatar. Aserbaidschaner (Aseri); bis 10% Kurden; Araber (2%), Armenier usw.; 3–4% weisen nomadische Lebensformen auf – **Staatssprache:** zu ⅔ Persisch (Farsi); außerdem versch. iranische Umgangssprachen, besonders der Kurden, ferner der Bachtiaren, Luren, Bäludschen usw. sowie der nichtiranischen Völker, u.a. Aserbaidschanisch bzw. Aseri, Arabisch – **Religion:** Muslime 95–98%; zu rd. 90% Schiiten (Schia bzw. Ithna-Ashariyya als Staatsreligion), 5% Sunniten; zahlr. Sekten. 220000 Christen (meist Ang. d. Armen. Kirche), etwa 21000 Anhänger d. alten Zarathustra-Religion (Ghabrs), 50000 Juden, Anhänger d. verbot. Baha'i-Religionsgemeinschaft (rd. 300000), 10000 Sobbis (Sabians oder Mandäer) in Khozistan

**Flagge:** grün-weiß(m. rotem Staatsemblem)-rot (waagerecht), Streifen durch Schriftzüge (je 11mal »Gott ist der Größte«) getrennt – **Nationalfeiertag:** 11.2. – **U:** über 2000 Jahre alte Staatsgeschichte

**Staats- u. Regierungsform:** Islamische Republik – Parlament (»Madschlis«) bzw. »Versamml. des Islamischen Rates«, 270 Sitze – Allg. Wahlrecht – 12köpfiger Verfassungsrat (»Wächterrat«), darunter 6 Geistliche – Wehrpflicht – Verwaltungsglied. in 14 Provinzen (»Ostan«) u. 9 Gouvernorate (»Farmandariha«)

**Staatsoberhaupt:** Hojatoleslam [Hodschatoleslam] Seyyed-Ali Khamenei, seit Okt. 1981 (gewählt mit 96% d. Stimmen); doch weiterhin große Vollmachten: Imam Ruhollah Mussawi Khomeiny [Chomeini], »Führer d. Islam. Revolution« (bestimmt d. Hälfte d. Mitgl. d. Wächterrates, d. Richter d. Obersten Gerichts u. kann nach vorangegang. Parl.-Beschluß d. Staatspräs. entlassen) – **Regierungschef:** Min.-Präs. Mir-Hossein Mussawi, seit Nov. 1981 – **Außenminister:** Dr. Ali Akbar Velayati – **Parteien:** Bei den Wahlen zur »Vers. d. Islam. Rates« (Nationalversamml.) v. April 1984 erhielt die streng religiöse »Islam. Republ. Partei«/IRP 249 der insg. 251 zur Wahl stehenden Sitze – **Dipl. B.:** BR Dtld. und DDR

**Städte** (F 1981): Teheran [Tehrán] (Hptst.) 4712363, Isfahan [Esfahan] 850747, Mashad [Meschhäd] 749478, Tabriz [Täbris] 698780, Shiraz [Schiras] 438522, Kermanshah [Kermanschah, Bachtaran] 335940, Abadan 310343, Ghom [Kum] 246831, Ahwaz [Ahwas] 206265, Rasht [Rescht] 193512, Yazd [Jesd] 160741, Hamadan 155846, Rezaieh [Urumieh] 153991

**Wirtschaft:** **BSP** 1982 (S): 70000 Mill. $ / 1977 (S): 75100 Mill. $ / 2180 $ (60) / 8,2* – **WS:** 29* / 4,4* / 33* / 13,4* – **V:** 10* / 69* / 17* / 21* / 19* / 4* – **A:** 52/39 / 34 – **E:** 1210 / – 17,4 / 5300 – **M:** 7,4* (15,0)

**Außenhandel:** 1981 **Einf.** 12156 Mill. $, **Ausf.** 12505 Mill. $ – **W:** 1 Rial (Rl.) = 100 Dinars (D.), 10 Rials = »Toman« (= alte persische Währungseinheit); 1 US-$ = 86,268 Rls., 1 Rl. = 0,0300 DM – **I:** 20,1 – **AS:** 88* / 0* / 1* / 13 / 44 – **T:** 217 – **H:** 55/44/<1 – **Z:** – 507* / 3,0* / 12,2* / 20,8* – **K:** .. / 705* / 25

**Wichtige Ausfuhrgüter:** Erdöl u. -Derivate sowie Erdgas (über 90%), Teppiche, Baumwolle, Trockenfrüchte (Datteln, Rosinen), Häute, Felle, Wolle, Reis, Ölsaaten, Erze – **u. Handelspartner:** neuerdings RGW-Staaten bis 60%, westl. Industrieländer 15%; 1981: Japan ⅐, BR Dtld. ⅛, Großbritannien

**Mitgliedschaft:** UNO, ADB, CCC, ECWA, FAO, IAEA, IBRD, ICAO, IDA, IFAD, IFC, ILO, IMF, IMO, ITU, OPEC, UNESCO, UPU, WHO, WMO. Zusammenarbeit mit Pakistan und Türkei (»Reg. Cooper. for Development«/RCD)

**IRLAND** *(West-Europa)*

(Poblacht Na h'Éireann; Irish Republic; Éire – [IRL])

**Fläche** (109): 70283 km² (mit 1392 km² Binnengewässern) (L: 14%) – **Einwohner** (100): 3480000 (F 1982; 2976248 Z 1971) = 49,5 je km² – **Städt. B.**: 58/2,5/48 – **G**: 73/11/<1/760/120/148 – **S**: 2/102/93/19 – **Jährl. Bevölkerungswachstum:** (1970–1981) 1,3% (1982: 20,4 / 9,5)

**Bevölkerung:** fast ausschließlich Iren; in den USA leben über 13 Mill. (i. w. S. sogar 40 Mill.), in Kanada 1 Mill. Irischstämmige – **Staatssprache:** Irisch (zum gälischen Zweig der keltischen Sprachen gehörig) u. Englisch. Als tatsächl. Umgangssprache dürfte Irisch von rund 55000 Iren gesprochen, von über 700000 z. T. beherrscht werden – **Religion:** rd. 94% röm-kath.; Anglikaner (Church of Ireland) 3,2%, Presbyterianer 0,5%, Juden 0,8%

**Flagge:** grün-weiß-orange (senkrecht) – **Nationalfeiertag:** 17.3. – **U:** 6.12.1921 de facto (Dominion), 6.12.1922 nominell (eigene Verfassung)

**Staats- u. Regierungsform:** Parlamentarisch-demokratische Republik – Parlament (»Oireachtas«) aus 2 Kammern (»Dáil Éireann« u. »Senat« bzw. »Seanad Éireann«); Wahl der Abg. für 5 Jahre – Keine Wehrpflicht – Verwaltungsgliederung in 26 »Counties« und 4 »City Boroughs«

**Staatspräsident:** (Uachtaran na h'Éireann): Dr. Pádraig Ohlrighile (Patrick J. Hillery), seit 1976 – **Regierungschef:** Premierminister (Taoiseach) Dr. Garret FitzGerald, Vors. d. »Fine Gael«, seit 14.12.1982; Koalit. mit »Labour P.« – **Außenminister:** Peter Barry T. D. – **Parteien:** Seit d. Wahlen v. Nov. 1982 (Febr. 1982) hat die »Fine Gael« (Familie

d. Iren) 70 (63), d. »Fianna Fáil« (Soldaten d. Schicksals) 75 (81), d. »Labour P.« 16 (15), d. Sinn Fein (»Workers' P.«) 3 (3) u. and. 2 Mandate – **Dipl. B.:** BR Dtld. u. DDR

**Städte** (Z 1979): Baile Atha Cliath [Dublin] (Hptst.) 597780 (m. V. 700000) Einw., Corcaigh [Cork] 138092, Dun Laoghaire 54244, Luimneach [Limerick] 60769, Port Láirge [Waterford] 32617, An Ghaillimh [Galway] 34917

**Wirtschaft: BSP** 1980: 16300 Mill. $ / 1981 (S): 17990 Mill. $ / 5230 $ (36) / 2,6 – **WS:** 22* / 0,9* / 26* / 6,1* – **V:** 22 / 62 / 30 / 16 / 63 / – 14 – **A:** 59 / 18 / 37 – **E:** 3770 / 4,7 / 3332 – **M:** 1,6* (..)

**Außenhandel:** 1983 **Einf.** 9182 Mill. $, **Ausf.** 8612 Mill. $ – **W:** 1 Irisches Pfund (Ir£) = 100 New Pence; 1 Ir£ = 1,1828 US-$ bzw. 3,0635 DM – **I:** 14,2 – **AS:** 3 / 19 / 19 / 12 / 27 – **T:** 90 – **H:** 85 / 11 / 1 – **Z:** – 1650 / .. / .. / .. – **D:** 2,8 – **K:** – / .. / 286

**Wichtige Ausfuhrgüter:** Vieh, Fleisch, Molkereiprodukte u. sonst. Lebensmittel (13%), Maschinen, Textilien, Chemikalien – **u. Handelspartner:** Großbritannien (⅓), BR Deutschland (ca. 10%) u. übrige EG-Länder, USA u. Kanada

**Mitgliedschaft:** UNO, Europarat, OECD, BIZ, CCC, ECE, EG, EPA, ESA, EWS, FAO, GATT, IAEA, IBRD, ICAO, ICJ, IDA, IEA, IFAD, IFC, ILO, IMF, IMO, IPU, ITU, UNESCO, UPU, WHO, WMO

## ISLAND *(Nord-Europa)*

(Republik Island; Lýðveldið Ísland – [IS])

**Fläche** (100): 102829 km² (m. 14500 km² Binnengewässern) (L: knapp 1%, mit Weide bis 20%) – **Einwohner** (152): 234980 (1.12.1982; 204930 Z 1970) = 2,3 je km² – **Städt. B.:** 87% – **Geburten- u. Sterbeziffern** je 1000 Einw. 1982: 18,4 / 6,7 – **Geb.-Ü.:** 11,7

**Bevölkerung:** fast ausschließlich Isländer – **Staatssprache:** Isländisch (»islenska«) – **Religion:** rund 90% evang.-lutherisch, über 1000 Katholiken

**Flagge:** blau mit rotem, weißgeränd. skandinavischen Kreuz – **Nationalfeiertag:** 17.6. – **U:** alte staatl. Geschichte; 1.12.1918 nominell, 25.2.1944 endgültig (Aufkündigung der Union m. Dänemark)

**Staats- u. Regierungsform:** Parlamentarisch-demokratische Republik – Parlament (»Althing«) aus 2 Kammern (»Oberhaus« bzw. »Efri deild« u. »Unterhaus« bzw. »Nedri deild«) – Allg. Wahlrecht – Wahl alle 4 Jahre – Keine Streitkräfte – Verwaltungsgliederung in 23 »Sýslur« (etwa »Landkreise«) u. 22 kreisfreie Städte

**Staatsoberhaupt:** Präsident Frau Vigdis Finnbogadottir, seit Aug. 1980, erneut seit Juni 1984 – **Regierungschef:** Steingrímur Hermannsson, Min.-Präs. einer Koal.-Reg. aus Unabh.-P. u. Fortschr.-P. – **Außenminister:** Geir Hallgrímsson – **Parteien:** Bei d. vorgezog. Wahlen im April 1983 erhielt d. Unabhängigkeits-Partei (»Sjálfstæðisflokkurinn«) 23 (1979: 21) Sitze (für lib. Wirtsch.-Politik u. Anwesenh. d. NATO-Truppen), d. Fortschrittspartei (»Framsóknarflokkurinn«) 14 (17), d. Volksallianz (Sozialisten, »Althyðubandalagið«) 10 (11), d. Sozialdemokraten (»Althyðuflokkur«) 6 (10), d. »Sozialdemokrat. Union« (neue Partei) 4 u. d. Frauenpartei 3 (neue P.) – **Dipl. B.:** BR Dtld. u. DDR

**Städte** (F 1.12.1982): Reykjavík (Hptst.) 86092 Einw., m. V. 125747, Kópavogur 14279, Akureyri 13758, Hafnarfjörður 12460; (F 1.1.1982) Keflavík 6622, Akranes 5200, Garðabær 4909, Vestmannæyjar 4727

**Wirtschaft: BSP** 1980: 2660 Mill. $ / 1981 (S): 2970 Mill. $ / 12860 $ (13) / 3,1 [BSP 1983 (S) 53 Mrd. ikr]

**Außenhandel:** 1983 **Einf.** 815 Mill. $, **Ausf.** 751 Mill. $ – **W:** 1 Isländ. Krone (ikr) = 100 Aurar; 1 US-$ = 28,950 ikr, 1 ikr = 0,0895 DM

**Wichtige Ausfuhrgüter:** Fische u. Fischereierzeugnisse (über 70%); Aluminium – **u. Handelspartner:** USA (rd. ⅕), Großbritannien (⅐), BR Deutschland (⅒), UdSSR, skandinav. Länder (EG rd. 40%)

**Mitgliedschaft:** UNO, NATO, Nordischer Rat, Europarat, CCC, ECE, EFTA, FAO, GATT, IAEA, IBRD, ICAO, IDA, IFC, ILO, IMF, IMO, IPU, ITU, OECD, UNESCO, UPU, WHO, WMO; Freihandelsabk. m. d. EG – US-Flugstützpunkt bei Keflavík

## ISRAEL *(Vorder-Asien)*

(Staat Israël: Medinat Yisrael; State of Israel – [IL])

**Fläche** (133): 20770 km² (m. 445 km² Binnengewässern) (L: 20%) – **Einwohner** (95): 4055000 (1.1.1983, n. eig. Ang., mit Ost-Jerusalem, davon 3366000 Juden u. 689000 Araber u. Drusen) = 195,2 je km²; 1980 siedelten 17400 Juden im besetzt. Westjordanland – **Städt. B.:** 89 / 3,1 / 35 – **G:** 73 / 15 / 1 / 370 / 130 / 118 – **S:** 16* / 96 / 71 / 26 – **Jährl. Bevölkerungswachstum:** (1970–1981) 2,6% (1982: 24 / 6,9; Juden 21,8 / 7,4; Nichtjuden 34,9 / 4,1)

**Bevölkerung:** Am 1.1.1982 waren v. d. jüd. Bev. geboren in Europa u. Amerika 793000, in Afrika 333400, in Asien 299700, in Israel selbst 1894000 (von diesen haben Väter aus Europa u. Amerika 548300, aus Afrika 411100, aus Asien 440000 u. aus Israel 494600); insg. rd. 100000 deutschstämmige u. etwa 600000 frankophone Juden – 1984 noch 35000 Juden in arab. Ländern (1948: 1 Mill.) – **Staatssprache:** Neu-Hebräisch (Iwrith, Ivrith); Jiddisch; Arabisch für arab. Minderheiten – **Religion** (1982): Juden 3320300 (83,5%), Muslime (meist Sunniten) 513700 (12,9%), Christen 91500 (2,3%), Drusen u. a. 52300 (1,3%)

**Flagge:** in Weiß blauer David-Stern, oben u. unten begleitet v. je 1 blauen (waagerechten) Streifen –

**Nationalfeiertag:** jährlich wechselnd; 1984 7.5. – **U:** 14.5.1948 (Proklamation)

**Staats- u. Regierungsform:** Parlamentarische Republik – Bislang keine schriftliche Verfassung, doch für Teilbereiche einzelne Grundgesetze – Parlament (»Knesset«) mit 1 Kammer; Wahl der Abg. für 4 Jahre – Wahlberechtigt alle über 18 J. alten Bürger – Wehrpflicht für Männer u. unverh. Frauen – Gliederung in 6 Distrikte (Mechosot)

**Staatsoberhaupt:** Präs. Chaim Herzog, seit Mai 1983 – **Regierungschef:** Shimon Peres, Arbeitspartei, seit 13.9.1984, als Chef einer großen Koalition von 10 Part. (»Regierung d. nat. Einheit«), für 25 Monate, danach Ablösung durch Yitzhak Shamir, Likud, und Wechsel ins Außenmin. – **Außenminister:** Yitzhak Shamir [Jitschak Schamir]. – **Parteien:** Bei den Wahlen v. 23.7.1984 ergab sich folgende Sitzverteilung in der Knesset: Arbeitspartei (»Maarach«) 44 (1981: 47) Mandate, Likud-Block 41 (48), Tehya ([Tehija], nationalistisch) 5 (3), Nationalreligiöse Partei (gemäßigt) 4 (6), Kommunisten (»Rakach«) 4 (4), Schas (sephardisch-orthodox) 4 (–), Schinui (liberal) 3 (2), Yahad ([Jachad] für Koexistenz mit Arabern) 3 (–), Bürgerrechtsbewegung Raz (progressiv) 3 (1), Agudat Israel (ultraorthodox) 2 (4), Morasha (orthodox) 2 (–), Progressive Friedensliste (proarab.) 2 (–), Omez (Wirtschaftsliste) 1 (–), Tami (unabh.) 1 (3), Kach (militant antiarabisch) 1 (–). – **Dipl. B.:** BR Dtld.

**Städte** (F 1.1.1982): Jerusalem (Hptst. mit besetzt. arab. Altstadt) 415000 (davon 1984 330000 Juden), Tel-Aviv Yafo [Jaffa] 329500 (T. A. District: 994700), Haifa 227400 (H. Sub District 372200), Bat Yam 132800, Holon 132300, Petach Tikwa 121700, Ramat Gan 119100, Beer Sheba 111200, Nathania 99800, Rishon Lezijon 95500, Bnei Brak 92800, Herzelija 60700, Givataim 48600, Nazareth 44900

**Wirtschaft: BSP** 1980: 17560 Mill. $ / 1981 (S): 20420 Mill. $/5160 $ (37)/1,3–**WS:** 5/../36/..–**V:** 36/59/20/5/43/–15–**A:** 58/7/36–**E:** 2813/–52,9/3832 – **M:** 31,2 (24,9)

**Außenhandel:** 1983 **Einf.** 8402 Mill. $, **Ausf.** 4946 Mill. $ – **W:** 1 Schekel (IS) = 100 New Agorot; 1 US-$ = 152,3098 IS, 1 IS = 0,0170 DM – **I:** 45,5 – **AS:** 2/13/38/11/21 – **T:** 68 – **H:** 68/31/1 – **Z:** –1568/9,6/19,1 / 64,3 – **D:** 3,1 – **K:** – / 1115 / –414

**Wichtige Ausfuhrgüter:** Zitrusfrüchte (10%), Diamanten (bis 50%), Textilien u. Kleider (10%), Maschinen, Kupfer, Chemikalien, Zement – **u. Handelspartner:** USA (⅕), BR Deutschland (1/10), Großbritannien, Niederlande, Frankreich, Belgien-Lux., Schweiz, Italien, Japan

**Mitgliedschaft:** UNO, CCC, FAO, GATT, IAEA, IBRD, ICAO, IDA, IFC, ILO, IMF, IMO, ITU, UNESCO (in europ. Regional-Abk.), UPU, WHO, WMO; Präf. m. d. EG – Die seit 1967 besetzte Sinai-Halbinsel hat Israel gemäß den Bedingungen des ägyptisch-israelischen Friedensvertrages am 26.4.1982 vollständig an Ägypten zurückgegeben. Israel hält weiterhin einen Teil der Golan-Höhen und das Westjordanland (»Westbank«; zusammen mit d. arab. Ostteil v. Jerusalem 750000 Palästinenser u. 25000 jüd. Bewohner) einschl. Gazastreifen (470000 Araber) besetzt. Die jordanische Altstadt von Jerusalem wurde mit der Neustadt vereinigt u. am 30.7.1980 v. d. Knesset zur »Ewigen Hauptstadt« Israels erklärt.

## ITALIEN *(Süd-Europa)*

(Italienische Republik; Repubblica Italiana – [I])

**Fläche** (63): 301252 km² (L: 50%) – **Einwohner** (13): 56740000 (S 1982; de jure 54134846 Z 24.10.1971) = 188,3 je km² – **Städt. B.:** 70/1,1/52 – **G:** 74/14/1/340/330/150 – **S:** 2/102/73/27 – **Jährl. Bevölkerungswachstum:** (1970–1981) 0,4% (1982: 10,9/9,4)

**Bevölkerung:** Italiener; u.a. rd. 5% Angeh. v. Minderheitensprachen: ca. 1,5 Mill. Sarden (davon 12000 Katalanen), 550000 Rätoromanen (Friauler u. 30000 Ladiner), 300000 Deutschsprachige (davon n. d. region. Zählung v. 1981 279576 Südtiroler), mind. 200000 Franco-Provenzalen (Aostatal u. Piemonte), 100000 Slawen (davon offiz. 53000 Slowenen in Triest), 90000 Albaner (bes. Kalabrien), 15000 Griechen (bes. Apulien), 180000 Juden – Fast 30 Mill. Auslandsitaliener in Europa u. Übersee – **Staatssprache:** Italienisch, daneben region. Amtssprachen Deutsch (Südtirol), Französ. (Aostatal), Ladinisch teilw. Schulspr. in Südtirol sowie Slowenisch in Triest u. Gorizia/Görz – **Religion:** fast ausschl. röm.-kath. (über 99%); protestantische (rd. 180000) u. orthodoxe Minderheiten, 35000 Juden

**Flagge:** grün-weiß-rot (senkrecht) – **Nationalfeiertag:** am 1. Sonntag im Juni – **U:** alte staatliche Geschichte; nationale Einheit in neuerer Zeit seit 1861, Republik seit 1946

**Staats- u. Regierungsform:** Parlamentarisch-demokrat. Republik – Parlament (»Parlamento«) aus 2 Kammern (»Camera dei Deputati« u. »Senato della Repubblica«); Wahl d. Deputierten für 5 Jahre – Wehrpflicht – Seit d. Regionalstatut v. 1970 wurde allen 20 Regionen größere Selbstverwaltung gegeben

**Staatsoberhaupt:** Dr. Sandro Pertini, PSI, seit Juli 1978 – **Regierungschef:** Bettino Craxi, PSI, seit Aug. 1983, Koal.-Reg. aus PSI, DC, PSDI, PRI u. PLI – **Außenminister:** Giulio Andreotti, DC – **Parteien:** Sitzverteilung nach d. Wahlen v. 27. Juni 1983 (1979) in der Abgeordnetenkammer bzw. im Senat: Christl. Demokrat. Partei (»Partito Democrazia Cristiana«/DC) 32,9% d. Stimmen u. 225 (262) bzw. 120 (138) Mandate, KP/PCI 29,9% d. Stimmen u.

198 (201) bzw. 107 (109), Sozialisten/PSI 11,4% u. 73 (62) bzw. 38 (32), Sozialdemokraten/PSDI 4,1% u. 23 (20) bzw. 8 (9), Neofaschist. Sozialbewegung/MSI 6,8% u. 42 (30) bzw. 18 (13), Republikan. Partei/PRI 5,1% u. 29 (16) bzw. 10 (6), Liberale Partei/PLI 2,9% u. 16 (9) bzw. 6 (2), Südtiroler Volkspartei/SVP (168000 Stimmen) 3 (4) bzw. 3 (3) und sonstige 21 (26) bzw. 5 (3) – Bei den Wahlen zum Südtiroler Landtag von Bozen im Nov. 1983 erhielt die Südtiroler Volkspartei/SVP unter ihrem Landeshauptmann Silvius Magnano 59,5% (1979 61,7%) d. Stimmen (d.h. rd. 90% d. deutschsprach. Südtiroler) u. 22 (21) d. 35 (34) Sitze, der Heimatbund (für »Freistaat Südtirol«) 2,5%, d. Alternative Liste f. ein anderes Südtirol 4,5% (3,6%), Democrazia Cristiana 9,6% (12%), Sozialisten 3,9% (4,3%); im Regionalrat der Region Trient-Südtirol entfallen von 69 Sitzen 21 auf die SVP, 1 auf die Sozialdem. Partei Südtirols/SPS, 0 auf die Soz. Fortschrittspartei/SFP, 5 auf die Trientiner-Tiroler Volkspartei, die übrigen auf ital. Parteien (u.a. DC 22, PCI 7, PSI 4). – Die PCI hatte Anfang 1981 1,8 Mill. Mitgl. – **Dipl. B.:** BR Dtld. und DDR

**Städte** (Z 1981): Rom [Roma] (Hptst.) 2830569 Einw., Mailand [Milano] 1634638 (A 3,8 Mill.), Neapel [Napoli] 1210503 (A 2,7 Mill.), Turin [Torino] 1103503, Genua [Genova] 760300, Palermo 699691, Bologna 455853, Florenz [Firenze] 453293, Catania 378521, Bari 370781; (F 1980) Venedig [Venezia] 355865, Messina 271660, Triest [Trieste] 260291, Tarent [Taranto] 247681, Padua [Padova] 242216; außerdem Bozen [Bolzano] 106199 (70% Italiener u. 24,5% deutschspr. Südtiroler) u. Meran [Merano] 44,9% Italiener u. 44% deutschspr. Südtiroler

**Wirtschaft: BSP** 1980: 359210 Mill. $ / 1981 (S): 391440 Mill. $/6960 $ (30)/2,5 – **WS:** 6/1,3/42/2,9 – **V:** 18/63/21/19/27/–2 – **A:** 65/11/45 – **E:** 3725/–0,4 / 47616 – **M:** 1,6 (3,4)

**Außenhandel:** 1982 **Einf.** 86213 Mill. $, **Ausf.** 73490 Mill. $ – **W:** 1 Italienische Lira (Lit) = 100 Centesimi (Cent.); 1 US-$ = 1618,75 Lit, 1 Lit = 0,0016 DM – **I:** 15,7 – **AS:** 7/33/35/13/21 – **T:** 86 – **H:** 61/26/3 – **Z:** –8430/../../.. – **D:** 5,1 – **K:** 0,24/../–254

**Wichtige Ausfuhrgüter:** Maschinen u. Fahrzeuge (ca. ⅓); außerdem Textilien u. Bekleidung (15–20%), Chemikalien, landwirtschaftl. Erzeugnisse (u.a. Südfrüchte, Gemüse, Reis, Wein, Käse, Olivenöl). Höchster Aktivsaldo aller Staaten im Tourismus (Einnahmen 15000 Mrd. Lire) – **u. Handelspartner:** BR Deutschland (⅙), Frankreich 13%, EG insg. 40–50%, USA (7%), BENELUX, Großbritannien, Schweiz, UdSSR, Österreich, Jugoslawien, Japan, Brasilien, Kanada, Saudi-Arabien, Libyen

**Mitgliedschaft:** UNO, NATO, WEU, Europarat, ADB, CCC, ECE, EG, EWS, FAO, GATT, IAEA, IBRD, ICAO, ICM, IDA, IEA, IFAD, IFC, ILO, IMF, IMO, ITU, OECD, UNESCO, UPU, WHO, WMO, Milit. Beistandspakt mit Malta

## JAMAIKA *(Mittel-Amerika)*

(Jamaika – [JA] – von »Xaimca« = gut bewässert)

**Fläche** (141): 10991 km² (L: 24%) – **Einwohner** (115): 2230000 (S 1982; 1848512 Z 1970) = 202,9 je km² – **Städt. B.:** 42/2,5/66 – **G:** 71/16/<1/2830/630/119 – **S:** 10/99/57/2* – **Jährl. Bevölkerungswachstum:** (1970–1981) 1,5% (1981: 29 / 6)

**Bevölkerung:** Jamaikaner; etwa 77% Schwarze, rd. 19% Mulatten; Weiße (12500), indische (30000) und chinesische (10000) Minderheiten – **Staatssprache:** Englisch – **Religion:** ca. 75% Protestanten; etwa 8% Katholiken, 600 Juden, Hindu- u. Muslimgruppen

**Flagge:** durch gelbes Schrägkreuz geteilt in Grün (oben u. unten) u. Schwarz – **Nationalfeiertag:** 1. Montag im August – **U:** 6.8.1962

**Staats- und Regierungsform:** Parlamentarisch-demokrat. Monarchie – Parlament aus 2 Kammern – Allgem. Wahlrecht – Keine allgemeine Wehrpflicht – Verwaltungsgliederung in 14 Bezirke (Parishes)

**Staatsoberhaupt:** Königin Elizabeth II., vertreten d. einen Generalgouverneur: Sir Florizel Augustus Glasspole – **Regierungschef:** Edward P. G. Seaga, JLP, seit Nov. 1980 – **Außenminister:** Hugh Shearer – **Parteien:** Bei den vorgezog. Wahlen v. Dez. 1983 hat die kons.-liberale Regierungspartei JLP (Jamaican Labour Party) alle 60 Sitze im Repräsentantenhaus gewonnen. Oppositionsparteien boykottierten die Wahl, u.a. die sozialist. Nationale Volkspartei PNP (People's National Party) d. ehem. Min-Präs. Michael Manley – **Dipl. B.:** BR Dtld. u. DDR

**Städte** (S 1980): Kingston (Hptst.) mit St. Andrews 662501 Einw., Spanish Town 227062, Montego Bay 126245

**Wirtschaft: BSP** 1980: 2360 Mill. $ / 1981 (S): 2600 Mill. $/1185 $ (80)/–2,8 – **WS:** 8/0,5/37/–3,6 – **V:** 21/67/16/12/50/–4 – **A:** 54/21/25 – **E:** 1440/–1,1 / 740 – **M:** 1,0* (..)

**Außenhandel:** 1982 **Einf.** 1381 Mill. $, **Ausf.** 767 Mill. $ – **W:** 1 Jamaika-Dollar (J$) = 100 Cents; 1 US-$ = 3,66 J$, 1 J$ = 0,7077 DM – **I:** 16,8 – **AS:** 23/3/46/20/12 – **T:** 75 – **H:** 81/14/5 – **Z:** –337/13,2/22,5/53,6 – **D:** 0,5 – **K:** – / 165 / –12

**Wichtige Ausfuhrgüter:** Aluminiumoxid u. Bauxit (bis über 70%), Zucker, Bananen, Rum, Früchte, Gewürze – **u. Handelspartner:** USA (35%), Venezuela (15%), Großbritannien, Kanada, Norwegen

**Mitgliedschaft:** Commonwealth, UNO, OAS, CCC, CARICOM, CECLA, ECLA, AKP, FAO, GATT, IAEA, IBRD, ICAO, IFC, ILO, IMF, ITU, NACAMUR, UNESCO, UPU, WHO, WMO

## JAPAN *(Ost-Asien)*

(Nippon Teikoku; Nippon; inoff. auch Nihon – [J])

**Fläche** (54): 372313 km² (L: 16%) – **Einwohner** (7): 117169690 (F 1.5.1983; 117057485 Z X/80) = 314,7 je km² – **Städt. B.**: 79/2,0/42 – **G:** 77/7/<1/780 / 240 / 124 – **S:** 1 / 101 / 91 / 30 – **Jährl. Bevölkerungswachstum:** (1970–1981) 1,1% (1981: 13 / 6)

**Bevölkerung:** über 99% Japaner; 1981 800000 Ausländer, davon 670000 Koreaner u. 55000 Chinesen; ca. 15000 Ainu; außerdem über 23000 US-Bürger sowie europ. u. südostasiat. Gruppen; Okt. 1981 lebten 450873 Japaner (davon 252000 ständig) im Ausland: 131363 in Brasilien, 125432 in USA, 15984 in Argent., 13942 in BR Dtld, 13508 in Kanada u. 8408 in Peru – **Staatssprache:** Japanisch; Englisch als Verkehrs- u. Bildungssprache wichtig – **Religion:** Buddhisten (mit vielen Sekten, darunter die »Soka Gakkai«) u. Schintoisten, bis 80% beiden Religionen zugehörend (1980: Schintoisten 95848000, Buddhisten 87745000, Christen 1019000, Mischreligionen 10007196), 375071 Katholiken, 643563 Protestanten, 25000 Orthodoxe; Anh. d. Kirche Christi in Japan (»Nippon Kirisuto Kyodan«), ca. 500 Juden. Die Summen überschreiten die Gesamtbev., da viele Japaner mehreren Rel.-Gemeinsch. angehören

**Flagge:** weiß mit roter Sonnenscheibe – **Nationalfeiertag:** 29.4. – **U:** in historischer Zeit stets unabhängig gewesen

**Staats- u. Regierungsform:** Parlamentarisch-demokrat. Monarchie – Verfassung v. 3.5.1947 – Parlament (»Kokkai«) aus 2 Kammern (»Haus der Räte« bzw. »Sangi-in« und »Abgeordnetenhaus« bzw. »Schugi-in«); Wahl der Abgeordneten für 4 Jahre – Allgemeines Wahlrecht – Keine allgemeine Wehrpflicht – Verwaltungsgliederung in 43 Präfekturen (»ken«), die Prov. Hokkaido, 2 Stadtbezirke (»fu«; Osaka und Kioto), sowie in die Hauptstadt »to«; Tokio

**Staatsoberhaupt:** Kaiser (Nihon-Koku Tenno) Hirohito, seit 1926; »Symbol d. Einheit d. Staates u. d. Einheit d. Volkes«, kein Staatsoberhaupt i. e. S. – **Regierungschef:** Yasuhiro Nakasone, erneut seit Dez. 1983, Koal. aus LDP in Fraktionsgemeinschaft mit NLC u. Unabh. – **Außenminister:** Shintaro Abe, LDP – **Parteien:** Sitzverteilung nach der Wahl v. 18. Dez. 1983 (1980): Liberal-Demokrat. Partei/LDP 250 (284) der 511 Sitze u. 45,8% (47,9%) d. Stimmen (für freie Wirtschaft u. nation. Verteid., für Zusammenarbeit mit West u. Ost, in mehrere Flügel gegliedert, u.a. der Ex-Premiers Takeo Fukuda [40 Abg.], Suzuki [50], Kakuei Tanaka [62 Abg., er selbst in Zusammenhang mit Lockheed-Skandal aus der LDP ausgetreten] u. Komoto [28 Abg.]), Sozialisten/SPJ 112 (107), Komei-Partei (buddhist. Partei für saubere Politik) 58 (33), Demokr. Sozialisten 38 (32), Kommunisten/KPJ 26 (29), Neuliberaler Club/NLC 8 (12), Soziale Demokr./SDF 3 (3), Unabhängige (9 in Reg.-Fraktion eingetreten) 16 (11) – **Dipl. B.:** BR Dtld. und DDR

**Städte** (F 1983): Tokyo [Tokio] (Hptst.) 8323000, m. V. 11600000, als Conurb. (Kei-hin) Tokyo-Yokohama usw. 17–27 Mill. Einw., Yokohama [Jokohama] 2859000, Osaka 2621000, Conurb. 7750000, Nagoya [Nagoja] 2095000, Kyoto [Kioto] 1480000, Sapporo 1474000, Kobe 1386000, Fukuoka 1126000, Kitakiushu [Kitakjuschu] (Con. v. Yawata, Kokura, Moji, Tobata, Wakamatsu) 1065000, Kawasaki 1058000, Hiroshima [Hiroschima] 891000, Sakai 805000, Chiba 749000, Sendai 650000, Okayama 546000, Kumamoto 514000, Amagasaki 510000, Kagoshima 507000, Higashiosaka 499000, Hamamatsu 495000, Shizuoka [Schisuoka] 459000, Niigata 454000, Nagasaki 447000, Himeji [Himedschi] 446000

**Wirtschaft: BSP** 1980: 1053930 Mill. $ / 1981 (S): 1186430 Mill. $/10080 $ (24)/3,4 – **WS:** 4/0,2/43/5,6 – **V:** 10/58/31/32/15/1 – **A:** 68/12/39 – **E:** 4649/3,7 / 150055 – **M:** 0,9* (..)

**Außenhandel:** 1983 **Einf.** 126395 Mill. $, **Ausf.** 146676 Mill. $ – **W:** 1 Yen (¥) = 100 Sen; 1 US-$ = 223,00 ¥, 1 ¥ = 0,0116 DM – **I:** 7,4 – **AS:** 2/55/54/12/6 – **T:** 79 – **H:** 46/44/3 – **Z:** –5117/../../..– **D:** 2,5 – **K:** 0,29 / .. / –4728

**Wichtige Ausfuhrgüter:** führend sind Maschinen (bis 25%), Eisen- und Stahlwaren (12–14%), Kraftfahrzeuge (20%), Schiffe (8–9%) Baumwollerzeugnisse; Kunstfaserfabrikate, opt. Produkte, Rohseide, Porzellan, Glas, Spielwaren, Fischereiprodukte – **u. Handelspartner:** USA (etwa ¼), Saudi-Arabien (8%), Australien, Kanada, Indonesien, Iran, BR Dtld. (3–4%), Hongkong, Rep. China (Taiwan), VR China, Rep. (Süd-)Korea, Großbritannien, UdSSR, Thailand, Philippinen, Malaysia, Indien

**Mitgliedschaft:** UNO, ADB, BIZ, CCC, ESCAP, FAO, GATT, IAEA, IBRD, ICAO, ICM, IDA, IEA, IFAD, IFC, ILO, IMF, IMO, IPU, ITU, OECD, UNESCO, UPU, WHO, WMO; Colombo-Plan

## JEMEN, Arab. Rep. *(Vorder-Asien)*

(Arab. Rep. Jemen; »Nordjemen«; Al Dschumhurija al'Arabija al Jamanija bzw. Jamhuriya Al Arabiya al Yamaniya)

**Fläche** (80): 195000 km² (L: 14–20%) – **Einwohner** (80): 6090000 (S 1982; de jure 7701893 [ohne im Ausland befindl. 1395123] Z 1980; n. and. Ang. 8575000 S 1982) = 31,2 je km² – **Städt. B.**: 11/8,2/0 – **G:** 43/190/50/11670/4580/76 – **S:** 79/47/5/1 – **Jährl. Bevölkerungswachstum:** (1970–1981) 3,0% (1981: 48 / 23)

**Bevölkerung:** südarabische Stämme (Jemeniten), außerdem nordarab. Ismaeliten; z.T. mit Schwarzen vermischt – ca. 1,4 Mill. Jemeniten leben im Ausland

– **Staatssprache:** Arabisch – **Religion:** 99% Muslime; etwa 60% schiitische Saiditen, 40% sonstige Schiiten u. Sunniten, darunter die »Schafii-Sekte«. Der Islam ist Staatsreligion. Etwa 2000 Juden

**Flagge:** rot-weiß(mit grünem Stern)-schwarz (waagerecht) – **Nationalfeiertag:** 26. 9. – **U:** lang zurückreichende staatl. Geschichte; 30. 10. 1918 völlig unabh. v. Osman. Reich (Kap. d. türk. Truppen)

**Staats- u. Regierungsform:** Nach d. prov. Verfassung v. Juni 1974 (suspendiert) eine »Arabisch-islamische Republik u. Teil der Arabischen Nation« – Nationalversammlung (»Majlis ash Shura«) aus 99 v. Präs. ernannten Abg. – Ausarbeitung einer neuen Verfassung (bisher kein Wahlrecht für Frauen) u. polit. Union mit d. Demokr. Volksrep. Jemen (trotz häufiger Grenzkonflikte) angekündigt – 1982 beschloß ein »Allg. Volkskongreß« eine »Nationale Charta« – Verwaltungsglied. in 10 Provinzen – Keine allg. Wehrpflicht

**Staatsoberhaupt:** Präsident Oberstlt. Ali Abdullah Saleh [Sali], Vors. d. Präsidialrates u. Oberbefehlshaber, seit Juli 1978, erneut seit Mai 1983 – **Regierungschef:** Abdel Al-Aziz Abdel Al-Ghani, seit Nov, 1983 – **Außenminister:** Dr. A. M. Al-Asbahi – **Parteien:** nicht vorhanden; jedoch starke Stammesverbände. Seit Febr. 1978 Konstit. Volksversamml. (Mitgl. ernannt) – **Dipl. B.:** BR Dtld. u. DDR

**Städte** (Z 1980): Sana [San'a] (Hptst.) 277817, m. V. 450000 Einw., Tais [Tai'z] 119572, Hodeida 126386, Hadscha [Hajja] 40000, Ibb 35000

**Wirtschaft: BSP** 1980: 3000 Mill. $ / 1981 (S): 3310 Mill. $ / 460 $ (123) / 6,1 – **WS:** 28 / 3,6 / 16 / 13,9 – **V:** 20 / 101 / 44 / – 21 / 6 / – 65 – **A:** 52 / 75 / 11 – **E:** 62 / 16,0* / 104 – **M:** 10,6 (33,2)

**Außenhandel:** 1981 **Einf.** 1609 Mill. $, **Ausf.** 47 Mill. $ – **W:** 1 Jemen-Rial (Y.Rl) = 100 Fils; 1 US-$ = 4,975 Y.Rls, 1 Y.Rl = 0,5206 DM – **I:** 15,6 – **AS:** <1 / 25* / 591 / 28 / 28 – **H:** 48 / 38 / 3 – **Z:** – 659 / 1,8 / 4,5 / 34,3 – **D:** 5,0 – **K:** – / 245 / 40

**Wichtige Ausfuhrgüter:** Baumwolle (⅘), Kaffee (⅛); Häute, Felle, Kat (Qath) – **u. Handelspartner:** Japan, VR China, BR Deutschland u. and. EG-Länder (20%), DVR Jemen, Saudi-Arabien

**Mitgliedschaft:** UNO, ECWA, FAO, GATT, IAEA, IBRD, ICAO, IDA, IFC, ILO, IMF, IMO, ITU, UNESCO, UPU, WHO, Arabische Liga, Gemeinsamer Arabischer Markt

## JEMEN, Demokr. Volksrepublik

*(Vorder-Asien)*

(Demokrat. Volksrep. Jemen; »Südjemen«; Dschamhurija Al Jemen Ad Dimukratija A-Schabija; Yamhuriya Al Yemen Ad Dimukratiya A-Schabiya – [ADN])

**Fläche** (57): 332968 km² (n. »Stat. Yearbook« d. UNO), einschl. Sokotra (3626 km² u. 15000 Einw., Hptst. Hadibu 1500 Einw.) sowie Perim (13 km² u. 380 Einw.) u. Kamaran-Inseln (57 km² u. 2200 Einw.); einschl. strittiger Gebiete, ohne diese 287683 km² (L: 0,6%) – **Einwohner** (117): 2100000 (S 1983; 1590275 Z 1973 prov.) = 6,3 je km² – **Städt. B.:** 37 / 3,8 / 0 – **G:** 46 / 143 / 29 / 7390 / 850 / 84 – **S:** 60 / 72 / 28 / 2 – **Jährl. Bevölkerungswachstum:** (1970–1981) 2,5% (1981: 48 / 20)

**Bevölkerung:** haupts. Südaraber; 16000 Inder, 10000 Somalis, ca. 10% Nomaden, Pakistaner, kl. Gruppen v. Europäern, bes. Briten – **Staatssprache:** Arabisch – **Religion:** Muslime (meist Sunniten), je 2–3% Hindu u. Christen

**Flagge:** rot-weiß-schwarz (waagerecht), hellblaues Dreieck am Mast mit rotem Stern – **Nationalfeiertag:** 14. 10. – **U:** 30. 11. 1967

**Staats- u. Regierungsform:** Volksrepublik – Verfassung von 1978 – »Oberster Volksrat« aus 111 v. d. »Jemenit. Soz. Partei« aus allen Bevölk.-Schichten ausgewählten Mitgl. – 6 Gouvernorate, Bezirk Thamoud u. Abr-Prov. – Wehrpflicht

**Staatsoberhaupt:** Vors. d. »Obersten Volksrates«, d. »Komm. f. Staatssicherheit« u. Regierungschef Ali Nasser [Nassir] Mohammed Hassan, seit 1980 – **Außenminister:** Abdalaziz ad-Dali [Abdelasis Al-Quali] – **Parteien:** Staatspartei »Jemenitische Sozialistische Partei«; gegr. Okt. 1978 als Nachf. d. »Verein. Polit. Org. Nationale Front«/UNFPO – 1972 mit d. Arab. Rep. Jemen ein Ende März 1979 zwar erneuerter, aber bisher wirkungsloser Grundsatzvertrag über Herbeiführung der Wiedervereinigung; Ende 1981 »Koordinierungs- u. Kooperationsabkommen« beider Jemen mit Einsetzung eines aus beiden Staatsoberhäuptern bestehenden u. im Halbjahresrhythmus tagenden »Jemenitischen Rates« – **Dipl. B.:** BR Dtld. (Botschaft in Sana/A. R. Jemen ist zust.) u. DDR

**Städte** (S 1980): Aden (Hptst.; Zahlen z. T. nach UNO) 343000 Einw.; (S 1973) Mukalla 100000, Maalla 44626, Skaikh Uthman [Scheich Othman] 35000, El Hawtha 15000, Al Shaab [Al Scha'ab] (war zeitweise Hptst.) 10000

**Wirtschaft: BSP** 1980: 810 Mill. $ / 1981 (S): 910 Mill. $ / 465 $ (121) / (1975–80) 10,7 – **WS:** 13 / . . / 28 / . . – **A:** 52 / 45 / 15 – **E:** 509* / 7,1* / 130 – **M:** 17,1* (. .)

**Außenhandel:** 1980 **Einf.** 1527 Mill. $, **Ausf.** 779 Mill. $ – **W:** 1 Jemen-Dinar (YD) = 1000 Fils; 1 US-$ = 343 Fils, 1 YD = 7,5510 DM – **AS:** 75 / <1 / . . / 17 / 23 – **H:** 21 / 37 / <1 – **Z:** – 137 / 4,3 / 2,4 / 73,1 – **D:** 4,2 – **K:** – / 158 / . .

**Wichtige Ausfuhrgüter:** Ölderivate, Baumwolle, Kaffee, Häute u. Felle, Salz, Fisch.-Prod.; Industrie-Prod. 6% – **u. Handelspartner:** RGW-Staaten, Japan, Frankreich, Australien, Großbritannien, A. R. Jemen, Kuwait, Katar

**Mitgliedschaft:** UNO, ECWA, FAO, GATT (assoz.), IBRD, ICAO, IDA, IFC, ILO, IMF, IMO, ITU, UNESCO, UNICEF, UPU, WHO, WMO, Arab. Liga, RGW (Beob.), LLDC, Gemeins. Arab. Markt, Freundschaftspakte mit UdSSR, Äthiopien u. Libyen

## JORDANIEN *(Vorder-Asien)*

(Haschemitisches Königreich Jordanien; Al Mamlakah Al Urdunniyah Al Hashimiyah – [JOR])

**Fläche** (102): 97740 km² (m. 918 km² Binnengewässern u. West-J.), davon ca. 5900 km² von Israel besetzt (L: 18%) – **Einwohner** (102): 3360000 (S 1981; 1706226 Z 1961; ohne West-J. 1977 2080000) = 34,4 je km² – **Städt. B.**: 57 / 4,7 / 37 – **G:** 62 / 67 / 5 / 1890 / 1310 / 96 – **S:** 30 / 108 / 79 / 27 – **Jährl. Bevölkerungswachstum:** (1970–1981) 3,5% (1981: 46 / 9)

**Bevölkerung:** jordanische Araber u. arab.-palästinens. Flüchtl. (1,2 Mill., davon 619000 »integriert«), 1,2% Tscherkessen, 0,2% Armenier u. 0,1% Kurden – **Staatssprache:** Arabisch; als Bildungssprache Englisch – **Religion:** rd. 93% sunnit., 3% schiit. Muslime, 186000 Christen versch. Bekenntnisse (griech.-orth., armenisch, Melchiten)

**Flagge:** schwarz-weiß-grün (waagerecht), weißer 7strahliger Stern im roten Dreieck am Mast – **Nationalfeiertag:** 25.5. – **U:** 22.3.1946

**Staats- u. Regierungsform:** Konstitutionelles Königreich – 60 Mitgl. zählendes Parlament (davon je 30 für Ost- u. Westjordanien) – Seit 1984 auch Frauenwahlrecht – Keine allgemeine Wehrpflicht – Verwaltungsgliederung in 1 Wüstenterritorium u. 8 Distrikte (Liwas), an deren Spitze ein Gouverneur (Mutassarif) steht – Stammesverbände mit Scheich

**Staatsoberhaupt:** König Hussein II. (Ibn Tallal), seit 1952 – Kronprinz: Prinz Hassan – **Regierungschef:** Ahmed Obeidat, seit Jan. 1984; 7 Minister west- u. 13 ostjord. Herkunft – **Außenminister:** Suleiman Arar – **Parteien:** In Jordanien nicht zugelassen. Im März 1984 Nachwahl v. 8 Abg. aus Ostjord. (1. Wahlgang seit dem Nahostkrieg v. 1967): 3 Abg. gelten als islam. Fundamentalisten (damit insg. 7 im Parl.) – **Dipl. B.**: BR Dtld. u. DDR

**Städte** (S 1980): Amman (Hptst.) 1232600 Einw., Jerusalem [El Quds]-Altstadt 90000 (zugleich zweite Hauptstadt, seit Juni 1967 von Israel besetzt); Serka [Zarqa] 269780, Irbid 150000; 1971: Nablus 64000, Hebron 43000; Bethlehem [Betlemme] 25000 und Jenin 20000, beide seit 1967 israel. besetzt

**Wirtschaft: BSP** 1980: 3470 Mill. $ / 1981 (S): 3880 Mill. $ / 1620 $ (69) / 1971–80: 5,8 – **WS:** 8 / . . / 30 / . . – **V:** 30 / 86 / 41 / – 16 / 54 / – 57 – **A:** 51 / 20 / 20 – **E:** 627 / 13,3* / 456 – **M:** 13,1 (25,5)

**Außenhandel:** 1982 **Einf.** 3241 Mill. $, **Ausf.** 753 Mill. $ – **W:** 1 Jordan-Dinar (JD.) = 1000 Fils (FLS); 1 US-$ = 367,5 FLS, 1 JD. = 7,0476 DM – **AS:** 29 / 9 / 73 / 18 / 28 – **T:** 61 – **H:** 6 / 55 / 7 – **Z:** – 38 / 5,0 / 5,7 / 38,7 – **D:** 4,0 – **K:** – / 234 / 143

**Wichtige Ausfuhrgüter:** Phosphate (40%), Viehzuchtprodukte, Früchte, Gemüse, Tabak (zus. 25%) – **u. Handelspartner:** Saudi-Arabien (20%), BR Dtld. u. and. EG-Länder (⅓), USA, Libanon, Syrien, Irak, Japan, Kuwait

**Mitgliedschaft:** UNO, Arab. Liga, Gemeinsamer Arabischer Markt, CCC, ECWA, FAO, IAEA, IBRD, ICAO, IDA, IFC, ILO, IMF, IMO, ITU, UIA, UNESCO, UPU, WHO, WMO; Koop.-Abk. m. d. EG

## JUGOSLAWIEN *(Südost-Europa)*

(Sozialist. Föd. Rep. Jugoslawien; Socijalistička Federativna Republika Jugoslavija – [YU])

**Fläche** (69): 255804 km² (L: 31%) – **Einwohner** (32): 22860000 (S 1983; 22427585 Z 1981) = 89,4 je km² – **Städt. B.**: 43 / 2,9 / 23 – **G:** 71 / 31 / 2 / 680 / 280 / 140 – **S:** 15 / 99 / 83 / 23 – **Jährl. Bevölkerungswachstum:** (1970–1981) 0,9% (1981: 17 / 9)

**Bevölkerung:** Nach d. Z 1981 folgende **Nationen:** Kroaten 4428043 (19,7%), Mazedonier 1341598 (6,0%), Montenegriner 579043 (2,6%), muselmanischer Nationalität insg. 1999890 (8,9%), Serben 8140507 (36,3%), Slowenen 1763571 (8,0%) u. **Nationalitäten** (insg. 11,2%): Albanier 1730878 (7,7%, 77,4% d. Bev. d. Provinz Kosovo), Bulgaren 36189, Tschechen 19624, Ungarn 426867 (1,9%), Italiener 15132, Rumänen 54955, Ruthenen 23286, Slowaken 80334, Türken 101291, Ukrainer 12813; außerdem folg. **ethn. Gruppen** (insg. 0,8%): Romanies (u.a. Zigeuner) 168197, Walachen 32071, Jugoslawen ohne Nationalitätsangabe 1219024 – **Staatssprache:** Serbisch (kyrillische) u. Kroatisch (latein. Schrift), Slowenisch, Mazedonisch; Amtsspr. Magyarisch, Albanisch; Schulspr. auch Slowakisch, Rumänisch, Türkisch u. Italienisch – **Religion:** 41,5% serb.-orthodoxe Christen, 31,8% römische Katholiken, 12,3% Muslime, 150000 Protestanten, 12,3% Konfessionslose, 7000 Juden

**Flagge:** blau-weiß-rot (waagerecht), gelbgeränderter roter Stern in d. Mitte – **Nationalfeiertag:** 29.11. – **U:** alte staatl. Geschichte Serbiens u. Kroatiens; Gründung des Gesamtstaates 1.12.1918

**Staats- u. Regierungsform:** Volksrepublik auf bundesstaatlicher Grundlage – Für 4 Jahre gewählte Bundesversammlung (»Skupština SFR Jugoslavije«), seit der neuen Verfassung von 1974 aus 2 Kammern (Föd.-Rat m. 220 [zuletzt am 15.5.1982] nach einem komplizierten System gewählten und »Rat der Republiken« mit 88 von den Republiken und autonomen Provinzen entsandten Mitgliedern) – Wahlberechtigt alle über 18 Jahre alten Bürger – Wehrpflicht – Politische Gliederung in die föderativen

Sozialistischen Republiken Serbien [Srbija] (mit d. auton. Prov. Vojvodina u. Kosovo) mit 88361 km² u. 9,279 Mill. Einw. (Z 1981), Kroatien [Hrvatka] m. 56538 km² u. 4,576 Mill. E., Slowenien [Slovenija] m. 20252 km² u. 1,884 Mill. E., Bosnien u. Herzegovina [Bosnija-Hercegovina] m. 51129 km² u. 4,166 Mill. E., Mazedonien [Makedonija] m. 25713 km² u. 1,914 Mill. E. sowie Montenegro [Crna Gora] m. 13812 km² u. 583000 E. Eigene Parlamente, Vollzugsräte, Flaggen

**Staatspräsidium**« Vors. (jährl. wechselnd) Veselin Djuranović (aus Montenegro); Stellv. Radovan Vlajković – Mitgl. d. Staatspräsidiums: Nikola Ljubičić (Serbien), Branko Mikulic (Bosnien-Herz.), Stane Dolanc (Slowenien), Lazar Mojsov (Mazedonien), Radovan Vlajković (Vojvodina), Sinan Hasani (Kosovo), Josip Vrhovec (Kroatien) u. Veselin Djuranović (Montenegro) – **Vorsitzende d. Bundesvollzugsrates** (Ministerpräs.): die Kroatin Milka Planinc – **Außenminister:** Raif Dizdarević – **Parteien:** Einzig zugelassene Partei ist der »Bund der Kommunisten Jugoslawiens«, der auch die entscheidenden Positionen in der Volksfront »Sozialistischer Bund des werktätigen Volkes« besitzt; Präsidium d. ZK aus 23 (Vors. Ali Surkrija), ZK aus 166 Mitgl., Koordinationsausschuß aus Staats- und Parteipräsidium (= oberste politische Leitung) – 1982 zählte der BdKJ 2117083 Mitglieder – **Dipl. B.:** BR Dtld. u. DDR

**Städte** (Z 1981): Belgrad [Beograd] (Hptst.) 1455046 Einw.; (F 1975) Zagreb 667687, Skopje 312980, Sarajewo [Sarajevo] 292263, Laibach [Ljubljana] 257800, Neusatz [Novi Sad] 213861, Nisch [Niš] 193509, Split 185047, Marburg [Maribor] 171745, Rijeka 160044

**Wirtschaft: BSP** 1980: 56660 Mill. $ / 1981 (S): 62930 Mill. $/2790 $ (51)/5,0–**WS:** 12/2,6/43/6,8 –**V:** 15/56/32/29/23/–3–**A:** 67/29/35–**E:** 2402/3,5 / 14645 – **M:** 4,5 (48,6)

**Außenhandel:** 1982 **Einf.** 13346 Mill. $, **Ausf.** 10265 Mill. $ – **W:** 1 Jugoslaw. Dinar (Din) = 100 Para; 1 US-$ = 124,5683 Din, 1 Din = 0,0208 DM–**I:** 19,4–**AS:** 9/28/40/8/28–**T:** 99–**H:** 31/17/49–**Z:** –2291 / 1,2 / 3,5 / 7,7 – **D:** 1,5 – **K:** – / 808 / . .

**Wichtige Ausfuhrgüter:** Maschinen u. Fahrzeugausrüstungen (¼); Erze u. Metalle, Chemikalien, Vieh u. Fleisch, Schnittholz, Textilien, Früchte, Tabak, Wein – **u. Handelspartner:** UdSSR bis ⅓, sozialistische Länder insg. ca. 45%, BR Dtld. 10–15%, Italien, USA

**Mitgliedschaft:** UNO, RGW (assoz.), CCC, FAO, GATT, IAEA, IBRD, ICAO, IDA, IDB, IEA, IFAD, IFC, ILO, IMF, IMO, ITU, OECD-Sonderstatus, UNESCO, UPU, WHO, WMO; Komitee f. wirtschaftl. Zusammenarbeit mit d. UdSSR, Abk. m. d. EG

## KAMBODSCHA / KAMPUCHEA

*(Südost-Asien)*

(Volksrepublik Kamputschea; »Ravax Samaki Songkruos Cheat Kampuchea« – [VRK bzw. K])

**Fläche** (82): 181035 km² (m. 3000 km² Binnengewässern) (L: 13%) – **Einwohner** (76): 6650000 (S 1982; 1981 n. eig. Ang. 5746141) = 36,7 je km² – **Städt. B.:** 11*/3,5*/0–**G:** . ./146*/22*/35440*/4010* / 88 – **S:** 64* / 64* / 3* / <1* – **Jährl. Bevölkerungswachstum:** (1970–1979) –0,6% (1960: 45 / 19)

**Bevölkerung:** Kambodschaner bzw. Kamputscheaner; ca. 85 bis 93% Khmer, vietnames. u. chines. (30000) Minderheiten; Tscham, Lao, Moi (»Khmer-Loeu«) – **Staatssprache:** Khmer; französisch als Bildungs- u. Handelssprache; Vietnamesisch – **Religion:** bisher zu rd. 90% südl. Buddhismus; schafiitische Sunniten (etwa 50000) als islamische Minderheit (Tscham, Malaien); christliche Restgruppen; offiz. Propagierung d. Atheismus

**Flagge:** rotes Feld mit 5türmigem, gelbem Angkor-Tempel – Flagge d. gestürzten Roten Khmer-Reg.: rotes Feld m. 3türmigem, gelbem Angkor-Tempel – **Nationalfeiertag:** 17. 4. – **U:** alte staatl. Tradition; Unabhängigk. am 22. 7. 1954 endgültig anerkannt (Indochina-Konferenz)

**Staats- u. Regierungsform:** Republik; im März 1979 Machtübernahme durch vietnamtreue Kambodschaner u. Bildung eines Volksrevolutionsrates (Regierung) – Volksdemokrat. Verfassung seit 1981 – Wehrpflicht – 17 Provinzen (in Umorganisation)

**Staatsoberhaupt:** Heng Samrin, Präs. d. Staatsrates (»Conseil d'Etat«) – **Regierungschef:** Min.-Präs. Chan Si [Tschan Si] – **Außenminister:** Hun Sen – **Parteien:** KNUFNS (Kampuchean National United Front for National Salvation; neue Bez.: »Rev. Volksp. der Khmer«/RVPK), erreichte bei d. Wahlen v. Mai 1981 99% d. Stimmen u. alle 117 Mandate – Gestürzte Reg. d. Roten Khmer des »Demokratischen Kampuchea«: Dreierkoalition seit Juni 1982: Staatsoberh. ehem. König Samdech Norodom Sihanouk – Min.-Präs. Son Sann – Außenmin. Khieu Samphan – Oberster Kommandeur u. Vors. d. Militärkommission: Pol Pot – »Nationale Befreiungsfront d. Khmer-Volkes«/FNLPK – **Dipl. B.:** DDR

**Städte:** Phnom Penh (Hptst.) 1971 etwa 400000, 1979 etwa 23000, im Jan. 1980 80000 Einw. (n. and. Schätz. 500000), Battambang, Kompong Chhnang u. Kompong Cham, Kompong Som

**Wirtschaft: BSP** 1974: 570 Mill. $/60–70 $ (171)/. . –**A:** 53*/82*/4*–**E:** 128/–38*/52–**M:** 5,6* (. .)

**Außenhandel:** gegenw. außer Wirtschaftshilfe kein Außenhandel; 1979 **Einf.** 150 Mill. $, **Ausf.** 2 Mill. $– **W:** 1 Riel = 100 Sen (keine Notierung) – **I:** 3,8* – **AS:** 0* / 1* / 9* / . . / . . – **T:** 102*

**Mitgliedschaft:** UNO (offiz. das Pol Pot-Regime),

Colombo-Plan, ADB, ESCAP, FAO, GATT, IAEA, IBRD, IFC, ICAO, ILO, ITU, UNESCO, UPU, WHO, WMO

## KAMERUN *(Zentral-Afrika)*

(Vereinigte Rep. Kamerun; République Unie du Cameroun; United Republic of Cameroon – [R.C.])

**Fläche** (47): 475442 km² (davon 5242 km² Binnengewässer) (L: 16%) – **Einwohner** (65): 9160000 (S 1983; 7663246 Z 1976 prov.) = 19,3 je km² – **Städt. B.**: 36/7,4/21 – **G**: 50/106/20/13670/1910/105 – **S**: 81*/104/18/1 – **Jährl. Bevölkerungswachstum:** (1970–1981) 2,2% (1981: 43 / 17)

**Bevölkerung:** Kameruner; Bantu- 40%, Semibantu- u. Sudangruppen 20%; Pygmäen im S; Fulbe, Haussa; etwa 12000 Europäer, meist Franzosen; 150000 Tschad-Flüchtlinge – **Staatssprache:** Französisch u. Englisch als Amtssprachen; Bantu-, Semibantu- u. sudanes. Sprachen, Ful z.T. als Verkehrssprache – **Religion:** über 20% Katholiken, etwa 15% Protestanten u. ca. 17% Muslime; Anh. v. Naturreligionen u. Sekten

**Flagge:** grün-rot (m. gelbem Stern)-gelb (senkrecht) – **Nationalfeiertag:** 20.5. – **U:** 1.1.1960

**Staats- u. Regierungsform:** Präsid. Republik – Parlament aus 1 Kammer – Verwaltungsgliederung in 10 Provinzen – Begrenzte Wehrpflicht

**Staatsoberhaupt** u. Vorsitzender d. Kabinetts: Präsident Paul Biya, seit Nov. 1982/UNC, wiedergewählt im Jan. 1984 mit 99,99% – **Außenminister:** William Eteki Mboumoua – **Parteien:** Seit 1966 Einparteiensystem: »Union National Camerounaise«/UNC bzw. »Cameroon National Union«/CNU. Bei d. Wahlen für die Bundesnationalversammlung erhielt 1978 die UNC 99,98% d. Stimmen u. alle 120 Sitze – **Dipl. B.:** BR Dtld. u. DDR

**Städte** (S 1981): Yaoundé [Jaunde] 500000 Einw., Douala [Duala] m. V. 800000, Garoua 85000, Nkongsamba 80000, Bafoussam 75000, Maroua 70000, Bamenda 60000

**Wirtschaft: BSP** 1980: 6130 Mill. $ / 1981 (S): 7630 Mill. $ / 880 $ (91) / 3,3 – **WS:** 27/3,9/20/9,4 – **V:** 7/71/21/22/32/1 – **A:** 54/83/7 – **E:** 154/52,3/339 – **M:** 1,5 (9,1)

**Außenhandel:** 1982 **Einf.** 1205 Mill. $, **Ausf.** 998 Mill. $ – **W:** 1 CFA-Franc = 100 Centimes; 1 FF = 50 CFA-Francs (1 CFA-Franc = 0,02 FF), 1 CFA-Franc = 0,0065 DM – **I:** 10,6 – **AS:** 33/<1/14/9/34 – **T:** 90 – **H:** 93/7/<1 – **Z:** – 30*/2,8/3,1*/28,7 – **D:** 0,9* – **K:** – / 286 / 16*

**Wichtige Ausfuhrgüter:** Kaffee (über ⅓), Kakao (⅓), Holz, Aluminiumoxid, Baumwolle, Kautschuk, Bananen, Palmkerne und -öl; neuerdings Erdöl (üb. 40%) – **u. Handelspartner:** Frankreich (bis 35%), BR Deutschland (bis 10%), USA, Niederlande, UdSSR

**Mitgliedschaft:** UNO, OAU, AKP, UDEAC, CCC, FAO, GATT, IAEA, IBRD, ICAO, IDA, IFAD, IFC, ILO, IMF, IMO, ITU, UNESCO, UPU, WHO, WMO, UMOA

## KANADA *(Nord-Amerika)*

(Canada – [CDN])

**Fläche** (2): 9976139 km² (m. 755165 km² Binnengewässern) (L: 5%) – **Einwohner** (31): 24910000 (S 1983; 24340000 Wohnbev. Z 1981) = 2,5 je km² – **Städt. B.**: 76/1,2/62 – **G**: 75/10/<1/550/90/127 – **S**: 1/100/89/36 – **Jährl. Bevölkerungswachstum:** (1970–1981) 1,2% (1981: 16 / 7)

**Bevölkerung:** Nach d. Volkszählung v. 1981 waren 44,6% britischer, 28,7% französ. u. 23% anderer europ. Abstammung. 1976: 288938 Indianer u. (1971) 17550 Eskimos (Inuits), zusammen Z 1981 413380 – **Staatssprache:** Englisch u. Franz. – Muttersprache Z 1981 in Mill.: 14,92 Englisch, 6,25 Französ., 3 Mill. Sonstige – **Religion:** (Z 1981) Katholiken 46,2%, »United Church« 17,5%, Anglikaner 11,8%, Presbyterianer 4%, Lutheraner 3,3%, Baptisten 3,1% u. andere 14,1%

**Flagge:** weißes Feld m. rotem Ahornblatt, links u. rechts senkrechte rote Streifen – **Nationalfeiertag:** 1.7. – **U:** 1.7.1867 de facto, 11.12.1931 nominell (Westminster-Statut)

**Staats- u. Regierungsform:** Parlamentarische Monarchie mit bundesstaatlicher Verfassung – Parlament aus 2 Kammern (»House of Commons« und »Senate«); am 17. April 1982 wurde das seit 1867 gültige British North America Act durch eigene Verfassung abgelöst (= völlige Unabh.) – Wahlberechtigt alle volljährigen Bürger – Keine allgemeine Wehrpflicht – Verwaltungsgliederung in 10 Provinzen. *Alberta* 661185 km² u. (Z 1981) 2237724 Einw. (Hptst. Edmonton als Metr. 657057) – *British-Columbia* 948596 km² u. 2744467 (Hptst. Victoria als M. 233481) – *Manitoba* 650086 km² u. 1026241 (Hptst. Winnipeg als M. 584842) – *Neu-Braunschweig* [New Brunswick] 73437 km² u. 696403 (Hptst. Fredericton 47800) – *Neufundland* [Newfoundland] 404517 km² u. 567681 (Hptst. Saint John's 86576) – *Neuschottland* [Nova Scotia] 55490 km² u. 847442 (Hptst. Halifax als M. 277727) – *Ontario* 1068582 km² u. 8625107 (Hptst. Toronto als M. 2998947) – *Prinz-Eduard-Insel* [Prince Edward Island] 5657 km² u. 122506 (Hptst. Charlottetown 17063) – *Quebec* 1540680 km² u. 6438403 (Hptst. Quebec 542158) – *Saskatchewan* 651900 km² u. 968313 (Hptst. Regina als M. 164313) – Zwei Territorien: *Nord-West-Territorium* 3379683 km² u. 45741 (Hptst. Yellowknife 9483) – *Yukon* 536324 km² u. 23153 (Hptst. Whitehorse 14814)

**Staatsoberhaupt:** Königin Elizabeth II., seit 1952; vertreten durch eine(n) Generalgouverneur(in):

Jeanne Sauve, seit 1984 – **Regierungschef:** Brian Mulroney, PCP, seit Sept. 1984 – **Außenminister:** N. N. – **Parteien:** Bei den Wahlen am 4. 9. 1984 errang die »Konservative Partei« (Progressive Conservative Party) 211 (1980: 103) der 282 Unterhaussitze; sie vertritt den Vorrang der Privatwirtschaft und betont die Bindungen zu Großbritannien. Die »Liberale Partei«, die sich innenpolitisch nicht stark, außenpolitisch jedoch mehr von den Konservativen unterscheidet, erhielt 40 (147) Sitze. Außerdem: »New Democratic Party« 30 (32) Sitze, 1 Unabh. – »Le Parti Québecois«, stellt d. Reg. in d. frankophonen Prov. Quebec unter René Levesque (seit 1976) – **Dipl. B.:** BR Deutschland und DDR

**Städte** (Z 1981, metropolitan areas): Ottawa (Hptst.) 717978 Einw., Montreal 2828349, Toronto 1998947, Vancouver 1268183, Edmonton 657057, Calgary 592743, Winnipeg 584842, Quebec 576075, Hamilton 542095, St. Catherines-Niagara 304353, Kitchener 287801, London 283668, Halifax 277727

**Wirtschaft: BSP** 1980: 243760 Mill. $ / 1981 (S): 276220 Mill. $ / 11400 $ (20) / 2,6 – **WS:** 4 / 1,8 / 32 / 2,9 – **V:** 20 / 55 / 25 / 25 / 28 / <1 – **A:** 67 / 5 / 29 – **E:** 13153 / 1,1 / 83764 – **M:** 1,8 (7,7)

**Außenhandel:** 1983 **Einf.** 61325 Mill. $, **Ausf.** 73797 Mill. $ – **W:** 1 Kanadischer Dollar (kan$) = 100 Cents; Freimarktkurs: 1 US-$ = 1,2759 kan$, 1 kan$ = 2,0299 DM – **I:** 9,3 – **AS:** 28 / 26 / 11 / 8 / 46 – **T:** 95 – **H:** 84 / 12 / 3 – **Z:** – 4413 / .. / .. / .. – **D:** 1,6 – **K:** 0,42 / .. / – 8597

**Wichtige Ausfuhrgüter:** Maschinen, Fahrzeuge und F.-Teile (bis über 30% d. Ausfuhrwertes), Papier, Holz, Zellstoff (10–15%), Getreide u. Getreideerzeugnisse (Weizen, stark wechselnd), Aluminium, Nickel, Uran, Asbest u. Kupfer, Erdöl, Edelmetalle, Eisenerze, Blei, Chemikalien, Fischereiprodukte – **u. Handelspartner:** USA (bis ¾), Japan (5%), Großbritannien, BR Deutschland (ca. 2%), Venezuela

**Mitgliedschaft:** UNO, NATO, ADB, BID, CCC, ECLA, FAO, GATT, IAEA, IBRD, ICAO, IDA, IDB, IFAD, IFC, ILO, IMF, IMO, ITU, OECD, UNESCO, UPU, WHO, WMO; assoziiert an den Colombo-Plan, Beobachter in der OAS, Rahmen-Koop.-Abk. m. d. EG

## KAP VERDE *(West-Afrika)*

(Republik Kap Verde, Kapverden; República de Cabo Verde)

**Fläche** (148): 4033 km$^2$ (L: 9%) – **Einwohner** (147): 295260 (S 1982 n. eig. Ang., n. and. Ang. 340000; 272571 Z 1970) = 73,2 je km$^2$ – **Städt. B.:** ca. 20% – **Jährl. Bevölkerungswachstum:** (1975–1978) 1,9%

**Bevölkerung:** Kapverdier; Creolen (Mulatten) ca. 70%, Schwarze 28%, Weiße 1%; ca. 600000 als Fremdarbeiter i. Ausland – **Staatssprache:** Portugiesisch; Umgangssprache »Crioulo«, von afrikan. u. and. Sprachelementen durchsetztes Portug. – **Religion:** 90% Katholiken, daneben Angehörige von Freikirchen und Anhänger von Naturreligionen

**Flagge:** gelb-grün (waagerecht), am Mast roter (senkrechter) Streifen m. Staatsemblem (schwarzer Stern, umgeben v. Maiskolben, Blättern u. einer Muschel) – **Nationalfeiertag:** 5. 7. – **U:** 5. 7. 1975

**Staats- u. Regierungsform:** Republik – Nationalversammlung – Keine allg. Wehrpflicht – 12 Kreise (Conselhos)

**Staatsoberhaupt:** Aristides Maria Pereira, PAICV, erneut seit Febr. 1981 – **Regierungschef:** Major Pedro Pires, PAICV – **Außenminister:** Silvino Manuel da Luz – **Parteien:** »Partido Africano da Independência do Cabo Verde«/PAICV (Gen.-Sekr. Aristides Pereira) erhielt als Einheitspartei bei d. Wahl v. Dez. 1980 93% d. Stimmen u. alle 56 Sitze – **Dipl. B.:** BR Dtld. (Botschaft in Dakar/Senegal) und DDR

**Städte** (Z VI/1980): Praia (Hptst., auf São Tiago) 39794 Einw., Mindelo (Wirtschaftszentrum) 41792, S. Filipe 11000

**Wirtschaft: BSP** 1980: 90 Mill. $ / 1981 (S): 100 Mill. $ / 340 $ (133) / 1973–80: 5,5

**Außenhandel:** 1980 **Einf.** 68 Mill. $, **Ausf.** 4 Mill. $ – **W:** 1 Kap-Verde-Escudo (KEsc) = 100 Centavos; 1 US-$ = 77,95 KEsc, 1 KEsc = 0,0332 DM

**Wichtige Ausfuhrgüter:** Fische u. Fischprodukte (über 50%); Salz, Bananen, Pflanzenöle, etwas Kaffee – **u. Handelspartner:** Portugal (bis 60%), Niederlande, USA, Großbritannien

**Mitgliedschaft:** UNO, OAU, CEDEAO, FAO, IBRD, ICAO, IFAD, ILO, IMO, ITU, UNESCO, UPU, WHO, WMO; AKP

## KATAR *(Vorder-Asien)*

(Staat Katar; Dawlat al Qatar – [Q])

**Fläche** (139): 11437 km$^2$ (n. eig. Ang.) (L: 0%) – **Einwohner** (149): 261000 (S 1982) = 22,8 je km$^2$ – **Jährl. Bevölkerungswachstum:** (1975–1978) 5,7%

**Bevölkerung:** Katarer; Araber 56%; persische (23%) u. pakistanische (7%) Gruppen, etwa 10000 Schwarze; ca. 75% Ausländer – **Staatssprache:** Arabisch; außerdem u. a. Persisch; Englisch als Handels- u. Verkehrssprache – **Religion:** 98% sunnitische Muslime, bevorzugt d. wahabitischen Richtung

**Flagge:** braunes Feld, gezackter weißer Streifen am Flaggstock – **Nationalfeiertag:** 3. 9. – **U:** 1. 9. 1971

**Staats- u. Regierungsform:** Prov. Verfassung v. 1970 – 30 Mitglieder umfassende Beratende Versammlung (kein Frauenwahlrecht) – Scheichtum

**Staatsoberhaupt u. Regierungschef:** Emir Scheich Khalifa [Chalifa] bin Hamad Al Thani, seit dem Staatsstreich von 1972; Kronprinz Scheich Hamad bin Khalifa [Chalifa] Al Thani – **Außenminister:** Scheich Suhaim bin Hamad Al Thani – **Parteien:** nicht vorhanden – **Dipl. B.:** BR Dtld.

**Städte:** Doha (Hptst. S 1982) 209000 Einwohner, Waqra, Duchan [Doukhan], Umm Said [Oum-S.], Khor, North City

**Wirtschaft: BSP** 1980: 6600 Mill. $ / 1981 (S): 6540 Mill. $ / 27720 $ (2) / –0,2

**Außenhandel:** 1982 **Einf.** 1949 Mill. $, **Ausf.** 4252 Mill. $ – **W:** 1 Katar-Riyal (QR) = 100 Dirhams; 1 US-$ = 3,6300 QR, 1 QR = 0,7135 DM

**Wichtigste Ausfuhrgüter:** zu 92% Erdöl – **u. Handelspartner:** Japan (ca. 30%), Großbrit., BR Dtld. u. and. EG-Länder, USA, Thailand

**Mitgliedschaft:** UNO, Arabische Liga, CCC, ECWA, FAO, GATT (assoz.), GCC, IAEA, IBRD, ICAO, IFAD, ILO, IMF, IMO, ITU, OAPEC, OPEC, UNESCO, UPU, WHO, WMO; Freundschaftsabkommen mit Großbritannien; Hoheitsrechte über die Hawar-Inseln zwischen Katar u. Bahrain umstritten

## KENIA *(Ost-Afrika)*

(Republik Kenia; Dschamhuri ja Kenia bzw. Jamhuri ya Kenya; Republic of Kenya – [EAK])

**Fläche** (43): 582646 km² (m. 13396 km² Binnengewässern) (L: 10–15%) – **Einwohner** (41): 18200000 (S 1982; 15322000 Z 1979) = 31,2 je km² – **Städt. B.:** 15/7,3/57 – **G:** 56/85/15/10500/550/88 – **S:** 53/108/18/1 – **Jährl. Bevölkerungswachstum:** (1970–1981) 4,0% (1981: 55 / 13)

**Bevölkerung:** Kenianer; über 60% Bantu (u.a. 20% Kikuju, 13% Luhya, 11% Kamba), ferner ⅐ Niloten (u.a. 13% Luo) u. hamitische sowie nilohamitische (darunter 1,5% Massai) Gruppen, rd. 27000 Araber, 80000 Inder u. 25000 Europäer – **Staatssprache:** seit 1974 Suaheli; Umgangssprachen der Bantu, Inder, Niloten; Englisch wichtig als Verkehrs- u. Bildungssprache – **Religion:** etwa 37% Protestanten, rund 22% Katholiken, 4–6% Muslime, Minderheiten von Hindus; 200 Juden. Anhänger von Naturreligionen

**Flagge:** schwarz-rot-grün, durch schmale weiße Streifen getrennt (waagerecht), in d. Mitte Schild mit gekreuzten Speeren – **Nationalfeiertag:** 12.12. – **U:** 12.12.1963

**Staats- u. Regierungsform:** Präsidiale Republik – Parlament aus 1 Kammer; Ein-Parteien-Staat seit 1982 in d. Verfass. verankert – Gliederung in 7 Provinzen u. d. Extra Provincial District Nairobi

**Staatsoberhaupt, Regierungschef** u. Verteid.-Min.: Daniel arap Moi, seit 1978 – **Außenminister:** Elisah Mwangala – **Parteien:** bei den Wahlen vom Sept. 1983 erhielt die Einheitspartei »Kenya African National Union«/KANU, die sich vor allem auf Kikuju und Luo stützt, alle 158 Sitze (+12 ernannte Abg.) – **Dipl. B.:** BR Dtld. u. DDR

**Städte** (S 1979): Nairobi (Hptst.) 835000, Mombasa-Kilindi 400000, Kisumu 149000, Nakuru 93000, Eldoret 50000, Thika 20000

**Wirtschaft: BSP** 1980: 6430 Mill. $/1981 (S): 7280 Mill. $/420 $ (126)/2,4 – **WS:** 32/4,2/21/8,5 – **V:** 21/63/25/16/25/–9 – **A:** 47/78/10 – **E:** 208/13,3/541 – **M:** 4,4 (16,4)

**Außenhandel:** 1982 **Einf.** 1683 Mill. $, **Ausf.** 979 Mill. $ – **W:** 1 Kenia-Schilling (K.Sh.) = 100 Cents; 1 US-$ = 13,5974 K.Sh., 1 K.Sh. = 0,1905 DM – **I:** 10,2 – **AS:** 34/3/63/8/28 – **T:** 99 – **H:** 50/48/1 – **Z:** –736/4,5/17,1/34,4 – **D:** 1,2 – **K:** –/299/61

**Wichtige Ausfuhrgüter:** Kaffee (20%), Tee (⅛), Erdölprodukte (⅓), Sisal, Pyrethrumextrakt, Viehzuchtprod. – **u. Handelspartner:** Großbrit. (rd. 15%), BR Dtld. (⅒) u. and. EG-Länder (zus. 45%), Japan, USA, Uganda, Saudi-Arabien

**Mitgliedschaft:** Commonwealth, UNO, OAU, CCC, FAO, GATT, IAEA, IBRD, ICAO, IDA, IFAD, IFC, ILO, IMF, IMO, ITU, UNESCO, UPU, WHO, WMO; seit 1967 mit Tansania u. Uganda in einem »Ostafrikanischen Gemeinsamen Markt«, 1984 aufgelöst; »Organis. d. Nil-Staaten«; »Ost- u. Südostafr. Präf.-Handelszone«; AKP

## KIRIBATI *(Ozeanien)*

(Republik Kiribati, Ribaberikin Kiribati; sprich: »Kiribass«, vor Unabh. »Gilbert-Inseln«)

**Fläche** (154): 886 km² (nach and. Ang. 906,3 km² bzw. engl. Ang. nur 684 km²) – **Einwohner** (168): 60000 (S 1982; 56452 Z 1978) = 67,7 je km² – **Städt. B.:** 30% – **Jährl. Bevölkerungswachstum:** (1975–1978) 2,2%

**Bevölkerung:** Kiribatier; 80% Mikronesier, einige Polynesier, Chinesen u. Europäer – **Staatssprache:** Kiribati (Gilbertese) u. Englisch – **Religion:** 29250 Katholiken, Protestanten

**Flagge:** rot mit gelbem Vogel u. aufgehender gelber Sonne, darunter 6 gewellte waagerechte Streifen (weiß-blau) – **Nationalfeiertag:** 12.7. – **U:** 12.7.1979

**Staats- u. Regierungsform:** Präsidialrepublik – Parlament (»Maneaba ni Maungatabu«) m. 36 Sitzen

**Staatsoberhaupt u. Regierungschef:** Präsident (»Beretitenti«) Jeremia Tabai, seit Juni 1979 – Keine Parteien, sondern Sippenverbände – **Dipl. B.:** BR Dtld. (Botschaft in Wellington/Neuseeland)

**Städte** (S 1983): Bairiki (auf Hauptinsel Tarawa) ca. 22000 Einw.

**Wirtschaft: BSP** 1980: 20 Mill. $/1981 (S): 30 Mill. $/500 $ (118)/–2,5

**Außenhandel:** 1979 **Einf.** 15,0 Mill. $, **Ausf.** 20,0 Mill. $ – **W:** 1 Austral. Dollar ($A) = 100 Cents; 1 $A = 0,9374 US-$ bzw. 2,4279 DM

**Wichtige Ausfuhrgüter:** Kopra – **u. Handelspartner:** Australien, Großbritannien, Neuseeland, USA

**Mitgliedschaft:** Commonwealth, AKP, Südseeforum, SPC, UPU

Umbenennungen: Christmas Islands in Kiritimati, Washington Island in Teraina; Canton u. Enderbury (bisher US-UK-Territ.) in der Phönix-Inselgruppe sind d. Rep. Kiribati zugesprochen worden.

## KOLUMBIEN *(Süd-Amerika)*

(Republik Kolumbien; República de Colombia – [CO])

**Fläche** (24): 1138914 km$^2$ (L: 9%) – **Einwohner** (29): 27729897 (Z 1980) = 24,3 je km$^2$ – **Städt. B.:** 64/2,6/51 – **G:** 63/55/4/1920/1220/108 – **S:** 19/128 / 46 / 11 – **Jährl. Bevölkerungswachstum:** (1970–1981) 1,9% (1981: 29 / 8)

**Bevölkerung:** Kolumbianer; bis ⅔ Mestizen; ⅕ Weiße, meist altspanischer Herkunft, teilweise als Oberschicht; 1977 (Z) 450000 Indianer, 6% Schwarze, 20% Mulatten – **Staatssprache:** Spanisch; etwa 400000 indian. Idiome (u. a. Chibcha) Sprechende – **Religion:** 95% röm.-kathol. (Staatskirche); 100000 Protestanten, 12000 Juden

**Flagge:** gelb(doppelt breit)-blau-rot (waagerecht) – **Nationalfeiertag:** 20. 7. – **U:** 20. 7. 1810 (Proklamation), 7. 8. 1819 endgültig

**Staats- u. Regierungsform:** Präsidiale Republik – Parlament aus 2 Kammern (Abgeordnetenhaus bzw. »Cámara de Representantes« u. Senat bzw. »Senado«, die Mitgl. d. Repräsentantenhauses werden für 2 Jahre gewählt) – Wahlberechtigt alle über 18 Jahre alten Bürger – Wehrpflicht – Verwaltungsglied. in 22 Departamentos sowie in 5 Intendencias u. 5 Comisarías

**Staatsoberhaupt** und für die Regierung verantwortlich: Präsident Dr. Belisario Betancur Cuartas, P. Conservador, seit Aug. 1982; gewählt mit 47% d. St. (López Michelsen, PL, 40%) – **Außenminister:** Augusto Ramírez – **Parteien:** Wahlen vom März 1982: »Partido Liberal«/PL 55%, die Konservativen (»P. Conservador«) 41%, Linksparteien u. Kommunisten insg. 2% – **Dipl. B.:** BR Dtld. und DDR

**Städte** (Z 1980): Bogotá (Hptst.) 4079848 Einw. (S 1980 4,5 Mill.), Medellín (A) 1518827, Cali 1317799, Barranquilla (A) 859016, Cartagena 435429, Bucaramanga (A) 424000, Cúcuta (A) 398000, Ibagué 293000, Manizales 250000, Palmira 227000, Santa Marta 220000, Buenaventura 180000, Neiva 170000 – Distr. Esp. de Bogotá 1754 km$^2$

**Wirtschaft: BSP** 1980: 32590 Mill. $/1981 (S): 36390 Mill. $/1380 $ (76)/4,0 – **WS:** 27/4,7/31/4,7 – **V:** 8/68/28/24/12/ – 4 – **A:** 60/26/21 – **E:** 970/1,3/5370 – **M:** 0,9*

**Außenhandel:** 1982 **Einf.** 5478 Mill. $, **Ausf.** 3095 Mill. $ – **W:** 1 Kolumb. Peso (kol$) = 100 Centavos; Zertifikatkurs: 1 US-$ = 94,47 kol$, 1 kol$ = 0,0274 DM – **I:** 22,4 – **AS:** 3/2/14/12/38 – **T:** 127 – **H:** 70/26/4 – **Z:** –1943/1,8/13,4/14,0 – **D:** 10,6 – **K:** – /174*/209

**Wichtige Ausfuhrgüter:** Kaffee (50%), Ölderivate, Bananen, Baumwollfasern, Blumen, Smaragde, Zement – **u. Handelspartner:** USA (bis ⅖), BR Deutschland (⅛), Japan, Großbritannien, Spanien

**Mitgliedschaft:** UNO, OAS, ALADI u. Andengruppe; Mitglied des »Amazonas-Vertrages«, BID, CECLA, ECLA, FAO, IAEA, IBRD, ICAO, IDA, IFAD, IFC, ILO, IMF, IMO, ITU, SELA, UNESCO, UPU, WHO, WMO, Contadora-Gruppe

## KOMOREN *(Ost-Afrika)*

(Islamische Bundesrepublik der Komoren; Republique fédérale et islamique des Comores; Jamhouri fédéral ya kislam ya Komores; Jamhouriat al-Kamar al-Hihadiat al-Islamiat [arab.])

**Fläche** (152): 1797 km$^2$ (L: 50%) (ohne Mayotte [374 km$^2$] → Frankreich) – **Einwohner** (141): 375000 (ohne M. [50400 Einw.], S 1982; m. Mayotte Z 1966 243498) = 208,7 je km$^2$ – **Städt. B.:** 10% – **Jährl. Bevölkerungswachstum:** (1975–1978) 2,2% (1981: 2,7%)

**Bevölkerung:** Komorer; sehr gemischt, bes. Araber, Madegassen, Bantu (Makua), indische und persische Minderheiten; einige Hundert Europäer, meist Franzosen – **Staatssprache:** Französisch; Komorisch (mit Suaheli verw.), Arabisch als Kultsprache, Bantu-Sprachen – **Religion:** 95% Muslime; kath. u. protestant. Minderheiten

**Flagge:** grün mit weißem Mond u. 4 Sternen – **Nationalfeiertag:** 6. 7. – **U:** 6. 7. 1975 (Proklamation)

**Staats- u. Regierungsform:** »Islamische Bundesrepublik« seit Okt. 1978; Bundesversammlung (»Assemblé fédérale«) 1982 aufgelöst

**Staatsoberhaupt:** Ahmed Abdallah Abderrahman, seit Okt. 1978 – **Regierungschef:** Ali Mroudjae [Mrudschaje], seit Febr. 1982 – **Außenminister:** Said Madi Kafe – **Parteien:** Einheitspartei »Union comorienne pour le progrès«/UCP (Komorische Fortschrittsunion) seit 1982, für demokrat. Sozialismus und Islam – **Dipl. B.:** BR Dtld. (der Botschafter in Tananarive/Madagaskar ist zugleich in den K. akkreditiert) u. DDR

**Städte** (S 1982): Moroni (Hptst., auf Ngazídja [Grande Comore]) 16000 Einw.; (Z 1980): Mutsamudu (auf Ndzuwani) 10000, Fomboni (auf Mwali) 4500, Dzanoudzi (auf Pamanzi) 4400

**Wirtschaft: BSP** 1980: 100 Mill. $ / 1981 (S): 110 Mill. $ / 307 $ (142) / –2,4

**Außenhandel** (ohne Mayotte): 1979 Einf. 29,9 Mill. $, Ausf. 17,1 Mill. $ – **W:** 1 Komoren-Franc (FC) = 100 Centimes; 1 FF = 50 FC, 1 FC = 0,02 FF bzw. 0,0065 DM

**Wichtige Ausfuhrgüter:** Vanille, Essenzen (u.a. Citronella, Ylang), Sisal, Kopra, Kakao u. Kaffee – **u. Handelspartner:** Frankreich (bis 50%) u. and. EG-Länder, USA, ostafrik. Länder u. Madagaskar (10%)

**Mitgliedschaft:** UNO, OAU, FAO, IBRD, IDA, IFAD, IMF, ITU, UNESCO, UPU, WMO, WHO; AKP, Ost- u. Südostafr. Präf.Handelszone

## KONGO *(Äquatorial-Afrika)*

(Volksrep. Kongo; République Populaire du Congo – [RCB])

**Fläche** (55): 342000 $km^2$ (L: 3%) – **Einwohner** (122): 1625000 (S 1982; 1300120 Z 1974) = 4,8 je $km^2$ – **Städt. B.:** 46/4,4/0 – **G:** 60/127/26/5510/790 / 94 – **S:** 84* / 156 / 69 / 5 – **Jährl. Bevölkerungswachstum:** (1970–1981) 2,9% (1981: 43 / 10)

**Bevölkerung:** Kongolesen; Bantu-Gruppen (u.a. Vili-Kongo, Ba-Kongo [45%], Bavili, Bateke, M'Boshi), 12000 Pygmäen, im N auch Sudan-Gruppen, 12000 meist franz. Europäer – **Staatssprache:** Französisch; Lingala, KiKongo usw. – **Religion:** Ca. 40% röm. Katholiken, 10–12% Protestanten, Anh. v. Naturreligionen; 1% Muslime

**Flagge:** rot; im Obereck Hammer u. Hacke (gelb), umrahmt v. 2 grünen Palmzweigen, gekrönt von einem gelben Stern – **Nationalfeiertag:** 15.8. – **U:** 15.8.1960

**Staats- u. Regierungsform:** Volksrepublik – Neue Verfassung v. 1979 mit 97% d. Stimmen angenom. – Wehrpflicht – Verwaltungsglied. in 9 Regionen

**Staatsoberhaupt:** Präs. u. Vors. d. »Comité Militaire«/CM (seit April 1977 Oberste Gewalt) d. PCT sowie Oberbefehlshaber Denis Sassou-Nguesso, seit Febr. 1979, erneut seit 31.7.1984 – **Ministerpräsident:** Ange Edouard Poungui – **Außenminister:** Pierre Nze – **Parteien:** »Parti Congolais du Travail«/PCT, linkssozialist.; 1979 mit 100% gewählt; alle 153 Sitze d. Nat. Volksversamml. (63 unmitt. für PTC, i. ü. Massenorgan.) – **Dipl. B.:** BR Dtld. u. DDR

**Städte** (S 1980): Brazzaville (Hptst.) 422402 Einw., Pointe-Noire 185105, Nkayi 40000, Loubomo 30000

**Wirtschaft: BSP** 1980: 1420 Mill. $ / 1981 (S): 1840 Mill. $ / 1110 $ (85) / 0,5 – **WS:** 9/2,1/53/13,6 – **V:** 12 /50/32/38/62/6 – **A:** 52/34/26 – **E:** 458/7,0/118 – **M:** 6,2* (..)

**Außenhandel** (ohne UDEAC-Handel): 1981 **Einf.** 442 Mill. $, **Ausf.** 814 Mill. $ – **W:** 1 CFA-Franc = 100 Centimes; 1 FF = 50 CFA-Francs (1 CFA-Franc = 0,02 FF), 1 CFA-Franc = 0,0065 DM – **I:** 11,8 – **AS:** 86 /<1/3/27/26 – **T:** 96 – **H:** 81/19/<1 – **Z:** –460/6,5/ 9,2 / 66,7 – **D:** 0,9 – **K:** – / 244 / 31

**Wichtige Ausfuhrgüter:** Rohöl (bis 50%), Holz (bis 30%), Diamanten, Kakao, Palmöl, Tabak, Bananen – **u. Handelspartner:** Frankreich (⅓), u. and. EG-Länder, USA (5%)

**Mitgliedschaft:** UNO, OAU; AKP, ECA, FAO, IBRD, ICAO, CFA, GATT, IDA, IFAD, IFC, ILO, IMF, IMO, ITU, UDEAC (z.T. aus deren Einrichtungen ausgetreten), UNESCO, UPU, WHO, WMO

## KOREA, Demokratische Volksrepublik

*(Ost-Asien)*

(Dem. Volksrep. K.; Tschosson Mintschu tschu-i-Jinmin [Choson Minchu-Chui Inmin] Konghwa-Guk; Nord-Korea)

**Fläche** (91): 120538 $km^2$ (ohne entmilitar. Zone) (L: 17%) – **Einwohner** (38): 18750000 (S 1982) = 155,5 je $km^2$ – **Städt. B.:** 60/4,3/19 – **G:** 66/33/2/ 440 / .. / 126 – **S:** 15* / 116 / .. / .. – **Jährl. Bevölkerungswachstum:** (1970–1981) 2,6% (1981: 31 / 6)

**Bevölkerung:** fast ausschließlich Koreaner – **Staatssprache:** Koreanisch; Russisch u. Chinesisch z.T. als Handelssprachen – **Religion:** Buddhismus; Konfuzianismus, Schamanismus, Christentum u. Chondo-gyo; alle heute ohne größere Bedeutung

**Flagge:** im Verhältnis 6:2:17:2:6 blau-weiß-rot-weiß-blau (waagerecht) geteilt; im roten Streifen zum Mast hin verschoben weiße Scheibe m. rotem Stern – **Nationalfeiertag:** 8.9. – **U:** alte staatl. Tradition; 9.9.1948 Ausrufung d. unabh. Volksrep.

**Staats- u. Regierungsform:** Kommunistische Volksrepublik – Oberste Volksversammlung (615 Abg.) – Wahlberechtigt alle erwachsenen Bürger – Wehrpflicht – Verwaltungsgliederung in 9 Provinzen (Do) u. 4 unmittelbare Städte (Si), d.h. Pjöngjang u. Käsöng, Ch'ŏngjin, Hamhŭng

**Staatsoberhaupt:** Präsident Marschall u. Oberbefehlshaber Kim Ir Sen [Kim Il Sung], wiedergewählt 1982 – **Regierungschef:** Kang Son San, seit Jan. 1984 Vors. des »Administrativen Rates« (= Kabinett) – **Außenminister:** Ho Dam – Parteien: Entscheidend ist d. komm. »Partei d. Arbeit Koreas«/PdAK (»Tschosson Nodongdang«, 1982 über 2 Mill. Mitglieder), die im Rahmen d. sog. »Nationalen Blocks« auch d. einflußlosen kleinen sonst. Gruppen (z.B. »Demokr. Partei« [»Tschosson Mindschudang«] u. die religiöse »Chondo-gyo chongu« bestimmt; Gen.-Sekr. d. ZK d. PdAK Kim Ir Sen, d. Ständ. Ausschusses d. Oberst. Volksversammlung Hwan Jang-yop (Dschang Yop). Bei den Wahlen von 1982 stimmten 100% für die Liste d. »Nat. Blocks« – **Dipl. B.:** DDR

**Städte** (S 1981): P'yŏngyang (Pjöngjang) (Hptst.) 1283000 Einw., m. V. 1700000, Hamhŭng 775000, Ch'ŏngjin (Tschöngdschin) 490000, Wŏnsan (Wönsan) über 300000, Hŭngnam (Heungnam), Kaesŏng (Käsong) ca. 300000, Sinŭiju (Sinuidschu) 200000

**Wirtschaft: BSP** 1982 (S) 21000 Mill. $ / 1979 (S): 19720 Mill. $ / 1130 $ (84) / 3,8 – **A:** 56 / 49 / 33 – **E:** 2864 / 3,2 / 6500

**Außenhandel:** 1981 **Einf.** 1880 Mill. $, **Ausf.** 1520 Mill. $ – **W:** 1 Won = 100 Chon; 1 US-$ = 1,03 Won, 1 Won = 2,5146 DM – **AS:** 31* / 5* / .. / .. / .. – **K:** – / 523 / ..

**Wichtige Ausfuhrgüter:** Eisenerz, Kohle, Wolfram, Gold, Graphit, Industrieprod. (ca. ⅓, u. a. Rohseide u. chem. Produkte, Maschinen) – **u. Handelspartner:** UdSSR (ca. 30%), VR China (30%) u. d. and. kommunist. Staaten; westl. Länder 25–30% (bes. Japan), Indien

**Mitgliedschaft:** RGW u. Warschauer Pakt (Beob.), FAO, IAEA, ICAO, IFAD, ITU, UNESCO, UNCTAD, UPU, WHO, WMO, Interparlament. Union

## KOREA, Republik *(Ost-Asien)*

(Rep. Korea; Dähan-Minkuk; Han Kook; Süd-Korea – [ROK])

**Fläche** (101): 98484 km$^2$ (L: 23%) – **Einwohner** (21): 40578000 (S 1984: 34708542 Z 1975 prov.) = 409,9 je km$^2$ – **Städt. B.:** 56 / 4,6 / 77 – **G:** 66 / 33 / 2 / 1690 / 380 / 128 – **S:** 7 / 107 / 85 / 14 – **Jährl. Bevölkerungswachstum:** (1970–1981) 1,7%; (1982) 1,57% (1981: 24 / 7)

**Bevölkerung:** fast ausschließl. Koreaner (im Ausland leben ca. 1,2 Mill. [Japan 0,65 Mill.] Koreaner; 39500 US-Soldaten – **Staatssprache:** Koreanisch; Englisch als Handelsspr. wichtig – **Religion** (1983): 11130252 Bekennende Buddhisten, 5201189 Konfuzianer (Verhaltenskodex, keine Religion), 7637010 Protestanten, 1439778 Katholiken, 1073677 Chondogyo (Tonghak), 941258 Wonbuddhisten, 317594 Taejonggyo (Koreas älteste Religion, ca. 4000 Jahre alt), einige Muslime

**Flagge:** weißes Feld mit rot-blauem Um-Yang-Zeichen (Symbol d. Universums) u. 3 schwarzen Balken in jeder Ecke (Sinnbild v. Gleichgewicht u. Gegensatz) – **Nationalfeiertag:** 1.3., 15.8. usw. – **U:** alte staatl. Tradit. 15.8.1948 Ausrufung d. unabh. Rep.

**Staats- u. Regierungsform:** Verfassung d. 5. Republik im Okt. 1980 mit 91,6% d. Stimmen gebilligt – Präsidialsystem mit indirekter Wahl d. Präs. durch Wahlmännergremium (5000 Mitgl.), das durch allgem. Wahlen bestimmt wird – 9 Prov. u. 4 Stadtgeb. (Seoul, Pusan, Taegu, Incheon) – Wehrpflicht

**Staatsoberhaupt:** Präsident (General a. D.) Chun Doo Hwan [Tschön-Du Hwan], seit Aug. 1980 bzw. Febr. 1981 – **Regierungschef:** Ministerpräsident Chin Jee-chong; seit Okt. 1983 – **Außenminister:** Lee Won-kyung – **Parteien:** Bei d. Wahlen zur Nationalversammlung im März 1981 errang die »Demokrat. Gerechtigkeitspartei«/DJP v. Staatschef Chun Doo Hwan 151 d. 276 Mandate u. damit d. absolute Mehrheit. 81 Sitze entfielen auf d. opposit. »Demokrat. Partei Koreas«/DKP u. Yu-Chi-Song, 25 auf d. »Korean. Nationalpartei«/KNP, 8 Sitze auf Splittergruppen u. 9 auf Unabh. (184 d. 276 Sitze sind zur Wahl ausgeschrieben; 61 weitere gehen automatisch an die stärkste Partei, die übr. werden proportional verteilt) – **Dipl. B.:** BR Dtld.

**Städte** (S X/1982): Seoul [Ssoul] (Hptst.) 9455000, Pusan [Busan] 3344000, Taegu [Dägu] 1904000, Incheon [Inch'on, Intschön] 1180000, Kwangju [Gwangju, Gwangschu] 814000, Taejeon [Daejeon, Tädschön] 696000, Ulsan 476000, Masan 413000, Seongnam [Söngnam] 406000, Ch'ongju [Tschöntschu] 396000, Suweon [Puwan] 348000

**Wirtschaft: BSP** 1980: 56930 Mill. $ / 1981 (S): 66090 Mill. $ / 1700 $ (67) / 7,5 – **WS:** 17 / 3,0 / 39 / 14,4 – **V:** 12 / 66 / 26 / 22 / 39 / – 4 – **A:** 62 / 34 / 29 – **E:** 1563 / 3,2 / 10736 – **M:** 6,6 (34,3)

**Außenhandel:** 1982 **Einf.** 24251 Mill. $, **Ausf.** 21853 Mill. $ – **W:** 1 Won (₩) = 100 Chon; 1 US-$ = 789,80 ₩, 1 ₩ = 0,00328 DM – **I:** 19,8 – **AS:** < 1 / 20 / 38 / 10 / 22 – **T:** 67 – **H:** 67 / 23 / < 1 – **Z:** – 4419 / 5,8 / 13,1 / 32,1 – **D:** 1,0 – **K:** – / 4266 / 59

**Wichtige Ausfuhrgüter:** Textilien (rd. 30%), Maschinen, Chemikalien, Industrieprodukte insg. 90%, Fische u. Fischprodukte, Holz, Häute u. Felle, Reis, Eisenerz, Wolfram, Graphit, Früchte – **u. Handelspartner:** Japan (bis 30%), USA (25–30%), BR Deutschland (ca. 8%)

**Mitgliedschaft:** ADB, CCC, ESCAP, FAO, GATT, IAEA, ICAO, IBRD, IFAD, IFC, IMF, IMO, ITU, UNCTAD, UNESCO, UPU, WHO, WMO; Behandlung des Antrages z. Aufnahme in d. UNO vom Sicherheitsrat abgelehnt – Internat. Economic Consultative Organ. for Korea/IECOK 1984 aufgelöst – Stationierung von US-Einheiten (Bodentruppen über 25000 Mann)

**Korean. Wiedervereinigung:** Der kommunist. Norden u. der nichtkommunist. Süden Koreas sind seit 1945 durch eine Demarkationslinie, seit Beendigung des »Bürgerkrieges« durch eine Waffenstillstandslinie getrennt. Seit 1971/72 mehrfach unterbrochene Verhandlungen über Wiedervereinigung bisher ohne Erfolg.

## KUWAIT *(Vorder-Asien)*

(Staat Kuweit; Dawlat al Kuwait; Koweit – [KT])

**Fläche** (135): 17818 km$^2$ (L: unter 1%) – **Einwohner** (121): 1670000 (S 1983; 1450000 Z 1982) davon 794000 Ausländer (u. a. 20% Palästinenser, 6%

Ägypter, 5% Iraker, 4% Perser, 3% Inder, 2% Pakistani) = 93,7 je km² – **Städt. B.:** 89/7,5/0 – **G:** 70 / 33 / 1 / 590 / 180 / . . – **S:** 40 / 96 / 75 / 12 – **Jährl. Bevölkerungswachstum:** (1970–1981) 6,3% (inkl. 2,8% Einwand.; 1981: 38 / 4)

**Bevölkerung:** Kuwaiter; 85% Araber (davon 42% kuwait. Staatsbürger) – **Staatssprache:** Arabisch; Englisch als Handelssprache – **Religion:** Staatsreligion: sunnitischer u. schiitischer Islam (70:30, insg. 93%); 60000 Christen (überw. röm.-kath.)

**Flagge:** grün-weiß-rot (waagerecht) mit schwarzem Trapezoid am Flaggstock – **Nationalfeiertag:** 25. 2. – **U:** 19. 6. 1961

**Staats- u. Regierungsform:** Scheichtum (Fürstentum) – Nationalversamml. m. 50 Mitgl. – Der Herrscher ernennt den Ministerpräs. – Verwaltungsgliederung in 4 Gouvernemente – Wehrpflicht

**Staatsoberhaupt:** Emir Jabar al Ahmad al Jabar al Sabah [Dschabar ul Dschabar as Sabah], seit Januar 1978 – **Regierungschef:** Kronprinz Scheich Saad al Abdullah al-Salem al Sabah, seit 1978, bestätigt März 1981; die Sabah-Familie stellt 6 der 16 Minister; Stellv. u. **Außenminister:** Scheich Sabah Al-Ahmad Al-Jaber Al-Sabah – **Parteien:** nicht zugelassen – Bei den Wahlen v. 24. Febr. 1981 waren nur rd. 43000 männl. Bürger 1. Klasse (seit mehreren Generationen im Lande, des Lesens u. Schreibens kundig) wahlberechtigt – Der regierenden Familie ergebene Abg. d. Beduinenstämme gewannen 24, Technokraten 13, dem Herrscherhaus nahest. Unabh. 8, die progressist. Linke 2, Schiiten (davon 2 Khomeiny-Anh.) 4 Sitze – **Dipl. B.:** BR Dtld. und DDR

**Städte** (Z 1980): Kuwait (Hptst.) 181774 Einw., Abis 700000, Hawalli 250713 u. Salimiya 100000 (beide Teil v. Kuwait City), Achmadi 232167, Jahra 189971

**Wirtschaft: BSP** 1980: 33150 Mill. $/1981 (S): 30600 Mill. $ / 20900 $ (4) / 2,7 – **WS:** <1 / 7,1 / 71 / – 2,2 – **V:** 15 / 39 / 17 / 46 / 71 / 29 – **A:** 52 / 2 / 34 – **E:** 6159* / – 2,8 / 2846 – **M:** 2,9 (12,2)

**Außenhandel:** 1981 **Einf.** 6969 Mill. $, **Ausf.** 16298 Mill. $ – **W:** 1 Kuwait-Dinar (KD.) = 1000 Fils; Freimarktkurs: 1 US-$ = 0,29185 KD., 1 KD. = 8,8744 DM – **I:** 18,2 – **AS:** 89/3/<1/15/36 – **T:** 210 – **H:** 51/44/1 – **Z:** 13758/../../.. – **D:** 5,7 – **K:** 1,98/../35

**Wichtige Ausfuhrgüter:** Erdöl und -produkte (bis 95%) – **u. Handelspartner:** Japan (bis ¼), Großbritannien, BR Deutschland (rd. 5%) u. andere EG-Länder, USA sowie Nahoststaaten

**Mitgliedschaft:** UNO, Arabische Liga, ECWA, FAO, GATT, IAEA, IBRD ICAO, IDA, IFAD, IFC, ILO, IMF, IMO, ITU, OAPEC, OPEC, UNESCO, UPU, WHO, WMO; bedingt Mitgl. d. »Gemeinsamen Arab. Marktes«; GCC – **»Neutrale Zone«** → Saudi-Arabien

## KWANDEBELE *(Süd-Afrika)*

(Republic of KwaNdebele; Republiek van KwaNdebele)

**Fläche** (148 a): 3410 km², aus 3 Teilen, aber laufende Arrondierungen – **Einwohner** (156 a): 156260 (Z 1980 de facto Bev., de jure 223000) = 45,8 je km² – **G:** 16000 Einw. pro Klinik

**Bevölkerung:** Süd-Ndebele, ein Teil des Zulu-Volkes (87560), Manala u. Ndzunza-Ethnie; 20000 Nord Sotho, 14560 Nord-Ndebele, 9980 Swazi u. a. – **Sprache:** SüdNdebele, Englisch, kaum Afrikaans – **Religion:** Protestanten, Katholiken

**Flagge:** waagrecht blau-gelb-(Wappenemblem in braun)grün – **Nationalfeiertag:** voraussichtl. U.-Tag – **U:** festgesetzt für 7. Dez. 1984, doch wahrscheinlich außer durch Südafrika, Transkei, Bophuth., Venda u. Ciskei (= SATBVC-Staaten) keine internat. Anerkennung

**Staats- und Regierungsform:** Republik – Nationalversammlung (46 Abg., alle ernannt) – Stammesautoritäten voll anerkannt – Verwaltungsgliederung in 6 Departements – Keine Wehrpflicht

**Staatsoberhaupt u. Regierungschef:** Simon S. Skosana, seit 1981 – **Parteien:** keine, aber Sippenverbände der Manala (Vorsitz: Alfred Mabhena) und Ndzunza (Vors. David Fene Mabhogo Mahlangu) – letzte Wahlen 1983

**Städte:** Siyabushwa (noch Hptst.) 30000 Einw., Boekenhouthoek 12000, Kwaggafontein; neue Hptst. Capital City bei Koppies in Bau

**Wirtschaft: BSP** pro Kopf 1979 341 Rand; 58% werden außerhalb des Landes erwirtschaftet

**Außenhandel: W:** 1 südafr. Rand = 100 Cents

**Wichtigste Ausfuhrgüter:** landw. Produkte u. industr. Erzeugn. (Entwicklungspotential liegt auf dem letzteren) – **u. Handelspartner:** Rep. Südafrika, Lebowa

**Mitgliedschaft:** SAEMU, SATBVC-Staaten u. südafr. Entwicklungsbank *(Inf. n. Th. Resch, Salzburg)*

## LAOS *(Südost-Asien)*

(Laotische Demokratische Volksrepublik; République démocratique populaire Lao [du Laos]; Sāthālamalid Pasāthu'paait Pasāsīm Lāo – [LAO])

**Fläche** (75): 236800 km² (L: 8%) – **Einwohner** (97): 3900000 (S 1982) = 16,5 je km² – **Städt. B.:** 14/5,2/0 – **G:** 43/126/18/20060/3040/97 – **S:** 56/96/17/ <1 – **Jährl. Bevölkerungswachstum:** (1970–1981) 1,9% (1981: 43 / 21)

**Bevölkerung:** Laoten; 56% Lao-Lum (»Tal«-Lao), 34% Lao-Theung (»Berg«-Lao) u. 9% Lao-Soung (»Gebirgs«-Lao) einschl. Meo u. Yaoe, vietn. u. chin. Minderheiten – **Staatssprache:** Lao; Umgangsspr. d. verschied. ethnischen Gruppen (Chinesisch, Vietnamesisch usw.); Französisch – **Religion:** (Ausübung erschwert) bis 90% Buddhismus; christl. Minderheiten (rund 46000 Protest. und über 36000 Kath.); Konfuzianismus, Taoismus

**Flagge:** rot-blau (doppelte Breite, mit weißer Scheibe)-rot (waagerecht) – **Nationalfeiertag:** 2.12. – **U:** endgültig 22.7.1954 (Indochina-Konferenz)

**Staats- u. Regierungsform:** Demokrat. Volksrepublik – »Volksversammlung« (264 Abg., gewählt nach allgem. Wahlrecht); sie bestimmt d. Zusammensetzung d. »Obersten Volksrates« (45 Mitgl.) – Wehrpflicht – Verwaltungsglied. in 16 Provinzen

**Staatsoberhaupt:** Präsident u. Vors. d. »Obersten Volksrates« Prinz Souphannouvong [Suvannuvong] – **Regierungschef:** Ministerpräsident Kaysone Phomvihan, mehrere Stellvertreter – »Berater«: Prinz Souvanna Phouma [Suvanna Phuma] – Stellvertreter d. Min.-Präs. u. **Außenminister:** General Phoune Sipaseuth – **Parteien:** »Laotische Revolutionäre Volkspartei« (kommunist.); Generalsekretär: Kaysone Phomvihan (1979: 23000 Mitgl.) – **Dipl. B.:** BR Dtld. u. DDR

**Städte** (S 1978): Vientiane [Viangchan] (Hptst.) 200000 Einw., Residenz Luang Prabang [Louangphrabang] 45000, Savannakhet 50000, Pakse 50000

**Wirtschaft: BSP** 1980: 240 Mill. $ / 1981 (S): 290 Mill. $/80$ (170)/ – 15,9* – **A:** 51/75/6 – **E:** 127/9,3 / 175 – **M:** 8* (..)

**Außenhandel:** 1981 **Einf.** 85 Mill. $, **Ausf.** 9 Mill. $ – **W:** Kip; 1 US-$ = 9,90 Kip, 1 Kip = 0,2616 DM; f. Touristen (31.3.1984): 1 US-$ = 108,00 Kip, 1 DM = 39,71 Kip – **AS:** 18* / 1* / .. / .. / .. – **H:** 61 / 33 / 0

**Wichtige Ausfuhrgüter:** Kaffee, Zinn, Teakholz, Reis, Baumwolle, Tee, Gewürze; Opium, Gold u. Edelsteine (illegal) – **u. Handelspartner:** bis 1975 Thailand, Japan, BR Dtld., USA, Indonesien, Frankreich; jetzt verstärkt sozialist. Länder

**Mitgliedschaft:** UNO, ADB, ESCAP, FAO, IBRD, ICAO, IDA, IFAD, ILO, IMF, ITU, UNESCO, UPU, WHO, WMO; RGW (Beob.); Colomboplan

## LESOTHO *(Süd-Afrika)*

(Königreich Lesotho; Kingdom of Lesotho; 'Muso oa Lesotho – [LS])

**Fläche** (123): 30355 km² (L: 15%) – **Einwohner** (123): 1400000 (S 1982; 1213960 Z 2.4.1976) = 46,1 je km² – 1983 lebten 200000 Bürger von L. in der Rep. Südafrika – **Städt. B.:** 12 / 16,1 / 0 – **G:** 52 / 113 / 22 / 18640 / 4330 / 107 – **S:** 48 / 104 / 17 / 2 – **Jährl. Bevölkerungswachstum:** (1970–1981) 2,4% (1981: 42 / 15)

**Bevölkerung:** Lesother; Basutos der Südbantugruppe; etwa 2000 Weiße u. 1000 Inder – **Staatssprache:** Bantu-Sprachen (SeSotho), Englisch – **Religion:** rund 75% Christen (39% Katholiken, 24% Protestanten u. 11% Anglikaner), muslim. Minderheit; Anh. v. Naturrelig.

**Flagge:** blau m. weißem, landesübl. Hut; je ein grüner u. roter (senkrechter) Streifen am Mast – **Nationalfeiertag:** 4.10. – **U:** 4.10.1966

**Staats- u. Regierungsform:** Königreich – Parlament aus 2 Kammern – Senat m. 11 ernannten Mitgl. u. 22 Häuptlingen; Nationalversammlung aus 60 gewählten Mitgl. – Keine allgem. Wehrpflicht – Verwaltungsgliederung in 10 Distrikte

**Staatsoberhaupt:** König (»Motlotlehi«) Moshoeshoe II.; seit 1966 – **Regierungschef:** Leabua Jonathan, BNP – **Außenminister:** Everitus Sekhonyana – **Parteien:** Wahl v. 1966: »Basutho National Party«/ BNP 34, opposit. Parteien 26 ernannte Mitgl. i. d. Nationalvers. (die panafrikan. »Congress P.« boykottiert. d. Kammer); Wahl v. 1970 annulliert, seither keine Wahlen – **Dipl. B.:** BR Dtld. u. DDR

**Städte** (1981): Maseru (Hptst.) 75000 Einw.

**Wirtschaft: BSP** 1980: 630 Mill. $ / 1981 (S): 740 Mill. $ / 540 $ (114) / 8,6 – **WS:** 31 / 4,3 / 21 / 12,9 – **V:** 26 / 163 / 21 / – 89 / 13 / – 110 – **A:** 55 / 87 / 4 – **M:** 2* (..)

**Außenhandel:** 1979 **Einf.** 170 Mill. $, **Ausf.** 40 Mill. $ – **W:** 1 Loti (M) (Plural: Maloti) = 100 Lisente; 1 Rand (R) = 1 M, 1 M = 2,0818 DM (südafrik. Rand weiterhin als gesetzl. Zahlungsmittel im Umlauf) – **I:** 10,5 – **AS:** 56* / 0* / .. / 23* / 63* – **Z:** – 54 / 1,4 / 2,9 / 15,0 – **D:** 1,1 – **K:** – / 39 / ..

**Wichtige Ausfuhrgüter:** Wolle (über 50%) u. and. Viehzuchtprodukte, Diamanten – **u. Handelspartner:** vorwieg. Rep. Südafrika, BR Dtld. 1/20

**Mitgliedschaft:** UNO, Commonwealth, FAO, GATT (assoz.), IBRD, ICAO, IDA, IFAD, IFC, ILO, IMF, ITU, OAU, SAEMU, UNESCO, UPU, WHO, AKP, SADCC; Ost- u. Südostafrik. Präf.-Handelszone

## LIBANON *(Vorder-Asien)*

(Libanesische Republik; El Dschumhurija el Lubnanija bzw. El Jumhouriya El Lubnaniya – [RL])

**Fläche** (142): 10400 km² (L: 34%) – **Einwohner** (111): 2640000 (S 1982; 2126325 Z 1970, ohne 187529 Palästinaflüchtlinge) = 253,8 je km² – **Städt. B.:** 77 / 2,8 / 79 – **G:** 66 / 40 / 2 / 530 / 720 / 100 – **S:** 14* / 118 / 58 / 35 – **Jährl. Bevölkerungswachstum:** (1970–1981) 0,6% (1981: 30 / 8)

**Bevölkerung:** arabischstämmige Libanesen, arabisch-palästin. Flüchtlinge (S 1983: 600000), tscherkessische und armenische Minderheiten – **Staatssprache:** Arabisch; Französisch u. Englisch wichtig für Bildung und Handel – **Religion** (S 1975): 660000 kath. Maroniten, 150000 andere Katholiken, 250000 orthodoxe, 180000 armenische Christen; 420000 sunnitische und 395000 schiitische

Muslime (ohne Flüchtlinge), 100000–120000 Drusen; 2000 Juden. Keine Staatsreligion. S 1983: Christen/Muslime je ½ d. Bev.

**Flagge:** rot-weiß(doppelt breit, m. Libanon-Zeder)-rot (waagerecht) – **Nationalfeiertag:** 22.11. – **U:** nominell 26.11.1941

**Staats- u. Regierungsform:** Republik – Parlament mit einer Kammer – Der Präsident muß maronitischer Christ, der Regierungschef sunnitischer, der Parl.-Präs. schiitischer Muslim sein – Allgemeines Wahlrecht – Die 99 Parlamentssitze sind wie folgt aufgeteilt: 30 Maroniten, 20 Sunniten, 19 Schiiten, 11 Griechisch-Orthodoxe, 6 Griechisch-Katholische, 6 Drusen, 4 Armenisch-Orthodoxe, je 1 Protestant, armen. Katholik, Jude und Vertr. and. relig. Gruppen – Wehrpflicht – Verwaltungsgliederung in 5 Prov. (»Mohafazats«) – Tradition. Glied. in 17 religiös. defin. konfess. Gemeinsch., die als »Körperschaften d. öffentl. Rechts« anerkannt sind u. über begrenzte gesetzgeb. u. rechtsprech. Gewalt verfügen. – Bildung eines »Nation. Rettungskomitees« im Juni 1982

**Staatsoberhaupt:** Präsident Amin Gemayel [Dschemejil], maronit. Christ, seit Sept. 1982 – **Regierungschef** u. **Außenminister:** Raschid Karamé, Sunnit, seit 26. April 1984 – **Parteien:** Viele Abgeordnete gehören keiner Partei an. Bei d. Wahlen v. 1972 erhielten die konservativen Gruppen zwar d. meisten Stimmen (Nationalliberale, Falangisten [»Kataeb«, Nat. Block]), aber erstmals errangen auch »Progressive« (»Nasseristen«, »Baath«-Anhänger usw.) Mandate. Durch d. Bürgerkrieg seit 1974 veränd. Situation. Führer d. »Sozialist. Progress. Partei« Walid Joumblat [Dschumblat], ein drusischer Linkssoz.; Zusammenschluß d. beiden christl. Rechtsparteien »Nationalliberale Partei«/PNL (Hizb al watanijin al ahrar) unter Camille Nimer Chamoun [Schamun] u. d. »Falangistenpartei« (»Partei d. libanes. Kataib«/ Hizb al kata'ib al lubnanijja) unter Amin Gemayel zu einer »Nationalen Einheitspartei« – Legisl.-Periode d. Parlaments erstmals 1975, dann erneut 1978 verlängert, da Wahlen nicht möglich – **Dipl. B.:** BR Dtld. u. DDR

**Städte** (S 1978): Beirut [Beyrout] (Hptst.) 702000 Einw., Tripoli [Tarabulus esh Sham] 175000; (1970): Zahlé 46800, Saida 24740, Ba'albek 18000, Es Sur [Tyrus] 14000 (durch d. Bürgerkrieg seither starke Veränderungen); Merdsch-Ajun (Hptst. d. v. Saad Haddad [†] 1979 ausgerufenen »Freien Libanon«)

**Wirtschaft: BSP** 1974: 3290 Mill. $ / 1055 $ (87) / 3,0* – **WS:** 12* / 6,3* / 20* / 4,5* – **V:** 10* / 85* / 16* / 5* / 27* / – 11* – **A:** 56/11/27 – **E:** 1153/ – 0,3/668 – **M:** 3,3* (..)

**Außenhandel:** 1981 **Einf.** 3240 Mill. $, **Ausf.** 880 Mill. $ – **W:** 1 Libanesisches Pfund (L£) = 100 Piastres (P.L.); Freimarktkurs: 1 US-$ = 540,00 P.L., 1 L£ = 0,4796 DM – **I:** 14,6 – **AS:** 4* / 17* / 68* / .. / .. – **T:** 88 – **H:** 10 / 31 / 8 – **Z:** .. / 0,2* / .. / 4,2* – **K:** – / 58 / ..

**Wichtige Ausfuhrgüter:** bearb. Edelmetalle (¼), Textilien, Obst, Wolle, Gemüse, Gerste, Baumwolle, Olivenöl – u. **Handelspartner:** Großbritannien, USA, Italien, Frankreich, BR Deutschland, Saudi-Arabien (¼), Syrien, Jordanien, Kuwait

**Mitgliedschaft:** UNO, Arab. Liga, CCC, ECWA, FAO, IAEA, IBRD, ICAO, IDA, IFAD, IFC, ILO, IMF, IMO, ITU, UIA, UNESCO, UPU, WHO, WMO; Abk. m. EG

## LIBERIA *(West-Afrika)*

(Republik Liberia; Republic of Liberia; Liberien)

**Fläche** (96): 111369 km$^2$ (L: 4%) – **Einwohner** (116): 2150000 (S 1982; 1715973 Z 1978) = 19,3 je km$^2$ – **Städt. B.:** 34 / 5,7 / 0 – **G:** 54 / 152 / 33 / 9610 / 1420 / 114 – **S:** 75 / 66 / 20 / 2 – **Jährl. Bevölkerungswachstum:** (1970–1981) 3,5% (1981: 50 / 14)

**Bevölkerung:** Liberianer; kleine, z.T. von amerikan. Schwarzen abstammende Bevölkerungsschicht an d. Küste (3%); 16 Hauptstämme wie Kpelle u. Bassa (zus. ⅓), Kru, Mandingo usw. Etwa 30000 Ausländer, vorwieg. Libanesen – **Staatssprache:** Englisch; Mande, Kru usw. – **Religion:** Anhänger v. Naturreligionen, etwa 20% Muslime (bes. Mandingo), rund 60000 Protestanten u. 24000 Katholiken

**Flagge:** 11 abwechselnd rote u. weiße (waagerechte) Streifen; im blauen Obereck ein weißer Stern – **Nationalfeiertag:** 26.7. – **U:** 26.7.1847

**Staats- u. Regierungsform:** Präsidiale Republik – Parlament aus 2 Kammern (»Senate« und »House of Representatives«) – »Volkserlösungsrat« seit Juli 1984 aufgelöst, statt dessen interim. Volksversammlung aus 58 Mitgl. (v. S. Doe eingesetzt) – Allg. Wahlrecht ab 19 Jahren – Allgemeine Wehrpflicht – Verwaltungsgliederung in 9 Bezirke (»Counties«) u. 6 Territorien; im Innern haben z.T. Kommissare die Aufsicht über die Stammeshäuptlinge – Grundbesitz für Weiße verboten

**Staatsoberhaupt u. Regierungschef** seit dem Militärputsch v. 12.4.1980: Hauptfeldwebel Samuel Kanyon Doe, seit Juli 1984 auch Präs. d. Volksversammlung – **Außenminister:** Ernest Eastman – **Parteien:** Parlament suspendiert; »True Whig Party« d. ehem. Präsid. Tolbert hatte alle Sitze; d. ehem. Oppos.-Part. »Progressive People's Party«/PPP u. »Movement for Justice in Africa«/MOJA wirken heute im Ministerrat mit – **Dipl. B.:** BR Dtld. und DDR

**Hauptstadt** (S 1981): Monrovia 306000 Einw., sonst kleine Orte wie Buchanan, Harper, Robertsport

**Wirtschaft: BSP** 1980: 940 Mill. $ / 1981 (S): 1010 Mill. $ / 520 $ (116) / – 0,1 – **WS:** 36 / 4,0 / 27 / – 0,7 – **V:** 21 / 62 / 18 / 17 / 51 / – 1 – **A:** 51 / 70 / 14 – **E:** 502 / – 5,8 / 305 – **M:** 1,7 (5,8)

**Außenhandel:** 1981 **Einf.** 477 Mill. $, **Ausf.** 531 Mill. $ – **W:** 1 Liberianischer Dollar (Lib$) = 100 Cents; 1 US-$ = 1 Lib$, 1 Lib$ = 2,5900 DM (Geldzeichen der USA ebenfalls gesetzl. Zahlungsmittel) – **I:** 8,9 – **AS:** 59 / 1 / 25 / 19 / 28 – **T:** 63 – **H:** 92 / 5 / 2 – **Z:** – 65 / 3,7 / 6,4 / 63,7 – **D:** 0,1 – **K:** – / 59 / ..

**Wichtige Ausfuhrgüter:** Eisenerz über 55%, Kautschuk 14%, Nutzholz 10%, Kaffee 6%, Diamanten 6% – **u. Handelspartner:** USA (bis ¼), BR Deutschland (knapp ⅕), BENELUX-Länder, Japan, Italien, Großbritannien, Schweden

**Mitgliedschaft:** UNO, OAU, ECA, FAO, IAEA, IBRD, ICAO, IDA, IFC, ILO, IMF, IMO, ITU, UNESCO, UPU, WHO, CEDEAO, AKP, mit Guinea u. Sierra Leone in der »Mano-Fluß-Union«

## LIBYEN *(Nord-Afrika)*

(Sozialistische Libysch-Arabische Volksdschamahirija [»Volksöffentlichkeit«]; »Lib.-Arab. Jamahiriya« [abgekürzt]; engl.: Socialist People's Libyan Arab Jammahiriyah – [LAR])

**Fläche** (15): 1759540 km$^2$ (L: 1%) – **Einwohner** (104): 3220000 (S 1982: de jure 2257037 Z 1973) = 1,8 je km$^2$ – **Städt. B.:** 54 / 8,1 / 64 – **G:** 57 / 97 / 12 / 730 / 400 / 147 – **S:** 50* / 123 / 67 / 6 – **Jährl. Bevölkerungswachstum:** (1970–1981) 4,1% (1981: 47 / 12)

**Bevölkerung:** Arabisch sprechende Libyer, z. T. mit Berbern vermischt; Kulughli, Tuareg u. and. Berber; im S auch Schwarze; bis 500000 ägypt. Fremdarbeiter – **Staatssprache:** Arabisch, z. T. Berberdialekte; Handelsspr. z. T. Engl. – **Religion:** etwa 98% Muslime (u. a. Reformorden d. sunnit. Senussi; Ibaditen); d. Islam ist Staatsreligion; kleine christliche Minderheit

**Flagge:** grüne Fläche – **Nationalfeiertag:** 1. 9. (Tag d. Revolution v. 1969) – **U:** 24. 12. 1951

**Staats- u. Regierungsform:** Republik (»Volksdschamahirjia« auf der Grundlage des Koran) – Verfassung v. März 1977: »Generalvolkskongreß« als gesetzgebende und exekutive Gewalt; als Oberstes Organ dessen Generalsekretariat – Prinzip d. »direkten Volksherrschaft« – Gliederung in 10 Provinzen – Allgem. Wehrpflicht von 18 bis 35 Jahren

**Staatsoberhaupt:** Sekretär d. Allg. (General-)Volkskongresses Mufta al-Usta Omar; seit Febr. 1984; »Bruder« Oberst Muammar Al Gaddafi am 1. 3. 1979 zurückgetreten; jetzt »Führer d. Revolution«, weiterhin de facto in Position eines Staatsoberhauptes – **Regierungschef:** Vors. d. »Generalvolkskomitees« (= Kabinett) Muhammed al-Saruk Rajab, seit Febr. 1984; dem Volkskomitee steht ein Generalsekretariat aus 5 Offizieren vor (den restl. Militärs, die mit Gaddafi 1969 d. Revol. vollzogen) – **Außenminister** = Volkskommissar f. Außenverb.: Ali Abdessalam al-Triki – **Parteien:** an ihrer Stelle seit März 1977 »Volkskomitees« auf lokaler und regionaler Basis – **Dipl. B.:** BR Dtld. und DDR

**Städte** (S 1982): Tripolis [Tarabulus] (Hptst.) 989000 Einw., Bengasi [Benghazi] 650000, Misratah [Misurata] 285000, Zawiyah 248000, Al Khums 180000

**Wirtschaft: BSP** 1980: 28680 Mill. $ / 1981 (S): 26080 Mill. $ / 8450 $ (27) / – 0,9 – **WS:** 2 / 10,5 / 71 / 3,1 – **V:** 26 / 26 / 34 / 48 / 60 / 14 – **A:** 51 / 19 / 28 – **E:** 3549 / 4,9 / 1175 – **M:** 1,7* (..)

**Außenhandel:** 1981 **Einf.** 8382 Mill. $, **Ausf.** 15576 Mill. $ – **W:** 1 Libyscher Dinar (LD.) = 1000 Dirhams; 1 US-$ = 0,29531 LD., 1 LD. = 8,7704 DM – **I:** 17,3 – **AS:** 100 / < 1 / < 1 / 19 / 38 – **T:** 213 – **H:** 86 / 14 / < 1 – **Z:** – 2263 / .. / .. / .. – **D:** 6,7 – **K:** 0,37 / .. / – 1079

**Wichtige Ausfuhrgüter:** Erdöl (etwa 98%); Häute, Felle, Erdnüsse, Olivenöl, Obst, Halfagras – **u. Handelspartner:** Italien (¼), BR Dtld. (⅛), Großbritannien u. and. EG-Länder, Japan, USA, UdSSR

**Mitgliedschaft:** UNO, OAU, Arabische Liga, ECA, FAO, IAEA, IBRD, ICAO, IDA, IFC, ILO, IMF, IMO, ITU, OAPEC, OPEC, UNESCO, UPU, WHO; Mitgl. d. »Sahara-Anrainerstaaten« – Seit Aug. 1984 »Staaten-Union« mit Marokko

## LIECHTENSTEIN → Sp. 531 f.

## LUXEMBURG → Sp. 533 f.

## MADAGASKAR *(Südost-Afrika)*

(Demokratische Rep. Madagaskar; Repoblika Demokratika Malagasy [n'i Madagascar], République Dém. de Madagascar – [RM oder RDM])

**Fläche** (42): 587041 km$^2$ (mit den Nebeninseln Nosy-Be 293 km$^2$ u. St.-Marie du Madagascar 165 km$^2$; n. and. Ang. 581540 km$^2$ oder 594180 km$^2$) (L: 5%) – **Einwohner** (64): 9190000 (S 1982) = 15,7 je km$^2$ – **Städt. B.:** 19 / 5,2 / 36 – **G:** 48 / 69 / 11 / 10170 / 3660 / 109 – **S:** 50 / 100 / 12 / 3 – **Jährl. Bevölkerungswachstum:** (1970–1981) 2,6% (1981: 47 / 18)

**Bevölkerung:** Madagassen (Malagasy) 99%, in negritische (u. a. Sakalaven), vor allem aber malaiische (Merina rd. ¼, Betsimisaraka ⅙ u. Betsileo ⅛) Gruppen gegliedert; 1981 (S) 10000 Inder, 12000 Franzosen u. 9000 Chinesen; komorische Minderheit (ca. 15000) – **Amtssprache:** Französisch u. Malagasy; Umgangssprachen einheimische Idiome, besonders d. auch als Bildungssprache wichtige Howa – **Religion:** 47% Katholiken, 47% Protestanten, 1,3% Muslime (n. eig. Ang.), Anhänger v. Naturreligionen (n. and. Ang. 54%)

**Flagge:** rot-grün (waagerecht), am Mast ein breiter weißer (senkrechter) Streifen – **Nationalfeiertag:** 26. 6. – **U:** 30. 7. 1960 nominell

**Staats-u. Regierungsform:** Nach d. Verfassung v. 1975 »Demokrat. Rep. auf d. Basis d. Charta d. Sozialist. Revolution v. M.« – Allgem. Wahlrecht – Einkammerparlament (»Assemblée Nationale Populaire«); Mitglieder für 5 Jahre gewählt – »Conseil suprême de la révolution« (»Oberster Revolutionsrat«) – Wahl d. Präsid. für 7 Jahre – Allg. Zivil- u. Wehrdienstpflicht – Gliederung in 6 Provinzen

**Staatsoberhaupt:** Didier Ratsiraka, seit 1975, erneut seit 1982; gleichzeitig Vors. d. »Obersten Rev.-Rates« – **Ministerpräsident:** Oberst Désiré Rakotoarijaona – **Außenminister:** J. Beamanjara – **Parteien:** Wahlen v. 28. Aug. 1983 (1977): AREMA (Avantgarde de la Révolution malagasy) 177 (112), AKFM/KDRSM (Parti du Congrès pour l'Indépendence de Madagascar) 9 (16), VITM (Sozialdemokraten) 6 (7), MFM/MFT (Mouvement Prolétarien) 3 (0), MONIMA KAMIVIOMBIO 2 (0), VSM u. UDECMA/KMTP (Union de Démocrates chrétiens) 0 Sitze – **Dipl. B.:** BR Dtld. u. DDR

**Städte** (S 1982): Antananarivo [fr. Tananarive] (Hptst.) 800000 Einw., Fianarantsoa 350000, Antsirabé 300000, Toamasina [fr. Tamatave] 200000, Mahajunga [Majunga] 90000, Antseranana [fr. Diégo Suarez] 85000, Toliara [fr. Tuléar] u. Taolananaro [fr. Fort Dauphin] ohne Ang.

**Wirtschaft: BSP** 1980: 3010 Mill. $ / 1981 (S): 2970 Mill. $ / 330 $ (137) / – 1,6 – **WS:** 35 / 0,3 / 14 / 0,3 – **V:** 16 / 77 / 15 / 7 / 13 / – 8 – **A:** 53 / 87 / 4 – **E:** 74 / – 6,3 / 100 – **M:** 0,8* (3,6*)

**Außenhandel:** 1980 **Einf.** 600 Mill. $, **Ausf.** 402 Mill. $ – **W:** 1 Madagaskar-Franc (FMG) = 100 Centimes; 1 US-$ = 545,30 FMG, 1 FMG = 0,00475 DM – **I:** 10,6 – **AS:** 9 / 2 / 9* / 9 / 34 – **T:** 87 – **H:** 75 / 24 / 1 – **Z:** – 433* / 4,3* / 3,5* / 44,6* – **D:** 0,1* – **K:** – / 191 / 10*

**Wichtige Ausfuhrgüter:** Kaffee (über 40 %), Gewürznelken, Vanille (80 % d. Weltbedarfs), Fleisch, Zukker, Sisal, Tabak, Kakao, Holz, Pfeffer, Graphit; Garne (1/6) – **u. Handelspartner:** Frankreich (1/3), USA, BR Deutschland (1/10), Japan, Italien, Malaysia, Réunion, Großbritannien

**Mitgliedschaft:** UNO, OAU, CCC, ECA, AKP, FAO, GATT, IAEA, IBRD, ICAO, IDA, IFAD, IFC, ILO, IMF, IMO, ITU, UNESCO, UPU, WHO, WMO; Ost- u. Südostafrik. Präf.-Handelszone (Madagaskar beansprucht die Inseln Iles glorieuses, Juan de Nova, Europa u. Bassas da India von Frankreich)

## MALAWI *(Südost-Afrika)*

(Republik Malawi; Republic of Malawi; Mfuko La Malawi; fr. Nyassaland – [MW])

**Fläche** (92): 118484 km² (m. 24403 km² Binnengewässern) (L: 30 %) – **Einwohner** (77): 6430000 (S 1983; 4039583 Z 1966) = 54,3 je km² – **Städt. B.:** 10 / 7,0 / 0 – **G:** 44 / 169 / 38 / 40950 / 3830 / 94 – **S:** 75 / 62 / 4 / <1 – **Jährl. Bevölkerungswachstum:** (1970–1981) 3,0 % (1981: 56 / 23)

**Bevölkerung:** Malawier; Bantu (Chewa, Sena u. a.); etwa 7000 meist britische Europäer sowie 10000 Asiaten u. Mischlinge – etwa 280000 Malawi-Bürger leben im Ausland, bes. in d. Rep. Südafrika – **Staatssprache:** Englisch u. Chichewa; Nyanja, Tumbuca, Yao – **Religion:** christl. Minderheit (912000 Kath. u. 550000 Protest.); hinduist. Gruppen, 10 bis (n. and. Ang.) 33 % Muslime; Anh. v. Naturreligionen

**Flagge:** schwarz(mit aufgehender roter Sonne)-rot-grün (waagerecht) – **Nationalfeiertag:** 6. 7. – **U:** 6. 7. 1964

**Staats- u. Regierungsform:** Präsidiale Republik – Parlament aus 1 Kammer – Wahlberechtigt alle erwachsenen Bürger – Keine allg. Wehrpflicht – Verwaltungsglied. in 3 Regionen bzw. 24 Distrikte

**Staatsoberhaupt** (auf Lebenszeit) und Regierungschef sowie alle 12 Ministerposten, Oberbefehlshaber usw.: Ngwazi (»Held u. Eroberer«) Dr. Hastings Kamuzu Banda, MCP – **Parteien:** Wahl im Juni 1983: alle 87 Sitze an die »Malawi Congress Party«/MCP **Dipl. B.:** BR Dtld.

**Städte** (S 1981): Lilongwe (Hptst.) 103000 Einw., Blantyre-Limbe 229000, Zomba 25000, Mzuzu 20000

**Wirtschaft: BSP** 1980: 1160 Mill. $ / 1981 (S): 1250 Mill. $ / 200 $ (158) / 2,8 – **WS:** 43 / 4,1* / 20 / 7,0* – **V:** 10 / 80 / 22 / 10 / 22 / – 12 – **A:** 50 / 86 / 5 – **E:** 59 / 2,7 / 104 – **M:** 3,7 (12,8)

**Außenhandel:** 1982 **Einf.** 314 Mill. $, **Ausf.** 262 Mill. $ – **W:** 1 Malawi-Kwacha (MK) = 100 Tambala; 1 MK = 0,7671 US-$ bzw. 1,9868 DM – **I:** 10,3 – **AS:** <1 / 4 / 24 / 8 / 34 – **T:** 82 – **H:** 83 / 17 / 0 – **Z:** – 101 / 5,4 / 24,5 / 42,0 – **D:** 1,3 – **K:** – / 91 / 9*

**Wichtige Ausfuhrgüter:** Tee (20 %) und Tabak (50–60 %), Erdnüsse, Mais, Baumwolle, Zucker – **u. Handelspartner:** Großbritannien (30 %), Rep. Südafrika (20 %), USA (8 %), BR Deutschland u. and. EG-Länder, Japan

**Mitgliedschaft:** Commonwealth, UNO, OAU, CCC, GATT, IBRD, ICAO, IDA, IFAD, IFC, ILO, IMF, IPU, ITU, UNESCO, UPU, WHO, WMO; AKP; SADCC; Ost- u. Südostafr. Präf.-Handelszone

## MALAYSIA *(Südost-Asien)*

(Malaysia; Persekutuan Tanah Malaysia – [MAL])

**Fläche** (59): 329749 km² (n. and. Ang. 330434 km², davon Halbinsel Malaysia 131587 km² u. 12467000 Einw., Saráwak u. Sabah 198846 km² u. 1461000 bzw. 1140000 Einw.) (L: 12 %) – **Einwohner** (49): 15068000 (S 1984; 13435588 Z VI/80) = 45,6 je km² – **Städt. B.:** 30 / 3,3 / 27 – **G:** 65 / 30 / 2 / 7910 / 940 /

121 – **S:** 40/92/53/3 – **Jährl. Bevölkerungswachstum:** (1970–1983) 2,5% (1981: 31 / 7)

**Bevölkerung:** Ca. 51% d. Bev. sind ethnisch Malaien, 36% Chinesen, 10% Inder u. 4% andere (u.a. Altstämme) – **Staatssprache:** Malaiisch (Bahasa Malaysia); Landessprachen: Chinesisch, Tamil; Englisch wichtige Verkehrs- u. Bildungssprache – **Religion:** Staatsreligion ist der Islam, aber für alle Religionen ist freie Kultausübung garantiert. Die sunnit. Muslime (Malaien u. z.T. aus Vorderindien Stammende) machen über 50% d. Gesamtbev. aus. Hindus (Inder) ca. 7%, Konfuzianer u. Buddhisten (Chinesen); rd. 3% Katholiken, Protestanten, 800 Juden, Anhänger v. Naturreligionen (bes. in Ost-M.)

**Flagge:** 14 abwechselnd rot-weiße (waagerechte) Streifen, im blauen Obereck gelber Halbmond u. gelber, 14strahliger Stern – **Nationalfeiertag:** 31.8. – **U:** 31.8.1957 (Malaya)

**Staats- u. Regierungsform:** Wahlmonarchie (die einzige neben d. Ver. Arab. Emiraten) auf parlamentar.-demokrat. Grundlage – Bundesstaat – Parlament aus 2 Kammern (Oberhaus bzw. »Dewan Negara« – 32 d. 58 Mitgl. ernannt – u. Unterhaus bzw. »Dwan Rakyat«, Mitglieder für 5 Jahre gewählt). Im Unterhaus haben die Staaten der Halbinsel (Negeri Tanah Melayu) 114, Sarávak 24 u. Sabah 16 Abgeordnete – Allg. Wahlrecht – Keine allg. Wehrpflicht – 13 Bundesstaaten: Johore, Kedah, Kelantan, Malacca [Malakka], Negeri Sembilan, Pahang, Pulau Pinang [Penang], Perak, Perlis, Sabah, Sarávak, Selangor, Terengganu (jeder Staat hat Legisl. Vers.) sowie 1 Bundesterritorium – An der Spitze der 9 Fürstenstaaten stehen Sultane oder andere Fürsten, sonst Gouverneure

**Staatsoberhaupt** (»Yangdi-Pertuan Agong«, alle 5 Jahre von den 9 Sultanen v. Halbinsel-Malaysia gewählt): (König) Almutawakkil Alalla Sultan Mahmood [Machmud] Iskandar Al-Haj [Hadsch] (Sultan von Johore), seit Febr. 1984, im Amt seit 26. April 1984 – **Regierungschef:** Premierminister Dr. Datuk Seri Mahathir Mohamad, UMNO – **Außenminister:** Tengku Ahmad Rithauddeen – **Parteien:** Die aus 10 Parteien gebild. »Nationale Front« [»Barisan Nasional«] (u.a. »United Malay's Nat. Organisation«/UMNO [Partei der Malaien], »Malaysian Chinese Association«/MCA u. »Malaysian Indian Congress«/MIC usw.) errang bei Wahlen v. April 1982 132 von 154 Sitzen; opp. Parteien: »Democratic Action Party«/DAP (gemischtrass., aber v. Chinesen bestimmt; sozialist.) 9, »Pan Malayan Islamic Party«/PAS 5, »Sarávak People's Organisation«/SAPO 1; 7 Unabh. Die KP ist verboten. – **Dipl. B.:** BR Dtld. u. DDR

**Städte** (S 1980/81): Kuala Lumpur (Hptst.) 1081000 (als metrop. area), Pinang (George Town) 300000, Ipoh 275000, Kuching (auf Sarávak) 241000, Kota Kinabalu (auf Sabah) 112000

**Wirtschaft: BSP** 1980: 21940 Mill. $ / 1981 (S): 26110 Mill. $ / 1840 $ (65) / 5,1 – **WS:** 23/5,2/36/9,3 – **V:** 21/53/32/26/53/ – 6 – **A:** 56/50/16 – **E:** 881 / 24,1 / 2328 – **M:** 4,0 (16,6)

**Außenhandel** (einschl. Handel zwischen Ost- u. West-M.): 1983 **Einf.** 30926 Mill. $, **Ausf.** 32163 Mill. $ – **W:** 1 Malaysischer Ringgit (M$) = 100 Sen; 1 US-$ = 2,2870 M$, 1 M$ = 1,1325 DM – **I:** 7,4 – **AS:** 35/11/13/12/39 – **T:** 101 – **H:** 53/43/3 – **Z:** – 2911/ 1,7 / 3,1 / 19,2 – **D:** 3,9 – **K:** – / 1736 / 1317

**Wichtige Ausfuhrgüter:** Kautschuk (17%), Rohzinn (9%), Rohöl u. Mineralölprodukte (¼), Palmöl, Holz, Kopra, Kokosnußöl, Pfeffer, Ananas-Konserven, Eisenerz, Bauxit – **u. Handelspartner:** Japan (fast ¼), USA (bis ⅕), Singapur (bis ⅕), Großbritannien, BR Deutschland (4%), Australien

**Mitgliedschaft:** Commonwealth, UNO, ADB, ASEAN, CCC, ESCAP, FAO, GATT, IBRD, IDA, ICAO, IFC, ILO, IMF, IMO, ITU, UNESCO, UNIDO, UPU, WHO, WMO; Colombo-Plan, Mitglied d. »Islam. Sekretariats«

## MALEDIVEN *(Süd-Asien)*

(Republik der Malediven; Republic of Maldives; Divehi raajje; Maldaníf; Maladiviana)

**Fläche** (169): 298 km² (L: 10%) – **Einwohner** (154): 165700 (S 1982; 143046 Z 1978) = 556,0 je km² – **Städt. B.:** 12% – **Jährl. Bevölkerungswachstum:** (1975–1978) 2,4%

**Bevölkerung:** Malediver; arab.-malaiisch-singhales. Abstammung – **Staatssprache:** »Maldivisch« (Divehi), eine Sonderform des Singhalesischen bzw. Elu; Englisch – **Religion:** sunnit. Muslime (Islam ist Staatsreligion)

**Flagge:** rotumrandetes grünes Feld mit einem weißen Halbmond – **Nationalfeiertag:** 26.7. – **U:** 26.7.1965

**Staats- u. Regierungsform:** Präsidial-Demokratie – Parlament (»Majlis« [Madschlis]) aus 48 (davon 2 in d. Hptst. u. je 2 von den einzelnen Atollen) für 5 Jahre gewählten u. 8 v. Präs. ernannten Mitgliedern – 19 Verwaltungsbezirke (Atolle) – Keine allg. Wehrpflicht

**Staatsoberhaupt u. Regierungschef:** Maumoon Abdul Gayoom, ab Nov. 1978, erneut gewählt im Sept. 1983 mit 95,6% – **Außenminister:** Fathulla Jameel – Noch keine organis. polit. Parteien – **Dipl. B.:** BR Dtld. (Dt. Botsch. in Colombo/Sri Lanka zust.) u. DDR

**Städte** (S 1982): Malé (Hptst.) 45000 Einw.

**Wirtschaft: BSP** 1979: 30 Mill. $ / 1980 (S): 40 Mill. $ / 260 $ (150) / – 0,7*

**Außenhandel:** 1980 **Einf.** 28,1 Mill. $, **Ausf.** 6,0 Mill. $ – **W:** 1 Rufiyaa (Rf) = 100 Laari (L); Freimarktkurs: 1 US-$ = 7,00 Rf, 1 Rf = 0,3700 DM

**Ausfuhr:** Fische u. Fischprodukte, Kopra u. Kokosfasern; Fremdenverkehr – **u. Handelspartner:** Sri Lanka (15%), Japan (⅓), Thailand, Südkorea

**Mitgliedschaft:** UNO, Commonwealth (Sonderstatus), Colombo-Plan, ADB, ESCAP, FAO, GATT (assoz.), IBRD, ICAO, IDA, IFAD, IFC, IMF, IMO, ITU, SARC, UPU, WHO

## MALI *(West-Afrika)*

(Republik Mali; République du Mali – [RMM])

**Fläche** (22): 1240142 km$^2$ (L: 2%) – **Einwohner** (73): 7530000 (S 1983; 6398914 Z XII/1976 prov.) = 6,1 je km$^2$ – **Städt. B.:** 19/4,6/0 – **G:** 45/152/33/ 22130 / 2380 / 85 – **S:** 90 / 27 / 28 / 1 – **Jährl. Bevölkerungswachstum:** (1970–1981) 2,6% (1981: 49 / 21)

**Bevölkerung:** Malier; rd. 50% Westsudangruppen (Bambara, Malinke, Songhai u.a.), berberische Tuareg, Mauren (arabisch-berberische Mischbev.), 17% Fulbe, über 7500 Europäer – **Staatssprache:** Französisch; Umgangssprachen Bambara, Songhai-Jerma, Arabisch, Ful – **Religion:** rund 75% Muslime; christl. Minderheiten (etwa 46000 Katholiken u. 20000 Protestanten), Anh. v. Naturreligionen

**Flagge:** grün-gelb-rot (senkrecht) – **Nationalfeiertag:** 22.9. – **U:** 20.6.1960 (Mali-Föderation)

**Staats- u. Regierungsform:** Präsidiale Republik – Allg. Wahlrecht – Keine allgem. Wehrpflicht – Verwaltungsglied. in 7 Regionen u. Hptst.-Distrikt

**Staatsoberhaupt u. Regierungschef:** Präsident Général Moussa Traoré, seit 1968, gewählt 1979, Generalsekr. d. UDPM – **Außenminister:** Alioune Blondin Beye – **Parteien:** Bei d. Wahlen z. Nationalversamml. im Juni 1982 entfielen 99,8% d. Stimmen u. alle 82 Sitze auf d. Kandidaten d. Einheitspartei UDPM (»Union démocratique du peuple malien«) – **Dipl. B.:** BR Dtld. u. DDR

**Städte** (S 1980): Bamako (Hptst.) A 600000 Einw., Ségou [Segu] 65000, Mopti 54000, Sikasso 47000, Kayes 45000, Gao 31000, Koutiala 28000, San 23000, Tombouctou [Timbuktu] 20000 (engere Stadt 9000), Bougouni u. Koulikoro je 17000 (Zahlen auf Gemeindebasis)

**Wirtschaft: BSP** 1980: 1230 Mill. $ / 1981 (S): 1340 Mill. $/195 $ (159)/2,3 – **WS:** 42/4,0/11/2,4 – **V:** 26/ 80/16/ – 6/18/ – 22 – **A:** 51/73/12 – **E:** 31/7,0/42 – **M:** 2,9 (17,4)

**Außenhandel:** 1982 **Einf.** 332 Mill. $, **Ausf.** 146 Mill. $ – **W:** 1 Mali-Franc (F.M.) = 100 Centimes; 31.12.1983: 1 US-$ = 830 F.M., 1 F.M. = 0,0033 DM; 1 F.M. = 0,01 FF – **I:** 9,7 – **AS:** 0*/1*/13*/20*/ 18* – **T:** 102* – **H:** 62/37/1 – **Z:** – 140/0,8/3,8/64,9 – **D:** 0,6 – **K:** – / 110 / 4

**Wichtige Ausfuhrgüter:** Baumwolle (bis 60%), Erdnüsse (15%), Vieh- u. Viehzuchtprodukte (30–40%), Trockenfische, Reis, Gummiarabikum – **u. Handelspartner:** Frankreich (bis 35%), Elfenbeinküste (20%), VR China (15%), BR Dtld. (5%), Senegal

**Mitgliedschaft:** UNO, OAU, AGC, ECA, CEDEAO, AKP, FAO, GATT (assoz.), IAEA, IBRD, ICAO, IDA, IFAD, IFC, ILO, IMF, ITU, UNESCO, UPU, WHO, WMO, UDEAO, OMVS, Mitglied der Gruppe der »Sahara-Anrainerstaaten«

## MALTA *(Süd-Europa)*

(Republik Malta; Repubblika ta'Malta; Republic of Malta – [M])

**Fläche** (168): 315,6 km$^2$ (m. Comino u. Gozo [Ghawdex]) (L: 43%) – **Einwohner** (143): 370000 (S 1982; 315765 Z 1967) = 1172,4 je km$^2$ – **Städt. B.:** über 94% – **Jährl. Bevölkerungswachstum:** (1970–1976) 0,2% (1978: 17,4 / 10,0)

**Bevölkerung:** meist Malteser (Nachkommen v. Italienern u. Arabern), britische Minderheit – **Staatssprache:** Maltesisch und Englisch; als Umgangssprache auch Italienisch verbreitet – **Religion:** 98% röm-kath.; protest. Gruppen; etwa 50 Juden

**Flagge:** weiß (m. rotgerändertem Georgskreuz im Obereck)-rot (senkrecht) – **Nationalfeiertag:** 31.3. u. 13.12. – **U:** 21.9.1964

**Staats- u. Regierungsform:** Republik – Parlament mit 65 Abg.

**Staatsoberhaupt:** Präsidentin Frau Agatha Barbara, seit 1982 – **Regierungschef,** Premier- u. Innenminister: Dom Mintoff, LP – **Außenminister:** Dr. Alex Sceberras Trigona – **Parteien:** Bei den Wahlen v. Dez. 1981 errang die »Labour Party«/LP 49,2% d. Stimmen u. 34 Sitze, die gemäßigte »Nationalist Party«/NP 50,8%, aber (aufgrund d. Wahlgesetzes) nur 31 Sitze – **Dipl. B.:** BR Dtld. und DDR

**Städte** (F 1980): Valetta (Hptst.) 14020 Einw. (ohne Ausländer), Sliema 20074, Victoria (auf Gozo) 5287

**Wirtschaft: BSP** 1980: 1150 Mill. $ / 1981 (S): 1310 Mill. $ / 3600 $ (46) / 10,4

**Außenhandel:** 1982 **Einf.** 789 Mill. $, **Ausf.** 411 Mill. $ – **W:** 1 Maltesisches Pfund (£m) = 100 Cents = 1000 Mils; 1£m = 2,2887 US-$ bzw. 5,9277 DM

**Wichtige Ausfuhrgüter:** Textilien (bis 50%), Kartoffeln, Gemüse, vegetabile Öle, Blumen, Fruchtkonserven, Wein, Tabak, industr. Konsumgüter (25%) – **u. Handelspartner:** BR Dtld. u. Großbritannien (je knapp ¼), Italien, Libyen; EG insg. 70%

**Mitgliedschaft:** Commonwealth, UNO, CCC, ECE, Europarat, FAO, GATT, ICAO, IFAD, ILO, IMF, IMO, ITU, UNESCO, UPU, WHO, WMO; EG-assoz.

## MAROKKO *(Nordwest-Afrika)*

(Königreich Marokko; Al Mamlakah al Maghrebia – [MA])

**Fläche** (49): 458730 km² (L: 18%) – **Einwohner** (34): 21240000 (S 1982; 15379259 Z 1971) = 46,3 je km² (Fläche u. Einw. ohne besetzte Sahara-Gebiete, mit diesen 710810 km²) – **Städt. B.**: 41/4,6/50 – **G**: 57/104/15/11200/1830/110 – **S**: 72/76/24/4 – **Jährl. Bevölkerungswachstum**: (1970–1981) 3,1% (1981: 46 / 13)

**Bevölkerung**: Marokkaner (rd. 40% Berber, arabisierte Berber, 20% Araber), im Süden u. a. negroide Mischbevölkerung, über 100000 Ausländer (S 1977, davon etwa 50% Franzosen; Algerier, Tunesier, Spanier usw.) – **Staatssprache**: Arabisch (etwa 63%), Berberdialekte (über ⅕) u. Zweisprachigkeit (rd. ⅓) weit verbreitet; Französisch, z. T. auch Spanisch, amtl. Hilfssprachen u. als Handels- u. Bildungssprachen wichtig – **Religion**: 95% sunnitische Muslime (der Islam ist Staatsreligion); christliche (etwa 110000 röm. Katholiken) Minderheiten, rund 20000 Juden

**Flagge**: rot mit grünem Mohammedia-Stern – **Nationalfeiertag**: 3.3. u. 14.8. – **U**: 2.3.1956 (Marokko) + Grüner Marsch 6.11.1975 (Annektierung der Sahara-Provinzen)

**Staats- u. Regierungsform**: »Konstitutionelle demokratische und soziale Monarchie« – Verfassung v. 1972, geänd. 1980 – Einkammerparlament; ⅔ der 264 Mitglieder werden direkt, die übrigen durch Wahlgremien aus Kommunalparlamentariern, Arbeitnehmer- u. Arbeitgebervertretern gewählt – Der König ernennt und entläßt den Regierungschef und Regentschaftsrat – Wahlberechtigt alle volljährigen Bürger – Allgem. Wehrpflicht – Seit 1961 ziviler Pflichtdienst – 37 Provinzen (einschl. ehem. span. Sahara) u. 8 Stadtpräfekturen

**Staatsoberhaupt**: Hassan II., König seit 1961 – **Regierungschef**: Mohamed Karim Lamrani, seit Nov. 1983; Koal. aus R.N.I., P.N.D., Istiqlal, M.P., Konstit. U. u. U.S.F.P. – **Außenminister**: Abdelouahed Belakziz – **Parteien**: Legislaturperiode am 13. Okt. 1983 ausgelaufen – Wahlen am 14. Sept. 1984 – Kommunalwahlen v. Juni 1983: Istiqlal (nationalistisch) 17,98%, Konstitutionelle Union 15,57%, Nationale Vereinigung d. Unabh. (R.N.I.) 13,58%, Volksbew. (M.P.) 11,63%, National Demokrat. P. (P.N.D.) 11,59%, Sozialist. Union d. Volkskräfte (U.S.F.P.) 6,22%, Neutrale 21,13% – **Dipl. B.**: BR Dtld. u. DDR

**Städte** (S 1983): Rabat-Salé [arab. Er-Ribât] (Hptst.) 841000, Casablanca 2,5 Mill., Fès [Fäs] 562000, Marrakech [Marakusch] 548000, Meknès [Miknäs] 486000, Oujda [Wuschda] 470000, Kénitra [Knitra] 450000, Tétouan [Titwän] 371000, Tanger [Tandscha] 304000, Safi 256000 – (Ceuta und Melilla sind als »Presidios« spanischer Besitz, werden aber von Marokko beansprucht.)

**Wirtschaft**: **BSP** 1980: 16770 Mill. $ / 1981 (S): 17960 Mill. $/860 $ (95)/2,8 – **WS**: 14/<1/34/5,8 – **V**: . ./92 (inkl. öff. V.)/23/8/21/–15 – **A**: 51/52/21 – **E**: 368 / 4,8 / 1179 – **M**: 6,1 (17,9)

**Außenhandel**: 1982 **Einf.** 4315 Mill. $, **Ausf.** 2059 Mill. $ – **W**: 1 Dirham (DH) = 100 Centimes; 1 US-$ = 8,2426 DH, 1 DH = 0,3142 DM – **I**: 8,2 – **AS**: 45/1/41/20/21 – **T**: 63 – **H**: 67/20/10 – **Z**: –1839/8,2/30,1/52,4 – **D**: 1,0 – **K**: – / 1103 / 59

**Wichtige Ausfuhrgüter**: Bergbauprodukte (50–60%), bes. Phosphate, Blei, Mangan; Zitrusfrüchte, Wein, Gemüse, Häute, Olivenöl. Baumwolle, getrocknete Fische – **u. Handelspartner**: Frankreich (bis ¼), Spanien (7%), BR Deutschland (6%), USA, Italien, UdSSR

**Mitgliedschaft**: UNO, OAU, CCC, ECA, FAO, IAEA, IBRD, ICAO, IDA, IFAD, IFC, ILO, IMF, IMO, ITU, UNESCO, UPU, WHO, WMO, Arab. Liga; EG-assoz. – Seit Aug. 1984 »Staaten-Union« mit Libyen

## MARSHALL-INSELN

*(Ozeanien; Pazifische Inselwelt)*

(Marshall-Islands State; Marshall Islands)

**Fläche** (171): 181 km² (einschl. d. Atolle Bikini u. Eniwetok [Atomwaffenversuche]) – **Einwohner** (170): 29670 (S 1980) = 163,9 je km² – **Jährl. Bevölkerungswachstum**: (1982) 3,5%

**Bevölkerung**: Mikronesier; US-Amerikaner – **Staatssprache**: Englisch; mikrones. Dialekte – **Religion**: Katholiken u. Protestanten

**Flagge**: in Blau 2 v. Mast aufsteigende, breiter werdende Streifen (Orange über Weiß), im Obereck 24strahliger weißer Stern – **Nationalfeiertag**: nicht bek. – **U**: am 7.9.1983 voraussichtl. Volksabstimmung über neues Assoziierungsabk. (volle Autonomie; Verteid. bei USA)

**Staats- u. Regierungsform**: Zur Zeit noch unter USA/UNO-Treuhandschaft, jedoch Selbstregierung u. eig. Verfassung seit 1.5.1979 – »Nitijela« mit 33 Abg., berat. »Council of Iroij (= Stammesführer)« aus 12 Mitgl. – Von d. »Nitijela« gewählter Präsident – 24 Gemeindebezirke

**Staatsoberhaupt**: Präsident Amata Kabua – **Außenminister**: Anton Debrum

**Städte**: Jaluit (Hptst.) auf Majuro 5900 Einw., Rita Village

**Wirtschaft**: **BSP** 1980: 219 Mill. $ / 7560 $ (28a) – **W**: US-$

**Wichtige Ausfuhrgüter**: Kopra, Fische – **u. Handelspartner**: USA, Japan, Puerto Rico, Marianen

**Mitgliedschaft**: SPC, Südseeforum, ESCAP

## MAURETANIEN *(Nordwest-Afrika)*

(Islamische Rep. Mauretanien; République Islamique de Mauritanie; El Dschumhurija el Muslimija el Mauritanija bzw. Al Jumhuriya al Islamiya al Muritaniyai – [RIM])

**Fläche** (27): 1030700 km² (L: 0,2%) – **Einwohner** (120): 1725000 (S 1982; 1481000 Z 1976 einschl. rd. 539000 Nomaden) = 1,7 je km² – **Städt. B.**: 24/8,1/0 – **G:** 44/141/30/14350/2080/97 – **S:** 83/33/10/<1 – **Jährl. Bevölkerungswachstum:** (1970–1981) 2,3% (1981: 44/20)

**Bevölkerung:** Mauretanier; etwa 80% Mauren (arabisch-berberische Mischbev., davon rd. 25% mit schwarzafrik. Einschlag; ⅓ Nomaden), im übrigen Schwarze (Bambara, Toucouleurs [Tukulör], Sarakalles, Soninke u. Wolof), Fulbe u. ca. 2000 Europäer – **Staatssprache:** Arabisch als Nationalspr., seit 1966 auch als Amtssprache, daneben Franz.; außerdem Hassanije, Ful, berber. u. sudanes. Sprachen (Soninké u. Wolof) – **Religion:** 100% Muslime malakitischer Richtung; kl. christl. Minderheiten (Ausländer). Der Islam ist Staatsreligion

**Flagge:** in Grün ein liegender gelber Halbmond, einen gelben Stern umschließend – **Nationalfeiertag:** 28.11. – **U:** 28.11.1960

**Staats- u. Regierungsform:** Präsidiale Republik – Verfassung (»Charte Constitutionelle«) v. 11.4.1979, CMSN als Hauptstaatsorgan – Staatsgewalt beim Militär – Verwaltungsgliederung in 12 Regionen u. den Distrikt der Hauptstadt

**Staatsoberhaupt, Regierungschef** u. Verteid.-Min.: Oberstleutnant Mohamed Khouna Ould Haïdalla [M. Chuna Uld H., auch Heydalla], Präsident d. »Comité militaire du Salut National«/CMSN – **Außenminister:** Oberstleutnant Ahmed Ould Minnih – **Parteien:** »Parti Populaire Mauritanien« (»Hisb Chaeb«), Wahl 1975 alle 70 Parlamentssitze. Seit d. Staatsstreich v. 1978 aufgelöst – **Dipl. B.:** BR Dtld. u. DDR

**Städte** (S 1982): Nouakchott [Nuakschott] (Hptst.) 150000 Einw., Nouâdhibou (Port Étienne) 24400, Zouérate 22000, Kaédi 20000, Atar 19000, Rosso 18500

**Wirtschaft: BSP** 1980: 600 Mill. $ / 1981 (S): 710 Mill. $/455 $ (124)/–1,0 – **WS:** 28/3,1/24/–4,0 – **V:** 29/62/38/9/49/–29 – **A:** 51/69/8 – **E:** 199/5,5*/55 – **M:** 12,6 (29,4)

**Außenhandel:** 1982 **Einf.** 273 Mill. $, **Ausf.** 232 Mill. $ – **W:** 1 Ouguiya (UM) = 5 Khoums (KH); 1 US-$ = 58,95 UM, 1 UM = 0,0439 DM – **I:** 9,0 – **AS:** 4*/20*/39*/5*/39* – **T:** 72 – **H:** 92/8/<1 – **Z:** –148/8,0/15,8/122,1 – **D:** 3,3 – **K:** –/138/22

**Wichtige Ausfuhrgüter:** Eisenerz (bis 80% d. Ausfuhrwertes), Kupfer (6%), Fischprodukte, Vieh u. Viehzuchtprodukte, Gummiarabikum, Salz – **u. Handelspartner:** Frankreich (25–30%), Großbritannien, BR Dtld., USA, Italien, Spanien, Japan

**Mitgliedschaft:** UNO, OAU, CCC, CFA, ECA, CEDEAO, AKP, FAO, GATT, IBRD, ICAO, IDA, ILO, IMF, IMO, ITU, OMVS, UDEAO, UIA, UNESCO, UPU, WHO, WMO; Arabische Liga, Gemeins. Arab. Markt, Mitgl. d. »Sahara-Anrainerstaaten«

## MAURITIUS *(Südost-Afrika)* – [MS]

**Fläche** (151): 2045 km² (m. Rodrigues, 109 km² u. (1981) 31020 meist christl. Einw., St. Brandon usw.) (L: 57%) – **Einwohner** (130): 950000 (S 1982; 851335 Z 1972) = 464,5 je km² – **Städt. B.**: 45% – **Jährl. Bevölkerungswachstum:** (1975–1978) 1,5%

**Bevölkerung:** Mauritier; Inder (66%) (überw. Nachk. d. im 19. Jh. aus Vorderindien eingewand. Pflanzungsarbeiter), 29% Kreolen, ca. 3% Chinesen u. 14000 Weiße – **Staatssprache:** Englisch, Umgangssprache meist ein kreolisches Französisch u. indische Sprachen – **Religion:** rund 50% Hindus, etwa 26% Kathol., 3% Protest. und 16% Muslime (meist aus d. heutigen Pakistan), 0,6% Buddhisten

**Flagge:** rot-blau-gelb-grün (waagerecht) – **Nationalfeiertag:** 12.3. – **U:** 12.3.1968

**Staats- u. Regierungsform:** Parlamentarische Republik – Parlament aus 1 Kammer – Allgemeines Wahlrecht – Keine allgem. Wehrpflicht – Verwaltungsgliederung in 9 Distrikte

**Staatsoberhaupt:** Königin Eizabeth II., seit 1952, vertreten durch einen Generalgouverneur: Sir Seewoosagur Ramgoolam – **Regierungschef:** Anerood Jugnauth, PSM; Präs. d. Allianz MMM u. PSM – **Außenminister:** Anyl Kumarsingh Gayan – **Parteien:** Die Wahlen v. Aug. 1983 brachten d. »Maurit. Sozialist. Bewegung«/PSM (Allianz aus Mauritische Sozialist. Partei/MSM, Sozialdemokr. Maurit. P./PMSD u. Arbeitspartei) 46 d. 62 Mandate. Außerdem: marxist. Militante Mauritische Bewegung/MMM v. Gen.-Sekr. Paul Bérenger u. Volksorganisation Rodriguez (2 Sitze) – **Dipl. B.:** BR Dtld. (Botsch. in Atanarivo/Madagaskar zuständig) u. DDR

**Städte** (S 1980): Port Louis (Hptst.) 145817 Einw., Beau Bassin-Rose Hill 85875, Curepipe 56024, Quatre Bornes 55278, Vascoas-Phoenix 54746

**Wirtschaft: BSP** 1980: 1070 Mill. $ / 1981 (S): 1230 Mill. $ / 1270 $ (77) / 5,0

**Außenhandel:** 1983 **Einf.** 438 Mill. $, **Ausf.** 373 Mill. $ – **W:** 1 Mauritius-Rupie (MR) = 100 Cents; 1 US-$ = 12,472 MR, 1 MR = 0,2077 DM

**Wichtige Ausfuhrgüter:** Zucker (60%), Textilien (25%), Tee (10%), Melasse – **u. Handelspartner:** Großbritannien (bis 40%), Frankreich u. Rep. Südafrika (je rd. 10%), USA, Japan, Rep. China

**Mitgliedschaft:** UNO, Commonwealth; FAO, OCAM, GATT, IAEA, IBRD, ICAO, IDA, IFAD, IFC, IMF, IMO, ITU, UPU, WHO, WMO, AKP – Mauritius beansprucht von Frankreich die Insel Tromelin u. v. Großbritannien die Insel Diego Garcia

## MEXIKO *(Mittel-Amerika)*

(Vereinigte Mexikanische Staaten; Estados Unidos Mexicanos – [MEX])

**Fläche** (13): 1958128 km² (L: 12%) – **Einwohner** (11): 72900000 (S 1982; de jure 67382581 Z 1980) = 37,2 je km² – **Städt. B.**: 67 / 4,2 / 48 – **G**: 66 / 54 / 4 / 1260 / 1420 / 121 – **S**: 17 / 120 / 37 / 15 – **Jährl. Bevölkerungswachstum**: (1970–1981) 3,1%; (1982) 2,5% (1981: 36 / 7)

**Bevölkerung**: Mexikaner; etwa 75% Mestizen, 9% Indianer, 10–15% Weiße, meist altspanischer Abstammung (nach and. Ang. 29% Indianer, 55% Mestizen). Über 150000 Ausländer; rd. 60000 Deutschstämmige – **Staatssprache**: Spanisch als Umgangssprache von vielen aztekischen Lehnwörtern durchsetzt; etwa 3,5% sprechen nur indianische Sprachen (u.a. Nahua, Maya), rd. 8% sind zweisprachig – **Religion**: röm.-katholisch; daneben protestant. Minderheiten (rund 1,8%) u. 37500 Juden

**Flagge**: grün-weiß (mit Staatswappen)-rot (senkrecht) – **Nationalfeiertag**: 16.9. – **U**: 16.9.1810 (Proklamation), endgültig 28.9.1821

**Staats- u. Regierungsform**: Präsidiale Republik – Parlament (»Congreso de la Unión«) aus 2 Kammern (»Cámara de Senadores« u. »Cámara de Diputados:); Wahl der Abgeordneten (Deputierten) für 3 Jahre (300 nach Mehrheitswahl, 100 durch Regionallisten) – Wahlberechtigt alle Bürger über 18 Jahre, Verheiratete ab 16 Jahre – Wehrpflicht – Bundesstaatl. Gliederung in 31 Staaten (m. Parlament u. Gouverneur), 1 Bundesdistrikt (Hptst.)

**Staatsoberhaupt u. Regierungschef**: Präsident Miguel de la Madrid Hurtado, seit 1.12.1982 – **Außenminister**: Bernardo Sepúlveda Amor – **Parteien**: Wahlen vom Juli 1982: »Partido Revolucionario Institutional«/PRI 299 (Senat 64) Sitze, »P. Acción Nacional«/PAN (konservativ) 20 (0), »P. Socialista Unificado de México«/PSUM (links) 10 (0), »P. Popular Socialista«/PPS (links) 9 (0), »P. Democrático Mexicano«/PDM 10 (0) u. »P. Socialista de los Trabajadores«/PST 9 (0) – **Dipl. B.**: BR Dtld. u. DDR

**Städte** (F 1984): Ciudad de México (Hptst., Distrito Federal) A 15665000 Einw., Guadalajara 3256000, Monterrey 2658000, Tijuana 932000, Ciudad Juárez 870000, Puebla de Zaragoza 786000, León de los Aldamas 768000, Acapulco de Juárez 638000, Tampico 622000, Chihuahua 612000, Torreón 552000, Mexicali 552000, Cuernavaca 514000, Veracruz Llave 454000, Hermosillo 452000, San Luis Potosí 446000, Culiacán Rosales 422000, Saltillo 379000, Mérida 351000

**Wirtschaft**: **BSP** 1980: 137570 Mill. $ / 1981 (S): 160230 Mill. $ / 2250 $ (58) / 3,1 – **WS**: 8 / 3,4 / 37 / 7,4 – **V**: 15 / 62 / 25 / 23 / 13 / – 2 – **A**: 52 / 36 / 26 – **E**: 1684 / 16,7 / 19895 – **M**: 0,4 (2,3)

**Außenhandel**: 1982 **Einf.** 15042 Mill. $, **Ausf.** 21006 Mill. $ – **W**: 1 Mexikanischer Peso (mex$) = 100 Centavos; Freimarktkurs: 1 US-$ = 172,30 mex$, 1 mex$ = 0,0150 DM – **I**: 19,1 – **AS**: 39 / 19 / 3 / 8 / 50 – **T**: 89 – **H**: 91 / 9 / <1 – **Z**: – 12933 / 3,7 / 28,2 / 18,5 – **D**: 1,4 – **K**: – / 9634 / 2254

**Wichtige Ausfuhrgüter**: Rohöl (78%), NE-Metalle (ca. ⅛), Textilien, Baumwolle, Zucker sowie Chemikalien; Maschinen, Kaffee, Fische, Mais, Vieh, Schwefel, Blei – **u. Handelspartner**: USA (über 60%), BR Dtld., Japan, Frankreich, Großbritannien, Italien, Niederl. Antillen, Kanada, Schweiz, ALADI-Länder

**Mitgliedschaft**: UNO, OAS, ALADI (auch Koop. m. d. Andengruppe), BLADEX, ECLA, FAO, IAEA, IBRD, ICAO, IDA, IDB, IFAD, IFC, ILO, IMF, IMO, ITU, NAMUCAR, SELA, UNESCO, UNIDO, UPU, WHO, WMO; Handelsabkommen m. d. EG u. Koop.-Abk. m. RGW, CONTADORA

## MIKRONESIEN, Föderierte Staaten von

*(Ozeanien; Pazifische Inselwelt)*

(Föderierte Staaten v. Mikronesien; Federated States of Micronesia – [FSM])

**Fläche** (156): 720,6 km² – **Einwohner** (159): 115000 (S 1981) = 159,6 je km² – **Jährl. Bevölkerungswachstum**: (1981) 3,5%

**Bevölkerung**: vorwiegend Mikronesier; Weiße – **Staatssprache**: Englisch; 9 mikrones. Dialekte – **Religion**: Katholiken u. Protestanten

**Flagge**: auf hellblauem Grund 4 im Kreis angeordn. weiße Sterne (repräsentieren die 4 Staaten Yap, Truk, Ponape u. Kosrae) – **Nationalfeiertag**: noch nicht bek.

**Staats- u. Regierungsform**: z.Z. noch unter USA/UNO-Treuhandschaft, jedoch Selbstregierung u. eig. Verfassung seit 10.5.1979 – Einkammerparlament (»Congress«), z. ersten Mal gewählt am 27.3.1979 – vom Volk gewählter Präsident – gewählter Gouverneur in jedem Teilstaat

**Staatsoberhaupt u. Regierungschef**: Präsident Tosiwo Nakayama – **Außenminister**: Andon Amaraich

**Städte**/Inseln (Z 1980): Kolonia (Hptst. auf Ponape Island) 5550 Einw., Kosrae 5522, Moen 10374, Yap 8172

**Wirtschaft**: **BSP** 1979 je Einw.: Kosrae-State 2845 $, Ponape-State 2553 $, Truk-State 2104 $, Yap-State 12250 $ – **W**: US-$

**Wichtige Ausfuhrgüter**: Kopra, Fisch u. kunsthandwerkl. Erzeugnisse – **u. Handelspartner**: USA (Guam, Hawaii, Marianen), Japan

**Mitgliedschaft**: ESCAP, Südseeforum, ISPF, SPC

## MONACO *(Süd- bzw. West-Europa)*

(Fürstentum Monaco; Principauté de Monaco – [MC])

**Fläche** (176): 1,9 km² – **Einwohner** (171): 27 063 (S 1982; de jure 25 029 Z 1975) = 14 243,7 je km² – **Jährl. Bevölkerungswachstum:** (1975–1982) 8,13 % (1977: 7,5 / 10,6)

**Bevölkerung:** Französisch, Monegassen genannt, nur 4 481; u. a. 47 % Franzosen, 17 % Italiener – **Staatssprache:** Französisch, Umgangssprache »Monegasco«, z. T. Italienisch u. Englisch – **Religion:** rund 90 % röm. Katholiken (Staatskirche, aber Relig.-Freiheit), Anglik., Juden, Reform.

**Flagge:** rot-weiß (waagerecht) – **Nationalfeiertag:** 19. 11. – **U:** 29. 3. 1731 Erhebung zum souveränen Fürstentum

**Staats- u. Regierungsform:** Konstitutionelles erbliches Fürstentum im Zollverband mit Frankreich – »Nationalrat« (»Conseil National«) und »Gemeinderat« – Keine Wehrpflicht – Die Regierungsgewalt liegt unter der Autorität des Fürsten bei einem Staatsminister (Regierungschef) u. 3 Regierungsräten; aufgrund des Schutzvertrages mit Frankreich von 1861 schlägt dieses den Staatsminister vor

**Staatsoberhaupt:** Fürst Rainier III., seit 1949 – **Staatsminister:** Jean Herly – **Parteien:** Wahlen d. 18 Ratsmitgl., im Jan. 1983: »Nationale u. Demokrat. Union« alle Sitze, Kommunisten u. Unabh. – **Dipl. B.:** BR Deutschland

**Stadtbezirke:** (Munizipien, 1982) Stadt Monaco-Ville (Hptst.) 1 234 Einw., La Condamine (Hafen) 12 467, Monte Carlo 13 154 u. Fontvieille (Industriezentrum) 208

**Wirtschaft: BSP** 1982 11 572 Mill. FF, je Einw. ca. 50 000 US-$ (1)

**Außenhandel:** mit Frankreich 3 073 Mill. FF, übrige 1827 Mill. FF – **W:** 1 Franz. Franc (FF) = 100 Centimes (s. Frankreich); eigene Münzen

**Wichtige Ausfuhrgüter:** Chem. Produkte, Textilien, Druckereierzeugnisse – **u. Handelspartner:** EG 70 %

**Mitgliedschaft:** FAO, IAEA, ITU, UNESCO, UPU, WHO; Wirtschafts- (seit 1865) u. Währungsunion (seit 1925) mit Frankreich

## MONGOLISCHE VOLKSREPUBLIK

*(Zentral-Asien)*

(Bügd Nairamdach Mongol Ard Uls)

**Fläche** (17): 1 565 000 km² (L: 1 %) – **Einwohner** (119): 1 732 400 (S 1982; 1 197 600 Z 1969) = 1,1 je km² – **Städt. B.:** 51 / 4,0 / 0 – **G:** 64 / 53 / 4 / 450 / 240 / 111 – **S:** 5* / 105 / 89 / 9 – **Jährl. Bevölkerungswachstum:** (1970–1981) 2,9 % (1981: 34 / 7)

**Bevölkerung:** 87 % Mongolen, davon ¾ Ostmongolen (Chalcha), fast 5 % Westmongolen; Burjat-Mongolen, über 4 % Kasachen, außerdem Tuwiner, russische u. chines. Minderheiten – **Staatssprache:** Mongolisch – **Religion:** bis 1930 ausschl. lamaistischer Buddhismus (stark zurückgedrängt)

**Flagge:** rot (m. gelbem Emblem)-hellblau-rot (senkrecht) – **Nationalfeiertag:** 11. 7. – **U:** tatsächlich 26. 11. 1924 (Proklamation d. Volksrep. u. Verfassung), 5. 1. 1946 nominell (Anerkennung d. China)

**Staats- u. Regierungsform:** Kommun. Volksrep. – Parlament aus 1 Kammer (»Großer Volks-Chural« = »Iche-Ch.«); 370 Mitgl. auf Einheitsliste für 4 Jahre gewählt – Wahlberechtigt alle Bürger über 18 Jahre – Wehrpflicht – Verwaltungsglied. in 18 Aimak u. 3 Stadtgebiete

**Staatsoberhaupt:** Präsidium d. Großen Volks-Chural als kollektives Oberhaupt bzw. dessen Vorsitzender seit Aug. 1984 N. N. – **Partei- u. Regierungschef:** Vorsitzender d. »Kleinen Volks-Chural« (Ministerrat) Prof. Schambyn Batmunch [Zhambyn Batmonkh] **Außenminister:** Mangalyn Dügersüren – **Parteien:** »Mongol. Revol. Volkspartei« (kommun.), etwa 70 000 Mitglieder. Wahlen 1981 99,99 % f. die Einheitsliste – **Dipl. B.:** BR Dtld. und DDR

**Städte** (Z 1980): Ulan-Bator [Ulaan-Baatar] (Hptst.) 418 700 Einw., Darchan 53 500, Eerdenet 36 600, Choybalsan [Tschojbalsan] 23 000, Suche-Bator 17 000

**Wirtschaft: BSP** 1982: 1 500 Mill. $ / 1979 (S): 1 270 Mill. $ / 780 $ (100) / 3,1* – **A:** 54 / 55 / 22 – **E:** 1 452 / 12,2 / 440

**Außenhandel:** 1980 **Einf.** 566 Mill. $, **Ausf.** 416 Mill. $ – **W:** 1 Tugrug (Tug.) = 100 Mongo; 31. 12. 1983: 100 US-$ = 341,20 Tug., 1 Tug. = 0,7983 DM – **AS:** 8* / <1 * / . . / . . / . .

**Wichtige Ausfuhrgüter:** Vieh (⅙), Fleisch (⅛), Wolle (1⁄10), Leder – **u. Handelspartner:** UdSSR (über 80 %), VR China, BR Dtld. (0,3 %); RGW insg. über 95 %

**Mitgliedschaft:** UNO, RGW, als Beobachter bei Sitzungen des Warschauer Vertrages vertreten, ESCAP, FAO, IAEA, ILO, ITU, UNESCO, UPU, WHO, WMO

## MOSAMBIK *(Südost-Afrika)*

(Volksrepublik Mosambik; República Popular de Moçambique)

**Fläche** (33): 799 380 km² (mit 21 371 km² Binnengewässern, einschl. Anteil am Njassa-See) (L: 4,5 %) – **Einwohner** (53): 12 930 000 (S 1982; 12 130 000 Z 1980) = 16,2 je km² – **Städt. B.:** 9 / 8,2 / 83 – **G:** 47* / 113 / 22 / 39 110 / 5 600 / 70 – **S:** 67 / 93 / 6 / <1 – **Jährl. Bevölkerungswachstum:** (1970–1981) 4,2 % (1980: 45 / 18)

**Bevölkerung:** Mosambiker; weit über 90% Bantu, bes. Makua (N-Küste), Tonga (im S) u. Schona (zwischen Sambesi u. Sabi); Mitte 1980 noch 20000 Ausländer; 120000 Mosambikaner als Fremdarb. in Rep. Südafrika – **Staatssprache:** Portugiesisch; Bantu-Sprachen – **Religion:** 15% Christen (1,5 Mill. Katholiken, 40000 Protestanten), 13% Muslime, 60% Anh. v. Naturreligionen

**Flagge:** grün-schwarz-gelb waagerecht (durch schmale weiße Streifen getrennt), am Mast rotes Dreieck mit Emblem (Hacke, Kalaschnikow u. Buch auf gelbem Stern) – **Nationalfeiertag:** 25.6. – **U:** 25.6.1975

**Staats- u. Regierungsform:** Sozialist. Volksrepublik – »Volksversammlung« – Allgem. Wahlrecht – Allgem. Wehrpflicht ab 18 Jahren – Verwaltungsgliederung in 10 Provinzen

**Staatsoberhaupt u. Regierungschef:** Präs. u. Marschall Samora Moisés Machel – **Außenminister:** Gen.-Major Joaquim Alberto Chissano – **Parteien:** Als Einheitspartei »Frente de Libertação de Moçambique«/FRELIMO, deren Präs. gleichzeitig Staatspräsident ist, hat alle 210 Sitze in d. Volksversamml. inne (letzte Wahl: Juni 1980) – **Dipl. B.:** BR Dtld. u. DDR

**Städte** (Z 1980): Maputo (fr. Lourenço Marques; Hptst.) 760000 Einw.; (Z 1970): Nampula 126126, Beira 113700, Quelimane 71786, Xai-Xai [João Belo] 63949, Tete 53232, Lichinga [Vila Cabral] 36715, Inhambane 26701 (z.T. Umbenennung weiterer Orte im Gange)

**Wirtschaft: BSP** 1982: 2800 Mill. $ / 1980 (S): 2810 Mill. $/270 $ (149) / – 5,3* – **WS:** 44* / – 1,8* / 16* / – 5,6* – **V:** 15* / 85* / 10* / <1* / 13* / – 10* – **A:** 53/ 66 / 18 – **E:** 103 / 47,9 / 1800 – **M:** 3,5* (..)

**Außenhandel:** 1981 **Einf.** 737 Mill. $, **Ausf.** 385 Mill. $ – **W:** 1 Metical (MT) = 100 Centavos; 1 US-$ = 40,740 MT, 1 MT = 0,0636 DM – **I:** 11,2* – **AS:** 0* / 0* / 11* / .. / .. – **T:** 77 – **H:** 39 / 58 / 0

**Wichtige Ausfuhrgüter:** Rohbaumwolle, Textilien u. Cashew (Acajou)-Nüsse (je ⅕), Tee, Kopal, Holz, Sisal, Erze – **u. Handelspartner:** Rep. Südafrika (15%), USA (14%), Portugal (ca. 10%), DDR (9%)

**Mitgliedschaft:** UNO, OAU, FAO, ICAO, IFAD, ILO, ITU, UNESCO, UPU, WHO; SADCC; Verteidig.-Abk. m. Angola, Sambia u. Tansania; Freihandelszone mit Tansania; Nichtangriffs- u. Gute-Nachbarschafts-Vertrag mit Rep. Südafrika

## NAMIBIA *(Südwest-Afrika)*

(offiz. noch Südwestafrika; Suidwes-Afrika; South West Africa – [ZA bzw. SWA])

**Fläche** (31 a): 823168 km$^2$ (ohne »Walfischbucht«, → Südafrika) (L: 1%) – **Einwohner** (129 a): 1051000 (Mai 1982; 1190000 n. inoffiz. Z 1981) = 1,3 je km$^2$ – **Städt. B.:** 10% – **Jährl. Bevölkerungswachstum:** (1970–1976) 2,3%

**Bevölkerung:** vorwiegend Bantu-Völker, u.a. (Z 1982) 516000 Ovambos, 77600 Hereros, 39500 Ost-Caprivier, 6800 Tswana; nicht zu den Bantu gehören 76800 hottentottischsprach. Damaras, 98000 Kavangos, 49700 zu den Hottentotten zählende Namas, 25800 »Rehoboth Basters« (Nachkommen v. Buren mit Hottentottenfrauen); außerdem (1978) 26000 Buschmänner, 35000 »Coloureds« (»Kleurlinge«, Mischbev. aus Europäern, Bantu, Malaien u. z.T. Hottentotten) u. 7000 Kaokolander. Die 71530 Weißen (Z 1982, 1978: 113000) – nur noch 7,5% d. Gesamtbev. – sind zu 25–30% deutschstämmig, darunter fast ⅓ deutsche Bürger, von denen ein Teil auch die südafrik. Staatsbürgerschaft besitzt. – **Staatssprache:** Amtssprache Afrikaans, Englisch u. seit Juni 1984 auch Deutsch; Umgangssprachen der Bantu u. d. and. Gruppen; 65% d. Weißen sprechen Afrikaans, 28% Deutsch, der Rest Englisch; »Coloureds« und »Rehoboth Basters« meist Afrikaans – **Religion:** über ⅖ Protestanten, rund 140000 Katholiken; Naturreligionen

**Flagge:** südafrik. Flagge – **Nationalfeiertag:** keiner – **U:** unbestimmt

**Staats- u. Regierungsform:** bis 1920 deutsches Schutzgebiet (ab 1915 besetzt), seither von d. Rep. Südafrika verwaltet – Nach UNO-Auffassung Treuhandgebiet – Südafrikan. Gen.-Administrator: Dr. Willie van Nierkerk (Legislat. u. Exek. Gewalt, Verteid. u. Außenpolitik bei Rep. Südafrika) – Verwaltungsgl. in 21 Distrikte u. 1 Volksgruppenverwaltung – Die Verfass. d. Turnhallen-Versamml. sieht weitgeh. Autonomie d. einz. Stammesgruppen mit eig. Vertretungen u. Regierungen vor – **Parteien:** Gegenwärtiges Parteienspektrum (Anz. d. Konf.-Teiln.): Demokrat. Turnhallen-Allianz/DTA (aus 11 Mitgliedsparteien, gemischtrassig, Vors. Dirk Mudge) (33), National Party d. Weißen (2), Rehoboth Liberation Front (8), National Union/SWANU (33), Damara-Rat (12), Christl.-Demokr. Partei (2) u. SWAPO-D (gemäßigter Flügel d. SWAPO, Vors. Andreas Shipanga) (15) nahmen im Dez. 1984 an einer Allparteien-Konferenz teil, die v. d. Untergrundorganisation SWAPO (South West Africa People's Organisation, fast ausschl. v. d. Ovambos getragen, sozialist.-radikal, Präs. Sam Nujoma) u. von d. Peter Kalangula geführten Owambo-Partei CDA boykottiert wurde. *(Inf. z. T. v. F. Kostka, Windhuk)*

**Städte** (S 1981): Windhuk [Windhoek] (Hptst.) 88700 Einw. (zu über 50% Weiße); Swakopmund, Tsumeb, Lüderitz, Keetmanshoop, Karasburg, Otavi

**Wirtschaft: BSP** 1982: 1600 Mill. $ / 1980 (S): 1420 Mill. $ / 1407 $ (75 a) / 0,3*

**Außenhandel:** Ein- u. Ausfuhr sind bei Südafrika enthalten – **Ausf.** 1980: 1085 Mill. Rand – **W:** Südafrikan. Rand

**Wichtige Ausfuhrgüter:** Diamanten (ca. ⅓); Uranerz, Kupfer, Blei, Zink, Wolfram; Bergbauprod. insg.

75%; Viehzuchtprod. – **u. Handelspartner:** Rep. Südafrika, Sambia, EG-Länder, USA

**Mitgliedschaft:** FAO, ILO, UNESCO, WHO

## NAURU *(Ozeanien)*

(Republik Nauru; Naoero; Republic of Nauru)

**Fläche** (175): 21,3 km² – **Einwohner** (175): 8000 (S 1981; 7254 Z 1977) = 373,8 je km² – **Jährl. Bevölkerungswachstum:** (1970–1977) 1,9%

**Bevölkerung:** Naurier bzw. Nauruaner knapp 57% (polynes.-mikrones.-melanes. Mischrasse), im übr. Gastarbeiter (and. Polyn./Mikron./Melan. 26%, Chinesen/Vietnamesen 9%, Europ. 8%) – **Staatssprache:** Englisch u. polynesisches Nauruanisch – **Religion:** meist Protestanten, 30% Katholiken

**Flagge:** blau, waagerecht geteilt durch schmalen gelben Streifen, unter diesem am Mast ein weißer, 12strahliger Stern – **Nationalfeiertag:** 31.1. – **U:** 31.1.1968

**Staats- u. Regierungsform:** Parlamentarische Republik – Parlament aus 18 Mitgliedern – Außenpolitik d. Australien wahrgenommen – Allg. Wahlpflicht – 13 Gemeindebezirke

**Staatsoberhaupt:** Präs. Reg.-Chef u. Außenminister Hammer de Roburt, erneut seit Dez. 1983 – **Parteien:** formell nicht existent; Sippenverbände – **Dipl. B.:** zu BR Dtld. u. DDR keine Bez.

**Hauptstadt:** Yaren (fr. Makwa), Verwaltungszentrum

**Wirtschaft: BSP** 1978: je Einw. 12000 $ (17); BSP (S) 1981: 171 Mill. $ / 21400 $

**Außenhandel:** 1979 **Einf.** 11 Mill. $, **Ausf.** 75 Mill. $ – **W:** 1 Austral. Dollar ($A = 100 Cents; 1 $A = 0,9374 US-$ bzw. 2,4279 DM

**Wichtige Ausfuhrgüter:** fast nur Phosphate – **u. Handelspartner:** Australien (50%), Neuseeland (bis 35%), Niederlande (10%), Japan

**Mitgliedschaft:** Commonwealth (assoz. Mitgl.), Sonderabkommen mit Australien, in dem auch ein Büro zur Regelung der Auslandsbeziehungen unterhalten wird; ESCAP, ICAO, ITU, UPU, SPC, Südseeforum *(nach Th. Resch, Salzburg)*

## NEPÁL *(Süd-Asien)*

(Königreich Nepál; Nepal Adhirajya)

**Fläche** (87): 140797 km² (L: 17%) – **Einwohner** (47): 15325000 (S 1982; 11555983 Z 1971) = 108,8 je km² – **Städt. B.:** 6/5,0/0 – **G:** 45/148/22/30060/33420/86 – **S:** 81/91/21/3 – **Jährl. Bevölkerungswachstum:** (1970–1981) 2,6% (1981: 44/20)

**Bevölkerung:** Nepalesen (Nepaler); stark gemischt; aus indo-arischen (Chhetri, Thakuri, Brahmanen) u. tibeto-mongol. (Magar, Gurung, Rai, Limbu, Bothia) sowie indische Gruppen im Tiefland; Newar als altes Kulturvolk, Gurkhas (Mittelgebirgsstämme) u. Sherpas (Hochgebirge) – Etwa 10000 Flüchtlinge aus Tibet – **Staatssprache:** Nepáli (aus d. »Sanskrit«) als lingua-franca; Newari, Maithili, tibet. Dialekte – **Religion:** Mahayana-Buddhismus (7–33%). Der Hinduismus (»Sanátan« bzw. »Pauranic«, haupts. Schiwakult) der Gurkhas usw. ist Staatsreligion (60–90%, Ang. schwankend), 7% Muslime

**Flagge:** 2 blaugeränderte rote Dreiecke, im oberen weißer Mond, im unteren weiße Sonne – **Nationalfeiertag:** 28.12. – **U:** alte staatl. Tradition; Gründung des vereinigten Königreiches 1768

**Staats- u. Regierungsform:** »Konstitutionelle Hindu-Monarchie« – Seit der Verfassungsänderung von 1975 ein »Nationalrat« (»Nat. Panchayat«), von den Gemeinden, Distrikten usw. gewählt, 28 d. insg. 140 Mitgl. v. König ernannt – Gut ausgebildetes Heer (Gurkhas) – Gliederung in 14 Zonen – Keine allgem. Wehrpflicht

**Staatsoberhaupt** u. Inhaber d. höchsten Vollzugsgewalt: Maharajadhiraja Birendra Bir Bikram Sháh Deva, König s. 1972 – **Regierungschef:** Premierminister, Verteid.-Min. u. f. Angel. d. Königshauses zuständig: Lokendra Bahadur Chand [Tschand], seit 12. Juli 1983 – **Außenminister:** Gen. a. D. Padma Bahadur Kathri – **Parteien:** Am 9. Mai 1982 erstmals seit 22 Jahren Parlamentswahlen; von 140 Sitzen d. »Nationalrats« wurden 28 v. König ernannt; opposit. Gruppen erhielten rd. 20 Sitze. Es durften nur Mitgl. d. 7 v. d. Regierung anerkannten ständigen Volksvereine (z. B. Frauen, Arbeitnehmer usw.) gewählt werden – **Dipl. B.:** BR Dtld. u. DDR

**Städte** (1977): Katmandu (Hptst.) 171400, A mit Patan und Bhatgaon 1982 über 800000, Biratnagar über 300000, Nepalganj 31000, Birganj 15000

**Wirtschaft: BSP** 1980: 2040 Mill. $ / 1981 (S): 2300 Mill. $ / 150 $ (165) / – 0,3 – **WS:** 57*/0,5*/13*/..– **V:** ../92 (inkl. öff. V.)/14/8/12*/–6 – **A:** 55/93/2 – **E:** 13/0,7/79 – **M:** 0,9 (6,6)

**Außenhandel:** 1982 **Einf.** 4930 Mill. NR, **Ausf.** 1492 Mill. NR – **W:** 1 Nepalesische Rupie (NR) = 100 Paisa (P.), 50 Paisa = 1 Mohur; 1 US-$ = 15,65 NR, 1 NR = 0,1655 DM – **I:** 9,3 – **AS:** < 1/0/43/4/32 – **T:** 105* – **H:** 50/50/0 – **Z:** – 19/0,2/1,6/9,5 – **D:** 6,9 – **K:** –/61/..

**Wichtige Ausfuhrgüter:** Jute (⅓), Reis, Ziegenfelle, Wollteppiche, Edelhölzer, Arzneipflanzen – **u. Handelspartner:** Indien (ca. 50%), Japan (⅛), BR Deutschland (5%), USA

**Mitgliedschaft:** UNO, ADB, ESCAP, FAO, IBRD, ICAO, IDA, IFAD, IFC, ILO, IMF, ITU, UNESCO, UPU, WHO, WMO, Colombo-Plan, SARC

## NEUSEELAND *(Ozeanien)*

(New Zealand – [NZ])

**Fläche** (67): 269063 km², einschl. Stewart-I. (1746 km² u. 280 Einw.), Chatham-Inseln (963 km² u. 520 Einw.), Kermadec-I. (33,5 km², Raoul-I. m. Met. Stat.), Campbell-I. (9 Einw.),. Three Kings-, Solander-, Bounty-, Snares-, Antipoden- u. Auckland-Inseln (zus. 839 km², meist unbewohnt); North Island 114597 km² u. 2322989 Einw. (Z 1981), South Island 151757 km² u. 852748 Einw. (L: 13%) – **Einwohner** (103): 3229800 (S 1983; 2862631 Z 1971) = 12,0 je km² – **Städt. B.**: 85/1,9/30 – **G**: 74/12/<1/670/130/126 – **S**: 1/105/81/25 – **Jährl. Bevölkerungswachstum:** (1970–1981) 1,5% (1982: 15,7 / 8,0; Maori 22,5 / 4,7)

**Bevölkerung:** Neuseeländer; fast ausschließl. englischer u. schottischer, daneben irischer Abstammung; 279084 Maori (Z 1981), 18480 Chinesen u. 11240 Inder – **Staatssprache:** Englisch; Umgangssprache der Maori usw. – **Religion:** über 70% Protestanten (Anglikaner 814700, Presbyterianer 523221, Katholiken 456858, Juden 3360; Maori-Religionen (Ratana 35781, Ringatu 6117)

**Flagge:** blau, im Obereck »Union Jack«, daneben »Kreuz des Südens« aus 4 weißgeränderten roten Sternen – **Nationalfeiertag:** 6. 2. – **U:** 26. 9. 1907 de facto, 11. 12. 1931 nominell (Westminster-Statut)

**Staats- u. Regierungsform:** Unabhängige parlamentarisch-demokrat. Monarchie – keine formell geschriebene Verfassung – Parlament (»General Assembly«) mit 1 Kammer (»House of Representatives«, 95 Sitze, davon 4 für Maori), deren Mitglieder für 3 Jahre gewählt werden – Wahlberechtigt alle über 18 Jahre alten Bürger, einschl. der Maori – Keine allgem. Wehrpflicht – Verwaltungsgliederung in 91 »counties«, 129 »boroughs« einschl. »cities«, 3 »town councils« u. 9 »district councils«

**Staatsoberhaupt:** Königin Elizabeth II., vertreten d. einen Generalgouverneur: Sir David Beattie – **Regierungschef** u. **Außenminister:** Sir David Lange, Labour, seit Juli 1984 – **Parteien:** Die Parlamentswahlen v. Juli 1984 brachten d. bisher regier. konserv. National Party eine empfindl. Niederlage, Sie erhielt 37 (bisher 47), die Labour Party 56 (43), d. Social Credit Party 2 (2) u. d. neugegründ. »New Zealand Party« v. Robert Jones 0 der 95 (bisher 92) Sitze

**Städte** (F 1982, in Klammern Statistical Division): Wellington (Hptst.) 134300 (343200) Einw., Manukau City 163700, Christchurch City 163600, als Main Urban Area 289400 (322100), Auckland City 144400 (839500), Napier-Hastings 112700, Hamilton City 91800 (161500), Waitemata 89500, Dunedin City 76200, als Main Urban Area 106300 (112800), Palmerston North 67400 (92700), Lower Hutt 63100, Hastings 52900, Napier 51600, Invercargill 49500

**Wirtschaft: BSP** 1980: 22430 Mill. $ / 1981 (S): 25460 Mill. $/7700 $ (28)/0,3 – **WS:** 11/../31/.. – **V:** 17/60/25/23/29/–2 – **A:** 64/9/35 – **E:** 4816/3,0/5798 – **M:** 1,9 (5,1)

**Außenhandel:** 1983 **Einf.** 5283 Mill. $, **Ausf.** 5272 Mill. $ – **W:** 1 Neuseeland-Dollar (NZ$) = 100 Cents; 1 NZ$ = 0,4962 US-$ bzw. 1,4157 DM – **I:** 12,9 – **AS:** 7/5/23/6/30 – **T:** 107 – **H:** 63/31/4 – **Z:** –1171/../../.. – **D:** 1,0 – **K:** 0,28 / .. / 219

**Wichtige Ausfuhrgüter:** Fleisch (25–30% d. Ausfuhrwertes), Wolle (bis 50%), Molkereierzeugnisse, Häute u. Felle, Fische, Früchte, Konserven – **u. Handelspartner:** Großbritannien (nur noch 15–20%), Australien (bis 20%), USA (15%), Japan (15%), BR Deutschland u. andere EG-Länder

**Mitgliedschaft:** Commonwealth, UNO, ANZUS-Pakt, CCC, Colombo-Plan, ADB, CER, ESCAP, FAO, GATT, IAEA, IBRD, ICAO, IDA, IFAD, IFC, ILO, IMF, IMO, ITU, OECD, UNESCO, UPU, WHO, WMO – Bes. Verteidigungsabk. mit Großbrit., Malaysia u. Singapur (ANZUS); Südseeforum

### Außengebiete mit innerer Autonomie

**Cook-Inseln** (Cook-Islands), Fläche: 240,6 km² – Einwohner: 19200 (S 1979; 21227 Z 1971), meist Polynesier (Protestanten, etwa 10% Katholiken). Über 10000 Cooker in NZ. Freie Assoziierung mit Neuseeland: *Innere Selbstregierung* unt. d. brit. Krone bei neuseeländ. Staatsangehörigkeit. Hochkommissar; Gesetzgeb. Versamml. mit 22 Mitgl. Zollunion mit Neuseeland, das Verteidigung u. Außenpolitik wahrnimmt. Erklärung d. vollen Unabhängigk. nach Volksabstimmung grundsätzl. möglich – Hauptort: Avarua auf Rarotonga – Premierminister: Geoffrey Henry, CIP – Wahl v. 1983: »Cooks Islands Party«/CIP 14, »Dem. Party«/DP 10 Sitze – BSP 1980 (S): 20 Mill. $, je E. 1360 $ – Ausfuhr: Zitrussaft 37%, Obstkonserven, Kopra, Textilien 22%. Tourismus – SPC, SPF, AKP (Antrag) – **Niue** (Savage Island), Fläche 259,1 km² – Einwohner: 3578 (1979); 6500 Niuaner in NZ – Hauptort: Alofi, etwa 3000 Einw. (als Agglom.). Seit 19. 10. 1974 *volle innere Selbstregierung* in freier Assoziation mit Neuseeland. 20 gewählte Abg. NZ für Ausw. u. Verteid. zuständig. Premierminister: Robert Rex; BSP 1980 (S); 3 Mill. $, je E. 1080 $ – Ausfuhr: Passionsfrucht 42%, Kopra 37%, Kumaras u. Honig; Mitgl. i. »Südseeforum« u. Commonwealth – Weiteres Außengebiet: **Tokelau-Inseln** (Tokelau-Islands, Union-I.), Fläche 10,3 km² – Einwohner 1572 (1983) – Administrator; Islands Council mit »Rat d. Ältesten« (fono) u. Magistrat (faipoule) – Hauptort: Fakaofo; Hptst. de facto Apia auf West-Samoa – BSP 1978 (S): 1 Mill. $, je E. 560 $ – **Hoheitsanspruch in d. Antarktis:** Neuseel. beansprucht den Sektor zwischen 160° ö.L. und 150° w.L. sowie südlich v. 60° s.Br. als »Ross Dependency«, etwa 414400 km²; Hauptstation: Scott Base

## NICARAGUA *(Mittel-Amerika)*

(Republik Nicaragua; República de Nicaragua; Nikaragua – [NIC])

**Fläche** (89): 130000 km$^2$ lt. UNO, n. and. Ang. bis 148000 km$^2$ (einschl. 9000 km$^2$ Binnengewässer) (L: 7%) – **Einwohner** (107): 2900000 (S 1982, 1877952 Z 1971) = 22,3 je km$^2$ (ohne Binnengewässer) – **Städt. B.**: 54/5,0/47 – **G**: 57/88/10/1800/550 /99 – **S**: 10/100/43/9 – **Jährl. Bevölkerungswachstum:** (1970–1981) 3,9% (1981: 44 / 11)

**Bevölkerung:** Nikaraguaner; rund 60–70% Mestizen, 10–15% Schwarze, Mulatten, Zambos; rd. 17% Weiße u. 4–6% Indianer – **Staatssprache:** Spanisch; als Verkehrssprache auch Englisch wichtig; Chibcha d. Indianer – **Religion:** 95% röm.-katholisch; etwa 3% Protestanten u. 200 Juden

**Flagge:** blau-weiß(mit Staatswappen)-blau (waagerecht) – **Nationalfeiertag:** 15.9. – **U:** 15.9.1821 (Proklamation), endgültig 30.4.1838 (Austritt aus d. Zentralamerikan. Konföderation)

**Staats- u. Regierungsform:** Republik – »Staatsrat« als Legislative bis zur Wahl einer Verfassunggeb. Versammlung – Junta d. Regierung d. nationalen Wiederaufbaus (»Junta de la Gobierno de Reconstrucción Nacional«), faktische Macht bei 9köpfigem Direktorium der FSLN (»Frente Sandinista de Liberación Nicaragua«/Sandinist. Befreiungsfront N.) – Verwaltungsgliederung in 16 Departamentos

**Staatsoberhaupt u. Regierungschef:** Regierungsgewalt s. 17.7.1979 bei »Junta d. Regierung d. Nationalen Wiederaufbaus«: Serges Ramírez Mercado, Dr. Rafael Cordova Rivas u. Daniel Ortega Saavedra – **Außenminister:** Pater Miguel d'Escoto Brockmann – **Parteien:** Regierungsstützend u. vereint in »Frente Patriótico Revolucionario«: Frente Sandinista de Liberación Nacional/FSLN (im Staatsrat 38 d. 50 Sitze), Partido Liberal Independiente (Nachfolgeorganisation v. Somozas »Liberaler« Partei linker Prägung), P. Socialista Nicaragüense (prosowjet. KP), P. Popular Social Cristiano (Linksabspaltung d. Christl.-Soz.). Opposit. Gruppierungen: P. Social Cristiano, P. Social Demócrata/PSD, Movimiento Liberal Constitucionalista (Nachf. v. Somozas »Liberaler« P., heute antisomozist. Gruppe d. Mitte), alle 3 in d. »Coordinadora Democrática«/CDN unter Vors. v. Rivas Leiva vereint sowie P. Conservador Democrático (größte Opp.-P. unter Somoza). Unabh. kommunist. Gruppen (unterstützen fallweise d. Sandinismus): P. Comunista de Nic. (antisowj.), Movimiento de Acción Popular Marxista-Leninista. Neues Wahlgesetz am 15.3.1984 v. Staatsrat verabschiedet. Wahl eines Präs., Vize-Präs. u. einer verfassunggeb. Versamml. aus 90 Mitgl. für d. 4. Nov. 1984 angekündigt. Präs.-Kandidat d. Sandinisten ist d. jetzige Reg.-Chef Ortega, f. Vize-Präs. S. R. Mercado. Die »Revolutionär-Demokrat. Allianz«/ARDE unter Alfonso Robelo bekämpft polit. u. milit. das regier. Regime. Antisandinist. Rebellenorganisation »Nicaraguan. Demokrat. Front«/FDN unter Stabschef Adolfo Calero

**Städte** (S 1979): Managua (Hptst.) 608000 Einw., A 653000, León 89000, A 118000, Masaya 52000, Chinandega 49000, Estelí 29000, Matagalpa 29000, A 79000, Bluefields 19000, Jinotega 15000

**Wirtschaft: BSP** 1980: 2030 Mill. $ / 1981 (S): 2400 Mill. $ / 864 $ (94) / – 2,9 – **WS:** 20 / 2,7 / 33 / 2,1 – **V:** 21 / 73 / 24 / 6 / 21 / – 18 – **A:** 50 / 43 / 20 – **E:** 362 / – 10,4 / 370 – **M:** 3,4 (11,0)

**Außenhandel:** 1982 **Einf.** 776 Mill. $, **Ausf.** 406 Mill. $ – **W:** 1 Córdoba (C$) = 100 Centavos; 1 US-$ = 10,00 C$, 1 C$ = 0,2590 DM – **I:** 14,2 – **AS:** 3/<1/42 /15/14 – **T:** 76 – **H:** 69/31/<1 – **Z:** – 40*/7,5/11,0*/ 80,2 – **D:** 0,9* – **K:** – / 307 / 15*

**Wichtige Ausfuhrgüter:** Baumwolle (rd. ⅓), Kaffee (bis über 10%) u. Fleisch, Zucker, Bananen, Holz, Edelmetalle – **u. Handelspartner:** USA (rd. 25%, rückläufig), Japan u. BR Dtld. (je 8–10%), MCCA-Partner (ca. ¼), RGW 10%, Nahost-Staaten

**Mitgliedschaft:** UNO, OAS, BCIE, CECLA, ECLA, FAO, GATT, IAEA, IBRD, ICAO, IDA, IFAD, IFC, ILO, IMF, ITU, MCCA, NAMUCAR, ODECA, SELA, UNESCO, UPU, WHO, WMO

Nicaragua erhebt Besitzansprüche auf d. kolumbianischen Inseln Providencia u. San Andrés

## NIEDERLANDE *(West-Europa)*

(Königreich der Niederlande; Koninkrijk der Nederlanden – [NL])

**Fläche** (116): 41548 km$^2$ (m. 3367 km$^2$ Binnengewässern) (L: 70%) – **Einwohner** (50): 14395000 (B 1984; de jure 13060115 Z 1971) = 346,5 je km$^2$ (Bevölkerungsdichte der Landfläche ohne Binnengewässer 424,1) – **Städt. B.**: 76/0,6/24 – **G**: 76/8/<1/ 540 / 130 / 131 – **S**: 1 / 101 / 94 / 30 – **Jährl. Bevölkerungswachstum:** (1970–1981) 0,8% (1981: 13 / 8)

**Bevölkerung:** Niederländer; 500000 Friesen; Farbige aus ehem. Überseegebieten, u.a. etwa 176000 aus Surinam u. Niederländ. Antillen u. 9600 Indonesier; Ende 1983 546500 Ausländer, darunter 154200 Türken, 101500 Marokkaner, 44300 Deutsche, 23600 Belgier, 22600 Spanier u.a. – **Staatssprache:** Niederländisch, Friesisch in Prov. Friesland zugelassen – **Religion:** 1981 38% röm. Katholiken, 31% Protestanten versch. Kirchen (bes. Niederl. Reform. Kirche), 30000 Juden, 27% ohne Angaben

**Flagge:** rot-weiß-blau (waagerecht) – **Nationalfeiertag:** 30.4. – **U:** 26.7.1581 (Proklamation), 24.10.1648 anerkannt (Westfälischer Friede)

**Staats- u. Regierungsform:** Konstit. parlamentarisch-demokrat. Monarchie – Parlament (»Staten-Generaal«) aus 2 Kammern »Eerste Kamer« als

»Oberhaus« u. »Tweede Kamer«; Gesetzesinitiative besitzt neben der Regierung die Tweede Kamer; Wahl der Mitglieder für die Zweite Kammer für 4 Jahre – Wahlberechtigt für die Zweite Kammer sind alle über 18 Jahre alten Bürger; Wahl der Mitglieder der Ersten Kammer durch die Provinzialparlamente – Wehrpflicht – Verwaltungsgliederung in 11 Provinzen mit je einem Parlament u. einem Königl. Kommissar als Vertreter des Innenministers (Südl. Ijsselmeerpolder, noch keiner Provinz zugeschlagen)

**Staatsoberhaupt:** Königin Beatrix Wilhelmina Armgard, seit 30. 4. 1980 – **Regierungschef:** Rudolphus F. M. Lubbers, CDA, Min.-Präs. einer Koalitionsreg. aus CDA u. VVD (liberal) – **Außenminister:** Hans van der Broek – **Parteien:** Bei den Wahlen v. 8. 9. 1982 (1981) errang d. »Christl. Demokrat. Appell« (CDA; 1980 aus CHU, KVP u. ARP entstanden) 29,4% d. Stimmen u. 45 (1981: 48) d. 150 Sitze, d. »Partei d. Arbeit«/PvdA 30,4% u. 47 (44), d. »Volkspartei f. Freiheit u. Demokratie«/VVD 23,1% u. 36 (26) Mandate. Außerdem »Demokraten '66«/D '66 (linksliberal) 6 (17), Pazifist. Sozialisten/PSB 3 (3), Kommunist. Partei/CPN 3 (3), Nationalreformisten/SGP (orthodox reformiert) 3 (3), Reformpolit. Föderation/RPF (orthodox evangelisch) 2 (2), Reformierte Union/GPV) 1 (1), Evangelische Volkspartei/EVP 1 (–), Radikale Partei/PPR 2 (3), Zentrumspartei/CP (rechtsnationalistisch) 1 (–) – **Dipl. B.:** BR Dtld. u. DDR

**Städte** (B 1. 1. 1984): Amsterdam (Hptst.) 676439, A 994062 Einw., Regierungssitz u. Residenz Den Haag ('s-Gravenhage) 445213, A 672127, Rotterdam 555349, A 1025466, Utrecht 230414, A 501357, Eindhoven 192854, A 374109, Groningen 167866, A 206611, Tilburg 154094, A 221684, Haarlem 152511, A 217191, Nijmegen 147102, A 233992, Enschede 144938, A 248200, Apeldoorn 144108, Arnhem 128431, A 291399, Zaanstad 128413, A 140354, Breda 118662, A 153517, Maastricht 113277, A 157329, Dordrecht 107475, A 199156, Leiden 104261, A 176360

**Wirtschaft: BSP** 1980: 155740 Mill. $ / 1981 (S): 167980 Mill. $ / 11790 $ (19) / 2,1; BSP 1983: 375 Mrd. hfl – **WS:** 4/3,9/33/2,0 – **V:** 18/61/18/21/58/3 – **A:** 67/6/45 – **E:** 8068/0,3/18473 – **M:** 3,1 (5,5)

**Außenhandel:** 1983 **Einf.** 61569 Mill. $, **Ausf.** 65661 Mill. $ – **W:** 1 Holländischer Gulden (hfl) = 100 Cent; 1 US-$ = 2,91975 hfl, 1 hfl = 0,8871 DM; 1 SZR (März 1984) = 3,1178 hfl – **I:** 7,6 – **AS:** 26/17/25/15/20 – **T:** 96 – **H:** 81/14/2 – **Z:** 3159/../../..– **D:** 3,7 – **K:** 1,08 / .. / –1822

**Wichtige Ausfuhrgüter:** Mineral. Stoffe (24%), Erzeugn. d. chem. Ind. (12%), Apparate u. elektrotechn. Waren (11%), Tierische Prod. (9%) – **u. Handelspartner:** BR Dtld. (31%), Belgien/Lux. (14%), Frankreich, Großbrit., Italien, Dänemark (EG insg. 72%), USA, Schweden, Schweiz, Saudi-Arabien

**Mitgliedschaft:** mit Belgien-Luxemburg in der noch nicht voll ausgebauten Wirtschaftsunion BENELUX; UNO, NATO, WEU, ADB, BID, CCC, ECE, Europarat, EG, EWS, FAO, GATT, IAEA, IBRD, ICAO, IDA, IFAD, IFC, ILO, IMF, IMO, ITU, OECD, UNESCO, UPU, WHO, WMO

### Überseegebiete

(Autonomer Teil d. Königreichs d. Niederlande)

**Niederländische Antillen** *(Karibik)*
(De Nederlandse Antillen – [NA])

**Fläche:** 993 km² (ein Teil von St. Maarten 34 km², ferner St. Eustatius 21, Saba 13, Curaçao 444, Aruba 193 u. Bonaire 288 km²) – **Einwohner** (S Anf. 1983): 255040, St. Maarten 14762, St. Eustatius 1344, Saba 1008, Curaçao 162362, Aruba 66503, Bonaire 9061 = 260 je km² – **BSP** (S) 1983: 1300 Mill. $, je E. 5059 $ [38 a]; Jahreszuwachs: 0,9% – **Bevölkerung:** 90% Schwarze u. Mulatten; Inder u. weißes Verwaltungspersonal – **Jährl. Bevölkerungswachstum:** 1,7% – **Hauptstadt:** Willemstadt (auf Curaçao) 52000, A 152000 (S 1983) Einw. – **Sprache:** Niederländisch; als »lingua franca« Papiamento (Mischsprache aus Spanisch [60%], Niederländ. usw.), Englisch, Spanisch – **Religion:** 87% Katholiken, 8% Protestanten; Muslime, Hindu – **Flagge:** weiß, mit senkrechtem rotem Streifen, darübergelegt waagrechter blauer Streifen mit 6 weißen Sternen – **Wichtigste Ausfuhrgüter:** Raffinerieprodukte – 1980 **Einf.** 6771 Mill. $, **Ausf.** 5988 Mill. $ – **W:** 1 Niederl.-Antillen-Gulden (NAf) = 100 Cents; 1 US-$ = 1,79 NAf, 1 NAf = 1,4469 DM – *Gouverneur:* Dr. R. A. Römer – *Regierungschef:* Domenico F. Martina; Neuwahlen f. d. Gesetzgeb. Rat (Staten van de Nederlandse Antillen; 22 Mitgl.) 1983: MAN (Movimento Antillas Nobo) 7, Demokratische Partei 3, Movimento Electoral del Pueblo/MEP (Aruba) 5, Arubanse Volkspartij/AVP 2, Partido Patriótico Arubano/PPA 3 u. Splittergruppen – **Unabhängigkeit:** in **Aruba** sprach sich die Bevölkerung 1977 in einem Referendum zu 57% für gesonderte Souveränität aus (Sonderstatus für 1986, Unabh. f. 1996 vereinbart)

*(Inf. z. T. nach F. D. Boreel)*

## NIGER *(West-Afrika)*

(Republik Niger; République du Niger [RN oder NIG])

**Fläche** (20): 1267000 km² (L: 3%) – **Einwohner** (83): 5650000 (S 1982) = 4,5 je km² – **Städt. B.:** 13/7,2/0 – **G:** 45/143/31/38790/4650/92 – **S:** 90/23/4/<1 – **Jährl. Bevölkerungswachstum:** (1970–1981) 3,3% (1981: 51 / 21)

**Bevölkerung:** Nigrer; Haussa (53%), Fulbe (10–11%), Tuareg (2,5%), Sudan-Gruppen (Dscherma u. Songhai zus. 26%), ca. 6000 Europäer, meist

Franzosen; ca. 1 Mill. Nigrer leben im benachb. Ausland – **Staatssprache:** Französisch als Amtssprache; Songhai-Dscherma, arabische Mundarten; Ful, Haussa u. Tamaschagh (Tuareg), auch als Verkehrssprachen wichtig – **Religion:** rund 85% Muslime (u.a. Quadriya-, Senussi- u. Tidjaniya-Sekten), Anhänger v. Naturreligionen, christliche Minderheiten (0,5%)

**Flagge:** orange-weiß(mit oranger Sonnenscheibe)-grün (waagerecht) – **Nationalfeiertag:** 18.12. – **U:** 3.8.1960

**Staats- u. Regierungsform:** Präsidiale Republik – Parlament aus 1 Kammer – Allgemeines Wahlrecht – Allgemeine Wehrpflicht – 7 Départements

**Staatsoberhaupt:** General Seyni Kountié [Kountché], seit d. Staatsstreich v. April 1974 – **Regierungschef:** Premier-Min. Hamid Algabid, seit 1984 – **Außenminister** u. Koop.: Ide Oumarou – **Parteien:** Bei d. letzten Wahlen fielen alle 60 Sitze an d. »Parti Progressiste Nigérien«/PPN. Parlament u. Parteien seit d. Staatsstreich v. 1974 aufgelöst. Gesamtverantwortlich seither ein »Oberster Militärrat« unter d. Vorsitz v. Seyni Kountié – **Dipl. B.:** BR Dtld. u. DDR

**Städte** (S 1982): Niamey (Hptst.) 362800 Einw., Zinder [Sinder] 82800, Maradi 65100, Tahoua [Tahua] 41900

**Wirtschaft: BSP** 1980: 1670 Mill. $ / 1981 (S): 1890 Mill. $ / 331 $ (136) / – 0,8 – **WS:** 30 / – 3,0 / 32 / 11,4 – **V:** 9 / 76 / 27 / 15 / 22 / – 12 – **A:** 51 / 91 / 3 – **E:** 54 / 12,9* / 23 – **M:** 1,0 (3,8)

**Außenhandel:** 1982 **Einf.** 442 Mill. $, **Ausf.** 333 Mill. $ – **W:** 1 CFA-Franc = 100 Centimes; 1 FF = 50 CFA-Francs, 1 CFA-Franc = 0,02 FF bzw. 0,0065 DM – **I:** 12,2 – **AS:** 40* / 0* / 55* / 24* / 18* – **T:** 88 – **H:** 64 / 21 / <1 – **Z:** <1* / 3,8 / 3,8* / 36,7 – **D:** 2,1* – **K:** – / 255 / 1*

**Wichtige Ausfuhrgüter:** Uranerze (60%), Erdnüsse (bis 15%), Gemüse, Vieh u. Viehzuchtprodukte, etwas Zinn, Fische, Gummiarabikum, Salz – **u. Handelspartner:** Frankreich (bis 60%), BR Deutschland, USA, Nigeria, Italien, Japan

**Mitgliedschaft:** UNO, OAU, »Conseil de l'Entente«, ECA, CEDEAO, AKP, FAO, OCAM, GATT, IAEA, IBRD, ICAO, IFAD, ILO, IMF, ITU, UDEAO, UMOA, UNESCO, UPU, WHO, WMO – Mitglied d. Gruppe der »Sahara-Staaten«, Autorité du Bassin du Fleuve Niger, Tschad-Becken-Kommission

## NIGERIA *(West-Afrika)*

(Föderat. Rep. Nigerien; Federal Republic of Nigeria – [WAN])

**Fläche** (30): 923768 km² (L: 13%) – **Einwohner** (10): 82250000 (S 1982); n. and. Ang. 88600000 (umstrittene Z v. 1973 79,7 Mill.) = 89,0 je km² – **Städt. B.:** 21 / 4,8 / 58 – **G:** 49 / 133 / 28 / 12550 / 3010 / 91 – **S:** 66 / 98 / 16 / 2 – **Jährl. Bevölkerungswachstum:** (1970–1981) 2,5% (1981: 50 / 17)

**Bevölkerung:** Nigerianer; Ibo (17%), Joruba [Yoruba] (20%), Ibibio, Tiv usw. im Süden, hamitische u. tschadohamit. Schichten (Haussa 20%; Fulbe, Kanuri, Tuareg) im Norden. Rund 16000 Europäer, meist Briten – **Sprachen:** Amtssprache Englisch; Sudan- u. Bantusprachen wie Ibo- u. Yoruba, Ful, Haussa-Sprachen u.a. – **Religion:** etwa 50% Muslime (vor allem im Norden), rd. 35% Christen (davon ca. ⅙ Katholiken), viele Sekten; Anh. v. Naturreligionen

**Flagge:** grün-weiß-grün (senkrecht) – **Nationalfeiertag:** 1.10. – **U:** 1.10.1960

**Staats- u. Regierungsform:** Präsidiale Republik – Direkte Wahl des Präsidenten, der nach der Verfassung v. 1978 mit großen Vollmachten ausgestattet ist u. d. Minister ernennt, aber d. Regierungen v. Bundesstaaten nicht absetzen kann. Parlament aus 2 Kammern (Senat 95 Mitgl., 5 aus jedem Bundesstaat; »Federal House of Representatives« 450 Mitgl.). Eigene Parlamente d. 19 Bundesstaaten – Allgem. Wahlrecht – Wehrpflicht – Seit Staatsstreich v. Dez. 1983 oberstes Exekutivorgan bei einem »Supreme Military Council«/SMC aus 18 Mitgl. – Verfass. außer Kraft – Parteien verboten

**Staatsoberhaupt:** General Mohamed Buhari, Präs. d. Obersten Militärrates nach d. Staatsstreich v. 31. Dez. 1983 – **Außenminister:** Ibrahim Gambari – **Parteien:** Seit Staatsstreich v. Dez. 1983 Nationalversamml. aufgelöst. Sitzverteilung nach d. Wahl v. 30. Aug. 1983: Repräsentantenhaus: »National Party of N.«/NPN 263, »United P. of N.«/UPN 41, »National People's P.«/NPP 48, »People's Redemption P.«/PRP 41 d. 450 Sitze. Senat 95 Mitgl. – Der gestürzte Präsident Shehu Shagari, NPN, hatte erst im Aug. 1983 d. Präs.-Wahlen mit 47,3% gegen Chief Obafemi Awolowo v. d. UPN (31%) gewonnen – **Dipl. B.:** BR Dtld. u. DDR

**Städte** (F 1975): Lagos (Hptst.) 1060848 (A 1980 4,1 Mill.) Einw., Ibadan 847000, Ogbomosho 432000, Kano 399000 (A 800000), Oshogbo 282000, Ilorin 282000, Abeokuta 253000, Port Harcourt 242000, Zaria 224000, Ilesha 224000, Onitsha 220000, Iwo 214000, Ado-Ekiti 213000, Kaduna 202000, Mushin 197000, Maiduguri 189000 (A 500000); Verlegung d. Hptst. nach Abuja (»federal district«, 8034 km²) geplant

**Wirtschaft: BSP** 1980: 73580 Mill. $ / 1981 (S): 76170 Mill. $ / 870 $ (93) / 3,0 – **WS:** 23 / – 0,4 / 37 / 6,0 – **V:** 12 / 65 / 29 / 23 / 25 / – 6 – **A:** 50 / 54 / 19 – **E:** 169 / 0,7 / 2497 – **M:** 5,2* (40,2*)

**Außenhandel:** 1981 **Einf.** 20821 Mill. $, **Ausf.** 19484 Mill. $ – **W:** 1 Naira (₦) = 100 Kobo (k); 1 ₦ = 1,3392 US-$ bzw. 3,4685 DM – **I:** 14,2 – **AS:** 95 / <1 / 1 / 17 / 39 – **T:** 190 – **H:** 85 / 15 / <1 – **Z:** – 5395 / 1,2 / 4,6 / 6,5 – **D:** 2,1 – **K:** 0,17 / 803 / 47

**Wichtige Ausfuhrgüter:** Erdöl (bis 90%), Palmnüsse u. -öl, Erdnüsse, Kakao, Kautschuk, Baumwolle, Zinn, Holz, Kohle, tropische Früchte, Häute – **u. Handelspartner:** USA (25%), Großbritannien (15%), BR Dtld. (10–15%), Japan, Niederl. Antillen

**Mitgliedschaft:** Commonwealth, UNO, OAU, ECA, CEDEAO, FAO, GATT, IAEA, IBRD, ICAO, IDA, IFAD, IFC, ILO, IMF, IMO, ITU, OPEC, UNESCO, UPU, WHO, WMO, CCC; AKP

## NORWEGEN *(Nord-Europa)*

(Königreich Norwegen; Kongeriket Norge – [N])

**Fläche** (60): 323895 $km^2$ (m. 15963 $km^2$ Binnengewässern; ohne Svalbard u. Jan Mayen) (L: 3%) – **Einwohner** (94): 4130000 (B 1983; 3874133 Z 1970) = 12,8 je $km^2$ – **Städt. B.**: 53/2,7/32 – **G:** 76/8 / <1 / 520 / 90 / 124 – **S:** 1 / 100 / 94 / 25 – **Jährl. Bevölkerungswachstum:** (1970–1981) 0,5% (1981: 13 / 10)

**Bevölkerung:** Norweger; außerdem 22000 Lappen (Sameh) u. 12000 Finnen (Kwänen); 82000 Ausländer – **Staatssprache:** Norwegisch, m. d. 2 einander sehr ähnlichen offiz. Schriftsprachen Bokmål u. Riksmål (aus d. Dänischen entwickelt, v. größten Teil d. Bevölkerung bevorzugt) sowie das als Kunstsprache aus Dialekten geschaffene Nynorsk (Neunorwegisch, fr. Landsmål) – **Religion:** fast ausschließl. Evang.-Luth. Staatskirche (94,0%), andere protest. Kirchen, 11000 Katholiken, etwa 900 Juden

**Flagge:** rot m. blauem, weißgerändertem skandinavischem Kreuz – **Nationalfeiertag:** 17.5. – **U:** alte staatl. Tradition; 26.10.1905 endgültig unabh. (formeller Austritt aus d. Union m. Schweden)

**Staats- u. Regierungsform:** Konstitutionelle Monarchie auf parlamentarisch-demokrat. Grundlage – Parlament (»Storting«) aus 2 Kammern (»Lagting« u. »Odelsting«); Wahl der Mitgl. f. 4 Jahre – Wahlberechtigt alle über 18 Jahre alten Bürger – Wehrpflicht – Verwaltungsgl. in 19 Provinzen (»Fylker«) mit je 1 Parlament (»Fylkesting«) u. einem v. d. Reg. ernannten Provinzgouverneur (»Fylkesmann«)

**Staatsoberhaupt:** König Olav V., seit 1957 – **Regierungschef:** Kåre [Kaare] Willoch, Høyre; Chef einer Koal.-Reg. mit CVP u. Senter-P. – **Außenminister:** Svenn Stray – **Parteien:** Die Wahlen v. 14. Sept. 1981 endeten mit einem Erfolg der konservat. Høyre-Partei, die 31,6% d. Stimmen u. 53 Mandate (1977: 41) errang. Die Arbeiterpatei (»Det Norske Arbeiderparti«/DNA) erhielt nur noch 37,4% u. 66 (76) Sitze; außerdem: Christl. Volkspartei (»Kristelig Folkep.«/CVP) 9,2% u. 15 (22), Zentrum (»Senter-P.«) 6,7% u. 11 (12), Sozialist. Linkspartei 4,9% u. 4 (2), sozialliberrale »Venstre« 3,9% u. 2 (2), Fortschrittspartei (»Fremskrittparti«) 4, Rote Wahl-Allianz, Liberale Volkspartei u. KP jeweils 0 (0) Mandate – **Dipl. B.:** BR Dtld. und DDR

**Städte** (F 1.1.1983): Oslo (Hptst.) 450386 (A mit Bærum, Asker, Skedsmo u. 6 and. Vororten 697018) Einw., Bergen 207419, Trondheim 134690, Stavanger 90686, Bærum 80816, Kristiansand 61476, Drammen 50098, Skien 47167, Tromsö 47148, Sandnes 37413, Asker 36433, Sandefjord 35010

**Wirtschaft: BSP** 1980: 52410 Mill. $ / 1981 (S): 57640 Mill. $/14060 $ (10)/3,8 – **WS:** 5/2,2/41/5,0 – **V:** 19/47/26/34/48/8 – **A:** 63/7/37 – **E:** 11928 / 21,3 / 20330 – **M:** 3,4* (9,4*)

**Außenhandel:** 1983 **Einf.** 13500 Mill. $, **Ausf.** 17979 Mill. $ – **W:** 1 Norwegische Krone (nkr) = 100 Øre (Ø); 1 US-$ = 7,5000 nkr, 1 nkr = 0,3453 DM – **I:** 8,8 – **AS:** 59/12/16/8/29 – **T:** 129 – **H:** 88/10/2 – **Z:** 2301 / .. / .. / .. – **D:** 3,1 – **K:** 1,01 / .. / 493

**Wichtige Ausfuhrgüter:** Erdöl u. Erdgas (1982: knapp 50%), Schiffe (⅙), Erze u. Metalle, Holz, Papier u. Papierwaren, Fische u. Fischereierzeugnisse, Chemikalien – **u. Handelspartner:** Schweden (15%), BR Deutschland (10%), Großbritannien, USA, Kanada, Japan (EG insg. rd. 50%, EFTA 20%)

**Mitgliedschaft:** UNO, NATO, Nordischer Rat, ADB, CCC, ECE, EFTA, Europarat, FAO, GATT, IAEA, IBRD, ICAO, IDA, IFAD, IFC, ILO, IMF, IMO, ITU, OECD, UNESCO, UPU, WHO, WMO; Freihandelsabk. m. EG

### Außenbesitzungen

**Svalbard** (Spitzbergen und Bären-Insel bzw. Bjørnøya; rechtlich Teil d. Königreiches), Fläche: 62049 $km^2$, davon 179 $km^2$ Bären-Insel – Einw.: (1981) 1400 Norweger u. 2498 Sowjetbürger (in d. Kohlengruben beschäft.); Hauptsiedlung: Longyearbyen etwa 1000 Einw.; 1981 Kohleexport aus 2 norw. Gruben 397652 t, aus 3 sowjet. 477915 t – **Jan Mayen,** Fläche: 372,5 $km^2$, Angestellte der Wetter- u. Funkstation – **Antarktis und Subantarktis:** *Bouvet-Insel* [Bouvetøya], Fläche: 58,5 $km^2$; unbewohnt – *Peter I.-Insel* [Øy] 249,2 $km^2$ (unbewohnt) – Anspruch auf den *Atlanten-* oder *Bouvet-Sektor,* 20° w. L. bis 45° ö. L., in der Antarktis (»Dronning Maud Land«)

OBERVOLTA → Burkina-Faso

## OMAN *(Vorder-Asien)*

(Sultanat Oman; Salṭanat 'Omān; Sultanate of Oman)

**Fläche** (78): 212457 $km^2$ (L: 0,2%) (n. eig. Ang. 300000 $km^2$) – **Einwohner** (129): 1080000 (S 1982) = 5,1 je $km^2$ (n. eig. Ang. 1,5 Mill.) – **Städt. B.:** bis 20% – **Jährl. Bevölkerungswachstum:** (1975–1978) 3,1%

**Bevölkerung:** Omaner (Omani); 88% Araber versch. Herkunft; in den Städten Inder, Pakistaner (zus. 2–3%), Perser (3%), Belutschen [Bäludschen]

(4%), Schwarze (2%) – **Staatssprache:** Arabisch; als Umgangssprache auch Persisch, Urdu – **Religion:** 100% Muslime (Sunniten 25%, Ibaditen 70%, Schiiten); Islam ist Staatsreligion

**Flagge:** weiß-grün (waagerecht), getrennt durch roten Balken; am Mast breiter (senkrechter) roter Streifen, im Obereck in Weiß d. Staatsemblem (gekreuzte Säbel) – **Nationalfeiertag:** 18.11. – **U:** alte staatl. Tradition, nominell nie abhängig

**Staats- u. Regierungsform:** unabhängiges Sultanat – Keine parlamentarischen Einrichtungen – Nation. Konsultativrat aus 45 ernannten Mitgl. – Beschränkte Wehrpflicht – 38 Verwaltungsbezirke

**Staatsoberhaupt,** Regierungschef, Verteidigungs- u. Außenminister: Sultan Qaboos bin Saiyid [Kabus bin Said] Al Saiyid (Ehrentitel: Jalalat as Sultan), seit 1970 – **Staatsminister für Auswärtige Angeleg.:** S. E. Yousef Al-Alawi Abdulla – **Dipl. B.:** BR Dtld.

**Städte** (S 1980): Maskat [Muskat, Masqat] (Hptst.) 30000 Einw., mit Matrah, Ruwi, Medinat el Qabus, Sib usw. etwa 100000 Einw., Sur 30000, Naswa 25000, Sohar 20000 – Residenz des Sultans im Sommer: Salalah (in Dhofar) 7000

**Wirtschaft: BSP** 1980: 4320 Mill. $ / 1981 (S): 5440 Mill. $ / 5920 $ (31) / 2,8

**Außenhandel:** 1982 **Einf.** 2682 Mill. $, **Ausf.** 4421 Mill. $ – **W:** 1 Rial Omani (R.O.) = 1000 Baizas (Bz.); 1 US-$ = 0,34505 R.O., 1 R.O. = 7,5062 DM

**Wichtige Ausfuhrgüter:** Erdöl (99%); Datteln, Fische, Früchte, Perlen – **u. Handelspartner:** Japan (fast ⅖), BR Dtld., USA, Großbrit., Golfstaaten

**Mitgliedschaft:** UNO, Arabische Liga, ECWA, FAO, IBRD, ICAO, IDA, IFAD, IFC, IMF, IMO, ITU, UNESCO, UPU, WHO, WMO, GCC

## ÖSTERREICH → Sp. 535ff.

## PAKISTAN *(Süd-Asien)*

(Islamische Republik Pakistan; Islamic Republic of Pakistan; Islami Jamhuriya-e-Pakistan [Urdu] – [PAK])

**Fläche** (32): 803943 km² (nach UNO-Ang. u. ohne d. pakistanisch besetzten Teile v. Kaschmir, Baltistan, Gilgit usw.; m. diesen 891940 km²) (L: 26%) – **Einwohner** (9): 89730000 (ohne Dschammu u. Kaschmir usw., S 1983; Z 1981 ohne K. usw. 83782000) = 111,6 je km² – **Städt. B.:** 29/4,3/51 – **G:** 50/123/17/3480/5820/106 – **S:** 76/57/15/2 – **Jährl. Bevölkerungswachstum:** (1970–1981) 3,0% (1981: 44 / 16)

**Bevölkerung:** Pakistaner (Pakistani); indoarische (Pandschabi rd. 65%, Sindhi 13%, Urdu 7%) u. iranische (Bäludschi 2,5% u. Paschtu) Sprachen sprechende Völker; bengal. u. dravid. Minderheitsgruppen; 1,2 Mill. Flüchtl. aus Afghanistan (S Mai 1983) – **Staatssprache:** Urdu als National- u. Amtssprache in 3 Prov., daneben regionale Amtssprachen wie Sindhi in Sind; Englisch als Staatssprache für eine Übergangszeit anerkannt – **Religion:** 97,2% sunnitische Muslime; außerdem die regionsweise einflußreiche »Ahmedia-Sekte«; 1,5% Hindus, 1,4% Christen; 8000 Sonstige. Der Islam ist Staatsreligion

**Flagge:** in Grün ein geneigter weißer Halbmond, einen weißen Stern umschließend, am Mast ein weißer (senkrechter) Streifen – **Nationalfeiertag:** 23.3. u. 14.8. – **U:** 14.8.1947

**Staats- u- Regierungsform:** Föderative Republik – Übergangsverfassung f. eine Islamische Rep. mit islam. Wahlverfahren (kein Frauenwahlrecht) am 24.3.1981 verkündet: u.a. Schaffung eines Bundesrates (Majlis-i-Shura mit 350 Mitgl.) vorgesehen – Bis zum Staatsstreich 1977 Parlament aus 2 Kammern: Senat u. Nationalversammlung mit 218 Abgeordn. (davon 200 reserv. für Moslems, 10 für weibl. Mitgl.) – Provinzen (mit weitgehenden Kompetenzen): Beludschistan [Baluchistan] Z 1981 4305000 Einw., Nord-Westl. Grenzpr. 10885000, Pandschab [Punjab] 47116000 u. Sind 18966000, ferner Hptst.-Territ. Islamabad 335000 u. zentralverwalt. Stammesgebiete 2175000 – Keine allgem. Wehrpflicht

**Staatsoberhaupt:** General a. D. Zia ul-Huq (gespr. Sia ul-Hack), seit dem Staatsstreich vom Juli 1977 als »Generaladministrator« (Chief Martial Law Administrator/CMLA) Vors. d. »Militärrates« und (seit Juli 1978) eines Kabinetts aus Offizieren u. Zivilisten, verantwortlich auch f. Verteidigung, Rüstung – **Außenminister:** General Shahibzada Yaqub Khan [Schahibsada Jakub Chan] – **Parteien:** Bei den Wahlen vom März 1977 gewann die »Pakistanische Volkspartei«/PPP (»Pakistan People's Party«) von Zulfikar Ali Bhutto 161 der 200 Sitze, während die opposit. »Pakistanische Nationale Allianz«/PNA (von Luftmarschall Mohammed Asghar Chan [Khan] unterstützt) unter Maulana Mufti Mahmud (aus mehreren Parteien, u.a. auch »Moslem-Liga«) 36 Sitze erhielt. – Senat u. Nationalversamml. seit Putsch v. Juli 1977 aufgelöst – Parteienaktivität untersagt – **Dipl. B.:** BR Dtld. u. DDR

**Städte** (Z 1981): Islamabad (Hptst.) 201000 Einw., Karachi [Karatschi] 5103000, Lahore 2920000, Faisalabad 1920000, Rawalpindi 806000, Hyderabad 795000, Multan 730000, Gujranwali 597000, Peshawar 555000, Sialkot 296000

**Wirtschaft: BSP** 1980: 25640 Mill. $ / 1981 (S): 29800 Mill. $ / 350 $ (131) / 1,9 – **WS:** 30/2,6/26/5,5 – **V:** 11/82/17/7/12/ – 10 – **A:** 51/57/20 – **E:** 224/6,9 / 4098 – **M:** 5,0 (30,6)

**Außenhandel:** 1982 **Einf.** 5396 Mill. $, **Ausf.** 2403 Mill. $ – **W:** 1 Pakistanische Rupie (pR) = 100 Paisa

(Ps); 1 US-$ = 13,3844 pR, 1 pR = 0,1935 DM – **I:** 13,1 – **AS:** 7/2/17*/13/25 – **T:** 75 – **H:** 36/42/4 – **Z:** – 936/1,8/9,6/29,2 – **D:** 2,5 – **K:** –/340/107

**Wichtige Ausfuhrgüter:** Baumwollgarne und -gewebe u. Rohbaumwolle (bis 60%), Reis (rd. 20%), Häute, Felle, Chemikalien – **u. Handelspartner:** Japan u. USA (je ⅙–⅕), BR Deutschland u. and. EG-Länder (bis 20%), Golf-Staaten, Saudi-Arabien, Indonesien, VR China

**Mitgliedschaft:** UNO, ADB, CCC, ESCAP, FAO, GATT, IAEA, IBRD, ICAO, IDA, IFAD, IFC, ILO, IMF, IMO, ITU, UNESCO, UPU, WHO, WMO; Colombo-Plan; RCD; Abkommen m. d. EG, SARC

**Kaschmir** (Dschammu u. Kaschmir; Jammu and Kashmir) wird v. P. beansprucht und ist im W sowie im NW in einem rund 88000 km² (n. and. Ang. 84800 km²) umfassenden Streifen pakistanisch besetzt; 1975 etwa 1350000 Einw. – Ab 1972 stärkere Integration der Stammesgebiete – Besondere Verwaltung für »Azad Kashmir« (»Freies Kaschmir« = praktisch Nagar und 3 Distrikte des eigentl. Kaschmir m. zus. etwa 33000 km² und über 1,15 Mill. Einw. [Hunza, das etwa 13000 Einw. zählt, wurde im Sept. 1974 direkt an P. angeschlossen]). Nach d. prov. Verfass.-Akt v. 1974 bestehen eine »Versammlung« sowie eine prov. Regierung (»Azad Jammu u. Kashmir Council«). Der »Ministerrat« hat seinen Sitz in Muzaffarabad (etwa 15000 Einw.). Pakistan unterhält im Freien Kaschmir einen Chief Adviser. Wichtigste Parteien sind die »Dschammu und Kaschmir-Muslim-Konferenz«/JKMC, die den Anschluß an Pakistan fordert, und die »Dschammu und Kaschmir-Befreiungsliga«, die volle Autonomie anstrebt, sowie die »Azad-J.-K.-Muslim Conference« – Baltistan und Gilgit werden von der pakistanischen Regierung unmittelbar verwaltet. Abgrenzung gegen den von Indien besetzten Hauptteil von Kaschmir z. T. durch die Waffenstillstandslinie v. 1949 – Grenzabkommen von Pak. m. d. VR China 1963

## PANAMÁ *(Mittel-Amerika)*

(Republik Panamá; República de Panamá – [PA])

**Fläche** (107): 75650 km² (L: 7%) – **Einwohner** (118): 2090000 (S 1983; 1428082 Z 1970) = 27,6 je km² (Fläche u. Einwohner ohne Kanalzone; → Vereinigte Staaten von Amerika) – **Städt. B.:** 55/3,6/66 – **G:** 71/21/1/980/420/103 – **S:** 15/113/65/23 – **Jährl. Bevölkerungswachstum:** (1970–1981) 2,3% (1981: 30 / 5)

**Bevölkerung:** Panamaer (Panamenen); 50–60% Mestizen, 15–20% Schwarze u. Mulatten, etwa 10–15% Weiße, 5–10% Indianer, 2% Asiaten – **Staatssprache:** Spanisch, Englisch als Verkehrssprache; z. T. indianische Dialekte (u. a. Chibcha) – **Religion:** mehr als 93% röm.-katholisch, rund 6% Protestanten, 2000 Juden

**Flagge:** geviertelt: weiß m. blauem Stern (oben links), rot (rechts oben), blau (links unten) u. weiß m. rotem Stern (rechts unten) – **Nationalfeiertag:** 3. 11. – **U:** 3. 11. 1903

**Staats- u. Regierungsform:** Präsidiale Republik – Neue Verfassung v. April 1983 mit 85% d. Stimmen angenommen – Legislative u. Exekutive bei Präsidium (Junta) u. Regierung – Keine Wehrpflicht – Verwaltungsgliederung in 9 Provinzen u. 1 Territorium

**Staatsoberhaupt u. Regierungschef:** Präsident Nicolás Ardito Barletta, gewählt am 6. Mai 1984, im Amt ab Okt. 1984 – **Außenminister:** Oyden Ortega – **Parteien:** Bei d. Wahlen v. 6. Mai 1984 siegte Ardito Barletta (v. d. Regierung u. Nationalgarde unterstützt) mit 300750 Stimmen vor Arnulfo Arias Madrid (299037 Stimmen), Kandidat d. Authent. Panam. Partei/PPA innerhalb d. Demokrat. Allianz d. Oppos./ADO. Im Parlament hat d. Parteienkoalition Barlettas 40, die Oppos. unter Arias Madrid 27 Sitze – **Dipl. B.:** BR Deutschland und DDR

**Städte** (S 1980): Ciudad de Panamá (Hptst.) 467000 Einw. (A 550000); (S 1979) San Miguelito 157900, Colón 85600 (m. V. 110000), Ciudad David 36000, Chitré 13500

**Wirtschaft: BSP** 1980: 3180 Mill. $ / 1981 (S): 3580 Mill. $/1910 $ (64)/1,2 – **WS:** 10/2,0/21/4,1 – **V:** 21/56/29/23/40/ – 4 – **A:** 56/27/18 – **E:** 1623/40,0/755 – **M:** 0,8* (..)

**Außenhandel:** 1982 **Einf.** 1569 Mill. $, **Ausf.** 372 Mill. $ – **W:** 1 Balboa (B/.) = 100 Centesimos; 1 US-$ = 1,00 B/., 1 B/. = 2,5900 DM – **I:** 7,6 – **AS:** 24/<1/125/10/21 – **T:** 93 – **H:** 72/27/<1 – **Z:** – 627/13,4/11,5 / 64,5 – **D:** 0,3 – **K:** –/ 126 / 45

**Wichtige Ausfuhrgüter:** Erdölprodukte (bis 30%); Bananen (bis 25%), Krabben, Zucker, Kaffee, Kakao, Manilahanf, Kokosnüsse – **u. Handelspartner:** USA (bis 60% d. Ausf. u. 30% d. Einfuhr); Ecuador, Venezuela, BR Dtld. (10%)

**Mitgliedschaft:** UNO, OAS, BLADEX, CECLA, ECLA, FAO, IAEA, IBRD, ICAO, IFAD, IFC, ILO, IMF, IMO, ITU, UNESCO, UPU, WHO, WMO, SELA, NAMUCAR, CONTADORA

PANAMA-KANALZONE → Vereinigte Staaten von Amerika (Überseegebiete); seit 1. 4. 1982 weitgehende Souveränität (u. a. Gerichtshoheit) Panamás in d. Kanalzone (Kanalpassage 1983: 11707 Schiffe mit 145,6 Mill. t)

## PAPUA-NEUGUINEA *(Ozeanien)*

(Papua-New Guinea; inoffiz. auch Papua-Niugini – [PNG])

**Fläche** (48): 461691 km² (L: 1%) – **Einwohner** (105): 3190000 (S 1983) = 6,9 je km² – **Städt. B.:** 19

/8,2/0–**G:** 51/102/13/13590/960/90–**S:** 68/62/12 / .. – **Jährl. Bevölkerungswachstum:** (1970–1981) 2,1% (1983: 39 / 17)

**Bevölkerung:** Papua-Neuguineer; haupts. Papua (in rd. 750 Stämme differenziert), an S- u. NW-Küste malaiische (indonesische), im N auch melanesische, im O auch polynes. Gruppen, kleine chinesische Minderheit; rd. 30000 Weiße – **Staatssprache:** Englisch; melanesisches Pidgin (»Neo-Melanesiana«) als Umgangssprache, rd. 700 im Wortschatz u. strukturell sehr unterschiedl. Papua-Sprachen; außerdem Umgangssprachen d. verschied. Minderheiten – **Religion:** Katholiken (rd. 18%), Protestanten (etwa ⅓); »Cargo«-Kult; Anhänger von Naturreligionen (Animismus, Totemismus)

**Flagge:** vom Mast absteigend geteilt in Schwarz (am Mast) u. Rot; im schwarzen Dreieck »Kreuz d. Südens« aus 5 weißen Sternen, im roten ein gelber Paradiesvogel – **Nationalfeiertag:** 16.9. – **U:** 16.9.1975

**Staats- u. Regierungsform:** Parlamentarisch-demokrat. Monarchie – Abgeordnetenhaus (»National Parliament« mit 109 Mitgl.) – Allgemeines Wahlrecht – Keine allgemeine Wehrpflicht – 19 Provinzen mit gewisser Selbstverwaltung (eigene Versammlung usw.)

**Staatsoberhaupt:** Königin Elizabeth II., vertreten durch einen Generalgouverneur: Sir Kingsford Dibela – **Regierungschef:** Michael Somare, Pangu P., in Koalition mit UP u. Unabh. – **Außenminister:** Rabbie Namaliu – **Parteien:** Sitze im Parlament (Wahlen v. Juli 1982): Pangu Party 52, Melanesian Alliance 8, National P. 12, People's Progress P./PPP 14, United P./UP 9, Papua Besena 3, Unabh. 11

**Städte** (Z 1980): Port Moresby (Hptst.) 122761 (S 1981: 131000), Lae 61682, Madang 21332, Wewak 19554, Goroka 18797, Rabaul 14973, Mount Hagen 13642, Arawa 12623

**Wirtschaft: BSP** 1980: 2340 Mill. $ / 1981 (S): 2570 Mill. $/839 $ (98)/0,1–**WS:** 49*/../13*/..–**V:** 26/63/28/11/38/–17–**A:** 55/82/8–**E:** 332/10,4/318 – **M:** 1,6 (4,5)

**Außenhandel:** 1982 **Einf.** 1029 Mill. $, **Ausf.** 799 Mill. $–**W:** 1 Kina (K) = 100 Toea (t); 1 K = 1,149 US-$ bzw. 3,162 DM–**I:** 8,6–**AS:** 46/<1/7*/30*/23*–**H:** 91/9/0–**Z:** –567/2,7/6,9/25,5–**D:** 3,4–**K:** –/118 / 86

**Wichtige Ausfuhrgüter:** Kupfererze (rd. ⅓); Gold (¼); Kaffee (⅙), Kakao, Kopra, Kokosnußöl, Kautschuk, Holz – **u. Handelspartner:** Australien (30–40%), Japan (20%), BR Dtld., Australien, USA, Großbritannien

**Mitgliedschaft:** UNO, Commonwealth, enge Koop. m. Australien; AKP, FAO, GATT (assoz.), IBRD, ICAO, IDA, IFC, ILO, IMF, ITU, UPU, WHO, WMO, Südseeforum / SPF, SPEC

## PARAGUAY *(Süd-Amerika)*

(Republik Paraguay; República del Paraguay – [PY])

**Fläche** (52): 406752 km² (L: 3%) – **Einwohner** (101): 3470000 (S 1983; ohne etwa 30000 Waldindianer; 2357955 Z 1972) = 8,5 je km²–**Städt. B.:** 40/3,3/44–**G:** 65/46/2/1710/1100/134–**S:** 16/102/26 / 7 – **Jährl. Bevölkerungswachstum:** (1970–1981) 2,6% (1981: 32/7)

**Bevölkerung:** Paraguayaner; etwa 95% Mestizen, knapp 2% Indianer (Guaranís) u. rd. 3% Weiße (etwa 30000 Deutschstämmige); ca. 10000 Japaner u. 3000 Koreaner – 500000–800000 Paraguayer leben im Ausland – **Staatssprache:** Spanisch und Guaraní, meist Zweisprachigkeit – **Religion:** etwa 90% röm.-kath. (Staatsreligion); 2% Protestanten, 13000 Mennoniten, 1200 Juden

**Flagge:** rot-weiß(mit Wappen auf der Vorderseite, Löwe sowie Inschrift auf der Rückseite)-blau (waagerecht) – **Nationalfeiertag:** 14./15.5. – **U:** 14.5.1811

**Staats- u. Regierungsform:** Demokrat. Republik m. Präsidialsystem u. Dreigewaltenteilung – Zweikammerparlament (»Congréso« aus »Senado« mit 30 u. »Cámara de Diputados« mit 60 für 5 Jahre gewählten Abgeordn.); außerdem ein v. Präsidenten ernannter Staatsrat (»Consejo del Estado«) – Allgem. Wahlpflicht ab 18 Jahre – Allgem. Wehrpflicht – Verwaltungsglied in 20 Departamentos u. Hptst.

**Staatsoberhaupt u. Regierungschef:** General Alfredo Stroessner, Colorado, seit 1954, wiedergewählt Febr. 1983 (90% d. Stimmen) – **Außenminister:** Dr. Carlos Augusto Saldivar – **Parteien:** Die in Wahlen siegende Partei erhält verfassungsgemäß ⅔ aller Sitze, daher »Asociación Nacional Republicana« (kons.; »Colorados«) 40 d. 60 Sitze (Wahlen v. Febr. 1983); Liberale u. Liberal-Radikale 20 (Opposition). KP verboten – **Dipl. B.:** BR Dtld.

**Städte** (F 1979): Asunción (Hptst.) 481706 Einw.; Caaguazú 74337, Presidente Stroessner 67956, Concepción 63224, Pedro Juan Caballero 62443, Encarnación 51441, Hernandarías 45000, Mariscal Estigarribia 42000

**Wirtschaft: BSP** 1980: 4220 Mill. $ / 1981 (S): 4970 Mill. $/1630 $ (68)/5,9–**WS:** 28/7,0/26/11,0–**V:** 7/74/29/19/7/–10–**A:** 53/44/20–**E:** 300/10,4/395 – **M:** 1,0 (11,7)

**Außenhandel:** 1982 **Einf.** 581 Mill. $, **Ausf.** 330 Mill. $ – **W:** 1 Guarani (₲) = 100 Centimos; 1 US-$ = 126,00 ₲, 1 ₲ = 0,0206 DM–**I:** 12,4–**AS:** 1/<1/41/13/36–**T:** 72–**H:** 47/53/0–**Z:** –374/1,3/9,8/12,6 – **D:** 8,9 – **K:** – / 122 / 39

**Wichtige Ausfuhrgüter:** Industrieprod. (6%), Sojabohnen u. and. Ölsaaten (9%), Baumwolle (13%), Fleisch u. -extrakt (11%), Holz (10%), Quebracho-Extrakt, Häute u. Felle, Kaffee – **u. Handelspartner:** Argentinien (rd. 22%), Brasilien (20%), BR

Deutschland (10%), USA, Japan, Algerien, Großbritannien, Niederlande

**Mitgliedschaft:** UNO, OAS, ALADI, BLADEX, CCC, CECLA, ECLA, FAO, IAEA, IBRD, ICAO, IDA, IFC, ILO, IMF, ITU, SELA, UNESCO, UPU, WHO, WMO

## PERÚ *(Süd-Amerika)*

(Republik Perú; República del Perú, República perúana – [PE])

**Fläche** (18): 1285216 km² (davon 4996,28 km² Anteil am Titicaca-See) (L: 3%) – **Einwohner** (39): 18710000 (S 1983; n. eig. Ang. S 20 Mill.; 14121564 Z 1972 einschl. S 39800 Waldindianer) = 14,6 je km² – **Städt. B.**: 66 / 3,5 / 44 – **G:** 58 / 85 / 9 / 1390 / 690 / 99 – **S:** 20 / 112 / 56 / 16 – **Jährl. Bevölkerungswachstum:** (1970–1981) 2,6% (1981: 36 / 11)

**Bevölkerung:** Peruaner; rd. 45% Indianer, ca. 40% Mestizen; über 10% Weiße, meist altspanischer Abstammung; je einige Zehntausend Schwarze, Mulatten; je rund 10000 Japaner u. Chinesen – **Staatssprache:** Spanisch, seit 1975 auch Quechua [Ketschua] (etwa ¼), 3–5% sprechen Aymará als Umgangssprache – **Religion:** etwa 95% röm.-kath. (unter Staatsschutz), 1% Protest., 5300 Juden, Indianer oft Anhänger v. Naturrel.

**Flagge:** rot-weiß-rot (senkrecht) – **Nationalfeiertag:** 28.7. – **U:** 28.7.1821 (Proklamation)

**Staats- und Regierungsform:** Präsidiale Republik – Neue Verfassung v. Juni 1979 – Parlament (»Congréso«) aus 2 Kammern (»Cámara de Diputados« und »Senado«); Wahl der Deputierten auf 5 Jahre – Allgemeines Wahlrecht (seit 1980 auch für Analphabeten) – Wehrpflicht – Verwaltungsgliederung in 25 v. Präfekten geleitete Departementos

**Staatsoberhaupt:** Präsident D. Fernando Belaúnde Terry, seit Juli 1980 – **Regierungschef u. Außenminister:** Sandro Mariategui (AP), seit April 1984 – **Parteien:** Bei d. Wahlen v. 18. Mai 1980 gewann d. 1968 v. d. Militärs gestürzte Fernando Belaúnde Terry (»Acción Popular«/AP) 43,6%, Armando Villanueva del Campo (»Alianza Popular Revolucionaria Americana«/APRA) 26,5%, Luis Bedoya Reyes (»Partido Popular Cristiano«/PPC) 11,2% u. Hugo Blanco (»P. Revolucionario de los Trabajadores«/PRT, links: Trotzkisten) 4% d. Stimmen. Sitze in Abg.-Kammer/Senat: AP 92/26, APRA 50/18, PPC 9/6, UNIR (Maoisten) 9/2, PRT 2/2, UDP 1/2, FUI 5/2 u. FOCEP 1/1 sowie linke Splittergruppen u. Unabh. (zus. 180 / 60 Sitze) – **Dipl. B.:** BR Dtld. und DDR

**Städte** (S 1981): Lima (Hptst.) 3968972 (A 4600891), als Groß-L. 5 Mill. Einw., Arequipa 447431, Callao 441374, Trujillo 354557, Chiclayo 280244, Chimbote 216406, Piura 186354, Cuzco 181604, Iquitos 173629, Huancayo 165132

**Wirtschaft: BSP** 1980: 17970 Mill. $ / 1981 (S): 19980 Mill. $/1170 $ (82)/0,2 – **WS:** 9/0,3/41/3,4 – **V:** 13/73/19/14/17/ – 5 – **A:** 54/39/18 – **E:** 807/17,3 / 3300 – **M:** 2,5 (12,5)

**Außenhandel:** 1982 **Einf.** 3787 Mill. $, **Ausf.** 3230 Mill. $ – **W:** 1 Sol (S/.) = 100 Centavos (cents.); 1 US-$ = 2678,76 S/., 1 S/. = 0,00097 DM – **I:** 34,3 – **AS:** 64/2/2/20/40 – **T:** 72 – **H:** 66/30/4 – **Z:** – 1512/9,1/44,9 / 28,6 – **D:** 3,6 – **K:** – / 102 / 267

**Wichtige Ausfuhrgüter:** Kupfer (20–25%) u. and. Bergbauerzeugnisse (u.a. Silber u. Eisenerz, Zink, Erdöl) insg. fast ⅔; Fischmehl u. Fische (bis 15%), Pflanzungsprodukte (Baumwolle, Zucker, Kakao, Kaffee) – **u. Handelspartner:** USA (fast 40%), Japan (7%), BR Dtld. u. and. EG-Länder (20%), UdSSR, Chile, Brasilien

**Mitgliedschaft:** UNO, OAS, ALADI, BID, BLADEX, CCC, CECLA, ECLA, FAO, GATT, IAEA, IBRD, ICAO, IDA, IFAD, IFC, ILO, IMF, IMO, SELA, UNESCO, UPU, WHO, WMO, »Andenpakt-Gruppe«, »La-Plata-Becken«-Abk., »Aamazonas-Vertrag«

## PHILIPPINEN *(Südost-Asien)*

(Rep. der Philippinen; Republica Ñg Pilipinas; República de Filipinas; Republic of the Philippines – [RP oder PI])

**Fläche** (64): 300000 km² (L: 33%); insges. 7103 Inseln – **Einwohner** (17): 51960000 (S 1983; 41831045 Z 1975) = 173,2 je km² – **Städt. B.**: 37 / 3,7 / 34 – **G:** 63 / 53 / 4 / 7970 / 6000 / 116 – **S:** 25 / 110 / 63 / 25 – **Jährl. Bevölkerungswachstum:** (1970–1981) 2,7% (1981: 34 / 7)

**Bevölkerung:** Philippiner; vorwieg. jungmalaiische Filipinos (Bisayas, Tagalen, Bicol, Iloco), daneben alt- (Igoroten, Ilongoten) und primitivmalaiische Stämme. Außerdem Chinesen (1–2%, z. T. nicht naturalisiert), mehrere Hunderttausend Mischlinge, etwa 15000 Negritos (Aëta), rd. 15000 Nordamerikaner usw. – **Staatssprache:** Pilipino (von Tagalog abgeleitet) – 1960 wurden als Muttersprache gesprochen: Cebuano rund 30%, Tagalog über 25%, Iloco etwa 12%, Panay-Hiligayon 10%, Bicol 7% und u. a. Samar-Leyte 6%. Des Pilipino mächtig waren insges. 44%, d. Engl. 39% u. d. Spanischen rd. 2%. Das weitverbreit. Chinesisch ist keine Amtssprache – **Religion:** ungef. 80% röm.-kath., im übrigen Anhänger and. christl. Kirchen (so über 5% der »Iglesia Filipina Independiente Aglipayan«; »Iglesia ni Kristo«); über 5% Protestanten sowie (S) 4 Mill. (davon 3 Mill. auf Mindanao) Muslime (sog. »Moros«, im S), rund 40000 (1967) Buddhisten u. 200 Juden

**Flagge:** blau-rot (waagerecht), am Mast weißes Dreieck mit gelber Sonne u. 3 gelben Sternen in den Winkeln – **Nationalfeiertag:** 12.6. – **U:** 4.7.1946

**Staats- u. Regierungsform:** Präsidiale Republik – Verfassungsänderung v. 7. April 1981 (Einf. eines Präsidialsystems) – Kongreß (»Interim Batasang Pambansa«/IBP) aus 2 Kammern (»Senat« und »Repräsentantenhaus«) – Allgem. Wahlrecht – Von d. 200 Abg. werden 17 v. Präsid. ernannt – Wehrpflicht – Verwaltungsgliederung in 13 Regionen u. 72 Provinzen je mit Gouverneur u. Prov.-Versammlung (»Sangguniang Panlalawigan«); 12 auton. Reg.

**Staatsoberhaupt:** Präsident Fernando E. Marcos, seit 1965, im Juni 1981 mit 88% d. Stimmen wiedergewählt – **Regierungschef:** Premierminister Cesar E. A. Virata (auch Fin.-Min.) – **Außenminister:** Arturo Tolentino – **Parteien:** Bei den umstritt. Wahlen zur prov. Nationalversammlung (»Interim Batasang Pambansa«/IBP) v. 2. 4. 1978 entfielen auf die von der Regierung gelenkte »Bewegung für eine neue Gesellschaft« (»Kilusan n̄g Bagong Lipunan«/KPL) 135 der 149 direkt gewählten Mandate sowie die 14 durch Wahlausschüsse gewählten sektoralen Abgeordneten, auf die »Pusyon Bisaya« 13 u. die »Mindanao Alliance« 1 Sitz, während die behinderte Opposition (»Laban« bzw. »Kampf«) ohne Mandate blieb – Die neue Sammelbeweg. d. Opposition, »United Democratic Opposition« / UNDO, aus 8 Parteien boykottierte d. Präs.-Wahl v. Juni 1981 – **Dipl. B.:** BR Dtld. und DDR

**Städte** (F 1980): Manila (Hptst.) 1626249 (als Metrop.-Geb. 5,9 Mill.) Einw., Quezon City 1165990, Davao 611311, Cebu 489208, Zamboanga 344275, Pasay 286497, Bacolod 266604; (1975): Angeles 175694, Butuan 173429, Cagayan de Oro 163163, Batangas 125304, Tarlac 121400, Iligan 119038

**Wirtschaft: BSP** 1980: 34460 Mill. $ / 1981 (S): 39010 Mill. $/790 $ (99)/3,7 – **WS:** 23/4,9/37/8,4 – **V:** 8/67/30/25/19/– 5 – **A:** 53/46/17 – **E:** 380/26,2/4775 – **M:** 1,8 (14,6)

**Außenhandel:** 1981 **Einf.** 7946 Mill. $, **Ausf.** 5722 Mill. $ – **W:** 1 Philippinischer Peso (p̲) = 100 Centavos; Freimarktkurs: 1 US-$ = 13,932 p̲, 1 p̲ = 0,1859 DM – **I:** 13,1 – **AS:** 21 / 2 / 41 / 8 / 24 – **T:** 68 – **H:** 75 / 21 / 3 – **Z:** – 2286 / 2,3 / 9,9 / 19,3 – **D:** 3,0 – **K:** – / 1162 / 403

**Wichtige Ausfuhrgüter:** Halbleiterprodukte (15%), Zucker (8%), Kokosnüsse u. -öl sowie Kopra (10%), Holz u. Holzwaren (bis 10%), Kupfer (6%), Nickel u. Mineralien, Fasern (Abacá) – **u. Handelspartner:** USA u. Japan (je über 20%), BR Dtld. u. and. EG-Länder (15%), Saudi-Arabien, Kuwait, Australien, Hongkong

**Mitgliedschaft:** UNO, ADB, ASEAN, ESCAP, FAO, GATT, IAEA, IBRD, ICAO, IDA, IFAD, IFC, ILO, IMF, IMO, ITU, UNESCO, UPU, WHO, WMO, Colombo-Plan

Militärische Stützpunkte der USA (Clark, Subic-Bucht), seit 1978 der philipp. Kontrolle unterstellt. Die Ph. erheben Anspruch auf das malaysische Sabah (1968 gesetzlich festgelegt) u. auf Teile der auch v. d. VR China u. v. Vietnam beanspruchten Spratly [chin. Nan-scha]-Inseln (u. a. auf Panata)

## POLEN *(Ost-Europa)*

(Volksrepublik Polen; Polska Rzeczpospolita Ludowa – [PL])

**Fläche** (62): 312683 km² (L: 49%) – **Einwohner** (24): 36570000 (B 1983; 35032000 Z 7. 12. 1978) = 116,9 je km² – **Städt. B.:** 57 / 1,7 / 47 – **G:** 73 / 21 / 1 / 570 / 240 / 134 – **S:** 2 / 100 / 77 / 18 – **Jährl. Bevölkerungswachstum:** (1970–1981) 0,9 % (1982: 19,2 / 9,2)

**Bevölkerung:** 98–99% Polen, nationale Minderheiten, u. a. einige Hunderttausend Deutsche (nach poln. Schätzungen rd. 200000) u. sog. »Autochthone« (ehem. dtsch. Staatsb., die poln. Bürger wurden), 180000 Ukrainer, 170000 Bjelorussen, 21000 Slowaken, 19000 Russen, 12000 Zigeuner, 10000 Litauer, je 5000 Griechen u. Mazedonier, 2000 Tschechen; etwa 9,5 Mill. Polen leben im Ausland (davon 6,5 Mill. in d. USA, 750000 in Frankreich u. 450000 in Brasilien) – **Staatssprache:** Polnisch – **Religion:** ganz überwiegend röm.-kath. (über 90%); etwa 1% Protestanten, Altkatholiken (30000), »Polnische Katholiken« (60000), Orthodoxe (rd. 2%), Juden (1978) etwa 12000

**Flagge:** weiß-rot (waagerecht) – **Nationalfeiertag:** 22. 7. (Das am 21. 7. 1944 entstandene »Komitee für Nationale Befreiung«/PKWN stellte am 22. 7. 1944 sein Programm dar) – **U:** alte staatl. Tradition; wieder seit 7. 10. 1918 (Proklamation) unabh.

**Staats- u. Regierungsform:** Nach d. 1976 abgeänd. Verfassung v. 1952 ein sozialistischer Staat mit der PZPR als »führende politische Kraft« – Parlament mit 1 Kammer (»Sejm«) – Wahl der Abgeordn. für 4 Jahre – Wahlberechtigt alle über 18 Jahre alten Bürger – Wehrpflicht – Neue Verwaltungsgliederung seit 1975; 49 Woiwodschaften (Województwo), darunter die 3 Städte Warschau, Lodsch u. Krakau – Seit Verhäng. d. Kriegsrechts am 13. 12. 1981 (aufgehoben seit 22. 7. 1983) Militärrat der Nationalen Rettung. Vors.: Armeegeneral Wojciech Jaruzelski

**Staatsoberhaupt:** kollekt. Repräsentation durch einen vom Parlam. gewählten, 17 Mitgl. zähld. Staatsrat (»Rada Państwa«); Vors. d. Staatsrates: Prof. Dr. Henryk Jablonski, erneut seit 1980 – **Regierungschef:** Wojciech Jaruzelski, Vors. d. Ministerrats, seit Febr. 1981 – **Außenminister:** Stefán Olszowski – **Parteien:** entscheidend ist die kommun. »Poln. Ver. Arbeiterpartei« (»Polska Zjednoczona Partia Robotnicza«/PZPR) 2327349 Mitgl. (Juli 1983; 1980: 3,1 Mill.); 1. Sekretär des ZK der PZPR: Wojciech Jaruzelski – Die PZPR erhielt bei den Wahlen v. 1980 auf der Einheitsliste der »Front der Nationalen Einheit« (99,52% aller Stimmen) die festgelegten 255 von 460 Sitzen, außerdem die »Vereinigte Bauernpartei« (ZSL, 117 der Sitze), die »Demokratische Partei« (SD, 39 Sitze); Kathol. Gruppe »Pax« usw. 13 Sitze, Parteilose 36 – Die für 1984 vorgeseh. Wahlen sind auf 1985 verschoben – **Dipl. B.:** BR Dtld. u. DDR

**Städte** (F 1981): Warschau [Warszawa] (Hptst.) 1611600 Einw., Lodsch [Łódź] 843000, Krakau [Kraków] 722900, Breslau [Wrocław] 621900, Posen [Poznań] 558000, Danzig [Gdańsk] 458900, Stettin [Szczecin] 389900, Kattowitz [Katowice] 363500, Bromberg [Bydgoszcz] 352400, Lublin 308800, Sosnowitz [Sosnowiec] 251900

**Wirtschaft: BSP** 1979: 133450 Mill. $ / 1980 (S): 139780 Mill. $ / 3900 $ (42) / 5,2; **BSP** (S) 1982: 100000 Mill. $ – **WS:** 15* / . . / 64* / . . – **V:** 14* / 73* / 19* / 13* / . . / – 5* – **A:** 66 / 31 / 39 – **E:** 5799 / 2,8 / 24737 – **M:** 2,9* (. .)

**Außenhandel:** 1982 **Einf.** 10204 Mill. $, **Ausf.** 11174 Mill. $ – **W:** 1 Złoty (Zł) = 100 Groszy (Gr); 1 US-$ = 108,83 Zł, 1 Zł = 0,0238 DM – **AS:** 20 / 36 / 20 / 14 / 27 – **T:** 98 – **H:** 34 / 10 / 53

**Wichtige Ausfuhrgüter:** Maschinen u. Transportmittel (über 40%), Kohle, Koks u. Briketts (10–15% d. Ausfuhrwertes), Chemikalien, Eisen u. Stahl, Textilien, Zement, Viehzuchtprodukte, Holz – **u. Handelspartner:** UdSSR (rd. ¼) u. die übrigen kommunist. Staaten (bis 60%); OECD-Staaten 37%, davon EG 20% bzw. BR Dtld. 7%

**Mitgliedschaft:** UNO, Warschauer Vertrag, RGW, FAO, GATT, IAEA, ICAO, ILO, IMF (beantr.), IMO, ITU, UNESCO, UPU, WHO, WMO

## PORTUGAL *(Südwest-Europa)*

(Portugiesische Republik; República Portuguesa – [P])

**Fläche** (104): 92082 km² (L: 48%) (ohne Binnengewässer 91631 km²) einschl. Ilhas Adjacentes (»Anliegende Inseln«): **Azoren** (Arquipélago dos Açores) 2335 km² u. 251352 Einw. (Z 1981), Hptst. Ponta Delgada 148000 Einw. – **Madeira** (m Nebeninseln) 796 km² u. 257822 Einw. (Z 1981), Hptst. Funchal 38340 Einw. (Die Azoren u. Madeira besitzen seit 1976 begrenzte innere Autonomie, die Azoren seit 1980 Autonomiestatut) – **Einwohner** (58): 10100000 (S 1983; ca. 700000 Flüchtlinge [Desalojados bzw. Retornados] aus den ehem. Kolonien; 9784000 Z 1981 m. Azoren u. Madeira) = 109,7 je km² – **Städt. B.:** 31 / 2,4 / 44 – **G:** 72 / 26 / 1 / 540 / 650 / 129 – **S:** 22 / 118 / 55 / 11 – **Jährl. Bevölkerungswachstum:** (1970–1981) 0,8% (1982: 15,7 / 9,6)

**Bevölkerung:** fast ausschl. Portugiesen; kleine afrikan. Minderheiten – **Staatssprache:** Portugiesisch – **Religion:** fast ausschl. röm.-kath.; etwa 40000 Protestanten; 6000 Juden

**Flagge:** grün-rot (senkrecht, im Verhältnis 2:3) m. Staatswappen auf d. Trennlinie – **Nationalfeiertag:** 10. 6. – **U:** unabhängiges Königreich seit 1143, endgültig unabh. seit 1. 12. 1640 (Aufkündigung der Personalunion m. Spanien)

**Staats- u. Regierungsform:** Nach der Verfassung v. 2. 4. 1976 eine Republik auf demokratisch-parlamentarischer Grundlage; sozialist. Tendenzen durch Änd. v. Nov. 1982 z. T. abgeschwächt – Revolutionsrat abgeschafft u. durch Verfassungsgericht bzw. Obersten Verteidigungsrat ersetzt – Ziviler Staatsrat (10 Mitgl.) als berat. Organ d. Präsidenten – Parlament aus 250 Abg., für 4 Jahre gewählt – Wehrpflicht – Verwaltungsglied. in 18 festländ. u. 4 Inseldistrikte

**Staatsoberhaupt:** Staatspräsident General Antônio dos Santos Ramalho Eanes, seit 1976, erneut am 7. Dez. 1980 mit 56,46% d. Stimmen gewählt – **Regierungschef:** Dr. Mário A. Soares, PSP, seit Juni 1983, Koalition mit PSD – **Außenminister:** Jaime Gama – **Parteien:** Die vorgezogenen Parlamentswahlen v. 25. April 1983 erbrachten der Sozialistischen Partei (»Partido Socialista Português«/PSP) 36,3% d. Stimmen u. 100 (1980: 66) Sitze, der Sozialdemokrat. Partei/PSD 27,0% u. 74 (82), der Vereinigten Volksallianz/APU 18,2% u. 44 (41), dem Demokratisch-Sozialen Zentrum (»Centro Democrático Social«/CDS) 12,4% u. 30 (46), der Christlich-Demokrat. Partei / PDC 0,6% u. 0, der Monarchistischen Volkspartei/PPM 0,5% u. 0 u. der Demokrat. Volksunion/UDP 0,5% u. 0 Sitze – **Dipl. B.:** BR Dtld. u. DDR

**Städte** (Z 1981): Lissabon [Lisboa] (Hptst.) 829900, A 2062000 Einw., Pôrto [Oporto] 329000, A 1556000; (1975) Coimbra 55985, Barreiro 53690, Vila Nova de Gaia 50805, Setúbal 49760, Braga 48735, Évora 23665 (Einwohnerzahl durch die Flüchtlinge aus den ehem. Überseegebieten seither z. T. stark gestiegen)

**Wirtschaft: BSP** 1980: 22430 Mill. $ / 1981 (S): 24750 Mill. $ / 2520 $ (56) / 1973–1980: 1,2 – **WS:** 12 / – 0,8 / 44 / 4,4 – **V:** 16 / 77 / 27 / 8 / 27 / – 19 – **A:** 63 / 28 / 35 – **E:** 1822 / 8,9 / 4540 – **M:** 3,5* (. .)

**Außenhandel:** 1982 **Einf.** 9258 Mill. $, **Ausf.** 4111 Mill. $ – **W:** 1 Escudo (Esc) = 100 Centavos; 1 US-$ = 131,501 Esc, 1 Esc = 0,0197 DM – **I:** 17,0 – **AS:** 7 / 13 / 48 / 14 / 25 – **T:** 95* – **H:** 77 / 20 / 2 – **Z:** – 2574 / 5,5 / 13,5 / 27,7 – **D:** 9,4 – **K:** – / 1016 / 156

**Wichtige Ausfuhrgüter:** Textilien (bis ⅕), Maschinen u. Chemikalien (zus. bis ⅕), Kork, Fische u. Fischereierzeugnisse, Holz, Wein, Harze, Olivenöl, Gummiwaren, Pyrite – **u. Handelspartner:** Großbritannien (15%), BR Dtld. (10–15%), USA (10%), Frankreich u. and. EG-Länder, Schweden, Schweiz, Spanien, Brasilien, Japan, Iran; EG insg. 50%

**Mitgliedschaft:** UNO, NATO, ECE, EFTA, FAO, GATT, IAEA, IBRD, ICAO, IEA, IFAD, IFC, ILO, IMF, IMO, ITU, OECD, UNESCO, UPU, WHO, WMO;

Europarat, Beitritt zur EG beantragt, Rat f. Iberische Zusammenarbeit

**Überseegebiet**

(»Chinesisches Territ. unt. port. Verwaltung«): **Macao** (Macau), Fläche: 16 km², bestehend aus Macao, Taipa u. Coloane – Einw.: etwa 450000 (S 1984; 248630 Z 1970); 98% Chinesen, rd. 12000 Portugiesen u. Mischlinge (sog. Macaenses), Hptst. Macao, 300000 Einw. (S 1980); Gouverneur: Admiral Vasco de Almeida e Costa – Seit 1976 volle innere Autonomie – Konsultativrat u. Gesetzgeb. Vers. (12 Mitgl. gewählt, 5 v. Gouverneur ernannt): Peking-orientierte Wählerunion 4, Pro-Macao-Gruppe 2 u. »Blumen d. Freundschaft u. Entwickl.« 2 d. im Aug. 1984 gewählten Mandate (insg. 9 Chinesen, 8 Portug.) – **BSP** 1982: 900 Mill. $, je E. 2600 $; Jahreszuwachs 4% – 1981 Einf. 3085,1 Mill. Pat., Ausf. 2972,9 Mill. Pat. – W: 1 Pataca (Pat.) = 100 Avos; 1 US-$ = 7,9554 Pat., 1 Pat. = 0,3256 DM (100 HK$ = 102,70 Pat.)

## RUANDA *(Ost-Afrika)*

(Republik Ruanda; Republica y'u Rwanda [y Urwanda]; République Rwandaise; Ruandische Republik – [RWA])

**Fläche** (129): 26338 km² (L: 39%) – **Einwohner** (86): 5200000 (S 1982) = 197,4 je km² – **Städt. B.**: 4 /6,4/0 – **G**: 46/137/29/31 510/9840/88 – **S**: 50/70/ 2 /< 1 – **Jährl. Bevölkerungswachstum:** (1970–1981) 3,4% (1981: 54 / 20)

**Bevölkerung:** Ruander [Rwander]; hauptsächl. Bantu (knapp 90% Bahutu bzw. Hutu und verwandte Stämme), 9% hamit.-nilot. Watussi bzw. Tutsi; ca. 1% Pygmäen (Twa); über 1000 Europäer (meist Belgier), ca. 750 Inder u. and. Asiaten – **Staatssprache:** Französisch u. Kinyarwanda; Kisuaheli z.T. Verkehrssprache – **Religion:** über 40% röm. Katholiken, ca. 7% Protestanten, 1% Muslime; Anh. v. Naturreligionen

**Flagge:** rot-gelb (mit großem schwarzen R)-grün (senkrecht) – **Nationalfeiertag:** 1.7., Fest der II. Republik – **U:** 1.7.1962

**Staats- u. Regierungsform:** Präsidiale Republik – Neue Verfassung seit Dez. 1978 – »Conseil National de Dévelopement« anstelle eines Parlaments – Keine allg. Wehrpflicht – Verwaltungsgliederung in 10 Präfekturen

**Staatsoberhaupt,** Präsident, Regierungschef und Verteidigungsminister: Generalmajor Juvénal Habyarimana [Habyalimana], seit dem Staatsstreich vom Juli 1973, 1978 gewählt, erneut im Dez. 1983 (99% d. Stimmen) – **Außenminister:** François Ngarukiyintwali – **Parteien:** »Nat. Revolutionsbewegung f. d. Entwicklung« (Mouv. Révol. Nat. pour le Dévelopement/MRND), der jeder Bürger angehört, als offiz. Partei seit 1975; Präs. Habyarimana – Wahlen v. 1981: alle 64 Sitze im »Nationalrat« – **Dipl. B.**: BR Dtld. u. DDR

**Städte** (S 1981): Kigali (Hptst.) 155000 Einw.; (1979) Butare (fr. Astrida) 25000, Ruhengeri 16000, Gisenyi 13000

**Wirtschaft: BSP** 1980: 1150 Mill. $ / 1981 (S): 1340 Mill. $/250 $ (152)/1,7 – **WS**: 46/../22/.. – **V**: 17/75 /23/8/12/ – 15 – **A**: 52/91/2 – **E**: 28/4,6/39 – **M**: 1,6 (12,4)

**Außenhandel:** 1982 **Einf.** 286 Mill. $, **Ausf.** 90 Mill. $ – **W**: 1 Ruanda-Franc (F.Rw) = 100 Centimes; 1 US-$ = 95,68 F.Rw, 1 F.Rw = 0,0271 DM – **I**: 13,4 – **AS**: 1* / < 1* / .. / 19* / 65* – **T**: 107 – **H**: 61 / 39 / 0 – **Z**: – 59 / 0,2 / 1,5 / 13,6 – **D**: 5,9 – **K**: – / 25 / 18

**Wichtige Ausfuhrgüter:** Kaffee (über 70%), Tee (9%), Zinn (3–5%), Wolfram, Baumwolle, Ölfrüchte, Pyrethrum, Tabak – **u. Handelspartner:** Belgien (bis ½) u. übrige EG-Länder (Frankr. 14%, BR Dtld. 12%), Kenia, Tansania, Japan, USA, Iran, Zaïre

**Mitgliedschaft:** UNO, OAU, CCC, ECA, AKP, FAO, OCAM, GATT (ass.), IBRD, ICAO, IDA, IFAD, IFC, ILO, IMF, ITU, UNESCO, UPU, WHO, WMO, CEPGL

## RUMÄNIEN *(Südost-Europa)*

(Sozialist. Republik R.; Republica Socialistă România – [R])

**Fläche** (74): 237500 km² (L: 45%) – **Einwohner** (33): 22700000 (F 1982; 21559416 Z 5.1.1977) = 95,6 je km² – **Städt. B.**: 50/2,8/17 – **G**: 71/29/2/680/ 270/126 – **S**: 2/101/75/11 – **Jährl. Bevölkerungswachstum:** (1970–1981) 0,9% (1982: 15,3 / 10)

**Bevölkerung** (Z I/1977): 88,1% Rumänen, 7,9% Madjaren (einschl. Szekler), 1,67% (348414, mit »Siebenbürger Sachsen«, »Banater Schwaben« usw. 358000; 1966: 2%) Deutsche, außerdem Minderheiten v. Zigeunern, Ukrainern, Serben, Kroaten, Bulgaren, Slowaken, Tschechen, Russen, Tataren, Türken, Griechen, Armeniern u. Polen – **Staatssprache:** Rumänisch; Umgangssprachen d. Minderheiten – **Religion:** rd. 88% rumänisch-orthodoxe Christen, ca. 6% Katholiken (Deutsche, Madjaren, Rumänen usw.), über 5% Protestanten, knapp 26000 (Z 1977) Juden, kleine muslimische Gruppen

**Flagge:** blau-gelb(mit Wappen)-rot (senkrecht) – **Nationalfeiertag:** 23.8. – **U:** erste eigene Staatsbildung im 14. Jh.; Anerkennung der Unabh. am 13.7.1878 (Berliner Konferenz) durch d. Osman. Reich

**Staats- u. Regierungsform:** »Sozialistische Republik« – Parlament (»Marea Adunare Nationala«) mit 1 Kammer; Wahl der 349 Abgeordneten für 5 Jahre – Wahlberechtigt alle über 18 Jahre alten arbeitenden Bürger – Wehrpflicht – Verwaltungsgliederung in das Municipium Bukarest und 41 Kreise

**Staatsoberhaupt:** Presedinte Nicolae Ceaușescu (seit 1967), Staatspräsident seit 1974, wiedergewählt 1980, zugleich Vorsitzender des Staatsrates – **Regierungschef:** Ministerpräsident Constantin Dascalescu, seit Mai 1982 – **Außenminister:** Stefan Andrei – **Parteien:** einzige Partei »Rumänische Kommunistische Partei« (PCR, Anfang 1981 3044336 Mitgl.), der auch d. Lenkung aller sog. Massenorganisationen obliegt (**Gen.Sekr.** der PCR, Vors. d. Polit. Exek.-Kom. u. d. Ständ. Büros: Nicolae Ceaușescu). Bei d. Wahlen v. 1979 wurden für die von der PCR kontrollierte Einheitsliste »Front d. Sozialist. Demokratie u. Einheit« (Vorsitzender: Nicolae Ceaușescu) 99,67 % aller Stimmen abgegeben; der Nationalversammlung gehören (nach d. Anteil an d. Gesamtbevölkerung) Vertreter der Minderheiten (u. a. 8 Deutsche) an – **Dipl. B.:** BR Dtld. u. DDR

**Städte** (F 1982): Bukarest [București] (Hptst.) 1929360 Einw., Kronstadt [Brașov] 320168, Konstanza [Constanța] 293866, Klausenburg [Cluj-Napoca] 289808, Temeschburg [Timișoara] 288237, Iași 279753, Galatz [Galați] 267962, Craiova 239651, Ploiești 219890, Brăila 219152, Großwardein [Oradea] 192644, Arad 181965, Hermannstadt [Sibiu] 164150, Băcau 156246, Pitești 143614, Tîrgu Mureș 141262, Baia Mare 123256, Buzău 116250, Satu Mare 115573

**Wirtschaft: BSP** 1980: 50870 Mill. $ / 1981 (S): 57030 Mill. $ / 2540 $ (55) / 1977–1980: 4,3; **BSP** 1983: 655000 Mill. Lei – **WS:** 13 / 4,9 / 60 / 9,2 – **V:** .. / .. / 33 / .. / 28 / < 1 – **A:** 64 / 29 / 36 – **E:** 4775 / 0,2 / 16612 – **M:** 2,0 (3,7)

**Außenhandel:** 1982 **Einf.** 9836 Mill. $, **Ausf.** 11714 Mill. $; 1983 **Einf.** 130,4 Mrd. Lei, **Ausf.** 173,3 Mrd. Lei – **W:** 1 Leu (l) = 100 Bani; 1 US-$ = 4,59 l, 1 l = 0,5643 DM – **I:** – 0,2* – **AS:** 12* / 24* / .. / .. / .. – **T:** 98* – **H:** 35 / 26 / 37 – **Z:** – 832 / .. / .. / .. – **D:** 1,5

**Wichtige Ausfuhrgüter:** Brenn- u. Rohstoffe (Erze u. Metalle; 29 %), Maschinen, Ausrüst. u. Verkehrsmittel (26 %), Verbrauchsgüter (16 %), Nahrungsgüter (10 %), Chemikalien (9 %) – **u. Handelspartner:** RGW-Partner (ca. 50 %; u. a. UdSSR 19 %), BR Dtld. (7–9 %), ČSSR, Italien, Frankreich, Großbritannien, Österreich

**Mitgliedschaft:** UNO, Warschauer Vertrag, RGW, CCC, ECE, FAO, GATT, IAEA, IBRD, ICAO, IFAD, ILO, IMF, IMO, ITU, UNESCO, UPU, WHO, WMO; allg. Präf.-Abk. m. d. EG

## SAHARA, Demokratische Arabische Republik *(Nord-Afrika)*

(Demokratische Arabische Republik Sahara /DARS bzw. Arab.-Saharaúische Demokrat. Republik / RASD; fr. Westsahara)

**Fläche** (68a): 266000 km² – **Einwohner** (156b): 139000 (S 1979; 76425 Z 1970 – seit 1975 »Saharaúis« z. T. nach Algerien geflohen u. Spanier z. T. nach Spanien zurückgekehrt) = < 1 je km²

**Bevölkerung:** »Saharaúis«, überwiegend berberischer Abkunft, z. T. berberisch-arabische Mischbevölkerung; teilweise nomadisch lebend. Stämme: Erguibat, Arosien, Ulad-Delim, Alt-Lahsen, Izarguien, Europ. Minderheit (Spanier, Franzosen) – **Staatssprache:** Spanisch, Arabisch und »Hasania« – **Religion:** Muslime (Sunniten)

**Flagge:** schwarz-weiß(m. rotem Stern u. Halbmond)-grün (waagerecht), am Mast ein rotes Dreieck

**Staats- u. Regierungsform:** »Demokratische Arabische Republik Sahara« / DARS, am 28. 2. 1976 von der »Volkskonferenz« ausgerufen u. von versch. afrik. u. asiat. Staaten anerkannt (diplomat. Beziehungen zu 57 Staaten). Umfang: »Saquia el Hamra u. Río de Oro in ihren historischen Grenzen«

**Staatsoberhaupt:** Mohammed Abdel Aziz [Abdelasis], seit Okt. 1982 – **Regierungschef:** Mohammed Lamine Ould [Uld] Ahmed – **Außenminister:** Ibrahim Abdel Hakim – **Parteien:** »Volksfront für d. Befreiung von Seguia el-Hamra u. Río de Oro«/FPOLISARIO (»Frente Popular de Liberación de Seguia el Hamra y Río de Oro«; Gen.-Sekr.: Mohammed Abdel Aziz [Abdelasis], die – offenbar z. T. von Algerien aus – Guerilla-Aktionen in dieses nach dem Abzug der spanischen Truppen von marokkanischen u. zeitweise v. mauretanischen Truppen besetzte, im April 1976 zwischen Marokko und Mauretanien aufgeteilte Gebiet unternimmt, das seit Aug. 1979 ganz v. Marokko annektiert ist.

**Städte** (1974): El Alaiun [Lâayoun] (Hptst.) 20010 Einw., Dachla [früher Villa Cisneros] 5000, Smara

**Außenhandel:** 1973 **Einf.** 758,1 Mill. span. Ptas, **Ausf.** 244 Mill. span. Ptas – **W:** wie Marokko

**Wichtige Ausfuhrgüter:** Phosphate, Salz u. Viehzuchtprodukte

**Mitgliedschaft:** OAU (Aufnahmeantrag mit 26 zu 24 Stimmen angenommen), doch Mitgliedschaft v. 19 Staaten der OAU boykottiert

## SAINT CHRISTOPHER-NEVIS

*(Mittelamerika; Karibik)*

(abgekürzt auch »St. Kitts/Nevis«; Federation of Saint (St.) Christopher and Nevis; Saint-Christophe-et Nieves; gehörte ab 1967 zu den Assoz. Staaten Westindiens [»The West Indies Associated States«] – (SCN))

**Fläche** (170): 262 km², davon St. Christopher (Kitts) 168 km² u. Nevis 93 km² – **Einwohner** (167): 60000 (S 1984), davon 12000 auf Nevis; n. and. Ang. 50000 (de jure 44404 Z 1980) = 224,7 je km² –

**Jährl. Bevölkerungswachstum:** (1980) 1,5 % (26,4/11,1)

**Bevölkerung:** etwa 80% Schwarze u. Mulatten, daneben Inder, Chinesen u. Europäer – **Staatssprache:** Englisch – **Religion:** Anglikaner, Methodisten u. Katholiken

**Flagge:** diagonal v. links oben: grün (fruchtbares Land) – schwarz (urspr. afrik. Bev.) mit 2 weißen Sternen – rot (Kampf f. Unabh.), dazwischen 2 gelbe Streifen (Sonnenschein) – **Nationalfeiertag:** 19. 9. – **U:** 19. 9. 1983

**Staats- u. Regierungsform:** offiz. »Souveräner demokrat. Föderativstaat« – Parlamentar.-konstitutionelle Monarchie – Parlament (Nationalversamml.), davon 11 gewählte u. 3 ernannte Senatoren – Autonomie für Nevis (sprich: »nievis«) in »Nevis Assembly« mit 8 Mitgl. (Premier v. Nevis: Simeon Daniel) – Allg. Wahlrecht – Keine Wehrpflicht – Verwaltungsgliederung in 14 Gemeinden

**Staatsoberhaupt:** Königin Elizabeth II., vertreten durch einen Generalgouverneur (Sir Clement Arrindell) – **Regierungschef u. Außenminister:** Sir Dr. Kennedy Alphonse Simmonds, seit 1980, PAM – **Parteien:** Erste Wahlen nach Unabh. im Juni 1984: Volksaktionsbewegung (People's Action Movement/PAM) v. K. Simmonds 6 d. 8 Wahlkreise auf St. Kitts, mit ihr in Koalition Nevis-Reformpartei (N. Reformation P.) alle 3 Wahlkreise auf Nevis. Daneben Labour Party/LP unter Lee Moore

**Städte** (Z 1980): Basseterre (Hptst.) 14725 Einw., Sandy Point Town, Charlestown (Hptst. v. Nevis) 1771

**Wirtschaft: BSP** (S) 1981 50 Mill. $ / 1040 $ (88) / 1,7

**Außenhandel:** 1981 **Einf.** 128,7 Mill. EC$, **Ausf.** 65,5 Mill. EC$ – **W:** 1 EC$ (Ostkaribischer Dollar) = 100 Cents; 1 US-$ = 2,6882 EC$, 1 EC$ = 0,9635 DM

**Wichtige Ausfuhrgüter:** Zuckerrohr u. Melasse, Erdnüsse u. Baumwolle; landwirtsch. Prod. insg. über 60% – **u. Handelspartner:** Großbritannien (⅓), USA, Caricom-Staaten

**Mitgliedschaft:** Commonwealth, CARICOM, OAS, OECS, Weltbank *(Inf. z. T. n. Th. Resch, Salzburg)*

## SAINT LUCIA *(Mittelamerika; Karibik)*

(Sankt Lucia; St. Lucia; Sainte-Lucie – [STL])

**Fläche** (159): 616 km² (L: 44%) – **Einwohner** (157): 125000 (S 1982; 101000 Z 1970) = 202,9 je km² – **Städt. B.:** 50% – **Jährl. Bevölkerungswachstum:** (1975) 35,0 / 7,3

**Bevölkerung:** ⅔ Schwarze, im übrigen Mulatten, ca. 4% Inder, 1% Weiße – **Staatssprache:** Englisch, Umgangssprache Patois, ein kreolisches Französisch – **Religion:** 90% Katholiken, Protestanten

**Flagge:** in Blau ein gelbes Dreieck, aus diesem ein weißgerändertes schwarzes Dreieck wachsend – **Nationalfeiertag:** 22. 2. – **U:** 22. 2. 1979

**Staats- u. Regierungsform:** Konstitutionelle Monarchie – Senat 11 u. Unterhaus (»House of Assembly«) 17 Abgeordnete – Verwaltungsglied. in 16 »parishes«

**Staatsoberhaupt:** Königin Elizabeth II., vertreten durch einen Generalgouverneur: Sir Allen Lewis – **Regierungschef:** John George Melvin Compton, UWP, seit Mai 1982 – **Außenminister:** N. N. – **Parteien:** Wahlen v. Mai 1982: »United Workers Party« / UWP 55% u. 14 (1979): 5) der 17 Sitze, »St. Lucia Labour Party« / SLP 16,2% u. 2 (12), »Progressive Labour Party« 26% u. 1 (0) Sitze – **Dipl. B.:** BR Dtld. (Botschaft in Port-of-Spain/Trinidad u. T. zuständig)

**Städte:** Castries (Hptst. S 1979) 45000 Einw.

**Wirtschaft: BSP** 1980: 110 Mill. $ / 1981 (S): 120 Mill. $ / 970 $ (90) / 3,0

**Außenhandel:** 1980 **Einf.** 123,8 Mill. EC$, **Ausf.** 40,4 Mill. EC$ – **W:** 1 Ostkarib. Dollar (EC$) = 100 Cents; 1 US-$ = 2,6882 EC$, 1 EC$ = 0,9635 DM

**Wichtige Ausfuhrgüter:** Zucker, Bananen, Rum, Kakao, Kokosnüsse, Zitrusfrüchte u. Gewürze – **u. Handelspartner:** Großbritannien (rd. ⅓), USA (bis ⅕), Trinidad u. T., Barbados

**Mitgliedschaft:** UNO, UNCTAD, FAO, IFAD, ILO, IMCO, Commonwealth, OAS, AKP, CARICOM, OECS

## SAINT VINCENT und die GRENADINEN

*(Mittelamerika; Karibik)*

(St. Vincent and the Grenadines – [WV])

**Fläche** (166): 389 km² (m. nördl. Grenadinen) (L: 53%) – **Einwohner** (162): 100000 (S 1982; n. and. S 150000; 89129 Z 1970) = 257,1 je km² – **Städt. B.:** 30% – **Jährl. Bevölkerungswachstum:** (1981) 27 / 6,3

**Bevölkerung:** zu ⅔ Schwarze, im übrigen Mulatten, ca. 4% Inder – **Staatssprache:** Englisch, Umgangssprache ein kreolisches Englisch – **Religion:** überw. Protest. (Anglikaner u. Methodisten), Katholiken

**Flagge:** blau-gelb (m. Staatswappen auf einem Blatt d. Brotfruchtbaumes)-grün (senkrecht), durch 2 schmale weiße Streifen getrennt – **Nationalfeiertag:** 27. 10. – **U:** 27. 10. 1979

**Staats- u. Regierungsform:** Konstitutionelle Monarchie – Einkammerparlament aus 13 gewählt. Abgeordneten u. 3 v. Gen.-Gouv. ernannten Senatoren

**Staatsoberhaupt:** Königin Elizabeth II., vertreten durch einen Generalgouverneur (Sir Sydney Gun-Munro) – **Regierungschef:** Min.-Präs. James Mitchell, NDP – **Außenminister:** Hudson K. Tannis – **Parteien:** Bei den Wahlen v. Juli 1984 erhielt die gemäßigte »Saint Vincent Labour Party«/SVLP unter d. früheren Premier Milton Cato nur noch 4, die »New Democratic Party« von James Mitchell 9, die »United Popular Movement«/UPM 0 Mandate – **Dipl. B.**: BR Dtld. (Botschaft in Port-of-Spain/Trinidad u. T.)

**Städte** (Z 1979): Kingstown (Hptst.) 23650 Einw.

**Wirtschaft: BSP** 1980: 60 Mill. $ / 1981 (S): 70 Mill. $ / 630 $ (110) / –1,0

**Außenhandel:** 1982 **Einf.** 164,4 Mill. EC$, **Ausf.** 87,4 Mill. EC$ – **W:** 1 Ostkaribischer Dollar (EC$) = 100 Cents; 1 US-$ = 2,6882 EC$, 1 EC$ = 0,9635 DM

**Wichtigste Ausfuhrgüter:** Zucker, Bananen, Kakao, Rum, Kopra – **u. Handelspartner:** Großbritannien (fast ½), Trinidad u. T. (⅛), Barbados

**Mitgliedschaft:** UNO, OAS, Commonwealth, Association des Antilles, CARICOM, IMF, IMO, OECS

## SALOMONEN *(Ozeanien)*

(Salomon-Inseln; Solomon Islands)

**Fläche** (125): 28446 km² (n. and. Ang. 29785 oder 28529 km²) (L: 2%) – **Einwohner** (150): 250000 (S 1982; 196708 Z 1976) = 8,8 je km² – **Städt. B.:** 9% – **Jährl. Bevölkerungswachstum:** (1978–1980) 3,3%

**Bevölkerung:** 93% Melanesier, 4% Polynesier, wenige Mikronesier, Weiße u. Chinesen – **Staatssprache:** Englisch; im Umgang »Pidgin-Englisch« (»Neo-Salomonian«), melanesische und polynesische Idiome usw. – **Religion:** 90% Christen (überwiegend Protestanten, 20% Katholiken), autochth. Kulte (u. a. »Cargo-Kult«)

**Flagge:** durch v. Mast schräg aufsteigenden gelben Balken getrennt: oben blau, mit 5 würfelförmig angeord. weißen Sternen, unten grün – **Nationalfeiertag:** 7.7. u. 1.10. (Solomon Islands Day) – **U:** 7.7.1978

**Staats- u. Regierungsform:** Parlamentarische Monarchie – Nationalparlament mit 30–50 Abg. – Allg. Wahlrecht – Verwaltungsgliederung in 7 Provinzen u. Honiara – Keine Wehrpflicht

**Staatsoberhaupt:** Königin Elizabeth II., vertreten durch einen Generalgouverneur (Baddeley Devesi) – **Regierungschef u. Außenminister:** Sunaone Mamaloni, seit Sept. 1981 – **Parteien:** National Democratic Party/NADEPA, People's Alliance P./PAP, Rural Alliance P., Solomon Islands United P./SIUPA; Wahlen 1980: die Mehrzahl d. 38 Abg. wurde als Unabh. gewählt – **Dipl. B.:** BR Dtld. (dt. Botschaft in Port Moresby/Papua-Neuguinea)

**Städte:** Honiara (Hptst., 1979) 18346 Einw. (auf der größten Insel Guadalcanal), Auki, Gizo

**Wirtschaft: BSP** 1980: 130 Mill. $ / 1981 (S): 150 Mill. $ / 640 $ (109) / 2,9

**Außenhandel:** 1981 **Einf.** 76 Mill. $, **Ausf.** 66 Mill. $ – **W:** 1 Salomonen-Dollar (SI$) = 100 Cents; 1 SI$ = 0,8214 US-$ bzw. 2,1274 DM

**Wichtige Ausfuhrgüter:** Fische (⅓), Palmöl, Kopra, Holz, Kakao, Muscheln, Tabak – **u. Handelspartner:** Australien (⅕), Japan (⅕), USA (Amerik.-Samoa), Großbritannien (1/10)

**Mitgliedschaft:** UNO u. Sonderorganisationen, AKP, Commonwealth u. Südseeforum, SPC, IMF

## SAMBIA *(Süd-Afrika)*

(Republik Sambia, ehem. »Nordrhodesien«; Republic of Zambia – [Z])

**Fläche** (36): 752614 km² (L: 7%) – **Einwohner** (79): 6240000 (S 1983; 5680000 Z Sept. 1980) = 8,3 je km² – **Städt. B.:** 44/6,5/35 – **G:** 51/104/20/7670/1730/93 – **S:** 56/95/17/2 – **Jährl. Bevölkerungswachstum:** (1970–1981) 3,1% (1981: 49 / 16)

**Bevölkerung:** Sambier; Bantu (Bemba, Tonga, Ngoni, Lozi), kleine Buschmanngruppen; 1969 rd. 60000 Nichtafrikaner, u. a. 43000 meist brit. Europäer u. 10000 Inder; 1984 200000 Simbabwer in S. – **Staatssprache:** Englisch; Bantu-Sprachen: Ci-Bemba, Ci-Nyanja, Tonga usw. – **Religion:** protestant. (etwa 10%) und kathol. (fast 20%) Minderheiten; kl. Gruppen v. Muslimen u. Hindu; Juden; im übr. Anhänger v. Naturreligionen

**Flagge:** grünes Feld, rechts unten Trikolore rot-schwarz-orange (senkrecht), darüber Adler in Orange – **Nationalfeiertag:** 24.10. – **U:** 24.10.1964

**Staats- u. Regierungsform:** Präsidiale Republik – Parlament (National Assembly); außerdem »House of Chiefs« aus 27 tradit. Führern – Wahlberechtigt alle erwachsenen Bürger – Keine allgemeine Wehrpflicht – Verwaltungsgliederung in 9 Provinzen

**Staatsoberhaupt:** Präsident Dr. Kenneth David Kaunda, UNIP, erneut seit Aug. 1983 – **Regierungschef:** Nalumino Mundia, UNIP – **Außenminister:** Prof. Lameck Goma – **Parteien:** Seit 1973 nach Verfassungsänderung Einparteienstaat mit der »United National Independence Party«/UNIP; Präs.: K. D. Kaunda, Gen.-Sekr.: Humphrey Mulemba, Bei d. Wahlen v. 1978 gingen alle 135 Sitze an die UNIP (davon 10 v. Präs. ernannt), ebenso bei Neuwahlen im Okt. 1983 – **Dipl. B.:** BR Dtld. u. DDR

**Städte** (Z 1980): Lusaka (Hptst.) 538469 Einw., Kitwe 314794, Ndola 282439, Mufulira 149778, Chingola 145869, Kabwe 143635, Luanshya 132164, Livingstone 71987, Kalulushi 59213

**Wirtschaft: BSP** 1980: 3280 Mill. $ / 1981 (S): 3490 Mill. $ / 597 $ (112) / –2,3 – **WS:** 18/1,8/32/–0,4 – **V:** 28/57/23/15/36/–8 – **A:** 50/67/11 – **E:** 733; 1,7/1728 – **M:** 12,8* (..)

**Außenhandel:** 1982 **Einf.** 831 Mill. $, **Ausf.** 1059 Mill. $ – **W:** 1 Kwacha (K) = 100 Ngwee (N); 1 US-$ =

1,60409 K, 1 K = 1,6146 DM – **I:** 8,4 – **AS:** 97* / <1* / 13* / 8* / 72* – **T:** 67 – **H:** 71 / 28 / 1 – **Z:** – 649 / 9,4 / 24,0 / 73,1 – **D:** 0,9 – **K:** – / 61 / – 297*

**Wichtige Ausfuhrgüter:** Bergbauprodukte (bis 95%; über 80% Kupfer, sodann Blei, Kobalt [10–12%], Mangan, Zink), Tabak, Holz – **u. Handelspartner:** Großbritannien (ca. 15%), BR Dtld. (15%) u. andere EG-Länder, Japan (10%), USA (10%), Südafrika, Iran, VR China

**Mitgliedschaft:** Commonwealth, UNO, OAU, ECA, FAO, GATT, IAEA, IBRD, ICAO, IDA, IFAD, IFC, ILO, IMF, ITU, UNESCO, UPU, WHO, WMO, AKP; SADCC – Sicherheitsabkommen mit Angola und Zaïre

## SAMOA *(Ozeanien)*

(Unabhängiger Staat Westsamoa; Malotuto'atasi o Samoa i Sisifo; »Independent State of Western Samoa« – [WS])

**Fläche** (149): 2842 km²; n. and. Ang. 2934 km² (L: 22%) – **Einwohner** (156): 160000 (S 1982 n. UNO; eig. offiz. S: 155821; 151275 Z 1976); 72% auf Upolu, 28% auf Savai'i = 56,3 je km² – **Städt. B.:** 21% – **Jährl. Bevölkerungswachstum:** (1980) 1,6%

**Bevölkerung:** 88% Samoaner (Polynesier), 10% Euronesier (Mischlinge), etwa 1500 Personen mit europ. Status – **Staatssprache:** Samoanisch, Englisch – **Religion:** 75% Protest.; rd. 22% Kathol.

**Flagge:** rot mit blauem Obereck, darin »Kreuz des Südens« aus 5 weißen Sternen – **Nationalfeiertag:** 1.6. – **U:** 1.1.1962

**Staats- u. Regierungsform:** Mischform tradit. u. parlamentar. Einrichtungen – Gesetzgeb. Versammlung (»fono«) aus 47 Mitgl., wahlberechtigt sind nur »matais« (»chiefs«); 2 Abgeordnete nach individ. Wahlliste gewählt – Verwaltungsgliederung in 24 Distrikte

**Staatsoberhaupt** (Ao o le Malo): Malietoa Tanumafili II., seit 1963, auf Lebenszeit (sodann Wahl durch d. Gesetzg. Vers. f. 5 Jahre) – **Regierungschef:** Tofilau Eti Alesana, seit 31.12.1982 – Wahrnehmung d. außenpolit. Interessen bisher durch Neuseeland – **Parteien:** bislang kaum Parteien i. e. S.; bei d. Wahlen im Febr. 1982 gewann d. bisherige opposit. Gruppierung »Vereinigte Partei f. d. Schutz d. Menschenrechte« / HRPP v. T. Eti d. Mehrheit – **Dipl. B.:** BR Dtld. (Botschaft in Wellington, Neuseeland)

**Städte** (S 1981): Apia (Hptst.) auf Upolu 33784 Einw.

**Wirtschaft: BSP** 1980: je Einw. 650 $ (107) (n. Schätz. d. Austr. Univ.) / 2,6*

**Außenhandel:** 1982 **Einf.** 50 Mill. $, **Ausf.** 13 Mill. $ – **W:** 1 Tala (WS$) = 100 Sene (S); 1 US-$ = 1,5759 WS$, 1 WS$ = 1,6435 DM

**Wichtige Ausfuhrgüter:** Kopra (über 50%), Kakao (bis 30%), Taro, Holz, Bananen – **u. Handelspartner:** Neuseeland (über ¼) u. and. Commonwealth-Partner, BR Dtld. (bis ¼), Japan, USA (10%)

**Mitgliedschaft:** UNO, Commonwealth; ADB, IBRD, IDA, IFAD, IFC, IMF, UNCTAD, UNESCO, UPU, WHO; Südseeforum; AKP; SPC

## SAN MARINO *(Süd-Europa)*

(Serenissima Repubblica di San Marino – [RSM])

**Fläche** (173): 60,57 km² (L: 74%) (mit Gewässern 61,19 km²) – **Einwohner** (173): 22206 (F XII 1983; 20339 F 1976) = 366,4 je km² – Ca. 20000 Bürger leben im Ausland – **Städt. B.:** 92% – **Jährl. Bevölkerungswachstum:** (1973) 0,97%

**Bevölkerung:** Italiener (»Sammarinesen«); ca. 3500 Ausländer, bes. Italiener – **Staatssprache:** Italienisch; Romagnol – **Religion:** röm.-kath.

**Flagge:** weiß-hellblau (waagerecht) – **Nationalfeiertag:** 3.9. – **U:** 1462 vom Papst anerkannt

**Staats- u. Regierungsform:** Republik, Freundschaftsvertrag (»Convenzione di Amicizia e Buon Vicinato«) mit Italien – Parlament (»Consiglio Grande e Generale«), dessen 60 Abg. für 5 Jahre gewählt werden – Allg. Wahlrecht ab 18 Jahren – 7200 d. 19615 Wahlberechtigten im Ausland – Keine Wehrpflicht – Zollunion mit Italien, Botschaft in Italien, Gesandtschaft in Frankr., Schweiz, Vatikan u. beim souveränen Militärorden d. Malteser – Verwaltungsgliederung in 9 Distrikte (Castelli = Kirchengemeinden)

**Staatsoberhaupt:** 2 jeweils für 6 Monate durch den »Consiglio« gewählte »Capitani Reggenti«; seit März 1984: Gloriana Ranocchini (PC) u. Giorgio Crescentini (Soz.) – **Regierung:** durch den »Congresso di Stato«; seit Juli 1978 Volksfrontkoalition aus PC, Sozialist. u. Sozialdem. – Staatssekretär f. Auswärtiges: Giordino Bruno Reffi (Soz.) – **Parteien:** im wesentl. wie in Italien – Wahlen v. Mai 1983: Christl. Dem. (Vors. Clara Boscaglia) 26 v. 60 Sitzen, Sozialisten 9 und u. a. Sozialdemokraten 8, »Sozialist. Demokratie« (gemäß.) 1, »Komitee z. Verteidigung d. Republik« (rechts) 1, PC (KP) 15 – **Dipl. B.:** insg. 45 Konsulate; BR Dtld., amtl. Beziehungen auf konsul. Ebene, zuständig Gen.-Konsulat der Bundesrep. in Mailand; konsulare Bez. auch m. d. DDR

**Städte:** San Marino (Hauptort; 1979) 4695 Einw., Serravalle 6418, Borgo Maggiore 3715, Faetano 770

**Wirtschaft:** Fremdenverkehr, Briefmarken, Ausfuhr geringer Mengen von Wein, Vieh, Keramik – **W:** Italien. Währung u. Lira von San Marino (seit 1972 eigene Münzprägung)

**Mitgliedschaft:** UNESCO, UPU, ILO, ITU, WHO; Ständ. Beob. bei UNO in Genf, UNO-Beitritt geplant

*(Inf. n. Th. Resch, Salzburg)*

## SÃO TOMÉ UND PRÍNCIPE *(West-Afrika)*

(Demokratische Republik S. T. u. P.; República Democrática de S. e P.)

**Fläche** (153): 964 km² (S. T. 836 km², P. 128 km²) (L: 37%) – **Einwohner** (163): 90000 (S 1982; 73631 Z 1970) = 93,4 je km² – **Städt. B.**: 30% – **Jährl. Bevölkerungswachstum:** (1975–1978) 1,2%

**Bevölkerung:** Santomeer; haupts. Schwarze, z.T. vom benachbarten Festland stammend (»Forros«, »Angolares« usw.); daneben Mulatten; portug. Restgruppe – **Staatssprache:** Portugiesisch; als Umgangssprache eine Mischsprache aus Portugiesisch u. Bantusprachen – **Religion:** über 90% Katholiken

**Flagge:** grün-gelb (breiter; m. 2 schwarzen Sternen)-grün, rotes Dreieck am Mast – **Nationalfeiertag:** 12.7. – **U:** 12.7.1975

**Staats- u. Regierungsform:** Republik – Verfass. v. 1975 nach sozialist. Vorbild – Volksversammlung

**Staatsoberhaupt** u. Regierungschef, Verteidigungs- u. Landwirtschaftsminister: Dr. Manuel Pinto da Costa, MLSTP – **Außenminister:** Maria do Nascimento de Graça Amorim – **Parteien:** »Movimento de Libertação de S. Tomé e Príncipe«/MLSTP als Einheitspartei alle 33 Sitze; Generalsekretär Dr. Manuel Pinto da Costa – **Dipl. B.**: BR Dtld. (der Botschafter in Luanda/Angola ist zugleich in S. Tomé akkreditiert) u. DDR

**Städte** (1977): São Tomé (Hptst.) 20000 Einw., Santo Antônio (auf P.) 1000

**Wirtschaft: BSP** 1980: 40 Mill. $ / 1981 (S): 40 Mill. $ / 348 $ (132) / – 0,2

**Außenhandel:** 1979 **Einf.** 22 Mill. $, **Ausf.** 27 Mill. $ – **W:** 1 Dobra (Db) = 100 Centimos; 1 US-$ = 41,8822 Db, 1 Db = 0,0618 DM

**Wichtige Ausfuhrgüter:** zu fast 90% Kakao; daneben Kopra, Palmkerne, Kaffee – **u. Handelspartner:** Portugal (bis 50%), BR Deutschland u. and. EG-Länder, Angola

**Mitgliedschaft:** UNO, OAU, AKP, FAO, IBRD, ICAO, IDA, IFAD, IMF, ITU, UPU, WHO

## SAUDI-ARABIEN *(Vorder-Asien)*

(Königreich S.-A.; Al Mamlaka Al'Arabiya As-Sa'udiya – [S.-A.])

**Fläche** (12): 2149690 km² nach UNO-Ang.; Abgrenzung gegen die A. R. Jemen u. DVR Jemen unsicher (L: 0,5%) – **Einwohner** (62): 9680000 (S 1982; 7012642 Z 1974 de jure) = 4,5 je km² (üb. 30% Nomaden u. Halbnomaden) – **Städt. B.**: 68 / 7,4 / 33 – **G:** 55 / 111 / 17 / 1640 / 1150 / 120 – **S:** 75 / 64 / 30 / 7 – **Jährl. Bevölkerungswachstum:** (1970–1981) 4,5% (1981: 45 / 13)

**Bevölkerung:** Saudi-Araber (Saudis); außerdem etwa 2 Mill. Gastarbeiter (davon 1 Mill. Araber, vorwieg. aus d. Jemen [150000 Ägypter, ferner Palästinenser, Syrer, Jordanier], 400000 Asiaten [ca. 150000 Pakistaner u. Inder], Perser, Minderheit v. Schwarzen; 100000 Europäer u. Nordamerikaner [darunter 35000 US-Bürger u. üb. 10000 Deutsche]) – **Staatssprache:** Arabisch – **Religion:** über 98% Muslime (Wahhabiten, Bewegung aus der hanbalitischen Richtung des sunnitischen Islam hervorgegangen, puritanisch-orthodox ausgerichtet; andere Muslime, u. a. Schafiiten)

**Flagge:** grünes Feld mit weißem Schwert u. weißem Text in arabischer Schrift (»Kein Gott außer Allah, Mohammed ist der Prophet Allahs«) – **Nationalfeiertag:** 2.11., religiöse Feste wechselnd (n. d. Mondjahr) – **U:** Staatsgründung 8.1.1926, Gründung d. verein. Königreichs 23.9.1932

**Staats- u. Regierungsform:** Monarchie mit d. Islam als Verfassungs-, Gesetz- u. Lebensformquelle – Der König vereinigt höchste legislative, exekutive u. judikative Funktionen in seiner Person u. ist nominell auch geistl. Oberhaupt – 5 in sich untergliederte Verwaltungseinheiten (Iqlim/»Provinzen«): Najd (mit 3 Fürstentümern), Hedschas (Vizekönigreich) m. 11 Fürstentümern, Asir (Fürstentum), Ostprovinz (El Hasa) u. das nach dem Krieg mit d. Jemen 1934 hinzugekommene Nachschran – Allg. Wehrpflicht

**Staatsoberhaupt** u. Regierungschef: König Fahd ibn Abdel Aziz [Asis], seit Juni 1982; Aufg. eines Prem.-Min.: Kronprinz Prinz Abdullah [Abdallah] ibn Abdel Aziz [Asis] – **Außenminister:** Prinz Saud ibn Faisal [Feisal] – **Parteien:** keine, aber parteipolit. Strömungen in Anfängen vorhanden – **Dipl. B.**: BR Dtld.

**Städte** (S 1980): Er Rijad [Riyahd] (Hptst.) 1250000 Einw., Dschidda [Jedda oder Djidda] 1,3 Mill., Mekka [Mecca] (Hptst. des Hedschas) 550000, Ta'if 300000, Medina 290000, Damman 200000; (Z 1974): Hofuf [Hufuf] 101271, Haradh 100000, Tabouk 74825, Buraidah [Bureida] 69940, Al-Mobarraz 54325, Khamis-Mushait 49581, Al-Khabar 48817, Najran 47501, Qizan 32814 u. Abha 30150

**Wirtschaft: BSP** 1980 (Islam. Jahr 1979/80): 107090 Mill. $ / 1981 (S): 117240 Mill. $ / 12600 $ (15) / 9,0 [BSP 1982: 165100 Mill. $] – **WS:** 1 / 5,3 / 78 / 10,2 – **V:** 23 / 18 / 26 / 59 / 68 / 33 – **A:** 52 / 61 / 14 – **E:** 6764 / 4,4 / 3100 – **M:** 18,1* (..)

**Außenhandel:** 1982 **Einf.** 40654 Mill. $, **Ausf.** 79123 Mill. $ – **W:** 1 Saudi Riyal (S.Rl.) = 20 Qirshes = 100 Hallalas; 1 US-$ = 3,5110 S.Rls., 1 S.Rl. = 0,7377 DM – **I:** 24,3 – **AS:** 99 / < 1 / < 1 / 14 / 39 – **T:** 205 – **H:** 72 / 25 / < 1 – **Z:** 45119 / .. / .. / .. – **D:** 5,4 – **K:** 4,77 / .. / 3376

**Wichtige Ausfuhrgüter:** über 90% Erdöl und -derivate (größter Rohölexporteur d. Welt); Datteln, Häute, Felle, Wolle – **u. Handelspartner:** Japan (40%), USA (20%), BR Dtld. (5–10%) u. and. EG-Länder

**Mitgliedschaft:** UNO, Arab. Liga, ECWA, FAO, IAEA,

IBRD, ICAO, IDA, IFAD, IFC, ILO, IMF, IMO, ITU, OAPEC, OPEC, UNESCO, UPU, WHO, WMO, GCC

Die zwischen Kuwait u. S. gelegene 5836 km² große **Neutrale Zone** wurde 1966 administrativ geteilt und den beiden Staaten angegliedert. Die Nutzung d. Erdölvorkommen erfolgt weiterhin gemeinsam. Die zwischen S. u. dem Irak gelegene N.Z. (7000 km²) ist demilitarisiert u. unbesiedelt

## SCHWEDEN *(Nord-Europa)*

(Königreich Schweden; Konungariket Sverige – [S])

**Fläche** (50): 449964 km² (m. 38485 km² Binnengewässern) (L: 6,6%) – **Einwohner** (68): 8327484 (F 1.1.1983; de jure 8208544 Z 1975) = 18,5 je km² – **Städt. B.**: 88/1,0/35–**G**: 77/7/<1/490/60/119–**S**: 1 / 97 / 86 / 37 – **Jährl. Bevölkerungswachstum**: (1970–1981) 0,3% (1982: 11,1 / 10,9)

**Bevölkerung:** fast ausschließlich Schweden; 50000 einheim. Finnen u. rund 8500 Sameh (Lappen) im N. Jan. 1983: 405475 Ausländer u. 380000 naturalisierte Einwanderer, davon 160040 Finnen (+ca. 90000 mit schwed. Staatsbürgerschaft), 38491 Jugosl. (+4000), 26963 Dänen (+19000), 24864 Norweger (+24000), 20342 Türken (+400), 14113 Polen (+6000), 13464 Deutsche (+28000), 13141 Griechen (+700), 8921 Briten (+2000), 4368 Italiener (+2000), 2716 Ungarn (+8000) u. 16000 estnische Einwand. (jetzt schwed. Staatsbürger); n. and. Ang. ½ Mill. mit Finnisch als Muttersprache – **Staatssprache:** Schwedisch – **Religion:** fast ausschl. Protestanten (vor allem evangel.-luther.), rund 81000 Katholiken, 13000 Juden

**Flagge:** blau m. gelbem skandinav. Kreuz – **Nationalfeiertag:** 6. 6. (Flaggentag) u. 30. 4. (Geb.-Tag d. Königs), beide nicht arbeitsfrei – **U:** alte Tradition als unabhängiger Staat

**Staats- u. Regierungsform:** Parlamentarisch-demokrat. Monarchie – Neue Verfassung seit 1975 in Kraft – Einkammerparlament (»Riksdag«) mit 349 Abg. – Wahl d. Parlaments alle 3 Jahre – Wahlberechtigt alle 18 Jahre alten Bürger – Verwaltungsglied. in 24 Provinzen (Län) mit je einem v. d. Regierung ernannten Gouverneur (landshövding) u. einem gewählten Parlament (landsting) – Allgem. Wehrpflicht

**Staatsoberhaupt:** Carl XVI. Gustaf, seit 1973 – **Regierungschef:** Min.-Präs. Olof Palme, SAP, seit Okt. 1982 – **Außenminister:** Lennart Bodström – **Parteien:** Wahlen v. 19.9.1982: Sozialdemokrat. Partei (»Sveriges socialdemokratiska arbetarparti«/SAP) 45,6% (1979: 43,2%) u. 166 (154) Sitze; Zentrumspartei (»Centerpartiet«/C), bes. v. d. Bauern getragen) 15,5% (18,1%) u. 56 (64), Konservative P. (»Moderata Samlingspartiet«/M) 23,6% (20,3%) u. 86 (73), liberale »Folkpartiet«/FP 5,9% (10,6%) u. 21 (38) sowie Kommunisten (»Vänsterpartiet Komunisterna«/VPK) 5,6% (5,6%) u. 20 (20) Mandate – **Dipl. B.:** BR Dtld. u. DDR

**Städte** (1.1.1983): Stockholm (Hptst.) 649686 Einw. (A 1,5 Mill.) Göteborg 425875 (A 700000), Malmö 230381 (A 470000), Uppsala 149300, Norrköping 118236, Västerås 117793, Örebro 117367, Linköping 113993, Jönköping 107124, Helsingborg 102952, Borås 101673, Sundsvall 94360, Eskilstuna 89479, Gävle 87621, Umeå 82144

**Wirtschaft: BSP** 1980: 114150 Mill. $ / 1981 (S): 123770 Mill. $ / 14870 $ (9) / 1,6 – **WS:** 3/ – 1,1/31/0,8 – **V:** 30/52/19/18/31/ – 1 – **A:** 64/5/34 – **E:** 7971 / 4,9 / 29300 – **M:** 3,2 (7,5)

**Außenhandel:** 1983 **Einf.** 26074 Mill. $, **Ausf.** 27415 Mill. $ – **W:** 1 Schwedische Krone (skr) = 100 Öre; 1 US-$ = 7,71 skr, 1 skr = 0,3359 DM – **I:** 10,0 – **AS:** 9/40/26/7/27 – **T:** 87 – **H:** 76/17/4 – **Z:** – 2735/../../.. – **D:** 1,9 – **K:** 1,02 / .. / – 628

**Wichtige Ausfuhrgüter:** Zellstoff, Holz, Papier (zus. 15–20%), Maschinen, Ausrüstungen u. Fahrzeuge (zus. bis ⅖), Eisen u. Stahl, Erze, Chemikalien – **u. Handelspartner:** BR Deutschland (15%), Großbritannien (10–12%), Norwegen, Dänemark, USA, Finnland, Niederlande, Frankreich, Belgien-Lux., Italien, UdSSR, OPEC-Länder (⅕)

**Mitgliedschaft:** UNO, Nordischer Rat, Europarat, ADB geplant, BID, CCC, ECE, EFTA, FAO, GATT, IAEA, IBRD, ICAO, IDA, IFAD, IFC, ILO, IMF, IMO, ITU, OECD, UNESCO, UPU, WHO, WMO, Freihandelsabk. m. d. EG

## SCHWEIZ → Sp. 543ff.

## SENEGAL *(West-Afrika)*

(Republik Senegal; République du Sénégal; Sunngal (in Wolof) – [SN])

**Fläche** (79): 196192 km² (L: 12%) – **Einwohner** (82): 5950000 (S 1982; 5085388 Z IV/1976 prov.) = 30,3 je km² – **Städt. B.**: 34/3,7/65 – **G**: 44/145/31/13800 / 1400 / 100 – **S**: 90 / 44 / 10 / 3 – **Jährl. Bevölkerungswachstum**: (1970–1981) 2,7% (1981: 48 / 21)

**Bevölkerung:** Senegalesen; Sudan-Gruppen (Wolof 40%, Serer 13%, Tukulör [Toucouleur] 9%, Mandinge, Sarakolé, Malinke), Fulbe 13%, Mauren, rd. 40000 Europäer (meist Franzosen), rd. 15000 Libanesen u. Syrer – **Staatssprache:** Französisch u. Wolof als Amtssprachen; Umgangssprachen: sudanesische Sprachen (Wolof, Malinke) und Ful – **Religion:** 75–90% sunnit. Muslime; 4–6% Christen (meist Katholiken); Naturreligionen

**Flagge:** grün-gelb (mit grünem Stern)-rot (senkrecht) – **Nationalfeiertag:** 4.4. – **U:** 20.6.1960 (in der Mali-Föderation), endgültig 20.8.1960 (Austritt aus der Föderation)

**Staats- u. Regierungsform:** Republik – Parlament aus einer Kammer – Allgemeines Wahlrecht – Allgemeine Wehrpflicht – Gliederung in 8 Regionen

**Staatsoberhaupt:** Präsident Abdou Diouf, PSS, seit Anf. 1981, gewählt im Febr. 1983 mit 84% d. Stimmen – **Regierungschef:** Min.-Präs. Moustapha Niasse, auch Außenminister; seit Mai 1983 – **Parteien:** Bei den Wahlen v. Febr. 1983 entfielen 111 (1978: 82) Mandate auf d. »Parti Socialiste Sénégalais«/PSS des ehem. Präsid. Senghor, auf d. »Parti Démocratique Sénégalais«/PDS 8 (18) u. auf d. »Rassemblement National Démocratique«/RND 1 (0) – **Dipl. B.:** BR Dtld. u. DDR

**Städte** (B 1979): Dakar (Hptst.) 978553 Einw., Thiès 126886, Kaolack 115679, Saint-Louis 96594, Ziguinchor [Siginschor] 79464, Diourbel [Dyurböl] 55307; (Z 1976): M'Bour [Mbur] 37663, Louga 35063, M'Backé 25039

**Wirtschaft: BSP** 1980: 2420 Mill. $ / 1981 (S): 2530 Mill. $ / 430 $ (125) / – 0,4 – **WS:** 22 / 2,6 / 26 / 4,1 – **V:** 22 / 83 / 17 / – 5 / 29 / – 22 – **A:** 52 / 77 / 10 – **E:** 364 / 12,5* / 165 – **M:** 2,5* (..)

**Außenhandel:** 1982 **Einf.** 974 Mill. $, **Ausf.** 477 Mill. $ – **W:** 1 CFA-Franc = 100 Centimes; 1 FF = 50 CFA-Francs, 1 CFA-Franc = 0,02 FF bzw. 0,0065 DM – **I:** 7,9 – **AS:** 39 / 3 / 55 / 25 / 23 – **T:** 68 – **H:** 40 / 59 / 1 – **Z:** – 16* / 4,2 / 2,7* / 42,5 – **K:** – / 174 / 5*

**Wichtige Ausfuhrgüter:** Erdnüsse, Erdnußöl, Ölkuchen (über 50%), Phosphate (10%), Häute u. Felle, Fische (10%), Titan, Salz, Erdölprodukte (⅛) – **u. Handelspartner:** Frankreich (über 30%), BR Dtld. u. übrige EG-Länder (ohne Frankr. über 20%), USA, afrikan. Staaten (bis 20%)

**Mitgliedschaft:** UNO, OAU, AGC, CEDEAO, AKP, FAO, OCAM, GATT, IAEA, IBRD, ICAO, IDA, IFAD, IFC, ILO, IMF, IMO, ITU, OMVS, UDEAC, UMOA, UNESCO, UPU, WHO, WMO

Seit 1. Jan. 1982 Zusammenschluß mit Gambia zur Konföderation **Senegambia:** Senegal u. Gambia behalten ihre Souveränität; Verteid., Wirtschaft, Geld, Kommunikation u. Auswärtiges werden gemeinsam gestaltet (Ressorts v. den jeweil. Ressortministern besetzt; für Äußeres u. Sicherheit jeweils ein Delegierter Minister, den d. andere Land stellt). Präs. d. Konföd.: der Präsid. Senegals; Vizepräs.: der Präs. Gambias. Gemeinsamer Ministerrat u. Bundesversammlung (»Assemblée confédérale«; ⅔ d. 60 Sitze f. Senegal u. ⅓ f. Gambia). General-Sekr. d. Konföd. u. Exekutivsekr. d. Sen.-Gamb. Komitees: Pierre Diouf

## SESCHELLEN *(Ost-Afrika)*

(Republik Seschellen; Republic of Seychelles; Rep. des Seychelles – [SY])

**Fläche** (165): 404 km² (L: 54%) **Einwohner** (166): 70000 (S 1982) = 173,3 je km² – **Städt. B.:** 26% – **Jährl. Bevölkerungswachstum:** (1975–1978) 2,2% (1981: 28,1 / 6,9)

**Bevölkerung:** Seycheller [Sescheller]; Schwarze u. Mulatten, französ. Kreolen; indische (»Laskar«, »Malabars«, etwa 2%), chines. u. malaiische Minderheiten – **Staatssprache:** Seit 1981 Kreolisch; Englisch u. Französisch als Amtssprachen – **Religion:** 91% Katholiken, 7,5% Anglikaner

**Flagge:** rot (waagerecht, breit) oben u. grün (schmal) unten, getrennt durch gewellten weißen Streifen – **Nationalfeiertag:** 29. 6. – **U:** 28. 6. 1976

**Staats- u. Regierungsform:** Republik mit Einkammerparlament (»National Assembly« aus 25 Mitgl.), neue Verfassung seit März 1979 auf d. Wege zur »sozialist. Demokratie« – Allg. Wahlrecht

**Staatsoberhaupt** u. Regierungschef sowie Finanz- u. Wirtschaftsminister: France-Albert René, SPPF, seit dem Staatsstreich v. Juni 1977, gewählt Juni 1979, erneut im Juni 1984 mit 92,6% d. Stimmen – **Außenminister:** Dr. Maxime Ferrari – **Parteien:** seit den Wahlen von 1979 alle 25 Sitze an die »Front progressiste du peuple seychellois«/SPPF (engl. Abk.), mit d. Charakter einer »sozialist. Einheitspartei« – **Dipl. B.:** BR Dtld. (Botsch. in Nairobi/Kenia) u. DDR

**Städte** (Z 1977): Victoria (Hptst.) auf der Insel Mahé 23000 Einw.

**Wirtschaft: BSP** 1982: 120 Mill. $ / 1981 (S): 110 Mill. $ / 1800 $ (66) / 3,7

**Außenhandel:** 1982 **Einf.** 641,3 Mill. SR, **Ausf.** 20,4 Mill. SR – **W:** 1 Seschellen-Rupie (SR) = 100 Cents; 1 US-$ = 6,74 SR, 1 SR = 0,3843 DM

**Wichtigste Ausfuhrgüter:** Kopra, Zimt, Zimtöl, Kokosnüsse, Guano (60% d. Deviseneinn. aus Fremdenverkehr) – **u. Handelspartner:** Großbritannien (bis ¼), Frankreich u. and. EG-Länder, Pakistan, Südafrika, Kenia, VR Jemen, Réunion, Mauritius

**Mitgliedschaft:** Commonwealth, UNO; FAO, OAU, AKP, ICAO, IFAD, ILO, IMO, IMF, OCAM (assoz.), UNESCO, UPU, WHO, WMO

## SIERRA LEONE *(West-Afrika)*

(Republik Sierra Leone; Republic of Sierra Leone – [WAL])

**Fläche** (108): 71740 km² (L: 8%, n. and. Ang. 25%) – **Einwohner** (99): 3670000 (S 1982; 2729479 Z 1974 prov.) = 51,2 je km² – **Städt. B.:** 22 / 4,4 / 0 – **G:** 47 / 205 / 49 / 18280 / 2130 / 89 – **S:** 85 / 39 / 12 / 1 – **Jährl. Bevölkerungswachstum:** (1970–1981) 2,6% (1981: 46 / 18)

**Bevölkerung:** Sierraleoner; vorwieg. Sudan-Gruppen (Mende u. Temne je 20%, Soso, Kuranko, Limba); rd. 2000 meist britische Europäer, ca. 3000 Libanesen. Sogenannte »kreolische« Schwarze (etwa 2%) an der Küste – **Staatssprache:** Englisch als

Amtssprache; als Umgangssprachen sudanesische Sprachen (u. a. Malinke) und Krio – **Religion:** etwa 30% sunnit. Muslime (bes. Temne) u. kleinere christl. Minderheiten (70000 Protestanten, 58500 Katholiken), im übrigen Anhänger v. Naturreligionen

**Flagge:** grün-weiß-kobaltblau (waagerecht) – **Nationalfeiertag:** 19. 4. – **U:** 27. 4. 1961

**Staats- u. Regierungsform:** Präsidiale Republik – Einkammerparlament (»House of Representatives«) – Keine allg. Wehrpflicht – Verwaltungsgliederung in 3 Provinzen (12 Distr.), ein Stadtgebiet

**Staatsoberhaupt** u. Regierungschef: Dr. Siaka Probyn Stevens, APC, erneut seit 1978 – **Außenminister:** Dr. Abdulai Conteh – **Parteien:** Seit d. Annahme d. neuen Verfassung v. 1978 Einparteienstaat mit dem »All People's Congress«/APC als einzig zugelass. Partei. Bei d. Neuwahlen v. 1. Mai 1982 alle 95 gewählten Mandate f. d. APC; außerdem 12 Sitze f. Stammeshäuptlinge u. 7 v. Staatschef ernannte Abg. – **Dipl. B.:** BR Dtld. und DDR

**Städte** (S 1980): Freetown (Hptst.) 300000 Einw., Bo 32900, Kenema 31300, Makeni 26500, Maramya 21500, Lunsar-Marampa 18000

**Wirtschaft: BSP** 1980: 1030 Mill. $ / 1981 (S): 1140 Mill. $ / 320 $ (140) / – 1,1 – **WS:** 31 / 2,4 / 20 / – 3,6 – **V:** 11 / 91 / 13 / – 2 / 17 / – 15 – **A:** 53 / 65 / 19 – **E:** 166 / – 1,1* / 95 – **M:** 0,9 (3,2)

**Außenhandel:** 1982 **Einf.** 298 Mill. $, **Ausf.** 111 Mill. $ – **W:** 1 Leone (Le) = 100 Cents; 1 Le = 0,40000 US-$ bzw. 1,0360 DM – **I:** 12,2 – **AS:** 15* / 0* / 11* / 23* / 15* – **T:** 73 – **H:** 90 / 10 / 0 – **Z:** – 143 / 4,5 / 24,4 / 31,0 – **D:** 0,5 – **K:** – / 24 / 8

**Wichtige Ausfuhrgüter:** Diamanten (über 50%), Eisen- und Chromerze, Bauxit, Palmkerne, Kakao, Kaffee, Kolanüsse, Piassava-Fasern; Landw. Prod. 30% – **u. Handelspartner:** Großbritannien u. USA (⅕–¼), BR Deutschland, VR China, Niederlande, Japan

**Mitgliedschaft:** Commonwealth, UNO, OAU, ECA, CEDEAO, FAO, GATT, IAEA, IBRD, ICAO, IDA, IFAD, IFC, ILO, IMF, IMO, ITU, UNESCO, UPU, WHO, WMO; AKP; m. Guinea u. Liberia in d. »Mano-Fluß-Union«/MRU

## SIMBABWE *(Süd-Afrika)*

(Republik S.; Republic of Zimbabwe; früher Rhodesien)

**Fläche** (53): 390622 km$^2$ (L: 8%) – **Einwohner** (70): 7740000 (S 1983; n. and. S 10,5 Mill.; 5037110 Z 1960) = 19,8 je km$^2$ – **Städt. B.:** 24 / 6,3 / 50 – **G:** 55 / 72 / 11 / 6580 / 1190 / 86 – **S:** 21 / 115 / 13 / < 1 – **Jährl. Bevölkerungswachstum:** (1970–1981) 3,2% (1981: 54 / 13)

**Bevölkerung:** Simbabwer; Bantu, bes. Schona [Shona] (darunter bes. Karanga 22%, Korekore 12%, Zezeru 18%, Manyiku 13%), 14% Ndebele; (1. 7. 1978) 264000 Weiße (davon rd. 60% nach 2. Weltkrieg eingewandert), seither rückläufig (S 1984: 100000); 20000 »Coloureds« (Mischlinge) u. 30000 Asiaten (meist Inder) – **Staatssprache:** Englisch, Bantu-Sprachen (CiShona, IsiNdebele) – **Religion:** über ⅓ Christen (überwieg. Protestanten, ca. 10% Katholiken), muslimische Minderheit, 4800 Juden; im übr. Anhänger v. Naturreligionen

**Flagge:** waagerecht gestreift in Grün-Gelb-Rot-Schwarz-Rot-Gelb-Grün; am Mast ein weißes, schwarzgerändertes Dreieck m. gelbem Simbabwe-Vogel auf rotem Stern – **Nationalfeiertag:** 18. 4. – **U:** 18. 4. 1980

**Staats- u. Regierungsform:** Parlamentar. Demokratie (Verfass. garantiert Mehrparteiensystem bis 1990, doch seit 1984 auf d. Weg zum Einparteistaat) – Keine Wehrpflicht – Verwaltungsglied. in 7 Prov.

**Staatsoberhaupt:** Präsident Canaan Banana, seit April 1980 – **Regierungschef** und Verteidigungsminister: Dr. Robert G. Mugabe – **Außenminister:** Dr. Witness Mangwende – **Parteien:** Bei d. Wahlen v. Febr. 1980 erhielten d. ZANU-PF (»Zimbabwe African National Union-PF«) v. R. Mugabe 57 d. insg. 80 Mandate, die »Patriotische Front«/PF v. Joshua Nkomo 20, die »Rhodesische Front-Partei« (vertritt d. Interessen d. Weißen) unter Führung des ehem. weißen Premier-Min. Ian Smith die verfassungsmäßig garantierten 20 (von denen [Stand Juni 1984] 13 als Unabh. z. T. mit d. Reg. zusammenarbeiten) u. d. »Vereinigte Afrikanische Nationalrat« v. Bischof Abel Musorewa 3, die »Simb. Dem. Partei« v. James Chikerema 0 Mandate; ZANU-PF u. PF bildeten eine Koalitionsregierung – 13 d. 14 v. farbigen Part. benannten Senatoren für d. 40köpfigen Senat gehören d. ZANU-PF an; außerdem 10 Weiße, 14 v. Häuptlingen u. 8 v. Präs. ernannt – **Dipl. B.:** BR Dtld. u. DDR

**Städte** (Z 1982 vorl.): Harare (fr. Salisbury; Hptst.) 656000 Einw. (davon rd. 100000 meist brit. Weiße), Bulawayo 413800, Chitungwiza 172600, Gweru [Gwelo] 78900, Mutare (fr. Umtali) 69600, Kwekwe 47600, Kadoma [Gatooma] 44600, Hwange (fr. Wankie) 39200, Masvingo 30600, Zvishavane 26800, Chinhoyi 24300, Redcliff 22000, Marondera [Marandellas] 20300, Chegutu 19600, Bindura 18200, Shurugwi 13400, Norton 12400

**Wirtschaft: BSP** 1980: 5360 Mill. $ / 1981 (S) 6260 Mill. $ / 871 $ (92) / – 1,5 – **WS:** 18 / – 0,5* / 37 / 1,8* – **V:** 18 / 67 / 22 / 15 / . . / – 7 – **A:** 50 / 60 / 15 – **E:** 778 / – 2,4 / 1192 – **M:** 8,3* (. .)

**Außenhandel:** 1982 **Einf.** 1430 Mill. $, **Ausf.** 1273 Mill. $ – **W:** 1 Simbabwe-Dollar (Z.$) = 100 Cents; 1 Z.$ = 0,9059 US-$ bzw. 2,3463 DM – **I:** 10,1 – **AS:** 71* / < 1* / . . / 2* / 63* – **Z:** – 635 / 1,1 / 4,4 / 13,8 – **D:** 1,7 – **K:** – / 289 / 4

**Wichtige Ausfuhrgüter:** Bergbauprodukte (Asbest,

Chromerz, Gold, Kupfer, Zinn, Wolfram), Tabak (ca. ¼), Tee, Getreide, Zucker – **u. Handelspartner:** Großbritannien (¼), Südafrika (15–20%), Sambia, USA, BR Dtld.

**Mitgliedschaft:** UNO, Commonwealth, AKP, GATT, IAEA, ILO, IMF, ITU, UNESCO, SADCC

## SINGAPUR *(Südost-Asien)*

(Republik Singapur; Majulah Singapura; Republic of Singapore; Xinjiapo Gonghegno – [SGP])

**Fläche** (160): 618,1 km² n. eig. Ang. (L: 20%) – **Einwohner** (112): 2502000 (S Mitte 1983; 2074507 Z 1970) = 4047,9 je km² – **Städt. B.**: 100/1,5/100– **G:** 72/12/< 1/1150/320/134 – **S:** 17/107/55/8– **Jährl. Bevölkerungswachstum:** (1970–1981) 1,5% (1982: 17,3 / 5,2)

**Bevölkerung:** Singapurer; 1917100 Chinesen, 368500 Malaien, etwa 160600 Inder u. Pakistaner u. 55800 andere (S Mitte 1983), davon rd. 40000 Europäer – **Staatssprache:** Englisch als Amts-, Verwaltungs- u. Bildungssprache; Nationalsprache Malaiisch; außerdem Chinesisch u. Tamil – **Religion:** Konfuzianer, Taoisten u. Buddhisten (Chinesen), Muslime (Malaien u. Pakistaner), Hindus (Inder); christl. (u.a. etwa 78000 Katholiken) u. jüdische Minderheit (500)

**Flagge:** rot-weiß (waagerecht), im Obereck weißer Halbmond u. 5 im Kreis angeordnete weiße Sterne – **Nationalfeiertag:** 9.8. – **U:** 31.8.1963; 16.9.1963 bis 9.8.1965 Föderation mit Malaysia

**Staats- u. Regierungsform:** Republik – Einkammerparl. – Allgemeines Wahlrecht – Wehrpflicht

**Staatsoberhaupt:** Präsident Chengara Veetil Devan Nair, seit Okt. 1981 – **Regierungschef:** Premierminister Lee Kuan [Kwan] Yew, PAP, erneut seit Dez. 1980 – **Außenminister:** Suppiah Dhanabalan – **Parteien:** weitaus wichtigste Partei ist die von den Chinesen getragene »People's Action Party«/PAP, die 1980 erneut 75,5% d. Stimmen u. alle 75 Sitze gewann; »Workers' Party«/Arbeiterpartei 6,05%, »Barisan Ssialis« (extrem links) 2,52% u. and. Splittergruppen – Nachwahl Nov. 1981: 1 Mandat f. d. »Workers' Party« – **Dipl. B.:** BR Dtld. und DDR

**Hauptstadt:** Singapur (1980) 2413945 Einw., daneben kleinere städt. Siedlungen u. Landgem.

**Wirtschaft: BSP** 1980: 10670 Mill. $ / 1981 (S): 12800 Mill. $/5240 $ (35)/6,7 – **WS:** 1/1,7/41/9,0– **V:** 10/57/42/33/212/–9 – **A:** 66/2/39 – **E:** 8544 / 17,1* / 2040 – **M:** 5,5 (24,9)

**Außenhandel:** (ohne Transithandel mit W.-Malaysia): 1983 **Einf.** 28158 Mill. $, **Ausf.** 21833 Mill. $ (Außenhandel ca. 150% des BSP, da S. einen Teil d. Imports reexportiert) – **W:** 1 Singapur-Dollar (S$) = 100 Cents; 1 US-$ = 2,0820 S$, 1 S$ = 1,2440 DM – **I:** 5,2 – **AS:** 28/26/36/9/29 – **T:** 99* – **H:** 41/51/1 – **Z:** –1750/1,8/0,8/10,2 – **D:** 3,0 – **K:** –/62/1797

**Wichtigste Ausfuhrgüter:** Erdölprodukte (25%), Maschinen und Transportmittel (25%), Textilien, sonst. Industriegüter, Transitausfuhr von Malaysia (Kautschuk, Eisenerz, Zinn, Kopra, Kokosnußöl) – **u. Handelspartner:** Japan, USA u. Malaysia (je knapp 15%), Saudi-Arabien, EG (über 10%)

**Mitgliedschaft:** UNO, Commonwealth, Colombo-Plan, ADB, ASEAN, ESCAP, GATT, IAEA, ICAO, IBRD, IFAD, IFC, ILO, IMF, IMO, ITU, UNESCO, UPU, WHO, WMO

## SOMALIA *(Nordost-Afrika)*

(Somalische Demokrat. Republik; Al-Jumhouriya As-Somaliya Al-Domocradia; Jamhuuriyadda Soomaaliya; Somali Dem. Republik – [SP])

**Fläche** (39): 637657 km² (L: 2,5%) – **Einwohner** (89): 5150000 (S 1982) = 8,1 je km² – **Städt. B.**: 31/5,4/0 – **G:** 39/145/31/14290/2330/100 – **S:** 40/41/6/1 – **Jährl. Bevölkerungswachstum:** (1970–1981) 2,8% (1981: 48 / 25)

**Bevölkerung:** Somalier (ethn. Somali, Mz. Somal); rd. 95% Angehörige d. Somal-Stämme (Digil, Dir, Issas, Hawiya usw.), daneben etwa 100000 Bantu, rund 30000 Araber, kl. italienische, britische, indische u. pakistan. Minderheiten; 650000 Flüchtlinge (d. Rückwanderung rückläufig); 350000 somal. Fremdarbeiter im Ausl.; über 40% der Bevölkerung leben nomadisch – **Staatssprache:** Somali (in Lateinschrift), seit 1972 einzige Amtssprache; Arabisch, Englisch u. Italienisch als Handels- u. Bildungssprachen – **Religion:** 99% sunnitische Muslime (schafiitischer Richtung), 2300 Katholiken

**Flagge:** hellblau mit weißem Stern in d. Mitte – **Nationalfeiertag:** 21.10. – **U:** 1.7.1960

**Staats- u. Regierungsform:** Republik – »Sozialistischer Einparteienstaat« – Neue Verfassung von 1979 – Allgem. Wehrpflicht – Verwaltungsgliederung in 16 Provinzen

**Staatsoberhaupt:** Präsident General Mohammed Siyad Barre, seit 1969, wiedergewählt Jan. 1980 v. d. neuen Volksversammlung; lt. Verfass. auch Regierungschef u. Vorsitzender der PSRS – **Außenminister:** Dr. Abdurrahman Jama Barre – **Parteien:** Bei d. Wahlen v. 30. Dez. 1979 (erste seit d. Machtergreifung v. Siyad Barre) fielen alle 171 Sitze d. Volksversammlung an die »Somalische Sozialistische Revolutionspartei«/PSRS (Einheitspartei) – **Dipl. B.:** BR Dtld. und DDR

**Städte** (S 1981): Mogadiscio [Mogadischu bzw. Muqdisho] (Hptst.) 500000 Einw., Hargeisa 70000, Kisimayu [Chisimaio] 70000, Berbera 65000, Marka 60000

**Wirtschaft: BSP** 1980: 1 110 Mill. $ / 1981 (S): 1 240 Mill. $ / 280 $ (147) / 1,1 – **WS:** 71* / – 0,6* / 8* / 3,4* – **V:** 8* / 86* / 10* / 6* / 13* / – 4* – **A:** 54 / 82 / 8 – **E:** 85 / 13,1* / 30 – **M:** 6,2* (23,3*)

**Außenhandel:** 1982 **Einf.** 378 Mill. $, **Ausf.** 317 Mill. $ – **W:** 1 Somalischer Schilling (So.Sh.) = 100 Centesimi (Cnt.); 1 US-$ = 17, 3800 So.Sh., 1 So.Sh. = 0,1490 DM – **I:** 12,6 – **AS:** 1 / < 1 / 12 / 19 / 33 – **T:** 98 – **H:** 10 / 14 / < 1 – **Z:** – 30 / 1,3 / 6,1 / 70,9 – **D:** 1,0 – **K:** – / 163 / 5*

**Wichtige Ausfuhrgüter:** Vieh, Häute u. Felle (bis 70 %); Bananen (knapp 1/5) u. Gemüse, Holz, Baumwolle, Weihrauch, Myrrhe, Gummiarabikum – **u. Handelspartner:** Italien u. Saudi-Arabien (je 20–25 %), UdSSR (knapp 1/10), USA, Japan, Großbrit., BR Deutschland, VR China, Kenia

**Mitgliedschaft:** UNO, OAU, ECA, AKP, FAO, IBRD, ICAO, IDA, IFAD, IFC, ILO, IMF, ITU, UNESCO, UPU, WHO, WMO; Arabische Liga; Koop. Abkomm. »Region Rotes Meer« m. d. beiden Jemen u. d. Sudan, Gemeins. Arab. Markt; Ost-Südostafrika. Präf.-Handelszone

## SOWJETUNION *(Eurasien)*

(Union der Sozialistischen Sowjetrepubliken/UdSSR; Sojus Sowjetskich Sozialistitscheskich Respublik, S.S.S.R. – [SU])

**Fläche** (1): 22 274 900 bzw. 22 402 200 $km^2$ einschl. des Asowschen u. Weißen Meeres, deren Fläche in d. Unionsrepubliken nicht enthalten sind (eigentl. Binnengewässer 375 000 $km^2$) (L: 10 %) – **Einwohner** (3): 273 800 000 (B 1984; 262 442 000 Z Jan. 1979; europ. Teil 5 571 000 $km^2$ u. 68,7 % d. Gesamtbevölkerung; asiatischer Teil 16 831 000 $km^2$ u. 31,3 %) = 12,3 je $km^2$ – **Städt. B.:** 63 / 1,8 / 33 – **G:** 72 / 33* / 2* / 280 / 210 / 132 – **S:** 0 / 106 / 101 / 21 – **Jährl. Bevölkerungswachstum:** (1970–1981) 0,9 % (1981: 19 / 10)

**Bevölkerung:** Sowjetbürger; 52,3 % Russen, 16,1 % Ukrainer – **Ethnische Gliederung** (»Nationalitäten«): Z 1979 (Anteil mit der entsprechenden Muttersprache in %), Angabe in Tausend: Russen 137 397 (99,9) – Ukrainer 42 347 (82,8) – Usbeken 12 456 (98,5) – Bjelorussen (»Weißruthenen«) 9463 (74,2) – Kasachen 6556 (97,5) – Tataren 6317 (85,9) – Aserbaidschaner 5477 (97,9) – Armenier 4151 (90,7) – Georgier/Grusinier 3571 (98,3) – Moldauer 2968 (93,2) – Tadschiken 2898 (97,8) – Litauer 2851 (97,9) – Turkmenen 2028 (98,7) – Deutsche 1936 (57,0) – Kirgisen 1906 (97,9) – Juden 1811 (14,2) – Insg. über 100 Nationalitäten, u. a. so kleine Völker wie die rd. 500 Menschen umfassenden Aleuten u. Negidalzen – Von den 1,936 Mill. Deutschen in der UdSSR lebten 1979 791 000 in der Russischen SSR, 900 000 in der Kasachischen SSR und u. a. 101 000 in der Kirgisischen SSR – **Staatssprache:** Russisch; im übrigen Gleichberechtigung der anderen Sprachen in den Unions- u. Autonomen Republiken, Nationalen Gebieten und Kreisen – 1979 bezeichneten 153,5 Mill. (1970 141,8 Mill.) Russisch als ihre Muttersprache, davon 137,2 Mill. Russen u. 16,3 Mill. Angehörige anderer Nationalitäten. Als Zweitsprache beherrschten weitere 61,3 Mill. (1970 41,9 Mill.) Personen das Russische, das zu Lasten der anderen Sprachen ständig an Boden gewinnt – **Religion:** ca. 40 Mill. Christen, vorherrschend orthodoxes Christentum, röm.-katholische Minderheiten (über 3 Mill.), rd. 1,5 Mill. Protest. (bes. Luther. u. etwa 0,5 Mill. Baptisten). Anteil der gläubigen Juden an der Gesamtzahl der Juden unbekannt (n. »Jewish Stat. Bureau«, New York 1977, insges. 2,7 Mill. Juden). Über 43 Mill. Muslime (4/5 Sunniten, 1/5 Schiiten), vor allem in Mittelasien u. Transkaukasien; Buddhisten (0,5 Mill.). Trennung von Kirche u. Staat. Nach d. Verfassung Freiheit d. Kultus, aber auch d. antireligiösen Propaganda; Verbot des Religionsunterrichts für Jugendliche unter 18 Jahren

**Flagge:** rot, im Obereck über Hammer u. Sichel (gelb) ein roter, gelbgeränderter Stern – **Nationalfeiertag:** 7. 11. u. 7. 10. (Tag d. Verfassung), 9. 5. (Tag d. Sieges) – **U:** alte staatl.Tradition; 5 Jahre n. d. Revolution von 1917 Gründung der UdSSR am 30. 12. 1922

**Staats- u. Regierungsform:** Neue Verfassung v. 7. 10. 1977 – Rätesystem mit massendemokrat. u. nationalföderalen Zügen. KP entscheidende Instanz in allen Angelegenheiten – Parlament aus 2 Kammern (»Oberster Sowjet« bzw. »Werchowny Sowjet«, 1 500 Mitgl., Präsidium aus 39 Mitgl.), bestehend aus dem »Unionsrat« (»Unionssowjet«) bzw. »Sowjet Sojusa«; 767 Deputierte, die ungeachtet der Nationalität 350 000 Wähler vertreten), und dem »Nationalitätenrat« (»Nationalitätensowjet« bzw. »Sowjet Natzionalnostej«; 750 Deputierte aus den 15 Unionsrepubliken u. auton. Republiken, Regionen u. Bezirken, Vors. Witalij Ruben) – Wahlberechtigt alle üb. 18 J. alten Bürger – Wehrpflicht – Die 15 Unionsrepubliken haben je ein eigenes Parlament (Sowjet) u. eine eigene Regierung – Die Ukraine u. Weißrußland (Bjelorußland) sind eigenständige Mitgl. d. UNO neben der Sowjetunion als Ganzes – Verwaltungsgliederung in Gebiete (Oblasti), vereinzelt in Gaue (Kraj) – Wirtschaftsgliederung in Rayones – Autonome Einheiten für d. verschied. Nationalitäten als Autonome Republik (20), Aut. Gebiet (8) oder Aut. Bezirk (Nat. Obkrug; 10)

**Staatsoberhaupt:** Vorsitzender des Präsidiums des Obersten Sowjet Konstantin I. Tschernenko, seit April 1984 – **Regierungschef:** Vors. des Ministerrates Nikolai Alexandrowitsch Tichonow; Erste Stellvertr.: Geijdar Alijew [Gejdar Aliev], Iwan Archipow u. A. A. Gromyko – **Außenminister:** Andrej A. Gromyko – **Parteien:** allein zugelassen u. in allen

Fragen entscheidend die KPdSU, geleitet seit Stalins Tod durch ein »Führungskollektiv«, d. h. die Vollmitglieder des Politbüros der KPdSU; **Generalsekretär des ZK** (1981: 319 Mitgl. u. 151 Kandid.) **u. Parteichef:** Konstantin I. Tschernenko. Vollmitglieder (12) des Politbüros (Juni 1984): Konstantin I. Tschernenko (GenSekr), Geijdar Alijew, Michail Gorbatschow, Victor W. Grischin, Andrej A. Gromyko, Dinmuchamed A. Kunajew, Grigori W. Romanow, Michail Solomenzow, Wladimir W. Stscherbizki, Nikolai A. Tichonow, Dimitri F. Ustinow, Witalij Iwanowitsch Worotnikow, außerdem 7 Kandidaten: Pjotr Demitschew, Wladimir Dolgich, Wassili Kusnezow, Boris Ponomarjow, Inamschon Usmanchodschajew, Eduard Schewardnadse, Wiktor Michailowitsch Tschebrikow. Die 10 Sekretäre d. ZK d. KPdSU: Andrej Kirilenko, Dimitri Ustinow, Konstantin Tschernenko (GenSekr), Boris Ponomarjow, Iwan Kapitonow, Wladimir Dolgich, Michail Simjanin, Konstantin Russakow, Nikolai Ryschkow, Michail Gorbatschow. – Am 1. Jan. 1984 zählte die KPdSU 18331000 Mitgl. u. Kand. (davon 11,1 Mill. Russen; Kandid. 1983: 712000), darunter 43,4% Arbeiter, 12,8% Kolchosbauern sowie knapp 20% Vertreter der technischen Intelligenz, 24% Wissenschaftler, Künstler, Verwaltungsfunktionäre u. Militärs; über 60% besitzen zumindest abgeschlossene Oberschulbildung. Rund 27% d. Mitgl. waren Frauen – Im März 1984 entfielen bei d. Wahlen zum »Obersten Sowjet« rd. 99,90% d. Stimmen auf die Kandidaten d. Einheitsliste

**Städte** (F 1984, Einw. in 1000): Moskau [Moskva] (Hptst.) 8500; (1983): Leningrad 4779, Kiew [Kijew] 2355, Taschkent 1944, Baku 1638, Charkow 1519, Minsk 1405, Gorki [Gorkij] 1382, Nowosibirsk 1370, Swerdlowsk 1269, Kuibyschew [Kujbyschjew] 1242, Dnepropetrowsk 1128, Tbilisi [Tiflis] 1125, Odessa 1097, Jerewan 1095, Omsk 1080, Tscheljabinsk 1077, Donezk 1055, Perm 1037, Ufa 1034, Kasan 1031, Alma-Ata 1023, Rostow/Don 977, Wolgograd 962, Saratow 887, Riga 867 u. a. Kaliningrad [Königsberg] 374 sowie Andropow (fr. Rybinsk) 247

**Wirtschaft: BSP** 1979: 1067290 Mill. $ / 1980 (S): 1212030 Mill. $ / 4550 $ (38) / 4,1* – **WS:** 16* / . . / 62* / . . – **V:** . . / 74* (inkl. öff. V.) / 24* / 26* / . . / 2* – **A:** 66 / 14 / 45 – **E:** 6422 / 4,7 / 276722 – **M:** 10–14*

**Außenhandel:** 1982 **Einf.** 77752 Mill. $, **Ausf.** 86912 Mill. $ – **W:** 1 Rubel (Rbl) = 100 Kopeken; 100 US-$ = 78,05 Rbl, 1 Rbl = 3,3184 DM – **AS:** 24* / 21* / 4* / 12* / 30* – **H:** 32 / 19 / 49

**Wichtige Ausfuhrgüter:** Maschinen u. Ausrüstungen (rd. ⅓); Erdöl (40%), Erze u. Metalle, Kohle u. Koks, Getreide, Holz, Pflanzenfasern (Brenn- u. Rohstoffe aller Art bis ⅔), Fertigwaren aller Art; Anteil am Weltwaffenexport 36%; Binnen- u. Außenhandel staatlich – **u. Handelspartner:** RGW-Mitgl. u. d. übr. kommunist. Staaten (DDR mit rd. 10% an 1. Stelle)

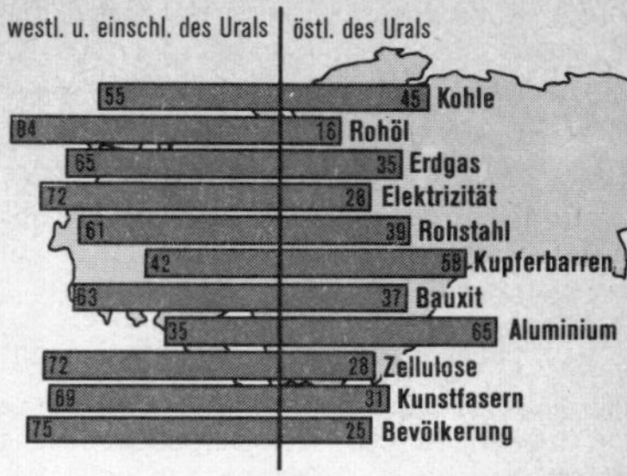


**Verteilung von Bevölkerung und Wirtschaftspotential der SU**

zus. ca. 50%; West-Länder 32%, davon BR Dtld. ¼, gefolgt v. Finnland, Frankr., Italien, Japan u. USA; Entwicklungsländer wie Indien, Irak, Iran; VR China

**Mitgliedschaft:** UNO, Warschauer Vertrag, RGW, ECE, IAEA, ICAO, ILO, IMO, ITU, UNESCO, UPU, WHO, WMO

## SPANIEN *(Südwest-Europa)*

(Spanischer Staat; Estado Español; Reino de España – [E])

**Fläche** (46): 504782 $km^2$ (L: 41%) – **Einwohner** (23): 38230000 (S 1983; 37682355 Z 1981) = 75,7 je $km^2$. Zu Spanien gehören – wie die Balearen (5014 $km^2$, 685088 E.) – die Kanarischen Inseln (7273 $km^2$ u. 1444626 Einw., Z 1981); außerdem die »Presidios« Ceuta (19,0 $km^2$ u. 65000 Einw., S 1984); Melilla (12,3 $km^2$ u. 53593 Einw., Z 1981) sowie Penon de Velez, Alhucemas, Chafarinas (zus. 1 $km^2$ u. 329 Einw., S 1970); die Presidios (Plazas de Soberania) sind keine Provinzen, sondern Teile spanischer Provinzen (Cádiz bzw. Málaga); Marokko erhebt auf sie Anspruch – **Städt. B.:** 75 / 2,2 / 44 – **G:** 74 / 10 / < 1 / 460 / 330 / 135 – **S:** 13* / 109 / 87 / 22 – **Jährl. Bevölkerungswachstum:** (1970–1981) 1,1% (1981: 14 / 8)

**Bevölkerung:** über 73% kastilische Spanier (einschl. der Galicier [6,5–7%]), etwa 24% Katalanen, 2,5% Basken (Euskaldun), 0,3 Mill. Zigeuner; 160597 Ausländer (S 1979, u. a. 22500 Portug., 17700 Deutsche, 17000 Engl., 15100 Franz.) – 10% aller Spanier leben im Ausland (rd. 2 Mill. in Amerika u. 1 Mill. in Europa) – **Staatssprache:** Spanisch (Kastilisch); Katalanisch (Català) rd. 24% in Katalonien (Catalunya) u. Baskisch rd. 2,5% (Vasco; Euskara) sowie Galicisch (»Gallego«, dem Portugies. verwandt) 10% als offizielle Sprachen (»tambe oficials«) – **Religion:** fast ausschließlich röm.-katholisch (seit 1979 nicht mehr Staatsreligion), über 32000 Protestanten, 9000 Juden, ca. 1000 Muslime

**Flagge:** rot-gelb(doppelt breit)-rot (waagerecht) – **Nationalfeiertag:** 24.6. (Namenstag d. Königs), 12.10. gemeins. Feiertag aller span. sprech. Länder (Entd. Amerikas durch Kolumbus) – **U:** alte staatl. Tradition. Maurenherrschaft 718–1492

**Staats- u. Regierungsform:** Monarchie auf parlamentarisch-demokratischer Grundlage; neue Verfassung am 7. Dez. 1978 in einem Referendum angenommen, Parlament (»Cortes«) aus Abgeordnetenhaus (»Congreso«, 350 Abg.) und Senat (»Senado«, 248 Senatoren) – »Staatsrat« (Consejo de Estado«) – Wehrpflicht – Prozeß der Strukturierung des Landes in verschied. Regionen und Nationalitäten seit Febr. 1983 abgeschlossen – 17 Autonome Gemeinschaften

**Staatsoberhaupt:** König Juan Carlos I. de Borbón y Borbón, seit 22.11.1975; Thronfolger: Prinz Felipe – **Regierungschef** (Presidente del Gobierno): Felipe González Márquez, seit 2. Dez. 1982, PSOE – **Außenminister:** Fernando Morán Lopez – **Parteien:** Bei d. Wahlen v. 28 Okt. 1982 (März 1979) entfielen 46,07% (30,5%) d. Stimmen u. 202 (121) Sitze auf d. Sozialist. Arbeiterpartei (»Partido Socialista Obrero Español«/PSOE; Gen.-Sekr.: Felipe González Márquez), 25,5% (5,76%) u. 105 (Dem. Koalition 9) auf d. Volksallianz (»Alianza Popular«/AP), 7,26% (34,95%) u. 11 (168) auf die Union d. Demokrat. Zentrums (»Union de Centro Democrático«/UCD, seit Dez. 1982 unter Landelino Lavilla), 3,87% (10,81%) u. 5 (23) an d. Kommunist. Partei Spaniens (»P. Comunista de España«/PCE, Gen.-Sekr. Gerardo Iglesias), 2,89% (0%) u. 2 (0) an das Demokrat. u. Soziale Zentrum/CDS v. Suarez; außerdem: Konvergenz u. Union (Katalonien)/CiU 3,73% (2,7%) u. 12 (8), Katalanische Republikaner/ERC 0,66% (0,69%) u. 1 (1), Katalanische Linke 1 (0), Baskische Nationalpartei (gemäßigte, bürgerl. Nationalistenpartei unter dem »Lendakari« Carlos Garaikoetxea; PNV) 1,91% (1,54%) u. 8 (7), Herri Batasuna (»Volkseinheit«, extrem links, vertritt z.T. ETA-Separatisten) 2 (3), UCD-AP (Baskische Koalition) 2 (0), Euskadiko Ezkerra (Baskische Linke) 1 (1), Sonstige 6,82% (11,60%). Sitzverteilung im **Senat:** PSOE 134 (1979: 68), Volksallianz/AP 54 (3), Baskische Nationalisten/PNV 7 (8), UCD 4 (118), Sonstige 9 (12) – **Dipl. B.:** BR Dtld. u. DDR

**Städte** (Z 1981): Madrid (Hptst.) 3188297 Einw., Barcelona 1754900, Valencia 751734, Sevilla 653833, Zaragoza [Saragossa] 590750, Málaga 503251, Bilbao 433030, Las Palmas 366454, Valladolid 330242, Palma de Mallorca 304422, Hospitalet 294033, Murcia 288631, Córdoba 284737, Granada 262182, Vigo 258724, Gijon 255969, Alicante 251387, La Coruña 232356, Badalona 227744, Vitoria 192773, Santa Cruz de Tenerife 190784, Oviedo 190123, Sabadell 184943, Pamplona 183126, Santander 180328, Jerez de la Frontera 176238, San Sebastián 175576, Cartagena 172751, Salamanca 167131, Cádiz 157766

**Wirtschaft: BSP** 1980: 195670 Mill. $ / 1981 (S): 214300 Mill. $/5640 $ (34)/2,6 – **WS:** 7/2,1/36/3,9 – **V:** 12/70/20/18/17/–2 – **A:** 63/14/40 – **E:** 2944/6,1 / 30185 – **M:** 1,3 (5,2)

**Außenhandel:** 1983 **Einf.** 29194 Mill. $, **Ausf.** 19735 Mill. $ – **W:** 1 Peseta (Pta) = 100 Centimos; 1 US-$ = 148,567 Ptas, 1 Pta = 0,01743 DM – **I:** 16,0 – **AS:** 8 / 26 / 63 / 13 / 18 – **T:** 87 – **H:** 56 / 35 / 4 – **Z:** – 4939/0,9*/5,7*/4,4* – **D:** 4,9 – **K:** –/938*/1440

**Wichtige Ausfuhrgüter:** Maschinen u. Fahrzeuge (zus. rd. ⅓), Chemikalien u. Erdölprodukte (ca. 15%), Landwirtschaftl. Erzeugnisse (Orangen, Zitronen, Oliven u. Olivenöl, Wein) sowie Gemüse u. Fischkonserven (insges. ¼), Bergbauprodukte (Eisenerz, Schwefelkies), Textilien, chem. Produkte, Bücher f. d. span.-sprach. Welt – **u. Handelspartner:** USA, BR Dtld. u. Frankreich (je rd. 10%), Saudi-Arabien, Großbrit., BENELUX, Italien, Schweiz, Schweden, Brasilien, Argent., Japan, Kanada (EG bis 50% d. Ausfuhr u. 40% d. Einfuhr)

**Mitgliedschaft:** UNO, CCC, CEPAL, ECE, EFTA, EG (beantragt), Euratom assoz. Europarat, FAO, GATT, IAEA, IBRD, ICAO, IDB, IFAD, IFC, ILO, IMF, IMO, ITU, NATO (Mitgliedschaft formell seit 10.12.1981; Realisierung vorläufig gestoppt, da Sp. nur dem nichtmilit. Teil beitreten möchte und Portugal ein gesamtiberisches NATO-Kommando abgelehnt hat), OECD, UNESCO, UPU, WHO, WMO

## SRI LANKA *(Süd-Asien)*

(Demokrat.-Sozialist. Republik Sri Lanka; Sri Lanka prajatantrika samajawadi janarajaya (singh.); Ilangai jananayage socialisak kudiarasu (tamil.); Ceylon – [CL])

**Fläche** (110): 65610 km$^2$ (mit 868 km$^2$ Binnengewässern) (L: 33%) – **Einwohner** (45): 15420000 (S 1983; 12711143 Z 1971) = 235,0 je km$^2$ – **Städt. B.:** 27/3,6/16 – **G:** 69/43/3/7170/1340/102 – **S:** 15/100/51/3 – **Jährl. Bevölkerungswachstum:** (1970–1981) 1,7% (1981: 27 / 6)

**Bevölkerung:** Srilanker; (1981) 74% Singhalesen, 12,6% Ceylon-(Jaffna-)Tamilen, 5,6% Indien-Tamilen, 7,12% »Mohren« (Moors) – **Staatssprache:** seit 1963 Singhalesisch (Sinhala) u. seit 1978 auch Tamil; Englisch z. T. als Handels- u. Bildungssprache – **Religion:** rund 70% südl. (Hinajana) Buddhisten (der B. ist staatlich geschützt), 17% Hindus, über 7% Christen (davon ⅘ kath.), 6% Muslime

**Flagge:** gelber Rahmen; am Mast 2 (senkrechte) Streifen in Grün u. Orange; im rotbraunen Hauptfeld gelber schwerthaltender Löwe, gelbe Blätter in den Winkeln – **Nationalfeiertag:** 4.2. – **U:** 4.2.1948

**Staats- u. Regierungsform:** Seit Sept. 1978 Präsidialrep. mit der Bez. »Demokratische Sozialist.

Republik« – Einkammerparlament (Nationalversammlung) – Wahlberechtigt alle Bürger über 18 Jahre – Keine Wehrpflicht – Gegliedert in 9 Provinzen (Palat) und 24 Distrikte

**Staatsoberhaupt u. Regierungschef:** Junius Richard Jayawardene [Dschajawardene], UNP, erneut bei vorgezog. Präs.-Wahlen im Okt. 1982 mit 53% d. Stimmen gewählt; gleichzeitig wurde d. Amtszeit d. Parlaments um 6 Jahre verlängert – **Premierminister:** Ranasinghe Premadasa, UNP – **Außenminister:** A. C. S. Hameed – **Parteien:** Bei d. Wahlen v. Juli 1977 erhielt die gemäßigte »Vereinigte Nationalpartei«/UNP 142 (1970: 17) Sitze; »Sri Lanka Freiheitspartei«/SLFP (linksgerichtet unter Frau Sirimavo Bandaranaike) 8 (91) Sitze. Außerdem »Tamilische Vereinigte Befreiungsfront«/Tulf 16 (13; unter Appupilai Amirthalingum, fordert auton. Teilstaat; mußten nach Unruhen im Okt. 1983 ihr Mandat abgeben), »Ceylonesischer Arbeiterkongreß« 1 (0). Kein Sitz an die trotzkistische »Lanka Sama Samaja-Partei«/LSSP (1970: 19) unter Dr. Nanaya Korapathiraga u. an die KP (1970: 6, Mosk. Richtung, Vors. N. Sanmugathasan) – **Dipl. B.:** BR Dtld. u. DDR

**Städte** (Z 1981): Sri Jayewardenepura (fr. Kotte, administrat. Hptst. u. Vorort v. Colombo) 101563 Einw., Colombo (faktisch Hptst.) 585776, Dehiwala-Mt. Lavinia (Galkissa) 174385, Moratuwa 135610, Jaffna (Yapnaya) 118215, Kandy 101281, Galle 77183, Negombo 61376, Trincomalee 44913

**Wirtschaft: BSP** 1980: 3910 Mill. $ / 1981 (S): 4460 Mill. $ / 298 $ (145) / 2,8 – **WS:** 28 / 3,0 / 28 / 4,2 – **V:** 7 / 81 / 28 / 12 / 31 / – 16 – **A:** 60 / 54 / 14 – **E:** 201 / 6,9 / 421 – **M:** 1,3* (4,1*)

**Außenhandel:** 1983 **Einf.** 1786 Mill. $, **Ausf.** 1061 Mill. $ – **W:** 1 Sri-Lanka-Rupie (S.L.Re.) = 100 Sri Lanka Cents (S.L.Cts.); 100 US-$ = 2510,50 S.L.Rs., 1 S.L.Re. = 0,1032 DM – **I:** 13,1 – **AS:** 16 / 1 / 47 / 20 / 25 – **T:** 80 – **H:** 42 / 48 / 4 – **Z:** – 441 / 2,1 / 5,7 / 36,6 – **D:** 1,9 – **K:** – / 327 / 49

**Wichtige Ausfuhrgüter:** Tee (40–50%), Kautschuk (über 20%), Kopra, Kokosöl, Kakao, Graphit, Edelsteine (3%), Petroleum-Prod. (13%) – **u. Handelspartner:** Großbritannien, Japan u. USA (je knapp 10%), Indien, BR Dtld., VR China, UdSSR

**Mitgliedschaft:** Commonwealth, UNO, ADB, CCC, ESCAP, FAO, GATT, IAEA, IBRD, ICAO, IFC, ILO, IMF, IMO, ITU, UNESCO, UPU, WHO, WMO; Colombo-Plan, SARC

## SÜDAFRIKA, Republik *(Süd-Afrika)*

(Republik Südafrika; Afrikaans: Republiek van Suid Afrika, Englisch; Republic of South Africa – [ZA oder RSA])

**Fläche** (25): 1123226 km² (L: 12%) ohne die »selbständigen« Homelands Transkei, Bophuthatswana, Ciskei, Venda u. KwaNdebele, doch einschl.

**Gegenwärtige Gliederung der Rep. Südafrika nach ethnischen und politischen Kategorien**

d. Walfisch-Bucht (1124,05 km² u. 1975 27247 Einw., davon 10000 Weiße u. 4200 »Coloured«) sowie d. Pinguin-Inseln (2,92 km²); da endgült. Ausdehnung v. Venda u. Ciskei noch nicht feststeht, gibt es zahlreiche abweich. Ang. – **Einwohner** (30): 26124000 (S VI/1983 ohne d. 5 »unabh.« Homelands; 23772970 Z Mai 1980, de jure, einschl. Ciskei, aber ohne Transkei, Bophuth., Venda u. KwaN. und ohne die in der Rep. Südafrika lebenden, zu Transkei, Bophuth. u. Venda gerechneten Tswana u. Xhosa; Z 1970 im damaligen Umfang u. mit allen Bevölkerungsgruppen 21794328, in diesem Sinne 1978: 27700000) = 23,3 je km² – **Städt. B.:** 50 / 3,1 / 53 – **G:** 63 / 94 / 17 / 2180* / 480* / 118 – **S:** 43* / 89* / 15* / 3* – **Jährl. Bevölkerungswachstum:** (1970–1981) 2,8% (1981: 39 / 9)

**Bevölkerung:** Südafrikaner; nach d. Volkszählung v. Mai 1980 waren 4453273 (= 18,2%) Weiße, 2554039 (= 10,5%) Mischlinge (»Coloured«), 794639 Asiaten (= 3,2%; haupts. Inder im weitesten Sinne) u. 15970019 (= 68,0%) Schwarze (fast ausschließl. Bantu). Japaner gelten als Weiße. Von d. Weißen sprechen ca. 57% Afrikaans u. 38,9% Englisch als Muttersprache, die Bantus zu mehr als der Hälfte Afrikaans, die übrigen meist beide Sprachen (dazu Bantu-Dialekte), die Mischlinge zu 78% Afrikaans u. zu 10% Englisch – Anteil an d. de-jure-Bev. 1983: Weiße 18,17%, Mischlinge 10,58%, Asiaten 3,33% u. Schwarze 67,91%. Die 16320000 (S 1979) Schwarzen (»Bantu«, seit 1978 offiziell nicht mehr so bezeichnet) machen 67,74% d. de-jure-Bevölkerung aus: 5391000 Zulus, 3125000 Xhosa, 2084000 Nord-Sotho, 1733000 Süd-Sotho, 1402000 Tswana, 787000 Shangaan, 628000 Swasi, 163000 Venda, 595000 Schwarze anderer Gruppen sowie 412000 ausländ. Schwarze. Natürliche Bev.-Zunahme 1982: Weiße 1,58%, Schwarze

2,80%, Mischlinge 1,84%, Asiaten 2,60%, insg. 2,45% – Im Juni 1983 1,28 Mill. ausländ. schwarze Arbeiter, davon ¼ nicht aus d. 5 »unabh.« Homelands – **Staatssprache:** Afrikaans u. Englisch; außerdem als Umgangssprachen Bantu-Sprachen, indische Sprachen (56,9% d. Weißen, 78,9% d. »Mischlinge«, 0,7% d. Asiaten sprechen Afrikaans) – **Religion** (Z 1980 in 1000): Niederländ. Reformierte Kirche: Weiße 1693, Coloureds 678, Asiaten –, Schwarze 1103; Gereformeerde Kerk 128 / – / – / –, Nederduitsch Hervormde Kerk 246 / – / – / –, Anglikaner 456/351/9/797, Methodisten 414/140/4 / 11554, Presbyterianer 128 / – / 2 / 360, Röm.-Katholiken 393 / 264 / 21 / 1676; außerdem gehören 4954000 Schwarze u. 118340 Coloureds Schwarzen Unabh. Kirchen an bzw. 4277240 Schwarze keiner institutionalis. Religionsgemeinschaft. Juden 119220, 512360 Hindu, 318000 Muslime

**Flagge:** orange-weiß(m. Flaggen vom Oranje-Freistaat u. Transvaal u. mit dem »Union Jack«)-blau (waagerecht) – **Nationalfeiertag:** 31.5. – **U:** 31.5.1910 de facto, 11.12.1931 nominell (Westminster-Statut)

**Staats- u. Regierungsform:** Parlamentarische Bundesrep. – Parlament aus 3 Kammern (»Volksraad« bzw. »House of Assembly« aus 168 gewählten Mitgl. + 20 ernannte Abg. nach Parteienstärke u. »Senat«) – Verfass.-Reform im Nov. 1983 mit 66,3% d. rd. 2,7 Mill. wahlberechtigten Weißen angenommen (Wahlbeteilig. 67%): Der Nat.-Vers. d. Weißen wurde je 1 Kammer für Mischlinge (80 Abg.) u. Asiaten (40 Abg.) zur Seite gestellt – Präsidialrat als Beratungsgremium (41 Weiße, 7 Farbige, 7 Inder, 1 Chinese); Präs. ist d. jeweil. Vizepräs. (z.Z. Alwyn Schlebusch) – Wahlberechtigt alle über 18 J. alten Bürger weißer Abstammung – Allgemeine Wehrpflicht für Weiße – Provinzen mit gewähltem Provinzialrat u. v. Staatspräs. ernannten Administrator: Kap-Provinz 57,1% des Terr., Natal 8,1%, Oranje-Freistaat 11,4%, Transvaal 23,4% – Die konstitutionelle Entwicklung der autonomen schwarzen Staaten wird bis zur Gewährung der Unabh. weitergeführt; die »Kleine Apartheid« ist im Abbau begriffen

**Staatsoberhaupt:** Pieter Willem Botha, seit 14. Sept. 1984 (gewählt v. gemischtrass. Parlament), zugleich **Regierungschef** (Vors. d. Kabinetts) – **Außenminister:** Dr. Roelof Frederic (»Pik«) Botha – **Parteien:** Bei d. Parlamentswahlen v. 29.4.1981 konnte die regier. »Nationale Partei« (»National Party«/NP, Vertreterin d. Rassentrennungspolitik u. der burischen Elemente) mit 56,9% d. Stimmen erneut die absolute Mehrheit erringen u. erhielt 131 (1977: 135) Sitze, die bedeutendste Oppositionsgruppe u. überwieg. v. d. englischsprach. Bevölk. getragene »Föderative Fortschrittspartei« (»Progressive Federal Party«/PFP) unter Dr. van Zyl Slabbert konnte 19,5% d. Stimmen u. 26 (18), die »Neue Republikanische Partei« (»New Republic Party«/NRP) 7,8% u. 8 (10) Sitze gewinnen. Die »Reform. Nationale Partei« (»Herstigte Nasionale Party«/HNP unter Jaap Marais) konnte zwar 14,5% d. Stimmen auf sich vereinigen, erhielt aber aufgrund d. Mehrheitswahlrechts ebenso keinen Sitz wie die »National Conservative Party« (0,2%) – 1982 schlossen sich 16 NP-Abg. zur »Konservat. P. Südafrikas«/CP unter A. Treurnicht zusammen (Stand 1984: NP 125, PFP 27, CP 18 u. NRP 8 Sitze) – Wahlen zur Kammer für Mischlinge (Aug. 1984): Wahlbeteilig. 31,7%, 76 d. 80 Mandate f. »Labour Party« v. Pastor Allan Hendrickse, 1 für Volkskongreß-P., 2 Unabh.; 40 der 45 Mitgl. zählenden Deputiertenkammer (House of Deputies) der Inder wurden am 28.8.1984 gewählt. Von den 40000 wahlberecht. Indern wählten nur 21%. – Parteien d. Schwarzen: »Azania People's Organisation«/AZAPO, in Soweto: »Sofasonke P.«, »All Nations P.« d. dortigen Bürgermeisters David Thebehali – Verbotene Parteien d. Schwarzen: »Afrikan. Nationalkongreß«/ANC u. »Panafrikan. Kongreß«/PAC (als militanter Flügel v. ANC abgespalten) – **Dipl. B.:** BR Dtld.

**Innere Autonomie** haben *(ohne die »unabhängigen« Staaten Transkei, Bophuthatswana, Venda, Ciskei u. Kwa Ndebele; → entsprech. Hauptartikel):* **Lebowa** 22141 km² und 1,98 Mill. Einw., Nord-Sotho, dazu Ndebele, Hauptort: Lebowakgomo, Chefmin.: Dr. Cedric Phatudi; Parteien: »Lebowa People's Party« »Lebowa National P.« (Opp.-P.) – **Gazankulu** 7410 km² u. 0,74 Mill. Einw., haupts. Matschangana – Tsonga (Shangaan), Hauptort: Giyani, Chefmin.: Prof. Hudson W. A. Ntsanwisi – **Kwazulu** 31443 km² und 5,2 Mill. Einw., haupts. Zulu. Hauptort: Ulundi; Chefmin.: Gatsha Buthelezi (Führer d. Zulu-Partei »Inkatha«) – **Quaqwa** 4570 km² u. 1,62 Mill. Einw., haupts. Süd-Sotho, Hauptort: Phuthaditjhaba (14000 E.), Chefmin.: Wessels Mota; Parteien: »Dikwankwetla Party« (Reg.-Partei) u. »Matla a setshaba« (Opp.) – **Kangwane** [Ka-Ngwane; fr. Swasi] 3720 km² und 0,62 Mill. Einw., haupts. Swasi, Hauptort: Ekulindeni, Chefmin.: Enos Mabuza

**Städte** (Z 1980): Pretoria (Hptst. als Regierungssitz) 739043 Einw. (386225 Weiße, 322324 Schwarze, 14170 Coloureds u. 14324 Asiaten), Kapstadt [Kaapstad, Cape Town] (Hptst. als Parlamentssitz) 213830, als A (Cape Peninsula) 1490935 (484395 / 171902 / 820216 / 14422), Johannesburg 1726073 (541227 / 1026247 / 105464 / 53135), Durban 505963, als Durban-Pinetown 960792 (319926 / 116598 / 56325 / 467943), East Rand 848396 (264130 / 549823 / 19450 / 14993), Port Elizabeth 492140, mit Uitenhage 585399 (158795 / 278976 / 140806 / 6822), West Rand 512807 (187246 / 309102 / 12841 / 3618), Vanderbijlpark / Vereeniging / Sasolburg 447526 (137196 / 297994 / 8691 / 3645), Bloemfontein 198343 (87435 / 96800 / 14108, –), Pietermaritzburg 191687 (60500 / 64009

/ 11672 / 55506), Free State Goldfields 140578 (55222 / 80249 / 5107 / –), Kimberley 135781 (31016 / 62424 / 41153 / 1188), East London 112294 (58997 / 32892 / 18080 / 2325) – Größte **»Bantu Township«** bzw. »Black Suburb« ist **Soweto** (Southwest Township) bei Johannesburg mit offiz. 900000, faktisch bis 2 Mill. Einwohnern

**Wirtschaft: BSP** (m. Transkei, Boph. u. Venda) 1980: 71610 Mill. $ / 1981 (S): 81840 Mill. $ / 2770 $ (52)/0,7–**WS:** 7/../53/..–**V:** 13/50/29/37/36/8–**A:** 55 / 30 / 29 – **E:** 3204 / 10,0 / 20763 – **M:** 5,5*

**Außenhandel** (mit Transkei, Bophuth., Namibia, Ciskei u. Venda): 1982 **Einf.** 16971 Mill. $, **Ausf.** 9635 Mill. $; 1983 Einf. 16229 Mill. R, Ausf. 20575 Mill. R – **W:** 1 Rand (R) = 100 Cents; 1 R = 0,8075 US-$ bzw. 2,0914 DM – **I:** 12,8 – **AS:** 23/5/<1/5/52 – **T:** 73 – **H:** 80 / 20 / <1 – **Z:** – 4151 / 4,1* / 10,6* / 13,9* – **D:** 1,8 – **K:** – / 863* / 318*

**Wichtige Ausfuhrgüter:** Gold (Schätzg. etwa 30%), Diamanten (etwa 10%), Uranerze, Kupfer, Mangan, Chrom, Asbest, Kohle (Bergbauprod. insg. 1980 65%), ferner vor allem Wolle, Mais, Früchte, Zucker, Häute, Felle, Maschinen u. Textilien – **u. Handelspartner** (ohne Gold): Großbritannien u. USA (je ca. 15–20%), BR Deutschland (13%), Japan, Italien, BENELUX, Frankreich; 49 afrik. Staaten als H.-Partner, u.a. Simbabwe (80% d. Exp. über SA), Malawi, Angola, Zaïre, Mosambik, Botswana (60% Importabh. v. SA), Lesotho (90% Importabh. v. SA), Sambia u. Swasiland

**Mitgliedschaft:** UNO, CCC, ECA, GATT, IAEA, IBRD, ICAO, IDA, IFC, IMF, ITU, SAEMU, UPU, WHO, WMO (Wegen d. »Apartheid«:-Politik z.T. von Tagungen der UNO-Organisationen ausgeschlossen)

**Weitere Hoheitsgebiete:**

**Walfischbucht** *(Walvis Bay; → 1. Absatz von Südafrika, Sp. 409f.)* gehört zur Kapprovinz u. wurde v. 1922 bis 1977 gemeinsam m. Südwestafrika (Namibia) verwaltet; soll nach d. Willen d. südafrikan. Regierung auch nach Unabhängigkeit v. *Namibia* (s. Hauptartikel), völkerrechtl. fundiert, ein integraler Teil der Rep. Südafrika bleiben. – **Marion-Insel** Fläche 255 km², unbewohnt – **Prinz-Eduard**-(Prince-Edward-)**Insel** Fläche 55 km², unbewohnt

## SUDAN *(Nordost-Afrika)*

(Demokrat. Rep. Sudan; El Dschamhurija ed Demokratijat es Sudan bzw. Jamhuriyat as Sudan Al Demokratia; The Dem. Republic of the Sudan – [SUDAN])

**Fläche** (9): 2505813 km² (L: 5%) – **Einwohner** (36): 19150000 (S 1982; 14171732 Z 1973) = 7,6 je km² – **Städt. B.:** 26/7,1/31 – **G:** 47/122/21/8800/1410/101 – **S:** 68/51/16/2 – **Jährl. Bevölkerungswachstum:** (1970–1981) 3,1% (1981: 47 / 18)

**Bevölkerung:** Sudanesen (Sudaner); Araber u. arabisierte Schichten im N (40–50%), 10% hamit. Nubier, im S 30% Nilohamiten (u.a. Lokuta) u. Niloten (Dinka, Nuer u. Schilluk); einige Tausend Europäer; 400000 Flüchtl. aus Äthiopien, Uganda, Zaïre u. Tschad – **Staatssprache:** Arabisch; Englisch wichtig als Bildungs- und z.T. als Handelssprache; hamitische, nilotische u. sudanesische Sprachen – **Religion:** Islam (Staatsreligion: 50–60%, besonders im Norden stark in Sekten geglied.), im S Naturreligionen; 4–5% Katholiken, etwa 0,25% Protestanten; Kopten

**Flagge:** rot-weiß-schwarz (waagerecht), mit grünem Dreieck am Flaggstock – **Nationalfeiertag:** 1.1. – **U:** 1.1.1956

**Staats- u. Regierungsform:** Republik – Neue Verfassung von 1973 – Volksversammlung (»People's Assembly«) – Keine allgem. Wehrpflicht – Bis 1983 Verwaltungsgliederung in 18 Provinzen und die autonome Südregion (eig. Volksversamml., 60 Mitgl.), dieser wurde 1983 d. Sonderstatus genommen *(Parlament u. Exekutive aufgelöst → Weltchronik,* Sp. 203f.)

**Staatsoberhaupt:** Präs. Feldmarschall Dschafar Numeiri[y] [Jaafar Mohammed el Nimeiri], seit 1969, wiedergewählt d. Referendum im April 1983 mit 99,6%; seit 1977 auch Reg.-Chef, seit Mai 1984 eines Präsidialkabinetts – **Außenminister:** Hashem Osman – **Parteien:** Einheitspartei »Sudanesische Sozialistische Union« erhielt bei d. Wahl v. 1981 alle 151 (gewählten) Mandate; im Febr. 1982 wurden 144 Mitgl. v. Präs. ernannt – **Dipl. B.:** BR Dtld. u. DDR

**Städte** (S 1980): Kharthoum [Chartum] (Hptst.) 561000 (m. V. 1,6 Mill.) Einw., Omdurman 454000, Khartoum North [Chartum Bahri] 249000, Port Sudan 205000, Medani 153000, Kassala 149000, Elobied 118000, Ware 116000

**Wirtschaft: BSP** 1980: 6740 Mill. $ / 1981 (S): 7390 Mill. $/385 $ (128)/0,9 – **WS:** 38/2,3/14/3,2 – **V:** ../100 (inkl. öff. V.) / 13 / <1 / 9 / – 12 – **A:** 53/72/10 – **E:** 101 / 12,8 / 302 – **M:** 2,6 (13,2)

**Außenhandel:** 1982 **Einf.** 1285 Mill. $, **Ausf.** 499 Mill. $ – **W:** 1 Sudanesisches Pfund (sud£) = 100 Piastres (PT.) = 1000 Milliemes (mm); 1 US-$ = 129,61 PT., 1 PT. = 1,9983 DM – **I:** 15,9 – **AS:** 1/2/32/26/29 – **T:** 88 – **H:** 48/24/21 – **Z:** – 648/1,0/5,0/59,3 – **D:** 0,1 – **K:** – / 489 / ..

**Wichtige Ausfuhrgüter:** Baumwolle u. Baumwollsamen (50–60%), Erdnüsse (20%), Sesam (9%), Gummiarabikum (6%), Ölkuchen, Häute u. Felle, Vieh – **u. Handelspartner:** Saudi-Arabien, Großbritannien u. BR Dtld. (je ca. 10%), Japan, USA, Indien, VR China

**Mitgliedschaft:** UNO, OAU, AGC, CCC, ECA, FAO, IBRD, IAEA, ICAO, IDA, IFAD, IFC, ILO, IMF, IMO, ITU, UIA, UNESCO, UPU, WHO, WMO; AKP, Arabische Liga, Koop.-Abk. »Region Rotes Meer« m. Somalia u. d. beiden Jemen – »Gemeins. Polit. Kommando«, polit. Integrat.-Einrichtungen m. Ägypten; »Nil-Staaten«

## SURINAM *(Süd-Amerika)*

(Neue Republik Surinam; Nieuwe Republiek van Suriname – [SME])

**Fläche** (85): 163265 km$^2$ (L: 0,3%) – **Einwohner** (140): 410000 (S 1982; 384903 Z 1971) = 2,5 je km$^2$ – **Städt. B.**: über 50% – **Jährl. Bevölkerungswachstum:** (1975–1978) 0,8%

**Bevölkerung:** Surinamer; 31% Kreolen (= Neger-Mischlinge), 37% Indischstämmige, 15% indones. (meist Javaner), 4% europ. Abstammung (meist Niederländer), mehr als 6000 Chinesen, ca. 40000 Schwarze (»Buschneger«, »Morronen«) u. rd. 3% Indianer; rd. 160000 Surinamer leben in d. Niederlanden – **Staatssprache:** Niederländisch; Sprachen d. verschied. Gruppen (Hindustani 32%, Javanisch 15%) sowie als Mischsprachen die Umgangs- u. Verkehrssprachen Surinams (mehrheitl. »Sranan Tongo« [»Taki-Taki«], »Saramaccan«); Englisch als Geschäftssprache – **Religion:** rd. ¼ Hindu, je ⅕ Protestanten, Katholiken u. Muslime

**Flagge:** waagerecht gestreift im Verhältnis 2:1:4:1:2 in Grün-Weiß-Rot(m. gelbem Stern)-Weiß-Grün – **Nationalfeiertag:** 25. 2. – **U:** 25. 11. 1975

**Staats- u. Regierungsform:** Republik mit Einkammerparlament (Parlament van Suriname), Abgeordnete für 4 Jahre gewählt – Allg. Wahlrecht – Verwaltungsgliederung in 9 Distrikte – Seit Militärputsch v. 25. 2. 1980 Parlament aufgelöst, Verfassung susp. u. Parteien verboten. Seit Putsch v. 25. Febr. 1982 Chef d. Nationalen Militärrats (»Revolutionaire Leiding«) u. maßgeb. Mann: Oberstlt. Desi Bouterse

**Staatsoberhaupt:** Interimspräsid. Ramdat Misier, seit Febr. 1982 – **Regierungschef u. Außenminister:** Min.-Präs. W. Uden Hout, seit Febr. 1984 – **Parteien:** Bei der Wahl v. Nov. 1977 entfielen auf die Parteienverbindung »Nationale Partij Suriname«/NPS (aus »Progressieve Surinaamse Volkspartij«/PSV u. »Hervormde Progressive Partij«/HPP) 20 Sitze. Die oppos. »Vereinigte Hervormings Partij«/VHP von Jagernauth Lachmon gewann 12 Sitze, »Pendawalima« 4 Sitze, »Kaum Tani Persatuan Indonesie« (Indones. Bauern-P.)/KPTI 2 Sitze, »Social. Partij Suriname« 1 Mandat, PNRO – **Dipl. B.:** BR Dtld. (der Botschafter in Port-of-Spain/Trinidad ist gleichzeitig in Paramaribo akkreditiert) u. DDR

**Städte:** Paramaribo (Hptst. S 1979) 150000 Einw., mehrere Kleinstädte wie Nieuw Nickerie und Albina

**Wirtschaft: BSP** 1980: 970 Mill. $ / 1981 (S): 1070 Mill. $ / 3030 $ (48) / 6,8

**Außenhandel:** 1982 **Einf.** 511 Mill. $, **Ausf.** 429 Mill. $ – **W:** 1 Suriname-Gulden (Sf) = 100 Cents; 1 US-$ = 1,77 Sf, 1 Sf = 1,4633 DM

**Wichtige Ausfuhrgüter:** Bauxit, Tonerde u. Aluminium (bis über 80%), Reis, Bananen u. Holz – **u. Handelspartner:** USA (über 35%), Niederlande (15%), Trinidad u. Tobago, Japan, Großbritannien, Norwegen

**Mitgliedschaft:** UNO, OAS; FAO, IBRD, ICAO, IDA, IMF, IMO, ITU, UPU, WMO; AKP; SELA; »Amazonas-Vertrag« – Etwa 15000 km$^2$ der Fläche von Surinam werden von Guyana beansprucht

## SWASILAND *(Südost-Afrika)*

(Königreich Swasiland; Swaziland; Umbuso we Swatini; Ngwane – [SD])

**Fläche** (136): 17364 km$^2$ (L: 8%) – **Einwohner** (138): 610000 (S 1983; 499046 Z 1976 prov.) = 35,1 je km$^2$ – **Städt. B.**: ca. 8% – **Jährl. Bevölkerungswachstum:** (1980–1985) 2,8%

**Bevölkerung:** Swasiländer; über 90% Swasi, die zur Nguni-Gruppe d. Bantu gehören u. mit d. Zulu verwandt sind; je einige tausend Weiße u. Mischlinge (»Coloureds«), außerdem durchschn. 30000 Swasi-Wanderarbeiter in Südafrika – **Staatssprache:** Si-Swati (Isi-Zulu); Englisch auch als Verwaltungs- u. Bildungssprache – **Religion:** 55–60% protestant. Christen, etwa 8% röm. Katholiken; Anhänger v. Naturreligionen

**Flagge:** waagerecht gestreift im Verhältnis 3:1:8:1:3 in Blau-Gelb-Karmesinrot(mit liegendem Schild u. Speeren)-Gelb-Blau – **Nationalfeiertag:** 6. 9. – **U:** 6. 9. 1968

**Staats- u. Regierungsform:** Monarchie – Neue Verfassung v. 13. 10. 1978 – Stammesausschüsse (»Tikundla«) – Nationalversamml. (»National Council«), aus 50 direkt v. Volk gewählten Mitgl. u. Senat aus 20 Mitgl. v. d. Häuptlingen u. v. König gewählt – Berat. Funktion d. »Swazi National Council« (»Libandla«) – Oberster Staatsrat (»Liqoqo«), berät »National Council« – Keine Wehrpflicht – Verwaltungsgliederung in 4 Distrikte

**Staatsoberhaupt:** König Makhosemvlo, geb. 1971. Bis zur Volljährigk. Regentschaft d. Königin Mhambi Mnisi – **Regierungschef:** Prinz Bhekimpi Alpheus Dlamini – **Außenminister:** N. N. – **Parteien:** 1973 verboten, d. »Tikundlas« ersetzt – **Dipl. B.:** BR Dtld. (Botschaft in Maputo/Mosambik) u. DDR

**Städte:** (S 1981): Mbabane (Hptst.) 29875 Einw., Manzini 13000, Havelock Mine 4500, Siteki 3600

**Wirtschaft: BSP** 1980: 430 Mill. $ / 1981 (S): 480 Mill. $ / 760 $ (102) / 3,6

**Außenhandel:** 1981 **Einf.** 635 Mill. $, **Ausf.** 353 Mill. $ – **W:** 1 Lilangeni (E; Plural: Emalangeni) = 100

Cents; 1 R = 1 E, 1 E = 2,0818 DM (Währungsparität zum Südafrikan. Rand)

**Wichtige Ausfuhrgüter:** Fleischprodukte, Baumwolle, Tabak, Melasse, Kohle, Zitrusfrüchte, Asbest, Eisenerz – **u. Handelspartner:** Rep. Südafrika, Großbritannien u. and. EG-Staaten, Mosambik, Sambia, Kenia, Japan, Australien

**Mitgliedschaft:** UNO, OAU, Commonwealth, AKP, GATT (assoz.), IBRD, ICAO, IDA, IFAD, IFC, ILO, IMF, ITU, SAEMU, UPU, WHO, WMO, SADCC

## SYRIEN *(Vorder-Asien)*

(Arab. Republik S.; République Arabe Syrienne; El Dschamhurija el Arabija es Surija bzw. Al Jamhouriya al Arabiya As Souriya – [SYR])

**Fläche** (81): 185180 km$^2$ (einschl. 4070 km$^2$ Binnengewässer) (L: 31%) – **Einwohner** (57): 10421427 (Z Ende 1981; 6304685 Z 1970 mit Palästinaflüchtlingen [1972: 193420]) = 52,2 je km$^2$ – Von Israel besetztes Grenzgebiet mit u. a. etwa 9000 arabisch sprech. Drusen – **Städt. B.:** 49 / 4,6 / 55 – **G:** 65 / 60 / 4 / 2310 / 1440 / 117 – **S:** 42 / 100 / 46 / 15 – **Jährl. Bevölkerungswachstum:** (1970–1981) 3,7% (1981: 47 / 8)

**Bevölkerung:** Syrer; hauptsächlich syrische Araber; Kurden (mehr als 6%), Armenier und Tscherkessen, 140000 Nomaden – **Staatssprache:** Arabisch – **Religion:** sunnitische Muslime d. hanefitischen u. schafeitischen Richtung, schiitische und ismailitische Gruppen (zus. über 85%); rund 7% schiit. Alauiten [Alawiten] und über 2% Drusen, etwa 600000 Christen, bes. griech.-orth., armen.-orth., 15000 Protestanten sowie 4000 Juden

**Flagge:** rot-weiß(m. 2 grünen Sternen)-schwarz (waagerecht) – **Nationalfeiertag:** 17. 4. – **U:** nominell 28. 9. 1941; vom 1. 2. 1958 bis 28. 9. 1961 (de facto) in der »Verein. Arab. Republik« mit Ägypten

**Staats- u. Regierungsform:** Präsidiale Republik m. »volksdem.-sozialist.« Charakter n. d. Verfassung v. 1973 – Volksversammlung, Wahl alle 4 Jahre – Zentralkomitee aus 75 Mitgl. – Wehrpflicht – Verwaltungsglied. in 13 Provionzen (Mohafazat) u. Hptst.

**Staatsoberhaupt:** General Hafez Al Assad [Hafis el A.], wiedergewählt 1978 für 7 Jahre – **Regierungschef:** Dr. Abdel Ra'uf el Kazem [Kasm], »Baath«, Chef einer Koalit.-Regierung aus Baath, Soz. Union, KP usw. – **Außenminister:** Faruk Alcharee [As Scharea] – **Parteien:** Bei d. Wahlen v. Nov. 1981 gewann die Nationale Front alle 195 (1977: 159) Sitze (davon 117 an d. nationalistisch-sozialistische »Baath«-Partei [Hisb el Baath el Arabi el Ischtiraki = »Sozialist. Partei d. Arab. Wiedergeburt«, mehrere Flügel], die übr. an d. mit ihr verbünd. Sozialistischen Unionisten, Bew. d. Arab. Sozialisten u. Einheitssozialisten); die KP (diesmal nicht auf d. Liste d. Nat. Front) verlor ihre 6 Mandate – Verbot. Oppositionsparteien (Moslembruderschaft, Arab. Soz., Islam. Front) als »Nationale Allianz« zusammengeschlossen – Vorsitzender d. »Baath« ist General Hafez Al Assad – **Dipl. B.:** BR Dtld. und DDR

**Städte** (S 1979): Damaskus [Esch Scham] (Hptst.) 1156000, Aleppo [Halep] 919244, Homs [Homsi] 325724, Lattakia 204000, Hama 197804; 1970: Deir es Sor [Deir ez Zor] 66144, Mochajam [Mokhayam-Y.]-Jarmuk 64273, El Kamischli [Al Kamushly] 47714, El Rakka 37151

**Wirtschaft: BSP** 1980: 13300 Mill. $ / 1981 (S): 14660 Mill. $ / 1570 $ (70) / 6,0 – **WS:** 19 / 8,2 / 31 / 9,8 – **V:** 22 / 69 / 24 / 9 / 18 / – 15 – **A:** 49 / 33 / 31 – **E:** 964 / 4,0 / 1112 – **M:** 17,3 (47,7)

**Außenhandel:** 1982 **Einf.** 4015 Mill. $, **Ausf.** 2026 Mill. $ – **W:** 1 Syrisches Pfund (syr£) = 100 Piastres (PS); 1 US-$ = 390,00 PS, 1 PS = 0,6641 DM – **I:** 12,0 – **AS:** 74 / 1 / 50 / 14 / 23 – **T:** 130 – **H:** 60 / 15 / 18 – **Z:** – 511 / 2,7 / 12,1 / 15,2 – **D:** 1,3 – **K:** – / 113 / – 52*

**Wichtige Ausfuhrgüter:** Erdöl u. E.-Derivate (über 50%), Baumwolle (über 20%), Viehzuchtprodukte, Früchte, Wolle, Textilien – **u. Handelspartner:** BR Dtld. (10%), UdSSR, Italien, Großbrit., Frankreich, Griechenland u. and. EG-Länder, Libanon, Japan, USA, Schweiz, Jugoslawien, Rumänien, Saudi-Arabien

**Mitgliedschaft:** UNO, Arabische Liga, CCC, ECWA, FAO, IAEA, IBRD, ICAO, IDA, IFAD, IFC, ILO, IMF, IMO, ITU, OAPEC, UIA, UNESCO, UPU, WHO, WMO; Gemeins. Arab. Markt, Koop.Abkommen m. d. EG – Mitglied der »Union Arabischer Staaten«

## TANSANIA *(Ost-Afrika)*

(Vereinigte Republik Tansania; United Republic of Tanzania; Jamhuri [Dschamhuri]ya Mwungano wa Tanzania – [EAT])

**Fläche** (29): 945087 km$^2$ (m. 53483 km$^2$ Binnengewässern; u. a. Anteil am Tanganjika- u. Victoria [»Sango«]-See) (L: 8–15%) – **Einwohner** (37): 19000000 (S 1982; 17551925 Z 1978) = 20,1 je km$^2$ – **Städt. B.:** 12 / 8,6 / 50 – **G:** 52 / 101 / 19 / 17560 / 2980 / 83 – **S:** 21 / 104 / 4 / <1 – **Jährl. Bevölkerungswachstum:** (1970–1981) 3,4% (Tanganjika 1975–1978: 3,0%, Sansibar 2,5%) – (1981: 47 / 15)

**Flagge:** durch breiten, gelbgeränderten, vom Mast aufsteigenden schwarzen Streifen geteilt in Grün (oben) u. Blau – **Nationalfeiertag:** 26. 4. – **U:** 9. 12. 1961 (Tanganjika), 10. 12. 1963 (Sansibar); 27. 4. 1964 Union in Kraft getreten

**Staats- u. Regierungsform:** Präsidiale Republik föderativen Charakters – Bundesparlament (111 Abg. direkt gewählt, 128 ernannt); zusätzl. eig.

Parlament für Sansibar – Keine Wehrpflicht – Verwaltungsgliederung in 24 Regionen (mit Sansibar und Pemba)

**Staatsoberhaupt:** Präsident u. Regierungschef d. Verein. Rep. Tansania »Mwalimu« Dr. Julius Kambarage Nyerere, ohne Gegenkandidat wiedergewählt im Okt. 1980 mit 93,0% d. Stimmen – **1. Vizepräs.** u. Präs. d. 35köpf. »Revolutionsrates« in Sansibar: Ali Hassan Mwinyi – **2. Vizepräs.**: Salim Ahmed Salim (Reg.-Chef in Tanganjika) – **Regierungschef:** Prem.-Min. Salim Ahmed Salim, seit April 1984 – **Außenminister:** Benjamin Mkaba – **Parteien:** 1977 vereinigten sich die »Tanganyika African National Union«/TANU u. d. »Afro-Shirazi Party«/ASP zur »Chama Cha Mapinduzi«/CCM (»Revol. Staatspartei«); Vors. J. Nyerere; die CCM ist allein zugelassen u. hat alle Sitze im 111 Mitgl. umfass. Parlament inne – **Dipl. B.:** BR Dtld. u. DDR

**Wirtschaft: BSP** 1980: 4890 Mill. $ / 1981 (S): 5260 Mill. $/275 $ (148)/1,1 – **WS:** 52/5,5/15/2,2 – **V:** 14/78/22/8/14/–14 – **A:** 51/83/6 – **E:** 69/12,4/258 – **M:** 9,0 (24,5)

**Außenhandel:** 1982 **Einf.** 940 Mill. $, **Ausf.** 433 Mill. $ – **W:** 1 Tansania-Schilling (T.Sh.) = 100 Cents (Ct.); 1 US-$ = 12,3425 T.Sh., 1 T. Sh. = 0,2098 DM – **I:** 11,9 – **AS:** 10/1/47/13/35 – **T:** 113 – **H:** 51/45/4 – **Z:** –533/2,1/7,2/28,3 – **D:** 0,2 – **K:** –/203/..

**Mitgliedschaft:** Commonwealth, UNO, OAU, CCC, ECA, FAO, GATT, IAEA, IBRD, ICAO, IDA, IFC, ILO, IMF, IMO, ITU, UNESCO, UPU, WHO, WMO; Ost-Südostafrikan. Präf.-Handelszone; SADCC, AKP – Verteid.-Abk. m. Angola, Mosambik u. Sambia

a) **Tanganjika** (942626 km² und 17,6 Mill. Einw., S 1980)

**Bevölkerung:** Tansanier; 50–60% Bantu-Gruppen (Haya, Makonde, Njamwesi, Sukuma, Tschagga u. viele andere), außerdem hamitische Massai, arabisch-negrische Suaheli, je einige Tausend Europäer (meist Briten) und Indischstämmige, kleine arabische Minderheit – **Staatssprache:** Suaheli; Englisch als Bildungs- und Verkehrssprache wichtig; außerdem Bantu-Dialekte u. hamitische Mundarten, an der Küste Arabisch – **Religion:** rd. 30% Muslime, etwa 20% Katholiken, 10% Protestanten; Hindu-Minderheit; etwa ⅓ Anhänger von Naturreligionen

**Städte** (Z 1978): Dodoma (offiz. Hptst.) 158577 Einw., Dar es Salaam (noch faktische Hptst.) 851522, Zanzibar Town [Sansibar Stadt] 110669, Musoma 219127, Mwanza 169660, Tanga 143878, Arusha [Aruscha] 86845, Mbeya 78111, Bukoba 77022, Morogoro 74114, Shinyanga 68746, Wete 58923, Kigoma 58788, Sumbawanga 57802, Singida 55892, Songea 49303, Mtwara 48575, Chake Chake 47759, Lindi 27308

**Wichtige Ausfuhrgüter:** Kaffee (bis 40%), Baumwolle, Sisal, Tee, Nelken, Cashew-Nüsse, Pyrethrum – **u. Handelspartner:** EG (rd. 40%), davon Großbritannien u. BR Dtld. (je 10–15%), VR China, Japan, USA, BENELUX, Kenia, Hongkong, Indien, Iran, Saudi-Arabien, Indonesien

b) **Sansibar** [Zanzibar] m. Pemba (164243 Einw., 1967) Fläche 2641 km² u. 510000 Einw. (S 1980), darunter ca. 75% Bantu u. Bantu-Mischlinge, ⅛ Araber u. rd. 5% Indischstämmige – Hauptstadt: Sansibar (Z 1978) 110669 Einw. – Offiz. Sprache: Suaheli; daneben Englisch – Religion: haupts. Muslime – Eigene Regionalverfassung u. Abg.-Haus (letzte Wahl 1980), 35köpfiger Revolutionsrat; Präsident d. Exekutive gleichz. 1. Vizepräs. Tansanias: Ali Hassan Mwinyi, seit April 1984 (87% d. Stimmen)

**Wichtige Ausfuhrgüter:** Gewürznelken, Fische, Kopra

## THAILAND *(Südost-Asien)*

(Königreich Thailand; Prathet [Prades] T'hai oder Muang T'hai – [THA])

**Fläche** (45): 513115 km² (L: 35%) – **Einwohner** (18): 49460000 (S 1983; 34397374 Z 1970) = 96,4 je km² – **Städt. B.**: 15/3,4/69 – **G:** 63/53/4/7180/2420/104 – **S:** 14/96/29/13 – **Jährl. Bevölkerungswachstum:** (1970–1981) 2,5% (1981: 30/8)

**Bevölkerung:** Thailänder; über 85% Thaivölker, vor allem Siamesen, sodann Schan u. Lao, außerdem der Herkunft nach 6–10% Chinesen u. über 3% Malaien; ca. 300000 Flüchtlinge aus Indochina – **Staatssprache:** T'hai (Siamesisch); Umgangssprachen der anderen Gruppen. Handelssprache Englisch – **Religion:** 95% Hinajana (Theravada)-Buddhisten (Staatsreligion); im S 4% islamische Malaien; 0,6% Christen (überw. Katholiken)

**Flagge:** rot-weiß-blau(doppelt breit)-weiß-rot (waagerecht) – **Nationalfeiertag:** 5.12. (Geb.-Tag d. Königs) – **U:** Reichsbildung seit d. 13. Jh., auch in der Kolonialzeit unabhängig

**Staats- u. Regierungsform:** Monarchie auf parlamentarisch-demokrat. Grundlage – Neue Verfassung seit 22. Dez. 1978 in Kraft – Zweikammerparlament mit Senat (244 ernannte Mitgl., vor allem hohe Offiziere und Beamte) und Abgeordnetenkammer (324 Sitze). Der Regierungschef muß nicht Mitglied der Kammer sein. – Allg. Wehrpflicht – Verwaltungsgliederung in 73 Provinzen (Tschangwad), an deren Spitze ein Gouverneur steht

**Staatsoberhaupt:** König Bhumibol Adulyadej (Rama IX.) seit 1946, gekrönt 1950 – **Regierungschef:** General Prem Tinsulanonda, seit März 1980, Koal.-Reg. aus SAP, TBP, DemP u. NDP – **Außenminister:** Luftmarschall Siddhi Savetsila – **Parteien:** (Wahlen v. 18. April 1983) Soziale Aktionspartei/SAP d. ehem. Min.-Präs. Kukrit Pramoj 92 (1979: 83) Sitze,

Thailänd. Nationale Volkspartei (»Chatt-Thai«/CT) 73 (38), Demokratische Partei/DemP (v. R. Bhichai) 56 (32), Thai-Bürgerpartei/TBP (»Prachakorn Thai«) 35 (32), Demokrat. Partei Siams/DPS 18 (0), National-demokr. P./NDP 15 (0), Pracha Thai 4 (0), Sozialdemokraten 2 (0), Pracha Seri 1, Progressive 3 (0), Unabh. 24 (63). Die KP ist verboten – **Dipl. B.**: BR Dtld. und DDR

**Städte** (F 1.1.1983): Bangkok (Hptst.; auch Krung Thep bzw. Maha Nakhon; mit Thon Buri) 5468286, A 8 Mill. Einw.; (S 1979) Chiang Mai 105230, Nakhon Ratchasima 87371, Khon Kaen 80286, Udon Thani 76173, Pitsanulok 73175, Hat Yai 67117, Songkhla 65523, Nakhon Si Thammarat 61049, Nakhon Sawan 55741

**Wirtschaft: BSP** 1980: 31550 Mill. $ / 1981 (S): 36900 Mill. $ / 770 $ (101) / 4,2; BSP (S) 1983: 39152 Mill. $ – **WS:** 24 / 4,5 / 28 / 9,9 – **V:** 12 / 65 / 28 / 23 / 25/ – 5 – **A:** 56 / 76 / 9 – **E:** 370 / – 2,5 / 3760 – **M:** 3,8 (20,6)

**Außenhandel:** 1983 **Einf.** 10195 Mill. $, **Ausf.** 6334 Mill. $ – **W:** 1 Baht (฿) = 100 Stangs (St.); Freimarktkurs: 1 US-$ = 22,96 ฿, 1 ฿ = 0,1128 DM – **I:** 10,0 – **AS:** 14 / 6 / 44 / 5 / 25 – **T:** 62 – **H:** 53 / 37 / 5 – **Z:** – 2560 / 1,7 / 6,7 / 14,4 – **D:** 2,7 – **K:** – / 1235 / 291

**Wichtige Ausfuhrgüter:** Reis (1/7), Mais u. Tapioka (je 1/8), Textilien, Kautschuk, Zinn, Jute, Teakholz – **u. Handelspartner:** Japan (über 20%), USA (12%), BR Dtld. (4%), Großbritannien, Singapur, Niederlande, Hongkong, Malaysia, Indonesien, Saudi-Arabien, Taiwan, Frankreich

**Mitgliedschaft:** UNO, ADB, ASEAN, CCC, ECAFE, FAO, IAEA, IBRD, ICAO, IDA, IFAD, IFC, ILO, IMF, IMO, ITU, SEAMEO, UNESCO, UPU, WHO, WMO; Colombo-Plan

## TOGO *(West-Afrika)*

(Togoische Republik; République Togolaise – [TG])

**Fläche** (111): 56000 km² (L: 15%) – **Einwohner** (109): 2800000 (S 1982; 1953778 Z 1970) = 50,0 je km² – **Städt. B.:** 21 / 6,6 / 0 – **G:** 48 / 107 / 20 / 18100 / 1430 / 95 – **S:** 82 / 116 / 33 / 2 – **Jährl. Bevölkerungswachstum:** (1970–1981) 2,5% (1981: 49 / 18)

**Bevölkerung:** Togoer (Togolesen); ganz überwiegend Sudan-Völker (Ewé über 60%) u. Volta-Völker (Temba, Mopa, Gurma, Kabyé [Cabrais bzw. Kabré]), Losso; daneben Haussa, Fulbe; etwa 3000 Europäer, meist Franzosen – **Sprache:** Französisch als Amts- u. Bildungssprache, als Umgangssprachen Ewé-Dialekte, z. T. Ewé-Schriftsprache (im S); Kabye-Dialekt d. Tem-Sprache; voltaische Gur-Dialekte; (Moba u. Gurma); teilw. Pidgin-Englisch u. Haussa – **Religion:** 1/4 Christen (davon 80% Katholiken), 10–12% Muslime; Anhänger von Naturreligionen über 50%

**Flagge:** waagerecht gestreift in Grün-Gelb-Grün-Gelb-Grün, im roten Obereck ein weißer Stern – **Nationalfeiertag:** 27.4. – **U:** 27.4.1960

**Staats- u. Regierungsform:** Präsidiale Republik – Parlament aus 1 Kammer – Allgemeines Wahlrecht – Neue Verfass. am 30. Dez. 1979 mit 99,6% aller Stimmen gebilligt – Keine allgem. Wehrpflicht – Verwaltungsgliederung: 5 Entwickl.-Regionen; 19 Bezirke (»Préfectures«) u. 7 Stadtgemeinden

**Staatsoberhaupt u. Regierungschef:** General Gnassingbé [Nyassingbe] Eyadéma, seit d. Staatsstreich v. Januar 1967, gewählt 1972 u. erneut 1979 – **Außenminister:** Dr. Anani Kuma Akakpo-Ahianyo – **Parteien:** Seit 1969 »Sammlung des togolesischen Volkes« (»Rassemblement du peuple togolais«/RPT) als Einheitspartei unter Eyadéma alle 67 Sitze d. Nat.-Versamml. (letzte Wahl 1979) – **Dipl. B.:** BR Dtld. und DDR

**Städte** (S 1981): Lomé (Hptst.) 340000 Einw., Tschaoudjo (fr. Sokodé) 34000, Kpalimé 25000, Atakpamé 22000, Bassar 17500, Tsévié 16000, Aného 14000

**Wirtschaft: BSP** 1980: 900 Mill. $ / 1981 (S): 1010 Mill. $ / 380 $ (129) / 0,9 – **WS:** 24 / 1,5 / 27 / 6,2 – **V:** 17 / 68 / 31 / 15 / 25 / – 16 – **A:** 51 / 67 / 15 – **E:** 203 / 66,9 / 35 – **M:** 2,5 (7,0)

**Außenhandel:** 1981 **Einf.** 435 Mill. $, **Ausf.** 208 Mill. $ – **W:** 1 CFA-Franc = 100 Centimes (c); 1 FF = 50 CFA-Francs, 1 CFA-Franc = 0,02 FF bzw. 0,0065 DM – **I:** 8,9 – **AS:** 58 / 3 / 43 / 14 / 29 – **T:** 63 – **H:** 52 / 46 / 2 – **Z:** 3* / 4,7 / 2,9* / 99,2 – **D:** 2,0* – **K:** – / 17 / 1*

**Wichtige Ausfuhrgüter:** Phosphate (40%), Kakao (1/4) u. Kaffee (1/10), Palmkerne, Kopra, Baumwolle – **u. Handelspartner:** Frankreich (über 20%), Niederlande (15%), BR Dtld. (8%), Nigeria, USA, Japan, Jugoslawien, Polen

**Mitgliedschaft:** UNO, OAU, »Conseil de l'Entente«, CEDEAO, ECA, AKP, FAO, GATT (assoz.), IBRD, ICAO, IDA, IFAD, IFC, ILO, IMF, ITU, OCAM, UMOA, UNESCO, UPU, WHO, WMO

## TONGA *(Ozeanien)*

(Königreich Tonga; Kingdom of Tonga; »Freundschaftsinseln«)

**Fläche** (157): 699 km²; n. and. Ang. 747 km² (170 Inseln über 260000 km² Meeresfläche verstreut) (L: 80%) – **Einwohner** (161): 101162 (S 1983; 89787 Z 1979) = 144,7 je km² (auf Tongatapu 64520, Vava'u 16926, Ha'apai 12130, 'Eua 4996, Niuas 2592) – **Städt. B.:** ca. 15% – **Jährl. Bevölkerungswachstum:** (1975–1978) – 3,0%

**Bevölkerung:** rd. 99% polynesische Tonganer, kleine Gruppen von Mischlingen, Europäern usw. – **Staatssprache:** Tonga (Tonganisch) (polynes. Sprache); Englisch – **Religion:** Protestanten (u.a. d.

methodist. »Wesleyan Church« 77%); 15% röm. Katholiken

**Flagge:** rot, im weißen Obereck ein schwebendes rotes Kreuz – **Nationalfeiertag:** 4.7. (Geb. d. Königs) – **U:** 4.6.1970

**Staats- u. Regierungsform:** Konstit. Monarchie – Verfass. v. 1875 mit Änd. – Gesetzgebende Versammlung aus je 7 Häuptlingen u. gewählten Vertretern, dem Kabinett (»Privy Council«) u. d. Sprecher– Verwaltungsgliederung in 3 Insel-Distrikte

**Staatsoberhaupt:** König Taufa'ahau Tupou IV., seit 1965 – **Regierungschef:** Prem.-Min. Prinz Fatafehi Tu'ipelehake – **Außenminister:** Kronprinz Tupouto'a – **Parteien:** Keine organisierten Parteien – **Dipl. B.:** BR Dtld. (Botschaft in Neuseeland, Wellington)

**Städte** (S 1983): Nuku'alofa (auf Tongatapu) 20564 Einw. (Hptst.), Neiafu, Mu'a

**Wirtschaft: BSP** 1980: 50 Mill. $ / 1981 (S): 50 Mill. $ / 510 $ (117) / 0,8

**Außenhandel:** 1982 **Einf.** 47 Mill. $, **Ausf.** 5 Mill. $ – **W:** 1 Pa'anga bzw. Tonga-$ (T$) = 100 Seniti (s); 1 US-$ = 1,054 T$, 1 T$ = 2,4573 DM

**Wichtige Ausfuhrgüter:** Kokosnußprodukte (½), Vanille, Gemüse und Früchte – **u. Handelspartner:** Neuseeland (bis 50%), Australien, EG, Japan, Fidschi

**Mitgliedschaft:** Commonwealth; AKP; ADB, ESCAP, Südseeforum, ITU, UPU, WHO

## TRANSKEI *(Süd-Afrika)*

(Republik Transkei; Iripabliki ye-Transkei [Xhosa]; Repaboliki ya-Transkei [Sotho])

**Fläche** (119): 38541 km² (nach and. Ang. 44630 km²) – **Einwohner** (110): 2694500 (S 1982, mit Xhosa-Angeh. in Südafrika; de facto ohne diese 1900000) = 69,9 je km² – **Städt. B.:** weniger als 5% – **Jährl. Bev.-Wachstum:** (1970–1978) über 2%

**Bevölkerung:** 2229782 Xhosa (hauptsächlich zur Ñguni-Gruppe der Bantu gehörend, in 11 Stämme gegliedert), 89657 Süd-Sotho, 5957 Mischlinge (»Coloured«), 5496 Weiße – **Staatssprache:** isiXhosa, auch SeSotho, Englisch u. Afrikaans in Verwaltung u. bei Gericht zugelassen – **Religion:** überwiegend Protestanten, daneben Katholiken

**Flagge:** rötlicher Ocker-weiß-grün (waagerecht) – **Nationalfeiertag:** 26.10. – Im 19. Jh. kriegerische Auseinandersetzung mit den weißen Siedlern; zwischen 1879 u. 1897 v. d. Briten annektiert. 1910 Teil d. Südafrikanischen Union, 1961 d. Rep. Südafrika; s. 1956 wachsende innere Autonomie – **U:** 26.10.1976, jedoch international nicht anerkannt u. faktisch weiterhin von der Rep. Südafrika abhängig

**Staats- u. Regierungsform:** Republik – Einkammerparlament aus 150 Mitgliedern (75 gewählt, 5 »Chiefs«, d.h. Oberhäuptlinge, u. 70 Häuptlinge) – Wahlperiode 5 J. – Wahlrecht auch f. d. in Südafrika lebend. Bürger – Allgemeine Wehrpflicht – Regionale (9), Bezirks-, Stammes- und Gemeindeverwaltungen

**Staatsoberhaupt:** Präsident Dr. h. c. Kaizer Daliwonga Matanzima, seit 1979 (vorher Reg.-Chef) – **Regierungschef:** George Matanzima – **Außenminister:** Digby S. Koyana – **Parteien:** »Transkei National Independence Party«/TNIP unter George Matanzima; vertritt bedingt Kooperation mit der Rep. Südafrika; nach den Wahlen von Sept. 1981 74 der 75 gewählten Abgeordneten; außerdem die opposit., streng die »Apartheid«-Politik ablehnende »Democratic Progressive Party«/DPP 1 Sitz. Die Opposition hat wenig Spielraum

**Städte** (S 1982): Umtata (Hptst. m. V., S 1980) 32000 Einw., ohne V. 11150, Geuwe 25875, Ngangelizwe 20000, Ezibeleni 17000

**Wirtschaft: BSP** 1973: über 600 Mill. $ / ca. 205 $ (157); BSP (S) 1981 447 Mill. R / 601 R pro Kopf; Wachstum d. BSP (1975–1980) 9,3%

**Außenhandel: W:** Südafrikan. Rand (R)

**Wichtige Ausfuhrgüter:** Tee, Mais – **u. Handelspartner:** Rep. Südafrika

**Mitgliedschaft:** Zoll- und Währungsgemeinschaft mit der Rep. Südafrika usw. (SAEMU), SATBVC-Staaten

## TRINIDAD und TOBAGO *(Süd-Amerika)*

(Republik T. u. T.; Rep. of T. and T. [TT])

**Fläche** (147): 5128 km² (Tobago allein 301 km²) (L: 26%) – **Einwohner** (127): 1130000 (S 1982; 940719 Z 1970) = 220,4 je km² (Tobago allein 40950 S 1978) – **Städt. B.:** 22 / 1,4 / 0 – **G:** 72 / 31 / 1 / 1490 / 410 / 113 – **S:** 5 / 94 / 56 / 1* – **Jährl. Bevölkerungswachstum:** (1970–1981) 1,4% (1981: 29 / 8)

**Bevölkerung:** 43% Schwarze, 40% aus Vorderindien Stammende, 14% Mulatten, 2% Weiße, fast 1% Chinesen – **Staatssprache:** Englisch; Umgangssprachen auch Spanisch u. z. T. Franz. – **Religion:** 36% Katholiken, etwa 30% Protestanten, 23% Hindus, 6% Muslime, 300 Juden

**Flagge:** karmesinrotes Feld, darin vom Mast absteigend weißgeränderter schwarzer Streifen – **Nationalfeiertag:** 31.8. – **U:** 31.8.1962

**Staats- u. Regierungsform:** Präsidiale Republik – Neue Verfass. v. 1976 – Parlament aus 2 Kammern – Keine Wehrpflicht – Verwaltungsglied. in 8 Counties, 3 Munizipalitäten u. Tobago (innere Autonomie)

**Staatsoberhaupt:** Sir Ellis Emanuel Clarke – **Regierungschef** u. Finanzminister: George Chambers, PNM – **Außenminister:** Senator Dr. Basil Ince –

**Parteien:** Bei den Wahlen v. Nov. 1981 erhielt »People's National Movement«/PNM 26 (1976: 24) d. 36 Sitze. Die aus 3 linksgericht. Parteien gebild. Nat. Allianz gewann d. restl. 10 Sitze (davon »United Labour Front«/ULF 8 u. 2 f. d. »Congress of Dem. Action«/CDA in Tobago); 0 Sitze (aber 22,3%) f. d. neugebild. »Organisation for National Reconstruction« – **Dipl. B.:** BR Dtld.

**Städte** (S 1980): Port of Spain (Hptst.) 65906 (A 250000), San Fernando 33490, Arima 11390; Scarborough (Hauptort auf Tobago) 3000 (S 1975)

**Wirtschaft: BSP** 1980: 5850 Mill. $ / 1981 (S): 6720 Mill. $ / 5670 $ (33) / 3,9 – **WS:** 2 / – 1,8 / 52 / 4,0 – **V:** . . / 60 (inkl. öff. V.) / 30 / 40 / 45 / 10 – **A:** 63 / 10 / 39 – **E:** 7312 / 2,8 / 760 – **M:** 0,8 (2,5)

**Außenhandel:** 1982 **Einf.** 3697 Mill. $, **Ausf.** 3072 Mill. $ – **W:** 1 Trinidad- u. Tobago-Dollar (TT$) = 100 Cents; 1 US-$ = 2,39850 TT$, 1 TT$ = 1,0798 DM – **I:** 18,7 – **AS:** 93 / 1 / 29 / 11 / 25 – **T:** 129 – **H:** 76 / 24 / <1 – **Z:** 357 / 1,4 / 6,5 / 9,7 – **D:** 11,3 – **K:** – / 62 / 166

**Wichtige Ausfuhrgüter:** Erdöl und -derivate (80–90%), Asphalt, Zucker, Rum, Kakao – **u. Handelspartner:** USA (fast 50%), Großbritannien (7%), Saudi-Arabien, Niederlande, Japan, CARICOM-Länder (ca. 5%)

**Mitgliedschaft:** Commonwealth, UNO, OAS, BID, CARICOM, CECLA, ECLA, FAO, GATT, IBRD, ICAO, IFC, ILO, IMF, IMO, ITU, OLADE, UNESCO, UPU, WHO, WMO, AKP

## TSCHAD *(Zentral-Afrika)*

(Republik Tschad; République du Tchad; Djoumhourîyat Tachâd; Dschumhurijjat Taschaad; engl. Chad)

**Fläche** (19): 1284000 km² (L: 2,5–7%) – **Einwohner** (92): 4680000 (S 1982; ohne ca. 200000 im Ausland lebende Männer 3254000 Z 1963/64) = 3,6 je km² (am stärksten bewohnt ist der S u. SW des Landes) – **Städt. B.:** 19 / 6,5 / 0 – **G:** 43 / 146 / 32 / 47530 / 3850 / 74 – **S:** 85 / 35 / 3 / <1 – **Jährl. Bevölkerungswachstum:** (1970–1981) 2,0% (1981: 43 / 22)

**Bevölkerung:** Tschader; Araber (etwa 15%), im Sahelgebiet stark arab. Völker (Kanembou, Boulala, Hadjeraï, Dadjo usw., zus. rund 38%), Sara (im S, etwa 30%), tschadische Gruppen m. tschado-hamit. Sprachen westl. d. Logone (20%), Tibbu-Daza-Gruppen im Tibesti (2%), städt. Haussa, Fulbe. Über 4000 Europäer, überwiegend in den Städten, meist Franzosen – **Staatssprache:** Französisch, theoret. auch Arabisch, Verkehrssprache Tschad-Arabisch; regional Sara, Baguirmi, Boulala, Tibbu-Gorane usw. – **Religion:** 55–60% Muslime, 9% (n. and. Ang. bis 30%) Christen (überw. Katholiken), Anhänger von Naturreligionen

**Flagge:** blau-gelb-rot (senkrecht) – **Nationalfeiertag:** 13.4., 11.8. – **U:** 11.8.1960

**Staats- u. Regierungsform:** Präsidiale Republik – Einkammerparl. – Allgem. Wahlrecht – Keine Wehrpflicht – Verwaltungsglied. in 14 Präfekturen

**Staats- u. Reg.-Chef:** Hissène [Hissen] Habré, zunächst Befehlshaber d. Nordarmee (CCFAN), Vors. eines »Conseil National Consultatif« (Nat. Konsultativrat), seit Juni 1982 (Eroberung d. Hptst. durch d. CCFAN), vereidigt im Okt. 1982 – **Außenminister:** Gouara Lassou – **Parteien:** Seit 1975 kein gewähltes Parlament. Weiter andauernde Kämpfe. Gegenreg. d. Goukouni Oueddei (v. Libyen unterstützt; hält d. Norden besetzt) – **Dipl. B.:** BR Dtld. u. DDR

**Städte** (S 1980): N'Djaména [Andschammäna] (fr. Fort Lamy, Hptst. 1979) 303000 Einw., Sarh (fr. Fort Archambault) 65000, Moundou 60000, Abéché 54000 (stark schwankende Zahlenangab.)

**Wirtschaft: BSP** 1980: 490 Mill. $ / 1981 (S): 490 Mill. $ / 110 $ (168) / – 3,6 – **WS:** 52* / – 0,3* / 12* / 1,1* – **V:** 13* / 82* / 11* / 5* / 23* / – 6* – **A:** 54 / 85 / 7 – **E:** 22 / 4,6* / 38 – **M:** 4,5* (24,6*)

**Außenhandel:** 1982 **Einf.** 109 Mill. $, **Ausf.** 58 Mill. $ – **W:** 1 CFA-Franc = 100 Centimes; 1 FF = 50 CFA-Francs, 1 CFA-Franc = 0,02 FF bzw. 0,0065 DM – **I:** 7,4 – **AS:** 3* / 0* / 23* / 19* / 19* – **T:** 101 – **H:** 44 / 49 / 0 – **Z:** 2* / 2,9 / 3,9* / 50,9 – **D:** 0,5* – **K:** – / – 1 / 1*

**Wichtige Ausfuhrgüter:** Baumwolle (60–70%), Viehzuchtprod., Erdnüsse – **u. Handelspartner:** Frankreich (über 30%) u. übr. EG-Länder, Nigeria (15%), Japan, Zaïre, USA, Kongo, Kamerun

**Mitgliedschaft:** UNO, OAU, UDEAC (trotz Austritt wird UDEAC-Zolltarif angewendet), CFA, ECA, AKP, FAO, GATT, IBRD, ICAO, IDA, IFAD, ILO, IMF, ITU, UNESCO, UPU, WHO, WMO. Mitglied d. Staatengruppe der »Sahara-Anrainer«, Niger-Fluß u. Tschadseebecken-Kommission

## TSCHECHOSLOWAKEI *(Mittel-Europa)*

(Tschechoslowak. Sozialist. Rep.; Československá Socialistická Republika/ČSSR – [ČS])

**Fläche** (90): 127869 km² (L: 42%) – **Einwohner** (44): 15420000 (S 1983; 15277800 Z XI. 1980) = 120,6 je km² – (4991168 [Z 1980]) = 32,4% d. Gesamtbevölkerung leben in d. Slowakei [49014 km²]) – **Städt. B.:** 64 / 1,9 / 12 – **G:** 72 / 17 / 1 / 360 / 130 / 141 – **S:** 5* / 91 / 44 / 16 – **Jährl. Bevölkerungswachstum:** (1970–1981) 0,7% (1981: 15,5 / 11,7)

**Bevölkerung:** Z 1980: Tschechen 9818618 (64,3%), Slowaken 4664460 (30,5%), Madjaren 579617, Polen 67923, Deutsche 61917, Ukrainer 47554, Russen 7630, keine Nationalität 29080 – **Staatssprache:** Tschechisch und Slowakisch – **Reli-**

**gion:** überwieg. röm.-kath.; daneben etwa 8% Anhänger d. kath. Tschechoslowakischen Kirche u. 8% Protestanten; griech.-orthodoxe Minderheit u. 17000 Juden (insg. noch 11 Mill. Gläubige, doch starke Behind. d. Kirchen)

**Flagge:** weiß-rot (waagerecht) mit blauem Dreieck am Flaggstock – **Nationalfeiertag:** 9.5. – **U:** 28.10.1918

**Staats- u. Regierungsform:** Föderat. Sozialistische Rep. – Föderalversammlung aus »Volkskammer« (mit 200 im Gesamtstaat direkt gewählten Abg.) u. d. »Kammer d. Nationen« (Länderkammer, mit je 75 in der ČSR [Tschech. Soz. Rep.] u. 75 in d. SSR [Slowak. Soz. Rep.] in direkter Wahl gewählten Abg.). Die Föderalversamml. beschließt d. Verfass., berät grundsätzl. Fragen d. Außen- u. Innenpolitik, kontrolliert d. Föderalregierung u. wählt d. Präsid. d. ČSSR (für 5 Jahre) – Beide Kammern müssen einer Vorlage zustimmen – Wahlrecht f. alle über 18 Jahre alten Bürger – Wehrpflicht – Je eigene Regierung u. Nationalrat für d. ČSR (MinPräs Josef Korčak) u. d. SSR (MinPräs Dr. Peter Colotka, CSc) – Verwaltungsglied. in 10 Regionen (Kraje) sowie Prag u. Bratislava als Stadtregionen

**Staatsoberhaupt:** Präsident Dr. Gustav Husák, KPČ, seit 1975, wiedergewählt 1980 – **Regierungschef der Bundesregierung:** Lubomir Štrougal – **Außenminister:** Bohuslav Chňoupek – **Parteien:** entscheidende Kraft ist die KP (KPČ/KPTsch); sie lenkt d. aus ihr u. d. verschied. formal weiterbestehenden polit. Gruppen (Tschechoslowak. Sozialist. Partei/ČSS, Tschechoslow. Volkspartei/ČSL, Partei d. Freiheit/SSI, Partei d. Slowak. Wiedergeburt/SSO) zusammengesetzte »Nationale Front« (Vors. d. ZK d. Nat. Front d. ČSSR: Dr. Gustav Husák, der ČSR: Prof. Dipl.-Ing. Josef Kempný, CSc u. d. SSR: Dr. Jozef Lenárt) – Bei d. Wahlen v. Juni 1981 wurden für d. Einheitsliste d. »Nat. Front« 99,9% aller Stimmen abgegeben – Der Gesamt-KP gehörten am 1.1.1982 1458000 Mitgl. an (u.a. etwa ⅔ »Vertreter der Arbeiterklasse«; 24% d. Mitgl. sind Frauen) u. 123000 Kandidaten – **Dipl. B.:** BR Dtld. und DDR

**Städte** (B VII 1980): Prag [Praha] (Hptst.) 1193135 Einw., Preßburg [Bratislava] 381476, Brünn [Brno] 376001, Ostrau [Ostrava] 326716, Kaschau [Košice] 204710, Pilsen [Plzeň] 171275, Olmütz [Olomouc] 103787, Havířov 94000, Königgrätz [Hdradec Králové] 93000, Pardubitz [Pardubice] 93000, Budweis [České Budějovice] 89000, Reichenberg [Liberec] 85000, Gottwaldov 83000, Karwin [Karviná] 80000, Aussig [Ústí nad Labem] 80000, Neutra [Nitra] 72000, Preschau [Prešov] 69000, Sillein [Zilina] 67000, Kladno 66000, Neusohl [Banská Bystrica] 66000, Travna 62000, Brüx [Most] 61000, Karlsbad [Karlovy Vary] 61000, Troppau [Opava] 59000

**Wirtschaft: BSP** 1979: 79140 Mill. $ / 1980 (S): 89260 Mill. $/5820 $ (32)/4,1* – **WS:** 8*/../75*/.. – **V:** 7*/66*/25*/27*/../2* – **A:** 64/11/48 – **E:** 6847 / 1,6 / 16867 – **M:** 3,9*

**Außenhandel:** 1982 **Einf.** 15397 Mill. $, **Ausf.** 15597 Mill. $ – **W:** 1 Tschechoslowakische Krone (Koruna, Kčs) = 100 Haleru (h); 1 US-$ = 6,37 Kčs, 1 Kčs = 0,4066 DM – **AS:** 7/50/19/10/36 – **H:** 22/10/65

**Wichtige Ausfuhrgüter:** Maschinen u. Fahrzeuge (40–50%), Eisen/Stahl, Textilien, chem. Produkte, Glas/Porzellan, landw. Produkte, Holz, Kohle – **u. Handelspartner:** RGW-Staaten (insg. knapp 70%), davon UdSSR rd. 40% u. DDR 10%; BR Deutschland (5%) u. and. EG-Länder (zus. 12%), Österreich, USA, Jugoslawien, Ägypten

**Mitgliedschaft:** UNO, Warschauer Vertrag, RGW, ECE, FAO, GATT, IAEA, ICAO, ILO, IMO, ITU, UNESCO, UPU, WHO, WMO

## TUNESIEN *(Nord-Afrika)*

(Tunesische Republik; El Dschumhurija et Tunusija bzw. Al Djoumhouria Attunusia; République Tunisienne – [TN])

**Fläche** (84): 164150 km² (125181 km² ohne strittige Gebiete m. Libyen; n. eig. Ang. 155300 km²) (L: 28%) – **Einwohner** (75): 6650000 (S 1982; 5588209 Z 1975 prov.) = 40,5 je km² – **Städt. B.:** 53/4,0/30 – **G:** 61/88/9/3690/890/116 – **S:** 38/103/27/5 – **Jährl. Bevölkerungswachstum:** (1970–1981) 2,3% (1981: 34,4 / 7,6)

**Bevölkerung:** Tunesier (z.T. arabisierte Berber); kl. franz. u. ital. Minderheiten u. Malteser – **Staatssprache:** Arabisch; westarab. Dialekt (Tunesisch) als Umgangssprache; Französisch wichtig als Bildungs- u. Handelssprache – **Religion:** rund 96% meist sunnitische Muslime; der Islam ist Staatsreligion. Etwa 20000 Katholiken u. kleine protest. Gruppen; über 9000 (n. and. Ang. 23000) Juden

**Flagge:** in Rot weiße Scheibe mit rotem Halbmond u. Stern – **Nationalfeiertag:** 1.6. – **U:** alte staatl. Tradition; unabhängig seit 20.3.1956

**Staats- u. Regierungsform:** Präsidiale Republik – Parlament aus 1 Kammer – Allgemeine Wehrpflicht – Verwaltungsgliederung in 21 Bezirke (Gouvernorate) unter je einem Regionsgouverneur

**Staatsoberhaupt:** Präsident Habib Ben Bourgiba [Burgiba], seit 1957 (s. 1975 auf Lebenszeit); »Conseiller spécial« d. Präs.: Habib Bourgiba jr. – **Regierungschef:** Premierminister Mohammed Mzali [Msali], auch Gen.-Sekr. d. Partei – **Außenminister:** Beji Caid Essebsi – **Parteien:** d, nationalist. (früher »Neo-Destour-Partei«) »Parti Socialiste Destourien« hat zus. mit d. Einh.-Gewerksch. UGTT als Nat. Front bei d. Wahlen im Nov. 1981 94,98% d. Stimmen u. erneut alle 136 Sitze gewonnen. Oppos.-Parteien: MSD/»Mouvement des démocrates socialistes«,

MUP/»Mouvement de l'unité populaire«, KP – **Dipl. B.:** BR Dtld. u. DDR

**Städte** (Z 1975; in Klammern als Gouvernorate Z 1.7.1981): Tunis (Hptst.) 873513 (1147400) Einw., Sfax 171290 (561200), Sousse 69530 (298600), Bizerte [Biserta] 62856 (382400), Kairouan (heilige islam. Stadt) 54546 (395400), Menzel Bourgiba 42111, Gafsa 42225, Gabés 40585 (296100), Béja 39336 (271800)

**Wirtschaft: BSP** 1980: 8020 Mill. $ / 1981 (S): 9300 Mill. $/1420 $ (74)/5,4–**WS:** 16/4,1/37/9,3–**V:** 15 /62/31/23/42/ – 8–**A:** 56/35/32–**E:** 652/6,0/929–**M:** 3,9 (12,0)

**Außenhandel:** 1982 **Einf.** 3294 Mill. $, **Ausf.** 1960 Mill. $ – **W:** 1 Tunesischer Dinar (tD) = 1000 Millimes (M); 1 US-$ = 0,7073 tD, 1 tD = 3,6618 DM –**I:** 8,2–**AS:** 56/2/33/14/23–**T:** 104–**H:** 75/20/1–**Z:** – 450/6,1/13,9/38,0–**D:** 1,8–**K:** –/1104/294

**Wichtige Ausfuhrgüter:** Erdöl (ca. 50%), Bekleidung (10%), Phosphate (15%), Olivenöl, Wein, Früchte, Getreide, Eisen- u. Kupfererze – **u. Handelspartner:** Frankreich (rd. ¼), Italien (10–15%), BR Dtld. (10%), USA, Großbritannien, Spanien

**Mitgliedschaft:** UNO, CCC, ECA, FAO, GATT (assoz.), IAEA, IBRD, ICAO, IDA, IFAD, IFC, ILO, IMF, IMO, ITU, OAU, OAPEC, UIA, UNESCO, UPU, WHO, WMO, AfDB, Arab. Liga; Abk. m. d. EG

## TÜRKEI *(Vorder-Asien)*

(Republik Türkei; Türkiye Cumhuriyeti – [TR])

**Fläche** (34): 780576 km² (m. 29777 km² Binnengewässern), davon 23623 km² (mit üb. 10% d. Bevölkerung) in Europa (Avrupa Türkiyesi) (L: 35%) – **Einwohner** (19): 47280000 (S 1983; 44737000 Z 1980) = 60,6 je km² – **Städt. B.:** 47/4,1/42–**G:** 62/119/20/1630/1130/122–**S:** 40/101/37/6–**Jährl. Bevölkerungswachstum:** (1970–1981) 2,3% (1981: 33 / 9)

**Bevölkerung:** über 90% Türken, etwa 7% Kurden (offiziell als »Bergtürken« bezeichnet), 1% Araber; Tscherkessen, Armenier (ca. 30000), Griechen (rd. 6000), Lasen, Bulgaren, Georgier usw. – **Staatssprache:** Türkisch; Umgangssprache der jeweiligen Gruppen – **Religion:** über 98% sunnit. Muslime, daneben 1983 160000 Christen (1975: 22983 Orthod., 73725 Kathol., 25833 Protest., 84284 sonstige Christen); 38267 Juden

**Flagge:** rotes Feld mit weißem Halbmond und Stern – **Nationalfeiertag:** 29. 10. – **U:** Gründung des Osmanischen Reiches an der Wende vom 13. z. 14. Jh.; Republik Türkei s. 1920 bzw. 1923

**Staatsform:** Republik – Parlament (Große Nationalversammlung, »Türkiye Büyük Millet Meclisi«) seit 12. 9. 1980 aufgelöst – Verfassungsreferendum v. 7. Nov. 1982 für d. neue Verfass. mit überwieg. Mehrheit angenommen – Allgem. Wahlpflicht ab 21 Jahren – Neuwahlen zur »Großen Nationalversammlung« (400 Abg.) am 6. Nov. 1983 – Wehrpflicht – Verwaltungsgliederung in 67 Provinzen (Vilayet)

**Staatsoberhaupt:** Präs. Kenan Evren, seit Sept. 1980 – **Regierungschef:** Min.-Präs. Turgut Özal, seit Dez. 1983 – **Außenminister:** Vahit Halefoglu – **Parteien:** Nach Inkrafttreten d. neuen Verfass. gewählt am 6. Nov. 1983: Mutterlandspartei (»Anavatan Partisi«/AnaP v. T. Özal) 45% d. Stimmen u. 211 Mandate, Volkspartei (»Halkci Partisi«/HP, sozialdemokrat., unter Necdet Calp) 30,4% u. 117, Nationaldemokrat. Partei (»Milliyetci Demokrasi Partisi«/MDP, konserv., militärnah, unter Turgut Sunalp) 23,3% u. 71. Nach Konstituierung d. Parlaments Anfang Dez. 1983 wurde das Militärregime offiziell beendet u. d. Nationale Sicherheitsrat aufgelöst, dessen Mitgl. sich als Präsidentschaftsrat konstituierten – **Dipl. B.:** BR Dtld. u. DDR

**Städte** (Z X/1980): Ankara (Hptst.) 1877755 (A 2,8 Mill.) Einw., Istanbul 2772708 (A 4,7 Mill.), Izmir 757854, Adana 574515, Bursa 445113, Gaziantep 374290, Konya 329139, Eskişehir 309431, Kayseri 281320, Diyarbakir 235617, Mersin 216308, Samsun 198749, Erzurum 190241, Malatya 179074, K. Maraş 178557, Kirikkale 178401, Kağithane 175540, Antalya 173501, Sivas 172864

**Wirtschaft: BSP** 1980: 61610 Mill. $ / 1981 (S): 70210 Mill. $/1540 $ (72)/3,0–**WS:** 23/3,2/32/6,1 –**V:** 11/70/25/19/11/ – 6–**A:** 57/54/13–**E:** 779/3,1 / 5134 – **M:** 3,8 (15,3)

**Außenhandel:** 1983 **Einf.** 3744 Mill. $, **Ausf.** 2267 Mill. $ – **W:** 1 Türkisches Pfund (TL.) = 100 Kuruş (krş); 1 US-$ = 319,00 TL., 1 TL. = 0,0081 DM – **I:** 32,7–**AS:** 8/3/126/4/18–**T:** 67–**H:** 47/31/7–**Z:** – 2175/2,0/15,0/23,4–**D:** 3,3–**K:** – /1306/150

**Wichtige Ausfuhrgüter:** Früchte (bis 10%), Baumwolle (bis ⅕), Tabak (bis 10%), Chrom- u. Kupfererze, Viehzuchtprodukte (Landw. Prod. insg. ⅓) – **u. Handelspartner:** BR Deutschland (knapp 10%), USA, Italien u. Frankreich (je 7%), Großbritannien, Schweiz, Irak, BENELUX, Japan, Libyen (10%), Iran; EG insg. 30%, OECD knapp 50%

**Mitgliedschaft:** UNO, NATO, Europarat, CCC, ECE, ECWA, EG-assoz., FAO, GATT, IAEA, IBRD, ICAO, IFC, IFAD, ILO, IMF, IMO, ITU, OECD, UNESCO, UPU, WHO, WMO. Mit Iran u. Pakistan i. d. »Reg. Coop. for Development«/RCD

## TUVALU *(Ozeanien)*

(Vor 1975 »Ellice Islands«, Tuvalu = »8 Atolle«)

**Fläche** (174): 24,6 km² (1,3 Mill. km² Meeresfläche) – **Einwohner** (176): 7000 (S 1982; 9173 Z 1979, davon 1824 im Ausland) = 284,6 je km² (Hauptinseln: Nanumea, Nanumanga, Niutao, Nui, Vaitupu,

Nukufetau, Funafuti [Reg.-Sitz], Nukulaelae, Niulakita) – **Jährl. Bev.-Wachstum** (1973–79): 4,1 %

**Bevölkerung:** Tuvaluer (Tuvaluaner); Polynesier (96 %) u. Melanesier – **Sprache:** Tuvalu (Tuvaluanisch; polynes. Dialekt) – **Religion:** überw. Protestanten

**Flagge:** hellblau, im Obereck »Union Jack«; rechts davon 9 gelbe Sterne in Anordnung der 8 bewohnten u. 1 unbewohnten Insel – **Nationalfeiertag:** 1.10. – **U:** 1.10.1978

**Staats- u. Regierungsform:** Konstitutionelle Monarchie – Parlament (»House of Assembly«) aus 12 Abgeordneten, 4 Ministern u. Reg.-Chef – Lokale Inselparlamente mit jew. 6 Abg.

**Staatsoberhaupt:** Königin Elizabeth II., vertr. d. Gen.-Gouv. Sir Fiatau Penitala Teo – **Regierungschef u. Außenminister:** Dr. Tomasi Puapua – **Parteien:** Letzte Wahl im Sept. 1981 – Keine Parteien im europ. Sinne, statt dessen Sippenverbände – **Dipl. B.:** BR Dtld. (Botschaft in Wellington/Neuseeland)

**Städte** (S 1980): Veiaku auf Funafuti ca. 2120 Einw.

**Wirtschaft: BSP** 1980: 5 Mill. $ / 1981 (S): 5 Mill. $ / 680 $ [105] / . .

**Außenhandel: W:** Austral. Dollar ($A)

**Wichtige Ausfuhrgüter:** Kopra, Fische, Briefmarken; Einnahmen v. 1500 auswärts arbeitenden Tuvaluanern

**Mitgliedschaft:** Commonwealth, SPC, Südseeforum, AKP, SPF, SPEC, UPU, WHO

## UGANDA *(Ost-Afrika)*

(Republik Uganda; Republic of Uganda; Jamhuriya Uganda – [EAU])

**Fläche** (76): 236036 km² (m. 39459 km² Binnengewässern; n. eig. Angaben 241000 km², davon 44079 km² Binnengew.) (L: 28 %) – **Einwohner** (52): 14120000 (S 1982; Z 1980 12,6 Mill.) = 59,8 je km² – **Städt. B.:** 9/3,4/52 – **G:** 48/96/17/26810/4180/83 – **S:** 48/50/5/1 – **Jährl. Bevölkerungswachstum:** (1970–1981) 2,6 % (1981: 50 / 18)

**Bevölkerung:** Ugander; zu fast 50 % Bantu-Gruppen (davon ⅕ Buganda [Baganda]); sudanesische (5 %), nilotische (13 %) u. hamitische (13 %) Gruppen; einige Hundert Inder, kleine europäische u. arabische Gruppen – **Staatssprache:** Englisch und Kisuaheli; Sprachen der verschied. Gruppen, u. a. Buganda ⅓ – **Religion:** ca. 30 % Katholiken, 18–20 % Protestanten, 5–10 % Muslime; Anhänger von Naturreligionen; verschiedene Relig.-Gemeinschaften (u. a. Bahai, Baptisten, »Messias-Kirche« usw.)

**Flagge:** schwarz-gelb-rot-schwarz-gelb-rot (waagerecht), in d. Mitte weiße Scheibe m. Kronenkranich – **Nationalfeiertag:** 9.10. – **U:** 9.10.1962

**Staats- u. Regierungsform:** Präsidiale Republik – Die Partei mit über 40 % d. Parlamentssitze benennt d. Präsidenten – Verwaltungsglied. in 38 Distrikte

**Staatsoberhaupt:** Dr. Apollo Milton Obote, seit Dez. 1980, auch Finanz- u. Außenminister; Vizepräs.: Paulo Muwanga – **Regierungschef:** Premierminister Otema Alimadi – Staatsminister f. Ausw. Ang.: Dr. Albert Picho-Owiny – **Parteien:** Bei d. umstrittenen Wahlen zur Nationalversamml. am 10. Dez. 1980 fielen 72 d. insg. 126 Sitze an d. »Ugandischen Volkskongreß« (»Uganda People's Congress«/UCP) v. M. Obote, 51 an d. katholisch-konserv. »Demokrat. Partei« (»Dem. Party«/DP) v. Paul Semogere, 1 an d. »Patriot. Bew. Ugandas« (»U. Patriotic Movement«/UPM) u. 0 an d. »Conservative Party«/CP – **Dipl. B.:** BR Dtld. u. DDR

**Städte** (Z 1982): Kampala (Hptst.) A 460000 Einw., Jinja 55000, Bugembe 48000, Mbale 25000, Tororo 16000, Entebbe 11000

**Wirtschaft: BSP** 1980: 2490 Mill. $ / 1981 (S): 2890 Mill. $/220 $ (155)/ – 4,1 – **WS:** 75/ – 0,8/4/ – 9,8 – **V:** . . / 97 (inkl. öff. V.) / 3 / 3 / 1 / <1 – **A:** 52 / 83 / 6 – **E:** 34 / –8,3 / 163 – **M:** 0,4 (13,7)

**Außenhandel:** 1981 **Einf.** 400 Mill. $, **Ausf.** 220 Mill. $ – **W:** 1 Uganda-Schilling (U.Sh.) = 100 Cents (Ct.); f. sonst. Devisentransaktionen: 1 US-$ = 289,70 U.Sh., 1 U.Sh. = 0,0089 DM – **I:** 41,2 – **AS:** 8* / 0* / 5* / 6* / 25* – **T:** 106 – **H:** 78 / 19 / <1 – **Z:** – 161 / 0,5 / 3,9 / 5,2 – **D:** 0,3 – **K:** – / 32 / 3

**Wichtige Ausfuhrgüter:** Kaffee (bis 70 %), Baumwolle, Kupfer, Tee, Ölsaaten, Häute, Zinnerz – **u. Handelspartner:** Kenia (bis 30 %), Großbritannien (15 %), USA, BR Dtld., Japan, Italien, Frankreich

**Mitgliedschaft:** Commonwealth, UNO, OAU, CCC, ECA, FAO, GATT, IAEA, ICAO, IBRD, IFAD, IFC, ILO, IMF, ITU, UNESCO, UPU, WHO, WMO; AKP; Vereinbar. über Koop. mit Zaïre; »Nil-Staaten«

## UNGARN *(Mittel-Europa)*

(Ungarische Volksrepublik; Magyar Népköztársaság – [H])

**Fläche** (103): 93032 km² (L: 60 %) – **Einwohner** (56): 10725000 (S 1982; 10710000 Z 1980) = 115,3 je km² – **Städt. B.:** 54 / 1,4 / 37 – **G:** 71 / 21 / 1 / 400 / 150 / 134 – **S:** 1 / 97 / 40 / 13 – **Jährl. Bevölkerungswachstum:** (1970–1981) 0,4 % (1981: 13 / 14)

**Bevölkerung:** Ungarn; rd. 98 % Madjaren (Ungarn); S 1980 61000 Deutsche, S 1974 je 130000 Slowaken, Kroaten u. Serben, 37000 Rumänen u. 320000 Zigeuner – **Staatssprache:** Madjarisch (Ungarisch) – **Religion:** 1976 5250000 röm.-kath., 500000 griech.-kath., 2 Mill. Kalvinisten, 500000 Lutheraner, 40000 Orthodoxe, 80000–100000 Juden. Nach offiz. Ang. nehmen nur etwa 1,5 Mill. Personen aktiv an kirchlichem Leben teil, n. and. Ang. bezeichnete sich 1979 jeder zweite Einw. als religiös

**Flagge:** rot-weiß-grün (waagerecht) – **Nationalfeiertag:** 4.4. – **U:** alte staatl. Tradition; 21.12.1867 gleichberechtigte Reichshälfte in »Österreich-Ungarn«; 16.11.1918 Unabhängigkeitsproklamation

**Staats- u. Regierungsform:** Kommun. Volksrep. – Parlament mit 1 Kammer (Országgyülés), die Nationalversammlung, die als kollektives Staatsoberhaupt den Präsidialrat (Népköztársaság Elnöki Tanácsa) wählt – Wahl der Abgeordneten f. 5 Jahre – Wahlberechtigung für alle Bürger ab 18 J. – Wahlrechtsreform im Dez. 1983 (Kandidatur v. mehreren Bewerbern pro Wahlkreis) – Wehrpflicht – Zentralist. Verwaltung; Hptst., 5 Stadtgebiete, 19 Komitate (Megyék)

**Staatsoberhaupt:** Präsidialrat der Nationalversammlung bzw. dessen Vorsitzender Pál Losonczi, erneut seit 1980 – **Regierungschef:** Ministerpräsident György Lázár, Ung. Soz. Arbeiterpartei – **Außenminister:** Peter Várkonyi – **Parteien:** entscheidend in allen Fragen ist die kommunist. »Ungarische sozialistische Arbeiterpartei« (»Magyar Szocialista Munkáspárt«/MSZMP; 1980 811833 Mitgl., 73,2% Arbeiter u. Bauern); Erster Sekretär: János Kádár. Bei d. Parl.-Wahlen v. Juni 1980 stimmten für die v. Wählerversammlungen vorgeschlagenen Kandidaten d. »Nationalen Front« (»Hazafias Népfront«, Zusammenschluß verschiedener Massenorganisationen unter Führung der MSZMP) 99,2% d. Wähler – **Dipl. B.:** BR Dtld. u. DDR

**Städte** (F 1.1.1983): Budapest (Hptst.) 2067000 Einw., Miskolc 210000, Debrecen 198000, Szeged 152000, Pécs (Fünfkirchen) 150000, Nyíregyháza 113000, Székesfehérvár (Stuhlweißenburg) 108000, Györ (Raab) 103000, Kecskemét 96000, Szombathely 86000, Szolnok 79000, Tatabánya 78000, Kaposvár 74000

**Wirtschaft: BSP** 1980: 20650 Mill. $ / 1981 (S): 22550 Mill. $/2100 $ (62)/4,9 – **WS:** 18/2,9/48/5,8 – **V:** 10/61/30/29/39/ – 1 – **A:** 65/21/43 – **E:** 4094/2,7 / 4835 – **M:** 2,4*

**Außenhandel:** 1983 **Einf.** 8503 Mill. $, **Ausf.** 8696 Mill. $ – **W:** 1 Forint (Ft) = 100 Filler (f); 100 US-$ = 5052,00 Ft, 1 Ft = 0,0553 DM – **I:** 2,9 – **AS:** 9/32/17/8/29 – **T:** 96 – **H:** 27/18/53 – **Z:** – 897/7,4*/15,6*/31,9* – **D:** 2,6 – **K:** – / 940 / 2

**Wichtigste Ausfuhrgüter:** Industrielle Güter (Maschinen, Verkehrsmittel u. Ausrüstungen, ¼ d. Ausfuhrwertes), Eisen u. Stahl, Bergbau-(Bauxit) u. chem. Produkte, Fleisch, Getreide, Textilien – **u. Handelspartner:** UdSSR (30%) u. d. and. RGW-Mitglieder (insg. über 50%), u.a. DDR (8%), Tschechoslowakei (6%); BR Dtld. (10%), Italien, Österreich, Frankreich, Großbritannien, USA; westl. Länder insg. ca. ⅓

**Mitgliedschaft:** UNO, Warschauer Vertrag, RGW, CCC, ECE, FAO, GATT, IAEA, IBRD, ICAO, ILO, IMF, IMO, ITU, UNESCO, UPU, WHO, WMO

## URUGUAY *(Süd-Amerika)*

(Republik östlich des Uruguay; República Oriental del Uruguay – [U])

**Fläche** (83): 177508 km² (L: 12%) – **Einwohner** (106): 2970000 (S 1983) = 16,7 je km² – **Städt. B.:** 84/0,6/52 – **G:** 71/39/2/540/190/110 – **S:** 6/105/60 / 16 – **Jährl. Bevölkerungswachstum:** (1970–1981) 0,4% (1981: 20 / 10)

**Bevölkerung:** Uruguayer; europäischer (meist spanischer u. italienischer) Abstammung; etwa 5–10% Mestizen, Mulatten 3%, ca. 700000 Urug. leben im Ausl. – **Staatssprache:** Spanisch – **Religion:** röm.-kath.; etwa 75000 Protest., 50000 Juden

**Flagge:** abwechselnd (waagerecht) gestreift in Weiß-Blau; im weißen Obereck eine gelbe Strahlensonne **Nationalfeiertag:** 25.8. – **U:** 25.8.1825 (Proklam.)

**Staats- u. Regierungsform:** Präsidiale Republik, Parlament (Asamblea General) aus 2 Kammern (Cámara de Senadores u. Cámara de Diputados); Wahl der Deputierten für 4 Jahre – Wahlberechtigt alle über 18 J. alten Bürger, Wahlpflicht für Männer – Keine allgem. Wehrpflicht – Verwaltungsgl. in 19 Departamentos mit je einer Junta Departamental – 1976 nach der Auflösung des Parlaments (Juni 1973) als Legislative ein Staatsrat (Consejo de Estado) aus 25 Mitgliedern, der im ebenf. neugebildeten »Rat der Nation« (Consejo de la Nación) aus 45 Mitgl. (1978) neben d. ranghöchsten Offizieren vertreten ist; er wählt d. Präsidenten

**Staatsoberhaupt** u. Regierungschef: General d. R. Gregorio Alvarez Armelino ab 1. Sept. 1981, gewählt v. »Rat d. Nation« – **Außenminister:** Dr. Carlos Maeso Rodriguez – **Parteien:** An d. für 25.11.1984 angekünd. Präsidentschaftswahlen wollen sich beteiligen: »Partido Colorado« d. polit. Mitte unter Julio Sanguinetti, »Partido Blanco« unter Wilson Ferreira, »Breite Front« (Frente Amplio, linksorient. Opp. aus Kommunisten, Sozialisten u. Christdemokr.) unter Liber Seregni sowie »Unión Cívica«. Zulass. zur Wahl durch herrsch. Militärs ungewiß

**Städte** (S 1980): Montevideo (Hptst.) 1314129 Einw.; (S 1978): Salto 83000, Paysandú A 81000, Mercedes A 53000, Rivera 52000; (Z 1973): Minas 31256, Tacuarembó 29011, Artigas 23429, Durazno 22203, Treinta-y-Tres 21435

**Wirtschaft: BSP** 1980: 7620 Mill. $ / 1981 (S): 8260 Mill. $/2820 $ (50)/3,2 – **WS:** 8/1,2/33/3,5 – **V:** 13/75/15/12/15/ – 3 – **A:** 63/11/32 – **E:** 1160/8,5/948 – **M:** 2,6 (11,6)

**Außenhandel:** 1982 **Einf.** 1042 Mill. $, **Ausf.** 1023 Mill. $ – **W:** 1 Uruguay. Neuer Peso (urugN$) = 100

Centesimos (cts); Freimarktkurs: 1 US-$ = 55,00 urugN$, 1 urugN$ = 0,0471 DM – **I:** 60,2 – **AS:** 1/4/45/8/30 – **T:** 87 – **H:** 54/36/8 – **Z:** – 463/1,6/9,5/12,2 – **D:** 9,3 – **K:** – / 239 / 49

**Wichtige Ausfuhrgüter:** Fleisch u. Wolle (60–70%), Textilien, Konserven, Häute, Felle, Weizen u. Pflanzenöle – **u. Handelspartner:** Brasilien (über 15%), USA (ca. 10%), Argentinien (10%), BR Deutschland (10–15%), Großbritannien, Niederlande, Venezuela, Italien, Spanien, Naher Osten, Kanada

**Mitgliedschaft:** UNO, OAS, ALADI, BID, CCC, CECLA, ECLA, FAGO, GATT, IAEA, IBRD, ICAO, IFAD, IFC, ILO, IMF, IMO, ITU, UNESCO, UPU, WHO, WMO

## VANUATU *(Ozeanien; S-Pazifik)*

(Vanu'atu = »Das Land, das sich aus dem Meer erhebt«; früher »Neue Hebriden«; Republic of V., République de Vanuatu; Ripablik blang Vanuatu [in Bislama]

**Fläche** (137): 14763 km$^2$ (L: 5%); 12 Haupt- u. 60 Nebeninseln – **Einwohner** (158): 125000 (S 1982; 112000 Z 1979) = 8,5 je km$^2$ – **Jährl. Bevölkerungswachstum:** (1975–1978) 2,9%

**Bevölkerung:** zu 91% einheim. Melanesier u. 3% Polynesier bzw. Mikronesier; 1980: 3930 französ. Staatsbürger, darunter 3200 Colons; ca. 1000 Briten – **Staatssprache:** Bislama (Pidgin-Englisch; Bichelamar); Englisch u. Französisch als Amtssprachen – **Religion:** Protestanten, rd. 14000 Katholiken

**Flagge:** rot-grün (waagerecht), durch schmalen schwarzen Streifen geteilt; am Mast schwarzes Dreieck mit gelbem Emblem; auf d. schwarzen Flächen liegend eine v. Mast ausgehende y-förmige gelbe Deichsel – **Nationalfeiertag:** 30. 7. – **U:** 30. 7. 1980

**Staats- u. Regierungsform:** Demokrat. u. unabh. Republik (offiz.) – Präsident auf 5 Jahre v. Parlament u. d. Vors. d. beiden Regionalparlamente gewählt – Parlamentswahlen alle 4 Jahre – Allg. Wahlrecht

**Staatsoberhaupt:** Ati George Sokomanu, seit Juli 1980 – **Regierungschef u. Min. f. Justiz u. Äußeres:** Premierminister Pater Walter Hadye Lini – **Parteien:** Die »Vanuaaku Pati«/VAP errang im Nov. 1983 24 (1979 26), d. Union d. Gemäßigten/UMP 12 (13), andere Oppos. 3 Sitze – **Dipl. B.:** BR Dtld. (Botschaft in Port Moresby/Papua-Neuguinea zust.)

**Städte** (S 1982): Vila (Hptst.) 15759, Santa (fr. Luganville) 5220

**Wirtschaft: BSP** 1980: 40 Mill. $/1981 (S): 40 Mill. $/332 $ (135) / – 2,6

**Außenhandel:** 1982 **Einf.** 59 Mill. $, **Ausf.** 23 Mill. $ – **W:** 1 Vatu (VT); 1 US-$ = 93,42 VT, 1 VT = 0,0277 DM (Zahlungsmittel auch Austr. Dollar)

**Wichtige Ausfuhrgüter:** Kopra (53%), Fisch (29%), Kaffee, Kakao (7%), Mangan, Gefrierfleisch u. Muscheln – **u. Handelspartner:** Australien (⅓), Frankreich, Japan, USA, Neukaledonien, Fidschi

**Mitgliedschaft:** SPEC, Südseeforum, UNO, AKP, IMF

## VATIKANSTADT *(Süd-Europa)*

(Staat d. V.; Stato della Cittá del Vaticano [SCV] unter Souveränität d. Heiligen Stuhles [Santa Sede/Holy See/Saint-Siege])

**Fläche** (177): 0,44 km$^2$ – **Einwohner** (177): 420 (IV/1983 de jure; 1974 Zahl d. Angestellten 3713; 100 »Schweizer Gardisten«), über 180 diplomat. Vertreter im Ausland

**Flagge:** gelb-weiß (senkrecht); im weißen Streifen das Staatswappen (über dem Petrischlüssel die Tiara) – **Nationalfeiertag:** 22. 10. – **U:** alte staatl. Tradition; wieder souverän 7. 6. 1929 (Inkrafttreten d. mit Italien am 11. 2. 1929 geschloss. Lateranverträge)

**Staats- u. Regierungsform:** Souveräner Staat – Vatikanische u. italienische Zahlungsmittel – Zur V. gehören das Gebiet um die Basilika St. Peter sowie einige Kirchen u. Paläste in Rom, ferner der päpstliche Sommersitz Castel Gandolfo

**Staatsoberhaupt:** Papst Johannes Paul II. (Karol Wojtyla), seit 16. Okt. 1978, 264. Papst u. erster Nichtitaliener seit 1523; gleichz. Bischof v. Rom (durch Kardinalvikar vertreten) – Er übt seine Vollmacht über die **Römische Kurie** (die eigentl. Regierung der Gesamtkirche, zu deren »Verfassung«, dem Codex Iuris Canonici, → Sp. 77ff.) aus. Nach d. Reform v. 1968 (Regimini Ecclesiae Universae) ist diese gegliedert in I. päpstl. Sekretariat, II. Kongregationen (= insg. 9 derartige »geistl. Ministerien«, u.a. die Kongreg. f. d. Glaubenslehre mit d. dt. Kardinal Joseph Ratzinger als Präfekten), III. Sekretariate, IV. Räte, V. Tribunale, VI. Ämter – Präfekt (Vors.) d. »Rates für Öffentl. Angeleg. d. Kirche«: Kardinalstaatssekretär Agostino Casaroli (hat alle Vollmachten in Angeleg. weltlicher Souveränität d. V. = Prem.-Min. vergleichbar) – Die päpstl. Kommission für innere Ang. d. Vatikanstaates (Präsident: Kardinal Sebastiano Baggio) – Die Verwaltung d. sog. Governorats ist in verschied. Generaldirektionen, Ämter u. Behörden aufgeteilt – Wichtige Neubesetzungen im März 1984: Bischofskongregation (Kardinal Bernardin Gantin aus Benin), Päpstl. Sekretariat f. Nichtchristen (Erzbischof Francis Arinze aus Nigeria), Menschenrechtskommission »Justitia et Pax« u. Rat zur Koord. d. kath. Hilfsdienste (Kardinal Roger Etchegaray aus Marseille), Kongregation f. Sakramente u. f. Gottesdienste (Erzbischof Augustin Mayer aus Altötting), Kongreg. f. Glaubensverbreitung (Erzbischof Dermot Ryan aus

Dublin), Verwaltung d. Güter d. Hl. Stuhles (Kurienkardinal Agnelo Rossi aus Brasilien), Kongreg. f. Ordensleute u. Säkularinstitute (Jean Jerome Hamer aus Belgien), Rat für Laien (Kardinal Eduardo Pironio) – **Amtssprachen:** Latein und Italienisch – Das Kardinalskollegium zählt (1983) 138 Mitgl., v. denen 120 unter 80 Jahre alt u. zur Papstwahl berechtigt sind (v. den 120 Kardinälen stammen 59 aus Europa, 12 aus Nordamerika, 20 aus Mittel- u. Südamerika), 14 aus Afrika, 11 aus Asien u. 4 aus Ozeanien). Sekretär d. Rates für Öffentliche Angelegenheiten: Tit.-Erzbischof Achille Silvestrini – **Dipl. B.:** in 108 Ländern d. Nuntius vertreten, auch in d. BR Dtld. (nicht in d. DDR)

**W:** Vat. Lira (Parität zur ital. Lira) = 100 Centesimi (→ Italien)

**Mitgliedschaft:** Für den Vatikan-Staat ist der Heilige Stuhl Mitglied von ITU, UPU, WIPO, INTELSAT, CEPT

## VENDA *(Süd-Afrika)*

Republic of Venda; Rephabliki ya Venda [Shangaan] bzw. Rephablik ya Venda [Sotho])

**Fläche** (145): 7410 km² – **Einwohner** (139): 470000 de jure (S 1982), de facto, d.h. abzüglich d. Arbeitskräfte in d. Rep. Südafrika, 360000 = 48,6 je km² (Z 1970; de jure 357919, de facto 239994 = 67% d. de jure Bev.) – **Jährl. Bevölkerungswachstum:** (1970–1978) über 3%

**Bevölkerung:** 302901 Vhavenda [Venda], 8556 Shangaan Tsonga, 2776 Nordsotho, 653 Weiße – **Staatssprache:** ciVenda [Chivenda], Englisch u. Afrikaans – **Religion:** überwiegend Protestanten

**Flagge:** grün-gelb(m. großem braunen V)-braun (waagerecht), am Mast senkrechter hellblauer Streifen – **Nationalfeiertag:** noch nicht bek. – **U:** 13.9.1979, jedoch nicht internat. anerkannt u. faktisch weiterhin von d. Rep. Südafrika abhängig

**Staats- u. Regierungsform:** Parlamentarische Rep. – Nationalversammlung mit 42 gewählten, 3 v. Staatschef ernannten u. 42 Stammeshäuptlingen, davon 28 Chiefs – 4 Stammes-Regional-Versammlungen – Verwaltungsgliederung in 4 Distrikte

**Staatschef:** Khosikhulu (= Oberhäuptling als Ehrentitel) Patrick Ramaano Mphephu – **Außenminister:** Khose (Ehrentitel Häuptling) A. M. Madzivhandila – **Parteien:** Nach d. Wahlen v. Juli 1978: Venda Independence People's Party/VIPP 31, Venda National P./VNP v. Staatschef Mphephu 11 Sitze (Reg. aus Koal. VIPP u. VNP)

**Städte** (S 1982): Thohoyando (Hptst.) 2166 Einw., Makwarela 2730, Shyandima 2034, Makhado 449

**Wirtschaft: BSP** 1975: je E. 325 $ (138), BSP (S) 1980: 44 Mill. Rand / 427 R pro Kopf

**Wichtige Ausfuhrgüter:** haupts. landwirtsch. Erzeugnisse – **u. Handelspartner:** Rep. Südafrika – **W:** südafr. Rand (R)

**Mitgliedschaft:** Zoll- u. Währungsgemeinschaft mit d. Rep. Südafrika (SAEMU). SABTVC, SADB *(Inf. z.T. n. Th. Resch, Salzburg)*

## VENEZUELA *(Süd-Amerika)*

(Republik Venezuela; Republica de Venezuela – [YV])

**Fläche** (31): 912050 km² (L: 4%) – **Einwohner** (48): 15120000 (S 1983; 10721522 Z 1971) = 16,6 je km² – **Städt. B.:** 84/4,2/44 – **G:** 68/40/2/950/370/112 – **S:** 18 / 104 / 39 / 21 – **Jährl. Bevölkerungswachstum:** (1970–1981) 3,4% (1981: 35 / 6)

**Bevölkerung:** Venezolaner; über ⅔ Mestizen u. Mulatten, etwa 20% Weiße, meist span. u. ital. Herkunft, 8–9% Schwarze, ca. 1–2% Indianer; über 1 Mill. Kolumbianer illegal im Land – **Staatssprache:** Spanisch, örtlich indianische Idiome als Umgangssprache – **Religion:** rd. 95% röm.-kath.; 2% Protestanten u. etwa 15000 Juden

**Flagge:** gelb-blau(m. 7 bogenförmig angeordneten weißen Sternen)-rot (waagerecht) – **Nationalfeiertag:** 5.7., 19.4., 24.6., 24.7. u. 12.10. – **U:** 5.7.1811 (Proklamation), endgültig 22.9.1930 (Loslösung von Großkolumbien)

**Staats- u. Regierungsform:** Präsid. föderative Republik – Parlament (»Congreso«) aus 2 Kammern (»Cámara de Senadores« mit 52 u. »Cámara de Diputados« mit 208 Sitzen), Wahl d. Deputierten f. 5 Jahre – Wahlrecht ab 18 J. – Wehrpflicht – Verwaltungsglied. in 20 Bundesstaaten mit teilw. Autonomie, Bundesdistrikt d. Hptst., 2 Bundesterritorien u. »Depend. Federales« (72 Inseln d. Antillen)

**Staatsoberhaupt** u. Regierungschef: Präs. Dr. Jaime Lusinchi, AD, seit 2. Febr. 1984 – **Außenminister:** Isidro Morales Paúl – **Parteien:** Wahlen v. 4. Dez. 1983: Dr. Jaime Lusinchi als Kand. d. AD erreichte 56,85%, Dr. Rafael Caldera (COPEI) 34,57% d. Stimmen. Gleichzeitig Wahlen zum Abg.-Haus: Demokrat. Aktion (»Acción Demócratica«/AD) 108 (1978: 86), COPEI (»Comite de Organizacion Politica Electoral Independente«, eine christl.-soz. Partei [»Partido Social Cristiano«], nicht mit europ. Maßst. zu messen) 61 (87) u. Beweg. für d. Sozialismus (»Movimiento al Socialismo«/MAS) 10 (7) Sitze, außerdem OPINA (rechtsliberal) 6, MEP (»Mov. Electoral del Pueblo«) 4, PVC (»P. Comunista«) 3 Sitze sowie Splittergruppen 10. Senat: AD 29, COPEI 6, MAS 10 – **Dipl. B.:** BR Dtld. u. DDR

**Städte** (S 1981): Caracas (Hptst.) A 4000000 Einw., Maracaibo A 874000, Valencia A 488000, Barquisimeto A 474000, Maracay 345000, Puerto La Cruz A 267000, San Cristóbal A 264000, Ciudad Guayana 199001, Cabimas A 173000, Maturín A 170000, Ciudad Bolívar 143000

**Wirtschaft: BSP** 1980: 58430 Mill. $ / 1981 (S): 65080 Mill. $/4220 $ (40)/2,2–**WS:** 6/3,4/45/2,7–**V:** 13/56/25/30/30/7–**A:** 55/18/27–**E:** 3039/–3,7 / 9224 – **M:** 1,2 (5,9)

**Außenhandel:** 1982 **Einf.** 11670 Mill. $, **Ausf.** 16443 Mill. $ – **W:** 1 Bolivar (Bs) = 100 Céntimos; 1 US-$ = 7,4925 Bs, 1 Bs = 0,3457 DM – **I:** 12,5 – **AS:** 98/<1/1/15/43–**T:** 212–**H:** 71/29/<1–**Z:** 3998/4,4 / 12,4 / 16,9 – **D:** 7,5 – **K:** 0,10 / 706 / 160

**Wichtige Ausfuhrgüter:** Erdöl u. Erdölprodukte (95%), Eisenerze, Kakao, Kaffee, Zucker, Holz, Häute – **u. Handelspartner:** USA (knapp 40%), BR Deutschland u. and. EG-Länder, Kanada, Japan, Brasilien, Niederl. Antillen

**Mitgliedschaft:** UNO, OAS, ALADI, BID, BLADEX, CCC, NAMUCAR, OPEC, SELA, CECLA, ECLA, FAO, IAEA, IBRD, ICAO, IFAD, IFC, ILO, IMF, IMO, ITU, UNESCO, UPU, WHO, WMO; Mitglied der »Anden-Gruppe«; »Amazonas-Vertrag«, CONTADORA

## VEREINIGTE ARABISCHE EMIRATE

*(Vorderasien)*

(Al-Imārāt al-'Arabīya al-Muttahida; United Arab Emirates – [UAE])

**Fläche** (106): 83600 km² (nach UNO-Ang.), n. and. Ang. 92100 km² (L: 8%) – **Einwohner** (126): 1200000 (S 1983; 1040275 Z 1980); über 70% Ausländer = 14,4 je km² – **Städt. B.:** 73/16,6/..–**G:** 63/52/3/900/340/..–**S:** 44/116/52/3–**Jährl. Bevölkerungswachstum:** (1970–1981) 16,6% (1981: 30 / 7)

**Mitglieder der Föderation** (7): *Abu Dhabi* mit 67350 km² u. 449000 Einw. – *Dubai* 3900 km² u. 278000 Einw. – *Sharja* [Schardschah] 2600 km² u. 159000 Einw. – *Ras al-Khaimah* [Ras el Cheima] 1700 km² u. 73700 Einw. – *Ajman* [Adschman] 250 km² u. 36100 Einw. – *Fujairah* [Fudscheira] 1150 km² u. 32200 Einw. – *Umm al-Qaiwain* [Umm el Qiwain] 750 km² u. 12300 Einw. (S 1981)

**Bevölkerung:** über 70% Araber; persische, indische und pakistan. Gruppen, bis 10% Nomaden – **Staatssprache:** Arabisch; Englisch wichtig als Verkehrssprache; Hindi, Urdu, Farsi – **Religion:** 97% Muslime (haupts. Sunniten, 30% Schiiten, fast ausschl. Einwanderer), 1,3% Christen

**Flagge:** grün-weiß-schwarz (waagerecht) m. breitem roten Streifen am Flaggstock – **U:** 2.12.1971

**Staats- und Regierungsform:** Föderation (Ittihad) von 7 autonomen Emiraten – Föderative Nationalversammlung (40 gewählte Mitgl., ausschl. beratende Funktion) – Oberster Rat (Supreme Council) der Herrscher, mit Vetorecht von Abu Dhabi u. Dubai – Allg. Wahlrecht – Endgültige Verfassung in Vorbereitung – Keine Wehrpflicht

**Staatsoberhaupt:** Scheich Zaid [Said] Bin Sultan al Nahayan (Oberhaupt v. Abu Dhabi), 1981 einmütig v. Supreme Council für 5 Jahre bestätigt – Vizepräs. u. *Regierungschef:* Raschid Bin Zaid [Said] al Maktum (Herrscher von Dubai), Ernennung durch Obersten Rat der 7 Emirate – **Außenminister:** Raschid Bin Abdullah al Nuaimi – Berufsarmee – Noch keine eigentl. Parteien – **Dipl. B.:** BR Dtld. (Botschaft Abu Dhabi)

**Städte** (S 1981): Abu Dhabi (vorl. Hptst.) 350000 Einw. (neue Hptst. Karame zwischen Abu Dhabi u. Dubai am Golf geplant), Dubai (Stadt) 80000, Al Ain 35000, Sharjah Town 35000, Ras al-Khaimah-Town 20000

**Wirtschaft: BSP** 1980: 28110 Mill. $ / 1981 (S): 26910 Mill. $/24660 $ (3)/0,2–**WS:** 1/../77/..–**V:** 11/17/28/72/78/44–**A:** 53/../..–**E:** 4451*/1,8 / 1510 – **M:** 6,2 (47,5)

**Außenhandel:** 1982 **Einf.** 9419 Mill. $, **Ausf.** 16883 Mill. $ – **W:** 1 Dirham (DH) = 100 Fils; 1 US-$ = 3,6598 DH, 1 DH = 0,7077 DM – **T:** 189 – **H:** 12/43/<1 – **K:** 2,88 / .. / ..

**Wichtige Ausfuhrgüter:** Erdöl (üb. 90%, davon Abu Dhabi ⅘); Datteln, Vieh, Fische, Perlen – **u. Handelspartner:** EG (⅓), Japan (⅕), USA (⅐)

**Mitgliedschaft:** UNO, Arabische Liga, ECWA, FAO, GCC, IAEA, IBRD, ICAO, IFAD, IFC, ILO, IMF, ITU, OAPEC, OPEC, UNESCO, UPU, WHO; Freundschaftsvertrag mit Großbritannien

## VEREINIGTE STAATEN VON AMERIKA

*(Nord-Amerika)*

(United States of America – [USA])

**Fläche** (4): 9363123 km² (davon 202711, m. Anteil an Großen Seen 359326 km² Binnengewässer), ohne Alaska u. Hawaii 7827620 km² (L: 21% bzw. 44,5% = gesamtes Farmland) – **Einwohner** (4): 233982000 (F 1.5.1983; de jure 226545805 Z 1980, ohne Soldaten in Übersee) = 25 je km² – **Städt. B.:** 77/1,5/77–**G:** 75/12/<1/520/150/139–**S:** 1/98/97/55–**Jährl. Bevölkerungswachstum:** (1970–1981) 1,0% (1983: 15,4 / 8,9)

**Bevölkerung** Amerikaner; Z 1980: 83,2% Weiße, 11,7% (= 26488218) Schwarze u. Mulatten, 5,2% and. Rassen (u. a. 1418195 Indianer sowie 750000 Japaner, 812178 Chinesen u. a.); 14605883 Lateinamerikaner (davon ca. die Hälfte »Chicanos«, d. h. Amerikaner span.-mexik. Herkunft mit starkem indian. Einschlag). Einwanderung 1971–80: 4020300, davon 72,9% aus Europa (14,1% aus Dtld.), Asien 6,5%, Amerika 18,8% u. Afrika 0,3%. Im Ausland geboren waren (1970) 8773770 (u. a. 1 Mill. in Italien, 0,83 Mill. in Deutschland). 1980 gab es fast 0,6 Mill. Exilcubaner – Nach einer Erhebung von 1971/72 waren von der Bevölkerung 14,4% britischer, 12,5% deutscher (29% haben zumindest in einem Elternteil deutsche Vorfahren), 8% irischer, 4,5% spanischer, 4,3% italienischer, 2,6% französischer, 2,5% polnischer und u. a. 1,1% russischer Abkunft – Bevölkerung nach Regionen: Northeast 49,1, North Central 58,8, South 75,3, West 43,1 Mill. – **Staatssprache:** Englisch (Amerikanisch) – **Religion:** (Z 1981): 72814971 Protestanten (250 Kirchen u. Sekten), 49812178 römische Katholiken, 5860900 Juden, 3821655 Angehörige von Ostkirchen, 936801 Altkatholiken usw. und 60000 Buddhisten. Von den Protestanten waren 1981 die Baptisten mit 38 Mill. am zahlreichsten (1981 insgesamt in Religionsgemeinschaften erfaßt: 133469690 Gläubige)

**Flagge:** 13 abwechselnd rot-weiße (waagerechte) Streifen (= Gründungsstaaten), im blauen Obereck 50 weiße Sterne (= heutige Bundesstaaten) – **Nationalfeiertag:** 4.7. – **U:** 4.7.1776 (Proklamation)

**Staats- u. Regierungsform:** Präsidiale Republik mit bundesstaatlicher Verfassung; der Präsident ernennt und entläßt die Kabinettsmitglieder – Parlament (»Congress«) mit 2 Kammern (»Senate« u. »House of Representatives«); Wahl der Mitglieder des Repräsentantenhauses für 2 Jahre – Wahl d. Präsidenten durch Wahlmänner für 4 Jahre; er ist nur einmal wiederwählbar – Wahlberechtigung ab 18 Jahre – Keine Wehrpflicht, doch seit Mitte 1980 wieder Wehrerfassung (Registrierung) – Titel der Minister: Secretary; den höchsten Rang nach dem Präsidenten u. Regierungschef bekleidet unter den Ministern der Außenminister (Secretary of State) – **Bundesstaaten** mit eigener Verfassung u. einem Parlament aus 2 Kammern (nur Nebraska 1 Kammer) sowie einem gewählten Gouverneur; Fachminister z. T. gewählt, z. T. vom Gouverneur berufen. Bedeutende Sonderrechte der einzelnen Staaten, die in kleinere Verwaltungseinheiten (County, Parish) untergliedert sind – Insgesamt 50 Bundesstaaten, dazu der District of Columbia/DC mit der Bundeshauptstadt Washington

**Staatsoberhaupt u. Regierungschef:** Präsident Ronald Reagan, Rep. (gewählt am 5.11.1980 mit 51% d. Stimmen gegenüber 41% f. Carter; Wahlmännerverhältnis 489 f. Reagan u. 49 f. Jimmy Carter), Amtsantritt am 20. Jan. 1981 (40. Präs. d. USA) – Vizepräs.: George Bush – **Außenminister:** Dr. George P. Shultz – **Parteien:** Die Part. unterscheiden sich z. T. in ihrer Struktur v. den europäischen. Für d. Präsidentschaftswahlen werden v. d. beiden einzigen Parteien von Bedeutg. Programme aufgestellt und auf den Parteikongressen beschlossen. Die »Republikanische Partei« (»Republican Party«), auch manchmal GOP (»Grand Old Party«) genannt (Symbol: ein Elefant), gilt als weiter rechts stehend als die Demokraten, doch besitzen beide linke, liberale und konservative Flügel. Das Symbol der »Demokratischen Partei« (»Democratic Party«) ist ein Esel. Es gibt zwar einige kleinere Parteien, doch sind sie völlig bedeutungslos (»American Party«, »American First Party«, »Libertarian Party«, »People's Party«, »Prohibition Party«, »Socialist Labor Party«, »Socialist Workers Party«, »Universal Party«). Die KP wurde 1954 als Partei für illegal erklärt. Die kommunistische Betätigung ist jedoch nicht strafbar; 1978 über 10000 Mitglieder. Nach Teilwahlen v. 2.11.1982: **Senat** 54 (1978: 41) Republikaner, 46 (58) Demokraten, **Repräsentantenhaus** 269 (276) Demokraten u. 166 (159) Republikaner – Von den Gouverneuren gehören (Ende 1983) 28 d. Demokrat. u. 22 d. Republikan. Partei an – **Dipl. B.:** BR Dtld. u. DDR

**Städte** (Z 1980, korr.): Washington (Hptst.) 637651 Einw. (als »U.S. Standard Metropolitan Statistical Area« 3060922 Einw.), New York 7071030 (9120346), Chicago 3005061 (7103624), Los Angeles-Long Beach 2966763 (7477503), Philadelphia 1688210 (4716818), Houston 1594086 (2905353), Detroit 1203339 (4353413), Dallas 904078 (mit Forth Worth 3974805), San Diego 875504 (1861846), Baltimore 786775 (2174023), San Antonio 785410 (1071954), San Francisco 678974 (mit Oakland 3250630), Milwaukee 636212 (1397143), Cleveland 573822 (1898325), Boston 562994 (2763357), New Orleans 557482 (1187073), Seattle 493846 (mit Everett 1607469), St. Louis 453085 (2356460), Kansas City 448159 (1327106), Atlanta 425022 (2029710), Pittsburgh 423938 (2263894), Cincinnati 385457 (1401491), Minneapolis 370951 (mit St. Paul 2113533), Buffalo 357870 (1242826)

Im Großraum Los Angeles, Austragungsort d. Olymp. Spiele 1984, leben 12,4 Mill. Menschen; sie produz. ein BSP so groß wie das der Niederlande oder ganz Australiens und mehr als Mexiko
Die Staaten mit den meisten Schwarzen sind (Z 1980 in Mill.): New York 2,40, Illinois 1,67, Kalifornien u. Texas je 1,80, Georgia 1,46, North Carolina 1,31, Louisiana 1,23, Florida 1,34, Pennsylvania 1,05. – Mehrere Großstädte (u. a. Los Angeles, Chicago u. Philadelphia) haben Schwarze bzw. Farbige als Bürgermeister. **Städte mit über 50000 u. mehr Juden** in 1000: New York City 1228, Städte in d. Umgebung v. New York 865, Los Angeles 503, Philadelphia 295, Chicago 253, Miami 225, Boston 170, Washington 160, Baltimore 92, Cleveland u. Detroit je 75

**Wirtschaft: BSP** 1980: 2639060 Mill. $ / 1981 (S): 2946020 Mill. $ / 12820 $ (14) / 2,1 [BSP 1982: 3026000 Mill. $] – **WS:** 3/1,6/34/2,3 – **V:** 18/64/19/18/10/ – 1 – **A:** 66/2/32 – **E:** 11626/0,9/652108 – **M:** 4,9 (21,2)

**Außenhandel:** 1982 **Einf.** 254884 Mill. $, **Ausf.** 212275 Mill. $ – **W:** 1 US-Dollar (US-$) = 100 Cents; 1 US-$ = 2,5845 DM; 1 SZR (Sept. 1984) = 1,0083

US-$–**I:** 7,2–**AS:** 9/40/38/8/25–**T:** 86–**H:** 55/39/2 –**Z:** 4185/../../..–**D:** 4,1–**K:** 0,27/../12875

**Wichtige Ausfuhrgüter:** Fertig- und Halbfertigwaren (bis 70%, bes. Maschinen aller Art und Verkehrsmittel m. 50–60%), chemische u. pharmazeutische Artikel (10%), Baumwollerzeugnisse, Eisen- u. Stahlwaren, Erdölprodukte, Papier, Gummiwaren, ferner landwirtschaftl. Produkte (Baumwolle, Getreide, Tabak, Gemüse u. Ölsaaten, Fleisch; 10–12%), Kohle, Erdöl sowie Erze; Anteil am weltweiten Waffenexport 33% – **u. Handelspartner:** Kanada (bis 20%), Japan (rd. 12%), Mexiko (5%), Großbritannien (4,5%), BR Dtld. (4%), Taiwan, Korea (Rep.), Frankreich, Hongkong, Italien, Venezuela, Brasilien, Australien, Schweiz, Spanien, Schweden, Philippinen, Indien, Perú, Argentinien, Iran; Export/Import (1980) in % nach/von Europa 32/20, Nord- u. Südamerika 32/32, Afrika 4/13, Asien 27/32,6, Australien u. Ozeanien 2,2/1,4

**Mitgliedschaft:** UNO, NATO, OAS, Colombo-Plan (assoz.), ADB, BID, CCC, CECLA, ECE, ESCAP, FAO, GATT, IAEA, IBRD, ICAO, IDA, IDB, IFAD, IFC, IMF, IMO, ITU, OECD, UNCTAD, UNESCO (Austritt 1.1.1985), UPU, WHO, WMO

## Bundesstaaten außerhalb des geschlossenen Staatsgebietes

**Alaska** (m. Alëuten, Pribilof-Inseln, St. Lawrence, St. Matthew) Fläche: 1518800 km² – Einwohner: 400481 (Z 1980; davon 13619 Schwarze u. 9497 lateinamerik. Abst.; rd. 18% Eskimos, Indianer u. Alëuten), Hauptstadt Juneau 19528 Einw. (Z 1980), Anchorage 173017, Fairbanks 22645 (Seit 1958 Bundesstaat)

**Hawaii-Inseln** (Hawaii-Islands, auch Sandwich-Inseln genannt) Fläche: 16705 km² – Einwohner: 965000 (Z 1980: rd. 36% Weiße, 17352 Schwarze u. 71479 lateinamerik. Abst., im übr. Polynesier u. Asiaten); Hauptstadt Honolulu 365048 Einw. (m. V. 762020, Z 1980). (Seit 1959 Bundesstaat)

## Autonomer Staat

**Puerto Rico** (El Estado Libre y Asociado de Puerto Rico – Commonwealth of Puerto Rico) Fläche: 8897 km² – Einwohner: 3187566 (Z 1980) = 358,2 je km² – Jährl. Bevölkerungswachstum (1970–1977) 2,8% – Religion: überwiegend Katholiken – Hauptstadt San Juan (1980) 424600 (A 1086376) Einw., Bayamón 208600, Ponce 161739 – P. ist autonom; die Bewohner sind Bürger der USA, besitzen aber bei den US-Wahlen kein Stimmrecht. 58% städt. Bevölkerung. 16% der Bewohner sind zweisprachig (Spanisch und Englisch), die übrigen haben größtenteils Spanisch als Muttersprache. Spanisch und Englisch sind Amtssprachen – BSP 1981: 12320 Mill. $, je E. 3350 $ [47a]; Jahreszuwachs 0,0% – L: 5,1% d. Bev. – Ausf. 1981: 8795 Mill. $, Einf. 8491 Mill. $ – W: US-$ – Nov. 1980: »New Progressive Party« (»Partido Nuevo Progresista«/PNP) d. Gouverneurs Carlos Romero Barcelo 25 Sitze (Senat: 12), »Popular Democratic Party« 24 (15), vakant 1 u. »Independent Party« (für volle Unabh.) 5,35% – Flagge: rot-weiß-rot-weiß-rot (waagerecht) mit weißem Stern in blauem Dreieck am Mast – Der UNO-Sonderausschuß f. Entkolonisierung hat das Recht von P. R. auf Unabhängigkeit bestätigt

## Außengebiete

*a) Atlantisch-mittelamerikanischer Bereich*

**Jungfern-Inseln** (Virgin Islands of the United States; Organized Unincorp. Territory) Fläche: 344 km² – Einwohner: 95214 (Z 1980: 85% Schwarze u. Mulatten) – Inseln: St. Croix 48916, St. Thomas 43828 (Z 1980); BSP (S) 1981: 710 Mill. $, je E. 7010 $; Jahreszuwachs – 2,3% (Abnahme) – Ausf. 1981: 5013 Mill. $, Einf. 5068 Mill. $ – Hauptstadt Charlotte Amalie 12372 (Z 1970) – Regierung d. einen gewählten Gouverneur – Gesetzgebende Versammlung – Die J.-I. als externes, nicht mit den USA vereinigtes Territorium (wie Guam u. Marianen), unterstehen dem Department of the Interior

**Panamá-Kanalzone** (Panama Canal Zone) Fläche: 1432 km² (nach UNO; m. Hoheitsgewässern 1676,3 km²) – Einwohner: 41800 (S 1976, darunter 9100 Militärpersonal; insges. rd. 38000 US-Bürger; 3540 von diesen u. über 9000 andere – meist Panamesen – arbeiten in der Kanal-Verwaltung u. Kanal-Kompanie) – Sitz d. Gouverneurs: Balboa Heights rd. 120 Einwohner, Balboa 6000, Cristóbal 19000 – Nach den zwischen Panamá und den USA geschlossenen Verträgen (1903, 1936, 1955) besitzen die Vereinigten Staaten in dieser Zone Hoheitsrechte u. Verteidigungsgewalt. Nach dem neuen Vertrag, der 1977 unterzeichnet u. 1978 ratifiziert worden ist, sollen die Hoheitsrechte bis 2000 vollständig an Panamá (bei Einhaltung permanenter Neutralität in d. Kanal-Zone) übergehen. Seit 1. April 1982 der jurist. Hoheitsgewalt Panamás unterstellt

## Pachtgebiete

**Guantánamo Bay,** 1903 von Cuba an die USA verpachtet, 111,9 km², dazu die Insel Navassa (5 km²), die nicht zum Pachtgebiet gehört und von Cuba beansprucht wird; Flottenstützpunkt

*b) Bereich des Pazifischen Ozeans*

**Guam** Fläche: 549 km² – Einwohner: 105816 (Z 1980); Hauptstadt Agaña 2119 (Z 1970) – BSP (S) 1981: 750 Mill. $, je E. 6840 $; Jahreszuwachs 0,7% – G. untersteht seit 1950 dem Innenministerium und besitzt in Apra einen Marinestützpunkt; es ist ein

»Organized Unincorporated Territory«. Größter Ort ist Tamuning mit 8230 Einw. Offiz. Sprache: Englisch; Umgangssprache: Chamorro – Gesetzgebende Versammlung; Gouverneur: Paul M. Calvo – Der UNO-Entkolonisierungsausschuß sprach sich 1977 für Unabhängigkeit aus; der US-Stützpunkt sei mit den UNO-Prinzipien nicht vereinbar – Interne Autonomie im Febr. 1982 mit 48,5% d. Stimmen angenommen – **Nördliche Marianen** (Commonwealth of Northern Mariana Islands) 472,9 km$^2$ – Einw.: 16852 (Z 1982); Verw.-Sitz: Susupe auf Saipan – Polit. Status: Zur Zeit noch unter USA/UNO-Treuhandschaft, jedoch Selbstregierung u. eigene Verfassung seit 8.1.1978; Beendigung d. Treuhandsch. in Vorbereitung – Zweikammerparlament aus »Senate« u. »House of Representatives« mit 9 bzw. 14 Mitgl.; vom Volk gewählter Gouverneur (Dr. Carlos Sablan Camacho) – **Midway-Inseln** (5,2 km$^2$ u. [Z 1980] 2256 Einw.; Flug- u. Kabelstat.); untersteht dem Navy Department – **Samoa-Inseln** (Amerikanisch-Samoa, American Samoa; Unorganized Unincorp. Territory) Fläche: 197 km$^2$, den östlichen Teil der Gruppe umfassend, einschl. Swain's Islands (3,2 km$^2$ und 106 Einw.) – Einwohner: 32395 (Z 1980); hauptsächlich Polynesier; Hauptort Pago Pago auf Tutuila 2451 Einw. (Z 1970); Regierungssitz Fagatogo (1340 Einw.) – BSP 1981: 140 Mill. $, je E. 4170 $; Jahreszuwachs –2,1% (Abnahme). Untersteht dem Department of the Interior – Senat u. Repräsentantenhaus (»Fono«), Verwaltung durch einen Gouverneur – **Wake** (jap. Ontoroschima) 7,8 km$^2$ (300 E.) und (m. Nachbareilanden 1978) 2000 Einw.; untersteht dem Navy Department – **Baker-** (2,18 km$^2$), **Howland-** (2,26 km$^2$) und die **Jarvis-** (7,7 km$^2$)Inseln unterstehen ebenfalls dem Navy Department. Meteorol. Stationen, Flugzeugstützpunkte – **Kingman Reef u. Palmyra** (1,2 km$^2$, unbewohnt), Jarvis **und einige andere Inseln der sog. Äquator. Sporaden:** Johnston (2 km$^2$, 378 Einw.), Malden (90 km$^2$), Starbuck (2,6 km$^2$), Caroline (11 km$^2$), Flint (2,7 km$^2$) und Vostok (0,2 km$^2$) sind zwischen den USA und Großbritannien strittig – Die Inseln **Canton** (9 km$^2$) und **Enderbury** (5 km$^2$) mit zus. über 300 Einw. besitzen Kontrolleinrichtungen für Satellitenbeobachtung; bisher **britisch-nordamerikanisches Kondominium,** jetzt → Kiribati zugesprochen

## UNITED STATES TRUST TERRITORY OF THE PACIFIC ISLANDS

(Treuhandgebiet d. Vereinigten Staaten über die pazifischen Inseln)

Diese UNO-Treuhandgebiete der USA erhielten seit 1981 weitgehende Unabhängigkeit (→ Hauptartikel Belau, Marshall-Inseln u. Mikronesien)

## VIETNAM *(Südost-Asien)*

(Sozialistische Republik Vietnam; Công Hòa Xã Hôi Chu Nghĩa Viêt Nam – [VN])

**Fläche** (58): 332556 km$^2$, davon 329566 km$^2$ Festland (L: 18%) – **Einwohner** (15): 56250000 (S 1982; 52741766 Z 1. 10. 1979) = 169,1 je km$^2$ – **Städt. B.**: 19/3,3/50 – **G:** 63/97/12/4190/2930/90 – **S:** 13/116/48/3 – **Jährl. Bevölkerungswachstum:** (1970–1981) 2,8% (1981: 35 / 8)

**Bevölkerung:** 83% Vietnamesen (Kinh), daneben siamo-chinesische u. and. Volkssplitter (Nung, Miao, Müong, T'hai, Tscham usw.), meist in den Berggebieten. Teilw. starke Vermischung mit Chinesen u. bedeut. chines. Minderheit (2–3%), u.a. in Tongking u. im Gebiet v. Ho-Tschi-Minh-Stadt; insg. 60 Nationalitäten – **Staatssprache:** Vietnamesisch (Annamitisch, eine tai-austro-asiatische Mischsprache mit chin. Lehnwörtern) als Amts- u. Umgangssprache; daneben Dialekte der kl. Volksgruppen u. vereinzelt Chinesisch, als Handels- u. Bildungssprache auch Französisch, im S Englisch – **Religion:** vorwiegend Mahajana-Buddhisten, außerdem starke kathol. Minderheit (rd. 5 Mill., zu ⅔ in Süd-V.). Daneben Taoismus, konfuzianische Einflüsse und zahlr. Sekten (im S. u.a. Hoa Hao 1,5 Mill. u. Anhänger der Cao-Daï-Lehre 2 Mill. – Die herrsch. Ideologie lehnt Religionen ab

**Flagge:** rot mit gelbem Stern in d. Mitte – **Nationalfeiertag:** 2. 9. – **U:** alte staatl. Tradition; Gründung d. letzten Kaiser-Dynastie 1802 mit Hilfe Frankreichs, das ab 1887 Indochina ganz beherrschte. Gründung d. Rep. Vietnam (Südteil) 4. 6. 1954, der Demokrat. Rep. Vietnam (Nordteil) 2. 9. 1945; formelle Wiedervereinigung 2. 7. 1976

**Staats- u. Regierungsform:** Volksrepublik kommunistischer Prägung – Neue Verfassung für ganz Vietnam am 18. Dez. 1980 verabschiedet (»Übergang zum Sozialismus in ganz V.«) – Einkammerparlament – Erste Wahl in die gemeinsame »Nationalversammlung« im April 1976 – Wahlberechtigt alle Bürger über 18 Jahre – Wehrpflicht – Verwaltungsgliederung seit 1976 in die Stadtgebiete Hanoi, Ho Tschi Minh (fr. Saigon), Haiphong und 36 Provinzen sowie ein Sondergebiet (Vung Tau-Con Dao)

**Staatsoberhaupt:** Vors. d. Staatsrates (ständig amtier. Gremium d. Nat.-Vers.): Truong Chinh, seit Juli 1981 – **Regierungschef:** Vors. d. Min.-Rats Pham Văn Dŏng, seit Juli 1981 – **Außenminister:** Nguyen Co Thach – **Parteien:** führende polit. Kraft ist die »Kommunistische Partei Vietnams« (»Dong Cong San Viêt-Nam«, 1727764 Mitgl. [1982]; Gen.-Sekr. Le Duân). Dazu Massenorganisationen »Vaterländische Front Vietnams«, Allgem. Gewerkschaftsbund V., Kommun. Jugendverband Ho Chi [Tschi] Minh, Bund d. Genossenschaftsbauern V., Vereinigung d. Frauen V. Bei d. Wahlen zur gesamtvietnames.

Nationalversammlung v. 26. April 1981 wurden mit Einheitslisten insg. 496 Abg. mit einem Stimmenanteil v. über 99 % gewählt (249 aus d. ehem. Nordvietnam, 243 aus d. ehem. Südvietnam) – Zentral-Komitee (152 Mitgl., davon 36 Kandid.); »Politbüro« als entscheidendes Organ (13 Mitglieder u. 2 Kandidaten) – **Dipl. B.:** BR Dtld. u. DDR

**Städte** (Z 1. 10. 1979): Hanoi (Hptst.) 2570909, Ho-Chi [Tschi]-Minh-Stadt (fr. Saigon) 3419978, Haiphong 1279067 (jeweils mit Landkreisen); (S 1976): Hanoi 1443500, Ho-Chi-Minh-Stadt 3460500, Haiphong 1190900, Da Nang 492194, Nha Trang 216227, Qui Nhon 213757, Can Tho 182424

**Wirtschaft: BSP** 1977: 8350 Mill. $ / 1978 (S): 8870 Mill. $ / 170 $ (164) / . . – **WS:** 29* / . . / 7* / . . – **A:** 54 / 71 / 10 – **E:** 148 / 6,6 / 900*

**Außenhandel:** 1979 **Einf.** 1225 Mill. $, **Ausf.** 535 Mill. $ – **W:** 1 Dong (D) = 10 Hào = 100 Xu; 31. 12. 1983: 1 US-$ = 10,500 D, 1 D = 0,2594 DM – **AS:** 6* / <1* / . . / . . / . . – **H:** 40 / 51 / 9

**Wichtige Ausfuhrgüter:** leichtindustr. Prod. bis 50 %; Kautschuk, Tee, Holz, Bergbauprodukte (Kohle, Antimon, Bauxit, Chrom, Nickel, Wolfram) – **u. Handelspartner:** UdSSR (über 40 %) u. and. RGW-Länder, Japan (15 %), südostasiat. Länder

**Mitgliedschaft:** UNO; ADB, ESCAP, FAO, IAEA, IBRD, IBWZ, ICAO, IDA, IFC, ILO, IMF, ITU, RGW, UNESCO, UPU, WHO, WMO, Colombo-Plan (z. T.)

## ZAÏRE *(Zentral-Afrika)*

(Republik Zaïre; République du Zaïre [Saïre] – [ZR])

**Fläche** (11): 2345409 km² (L: 3 %) – **Einwohner** (27): 30250000 (S 1982; 21637876 Z 1970, einschl. 932400 Ausländern, meist Flüchtlingen aus Nachbarländern) = 12,9 je km² – **Städt. B.:** 36 / 7,5 / 38 – **G:** 50 / 110 / 21 / 14780 / 1920 / 94 – **S:** 45 / 90 / 23 / 1 – **Jährl. Bevölkerungswachstum:** (1970–1981) 3,0 % (1981: 46 / 16)

**Bevölkerung:** Zaïrer; vor allem Bantu (Luba 18 %, Mongo 17 %, Kongo 12 %, Ruanda 10 %), Sudan-Gruppen, Niloten, hamitische Gruppen, Pygmäen; 10000–12000 Europäer (meist Belgier, n. and. Ang. 20000 Belgier), vor allem in Shaba (Katanga; 1978 z. T. ausgereist) – **Staatssprache:** Französisch; Umgangssprachen u. a. Kiluba (Kingwana), Kikongo, Lingala, Suaheli – **Religion:** (S) 30–45 % Katholiken, 20 % Protestanten (mit 700000 Anh. d. »Kimbanguiste-Sekte«), 1 % Muslime, 1500 Juden; im übrigen Anhänger von Naturreligionen

**Flagge:** grün; in der Mitte gelbe Scheibe mit braunem Arm, der eine braune Fackel m. roter Flamme hält – **Nationalfeiertag:** 24. 11. – **U:** 30. 6. 1960

**Staats- u. Regierungsform:** Präsidiale Republik – Seit Verfassungsänderung Einkammerparlament als »Nation. Gesetzgebungsrat«, jedoch mit dem Staatspräsidenten als oberste Verfassungsinstitution, dem alle anderen oberen Organe verantwortlich sind. Die im Okt. 1977 gewählten 268 Abg. (»Volkskommissare«) d. »Nation. Gesetzgebungsrates« gehören alle der Staatspartei MPR an. – Nationaler Sicherheitsrat seit März 1979 – Wehrpflicht – Gliederung in 8 Provinzen u. Hauptstadt – »Nationaler Exekutivrat« als Regierung; Minister heißen »Staatskommissare«

**Staatsoberhaupt:** Präsident, Parteivors. u. für Ressorts Verteid., Staatssicherheit u. Veteranen zuständig: Marschall Sésé-Séko (Kuku-Ngbandu-Wa-Za-Banga) Mobutu, wiedergew. Dez. 1977 (einziger Kandidat), lt. Verfassung auf Lebenszeit – **Regierungschef** (Premier Commissaire d'Etat): Kongo wa Dando, seit Nov. 1982 – **Außenminister:** Umba di Lutete – **Parteien:** »Mouvement Populaire de la Révolution«/MPR, nach der Verfass. v. 1971 u. Änderung v. 1974 allen Institutionen übergeordnet; laut Verfassung alle Bürger automatisch Mitglied; oberstes Organ: »Politisches Büro«; Vors.: Mobutu, Gen.-Sekr.: Mpinga Kasenda – Keine Opp.-Part. zugelassen – **Dipl. B.:** BR Dtld. u. DDR

**Städte** (S 1976): Kinshasa (fr. Léopoldville; Hptst.) 2443876 (1982 bis 4 Mill.) Einw., Kananga (Luluabourg) 704211, Lubumbashi (Elizabethville) 451332, Mbuji-Mayi (Bakwanga) 382632, Kisangani (Stanleyville) 339210, Bukavu (Costermansville) 209051, Kikwit 172450, Matadi 162396, Mbandaka (Coquilhatville) 149118, Likasi (Jadotville) 146394

**Wirtschaft: BSP** 1980: 5760 Mill. $ / 1981 (S): 6280 Mill. $ / 210 $ (156) / – 2,8 – **WS:** 32 / 1,5 / 24 / – 0,8 – **V:** 16 / 59 / 33 / 25 / 36 / – 8 – **A:** 52 / 75 / 13 – **E:** 107 / 13,2 / 1716 – **M:** 4,9*

**Außenhandel:** 1982 **Einf.** 480 Mill. $, **Ausf.** 569 Mill. $ – **W:** 1 Zaïre (Z) = 100 Makuta (Singular: Likuta) = 10000 Sengi; 31. 12. 1983: 1 US-$ = 30,1178 Z, 1 Z = 0,0904 DM – **I:** 35,3 – **AS:** 42* / 0* / 3* / 21* / 68* – **T:** 74 – **H:** 64 / 35 / 1 – **Z:** – 64* / 4,1 / 4,4* / 77,1 – **D:** 1,4* – **K:** – / 170 / 42*

**Wichtige Ausfuhrgüter:** Kupfer (bis 50 %), Diamanten (7 %), Kobalt (16 %), Uran, Edelmetalle u. a. Bergwerksprodukte (insg. bis 80 %), Kaffee, Kakao, Baumwolle u. Palmöl – **u. Handelspartner:** Belgien-Lux. (bis 20 %), Frankreich, Italien u. BR Dtld. (je 8 %), Großbritannien, USA, Südafrika, Japan, Angola, Mosambik

**Mitgliedschaft:** UNO, OAU, CCC, CEPGL, CIPEC (für kupferprod. Länder), ECA, FAO, GATT, IAEA, IBRD, ICAO, IDA, IFAD, IFC, ILO, IMF, IMO, ITU, UNESCO, UPU, WHO, WMO; AKP, Koop.-Abk. m. Ghana; »Nil-Staaten«, Nichtangriffspakt mit Sambia und Angola

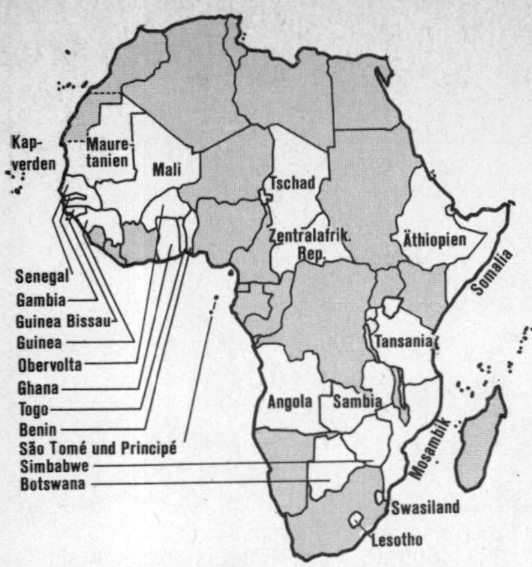


**Die am stärksten von Nahrungsmittelknappheit betroffenen Länder.**
Ursachen der Katastrophe sind die teilweise seit Jahren anhaltende Dürre, Viehseuchen und innere Unruhen. *(Quelle: FAO)*

## ZENTRALAFRIKANISCHE REPUBLIK

*(Äquatorial-Afrika)*

(République Centrafricaine; Be ti Kodro ti Afrika [in Sangho] – [RCA])

**Fläche** (40): 622984km² (L: 5%) – **Einwohner** (113): 2500000 (S 1982) = 4,0 je km² – **Städt. B.**: 29 /5,0*/0 – **G**: 43/146/32/27050/1760/94 – **S**: 67/70 / 10 / 1 – **Jährl. Bevölkerungswachstum:** (1970–1981) 2,3% (1981: 43 / 22)

**Bevölkerung:** Zentralafrikaner; haupts. Bantu der Ngala-Gruppe u. Sudan-Gruppen (u. a. Banda 27%, Baja 24%, Mandja 21%); einige Tausend Europäer (meist Franzosen) – **Staatssprache:** Französisch als Amtssprache u. »Nationale Umgangssprache« Sangho; Bantu u. Sudansprachen – **Religion:** ca. 20% Katholiken u. 15% Protestanten, im N 5–8% Muslime, rd. 60% Anhänger von Naturreligionen

**Flagge:** blau-weiß-grün-gelb (waagerecht) gestreift, in d. Mitte senkrechter roter Streifen, im Obereck gelber Stern – **Nationalfeiertag:** 13. 8. – **U:** 13. 8. 1960

**Staats- u. Regierungsform:** Republik mit Präsidialsystem – »Militärausschuß f. Nationalen Wiederaufbau«/CMRN seit Militärputsch v. Sept. 1981 (Verfass. v. 1. 2. 1981 suspendiert) – Einkammerparlament – Allgemeines Wahlrecht – Verwaltungsgliederung in 14 Präfekturen

**Staatsoberhaupt u. Regierungschef:** General André Kolingba, seit 1. Sept. 1981; gleichzeitig Vors. d. CMRN – **Außenminister:** Lt. Clement-Michel Nganil-Voueto – **Parteien:** Einheitspartei: »Demokrat. Zentralafrikan. Union« (»Union démocratique centrafricaine«/UDC), gegründet v. gestürzten Präs. D. Dacko, bis Sept. 1981 Regierungspartei – **Dipl. B.:** BR Dtld. u. DDR

**Städte** (S 1978): Bangui (Hptst.) 187000, als A 320000 Einw., Bambari 30000, Bouar 28000, Berbérâti 25000

**Wirtschaft: BSP** 1980: 710 Mill. $ / 1981 (S): 770 Mill. $ / 324 $ (139) / – 0,2 – **WS:** 37 / 2,3 / 13 / 4,0 – **V:** 13 / 90 / 9 / – 3 / 26 / – 12 – **A:** 55 / 88 / 4 – **E:** 46/ 4,0 / 30 – **M:** 2,3* (. .)

**Außenhandel:** 1981 **Einf.** 95 Mill. $, **Ausf.** 79 Mill. $ – **W:** 1 CFA-Franc = 100 Centimes; 1 FF = 50 CFA-Francs, 1 CFA-Franc = 0,02 FF bzw. 0,0065 DM – **I:** 12,6 – **AS:** <1/<1/26/21/34 – **T:** 104 – **H:** 77/23/ <1 – **Z:** 7 / 0,9 / 1,5 / 31,5 – **D:** 2,5 – **K:** – / 21 / 21

**Wichtige Ausfuhrgüter:** Diamanten (⅓), Kaffee (¼ bis ⅓), Holz (⅓), Baumwolle, Kautschuk, Erdnüsse – **u. Handelspartner:** Frankreich (ca. 50%) u. and. EG-Länder, USA, Japan, Israel

**Mitgliedschaft:** UNO, OAU, ECA, CFA, AKP, FAO, OCAM, GATT, IBRD, ICAO, IFAD, ILO, IMF, ITU, UDEAC, UNESCO, UPU, WHO, WMO

# Die deutschsprachigen Staaten

Bundesrepublik Deutschland mit Berlin (West), Deutsche Demokratische Republik mit Berlin (Ost), Liechtenstein, Luxemburg, Österreich, Schweiz.
Gliederung jeweils in die Abschnitte a) Aktuelle Chronik, b) Der souveräne Staat/Strukturdaten, c) Wirtschaftsdaten

## I. Deutschland *(Mittel-Europa)*

### 1. AKTUELLE DEUTSCH-DEUTSCHE CHRONIK

Spätsommer 1983–Spätsommer 1984

**1983:** Erstmals in der Geschichte der geteilten Reichshauptstadt trifft ein Berliner Regierender Bürgermeister, *Richard von Weizsäcker,* am 15.9. bei Ost-Berlin mit dem DDR-Staatsratsvors. *Erich Honecker* zusammen. – Am 27.9. hebt die DDR die **Mindestumtauschpflicht** (Zwangsumtausch) für Kinder unter 14 J. bei Reisen in die DDR auf und erläßt neue Regelungen der Familienzusammenführung. Außerdem werden – ab 4.10. verstärkt – an der innerdeutschen Grenze **Selbstschußanlagen** abgebaut. Die DDR ersetzt diese durch einen »Schutzstreifenzaun« mit optischen und akustischen Signalen.
Die Bundesregierung teilt mit, daß 1983 insgesamt 64025 (1982: 45709) Bewohner der DDR wegen dringender Familienangelegenheiten in die Bundesrepublik gekommen seien. Der BGS-Jahresbericht 1983 spricht von 51 (72) Fällen, in denen DDR-Bewohner die Grenzanlagen überwanden und in den Westen geflüchtet sind. Die Zentrale Erfassungsstelle der Länderjustizverwaltungen in Salzgitter registriert 1983 insgesamt 1132 (1570) **Gewalt- und Willkürakte der DDR:** 48 Fälle von Tötungshandlungen und -versuchen, 940 Verurteilungen aus politischen Gründen, 142 Fälle von politischen Verdächtigungen, 2 schwerer Häftlingsmißhandlungen.
**1984:** Die Bundesregierung stellte 253 Mill. DM zur Integration der der Deutschen Reichsbahn (der DDR) unterstehenden **Berliner S-Bahn** in das Westberliner Verkehrsnetz zur Verfügung, so daß die Übergabe der Betriebsrechte auf den Westberliner Strecken vertraglich am 9.1. abgeschlossen ist. Die DDR erhält jährlich 9,5 Mill. DM als Nutzungsausfall.
Von den knapp 480000 DDR-Bürgern, die eine Ausreise beantragt haben, treffen im 1. Quartal rd. 13000 (bis 11.4.: über 15000) im Übergangslager Gießen ein. SED-Funktionäre sprechen intern von einem **»Ausreiseantragsüberhang«,** an dem etwa 0,3% der Gesamtbevölkerung (die Ausreisewelle könnte bis Ende 1984 bis zu 50000 Personen umfassen) beteiligt sind. Die Bundesregierung erhofft als »Nebeneffekt« der Ausbürgerungen, daß die kommerziellen Fluchthelferorganisationen ihre Existenzgrundlage verlieren.
Eine Nichte von DDR-MinPräs *Willi Stoph, Ingrid Berg,* flüchtet am 24.2. mit ihrer Familie in die bundesdeutsche Botschaft in Prag, um eine Ausreise in den Westen zu erreichen (offizielle Ausreise über die DDR am 20.3.). – Der Bundesregierung wird am 25.4. bekannt, daß einige DDR-Bewohner, die die Ständige Vertretung der BR Dtld. in Berlin (Ost) besucht hatten, zu Haftstrafen verurteilt wurden. Die DDR begründet: es habe sich um in Spionagetätigkeiten verwickelte Personen gehandelt.
Der März ist von einem ständigen **Besucherstrom** westdeutscher und Berliner Bundes- und Landespolitiker **bei Honecker** und dem Volkskammervorsitzenden *Horst Sindermann* (8.–14.3.) sowie DDR-Persönlichkeiten auf der Leipziger Messe (11./12.3.) gekennzeichnet: *Wolfgang Mischnick* (5.), *Horst Ehmke* mit einer 15köpfigen SPD-Delegation (8.), *Hans-Jochen Vogel, Egon Bahr* u. *Hans-Jürgen Wischnewski* (14.); in Leipzig *Otto Graf Lambsdorff, Franz Josef Strauß, Eberhard Diepgen, Werner Zeyer* und *Oskar Lafontaine* sowie *Uwe Barschel* bei SED-Politbüromitglied *Mittag* (27.4.). – *Mischnick* hält den Zeitpunkt für die Aufnahme offizieller Kontakte zwischen dem Deutschen Bundestag und der Volkskammer der DDR für gekommen, während sich der Bundeskanzler und die CDU/CSU-Fraktion aus Statusgründen dagegen aussprechen.
Anfang Mai versucht die DDR, durch ein massives Polizeiaufgebot und Einschüchterungen ihre Bürger von dem Betreten der **Ständigen Vertretung** der BR Dtld. abzuhalten. Am 25.6. muß die Vertretung von sich aus ihren Amtssitz für den Besucherverkehr vorübergehend, am 27. vollständig schließen, nachdem über **50 DDR-Bewohner dort Zuflucht** gesucht hatten, um ihre Ausreise in die Bundesrepublik zu erreichen. – Nach Einschaltung des auf deutsch-deutsche Vermittlungen spezialisierten DDR-Anwalts *Wolfgang Vogel* wird den 50 Bittstellern von Ostberliner Seite zugesichert, daß ihre Ausreiseanträge »positiv entschieden« würden. Die letzten DDR-Bürger verlassen die Vertretung am 5.7.
Am 25.7. gibt die Bundesregierung (am 26.7. durch ADN die DDR) bekannt, daß die Deutsche Bank

Luxemburg der Außenhandelsbank der DDR einen **Eurokredit von 950 Mill. DM** zu marktüblichen Konditionen bei Bürgschaft der Bundesregierung zur Verfügung gestellt hat (der Betrag wird von d. DDR nicht in Anspruch genommen, sondern dem Devisenbestand zugerechnet, der damit einschl. d. letzten Kredits v. 1 Mrd. insgesamt ca. 4 Mrd. DM oder das Doppelte des laufenden Bedarfs erreicht); die DDR gewährt dafür ab 1.8. eine »Reihe von Erleichterungen« (sog. 11-Punkte-Katalog), u.a. die Senkung des Zwangsumtauschs für bundesdeutsche Rentner ab 65. – Erstaunlicherweise gelten nur 8 Punkte auch für Westberliner.
Am 4.9. unterrichtet der Ständige Vertreter der DDR *Ewald Moldt* die Bundesregierung im Zusammenhang mit dem seit 1981 besprochenen **Besuch Honeckers,** der im April 1983 erstmals abgesagt wurde, »daß Stil und öffentliche Auseinandersetzungen in der Bundesrepublik im Zusammenhang mit diesem Besuch äußerst unwürdig und ihm abträglich sowie im Verkehr zwischen souveränen Staaten absolut unüblich sind. Man kann davon ausgehen, daß der ins Auge gefaßte Termin für den Besuch nun schon nicht mehr real ist«, was die Bundesregierung als Kündigung des Termins, nicht aber des Besuchs selbst auffaßt. Kohl habe außerdem wichtige Themen öffentlich vorher ausgeklammert. (Am 9.9. gibt der bulg. Partei- u. Staatschef *Schiwkoff* bekannt, daß er aus Gründen der internat. Lage – u.a. Raketennachrüstung im Westen – seinen am 19./22.9. geplanten Besuch verschieben müsse.)

## 2. BUNDESREPUBLIK DEUTSCHLAND mit BERLIN (West) – [D]

### a) Aktuelle Chronik

**1983:** Im **»Mainzer Appell«** vom 3.7. fordern 3300 Teilnehmer eines wiss. Kongresses den Verzicht auf die Stationierung von US-Nuklearwaffen und einen Neuanfang in der Rüstungskontrollpolitik. Der Appell ist einer von zahlreichen gewaltfreien (z.B. die Mutlanger Blockade vom 1.9.), aber auch gewalttätigen (z.B. die »Krefelder Krawalle« vom 25.6.) Demonstrationen deutscher **Nachrüstungsgegner** aus Politik, Kirche, Hochschulen und Gewerkschaften.
BrigGen *Helmuth Behrendt* wird am 2.9. Nachfolger des wegen »privater Verfehlungen« abgelösten Chefs des **Militärischen Abschirmdienstes** (MAD).
Neuer Vorsitzender der weltgrößten Einzelgewerkschaft, der **IG Metall,** wird am 12.10. *Hans Mayr,* der den aus Altersgründen zurückgetretenen *Eugen Loderer* ablöst (2. Vors. wird *Franz Steinkühler*).
*Wolfgang Zeidler* (bisher VizePräs) und *Roman Herzog* (bisher InnenMin Bad.-Württ.) werden am 13.10. zum neuen Präsidenten bzw. Vizepräsidenten des **Bundesverfassungsgerichts** in Karlsruhe gewählt (Amtsantritt 20.12.).
Der Aufsichtsrat der traditionsreichen Bremer **Weserwerft AG** setzt die Schließung des Unternehmens zum Jahresende durch (1200 Arbeitsplätze gehen verloren).
Auf der **Aktionswoche der Friedensbewegung** (ab 15.10.) demonstrieren nochmals Hunderttausende gegen die geplante Nachrüstung. Am 22./23.10. 108 km lange Menschenkette, Blockaden von Kasernen, Friedensmärsche usw. mit insgesamt 1,3 Mill. Teilnehmern (lt. Ang. der Veranst.; 0,5 Mill. lt. Ang. d. Polizei) in 4 Ballungszentren.
Am 26.10. wird bekannt, daß sich die Bundestagsfraktionen (außer Grüne) über die Neuregelung der **Parteienfinanzierung** geeinigt haben. Danach sollen Parteien künftig steuerrechtlich wie eingetragene Vereine (e.V.) behandelt werden (Bundestagsbeschluß am 1.12.).
Am 10.11. beschließt der Bundestag das **»Rückkehrhilfegesetz«,** welches Anreize (bis zu DM 10500 pro Fall) zur Förderung der Remigration ausländ. Arbeitnehmer vorsieht. Gemäß einer *Marplan*-Umfrage wollen allerdings 39% aller ausländ. Arbeitnehmer nicht mehr in ihre Heimatländer zurückkehren. (Bis zum Auslauf des Gesetzes am 30.6.1984 nehmen nur ca. 12000 die Rückkehrprämie in Anspruch.)
Nach zweitägiger, heftiger Debatte beschließt der Bundestag am 22.11. gegen die Stimmen von SPD und Grünen, am vom damaligen Bundeskanzler *Schmidt* mitangeregten **NATO-Doppelbeschluß** festzuhalten. Tags darauf treffen bereits die ersten Pershing-II-Raketenteile in der Bundesrepublik ein.
Der Bundesrat sanktioniert am 25.11. indirekt die umstrittene Verordnung der Bundesreg. zur **Abschaffung des bisherigen BAföG-Systems,** welches seit 1976 als Nachfolger des Honnefer Modells Berufs- und Hochschulausbildungsförderung an sozialen Kriterien orientierte.
Die Bonner Staatsanwaltschaft erhebt am 29.11. in der **Flick-Spendenaffäre** Anklage gegen Konzernangehörige sowie bekannte Bundes- und Landespolitiker wegen passiver und aktiver Bestechung (*Eberhard von Brauchitsch, Manfred Nemitz, Hans Friderichs* und *Horst Ludwig Riemer*). Nach Aufhebung der Immunität wird auch Bundeswirtschaftsminister *Otto Graf Lambsdorff* (am 8.12.) angeklagt, bleibt jedoch trotz eines spektakulären Entlassungsantrages der SPD-Fraktion und der aufgebrachten öffentlichen Meinung im Amt. Das Wirtschaftsministerium fordert am 27.12. 450 Mill. DM

gewährte Steuervergünstigungen vom Flick-Konzern zurück, da sich das Kriterium der Förderungswürdigkeit nicht aufrechterhalten lasse.
Durch Urteil des Bundesverfassungsgerichts vom 15. 12. werden einzelne, datenschutzrelevante Passagen des umstrittenen **Volkszählungsgesetzes** für nichtig und eine Art Grundrecht an personbezogenen Daten für verfassungsinhärent und damit schutzwürdig erklärt, so daß der geplante Zensus nicht im geplanten Umfang durchführbar ist.
**1984:** Der unter unüblichen Umständen zunächst bis zum 31. 3. »kaltgestellte«, dann aber zum 1. 1. vorzeitig pensionierte ranghöchste Offizier der Bundeswehr und Stellv. NATO-Kommandeur für Europa, **General Günther Kießling,** stellt am 16. 1. wegen Verleumdung einen Strafantrag gegen Unbekannt und klagt gleichzeitig beim Verwaltungsgericht gegen seine vorzeitige Zurruhesetzung. BundesVertMin *Manfred Wörner* wird Opfer u. a. dubioser Aufklärungspraktiken des MAD, der *Kießling* ins Homosexuellenmilieu plazierte. Die MAD-Aufklärung gerät zunehmend ins Zwielicht; öffentl. Kritik an MAD-Chef *Behrendt* und Min *Wörner* wächst. Die Oppositionsparteien fordern *Wörners* Rücktritt; der Verteidigungsausschuß des Bundestages konstituiert sich als Untersuchungsausschuß (Abschlußbericht am 7. 6., der »*Höcherl*-Reformkommission für den MAD« am 24. 5.). – Bundeskanzler *Helmut Kohl* stellt sich am 2. 2. trotz zugegebener Fehler voll hinter *Wörner,* kündigt jedoch Personaländerungen beim MAD an (neuer Chef ab 1. 10.: BrigGen *Hubertus Senff*). *Kießling* wird rehabilitiert (= wiederernannt) und am 26. 3. traditionsgemäß mit Großem Zapfenstreich verabschiedet.
*Eberhard Diepgen*/CDU wird am 9. 2. zum Nachfolger des zurückgetretenen **RegBürg von Berlin,** *Richard von Weizsäcker,* gewählt. Für den am 8. 3. zurückgetretenen **Spitzenkandidaten der SPD,** Harry *Ristock,* tritt der frühere Bundesminister **Hans Apel** am 31. 3. für die Wahlen zum Berliner Abgeordnetenhaus (am 10. 3. 1985) an.
In **Baden-Württemberg** behauptet die CDU bei den **Landtagswahlen** vom 25. 3. ihre absolute Mehrheit (51,9%; SPD: 32,4%, Grüne 8,0%, F.D.P. 7,2%).
Nach den **bayerischen Kommunalwahlen** am 18. 3., aus denen die SPD gestärkt hervorgeht, entscheidet am 1. 4. in München eine Stichwahl für den SPD-Kandidaten Georg Kronawitter (48,3%).
Zum neuen Leiter der Nürnberger **Bundesanstalt für Arbeit** ernennt Minister *Blüm* den bish. Parl. Staatssekretär im Bundesministerium f. Arbeit, *Heinrich Franke,* der am 1. 4. *Josef Stingl,* der aus Altersgründen zurücktritt, ablöst.
Nach heftigem Widerstand, auch in den eigenen Reihen (vor allem der F. D. P.), und scharfer Kritik der Öffentlichkeit zieht die CDU/CSU-F.D.P.-Regierungskoalition am 16. 5. ihren Gesetzentwurf zur **Amnestie für Steuerhinterziehungen** bei Parteispenden zurück. Der Entwurf war auf dem **CDU-Parteitag** in Stuttgart (9.–11. 5.) noch mit 478/697 Stimmen gutgeheißen worden.
Auf dem **SPD-Parteitag** (17.–21. 5.) zieht sich Altbundedskanzler *Helmut Schmidt* offiziell aus der Führungstroika (bisher mit *Brandt* und *Rau*) zurück. Neuer Stellv. Vors.: *Hans-Jochen Vogel.*
Die **IG Metall** setzt am 10. 5. im Tarifgebiet Nordwürttemberg/Nordbaden, am 14. 5. in der hessischen Metallindustrie nach einer mit 81% befürworteten Urabstimmung am 9. 5. einen **Streik zur Einführung der 35-Stunden-Woche** mit vollem Lohnausgleich in Gang. Die Arbeitgeber antworten am 15. 5. mit Aussperrungen in Betrieben mit über 1000 Beschäftigten. Nach festgefahrenen Verhandlungen im Tarifgebiet Nordwürtt./Nordbaden am 14. 6. wird vom Arbeitgeberverband Gesamtmetall eine »besondere Schlichtung« beantragt. Der von den Schlichtern *Georg Leber* und *Bernd Rüthers* vorgeschlagene Kompromiß für eine durchschnittliche Wochenarbeitszeit von 38,5 Stunden bei Freiheit der Unternehmen bei der Regelung der Einzelheiten ab 1. 4. 1985 sowie eine Vorruhestandsregelung ab 58 Jahren wird am 28. 6. einstimmig akzeptiert, die Arbeit am 3. 7. wiederaufgenommen. Damit wird der längste, schwierigste und umfangreichste Arbeitskampf der Bundesrepublik beendet.
Die **Tarifverhandlungen in der Druckindustrie** (165000 Beschäftigte) werden am 29. 5. ergebnislos abgebrochen. Die Schlichtung des CDU-Politikers *Kurt Biedenkopf* scheitert am 21. 6. Inzwischen erscheinen zahlreiche Zeitungen gar nicht mehr oder nur noch in Notausgaben. Nach 6monatigen zähen Verhandlungen, davon 13 Wochen Zeitungsstreik, einigen sich die Tarifpartner *Erwin Ferlemann* (IG Druck) und *Manfred Beltz Rübelmann* (Arbeitgeberverband Druckindustrie) am 6. 7. auf einen der Metallindustrie ähnlichen Kompromiß (erfolgr. Urabstimmung am 12. 7.).
F.D.P.-GenSekr *Irmgard Adam-Schwaetzer* stellt am **1. 6.** auf dem **Münsteraner F.D.P.-Bundesparteitag** ihr Amt zur Verfügung *(Nachf. → Strukturdaten). Hans-Dietrich Genscher* wird mit nur 241/390 Stimmen im F.D.P.-Vorsitz bestätigt und will Anf. 1985 zurücktreten.
Die **hessische SPD** stimmt am **2. 6.** einer parlamentar. Zusammenarbeit der geschäftsführenden Reg. *Holger Börner* **mit den Grünen** zu, so daß der Landtag am 26. 6. eine mehrheitsfähige Regierung erhält. Der Minister für Wirtsch. u. Fin., *Heribert Reitz,* tritt daraufhin aus Protest zurück *(Nachf. → Strukturdaten).*
Das Hamburger **Chemiewerk Boehringer** muß nach einem Beschluß des Hamb. VerwGerichts wegen nicht eingehaltener Umweltschutzbestimmungen bei der Dioxinbeseitigung am **19. 6.** schließen.
Nach Zulassung der Hauptverhandlung in der gegen Graf **Lambsdorff** erhobenen Anklage (→ oben) **tritt** dieser **am 27. 6. zurück.** Als neuen Bundesmin. f. Wirtschaft nominiert die F.D.P. den bisherigen

Europapolitiker in Straßburg *Martin Bangemann* (Vereidigung am 28.6.).
Die VIII. Bundesversammlung wählt am Verfassungstag, dem 23.5., in Bonn mit 832 von 1018 abgegebenen Stimmen den am 28.11.1983 vom Kanzler nominierten Kandidaten **Richard von Weizsäcker zum 6. Bundespräsidenten (Amtsantritt 1.7.).** Die [einzige Gegen-]Kandidatin der Grünen, *Luise Rinser,* erhält 68 Stimmen.
Die für Mitte 1985 vorgesehene Einführung eines computerlesbaren, fälschungssicheren **Bundespersonalausweises,** deren jahrelange Vorarbeiten Millionen kosteten, wird angesichts des **Wegfalls der Grenzkontrollen** an westlichen Grenzen **ab 13.7.1984** zunehmend fraglicher.
Das Bundesverfassungsgericht beschließt am **17.7.,** daß einem Parlamentarischen **Untersuchungsausschuß** gemäß Art. 44 GG vollständige **Aktieneinsicht** zu gewähren sei. Es folgt damit Anträgen der SPD und der Grünen in Sachen Flick-Spendenaffäre.
Das Verwaltungsgericht Braunschweig setzt am 31.8. per einstweiliger Verfügung auf Antrag von 6 Bürgern (1 der DDR) die für den 3.9. geplante Inbetriebnahme des neuen **Kohlekraftwerks Buschhaus** (»Dreckschleuder der Nation«) im nieders. Zonenrandgebiet aus. Der Bundestag hatte zunächst ebenfalls dagegen gestimmt, dann aber – nach wochenlangem Streit – auf einer Sondersitzung (der 1. »Sommersitzung« seit 1978) für die Inbetriebnahme auf Braunkohlebasis, aber ohne Entschwefelungsanlage gestimmt.

## b) Der souveräne Staat / Strukturdaten

**Fläche** (70): 248678 km² (mit Berlin-W; ohne 248198 km²) – **Einwohner** (12): 61307000 (Wohnbev. m. Berlin-W, 4. Vj. 1983, darunter 4470000 Ausländer (Frühj. ’84); Z 27.5.1970: 58528300 ohne Berlin-W, mit Berlin-W 60650000, darunter 6,42% Ausländer) = 246,5 je km² – **Städt. B.**: 85 / 0,5 / 45 – **G:** 73 (1871 nur 37) / 13 / 1 / 450 / 170 / 133 – **S:** 1 / 133* / 53* / 26 – **Jährl. Bevölkerungswachstum:** (1970–1981) 0,0% (einschl. Wanderungsgewinn); 1983: Sterbeüberschuß 124160, Abwanderungsüberschuß 117135, Abnahme d. dt. Bev. um 0,2% auf 56870000; Bevölkerungsabnahme 1983: 0,39%

**Wirtschaft: BSP** 1980: 758480 Mill. $ / 1981 (S): 829600 Mill. $ / 13450 $ (11) / 2,7 – **WS:** 2 / 1,3 / 46 / 4,8* – **V:** 21 / 56 / 23 / 23 / 30 / <1 – **A:** 67 / 4 / 46 – **E:** 6053 / 0,0 / 84630 – **M:** 2,7 (9,6) (Zahlen n. Weltbank, um den Vergleich mit d. Daten der and. Staaten zu ermöglichen, die ebenfalls vorwieg. v. d. Weltbank stammen; detaillierte Zahlen → Sp. 693 ff.)

**Außenhandel** (ohne Handel mit der DDR): 1983 **Einf.** 152946 Mill. $, **Ausf.** 169446 Mill. $ – **W:** 1 Deutsche Mark (DM) = 100 Deutsche Pfennig (Pf); 1 US-$ = 2,9525 DM (jeweils 5.9.84), 1 SZR = 2,97001 DM; 1 ECU = 2,23944 DM – **I:** 5,0 – **AS:** 7 / 45 / 22 / 12 / 19 – **T:** 86 – **H:** 72 / 21 / 4 – **Z:** – 7133 / .. / .. / .. – **D:** 4,5 – **K:** 0,48 / .. / – 2889

**Ausfuhrgüter u. Handelspartner:** → Spalte 805 ff.

**Bevölkerung:** Deutsche, über 30000 Dänen in Schleswig, 30000 Sinti u. Roma; Ende 1983 4501000 Ausländer (davon ca. 1,9 Mill. abhängig beschäftigt), insg. 7,3% d. Gesamtbevölk. – Ausländeranteile → Sp. 499 f. – **Staatssprache:** Deutsch; in Schleswig teilw. Dänisch Schulsprache – **Religion** (BR mit Berlin-W) 1978: 26,5 Mill. bzw. 43,0% Protestanten, 26,7 Mill. bzw. 43,3% römische Katholiken, kleine jüdische Minderheit (1982: 28202), 6,4% »Sonstige«; 1980/81 1669900 Muslime, meist Türken (= 2,8% d. Wohnbev., außerdem noch ca. 200000 illegal in d. BR Dtld. lebende Muslime), 300000 Griechisch-Orthodoxe

**Flagge:** schwarz-rot-gold (waagerecht) – **U:** Beginn der deutschen Staatsgeschichte unter Karl d. Gr. bzw. 843 mit dem Vertrag von Verdun; Gründung des Deutschen Reiches am 18.1.1871, der Bundesrepublik Deutschland am 24.5.1949

**Staats- und Regierungsform:** demokratisch-parlamentarischer Bundesstaat – Parlament (»Bundestag«), außerdem »Bundesrat« als Ländervertretung, dessen Zustimmung für bestimmte Gesetze erforderlich ist – Wahlberechtigt alle über 18 Jahre alten Bürger – Wehrpflicht – Gliederung in 10, mit Berlin-W (eig. Status) in 11 Bundesländer

**Staatsoberhaupt:** Bundespräsident Dr. Richard von Weizsäcker, seit 1.7.1984

**Regierungschef:** Bundeskanzler Dr. Helmut Kohl

**Hauptstadt:** Bonn 289855 Einw. (F 1984)

**Mitgliedschaft der BR Deutschland in wichtigen Organisationen, Bündnissen und Zusammenschlüssen:** UNO (seit 18.9.73), außerdem u.a.: ADB, BID, CCC, EG, ECE, Europarat, EWS, FAO, GATT, IAEA, IBRD, ICAO, IDA, IDB, IFAD, IFC, ILO, IMO, IMF, IPU, NATO, OECD, UNESCO, UNIDO, UPU, WEU, WHO, WMO

**DIE GROSSSTÄDTE DER BR DEUTSCHLAND UND IHRE OBERBÜRGERMEISTER**

»Großstädte« nach der Begriffsbestimmung der Internationalen Statistikerkonferenz 1887, d. h. alle Städte mit mindest. 100000 Einwohnern – Stand: Bevölkerung (Z 27. 5. 1970), Fortschreibung/F meist Sommer, z. T. Ende 1983 [* = Einw. 1970, doch heutiger Gebietsstand nach Eingemeindungen]

| **Stadt** | | **Einwohner** (Z 1970) | **F 1984** | **Oberbürgermeister** (1. 8. 1984) |
|---|---|---|---|---|
| 1000 | Berlin (West) | (2122346) | 1854502 | Der Regierende Bürgermeister: Eberhard Diepgen, CDU (Bgm. Heinrich Lummer, CDU) |
| 2000 | Hamburg | (1793823) | 1606861 | Erster Bürgermeister: Dr. Klaus von Dohnanyi, SPD (Präs. d. Senats) (Zweiter Bgm.: Alfons Pawelczyk, SPD) |
| 8000 | München | (1293590) | 1283457 | Georg Kronawitter, SPD (Zweiter Bgm.: Dr. Winfried Zehetmeier, CSU; Dritter Bgm.: Dr. Klaus Hahnzog, SPD) |
| 5000 | Köln | (849500/995136*) | 997205 | Norbert Burger, SPD (Bgm.: Heribert Blens, CDU, Bgm.: Jan Brügelmann, F.D.P., Oberstadtdir.: Kurt Rossa, SPD) |
| 4300 | Essen | (712523/715237*) | 634919 | Horst Katzor, SPD (Oberstadtdirektor: Kurt Busch, SPD) |
| 6000 | Frankfurt a. M. | (669635) | 613687 | Dr. Walter Wallmann, CDU |
| 4600 | Dortmund | (639634) | 599996 | Günter Samtlebe, SPD (Oberstadtdirektor: Harald Heinze, SPD) |
| 4000 | Düsseldorf | (663586) | 576249 | Josef Kürten, CDU (Ostadtdir.: Gerd Högener) |
| 7000 | Stuttgart | (633158) | 562232 | Manfred Rommel, CDU |
| 4100 | Duisburg | (454839) | 547673 | Josef Krings (Ostadtdir.: Herbert Krämer) |
| 3000 | Hannover | (523900) | 544118 | Herbert Schmalstieg, SPD (Oberstadtdir.: Dr. Hinrich Lehmann-Grube) |
| 2800 | Bremen | (593182) | 540442 | Hans Koschnick, Präs. d. Sen. u. Bgm., SPD |
| 8500 | Nürnberg | (473555) | 472585 | Dr. Andreas Urschlechter, SPD |
| 4630 | Bochum | (356086) | 414407 | Heinz Eikelbeck, SPD (Oberstadtdirektor: Herbert Jahofer, SPD) |
| 5600 | Wuppertal | (418454) | 392970 | Gottfried Gurland, SPD (Oberstadtdirektor: Dr. Bodo Richter, SPD) |
| 4800 | Bielefeld | (168937) | 306971 | Klaus Schwickert, SPD |
| 6800 | Mannheim | (332163) | 302268 | Gerhard Widder, SPD |
| 4650 | Gelsenkirchen | (348292) | 295636 | Werner Kuhlmann, SPD |
| 5300 | Bonn | (274518) | 289855 | Dr. Hans Daniels, CDU (Ostadtdir.: Dr. Karl-Heinz van Kaldenkerken, CDU) |
| 4400 | Münster | (198371) | 273453 | Dr. Werner Pierchalla, CDU (Oberstadtdirektor: Dr. Hermann Fechtrup) |
| 7500 | Karlsruhe | (259245) | 268366 | Otto Dullenkopf, CDU |
| 6200 | Wiesbaden | (250122) | 268035 | Dr. Hans-Joachim Jentsch, CDU (Bgm.: Dr. Wilhelm Wallmann, CDU) |
| 4050 | Mönchengladbach | (151090) | 260624 | Theodor Bolzenius, CDU (Oberstadtdirektor: Helmut Freuen) |
| 3300 | Braunschweig | (223700/275700*) | 255259 | Hartmut Scupin, CDU (Oberstadtdirektor: Dr. Joachim Körner) |
| 2300 | Kiel | (271719) | 248288 | Stadtpräsident: Eckhard Sauerbaum, CDU (Oberbürgermeister: Karl Heinz Luckhardt, SPD) |
| 8900 | Augsburg | (211566/254233*) | 245853 | Hans Breuer, SPD |
| 5100 | Aachen | (173475) | 245114 | Kurt Malangré, CDU |
| 4200 | Oberhausen | (246736) | 228136 | Friedhelm van den Mond, SPD (Oberstadtdirektor: Dieter Uecker, SPD) |
| 4150 | Krefeld | (222250/235653*) | 227395 | Dieter Pützhofen, CDU (Oberstadtdirektor: Dr. Hermann Steffens, CDU) |
| 5800 | Hagen i. W. | (200909/231840*) | 212758 | Rudolf Loskand, SPD (Oberstadtdirektor: Dr. Klaus Müller, SPD) |
| 2400 | Lübeck | (239339) | 212734 | Stadtpräsident: Sophus Pohl-Laukamp, CDU (Bgm.: Dr. Robert Knüppel, CDU) |

| **Stadt** | | **Einwohner** (Z 1970) | **F 1984** | **Oberbürgermeister** (1.8.1984) |
|---|---|---|---|---|
| 3500 | Kassel | (214156) | 194004 | Hans Eichel, SPD |
| 6600 | Saarbrücken | (127989) | 190150 | Oskar Lafontaine, SPD |
| 6500 | Mainz | (172195) | 184990 | Jockel Fuchs, SPD |
| 4690 | Herne i. W. | (104077/203233*) | 181783 | Manfred Urbanski, SPD |
| | | | | (Oberstadtdirektor: Dr. Karl Raddatz, SPD) |
| 4700 | Hamm | (31.12.73: 87300) | 178034 | Werner Figgen, SPD |
| | | | | (Oberstadtdirektor: Dr. Walter Fiehe) |
| 4330 | Mülheim | (190609) | 175443 | Elenore Güllenstern, SPD |
| | | | | (Oberstadtdirektor: Heinz Hager, SPD) |
| 7800 | Freiburg i. Br. | (162222) | 175403 | Dr. Rolf Böhme, SPD |
| 6700 | Ludwigshafen/Rh. | (179286) | 164456 | Dr. Werner Ludwig, SPD |
| 5650 | Solingen | (176420) | 163965 | Georg Schlößer, CDU |
| | | | | (Oberstadtdirektor: Dr. Peter Hölz) |
| 5090 | Leverkusen | (107546) | 159204 | Wolfgang Obladen, CDU |
| | | | | (Oberstadtdirektor: Bruno Krupp, SPD) |
| 4500 | Osnabrück | (143905/165104*) | 151904 | Dipl.-Ing. Carl Möller, CDU |
| | | | | (Oberstadtdirektor: Dierk Meyer-Pries) |
| 4040 | Neuss | (114613) | 145652 | Hermann Wilhelm Thywissen, CDU |
| | | | | (Stadtdirektor: Franz Josef Schmitt, CDU) |
| 2900 | Oldenburg i. O. | (130852) | 139000 | Dr. Heinrich Niewerth, CDU |
| | | | | (Oberstadtdirektor: Heiko Wandscher, SPD) |
| 6100 | Darmstadt | (141224) | 137165 | Günther Metzger, SPD |
| 2850 | Bremerhaven | (140455) | 135410 | Karl Willms, SPD |
| 6900 | Heidelberg | (121023/129697*) | 133437 | Reinhold Zundel |
| 3400 | Göttingen | (108991) | 132816 | Prof. Dr. Gerd Rinck, CDU |
| | | | | (Oberstadtdirektor: Rolf Vieten, F.D.P.) |
| 3180 | Wolfsburg | (88655) | 129610 | Rolf Nolting, CDU |
| | | | | (Oberstadtdirektor: Prof. Dr. Peter Lamberg) |
| 8400 | Regensburg | (129590) | 129494 | Friedrich Viehbacher, CSU |
| 8700 | Würzburg | (117147) | 129044 | Dr. Klaus Zeitler, SPD |
| 5630 | Remscheid | (136419) | 126255 | Willi Hartkopf, SPD |
| | | | | (Oberstadtdirektor: Dr. Hans Günter Krug) |
| 4350 | Recklinghausen | (125237) | 118673 | Erich Wolfram, MdB, SPD |
| 4790 | Paderborn | (66829) | 118047 | Bgm.: Herbert Schwiete, CDU |
| | | | | (Stadtdirektor: Wilhelm Ferlings) |
| 4250 | Bottrop | (106657) | 117842 | Ernst Wilczok, SPD |
| | | | | (Oberstadtdirektor: Bernd Schürmann) |
| 5400 | Koblenz | (119434/120079*) | 114020 | Willi Hörter, CDU |
| 5900 | Siegen | (1973: 56500) | 113376 | Bgm.: Hans Reinhardt, SPD |
| | | | | (Stadtdirektor: Hans Mohn) |
| 3320 | Salzgitter | (118201) | 113233 | Rudolf Rückert, CDU |
| | | | | (Oberstadtdirektor: Dr. jur. Hendrik Gröttrup, SPD) |
| 6050 | Offenbach a. M. | (117306) | 111313 | Dr. Walter Suermann, CDU |
| | | | | (Bgm.: Josef Petermann) |
| 7100 | Heilbronn a. N. | (102692) | 110116 | Dr. Manfred Weinmann, CDU |
| 5810 | Witten | (97379/112791*) | 105571 | Friedhelm Trepper, SPD |
| | | | | (Stadtdirektor: Reinhard Wiederhold) |
| 7530 | Pforzheim | (90338) | 105163 | Dr. Willi Weigelt, SPD |
| 6750 | Kaiserslautern | (102523) | 105131 | Theo Vondano, CDU |
| | | | | (Bgm.: Gerhard Piontek, SPD) |
| 3200 | Hildesheim | (94800) | 102177 | Gerold Klemke, CDU |
| | | | | (Oberstadtdirektor: Dr. Buerstedde) |
| 5060 | Bergisch-Gladbach | (90899) | 102091 | Franz-Karl Burgmer, CDU |
| | | | | (Stadtdirektor: Otto Fell, CDU) |
| 8520 | Erlangen | (84110/94964*) | 101655 | Dr. Dietmar Hahlweg, SPD |
| 4130 | Moers | (100525) | 101215 | Wilhelm Brunswick, SPD |
| | | | | (Stadtdirektor: Heinz Oppers, SPD) |

In Städten über 1 Mill. Einw. leben 4817629 Menschen; außerdem: 500000–1 Mill. 5656579; 200000–500000 5450460 u. 100000–200000 4792684 (F 1981)

Durch die **Gebietsreform** hat sich die Zahl der Gemeinden von 1968 bis 1981 von über 24000 auf 8501 verringert – Seit Mai 1983 ist Dortmunds Oberbürgermeister Günter Samtlebe (SPD) **Präsident des »Deutschen Städtetages«.**

München hat die höchste Bevölkerungsdichte aller deutschen Großstädte (41 E/ha), gefolgt v. Berlin-W (39), Essen (31), Düsseldorf (27), Köln u. Frankfurt (26), Hamburg (25). Die größte Stadtgebietsfläche hat Hamburg mit 75469 ha (Berlin-W 48010, Köln 40512).

Derzeit unterhalten 2060 deutsche Kommunen Städtepartnerschaften: die meisten (insg. 1200) mit Frankreich (Großbritannien 300, Niederlande 180, Österreich 150, Italien 110, Belgien 100, Skandinavien 70, Schweiz 40, Türkei 5, Spanien 4, Osteuropa 49; noch keine zu DDR-Städten).

**Die Großstadtregionen*** der BR Deutschland (Kernstädte mit den verwaltungsmäßig selbständigen Nachbarorten)

| *Stadtregion* | *Fläche* in $km^2$ | *Einw.*- (1.1.82) | je $km^2$ |
|---|---|---|---|
| Region Rhein-Ruhr | 9482,78 | 8852931 | 934 |
| Kernstädte | 2536,88 | 5350312 | 2109 |
| Umland | 6945,90 | 3502619 | 504 |
| Region Hamburg | 7340,99 | 2813867 | 383 |
| Kernstadt | 754,55 | 1637132 | 2170 |
| Umland | 6586,44 | 1176735 | 179 |
| Region Stuttgart | 5267,69 | 2788058 | 529 |
| Kernstadt | 207,14 | 583001 | 2815 |
| Umland | 5060,55 | 2205057 | 436 |
| Region Frankfurt/M. | 5087,40 | 2681719 | 527 |
| Kernstädte | 416,63 | 874497 | 2099 |
| Umland | 4670,77 | 1807222 | 387 |
| Region München | 5504,33 | 2305444 | 419 |
| Kernstadt | 310,39 | 1291828 | 4162 |
| Umland | 5193,94 | 1013616 | 195 |

* Planungsregionen; in Ermangelung eindeutiger Abgrenzungskriterien für Agglomerationen

## DER BUNDESPRÄSIDENT

Dr. Richard von Weizsäcker (Amtsantritt 1.7.1984)
Adenauerallee 135 – Haus des Bundespräsidenten – 5300 Bonn 1 – F 0228/2001 – FS 886393[1]

Gemäß Art. 54 GG am 23.5.1984 von der Bundesversammlung zum neuen Präsidenten der Bundesrepublik Deutschland gewählt (832 Stimmen f. Weizsäcker, 68 für Luise Rinser [v. d. Grünen nominiert] u. 117 Enthaltungen). Die Amtsdauer beträgt 5 Jahre. Anschließende Wiederwahl ist nur einmal zulässig (Art. 54 Abs. 2 GG) – (Die Bundesversammlung besteht aus den Mitgliedern des Bundestages und einer gleichen Zahl von Mitgliedern, die von den Volksvertretungen der Länder nach dem Grundsatz der Verhältniswahl gewählt werden [insg. 1040 Mitgl.]; sie wird vom Präsidenten des Bundestages einberufen.)[2]

*Bundespräsidialamt:* Kaiser-Friedrich-Straße 16–18, 5300 Bonn 1, F 0228/2001, FS 886393
Chef des Bundespräsidialamtes: Staatssekretär Dr. Klaus Blech

[1]) F = Fernsprecher (Telefon), FS = Fernschreiber (Telex)
[2]) Die Zahl der Länder-Mitglieder richtet sich nach der jeweiligen Bevölkerungsstärke und verteilte sich 1984 wie folgt: Baden-Württ. 77, Bayern 94, Berlin 15, Bremen 6, Hamburg 13, Hessen 46, Niedersachsen 64, Nordrhein-Westf. 141, Rheinland-Pfalz 32, Saarland 9, Schleswig-Holstein 23

## BUNDESTAG UND BUNDESRAT Stand vom 10.9.1984

## DER DEUTSCHE BUNDESTAG

Görresstraße 15, 5300 Bonn 1, Bundeshaus, F 0228/161, FS 886808

Der Deutsche Bundestag ist die Volksvertretung der Bundesrepublik Deutschland. Mitgliederzahl 520, darunter 22 eingeschränkt stimmberechtigte Abgeordnete des Landes Berlin. Die Abgeordneten werden auf Grund allgemeiner, unmittelbarer, freier, gleicher und geheimer Wahl für die Dauer einer Wahlperiode (4 Jahre) gewählt. Die Berliner Mitglieder des Bundestages werden v. Berliner Abgeordnetenhaus nach den Regeln der Verhältniswahl gewählt: 1983 (1980) CDU 11 (11) – SPD 9 (10) – F.D.P. 1 (1) – AL 1 (–).

*10. Wahlperiode* (Beginn: Wahltag 6.3.1983)

a) **Sitzverteilung**

| Partei | Wahlkreissitze | | Landeslistensitze | | Sitze insgesamt | | | |
|---|---|---|---|---|---|---|---|---|
| | | | | | ohne Berlin | | mit Berlin | |
| | 1983 | 1980 | 1983 | 1980 | 1983 | 1980 | 1983 | 1980 |
| SPD | 68 | 127 | 125 | 91 | 193[2]) | 218[1]) | 202[2]) | 228[1]) |
| CDU | 136 | 81 | 55 | 93 | 191 | 174 | 202 | 185 |
| CSU | 44 | 40 | 9 | 12 | 51 | 52 | 51 | 52 |
| F.D.P. | – | – | 34 | 53 | 34 | 53 | 35 | 54 |
| GRÜNE | – | – | 27 | – | 27 | – | 27[3]) | – |
| fraktionslos | – | – | – | – | – | – | 3[4]) | – |

[1]) Einschließlich 1 Überhangmandat in Schleswig-Holstein – [2]) Einschließlich je 1 Überhangmandat in Hamburg und Bremen – [3]) Darunter AL 1 – [4]) Darunter die aus der CSU ausgetr. Abg. Franz Handlos u. Ekkehard Voigt

Das Durchschnittsalter der Abgeordneten zu Beginn der 10. Wahlperiode betrug 48,2 Jahre (1980: 46,9 Jahre). 8,1% der Abgeordneten sind Inhaber von Regierungsämtern, es sind oder waren 34,8% Beamte, 4,8% Angestellte des öffentlichen Dienstes, 0,8% Theologen, 12,5% Angestellte von politischen und gesellschaftlichen Organisationen, 10,6% Angestellte in der Wirtschaft, 11,9% Selbständige, 11,0% Angehörige freier Berufe, 1,3% Hausfrauen, 2,7% Arbeiter, 1,5% Sonstige. Dem 10. Deutschen Bundestag gehören 55 Frauen an (Stand 20.6.1984). 307 Abg. sind Mitgl. einer Gewerkschaft.

| **Wahlergebnis auf Bundesebene** | *1983* | | *1980* | |
|---|---|---|---|---|
| Wohnbevölkerung d. BR Dtld. ohne Berlin | | | | |
| insgesamt | 59676500[1] | | 59661800[2] | |
| davon männlich | 28576200[1] | | 28564900[2] | |
| weiblich | 31100400[1] | | 31096900[2] | |
| Zahl der Wahlberechtigten | 44088935 | | 43231741 | |
| darunter mit Wahlschein | 4394207 | | 5280512 | |
| Zahl der Wähler | 39279529 | | 38292176 | |
| darunter mit Wahlschein | 4186348 | | 5035325 | |
| Wahlbeteiligung | 89,1% | | 88,6% | |
| Ungültige Erststimmen | 434176 | (1,1%) | 485645 | (1,3%) |
| Gültige Erststimmen | 38845353 | | 37806531 | |
| Ungültige Zweitstimmen | 338841[3] | (0,9%) | 353115[3] | (0,9%) |
| Gültige Zweitstimmen | 38940687[3] | | 37938981[3] | |

[1] Stand 31.12.1982 [2] Stand 30. 6.1980
[3] Infolge technischen Versagens eines Stimmenzählgerätes ist im Wahlkreis 247 (Sankt Wendel) die Zahl der abgegebenen Zweitstimmen 1983 um 1 und 1980 um 80 geringer als die Zahl der Wähler.

b) Das **Präsidium des Deutschen Bundestages** in der 10. Wahlperiode:
Präsident: Dr. Rainer Barzel, CDU/CSU
Vizepräs.: Annemarie Renger, SPD
Vizepräs.: Richard Stücklen, CDU/CSU
Vizepräs.: Heinz Westphal, SPD
Vizepräs.: Richard Wurbs, F.D.P.

c) **Alterspräsident** des 10. Deutschen Bundestages: Willy Brandt, SPD

d) Der **Ältestenrat** des Deutschen Bundestages in der 10. Wahlperiode: der Präsident, sein Stellvertreter und 23 weitere von den Fraktionen benannte Abgeordnete

e) Die **Fraktionsvorsitzenden** des Deutschen Bundestages in der 10. Wahlperiode (Stand: 20.6.1984):
CDU/CSU Vors.: Dr. Alfred Dregger – Landesgruppe CSU Vors.: Dr. Theodor Waigel
SPD Vors.: Dr. Hans-Jochen Vogel
F.D.P. Vors.: Wolfgang Mischnick
DIE GRÜNEN gleichberechtigte Vorstandsmitgl.: Dr. Antje Vollmer, Waltraud Schoppe, Christa Nickels

| Es entfallen auf (Parteienschlüssel → Sp. 489ff.) | Erststimmen 1983 Anzahl | % | 1980 % | Zweitstimmen 1983 Anzahl | % | 1980 % |
|---|---|---|---|---|---|---|
| SPD | 15686033 | 40,4 | 44,5 | 14865807 | 38,2 | 42,9 |
| CDU | 15943460 | 41,0 | 35,6 | 14857680 | 38,2 | 34,2 |
| CSU | 4318800 | 11,1 | 10,4 | 4140865 | 10,6 | 10,3 |
| F.D.P. | 1087918 | 2,8 | 7,2 | 2706942 | 7,0 | 10,6 |
| GRÜNE | 1609855 | 4,1 | 1,9 | 2167431 | 5,6 | 1,5 |
| BWK | 686 | 0,0 | – | 2129 | 0,0 | – |
| C.B.V. | 2068 | 0,0 | – | 10994 | 0,0 | 0,0 |
| DKP | 96143 | 0,2 | 0,3 | 64986 | 0,2 | 0,2 |
| EAP | 7491 | 0,0 | 0,0 | 14966 | 0,0 | 0,0 |
| KPD | – | 0,0 | – | 3431 | 0,0 | – |
| NPD | 57112 | 0,1 | – | 91095 | 0,2 | 0,2 |
| ÖDP | 3341 | 0,0 | – | 11028 | 0,0 | – |
| USD | 450 | 0,0 | – | 3333 | 0,0 | – |
| Unabhängige | 31996 | 0,1 | 0,1 | – | – | – |
| Bürgerpartei | – | – | 0,0 | – | – | 0,0 |
| DFP | – | – | 0,0 | – | – | – |
| DU | – | – | 0,0 | – | – | – |
| KBW | – | – | 0,0 | – | – | 0,0 |
| UAP | – | – | 0,0 | – | – | – |
| V | – | – | 0,0 | – | – | 0,0 |

f) **Ständige Ausschüsse** des Deutschen Bundestages in der 10. Wahlperiode (Mitgliederzahl): Ausschuß für Wahlprüfung, Immunität und Geschäftsordnung (13) – Petitionsausschuß (29) – Auswärtiger Ausschuß (35) – Innenausschuß (33) – Sportausschuß (13) – Rechtsausschuß (27) – Finanzausschuß (33) – Haushaltsausschuß (37) mit dem Unterausschuß »Rechnungsprüfungsausschuß« (13) – Ausschuß für Wirtschaft (33) – Ausschuß für Ernährung, Landwirtschaft und Forsten (27) – Ausschuß für Arbeit und Sozialordnung (35) – Verteidigungsausschuß (27) – Ausschuß für Jugend, Familie und Gesundheit (25) – Ausschuß für Verkehr (27) – Ausschuß für das Post- u. Fernmeldewesen (13) – Ausschuß für Raumordnung, Bauwesen und Städtebau (27) – Ausschuß für innerdeutsche Beziehungen (25) – Ausschuß für Forschung und Technologie (25) – Ausschuß für Bildung und Wissenschaft (19) – Ausschuß für wirtschaftliche Zusammenarbeit (25)

g) **Vermittlungsausschuß** – gemäß Art. 77 GG – ein vom Bundestag und Bundesrat gebildeter Ausschuß
Bundestag und Bundesrat entsenden je 11 Mitglieder.
Von seiten des Bundestages stellen CDU/CSU 5 sowie SPD 4 Mitglieder, F.D.P. und DIE GRÜNEN je 1 Mitglied.
Von den 11 Mitgliedern des Bundesrates stellt jede Landesregierung 1 Mitglied.
Vorsitzende, im vierteljährlichen Wechsel ein Bundestagsmitglied und ein Mitglied des Bundesrates.
(In der – verkürzten – 9. Wahlperiode wurde der V. zu 20 Gesetzen angerufen, hiervon 17mal vom Bundesrat und 3mal von der Bundesregierung. Zu einem Gesetz [Haushaltsgesetz 1981] wurde die Anrufung zurückgenommen, so daß nur 19 Vermittlungsverfahren durchgeführt wurden.)

h) Der **Wehrbeauftragte** des Deutschen Bundestages: Karl-Wilhelm Berkhan
Basteistr. 70, 5300 Bonn 2, F 0228/824-1, FS 885613

i) **Direktor** beim Deutschen Bundestag: Dr. Joseph Bücker

## DER BUNDESRAT

Bundeshaus, Görresstraße 15, 5300 Bonn 1, F 0228/161, FS 886841/842

Durch den Bundesrat wirken die Länder bei der Gesetzgebung u. Verwaltung des Bundes mit. Der Bundesrat besteht aus Mitgliedern der Länderregierungen, die von den Ländern bestellt und abberufen werden. Die Länder haben je nach Einwohnerzahl 5, 4 oder 3 Stimmen; Länder mit mehr als 2 Millionen Einwohnern haben

4, Länder mit mehr als 6 Millionen Einwohnern 5 Stimmen. Zur Zeit beträgt die *Gesamtzahl der Mitglieder* des Bundesrates 45, die sich auf die einzelnen Länder wie folgt verteilen:

| | | | | | |
|---|---|---|---|---|---|
| Baden-Württemberg | 5 | Hamburg | 3 | Rheinland-Pfalz | 4 |
| Bayern | 5 | Hessen | 4 | Saarland | 3 |
| Berlin (beratend) | 4 | Niedersachsen | 5 | Schleswig-Holstein | 4 |
| Bremen | 3 | Nordrhein-Westfalen | 5 | | |

(Stimmen im Bundesrat – ohne Berlin – nach Stand v. 1.8.1984: CDU/CSU 23, CDU/F.D.P. 3, SPD 15)

**Ausschüsse**

Die dem Bundesrat zugehenden Vorlagen werden durch den Präsidenten oder in dessen Auftrag durch den Direktor des Bundesrates unmittelbar an die zuständigen Ausschüsse überwiesen.

Agrarausschuß
Ausschuß für Arbeit und Sozialpolitik
Ausschuß für Auswärtige Angelegenheiten
Ausschuß für Fragen der Europ. Gemeinschaften
Finanzausschuß
Ausschuß für Innerdeutsche Beziehungen
Ausschuß für Innere Angelegenheiten
Ausschuß für Jugend, Familie und Gesundheit
Ausschuß für Kulturfragen
Rechtsausschuß
Ausschuß für Städtebau und Wohnungswesen
Ausschuß für Verkehr und Post
Ausschuß für Verteidigung
Wirtschaftsausschuß

**Präsidium** des Bundesrates (Präsident: v. 1.11.1983–31.10.1984 Dr. h.c. Franz Josef Strauß, CSU – 3 Vizepräsidenten) – Direktor des Bundesrates: Dr. Gebhard Ziller

Der Bundesrat wählt seinen Präsidenten jeweils auf 1 Jahr. Nach einer Vereinbarung der Regierungschefs der Länder wechselt das Amt unter ihnen in der Reihenfolge der Einwohnerzahl der Länder – (Vermittlungsausschuß s. Bundestag).

**DIE BUNDESREGIERUNG**

Adenauerallee 141, 5300 Bonn 1

Die Bundesregierung besteht aus dem Bundeskanzler und aus den Bundesministern. Der Bundeskanzler bestimmt nach Art. 65 GG die Richtlinien der Politik und trägt dafür die Verantwortung. Innerhalb dieser Richtlinien leitet jeder Bundesminister seinen Geschäftsbereich selbständig in eigener Verantwortung.

## DIE OBERSTEN BUNDESBEHÖRDEN (15.8.1984):

**Bundeskanzler**

Der Bundeskanzler wird auf Vorschlag des Bundespräsidenten vom Bundestag ohne Aussprache gewählt. Er leitet die Geschäfte der Bundesregierung nach einer von ihr beschlossenen und vom Bundespräsidenten genehmigten Geschäftsordnung. Auf seinen Vorschlag werden die Bundesminister vom Bundespräsidenten ernannt und entlassen. Der Bundeskanzler ernennt einen Bundesminister zu seinem Stellvertreter.

**Bundeskanzler:** Dr. Helmut Kohl, MdB, CDU, seit 1.10.1982, erneut 1983

**Stellvertreter des Bundeskanzlers:**
Bundesminister des Auswärtigen Dr. h.c. Hans-Dietrich Genscher, MdB, F.D.P.

*Bundeskanzleramt*

Adenauerallee 139–141, 5300 Bonn 1, F 0228/56-1, FS 886750, 8869526

**Chef des Bundeskanzleramtes:**
Staatssekretär: Prof. Dr. Waldemar Schreckenberger, seit 4.10.1982

Parlamentarische Staatssekretäre beim Bundeskanzler:
Staatsminister Dr. Philipp Jenninger, MdB, CDU, seit 4.10.1982
Staatsminister Friedrich Vogel, MdB, CDU, seit 4.10.1982
Peter Lorenz, zugleich Bevollmächtigter der Bundesregierung in Berlin, MdB, CDU, seit 4.10.1982
Adenauerallee 139–141, 5300 Bonn 1, F 0228/56-1, FS 886750

Der **Leiter der Ständigen Vertretung** der Bundesrepublik Deutschland bei der DDR: Dr. Hans Otto Bräutigam, Staatssekretär

Postanschrift: Postfach 610261, 1000 Berlin 61 sowie Hannoversche Straße 30, DDR-104 Berlin, F 00372/28252 61, FS 113244

**Presse- und Informationsamt der Bundesregierung**
Welckerstr. 11, 5300 Bonn 1, F 0228/2081, FS 886741/43
Chef des Presse- und Informationsamtes: Staatssekretär Peter Boenisch
Stellvertretender Chef des Presse- u. Informationsamtes: MinDir. Dr. Gerhard Liebrecht
Stellvertr. Sprecher der Bundesregierung: MinDir. Dr. Jürgen Sudhoff

**Auswärtiges Amt**
Adenauerallee 99–103, 5300 Bonn 1, F 0228/170, FS 886591
Der Bundesminister des Auswärtigen u. Vizekanzler: Dr. h.c. Hans-Dietrich Genscher, MdB, F.D.P.
Staatsminister: Dr. Alois Mertes, MdB, CDU u. Jürgen W. Möllemann, MdB, F.D.P.
Staatssekr.: Dr. Andreas Meyer-Landrut u. Dr. Jürgen Ruhfus
Chef des Protokolls: Botschafter Werner Graf von der Schulenburg

**Bundesminister des Innern**
Graurheindorfer Str. 198, Postfach, 5300 Bonn 1, F 0228/681-1, FS 886664 u. 886896
Der Min.: Dr. Friedrich Zimmermann, MdB, CSU
Parlament. Staatssekretär: Dr. Horst Waffenschmidt, MdB, CDU u. Carl-Dieter Spranger, MdB, CSU
Staatssekretäre: Franz Kroppenstedt u. Dr. Siegfried Fröhlich

**Bundesminister der Justiz**
Heinemannstr. 6, Postfach 200650, 5300 Bonn 2, F 0228/58-1, FS 8869679
Der Min.: Hans A. Engelhard, MdB, F.D.P.
Parlamentarischer Staatssekretär: Benno Erhard, MdB, CDU
Staatssekretär: Dr. Klaus Kinkel

**Bundesminister der Finanzen**
Graurheindorfer Str. 108, 5300 Bonn 1, F 0228/682-1, FS 886645
Der Min.: Dr. Gerhard Stoltenberg, MdB, CDU
Parlament. Staatssekretäre:
Dr. Hansjörg Häfele, MdB, CDU und
Dr. Friedrich Voss, MdB, CDU
Staatssekretäre:
Dr. Günter Obert u. Dr. Hans Tietmeyer

**Bundesminister für Wirtschaft**
Villemombler-Str. 74–78, 5300 Bonn-Duisdorf, F 0228/615-1, FS 886747
Der Min.: Martin Bangemann, F.D.P.
Parlament. Staatssekretäre:
Martin Grüner, MdB, F.D.P. u. Dr. Rudolf Sprung, MdB, CDU
Staatssekretäre: Dr. Dieter von Würzen und Dr. Otto Schlecht

**Bundesminister für Ernährung, Landwirtschaft und Forsten**
Rochusstr. 1, 5300 Bonn-Duisdorf, F 0228/529-1, FS 886844
Der Min.: Ignaz Kiechle, MdB, CSU
Parlament. Staatssekretäre: Georg Gallus, MdB, F.D.P. u. Dr. Wolfgang von Geldern, MdB, CDU
Staatssekretär: Hans Jürgen Rohr

**Bundesminister für Arbeit und Sozialordnung**
Rochusstr. 1, 5300 Bonn-Duisdorf, F 0228/527-1, FS 886641
Der Min.: Dr. Norbert Blüm, MdB, CDU
Parlamentar. Staatssekretäre:
Wolfgang Vogt, MdB, CDU u. Stefan Höpfinger, MdB, CSU
Staatssekretär: Manfred Baden

**Bundesminister der Verteidigung**
Postfach 1328, 5300 Bonn 1, F 0228/12-1, FS 886575/576
Der Min.: Dr. Manfred Wörner, MdB, CDU
Parlament. Staatssekretär:
Dipl.-Päd. Peter-Kurt Würzbach, MdB, CDU
Staatssekretäre: Dr. Günter Ermisch, Dr. Lothar Rühl, Prof. Dr. Manfred Timmermann (Generalinspekteur der Bundeswehr: General Wolfgang Altenburg – Inspekteur des Heeres: GenLt. Hans Henning v. Sandrart – Inspekteur der Luftwaffe: GenLt. Eberhard Eimler – Inspekteur der Marine: Vizeadmiral Ansgar Bethge – Inspekteur des Sanitäts- und Gesundheitswesens: Generaloberstabsarzt Dr. Hansjoachim Linde)

*Militärseelsorge*

*Evangelischer Militärbischof* Dr. Sigo Lehming, Bahnhofstr. 18–22, 2080 Pinneberg, F 04101/213140

*Evangelisches Kirchenamt f. d. Bundeswehr*
Leiter: MilGen. Dek. Reinhard Gramm
Godesberger Allee 107a, 5300 Bonn 2, F 0228/814-1, FS 885623

*Katholischer Militärbischof*
Dr. Elmar Maria Kredel, Erzbischof von Bamberg
Obere Karolinenstraße 5, 8600 Bamberg, F 0951/502205

*Katholisches Militärbischofsamt*
Adenauerallee 115, 5300 Bonn 1, F 0228/221015

**Bundesminister für Verkehr**
Kennedyallee 72, 5300 Bonn 2,
F 0228/3001, FS 885700
Der Min.: Dr. Werner Dollinger, MdB, CSU
Parlament. Staatssekr.: Dr. Dieter Schulte, MdB, CDU
Staatssekretär: Alfred Bayer

**Bundesminister für das Post- und Fernmeldewesen**
Adenauerallee 81, 5300 Bonn 1,
F 0228/141, FS 8861101
Der Min.: Dr. Christian Schwarz-Schilling, MdB, CDU
Parlament. Staatssekr.: Wilhelm Rawe, MdB, CDU
Staatssekretär: Dr. Winfried Florian

**Bundesminister für Forschung und Technologie**
Heinemannstr. 2, Postfach 200706, 5300 Bonn 2,
F 0228/591, FS 885674
Der Min.: Dr. Heinz Riesenhuber, MdB, CDU
Parlament. Staatssekretär: Dr. Albert Probst, MdB, CSU
Staatssekretär: Hans-Hilger Haunschild

**Bundesminister für Raumordnung, Bauwesen und Städtebau**
Deichmanns Aue, 5300 Bonn 2,
F 0228/337-1, FS 885462
Der Min.: Dr. Oscar Schneider, MdB, CSU
Parlament. Staatssekr.:
Dr. Friedrich-Adolf Jahn, MdB, CDU
Staatssekretär: Gerhard von Loewenich

**Bundesminister für Innerdeutsche Beziehungen**
Godesberger Allee 140, 5300 Bonn 2,
F 0228/3061, FS 885673
Der Min.: Heinrich Windelen, MdB, CDU
Parlament. Staatssekretär:
Dr. Ottfried Hennig, MdB, CDU
Staatssekretär: Ludwig A. Rehlinger

**Bundesminister für Jugend, Familie und Gesundheit**
Kennedyallee 105–107, 5300 Bonn 2,
F 0228/338-1, FS 885517 u. 885437
Der Min.: Dr. Heiner Geißler, MdB, CDU
Parlament. Staatssekretär:
Irmgard Karwatzki, MdB, CDU
Staatssekretär: Werner Chory

**Bundesminister für Bildung und Wissenschaft**
Heinemannstr. 2, Postfach 200108, 5300 Bonn 2,
F 0228/571, FS 885666
Der Min.: Dr. Dorothee Wilms, MdB, CDU
Parlament. Staatssekretär:
Anton Pfeifer, MdB, CDU
Staatssekretär: Paul Harro Piazolo

**Bundesminister für wirtschaftliche Zusammenarbeit**
Karl-Marx-Str. 4–6, 5300 Bonn 1, F 0228/5351, FS 8869452
Der Min.: Dr. Jürgen Warnke, MdB, CSU
Parlament. Staatssekretär: Dr. Volkmar Köhler, MdB, CDU
Staatssekretär: Siegfried Lengl, CSU

**Kabinettausschüsse**
Adenauerallee 139–141, 5300 Bonn 1,
F 0228/561, FS 886750

*Bundessicherheitsrat*

*Kabinettausschuß für:*
- ▷ *Europapolitik*
- ▷ *innerdeutsche Beziehungen*
- ▷ *mittelfristige Finanzplanung*
- ▷ *Wirtschaft*
- ▷ *Agrar- und Ernährungspolitik*
- ▷ *Soziales und Gesundheit*
- ▷ *Vermögensbildung*
- ▷ *Bildung, Wissenschaft, Forschung und Technologie*
- ▷ *Umweltfragen*
- ▷ *Raumordnung und Städtebau*
- ▷ *die Reform der Struktur von Bundesregierung u. Bundesverwaltung*
- ▷ *die friedliche Nutzung der Kernenergie*

**Bundesrechnungshof**
Berliner Str. 51 (Postfach 2409)
6000 Frankfurt/Main 1, F 069/21761, FS 412981
Präsident: Karl Wittrock
Vizepräsident: Dr. Heinz Günter Zavelberg

## OBERSTE ORGANE DER RECHTSPRECHUNG

**Bundesverfassungsgericht**
Schloßbezirk 3, 7500 Karlsruhe 1, Postfach 1771,
F 0721/1491, FS 7826749
Das Bundesverfassungsgericht ist ein allen übrigen Verfassungsorganen gegenüber selbständiger und unabhängiger Gerichtshof des Bundes
Präsident: Prof. Dr. Wolfgang Zeidler
Vizepräsident: Prof. Roman Herzog
Direktor beim BVerfG: Dr. Karl-Georg Zierlein

**Bundesgerichtshof**
Herrenstr. 45a, 7500 Karlsruhe 1,
F 0721/1590, FS 7825828
Präsident: Prof. Dr. Gerd Pfeiffer –
Vizepräsident: Dr. h. c. Walter Stimpel
Sitz des 5. Strafsenats: Witzlebenstr. 4–5,
1000 Berlin 19, F 030/32021, FS 185505

*Bundesanwaltschaft beim Bundesgerichtshof*
Herrenstr. 45a, 7500 Karlsruhe 1,
F 0721/1591, FS 7825828
Generalbundesanwalt: Prof. Dr. Kurt Rebmann
Dienststelle Berlin, Witzlebenstr. 4–5,
1000 Berlin 19, F 030/32021
Leiter der Dienststelle Berlin:
Bundesanwalt Norbert Oberle

**Bundesverwaltungsgericht**
Hardenbergstr. 31, 1000 Berlin 12, F 030/3197-1
Präsident: Prof. Dr. Horst Sendler –
Vizepräsident: Johannes Oppenheimer

Wehrdienstsenate des Bundesverwaltungsgerichts
Schwere-Reiter-Straße 37, 8000 München 40,
F 089/301081-83

*Oberbundesanwalt*
*beim Bundesverwaltungsgericht*
Rudolf Frauenknecht
Hardenbergstr. 31, 1000 Berlin 12,
F 030/3197-1

**Bundesfinanzhof**
Postfach 860240, Ismaninger Str. 109,
8000 München 86, F 089/92310
Präsident: Prof. Dr. Franz Klein
Vizepräsident: Karl-Heinz Nissen

**Bundesarbeitsgericht**
Graf-Bernadotte-Platz 5,
3500 Kassel-Wilhelmshöhe, F 0561/3061
Präsident: Prof. Dr. Otto Rudolf Kissel –
Vizepräsident: Prof. Dr. Friedrich Auffarth

**Bundessozialgericht**
Graf-Bernadotte-Platz 5
(Postfach 410220), 3500 Kassel 1, F 0561/3071
Präsident: Heinrich Reiter –
Vizepräsident: Dr. Erwin Brocke

**Bundespatentgericht**
(II. Instanz ist der Bundesgerichtshof)
Zweibrückenstr. 12, 8000 München 2,
F 089/21950, FS 523534
Präsident: Dr. Ernst Karl Pakuscher –
Vizepräsident: Dipl.-Phys. Gerhard Bühler

## SONSTIGE BUNDESBEHÖRDEN (Auswahl)

**Deutsches Patentamt**
Zweibrückenstr. 12, 8000 München 2, F 089/2195-1
Präsident: Dr. Erich Häusser

**Umweltbundesamt**
Bismarckplatz 1, 1000 Berlin 33,
F 030/8903-1, FS 183756
Präsident: Dr. Heinrich Freiherr von Lersner –
Vizepräsident: Helmut Keinhorst

**Bundesamt für Verfassungsschutz**
Barthelstraße 75, 5000 Köln, F 0221/4713
Präsident: Heribert Hellenbroich

**Statistisches Bundesamt**
G.-Stresemann-Ring 11, 6200 Wiesbaden 1,
F 06121/751, FS 4186511
Präsident: Egon Hölder

**Bundeskartellamt**
Mehringdamm 129, 1000 Berlin 61,
F 030/6901-1, FS 184321
Präsident: Professor Dr. Wolfgang Kartte –
Vizepräsident: Dr. Ernst Niederleithinger

**Deutsche Bundesbank**
Wilhelm-Epstein-Str. 14 (Postfach 2633,
6000 Frankfurt 1), 6000 Frankfurt 50
F 069/158-1, FS 41227 (Inland), 414431 (Ausland),
TA Notenbank Ffm.
Präsident: Karl Otto Pöhl
Vizepräsident: Dr. Helmut Schlesinger

**Deutsche Bundesbahn**
Friedrich-Ebert-Anlage 43–45,
6000 Frankfurt a. M., F 069/2651, FS 414087
Vorsitzender d. Vorstandes d. DB: Dr. Reiner Gohlke
Mitgl. d. Vorstandes d. DB: Hans Wiedemann, Knut Reimers, Heinz Frieser, Hans Joachim Gröben, Wilhelm Pällmann, Hemjö Klein

**DIE BUNDESLÄNDER MIT IHREN PARLAMENTEN UND REGIERUNGEN** (Stand: 10.9.1984)

Landeshauptstädte sind die angegebenen Regierungssitze. – Die Länderparlamente werden alle 4 (im Saarland u. Nordrhein-Westf. alle 5) Jahre neu gewählt, die Wahljahre differieren in den Bundesländern (Stand: die letzte Landtagswahl). – Einwohnerzahl Stand 31.12.1983 [davon m = männlich/w = weiblich].

## BADEN-WÜRTTEMBERG

(Fläche: 35751,7 km², Einw.: 9243300 [4447700 m/4795600 w] = 258,5 je km²)

**1. Der Landtag von Baden-Württemberg**
**Präsident:** Erich Schneider, CDU
Haus des Landtags, Konrad-Adenauer-Str. 3, 7000 Stuttgart, F 0711/20630, FS 722341, Telefax 2063-299, Teletex 7111329 = LTBW

Mitglieder: 126 (davon 6 Überhangmandate)
Verteilung d. Sitze: CDU 68 – SPD 41 – Grüne 9 – F.D.P./DVP 8

Letzte Landtagswahl 25.3.1984
*nächste Wahl Frühjahr 1988*

**2. Die Regierung des Landes Baden-Württemberg**
**Ministerpräsident** Lothar Späth, CDU
Richard-Wagner-Str. 15, St.-1, F 0711/21531, FS 723711

**Innenminister** Dietmar Schlee, CDU
Dorotheenstr. 6, St.-1, F 0711/20721, FS 722305

**Minister für Kultus und Sport** Gerhard Mayer-Vorfelder, CDU
Schloßplatz (Neues Schloß), St.-1, F 0711/21931, FS 723931

**Minister für Wissenschaft und Kunst** Prof. Dr. Helmut Engler, CDU
Mittnachtbau, St.-1, F 0711/21931, FS 723931

**Justizminister** Dr. Heinz Eyrich, CDU
Schillerplatz 4, St.-1, F 0711/21931, FS 723931

**Finanzminister** Dr. Guntram Palm, CDU
Schloßplatz (Neues Schloß), St.-1, F 0711/21931, FS 723931

**Minister für Wirtschaft, Mittelstand und Verkehr**
Dr. Rudolf Eberle, CDU
Theodor-Heuss-Str. 4, St.-1, F 0711/20201, FS 723931

**Minister für Ernährung, Landwirtschaft, Umwelt und Forsten** sowie Stellv. d. Min.-Präsidenten
Gerhard Weiser, CDU
Marienstr. 41, St.-1, F 0711/66761, FS 721608

**Minister für Arbeit, Gesundheit und Sozialordnung**
Barbara Schäfer, CDU
Rotebühlpl. 30, St.-1, F 0711/66731, FS 722548

**Minister für Bundesangelegenheiten**
Heinz Eyrich, CDU
Schlegelstr. 2, 5300 Bonn 1, F 0228/503-1, FS 886874

## BAYERN

(Fläche: 70546,32 km², Einw.: 10969500 [5251500 m/5718000 w] = 155,5 je km²)

**1. Bayerischer Landtag**
**Präsident:** Dr. Franz Heubl, CSU
Maximilianeum, 8000 München 85, F 089/4126-1, FS 529015 byld
Mitglieder: 204
Verteilung der Sitze: CSU 133 (58,3% d. Stimmen) – SPD 71 (31,9%) – F.D.P. 0 (3,5%)
Letzte Wahl 10.10.1982,
*nächste Wahl 1986*

**2. Der Bayerische Senat**
**Präsident:** Dr. Hans Weiß
Maximilianeum, M. 85, F 089/4126-0
Mitglieder: 60

**3. Die Bayerische Staatsregierung**
**Ministerpräsident**
Dr. h. c. Franz Josef Strauß, CSU
Prinzregentenstr. 7, M. 22, F 089/21651, FS 523809, 524345

**Staatsminister der Justiz** August R. Lang, CSU
Elisenstr. 1a, M. 35, F 089/55971, FS 523674

**Staatsminister der Finanzen** Max Streibl, CSU
Odeonsplatz 4, M. 22, F 089/23061, FS 523509

**Staatsminister des Innern und Stellv. des MinPräs**
Dr. Karl Hillermeier, CSU
Odeonsplatz 3, M. 22, F 089/21921, FS 524540

**Staatsminister für Unterricht und Kultus**
Prof. Dr. Hans Maier, CSU
Salvatorplatz 2, M. 2, F 089/21861, FS 529789

**Staatsminister für Wirtschaft und Verkehr**
Anton Jaumann, CSU
Prinzregentenstraße 28, Postfach, M. 22, F 089/21621, FS 523759

**Staatsminister für Ernährung, Landwirtschaft und Forsten** Dr. Hans Eisenmann, CSU
Ludwigstr. 2, M. 22, F 089/21821, FS 523830

**Staatsminister für Arbeit und Sozialordnung**
Franz Neubauer, CSU
Winzererstr. 9, M. 40, F 089/12531, FS 523654

**Staatsminister für Landesentwicklung und Umweltfragen** Alfred Dick, CSU
Rosenkavalierplatz 2, M. 81, F 089/92141, FS 524295

**Staatsminister für Bundesangelegenheiten** und Bevollmächtigter des Freistaates Bayern beim Bund
Peter Schmidhuber, CSU
Schlegelstr. 1, 5300 Bonn, F 0228/2021, FS 886771
u. Prinzregentenstr. 7, M. 22, F 089/21651, FS 523809

(Mitgl. der Regierung sind auch d. Staatssekretäre)

## BERLIN (WEST)

(Fläche: 480,1 km², Einw.: 1854500 [847500 m/1007000 w] = 3862,7 je km²)

**1. Abgeordnetenhaus von Berlin**
**Präsident:** Peter Rebsch, CDU
Rathaus, 1000 Berlin 62, F 030/7831, FS 183798
Mitglieder: 132
Verteilung der Sitze: CDU 65 – SPD 51 – AL 9 – F.D.P. 6 – fraktionslos 1

Letzte Wahl 10. 5. 1981,
*nächste Wahl* **10. 3. 1985**

**2. Senat von Berlin**
**Regierender Bürgermeister**
Eberhard Diepgen, CDU
John-F.-Kennedy-Platz (Rathaus) B. 62, F 030/7831, FS 1-83798

**Bürgermeister** Heinrich Lummer, CDU
John-F.-Kennedy-Platz (Rathaus), B. 62, F 030/7831, FS 1-83798

**Senator für Justiz** Hermann Oxfort, F.D.P.
Salzburger Str. 21–25, B. 62, F 030/7831, FS 1-83798

**Senator für Bundesangelegenheiten**
Prof. Dr. Rupert Scholz, CDU
John-F.-Kennedy-Platz (Rathaus), B. 62, F 030/7831, FS 1-83798

**Senator für Inneres** Heinrich Lummer, CDU
Fehrbelliner Pl. 2, B. 31, F 030/8671, FS 1-83798

**Senator für kulturelle Angelegenheiten**
Dr. Volker Hassemer, CDU
Europa-Center, B. 30, F 030/21231, FS 1-83798

**Senator für Schulwesen, Jugend und Sport**
Dr. Hanna-Renate Laurien, CDU
Bredtschneiderstr. 5, B. 19, F 030/30321, FS 1-83798

**Senator für Arbeit und Betriebe**
Edmund Wronski, CDU
An der Urania 4–10, B. 30, F 030/21221, FS 1-83798

**Senator für Bau- und Wohnungswesen**
Klaus Franke, CDU
Württembergische Str. 6–10, B. 31, F 030/8671, FS 1-83798

**Senator für Wirtschaft und Verkehr**
Elmar Pieroth, CDU
Martin-Luther-Str. 105, B. 62, F 030/7831, FS 1-83798

**Senator für Finanzen** Gerhard Kunz, CDU
Nürnberger Str. 53–55, B. 30, F 030/21231, FS 1-83798

**Senator für Gesundheit, Soziales und Familie**
Ulf Fink, CDU
An der Urania 12–14, B. 30, F 030/21221, FS 1-83798

**Senator für Stadtentwicklung und Umweltschutz**
Horst Vetter, F.D.P.
Lindenstr. 20–25, B. 61, F 030/2586, FS 1-83798

**Senator für Wissenschaft und Forschung**
Prof. Dr. Wilhelm Kewenig, CDU
Bredtschneiderstr. 5, B. 19, F 030/30321, FS 1-83798

## FREIE HANSESTADT BREMEN

(Fläche: 404,23 km², Einw.: 676900 [318200 m/358700 w] = 1674,5 je km²)

**1. Bremische Bürgerschaft** (Landtag)
Haus der Bürgerschaft
**Präsident:** Dr. Dieter Klink, SPD
Postfach 106909, 2800 Bremen 1, F 0421/3614991, FS 244804
Mitglieder: 100
Verteilung d. Sitze: SPD 58 – CDU 37 – Grüne 5

Letzte Bürgerschaftswahl 25. 9. 1983,
*nächste Wahl Herbst 1987*

**2. Senat der Freien Hansestadt Bremen**
**Präsident des Senats**
Bürgermeister Hans Koschnick, SPD
Stellvertreter: Bürgermeister Moritz Thape, SPD
Rathaus, B., F 0421/3611, FS 244804

**Senator für Inneres** Volker Kröning, SPD
Contrescarpe 22/24, B., F 0421/3621, FS 244804, 244593

**Senator für Finanzen**
Bürgermeister Moritz Thape, SPD
Haus des Reichs, Contrescarpe, B., F 0421/3611, FS 244804

**Senator für Bildung, Wissenschaft und Kunst**
Horst Werner Franke, SPD
Rembertiring 8–12, B., F 0421/3611, FS 244804

**Senator für Jugend und Soziales**
Dr. Henning Scherf, SPD
Bahnhofplatz 29, B., F 0421/3611, FS 244804

**Senator für Bauwesen** Bernd Meyer, SPD
Ansgaritorstr. 2, B., F 0421/3611, FS 244804, 244593

**Senator für Wirtschaft und Außenhandel**
Werner Lenz, SPD
Bahnhofplatz 29, B., F 0421/3611, FS 244804

**Senator für Häfen, Schiffahrt und Verkehr**
Oswald Brinkmann, SPD
Kirchenstr. 4/5a, B., F 0421/3611, FS 244804

**Senator für Arbeit** Claus Grobecker, SPD
Contrescarpe 73, B., F 0421/3611, FS 244804

**Senator für Gesundheit und Sport**
Herbert Brückner, SPD
Birkenstraße 34, B., F 0421/3971, FS 244804, 244593

**Senator für Umweltschutz**
Eva-Maria Lemke, SPD
Große Weidestr. 4–16, B, 1, F 0421/361 6004, FS 244804

**Senator für Rechtspflege u. Strafvollzug**
Wolfgang Kahrs, SPD
Richtweg 16–22, B., F 0421/3611, FS 244804, 244593

**Senator für Bundesangelegenheiten**
Wolfgang Kahrs
Schaumburg-Lippe-Str. 7–9, 5300 Bonn 1, F 0228/26050, FS 886883

## FREIE UND HANSESTADT HAMBURG

(Fläche: 754,62 km², Einw.: 1609500 [753700 m/855800 w] = 2132,9 je km²)

**1. Bürgerschaft der Freien und Hansestadt Hamburg**

**Präsident:** Peter Schulz, SPD
Rathaus (Postfach 100902), 2000 Hamburg 1, F 040/3681-1, FS 212121
Mitglieder: 120
Verteilung der Sitze: SPD 64 (51,3% d. Stimmen), CDU 48 (38,6%), GAL 8 (6,8%)
Letzte Bürgerschaftswahl 19.12.1982, *nächste Wahl 1986*

**2. Der Senat der Freien und Hansestadt Hamburg**

Präsident des Senats:
Rathaus, H. 1, F 040/3681-1, FS 212121

**Erster Bürgermeister**
Dr. Klaus von Dohnanyi, SPD
Senatskanzlei, Staatsarchiv, Senatsamt f. d. Verwaltungsdienst
Rathaus, H. 1, F 040/3681-2011/12, FS 212121

**Zweiter Bürgermeister** Alfons Pawelczyk, SPD
Rathaus, H. 1, F 040/3681-2161/62, FS 212121

**Justizbehörde** Senatorin Eva Leithäuser, SPD
Drehbahn 36, H. 36, F 040/3497-600/601, FS 212121

**Behörde f. Schule u. Berufsbildung**
Prof. Dr. Joist Grolle, SPD
Hamburger Str. 31, H. 76, F 040/29188-2020/21, FS 212121

**Behörde für Wissenschaft und Forschung**
Senator Klaus Meyer-Abich, parteilos
Hamburger Str. 37, H. 76, F 040/29188-3945/46, FS 212121

**Kulturbehörde**
Senatorin Helga Schuchardt, parteilos
Hamburger Str. 45, H. 76, F 040/29188-2700/01, FS 212121

**Behörde für Arbeit, Jugend und Soziales**
Senator Jan Ehlers, SPD
Hamburger Str. 47, H. 76, F 040/29188-3001/02, FS 212121

**Behörde für Wirtschaft, Verkehr und Landwirtschaft** Senator Volker Lange, SPD
Alter Steinweg 4, H. 11, F 040/34912-621/622, FS 211100

**Finanzbehörde** Senator Horst Gobrecht, SPD
Gänsemarkt 36, H. 36, F 040/3598-411/412, FS 212121

**Baubehörde** Senatoren Eugen Wagner u. Jörg Kuhbier, SPD
Stadthausbrücke 8, H. 36, F 040/34913-3002/3003

**Behörde für Wasserwirtschaft, Energie und Stadtentsorgung** Senator Jörg Kuhbier, SPD
Stadthausbrücke 8, H. 36, F 040/34913, FS 3004/30

**Gesundheitsbehörde** Senatorin Helga Elstner, SPD
Tesdorpfstr. 8, H. 13, F 040/44195–330/340, FS 212121

**Behörde für Inneres** Senator Rolf Lange, SPD
Johanniswall 4, H. 1, F 040/24825–800/500, FS 214578

**Behörde für Bezirksangelegenheiten, Naturschutz und Umweltgestaltung**
Senator Wolfgang Curilla, SPD
Steindamm 14a–22, H. 1, F 040/24825-3200+01, FS 2164742

**Der Bevollmächtigte der Freien und Hansestadt Hamburg beim Bund**
Senator Alfons Pawelczyk, SPD
Rathaus, H. 1, F 040/3681-2026/2027, FS 212121

## HESSEN

(Fläche: 21112,47 km², Einw. 5565000 [2673100 m/2891900 w] = 263,6 je km²)

**1. Hessischer Landtag**

**Präsident:** Dr. Erwin Lang, SPD
Schloßplatz 1, 6200 Wiesbaden, F 06121/3501, FS 4186222
Mitglieder: 110
Verteilung der Sitze: SPD 51 (46,2% d. Stimmen) – CDU 44 (39,4%) – F.D.P. 8 (7,6%) – GRÜNE 7 (5,9%)

Letzte Landtagswahl 25.9.1983,
*nächste Wahl vorauss. Sept. 1987*

**2. Die Hessische Landesregierung**
**Hessischer Ministerpräsident**
Holger Börner, SPD
Bierstadter Str. 2, W., F 06121/321, FS 4186693

**Hess. Minister des Innern**
Horst Winterstein, SPD
Friedrich-Ebert-Allee 12, W., F 06121/3531, FS 4186814

**Hess. Minister der Finanzen u. Stellv. d. MinPräs**
Hans Krollmann, SPD
Friedrich-Ebert-Allee 8, W., F 06121/321, FS 4186814

**Hess. Minister der Justiz** Dr. Herbert Günther, SPD
Luisenstr. 13, W., F 06121/321, FS 4186273

**Hess. Kultusminister** Karl Schneider, SPD
Luisenplatz 10, W., F 06121/3680, FS 4186814

**Hess. Minister für Wirtschaft**
Ulrich Steger, SPD
Kaiser-Friedrich-Ring 75, W., F 06121/8151, FS 4186817

**Hess. Minister für Wissenschaft und Kunst**
Dr. Vera Rüdiger, SPD
Luisenplatz 10, W., F 06121/3681

**Hess. Arbeits-, Umwelt- und Sozialminister**
Armin Clauss, SPD
Dostojewskistr. 4, W., F 06121/8171, FS 4186935

**Hess. Minister für Landwirtschaft, Forsten und Naturschutz** Willi Görlach, SPD
Hölderlinstr. 1–3, W., F 06121/8171, FS 4186935

**Hess. Minister f. Bundesangelegenheiten**
Dr. Christa Czempiel, SPD
Aloys-Schulte-Str. 14, 5300 Bonn 1, F 0228/217015–217030, FS 886836 u. Schloß (Westflügel), 6200 Wiesbaden-Biebrich, F 06121/321, FS 4186693

## NIEDERSACHSEN

(Fläche: 47431 km², Einw. 7248500 [3479400 m/3769100 w] = 152,8 je km²)

**1. Der Niedersächsische Landtag**

**Präsident:** Bruno Brandes, CDU
Hinrich-Wilhelm-Kopf-Pl. 1, 3000 Hannover, F 0511/1230-1
Mitglieder: 171
Verteilung der Sitze: CDU 87 – SPD 63 – Grüne 11 – F.D.P. 10

Letzte Landtagswahl am 21.3.1982,
*nächste Wahl 1986*

**2. Die Niedersächsische Landesregierung**
**Der Niedersächsische Ministerpräsident**
Dr. Ernst Albrecht, CDU
Stellv.: Wilfried Hasselmann
Staatskanzlei, Planckstr. 2, H., F 0511/1201, FS 922765

**Der Niedersächsische Minister des Innern**
Dr. Egbert Möcklinghoff, CDU
Lavesallee 6, H., F 0511/1201, FS 922795

**Der Niedersächsische Minister der Finanzen**
Dr. Burkhard Ritz, CDU
Schiffgraben 10, H., F 0511/1201, FS 922800

**Der Niedersächsische Sozialminister**
Hermann Schnipkoweit, CDU
Hinrich-Wilhelm-Kopf-Pl. 2, H., F 0511/1201, FS 922475

**Der Niedersächsische Kultusminister**
Georg-Berndt Oschatz, CDU
Schiffgraben 12, H., F 0511/1201, FS 923829

**Der Niedersächsische Minister für Wissenschaft und Kunst** Dr. Johann-Tönjes Cassens, CDU
Prinzenstr. 14, H., F 0511/1201, FS 922408

**Der Niedersächsische Minister für Wirtschaft und Verkehr** Birgit Breuel, CDU
Am Friedrichswall 1, H., F 0511/1201, FS 923530

**Der Niedersächsische Minister für Ernährung, Landwirtschaft und Forsten** Gerhard Glup, CDU
Calenberger Str. 2, H., F 0511/1201, FS 922709

**Der Niedersächsische Minister der Justiz**
Walter Remmers, CDU
Am Waterlooplatz 1, H., F 0511/1201, FS 923765

**Der Niedersächsische Minister für Bundesangelegenheiten** Wilfried Hasselmann, CDU
Calenberger Str. 2, H., F 0511/1201, FS 922709

## NORDRHEIN-WESTFALEN

(Fläche: 34066,29 km², Einw. 16836500 [8035200 m/8801300 w] = 494,2 je km²)

**1. Der Landtag Nordrhein-Westfalen**

**Präsident:** John van Nes Ziegler, SPD
Ständehausstraße 1, Postfach 1143, 4000 Düsseldorf 1, F 0211/884-1

Mitglieder: 201

Verteilung der Sitze: SPD 106 – CDU 95

Letzte Landtagswahl am 11.5.1980,
**nächste Wahl am 12.5.1985**

**2. Die Landesregierung Nordrhein-Westfalen**

**Ministerpräsident** Johannes Rau, SPD
Staatskanzlei, Mannesmann-Ufer 1 a, D., F 0211/837-01, FS 8581894

**Minister für Wirtschaft, Mittelstand und Verkehr**
Prof. Dr. Reimut Jochimsen, SPD
Haroldstr. 4, D., F 0211/837-02, FS 8582728

**Innenminister** Dr. Herbert Schnoor, SPD
Haroldstr. 5, D., F 0211/8711, FS 8582749

**Finanzminister u. Stellv. d. MinPräs**
Dr. Diether Posser, SPD
Jägerhofstr. 6, D., F 0211/49721, FS 8584739

**Justizminister** Dr. Dieter Haak, SPD
Martin-Luther-Platz 40, D., F 0211/87921, FS 8581930

**Kultusminister** Hans Schwier, SPD
Völklinger Str. 49, D., F 0211/30351, FS 8582967

**Minister für Wissenschaft und Forschung**
Dr. Rolf Krumsiek, SPD
Völklinger Str. 49, D., F 0211/30321, FS 8581993

**Minister für Arbeit, Gesundheit und Soziales**
Prof. Dr. Friedhelm Farthmann, SPD
Horionplatz 1, D., F 0211/837-03, FS 8582192

**Minister für Ernährung, Landwirtschaft und Forsten**
Klaus Matthiesen, SPD
Roßstraße 135, D., F 0211/45631, FS 8584965

**Minister für Landes- und Stadtentwicklung**
Dr. Christoph Zöpel, SPD
Breite Str. 31, D., F 0211/38801, FS 8584410

**Minister für Bundesangelegenheiten**
Günther Einert, SPD
Dahlmannstr. 2, 5300 Bonn 1, F 0228/1001, FS 886850

## RHEINLAND-PFALZ

(Fläche: 19839,02 km², Einw. 3633500 [1737100 m/1896400 w] = 183,1 je km²)

**1. Der Landtag Rheinland-Pfalz**

**Präsident:** Albrecht Martin, CDU
Deutschhausplatz 12, 6500 Mainz, F 06131/2080

Mitglieder: 100

Verteilung der Sitze: CDU 57 (51,9% d. Stimmen) – SPD 43 (39,6%) – F.D.P. 0 (3,5%)

Letzte Landtagswahl 6.3.1983,
*nächste Wahl 1987*

**2. Die Landesregierung Rheinland-Pfalz**

**Ministerpräsident** Dr. Bernhard Vogel, CDU
Staatskanzlei, Peter-Altmeier-Allee 1, M., F 06131/161, FS 4187852

**Minister des Innern und für Sport**
Staatsminister Kurt Böckmann, CDU
Schillerplatz 3–5, M., F 06131/161, FS 4187852

**Minister der Justiz**
Staatsminister Prof. Dr. Heribert Bickel, CDU
Ernst-Ludwig-Str. 3, M., F 06131/1411, FS 4187852

**Minister der Finanzen**
Staatsminister Dr. Carl-Ludwig Wagner, CDU
Kaiser-Friedrich-Str. 1, M., F 06131/161, FS 4187852

**Kultusminister**
Staatsminister Dr. Georg Gölter, CDU
Mittlere Bleiche 61, M., F 06131/161, FS 4187656

**Minister für Wirtschaft und Verkehr**
Staatsminister Heinrich Holkenbrink, CDU
Bauhofstr. 4, M., F 06131/161, FS 4187852

**Minister für Landwirtschaft, Weinbau und Forsten und stellv. MinPräs**
Staatsminister Otto Meyer, CDU
Große Bleiche 55, M., F 06131/161, FS 4187852

**Minister für Soziales, Gesundheit und Umwelt**
Staatsminister Rudi Geil, CDU
Bauhofstr. 4, M., F 06131/161, FS 4187852

**Minister für Bundesangelegenheiten**
Dipl.-Kfm. Johann Wilhelm Gaddum, CDU
Schedestr. 1–3, 5300 Bonn 1, F 0228/225031-33, FS 886801

## SAARLAND

(Fläche: 2573,2 km², Einw. 1052800
[499600 m/553200 w] = 409,1 je km²)

**1. Der Landtag des Saarlandes**
**Präsident:** Albrecht Herold, SPD
Hindenburgstr. 7, Postfach 1188, 6600 Saarbrükken 1, F 0681/5002-1, FS 4421120
Mitglieder: 51
Verteilung der Sitze: SPD 24 – CDU 23 – F.D.P. 4
Letzte Landtagswahl 27.4.1980,
**nächste Wahl am 10.3.1985**

**2. Die Regierung des Saarlandes**
**Ministerpräsident** Werner Zeyer, CDU
Am Ludwigsplatz 14, Postfach 1010, S. 1
F 0681/5947, FS 4421371

**Minister des Innern** Dr. Rainer Wicklmayr, CDU
Hindenburgstr. 21, S. 1, F 0681/501-1,
FS 4421399

**Minister der Finanzen**
Prof. Dr. Gerhard Zeitel, CDU
Am Stadtgraben 6–8, S. 3, F 0681/3000-1,
FS 4428687

**Minister für Rechtspflege und Bundesangelegenheiten** Prof. Dr. Franz Becker, CDU
Zähringerstr. 12, S. 1, F 0681/505-1,
FS 4428648

**Minister für Kultus, Bildung und Sport**
Prof. Dr. Wolfgang Knies, parteilos
Saaruferstr. 32, S. 1, F 0681/503-1, FS 4421484

**Minister für Arbeit, Gesundheit und Sozialordnung**
Dr. Rosemarie Scheurlen, F.D.P.
Hindenburgstr. 21, S. 1, F 0681/501-1,
FS 4421394

**Minister für Wirtschaft, Verkehr und Landwirtschaft** Dr. Horst Rehberger, F.D.P.
Hardenbergstr. 8, S. 1, F 0681/501-1,
FS 4421411

**Minister für Umwelt, Raumordnung und Bauwesen**
Günther Schacht, CDU
Hardenbergstr. 8, S. 1, F 0681/501-1,
FS 4421411

## SCHLESWIG-HOLSTEIN

(Fläche: 15720,23km², Einw.: 2616600
[1262800 m/1353800 w] = 166,4 je km²)

**1. Schleswig-Holsteinischer Landtag**
**Präsident:** Rudolf Titzck, CDU
Landeshaus, Düsternbrooker Weg 70,
2300 Kiel 1, F 0431/5961, FS 292633
Mitglieder: 74
Verteilung der Sitze: CDU 39 (49,0% d. Stimmen) – SPD 34 (43,7%) – SSW 1 (1,3%)
Letzte Landtagswahl 13.3.1983,
*nächste Wahl Herbst 1987*

**2. Die Landesregierung Schleswig-Holstein**
**Ministerpräsident** Dr. Uwe Barschel, CDU
Landeshaus, Düsternbrooker Weg 70/90, K.,
F 0431/5961, FS 299871

**Innenminister** Karl-Eduard Claussen, CDU
Düsternbrooker Weg 70/90, K., F 0431/5961,
FS 299871

**Finanzminister** Roger Asmussen, CDU
Düsternbrooker Weg 64/68, K., F 0431/5961,
FS 299871

**Minister für Ernährung, Landwirtschaft und Forsten**
Günter Flessner, CDU
Düsternbrooker Weg 104/108, K., F 0431/5961,
FS 299871

**Minister für Wirtschaft und Verkehr**
Dr. Jürgen Westphal, CDU
Düsternbrooker Weg 94/100, K., F 0431/5961,
FS 299871

**Kultusminister** Dr. Peter Bendixen, CDU
Düsternbrooker Weg 64/68, K., F 0431/5961,
FS 299823

**Justizminister** Dr. Henning Schwarz, CDU
Lorentzendamm 35, K., F 0431/51371-75,
FS 299871

**Sozialminister**
Ursula Gräfin von Brockdorff, CDU
Brunswiker Str. 16/22, K., F 0431/5961,
FS 299871

**Minister für Bundesangelegenheiten**
Dr. Henning Schwarz, CDU
Landeshaus, Düsternbrooker Weg 70/90, K.,
F 0431/5962301
u. Kurt-Schumacher-Str. 17–19, 5300 Bonn,
F 0228/213051

**Ständige Konferenz der Kultusminister der Länder in der Bundesrepublik Deutschland**

Präsident: jährl. wechselnd ein Kultus- bzw. Wissenschaftsminister/-Senator aus einem Land; 1984: Kultusminister Georg-Berndt Oschatz (Niedersachsen)

Nassestr. 8, Postfach 2240
5300 Bonn 1
F 0228/501-0, FS 886587

**Vergleich der Bundesländer nach ihrer Wirtschaftskraft** (nach Angaben d. Bayer. Statist. Landesamtes)

| Land | Fläche in % | Einwohner in % (30.6.1983) | Bruttoinlandsprodukt 1983 in Mill. DM in jeweiligen Preisen | Veränderung gegen Vorjahr in % | Anteil am Bundesgebiet in % | Bruttoinlandsprodukt 1983 in Preisen von 1976 in Mill. DM | Veränderung gegen Vorjahr in % | Bruttoinlandsprodukt in DM je Einwohner 1983 | Bundeswert = 100 | Bruttoinlandsprodukt in DM je Einwohner 1983, in Preisen von 1976 | Veränderung gegen Vorjahr in %, Preisbasis 1976 |
|---|---|---|---|---|---|---|---|---|---|---|---|
| Schleswig-Holstein . . . | 6,3 | 4,26 | 60239 | 3,9 | 3,6 | 45971 | 0,8 | 23018 | 84,8 | 17566 | 0,8 |
| Niedersachsen . . . . . | 19,1 | 11,81 | 164677 | 2,9 | 9,9 | 126204 | −0,2 | 22711 | 83,7 | 17405 | −0,0 |
| Nordrhein-Westf. . . . . | 13,7 | 27,52 | 448703 | 3,7 | 26,9 | 337973 | 0,6 | 26548 | 97,9 | 19997 | 1,2 |
| Hessen . . . . . . . . . | 8,5 | 9,09 | 165711 | 5,0 | 9,9 | 124030 | 1,2 | 29675 | 109,4 | 22211 | 1,6 |
| Rheinland-Pfalz . . . . . | 8,0 | 5,91 | 87484 | 3,1 | 5,3 | 66677 | 0,0 | 24083 | 88,8 | 18355 | 0,2 |
| Baden-Württemb. . . . . | 14,4 | 15,07 | 262967 | 4,6 | 15,8 | 199742 | 1,3 | 28410 | 104,7 | 21579 | 1,6 |
| Bayern . . . . . . . . . | 28,3 | 17,85 | 288241 | 5,2 | 17,3 | 217647 | 1,7 | 26289 | 96,9 | 19851 | 1,7 |
| Saarland . . . . . . . . | 1,0 | 1,72 | 25487 | 1,6 | 1,5 | 19251 | −1,1 | 24188 | 89,2 | 18270 | −0,4 |
| Hamburg . . . . . . . . | 0,3 | 2,63 | 78048 | 2,9 | 4,7 | 58684 | 0,3 | 48243 | 177,8 | 36274 | 1,1 |
| Bremen . . . . . . . . . | 0,2 | 1,11 | 23933 | 1,5 | 1,4 | 18158 | −2,0 | 35072 | 129,3 | 26608 | −1,1 |
| Berlin (West) . . . . . . | 0,2 | 3,03 | 60730 | 6,7 | 3,6 | 45383 | 3,2 | 32642 | 120,3 | 24393 | 4,3 |
| Bundesgebiet (einschl. Berlin/W.) | 100 | 100 | 1666220 | 4,1[1] | 100 | 1259720 | 0,9[1] | 27128 | 100 | 20510 | 1,2[1] |

[1] Kein arithmetisches Mittel, sondern entsprechend den Anteilen am Gesamt-BIP gewichtetes Mittel!

Der Finanzausgleich unter den **Bundesländern** belief sich 1983 auf 2111,9[1] Mill. DM. Es brachten auf (in Mill. DM): Baden-Würtemb. 1463,4, Hamburg 334,7, Hessen 313,8. – Es erhielten[1]: Bayern 138,0, Bremen 249,9, Niedersachsen 724,9, Nordrhein-Westf. 25,6, Rheinland-Pfalz 292,9, Saarland 283,4 u. Schleswig-Holstein 466,9 Mill. DM.

**Berlin** ist an diesem Finanzausgleich unter d. Bundesländern nicht beteiligt, da es ausschließl. Finanzzuweisungen aus d. Bundeshaushalt erhält; von 1970–1981 insg. 73 Mrd. DM. Die finanzstarken Bundesländer zahlten im gleichen Zeitraum an die finanzärmeren 23 Mrd. DM.

[1] Differenz d. Summen d. unterschiedl. Zahlungstermine bedingt

## POLITISCHE PARTEIEN

(Nicht im Bundestag vertretene Parteien erreichten weder 3 Direktmandate noch 5% der Zweitstimmen)

### I. Im Bundestag der 10. Wahlperiode vertretene Parteien:

Personen, F u. FS, Stand 15.8.1984

**Christlich Demokratische Union Deutschlands/CDU**

Friedrich-Ebert-Allee 73–75, Konrad-Adenauer-Haus, 5300 Bonn 1, F 0228/544-1, FS 886804

Ehrenvors.: Dr. h.c. Kurt Georg Kiesinger

Vors.: Dr. Helmut Kohl, MdB, Bundeskanzler

Stellv. Vors.:
Dr. Ernst Albrecht, MdL
Dr. Norbert Blüm, MdB
Dr. Hanna-Renate Laurien, MdA
Lothar Späth, MdL
Dr. Gerhard Stoltenberg, MdB
Dr. Bernhard Worms, MdL

Generalsekretär:
Dr. Heiner Geißler, MdB, Bundesminister

Bundesschatzmeister: Walther Leisler Kiep

Bundesgeschäftsführer: Peter Radunski

(Mitgliederzahl: Stand 31.5.1984 736258, davon 21,8% Frauen, 28% Angestellte, 24,5% Selbständige, 12,3% Beamte, 11% Hausfrauen, 10,2% Arbeiter, 6,8% in Ausbildung Stehende, 4,8% Rentner; 59,0% sind Katholiken und 34,4% Protestanten)

**Sozialdemokratische Partei Deutschlands/SPD**

Erich-Ollenhauer-Haus
Ollenhauerstr. 1, Postfach 2280, 5300 Bonn 1
F 0228/5321, FS 886306

Vors.: Dr. h.c. Willy Brandt, MdB
Stellv. Vors.:
Johannes Rau, MdL
Dr. Hans-Jochen Vogel, MdB
Schatzmeister: Hans-Jürgen Wischnewski, MdB
Bundesgeschäftsführer: Peter Glotz, MdB

(Mitgliederzahl: Stand 31.12.1983 925630 [Anteil weibl. Mitgl.: 24,5%]; davon nach Altersstruktur: bis 21 Jahre 2,0%, 22–25 J. 3,6%, 26–30 J. 7,2%, 31–35 J. 10,7%, 36–40 J. 11,1%, 41–50 J. 24,3%, 51–60 J. 19,4%, 61–70 J. 11,9%, 71 und älter 9,7%, ohne Angaben 0,1%; nach Beschäftigungsverhältnis: Arbeiter/Facharbeiter 27,57%, Angestellte 25,46%, Beamte 10,29%, Berufssoldaten 0,58%, Hausfrauen 12,00% Landwirte 0,20%, Lehrlinge 1,67%, Rentner/Pensionäre 8,34%, Schüler/Studenten 6,79%, Selbständige 4,28%, ohne Angaben 2,82%)

**Christlich Soziale Union in Bayern/CSU**
Nymphenburger Str. 64
8000 München 2
F 089/12431, FS 522278
Vors.: Dr. h.c. Franz Josef Strauß, MdL
Stellv. Vors.:
Dr. Franz Heubl, MdL, Präs. d. Bayer. Landtages
Dr. Werner Dollinger, MdB
Dr. Mathilde Berghofer-Weichner, MdL
Dr. Friedrich Zimmermann, MdB
Generalsekretär: Gerold Tandler, MdL

(Mitgliederzahl: 1.6.1983: 182218 [13,5% Frauen], dazu etwa 95238 Mitgl. von Arbeitsgemeinschaften [davon 57693 nicht Mitgl. d. CSU])

**Freie Demokratische Partei/F.D.P.**
Baunscheidtstr. 15
Thomas-Dehler-Haus
5300 Bonn 1
F 0228/5471, FS 886580
Ehrenvors.: Walter Scheel
Vors.: Dr. h.c. Hans-Dietrich Genscher, MdB
Stellvertreter: Wolfgang Mischnick, MdB
Dr. Jürgen Morlok, MdL
Gerhart R. Baum, MdB
Schatzmeister: Dr. Irmgard Adam-Schwaetzer, MdB
Generalsekretär: Dr. Helmut Haussmann, MdB
Bundesgeschäftsführer: Rolf Berndt

(Mitgliederzahl Mitte 1981: 85989; rd. 24% Frauen)

**Die Grünen/GRÜNE**
Colmantstr. 36
5300 Bonn
F 0228/692021
3 gleichberechtigte Sprecher:
Annemarie Borgmann
Waltraud Schoppe
Dr. Antje Vollmer
Schatzmeister: Hermann Schulz

(Mitgliederzahl: 32000 n. eig. Ang., n. and. A. 18000)

**II. Politische Jugendgruppen der im Bundestag der 10. Wahlperiode vertretenen Parteien**

**Jungsozialisten in der SPD**
Ollenhauerstr. 1, 5300 Bonn 1
F 0228/532363–66, FS 886306
Vors.: Ulf Skirke
Bundesgeschäftsführer: Dr. Horst Wegner
(Mitgliederzahl: 270000)

**Junge Union Deutschlands**
Annaberger Str. 283
5300 Bonn-Bad Godesberg, F 0228/310011
BVors.: Christoph Böhr
Bundesgeschäftsführer: F. C. Schlumberger

**Junge Union Bayern**
Nymphenburger Str. 64–66
8000 München 2
F 089/12431
Lds.-Vors.: Alfred Sauter, MdB
(Mitgliederzahl: 54690 n. eig. Ang.)

**Junge Liberale**
Lennéstr. 30, 5300 Bonn 1, F 0228/215022
Vors.: Guido Westerwelle, Student
Bundesgeschäftsführer: Martina Raschke
(offiz. Jugendverband der F.D.P.)

**Deutsche Jungdemokraten – Liberaler Jugendverband e.V.**
Reuterstr. 44
5300 Bonn 1
F 0228/210952
BVors.: Martin Budich
Bundesgeschäftsführer: Marianne Hochgeschurz

**III. Sonstige Parteien und politische Vereinigungen** die beim Bundeswahlleiter Parteiunterlagen hinterlegt haben (Stand 21.5.1984; Mitglieder-Zahlen nach eigenen Ang. d. Parteien)

Aktion Ausländerrückführung – Volksbewegung gegen Umweltzerstörung/AAR
Postfach 700351, 6450 Hanau 7

Aktion Neue Politik/ANP
Roseggerstr. 3, 8900 Augsburg 21

Aktionsgemeinschaft Ökologische Politik/Ökos
Fergersbergstr. 28, 2863 Ritterhude

Aktionsgemeinschaft Vierte Partei/AVP
Friedrichstr. 29, 8000 München 40

Aktion Soziale Gemeinschaft/ASG
Seminarstr. 1, 5450 Neuwied

Arbeits-Solidargemeinschaft d. Rentner, Angestellten u. Arbeiter (Rentnerpartei Deutschlands)
Oberer Lindweg 29, 5300 Bonn

Bayerische Staatspartei/BSP
Marschallstr. 8, 8400 Regensburg

Bayernpartei/BP
Untere Weidenstraße 14, 8000 München 90

Bund Westdeutscher Kommunisten/BWK
Kamekestr. 19, 5000 Köln 1

Bundespartei f. Arbeit, Wirtschaft u. Soziales
Haltenhoffstr. 22, 3000 Hannover 1

Bürgerpartei/Umweltunion
Mengershäuser Weg 8, 3405 Rosdorf 1

Bürgerunion
Staufenbergstr. 13, 3500 Kassel

Christliche Bayerische Volkspartei (Bayerische Patriotenbewegung/C.B.V.)
8493 Feßmannsdorf 36

Christliche Partei/CP
Postfach 440090, 8000 München 44

Christlich Soziale Wähler Union im Saarland e.V./CSWU
Querstr. 11, 6607 Quierschied

Cosmopolitano-Liberale Aktion/C.L.A.
Seminarstr. 8–10, 7758 Meersburg/Bodensee

Demokratische Grüne Listen/Grüne Demokraten
Königstr. 16, 2061 Rethwisch,

Demokratische Sozialisten/DS
Am Taubenfelde 30, 3000 Hannover 1

Deutsch Demokratische Volksbewegung/DDVB
Ostring 47, 4250 Bottrop

Deutsche Demokratische Arbeiterpartei/DDAP
8491 Thenried 35

Deutsche Familien-Partei e.V.
Postfach 9435, 8500 Nürnberg

Deutsche Friedens-Union/DFU
Amsterdamer Str. 64, 5000 Köln 60
(Mitgliederzahl: rd. 12400)

Deutsche Kommunistische Partei/DKP
Prinz-Georg-Str. 79, 4000 Düsseldorf
(Mitgliederzahl: rd. 50000)

Deutsche Republikanische Union/DRU
Im Brögen 4, 5204 Lohmar 21

Deutsche Steuer- und Umweltpartei/DSUP
Hülserstr. 16, 4173 Kerken 2

Deutsche Union/DU
Kreuzeckstr. 5, 8900 Augsburg

Deutsche Volkspartei/DVP
Postfach 471261, 1000 Berlin 47

Deutsche Zentrumspartei/Zentrum
Straberger Weg 12
4047 Dormagen-Nievenheim

Die Christlich-Konservativen/Konservative
Salierring 20/24, 5000 Köln 1

Die Republikaner
Karl-Barth-Str. 102, 5300 Bonn 1

Esoterische Union
Postfach 630226, 4630 Bochum 6

Europa 2000 – Liga für Freie Völker/Europa 2000 (Deutschland)
Postfach 53, 8591 Pechbrunn

Europäische Arbeiterpartei/EAP
Adelheidstr. 15, 6200 Wiesbaden

Europäische Föderalistische Partei/EFP
Hopfensack 6, 2000 Hamburg 11
(Mitgliederzahl: über 1000)

Frauen ins Parlament
Osthofenstr. 50, 4770 Soest

Frauenpartei
Hasselkamp 26, 2300 Kiel 1

Freie Union in Niedersachsen/FU
Unter den Linden 3, 3040 Soltau
(Mitgliederzahl: etwa 500)

Freiheitliche Deutsche Arbeiterpartei/FAP
Allgäustr. 22, 7000 Stuttgart 70
(Mitgliederzahl: rd. 120)

Freisoziale Union – Demokratische Mitte/FSU
Feldstraße 46, 2000 Hamburg 6

Friedliebende Union der deutschen Friedensbewegung/Friedliebende
Postfach 1141, 7770 Überlingen

Gerechtigkeitspartei Bundesrepublik Deutschland/G
Seckenheimer Str. 14, 6800 Mannheim 1

Grüne Liste Ökologie Niedersachsen/Öko-Grüne
Fergersbergstr. 28, 2863 Ritterhude

Grüne Partei Deutschlands/GPD
Süchterscheid, 5202 Hennef (Sieg) 41

Haas-Eyb-Partei/H.E.P.
Veitstr. 16, 7000 Stuttgart 50

Hamburger Liste für Ausländerstopp/HLA
Postfach 520149, 2000 Hamburg 52

Internationale Weltfriedens Partei/IWP
Leopoldstr. 109/IV, 8000 München 40

Kommunistische Partei Deutschlands (Marxisten-Leninisten)/KPD
Wellinghofer Str. 103, 4600 Dortmund-Hörde

Kommunistischer Bund Westdeutschland/KBW
Mainzer Landstraße 147, 6000 Frankfurt a. M. 11
(Mitgliederzahl: rd. 800)

Liberale Demokraten/LD
Reuterstr. 44, 5300 Bonn

Liberales Zentrum
Postfach 350154
4050 Mönchengladbach 2

Nationaldemokratische Partei Deutschlands/NPD
Rötestraße 4, Postfach 2881
7000 Stuttgart 1
(Mitgliederzahl: rd. 10000)

Null-Bock-Partei/NuBoP
Kirchbergstr. 24, 6148 Heppenheim-Sonderbach

Ökologisch-Demokratische Partei/ÖDP
Friedrich-Ebert-Allee 120, 5300 Bonn
(Mitgliederzahl: 1719/Mai 1982)

Partei für Deutschland u. Europa/P.D.E.
Schulstr. 4, 7056 Weinstadt

Partei f. Renten-, Steuer- u. soz. Gerechtigkeit/PRS
Staufenbergstr. 13, 3500 Kassel

Südschleswigscher Wählerverband/SSW
Norderstr. 74, 2390 Flensburg

Unabhängige Arbeiter-Partei (Deutsche Sozialisten)/UAP
Postfach 103813, 4300 Essen 1

Unabhängige Soziale Demokraten/USD
Am Beverbach 2a, 5100 Aachen

Union für Umwelt- und Lebensschutz (Freie Grüne Union)
Borntalstr. 11, 3406 Reyershausen

Union Konkreter Umweltschutz (Partei der Mitte)/UKU
Gantenbergstr. 12A, 4300 Essen 13

VOLKSFRONT gegen Reaktion, Faschismus u. Krieg/Volksfront
Mariahilfstr. 31, 5100 Aachen

*In Berlin (West) existiert außerdem die*

Sozialistische Einheitspartei Westberlins/SEW
Wilmersdorfer Str. 165, Aufg. II
1000 Berlin 10

**Zur Bundestagswahl vom 6. März 1983 zugelassene Parteien:** außer den im 9. Bundestag vertretenen Parteien SPD, CDU, CSU und F.D.P. folgende: Die Grünen, DKP, NPD, Christl.-Bayerische Volkspartei (CBV), KPD/ML (Marxisten/Leninisten), Internationale Weltfriedenspartei (IWP), Unabhängige Soziale Demokraten (USD), Bund Westdeutscher Kommunisten (BWK), Europäische Arbeiterpartei (EAP), Rentnerpartei (ASD), Deutsche Familienpartei, Ökologisch-Demokratische Partei (ÖDP) u. Cosmopolitano-Liberale Aktion (CLA)

**Die Einnahmen der Parteien 1982 in Mill. DM**

*Quelle:* Bundesanzeiger v. 12.11.1983

| | *Mitgliedsbeiträge* | *Beiträge d. Fraktionsmitglieder* | *Einn. aus Vermögen* | *Einn. aus Veranst., Schriften etc.* | *Spenden* | *Kredite* | *Erstattung gemäß Parteiengesetz* | *Erstattung gemäß Europawahlgesetz* | *Sonstige Einnahmen* | *Gesamteinnahmen* |
|---|---|---|---|---|---|---|---|---|---|---|
| CDU | 57,0 | 16,8 | 4,9 | 1,7 | 30,3 | 1,2 | 22,1 | 11,8 | 0,89 | 146,9 |
| CSU | 9,6 | 3,5 | 0,6 | 0,2 | 11,4 | 5,9 | 7,9 | 3,0 | 0,19 | 42,3 |
| SPD | 68,5 | 15,5 | 3,4 | 2,2 | 16,3 | 6,7 | 21,6 | 12,3 | 3,29 | 149,9 |
| FDP | 5,5 | 2,5 | 0,4 | 0,19 | 4,3 | 2,1 | 4,7 | 1,8 | 1,21 | 22,7 |
| Die Grünen | 1,1 | 0,45 | 0,19 | 0,42 | 0,8 | 0,48 | 3,7 | | 0,31 | 7,4 |
| in DM | | | | | | | | | | |
| DFU | 419567 | – | 2526 | 54196 | 2,1 M | – | – | – | 13508 | 2644964 |
| DKP | 6185069 | 625248 | 5015 | 3,2 M | 6,1 M | 199727 | 3000 | – | 111758 | 16488871 |
| NPD | 575845 | 710 | 12674 | 29362 | 775470 | 17932 | – | – | 65777 | 1477772 |
| Freisoziale Union | 74480 | – | 18379 | 737 | 113920 | – | – | – | – | 207518 |
| Hamburger Liste für Ausländerstopp | 1362 | – | – | – | 44283 | – | – | – | – | 45645 |
| Arbeits-Solidargem. | 1757 | – | – | – | 1644 | – | – | – | – | 3401 |
| Frauenpartei | 7944 | – | – | 447 | 6258 | – | – | – | 110 | 14760 |
| Südschleswigscher Wählerverband | 52121 | 126900 | 36248 | 1062 | 318741 | – | 33098 | – | 14974 | 583146 |

**BERLIN (West)**

**Fläche:** 480,1 km² – **Einwohner:** 1854502 (F 31.12.1983; in dieser Zahl enthalten sind 245000 Ausländer [davon 117000 Türken]) = 3863 je km²

**Geburten- u. Sterbeziffern** 1983: 18000 Lebendgeborene, 33000 Gestorbene – **Sterbe-Ü.**: 15000 – **Religion** (S 1982): Überwiegend Protestanten (50,7% = 947000), außerdem Katholiken (14,8%), kleine jüdische Minderheit (1982: 6548) und Konfessionslose – **Politischer Status:** Nach der Verfassung vom 1.9.1950 ein deutsches Land und zugleich eine Stadt, volle Zugehörigkeit zur Bundesrepublik von den Besatzungsmächten suspendiert. »Abgeordnetenhaus« (Präsident: Peter Rebsch, CDU), Mandate 1981: CDU 65 (48,0% d. Stimmen), SPD 51 (38,3%), Alternative Liste/AL 9 (7,2%) u. F.D.P. 7 (5,6%), das den Regierenden Bürgermeister wählt, der ihm seinerseits Senatoren für die Regierungsaufgaben zur Wahl vorschlägt. Selbstverwaltung in den 12 Stadtbezirken – **Regierung:** Vom Senat ausgeübt, seit Juni 1981 v. d. CDU gebildet, zunächst mit Unterstützung v. 5 F.D.P.-Abg., seit März 1983 Koalition CDU/F.D.P. – **Regierender Bürgermeister:** Eberhard Diepgen, CDU; Bürgermeister Heinrich Lummer, CDU *(im einzelnen → Sp. 479f.)* – Außer den genannten Parteien beteiligten sich an den Wahlen vom 10.5.1981 die aus der KP hervorgegangene »Sozialistische Einheitspartei Westberlins«/SEW (Vors. Horst Schmitt; 0,6%) u. die Grünen (0,3% d. Stimmen); beide blieben ohne Mandat.

Das Viermächte-Abkommen v. 3.9.1971 (in Kraft seit 3.6.1972) hält u.a. fest, daß Berlin (West) kein konstit. Teil der Bundesrepublik ist, anerkennt jedoch die engen Bindungen an diese. Nach der Auffassung der drei Westmächte, u.a. am 14.4.1975 erneut dem UNO-Generalsekretär übermittelt, gilt, im Gegensatz zur Auffassung von UdSSR und DDR, der Viermächtestatus nicht nur für West-Berlin, sondern für Gesamtberlin. – Durch das Viermächteabkommen über Berlin und das Transitabkommen zwischen der Bundesrepublik Deutschland und der DDR haben sich u.a. neue Voraussetzungen für eine störungsfreie Entwicklung der Wirtschaft ergeben. Die von der DDR immer wieder geforderte Anerkennung der »Sektorengrenze« als »Staatsgrenze der DDR zu West-Berlin« sowie der Spree zwischen Kreuzberg und Friedrichshain als »Grenzgewässer der DDR« wird von den drei Westmächten in Übereinstimmung mit dem Senat von Berlin (West) abgelehnt. Auch 1977/78 bekräftigten die Außenminister der drei Westmächte den »Viermächtestatus« für das gesamte Berlin und bekannten sich zur strikten Einhaltung des »Viermächteabkommens« vom 3.9.1971. Von der DDR wird weiterhin die Auffassung vertreten, Ost-Berlin stehe nicht unter dem »Viermächtestatus«. Auch die UdSSR wiederholte diesen Standpunkt in den letzten Jahren.

## c) Daten zur Bevölkerungs-, Wirtschafts- und Sozialstruktur

*Landwirtschaft, Bergbau, Industrie, Außenhandel, Verkehr: → die entspr. Sachkapitel*

**Entwicklung der Wohnbevölkerung nach Ländern** (N. Ang. d. Statist. Bundesamts)

| *Bundesland* | *Durchschnittliche Bevölkerung in 1000* | | | | | *30.9.* |
|---|---|---|---|---|---|---|
| | *1950* | *1960* | *1970* | *1980* | *1982* | *1983* |
| Schleswig-Holstein | 2597,7 | 2294,5 | 2494,1 | 2605,4 | 2619,5 | 2617,5 |
| Hamburg | 1553,2 | 1823,0 | 1793,8 | 1649,6 | 1630,6 | 1613,0 |
| Niedersachsen | 6743,9 | 6587,9 | 7092,2 | 7246,5 | 7262,5 | 7250,9 |
| Bremen | 542,1 | 695,4 | 722,7 | 694,6 | 688,8 | 680,0 |
| Nordrhein-Westfalen | 12922,0 | 15694,1 | 16914,1 | 17043,7 | 17007,5 | 16871,3 |
| Hessen | 4243,0 | 4718,8 | 5381,7 | 5588,7 | 5606,5 | 5577,2 |
| Rheinland-Pfalz | 2909,4 | 3381,0 | 3645,4 | 3639,0 | 3639,1 | 3633,4 |
| Baden-Württemberg | 6288,5 | 7590,9 | 8895,0 | 9232,8 | 9280,8 | 9248,4 |
| Bayern | 9108,0 | 9387,2 | 10479,4 | 10898,9 | 10962,4 | 10968,3 |
| Saarland | 942,5 | 1051,1 | 1119,7 | 1067,8 | 1060,5 | 1053,3 |
| Berlin (West) | 2138,8 | 2199,3 | 2122,3 | 1899,3 | 1879,3 | 1857,5 |
| *BR Deutschland* [m. Bln (W)] | 49989,3 | 55433,1 | 60650,6 | 61566,3 | 61637,6 | 61370,8 |

Die **Bevölkerungszahl** der BR Dtld. betrug am 31.12.1983 (1982) **61,350** (61,546) **Mill.**, davon 29,325 (29,428) Mill. männlich und 32,025 Mill. weiblich. Die Zahl ging, ebenso wie 1982, sowohl durch einen Sterbeüberschuß als auch durch einen Überschuß der Fort- über die Zuzüge zurück. Die natürliche Bevölkerungsbewegung (Geburten/Sterbefälle) ergab ein gegenüber dem Vorjahr erhöhtes

Defizit. Die Zahl der *Lebendgeborenen* betrug 1983 (1982) 594177 (621173), davon männlich 305407 (319293) und weiblich 288770 (301880); Totgeborene 2791 (2996). Die Zahl der Geburten von Ausländern sank weiter auf 61470 (72981). Die Zahl der *Gestorbenen* betrug 718337 (715857), davon Ausländer 8064 (8524). Der *Sterbeüberschuß* erhöhte sich somit auf 124160 (94684) – bei den Deutschen allein auf 177566 (159141), während sich für die ausländische Bevölkerung ein Geburtenüberschuß von 53406 (64457) ergab. Insgesamt hatte es in der BR Dtld. zuletzt 1971 einen Geburtenüberschuß gegeben. Die durchschnittliche Lebenserwartung eines in der BR Dtld. geborenen Säuglings beträgt nach neuesten Berechnungen des Statistischen Bundesamtes 70,2 (männlich) bzw. 76,9 Jahre (weiblich). Die Zahl der *Fortzüge* über die Grenzen des Bundesgebietes (505000) überwog gegenüber den Zuzügen (382000), so daß sich ein *Wanderungsverlust* von 123000 ergab. Bei den Zuzügen aus dem Ausland handelte es sich nicht nur um Gastarbeiter und ihre Familienangehörigen, sondern auch um deutschstämmige *Aussiedler* aus Ost- und Südosteuropa. Insgesamt kamen 1983 aus Polen 19200 – Rumänien 15530 – UdSSR 1450 – ČSSR 1180 – Ungarn 460 – Jugoslawien 140 (vorl. Zahlen). – Die Zahl der *Eheschließungen* stieg 1983 (1982) auf 369628 (361966), die Zahl der *Ehescheidungen* betrug 1982 (1981) 118483 (109520) – Die Zahl der gemeldeten *Schwangerschaftsabbrüche* belief sich 1983 (1982) auf 86500 (91064). – Durch *Einbürgerung* bekamen 1982 (1981) 39280 (35878) Personen die deutsche Staatsangehörigkeit.

Für alle Bevölkerungszahlen gilt, daß sie bei Fortschreibung von Jahr zu Jahr ungenauer werden.

Die Zahl der **Ausländer** im Bundesgebiet ging 1983 erstmals seit 1978 wieder zurück. Sie betrug am 30. 9. 1983 (1982) 4,535 (4,667) Mill.; davon wohnten u. a. in Nordrhein-Westfalen 1,403 – Baden-Württemberg 0,875 – Bayern 0,687 – Hessen 0,516

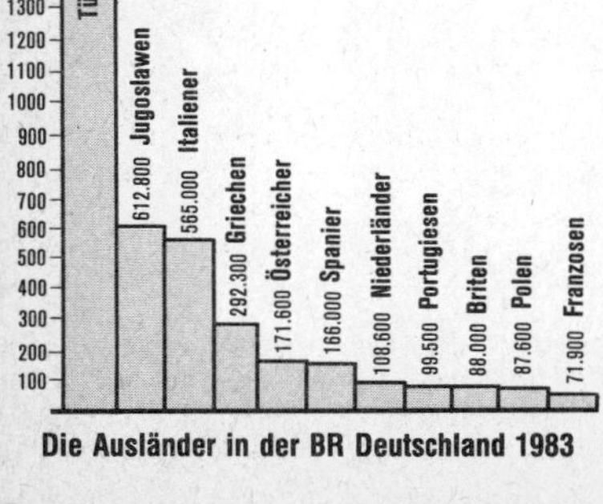


**Die Ausländer in der BR Deutschland 1983**

– Niedersachsen 0,291 Mill. – Zur Verteilung nach der *Staatsangehörigkeit* → Abbildung. Der Anteil der Ausländer an der Gesamtbevölkerung sank leicht von 7,6% (1982) auf 7,4%. Er war 1983 am höchsten in Berlin (West) (12,7%), Hamburg (10,7%), Baden-Württemberg (9,5%), Hessen (9,3%) und Nordrhein-Westfalen (8,3%), am geringsten in Schleswig-Holstein (3,5%) und Niedersachsen (4,0%).

Die Zahl der **Wohnungen** im Bundesgebiet betrug am 31. 12. 1982 26,076 Mill., davon rd. 60% Mietwohnungen. Die durchschnittliche Wohnungsgröße stieg von 75 (1972) über 81 (1978) auf 83 $m^2$ (1982). Auf 100 Einwohner entfielen 1983 42,4 Wohnungen. Die Zahlen über den Wohnungsbestand sind sehr ungenau, da die letzte Wohnungszählung 1968 stattfand und seitdem die Neubauten relativ exakt, die Abgänge jedoch nur unvollständig erfaßt werden. – 1983 (1982) wurden 143893 (159925) *Wohngebäude* mit 306523 (315426) *Wohnungen* fertiggestellt. Hierzu kamen noch 34071 Wohnungen in Nichtwohngebäuden. Insgesamt erreichte die Zahl der fertiggestellten Wohnungen einen neuen Tiefstand. Von den *Neubauwohnungen* entfielen 88093 auf Einfamilienhäuser, 78932 auf Zweifamilienhäuser und 139498 auf Mehrfamilienhäuser. Im *Nichtwohnbau* wurden 35272 Gebäude fertiggestellt, darunter 16249 gewerbliche und industrielle Betriebsgebäude, 13283 landwirtschaftliche Betriebsgebäude, 2058 Verwaltungs- und Bürogebäude – Die Zahl der **Baugenehmigungen** stieg 1982–1983 um 19% auf 262300 Baumaßnahmen mit u. a. der Errichtung von 419569 Wohnungen.

In der **Wirtschaftsentwicklung der BR Deutschland** konnte 1983 die 2 Jahre anhaltende Rezession überwunden und wieder ein Wachstum erreicht werden. Die Entwicklung des Bruttosozialprodukts (BSP) zeigt deutlich den zunehmenden wirtschaftlichen Aufschwung. So betrug die Zunahme gegenüber dem Vorjahresquartal im 1. Quartal 3,7% und erhöhte sich in den folgenden Quartalen auf 4,0% – 4,3% – 5,9%. Für das gesamte Jahr errechnete sich ein *Wirtschaftswachstum* (Zunahme des BSP) von nominal 4,5% (1982: 3,6%) und real, d. h. nach Abzug der Preissteigerungen, von 1,3% (1982: – 1,1%). Die *Konjunkturbelebung* ging zunächst hauptsächlich von einer ansteigenden Binnennachfrage aus, wobei der private Verbrauch gegenüber den Investitionen der Wirtschaft überwog. Im 2. Halbjahr belebte sich auch die Exporttätigkeit stark. Hier spielte die gleichzeitige Wirtschaftsbelebung in anderen Industriestaaten, insbesondere auch in den USA, eine große Rolle, die zu vermehrter Nachfrage nach Industriegütern führte.

Das *Bundesministerium für Wirtschaft* charakterisierte die Lage der deutschen Wirtschaft im »Jahreswirtschaftsbericht 1984« u. a. folgendermaßen: »1983 war das Jahr des wirtschaftlichen Aufschwungs … Der eingeschlagene wirtschaftliche

Kurs erwies sich als erfolgreich... Die deutsche Wirtschaft befindet sich wieder auf einem klaren Wachstumspfad.« Für 1984 »hält die Bundesregierung eine gesamtwirtschaftliche Entwicklung für erreichbar, bei der

▷ das Bruttosozialprodukt im Jahresdurchschnitt das Vorjahresniveau um rd. 2½% real überschreitet,

▷ die Arbeitslosenzahl im Jahresverlauf weiter abnimmt und im Jahresdurchschnitt etwas unter 9% der unselbständigen Erwerbspersonen... betragen könnte,

▷ der Anstieg der Verbraucherpreise im Jahresdurchschnitt auf rd. 3% begrenzt werden kann,

▷ das außenwirtschaftliche Gleichgewicht mit einem nominalen Außenbeitrag von rd. +2½% und einem Leistungsbilanzüberschuß von rd. ½% des BSP erhalten bleibt.«

Der *Konjunkturaufschwung* erfaßte 1983 alle wichtigen Wirtschaftsbereiche. So meldete z. B. der *Einzelhandel* eine Umsatzsteigerung gegenüber dem Vorjahr um 3,3% (1982: 1,0%), das *Handwerk* steigerte seinen Umsatz ebenfalls um 3,3% (1982: −1,6%) auf 323,586 Mrd. DM, und der Index der Nettoproduktion im Produzierenden Gewerbe (1980 = 100), der über 98,0 (1981) auf 94,9 (1982) zurückgegangen war, stieg wieder auf 95,4. – Bei den **Insolvenzen** von Firmen (Konkurse und Vergleichsverfahren) gab es erneut eine Verschlechterung. Ihre Zahl erreichte 1983 (1982) mit 16114 (15876) einen neuen Rekord; die Gesamtforderungssumme stieg auf 12,156 (10,716) Mrd. DM.

Das Ausmaß des wirtschaftlichen Aufschwungs war regional deutlich unterschiedlich ausgeprägt. So lag der Zuwachs des BSP in Bayern (+2,4%), Baden-Württemberg, Rheinland-Pfalz und Hessen über dem Bundesdurchschnitt, in den nördlichen Bundesländern darunter.

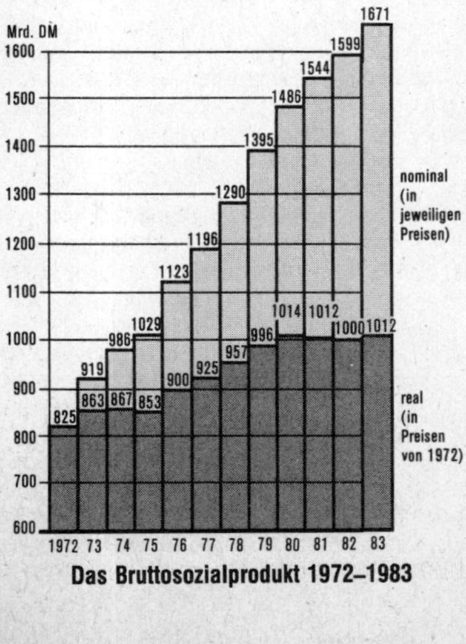


**Das Bruttosozialprodukt 1972–1983**

Die Tabellen zeigen die Entstehung des **Bruttoinlandsprodukts** (= die im Inland entstandene wirtschaftliche Leistung, d.h. Bruttosozialprodukt zu- bzw. abzüglich Saldo der Erwerbs- und Vermögenseinkommen zwischen Inländern und der übrigen Welt) und die Verwendung des **Bruttosozialprodukts,** jeweils nominal (d.h. in jeweiligen Preisen), nach Angaben des Statistischen Bundesamts.

Für die **Verwendung des Sozialprodukts 1983** gibt das Statistische Bundesamt u.a. folgende Angaben: Der *private Verbrauch* stieg gegenüber dem Vorjahr um 4,0% (1982: 3,0%). Dies bedeutet real, d.h. in konstanten Preisen, eine Zunahme um 1%, während es 1982 real eine Abnahme um 2,2% gegeben hatte. Der *Staatsverbrauch* wuchs nur um 2,5% (1982: 2,4%), real ging er um 0,2% (1982: 1,0%) zurück. – Die *Anlageinvestitionen* stiegen – als Indikator für wirtschaftlichen Aufschwung – um 4,6%, nachdem sie 1982 um 2,7% abgenommen hatten. Dies entspricht einer realen Zunahme um 2,9% (1982: −5,1%). Investiert wurde weniger in Bauten (real +0,9%) als vielmehr in Ausrüstungen (+5,7%). – Die Investition in Lagern (Vorratsveränderung) ergab einen hohen positiven Saldo (nominal +12,1 Mrd. DM bzw. real +9,1 Mrd. DM), d.h. die Lager wurden kräftig aufgefüllt. Der *Außenbeitrag* stieg gegenüber dem Vorjahr nur noch wenig an und ergab einen Überschuß von 39,55 (1982: +38,40) Mrd. DM bzw. real von 50,74 Mrd. DM. Gegenüber 1982 verringerte sich zwar der Überschuß im Warenhandel (Außenhandel) von 59,18 auf 53,71 Mrd. DM, das Defizit im Dienstleistungsverkehr sank aber noch stärker (von −20,78 auf −14,16 Mrd. DM), so daß sich insgesamt ein leicht erhöhter Überschuß ergab. – Das *Volkseinkommen,* das sich rechnerisch nach Abzug der Abschreibungen (vom Wiederbeschaffungswert) und der indirekten Steuern (abzüglich Subventionen) vom Bruttosozialprodukt ergibt, nahm 1983 mit +4,2% deutlich stärker zu als 1982 (+3,3%), erreichte aber längst nicht die Steigerungsraten früherer Jahre (z.B. 1979 +7,7%). Besonders schwach erhöhte sich das Bruttoeinkommen aus unselbständiger Arbeit (+1,7%), während dasjenige aus Unternehmertätigkeit und Vermögen um 11,2% anstieg. Letzteres war 1980 und 1981 zurückgegangen und 1982 um 6,8% gewachsen. Der Anteil des Unternehmereinkommens am gesamten Volkseinkommen stieg daher 1983 mit 28,4% wieder auf einen ähnlichen Wert wie Ende der 70er Jahre, nachdem er 1981 auf 25,7% abgesunken war.

Die Zahl der **Erwerbspersonen** betrug 1983 im Jahresdurchschnitt 27,445 Mill. und verringerte sich damit gegenüber 1982 (27,465 Mill.) um 0,1%, nachdem die Zahl seit 1977 laufend gestiegen war.

| **Entstehung des Bruttoinlandsprodukts** (Bruttowertschöpfung) in Mrd. DM | **1981** | **1982** | **1983** |
|---|---|---|---|
| Bruttowertschöpfung insges. | 493,250 | 1559,270 | 1629,610 |
| **davon:** Land- u. Forstwirtschaft, Fischerei | 33,350 | 37,430 | 33,610 |
| Warenproduzierendes Gewerbe | 647,440 | 664,280 | 690,930 |
| Handel und Verkehr | 238,870 | 245,550 | 252,430 |
| Dienstleistungsunternehmen | 361,170 | 392,170 | 425,590 |
| Staat, priv. Haushalte u. Organisationen | 212,420 | 219,840 | 227,050 |

| **Verwendung des Bruttosozialprodukts** in Mrd. DM | **1981** | **1982** | **1983** |
|---|---|---|---|
| Bruttosozialprodukt insges. | 1543,700 | 1598,900 | 1671,200 |
| Privater Verbrauch | 873,230 | 899,430 | 935,100 |
| Staatsverbrauch | 317,840 | 325,330 | 333,470 |
| Anlageinvestitionen | 338,220 | 329,140 | 344,380 |
| Vorratsveränderung | + 1,200 | + 6,600 | + 18,700 |
| Außenbeitrag | + 13,210 | + 38,400 | + 39,550 |

Von diesen Erwerbspersonen waren 1983 (1982) 2,258 (1,833) Mill. arbeitslos, so daß die Zahl der *Erwerbstätigen* auf 25,187 (25,632) Mill. zurückging. Diese Abnahme betraf sowohl abhängig Beschäftigte – ihre Zahl schrumpfte auf 21,962 (22,395) Mill. – als auch die Selbständigen und ihre mithelfenden Familienangehörigen, deren Zahl leicht auf 3,225 (3,237) Mill. zurückging. Als einzige Gruppe nahm innerhalb der Zahl der Abhängigen die Beamtenschaft zu (+ 0,3%), während Angestellte (– 0,8%) und Arbeiter (– 3,5%) rückläufige Zahlen aufwiesen. – Von den gesamten Erwerbstätigen waren 1983 (1982) 15,628 (15,941) Mill. männlich und 9,559 (9,691) Mill. weiblich.
*Gliederung der Erwerbstätigen nach Wirtschaftsbereichen* 1983 (1982) in 1000: Land- und Forstwirtschaft, Tierhaltung und Fischerei 1371 (1381) – Produzierendes Gewerbe 10567 (10950), davon Bergbau, Energiewirtschaft und Wasserversorgung 495 (501), Verarbeitendes Gewerbe (Industrie und Handwerk) 8468 (8808), Baugewerbe 1604 (1641) – Handel 3095 (3171) – Verkehr und Nachrichtenübermittlung 1510 (1529) – Dienstleistungen 8644 (8601), davon Kreditinstitute und Versicherungen 811 (802), Gebietskörperschaften und Sozialversicherung 2558 (2562), sonstige Dienstleistungen 5275 (5237) – *Gliederung nach der Stellung im Beruf* 1983 (1982) in 1000: Arbeiter 10049 (10415) – Angestellte 9530 (9604) – Beamte 2383 (2376) – Selbständige 2353 (2353) – mithelfende Familienangehörige 872 (884)

Der **Personalstand im öffentlichen Dienst** betrug Anf. 1983 4,532 Mill., davon 3,851 Mill. vollbeschäftigt. Hiervon entfielen auf den Bund 8,2% – die Länder 41,3% – die Gemeinden 24,2% – kommunale Zweckverbände 0,8% – die Bundesbahn 8,6% – die Bundespost 11,4% – Nach Aufgabenbereichen dominierten beim vollbeschäftigten Personal der Gebietskörperschaften in 1000: Schule, Wissenschaft, Forschung 795,4 – Krankenhäuser 326,5 – öffentliche Sicherheit und Ordnung 298,7 – Steuer- und Finanzverwaltung 200,3 – Verteidigung 172,2 – Wohnungswesen, Raumordnung, kommunale Gemeinschaftsdienste 152,5 – Rechtsschutz 130,4 – soziale Sicherung 124,8 – Verkehrs- und Nachrichtenwesen 103,2 – Die Zahl der *Versorgungsempfänger* (Ruhegehalt, Witwen- und Waisengeld) im unmittelbaren öffentlichen Dienst betrug am 1.2.1984 1,010 Mill.
Nach Angaben des Statistischen Bundesamts waren 1983 (1982) 94100 (39981) Arbeitnehmer an **Streiks** beteiligt, die Zahl der verlorenen Arbeitstage stieg mit 40842 gegenüber 15106 (1982) an. Insgesamt waren 1983 (1982) 114 (40) Betriebe von Arbeitskämpfen betroffen. ⅔ der Ausfalltage entfielen auf die beiden Branchen Stahl-, Maschinen- und Fahrzeugbau sowie Büromaschinen und Datenverarbeitung. – *Aussperrungen* kamen 1983 nicht vor. – 1984 stieg die Zahl der Streiktage durch Ausstände im Bereich der Gewerkschaften IG Metall sowie IG Druck zur Durchsetzung der 35-Stunden-Woche mit vollem Lohnausgleich stark an. Genaue Zahlen lagen bei Redaktionsschluß noch nicht vor.

Trotz der wirtschaftlichen Erholung gestaltete sich 1983 die Lage auf dem **Arbeitsmarkt** noch ungünstiger als im Vorjahr. Nach Angaben der »Bundesanstalt für Arbeit« in Nürnberg erhöhte sich die durchschnittliche *Arbeitslosenzahl* von 1,833 Mill. (1982) 1983 auf 2,258 Mill., davon 1,273 Mill. Männer und 0,985 Mill. Frauen. Von den Arbeitslosen waren 192000 Jugendliche unter 20 Jahren, 191000 waren Ausländer. Die *Arbeitslosenquote* (Arbeitslose in % der abhängigen Erwerbspersonen) stieg von 7,5% (1982) auf 9,1% (1983). Die Arbeitslosenzahlen zeigten 1983 keine größeren Aufwärts- oder Abwärtsbewegungen, erreichten aber das ganze Jahr hindurch eine Größenordnung, wie sie zuletzt Anfang der 50er Jahre aufgetreten ist.

**Durch Streiks verlorene Arbeitstage pro Jahr**

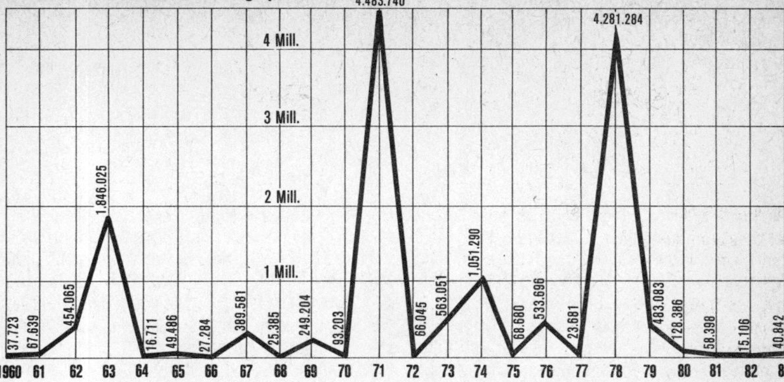


**Streiks in der BR Deutschland 1960–1983** (n. Ang. d. Statist. Bundesamts)

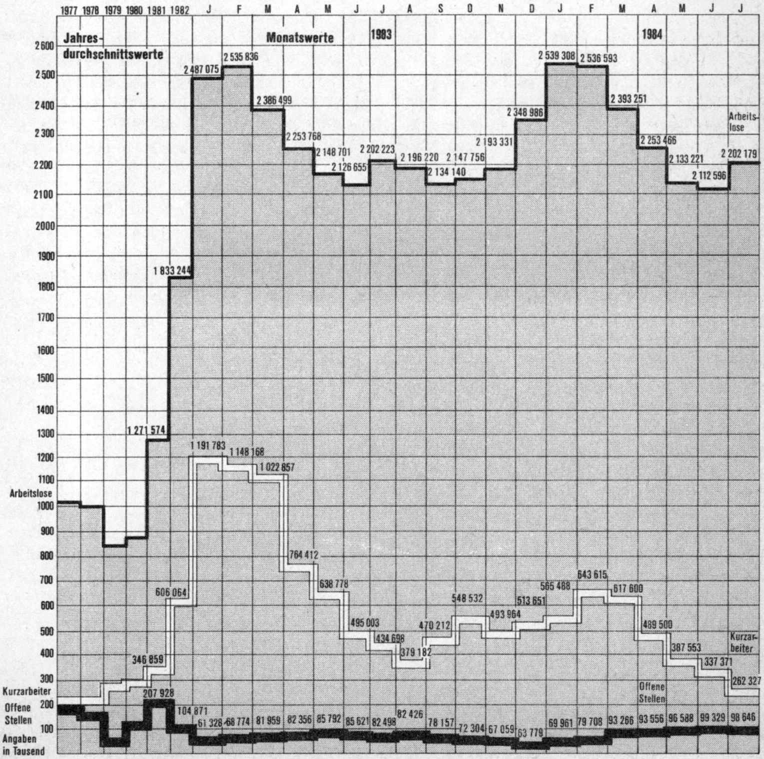


**Der Arbeitsmarkt in der BR Deutschland** (n. Ang. d. Bundesanst. f. Arb.)

Zum *Jahresende 1983* (1982) betrug die *Zahl der Arbeitslosen* 2,349 (2,223) Mill., das entspricht einer Quote von 9,5 (9,1) %. Die Zahl der gemeldeten *offenen Stellen* lag bei 76000 im Jahresdurchschnitt bzw. 64000 am Jahresende. Die Zahl der Kurzarbeiter ermäßigte sich stark und betrug zum Jahresende 1983 (1982) nur noch 514 Tsd. (1,114 Mill.). Anfang 1984 stieg die Arbeitslosenzahl zunächst weiter an und erreichte im Jan. mit 2,539 Mill. (= 10,2%) und im Febr. mit 2,537 Mill. (10,2%) neue Höchstwerte. Seitdem sind bis Juni leichte Rückgänge zu verzeichnen. – Die *regionale Verteilung* nach Arbeitsamtsbereichen läßt deutliche Schwerpunkte erkennen. Die höchsten Quoten weisen – wie schon im Vorjahr – Bremen (13,6%) – Saarland (12,2%) und Niedersachsen (11,0%), die niedrigsten Baden-Württemberg (5,3%) und Südbayern (6,1%) auf. – Der Bundeszuschuß an die Bundesanstalt für Arbeit ist für 1984 auf 1,7 Mrd. DM angesetzt; außerdem trägt der Bund alle Kosten der Arbeitslosenhilfe, die 1984 voraussichtlich 8,9 Mrd. DM ausmachen wird. – Über die arbeitsmarktpolitischen Auswirkungen von *Arbeitszeitverkürzungen* und *vorzeitigem Ruhestand* besteht auch unter Fachleuten keine Einigkeit. Nach Untersuchungen des Deutschen Instituts für Wirtschaftsforschung (DIW) kann nur dann mit ca. 240–350 Tsd. Neueinstellungen bis 1988 gerechnet werden, wenn der von der Bundesregierung vorgegebene Rahmen einer Vorruhestandsregelung in allen Wirtschaftsbereichen vollständig ausgefüllt wird.

Die Zahl der **Gewerkschaftsmitglieder** sank bis Ende 1983 erneut um rd. 100000 auf ca. 9,350 Mill.; insbesondere die Zahl der Arbeiter unter den Mitgliedern war rückläufig. Der Organisationsgrad aller unselbständig Beschäftigten lag bei rd. 38%, bei den Arbeitern allein bei etwa 44%, bei den Angestellten bei 25%. – Größte Gewerkschaft war auch 1983 der **Deutsche Gewerkschaftsbund/DGB** mit 7,75 Mill. Mitgliedern zum Jahresende 1983, davon Arbeiter 66% – Angestellte 23% – Beamte 11%. Rd. 20% der Mitglieder sind Frauen. Auf die *DGB-Einzelgewerkschaften* entfielen in Tsd.: IG Metall 2536 – Gew. Öffentl. Dienste, Transport u. Verkehr (ÖTV) 1174 – IG Chemie, Papier, Keramik 635 – IG Bau, Steine, Erden 524 – Dt. Postgewerksch. 458 – Gew. d. Eisenbahner Dtlds. 387 – Gew. Handel, Banken u. Versicherungen (HBV) 360 – IG Bergbau u. Energie 356 – Gew. Textil, Bekleidung 264 – Gew. Nahrung, Genuß, Gaststätten 264 – Gew. Erziehung u. Wissenschaft (GEW) 200 – Gew. d. Polizei 167 – Gew. Holz u. Kunststoff 150 – IG Druck u. Papier 146 – Gew. Leder 51 – Gew. Kunst 48 – Gew. Gartenbau, Land- u. Forstwirtschaft 42 – weitere Gewerkschaften außerhalb des DGB (Mitgl. in Tsd.): Deutscher Beamtenbund/DBB 815 – Deutsche Angestelltengewerkschaft/DAG 505 – Christlicher Gewerkschaftsbund/CGB 298 – Bundeswehrverband 265

Die **Entwicklung des Bundeshaushalts** ist seit 1975 durch hohe Fehlbeträge und dadurch notwendige Kreditaufnahmen geprägt.

**Einnahmen/Ausgaben** des Bundes in Mrd. DM:
1975: 125,141 / 160,147
1980: 189,949 / 217,579
1981: 196,905 / 234,865
1982: 208,431 / 246,110
1983: 211,895 / 253,205

Der **Fehlbetrag (= Netto-Verschuldung)** stieg ab Mitte der 70er Jahre stark an (1973: 2,677 Mrd. DM – 1975: 29,925 Mrd. DM). Er betrug zuletzt 37,390 Mrd. DM (1981), 37,175 Mrd. DM (1982) bzw. 40,920 Mrd. DM (1983). In den nächsten Jahren ist nach dem Finanzplan 1983–1987 eine kontinuierliche Verringerung vorgesehen, von 37,340 Mrd. DM (1984) auf 22,500 Mrd. DM (1987).

Die **Staatsverschuldung** ist 1983 erneut stark angestiegen – wenn auch schwächer als 1982 – und hat, nach Ansicht vieler Fachleute, inzwischen eine bedenkliche Höhe erreicht. Nach Angaben des Statistischen Bundesamts stiegen die *Schulden der öffentlichen Haushalte* 1983 (1982) um 59,018 (71,903) Mrd. DM auf insgesamt 664,979 (605,962) Mrd. DM (ohne Schulden bei Verwaltungen); davon entfielen (in Mrd. DM) auf den Bund 341,636 (308,477), die Länder 209,991 (187,185), die Gemeinden und Gemeindeverbände (ohne Eigenbetriebe) 99,931 (97,246), Zweckverbände 7,829 (7,828), ERP-Sondervermögen 5,592 (5,226). Nicht enthalten sind hierin die Schulden von Bundesbahn und Bundespost. – Der Bund nahm 1983 77,6 (1982: 81,9) Mrd. DM brutto an Krediten auf und tilgte 44,8 Mrd. DM. Die Kreditaufnahme erfolgte zu 55% über die Emission von Wertpapieren, zu 45% durch direkte Schuldenaufnahme, im einzelnen u. a.

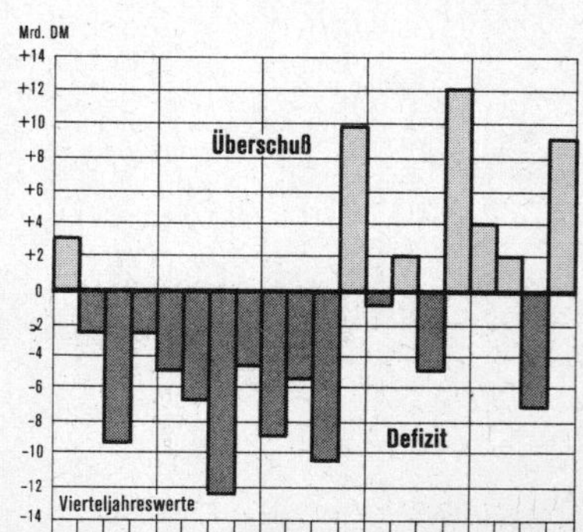


**Die Leistungsbilanz der BR Deutschland 1979–1983**
(Nach »Wirtschaft und Statistik« 1984/2)

# BUNDESHAUSHALT 1982/1983/1984

## Die Veränderungen der Haushalte 1982–1984 (jeweils Haushaltssoll)

(n. Ang. d. BMF Mitte 1984)

| *Einzelplan* (n. Ang. d. BMF Mitte 1984) | *Ausgaben* Soll 1982 Mill. DM | Soll 1983 Mill. DM | Veränderung in % | Soll 1984 Mill. DM | Veränderung in % |
|---|---|---|---|---|---|
| 01 Bundespräsident | 15,7 | 15,7 | ± 0,0 | 17,1 | + 9,0 |
| 02 Bundestag | 364,5 | 385,2 | + 5,7 | 390,7 | + 1,4 |
| 03 Bundesrat | 10,0 | 10,2 | + 2,0 | 10,4 | + 2,0 |
| 04 Bundeskanzleramt | 415,6 | 443,5 | + 6,7 | 463,0 | + 4,4 |
| 05 Auswärtiges Amt | 2305,5 | 2315,2 | + 0,4 | 2319,8 | + 0,2 |
| 06 Inneres | 3497,9 | 3559,8 | + 1,8 | 3563,6 | + 0,1 |
| 07 Justiz | 360,6 | 366,2 | + 1,6 | 370,5 | + 1,2 |
| 08 Finanzen | 3455,2 | 3653,5 | + 5,7 | 3849,4 | + 5,4 |
| 09 Wirtschaft | 4615,7 | 4205,5 | – 8,9 | 5623,7 | +33,7 |
| 10 Ernährung, Landwirtschaft u. Forsten | 6097,7 | 5948,8 | – 2,4 | 6104,4 | + 2,6 |
| 11 Arbeit und Sozialordnung | 59722,0 | 58887,8 | – 1,4 | 59454,4 | + 1,0 |
| 12 Verkehr | 24775,0 | 24849,7 | + 0,3 | 24651,5 | – 0,8 |
| 13 Post- und Fernmeldewesen | 16,2 | 12,2 | –24,7 | 9,9 | –18,9 |
| 14 Verteidigung | 44061,3 | 46733,9 | + 6,1 | 47846,0 | + 2,4 |
| 15 Jugend, Familie und Gesundheit | 18726,6 | 17246,4 | – 7,9 | 16598,6 | – 3,8 |
| 19 Bundesverfassungsgericht | 12,2 | 12,3 | + 0,8 | 12,5 | + 1,6 |
| 20 Bundesrechnungshof | 41,3 | 42,6 | + 3,1 | 43,1 | – 1,1 |
| 23 Wirtschaftliche Zusammenarbeit | 6030,1 | 6267,2 | + 3,9 | 6417,1 | + 2,4 |
| 25 Raumordnung, Bauwesen u. Städtebau | 5128,3 | 4826,3 | – 5,9 | 5301,1 | + 9,8 |
| 27 Innerdeutsche Beziehungen | 439,3 | 458,3 | + 4,3 | 595,2 | +29,9 |
| 30 Forschung und Technologie | 7078,5 | 6918,8 | – 2,3 | 7048,8 | + 1,9 |
| 31 Bildung und Wissenschaft | 4494,1 | 4602,8 | + 2,4 | 4003,4 | –13,0 |
| 32 Bundesschuld | 25250,0 | 30733,3 | +21,7 | 32718,9 | + 6,5 |
| 33 Versorgung | 10214,4 | 10522,8 | + 3,0 | 10265,5 | – 2,4 |
| 35 Verteidigungslasten | 1463,8 | 1546,9 | + 5,7 | 1618,8 | + 4,6 |
| 36 Zivile Verteidigung | 767,1 | 796,5 | + 3,8 | 808,4 | + 1,5 |
| 60 Allgemeine Finanzverwaltung | 17264,7 | 17843,7 | + 3,4 | 17037,1 | – 4,5 |
| *Bundeshaushalt insgesamt* | 246627,5* | 253205,0* | + 2,7 | 257143,0* | + 1,6 |

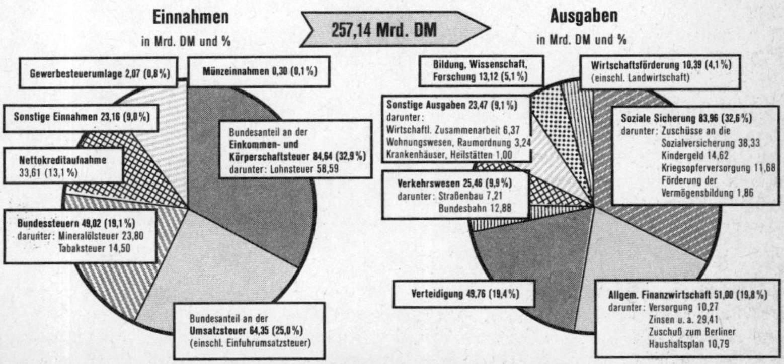


**Der Staatshaushalt der BR Deutschland 1984**
(Nach Angaben des Bundesfinanzministeriums)

**Steuereinnahmen von Bund, Ländern und Gemeinden sowie Lastenausgleichsfonds**
1981, 1982 und 1983 nach Angaben des Bundesfinanzministeriums

| *Steuerart* | *in Mill. DM* 1981 | 1982 | *Veränd. geg. '81 in %* | *in Mill. DM (Schätzung)* 1983 | *Veränd. geg. '82 in %* |
|---|---|---|---|---|---|
| *Gemeinschaftliche Steuern* | | | | | |
| 1. Lohnsteuer | 116558,7 | 123406,7 | +5,9 | 130600 | +5,8 |
| 2. Veranlagte Einkommensteuer | 32927,7 | 30602,3 | −7,1 | 29000 | −5,2 |
| 3. Nichtveranlagte Steuern vom Ertrag | 4630,2 | 4703,3 | +1,6 | 4900 | +4,2 |
| 4. Körperschaftsteuer | 20162,3 | 21457,8 | +6,4 | 22000 | +2,5 |
| 5. Umsatzsteuer (MWST) | 54296,9 | 53732,4 | −1,0 | 59200 | +10,2 |
| 6. Einfuhrumsatzsteuer | 43491,9 | 43984,7 | +1,1 | 45000 | +2,3 |
| *Bundessteuern* | | | | | |
| 7. Ergänzungsabgabe | 42,6 | 39,3 | −7,6 | 20 | −49,1 |
| 8. Straßengüterverkehrssteuer | • | −1,4 | • | • | • |
| 9. Zölle | 4943,2 | 4727,2 | −4,4 | 4700 | −0,6 |
| 10. Tabaksteuer | 11252,7 | 12208,4 | +8,5 | 13800 | +13,0 |
| 11. Kaffeesteuer | 1547,5 | 1538,5 | −0,6 | 1550 | +0,7 |
| 12. Zuckersteuer | 140,3 | 143,5 | +2,3 | 146 | +1,7 |
| 13. Branntweinabgaben | 4480,2 | 4280,6 | −4,5 | 4300 | +0,5 |
| 14. Mineralölsteuer | 22179,7 | 22835,3 | +3,0 | 23300 | +2,0 |
| 15. Kapitalverkehrssteuern | 393,2 | 508,6 | +29,3 | 655 | +28,8 |
| 16. Versicherungsteuer | 1923,9 | 2038,4 | +6,0 | 2250 | +10,4 |
| 17. Wechselsteuer | 374,3 | 386,0 | +3,1 | 405 | +4,9 |
| 18. Sonstige Bundessteuern | 799,2 | 861,7 | +7,8 | 904 | +4,9 |
| *Ländersteuern* | | | | | |
| 19. Vermögensteuer | 4686,7 | 4982,1 | +6,3 | 5000 | +0,4 |
| 20. Kraftfahrzeugsteuer | 6593,1 | 6689,0 | +1,5 | 6950 | +3,9 |
| 21. Biersteuer | 1288,8 | 1292,2 | +0,3 | 1300 | +0,6 |
| 22. Sonstige Ländersteuern | 3788,4 | 4038,6 | +6,6 | 4740 | +17,4 |
| *Gemeindesteuern* | | | | | |
| 23. Gewerbesteuer E und K | 26047,0 | 26102,8 | +0,2 | 26100 | −0,0 |
| 24. Lohnsummensteuer | 21,7 | • | • | • | • |
| 25. Grundsteuer A | 416,0 | 419,3 | +0,8 | 420 | +0,2 |
| 26. Grundsteuer B | 5560,8 | 5887,9 | +5,9 | 6250 | +6,1 |
| 27. Sonstige Gemeindesteuern | 1772,6 | 1835,2 | +3,5 | 1410 | −23,2 |
| *Lastenausgleichsabgaben* | | | | | |
| 28. Vermögensabgabe | 3,3 | 2,2 | −31,7 | 0 | • |
| 29. Hypotheken- u. Kreditgewinnabgabe | −3,4 | −0,8 | • | 0 | • |
| *Steuereinnahmen insgesamt* | 370319,3 | 378701,7 | +2,3 | 394900 | +4,3 |

Die Statistik der **Steuereinnahmen** ergab für 1983 (1982) in Mrd. DM: Einnahmen des Bundes 189,700 (183,106) – der Länder 138,000 (131,858) – der EG (Anteile an Zöllen und Mehrwertsteuer) 13,600 (12,585) – der Gemeinden 53,600 (51,152) – Die gesamten Steuereinnahmen stiegen 1981–1982 um 2,3%, 1982–1983 um 4,3% auf (1983) 394,900 Mrd. DM (vorläufiger Wert). – Die sog. *volkswirtschaftliche Steuerquote* = Steueranteil am BSP, sank 1983 (1982) leicht auf 23,6 (23,7)%. Dagegen stieg die **Abgabenquote** (Steuern und Sozialbeiträge in % des BSP) auf 42,6 (42,5) %.

in Mrd. DM: Anleihen 14,4 – Bundesobligationen 13.0 – Schatzanweisungen 7,2 – Kassenobligationen 4,6 – Bundesschatzbriefe 3,8 – Verschuldung bei inländischen Banken und Sparkassen 15,7 – bei ausländischen Gläubigern 18,2

Die **Leistungsbilanz** der BR Dtld. im Verhältnis zum Ausland entwickelte sich 1983 nach Angaben der Deutschen Bundesbank wieder sehr günstig. In den Jahren 1979–1981 war ein Defizit von insgesamt 52,8 Mrd. DM aufgelaufen. 1982 konnte wieder ein positives Ergebnis erwirtschaftet werden (+8,663 Mrd. DM), das sich 1983 auf 10,060 Mrd. DM steigerte. Die Hauptkomponente der Leistungsbilanz war der **Außenhandelsüberschuß** von 41,981 Mrd. DM, während die **Dienstleistungsbilanz** (–10,299 Mrd. DM, insbesondere Reiseverkehr, Transportleistungen, Kapitalerträge usw.) und die **Übertragungsbilanz** (–26,549 Mrd. DM, insbesondere Gastarbeiterüberweisungen, Zuwendungen an Entwicklungsländer, Zahlungen an internationale Organisationen usw.) negative Ergebnisse erbrachten.

Die **Währungsreserven** der Bundesbank veränderten sich 1983 nur wenig und betrugen unter Berücksichtigung von Neubewertungen gegenüber dem US-$ zum Jahresende 1983 (1982) 81,554 (84,483) Mrd. DM, darunter Goldbestände 13,688 (13,688) Mrd. DM, Devisen und Sorten 37,819 (38,981) Mrd. DM. Die *Netto-Auslandsposition* der Bundesbank wurde Ende 1983 (1982) mit 69,908 (71,552) Mrd. DM angegeben.

Der **Außenwert der DM,** der sich 1982 um 8,3% erhöht hatte (gegenüber den 23 wichtigsten Handelspartnern), stieg 1983 nur noch geringfügig an. Dies liegt insbesondere am Kursrückgang gegenüber dem sehr starken US-$, der sich auf –13% belief. Kursverbesserungen ergaben sich hauptsächlich gegenüber europäischen Währungen (insbesondere franz. Fr., engl. £ und ital. Lira).

Das **Geldvolumen** in der *BR Deutschland* stieg von 830,957 Mrd. DM (Ende 1982) auf 874,843 Mrd. DM (Ende 1983); davon entfielen 1983 (1982) in Mrd. DM auf Spareinlagen 359,479 (328,757) – Termingelder 219,569 (229,153) – Sichteinlagen 199,367 (184,406) – Bargeldumlauf 96,428 (88,641)

Das **Vermögen** der veranlagten Vermögensteuerpflichtigen wird nach der 1984 veröffentlichten Vermögensteuerstatistik 1980 mit 730,830 Mrd. DM (Inlandsvermögen) angegeben, darunter 491,200 Mrd. DM Betriebsvermögen und 124,144 Mrd. DM inländisches Grundvermögen. Das gesamte **Privatvermögen** (Vermögen der privaten Haushalte) der BR Dtld. wird für 1983 auf rd. 8,4 Bill. (=8400 Mrd.) DM geschätzt, davon rd. 3 Bill. DM Renten- und Pensionsansprüche, 2,699 Bill. DM Haus- und Grundbesitz, 1,550 Bill. DM Geldvermögen, 602 Mrd. DM Sach- und 512 Mrd. DM Betriebsvermögen. – Derartige Schätzungen können stark voneinander abweichen, je nachdem auf welcher Basis Grundbesitz bewertet wird und ob Ansprüche (z. B. gegenüber Versicherungen) einbezogen werden. – Die *Spareinlagen* bei Kreditinstituten beliefen sich Ende 1983 (1982) auf eine Summe von 548,4 (518,2) Mrd. DM.

Das **Einkommen** aus beruflicher Tätigkeit (nichtselbständige Arbeit) eines 4-Personen-Arbeitnehmerhaushalts mit mittlerem Einkommen stieg 1983 (1982) um 4,0% auf brutto 3519 (3384) DM pro Monat im Durchschnitt. Nach Zurechnung von sonstigen Einkünften (z. B. Sparzinsen, Vermietung) ergab sich ein durchschnittliches *Haushaltsbruttoeinkommen* von 4178 (3994) DM. Nach Abzug von Steuern und Sozialversicherungsbeiträgen blieben als *Haushaltsnettoeinkommen* 3195 (3051) DM. Für den *privaten Verbrauch* wurden davon 2837 (2691) DM ausgegeben, davon u. a. für Nahrungs- und Genußmittel 740 (724) – Wohnungsmiete u. ä. 492 (445) – Verkehrszwecke und Nachrichtenübermittlung (u. a. PKW, Telefon) 450 (409) – Bildung und Unterhaltung 247 (238) – Kleidung und Schuhe 229 (228) – Elektrizität und Heizung 189 (189) – Körper- und Gesundheitspflege 97 (89)

Die **Lebenshaltungskosten** für Privathaushalte (Verbraucherpreise) stiegen 1983 relativ wenig; sie lagen um 3,0% (1982: 5,3%) über dem Vorjahresniveau; überdurchschnittlich stiegen 1983 die Preise für Wohnungsmiete (+4,6%) – Bildung und Unterhaltung (+4,2%) – Körper- und Gesundheitspflege (+3,7%) – unterdurchschnittlich stiegen z. B. Nahrungs- und Genußmittel (+1,7%) – Auto und Verkehr (+2,1%) – Kleidung und Schuhe (+2,7%) – Elektrizität und Heizung nahm sogar um 0,3% ab.

Die Höhe der **staatlichen Subventionen** (Finanzhilfen und Steuervergünstigungen des Bundes) stieg nach dem »9. Subventionsbericht der Bundesregierung« 1983 auf 28,583 (1982: 27,187) Mrd. DM, davon 13,653 Mrd. DM Finanzhilfen und 14,930 Mrd. DM Steuervergünstigungen. Für 1984 sind 29,078 Mrd. DM vorgesehen. Von der Gesamtsumme entfielen 1983 53,9% auf private Haushalte – darunter für Wohnungswesen 22,9% und für Sparförderung und Vermögensbildung 14,1% – und 46,1% auf die Wirtschaft – darunter gewerbliche Wirtschaft 33,5% und Landwirtschaft 9,0% – Beispiele für Subventionen 1983 in Mrd. DM: regionale Strukturförderung 4,573 – Ernährung, Landwirtschaft und Forsten 2,582 – Verkehr 1,958 – Bergbau 1,356 – Energie- und Rohstoffversorgung 0,543 – Innovationsförderung 0,527

Die **Sozialleistungen** erreichten nach dem »Sozialbericht 1983« der Bundesregierung 1983 eine Höhe von 537,2 Mrd. DM. Die Sozialleistungsquote, d. h. das Verhältnis aller Sozialleistungen zum BSP, betrug 32,3%. 1982 wurden pro Einwohner 8501 DM an Sozialleistungen ausgegeben, davon 2714 DM für die Gesundheit. – Von den Sozialleistungen des Jahres 1982 in Höhe von 532,525 Mrd. DM entfielen u.a. auf (in Mrd. DM): Rentenversicherung der Arbeiter 88,479 – Rentenversicherung der Angestellten 67,292 – Knappschaftliche Rentenversicherung 14,583 – gesetzliche Krankenversicherung 98,687 – gesetzliche Unfallversicherung 11,205 – Arbeitsförderung (Leistungen der Bundesanstalt für Arbeit) 38,666 – Kindergeld 16,898 – Beamtenpensionen 37,234 – Beihilfen nach dem Beamtenrecht 6,553 – Arbeitgeberlohnfortzahlung 29,570 – betriebliche Altersversorgung 9,070 – Kriegsopferversorgung 14,087 – Lastenausgleich 1,584 – Wiedergutmachung 2,231 – Sozialhilfe 15,773 – Ausbildungsförderung 3,158 – Wohngeld 2,715 – öffentlicher Gesundheitsdienst 1,714 – Vermögensbildung 12,430 – Steuerermäßigungen 40,297

Die gesetzliche **Rentenversicherung** umfaßte 1982 rd. 30,34 Mill. Versicherte; davon entfielen auf die Rentenversicherung der Arbeiter 16,577 Mill. und der Angestellten 13,373 Mill.; hinzu kommt die Knappschaft mit 278 Tsd. Versicherten. Der Bestand an laufenden Renten betrug 1982: Arbeiter 8,625 Mill., Angestellte 4,114, Knappschaft 0,726 Mill.

Die Zahl der **Sozialhilfeempfänger** betrug 1982 (1981) 2,320 (2,083) Mill., davon 0,964 Mill. Männer und 1,355 Mill. Frauen; die Zahl der Ausländer wuchs auf 204 (174) Tsd. – Die *Ausgaben für Sozialhilfe* stiegen 1982 (1981) auf 16,329 (14,783) Mrd. DM, davon u.a. 6,028 Mrd. DM Pflegehilfe und 3,385 Mrd. DM Eingliederungshilfe für Behinderte.

Die gesetzliche **Krankenversicherung** hatte im Aug. 1983 35,659 Mill. Mitglieder, davon in Mill. Pflichtmitglieder 20,611 – freiwillig Versicherte 4,580 – Rentner 10,468. Der Krankenstand der Pflichtmitglieder betrug 3,7%; er ist in den letzten Jahren laufend gesunken, u.a. im Jahresdurchschnitt von 5,7% (1980) über 5,3% (1981) auf 4,6% (1982).

Die Zahl der **Ärzte** betrug Ende 1982 146200 (nur praktizierende). Die *Arztversorgung* verbesserte sich erneut; 1983 (1982) entfiel ein Arzt auf 421 (432) Einwohner. 44% der Ärzte arbeiteten in freier Praxis, 47% in Krankenhäusern, der Rest in Forschung und Verwaltung. 46,7% der Ärzte waren als »Ärzte mit Gebietsbezeichnung« (Fachärzte) tätig, davon 1982 u.a.: Allgemeine Medizin 76061 – Innere Medizin 17122 – Frauenheilkunde 7615 – Chirurgie 6464 – Kinderheilkunde 5164 – Nervenheilkunde 4900 – Anästhesie 3794 – Augenheilkunde 3437 – Orthopädie 2989 – Hals-, Nasen-, Ohrenheilkunde 2962 – Radiologie 2882 – Dermatologie 2152 – Urologie 2040 – Die Zahl der **Zahnärzte** stieg auf 33700 (Anf. 1983), d.h. je einer für 1827 Einwohner. – Die Zahl der berufstätigen **Tierärzte** betrug 9633, darunter 5588 in freier Praxis. – An weiteren Berufen des **Gesundheitswesens** zählte das Statistische Bundesamt Anf. 1982 u.a.: 200351 Krankenschwestern und -pfleger, 43939 Krankenpflegehelfer, 32850 mediz.-techn. Assistenten, 25814 Kinderkrankenschwestern, 15538 Masseure und mediz. Bademeister, 7139 Heilpraktiker, 5657 Hebammen.

Die Zahl der **Apotheken** betrug Ende 1982 16865, in denen 29800 Apotheker beschäftigt waren. – Anf. 1982 gab es 3206 **Krankenhäuser** mit insgesamt 702834 planmäßigen Betten. 1981 wurden darin 11,575 Mill. Patienten stationär behandelt. Die durchschnittliche Verweildauer betrug 19,4 Tage. Die Krankenhäuser beschäftigten 780631 Personen, davon 74890 Ärzte und 361693 Pflegepersonen.

Für **Bildung** haben Bund, Länder und Gemeinden 1983 rd. 85 Mrd. DM ausgegeben. Für **Forschung** wurden 1983 insgesamt ca. 46,8 Mrd. DM aufgebracht, davon von den Ländern 7,7, vom Bund 12,1 und von der Wirtschaft 26,3 Mrd. DM. An Ausgaben für Forschung und Entwicklung wiesen die Wirtschaft 31,6, die Universitäten 7,7 und außeruniversitäre Forschungseinrichtungen 6,7 Mrd. DM nach. Das in Forschung und Entwicklung tätige Personal erhöhte sich auf 371500 (1982). Im internationalen Vergleich nimmt die BR Deutschland eine Spitzenstellung ein. Der *Anteil der Forschungsausgaben* am Bruttoinlandsprodukt betrug 2,5% (USA 2,5% – Japan 2,4% – Großbritannien 2,4% – Frankreich 2,0%).

Die Zahl der **Schüler** an allgemeinbildenden Schulen sank im Schuljahr 1983/84 auf rd. 8,0 Mill. (–5,1% gegenüber dem Vorjahr), davon entfielen 4,2 Mill. auf Grund- und Hauptschulen. 8,6% der Schüler waren 1982/83 Ausländer, davon 52,6% Türken.

Die Zahl der **Auszubildenden** (Lehrlinge) betrug Anf. 1984 1,722 Mill., davon 39,3% Mädchen. Die Zahl stieg gegenüber 1983 um 2,7% und erreichte den bisher höchsten Wert. Insgesamt wurden 1983 701000 Ausbildungsverträge neu abgeschlossen. Trotzdem blieben rd. 30000 Lehrstellenbewerber erfolglos, während andererseits ca. 20000 Lehrstellen unbesetzt blieben.

Die Zahl der **Studenten** stieg im Wintersemester 1983/84 auf 1,273 Mill., darunter 37,9% weibliche. Die Zahl der ausländischen Studenten betrug 69,6 Tsd. Von der Gesamtzahl entfielen auf Universitäten 873200 – Fachhochschulen 241600 – Gesamthochschulen 82800 – Verwaltungsfachhochschulen 34500 – Kunsthochschulen 20400 – Pädagogische Hochschulen 17600 – Theologische Hochschulen 3000 – Nach Fächergruppen dominierten (in Tsd.): Wirtschafts- und Gesellschaftswissenschaften 340,1 – Sprach- und Kulturwissenschaften 273,5 – Ingenieurwissenschaften 252,8 – Mathematik und Naturwissenschaften 193,5 – Humanmedizin 91,1 – Kunst- und Kunstwissenschaften 60,9 – Agrar-, Forst- und Ernährungswissenschaften 33,2

Die seit 1973 jährlich zu beobachtende Zunahme der **Kriminalität** setzte sich auch 1983 fort, allerdings mit der bisher geringsten Zuwachsrate. Die Gesamtzahl der erfaßten **Straftaten** erhöhte sich gegenüber 1982 um 1,2% auf 4345107 Fälle (nach der polizeilichen Kriminalstatistik der Innenminister des Bundes und der Länder). Die Zahl der *Straftaten pro 100000 Einwohner,* die 1963 2914, 1973 4131 und 1980 6198 betragen hatte, erhöhte sich 1983 (1982) auf 7074 (6963) Fälle. Besonders starke Zunahmen wurden 1983 bei schwerem Diebstahl, Sachbeschädigung und Betrug registriert, während die Fälle von Körperverletzung, Raub, Mord und Totschlag zurückgingen. Die wichtigsten erfaßten Straftaten waren:

| *Straftaten(gruppe)* | *Fälle 1983* | *% 1983* | *(1982)* |
|---|---|---|---|
| Diebstahl unter erschwerenden Umständen | 1595171 | 36,7 | (36,1) |
| Diebstahl ohne erschwerende Umstände | 1189760 | 27,4 | (28,6) |
| Sachbeschädigung | 359264 | 8,3 | (8,0) |
| Betrug | 341334 | 7,9 | (7,5) |
| (Vorsätzliche leichte) Körperverletzung | 115471 | 2,7 | (2,6) |
| Widerstand gegen die Staatsgewalt und Straftaten gegen die öffentliche Ordnung | 75656 | 1,7 | (1,7) |
| Gefährliche und schwere Körperverletzung sowie Vergiftung | 66057 | 1,5 | (1,6) |
| Beleidigung | 65735 | 1,5 | (1,5) |
| Rauschgiftdelikte | 63742 | 1,5 | (1,5) |
| Straftaten gegen die persönliche Freiheit | 51564 | 1,2 | (1,2) |
| Unterschlagung | 45353 | 1,0 | (1,0) |
| Straftaten gegen die sexuelle Selbstbestimmung | 42605 | 1,0 | (1,0) |
| Urkundenfälschung | 39608 | 0,9 | (1,0) |
| Raub, räuberische Erpressung und räuberischer Angriff auf Kraftfahrer | 29561 | 0,7 | (0,7) |
| Begünstigung, Strafvereitelung und Hehlerei | 29271 | 0,7 | (0,7) |
| Brandstiftung | 19602 | 0,5 | (0,5) |
| sonstige Straftaten | 215353 | 5,0 | (4,9) |
| darunter: Mord und Totschlag | 2730 | 0,1 | (0,1) |

Aufgeklärt wurden 1983 1958677 Fälle, so daß die *Aufklärungsquote* auf 45,1% (1982: 45,6%) zurückging; sie war in den verschiedenen Bereichen wiederum sehr unterschiedlich, so z. B. bei Mord und Totschlag 95,1% – Betrug 94,6% – gefährliche Körperverletzung 84,9% – Vergewaltigung 69,1% – Raub 49,8% – vorsätzliche Brandstiftung 39,6% – Diebstahl insges. 29,0% – Sachbeschädigung 24,2% – Taschendiebstahl 11,7% – Fahrraddiebstahl 10,8%

## BERLIN (West)

Die **Bevölkerungszahl** verringerte sich 1983 weiter: sie betrug im Jahresdurchschnitt 1982 (1981) 1,879 (1,892) Mill. und sank bis 1.1.1984 auf 1854502, davon 847480 männlich und 1007022 weiblich. Nach einer Schätzung der Verwaltung liegt allerdings die »echte« Bevölkerungszahl um rd. 102000 Personen höher, da die »amtliche« Zahl eine beträchtliche Untererfassung aufweist (z. B. durch unechte Zweitwohnsitzler, Fortschreibungsfehler seit der letzten Volkszählung von 1970, nicht gemeldete Zuzüge usw.).

Die **Einwohner** verteilten sich am 1.1.1984 folgendermaßen auf die Bezirke:

| | |
|---|---|
| Neukölln | 273124 |
| Reinickendorf | 229193 |
| Spandau | 192186 |
| Steglitz | 166207 |
| Tempelhof | 160773 |
| Charlottenburg | 147258 |
| Schöneberg | 136900 |
| Wedding | 135011 |
| Wilmersdorf | 130103 |
| Kreuzberg | 128790 |
| Zehlendorf | 83123 |
| Tiergarten | 71834 |

Der *Altersaufbau* der Bevölkerung blieb relativ ungünstig. Rd. 370000 (= 19,9%) waren 65 Jahre und älter, nur 256000 (= 13,8%) unter 15. Der *Ausländeranteil* war in absoluten Zahlen wieder der höchste aller deutschen Großstädte und relativ der höchste aller Bundesländer (rd. 125 pro 1000 Einwohner), allerdings stieg er 1983 kaum mehr an. Nach einer berichtigten Zählung des Deutschen Instituts für Wirtschaftsforschung/DIW betrug die Bevölkerung am Jahresende 1983 (1982) 1956000 (1972000), davon 245000 (248000) Ausländer (davon fast 50% Türken). – Die *Bevölkerungsveränderung* ergab 1983 (1982) eine Abnahme der Deutschen um 16000 (19085) bei einer Zunahme der Ausländer um 1000 (6114). Der *Sterbeüberschuß* betrug 15000 (15866), und zwar 18500 (19765) bei den Deutschen bei einem Geburtenüberschuß von 3500 (3899) bei den Ausländern. Die Zahl der Geburten sank leicht auf 18000 (18662) – 14100 (14400) deutsche und 3900 (4262) ausländische. Die Zahl der Gestorbenen verringerte sich auch leicht auf 33000 (34528). – 1806 Personen erhielten 1983 durch *Einbürgerung* die deutsche Staatsangehörigkeit.

Für die Berliner **Wirtschaft** brachte 1983 eine deutliche Belebung; sowohl im produzierenden Gewerbe als auch im Handel nahm die Leistung seit dem Frühjahr zu. Insgesamt konnte ein um rd. 3,5% erhöhtes *Bruttosozialprodukt* erwirtschaftet werden. Hiermit wurde eine günstigere wirtschaftliche Entwicklung erreicht als im gesamten Bundesgebiet. Im Zusammenhang damit konnte auch der *Arbeitsplatzabbau* gebremst werden. Im Jahresdurchschnitt 1983 lag die Zahl der Erwerbstätigen bei 833000, d.h. rd. 1,3% weniger als 1982. Allerdings muß hier die relativ starke Aufstockung des öffentlichen Dienstes um rd. 2000 Personen berücksichtigt werden. Im Bereich der privaten Wirtschaft ging die Zahl der *Arbeitsplätze* um rd. 2,5% zurück. In der Industrie war die Lage mit einem Rückgang der Beschäftigung um 4,9% noch ungünstiger als im Bundesgebiet mit –4,2%. im Febr. 1984 betrug im *verarbeitenden Gewerbe* (Industrie und Handwerk) die Zahl der Betriebe 1028 mit 156704 Beschäftigten.
Am 19./20.7.1984 fand auf Einladung von Bundeskanzler *Kohl* und des Reg. Bürgermeisters *Diepgen* die *»Wirtschaftskonferenz Berlin 1984«* statt. Mit führenden Vertretern aus Wirtschaft, Gewerkschaften und Politik wurde über Möglichkeiten beraten, die Berliner Wirtschaftsstruktur zu verbessern und insbesondere neue Arbeitsplätze zu schaffen. Die Erfolge der entsprechenden Konferenz von 1982 sind strittig. Per Saldo wurden 1983 mehr Arbeitsplätze abgebaut als – aufgrund der damals gegebenen Zusagen – neu geschaffen.
Die Zahl der **Arbeitslosen** stieg im Jahresdurchschnitt von 46472 (1981) über 69488 (1982) auf rd. 84000 (1983), wobei sich die Zunahme gegen Ende 1983 stark abschwächte. Die Arbeitslosenquote betrug 1983 (1982) im Durchschnitt 10,4% (8,7%). Besonders betroffen waren Ausländer, deren Arbeitslosenquote um etwa ½ höher lag als bei den Deutschen. Auch bei den Jugendlichen lag mit einer Quote von 12,3% die Arbeitslosigkeit besonders hoch. – Der **Preisindex der Lebenshaltung** stieg 1983 (1982) um 3,3 (5,8)%.
Der **Berliner Landeshaushalt** erhöhte sich 1984 (1983) auf 19,5 (20,1) Mrd. DM. Die Finanzhilfe des Bundes **(Bundeszuschuß)** deckte mit fast 11 Mrd. DM mehr als die Hälfte des Berliner Etats. Die Finanzhilfen des Landes Berlin (**Subventionen** in Form von Geldleistungen und Einnahmeverzichten) beliefen sich 1983 auf 7,151 Mrd. DM.
Die **Bautätigkeit** war 1983 wieder sehr rege. Die Zahl von rd. 8300 neugebauten Wohnungen (1982) wurde um rd. 8% übertroffen. Die Zahl der *Baugenehmigungen* stieg um 22,5% auf 3957 Hochbauvorhaben, darunter 2187 Wohngebäude mit 11048 Wohnungen.
Im **Fremdenverkehr** stieg die Zahl der *Gäste* 1983 (1982) auf 1,548 (1,407) Mill., die Zahl der Übernachtungen auf 4,233 (3,963) Mill.
Im Rahmen des **Außenhandels** der gesamten BR Deutschland exportierte Berlin (West) 1983 (1982) Waren für 7,18 (6,59) Mrd. DM. 41% des Exports entfielen auf die EG-Länder. Die wichtigsten Ausfuhrgüter waren elektrotechnische Erzeugnisse (rd. ⅓), Maschinen und pharmazeutische Erzeugnisse. Der *Handel zwischen Berlin und dem übrigen Bundesgebiet* bestand 1983 aus Lieferungen Berlins im Wert von 32,839 Mrd. DM und Bezügen der Stadt von 25,408 Mrd. DM. – Der *Warenverkehr mit der DDR* (einschl. Berlin-Ost) ergab 1983 (1982) Lieferungen für 502,5 (333,7) Mill. DM und Bezüge in Höhe von 1,97 (2,05) Mrd. DM. Die Berliner Regierung bemüht sich intensiv um eine ausgeglichenere Handelsbilanz mit der DDR.
Der Bestand an **Kraftfahrzeugen** belief sich Ende 1983 auf 630264; die Zahl der Verkehrsunfälle betrug 1982 76164, wobei 216 Personen getötet und 15636 verletzt wurden.
Die Zahl der **Schüler** an allgemeinbildenden Schulen sank 1983 (1.10.) gegenüber dem Vorjahr um 4,8% auf 213665 an 515 Schulen. Auch die Zahl der ausländischen Schüler nahm – erstmals seit 1968 – ab (um 1,8% auf 40768). Trotzdem erhöhte sich der Anteil der nichtdeutschen Schüler auf 19,1%.

# 3. DEUTSCHE DEMOKRATISCHE REPUBLIK mit BERLIN (OST) – [DDR]

## a) Aktuelle Chronik

Im Berichtszeitraum vervielfachen sich die **außenpolitischen Kontakte** mit westlichen Industriestaaten: Die Eröffnung von Kulturzentren in Paris (12. 12. **1983**) u. Ost-Berlin (27. 1. **1984**) in Gegenwart beider Außenminister, *Claude Cheysson* und *Oskar Fischer*, der Besuch des kanad. Premiermin. *Pierre Elliot Trudeau* (31. 1.–2. 2.), ein Konsularvertrag mit Belgien (in Kraft 15. 4.), der Besuch des schwed. MinPräs *Olof Palme* (ab 29. 6.), der Empfang *Oskar Fischers* bei *Königin Beatrix* (3. 7.), der Besuch des griech. MinPräs *Andreas Papandreou* (4.–6. 7.; mehrere Abkommen unterzeichnet) und der des ital. MinPräs *Bettino Craxi* (9.–10. 7.). Darüber hinaus werden mit der VR China zahlreiche Abkommen für wissenschaftliche, technische und kulturelle Zusammenarbeit abgeschlossen.

**Innenpolitisch** *(→ auch Sp. 521)* ist die VIII. Tagung des ZK der SED am 24. 5. in Berlin (Ost) wichtig, da sie 4 Kandidaten neu ins Politbüro wählt. Auf der IX. Tagung der Volkskammer werden am 15. 6. zwei Stellv. Staatsratsvorsitzende berufen, womit die SED im 27köpfigen Staatsrat ihre Position weiter verstärkt *(zu den Personen → unten).*

## b) Der souveräne Staat / Strukturdaten

**Fläche** (99): 108333 km$^2$ (ohne O-Berlin 107778 km$^2$) – **Einwohner** (43): 16702306 (31. 12. 1982, ohne O-Berlin 15529278; Z 1971 m. O-Berlin 16706831) = 154,2 je km$^2$ (einschl. O-Berlin: 46,7% männl., 53,3% weibl. Geschlechts) – **Städt. B.**: 77 / 0,2 / 17 – **G:** 73 / 12 / <1 / 520 / .. / 144 – **S:** .. / 96 / 88 / 30 – **Jährl. Bevölkerungswachstum:** (1970–1981) –0,2% (1983: 14,0 / 13,4)

**Bevölkerung:** Deutsche; kleine sorbische Minderheit (Wenden: 40000–60000, S) in der Lausitz u. im Spreewald mit gewissen Autonomierechten – **Religion:** 1983 7,7 Mill. Angehörige der evangel. Landeskirchen, 1,2 Mill. röm. Katholiken, 200000 Angehörige von Freikirchen. Etwa 700 Juden, über die Hälfte in Berlin (Ost)

**Flagge:** schwarz-rot(mit Wappen: Ährenkranz, Hammer u. Zirkel)-gold (waagerecht) – **Nationalfeiertag:** 7. 10. – **U:** Gründung der DDR am 7. 10. 1949

**Regierungsform:** »Sozialistischer Staat« n. d. Verfassung v. 1968, in der nach den Änderungen vom 7. 10. 1974 die Wiedervereinigungsabsicht nicht mehr genannt ist. – Parlament aus 1 Kammer (»Volkskammer«; Präs. Horst Sindermann, SED); Verteilung der 500 Sitze nach einem festen Schlüssel: SED 127 Sitze, die von ihr gelenkten Massen-Organis. 165 (FDGB 68, DFD 35, FDJ 40, Kulturbund 22), CDU, DBD, LDPD und NDPD je 52 Sitze; die 66 (neuerdings direkt) gewählten Vertreter O-Berlins haben volles Stimmrecht – Wahlrecht und wählbar alle Bürger ab 18 Jahren – Legislaturperiode 5 Jahre – Wahlen v. Juni 1981: für die Kandidaten der »Nationalen Front der DDR« (Präs.: Prof. Dr. Lothar Kolditz, parteilos, Mitgl. d. Staatsrates): 99,86% der Stimmen – Der **Staatsrat,** ein Organ der Volkskammer, vertritt die DDR völkerrechtlich. Der **Ministerrat** ist als Organ der Volkskammer (Parlament) die Regierung der DDR; sein Vorsitzender wird von der stärksten Fraktion (SED) der Volkskammer vorgeschlagen und, wie die Mitglieder des Ministerrats, von der Volkskammer gewählt. Der Vors. des Ministerrats leitet auch dessen Präsidium – Allgem. Wehrpflicht (Nat. Volksarmee/NVA) – Wehrunterricht i. d. Klassen 9 u. 10 der Polytechn. Oberschule, »Sozialist. Wehrerziehung« in allen Bereichen des Bildungssystems – *Verwaltungsgliederung → Sp. 527/528*

**Staatsrat** (für 5 Jahre von der Volkskammer gewählt) mit 26 Mitgliedern u. einem Sekretär, Vors.: Dr. h. c. Erich Honecker, Stellv.: Dr. M. Gerlach (LDPD), Dr. Ernst Mecklenburg (DBD), G. Götting (CDU), Prof. Dr. H. Homann (NDPD), Egon Krenz, Günter Mittag, Horst Sindermann, Willi Stoph, soweit nicht anders angegeben, alle SED – Sekretär: Heinz Eichler – Leiter d. Kanzlei d. Vors. d. Staatsrates: Staatssekretär Frank Joachim Herrmann, SED – Vors. des Nat. Verteidigungsrates: Erich Honecker (SED)

**Ministerrat** (Stand 1. 7. 1984): **Präsidium:** Vors. Willi Stoph, SED; 1. Stellvertreter: Dipl.-Jur. Werner Krolikowski u. Alfred Neumann, beide SED – Weitere Stellvertreter: Dipl.-Wirtsch. Manfred Flegel, NDPD – Walter Halbritter, SED – Hans-Joachim Heusinger, LDPD – Ernst Höfner, SED – Dipl.-Ing. Günther Kleiber, SED – Dipl.-Wirtsch. Wolfgang Rauchfuß, SED – Dipl.-Wirtsch. Dr. Hans Reichelt, DBD – Dipl.-Ges.-Wiss. Gerhard Schürer, SED – Rudolph Schulze, CDU – Horst Sölle, SED – Dipl.-Wirtsch. Dr. Gerhard Weiss, SED – Dipl.-Wirtsch. Dr. Herbert Weiz, SED – **Ministerrat:** Ing. Otto Arndt, SED, Minister f. Verkehrswesen – Dr. Gerhard Beil, SED,

Staatssekretär im Min. f. Außenhandel – Dr. Manfred Bochmann, SED, Minister für Geologie – Prof. Hans-Joachim Böhme, SED, Minister für Hoch- und Fachschulwesen – Dipl.-Ges.-W. Gerhard Briksa, SED, Minister für Handel und Versorgung – Werner Buschmann, SED, Minister f. Leichtindustrie – Generaloberst Friedrich Dickel, SED, Minister des Innern und zugleich Chef der Deutschen Volkspolizei – Dipl.-Ges.-W. Oskar Fischer, SED – Minister für Auswärtige Angelegenheiten – Dipl.-Wirtsch. Manfred Flegel, NDPD, Vors. d. Staatl. Vertragsgerichts b. Ministerrat – Dr. rer. oec. Rudi Georgi, SED, Minister f. Werkzeug- u. Verarbeitungsmaschinenbau – Prof. Dr. Karl Grünheid, SED, Minister f. Glas- u. Keramikindustrie – Dipl.-Wirtsch. Walter Halbritter, SED, Minister u. Leiter des Amtes für Preise – Dipl.-Jur. Hans-Joachim Heusinger, LDPD, Minister d. Justiz – Dipl-Ges.-Wiss. Ernst Höfner, SED, Minister d. Finanzen – Dipl.-Ges.-W. Hans Joachim Hoffmann, SED, Minister f. Kultur – Armeegeneral Dr. h. c. Heinz Hoffmann, SED, Minister f. Nationale Verteidigung – Dr. h. c. Margot Honecker-Feist, SED, Minister f. Volksbildung – Bauing. Wolfgang Junker, SED, Minister f. Bauwesen – Dipl.-Wirtsch. Horst Kaminsky, SED, Präs. d. Staatsbank – Dipl.-Ing.-Ökonom Rolf Kersten, SED, Minister f. Schwermaschinen- u. Anlagenbau – Dipl.-Ing. Günther Kleiber, SED, Minister f. Allg. Maschinen-, Landmaschinen- u. Fahrzeugbau – Dipl.-Wirtsch. Heinz Klopfer, SED, Staatssekr. in d. Staatl. Plankommission – Dipl.-Ökonom Erhard Krack, SED, Oberbürgermeister v. Ost-Berlin – Agrarökonom Bruno Lietz, SED, Minister für Land-, Forst- u. Nahrungsgüterwirtschaft – Prof. Dr. sc. med. Dr. h. c. Dipl.-Jur. Ludwig Mecklinger, Minister für Gesundheitswesen – Dipl.-Ing. Felix Meier, SED, Minister f. Elektrotechnik u. Elektronik – Armeegeneral Erich Mielke, SED, Minister für Staatssicherheit – Ing. Wolfgang Mitzinger, SED, Minister f. Kohle u. Energie – Dipl.-Wirtsch. Wolfgang Rauchfuß, SED, Minister f. Materialwirtschaft – Dr. Hans Reichelt, DBD, Minister f. Umweltschutz u. Wasserwirtschaft – Hans Sattler, Leiter d. Amtes f. Jugendfragen b. Min.-Rat, Mitgl. d. Zentr. Revisionskommission d. SED – Rudolph Schulze, CDU, Minister f. Post- u. Fernmeldewesen – Dipl.-Ges.-Wiss. Gerhard Schürer, SED, Vors. d. Staatl. Plankommission – Dipl.-Wirtsch. u. Ges.-Wiss. Dr. Kurt Singhuber, SED, Minister f. Erzbergbau, Metallurgie und Kali – Dipl.-Wirtsch. Horst Sölle, SED, Minister für Außenhandel – Dr. Albert Stief, SED, Minister u. Vors. des Komitees d. Arbeiter- u. Bauern-Inspektion – Dr. Udo-Dieter Wange, SED, Minister für Bezirksgeleitete Industrie und Lebensmittelindustrie – Dipl.-Wirtsch. Dr. Gerhard Weiß, SED, Ständ. Vertreter d. DDR im Exekutiv-Komitee d. RGW – Dipl.-Wirtsch. Dr. Herbert Weiz, SED, Minister f. Wissenschaft u. Technik – Dipl.-Chem. Günther Wyschofsky, SED, Minister f. Chemische Industrie – Dr. Wolfgang Gress, SED, Staats-Sekr. d. Staatl. Planungskommission, Mitgl. d. Min.-Rats – Dipl.-Ges.-Wiss. Wolfgang Beyreuther, SED, Staatssekr. f. Arbeit u. Löhne, Mitgl. d. Min.-Rats (die Staatssekretäre f. Berufsbildung, Kirchenfragen, Körperkultur u. Sport sind nicht Mitgl. d. Ministerrats) – Weitere wichtige Ämter: Leiter d. Sekr. d. Ministerrats: Dr. Kurt Kleinert, SED – Leiter d. Presseamtes beim Vors. d. Ministerrates: Kurt Blecha, SED – *Oberstes Gericht:* Präsident: Dr. Heinrich Toeplitz, CDU – *Generalstaatsanwalt:* Dr. Josef Streit, SED – *Vors. d. Bundesvorstandes des FDGB:* Dipl.-Ges.-W. Harry Tisch – *Leiter der Ständigen Vertretung der DDR in der BR Deutschland:* Ewald Moldt/SED

**Parteien:** Seit dem Zusammenschluß von KPD und Ostdeutscher sowie Ostberliner SPD – am 21.6.1946 – zur »Sozialistischen Einheitspartei Deutschlands«/**SED** hat diese in allen Fragen entscheidenden Einfluß. Seit dem IX. Parteitag (Mai 1976) bezeichnet sich die SED als eine »Abteilung der internationalen kommunistischen Bewegung«; in ihrem neuen Statut ist kein Hinweis auf eine einheitliche deutsche Nation vorhanden, sondern klar **festgelegt, daß sich in der DDR durch die Arbeiterklasse die »sozialistische deutsche Nation« entwickle.** Mitgliederstruktur im Mai 1984: 2238283 Mitglieder und Kandidaten (etwa 50000), und zwar 58,1% Arbeiter, 4,7% Genossenschaftsbauern, 22,3% Angehörige der Intelligenz, 8,5% Angestellte. Von den Mitgliedern und Kandidaten sind 34,4% Frauen, 23,7% Jugendliche; 35,6% verfügen über eine abgeschlossene Hoch- bzw. Fachschulausbildung – **Generalsekretär** (Titel seit 1976) **des ZK der SED:** Erich Honecker, erneut seit 1981, Sekretäre d. ZK (das seit dem X. Parteitag 207 Mitgl. u. Kandidaten umfaßt): Hermann Axen (Internationale Verbindungen), Horst Dohlus (Parteiorgane), Werner Felfe (Landwirtschaft), Prof. Herbert Häber (Westfragen), Kurt Hager (Kultur u. Wissenschaft), Joachim Herrmann (ZK-Sekr. f. Agit. u. Prop.), Werner Jarowinsky (Handel u. Versorgung), Egon Krenz (Sicherheitsfragen, Jugend u. Sport), Dr. Günter Mittag (Wirtschaft), Ingeburg Lange (Frauen), Konrad Naumann (SED-Leitung Bez. Berlin). Dem Politbüro d. ZK der SED gehören (Mitte 1984) an: Erich Honecker (Gen.-Sekr. u. Vors. d. Staatsrates), Hermann Axen (ZK-Sekr. f. Internat. Verbind.), Horst Dohlus (Parteiorgane), Werner Felfe (Landwirtsch.), Prof. Herbert Häber (Westfragen), Prof. Kurt Hager (Kultur, Wiss.), Joachim Herrmann (Agitation, Propaganda), Heinz Hoffmann (Verteid.-Min.), Werner Jarowinsky (Handel u. Versorg.), Günther Kleiber, Egon Krenz (Sicherheitsfragen, Jugend u. Sport), Werner Krolikowski, Erich Mielke, Günter Mittag (ZK-Sekr. Wirtschaft), Erich Mückenberger (Vors. d. Zentr. Parteikontrollkommission), Konrad Naumann (1. Sekr. Bezirksleitung Berlin), Alfred Neumann, Günter Schabowski (Chefredakteur »Neues Deutschland«), Horst Sindermann, Willi Stoph, Harry Tisch (Vors. d. FDGB) – Kandidaten d. Politbüros: Ingeburg Lange (ZK-Sekr. Frauen), Margarete Müller, Gerhard Schürer (Vors. d. Staatl. Plankommission) u. Werner Walde – Außer d. SED sind zugelassen: die »Christlich-Demokratische Union«/**CDU** (1982 125103 Mitgl.; Vors. Gerald Götting), die »Liberal-Demokrat. Partei Deutschlands«/**LDPD** (1981 82000 Mitgl.; Vors. Dr. Manfred Gerlach), die »National-Demokrat. Partei Deutschlands«/**NDPD** (1981 92000 Mitgl.; Vors. Prof. Dr. Heinrich Homann), die »Demokratische Bauernpartei Deutschlands«/**DBD** (1982 103000 Mitgl.; Vors. Ernst Mecklenburg)

**Städte** (31.12.1982) [1020 usw. = Postleitzahl, z. B. 1020 = Berlin 2, 1030 = Berlin 3]; Berlin (Ost-; Hptst.) 1173028 Einw. [1020] – Leipzig 557923 [7000], Dresden 521786 [8010], Karl-Marx-Stadt (ehem. Chemnitz) 320018 [9000], Magdeburg 288287 [3000], Rostock 239422 [2500], Halle/Saale 235007 [4011], Erfurt 213100 [5000], Potsdam 134246 [1500], Gera 128247 [6500], Schwerin 123425 [2700], Zwickau 120605 [9500], Cottbus 118456 [7500], Jena 105325 [6900], Dessau 103581 [4500]

**Wirtschaft: BSP** 1979: 106370 Mill. $ / 1980 (S): 120940 Mill. $ / 7180 $ (29) / 4,7* – **WS:** 9* / .. / 70* / .. – **A:** 64/10/50 – **E:** 7412/2,0/20717 – **M:** 4,5* (..)

**Außenhandel:** 1982 **Einf.** 20196 Mill. $, **Ausf.** 21743 Mill. $ – **W:** 1 Mark der DDR (M) = 100 Pfennig (Pf); nicht gültig im innerdt. Handel: 1 US-$ = 2,59 M – **H:** 24 / 10 / 65

**Wichtigste Ausfuhrgüter** (1982): Maschinen, Ausrüstungen u. Transportmittel (48%), Brennstoffe, mineralische Rohstoffe u. Metalle (18,5%), andere Rohstoffe u. Halbfabrikate (7%), industrielle Konsumgüter (14%), Chemische Erzeugnisse usw. (12%) – **u. Handelspartner:** RGW-Länder (65%, darunter UdSSR 38%), westl. Industrieländer (28%, u. a. BR Dtld. 8,5%), Entwicklungsl. (6%)

**Mitgliedschaft:** UNO, Rat für gegenseitige Wirtschaftshilfe/RGW, Warschauer Vertrag, BIZ, ECE, GATT, IAEA, ILO, IMO, IPU, ITU, UNCTAD, UNDP, UNESCO, UNICEF, UNIDO, UPU, WHO, WMO

### BERLIN (Ost)

**Fläche:** 403 km² – **Einwohner:** 1173028 (B 31.12.1982) = 2910,7 je km² – **Geburten- u. Sterbeziffer** je 1000 Einw. 1982: 15,2/12,9 – **Geburten-Ü.:** 1,4 – **Religion:** Überwiegend Protestanten (rund 72%), dazu Katholiken (11%), über 300 Juden; Konfessionslose – **Politischer Status:** Berlin (Ost) ist Hauptstadt der DDR und nach deren Auffassung ihr integraler Bestandteil, auf den der »Viermächtestatus« keine Anwendung findet. Die UdSSR teilt diese Auffassung, wenngleich bislang westalliierte Soldaten in Uniform unkontrolliert Zugang nach Berlin (Ost) haben. Die 66 Vertreter O-Berlins in der Volkskammer wurden bei den Wahlen im Juni 1981 erstmals direkt gewählt, wogegen die drei Westalliierten Protest einlegten. Bei diesen Wahlen sprachen sich in Berlin (Ost) 0,44% gegen die Einheitsliste aus (größte Ablehnungsquote der DDR; DDR-Durchschnitt 0,14% Gegenstimmen). Ausländer u. Staatenlose benötigen seit 1.1.1977 zum Besuchen ein gebührenpflichtiges Visum. Oberbürgermeister: Dipl.-Ökonom Erhard Krack, SED, seit 1974

**Wichtige Ausfuhrgüter:** Erzeugnisse der eisen- und metallschaffenden sowie -verarbeitenden Industrie, elektrotechnische Artikel. Über 30% der Erwerbstätigen sind in Industrie- und Baugewerbe tätig – Berlin (Ost), das (1979) 6,8% der DDR-Bevölkerung aufweist, beherbergt 7,5% der Erwerbstätigen, liefert 5,0% der industriellen Bruttoproduktion, 8,9% der Bau- und 6,9% der Leistungen des Handwerks.

## c) Daten zur Bevölkerungs-, Wirtschafts- und Sozialstruktur

*Landwirtschaft, Bergbau, Industrie, Außenhandel, Verkehr: → die entspr. Sachkapitel*

In der **Bevölkerungsentwicklung** der DDR setzte sich 1982 der günstige Trend der Vorjahre fort. Während 1976 noch ein Sterbeüberschuß von 38250 Personen zu verzeichnen war, sank dieser 1977 und 1978 auf 3081 bzw. 181, und in den Folgejahren ergaben sich *Geburtenüberschüsse* von 2491 (1979), 6878 (1980), 5299 (1981) und 12113 (1982). Die Zahl der Lebendgeburten fiel 1983 (1982) auf ca. 234000 (240102), die der Sterbefälle auf ca. 223000 (227989). Die Zahl der Abwanderer betrug bis Ende 1983 ca. 12000, davon 7729 legale Aussiedler, denen bis Juni 1984 ca. 30000 folgten. – Die Zahl der *Eheschließungen* sank erneut 1982 (1981) auf 124890 (128174), während die Zahl der *Ehescheidungen* auf 49865 (48567) zunahm. Die Scheidungsquote lag mit 3,0 je 1000 Einwohner rd. doppelt so hoch wie in der BR Dtld. – Die *Einwohnerzahl* sank am 31.12.1982 (1981) auf 16702306 (16732486), davon 7862064 (7864729) männlich und 8840242 (8867757) weiblich. – Über *Ausländerbevölkerung* sowie über *Wanderungen* (Umzüge) über die Grenzen werden keine genauen Angaben veröffentlicht. Ein Vergleich von Geburtenüberschuß (+12113) und Bevölkerungsrückgang

**Fläche, Bevölkerung und Verwaltungsgliederung nach Bezirken am 31.12.1982**

| *Bezirk* (Nach »Statist. Jahrbuch der DDR 1983«) | *Fläche in km²* | *Zahl der* *Stadtkreise* | *Landkreise* | *Gemeinden* | *Wohnbevölkerung insgesamt* | *je km²* |
|---|---|---|---|---|---|---|
| Berlin (Ost) | 403 | 1 | – | 1 | 1173028 | 2911 |
| Cottbus | 8262 | 1 | 14 | 577 | 884545 | 107 |
| Dresden | 6738 | 2 | 15 | 593 | 1799928 | 267 |
| Erfurt | 7349 | 2 | 13 | 716 | 1238156 | 168 |
| Frankfurt/Oder | 7186 | 3 | 9 | 438 | 707058 | 98 |
| Gera | 4004 | 2 | 11 | 528 | 741992 | 185 |
| Halle | 8771 | 3 | 20 | 686 | 1816253 | 207 |
| Karl-Marx-Stadt (Chemnitz) | 6009 | 3 | 21 | 601 | 1911082 | 318 |
| Leipzig | 4966 | 1 | 12 | 423 | 1395594 | 281 |
| Magdeburg | 11526 | 1 | 19 | 648 | 1259980 | 109 |
| Neubrandenburg | 10948 | 1 | 14 | 488 | 620618 | 57 |
| Potsdam | 12568 | 2 | 15 | 754 | 1120195 | 89 |
| Rostock | 7074 | 4 | 10 | 358 | 893502 | 126 |
| Schwerin | 8672 | 1 | 10 | 383 | 590881 | 68 |
| Suhl | 3856 | 1 | 8 | 354 | 549494 | 143 |
| **DDR** | **108333** | **28** | **191** | **7548** | **16702306** | **154** |

(1981–1982: –30180) zeigt jedoch den Verlust durch Auswanderung bzw. Übersiedlung in die BR Dtld. – Die *Überalterung* der Bevölkerung ist nicht mehr so ausgeprägt wie in den 60er und 70er Jahren. Der Anteil der Bevölkerung im Alter von 60 und mehr Jahren, der 1960 20,4% und 1971 22,0% betragen hatte, sank wieder auf 19,1% (1981) bzw. 18,8% (1982). Der Anteil der Kinder (bis 14 Jahre) erreichte dagegen 1982 (1981) mit nur 17,8 (17,9)% einen neuen Tiefstand.

Der **Wohnungsbestand** betrug 1982 6,541 Mill. (mit 18,550 Mill. Wohnräumen); insgesamt wurden 1982 (1981) 187053 (185350) Wohnungen fertiggestellt, davon allerdings nur 122417 (125731) Neubauten, der Rest Modernisierungen. Im Bereich *Altbausanierung* sollen zukünftig verstärkte Anstrengungen unternommen werden, auch wurden inzwischen die starken Restriktionen des privaten Wohnungsbaus etwas gelockert, um die mangelhafte Versorgung mit qualitativ hochwertigen Wohnungen zu verbessern. Von den Neubauten entfielen 1982 (1981) 18345 (21463) auf »individuellen Wohnungsbau« (1971 nur 2198).

Die DDR hat mit 52,8% die höchste **Erwerbsquote** der Welt (Anteil der Erwerbstätigen an der Gesamtbevölkerung). – Das durchschnittliche monatliche **Einkommen** von Arbeitern und Angestellten in »volkseigenen Betrieben« stieg 1982 (1981) auf 1075 (1055) M; es lag in der Industrie bei 1087, in Land- und Forstwirtschaft bei 1029 und im Handel bei 943 M. Die durchschnittliche *Altersrente* betrug 1982 rd. 343 M monatlich. Am 1.12.1984 werden die Sozialrenten um 30 M erhöht. – Die *Nettogeldeinnahmen* der Bevölkerung erreichten 1982 128,1 Mrd. M (+5,8% gegenüber 1981) – Die wöchentliche Arbeitszeit beträgt nach wie vor 45 Stunden. – Der **FDGB** (Freier Deutscher Gewerkschaftsbund) hatte 1982 9,123 Mill. Mitglieder.

Das **Produzierte Nationaleinkommen** betrug 1982 (1981) nach amtlichen Angaben 201,040 (196,070) Mrd. M; davon entfielen 1982 in Mrd. M u.a. auf Industrie und produzierendes Handwerk 148,640 – Binnenhandel 20,120 – Land- und Forstwirtschaft 16,680 – Bauwirtschaft 12,340 – Verkehr, Post- und Fernmeldewesen 8,810.

1983 meldete die DDR – im Einklang mit der Entwicklung im gesamten RGW-Bereich – ein **Wirtschaftswachstum** von 4,4% gegenüber nur 3% im Vorjahr. Damit lag das Wachstum noch über dem Planziel von 4,2%, was vor allem der überdurchschnittlich hohen Steigerung der *Arbeitsproduktivität* von 5,8% (Vorjahr: 3,6%) zugeschrieben wird. Die Industrieproduktion nahm um 4,1% zu (Plan: 3,8%). Hiervon profitierte vor allem der Außenhandel (+12%), während sich das Realeinkommen der Bevölkerung nur um 2,3% und der Einzelhandelsumsatz um 0,9% erhöhten. – Für 1984 sieht der *Volkswirtschaftsplan* erneut ein starkes Wirtschaftswachstum in Höhe von 4,4% vor. Der Inlandsverbrauch soll erneut stärker zurücktreten, denn Nettogeldeinnahmen der Bevölkerung und Einzelhandelsumsatz sollen nur um 2,2% anwachsen.

Zahl und Verteilung der **Erwerbstätigen** zeigt die folgende Tabelle. Sie macht auch die starken Verschiebungen seit den 50er Jahren deutlich. (Nach »Statistisches Jahrbuch der DDR 1983«)

| *Wirtschaftsbereich bzw. Beschäftigungsgruppe* | *Beschäftigte in 1000* *1955* | *1980* | *1982* |
|---|---|---|---|
| **Berufstätige** (einschl. Lehrlinge) insges. . . . | 8188,0 | 8717,1 | 8813,1 |
| Arbeiter u. Angestellte (einschl. Lehrlinge) . . | 6415,9 | 7794,6 | 7874,5 |
| Mitgl. v. Produktionsgenossenschaften . . . | 192,8 | 742,6 | 759,5 |
| darunter: LPG (Landwirtschaft) . . . . . . . | 190,2 | 564,8 | 571,6 |
| PGH (Handwerk) . . . . . . . . . . | 2,4 | 154,7 | 159,8 |
| Komplementäre, Kommissionshändler . . . | – | 25,8 | 26,1 |
| Übrige Berufstätige . . . . . . . . . . . . . | 1579,2 | 154,2 | 153,0 |
| darunter: Einzelbauern u. priv. Gärtner. . . . | 1028,9 | 6,1 | 6,1 |
| Private Handwerker . . . . . . . . | 320,0 | 112,5 | 111,6 |
| Priv. Groß- u. Einzelhändler . . . . | 148,3 | 11,9 | 11,7 |
| Freiberuflich Tätige . . . . . . . . | 33,9 | 10,7 | 11,5 |

Der **Staatshaushalt der DDR** betrug in Einnahmen / Ausgaben

1980: 160,652 Mrd. M / 160,283 Mrd. M
1981: 167,466 Mrd. M / 167,159 Mrd. M
1982: 182,836 Mrd. M / 182,071 Mrd. M
1983: 189,924 Mrd. M / 189,630 Mrd. M

Der *Haushaltsplan 1984* – verabschiedet durch Gesetz vom 8.12.1983 – nennt Einnahmen von 209,615 Mrd. M und Ausgaben von 209,495 Mrd. M.

Die wichtigsten *Einnahmeposten* 1984 in Mrd. M:

| | |
|---|---|
| Volkseigene Wirtschaft . . . . . . . . | 157,683 |
| Sozialversicherung und andere staatliche Versorgungsleistungen . . . . . . . | 16,885 |
| Steuern und Abgaben . . . . . . . . . | 16,112 |
| Volkseigene und genossenschaftliche Land- und Forstwirtschaft . . . . . . | 7,758 |
| Gesundheits- und Sozialwesen . . . . . | 7,711 |

Die wichtigsten *Ausgabeposten* 1984 in Mrd. M:

| | |
|---|---|
| Volkseigene Wirtschaft (ohne Agrarw.) . | 52,397 |
| Preisstützungen für Waren des Grundbedarfs und Tarife für die Bevölkerung . . . . | 33,108 |
| Sozialversicherung und andere staatliche Versorgungsleistungen . . . . . . . | 31,035 |
| Land- und Forstwirtschaft . . . . . . . | 12,643 |
| Nationale Verteidigung . . . . . . . . . | 12,222 |
| Wohnungsbau und Wohnungswirtschaft . | 11,110 |
| Gesundheits- und Sozialwesen . . . . . | 11,649 |
| Volksbildung . . . . . . . . . . . . . | 8,257 |
| Öffentliche Sicherheit, Rechtspflege und Sicherung der Staatsgrenze . . . | 4,739 |
| Staatsapparat, wirtschaftsleitende Organe | 3,788 |
| Instandhaltung der Verkehrswege . . . . | 3,494 |
| Hoch- und Fachschulwesen . . . . . . | 2,569 |
| Kultur . . . . . . . . . . . . . . . . | 1,870 |
| Berufsausbildung . . . . . . . . . . . | 1,003 |

Die **Verschuldung** der DDR im Westen konnte 1983 aufgrund starker Exportanstrengungen gesenkt werden. Die Nettoverschuldung bei westlichen Banken wurde auf rd. 8,1 Mrd. $ (Ende 1983) vermindert. Der Kreditbedarf war jedoch 1984 allein zur Abdekkung laufender Verpflichtungen sehr hoch. 1984 muß die DDR rd. 6 Mrd. $ für den Schuldendienst aufbringen (Zins und Tilgung). Nach Abzug der Hartwährungseinnahmen (u.a. Pauschalzahlungen der BR Deutschland von 1,2 Mrd. $, Handelsbilanzüberschuß von 0,6 Mrd. $, Auslandsguthaben) fehlen noch rd. 2,4 Mrd. $, die durch neue Kredite gedeckt werden müssen.

Die Zahl der **Ärzte** betrug 1982 35377; es entfielen 472 Einwohner auf einen Arzt. **Zahnärzte** gab es 10512. In 545 **Krankenhäusern** standen 171280 Betten zur Verfügung.

Die **Kriminalität** sank 1982 leicht auf 120275 Straftaten (1981: 122221). Am häufigsten waren: »Diebstahl persönlichen und privaten Eigentums« 28902 – »Diebstahl sozialistischen Eigentums« 21629 – »vorsätzliche Körperverletzung« 10840 – »Betrug/ Untreue zum Nachteil sozialistischen Eigentums« 5645 – »unbefugte Benutzung von Fahrzeugen« 5349 – »Herbeiführung eines schweren Verkehrsunfalls« 3637 – »Verkehrsgefährdung durch Trunkenheit« 3169 – Die Zahl der *politischen Häftlinge* stieg lt. »Arb.gem. 13. Aug.« 1984 auf ca. 9500, hauptsächlich wegen besonderer Initiativen zur Durchsetzung einer Aussiedlungsgenehmigung. Seit 1962 wurden insgesamt rd. 20000 Häftlinge von der BR Deutschland freigekauft. – Bei der *zentralen Erfassungsstelle der Länderjustizverwaltungen* in Salzgitter waren Ende 1983 rd. 28600 Fälle von Gewalt- und Willkürakten der DDR registriert (davon rd. 1130 neue von 1983), meist Unrechtshandlungen an der Grenze, Verurteilungen aus politischen Gründen usw.

# II. Fürstentum Liechtenstein – [FL] – *(Mittel-Europa)*

## a) Aktuelle Chronik

Fürst *Franz Josef II.* gibt am 1. 7. **1983** bekannt, daß er Erbprinz *Hans Adam* zu seinem Stellv. ernennen und mit der Ausübung der ihm zustehenden Regierungsgeschäfte betrauen wird. Eine generelle Stellvertreterregelung soll in der Verfassung verankert werden. Erstmalig eröffnet der Prinz mit der traditionellen Thronrede am 27. 3. **1984** das neue Amtsjahr des Parlaments (Landtages). Am 26. 8. überträgt ihm sein Vater die Ausübung seiner Ämter; hierbei kündigt *Hans Adam* als einzige geplante Neuerung eine verstärkte außenpolitische Präsenz L.s (u. a. bei der UNO) an. – Im 3. Anlauf einer Volksabstimmung (nach 1971 und 1973) zum **Frauenstimmrecht** auf Landesebene (am 1. 7.) wird nun auch im letzten europäischen Staat die politische Gleichberechtigung beider Geschlechter eingeführt: 51,3% der abstimmenden Männer (bei 86%iger Beteiligung und einem Stimmenmehr von nur 119) sprechen sich dafür aus.

## b) Der souveräne Staat / Strukturdaten

**Fläche** (170): 160 km² (L: 22%) – **Einwohner** (170): 26512 (F 1983) = 165,2 je km² – **Jährl. Bevölkerungswachstum:** (1978–1983) 0,9%

**Bevölkerung:** Liechtensteiner; alemannischer Abstammung; (31.12.1983) insg. 9541 Ausländer, davon 4261 Schweizer (44,6%), 21,1% Österreicher, 11,5% Deutsche, 8,9% Italiener, 3,5% Türken, 3,3% Jugoslawen, 1,7% Spanier, 0,8% Griechen u. 3,6% andere – **Staatssprache:** Deutsch; Umgangssprache ein alemannischer Dialekt – **Religion:** Ende 1983 22662 Katholiken, 2297 Protestanten, 523 andere u. 1030 ohne Angaben

**Flagge:** blau(m. goldenem Fürstenhut im Obereck)-rot (waagerecht) – **Nationalfeiertag:** 15.8. – **U:** 12.7.1806 (Proklamation), nominell 6.8.1806 (Auflösung d. Dt. Reichs)

**Staats- u. Regierungsform:** Konst. Erbmonarchie auf parlamentar. u. demokratischer Grundlage – Zoll- und Währungseinheit mit der Schweiz, ebenso Schweizer Auslandsvertretung, doch eigene Botschaft in Bern – Einkammerparlament (»Landtag«), dessen 15 Mitglieder für 4 Jahre gewählt werden – Wahlpflicht für alle Wahlberechtigten über 20 Jahre – Die Regierung wird vom Fürsten auf Vorschlag des Landtags eingesetzt

**Staatsoberhaupt:** Fürst Franz Josef II., seit 1938 (Wahrnehmung d. Gesch. seit 26.8.1984 durch Erbprinz Hans Adam) – **Regierungschef** (u. Wahrnehmung der eigentl. Außenbez.): Hans Brunhart, VU; Stellv. Hilmar Ospelt, FBP – **Parteien:** Bei d. Landtagswahlen v. Febr. 1982 erhielt die »Vaterländ. Union«/VU 8, die »Fortschrittliche Bürgerpartei«/FBP 7 Sitze. Nach Verfass.-Gesetz v. 7.7.1976 Frauenwahlrecht auf Gemeindeebene, falls die betr. Gemeinde dies beschließt (weiterhin kein Frauenwahlrecht in Triesen, Triesenberg, Balzers u. Mauren), seit 1.7.1984 auch auf Landesebene – **Dipl. B.:** BR Dtld. u. DDR, jeweils über die Schweiz

**Wohnbevölkerung** (Anfang 1984): Hauptort Vaduz 4896, Schaan 4619, Balzers 3420, Triesen 3055, Eschen 2690, Mauren 2637, Triesenberg 2219, Ruggel 1241, Gamprin 837, Schellenberg 625, Planken 273

**Wirtschaft: BIP** 1983 (S): 1000 Mill. sfr / 37719 sfr bzw. 17625 $ (4)

**Außenhandel:** 1983 **Einf.** statist. nicht erfaßt, **Ausf.** 919,3 Mill. sfr – **W:** 1 Schweizer Franken (sfr) = 100 Rappen (→ Schweiz)

**Wichtige Ausfuhrgüter:** Industriegüter; Getreide, Wein, Obst, Holz, Vieh – **u. Handelspartner:** Schweiz (knapp ¼), EG (38%), EFTA insg. 31%

**Mitgliedschaft:** ECE, EFTA, IAEA, ICJ, IOC, ITU, UNCTAD, UNICEF, UNIDO, UPU, Vollmitglied im Europarat, INTELSAT, WIPO

*Wegen der engen wirtschaftlichen Verflechtung Liechtensteins mit der Schweiz sind die wesentlichen Daten zur Bevölkerungs-, Wirtschafts- und Sozialstruktur überwiegend in die entsprechenden Daten der → Schweiz integriert und können hier nicht separiert ausgewiesen werden.*

# III. Großherzogtum Luxemburg – [L] – *(West-Europa)*

**(Grand-Duché de Luxembourg; Grousherzogdem Letzebuerg)**

## a) Aktuelle Chronik

Neuer Regierungschef einer **Großen Koalition** aus CVS/PCS und LSAP/POSL wird am 20.7.**1984** *Jacques Santer,* bisher Finanzminister unter *Pierre Werner* u. dessen Stellv. im Parteivorsitz. (*W.* war seit 1953 fast ununterbrochen Minister bzw. MinPräs und trat vor den Wahlen aus Altersgründen von Partei- u. Staatsämtern zurück.) Die unter der alten Reg. abgeschaffte automat. Lohnanpassung soll auf Drängen der stimmenmäßig um über 19% gestärkten LSAP unter *Jacques Poos* (neuer AußMin) ab 1985 wieder angewendet werden.

## b) Der souveräne Staat / Strukturdaten

**Fläche** (149): 2586,4 km$^2$ (L: 25%) – **Einwohner** (144): 365500 (F 1.1.1983; 339841 Z 1970) = 141,3 je km$^2$ – **Städt. B.:** 67% – **Jährl. Bevölkerungswachstum:** (1982) Geburten- u. Sterbeziffern 11,8 / 11,3; Ausländer 17,4 / 4,4 je 1000 Einw.

**Bevölkerung:** Luxemburger; 1982 95600 Ausländer, davon u.a. 27,6% Portugiesen, 23,1% Italiener, 10,9% Franzosen, 8,7% Deutsche, 7,7% Belgier, 2,8% Niederländer, 2,1% Spanier, 1,5% Jugoslawen, 0,7% US-Amerikaner – **Staatssprache:** Letzebuergisch (aus dem Moselfränkischen entw.), Deutsch u. Französisch als Amtssprachen – **Religion:** rd. 95% röm.-kath.; 3900 Protestanten u. über 1000 Juden

**Flagge:** rot-weiß-blau (waagerecht) – **Nationalfeiertag:** 23.6. – **U:** 1815 (Wiener Kongreß); Ende der Personalunion mit d. Niederlanden 23.11.1890

**Staats- u. Regierungsform:** Parlamentarisch-demokratische (konstitutionelle) Monarchie – Parlament aus 1 Kammer (»Chambre des Députés«), deren Mitgl. für 5 Jahre gewählt werden. Außerdem ein Staatsrat, teils v. Großherzog ernannt, teils v. Parlament, teils v. Staatsrat selbst nominiert – Wahlverpflichtet alle über 18 Jahre alten Bürger – Wehrpflicht 1967 aufgehoben – Verwaltungsgliederung in 3 Distrikte, 12 Kantone

**Staatsoberhaupt:** Großherzog Jean, seit 1964 – **Regierungschef u. FinanzMin:** Jacques Santer, Christl.-Soz., Chef einer Koalitionsregierung aus CVS u. LSAP – **Außenminister u. Stellv. MinPräs:** Jacques Poos, LSAP – Parteien: Bei d. Kammerw. 1984 erhielten die »Christl.Soz. Volksp.« 25 Sitze (u. 36,6% d. gült. Stimmen), die »Lux. Soz. Arbeiterp.« 21 (31,8%), die Liberalen (»Demokr. P.«) 14 (20,4%), die KP 2 (4,4%), die GRÜNEN 2; andere 6,8%, die Sozialdem. P. hatte sich kurz zuvor aufgelöst u. nahm daher nicht teil – **Dipl. B.:** BR Dtld. u. DDR

**Städte** (F 1981): Luxemburg [Luxembourg] (Hptst.) 78900, Esch-sur-Alzette 25100, Düdelingen [Dudelange] 14100, Differdingen [Differdange] 8300, Schifflingen 6600, Petingen 6500, Ettelbrück 6500, Bettemburg 5800, Diekirch 5600, Beles 5000

**Wirtschaft: BSP** 1980: 5400 Mill. $ / 1981 (S): 5790 Mill. $ / 15910 $ (8) / 4,6

**Außenhandel** (UNO-Außenhandelsstatistik gemeinsam mit→Belgien): 1982 **Einf.** 58239 Mill. $, **Ausf.** 52364 Mill. $ – **W:** 1 Luxemburg. Franc (lfr) bzw. Franc luxembourgeois (Flux) = 100 Centimes (c); 1 Belg.Franc (bfr) = 1 lfr, 1 lfr = 0,0488 DM (belg. Geldzeichen ebenfalls gesetzl. Zahlungsmittel)

**Wichtige Ausfuhrgüter:** Metalle u. Metallerzeugn. (47%), chem. u. Kunststofferzeugn. (13%), landwirtsch. Prod. – **u. Handelspartner:** BR Deutschland (30%), Belgien u. übr. EG-Partner (zus. fast 90%), USA, Schweiz

**Mitgliedschaft:** UNO, WEU, Europarat, CCC, EG, EWS, FAO, GATT, IAEA, ICAO, IDA, IFAD, IFC, IBRD, ILO, IMF, ITU, NATO, OECD, UNESCO, UPU, WHO, WMO – L. bildet mit Belgien eine Wirtschafts- u. Währungsunion u. m. diesem u. d. Niederlanden d. noch nicht voll ausgebaute Wirtschaftsunion BENELUX

*Wegen der engen wirtschaftlichen Verflechtung Luxemburgs mit Belgien sind die wesentlichen Daten zur Bevölkerungs-, Wirtschafts- und Sozialstruktur überwiegend in die entsprechenden Daten → Belgiens integriert und können hier nicht separiert ausgewiesen werden.*

# IV. Republik Österreich – [A] – *(Mittel-Europa)*

## a) Aktuelle Chronik

Auf dem VIII. **Weltkongreß für Psychiatrie** in Wien v. 10.–16. 7. **1983** verlassen ČSSR und UdSSR, Bulgarien und Kuba – einem Ausschluß wegen politischen Mißbrauchs der Nervenheilkunde zuvorkommend – den Weltverband.

Der XXVIII. **Bundesparteitag der SPÖ** ab 28. 10. wählt den früheren Bundesfinanzminister und jetzigen GenDir der größten Bank (Creditanstalt), *Hannes Androsch,* nach monatelangen heftigen Pressekampagnen seines ehem. Förderers, des Altbundeskanzlers *Bruno Kreisky,* nicht erneut in den Parteivorstand. Bundeskanzler *Fred Sinowatz* wird nach über 16 Jahren der Parteiführung *Kreiskys* am 29. 10. mit 482/485 Delegiertenstimmen zum neuen SPÖ-Vorsitzenden gewählt; der Altbundeskanzler wird Ehrenpräsident.

Beim **Jugoslawienbesuch des Kanzlers** (24.–26. 1. **1984**) wird in Belgrad u. a. die Lage der slowenischen und kroatischen Minderheiten in Kärnten und im Burgenland sowie die Situation der jugoslaw. Arbeitnehmer in Österreich erörtert. Die **Minderheitenprobleme** hatten in den 70er Jahren die Beziehungen mit YU erheblich getrübt, das dem nördlichen Nachbarn vorwarf, Artikel 7 des Staatsvertrages (Volksgruppenschutz) nicht vollständig zu erfüllen.

Die **3 Landtagswahlen** im Berichtszeitraum **stärken** sämtlich die auf Bundesebene **oppositionelle ÖVP,** während die SPÖ überall verliert und die FPÖ teilweise zur bedeutungslosen Gruppe wird:

▷ **Niederösterreich** wählt am 16. 10. 1983 und stärkt ÖVP-Landeshauptmann *Siegfried Ludwig* mit einer unerwarteten absoluten Mehrheit von 55 % (vorher 50 %), die SPÖ fällt auf 41 %, die FPÖ auf 1,7 (3,2 %) zurück (den Sieg trüben gerichtliche Ermittlungen wegen L.s »Geldtransaktionen«).

▷ **Salzburg** wählt am 25. 3. 1984 und stärkt ÖVP-Landeshauptmann *Wilfried Haslauer* erstmals mit einer absoluten Mehrheit (50 % statt 45 %).

▷ **Tirol** wählt am 17. 6. 1984 und bestätigt den Landeshauptmann und ÖVP-Spitzenkandidaten im Bund, *Eduard Wallnöfer,* mit einer ⅔-Mehrheit (64,6 % der Stimmen und 25/36 Sitze) in Innsbruck. SPÖ und FPÖ erklären ihre Verluste als »verkraftbare«; die FPÖ schafft knapp die 5 %-Hürde.

**Arbeiterkammerwahlen vom 8. 4. 1984:** Fast ⅖ der österr. Wähler sind stimmberechtigt. Die SPÖ verliert 6 % und stellt nur noch 58 % der Arbeitnehmervertreter.

Die SPÖ-Führung stimmt **am 3. 9.** einer vom Bundeskanzler angeregten **Regierungsumbildung** zu, derzufolge **5 Minister ausgewechselt** werden, darunter die schon unter Kreisky dienenden und diesem weiterhin eng verbundenen Außen- und Finanzminister *L. Gratz* und *F. Vranitzky.* Das neue Kabinett *Sinowatz'* wird am 10. 9. vereidigt. Anlaß der Regierungskrise waren Nachforschungen des Finanzministers *Herbert Salcher* in Sachen Immobilienkauf seines Vorgängers *Androsch* und dessen »Wahlonkels« sowie *Salchers* Einschaltung der Wiener Staatsanwaltschaft am 21. 8. ohne Unterrichtung des Kanzlers. (*Androsch* selbst hatte am 9. 8. Strafanzeige wegen Amtsmißbrauchs und Unterdrückung von Beweismaterial gegen *Salcher* erstattet.) – Die personellen Querelen und »Rachefehden« innerhalb der SPÖ hatten die Regierung seit Frühsommer in ihrer Handlungsfähigkeit erheblich beeinträchtigt; um so mehr wird *Sinowatz'* energische Regierungsumbildung als »Paukenschlag« gefeiert (bzw. von der Opposition »respektiert«). Der Kanzler, der auch gleichzeitig die Führungsstruktur der SPÖ personell verändert, beendet damit endgültig die Ära *Kreisky.*

## b) Der souveräne Staat / Strukturdaten

**Fläche** (105): 83 855 km² (L: 20 %) – **Einwohner** (72): 7 552 000 (F 1983) = 90,0 je km² – **Städt. B.**: 55 /0,6/39 – **G:** 73/13/1/400/230/135 – **S:** 1/98/74/23 – **Jährl. Bevölkerungswachstum:** (1970–1981) 0,1 % (1983: 9,0 / 9,3)

**Bevölkerung:** zu 99 % deutschsprachige Österreicher; etwa 1 % madjarische u. slowenische (u. a. 1971 17 014 Slowenen in Kärnten) Minderheiten; 280 000 (Z Ende 1982) Ausländer; 360 000 »Paß-Österreicher« im Ausland – **Staats- u. Umgangssprache:** Deutsch – **Religion:** 84,3 % Katholiken, 5,6 % Protestanten, 1 % Muslime, 7000 Juden u. 3 % and. Minderheiten, 6 % ohne relig. Bekenntn.

**Flagge:** rot-weiß-rot (waagerecht) – **Nationalfeiertag:** 26. 10. – **U:** alte staatliche Tradition; unter den Habsburgern ab 1282; 1866 Ausscheiden aus dem Deutschen Bund; seit 1918/19 Republik

**Staats- u. Regierungsform:** Bundesrepublik auf parlamentarisch-demokrat. Grundlage – Parlament aus 2 Kammern: »Bundesrat« (wird von den Landtagen beschickt, Änderungen daher nach jeder Landtagswahl möglich), Zusammensetzung (März 1983): 63 Vertreter (ÖVP 33, SPÖ 30); »Nationalrat« (Mitglieder nach dem Verhältniswahlrecht direkt von den Bürgern ab 19 Jahren gewählt). Präsident d. Nationalrates: Anton Benya, SPÖ, 2. bzw. 3. Präsident

**Verwaltungsgliederung** in das Bundesland Wien und 8 weitere Bundesländer je mit Landtag und Landeshauptmann (Vorsitzender der Landesregierung)

| *Bundesland* | *Fläche km²* *(Stand 1.1.1984)* | *Einwohner 1983* | *davon Ausländer* | *Hauptstadt Reg.-Sitz* | *Einwohner Z 1981* |
|---|---|---|---|---|---|
| Burgenland . . . . | 3965 | 268700 | 2100 | Eisenstadt | 10102 |
| Kärnten . . . . . . | 9533 | 537700 | 7600 | Klagenfurt | 87321 |
| Niederösterreich . . | 19172 | 1422700 | 33900 | Wien (exterritorial) | – |
| Oberösterreich . . | 11980 | 1275600 | 28900 | Linz | 199910 |
| Salzburg . . . . . | 7155 | 449300 | 21000 | Salzburg | 139426 |
| Steiermark . . . . | 16387 | 1184200 | 13200 | Graz | 243166 |
| Tirol . . . . . . . | 12647 | 594000 | 26000 | Innsbruck | 117287 |
| Vorarlberg . . . . | 2601 | 307200 | 32000 | Bregenz | 24561 |
| Wien . . . . . . . | 415 | 1512400 | 110500 | Wien | 1531346 |
| **Österreich . . . .** | **83855** | **7551800** | **275000** | | |

Roland Minkowitsch, ÖVP, und Dipl.-Volkswirt Dr. Gerulf Stix, FPÖ – Bundesrat und Nationalrat bilden als Gesamtorgane die Bundesversammlung. Die Bundesregierung ist vom Vertrauen des Nationalrats abhängig – Wahl (Wahlpflicht) des Bundespräsidenten für 6 Jahre, Wahl der Nationalratsmitglieder für 4 Jahre – Allgemeine Wehrpflicht

**Staatsoberhaupt:** Bundespräsid. Dr. Rudolf Kirchschläger, seit 1974, wiedergewählt 1980 (parteilos, Kandidat der SPÖ)

**Regierungschef:** Dr. Fred Sinowatz, SPÖ, Bundeskanzler einer SPÖ-FPÖ-Koalitionsreg. – **Vizekanzler** u. Bundesminister f. Handel, Gewerbe u. Ind.: Dr. Norbert Steger, FPÖ – Bundeskanzleramt: 1014 Wien 1, Ballhausplatz 2

**Bundesminister** (seit 3.9.1984)
*Auswärtiges:* Leopold Gratz (SPÖ)
*Inneres:* Karl Blecha (SPÖ)
*Finanzen:* Dr. Franz Vranitzky (SPÖ)
*Justiz:* Dr. Harald Ofner (FPÖ)
*Unterricht und Kunst:* Herbert Moritz (SPÖ)
*Wissenschaft und Forschung:* Dr. Heinz Fischer (SPÖ)
*Soziales:* Alfred Dallinger (SPÖ)
*Land- und Forstwirtschaft:* Dipl.-Ing. Günther Haiden (SPÖ)
*Handel, Gewerbe und Industrie:* Vizekanzler Dr. Norbert Steger (FPÖ)
*Verkehr:* Ferdinand Lacina (SPÖ) (mit den Kompetenzen der Wirtschaftskoordination u. f. verstaatl. Industrie, die er bisher als Staatssekr. im Bundeskanzleramt hatte; dieses Staatssekr. im Bundeskanzleramt wurde aufgelassen)
*Verteidigung:* Dr. Friedhelm Frischenschlager, (FPÖ)
*Gesundheit und Umweltschutz:* Dr. Kurt Steyrer, (SPÖ)
*Familie:* Gertrude Sandner-Fröhlich (SPÖ)
*Bauten u. Technik:* Karl Sekanina (SPÖ)

*Staatssekretäre*
*im Bundeskanzleramt:* Dr. Franz Löschnak (SPÖ), Johanna Dohnal (SPÖ);
*im BM für Finanzen:* Dkfm. Holger Bauer, FPÖ;
*im BM für Gesundh. u. Umweltschutz:* Dr. Mario Ferrari-Brunnenfeld (FPÖ);
*im BM für Land- und Forstwirtschaft:* Ing. Gerulf Murer (FPÖ);
*im BM für Handel, Gewerbe und Industrie:* Dr. Erich Schmidt (SPÖ);
*im BM für Bauten und Technik:* Dr. Beatrix Eypeltauer (SPÖ)

**Parteien:** Bei den Wahlen v. 24.4.1983 (1979) erzielte die »Sozialistische Partei Österreichs«/SPÖ 2312529 (2413226) Stimmen. Die »Österreichische Volkspartei«/ÖVP errang 2097808 (1981739) Stimmen. Die »Freiheitliche Partei Österreichs«/FPÖ erhielt 241789 (286743), die »Kommunist. Partei Ö.«/KPÖ 31912 (45280) Stimmen u. kein Mandat. Weiters kandidierten ohne Mandatsgewinn: die »Vereinte Grüne Ö.«/VGÖ mit 93798 Stimmen, d. »Alternative Liste Ö.«/ALÖ mit 65816, d. »Österreich Partei«/ÖP mit 5851 u. d. »Ausländer Halt-Partei«/AUS mit 3914 Stimmen.

**Mandatsverteilung im Nationalrat:** 90 SPÖ, 81 ÖVP, 12 FPÖ; (1979: 95 / 77 / 11)
Vorsitzender der SPÖ: Dr. Fred Sinowatz, Ehrenvors.: Dr. Bruno Kreisky, Zentralsekretär: Fritz Marsch
Parteiobmann der ÖVP: Dr. Alois Mock, Generalsekretär: Dr. Michael Graff
Bundesparteiobmann der FPÖ: Dr. Norbert Steger
Vorsitzender der KPÖ: Franz Muhri
Parteimitglieder (Stand 1.6.1984): ÖVP (einschl. ÖAAB, Bauernbund, Wirtschaftsbund) 800000, SPÖ 720000, FPÖ 38000, KP 15000

**Die Landeshauptmänner der Bundesländer** (Stand 1. 8. 1984)

| | |
|---|---|
| Burgenland: | Theodor Kery (SPÖ) |
| Kärnten: | Leopold Wagner (SPÖ) |
| Niederösterreich: | Siegfried Ludwig (ÖVP) |
| Oberösterreich: | Dr. jur. Josef Ratzenböck (ÖVP) |
| Salzburg: | Dr. jur. Wilfried Haslauer (ÖVP) |
| Steiermark: | Dr. jur. Josef Krainer (ÖVP) |
| Tirol: | Eduard Wallnöfer (ÖVP) |
| Vorarlberg: | Dr. jur. Herbert Keßler (ÖVP) |
| Wien (BürgerM.): | Dr. Helmut Zilk (SPÖ) |

**Dipl. B.**: BR Deutschland und DDR

**Städte** (revidiert Z 1981): Wien (Hptst.) 1531346 Einw.; Landeshauptstädte → Tabelle Sp. 537/538 – Wels 51060, Steyr 38942, Dornbirn 38641, Wiener Neustadt 35005, Leoben 31989, Kapfenberg 25716, Baden 23140, Krems a. D. 23056, Klosterneuburg 22975

**Wirtschaft: BSP** 1980: 70640 Mill. $ / 1981 (S): 77120 Mill. $ / 10210 $ (23) / 3,4; **BIP** 1983: 67250 Mill. $–**WS:** 4/1,9/39/3,2–**V:** 18/56/26/26/42/<1 –**A:** 65/9/37–**E:** 5102/0,7/13888–**M:** 1,2(3,1)

**Außenhandel:** 1983 **Einf.** 19368 Mill. $, **Ausf.** 15428 Mill. $ – **W:** 1 Schilling (S) = 100 Groschen (Gr); 1 US-$ = 18,201 S, 1 S = 0,1423 DM – **I:** 6,1 – **AS:** 5/28/22/6/29–**T:** 88–**H:** 69/17/11–**Z:** – 1522/ .. / .. / .. – **D:** 5,5 – **K:** 0,54 / .. / 90

**Wichtige Ausfuhrgüter:** Fertigwaren (Maschinen, Verkehrsmittel, Metallwaren, Textilien, Papier und Papierwaren, chemische Produkte u. a.) insg. ⅔; Halbfertigwaren, Rohstoffe (u. a. Holz, Erze, Metalle) u. Energie, Nahrungs- u. Genußmittel – **u. Handelspartner:** BR Dtld. (über ⅓) u. and. EG-Länder [bes. Italien u. Großbrit.] (insges. rd. 55%); EFTA-Länder [bes. Schweiz u. Schweden] (10–15%), USA, UdSSR, Jugoslawien, Polen

**Mitgliedschaft:** UNO, ADB, BID, CCC, ECE, Europarat, EFTA, FAO, GATT, IAEA, IBRD, ICAO, IDA, IFAD, IFC, ILO, IMF, IMO, ITU, OECD, UNESCO, UPU, WHO, WMO; Freihandelsabk. m. d. EG

## c) Daten zur Bevölkerungs-, Wirtschafts- und Sozialstruktur

*Landwirtschaft, Bergbau, Industrie, Außenhandel, Verkehr: → die entspr. Sachkapitel*

Die **Wohnbevölkerung** betrug nach den revidierten Ergebnissen der Volkszählung vom 12. 5. 1981 7555338 (zum Vergleich 1971: 7456403). Seitdem verlief die Entwicklung folgendermaßen (Bevölkerungsstand im Jahresdurchschnitt in den Bundesländern): → nebenstehende Tabelle

| **Einwohner in Tsd.** | **1981** | **1982** | **1983** |
|---|---|---|---|
| Wien | 1532,2 | 1524,5 | 1512,4 |
| Niederösterreich | 1430,5 | 1431,4 | 1422,7 |
| Oberösterreich | 1271,3 | 1276,8 | 1275,6 |
| Steiermark | 1188,8 | 1188,9 | 1184,2 |
| Tirol | 587,1 | 591,1 | 594,0 |
| Kärnten | 536,4 | 537,1 | 537,7 |
| Salzburg | 443,0 | 447,0 | 449,3 |
| Vorarlberg | 305,3 | 307,2 | 307,2 |
| Burgenland | 270,1 | 270,1 | 268,7 |
| **Österreich insges.** | 7564,6 | 7574,1 | 7551,8 |

Am 31. 12. 1984 betrug die *Einwohnerzahl* 7551,0 Tsd., davon 269,1 Tsd. *Ausländer*. Rd. 380000 öst. Staatsbürger leben als Auslandsöst. in anderen Ländern. Die Zahl der **Lebendgeborenen** sank 1983 (1982) auf 90118 (94840), so daß sich bei einer auf 93041 (91339) erhöhten Zahl von **Gestorbenen** ein **Geburtendefizit** von 2923 ergab (im Gegensatz zum Geburtenüberschuß 1982 von 3501). Die **Sterbefälle** überwogen wiederum in den östlichen Bundesländern Wien (– 839), Niederösterreich (– 285), Burgenland (– 65) und Steiermark (– 42), während die anderen Bundesländer leichte Geburtenüberschüsse aufwiesen. Die Zahl der **Eheschließungen** stieg 1983 (1982) auf 56171 (47643).

Die **Wirtschaftsentwicklung** war 1983 relativ günstig. Ähnlich wie in den meisten anderen westlichen Industrieländern ging auch in Öst. 1983 eine rd. 3jährige Phase der wirtschaftlichen Stagnation bzw. zeitweisen Rezession zu Ende. Die Konjunktur belebte sich seit Jahresbeginn zunächst leicht, später stärker, insbesondere durch einen deutlichen Anstieg des privaten Verbrauchs in der 2. Jahreshälfte (z. T. fiskalisch bedingt). Für das gesamte Jahr 1983 wurde ein Wachstum des realen Bruttoinlandsprodukts (BIP) von 1,9% errechnet, was über dem Durchschnitt der europäischen OECD-Länder liegt (+ 1%). Ohne Berücksichtigung der Landwirtschaft, die gegenüber 1982 geringere Erträge erbrachte, betrug der Anstieg sogar 2,2%. Nach den vorläufigen Ergebnissen der **Volkswirtschaftlichen Gesamtrechnung** erreichte das *österreichische Bruttoinlandsprodukt* 1983 (1982) einen Gesamtwert von 1207,7 (1141,1) Mrd. S (Steigerung um nominal 5,8%). Das BIP pro Einwohner stieg 1983 auf 159920 S bzw. 8904 $ (Steigerung um 6,1%). Das *Volkseinkommen* (Netto-Nationalprodukt minus indirekte Steuern plus Subventionen) stieg 1983 (1982) nominal um 5,7% auf 893,4 (845,6) Mrd. S. Davon entfielen auf Brutto-Entgelte für unselbständige Arbeit 643,5 (616,9) Mrd. S (+ 4,3%), auf

| **Das verfügbare Güter- und Leistungsvolumen** (nach »wifo«) | *1982* | *1983* |
|---|---|---|
| | *in Mrd. S* | |
| Brutto-Inlandsprodukt . . . | 1141,1 | 1207,7 |
| minus Exporte i. w. S. . . . | 472,4 | 495,2 |
| plus Importe i. w. S. . . . . | 446,3 | 485,4 |
| verfügbares Güter- und Leistungsvolumen . . . | 1115,0 | 1197,9 |
| privater Konsum . . . . . | 640,1 | 692,0 |
| öffentlicher Konsum . . . . | 212,7 | 225,5 |
| Brutto-Anlageinvestitionen | 263,0 | 266,9 |
| Lagerveränderung und statistische Differenzen . | −0,8 | 13,5 |

Einkünfte aus Besitz und Unternehmung und umverteilte Gewinne der Kapitalgesellschaften 279,6 (255,7) Mrd. S (+9,4%) und auf Einkünfte des Staates aus Besitz und Unternehmung 22,7 (23,0) Mrd. S.

An der **Entstehung des Bruttoinlandsprodukts** waren die wichtigsten Wirtschaftsbereiche folgendermaßen beteiligt (1983/prozentuale Veränderung gegenüber 1982): Land- und Forstwirtschaft 5,0% / −3,0% – Bergbau und Sachgüterproduktion (Industrie und Gewerbe) 29,4% / +1,2% – Energie und Wasserversorgung 3,2% / +1,2% – Bauwesen 6,9% / −0,5% – Handel, Beherbergungs- und Gaststättenwesen 16,9% / +4,7% – Verkehr und Nachrichtenübermittlung 6,1% / +2,4% – Vermögensverwaltung (Banken und Versicherungen, Rechts- und Wirtschaftsdienste u.ä.) 12,0% / +2,1% – öffentlicher Dienst 13,3% / +2,0%

Die **österreichische Wirtschaftsentwicklung** wurde 1983 kräftig durch den **Export** gestützt. Er konnte mit 4,1% (reale Zunahme gegenüber 1982) deutlich stärker gesteigert werden als der Welthandel insgesamt, so daß Öst. auf dem Weltmarkt einen Anteilsgewinn von +1,1% erzielen konnte. Aufgrund der gesteigerten Inlandsnachfrage nahmen auch die Importe kräftig zu (real +6,4%).

Die über 2 Jahrzehnte anhaltende Vollbeschäftigung war in Öst. 1982 zu Ende gegangen. 1983 stieg die **Arbeitslosenzahl** zunächst weiter an, stabilisierte sich aber zum Jahresende hin, so daß Österreich mit seiner Arbeitslosenquote international immer noch sehr günstig liegt. Die Zahl der unselbständig Beschäftigten verringerte sich im Jahresdurchschnitt 1983 um 31600 auf 2,735 Mill., die Zahl der Arbeitslosen stieg um 22000 auf 127400 (1982: 105300), die der offenen Stellen sank um 2100 auf 15200. Die *Arbeitslosenquote* erreichte 1983 (1982) einen Jahresdurchschnittswert von 4,5 (3,7)%. – Wie 1982 wurde der Arbeitsmarkt auch 1983 wieder durch die *Rückwanderung ausländischer Arbeitskräfte* entlastet. Die Beschäftigung von Ausländern nahm um 6,8% ab; ihre Zahl sank im Jahresdurchschnitt 1983 (1982) auf 145,3 (156) Tsd. – die niedrigste Zahl seit 1970. – **Streiks** gab es auch 1983 praktisch nicht. Die **Einkommenssituation** wurde durch die noch steigende Arbeitslosigkeit und die – trotz des Wirtschaftswachstums – verschlechterte Ertragslage in vielen Wirtschaftszweigen geprägt. Die *Tariflöhne* erhöhten sich insgesamt um 5,1% (1982 noch +7,2%), in der Industrie um 5,5% – im Handel um 5,3% – im Fremdenverkehr um 5,9%; die Effektivverdienste in der Industrie stiegen 1983 nur noch um 1% (Brutto-Lohn- und Gehaltssumme), gegenüber +6,7% im Durchschnitt der Jahre 1973–1983. – Der *Brutto-Monatsverdienst* je Beschäftigten betrug 1983 (1982) 17739 (16654) S (Arbeiter 14715 S, Angestellte 24618 S). – Die *Inflationsrate* entwickelte sich 1983 vorteilhaft, insbesondere aufgrund verbilligter Importe und relativ stabiler Industriepreise. Die **Verbraucherpreise** stiegen 1982–1983 nur um 3,3% (gegenüber 5,4% im Vorjahr).

Die **Leistungsbilanz** (Bilanz der laufenden Transaktionen) verschlechterte sich 1983, vor allem wegen der stark steigenden Importe und des Rückgangs des Tourismus. Aus dem Überschuß von 7,929 Mrd. S (1982) wurde 1983 ein Defizit von 1,332 Mrd. S. Als Hauptfaktoren dieser Entwicklung verschlechterten sich die Handelsbilanz (Erhöhung des Defizits von 61,580 auf 68,518 Mrd. S) und die Reiseverkehrsbilanz (Abnahme des Überschusses von 46,948 auf 39,982 Mrd. S). – Die **Währungsreserven** der Nationalbank verminderten sich 1983 um 1,3 Mrd. S auf 126,5 Mrd. S. – Die **Kursentwicklung des Schilling** war positiv, obwohl sich die S/$-Relation von 16,79 im Januar auf 19,38 im Dezember verschlechterte. Gegenüber den meisten anderen Währungen ergab sich jedoch eine verbesserte Position, so daß der Schilling insgesamt um 4,2% im Jahresdurchschnitt aufgewertet wurde.

Der **Bundeshaushalt 1983** (1982) erbrachte Einnahmen von 316,7 (301,0) Mrd. S und Ausgaben von 407,8 (372,8) Mrd. S. Das Defizit stieg somit auf 91,1 (71,8) Mrd. S. Zur Budgetfinanzierung wurden Kredite in Höhe von 94,8 Mrd. S aufgenommen, davon 20% im Ausland. Die gesamte **Staatsschuld** stieg 1983 (1982) auf 416,2 (341,6) Mrd. S, davon 125,6 (108,4) Mrd. S Auslandsschuld.

Die wichtigsten **Einnahmen des Bundes:**

| *Steuereinnahmen* | *1983* | *(1982) in Mrd. S* |
|---|---|---|
| (brutto) | 281,773 | (267,723) |
| davon Umsatzsteuer | 102,589 | (93,841) |
| Lohnsteuer | 74,620 | (71,876) |
| Einkommensteuer | 23,159 | (23,692) |
| Mineralölsteuer | 15,497 | (14,950) |
| Gewerbesteuer | 10,883 | (10,841) |
| Tabaksteuer | 9,299 | (8,629) |
| Körperschaftssteuer | 8,181 | (8,236) |
| Einfuhrabgaben | 5,530 | (5,068) |
| Vermögensteuer | 3,723 | (3,672) |
| Steuer auf alkoh. Getränke | 3,330 | (3,173) |
| Kraftfahrzeugsteuer | 3,136 | (2,989) |
| abzgl. Überweisungen an Länder, Gemeinden, Fonds und Kammern | 107,224 | (104,079) |
| Steuereinnahmen (netto) | 174,549 | (163,644) |
| steuerähnliche Einnahmen (insbes. Arbeitslosenversicherungsbeiträge) | 48,700 | (45,100) |
| Einnahmen aus Bundesbetrieben | 58,000 | (55,700) |

Die *Steuerquote* lag 1983 – ebenso wie 1982 – bei 23,4% des Brutto-Inlandsprodukts.

Die wichtigsten **Ausgabeposten** im Bundeshaushalt 1983 in Mrd. S (Veränderung gegenüber 1982):

| | | |
|---|---|---|
| Soziale Wohlfahrt | 103,020 | (+15,8%) |
| Verkehr (mit Post) | 80,700 | (+7,0%) |
| Finanzschuldenaufwand | 51,906 | (+3,5%) |
| Erziehung u. Unterricht | 35,520 | (+6,5%) |
| Straßen | 16,640 | (–0,3%) |
| Landesverteidigung | 15,750 | (+16,9%) |
| Staats- u. Rechtssicherheit | 13,210 | (+6,9%) |
| Forschung u. Wissenschaft | 12,320 | (+10,4%) |
| Land- u. Forstwirtschaft | 11,150 | (+18,1%) |
| öffentl. Dienstleistungen | 7,010 | (+9,5%) |
| sonstiges | 60,560 | (+9,4%) |

# V. Schweizerische Eidgenossenschaft – [CH] – *(Mittel-Europa)*

**(CONFOEDERATIO HELVETICA; franz.: SUISSE, ital.: SVIZZERA, rätoroman.: SVIZZRA)**

## a) Aktuelle Chronik

Anfang August **1983** lanciert die **Nationale Aktion für Volk und Heimat** als erneuten Vorstoß gegen die »Überfremdung« eine »Volksinitiative zur Begrenzung der Einwanderung«. – In der Nacht zum 10. 8., knapp vor dem erwarteten Auslieferungsbeschluß an Italien, flüchtet *Licio Gelli* aus dem Genfer Gefängnis Champ-Dollon (→ Italien).

Der Bundesrat beantragt am 24. 8. im Rahmen des **»Rüstungsprogramms 1984«** eine parlamentarische Bewilligung der 1. Tranche zur Beschaffung von 210 Kampfpanzern **Leopard 2** (Kauf von 35 sowie Lizenzbau von 175 Stück). Der Nationalrat stimmt dem Rüstungsprogramm Ende Sept., der Ständerat Anf. Oktober zu. Nach über 1jähr. innenpol. Diskussion beschließt die Militärkomm. d. Ständerats am 28. 8. überraschend, nicht 2 Tranchen à 210 Stück zu bestellen, sondern gleich eine reduzierte Gesamtstückzahl von 380 in Lizenzbau in Auftrag zu geben (Bestellvol. ca. 4 Mrd. sFrs).

Im **Berner Jura** wendet sich die antiseparatistische **»Force démocratique«** auf ihrem Kongreß am 4. 9. in Renconvilier/BE erneut gegen »Übergriffe« der jurassischen Kantonsregierung. – Mit großer Mehrheit stimmt die bernische Kantonsenklave Laufen aufgrund des Berner Verfassungszusatzes von 1970 (Juraabspaltung) am 11. 9. für den Verbleib bei Bern, die »Baselbieter« stimmen gleichzeitig für eine Aufnahme der **Laufenthaler** in ihrem Kanton (Baselland). Es handelt sich um die erste Abstimmung dieser Art seit 1848.

Der populäre Bundesrat **Willi Ritschard (SPS) stirbt** am 16. 10. im Juragebirge kurz vor Wirksamwerden seines Rücktritts (Staatsbegräbnis am 20. 10.). Neuer Bundesfinanzminister ab 22. 12. wird *Otto Stich*/SPS, bis dahin co-op-Personalchef; die von der SPS-Parteibasis und Nationalratsfraktion geförderte *Lilian Uchtenhagen* kann sich als Nachfolgerin nicht durchsetzen, was alte Spannungen zwischen den bürgerlichen Parteien und der SPS schürt.

Bei den **Nationalratswahlen** am 23. 10. ergeben sich keine wesentlichen Verschiebungen (→ Strukturdaten, Sp. 547 f.). U. a. erhält die FDP 3 Sitze mehr, die Grünen 2 (von 1 auf 3), die CVP verliert 2 und die SPS 4 (allein 2 in Zürich). Die Wahlbeteiligung liegt mit unter 45% extrem niedrig. Für die **jurassischen Separatisten** des RJ unter ihrem GenSekr sowie

Chefredakteur von »*Le Jura libre*«, *Roland Béguelin*, enden die Wahlen mit einer Niederlage, was innerhalb der Parteistruktur schwelende Spannungen verschärft (die jurass. Deputation im National- und im Ständerat bestand bis dahin ausschließlich aus Autonomisten). Das Plebiszit zur **Gleichstellung von Mann und Frau** beim Erwerb und bei der Weitergabe des Schweizer Bürgerrechts wird am 4.12. angenommen. Die **erleichterte Einbürgerung** für junge Ausländer (Scheinehenproblem usw., aber auch in der Schweiz aufgewachsene ausländ. Jugendliche), Flüchtlinge und Staatenlose wird abgelehnt.

Das seit 1959 bestehende Parteibündnis auf Bundesratsebene der 4 großen Parteien (FDP, CVP, SPS, SVP) wird nach einem außerordentlichen Parteitag der **SPS** am 11./12.2. in der bisherigen Form fortgeführt. SPS-Parteipräsident *Helmut Hubacher* und der Parteivorstand hatten sich seit Jahresbeginn für den **Rückzug aus der Regierungsarbeit** ausgesprochen. – Bei einer Stimmbeteiligung von 52% wird am 26.2. die **Zivildienstinitiative** mit 1361360 gegen 770891 Stimmen deutlich verworfen (dafür stimmten nur Baselstadt und Genf). Hingegen werden der Bundesbeschluß zur sog. **Schwerverkehrsabgabe** (1254522 Ja/888696 Nein) gegen die Stimmen des Welschlandes und des Kantons Schwyz sowie die Initiative zur **Autobahnvignette** (1132431 Ja/1005115 Nein) durch die Stimmen der Nord- und Zentralschweiz gebilligt.

Der Nationalrat spricht sich im März mit 112 gegen 78 Stimmen (1 Enth.) für den **UNO-Beitritt** der Eidgenossenschaft aus. Zwei weitere Initiativen, über die am 20.5. bei nur 42% Beteiligung abgestimmt wird, scheitern allerdings bereits am Ständemehr von 14½ gegen 8½: diejenige der Nationalen Aktion »**Gegen den Ausverkauf der Heimat**« (gegen Immobilienverkäufe) und die sog. **Bankeninitiative,** eine 1977 von der SPS lancierte Initiative »Gegen den Mißbrauch des Bankengeheimnisses und der Bankenmacht«. Die Bevölkerung entscheidet in beiden Fällen mit ca. 73% dagegen.

**Papst** *Johannes Paul II.* stattet der Schweiz vom 11.–17.6. einen lange vorgesehenen **Pastoralbesuch** ab, der ihn u.a. nach Freiburg i.Ü., Einsiedeln, Luzern und Sitten führt. Beim Bundesrat wird der Papst als Staatschef des Vatikans empfangen.

Der Streit zwischen den Zollbehörden und der UNO-Botschaft der UdSSR in Genf um die Abfertigung eines mit 9t beladenen »**Diplomaten-Lkw**« endet Mitte Juli mit der Rückfahrt des Fahrzeuges durch die BR Dtld. nach Moskau; der Lkw wird 1 Nacht in der Bonner SU-Botschaft abgestellt, dann wegen unkorrekter Begleitpapiere (Differenz zwischen gewogenem und erklärtem Wagengewicht) an der Weiterfahrt gehindert, schließlich wieder in Bonn in Gegenwart deutscher Beamter entladen und nach Bereinigung der Differenzen zur Rückfahrt in die UdSSR freigegeben.

Der liberale Bundesrat *Rudolf Friedrich* (Justiz) tritt am 20.10. aus Gesundheitsgründen zurück.

## b) Der souveräne Staat / Strukturdaten

**Fläche** (117): 41293 km² (L: 26%) – **Einwohner** (78): 6423106 (F 1.1.1981; 6365372 Z Dez. 1980) = 155,5 je km² – **Städt. B.**: 59/1,0/22 – **G**: 76/9/<1/410 / 160 / 133 – **S**: 1 / 86 / 55 / 17 – **Jährl. Bevölkerungswachstum:** (1970–1981) 0,1% (1981: 12 / 9)

**Bevölkerung:** Anfang 1983 5462782 Schweizer mit untersch. Muttersprache u. 960324 Ausländer (davon rd. 520000 erwerbstätig); Ende 1983 925551 Ausländer, davon 209286 Jahresaufenthalter u. 716265 Niedergelassene; davon (1981) 419542 Italiener, 100921 Spanier, 85884 Bundesdeutsche, 52671 Jugoslawen, 46800 Franzosen, 43064 Türken u. 31489 Österreicher – **Staatssprache:** Amtssprachen sind Deutsch, Französisch u. Italienisch; Rätoromanisch als Landessprache anerkannt. 1979 sprachen 3864684 Schweizer deutsch, 1045091 französisch, 207557 italienisch u. 49455 rätoromanisch – **Religion:** Von der Wohnbev. waren 1980 2822266 (= 44,3%) Protestanten, 3030069 (47,6%) Römische Katholiken, 16571 (3%) Christkatholiken, 18330 (3%) Juden u. 478724 (7,5%) ohne Konfession

**Flagge:** rotes Feld mit weißem, freischwebendem Kreuz – **Nationalfeiertag:** 1.8. – **U:** 1291 »Ewiger Bund« der drei Urkantone; unabh. de facto 22.9.1499 (Basler Friede), anerkannt 24.10.1648 (Westfälischer Friede)

**Staats- u. Regierungsform:** Parlamentarisch-direktdemokrat. Bundesstaat mit Kollegialregierung – Parlament (Bundesversammlung/Assemblée fédérale/Assemblea federale) aus 2 gleichberechtigten Kammern (Ständerat bzw. Conseil des Etats/Consiglio degli Stati u. Nationalrat bzw. Conseil national/Consiglio nazionale): Allgem. Wahlrecht ab 20 Jahren – Wahl der Nationalratsmitglieder auf 4 Jahre – Frauenwahl- und Stimmrecht – Wehrpflicht im Milizsystem – Politische Gliederung in 23 Kantone (davon 3 mit je 2 Halbkantonen) mit Kantonsrat u. Regierungsrat – Kantone (Einw. 1.1.1983 in 1000): Zürich 1128,0 – Bern 919,3 – Luzern 298,7 – Uri 33,7 – Schwyz 98,7 – Obwalden 26,7 – Nidwalden 29,3 – Glarus 36,2 – Zug 77,2 – Fribourg [Freiburg] 187,6 – Solothurn 218,0 – Basel-Stadt 201,2 – Basel-Landschaft 221,2 – Schaffhausen 69,8 – Appenzell-Außerrhoden 48,4 – Appenzell-Innerrhoden 12,9 – St. Gallen 394,6 – Graubünden 171,0 – Aargau 459,1 – Thurgau 186,6 – Ticino [Tessin] 271,2 – Vaud [Waadt] 532,6 – Valais [Wallis] 224,5 – Neuchâtel [Neuenburg] 156,1 – Genève [Genf] 356,0 – Jura 64,5

**Staatsoberhaupt:** Vertreter der Eidgenossenschaft nach außen ist der Bundespräsident (jährl. v. d. Bundesversammlung im Turnus neu gewählt), für 1984: Léon Schlumpf, Schweiz. Volkspartei; Vizepräsident: Kurt Furgler, Christlichdem. Volkspartei – **Regierung** (= Bundesrat, Kollegialbehörde mit Departementsleitern [= Ministern]): Departement für auswärtige Angelegenheiten: Pierre Aubert, Sozialdem. P. (Stellv.: Jean-Pascal Delamuraz); Inneres: Alphons Egli, Christlichdem. Volkspartei (Stellv. Pierre Aubert); Justiz u. Polizei: Rudolf Friedrich (bis 20.10.), Freis.-Dem. P. (Stellv. Léon Schlumpf); Militär: Jean-Pascal Delamuraz, Freis.-Dem. P. (Stellv. Dr. Kurt Furgler), Volkswirtschaft: Dr. Kurt Furgler, Christlichdem. Volksp. (Stellv.: Otto Stich); Finanzen: Otto Stich, Sozialdem. P. (Stellv. Rudolf Friedrich); Verkehr u. Energie: Léon Schlumpf, Schweiz. Volkspartei (Stellv. Alphons Egli). **Die Regierung heißt Bundesrat** (Conseil fédéral/Consiglio federale) – Vorsitzender ist der jeweilige Bundespräsident

**Parteien:** Das neue Kräfteverhältnis nach d. eidg. Wahlen v. 23.10.1983 (1979): (200 Sitze im Nationalrat/46 im Ständerat) »Freisinnig-Demokratische Partei«/FDP 54/14 (51/11), »Christlichdem. Volkspartei«/CVP 42/18 (44/18), »Sozialdemokratische Partei«/SPS 47/6 (51/9), »Schweizerische Volkspartei«/SVP 23/5 (23/5), »Landesring« 8/– (8/–), »Liberale Partei«/LP 8/3 (8/3), »Evangel. Volkspartei«/EVP 3/0 (3/0), (kommunistische) »Partei der Arbeit« 1 (3), »Nat. Aktion« 4 (2), »Progressive Organ. der Schweiz«/POCH 1 (2) – Republikaner und Vigilance 1 (1), Verschiedene 5 (4). Die Wahlbeteiligung betrug 47,9% – **Dipl. B.:** BR Dtld. u. DDR

**Städte** (F 1.1.1983, A nach Z 2. Dez. 1980): Bern (Hptst.) 143800 (A 286903), Zürich 363300 (A 706220), Basel 179700 (A 364813), Genève (Genf) 158500 (A 335401), Lausanne 127100 (A 226145), Winterthur 85900 (A 107752), St. Gallen 74200 (A 88361), Luzern 62100 (A 156867), Biel (Bienne) 53400 (A 84056), La Chaux-de-Fonds 36700, Thun 36500, Fribourg (Freiburg) 36400 (A 50575), Köniz 34700, Schaffhausen 34400 (A 53562), Neuchâtel 33300, Bolligen 32900, Chur 31800

**Wirtschaft: BSP** 1980: 101440 Mill. $ / 1981 (S): 112850 Mill. $ / 17430 $ (6) / 0,6 – **V:** 13/63/26/24/37/–2 – **A:** 67/5/46 – **E:** 5223/2,6/14100 – **M:** 2,0 (10,2)

**Außenhandel:** 1983 **Einf.** 29079 Mill. $, **Ausf.** 25559 Mill. $ – **W:** 1 Schweizer Franken (sfr) = 100 Rappen (Rp) = 100 Centimes; 1 US-$ = 2,1400 sfr, 1 sfr = 1,2103 DM – **I:** 4,8 – **AS:** 5/33/14/8/24 – **T:** 102 – **H:** 70/23/3 – **Z:** 2634/../../.. – **D:** 14,8 – **K:** 0,25/../..

**Wichtige Ausfuhrgüter:** Zu 90% Industrieartikel, vor allem Maschinen, Apparate und Instrumente, chemisch-pharmazeutische Produkte, Uhren, Textilien – **u. Handelspartner:** BR Dtld. (rd. ¼) u. and. EG-Länder (insg. 50–60%), EFTA-Partner (10%), USA, Japan, Brasilien

**Mitgliedschaft:** EFTA, Europarat, BID, CCC, CEPT, ESA, FAO, GATT, IAEA, ICAO, IFAD, IKRK, ILO, IMF (beantragt), IMO, INTELSAT, ITU, Zentralamt f. d. internat. Eisenbahnverkehr, OECD, UNCTAD, UNIDO, UNO-Bevölkerungsfonds, UNESCO, UNFP, UNICEF, UNITAR, UNRWA, UPU, WHO, WFP, WIPO, WMO; Freihandelsabk. m. d. EG, 1984 UNO-Beitritt beschlossen

## c) Daten zur Bevölkerungs-, Wirtschafts- und Sozialstruktur

*Landwirtschaft, Bergbau, Industrie, Außenhandel, Verkehr: → die entspr. Sachkapitel*

Die **Einwohnerzahl** betrug am 1.1.1984 6,436 Mill., rd. 13000 mehr als vor einem Jahr. Die Zunahme resultiert fast ausschließlich aus dem *Geburtenüberschuß* von rd. 12900, während der in den Vorjahren bestehende Zuwanderungsüberschuß praktisch verschwunden ist.

Die Zahl der **Ausländer** (Wohnbevölkerung) betrug am 31.12.1983 (1982) 925551 (925826); sie veränderte sich also fast nicht. Von ihnen waren 1983 716265 Niedergelassene und 209286 Jahresaufenthalter. Dazu kamen rd. 9000 Saisonarbeiter und 21000 Funktionäre internationaler Organisationen mit ihren Familien, schließlich rd. 105000 sog. Grenzgänger (Arbeitspendler aus dem Ausland). Die wichtigsten *Heimatländer der Ausländerbevölkerung* waren Ende 1983: Italien 404790 – Spanien 104217 – BR Dtld. 83469 – Jugoslawien 58901 – Türkei 48485 – Frankreich 46756 – Österreich 30138 – Portugal 19727 – 32312 Ausländer lebten als anerkannte *Flüchtlinge* in der Schweiz, davon 8632 aus der ČSSR, 6229 aus Vietnam, 4707 aus Ungarn und 3185 aus Polen. – Die Zahl der *Einbürgerungen* betrug 1983 (1982) 9062 (9761), davon 2987 aus der ČSSR, 1765 aus Italien und 1731 aus der BR Dtld. Eine Erleichterung der Einbürgerung, insbesondere von Flüchtlingen und Staatenlosen, wurde im Dez. 1983 in einer Volksabstimmung abgelehnt.

Die Zahl der **Geburten** sank 1983 (1982) leicht auf 73662 (74916), davon Ausländer 11744 (12459). Die Zahl der Gestorbenen lag bei 60736 (59204), so daß sich ein auf 12926 (15712) verringerter Geburtenüberschuß ergab. Die Zahl der Eheschließungen stieg auf 37667 (37003).

Die **Wirtschaft** der Schweiz machte in den letzten Jahren die Bewegungen der internationalen Konjunktur mit, wenn auch in abgeschwächter Form. Der Konjunkturabschwung, der die Wirtschaft ab Mitte 1981 erfaßt hatte, erreichte 1983 seinen unteren Wendepunkt. Im Laufe des Jahres erfolgte eine allmähliche Erholung, die hauptsächlich von der Inlandsnachfrage getragen und durch die Ausgaben der öffentlichen Haushalte unterstützt wurde. Die Auslandsnachfrage wirkte erst in der 2. Jahreshälfte zusätzlich stimulierend (Exportwachstum). Trotz der Konjunkturerholung stieg die Zahl der Arbeitslosen und sanken sowohl Produktion als auch Beschäftigtenzahl der Industrie. – Das *Bruttosozialprodukt* stieg zwar nominal 1983 um 3,4%, real, d. h. nach Abzug von Preissteigerungen, ging es jedoch gegenüber dem Vorjahr um 0,5% zurück, nachdem es 1982 um 1,5% abgenommen hatte. Während der private Konsum – als Teil des BSP – um 1,4% zunahm, sanken die Brutto-Inlandsinvestitionen um 0,1%, und der Beitrag der Außenbilanz (Güter und Dienste) ging um 1,9% zurück. – Das **Bruttosozialprodukt** zu Marktpreisen betrug 1983 (1982) 211,870 (204,810) Mrd. Fr.

Die Zahl der **Erwerbstätigen** betrug 1982 (1981) 3,033 (3,054) Mill. Davon entfielen 1982 auf den primären Sektor 213,6 Tsd. (u. a. Landwirtschaft 180,0), auf den sekundären Sektor 1174,0 Tsd. (u. a. Maschinenbau 252,0 – Baugewerbe 194,7 – Metallindustrie 168,6 – Nahrungsmittelindustrie 95,9 – Chemie 70,2 – Holz- und Möbelindustrie 62,0 – graphisches Gewerbe 59,6 – Uhrenindustrie 55,3 – Bekleidungsindustrie 45,0 – Textilindustrie 41,2), auf den tertiären Sektor 1645,6 Tsd. (u. a. Einzelhandel 289,4 – Öffentliche Verwaltung und Unterrichtswesen 230,0 – Gastgewerbe 177,1 – Gesundheitswesen 169,3 – Reise- und Transportgewerbe 128,8 – Banken 95,6 – Post- und Fernmeldewesen 60,0 – Versicherungen 45,4

Die **Arbeitslosigkeit** stieg zwar 1983 stark an, blieb aber, international gesehen, auf sehr niedrigem Stand. Im Jahresdurchschnitt nahm die Zahl der Arbeitslosen von 15486 (1982) auf 28663 (1983) zu. Ende Dez. 1983 betrug die Zahl 30380, was einer Quote von 0,8% entspricht. Dazu kamen noch 39420 Teilarbeitslose. Die Zahl der offenen Stellen betrug 4246. – **Streiks** gab es auch 1983 praktisch nicht. – Die tarifliche **Arbeitszeit** liegt in den meisten Branchen noch bei 44 Wochenstunden, die Normalarbeitszeit bei rd. 42 Stunden. Den 1. Mai 1984 stellte der Schweizerische Gewerkschaftsbund unter das Motto »Für die 40-Stunden-Woche«.

Die **Preissteigerungsrate,** die 1982 im Jahresdurchschnitt 5,7% betragen hatte, ging 1983 auf rd. 2,9% zurück *(Landesindex der Konsumentenpreise).* Insbesondere die nachgebenden Importpreise und die Kursentwicklung des Schweizer Franken wirkten preisdämpfend.

Die **Leistungsbilanz** (Ertragsbilanz) verbesserte sich 1982 auf ein Aktivsaldo von 7,4 Mrd. Fr. Es resultierte aus Einnahmen von 85,5 Mrd. Fr. bei Ausgaben von 78,1 Mrd. Fr. Die wichtigsten Teilbilanzen waren die

**Abschlußrechnung (R) und Voranschläge (V) von Bund, Kantonen u. Gemeinden 1982, 1983 u. 1984**

| **BUDGET:** | *Ausgaben in Mill. Fr.* | *Veränd. in %* | *Einnahmen in Mill. Fr.* | *Veränd. in %* | *Saldo in Mill. Fr.* |
|---|---|---|---|---|---|
| Bund | | | | | |
| 1982 (R) | 19293 | +9,8 | 18869 | + 8,4 | – 424 |
| 1983 (V) | 19672 | +2,0 | 18710 | – 0,5 | – 962 |
| 1984 (V) | 21432 | +8,9 | 20772 | +11,0 | – 660 |
| Kantone | | | | | |
| 1982 (R) | 25375 | +7,4 | 24744 | + 6,3 | – 631 |
| 1983 (V) | 27000 | +6,4 | 25560 | + 3,3 | –1140 |
| 1984 (V) | 28550 | +5,7 | 27140 | + 6,2 | –1410 |
| Gemeinden | | | | | |
| 1982 (R) | 19100 | +7,6 | 18800 | + 5,2 | – 300 |
| 1983 (V) | 20100 | +5,2 | 19700 | + 4,8 | – 400 |
| 1984 (V) | 21100 | +5,0 | 20600 | + 4,6 | – 500 |
| Bund, Kantone u. Gemeinden (ohne Doppelzählungen) | | | | | |
| 1982 (R) | 54200 | +8,5 | 52845 | + 6,6 | –1355 |
| 1983 (V) | 57049 | +5,3 | 54247 | + 2,7 | –2802 |
| 1984 (V) | 60649 | +6,3 | 58079 | + 7,1 | –2570 |

Bilanz des Warenverkehrs (– 5,73 Mrd. Fr.) und der Dienstleistungen (+ 6,47 Mrd. Fr.). Für 1983 (1982) beträgt die Bilanz im Güter- und Dienstleistungsverkehr mit dem Ausland nach vorläufigen Angaben 50,195 (48,040) Mrd. Fr. (Importe) – 45,540 (45,365) Mrd. Fr. (Exporte).

Die **Staatsrechnung** der Eidgenossenschaft (Bundesfinanzen) schließt für 1983 mit einem Defizit von 855 Mill. Fr. ab (1982: – 424 Mill. Fr.). Aufgrund unerwarteter Einnahmesteigerungen konnte das Defizit gegenüber dem Voranschlag um 107 Mill. Fr. vermindert werden. Die Gesamtrechnung (mit Veränderungen im Staatsvermögen) ergab 1983 (1982) ein Defizit von 1,263 (1,236) Mrd. Fr.

Die wichtigsten Posten der **Bundesrechnung 1983** (in Mrd. Fr.): **Ausgaben:** insgesamt 20,283, davon u. a. soziale Wohlfahrt 4,320 – Landesverteidigung 4,312 – Verkehr und Energie 3,166 – Unterricht und Forschung 1,706 – Landwirtschaft und Ernährung 1,654 – Beziehungen zum Ausland 0,920 – Die **Einnahmen** 1983: 19,428 Mrd. Fr., davon u. a. Fiskaleinnahmen 17,284 (u. a. Warenumsatzsteuer 6,008 – Wehrsteuer 4,560 – Zölle 4,018 – Verrechnungssteuer 1,474 – Stempelsteuer 1,212).

Die Zahl der **Schüler und Studenten** betrug 1981/82 1,340 Mill., davon entfielen u. a. in Tsd. auf Vorschule 118,8 – Primarstufe 434,3 – Sekundarstufe I 355,4 – Sekundarstufe II 308,0 – Universitäten 63,9 – Die Zahl der **Lehrlinge** betrug 1982 183,2 Tsd., die der Lehrabschlußprüfungen 58,0 Tsd.

Die 1984 veröffentlichte Schweizer **Kriminalstatistik** 1982 verzeichnet insgesamt 54100 *Strafurteile* gegen 50200 Personen. Hiervon waren 65% Haftstrafen, 34% Bußen, der Rest Anstaltseinweisungen u. ä. Besonders häufige Straftatbestände waren 1982: Fahren in angetrunkenem Zustand 9500 – einfacher Diebstahl 7000 – Verletzung der Verkehrsregeln 4800 – Konsum, Besitz und Handel mit Betäubungsmitteln 2700 – Betrug 1600 – einfache Körperverletzung 650 – Dienstverweigerung 500 – fahrlässige Tötung 440 – u. a. Raub 290 – vorsätzliche Tötung 23 – Mord 10 – *Militärdienstverweigerung* bleibt weiterhin strafbar, nachdem die Einführung eines zivilen Ersatzdienstes im Febr. 1984 durch eine Volksabstimmung abgelehnt wurde.

# Kurzbiographien
## ausländischer Staatsmänner und Politiker

**Vorbemerkung:** In diesem Abschnitt sind in Auswahl ausländische Staatsmänner und Politiker berücksichtigt, die seit Herbst 1983 hohe Staatsämter übernahmen oder auf andere Weise in den Vordergrund des Interesses rückten. Die Kurzbiographien sind um so ausführlicher, je unbekannter der Politiker ist, da bei bekannteren (z. B. *Bourguiba*) ein bestimmter Bekanntheitsgrad vorausgesetzt werden kann; in diesen Fällen werden vor allem die wichtigsten Daten der jüngsten Zeit genannt. Die Namen sind nach der im allgemeinen in dem jeweiligen Land üblichen Schreibweise bzw. Transkription angeordnet; in eckigen Klammern steht die z. T. in deutschsprachigen Publikationen übliche Schreibweise bzw. die ungefähre Aussprache der Namen. [**Dsch** siehe auch unter **G** bzw. **J; Sch** auch unter **Ch** bzw. **Sh; Tsch** auch unter **Ch.**]

*Abdullah Ibn Abdul-Aziz* → Fahd

**Adams,** *Gerry* (Nordirland), * 1948; ehemaliger Barkeeper. Erste politische Aktivitäten Ende der 60er Jahre bei der nordirischen Menschenrechtsbewegung. 1971–72 wegen Verdachts terroristischer Tätigkeit in Haft; 1973–77 erneut in Haft. 1982 Wahl in das Nordirische Parlament. Unterhausabgeordneter seit Juni 1983. A., bisher einer der 2 Vizepräsidenten der Sinn Fein, wird am 12. 11. 1983 als Nachfolger von *Rory O'Brady* zum Präsidenten gewählt. Strebt einen irischen Einheitsstaat an, den er »revolutionär-sozialistisch« gestalten will. Kündigt mehr Gewalttätigkeiten in Nordirland sowie eine neue politische Strategie an.

**Alfonsín,** Dr. *Raul* (Argentinien), * 1927; Sohn einer wohlhabenden Familie spanischer Herkunft. Strebt zunächst militärische Laufbahn an. Nach dem Jurastudium Eintritt in die Unión Civica Radical/UCR und 1951 Stadtrat in Chascomus. Unter den demokratischen Regierungen von *Arturo Frondizi* und *Arturo Illía* Abgeordneter. 1972 Gründer der parteiinternen Fraktion »Erneuerung und Wandel« (Movimiento de Renovación y Cambio), seither deren unbestrittener Führer. Bei den Wahlen im Sept. 1973 Kandidat für die Vizepräsidentschaft. Ende Juli 1983 wird A., der dem linken Parteiflügel zugerechnet wird und über gute internationale Kontakte verfügt, zum Vorsitzenden der UCR gewählt und zum Kandidaten für die Präsidentschaftswahlen vom 30. 10. 1983 proklamiert, aus denen er mit 52% als Sieger hervorgeht (vorgezogener Amtsantritt als Nachf. von *R. Bignone* am 10. 12. 1983). A. kündigt Gerichtsverfahren sowohl gegen alle Mitglieder der verschiedenen, nach 1976 regierenden Militärjuntas als auch gegen linke Terroristen an. Fordert Anf. 1984 die Ablösung der britischen Falklandgarnison durch eine UNO-Friedenstruppe und erklärt, Argentinien werde auf seine Hoheitsansprüche niemals verzichten.

**Ali,** *Kamal Hassan* (Ägypten), * 1921; militärische Laufbahn, unter *Anwar as Sadat* u. a. Minister für Verteidigung und Information. Seit Mai 1980 Außenminister bzw. verantwortlich für die Sektion »Souveränität, Auswärtiges, Verteidigung und Information« sowie einer der Stellvertreter des Regierungschefs. Für Wiederherstellung der guten Beziehungen zu den anderen arabischen Staaten. Wirft Israel im Hinblick auf die Ereignisse im Libanon eine »expansionistische Politik« vor. Seit Anfang Juni 1984 Nachf. von *Fuad Muhieddin* als Reg.-Chef.

**Alia,** *Ramiz* (Albanien), * 1924; bereits 1952 Mitglied des ZK der »Kommunistischen Partei Albaniens«/PAA; 1956 stellv. und 1961 Vollmitglied des Politbüros sowie ZK-Sekretär. Am 22. 11. 1982 als Nachfolger von *Haxhi Lleshi* zum Staatsoberhaupt ernannt unter Beibehaltung seiner Parteifunktionen.

**Aliev** [*Aliew, Alijew,* eigentl. *Ali*], *Gejdar* [*Geidar, Geijdar*) (UdSSR), * 1923; muslimischer Herkunft. Studium der Geschichte an der Kirow-Universität; 1941 Mitarbeiter beim Volkskommissariat für innere Angelegenheiten/NKWD. Seit 1945 Mitglied der KPdSU. Beginn der Parteikarriere 1965 im Staatssicherheitsdienst/KGB von Aserbeidschan und 1967–69 dessen Leiter. Seit Juli 1969 Parteichef dieser Republik. 1970–74 im Obersten Sowjet; ab 1974 einer der stellv. Vors. des Nationalitäten-Sowjet. Im März 1976 zum Kandidaten des Politbüros gewählt und am 22. 11. 1982 zum Vollmitglied befördert. A. – »Held der Sowjetunion« und dreifacher Träger des Leninordens – galt als Vertrauter von → *Andropow.* Am 24. 11. 1982 zu einem der Ersten stellv. Ministerpräsidenten der UdSSR ernannt.

**Andropow,** *Juri Wladimirowitsch* (UdSSR), * 1914. Techniker, Tscheka-Mitglied, 1936/44 Konsomol-Funktionär; 1954/57 Botsch. in Ungarn (Niederwerfung des Aufstands, aber Förderer → *Kádárs);* 1962 ZK-Sekr. u. a. f. Bez. zu den KPs; 1967 Kandidat des Politbüros und im Ministerrang Vorsitzender des Geheimdienstes (Komitee für Staatssicherheit/KGB) und Chef aller Grenz- und Sicherheitstruppen. 1973 Vollmitglied des Politbüros und im

Herbst 1976 »Armeegeneral«. Seit 24.5.1982 erneut Sekretär des ZK. Nach dem Tode von *Leonid I. Breschnjew* am 12.11.1982 einstimmig zum neuen Generalsekretär des ZK, am 16.6.1983 zum Vorsitzenden des Präsidiums des Obersten Sowjet und damit zum Staatsoberhaupt gewählt; † am 9.2.1984 in Moskau. Nachf. als Staats- und Parteichef → *Tschernenko.*

**Arafat,** *Jassir* [Deckname *Abu* **Ammar**] (Palästina), * 1929 in Jerusalem; seit 1948 Guerillero, 1956 Aufstieg in die Führung, 1969 Gen.-Sekr. des Exekutiv-Komitees des Zentralamtes (»Nationalrates«) d. »Palästinensischen Volksbefreiungsfront«/PLO; zeitw. Oberbefehlshaber der »Paläst. Befreiungsarmee«/PLA. Heftiger Gegner des ägypt.-israel. Friedensvertrages von 1979. Am 26.1.1981 zum Vizepräsidenten der »Islamischen Weltkonferenz«/ICO gewählt. Hält am Ziel der Gründung eines Palästinenser-Staates fest und findet seit 1979 international ständig mehr Anerkennung. Billigt im Okt. 1981 den saudi-arab. Nahost-Friedensplan. Nach dem Abzug der PLO-Verbände aus dem Süd-Libanon im Aug. 1982 Errichtung eines provis. Hauptquartiers in Tunis. Auf dem Treffen des Nationalrates im Febr. 1983 in Algier in seinem Amt bestätigt. Seit Mai kommt es im Libanon zu Meutereien von El Fatah-Einheiten unter Führung von Oberst *Abu Musa,* die A. vorwerfen, in der Palästina-Frage zu kompromißbereit zu sein und den bewaffneten Kampf zugunsten von Diplomatie mehr und mehr aufgegeben zu haben. Seine Position als Führer der Palästinenser scheint ernsthaft gefährdet. Am 20.12.1983 mit Schiffen unter der UNO-Flagge aus Tripoli herausgeholt, wo er mit seinen Getreuen nach der Niederlage gegen die PLO-Rebellen eingeschlossen ist. Trifft am 22.12.1983 in Kairo mit → *Mubarak* zusammen. In Treffen mit König → *Hussein* um eine Lösung der Palästinenserfrage bemüht. Erklärt sich Anf. Mai 1984 erstmals zur Anerkennung Israels bereit, wenn Israel dasselbe mit einem palästinensischen Staat tue, der auf dem Westufer errichtet werden soll. Nach einem Beschluß der wichtigsten PLO-Gruppierungen am 28.6. in Aden weiterhin an der Spitze der PLO, aber mit eingeschränkten Befugnissen.

**Archipow,** *Iwan Wassiljewitsch* (UdSSR), * 1907; 1928 KPdSU-, 1976 ZK-Mitglied. 1945 1. Stellv. Min. f. Schwarzmetallurgie, 1959 Stellv. Vors. d. Staatskomitees f. Außenhandel, 1974 einer der stellv. Ministerpräsidenten und am 27.10.1980 als Nachfolger von → *Tichonow,* der das Amt des zurückgetretenen Regierungschefs *Alexej Kossygin* übernimmt, Erster Stellv. Ministerpräsident. »Held der sozialistischen Arbeit« und Träger eines Lenin-Ordens. Gilt als Fachmann für den Westhandel.

**Arens,** *Moshe* [*Mosche*] (Israel), * 1925 in Litauen; in die USA ausgewandert. Studium der Aeronautik an der TH in Massachusetts. In der US-Armee Teilnehmer am II. Weltkrieg. 1948, zu Beginn des israelischen Unabhängigkeitskrieges, nach Palästina übergesiedelt und aktiv in der Untergrundgruppe von → *Begin.* 1951 Rückkehr in die USA und als Spezialist für Düsenantriebe tätig. Seit 1962 in Israel Prof. für Aeronautik an der TH in Haifa und Leiter der Entwicklungsabteilung in der Luftfahrtindustrie. Politisch in der Cherut-Partei tätig; 1974 Wahl in die Knesset, 1977–82 Leiter des Ausschusses für Auswärtiges und Verteidigung. 1978 Ablehnung der Nahostverträge von »Camp David«; 1981 Befürworter des Memorandums, das die strategische Zusammenarbeit mit den USA postuliert. Ab Febr. 1982 Botschafter in Washington. Seit Febr. 1983 Nachf. von → *Sharon* als Verteidigungsminister. A. gilt als Befürworter einer Politik der Stärke.

**Assad,** *Hafez* [*Hafis*] *el* (Syrien), * 1928; militärische Laufbahn. Führender Angehöriger des sog. »rechten« (militärischen) Flügels des Baath (»Soz. Partei der Arab. Wiedergeburt«). Am 13.11.1970 Regierungschef. Am 2.3.1971 Präsident der Republik, am 12.3. als solcher bestätigt, am 8.2.1978 wiedergewählt. Verteidigt im Nahostkonflikt hart die arabische Position. Im Januar 1980 wieder zum Vors. der Baath-Partei gewählt. Im Nov. 1982 Ablehnung des US-Nahost-Friedensplans und Zusicherung weiterer Unterstützung an PLO. Erklärt die Bereitschaft Syriens, seine Truppen auf Ersuchen der libanes. Regierung abzuziehen, besteht aber auf einem »bedingungslosen Rückzug« der Israeli. Im Mai 1983 Ablehnung des von den USA, Israel und Libanon ausgehandelten Vertragsentwurfs als ein dem Libanon aufgezwungenes Dokument, welches auch die Sicherheit von Syrien und der gesamten arabischen Welt gefährde. Erreicht mit der Auflösung der »Multinationalen Friedenstruppe«/MNF (bis zum 31.3.1984) und der Verwerfung des israelisch-libanesischen Abkommens vom Mai 1983 (am 5.3.1984) durch die libanesische Reg. einen ersten Erfolg mit seiner Libanon-Politik. Seine nächste Forderung ist der Abzug der Israelis aus dem L. ohne Vorbedingungen. Um die Beilegung des irakisch/iranischen Konflikts bemüht.

**Banda,** Dr. *Hastings Kamuzu* (Malawi), * 1905; Studium v. Medizin u. Geschichte in USA u. GB; ab 1958 Politiker in Njassaland, 1961 Min., 1963 MinPräs, 1964 des unabh. Malawi, führt 1966 den Einparteistaat ein, seither Staatspräsident, seit 1971 auf Lebenszeit. Übernimmt nach Auflösung seines Kabinetts am 2.4.1984 alle Ministerposten.

**Barletta,** *Nicolás* [*»Nicky«*] *Ardito* (Panamá), * 1938, Wirtschaftsfachmann; ehem. Planungsminister unter General *Omar Torrijos Herrero* und ehem. Vizepräsident der Weltbank. Kandidat der von der Regierung und den Militärs unterstützten »National-Demokratischen Union«/UNADE bei den ersten

Präsidentschaftswahlen nach 16jähriger Militärherrschaft am 6. Mai 1984, die er nach Angaben der obersten Wahlbehörde mit einem Vorsprung von 1713 Stimmen vor *Arnulfo Arias Madrid* gewinnt. B., der am 11. 10. 1984 als Nachf. des Interimspräsidenten *Illueca* in sein Amt eingeführt wird, will den Beziehungen mit den USA besondere Aufmerksamkeit schenken.

**Barre,** *Mohammed Siyad* (Somalia), * 1919; Polizeioffizier, 1960 Stellv. Komm. d. Streitkräfte, 1965 Oberbef. d. Armee, 1969–76 Vors. d. Obersten Revolutionsrats, proklamiert am 28. 6. 1976 S. als »sozialistischen Einparteistaat«. B., Vertreter eines »Groß-Somalia«, unterstützt seit 1976 die »Westsomalische Befreiungsfront« im äthiopischen Ogaden, scheitert jedoch in seinen Plänen, so daß er seit 1978 um die Festigung seiner Position bemüht sein muß. Am 26. 1. 1980 erneut als Staatspräsident vereidigt.

**Barry,** *Peter* (Irland), * 1928; Ausbildung am Christian Brothers College in Cork. 1970/71 Bürgermeister von Cork; 1973–76 Minister für Transportwesen und 1976/77 für Erziehung. Fraktionsvors. der Fine Gael und 1981 stellv. Vorsitzender des Wirtschaftskomitees seiner Partei. Von Juni 1981–März 1982 Umweltminister. Seit Jan. 1983 als Nachf. von *Gerry Collins* Außenminister. Im 2. Hj. 1984 EG-Ratspräsident.

**Batmunch** [*Batmonkh*], *Schambyn* [*Jambyn, Zhambyn*] (Mongol. VR), * 1926; Ausbildung als Lehrer u. a. an d. Akad. f. Gesellschaftswiss. d. ZK d. KPdSU/Moskau; Lehrer, Dozent an d. Staatl. Uni d. Mong., 1952/58 Doz. u. Prorektor d. Parteihochschule d. ZK, 1962/67 Lehrstuhlinh., Prorektor, schließl. Rektor des Wirtschaftswiss. Inst., 1967/73 Prorektor u. Rektor d. Uni; 1948 Mitgl. d. Mong. Rev. Volkspart./KP, 1971 Kandidat d ZK, 1973 v. → *Tsedenbal* z. Leiter d. Abtl. Wissenschaft u. Bildung d. ZK berufen, Mai 1974 Stellv., Juni 1974 MinPräs, am 23. 8. 1984 zusätzl. GenSekr d. ZK i. d. Nachfolge *Tsedenbals.*

**Begin,** *Menachem* (Israel), * 1913 in Weißrußland; früh zion. aktiv, seit 1942 in Palästina, Führer der rechtsrad. Untergrundorg. Irgun zvai Le'umi, für zahlreiche Terroranschläge verantwortl.; 1948 Gründung der Cherut-Part. u. deren Vors., 1967–70 Min. ohne Geschäftsbereich, Kritiker der Arbeitspartei, radik. Großpalästina-Nationalist; bei den Wahlen vom Mai 1977 mit dem rechten Likud (»Vereinigung«)-Block siegreich. 1977 Chef einer Koalitionsregierung. Tritt am 15. 9. 1983 formell zurück (Nachf. → *Shamir*). Verzichtet auf eine Kandidatur bei den Parlamentswahlen am 23. 6. 1984.

**Belaúnde Terry,** *Fernando* (Perú), * 1912, Studium der Architektur in Lima und in den USA, sodann Architekt und Professor für Städtebau an der Universität von Lima. 1956 Gründung der »Volksaktion« (Acción Popular/AP). Am 18. 5. 1980 als Kandidat der AP mit relativer Mehrheit zum ersten zivilen Präsidenten nach 12 Jahren Militärherrschaft gewählt. B. verspricht beschleunigte Sozialreformen. Seit 1981 zunehmende Erschwerung seiner Politik durch Guerilla-Aktionen (»Sendero Luminoso«). Mit seiner Wirtschaftspolitik bislang wenig erfolgreich. Erleidet bei den Kommunalwahlen Mitte Nov. 1983 mit seiner AP eine schwere Niederlage. Gerät aufgrund der schlechten Wirtschaftslage immer mehr unter den Druck nationalistischer und linksorientierter Kreise.

*Ben Jedid* → *Chadli*

**Benn,** *Anthony Neil Wedgwood* (Großbritannien), * 1925; Mitglied der Labour Party, Parlamentsabgeordneter bis 1950; mußte wegen Erbung des Adelstitels ausscheiden, bis 1963 Verzicht auf Adel und Rückkehr ins Unterhaus möglich wurde. Seit 1964 mehrfach Minister. Gehört zum äußersten linken Parteiflügel. Unterliegt 1981 um den stellv. Parteivors. gegen *Denis Winston Healey,* im Nov. nicht wieder ins Schattenkabinett gewählt. Verliert im Okt. sein Amt als Vors. des innenpolit. Ausschusses der Partei, scheitert im Nov. erneut bei der Wahl zum Schattenkabinett. 1983 Verlust seines Unterhausmandats. Am 2. 3. 1984 bei der Nachwahl in Chesterfield erneut zum Unterhausabgeordneten gewählt.

**Berlinguer,** *Enrico* (Italien), * 1922; sardischer Adliger, seit 1945 Aufstieg in der KPI, seit 1969 für Unabhängigkeit der KPI, Eurokomm. u. pol. Pluralismus; 1972 Gen.-Sekr. des PCI (KP). Erleidet am 7. 6. 1984 bei einer Kundgebung zur Europawahl in Padua einen Gehirnschlag, dessen Folgen er am 11. 6. erliegt (Nachf. → *Natta*).

**Berri,** *Nabih* (Libanon), * 1937; Jurastudium, Rechtsanwalt. Seit dem Bürgerkrieg von 1975/76 Mitglied im Politbüro der Schiiten-Organisation »Hoffnung« (Amal). Seit 1978, nach dem Verschwinden des Amal-Gründers Imam *Mussa Sadr,* Führer der Bewegung. 1982 Eintritt in das »Komitee der nationalen Errettung«, jedoch darauf bedacht, sich und seine Organisation vom syrischen Patronat freizuhalten. Vertreibt am 7. 2. 1984 mit seiner Amal-Miliz (kampfstarke Truppe von mehr als 6000 Mann) die regulären libanesischen Truppen aus West-Beirut. Schlägt auf der Versöhnungskonferenz in Lausanne im März 1984, die einen Waffenstillstand vereinbart, die Bildung einer »Regierung der nationalen Einheit« vor. Übernimmt am 7. 5. 1984, nach der Erfüllung seiner Forderungen, neben den Ministerposten für Justiz sowie Wasser- und Energiewirtschaft den Posten eines Staatsministers für den Südlibanon und für den Wiederaufbau.

**Betancur Cuartes,** *Belisário* (Kolumbien), * 1923; Studium der Rechts- und Wirtschaftswissenschaften; Professor für Verfassungs- und Arbeitsrecht, für

Soziologie u. Wirtschaft, auch Journalist. Daneben Abgeordneter, Senator, Botschafter und Minister. Scheitert viermal als Kandidat der Konservativen bei den Präsidentschaftswahlen. Löst nach dem Sieg bei den Wahlen vom 30.5.1982 am 7.8. *Julio César Turbay Ayala* als Staatspräsident ab. Nennt als wichtigstes innenpolit. Ziel die Bekämpfung der Guerilla. Mit einem Programm der »Entwicklung mit Gerechtigkeit« will B. die Landwirtschaft und Bauindustrie fördern; Zinssenkungen, Kapitalhilfen, Exportförderungen und Importbeschränkungen sollen der verarbeitenden Industrie aus der Krise helfen. Fordert mehr Distanz zu Washington sowie Anschluß an die Blockfreien. Führender Kopf der Contadora-Gruppe (Panamá, Mexico, Venezuela, Kolumbien), die sich um eine Befriedung Mittelamerikas bemüht. Im April 1983 gemeinsam mit den Präsidenten von Panamá und Costa Rica, *De la Espriella* und → *Monge,* Forderung nach Einstellung aller ausländischen Militärhilfe sowie Abzug aller ausländischen Militärberater und Einstellung aller Waffenlieferungen in diese Region als erstem Schritt. Schließt im August 1984 mit 4 d. 5 Guerilla-Org. Waffenstillstandsabk., wodurch »Untergrundkrieg zu 80% beendet« sei.

**Bird,** *Vere Cornwall* (Antigua und Barbuda), * 1908; mit 18 Jahren Aktivist bei der Heilsarmee, wo seine rhetorischen Fähigkeiten auffallen. Seit 1940 im Parlament und Mitglied der Antigua Trade and Labour Union, dann deren Präsident. Durch die Organisation eines einjährigen Streiks der Plantagenarbeiter 1951 bekannt geworden. Seit 1968 Führer der Antigua Labour Party/ALP. 1961–71 und erneut seit 1976 Premierminister. Seit 3.10.1981 Premierminister des unabhängig gewordenen Antigua u. Barbuda. Bei den vorgezogenen Neuwahlen vom 17.4.1984 für eine Amtszeit von 5 Jahren wiedergewählt.

**Bishop,** *Maurice* (Grenada), * 1944; Rechtsanwalt, vertritt eine »Neue Linke« gegen Neokol. u. Kapitalismus; stürzt 1979 ohne Blutvergießen die Regierung von Sir *Eric Gairy.* Enge Kooperation mit Cuba. Am 12.10.1983 durch Staatsstreich entmachtet und unter Arrest. Am 19.10. von seinen Anhängern befreit, aber erneut festgenommen und erschossen. Die Putschisten (*Bernard Coard* u. General *Hudson Austin*) werden am 25.10. durch US-Truppen, die nach Aufforderung von Generalgouverneur → *Scoon* intervenieren, entmachtet. Nachf. als Reg.-Chef: *Alistair McIntyre.*

**Biya,** *Paul* (Kamerun), * 1933; Studium der Politik und des öffentlichen Rechts in Paris. Seit 1964 in Kamerun in der Verwaltung tätig; ab 30.6.1975 Premierminister, ein Amt, das in K. nicht in erster Linie politisch, sondern vergleichbar mit dem eines Generalsekretärs der Regierung ist. B., seit 6.11.1982 als Nachfolger von *Hadschi Ahmadou Ahidjo* Staatspräsident, ist auch Vizepräsident der Einheitspartei L'Union Nationale Camerounaise/UNC/CNU. Im Sept. 1983 zum Vors. der Einheitspartei gewählt und am 14.1.1984 als Präs. bestätigt. Schlägt einen angeblichen Putschversuch, an dem auch *Ahidjo* beteiligt gewesen sein soll, nieder. Gilt als dem Westen zugewandt und marktwirtschaftlich orientiert.

**Botha,** *Pieter Willem* [»*P. W.*«] (Rep. Südafrika), * 1916 im Oranje-Freistaat. Jurastudium; seit 1936 in der »National-Partei«/NP. Seit Sept. 1978 als Nachfolger von *Balthazar Johannes Vorster* Regierungschef. Grundsätze: Anerkennung einer multiethnischen Gesellschaft [»vertikale Differenzierung«, aber Trennung der Macht] u. einer Verfassungsreform. B. geht aus den Neuwahlen vom April 1981 für das ausschließlich die weiße Bevölkerung vertretende Parlament gestärkt hervor. Macht die Umsetzung des westlichen Namibia-Plans vom Abzug der cubanischen Truppen aus Angola abhängig. Im Nov. 1983 erfolgreich mit seiner Verfassungsreform, die Mischlingen und Indern, nicht aber Schwarzen, politische Rechte einräumt. Am 16.2.1984 mit Angola Vereinbarungen über den Abbau von Spannungen an der angolan. Grenze zu Namibia und am 16.3. Unterzeichnung eines Nicht-Angriffs-Pakts mit Mosambik. Am 5.9.1984 zum 1. Präsidenten der Zweiten Republik gewählt.

**Botha,** Dr. *Roelof Frederik* [»Pik«] (Rep. Südafrika), * 1932; nach Stud. v. Philosophie u. Jura seit 1953 im Dipl. Dienst, 1977 Außenminister. Gilt als Vertreter einer »getrennten Entwicklung« von Weißen und Nichtweißen in Südafrika bei »getrennter Freiheit«. Er verneint die Berechtigung der Forderung der USA und anderer Staaten, für Südafrika eine schwarze Mehrheitsherrschaft zu fordern, wenn sie den Weißen nicht die Rechte garantieren könnten, die sie selbst bei ihrer Mehrheitsherrschaft genießen. Im Mai 1981 von Präsident → *Reagan* empfangen; begrüßt dessen Konzept, wonach vor international überwachten Wahlen in Namibia verfassungsmäßige Garantien für die weiße Minorität erarbeitet werden sollen. Stärkere innenpol. Position seit seiner Wahl zum stellv. Vors. der »nationalen« Reg.-Partei in Transvaal.

**Bourguiba** [*Burgiba*], *Habib Ben* (Tunesien), * 1903; Jura-Studium u. Dr. jur. in Paris, seit 1934 in Tunis Führer des Kampfes um Unabh. (17 Jahre Haftstrafen) u. Vors. seiner Neo-Destour-Part., seit 1957 Staats- u. MinPräs (seit 1975 Präs. auf Lebenszeit). Nimmt nach schweren Unruhen am 6.1.1984 die wirtsch. notw. drastischen Verteuerungen (u. a. der Erhöhung der Brotpreise um 110%) zurück, erhöht die Preise für Luxusgüter.

**Brittan,** *Leon* (Großbritannien), * 1940; in der Reg. → *Thatcher* 1979–81 Juniorminister im Innenministerium, dann Vizeschatzkanzler. Nach dem Wahlsieg der Konservativen vom 9.6.1983 Nachf. von *William Whitelaw* als Innenminister und damit der jüngste Inhaber dieses wichtigen Amtes seit 1911, als *Winston Churchill* es im Alter von 37 Jahren übernahm. B. ist ein engagierter Monetarist und steht wirtschaftspolitisch entschieden rechts.

**Buhari,** Generalmajor *Mohammed* [*Muhammadu*] (Nigeria), * 1942; militärische Laufbahn. Ausbildung an der Militärakademie in Kadona, an der brit. Offiziersschule in Aldershot und in Indien. 1975–76 Militärgouverneur im früheren Nordoststaat und ab 1976 im Bundesstaat Borno und Bundesminister für Erdöl (1976–78) sowie Vors. der nationalen Erdölgesellschaft unter *Olusegun Obasanjo.* 1980 Rückkehr in den regulären Militärdienst und Ernennung zum Kommandierenden Offizier im Generalsrang der 4. Division. Stürzt am 31.12.1983 in einem unblutigen Putsch die Zivilreg. von *Shagari* und ernennt sich zum Oberhaupt einer Militärreg. und zum Befehlshaber der Streitkräfte. Bildet am 5.1.1984 eine militärische Bundesreg., die aus dem von ihm geleiteten Obersten Militärrat und einem Exekutivrat von 18 Ministern besteht. Will den internationalen Zahlungsverpflichtungen nachkommen und das Haushaltsdefizit verringern. B. gilt als gemäßigt konservativ und als Anhänger freier Marktwirtschaft.

**Bush,** Dr. *George* (USA), * 1924 als Sohn einer Industriellenfamilie. Studium der Wirtschaftswissenschaften an der Yale-Universität. Erdölmanager in Texas, 1966 republ. Abgeordneter im Kongreß, 1970/72 UNO-Delg., 1974 Leiter d. Verbindungsbüros in Beijing, 1975/76 des CIA. Gewinnt mit → *Reagan* im Nov. 1980 die Wahl und wird Vizepräsident. Seit 24.3.1981 Koordinator aller außen- und innenpolit. Tätigkeiten der Regierung in Krisenzeiten. Bezeichnet »Cuba als die wesentliche Bedrohung für den Frieden« in Zentralamerika. Betont die Bereitschaft seiner Reg., die von Moskau abgebrochenen Gespräche über Mittelstrecken- und strategische Nuklearwaffen jederzeit wieder aufnehmen zu wollen.

**Buthelezi,** Dr. h. c. *Mangosutha Gatsha* (Rep. Südafrika), * 1928; seit 1957 Häuptling des Buthelezi-Stammes der Zulu, 1970 Chefminister des autonomen KwaZulu. Führer der hauptsächlich von Zulu getragenen »Inkatha-Bewegung« und als Präsident der Anfang 1978 konkretisierten South African Black Alliance/SABA, der auch Inder und »Coloureds« angehören, von wachsendem Einfluß. Lehnt die »Homeland-Politik« ab u. vertritt ein integr. Südafrika m. Gleichberechtigung aller Rassen.

**Caputo,** Dr. *Dante* (Argentinien), * 1941 in Buenos Aires als Sohn italienischer Einwanderer; Soziologiestudium an den Universitäten von Buenos Aires und Paris (Promotion). Dann Dozent für das Fach »Öffentliche Verwaltung und Staatsunternehmen« an der staatl. Univ. von Buenos Aires. Mitglied der Unión Civica Radical/UCR, Herausgeber der argent. Zeitschrift »Argumento Politico«. Kontakte zur Friedrich-Naumann-Stiftung in der Bundesrepublik Deutschland, die ein von ihm geleitetes Institut finanziert. Langjähriges Mitglied im Beraterstab von → *Alfonsín.* Ab 10.12.1984 Nachfolger von *Juan Ramón Aguirre Lanari* als Außenminister. C. strebt eine Vertiefung der Beziehungen zu den Staaten Westeuropas an und setzt sich für die Wiederaufnahme von Verhandlungen über die Falklandfrage ein.

**Carrington,** Lord *Peter Alexander Rupert* (Großbritannien), * 1919; Offizier, nach d. Krieg Landw., seit 1946 kons. Abg., seit 1951 zahlreiche Regierungsämter, 1974/79 Oppositionsführer, seit Mai 1979 Außenminister. Tritt am 5.4.1982 im Zusammenhang mit der Falkland-Krise zurück. Nach dem Rücktritt von NATO-Gen.-Sekr. → *Luns* am 8.12.1983 offiziell als dessen Nachf. nominiert (Amtsantritt: 25.6.1984). Gilt sowohl als entschlossener Befürworter einer wirkungsvollen atomaren Abschreckung als auch als Verfechter des Ost-West-Dialogs.

**Casaroli,** *Agostino* (Vatikan), * 1914; 1934 zum Priester geweiht. Absolvent der Päpstl. Diplomatenschule; seit 1940 im Staatssekretariat, seit 1967 Sekr. d. Rats für öffentl. Angel., führte seither die Verh. m. komm. Staaten. 1979 von *Johannes Paul II.* als Nachfolger von Kardinal *Villot* zum Staatssekretär ernannt. Erhält ab 6.4.1984 alle päpstlichen Vollmachten zur Verwaltung der inneren Angelegenheiten des Vatikans (→ Sp. 436).

**Castro Ruz,** Dr. jur. *Fidel* (Cuba), * 1927; ab 1953 Führer im Kampf gegen die Diktatur v. *Fulgencio Batista,* die er 1959 nach 4 Jahren Guerilla stürzt; führt Cuba gegen US-Dominanz sozialrev. in Abhängigkeit v. Moskau. 1976 von der »Nationalversammlung« zum Vorsitzenden des neugebildeten »Staatsrates« gewählt; vereinigt die Funktionen des Staats- und Regierungschefs (im Dez. 1981 bestätigt), Generalsekretär der KP (im Dez. 1980 wiedergewählt) und Oberbefehlshabers der Streitkräfte. Verteidigt die Interventionen in Afrika als »Einsatz für die Befreiung von Imperialismus und Ausbeutung«. Gewinnt auch in Mittelamerika Einfluß, 1979 besonders seit dem Umsturz in Nicaragua. Bekundet im März 1982 seine Bereitschaft zum Dialog mit den USA, lehnt aber das »Entwicklungsprogramm« für Mittelamerika und die Karibik von Präsident → *Reagan* entschieden ab. Im Aug. 1983 erklärt C., Cuba werde sich »niemals einer Politik der Stärke« beugen, wie sie derzeit die USA mit den Manövern in Mittelamerika demonstrierten. Besucht am 16.2.1984 mit Spanien erstmals ein westeuropäisches Land.

**Ceauşescu,** Dr. h. c. *Nicolae* (Rumänien), * 1918; früh aktiv in d. rev. Arbeiterbew., 1936 KP-Mitglied, 1939/44 Kerker, 1945 Mitglied des ZK der KP, 1954 ZK-Sekr. u. enger Mitarb. v. *Gheorghe Gheorghiu-Dej* u. nach dessen Tod 1965 sein Nachf. als GenSekr d. ZK (seit 1968 der RKP); 1974 in das neu geschaffene Amt des Staatspräsidenten gewählt (1980 bestätigt) und weiterhin Vorsitzender des »Staatsrates« sowie GenSekr (1979 wiedergewählt) und seit März 1980 Vors. des »Ständigen Büros« des »Exekutiv-Komitees« des ZK der Partei, mit Frau *Elena* (geb. 1920, grad. Chemikerin) als Stellvertreterin (seit März 1980 auch eine der stellv. Reg.-Chefs; Sohn *Nicu C.* ist Mitglied des ZK, 1. Sekr. d. Komm. Jugendverbandes u. seit Dez. 1983 Jugendminister). Fordert den Abzug der sowjet. Truppen aus Afghanistan sowie Selbstbestimmungsrecht für das kambodschanische Volk. Wünscht Garantien für Israels staatl. Existenz in den Grenzen von 1967 u. gleichzeitig eine Regelung der Palästinenser-Frage durch eine UN-Konferenz. Betont die Notwendigkeit der Entspannung zur Verhinderung von Konfrontation und Krieg. Anf. Nov. 1982 tritt C. für kernwaffenfreie Zone im Balkan ein u. verspricht im Dez., daß Rumänien bis 1985 seine Militärausgaben einfrieren werde. Im Aug. 1983 Appell an USA und UdSSR, die Stationierung neuer atomarer Mittelstreckenwaffen auch bei einem Scheitern der Genfer INF-Verhandlungen zu verschieben. Sagt Anf Jan. 1984 dem korean. Volk Unterstützung bei Wiedervereinigung zu.

*Chaddam → Khaddam*

**Chadli** [*Schadli,* im Befreiungskrieg angenommener Name], Oberst *Ben Jedid* [*Bendscheddid*] (Algerien), * 1929 als Sohn einer armen Bauernfamilie ohne mögl. höhere Schulbild.; seit 1955 in der »Nat. Befreiungsfront«/FLN und in deren Streitkräften ALN rasch aufgestiegen. Seit 1962 Mitglied des »Nat. Revolutionsrates«/CNR; politisch wenig hervorgetreten. Nach dem Tod von *Houari Boumedienne* 1978 zum Generalsekretär der FLN, am 7.2.1979 zum Staatspräsidenten gewählt und gleichzeitig Verteidigungsminister. Stattet am 7.11.1983 Frankreich den ersten offiz. Besuch seit der Unabhängigkeit seines Landes vor 21 Jahren ab. Am 22.12. im Amt des FLN-Gen.-Sekr. bestätigt. Setzt eine Umbildung der Parteispitze zugunsten seiner Gefolgsleute durch. Bei den Präsidentenwahlen am 12.1.1984 für 5 Jahre wiedergewählt.

*Chamenei → Khamenei*

**Chand** [*Tschand*], *Lokendra Bahadur* (Nepál), * 1939; Jurastudium, dann Anwalt. Befürworter des parteilosen »Pantschajat«-Systems, im gleichnamigen »Nationalrat« in versch. Funktionen tätig, seit 1974 dessen Vizepräsident, 1977–79 Präsident. Kritiker von *Surya BahadurThapa,* dessen Regierung er als ineffektiv und korrupt bezeichnet. Nach einem Mißtrauensantrag gegen *Thapa* und Rücktritt der Regierung von König *Birendra* am 12.7.1983 zum neuen Reg.-Chef, Verteidigungsmin. u. Min. der Kgl. Angelegenheiten ernannt. Angetreten mit der Versicherung, die Regierung zu straffen und der Mißwirtschaft ein Ende zu bereiten. Außenmin. im neuen Kabinett bleibt *P. B. Khatri.*

**Cheysson,** *Claude* (Frankreich), * 1920; Studium an der École Polytechnique und der ENA. Im Weltkrieg Panzeroff., dann Widerstandsbew., 1948 Verbindungsoff. beim frz. Hochkomm. in Bonn, 1954/55 Kabinettschef unter *Pierre Mendès-France,* 1966/70 Botsch. in Indonesien, 1973 Mitglied d. EG-Kommission; außenpol. Berater → *Mitterrands.* Seit 22.5.1981 Nachfolger von *Jean François-Poncet* als Chef des Außenministeriums. Betrachtet die »neutralistische Versuchung« als Hauptgefahr für den Westen. Erklärt, sein Land bleibe weiter ein »enger Verbündeter der USA«. Deutet eine Überprüfung der franz. Afrika-Politik an. Kritiker der brit. Falkland-Politik. Im 1. Hj. 1984 EG-Ratspräsident.

**Chiang Ching-kuo** [*Tschiang Tsching-kuo*] (Rep. China/Taiwan), * 1910; nach dem Rückzug der Regierung nach Taiwan Korpsgeneral, Generalsekretär des Nat. Verteidigungsrates, 1965 Verteidigungsminister, 1969 stellv. Regierungschef, seit Mai 1972 Ministerpräsident. Nach dem Tod seines Vaters *Chiang Kai-shek* 1975 Vors. der Kuomintang-Partei u. seit 1978 Staatspräsident. Am 21.3.1984 von der Nationalversammlung für eine zweite, 6jährige Amtszeit wiedergewählt.

**Chirac,** *Jacques René* (Frankreich), * 1932; Studium an Eliteschulen (u.a. ENA), Militärdienst in Algerien, seit 1967 Abg. d. gaull. U.D.R. und Übernahme zahlreicher Kabinettsposten unter *Georges Pompidou* u. *Pierre Messmer.* 1974 unterlegener Gegenkandidat *Valéry Giscard d'Estaings,* von diesem zum MinPräs berufen, 1976 wegen Differenzen mit ihm zurückgetreten (Nachfolger *Raymond Barre*). 1976–1980 Vorsitzender der in Rassemblement pour la République/R.P.R. umbenannten U.D.R. (am 24.1.1982 wiedergewählt). Seit Mai 1977 Bürgermeister von Paris. 1981 erneut erfolglos Präsidentschaftskandidat. Schließt nach der Niederlage von *Giscard* mit dessen UDF am 14.5. unter dem Namen Union pour la Nouvelle Majorité/UNM ein Bündnis f. d. Wahlen 1981, bei denen die R.P.R. nur 83 Mandate erringt (155). Am 21.3.1983 erneut zum Oberbürgermeister von Paris gewählt. Bekräftigt im Okt. 1983 seine Forderung nach einer Integrierung der Bundesrepublik Deutschland in die nukleare Verteidigung Westeuropas.

*Chomeini → Khomeiny*

**Chun Doo Hwan** [*Tschön Du Hwan*] (Rep. Korea/Süd-K.), * 1932; militärische Laufbahn, Generalleutnant. Nachfolger des im Mai 1980 hingerichteten Chefs des Geheimdienstes KCIA, *Kim Jae Kyu*. Am 2. 6. 1980 als Geheimdienstchef zurückgetreten, aber nun an der Spitze des faktisch alle Macht besitzenden »Ständigen Leitenden Ausschusses« des »Nationalen Sicherheitsrates« u., nach Ausscheiden aus d. Heer, am 27. 8. v. Wahlgremium zum StaatsPräs gewählt. Bei den Präs.-Wahlen am 25. 2. 1981 als Kandidat der »Demokr. Gerechtigkeitspartei«/DJP vom Wahlkongreß für 7 Jahre im Amt bestätigt. Legt 1982 einen Plan zur Wiedervereinigung vor. Entgeht am 9. 10. 1983 in Birma einem Attentat, bei dem die Spitze seines Kabinetts ums Leben kommt. Mitte Febr. 1984 Eingehen auf eine Gesprächsofferte Nordkoreas, durch Forderung bilateraler Gespräche auf Kabinettsebene, aber Ablehnung des Vorschlags Nordkoreas zu einem Dreiergespräch (mit USA).

**Clark,** *William Patrick* (USA), * 1932, Jurastudium, Anwalt. 1966–1969 erster Stabschef des damaligen Gouverneurs von Kalifornien→*Reagan*. Ehem. Verfassungsrichter am Obersten Gerichtshof Kaliforniens. Von Präsident *Reagan* zum stellv. Außenminister ernannt. im Febr. 1981 bestätigt. Seit 5. 1. 1982 als Nachf. von *Richard V. Allen* Sicherheitsberater. Im Okt. 1983 als Nachf. von *James Watt* zum Innenminister ernannt. Nachf. als Sicherheitsberater wird → *McFarlane*.

**Conté,** Oberst *Lansana* (Guinea), Militärlaufbahn, besetzt zuletzt den 3. Platz in der Militärhierarchie. Übernimmt am 3. 4. 1984 eine Woche nach dem Tod von *Sékou* → *Touré* in einem unblutigen Staatsstreich die Macht. Am 5. 4. zum Vors. des »Militärkomitees für den nationalen Wiederaufbau« und zum Staatspräsidenten ernannt. Begründet das Eingreifen mit der »blutigen und gnadenlosen Diktatur« *Tourés*. Vertritt eine pro-westliche Richtung.

**Craxi,** *Bettino* (Italien), * 1934; früh pol. aktiv, im PSI einer der führenden »Jungreformer« (»Jungtürken«), seit 1968 Abg. (von *Pietro Nenni* gefördert), 1969 Vizesekr. des PSI, 1976 GenSekr, verficht eine Art gemäßigteren »Eurosozialismus«, beteiligt überraschend den PSI an Koalitionsregierungen mit der DC. Bekennt sich zum »Reformismus«. Erteilt dem PCI Anfang März 1983 auf einer Rede vor dessen Parteikongreß erneut eine Absage hinsichtlich einer Koalition. Im April 1983 entzieht er der Regierung *Fanfani* die Unterstützung und erzwingt damit am 26./27. 6. Neuwahlen, bei denen der PSI leichte Stimmengewinne erzielt. Am 22. 7. 1983 von Staatspräsident → *Pertini* mit der Regierungsbildung beauftragt und seit 4. 8. Chef eines 5-Parteien-Kabinetts aus Christdemokraten, Sozialisten, Sozialdemokraten, Republikanern u. Liberalen und damit Italiens erster sozialistischer MinPräs. Bezeichnet in der Reg.-Erklärung als vorrangiges Ziel und Voraussetzung für wirtschaftl. Wiederaufschwung erfolgreichen Kampf gegen die Inflation in erster Linie durch eine Verringerung des Haushaltsdefizits. Am 14. 5. 1984 Wiederwahl als Parteivorsitzender. Wendet sich entschieden gegen eine militärische Überlegenheit der UdSSR und befürwortet die Aufstellung von US-Mittelstreckenraketen auf ital. Territorium.

**De la Madrid Hurtado,** *Miguel* (Mexiko), * 1934; Studium der Rechts- u. Wirtschaftswissenschaften, dann der Business administration a. d. Harvard-Universität. Anwalt u. Universitätsprofessor. Am 25. 9. 1981 offiziell von der regierenden »Institutionellen Revolutionspartei«/PRI zum Kandidaten für die Präsidentschaftswahlen am 4. 7. 1982 (bei der er etwa 75 % der Stimmen erhält) und damit zum Nachf. von Staatspräsident *José López Portillo* ausgerufen, der am 1. 12. sein Amt abgibt. Unterhält gute Beziehungen zur Geschäftswelt und hat die Zustimmung der Gewerkschaftsführung. Verfolgt das Ziel, die Wirtschafts- und Finanzkrise sowie die Korruption zu überwinden. Erklärt im Mai 1984 in den USA, die lateinamerikan. Staaten hielten an einer Verhandlungslösung ihrer Konflikte fest. Weist alle militärischen Pläne zurück und kritisiert damit indirekt die Mittelamerika-Politik der US-Regierung.

**Delors,** *Jacques* (Frankreich), * 1925; Banklehre, Studium der Volkswirtschaft; 1945–62 Abteilungsleiter bei der Bank von Frankreich. 1959–61 zugleich Mitglied der Planungs- u. Investmentabteilung des Wirtschafts- u. Sozialrats. Mitarbeiter bei der christl. Gewerkschaft CFTC. 1969 Berater für soziale u. kulturelle Angelegenheiten des MinPräs *Jacques Chaban-Delmas*. Seit 1974 Mitglied der Sozialistischen Partei/PS. Ab 1979 Präsident der Wirtschafts- u. Währungskommission der Europ. Gemeinschaften. Seit Mai 1981 Wirtschafts- u. Finanz-, seit März 1983 zusätzlich Budgetminister im Kabinett→*Mauroy*. Mitte Juli 1984 zum Nachf. von → *Thorn* als Präsident der EG-Kommission ernannt (Amtswechsel: 1. 1. 1985).

**Demirel,** *Süleyman* (Türkei), * 1924. Bauunternehmer. Rechts-Politiker, 1964 Vors. d. Gerechtigkeitspartei, 1965/71, 1977, 1979/80 MinPräs; am 12. 9. 1980 durch Militärputsch gestürzt (Nachf. → *Ülüsü*). Vorübergehend in »Schutzhaft« genommen; im Juni 1983 in die Dardanellen-Stadt Çanakkale verbannt. Am 1. 10. 1983 aus der Haft entlassen.

**De Mita,** *Ciriaco* (Italien), * 1928; Jurastudium a. d. Katholischen Universität in Mailand, dann Karriere in der DC. Seit 1963 Parlamentsabgeordneter. 1969–1973 Vizesekretär der DC, danach in verschiedenen Ministerämtern. Am 5. 5. 1982 als Nachf. von *Flaminio Piccoli* zum Parteichef (Generalsekretär) gewählt. D., der als »linkskatholischer Sozialideologe« gilt, will vor allem einen härteren Kurs gegenüber→ *Craxi* und dessen PSI steuern. Die Verluste der DC bei den Wahlen vom 26./27. 6. 1983 schwächen jedoch seine Position (Rückgang gegenüber 1979 von 38 auf 32,9%). Am 29.2.1984 für weitere 2 Jahre als Parteichef bestätigt.

**Deng Xiaoping** [*Teng Hsiao Ping*] (VR China), *1904 in Sichuan; als Werkstudent 1920 in Paris Beitritt zur KP, 1926 Studium in Moskau, 1927 Rückkehr nach China, Gefolgsmann *Maos*, Teilnahme am »Langen Marsch«, im Kampf gegen Kuomintang u. Japan Politkomm.; 1945 ZK-Mitglied, 1954 GenSekr d. ZK u. andere höchste Parteiämter, Pragmatiker (Effizienz vor Ideologie), 1966 durch Kulturrev. gestürzt u. schwer kritisiert; 1973 Rückkehr als Mitgl. d. Politbüros u. Stellv. MinPräs, 1975 erneut höchste Partei- u. Staatsämter (u.a. als Generalstabschef Oberbefehlshaber); 1976 durch »Viererbande« erneut aus allen Staats- und Parteiämtern ausgeschlossen, im Juli 1977 wieder in seine Ämter eingesetzt. Stellv. Vors. d. ZK u. d. Militärkommission, Mitgl. d. Händ. Ausschusses d. Politbüros, Vors. d. Landeskomitees der Polit. Konsultativkonferenz d. Chines. Volkes/PKCV. Bestrebt, zielbewußt und pragmatisch Wirtschaft und Verteidigung neue Impulse zu geben. Verurteilt zu weitreichende »Liberalisierungstendenzen« im eigenen Land, die vietnamesische Invasion in Kambodscha und die sowjet. Intervention in Afghanistan. Warnt wiederholt die USA vor einer Unterstützung Taiwans (Rep. China). Seit Juni 1981 nach Ablösung von *Hua Guofeng* als Vors. der KPCh (Nachf. → *Hu Yaobang*) faktisch von noch stärkerem Einfluß und dessen Nachf. als Vors. der Militärkommission des ZK. Auf dem 12. Parteitag der KPCh im Sept. 1982 sowohl in das ZK als auch als Vors. in das neugeschaffene Zentrale Beratungskomitee (eine Art Ältestenrat) gewählt; ferner als Vors. der Militärkommission bestätigt. Nennt als Hauptaufgabe der 80er Jahre das Bemühen um Wiedervereinigung, insbes. mit Taiwan, den Kampf gegen den Hegemonismus und die Sicherung des Weltfriedens. Am 18.6.1983 vom VI. Nation. Volkskongreß in seinen Ämtern bestätigt. Spricht sich am 5.11.1983 während eines Treffens mit → *Thorn* in Peking für die Vereinigung und Stärkung Europas aus.

**Denktaş** [*Denktasch*], *Rauf Rasit* (Cypern), *1924; Jurist, 1948 Mitgl. d. Verfassungsrats, 1949/58 Staatsanwalt, 1958/60 Vors. türk.-cypr. Institutionen, 1964/68 ausgewiesen, seit 1968 Wegbereiter eines geschl. türk.-cypr. Siedlungsgebiets; nach der türkisch-cypriotischen Verfassung von 1975 und den Präsidentschaftswahlen vom Juni 1976 vom türk.-cypriot. Parlament zum Präsidenten d. Teilrepublik gewählt (erneut Juni 1981); bisher zu keinen Konzessionen für die Lösung des Cypernproblems bereit. Ruft Mitte Nov. 1983 einseitig die »Türkische Republik Nordcypern« aus.

**Djuranović**, *Veselin* (Jugoslawien), *1925; 1941 wegen seiner progressiven Haltung aus dem Lehrerseminar entlassen, daraufhin Anschluß an die Partisanen von *Josip Broz-Tito* und 1944 an die KP. Nach dem Krieg Jurastudium, sodann Direktor von »Radio Titograd«. Chefredakteur. Seit 1964 Mitgl. des ZK des BdKJ; 1966 Sekretär f. ideologische Fragen im ZK, 1963–77 MinPräs, 1969–77 Parteichef v. Crna Gora (Montenegro). 1977–82 jugosl. MinPräs, danach erneut Präs. von Montenegro. Seit 15.5.1984 Vors. des Staatspräsidiums (Staatspräsident).

**Dos Santos**, *José Eduardo* (Angola), *1942, Maurer; seit 1961 im marxistischen Movimento Popular de Libertação de Angola/MPLA und sodann in dessen Guerilla-»Volksarmee« (FAPLA) im Unabhängigkeitskampf gegen Portugal. Nach dem Tod von *António Agostinho Neto* am 20.9.1979 vom ZK d. »MPLA – Partei der Arbeit« zum Vorsitzenden gewählt und damit auch Staatspräsident sowie Oberkommandierender. Am 17.12.1980 in seinem Amt bestätigt. Bekräftigt die Fortsetzung »des sozialistisch orientierten Weges«. Trifft Mitte März 1984 mit → *Castro* zu Gesprächen über den südafrikan.-angolan. Vertrag vom 16.2.1984 zusammen. Erklärt am 20.4., für eine Lösung der Namibia-Frage bedürfe es direkter Verhandlungen zwischen Südafrika und der namibischen Rebellenbewegung SWAPO.

**Duarte**, *José Napoleón* (El Salvador), *1926; Ingenieurstud. in USA, 1960 Vors. d. Christdem., 1972 als Kandidat d. Linken Mitte zum Präs. gew., von Diktator *Romero* abgeschoben; 1979 nach dem Oktoberputsch der jungen Offiziere um *Adolfo Arnoldo Majano* und *Jaime Abdul Gutierrez* aus dem Exil zurückgekehrt, Mitglied der Junta und Außenminister. Am 13.12.1980 von den Militärs zum Präsidenten ernannt. Beginnt mit einer Landreform. Aus den Wahlen zur verfassunggeb. Versammlung vom 28.3.1982 geht der PCD als stärkste Kraft hervor, kann aber keine Regierung bilden. Anfang Mai wird D. von *Silvius Magaña* als Präsident abgelöst. Geht aus den Präsidentschaftswahlen am 25.3.1984 und der Stichwahl am 6.5. gegen *Roberto D'Aubuisson* als Sieger hervor (Amtsantritt: 1.6.). Appelliert an alle gesellschaftl. und pol. Kräfte, einen »Sozialpakt« zur Überwindung der bürgerkriegsmäßigen Auseinandersetzungen zu bilden. Ist zu einem Dialog mit den Guerilleros erst bereit, wenn diese ihre Waffen niederlegen.

**Ershad**, *Hussain Mohammed* (Bangladesch), *1930; militärische Laufbahn, Generalleutnant, seit 1978 Armeechef. Setzt am 24.3.1982 mit einem unblutigen Militärputsch Präsident *Abdus Sattar* ab und ernennt sich selbst zum obersten Kriegsrechtsverwalter und somit Staatsoberhaupt. Mitte März 1983 erklärt er, er wolle das Land wieder zur Demokratie führen und verspricht Wahlen für Ende 1984. Nach dem Rücktritt von *Ashanudin Choudhury* ruft er sich am 12.12.1983 selbst zum Staatspräs. aus und übergibt Ende März 1984 das Amt des Reg.-Chefs an *Abdur Rahman Khan.*

**Evren,** *Kenan* (Türkei), * 1918; 1938 Absolvent der Militärakademie als Artill.-Off., Komm. d. türk. Truppen in Korea, 1964 General, 1977 stellv. Oberbef. d. Streitkräfte, 1978 Generalstabschef. Am 12. 9. 1980 stürzt er in einem unblutigen Putsch die Regierung → *Demirel,* löst das Parlament auf und setzt die Verfassung außer Kraft. Er wird am 19. 9. 1980 Nachfolger von *Korutürk* und als Präsident, Generalstabschef und Vors. des »Nationalen Sicherheitsrats« vereidigt. E., der sich in der Tradition von *Mustafa Kemal »Atatürk«* sieht, proklamiert folgende Ziele: Erhaltung der nationalen Einheit, Sicherung des sozialen und nationalen Friedens, Zerschlagung des Terrorismus, Sanierung der Wirtschaft mit Hilfe westl. Kredite und Beibehaltung der Westorientierung sowie Einbindung in die NATO. Am 7. 11. 1982 durch ein Referendum mit 90,60% der Stimmen für eine 7jährige Amtszeit als Staatspräsident gewählt (Einführung in das Amt ohne Amtseid am 12. 11.). Ende Juni 1983 Abgabe seines Amtes als Chef des Generalstabes (Nachf. General *Nurettin Ersin*).

**Fabius,** *Laurent* (Frankreich), * 1947 als Sohn eines bekannten Pariser Antiquitätenhändlers. Ausbildung an der Oberschule in Cambrai und als Berufsschullehrer. Absolvent der Eliteschulen Ecole normale supérieur, Sciences Po und der Verwaltungsschule ENA. Mitglied der »Sozialistischen Partei«, Beginn der polit. Karriere als Beisitzer des Staatsrates, dem obersten Beratungsorgan für die Regierung und zugleich höchstes Verwaltungsgericht. 1975 wirtschaftlicher Berater von → *Mitterrand,* als dessen »geistiger Sohn« er bezeichnet wird; 1976 Kabinettschef der PS; 1978 Wahl in die Nationalversammlung; 1979 Pressechef seiner Partei und Manager in *Mitterrands* Präsidentenwahlkampf. Seit Mai 1981 Haushaltsminister, 1983 Minister für Industrie u. Forschung. Seit 18. 7. 1984 als Nachf. von → *Mauroy* Premierminister, der jüngste des republik. Frankreich. Die KPF ist in seinem Kabinett nicht mehr vertreten. In der deutsch-franz. Freundschaft sieht er eine unabdingbare Grundlage für Europa, welche Reg. auch immer an der Macht sein möge.

**Fahd,** *Ibn Abdul-Aziz* [*F. Bin Abdul Asis*] (Saudi-Arabien), * 1920; 1975 Kronprinz, Erster stellv. Regierungschef, von König *Khaled* mit der faktischen Wahrnehmung der Regierungsgeschäfte betraut. Gilt als der technischen und wirtschaftlichen Entwicklung zugewandt und als Verteidiger der arabischen Interessen, besonders auch in der Palästina- u. in der Erdölpolitik. F., seit Jan. 1981 Nachfolger von → *Zia ul-Huq* als Präsident der »Islamischen Konferenz«, fordert die UdSSR auf, ihre Truppen aus Afghanistan abzuziehen und verlangt von Iran und Irak, ihren bewaffneten Konflikt am Verhandlungstisch auszutragen. Stellt im Aug. 1981 einen Friedensplan für Nahost auf, der von Israel zurückgewiesen wird. Tritt unmittelbar nach dem Tod von König *Khaled* am 13. 6. dessen Nachfolge an und übernimmt das Amt des MinPräs.

**Febres Cordero,** *León* (Ecuador), * 1931 als Sohn einer traditionsreichen, 1820 aus Venezuela eingewanderten Wirtschafts- und Finanzdynastie. In den USA Besuch weiterführender Armeeschulen und Studium des Maschinenbaus in Hoboken/New Jersey; Ingenieur. Erfolgreicher Unternehmer und Leiter des nationalen und Präsident des lateinamerikanischen Industrieverbandes. Seit 1964 Abgeordneter der »Christlich Sozialen Partei«. Gewinnt am 6. 5. 1984 als Kandidat der konservativen Parteienkoalition »Front des nationalen Wiederaufbaus«/FRN die Präsidentschaftswahlen. Seit 10. 8. 1984 Nachfolger des aus dem Amt scheidenden *Osvaldo Hurtado Larrea.* Der rechtskonservative F. setzt auf die freie Marktwirtschaft, um das Land aus der Krise herauszuführen.

**Fedortschuk,** *Witali* (UdSSR), * 1918; Journalist. Ab 1939 Mitarbeiter des damals noch NKWD genannten Staatssicherheitsdienstes, 1970 KGB-Chef, 1971 Mitglied des ZK, 1976 des Politbüros der Ukraine bzw. ihrer KP. Seit Mai 1982 Nachf. von → *Andropow* als Vors. d. KGB d. UdSSR. Am 17. 12. 1982 überraschend zum Innenminister ernannt (Nachf. als KGB-Chef → *Tschebrikow*).

**Ferraro,** *Geraldine A.* (USA), * 1936 in Newburgh als Tochter einer italien. Einwandererfamilie. Ausbildung an kath. Schulen und Colleges. Pädagogik- und Jurastudium. Zunächst Rechtsanwältin; seit 1974 Staatsanwältin im New Yorker Bezirk Queens. Seit 1978 für die »Demokratische Partei« im Repräsentantenhaus; Mitglied im Budgetausschuß und im Ausschuß für öffentl. Bauwesen u. Verkehr. Ihre Parteikarriere wird gefördert vom Sprecher des Repräsentantenhauses, *Thomas [»Tip«] O'Neill.* Von → *Mondale* am 12. 7. 1984 als Vizepräsidentschaftskandidatin vorgestellt und am 19. 7. vom Parteikonvent bestätigt: die erste Frau in der US-Geschichte, die sich für eine der beiden großen Parteien um das Amt des VizePräs bewirbt.

**Figueiredo,** General *João Baptista de Oliveira* (Brasilien), * 1918 als Sohn eines Generals; militärische Laufbahn. Auf Vorschlag der regierenden ARENA am 15. 10. 1978 mit 358 von 589 Stimmen als Nachfolger von *Ernesto Geisel* zum Präsidenten gewählt und seit 15. 3. 1979 im Amt. Verspricht Fortführung der Demokratisierung und gerechte Verteilung der Einkommen sowie vollen Einsatz für die Lösung der Wirtschafts-, Finanz- und Sozialprobleme. 1979 Zulassung neuer Parteien, allerdings z. T. mit hemmenden Auflagen.

**Finnbogadottir,** *Vigdis* (Island), * 1930; Studium der Literaturwissenschaft, Lehrerin für Französisch, Theaterdirektorin. Nach Verzicht von Präsident *K. Eldjarn* auf eine Wiederwahl als nichtparteigebundene Kandidatin am 29. 6. 1980 mit relativer Mehrheit gewählt und damit die erste gewählte Frau an der Spitze eines europ. Staates. Gilt als gemäßigt links, Gegnerin der NATO und des US-Stützpunktes bei Keflavík. Am 30. 6. 1984 Verlängerung der Amtszeit um 4 Jahre, da kein Gegenkandidat.

**FitzGerald,** *Garret* (Irland), * 1926. Nach vielseitigem Studium Dr. jur., danach u. a. Anwalt, Journalist, Flugplanungschef bei »Aer Lingus«, 1959/73 Dozent f. pol. Wissensch. in Dublin, seit 1959 Abg., (1965/69 Senator im Oberhaus), 1973–1977 Außenminister, dann Chef der kons. Fine Gael-Partei. F., nach den Neuwahlen vom 11. 6. 1981 am 1. 7. vom Parlament als Nachf. von *Charles Haughey* zum MinPräs gewählt, bildet mit der Labour Party eine Minderheitsregierung. Tritt am 27. 1. 1982 zurück und wird nach den verlorenen Neuwahlen vom 18. 2. durch *Haughey* abgelöst. Bei den Wahlen mit der Fine Gael erfolgreich, aber ohne absolute Mehrheit, deshalb am 12. 12. wieder mit Labour Regierungskoalition. Am 14. 12. 1982 als Nachf. von *Haughey* zum MinPräs. gewählt. Hauptaufgabe: Sanierung der Staatsfinanzen. In der Nordirlandfrage zu sachlichen Gesprächen mit der brit. Reg. bereit.

**Forlani,** Dr. jur., *Arnoldo* (Italien), * 1925; 1948 Provinzsekr. d. DC, 1954 Mitglied d. Parteivorstands, seit 1958 Abg., 1962/69 (von *Amintore Fanfani* gefördert) stellv., 1969/73 GenSekr, 1968/79 zahlr. Reg.-Ämter, 1980/81 MinPräs. Unterliegt am 5. 5. 1982 bei der Wahl des GenSekr der DC gegen → *De Mita.* Übernimmt am 4. 8. 1983 im Kabinett → *Craxi* das erstmals seit vielen Jahren wieder geschaffene Amt eines Stellv. MinPräs.

**Frem,** *Fadi* (Libanon), * 1954; im Sept. 1982 von *Beshir Gemayel* Übernahme des Kommandos der christlichen Miliz (»Libanesische Streitkräfte«). Versteht seine Streitmacht als eine »christliche Widerstandsbewegung« und als eine »neue Opposition«. Gegner der pol. Richtung von *Amin* → *Gemayel,* mit dem er verschwägert ist. Lehnt eine Teilung des Libanon ab, ist gegen die Bildung eines unabhängigen christl. Staates, aber für eine Gliederung des Landes in konfessionell bestimmte Gebiete.

**Gaddafi** [*Kadhafi, Kadhzafi*], *Muhammar al* (Libyen), * 1942; Militärakademie; Mitglied der Junta, die 1969 die Monarchie stürzt, Präs. d. Revolutionsrats, 1971 auch d. Reg. u. d. neugesch. Verteidigungsrats; Vertreter radikaler (auch islam.) Reformen; tritt 1976 an die Spitze des höchsten Organs, des »Generalsekretariats (aus Militärs) des Allgemeinen Volkskongresses«, aber 1979 zugunsten von *Abdelati al Abidi* formal zurück, um sich als »Führer der Revolution« ganz der »revolutionären Aktion« zu widmen. Verficht zeitweise die Vereinigung von L. mit Tschad zu einem Staatswesen. Begrüßt die Ermordung des ägypt. Präsidenten *Anwar as Sadat* 1981 als historische Chance für Wiederanschluß Ägyptens an antiisraelische Ablehnungsfront. Zieht im Nov. 1981 die seit 1980 in Tschad stationierten lib. Truppen ab. Greift 1982 wiederholt die USA sowie Saudi-Arabien an, das er als »Feind Nr. 1 des Islam« bezeichnet. Im April 1983 in Benghazi Veranstaltung einer internat. Konferenz über sein »Grünes Buch«, in dem er eine sogen. Dritte Universaltheorie, die sich von Kapitalismus u. Kommunismus gleichermaßen unterscheiden und alle Fragen der Dritten Welt lösen soll, dargelegt hat. 1983 Kritiker der »Blockfreien«, vergebliche Bemühung um die Position des Sprechers sowie um das Amt des OAU-Vorsitzenden. Ab Mitte 1983 im Tschad wieder Unterstützung des nordtschad. islam. Tibbu-Führers *Oueddei Goukouni* gegen → *Habré.* Vereinbart im Aug. 1984 m. König → *Hassan* v. Marokko Zusammenschluß beider Staaten.

**Gandhi,** *Indira Shrimati* (Indien), * 1917. Tochter von *Jawaharlal Nehru,* Studium in Indien u. GB, Gründerin e. Jugendbew. f. d. Unabhängigkeit Indiens, 1938 Abg., 1942 in Haft, 1959 zeitweilig Präs. d. Ind. Nationalkongresses (Partei), 1964 Min. f. Information u. Rundfunk, 1966/77 MinPräs (bis 1969 auch Außenmin.), schafft 1971 durch Krieg mit Pakistan Bangladesch, verschärft immer mehr Politik d. Staatssozialismus. Spaltet Ende 1977 die »Kongreßpartei« und tritt an die Spitze des neuen Indian National Congress/INC-I (seit Mitte 1981 wieder alleiniger INC), mit dem sie nach dem Sturz von *Morardschi R. Desai* im Juli 1979 wieder Einfluß gewinnt und bei den Wahlen vom Jan. 1980 einen triumphalen Erfolg erzielt. Am 14. 1. 1980 vom Parlament als MinPräs des neuen (ihres 4.) Kabinetts bestätigt, verspricht sie soziale Gerechtigkeit, wirtschaftliche Sanierung, Ausrottung der Korruption und straffe Verwaltung. Die SU-Intervention in Afghanistan wird in ihren Beweggründen mit bedingtem Verständnis, die US-Waffenlieferungen an Pakistan als bedrohlich für Indien angesehen. 1982 übergibt sie das Verteidigungsmin. an den bisherigen Finanzminister *R. V. Venkataraman.* Nach dem Tod ihres Sohnes *Sanjay* [*Sandschai*], 1980 durch einen Flugzeugabsturz, wird dessen Bruder *Rajiv* → *G.* gewissermaßen in die Rolle eines »Kronprinzen« eingesetzt und ist seit Febr. 1983 einer der 5 GenSekr der Partei. Am 7. 3. 1983 als Nachfolgerin von → *Castro* Vors. in der Bewegung der Blockfreien Staaten. Kritisiert bei der Eröffnung der Commonwealthkonferenz 1983 in Neu-Delhi das zunehmende Wettrüsten. Läßt Anf. Juni 1984 den »Goldenen Tempel« der Sikhs in Amritsar durch Militär stürmen, um den schweren Unruhen im Punjab ein Ende zu bereiten. Am 19.7.1984 Übernahme des Außenministeriums.

**Gandhi,** *Rajiv* [*Radschiv*] (Indien), * 1943; Sohn von *Indira* → *Gandhi.* Ehemaliger Pilot der Indian Airlines. Geht nach dem Tod seines Bruders *Sanjay* in die Politik. Seit Juni 1981 Partei- und Parlamentsmitgl. Im Aug. 1981 Übernahme des Wahlkreises Amethi seines Bruders und seit Febr. 1983 einer der 5 GenSekr der regierenden Kongreßpartei. Seit den Oberhauswahlen im April 1984 gestärkte Position. Von seiner Mutter in die Rolle eines »Kronprinzen« gedrängt.

**Gemayel** [*Dschemejil*], *Amin* (Libanon), * 1942; Sohn von *Pierre G.* u. Bruder von *Beshir G.* Jurastudium, dann Tätigkeit als Rechtsanwalt u. Geschäftsmann. Seit 1970 Abgeordneter im Parlament; Führer der christl.-maronit. Kataeb-Partei/ Phalange. Anstelle seines gewählten und vor Amtsantritt am 14.9.1982 ermordeten Bruders am 31. Sept. ohne Gegenstimmen vom Parlament zum Staatspräsidenten gewählt, am 23.9. vereidigt und damit Nachf. von *Iljas Sarkis.* G., der als Mann des Ausgleichs und der Mäßigung gilt, kündigt den Aufbau eines starken Staates an. Fordert am 18.10. vor der UNO-Vollversammlung den sofortigen und bedingungslosen Abzug aller fremden Truppen aus dem Libanon. Verwirft am 5.3.1984 das Truppenabzugsabkommen mit Israel und vereinbart auf der »Nationalen Versöhnungskonferenz« in Lausanne (12.–20.3.1984) die Einsetzung einer »Verfassungskommission« sowie die Bildung einer »Regierung der Nationalen Einheit« (→ *Karamé*) je zur Hälfte aus Christen und Muslimen. Tritt für die Wahrung des Einheitsstaates bei gleichzeitiger Dezentralisierung der Verwaltung ein.

**Ghani,** *Abdelaziz* [*Abdelasis*] *Abdel* (Arab. Rep. Jemen), * 1937; Ausbildung zum Nationalökonom in den USA. Im Jemen bald einer der führenden Wirtschaftspolitiker und Wirtschaftsminister. Zeitweise Direktor des Planungsbüros und (1972) Gründer der »Zentralbank«. 1975–80 MinPräs, dann zweiter Stellv. von Präsident → *Saleh.* Seit 12.11.1983 Nachf. von *al* → *Iryani* als MinPräs; gilt als gemäßigt-reformerischer Politiker.

**Glemp,** Kardinal *Józef* (Polen), * 1928; Studium der Philosophie und Theologie, 1956 Priesterweihe. Nach dem Tod von *Stefan* Kardinal *Wyszyński* am 7.7.1981 von Papst → *Johannes Paul II.* zum Erzbischof von Gnesen u. Warschau und damit zum Primas von Polen ernannt. Kritisiert im Dez. 1981 die Verhängung des Kriegsrechts, schlägt im März 1982 einen »Gesellschaftsvertrag« zwischen den verschiedenen Gruppen, einschließlich der unterdrückten Gewerkschaft »Solidarität« vor und ruft im Mai die Jugend zu Besonnenheit und bürgerlicher Klugheit auf. Steuert – auch seit dem Besuch von *Johannes Paul II.* im Juni 1983 – einen nicht unumstrittenen, auf Ausgleich mit der politischen Führung bedachten Kurs. Seit Anfang 1983 Kardinal; betonte mehrfach gegenüber Kritikern, daß die Kirche im politischen Kampf nicht Partei nehmen dürfe; sie müsse ihre Authentizität bewahren. Am 15.8.1984 Kritik am Staatsbürgerrecht der BR Dtld. und an der These von der Existenz einer großen deutschen Minderheit in Polen.

**González Márquez,** *Felipe* (Spanien), * 1942; Studium v. Jura u. Wirtschaftswiss., Lehrbeauftragter f. Arbeiterrecht an d. Uni Sevilla, früh führend in dem illeg. PSOE (für marx. Gedanken, gegen marx. Dogmen); seit 1974 1., seit 1976 GenSekr der »Sozialist. Arbeiterpartei Spaniens«/PSOE, seit Juni 1976 Abgeordneter im Parlament. Vertritt die Umgestaltung von Wirtschaft und Gesellschaft nach sozialistischen Grundsätzen in freier Entscheidung des Volkes. Nach Gewinn der absol. Mehrheit des PSOE bei der Wahl 1982 am 1.12. zum MinPräs gewählt (Amtsantritt: 2.12.1982). Schwerpunkte seines Regierungsprogramms: Bekämpfung von Arbeitslosigkeit u. Inflation; Verbesserung der Sozialleistungen u. Reform des Erziehungswesens sowie der öffentl. Verwaltung; Beitritt zu EG (spätestens bis 1986) und Eingliederung Gibraltars in das span. Territorium. Veranlaßt vorläufigen Abbruch der Verhandlungen über Verbleiben Spaniens in der Militärorg. d. NATO mit der Absicht, darüber ein Referendum abzuhalten. Stellt den USA Bedingungen für ein neues Stützpunktabkommen.

**Gorbatschow,** *Michail Sergejewitsch* (UdSSR), * 1931; Jurastudium in Moskau und Zweitstudium am Agrar-Institut in Stawropol. Dort beginnt er, seit 1952 Mitglied der KPdSU, eine steile lokale Parteikarriere, zuletzt als Sekretär des Regionskomitees (1970); im gleichen Jahr Mitglied des Obersten Sowjet (»Kommission für Jugendfragen«), 1971 Aufnahme in das ZK. 1978 ZK-Sekretär, zuständig für Landwirtschaft; 1979 Kandidat, im Oktober 1980 Vollmitglied des Politbüros. Gilt nach dem Tod von → *Andropow* unter den ZK-Sekretären als der wichtigste Funktionär nach Parteichef → *Tschernenko* und als dessen wahrsch. Nachf. G., zuständig für die Sekretariatsarbeit im ZK der KPdSU, plädiert Ende Febr. 1984 für Ordnungspolitik und bezeichnet als Grundpfeiler sowjet. Außenpolitik »die Sicherung des Weltfriedens und die Stärkung der sowjet. Verteidigungsmacht«. Seit 4.3. Vors. des Außenpolit. Ausschusses des Unionsrates.

**Gromyko,** *Andrej Andrejewitsch* (UdSSR), * 1909; Bauernsohn, Stud. d. Agrarwiss., 1931 Mitglied d. KPdSU, seit 1939 im dipl. Dienst (1943/46 Botsch. in USA, 1946/48 beim Weltsicherheitsrat), 1948/52 1. stellv. Außenmin, 1956 Mitglied des ZK, seit 1957 Außenminister, 1973 Mitglied des Politbüros des ZK. Erklärt die allg. Bereitschaft seines

Landes zu Rüstungskontrollverhandlungen, wirft den USA Wettrüsten vor und fordert ein Verbot der Neutronenwaffen-Produktion. Weist sowohl die »Null-Lösung« als auch im April 1983 → *Reagans* Vorschlag einer »Zwischen-Lösung« bei den Genfer Verhandlungen über atomare Mittelstreckenwaffen als unannehmbar zurück. Am 24.3.1983 zusätzl. Ernennung zum Ersten Stellv. MinPräs.

**Habbash** [*Habbasch*], Dr. med. *Georges* (Palästina/Libanon), * 1925 als Sohn einer christlichen Familie; früh marx. Interessen; seit 1967 überzeugt v. Notwendigkeit einer *Mao*-Guerilla für d. Interessen d. Palästinenser gegen »Imperialismus« Israels u. d. USA; seither Führung d. terror. PFLP; Gegner aller Abkommen mit Israel, daher als einflußreiches Mitglied der sog. »Verweigerungsfront« einer der schärfsten Gegner von *Anwar as Sadat.* Spricht sich 1982/83 gegen eine palästinensisch-jordan. Föderation aus. Gibt am 26.6.1983 gemeinsam mit *Hawatmeh* den Zusammenschluß ihrer beiden Organisationen PFLP u. PDFLP bekannt, die zukünftig einer gemeinsamen militär. u. polit. Führung unterstellt werden sollen. Befürwortet Ende Dez. 1983/Anf. Jan. 1984 die Absetzung von → *Arafat* wegen dessen Treffens mit → *Mubarak* in Ägypten.

**Habré,** *Hissène* [*Hissen*] (Tschad), * 1942; Jurastudium in Frankreich; seit Nov. 1979 als Repräsentant d. Forces armées du Nord/FAN im Kabinett von *Goukouni Queddei* Verteidigungsminister; nach Streit mit diesem Anfang 1980 »abgesetzt«. Im Dez. 1980 durch die FAP von *Goukouni,* unterstützt durch libysche Truppen, geschlagen; flüchtet nach Kamerun. Nach dem Sieg der FAN vom 7.6.1982 und der Flucht von *Goukouni* bildet H. am 19./20.6. einen »Staatsrat« und übernimmt die Funktionen des Staatspräsidenten. Bildet am 27.10.1982 eine von ihm selbst geleitete Regierung (die erste nach einem 17jährigen Bürgerkrieg), der u.a. Mitglieder der früheren Übergangsregierung *Goukouni* und des aufgelösten Staatsrates angehören. Sieht sich seit Juni 1983 einer erneuten militär. Offensive der GUNT-Truppen von *Goukouni* (unterstützt von Libyen) gegenüber, doch können die Reg.-Truppen diese bis Mitte Aug. – mit Unterstützung französ. Waffen und Fallschirmjägern aus Zaïre zum Teil zurückdrängen. Stimmt am 25.11.1983 einer »Versöhnungskonferenz« zwischen den 11 Bürgerkriegsparteien seines Landes in Addis Abeba zu, läßt diese aber am 9.1.1984 durch sein Nichterscheinen scheitern.

**Hallgrimsson,** *Geir* (Island), * 1925; Jurastudium, Anwalt u. 1959–72 Bürgermeister der Hauptstadt Reykjavík. Politisch früh in der liberal-konserv. Unabhängigkeitspartei aktiv, seit 1973 Parteivors. Ab 1970 auch Parlamentsabgeordneter. 1974–78 Premierminister einer Koalitionsregierung. Als Nachf. von *Ólafur Jóhannesson* seit 26.5.1983 Außenmin. in einer Koalition mit der agrarischen Fortschrittspartei unter → *Hermannsson.*

**Hart,** *Gary* [urspr. *Hartpence,* Änderung im Sept. 1961] (USA), * 1936; Theologiestudium; 1958 Promotion. Dann Philosophie- und Jurastudium an der Yale-Univ. Anwalt in Denver/Col. 7 Jahre als Jurist in Ministerien tätig, u.a. für *Robert Kennedy* im Justizministerium. 1972 Wahlkampfmanager von *George McGovern.* Seit 1974 Senator von Colorado; 1980 Wiederwahl. Mitgl. des Militärausschusses. 1984 Präsidentschaftsbewerber, unterliegt aber seinem Gegenspieler → *Mondale.*

**Hassan II.** (Marokko), * 1929; Studium d. Jura in Bordeaux, früh polit. Mitarbeiter s. Vaters Sultan *Mohammed V.,* den er 1953 ins Exil begl., nach Rückkehr 1956 Oberbef., Niederwerf. v. Erhebungen in versch. Landesteilen, 1957 Kronprinz, 1961 nach dem Tod d. Vaters König; zunächst Reformen im Sinne e. konstitutionellen Monarchie, durch innere Widerstände daran gehindert; Ziel vieler Attentate, so 1971 v. Teilen des Offizierscorps; relativ erfolgr. Wirtschaftspol.; organisiert im Nov. 1975 den »Grünen Marsch« in die Span. Sahara und sichert für Marokko nach einem Abkommen mit Spanien phosphatreiche Gebiete; die Westsahara wird zunächst mit Mauretanien geteilt, aber nach dessen Friedensvertrag mit d. POLISARIO im Aug. 1979 in vollem Umfang annektiert. Erklärt, es gebe kein »saharaúisches Volk«. Erklärt sich Ende 1979 erstmals zur Lösung des Westsahara-Konflikts durch eine »kontrollierte Volksbefragung« bereit.

**Hawke,** *Robert James Lee* [»Bob«] (Australien), * 1929; Studium der Rechts- u. Wirtschaftswissenschaften. Seit 1958 wiss. Mitarbeiter u. Rechtsberater beim Gewerkschaftsdachverband ACTU; 1978–80 dessen Vorsitzender, daneben im Vorstand der Reserve Bank. Seit 1946 Mitglied der Australian Labour Party, von 1971–76 deren stellv. Vors. Seit 1980 Parlamentsabgeordneter u. seitdem im Fraktionsvorstand. Am 8.2.1983 ohne Gegenstimmen anstelle des zurückgetretenen → *Hayden* zum Oppositionsführer gewählt. Geht aus den vorgezogenen Parlamentswahlen vom 5.3.1983 als Sieger hervor und tritt am 11.3. die Nachfolge von *Malcolm Fraser* als Premierminister an. H., der als »Mann der Mitte« gilt, will außenpolit. einen unabhängigen Kurs ansteuern, aber »ein treuer Verbündeter der USA« bleiben. Strebt eine engere Zusammenarbeit mit den Ländern der ASEAN und den Ausbau der Bez. zur VR China an. Im April 1983 Ankündigung umfangreicher wirtschaftl., sozialer, jurist. u. parlamentarischer Reformen, um eine »gerechtere Gesellschaft« zu schaffen.

**Haydallah** [*Haidalla*], *Mohammed Khouna Ould* [*M. Chuna Uld H.*] (Mauretanien), * 1940; militärische Laufbahn, Aufstieg zum Oberstleutnant und Generalstabschef. Nach dem Tod (Flugzeugabsturz) von Oberst *Ould Bouceif* vom Comité militaire de salut national/CMSN am 31.5.1979 zum neuen Reg.-Chef ernannt. Beendet die Auseinandersetzungen mit der POLISARIO durch ein Friedensabkommen. Seit Anfang 1980 als Nachfolger von *Mahmud Ould Louly* auch Staatspräsident und Vors. des CMSN. Erklärt im Dez. 1983, der Beitritt Mauretaniens zum tunesisch-algerischen Kooperationsvertrag sei »ein bedeutender Schritt in Richtung Aufbau des Groß-Maghreb«. Fordert andere Staaten in der Region zur Mitarbeit auf.

**Hayden,** *William George* [»*Bill*«] (Australien), * 1933; zeitweise im Polizeidienst, diplom. Volkswirt; polit. aktiv in der Australian Labour Party/ALP; seit 1961 Parlamentsabgeordneter, zwischen 1972 und 1975 Kabinettsmitglied. Erfolgreich im Aufbau der ALP als politische Alternative. Am 8.2.1983 auf Druck seiner eigenen Partei als Oppositionsführer zurückgetreten (Nachf. → *Hawke*). Nach dem Wahlsieg der Labour Party vom 5.3. in dessen Kabinett Außenminister und damit Nachf. von *Anthony Austin Street.* Äußert sich im Nov. 1983 kritisch über die US-Invasion in Grenada.

**Heng Samrin** (Kambodscha/Kampuchea), * 1934; Bauernsohn, seit 1969 Teilnahme a. d. Guerilla d. Roten Khmer, 1976 Politkommissar u. Kommandeur d. 4. Division, seit Dez. 1978 Vorsitzender des ZK und nach dem von Vietnam unterstützten erfolgreichen Aufstand gegen *Pol Pot* seit Jan. 1979 Präsident des »Volksrevolutionsrates (Regierung) der Volksrepublik«. Erhält bei den ersten Parlamentswahlen im Mai 1981 99,75 % der Stimmen und wird im Juni Staatsratsvorsitzender (Präsident) und Oberkommandierender der Streitkräfte. Löst am 6.12. *Pen Sovan* als Generalsekretär ab. Lehnt Übereinkommen mit → *Sihanouk* ab.

**Hermannsson,** *Steingrimur* (Island), * 1928; Ausbildung zum Elektroingenieur, Tätigkeit bei isländ. Staatsbetrieben u. 1955/56 kurzfristig in den USA. Nach Rückkehr ab 1957 Ingenieur in einem Bauunternehmen, Direktor des Nat. Forschungsrates und 1957–61 Direktor des Staatl. Komitees für Beschäftigungsfragen. Ab 1962 auch Mitarbeit im Wissenschaftskomitee der OECD. Mitglied der agrarischen Fortschrittspartei, seit 1971 Parteisekretär. 1978 Minister für Justiz, Landwirtschaft und Religionsfragen unter *Ólafur Johannesson,* den er 1979 als Parteichef ablöst. Unter *Gunnar Thoroddsen* seit 1979 Minister für Fischerei u. Verkehr, nach den Althing-Wahlen 1983 seit 26.5. dessen Nachf. als MinPräs in einer Koalition mit den Konservativen.

**Hernu,** *Charles* (Frankreich), * 1924; Journalist. 1956 Abgeordneter und Sekretär des außenpolit. Ausschusses der Nationalversammlung. Politischer Weggefährte von → *Mitterrand,* mit dem er 1971 der Sozialistischen Partei beitritt. Seit Mai 1981 Verteidigungsminister. Gilt als überzeugter Befürworter der atomaren Abschreckungsmacht und bezeichnet die sowjet. Mittelstreckenraketen SS-20 als Bedrohung. Befürwortet im Dez. 1983 erneut den NATO-Doppelbeschluß und lehnt die Einbeziehung franz. Kernwaffen in die Genfer Verhandlungen ab. Fordert nachdrücklich eine Stärkung der WEU.

**Herzog,** *Chaim* [*Chajim Vivian*] (Israel), * 1918, Sohn eines Oberrabbiners; ab 1935 Besuch eines rabbinischen Lehrhauses (Jeschiwa) in Jerusalem; vor Ausbruch des II. Weltkrieges Aufnahme des Jurastudiums in Cambridge u. London, dann Besuch der Militärakad. in Sandhurst. Milit. Laufbahn, Oberstleutnant in der brit. Armee; 1935 Emigration nach Palästina, Dienst in den Streitkräften der Mandatsmacht Großbritannien. Nach der Unabhängigkeit Israels 1948 Aufstieg zum Brigadegeneral. 1948–50 u. 1959–62 Chef des milit. Geheimdienstes. Dazwischen bis 1959 versch. Posten: 4jährige Tätigkeit als Militärattaché in Washington, Kommandant des Jerusalemer Distrikts u. Oberbefehlshaber Süd-Israels. Nach dem »Sechs-Tage-Krieg« von 1967 erster Militärgouverneur des eroberten Westjordanlandes. Daneben Industriemanager, Rechtsanwalt u. Journalist. 1975–78 israel. UNO-Botschafter in New York, anschließend Wiederaufnahme seiner Tätigkeit als Rechtsanwalt. Seit 1981 als Abgeordneter der oppositionellen Arbeitspartei in der Knesset; am 22.3.1983 als Nachf. von *Jitschak Navon* zum Staatspräsidenten gewählt; Amtsantritt am 5.5. H., eine der prägenden Figuren des jüdischen Staates, sieht als seine Hauptaufgabe »die Förderung der Einigkeit im Volk«. Erhofft vollen Frieden mit den arab. Nachbarn. Erklärt im Okt. 1983, Israel werde seine Truppen erst aus Libanon zurückziehen, wenn die Sicherheit von Galiläa gewährleistet sei und zufriedenstellende Vereinbarungen erreicht worden seien.

**Heseltine,** *Michael Ray Dibdin* (Großbritannien), * 1933; Sohn eines Obersten, Studium der Politik, Philosophie u. Geschichte in Oxford und während dieser Zeit Präsident des renommierten Debattierklubs; gelernter Buchprüfer, einige Zeit im militärischen Dienst. Besitzer eines Verlagsunternehmens. Seit 1966 für die Konservativen Abgeordneter im Unterhaus. 1972 unter *Edward Heath* Minister für Luftfahrt, dann für Umwelt, 1976 Industrie-, später Sozialminister. Löst am 6.1.1983 *John Nott* als Verteidigungsminister ab. Sieht seine Hauptaufgaben in der Kontrolle der Verteidigungsausgaben und in der Verteidigung der brit. Atombewaffnung gegen die wachsende Kampagne der Labour-Opposition und der Friedensbewegung.

**Howe,** Sir *Geoffrey* (Großbritannien), * 1926; Jurastudium in Cambridge; Anwalt und kurze Zeit Richter. Unter *Edward Heath* als zweiter Kronanwalt geadelt, dann Handelsminister. Unter Frau → *Thatcher* seit 1975 als Schatten-, seit deren Regierungsantritt im Mai 1979 als Schatzkanzler Hauptarchitekt des »Thatcher-Monetarismus«, einer harten finanzpolitischen Linie im Kampf gegen die Inflation. Nach dem kons. Wahlsieg 1983 löst H. *Francis Leslie Pym* als Außenminister ab. Befürworter der EG-Mitgliedschaft und der Treue zur NATO. Erklärt im April 1984, die Kronkolonie Hongkong werde 1997 an die VR China zurückgegeben, doch strebe sein Land die größtmögliche Autonomie für das Gebiet an.

**Hoxha** [*Hodscha*], *Enver* (Albanien), * 1908; als Sohn e. islam. Apothekerfam., Studium (ohne Abschluß) in Frankr. u. Belg., 1936/39 Lehrer in Alb., Kontakte zum Komm.; im Weltkrieg Partisanenführer, 1943 GenSekr d. KP, 1945 mit *Titos* Hilfe Machtübernahme, 1946/54 MinPräs (bis 1953 auch Vert.- u. Außenmin.). 1948 Bruch mit Jugosl. u. Elimin. aller »Titoisten«, seit 1954 Erster Sekretär des ZK der Partei, ständig wiedergewählt. 1960 Bruch mit der UdSSR, 1978 auch mit Peking; gilt als »Stalinist«. Erklärt im Nov. 1981, sein Land erhebe keinerlei territoriale Ansprüche gegenüber Jugoslawien, und verlangt, der Forderung der Albaner im Kosovo nach Umwandlung dieser autonomen Region in eine Republik Jugoslawiens zuzustimmen. Bezeichnet 1982 den ehem. Reg.-Chef *Mehmed Shehu* als »Verräter« und Agenten fremder Geheimdienste und entmachtet dessen Anhänger in Partei- u. Staatsapparat.

**Hun Sen** (Kambodscha/Kampuchea), * 1931 als Sohn armer Bauern, abgebrochene Gymnasial-Ausbildung. Schließt sich 1970 den Roten Khmer an (Aufstieg zum stellv. Regimentskommandeur), von deren Führer *Pol Pot* er sich erst 1977 trennt. In der provietnames., von der UNO nicht anerkannten Regierung Außenminister u. Vizepremier; Mitglied des Politbüros.

**Husák,** Dr. jur. *Gustav* (ČSSR), * 1913; bereits als Stud. Mitgl. d. KP d. Slowakei, im *Tiso*-Staat nach 1939 mehrmals in Haft, ab 1942 in d. Führung d. illeg. slowak. KP u. d. illeg. »Slowakischen Nationalrats« m. ungeklärtem Anteil am vor allem v. nationalist. slowak. Offizieren u. Politikern veranstalteten slowak. Aufstand v. 1944; danach Mitglied des Präs. d. slowak. KP u. d. ZK der KPČS(S)R, 1951 wegen »slowak. Separatismus« verhaftet, 1954 zu lebenslangem Kerker verurt., 1960 freigel., 1963 rehab.; Mitbeteiligter am »Prager Frühling« 1968, Stellv. MinPräs, Mitgl. d. Verhandlungsdelegation in Moskau, danach wieder 1. Sekr. d. slowak. KP, 1969 als Nachfolger v. *Alexander Dubček* 1. Sekr. d. ZK der KPČSSR u. dessen neuem Präsidium; 1975 scharfe Angriffe gegen Dubček u. dessen Anhänger; seit Mitte 1975 Staatspräsident und weiterhin KP-Chef, zuletzt im April 1981 bestätigt. Erklärt im Zusammenhang mit den Ereignissen in Polen, die Verteidigung des Sozialismus sei auch eine gemeinsame Sache der sozialistischen Staatengemeinschaft. Wirft im Mai 1983 dem Westen vor, »die Kirche in der ČSSR zunehmend zu politisieren und radikalisieren« zu wollen, »natürlich gegen den sozialistischen Staat«.

**Hussein II.** (Jordanien), * 1935; Urenkel d. letzten haschem. Scherifen v. Mekka, Ausbild. u. a. an brit Offiziersschulen, seit 1953 König; Gegner aller extrem. Politik, für Ausgleich m. Israel b. Lösung des Palästinenser-Problems; 1969/71 Zerschlagung der radik. Palästinenser-Guerilla-Lager in Jord., woraus Terrororg. »Schwarzer Sept.« gegen ihn erwächst; 1973 Truppeneinsatz nur a. d. syr. Front, 1974 Anerkennung d. PLO als Vertreterin d. außerhalb J.s lebenden Palästinenser, seit 1975 immer engere Koop. m. Syr.; weiterhin, trotz Ablehnung des 1979 einseitig von Ägypten und Israel geschlossenen Friedensvertrages, um eine Lösung des Palästinenserproblems bemüht. Unterstützt Irak im Krieg gegen Iran. Fordert sofortigen israel. Truppenabzug aus Libanon. 1982 wird H. zum Delegationsleiter der Arabischen Liga bestimmt. In der Nahost-Friedensinitiative von → *Reagan* sieht er zunächst positive Elemente. Sein Plan, bis März in Verhandlungen über die Verwirklichung der UNO-Resolution 242 (Anerkennung Israels gegen Rückgabe des Westjordanlandes) einzutreten, scheitert im April 1983 an der Weigerung der PLO, auch in ihrem Namen Friedensverhandlungen zu führen. Trotz aller Rückschläge kommt H. auch weiterhin eine Schlüsselrolle in Nahost zu. Am 9. 1. 1984 Wiedereinberufung der 1974 suspendierten Nationalversammlung. Erklärt wiederholt, ohne die Lösung des Palästinenserproblems in Nahost kein Frieden. Kritisiert Nahostpolitik der USA wegen enger Bindungen zu Israel, fordert die EG auf, sich an der Sicherung des Friedens in Nahost aktiv zu beteiligen.

**Hussein el-Takriti,** *Saddam* (Irak), * 1937. Bauernsohn, früh in der Baath-Bew. pol. aktiv, bis 1968 in Untergrund, Exil, Haft; seit 1969 in dem im Irak regierenden »linken« Flügel d. Baath stellv. Vorsitzender des »Kommandorates« (Führungsrates) der Partei. Entschiedener Gegner des ägypt.-israel. Friedensvertrages. Nach dem Rücktritt von *Achmed Hassan el Bakr* 1979 Nachfolger in allen Ämtern. Durch die Ergebnisse der Wahlen 1980 – der ersten seit 20 Jahren – in seiner Position gestärkt. H., in Personalunion Staats- u. RegChef, GenSekr der Baath-Partei u. Oberkommandierender der Armee, veranlaßt im Sept. 1980 wegen Anspruch auf umstrittene Grenzgebiete den Angriff gegen den Iran; bietet seit dem Frühjahr 1981 verschiedentlich einen Waffenstillstand an. Am 27. 6. 1982 als Parteichef bestätigt. Seit 1982 Bemühungen um eine Annäherung an den Westen, bes. an Frankreich und USA. Signalisiert wiederholt Verhandlungsbereitschaft mit der iranischen Führung, eskaliert aber zugleich den

Konflikt durch Angriffe auf Handelsschiffe unbeteil. Staaten im Arab. (Pers.) Golf.

**Hu Yaobang** [*Hu Jao-bang*] (VR China), *1915; seit 1930 Mitglied d. komm. Jugend, seit 1933 der KP, Teilnahme am »Langen Marsch«, Parteikarriere auf vielen Posten, früh Mitarb. v. → *Deng Xiaoping,* 1956 jüngstes ZK-Mitgl.; während d. Kulturrev. im Hintergrund, mit dem Wiederaufstieg von *Deng Xiaoping* erneut in die vordere Linie gerückt und im Dez. 1978 in das Politbüro gewählt; seit Febr. 1980 Mitglied des Ständigen Ausschusses des Politbüros sowie Inhaber des während der »Kulturrevolution« abgeschafften und nun wieder eingeführten Amtes eines GenSekr des ZK der KPCh. Kritisiert 1980 *Mao Zedong* [*Mao Tse-tung*). Prangert 1980 die Mißstände auf allen Parteiebenen an, deren Beseitigung in Angriff genommen werden müsse; bezeichnet die 1966 in Szene gesetzte »Kulturrevolution« als eine Katastrophe für die Volkswirtschaft. Wird vom ZK am 28.6.1981 als Nachfolger von *Hua Guofeng* zum Vorsitzenden gewählt. Im Sept. 1982 als Mitglied des Ständigen Ausschusses des Politbüros bestätigt und erneut GenSekr, bei gleichzeitiger Abschaffung des Amtes eines Parteivors. durch Statutenänderung.

**Iglesias,** *Gerardo* (Spanien), *1945; Sohn einer Bergarbeiterfamilie; Bergmann. 1960 Eintritt in die illegale KP; Kontaktmann zur Parteiführung im Exil; Organisator von Streiks in den Bergwerken, 5 Jahre in Haft. Dann GenSekr der komm. Gewerkschaften »Arbeiterkommissionen« in Asturien und ab 1978 GenSekr der Partei im gleichen Bezirk. Am 7.11.1982 vom ZK des PCE als Nachf. von *Santiago Carrillo Solares* zum GenSekr gewählt. I., ein geschickter Taktiker, galt als Vertrauter von *Carrillo* und vertrat dessen harte Linie, die eine »Sozialdemokratisierung« strikt ablehnte. Seit neuerem (1983) flexibler. Betonung eurokommunistischer Möglichkeiten im Sinne einer laizistischen Massenpartei als Alternative für die Wahlen von 1986. Bekräftigt Mitte Dez. 1983 seinen Kurs des Eurokomm. Auf dem XI. Parteitag der KP am 18.12.1983 im Amt bestätigt.

**Iryani** [*Irjani,* benannt nach seinem Geburtsort Irjan/ Prov. Ibb], Dr. *Abdel Karim al-Ali* (Arab. Rep. Jemen [»Nordjemen«]), *1935, Schulbildung in Ägypten; Landwirtschaftsstudium in den USA; Promotion in Biologie an der Yale-Univ. 1968 Rückkehr in den Nordjemen. In den 70er Jahren verschiedene Ministerposten in den Ressorts wirtschaftl. Entwicklung, Erziehung und Landwirtschaft. Gleichzeitig Präsident der zentralen Zahlungsbehörde und Rektor der Univ. Sana [San'a]. Seit 1980 Regierungschef; am 12.11.1983 von → *Ghani* im Amt abgelöst und seitdem Leiter des Rates zum Wiederaufbau der vom Erdbeben betroffenen Gebiete.

**Iskandar,** König *Mahmud,* Sultan von Johore (Malaysia), *1933; am 9.2.1984 vom Rat d. 9 malayischen Sultane für 5 Jahre zum neuen König gewählt, folgt am 26.4.1984 *Ahmad Sha* auf dem Thron. Unter dem Druck der Sultane muß MinPräs → *Mahathir* in eine Verfassungsänderung einwilligen, die ihnen und dem König mehr Macht zubilligt.

**Jackson,** *Jesse* (USA), *1941; stammt aus armen Verhältnissen. Während des Studiums Studentenführer. Unter dem Einfluß von *Martin Luther King* und *Andrew Young* in den 60er Jahren Eintritt in das Priesterseminar von Chicago; Baptistenprediger. 1971 Gründer und seitdem Präs. der schwarzen Vereinigung People United to Safe Humanity/PUSH, die sich u. a. für Arbeitsplätze für Schwarze einsetzt. Gibt am 3.11.1983 als erster Schwarzer in der Geschichte der USA offiziell seine Kandidatur für die Präsidentschaft bekannt. Beteiligt sich an allen Vorwahlen der Demokraten, unterliegt aber → *Mondale.* Erwirkt Anf. Jan. 1984 die Freilassung des US-Marinefliegers *Robert Goodman* aus syrischer Gefangenschaft und Ende Juni die von 22 US-Bürgern und 26 Cubanern aus cuban. Haft. Aufforderung an die US-Regierung, mit Cuba einen Dialog ohne Vorbedingungen aufzunehmen. Gilt als Bürgerrechtler, innen- u. sozialpolitisch als Linksliberaler.

*Jamani* → Yamani

**Jaruzelski** [*Jaruselski*], *Wojciech* (Polen), *1923 als Sohn e. kleinadligen Gutsbesitzers u. Lehrers; milit. Ausbild., 1940 Anschluß an in d. SU aufgestellte poln. Verbände, 1944 Offizier der m. d. sowj. Truppeneinmarsch. poln. Armee; 1947 Mitgl. d. KP, ab 1964 im ZK d. PVAP; Generalstabsakad. in Warschau, 1965 Generalstabschef u. Abg., (1962 Stellv.), 1968 VertMin, ab 1971 Mitgl. d. Politbüros, seit 1981 VizePräs d. Nationalen Einheitsfront. Nimmt seit Beginn der neuen Arbeiterunruhen Einfluß auf den Gang der Ereignisse (u. a. Verweigerung des Einsatzes der Armee gegen die Arbeiter). Am 11.2.1981 vom Sejm als Nachf. von *Józef Pinkowski* zum MinPräs, am 18.10.1981 vom ZK als Nachf. von *Stanislaw Kania* zum Parteichef gewählt, vereinigt damit alle Machtpositionen in seiner Hand. Verhängt am 13.12. das Kriegsrecht und tritt an die Spitze des »Rats der Streitkräfte für die nationale Errettung«. Versichert, daß das östliche Bündnis mit Polen wieder als »festem Glied der sozialistischen Gemeinschaft« rechnen könne. Zweimaliges Zusammentreffen mit Papst → *Johannes Paul II.* in Polen im Juni 1983. Veranlaßt am 22.7.1983 die Aufhebung des seit 1.1. suspendierten Kriegsrechts und läßt der Regierung Sondervollmachten erteilen. Am 22.11.1983 Rücktritt als VertMin (Nachf.: General *Florian Siwicki*); Ernennung zum Oberbefehlshaber der Streitkräfte und des Landesverteidigungskomitees. Unterzeichnet Anf. Mai 1984 in Moskau mit → *Tschernenko* ein Programm wirtschaftl. und wissenschaftl.-technischer Zusammenarbeit »bis zum Jahr 2000«.

**Jayawardene,** [*Dschajawardene*], *Junius Richard* (Sri Lanka), * 1906; Buddhist, Jurist, Rechtsanwalt; seit 1947 Abg. d. Verein. Nationalpart./UNP; zahlreiche Ministerposten, übernahm 1970 Fraktions-, 1973 auch Parteiführung; nach Wahlsieg 1977 über Frau *Bandaranaike* MinPräs u. Min. f. Verteid., Wirtsch. u. Planung, 1978 nach Einführung des Präsidialsystems Staatspräsident; gilt als liberaler Konservativer und als dem Westen gegenüber aufgeschlossener Anhänger der Bündnisfreiheit und einer Politik der freien Marktwirtschaft. Am 20.10.1982 bei den vorgezogenen Präsidentschaftswahlen für eine 2. Amtszeit von 6 Jahren bestätigt. Beruft im Jan. 1984 eine Allparteienkonferenz zur Lösung des Tamilen-Problems ein.

**Johannes Paul II.** (Vatikan), * 1920 als *Karol Wojtyla* in Wadowice bei Krakau (Polen); Studium d. poln. Philologie u. d. Theaterwissensch., Schauspieler, ab 1942 Stud. d. Theologie am illeg. Untergrundseminar in Krakau; 1946 zum Priester geweiht; 1953 Habil., Dozent an der Kath. Uni Lublin, 1958 Bischof v. Krakau, 1967 Kardinal; nach dem Tod von *Johannes Paul I.* im 8. Wahlgang am 16.10.1978 als erster Pole – und erster Nichtitaliener seit 1523 – zum Papst gewählt. Will den seit *Johannes XXIII.* vorgezeichneten Reformweg fortsetzen. Am 13.5.1981 zu Beginn der Generalaudienz auf dem Petersplatz durch Schüsse eines türkischen Terroristen schwer verletzt. Fordert wiederholt ein Engagement für Abrüstung und Abschaffung der Kernwaffen. Am 14.9. Veröffentlichung seiner dritten Enzyklika »Laborem exercens«. Appelliert an die verantwortlichen Politiker, sich für die Wiederherstellung des Friedens im Libanon einzusetzen, und fordert Anerkennung der Rechte der Palästinenser; die Privataudienz für den PLO-Vors. → *Arafat* (15.9.1982) löst Kritik in Israel aus. Am 25.1.1983 unterzeichnet er einen neuen Kodex des Kirchenrechts, der im Nov. 1983 in Kraft tritt und das bisherige Gesetz von 1917 ablöst (→ Kap. *»Weltchronik«*, Sp. 77 ff.). Am 25.3.1983 eröffnet er in Rom das außerordentliche »Heilige Jahr« 1983/84, in dem die kath. Kirche in besonderer Weise des Todes von Jesus Christus gedenkt. Im Juni 1983 während seiner 2. Polen-Reise als Papst Ansprache vor Millionen über die Rolle der Kirche, die Wahrung der menschlichen Würde und die Notwendigkeit von Frieden u. Ausgleich auch im Bereich des gesellschaftl. Lebens und der gewerkschaftlichen Organisationen. Begegnungen u.a. mit → *Jaruzelski* und → *Wałęsa*. Aus Anlaß des 500. Geburtstages *Martin Luthers* Würdigung von dessen Leben und Werk. Das Sehnen der Christen nach Einheit steht im Mittelpunkt der ersten Predigt eines Oberhauptes der Röm.-Kath. Kirche in einer ev. Kirche (Christus-Kirche in Rom) am 14.12.1983. In einer Botschaft zum Weltfriedenstag am 1.1.1984 wendet er sich gegen »jeden Pazifismus, der nur Feigheit oder eine simple Wahrung der Ruhe sein würde«. Anf. Jan. befürwortet er einen eigenen Palästinenserstaat, im April ein Sonderstatut mit internationalen Garantien für Jerusalem. Nimmt im April die umfangreichsten Personalveränderungen an der Spitze des Vatikans in der modernen Kirchengeschichte vor (→ *Casaroli*). Ungewöhnlich deutlich lehnt er am 14.6. bei einem Schweiz-Besuch ein gemeinsames Abendmahl mit Protestanten ab und hebt den Führungsanspruch der kath. Kirche innerhalb der christl. Gemeinschaften und Kirchen hervor.

**Joumblat** [*Dschumblat*], *Walid* (Libanon), * 1949; Sohn u. Nachfolger des 1977 ermordeten Gründers und Chefs der linksgerichteten »Fortschrittspartei«, *Kamal J.* als Parteiführer, Milizenchef und Drusenfürst, kann aber die ideologisch zerstrittenen Organisationen der »Nationalen Bewegung« nur mit Mühe zusammenhalten. Wirft den maronitischen Christen Kooperation mit Israel vor, da sie den Libanon zerstückeln und aus der Gemeinschaft der arabischen Nationen herausbrechen wollten. Im Juli 1982 schlägt er die gleichzeitige Entmilitarisierung Ost- und West-Beiruts sowie die Internationalisierung des Libanon-Konflikts vor. Geht im Juni 1983 ins Exil und will von dort aus den Kampf gegen das libanes.-israel. Truppenabzugsabkommen in einem neuen Widerstandsbündnis fortsetzen, dem u.a. *Sleiman Franjieh* und → *Karamé* angehören. Wirft Präsident *A.* → *Gemayel* vor, unter seinem Regime seien politische Opposition u. Kritik verboten. Verbündet sich mit den Syrern und schlägt gemeinsam mit der Amal-Miliz von → *Berri* im Febr. 1984 die libanes. Reg.-Truppen. In der »Regierung der Nationalen Einheit« unter *Karamé* übernimmt er das Ministerium für öffentl. Arbeiten.

**Juan Carlos I.** (Spanien), * 1938; seit 23.7.1969 Prinz von Spanien und von den Cortes zum Nachf. von General *Franco* bestimmt; am 22.11.1975 zum König proklamiert; sein Sohn *Felipe* ist Erbprinz. Seit 27.12.1978 verfassungsrechtlich Staatsoberhaupt; er beruft und entläßt den Regierungschef. Betont die Notwendigkeit einer engeren Integration der Streitkräfte und der zivilen span. Gesellschaft. Er gilt als wesentl. Kraft bei d. Einbindung d. span. Militärs in den demokr. Reformprozeß; erhält am 20.5.1982 den »Internationalen Karls-Preis« der Stadt Aachen; wird am 23.7.1983 gemeinsam mit dem Generalsekretär des ANC u. südafrikan. Freiheitskämpfer *Nelson Mandela* wegen seiner Verdienste für Freiheit und Demokratie mit dem Simón-Bolívar-Preis ausgezeichnet.

**Kádár,** *János* (Ungarn), * 1912; Feinmechaniker, bereits als Jugendl. polit. aktiv, 1931 Mitgl. d. illeg. KP, mehrfach inhaft., im Krieg Mitgl. d. Widerstands, 1942 Mitgl., 1943 Sekr. d. ZK, 1945 Mitglied d. Politbüros; 1948 Innenmin., mitverantw. für d. Prozesse gegen s. Vorgänger *Lászlo Rájk* (hinger.

1949) u. *József* Kardinal *Mindszenty;* 1950 aller Ämter enth., 1951/54 verhaftet u. gefoltert, 1956 erneut führend in Partei u. Regierung v. *Imre Nágy,* im Aufstand Gegner *Nágys,* mitverantw. f. Einmarsch d. sowjet. Truppen; seit 1956 1. Sekr. d. ZK der KP (zuletzt 1980 bestätigt), 1956/58 u. 1961/65 MinPräs; bemüht sich um Aussöhnung (»Wer nicht gegen uns ist, ist für uns«) u. erfolgreich um effiziente Wirtschaft sowie innenpol. um gemäßigte Liberalisierung. K. gilt außenpolitisch als Verfechter sowjetischer Intentionen, verteidigt 1980 die Intervention in Afghanistan; innenpolit. gemäßigt. Gibt im Febr. 1981 in Moskau eine Vertrauenserklärung für die polnische Führung ab. Vertritt die Auffassung, daß die NATO mit ihrer Rüstungspolitik nach militärischer Überlegenheit strebe, mit dem Ziel, sie als politisches Druckmittel einzusetzen.

*Kadhafi* [*Kadhzafi*] → Gaddafi

**Karamé** [*Karami; Kerame*], *Rashid* (Libanon), *1921; Sohn des Mufti v. Tripoli u. mehrfachen MinPräs *Abdel Hamid K.,* nach christl. Schule Studium in Kairo u. d. Jura in Beirut, seit 1948 Rechtsanwalt in Beirut; als führende Persönlichkeit d. Sunniten d. Nordens 1951/71 zahlreiche Kabinettsposten, 1955/76 insg. 9mal MinPräs; stets um Ausgleich bemüht (gilt u.a. als Beendiger des Bürgerkriegs 1958); ab 1976 ohne öffentl. Funktion. Am 26.4.1984 von → *Gemayel* zum Chef einer »Regierung der Nationalen Einheit«, bestehend aus je 5 christl. und muslim. Politikern, ernannt. Übernimmt selbst das Außenministerium.

**Karmal,** *Babrak* (Afghanistan), *1929; Tadschike wohl adliger Abstammung, 1949 Abitur an der Deutschen Schule Kabul, 1957/65 Beamter, dann Beitritt zur marxistischen »Demokrat. Volkspartei«/DVP bzw. PDPA und Abgeordneter. K., unter dem von der UdSSR gestürzten *Mohammed Taraki* 1978 Vizepräsident des »Revolutionsrates« und stellv. MinPräs, wird unter MinPräs *Khafizoullah Amin* als Botschafter nach der ČSSR abgeschoben. Nach dem Sturz von *Amin* Ende Dez. 1979 Vors. d. »Revolutionsrates«, Staats- und MinPräs u. GenSekr d. ZK d. DVP. Tritt im Juni 1981 als MinPräs zurück (Nachf. → *Kishtmand*). Bekräftigt Anf. April 1984 seine Bereitschaft, mit Iran und Pakistan zu verhandeln; lehnt aber Gespräche mit den afghan. Widerstandskämpfern ab.

**Kaunda,** Dr. h. c. *Kenneth* (auch *»Buchizya«*) (Sambia), *1924; Besuch v. Missionsschulen, Ausbild. z. Lehrer, schließlich Geschäftsmann; aktiv im African National Congress/ANC, 1953 dessen GenSekr, 1958 Vors. d. Zambia National Congress, bekämpfte die weiße Vorherrschaft; ab 1960 Aufstieg als Vors. d. United National Independence Party/UNIP; seit der Unabh. Sambias 1964 Präs., für sozialist. Wirtschaftsstruktur, scharfer Kritiker d. Westens; im Dez. 1978 zum viertenmal zum Staatspräsidenten gewählt. 1978/79 eine Hauptstütze der »Patriot. Front« gegen die Regierung von *Abel Musorewa* in Simbabwe/Rhodesien, vermittelt jedoch Ende 1979 auf der »Londoner Konferenz«. Im Aug. 1980 in Berlin (Ost) Abschluß eines Koop.-Abk. f. Wirtsch. u. Wissensch.; Verleihung eines Ehrendoktors durch die »Humboldt-Universität«. Verhandelt am 30.4.1982 mit dem südafrikan. Reg.-Chef → *Botha* u.a. über die Lage in Namibia und die Reformen in Südafrika. Bei den Präsidentschaftswahlen am 27.10.1983 für eine 5. Amtszeit wiedergewählt. Erklärt Mitte April 1984, die »Frontstaaten« seien zu schwach, um ihrer Position gegen das Apartheid-Regime Südafrikas gewaltsam Ausdruck zu verleihen. Billigt auf der Gipfelkonferenz der Frontstaaten in Arusha am 28./29.4. die Verträge Angolas und Mosambiks mit Südafrika.

**Khaddam,** *Abdul* [*Chaddam Abd el*] *Halim* (Syrien), *1932; Jurastudium, 1951–1964 Rechtsanwalt, seit 1963 Mitglied der Baath-Partei. 1969 Minister für Wirtschaft u. Außenhandel, seit 1970 Außenmin, stellv. MinPräs und Mitglied der Baath-Führung. Erklärt im Jan. 1983, Syrien werde kein Verhandlungsergebnis akzeptieren, das die libanesische Souveränität oder das Sicherheitsbedürfnis seines Landes beeinträchtige. Seit 11.3.1984 einer der 3 VizePräs mit dem Ressort pol. und auswärtige Angelegenheiten.

**Khamenei** [*Chamenei*], Hajatoleslam *Ali* (Iran), *1940. Schüler v. → *Khomeiny,* seit 1963 in d. islam. Erneuerungsbew. aktiv, 1969/78 mehrfach verhaftet; nach dem Sturz des Schah stellv. VertMin, Vertreter *Khomeinys* im Obersten Verteid. Rat u. Mitgl. d. Revolutionsrats; am 1.9.1981 als Nachf. des ermordeten MinPräs *Mohammed Javad Bahonar* zum GenSekr der IRP und am 2.10. mit 95,1% der Stimmen zum Nachf. des ermordeten *Mohammed Ali Rajai* als Staatspräsident gewählt und am 13.10. vereidigt. Am 10.12.1982 in eine Expertenversammlung für die Regelung der Nachfolge → *Khomeinys* gewählt. In verschiedenen Schriften Verfechter einer radikal-islamischen, totalitären Auffassung einer islamischen Republik.

**Khieu Samphan,** Dr. (Kambodscha/Kampuchea), *1931; ab 1954 Studium d. Wirtschaftswiss. in Paris, ab 1956 komm. aktiv, 1960 Rückkehr nach Kamb., 1962 Abg. u. HandelsMin, Mitorganisator d. Kampfes gegen *Lon Nol;* nach der endgültigen Festigung der kommunistischen Macht, der Verkündung einer neuen Verfassung und dem Rücktritt von → *Sihanouk* Vorsitzender des Staatspräsidiums d. »Demokrat. Kampuchea«. Seit der vietnames. Invasion wie *Pol Pot* in abgelegenen Gebieten in d. Guerilla gegen die Regierung → *Heng Samrin,* seit Mitte Dez. 1979 als Nachf. von *Pol Pot* auch MinPräs u. offiz. Führer der »Vereinigten Front für die

Befreiung von Kampuchea«. Von Peking unterstützt. Seit 22. 6. 1982 stellv. Präsident und Außenminister einer Koalitionsregierung der drei Widerstandsgruppen »Demokratisches Kamputschea«/DK gegen die vietnames. Besetzung Kambodschas.

**Khomeiny** [*Chomeini*], *Ruhollah Musavi* (Iran), * 1900 als Sohn eines schiitischen Geistlichen (Mullah) im Dorf Chomein; Ausbildung in Isfahan und auf der geistlichen Hochschule in Kum [Ghom], später an dieser lehrend, von zunehmendem Einfluß; seit der Zeit des II. Weltkrieges Gegner der *Pahlevi*-Dynastie; 1963 Gegner der vom Schah ausgerufenen »Weißen Revolution«, zeitweise verhaftet, 1964 ausgewiesen. Exil in Türkei, Irak und Frankreich. Von dort am 1. 2. 1979 nach dem Iran zurückgekehrt, in Teheran von den Massen triumphal gefeiert und nun die entscheidende religiöse und politische Kraft des Landes und die über allen Institutionen stehende Persönlichkeit. Kompromißlos gegenüber dem verfeindeten Irak, mit dem sich der Iran seit dem 23. 9. 1980 im Kriegszustand befindet. Kh. wendet sich gegen jeden Versuch der Trennung von Religion und Staat. Lehnt alle bisher vorgelegten Friedenspläne für den Nahen Osten ab. Im Juli 1983 übergibt er einer »Expertenversammlung« sein »Politisches Testament«.

**Kim Ir Sen** [*Kim Il Sung*] (Koreanische Volksdem. Republik), * 1912; wohl Bauernsohn, ab 1927 komm. polit. aktiv, 1931 Mitgl. d. KP, 1934 Chef e. antijap. Partisanengruppe i. d. Mandschurei, Flucht nach Sibirien, Gründung v. korean. Partisanengruppen in Kasachstan u. Usbeskistan, im II. Weltkrieg (angebl. u. a. vor Stalingrad) Kämpfer i. d. Roten Armee, zum Major befördert; 1945 1. Sekr. d. KP Koreas (ab 1946 Vors. genannt), 1948/72 MinPräs u. Oberbefehlshaber, mit vor allem chin. Hilfe (fast) Sieger im Koreakrieg; zunächst enge Anlehnung an Moskau, später Versuch e. unabhängigeren Politik zwischen Moskau u. Beijing; seit 1971 verstärkt um Kontakte zu S-Korea bemüht, zugleich Versuch d. Errichtung e. komm. Dynastie; 1972 als Nachfolger von *Tschö Jong Kun* zum Staatspräsidenten gewählt (im April 1982 bestätigt), aber auch weiterhin GenSekr d. ZK d. KP, 1980 bestätigt. Bekräftigt mehrfach seinen Wunsch nach Wiedervereinigung mit der nichtkommunistischen Republik Korea/Süd-K. in der Form einer »Demokratischen Koreanischen Bundesrepublik«, wenn die US-Truppen abziehen. Äußert sich im Mai 1984 positiv über sowj. Außenpolitik, besucht Mitte Mai bis Ende Juni die UdSSR, DDR, Polen, die ČSSR, Jugoslawien, Bulgarien, Rumänien und Ungarn. Warnt vor einem Wiederaufleben des jap. Militarismus.

**Kinnock,** *Neil* (Großbritannien), * 1942; Studium der Geschichte und Gewerkschaftsbeziehungen, dann Lehrer an einer Arbeiterbildungsstätte. Seit 1956 Mitgl. der Labour Party. Seit 1970 Mitgl. im Unterhaus. 1974 Parlamentarischer Privatsekretär des damaligen Arbeitsministers *Michael Foot*. Seit 1978 im Parteivorstand; Erziehungspol. Sprecher. Seit 2. 10. 1983 Nachf. von *Foot* als Parteichef und Oppositionsführer. Führt moderne Managementmethoden in der Parteizentrale ein. Im Febr. 1984 Forderung nach einer internat. Konferenz zur Umgestaltung der EG unter Beteiligung der Ostblockstaaten mit dem Ziel, eine »wirkliche Gemeinschaft Europas« zu schaffen sowie eine »atomwaffenfreie Zone« für Europa.

**Kishtmand** [*Keschdmand*], *Ali* (Afghanistan), * 1936; Angehöriger der mongolenstämmigen Hazareh-Minorität; Studium a. d. Uni Kabul, bis 1965 Beamter in versch. Ministerien; Mitbegr. d. Demokr. Volkspartei A.s/DVPA, seither im ZK u. seit 1977 im Politbüro; 1978/79 in Haft; gilt als Wirtschaftsfachmann, fähiger Verwalter und loyaler Gefolgsmann von Staatschef → *Karmal*, den er im Juni 1981 als MinPräs ablöst. Gegner des »Chalq«-Flügels der Partei. Fordert im März 1983 Direktverhandlungen zur Lösung der Afghanistan-Frage, sichert gleichzeitig die Fortsetzung der über die Vereinten Nationen laufenden Gespräche mit Pakistan zu.

**Kodjo,** *Edem* (Togo), * 1938; Studium an der ENA in Paris; polit. aktiv im Rassemblement du peuple togolais, 1967/71 dessen GenSekr, danach Wirtsch.-, Finanz-, AußenMin; Juli 1978 Rücktritt als AußenMin und zum GenSekr der OAU gewählt. Seit der eigenmächtigen Aufnahme der von der POLISARIO vertretenen Westsahara-Republik als 51. Mitglied in die OAU unter starker Kritik. Verurteilt 1982 die Angriffe Südafrikas auf das Königreich Lesotho als »verbrecherischen« Akt der Aggression. Fordert im Juni 1983, Afrika solle sich Kernwaffen beschaffen.

**Koivisto,** Dr. *Mauno* (Finnland), * 1923; seit 1947 Mitglied der »Sozialdem. Partei«, 1959/67 GenDir d. Arbeiterbank, 1968–1970 Chef einer »Volksfrontregierung«, 1972 Finanzminister u. stellv. MinPräs. Seit Mai 1979 Chef einer Mitte-Links-Regierung. Stärkt seine Position durch die im Reichstag im April 1981 erfolgte Annahme des von ihm vorgelegten »Sozialpakets«. Am 26. 1. 1982 zum Nachf. des 1981 erkrankten Staatspräsidenten *Urho Kaleva Kekkonen* gewählt. Gegner von Kernwaffen in seinem Land und Befürworter der Einrichtung einer kernwaffenfreien Zone im Norden Europas. Bei einem Besuch in Moskau am 6. 6. 1983 vorzeitige Verlängerung des finnisch-sowjet. Vertrages über Freundschaft, Zusammenarbeit und gegenseitigen Beistand um abermals 20 Jahre.

**Kolingba,** *André* (Zentralafrik. Rep.), * 1935; Dienst in der frz. Armee in Indochina u. Kamerun, zeitweise Botsch. in Bonn, Generalstabschef. Stürzt am 1. 9. 1981 durch einen unblutigen Staatsstreich

Präsident *David Dacko* und wird Präsident des Militärausschusses, MinPräs und Verteidigungsminister. Im Okt. 1982 Ankündigung der Einrichtung demokratischer Institutionen durch Präsidentschaftswahlen – vorgesehen für 1985 –, außerdem Schaffung einer Einheitspartei und Einrichtung einer Nationalversammlung.

**Kountié** [*Kountché*] Oberst *Seyni* (Niger), * 1931 in Fandou; Muslim. Milit. Karriere in d. frz. Armee, seit 1961 in d. Armee v. Niger, 1960 Oberstleutnant u. Stellv., 1972 Generalstabschef. Stürzt am 15. 4. 1974 Präsident *Hamani Diori;* seither Staats- u. MinPräs sowie VertMin und Oberkommandierender der Streitkräfte. Im Dez. 1982 zum Vors. der westafrikan. Wirtschaftsgemeinschaft CEAO, des »Nichtangriffs- u. Verteidigungsbeistandsabkommens«/UMAO gewählt. Am 1. 1. 1983 durch den Ministerrat zum Brigadegeneral ernannt.

**Kreisky,** Dr. jur. *Bruno* (Österreich), * 1911; früh pol. aktiv, 1934/37 u. 1938 verhaftet, Emigration nach Schweden, 1946 Rückkehr, Eintritt in d. dipl. Dienst, 1959/66 AußenMin, 1967 Vors. d. SPÖ, seit 1970 an der Spitze einer SPÖ-Regierung. Kritisiert im Aug. 1982 scharf das Vorgehen Israels im Libanon und vermittelt ab Dez. zwischen Israel und der PLO »auf Ersuchen beider Seiten«, um einen gegenseitigen Gefangenenaustausch zu ermöglichen. Am 29. 10. 1982 für weitere 2 Jahre als Parteivors. bestätigt. Nach den Parlamentswahlen vom 24. 4. 1983, aus denen die SPÖ mit 47,8 % der Stimmen erneut als stärkste Partei bei Verlust der absoluten Mehrheit hervorgeht, Rücktritt als Bundeskanzler (Nachf. → *Sinowatz*). Legt am 28. 9. 1983 sein Abgeordnetenmandat nieder und am 29. 10. sein Amt als Parteivors.

**Kyprianou,** Dr. jur. *Spyros* (Cypern), * 1932; 1954/59 Justiz-, 1960/72 AußenMin, vertritt neutral. Politik, 1976 Parlamentspräs. im griech.-cyp. Landesteil, 1978 für eine Amtsperiode von 5 Jahren zum Präsidenten gewählt, aber vom türk.-cypr. »Teilstaat« nicht anerkannt. Muß bei den Wahlen im Mai 1981 mit seiner »Demokratischen Partei« starke Einbußen hinnehmen. Am 13. 2. 1983 mit 56,5 % der Stimmen für weitere 5 Jahre im Amt bestätigt. Strebt zwar eine neue Cypern-Initiative an, lehnt aber ein Treffen mit dem Führer der Cypern-Türken → *Denktaş,* das dieser angeregt hatte, ab. Fordert den Widerruf der einseitigen Unabhängigkeitserklärung der »Türkischen Republik Nordcypern« vom 15. 11. 1983 und legt neue Vorschl. für eine Regelung des Cypern-Konflikts vor.

**Lamrani,** *Mohammed Karim* (Marokko), * 1919; nach Studium Aufstieg zu einem führenden Wirtschaftsfachmann, u. a. bereits in der franz. Protektoratszeit Direktor des Phosphatamtes/OPC; später in anderen wichtigen Wirtschaftspositionen. Im April 1971 Finanzminister; 1971–73 MinPräs. L., zuletzt Leiter des staatl. Amtes für Phosphatindustrie, wird im Nov. 1983 als Nachf. von *Maati Bouabid* erneut MinPräs.

**Lange,** *David Russel* [gen. *»Longi«*] (Neuseeland), * 1943; Nachkomme deutscher, 1863 aus Bremen eingewanderter Vorfahren; Vater Chirurg. Jurastudium, dann Rechtsanwalt der Armen und Laienprediger bei der Methodistengemeinde. Mitglied der Labour Party. Bei den Wahlen am 14. 7. 1984 als Nachf. von → *Muldoon* zum MinPräs gewählt. Verspricht Kontinuität in der Außenpolitik. Will das Land zu einer kernwaffenfreien Zone machen.

**Lawson,** *Nigel* (Großbritannien), * 1930; Studium in Oxford. 1956–60 Wirtschaftsjournalist bei der »Financial Times«. 1961–63 Chef der Wirtschafts- und Finanzredaktion beim »Sunday Telegraph«. 1963 Redenschreiber von Premierminister *Alec Douglas-Home.* 1966–70 Chefredakteur der Konservativen Zeitschrift »Spectator«. Seit 1974 im Unterhaus. Von → *Thatcher* 1977 zu einem der f. Finanzfragen zuständigen Sprecher der Opposition ernannt. Mitgestalter der ab 1979 eingeschlagenen konservativen Wirtschaftspolitik. Seit Juli 1983 als Nachfolger von Sir *Geoffry Howe* Schatzkanzler.

**Le Pen,** *Jean-Marie* (Frankreich), * 1928 als Sohn eines Fischereiunternehmers. Nach dem II. Weltkrieg Jurastudium in Paris. Als Freiwilliger Fallschirmjäger (Leutnant) in Indochina und Algerien. 1956 als jüngster Abgeordneter in die Nationalversammlung gewählt. Führer der Ende 1972 gegründeten Partei »Nationale Front«. Erhält bei den Präsidentschaftswahlen 1974 weniger als 1 % der Stimmen, bei einer Nachwahl zur Nationalversammlung im Département Morbihan im Dez. 1983 12,02 %; bei den Europawahlen am 17. 6. 1984 gewinnt seine rechtsextremistische Partei 10,5 % und wird damit ebenso stark wie die KPF. Bekennt sich zu einer »nationalen sozialen und volksnahen Rechten«.

**Lévesque,** *René* (Kanada), * 1922; Journalist, Mitgl. d. Liber. Partei, ab 1960 versch. Ministerämter in d. Regierung v. Quebec, 1967 Austritt aus d. Liber. P.; 1968 Vorsitzender des separatist. Parti Québécois, mit einem sozialdem. Programm; seit 1976 Chef der Provinzregierung, mit dem Ziel, ein unabhängiges Quebec in freier Assoziierung mit dem übrigen Kanada zu erreichen. Erhält bei den Wahlen zum Provinzparlament im April 1980 49,2 % der Stimmen und die absolute Mehrheit der Sitze.

**Levy,** *David* (Israel), * 1938 in Marokko; 1957 Auswanderung nach Israel, wo er seither in der Entwicklungsstadt Beth Schean lebt. Zunächst Bauarbeiter, dann Beginn seiner pol. Karriere innerhalb des Gewerkschaftsverbandes Histadrut. Avanciert dort bis zum Vors. der Likud-Fraktion. Seit 1969 für die Cherut-Partei in der Knesset. Nach dem Regierungswechsel 1977 Einwanderungsminister, ab 1981 auch Wohnungsbauminister. Unterliegt 1983 gegen → *Shamir* beim Kampf um die Nachfolge → *Begins*. Seitdem stellv. Ministerpräsident. Warnte als einziger im Kabinett vor einem möglichen Massaker in den libanes. Palästinenserlagern Sabra und Shatila. Protestiert gegen zu rigorose Haushaltskürzungen bei den Sozialleistungen im Zuge des wirtschaftl. Sanierungsprogramms.

**Li Xiannian** [*Li Hsiän-niän; Li Hsien-nien*] (VR China), * 1909; Zimmermann; 1927 Eintritt in die KP, Organisator v. Bauernaufständen u. Partisanenführer, 1935 Kontakt mit *Mao*, Aufbau der 30. Armee, ab 1938 Guerilla hinter d. jap. Linien; 1945 Mitgl. d. ZK, 1954 FinanzMin, 1956 Mitgl. d. Politbüros: große Verdienste um Steuerreform, Stabilisierung d. Inlandmarkts, Währungsreform; 1962 Stellv. MinPräs, zahlreiche Auslandsreisen (Osteuropa, Afrika, Asien); 1966/75 in d. Kulturrev. scharf kritisiert u. im Hintergrund; seit 1976 einer der Stellv. MinPräs, Mitglied des Ständigen Ausschusses des Politbüros des ZK, der »kollektiven Führung«. Seit Juni 1983 Staatsoberhaupt (Vors. der VR China). L. gilt als pragmatischer Politiker und Verfechter einer Modernisierung der Wirtschaft.

**Lubbers,** *Rudolphus F. M.* [gen. *»Ruud«*] (Niederlande), * 1939; Studium der Ökonomie, Promotion; nach dem Tod seines Vaters Leiter von dessen Baumaschinenfabrik und Übernahme von Funktionen in den Vorständen der Christl. Vereinigung junger Unternehmer und des Verbandes der Metallindustrie. 1970 Eintritt in die »Kath. Volkspartei«/KVP, eine der 3 Mutterparteien des heutigen (seit 1980) »Christl. Demokrat. Appell«/CDA. 1973–77 christl.-demokrat. Wirtschaftsminister unter *den* → *Uyl*. Seit 1979 Fraktionsvors. des CDA in der 2. Kammer des Parlaments in Den Haag. Bildet als jüngster MinPräs in den Niederlanden – nach dem Regierungsverzicht von *Andries van Agt* – am 3. 11. 1982 eine neue Regierung aus CDA und den konserv. Liberalen VVD, am 4. 11. vereidigt. Ziele: Maßnahmen zur Stärkung der Wirtschaft (u. a. Einkommensopfer für die Bevölkerung, Eingriffe in das soziale Netz), bessere Verteilung der Arbeit. Bekenntnis zum atlant. Bündnis. Erklärt Anf. Juni 1984, seine Reg. sei nur dann bereit, auf die Stationierung von 48 Marschflugkörpern zu verzichten, wenn die UdSSR ihren Bestand an SS-20-Raketen »einfriert«.

**Luns,** Dr. h. c. *Joseph Marie Antoine Hubert* (Niederlande/NATO), * 1911; Studium v. Jura u. Volkswirtschaft, 1938 Eintritt in d. dipl. Dienst, 1952/56 Min. ohne Portefeuille, 1956/71 AußenMin; seit 1971 NATO-Generalsekretär. Erklärt im Febr. 1981, er halte den Schutz der NATO-Interessen auch östlich von Suez, außerhalb der Bündnisgrenzen, für notwendig. Spricht sich im März 1981 gegen den Vorschlag von *Leonid I. Breschnjew* aus, ein Moratorium für atomare Mittelstreckenraketen in Europa zu vereinbaren, und plädiert im April 1983 für eine engere Zusammenarbeit der europ. u. nordamerikan. Bündnispartner in Fragen der Sicherheit u. Entspannung. Am 22. 6. 1984 Beendigung seiner Tätigkeit als NATO-GenSekr (Nachf. → *Carrington*).

**Lusinchi,** *Jaime* (Venezuela), * 1924; Medizinstudium in Caracas, 1947 Abschluß als Kinderarzt. Mitgl. der soz.-demokrat. Partei Acción Democratica/AD seit deren Gründungsjahr 1941. Im Widerstand, als die AD nach einem Militärputsch 1948 in den Untergrund geht; mit 29 Jahren zum GenSekr der AD gewählt. Unter der Diktatur von General *Marcos Perez Jimenez* (1948–58) mehrmals verhaftet und im Exil in Argentinien, Chile und den USA. 1958 Parlamentspräs. des Bundesstaates Anzoategui und für die AD in den Kongreß gewählt. Bis 1982 Fraktionschef und GenSekr der AD, dann Spitzenkandidat seiner Partei für die Präsidentschaftswahlen. Am 4. 12. 1983 mit 56 % der Stimmen als Nachf. von *Luís Herrera Campins* zum Präsidenten gewählt (Amtsantritt: 2. 2. 1984). Strebt außenpol. die Fortsetzung der Befriedungspolitik in Mittelamerika im Rahmen der Contadora-Staaten an. Im Febr. 1984 Mitunterzeichner einer Friedenserklärung für Mittelamerika. L., der als pragmatischer Sozialdemokrat gilt, geht aus den Kommunalwahlen vom Mai 1984 gestärkt hervor.

**Machel,** *Samora Moises* (Mosambik), * 1933; Sohn eines Schona-Häuptlings, Ausbildung als Krankenpfleger; milit.-ideol. Schulung in Algerien, 1964 Führer d. ersten FRELIMO-Aktionen in Mosambik, 1968 Kommandeur d. FRELIMO, 1970 Präs. d. FRELIMO (nun Partido de Vanguardia); marx. Aktivist; seit 1975 Präsident des unabhängigen Mosambik. Seit 25. 9. 1980 »Feldmarschall« u. Führer des neuen »Militärrats der Streitkräfte«. Im März 1983 Forderung nach »wirklicher« Entwicklungshilfe von der UdSSR. Trotz kritischer Haltung gegenüber Südafrika in einer ersten öffentl. Versöhnungsgeste Angebot von »Frieden und Koexistenz«. Seit Mai 1983 auch Verteidigungsmin. Bezeichnet im Okt. die Beziehungen zu den USA als verbessert. Im März 1984 Abschluß eines Sicherheitspaktes mit Südafrika.

**Magnago,** Dr. jur. *Silvius* (Italien/Südtirol), * 1914; Abitur deutsch in Bozen, Jurastud. ital. in Bologna; im II. Weltkrieg Dienst in d. deutschen Wehrmacht (schwer verw.); seit 1948 Mitgl. d. SVP, seit 1957 deren Obmann (Vors.), 1949/60 Präs. d. Südtiroler Landtags u. d. Regionalrats Trentino/Tiroler Etschland, seit 1961 Landeshauptmann von Südtirol. Vertreter echter Kooperation zwischen deutsch- und italienischsprachiger Bevölkerung. Am 28. 11. 1981 als Chef der Südtiroler Volkspartei wiedergewählt.

Betont im Dez. 1983, daß der Pariser Vertrag von 1946 zwischen Italien und Österreich (auf diesem baut das Autonomiestatut für Südtirol) keinen Verzicht auf das Selbstbestimmungsrecht bedeute.

**Mahathir Mohamad,** Dr. med. *Datuk Seri* (Malaysia), * 1925 als Sohn einer malaiischen Mutter und eines indischen Vaters. Pol. aktiv in d. UMNO, 1964/69 Abg., dann bis 1972 Parteiausschluß, 1974 ErziehungsMin, 1976 zusätzl. Stellv. MinPräs, 1978 Industrie- u. HandelsMin, 1981 als Nachf. von *Dato Hadsch Hussein Onn* Premierminister (Stellv.: *Musa Hitam*). Verfechter pro-westlicher Außen- u. Wirtschaftspolitik. Geht aus den Wahlen vom 22.4.1982, nach dem deutlichen Sieg der Regierungskoalition »Nationale Front«, gestärkt hervor. Setzt sich für eine Liberalisierung in Malaysia ein. Konsequente Verfolgung einer »Look East Policy« unter den 3 Prämissen »Disziplin, Harmonie, Fortschritt«.

**Marchais,** *Georges* (Frankreich), * 1920; Maschinenschlosser, 1942 Arbeit (nach eig. Vers.: Zwangsa.) in Deutschland, 1943 illegale Rückkehr n. Frkr., 1946 Metallarbeitergewerkschafter, 1947 Mitgl. d. KPF, 1953 Funktionär der KP-Gewerkschaft CGT, 1961 Mitgl. d. Politbüros zuständig f. Org., 1970 Stellv. GenSekr, 1972 GenSekr d. KPF/PCF (am 7.2.1982 bestätigt). Gewinnt bei der Präsidentschaftswahl am 29.4.1981 nur 15,34% der Stimmen und ruft danach zur Wahl von → *Mitterrand* auf, mit 4 Ministern seiner Partei an der Regierung *Mitterrand* beteiligt. Seit April 1983 zunehmender Kritik ausgesetzt, die über seine Person auf die grundsätzliche Rolle der Partei in der Koalition zielt. Fordert bei einem Besuch in Moskau am 12.7.1983 eine Verminderung der Rüstung im Osten wie im Westen und erklärt, die franz. »Force de frappe« müsse bei den Abrüstungsgesprächen zwischen der UdSSR und den USA in Genf mit einbezogen werden. Übt Anf. April 1984 heftige Kritik an der Wirtschaftspolitik von → *Mitterrand.* Erleidet mit seiner Partei bei den Wahlen zum Europ. Parlament am 17.6. eine schwere Niederlage. Im Kabinett → *Fabius* ist die KPF nicht mehr vertreten.

**Marcos,** *Ferdinand* (Philippinen), * 1917; Jurastud., mit 18 J. d. Mords an pol. Gegner s. Vaters angeklagt u. freigespr., als Widerstandskämpfer gegen Japan 5× verw., 2× aus d. Gefangenschaft gefl., hochdekoriert; Kampf gegen d. komm. »Huks«; Anwaltspraxis; 1960/64 Vors. d. Liberalen Partei, 1964 Übertritt zur Nacionalista-Partei, 1965 Präsident, regiert mit autoritären Methoden, in Gegensatz zur liberalen und linken Intelligenz; bisher vergeblich bemüht, die Rebellion der muslimischen »Moros« im Süden des Landes zu beenden, die Korruption zu unterdrücken und wirtschaftlich-soziale Reformen zu aktivieren. M., Staats- u. MinPräs wird bei umstrittenen Präsidentschaftswahlen 1981 mit 88% der Stimmen für weitere 6 Jahre gewählt. Zunehmendes Hervortreten seiner Frau *Imelda M.* (geb. 1930, seit 1975 Gouverneurin v. Manila u. seit Aug. 1982 Mitglied des 15köpfigen Exekutivrats, der nach dem Tode des Staatschefs die Macht im Lande übernehmen soll). Im März 1983 Vereidigung seines Sohnes *Ferdinand M.* (gen. »Bong-Bong«) als Gouverneur der Provinz Ilocos Norte (Heimatprovinz d. Fam.). Im Sept. 1982 – erstmals seit 1966 – zu einem offiz. Besuch in den USA. Sieht sich seit dem Mord an Oppositionsführer *Benigno Aquino* am 21.8.1983 wachsendem innenpolit. Druck der Opposition ausgesetzt. Erklärt sich zum Sieger der Parlamentswahlen vom 14.5.1984 und will nach der Konstituierung eines neuen Parlaments weiter per Erlaß regieren.

*Mariam* → Mengistu

**Martens,** *Wilfried* (Belgien), * 1936; Rechtsanwalt. Seit seiner Jugend Verfechter d. sprachlichen Gleichberechtigung aller Belgier. 1972–1979 Vors. d. flämischen »Christlichen Volkspartei«/CVP. Vom 3.4.1979 bis Ende März 1981 MinPräs. Bildet im Dez. eine neue Mitte-Rechts-Regierung und wird am 17.12.1981 als Nachf. von *Mark Eyskens* erneut als MinPräs vereidigt. Seit 1.1.1982 Leiter des zentralen Ministerrats und damit auch MinPräs. Erhält am 2.2. vom Parlament Sondervollmachten für den Kampf gegen die Wirtschafts- u. Finanzkrise.

**Mauroy,** *Pierre* (Frankreich), * 1928; Berufsschullehrer u. Gewerkschaftssekr. in Lille, 1950 Mitgl. d. alten SFIO, 1961 GenSekr d. Nordföderation d. SFIO, 1963 Mitgl. ihres Nationalbüros, 1971 d. neuen PSF, des Nationalbüros u. darin KoordinationsSekr, seit 1973 Bürgerm. v. Lille, Vors. d. Regionalrats Département Pas-de-Calais, Vors. d. PSF-Verbandes im industr. Norden, Abg.; gilt als Mann des Ausgleichs, Europäer, Gegner lähmenden Zentralismus; seit 21.5.1981 als Nachf. von *Raymond Barre* MinPräs. Nach den Wahlen zur Nationalversammlung vom Juni Chef einer Koalitionsregierung mit der KPF/PCF. Von → *Mitterrand* am 22.3.1983 mit der Bildung seiner 3. Regierung beauftragt. Am 18.7.1984 zurückgetreten (Nachf. → *Fabius*).

**McFarlane,** *Robert C.* [genannt *»Bud«*] (USA), * 1937; Sohn eines ehem. Kongreßabgeordneten. Absolvent der Marineakademie (1959). Politikstudium in Genf. 1971 als Oberstleutnant der Marineinfanterie erstmals Dienst im Weißen Haus. Seit 1973 Militärassistent im Nationalen Sicherheitsrat; 1979–81 Assistent im Verteidigungsausschuß des US-Senats. Seit 1982 als Stellv. von *William Patrick* → *Clark* im Weißen Haus. Ende Juli 1983 Nachf. von *Philip Habib* als Nahost-Sonderbeauftragter von → *Reagan.* Vom Präsidenten im Okt. 1983 als Nachf. von *Clark* zum nationalen Sicherheitsberater ernannt. Erstklassiger Kenner der Rüstungs- und

Abrüstungsfragen, gilt als Profi in Sicherheits- und Außenpolitik.

**Mejía Victores,** General *Oscar Humberto* (Guatemala), * 1931; 1948 Eintritt in die Armee als Berufssoldat. Aufstieg zum General u. stellv. Verteidigungsmin. Seit Sept. 1982 Verteidigungsminister. Stürzt am 8.8.1983 mit Hilfe der Militärführung Präsident *Efraín Ríos Montt,* dem er »religiösen Fanatismus« vorwirft, und wird vom Präsidenten des Obersten Gerichtshofes als neuer Staatschef vereidigt. Verfügt die Abschaffung der geheimen Militärtribunale, kündigt zugleich aber einen noch entschiedeneren Kampf gegen linke Regimegegner an.

**Mengistu,** *Hailé Mariam,* Oberstleutnant (Äthiopien), * 1937; Mitgl. einer ethn. Minderheit, Waise; milit. Karriere, als Hauptmann 1974 führend beim Sturz d. Monarchie, 1976 MinPräs, nach Erschießung v. 8 gemäßigten Mitführern seit 1977 Übernahme des Vorsitzes in »Militärrat« u. Ministerrat und anderer wichtiger Positionen, Unterdrückung allen Widerstandes und Beginn der radikalen Umwandlung Äthiopiens in einen »sozialistischen Staat«. Mit Hilfe sowjet. Berater u. Waffenlieferungen sowie cuban. Einheiten Konsolidierung der Lage im Ogaden u. z.T. auch in Eritrea. Beruft 1979 unter seinem Vorsitz eine »Kommission zur Gründung einer Arbeiterpartei von Äthiopien«/COPWE, die Mitte 1980 zusammentritt. Seit Juni 1983 Nachf. von → *Moi* als OAU-Präsident. Ruft in dieser Eigenschaft die Staaten Afrikas zu größeren Wirtschaftsleistungen auf u. beschuldigt die USA, »Apartheid, Zionismus u. Rassismus« zu unterstützen. Macht Mitte Jan. 1984 Präsident → *Habré* für das Nichtzustandekommen der Tschad-Konferenz verantwortlich.

**Mitterrand,** *François* (Frankreich), * 1916; Jurist u. Verleger, 1940 i. dt. Kriegsgefangenschaft, Flucht über Algier nach London zu *de Gaulle,* 1944 Min. f. Kriegsgefangene, 1956/58 Abg. u. zeitweilig Präs. d. soz. »Widerstandsunion« sowie in 11 Regierungen der IV. Republik Kabinettsmitgl.; 1959/62 Senator, Gegner der Politik *de Gaulles,* aber Anhänger seiner Algerienpol.; 1965 Mitbegründer der »Linksdemokr. u. soz. Föderation«/FGDS, bis 1968 deren Vors., als ihr Kandidat 1968 *de Gaulle* mit 44,8% unterl.; seit 1971 Vorsitzender der neugegr. Soz. Partei (P.S.), gibt dieses Amt Ende Jan. 1981 an *Lionel Jospin* ab. Am 10.5. mit 51,75% der Stimmen als Nachf. von *Valéry Giscard d'Estaing* zum Staatspräsidenten gewählt. Koalition seiner P.S., die bei den Wahlen v. Juni 1981 die absolute Mehrheit erhält, mit der kommunist. Partei/PCF. Verurteilt die Verhängung des Kriegsrechts in Polen und äußert vor diesem Hintergrund den Wunsch, den Vertrag von Jalta und die sich daraus ergebende Teilung Europas zu überwinden. Eintreten für das Selbstbestimmungsrecht der Palästinenser und für die Anerkennung Israels durch die PLO. Im Falkland-Konflikt mit Großbritannien solidarisch. Im Juli 1982 betont er Frankreichs Bereitschaft, an einer Lösung im Libanon-Konflikt mitzuwirken. Plädiert für eine atomare Stärkung Frankreichs und lehnt die Einbeziehung der Kernwaffen seines Landes in die Abrüstungsverhandlungen ab. Im Mai 1983 verurteilt M. das »provietnamesische Regime« in Kambodscha und bietet Vermittlungsdienste für eine polit. Lösung der Kambodscha-Frage an. Bekräftigt im Juni bei einem Besuch Korsikas, daß die Insel trotz Anerkennung der Besonderheiten des »korsischen Volkes« weiter unteilbar zu Frankreich gehöre. Ruft Anf. Febr. 1984 die EG zu gemeinsamen Verteidigungsanstrengungen auf. Ende Mai Plädoyer für eine Weiterentwicklung der EG zur Europäischen Union.

**Mobutu** [ursprüngl. *Joseph-Desiré*], *Sésé Séko* [*Kuku Ngbendu Wa Za Banga*] (Zaïre), * 1930 als Sohn einer Bangala-Familie; Verwaltungsbeamter, 1949 Polizeibeamter, 1956 Journalist, 1960 StaatsSekr d. Reg. v. *Patrice Lumumba,* in d. Kongowirren Anschluß an *Joseph Kasawubu* u. Oberbefehlshaber (ungeklärte Ermord. v. *Lumumba*), 1962 mit Hilfe d. UNO Sieg über *Tschombé* u. Beendigung d. Katanga-Sezession (ungeklärter Tod v. UNO-GenSekr *Dag Hammarskjöld*); seit 1965 durch neuen Militärputsch endgültig Staatsoberhaupt. Verstaatlichung der Großpflanzungen und des Kupferbergbaus, forcierte, isolierte Industrialisierung. Ausschaltung der Gegner. Stößt seit langem auch im Ausland auf Ablehnung, u.a. wegen Personenkult und Mißwirtschaft. Erklärt 1983 das Mehrparteiensystem als »für immer« abgeschafft. Im Mai Selbsterhebung zum »Marschall von Zaïre«. Entsendet 1983 Truppen in den Tschad zur Unterstützung der Regierung → *Habré.* Anf. August 1984 Wiederwahl als Präs.

**Mock,** Dr. *Alois* (Österreich), * 1934; Jurastudium. 1958/69 Beamtenkarriere, 1969/70 UnterrichtsMin, 1971 Vors. d. Gewerkschaft ÖAAB d. ÖVP, 1978 geschäftsführender Fraktionsvors. d. ÖVP, nach dem Rücktritt von *Josef Taus* 1979 ÖVP-Bundesobmann (Mitte Okt. 1983 bestätigt). M., der sich nachdrücklich für eine Politik des Wirtschaftswachstums einsetzt, geht aus den Parlamentswahlen vom 24.4.1983, die der ÖVP 43,2% der Stimmen bringen, gestärkt hervor, ohne das Ziel einer Regierungsbeteiligung zu erreichen, da die SPÖ mit der FPÖ koaliert. Er ist Vors. der Europ. Demokrat. Union/EDU, der Dachorganisation christl.-demokrat. u. konserv. Parteien in Europa, und ab 24.6.1983 auch Vors. der neugegründeten Internationalen Demokratischen Union/IDU.

**Moi,** *Daniel arap* (Kenia), * 1924; Mitgl. d. kleinen nilo-hamitischen, mit d. Massai verwandten Tugen-Stammes d. Kalenjin-Gruppe, Waise; Missionsschule, Ausbild. als Lehrer, Aufstieg z. Anstaltsdirektor, 1957/63 1 v. 8 Afrikanern im Legislativrat, 1961/62

ErziehungsMin, 1962/64 Min f. Gemeindeangel., 1964 Min d. Innern u. zusätzl. 1967 VizePräs unter *Jomo Kenyatta;* nach dessen Tod zum Vors. der Einheitspartei KANU, im Okt. 1978 zum Präsidenten ausgerufen, zuletzt im Aug. 1983 durch Wahl bestätigt. M. gilt als pragmatischer Politiker, der einen Ausgleich zwischen den kleinen Stämmen u. den einflußreichen Kikuju anstrebt. Von Juli 1981 bis Juni 1983 Vors. der OAU (Nachf. → *Mengistu*). Erklärt im Mai 1982 Kenia zum Einparteistaat. Am 25.8.1983 von der KANU als Parteichef bestätigt.

**Mondale,** *Walter Frederick* [»Fritz«] (USA), * 1928; Jurastudium, Rechtsanwalt, Aufstieg bis zum Generalstaatsanwalt (1960) in Minnesota, Angehöriger des liberalen Flügels der Demokraten. Seit 1964 als Nachf. von *Hubert Horatio Humphrey* Senator von Minnesota; 1966 u. 1972 wiedergewählt. Zunächst Befürworter des US-Engagements in Vietnam, seit 1969 dessen entschiedener Gegner. Gilt als Pragmatiker und hat starken Rückhalt bei den liberalen Demokraten und in den Gewerkschaften. 1977–81 Vizepräs. unter *Jimmy Carter*. Nach dem besten Abschneiden bei den Vorwahlen vom Parteikonvent der Demokraten am 18.7.1984 zum Herausforderer von → *Reagan* bei den Präsidentschaftswahlen am 6.11.1984 nominiert.

**Monge Alvarez,** *Luis Alberto* (Costa Rica), * 1926; Generalsekretär der sozialdemokrat. »Nationalen Befreiungsfront«/PLN. Distanziert sich 1981 von Stellungnahmen der Sozialistischen Internationale zu lateinamerik. Problemen. Erhält bei den Wahlen vom 7.2.1982 58,6% der Stimmen und löst am 8.5. *Rodrigo Carazo* als Staatspräsident ab, gegen den er 1978 unterlegen war. Seine Ziele: Reaktivierung der Wirtschaft, Zurückgewinnung der internat. Kreditwürdigkeit u. Reduktion des Defizits im Staatshaushalt. Erklärt für sein Land am 17.11.1983 »immerwährende Neutralität«.

**Moran,** *Fernando* (Spanien), * 1926; Sohn einer Familie des gehobenen Mittelstandes, verheir. mit einer Schwester des früheren MinPräs *Leopoldo Calvo-Sotelo*. Nach Studium im diplomat. Dienst. Während der *Franco*-Diktatur Botschaftsposten im Ausland und im Außenministerium, obwohl er aus seiner Ablehnung des Regimes kein Hehl machte. Mit dem heutigen Madrider Bürgermeister *Tierno Galván* Gründer einer sozialist. Partei, die sich 1978 dem PSOE von → *González* anschließt. Nach deren Sieg bei den Wahlen vom 28.10.1982 seit Dez. 1982 als Nachf. von *José Pedro Perez-Llorca* AußenMin. M., der auch ein bekannter Buchautor ist (Romane u. polit. Themen), erklärt im Mai 1983, Spanien stehe treu zu seinen Verpflichtungen in der NATO, bis ein Referendum endgültig über die weitere Mitgliedschaft entscheide, u. versichert, daß sein Land kernwaffenfrei bleiben werde.

**Mota Pinto,** *Carlos Alberto da* (Portugal), * 1936; Studium der Rechts- u. Staatswissenschaften, Universitätslaufbahn, Prof. für Verfassungsrecht in Coimbra. Mitbegründer der 1976 in »Sozialdem. Partei«/PSD umbenannten »Demokrat. Volkspartei«/PPD. 1978/79 MinPräs; seit Febr. 1983 einer der 3 Vizepräsidenten der polit. Kommission der PSD und als Nachf. von *Francisco Pinto Balsemão* Parteichef. Nach den Parlamentswahlen vom 25.4.1983, aus denen die PSD mit 27% als zweitstärkste Partei hervorging, seit Juni 1983 in einer Regierungskoalition mit der sozialist. Partei/PSP unter → *Soares* VizeMinPräs u. VertMin.

**Motzfeld,** *Jonathan* (Grönland/Dänemark), * 1939; Sohn eines Fischers und Robbenfängers. Bereits während seiner Lehrerausbildung Eintreten für die volle Gleichberechtigung der Grönländer. Weiterbildung zum Pfarrer in Kopenhagen. In Grönland pol. aktiv, seit 1971 im Provinzialrat. Gründer der sozialistischen »Vorwärtsbewegung« (Siumut), mit der er im April 1979 die Wahlen gewinnt, seit Mai erster MinPräs des autonomen Grönland. Kündigt den 1982 durch Volksabstimmung beschlossenen Austritt aus den EG zum 1.1.1985 an. Reicht im April 1984 den Rücktritt seiner Reg. ein und siegt bei den Neuwahlen vom 1.6.1984.

**Mubarak,** *Hosni* [*Husni*], (Ägypten), * 1928; militärische Laufbahn, Pilot, Kampfflieger, 3 Ausbildungskurse i. d. UdSSR, 1969 Stabschef, 1972 Oberbef. d. Luftwaffe, 1973 als »Held d. Oktoberkriegs« Aufstieg zum Luftmarschall (Generalleutnant). Seit April 1975 VizePräs. Am 14.10.1981 als Nachf. des ermordeten Staats- u. MinPräs *Anwar as Sadat* vereidigt; übernimmt auch die Funktionen des Oberbefehlshabers der Streitkräfte. Übergibt das Amt des MinPräs am 3.1.1982 an *Fuad Muhieddin.* Am 26.1. zum Vors. der regierenden »National-Demokratischen Partei«/NDP gewählt. Spricht sich wiederholt für eine gesamtarabische Libanon-Konferenz, für eine gegenseitige Anerkennung Israels und der PLO sowie schnellstmögliche Aufnahme der ägypt.-israel. Verhandlungen, für eine Autonomie der Palästinenser aus. Am 22.12.1983 in Kairo Zusammentreffen mit → *Arafat*. Vertreter einer distanzierten Politik gegenüber Israel und einer Wiederannäherung an die arab. Staaten. Erringt bei den Parlamentswahlen am 27.5.1984 mit seiner NDP einen hohen Wahlsieg.

**Mugabe,** Dr. *Robert Gabriel* (Simbabwe), * 1925. Sohn eines Tagelöhners aus dem Zezeru-Clan d. Maschona, Missionsschule, Lehrer. Ab 1956 im spät. Ghana, politisch von *Kwame Nkrumah* beeinflußt, ab 1960 wieder in Rhod., 1963 Anschluß an d. Zimbabwe African National Union/ZANU. 1964–74 im Gefängnis bzw. interniert; Fernstudium d. Jura an d. Uni London u. Promotion. Kooperation mit → *Nkomo* in der »Patriot. Front«/PF. Erringt mit der ZANU bei den Wahlen vom Februar 1980 die absolute

Mehrheit. Bildet Anfang März im Auftrag des brit. Gouverneurs *Arthur Christopher Soames* die Regierung, in der er auch das Verteidigungsministerium übernimmt. Plädiert für das »typisch afrikan. Einparteisystem« (leninist. Stils), das durch Plebiszit über Verfassungsänderung (Lancaster-Verf. gilt bis 1990 u. bestimmt pol. Pluralismus) eingeführt werden soll. Zunehmend Differenzen mit *Nkomo,* den er am 17.2.1982 mit der Beschuldigung aus dem Kabinett entläßt, mit südafrikan. Hilfe einen Putsch vorbereitet zu haben. Anfang 1983 Einsatz der Armee gegen »konterrevolutionäre Rebellen« im Matabele-Land (wo M. totale Ausgangssperre verhängt, mit Anweisung ans kontroll. Militär, bei Mißachtung zu schießen; Ausgangssperre endet für Pers., die ZANU beitreten).

**Muldoon,** *Robert David* (Neuseeland), *1921; Wirtschaftsprüfer, Kriegseinsatz im Pazifik; 1954 u. 1957 erfolglose Abg.-Kandidatur, 1960 Abg. d. National Party, 1967/72 FinanzMin, 1972 Stellv. MinPräs, 1974 Vors. d. NP, 1975 MinPräs, bemüht, in der Wirtschaft seine Sanierungskonzeption zu realisieren. Erringt mit seiner NP am 28.11.1981 einen knappen Wahlsieg. Bei den vorgezogenen Neuwahlen am 14.7.1984 gegen→*Lange* (Labour Party) unterlegen.

**Mulroney,** *Brian* (Kanada), *1939 in der Provinz Quebec; Jurastudium, steile Karriere als Rechtsanwalt, zuletzt Präsident der Bergwerksgesellschaft Iron Ore of Canada. Seit seinen Jugendjahren bei den Konservativen (Progressive Conservative Party), aber ohne parlamentarische Erfahrung und ohne polit. Amt. Seit 11.6.1983 als Nachf. von *Joseph* [*»Joe«*] *Clark* Parteivorsitzender. Befürwortung einer Neuordnung u. Verbesserung der Beziehungen zu den Alliierten Kanadas, besonders zu den USA. Bekennt sich zur NATO und tritt für die umstrittenen Tests von US-Cruise-Missiles auf kanad. Gelände ein. M. wird innerhalb des konservat. Parteienspektrums dem rechten Flügel zugeordnet.

**Mwinyi,** *Ali Hassan* (Tansania), *1925; Ausbildung an der Lehrerbildungsanstalt auf Sansibar. Nach der Revolution von 1964 Vertreter der Interessen Sansibars in einer Reihe von gemeinsamen Institutionen des ehem. Britisch-Ostafrika und der Tanganjikisch-Sansibarischen Union. Kommt 1969 durch→*Nyerere* nach Daressalam. Inhaber verschiedener Ministerämter. zuletzt Staatsmin. im Vizepräsidentenamt. Am 30.1.1984 nach dem Rücktritt von *Aboud Jumbe* zum Interimspräsidenten von Sansibar und Vors. des Revolutionsrates der Insel ernannt. Im April 1984 von der regierenden Einheitspartei Chama Cha Mapinduzi/CCM als einziger Kandidat aufgestellt und zum Präsidenten von Sansibar sowie gleichzeitig zum stellv. Präsidenten Tansanias gewählt.

**Nakasone,** *Yasuhiro* [*Jasuiro*] (Japan), *1918; Sohn eines wohlhabenden Holzhändlers; Studium der Rechte und der Politologie an der ehem. kaiserl. Eliteuniversität »Todai« in Tokio. Im II. Weltkrieg Marineleutnant. Seit 1947 als Abgeordneter der damaligen »Demokrat. Partei«, dann (nach Zusammenschluß mit der »Liberalen Partei«) der heute regierenden »Liberaldemokrat. Partei«/LDP im Parlament. Inhaber bedeutender Regierungsämter, u.a. Leiter des Amtes für Wissenschaft u. Technologie (1960), Verteidigungs- (1970) sowie Handels- u. Industrieminister (1972). Durch seine enge Verbindung zum ehem. MinPräs *Kakuei Tanaka,* dem er zum erheblichen Teil seinen Aufstieg verdankt, zeitweise politisch in Schwierigkeiten. 1973–75 Gen.-Sekr. der LDP, Verwaltungsminister. Am 25.11.1982 zum Nachf. von *Zenko Suzuki* als Parteivors. und damit (am 26.11.) zum MinPräs ernannt. Bei den Wahlen in das Oberhaus vom 26.6.1983 mit der LDP erfolgreich und in seiner Position gestärkt. Wichtigste innenpolit. Ziele: Sanierung der Staatsfinanzen u. Verwirklichung einer Verwaltungsreform. Strebt eine »Allianz Japan-USA« an. Bei den vorgezogenen Unterhauswahlen vom 18.12.1983 Verlust der absoluten Mehrheit, aber am 26.12. als MinPräs bestätigt. Im März 1984 in der VR China Teilnahme an der Gründung des »Komitees des 21. Jahrhunderts«, das die Freundschaft zwischen beiden Ländern durch verstärkten kulturellen Austausch vertiefen soll. Schließt bessere pol. und wirtschaftl. Beziehungen zur UdSSR aus, solange die Kurilen-Inseln nicht zurückgegeben werden und SU-Streitkräfte in Afghanistan stehen.

**Natta,** Dr. *Alessandro* (Italien), *1918; Ausbildung an der Eliteschule »Scuola Normale Superiore« in Pisa. Als Artillerieleutnant 1943 bei Kämpfen in der Ägäis verwundet und nach Deutschland deportiert, wo er »Widerstand unter den Offizieren« organisiert. Seit 1945 Mitglied des Partito Communista Italiana/PCI. Zunächst Gemeinderat in seiner Heimatstadt Imperia. Seit 1948 Abgeordneter, 1972–79 Fraktionsvorsitzender; in allen Legislaturperioden Mitglied der Kommission für das Erziehungswesen. Vorübergehend Chefredakteur der theoretischen Zeitschrift »Rinascita«. 1962 von *Palmiro Togliatti* in das Parteisekretariat geholt; 1964 mit *Luigi Longo* in Jalta, als *Togliatti* dort stirbt. ZK-Mitglied und seit März 1983 Vors. der Zentralen Kontrollkommission des PCI. Seit 26.6.1984 als Nachf. von→*Berlinguer* Gen.-Sekr. des PCI. N. gilt als Garant für die Fortführung der eurokommunistischen Politik *Berlinguers* und als Vermittler zwischen den Parteiströmungen. Er sieht sich selbst als »Übergangschef« und beabsichtigt, Nachf. aufzubauen.

**Nguyen Co Thach** (Vietnam), *1923; Untergrundkämpfer im Krieg gegen Frankreich und Regimentskommandeur des Vietminh. 1956 Generalkonsul in Indien und stellv. Minister. Seit Febr. 1980 als Nachf. von *Nguyen Duy Trinh* Außenminister; seit März

1982 Mitglied des Politbüros. Verteidigt die Anwesenheit sowjet. Truppen in Afghanistan und vietnames. Truppen in Kambodscha. Schließt Mitte Okt. 1983 den Rückzug vietnam. Truppen aus Kambodscha für die nächsten 5 Jahre aus.

*Nimeiri* → Numeiri

**Nkomo,** Dr. h. c. (einer US-Univ.), *Joshua Mqabuko Nyongolo* (Simbabwe), * 1917, im Matabeleland als Ndebele erzogen, Lehrer u. Laienprediger; 1947 Sekr. d. Gewerkschaft afrik. Eisenbahner, Kampf gegen »Zentralafrik. Föderation«, 1957 Präs d. African National Council/ANC, 1959/61 Exil in London, 1962 Gründung der Zimbabwe's African People's Union/ZAPU, 1964/74 verbannt, pol. Kampf f. Regierung m. afrik. Mehrheit in Rhodesien, 1975 aus ANC ausgeschl., sodann Präs d. abgespaltenen Inlandsflügels des ANC, mit → *Mugabe* für gewaltsame Lösung, Chef der Guerilla-Armee ZIPRA, v. Sambia aus operierend, 1980 Rückkehr n. Rhodesien, gewinnt mit seiner Patriotic Front/PF bei den Wahlen vom Febr. 1980 unerwartet nur 20 Mandate. Am 11.1.1981 von *Mugabe* als Innenminister entlassen, seit 28.1.1981 Minister ohne Geschäftsbereich und am 17.2.1982 wegen angeblicher Beteiligung an Plänen für einen Umsturz aus dem Kabinett entlassen. Fordert Mitte Mai 1984 die Einberufung einer Allparteien-Konferenz u. behauptet, sein Land werde durch *Mugabe* in den Zusammenbruch geführt.

**Nujoma,** *Sam* (Namibia/Südwestafrika), * 1929 als Sohn einer Ovambo-Familie; früh aktiv gegen Apartheidpol., 1960 ins Exil. Mitbegründer und Präsident des hauptsächlich aus Ovambo bestehenden Exilflügels der South West African People's Organisation/SWAPO mit Hauptquartier in Lusaka (Sambia) und mit Operationen von sambischem u. angolanischem Gebiet aus. Gegner einer ethnischen Föderalisierung des künftigen Namibia. Von UNO und OAU als legitimierter Führer der Bevölkerung von Namibia anerkannt. Verficht einen zentralist. Einparteistaat sozialist. Charakters. Erklärt die Bereitschaft der SWAPO, sich an internat. überwachten Wahlen zu beteiligen. Mitte Febr. 1984 Erklärung seiner Bereitschaft zu Verhandlungen über einen Waffenstillstand mit Südfafrika, Mitte März Annahme des Vorschlags Südafrikas zur Einberufung einer Regionalkonferenz unter der Bedingung, daß diese sich ausschließlich mit Namibia und nicht auch mit Angola befaßt.

**Numeiri** [*Numeiry* bzw. *Nimeiri*], *Dschafar* [*Jaafar Mohammed el*] (Sudan), * 1930; milit. Laufbahn bis Oberst, Mitanführer d. unblut. Staatsstreichs 1969, Vors. d. Revolutionsrats u. Oberbef., anfängl. für sozialrev. Erneuerung, aber gegen Komm., 1971/72 entmachtet, dann Abkehr v. radikalen Experimenten, Hinwendung zu Befriedung u. a. des (nichtislam. schwarzen) Südsudan durch Autonomie, ab 1976 Scheitern dieser Pol. (u. a. durch libysche Agitation), verschiedentl. Ziel v. Attentaten u. Putschvers., 1977 als Staatspräsident für 6 Jahre wiedergewählt u. seither auch MinPräs; seit 1979 »Feldmarschall«. Seit Nov. 1981 zusätzl. Min. f. Landwirtschaft und Bewässerung und seit Jan. 1982 Armeechef u. Verteidigungsmin. Am 12.10.1982 zusammen mit → *Mubarak* Unterzeichnung einer »Charta der Integration«, die die Verflechtung mit Ägypten vor allem in den Bereichen Außenpolitik, Verteidigung u. Wirtschaftspolitik vorsieht. Im Febr. 1983 faktische Anerkennung des Existenzrechts Israels. Im März 1983 vom Kongreß der Einheitspartei seines Landes als Vors. wiedergewählt. Führt am 9.9.1983 die islamische Rechtsprechung (Schari'a) ein (Beginn erneuten Kampfs für Islamisierung d. nichtisl. Südens u. Ende aller angebl. Autonomie Südsudans). Ende Mai Bildung eines »Präsidialkabinetts«, das die Reg.-Geschäfte i. S. einer beratenden Versammlung der islamischen Tradition gemäß wahrnehmen soll.

**Nyerere,** Dr. *Julius Kambarage* (Tansania), * 1922; Häuptlingsohn, Lehrer an kath. Missionsschule, 1949/53 Stud. v. Geschichte u. Wirtschaft in Edinburgh; ab 1953 Parteigründungen in Tanganjika, seine Tanganyika African National Union/TANU wird 1960 Wahlsieger, 1962 Staatspräsident. 1979/80 Wegbereiter der Rückkehr von → *Obote* in die ugandische Machtkonstellation. Im Namibia-Konflikt volle polit. Unterstützung für → *Nujoma.* Bei den Präsidentschaftswahlen vom 26.10.1980 im Amt bestätigt. Wegen Mißerfolgen seiner soz. Wirtschaftspol. zunehmender Kritik ausgesetzt. Billigt im März 1984 Südafrikas Friedenspläne.

**Obote,** Dr. h. c. *Apollo Milton* (Uganda), * 1925 als Sohn eines Lango-Häuptlings, nach Missionsschule Arbeit bei der Eisenbahn, aktiv im Uganda National Congress/UNC, 1957 Führungsmitgl., 1958 im Gesetzgebenden Rat, 1960 Gründung des Uganda People's Congress/UPC, nach dem Wahlsieg d. UPC 1961 MinPräs. 1966 Absetzung von *Mutesa II.,* König v. Buganda u. Präs. v. Uganda, Übernahme aller Gewalt und Staatspräsident. 1971 durch *Idi Amin* gestürzt und im Exil in Tansania; 1979 einer der Initiatoren der tansanischen Intervention in Uganda, in das er im Mai 1980 zurückkehrt. Am 5.11.1980 als Vors. d. UPC bestätigt, nach dem Gewinn der absoluten Mehrheit bei den umstrittenen Wahlen vom 10.12.1980 neuer Staatschef u. AußenMin. Wie einst unter *Idi Amin* wird die Bevölkerung Opfer entsetzlicher Massaker.

**Oreja Aguirre,** Dr. *Marcelino* (Spanien), * 1935, Sohn einer baskischen einflußreichen Familie. Jurastudium in Madrid, Bonn, London und Den Haag; diplomatische Laufbahn mit raschem beruflichem Aufstieg; 1962–70 Direktor der technischen Abtl. des Außenministeriums. 1974 im Stab des liberalen Informationsministers *Pio Cabanillas,* mit diesem unter dem Druck der Rechten zurückgetreten und den Übergang zu einer echten Demokratie fordernd. Später Direktor f. internat. Bez. der Bank von Spanien. 1976–80 Außenminister. Dann Delegierter Madrids bei der Reg. des Baskenlandes, und im Febr. 1982 zum neuen Vors. der baskischen UCD gewählt. Am 9.5.1984 von der parlamentar. Versammlung des Europarates als Nachf. von *Franz Karasek* zum Gen.-Sekr. des Europarates gewählt (Amtsantritt: 1.10.1984).

**Ortega-Saavedra,** *Daniel* (Nicaragua), * 1945; mit 19 Jahren bereits Teilnahme am bewaffneten Kampf gegen den Diktator *Anastasio Somoza jr.* Ende der 60er Jahre wie sein Bruder *Humberto,* heute Verteidigungsmin., festgenommen. Nach 7 Jahren Haft im Austausch gegen Geiseln der Guerilla freigelassen und ins Exil nach Cuba ausgeflogen. In der Endphase des Bürgerkriegs Rückkehr nach Nicaragua und »Comandante« der Frente Sandinista de Liberación Nicaragua/FSLN, der entscheidenden Kraft beim Kampf gegen *Somoza* und bei dessen Sturz im Juli 1979. Seitdem Oberbefehlshaber der Armee und »Koordinator« der Junta der »Regierung des nationalen Wiederaufbaus«. Mitte Juli 1984 zum Kandidaten der FSLN für die Präsidentenwahlen am 4.11.1984 ernannt.

**Owen,** *David* (Großbritannien), * 1938; Studium der Medizin in Cambridge, dann Arzt in London. Seit 1961 Mitglied der Labour Party, ehem. Außenminister. Tritt am 2.3.1981 aus der Labour Party aus; Mitgründer der »Sozialdemokrat. Partei«/SDP und Fraktionsführer im Unterhaus. Kritisiert die Haltung der Sozialistischen Internationale, der SDP den Zutritt zur sozialist. Abgeordnetengruppe des Europ. Parlaments zu verwehren. Fordert *Roy Jenkins* um die SDP-Führung heraus und unterliegt am 2.7.1982 mit 44,3% der Stimmen, löst ihn aber nach der Niederlage der sozialliberalen Allianz bei den Unterhauswahlen vom Juni 1983 ab. Distanziert sich im März 1983 als Mitglied der »*Palme*-Kommission« für Sicherheit u. Abrüstung von dem am 8.12.1982 veröffentlichten schwedischen Vorschlag zur Errichtung einer kernwaffenfreien Zone in Mitteleuropa.

**Özal,** *Turgut* (Türkei), * 1927; Elektroing., Wirtschaftswissenschaftler. 1967 Chef der staatl. Planungsorganisation, nach dem Militärputsch im März 1971 bei der Weltbank; 1973 Rückkehr, in führenden Stellungen in der Privatwirtschaft tätig, sodann Leiter der Planungsorganisation, zuletzt für Wirtschaftspol. verantwortlich. Nach dem Sturz von → *Demirel* am 12.9.1980 durch das Militär stellv. Ministerpräs. mit dem Auftrag, sein Wirtschaftskonzept fortzusetzen; Rücktritt am 14.7.1982. Nach dem Sieg seiner Mutterland-Partei (ANA P) bei den Parlamentswahlen am 6.11.1983 (211 v. 399 Sitzen) Nachf. von → *Ülüsü* als Reg.-Chef (Vereidigung am 6.12.). Um bessere Beziehungen zu Westeuropa bemüht; langfristiges Ziel ist die Aufnahme in die EG als gleichberechtigtes Vollmitglied.

**Palme,** *Olof* (Schweden), * 1927; Jurastudium, 1955/61 im Vorstand d. soz.dem. Jugendverbandes, 1958 Abg., 1963/69 versch. Ministerposten, 1964 Mitgl. d. Parteivorstands, 1969 Nachf. v. *Tage Erlander* als Vors. d. Partei u. MinPräs, vertritt Umwandlung Schwedens in extremen Wohlfahrtsstaat (zunehmend kritisiert wegen negativer Nebenfolgen); als MinPräs 1976 v. bürgerl. *Thorbjörn Fälldin* abgelöst. Aus den Parlamentswahlen vom 19.9.1982 mit seiner Partei als Sieger hervorgegangen, Bildung einer Minderheitsregierung mit äußerer Unterstützung der Kommunisten. Amtsantritt als MinPräs am 8.10., bestrebt, durch verstärkte Investitionen unter Beteiligung des Staates die Rezession zu überwinden. Spricht sich wiederholt für eine kernwaffenfreie Zone im Norden Europas aus und fordert von Frankreich u. Großbritannien den Verzicht auf Kernwaffen. Anf. Febr. 1984 als erster westl. MinPräs offiziell in Nicaragua und trotz Kritik Bekräftigung seines »starken Engagements für den Freiheitskampf der Sandinisten«.

**Papandreou** [*Papandreu*], *Andreas* (Griechenland), * 1919; Sohn d. Gründers d. Demokrat. Zentrums *Georgios P.,* Jurastudium, 1940 aus d. Diktatur *Metaxas* nach USA emigriert, 1947/59 Dozent an versch. Univ., 1960 Rückkehr, 1964 Abg. d. Zentrums, 1964/65 Min im Kabinett d. Vaters, mitverantw. f. Radikalisierung d. Krise 1965, 1967 nach Militärputsch verhaftet, dann bis 1974 in Schweden u. Kanada im Exil; vertritt radikale, z.T. extreme pol. Tendenzen, stark anti-USA, militant gegen Türkei; 1968 Mitbegründer der »Panhellenischen Befreiungsbewegung«, aus der 1974 die »Panhellenische Sozialistische Bewegung«/PASOK entsteht. Nach dem Wahlsieg vom 18.10.1981 löst P. *Georgios Rallis* als MinPräs ab, wird am 21.10. vereidigt und übernimmt auch das Verteidigungsressort. Befürwortet einen kernwaffenfreien Balkan. Aus den Kommunalwahlen vom 17. u. 24.10.1982, nicht zuletzt auch durch das mit der KP/KKG geschlossene Wahlbündnis, als Sieger hervorgegangen. Im Juli 1983 Abschluß eines befristeten Vertrages über US-Militärstützpunkte. Im 2. Halbjahr 1983 Vors. des EG-Ministerrates. Bescheinigt der UdSSR Mitte Mai 1984, sie strebe »aufrichtig« nach internat. Entspannung und unterstellt den USA eine expansionistische Politik. Mitte Mai als Parteivors. bestätigt.

**Paz Zamora,** *Jaime* (Bolivien), * 1939 als Sohn eines Generals, Neffe von *Victor Paz Estenssoro;* zunächst Studium an einem Priesterseminar, sodann pol. Wissenschaften an der kathol. Univ. von Löwen (Belgien). Mitbegründer der demokr.-sozialistischen »Bewegung der revolutionären Linken« (Movimiento de Izquierda Revolucionario/MIR). Unter *Banzer Suarez* zunächst im Untergrund, dann verhaftet, 1974 aus der Haft entflohen. Wie→ *Siles Zuazo* 1978 einer der Initiatoren des Wahlbündnisses der Unidad Democratica y Popular/UDP. Nach dem Rücktritt der Militärreg. seit Okt. 1982 direkt vom Volk gewählter Vizepräsident und zugleich Präs. des Senates und des Kongresses. Im Dez. 1983 wirft P. der Reg. Unterstützung des Terrorismus vor und erklärt, »die größte Gefahr für Boliviens Demokratie ist der Präsident«. P., der sich durch zahlreiche Reisen mit politischen Systemen in Ost und West vertraut gemacht hat, tritt für soz. Gerechtigkeit und wirtschaftl. Unabhängigkeit ein.

**Peres,** *Shimon* [*Schimon*] (Israel), *1923; in Weißrußland, 1934 nach Palästina, 1939 Mitgl. d. Mapai, Gewerkschafter, 1941/45 GenSekr der Histadrut-Jugend, aktiv in Selbstschutzorg. Haganah, auch im Unabhängigkeitskampf, 1948 Mitgl. d. Führung d. Mapai, ab 1948 zahlreiche Reg.Ämter, meist im VertMin, 1974/77 VertMin; nach dem Rücktritt von *Yitzhak Rabin* 1977 Vorsitzender der Mapai, am 18.12.1980 bestätigt. Bei den Wahlen 1981 mit seiner Partei zwar erfolgreich, aber nicht in der Lage, eine Koalitionsregierung zu bilden. Wirft→ *Begin* vor, Israel in die Isolation getrieben zu haben. Kritisiert die Kriegführung im Libanon und meint, das Palästinenserproblem müsse politisch und könne nicht militärisch gelöst werden. Spitzenkandidat seiner Partei für die Wahlen am 23.7.1984, bei denen die Arbeitspartei (44 von 120 Sitzen) wieder die stärkste Kraft in der Knesset wird. Von Staatspräsident→ *Herzog* mit der Regierungsbildung beauftragt, aber bis Ende Aug. erfolglos.

**Pertini,** Dr. *Alessandro* (Italien), *1896; Studium der Rechts- u. Sozialwissenschaften, im I. Weltkrieg Offizier; anschließend in der »Sozialist. Partei« aktiv, entschiedener Gegner des Faschismus, mehrfach in Haft und im Exil. 1963 stellv. Präs., 1968–1976 Präs. der Abg.-Kammer. Seit Juli 1978 Staatspräsident und seither von großem Verdienst bei der Bewältigung schwerer polit. Krisen. Befürworter eines Kernwaffenverbots.

**Pentat Solans,** *Josep* (Andorra), *1925; ehem. Bürgermeister seines Heimatortes Sant Julia de Loria, seit 1982 Mitgl. im Parlament, dem »Generalrat«. Seit 21.5.1984 Nachf. des zurückgetretenen *Oscar Ribas-Reig* als MinPräs.

**Pflimlin,** *Pierre* (Frankreich/Europarat/EG), *1907; Jurastudium, Rechtsanwalt. Ab 1945 Abg., in d. IV. Republik versch. Min, in der Schlußphase des Algerienkrieges Chef einer Übergangsregierung (13.–28.5.1958, letzter MinPräs der IV. Republik). Einsatz für die Machtübernahme von *Charles de Gaulle*; unter diesem 1958/59 und 1962 Staatsminister. 1959–67 Mitglied des Europ. Parlaments und der Beratenden Versammlung des Europarats. 1963–66 deren Präsident. 1959–83 Bürgermeister von Straßburg. Seit 1979 erneut Mitglied des Europ. Parlaments und seit 24.7.1984 als Nachf. von *Piet Dankert* dessen Präsident.

**Pinochet** *Ugarte, Augusto* (Chile), *1915; milit. Laufbahn, 1970 Divisionsgen., 1971 v. *Salvador Allende* z. Oberbef. ernannt, am Militärputsch 1973 beteiligt und zum Führer der Junta gewählt, die allen Widerstand rücksichtslos bricht (zeitweise bürgerkriegsähnl. Zustände). Wird durch die am 11.3.1981 in Kraft tretende neue Verfassung für weitere 8 Jahre Präsident, zudem MinPräs und Oberbefehlshaber der Streitkräfte. Ausscheiden aus der Junta. Sieht sich innenpolitisch vor die Aufgabe gestellt, die schwerste Rezession der Nachkriegszeit zu überwinden. Seit dem Frühjahr 1983 unter zunehmendem Druck seiner Gegner, besonders der Gewerkschaften, gegen die er mit Schärfe vorgeht.

**Prem,** General *Tinsulanond* (Thailand), *1920, milit. Laufbahn (Ausbild. z.T. in USA); Mitte d. 70er Kommandeur der an Laos angrenzenden Nordostregion, die weitgehend v. prokomm. Guerilleros beherrscht war; gewann bäuerl. Bevölk. f. Koop., drängte durch geschickte milit. Taktik Guerilleros ab; 1977 Stellv. InnenMin, 1978 Oberbef. d. Heeres, 1979 VertMin, 1980 zusätz. MinPräs. Bemüht, die Opposition für die wirtschaftliche Entwicklung und Stärkung der Verteidigung zu gewinnen. Verfechter sozialer Reformen. Setzt sich Anfang April 1981 gegen einen unblutigen Militärputsch unter General *Sant Chitpatima* durch, da ihn der König stützt. Als Oberbefehlshaber der Armee am 11.8. von General *Prayut Charumani* abgelöst, aber nach dem Sieg der konserv. Reg.-Koalition bei den Wahlen vom 18.4.1983 im Mai vom König für weitere 4 Jahre als MinPräs bestätigt.

**Premadasa,** *Ranasinghe* (Sri Lanka), *1924; seit 1960 Abgeordneter der »Vereinigten Nationalpartei«/UNP im Parlament, seit 1976 stellv. Parteivors. 1968–70 u. ab 1977 Minister für Gemeindeverwaltung sowie für Wohnungsbau. Seit 6.2.1978 Premierminister. Beklagt sich im Zusammenhang mit der Tamilenfrage über regionale Großmachtabsichten Indiens.

**Pujol,** *Jordí* (Spanien), *1930; Besuch der deutschen Schule in Barcelona, Studium der Medizin, aber schließlich Banklaufbahn. Gegner des *Franco*-Systems, 1960 von einem Militärgericht zu 7 Jahren Haft verurteilt, nach 2½ Jahren freigelassen. 1974 Gründer der die katalanische Sprache und Kultur fördernden liberal autonomistischen Partei Convergencia, die als Convergencia i Unio/CIU bei den Wahlen vom März 1980 stärkste Partei wird. Seit April 1980 Präsident der »Generalidad«, der katalanischen Reg. Fordert nach den Wahlen vom 29.4.1984, bei denen die CIU die absolute Mehrheit erlangt, Ausweitung der Autonomie und als ersten

Schritt dazu eine Verlagerung der finanziellen Befugnisse vom Zentralstaat auf die Region.

**Rafsanjani** [Rafsandschani], *Ho[j]dschatoleslam* (Iran); Parlamentspräs. und Vertr. von Revolutionsführer → *Khomeiny* im Obersten Verteidigungsrat. Am 10.12.1982 in eine Expertenversammlung für die Regelung der Nachfolge *Khomeinys* gewählt. Ende Aug. 1983 Ankündigung größerer Härte im Kampf gegen die »Volksmudschaheddin«. Droht wiederholt mit der Sperrung des Pers. (Arab.) Golfs, falls Teheran seine Nutzungsrechte in dem Gebiet verlieren sollte, und warnt die Golfstaaten vor weiterer Unterstützung Bagdads. Am 17.6.1984 mit großer Mehrheit als Parlamentspräs. bestätigt.

**Ramphal,** *Shridath* (Guayana), * 1926, indischer Abstammung; Jurastudium in London mit einem Stipendium des Colonial Office. Nach Anwaltstätigkeit in Kenia, gleich nach der ersten demokr. Wahl in Guayana 1953, »Crown Council« beim Generalstaatsanwalt. 1958 zweithöchster Rechtsbeamter der Westindischen Föderation, 1965 Generalstaatsanwalt, 1972 Außen-, 1973 zusätzlich Justizminister. Gilt als Vater der blockfreien Außenpolitik Guayanas. Seit 1975 Gen.-Sekr. der Commonwealth of Nations (1980 Wiederwahl auf 5 Jahre). 1981 von den USA und der UdSSR als Bewerber um die Nachfolge von UNO-Gen.-Sekr. *Kurt Waldheim* abgelehnt.

**Reagan,** *Ronald* (USA), * 1911; Karriere als Filmschauspieler; republikanischer Politiker, 1967 bis Anfang 1975 Gouverneur von Kalifornien. Erhält bei den Wahlen v. 4.11.1980 die absolute Mehrheit und wird als Nachf. von *Jimmy Carter* Präsident. Ruft bei seiner Vereidigung am 20.1.1981 zur »nationalen Erneuerung« der USA und ihrer Stellung in der Welt auf. Legt am 24.2.1982 einen Plan für US-Hilfe an Länder des karibisch-zentralamerikan. Raumes vor und will die milit.-strateg. Sicherheit der Region gewährleisten. Im Juli 1983 beschuldigt er die UdSSR, Cuba u. Nicaragua, »ganz Zentralamerika dem Kommunismus unterwerfen zu wollen« und entsendet einen Flottenverband nach Mittelamerika. Ende Okt. 1983 erklärt er, mit der Intervention auf Grenada seien die USA einer Besetzung der Insel durch Cuba zuvorgekommen. Will seinen harten Kurs in der Mittelamerika-Politik auch gegen den wachsenden Widerstand in den USA durchsetzen. In einer Ansprache am 24.1.1984 Nennung von 4 »großen Zielen« für die USA: Sicherung eines stetigen Wirtschaftswachstums, Nutzbarmachung des Weltraums hauptsächl. für wirtschaftl. Zwecke, Stärkung traditioneller Wertvorstellungen und Bewahrung des Friedens. Vom 26.4.–1.5.1984 Besuch in der VR China. Erklärt sich Mitte Juni 1984 »jederzeit« zu einem Gipfeltreffen mit → *Tschernenko* bereit. Bei den Wahlen am 6.11.1984 erneute Kandidatur für die Präsidentschaft. Zieht trotz wachsender Volkstümlichkeit zunehmend Kritik d. Auslands wegen Inkompetenz, Senilität, Emotionalisierung statt Sachentscheidung u. Unsensibilität für pol. Empfindlichkeiten auf sich.

**Romanow,** *Grigorij* (UdSSR), * 1923; Chefkonstrukteur mit abgeschlossener Hochschulausbildung; Fachmann für Schiffbau u. Mitglied der Kommission für Bauwesen. Als Mitglied der KPdSU Parteikarriere im wichtigen Parteibezirk Leningrad, zunächst als Stadtparteisekretär, dann als Zweiter, seit 1970 als Erster Sekretär des Bezirks. 1973 Kandidat, seit 1976 Vollmitglied im Politbüro. Im Juni 1983 wird R., der als guter Organisator und Kenner der Wirtschaft gilt, überraschend zum Sekretär des ZK der KPdSU ernannt. Spricht sich auch nach dem Tod von → *Andropow* für weitere Reformen zur Stärkung der Volkswirtschaft aus.

**Ryschkow,** *Nikolai Iwanowitsch* (UdSSR), * 1929; Ausbildung am polytechnischen Institut des Ural, Abschluß 1959; verschiedene Funktionen in der Maschinenfabrik »Uralmaschsawod« in Swerdlowsk; Aufstieg zum Fabrikdirektor. 1975–79 Erster stellv. Minister des Maschinenbaus für Schwerindustrie und Transportwesen. Avanciert im Febr. 1979 zum Ersten stellv. Vors. der Zentralen Planungsbehörde Gosplan. Seit Nov. 1982 Nachf. von *Andrej Pawlowitsch Kirilenko* im ZK für den Fachbereich Rüstungswirtschaft.

**Sacharow,** *Andrej Dmitrijewitsch* (UdSSR), * 1921; nach dem Physikstudium in Moskau bereits mit 22 Jahren Prof. Nach dem II. Weltkrieg Direktor des Lebedew-Instituts der Akad. der Wissenschaften der UdSSR, der er nominell noch heute angehört. Führend an der Entwicklung der sowjet. Wasserstoffbombe beteiligt; Hauptberater des Staatskomitees für Atomenergie. 1968 im Westen Veröffentlichung seines Memorandums »Gedanken über den Fortschritt, die friedliche Koexistenz und geistige Freiheit«. Befürworter des »Prager Frühlings« und Gegner der Invasionen in ČSSR und Afghanistan. 1970 Gründer des »Komitees zur Durchsetzung der Menschenrechte« mit dem Ziel, die UNO-Deklaration der Menschenrechte in der UdSSR verwirklichen zu helfen. 1975 Verleihung des Friedensnobelpreises, den seine Frau *Jelena Bonner* für ihren Mann entgegennimmt. Nach Festnahme wegen »andauernder subversiver Aktivitäten« seit Jan. 1980 in der Verbannung in Gorki. Warnt aus seinem Deportationsort wiederholt die Regierungen der freien Welt, besonders die westliche, dem sowjet. Machtstreben und Expansionismus nachzugeben, und befürwortet die NATO-Nachrüstung. Tritt Anf. Mai 1984 in einen Hungerstreik, um f. seine erkrankte Frau die Ausreise aus der UdSSR zu erreichen, die im Aug. wegen »antisowj. Propaganda« ebenfalls zu 5 Jahren Verbannung verurteilt wird.

**Saleh** [*Sali*], *Ali Abdullah* (Arab. Rep. Jemen), * 1942; milit. Laufbahn; 1975/78 Bef. d. Wehrbezirks Taiz, Oberstleutnant, Oberbef. d. Armee; nach der Ermordung des Staatspräsidenten *Hussein al Ghashmi* am 17.7.1978 zum Nachfolger gewählt, zugleich Verteidigungsminister. Auseinandersetzungen mit Stammesführern und mit dem südjemenitischen Nachbarn, aber seit Juni 1980 wieder Gespräche mit *Muhammad Hasani* (Präs, MinPräs, GenSekr d. Soz. Partei d. DVR Jemen) über Möglichkeiten der Annäherung. Am 22.5.1983 für eine 4jährige Amtszeit als Staatspräsident wiedergewählt.

**Salim,** *Ahmed Salim* (Tansania/UNO), * 1942 als Sohn einer wohlhabenden Familie auf Sansibar. Studium an der Univ. von Delhi und in New York. Zeitweise Chefredakteur. Ab 1964 Botsch. in Ägypten, Indien, der VR China und 10 Jahre in Cuba. Seit 1970 UNO-Delegierter; präsidiert 1979 die UNO-Generalversammlung. Seit 1980 Außenminister. 1981 erfolgloser Kandidat der afrikan. Staaten als UNO-GenSekr (scheitert am Veto der USA). 1983 zum GenSekr der OAU vorgeschlagen. Am 25.4.1984 von → *Nyerere* als Nachf. von → *Sokoine* zum MinPräs ernannt. Tritt f. demokr. Reformen ein. Gilt als einer der erfahrensten und einflußreichsten schwarz-afrikanischen Diplomaten.

**Sankara,** *Thomas* (Obervolta; seit 19.8.1984 Burkina-Faso), * 1950; militärische Laufbahn. »Held« des Grenzkrieges 1975 mit Mali. Danach Aufstieg zum Chef der Eliteeinheit des Landes, der sog. Para-Kommandos und Fallschirmjägerhauptmann. Unter *Saye Zerbo* Staatssekretär für Information; im April 1982 entlassen, unter Hausarrest gestellt und degradiert. Drahtzieher des Putsches vom 7.11.1982 gegen *Zerbo.* Unter dessen Nachf. *Jean-Baptiste Ouédraogo* seit 11.1.1983 MinPräs, aber wegen angeblich prolibyscher Haltung bereits am 17.5. entlassen und inhaftiert. In einem erneuten Putsch stürzt S., der als linksgerichtet gilt und bei den Streitkräften wie in der Bevölkerung beliebt ist, am 5.8. *Ouédraogo* und wird Vors. eines »Nationalen Revolutionsrates« und Staatsoberhaupt. Distanziert sich Anf. 1984 von → *Gaddafi.*

*Santos* → Dos Santos

**Sassou Nguesso,** Oberst *Denis* (Volksrep. Kongo), * 1943; milit. Laufbahn, früh Führungsmitgl. d. Einheitspartei PCT, 1974 Chef d. polit. Polizei (u.a. Kampf gegen Korruption), 1977 VertMin. Am 8.2.1979 zum Präsidenten gewählt, auch Oberkommandierender der Armee. Gilt als Marxist; schließt 1981 in Moskau einen Freundschaftsvertrag. Ende Juli 1984 für weitere 5 Jahre in seinen Ämtern bestätigt.

**Saud bin Faisal** (Saudi-Arabien), * 1940 als dritter Sohn des 1975 ermordeten Königs *Feisal.* Studium der Politologie und Nationalökonomie in Princeton (USA). Staatssekretär im Ministerium für Erdölwirtschaft. 1975 von König *Khaled* zum Außenminister ernannt. Harter Verfechter eines israel. Rückzugs aus den besetzten arab. Gebieten und besonders aus Jerusalem (Altstadt).

**Sauvé,** *Jeanne* (Kanada), * 1923; ehem. Journalistin; Ministerin in einem der ersten Kabinette von → *Trudeau.* Die Franko-Kanadierin ist Mitgl. der »Liberalen Partei«. Seit 1980 Mitgl. des Unterhauses, zuletzt Parlamentssprecherin. Ende Dez. 1983 von Königin *Elizabeth II.* als Nachf. von *Edward Schreyer* in das Amt des Generalgouverneurs und gleichzeitig des Oberkommandierenden der Streitkräfte mit einer Amtszeit von 5 Jahren berufen. Damit wird in Kanada erstmals eine Frau praktizierendes Staatsoberhaupt.

**Schiwkoff,** *Todor* (Bulgarien), * 1911; Bauernsohn, 1932 KP-Mitgl., ab 1941 Partisan, 1944 Stellv. Bef. d. Partisanenverb. im Gebiet Sofia, 1948 Mitgl. d. ZK, 1950 ZK-Sekr, 1951 Mitgl. d. Politbüros, 1954 1. Sekr d. ZK, 1962/71 auch MinPräs, 1965 Unterdrükkung eines ungeklärten Putschversuchs, 1971 Vors. d. auf seine Initiative gegr. »Staatsrats« u. damit Staatsoberhaupt, seither in allen Ämtern wiederholt bestätigt. Steuert die Umwandlung v. Staat u. Gesellschaft in engster Anlehnung an UdSSR, warnt vor Eurokomm. als Antisowjetismus; gewann so Spielraum f. relativen wirtschaftl. Wohlstand, in enger Zusammenarbeit m. Tochter *Ludmilla Sch.* (†) eigenständigen kulturellen Aufschwung u. gemäßigte Liberalität im Innern. Befürworter einer kernwaffenfreien Zone im Balkan. Greift im März 1984 den »Imperialismus« an, der durch ein neues Wettrüsten helfe, die sozialistischen Länder zu schwächen.

**Schlüter,** *Poul* (Dänemark), * 1929; Jurastudium in Århus und Kopenhagen, Rechtsanwalt. Nach dem II. Weltkrieg Beitritt zu den Jungkonservativen und bald deren Vors. Seit 1964 Abgeordneter im Folketing für die »Konserv. Volkspartei«, seit 1974 Fraktions- und Parteivors. Seit 10.9.1982 als Nachf. von *Anker Jørgensen* als 1. kons. MinPräs. Dänemarks in diesem Jh. Chef einer bürgerl. Minderheitsreg.; gilt als ein Mann des Ausgleichs mit Verhandlungsgeschick. Bekennt sich zu EG und NATO. Sieger der vorgezogenen Neuwahlen vom 10.1.1984.

**Schwalb López Aldaña,** *Fernando* (Perú), * 1916; Rechtsanwalt, Mitgl. d. Partido Popular Cristiana/PPC; ab 1933 im Außenmin., ab 1939 im Dipl. Dienst (verschiedentl. Ausscheiden aus pol. Gründen), 1962 Senator (wegen Militärputsch Mandat nicht ausgeübt); 1963/65 MinPräs u. AußenMin, danach Bankmanager; 1980 VizePräs, seit 1.1.1983 als Nachf. von *Manuel Ulloa Elias* MinPräs. u. AußenMin. Kündigt im Jan. 1983 einen härteren Kampf gegen die linksextreme Untergrundbewegung Sendero Luminoso (»Leuchtender Pfad«) an. Rücktritt am 9.4.1984 wegen Meinungsverschiedenheiten mit → *Belaúnde Terry* in Wirtschaftsfragen. Nachf. als MinPräs und AußenMin: *Sandro Mariategui.*

**Scoon,** Sir (seit 1979) *Paul* (Grenada), * 1935; Lehrerausbildung in Leeds/Großbrit. und Toronto/Kanada. 1968 oberster Erziehungsbeamter auf Grenada, 1970–72 unter Premierminister *Eric Gairy* Kabinettssekretär, dann Vizedirektor der Commonwealth-Stiftung. Seit 1978 Generalgouverneur von Grenada. Bittet nach der Ermordung von Reg.-Chef → *Bishop* die USA offiziell um ein militärisches Eingreifen und bildet am 9.11.1983 eine Übergangsreg. unter dem Vorsitz von *Alistair McIntyre.*

**Seaga,** *Edward* (Jamaika), * 1930 als Sohn eines Litauers und einer Jamaikanerin; Studium der Soziologie in Harvard, Mitglied der konservat. Jamaica Labour Party/JLP. Nach dem Wahlerfolg vom Okt. 1980 seit 1.11. Nachfolger von *Michael Manley* als Premierminister. Wichtigster Verbündeter der USA in der Karibik. Gewinnt bei den vorgez. Neuwahlen am 15.12.1983 mit seiner Labour Party sämtliche 60 Sitze im Repräsentantenhaus, weil die oppositionelle »Nationale Volkspartei«/PNP die Wahl boykottiert. Am 17.12. Verlängerung seiner Amtszeit um 5 Jahre. Ernennt Anf. Jan. 1984 eine eigene Senatsopposition.

**Seguel,** *Rodolfo* (Chile), * 1954; Angestellter in der Zahlstelle der staatl. Kupferbehörde Codelco in Rancagua. Seit Anf. 1983 Präs. der Kupfergewerkschaften und seit Mai 1983 Vors. der gewerkschaftl. Vereinigung »Nationales Kommando der Arbeiter« (Comando Nacionale de Trabajadores). Ruft erstmals am 11.5.1983 zum »Tag des nationalen Protestes« auf. Im Juli 1983 wegen »Beleidigung« → *Pinochets* verhaftet und nach 12tägigem Hungerstreik freigelassen. Wegen Aufrufs zu einem für illegal erklärten Streik Verlust des Arbeitsplatzes. Seit Anf. 1984 Mitgl. der »Christlich-Demokratischen Partei Chiles«.

**Sepúlveda Amor,** *Bernardo* (Mexiko), * 1942 als Sohn einer der angesehensten Familien der »spanischen« Oberschicht. Rechtswissenschaftler u. Publizist; zuletzt Botschafter in den USA. Zählt zum gemäßigt konservativen Flügel innerhalb der Staatspartei PRI. Seit 1979 außenpolit. Berater von → *De la Madrid;* nach dessen Amtsantritt seit 1.12.1982 Nachf. von *Jorge Castaneda* als Außenminister. Benennt als Ursachen der zentralamerikan. Krise die »lange Tradition« von Unterdrückung und Armut, das Fehlen polit. Institutionen und demokrat. Erfahrungen. Die US-Intervention auf Grenada betrachtet er als Verletzung der UNO- und der OAS-Charta. Für eine verstärkte wirtschaftl. Zusammenarbeit der EG mit Mittelamerika.

**Shamir** [*Schamir*], *Yitzhak* [*Jitschak*] (Israel), * 1915 in Polen. Aktiver Zionist, Jurastud. in Warschau, 1935 nach Palästina, Geschichtsstud. in Jerusalem; ab 1936 aktiv im Untergrund, mehrfach verhaftet u. im Exil, Rückkehr 1948, 1955/56 Mitgl. d. Geheimdienstes Mossad, 1970 Geschäftsführer der Cherut-Partei v. → *Begin,* 1973 Abg., 1977 Parlamentspräs.; für jüd. Siedlungen in besetzten Gebieten (»unabtrennbarer Teil Israels«), gegen Verzicht auf Sinai-Siedl., Stimmenthaltung betr. Camp-David-Abk., nach Rücktritt *Dajans* 1980 AußenMin, desgleichen ab Aug. 1981 im neuen Kabinett → *Begin.* Schließt auch bei Anerkennung des Existenzrechts Israels Verhandlungen mit der PLO aus. Seit 10.10.1983 als Nachf. von *Begin* MinPräs. Bei einem Besuch in Washington Anf. Dez. 1983 Vereinbarung einer gemeinsamen strategischen Zusammenarbeit in Nahost. Lehnt eine internat. Nahost-Friedenskonferenz ab. Spitzenkandidat seiner Partei für die vorgez. Parlamentswahlen am 23.7.1984, aus denen die Arbeitspartei als stärkste Kraft hervorgeht, doch keine der beiden großen Parteien eine stabile Basis für die Regierungsbildung erhält.

**Sharon** [*Scharon*], *Ariel* (Israel), * 1928; Jurastud.; bereits mit 14 aktiv in d. Selbstschutzorg. Haganah, ab 1948 in d. isr. Armee rasche Karriere als erfolgr. Truppenführer, 1962 General, 1973 verantw. f. Überquerung d. Suezkanals, Einkesselung d. 3. ägypt. Armee u. damit Entscheidungsschlag; urpsr. Arbeitspartei, 1973 Initiator d. Likud-Blocks aus Rechts- u. Mitte-Rechts-Gruppierungen, 1974 Mitgl. d. Cherut-P. v. → *Begin* u. Abg., 1975 Sicherheitsberater von MinPräs *Rabin,* nach Differenzen 1977 Gründung d. Schlomzion-P. u. Koop. m. Likud, v. *Begin* z. LandwirtMin ernannt, 1979 gegen Camp-David-Abk., Verfechter jüd. Neusiedlungen in besetzten Gebieten, 1981/83 VertMin (Nachf. → *Arens*); danach Min. ohne Geschäftsbereich in der Regierung und auch Mitglied in 2 wichtigen Gremien, im »Verteidigungskomitee« sowie im Ministerkomitee für die Verhandlungen mit dem Libanon. Unterliegt Mitte April mit 43% der Stimmen im ZK der Cherut-Partei gegen → *Shamir* bei der Aufstellung des Spitzenkandidaten für die Knesset-Wahlen am 23.7.1984.

**Shultz,** Dr. *George Pratt* (USA), * 1921; Volkswirtschaftsstud. u. Promotion am MIT; 1942/45 Marineoff.; später hohe Reg.-Ämter: 1955/56 im Wirtschaftsrat, 1959/60 Berater im Außenmin., 1961/62 im Ausschuß f. betriebl. Personalpol., 1969/74 ArbeitsMin, Budgetdir., FinanzMin, danach Führung e. internat. Baufirma, seit 1981 deren Präs.; Berater v. → *Reagan.* Tritt am 14.7.1982 die Nachfolge des am 25.6. zurückgetretenen Außenministers *Alexander M. Haig* an. Er gilt als Vertreter einer ausgewogenen Nahost-Politik. Im Okt. 1982 ruft er

Israel und die arabischen Staaten zur Annahme des »*Reagan*-Plans« auf und legt im Mai 1983 ein Libanon-Abkommen vor, das den Abzug der israelischen Truppen und die Regelung der beiderseitigen Beziehungen vorsieht. Im Juli Besuch in Nahost, um für den Abzug der ausl. Truppen aus dem Libanon zu wirken; aber ohne einen Durchbruch zu erreichen, da der syrische Präsident → *Assad* erklärt, die Ablehnung des libanesisch-israelisch-US-Vertrages sei definitiv. Sh. bekräftigt die Absicht der USA, Nicaragua am »Export der Revolution in seine Nachbarstaaten« zu hindern. Vereinbart Anf. Juni 1984 bei einem Kurzbesuch in Managua, die Spannungen in Mittelamerika in unregelmäßigen Konsultationen abzubauen; dies bedeute nicht, daß Washington den antisandinistischen Gruppen die Hilfe entziehe.

*Sia ul-Hak* → Zia ul-Huq

**Sihanouk** [*Sihanuk*], *Samdech* (= Prinz) *Norodom* (Kambodscha/Kampuchea), * 1922; 1947 v. Frkr. als König einges., 1955 Abdank. zugunsten s. Vaters, um direkt Pol. für s. Land machen zu können, Gründung d. Volkssoz. Part. u. MinPräs, 1960 nach d. Tod d. Vaters als »Prinz« (= Samdech) auch Staatsoberhaupt; versuchte durch wechselnde Anlehnungen an Moskau bzw. Beijing Kambodscha aus d. Vietnamkrieg zu halten u. Neutralität garantiert zu erhalten; 1970 v. *Lon Nol* gestürzt, Exil in Beijing, Gründung e. Exilreg. zur Schaffung e. »Soz. Kambodscha«, v. geringem fakt. Einfluß auf Vorgänge in K., aber 1973 als Staatsoberhaupt u. Vors. d. Einheitsfront K.s anerk., 1975 Rückkehr nach K., 1976 als Staatsoberhaupt zurückgetr.; Abkehr u. Verurteilung v. Roten Khmer u. *Pol Pot* wie d. Regierung *Heng Samrins* u. vietnam. Invasion; Exil in Paris, Beijing, Pjöngjang. Im März 1981 Gründung der »Nationalen Einheitsfront für ein unabhängiges, neutrales, friedliches u. kooperatives Kambodscha«/ MOULINAKA und Ende Juni 1982 Präsident einer von der UNO anerkannten Exilregierung, der als MinPräs der KPNLF-Führer *Son Sann* und als Vizepräsident und AußenMin der Rote Khmer-Chef → *Khieu Samphan* angehören. Im Okt. 1983 fordert S. Vietnam und die UdSSR auf, sich an internat. Verhandlungen zur Beilegung des Kambodschaproblems zu beteiligen. Verspricht die Abhaltung von Wahlen in K. unter UNO-Aufsicht.

**Siles Zuazo** [*Suaso*], *Hernán* (Bolivien), * 1914; Sohn d. ehem Präs. *Hernán Siles,* Jurastud., Dr. rer. pol., Rechtsanwalt, Teilnehmer am Chaco-Krieg 1933/35 gegen Paraguay; Reformpol. aus d. Kreis um *Victor Paz Estenssoro,* dem er 1952 gegen den Willen d. Militärs durch Aufstand zur rechtmäß. Übernahme d. Präsidentschaft verhalf, 1952/56 VizePräs, 1956–60 Staatspräsident. Gewinnt bei den am 29.6.1980 durchgeführten Wahlen als Kandidat der linken »Front der Demokr. Volksunion«/FUDP mit 38,74% d. Stimmen die relative Mehrheit, doch wird seine voraussichtliche Bestätigung durch den Kongreß durch den Putsch von *Luís García Meza Tejada* vereitelt. Entschiedener sozialist. Reformer. Erst unter dem Druck eines Generalstreiks und einer desolaten Situation der Wirtschaft nach dem Rücktritt der Militärregierung am 5.10.1982 mit absoluter Mehrheit vom Kongreß zum zivilen Staatspräsidenten gewählt, tritt er am 10.10. die Nachfolge von General *Guido Vildoso Calderón* an, der das Amt selbst erst im Juli von *Celso Torrelio Villa* übernommen hatte. Verkündet im Nov. 1982 einen wirtschaftlichen Notplan, der das Land aus dem »politischen Bankrott« führen soll, aber bis Mitte 1983 noch keinen Erfolg zeitigt. In der Außenpolitik soll gleichermaßen Distanz zu USA und UdSSR gewahrt werden. Beschuldigt seinen Vizepräs. → *Paz Zamora* öffentl., ihn stürzen zu wollen. Trotz Verurteilung seiner Politik durch die Parlamentsmehrheit weigert er sich, zurückzutreten.

**Sin,** Kardinal *Jaime* (Philippinen), * 1928; Sohn aus einer halbchinesischen Ehe; 1954 Ordination zum Priester. Als Oberhirte von mehr als 40 Mill. katholischen Philippinos, der größten christl. Gemeinschaft in Asien, verfügt er über die moralische Autorität, um in allen gesellschaftl. Lagern gehört zu werden. Spricht Ende Aug. 1983 nach der Ermordung seines Freundes *Benigno Aquino* von einer Atmosphäre der Unterdrückung und Korruption, einem Klima der Angst und der Verzweiflung, rät aber zu Frieden und Versöhnung, nicht zu Rache und Gewalt. Fordert die Reg. → *Marcos* nach der Parlamentswahl vom 14.5.1984 auf, der Bevölkerung volle Freiheit zu gewähren, die politischen Gefangenen freizulassen, die Pressefreiheit zu sichern und die Dekrete außer Kraft zu setzen, die »die Menschenrechte beeinträchtigen«. Setzt aber die »kritische Kooperation« mit *Marcos* fort, verbunden mit »substantiierter und konstruktiver Kritik«.

**Sinowatz,** Dr. *Fred* (Österreich), * 1929; Sohn einer Arbeiterfamilie; Studium der Geschichte und Philosophie in Wien, Promotion zum Dr. phil. Seit 1948 Mitglied der SPÖ, 1961–71 deren Landesparteisekretär im Burgenland; 1961–66 Abgeordneter, seit 1964 Präsident des burgenländischen Landtags, 1966 Übernahme des Kulturressorts in der Landesregierung. Ab 4.11.1971 im Nationalrat und Minister für Unterricht und Kunst. Seit 20.1.1981 als Nachf. von *Hannes Androsch* Vizekanzler. Seit dem Rücktritt von → *Kreisky* nach den Parlamentswahlen vom 24.4.1983 ab 24.5. Chef einer Koalition aus SPÖ und FPÖ. Kündigt die Fortsetzung einer aktiven Arbeitsmarktpolitik sowie eine Reihe von Reformen, u.a. des gesamten Steuerwesens und der Sozialversicherung, an. Seit 29.10.1983 als Nachf. von *Kreisky* auch SPÖ-Vors.

**Soares,** Dr. *Mario Alberto Nobre Lopes* (Portugal), * 1924; Jurastudium, Promotion, später Anwalt. Vom Exil in Paris aus wesentlicher Anteil an der Gründung (1973) der »Sozialistischen Partei Portugals«/PSP u. Gen.-Sekretär. 1974 Rückkehr nach Portugal, zunächst Außenminister, dann Min. ohne Geschäftsbereich. Von Juli 1976 bis Aug. 1978 MinPräs. Nach dem Sieg des PSP bei den vorgezogenen Wahlen zur Nationalversammlung vom 25. 4. 1983 seit 8. 6. an der Spitze einer Mitte-Links-Koalition (mit der liberalen »Sozialdemokrat. Partei«/ PSD von → *Mota Pinto*) und als Nachf. von *Francisco Pinto Balsemão* MinPräs Anf. Okt. 1983 als GenSekr seiner Partei bestätigt.

**Sokoine,** *Edward Moringe* (Tansania), * 1938, Massai, früh polit. aktiv; seit 1965 Abgeordneter der TANU, seit 1977 MinPräs. Am 7. 11. 1980 wegen Krankheit von *Cleopa David Msuya* abgelöst, aber seit Febr. 1983 wieder MinPräs. † 12. 4. 1984 (Nachf. → *Salim*).

**Sorsa,** *Kalevi* (Finnland), * 1930; nach journ. Laufbahn 1959/65 bei d. UNESCO, dann Beamter im Erziehungsmin., 1969 GenSekr d. »Sozialdemokrat. Partei«, ab 1975 deren Vors. Seit 1970 Mitglied des Reichstags. 1972–1975 u. 1977–1979 MinPräs. Davor und dazwischen Außenminister. Vors. einer Abrüstungsgruppe der Sozialist. Internationale. Seit 14. 2. 1982 als Nachf. v. Staatspräsident → *Koivisto* MinPräs. Nach den Parlamentswahlen vom 20./ 21. 3. 1983 seit Anfang Mai MinPräs einer Koalition der »Sozialdemokrat. Partei« mit dem »Zentrum«, der »Schwedischen Volkspartei« und der kleinbäuerlichen »Landschaftspartei«. Mitte Juni 1984 als Parteivors. bestätigt.

**Špiljak,** *Mika* (Jugoslawien), * 1916 (Kroate); gelernter Schuhmacher, in diesem Gewerbe bis 1941 in Sisak tätig. Seit 1938 Mitglied der KP; vor dem II. Weltkrieg Gewerkschaftssekretär, im Kriege Führer einer Partisanengruppe von *Josip Broz-Tito.* Später mehrere Jahre Oberbürgermeister von Zagreb, seit 1952 Mitglied der kroatischen Republiksregierung und 1963–67 deren MinPräs. Seit 1952 Mitglied des ZK, 1964 des Exekutivkomitees und 1966 des Präsidiums des ZK. 1967–1969 jugoslaw. MinPräs; 1972–82 Vors. des jugoslaw. Gewerkschaftsbundes, 1982 nach Zagreb zurückgekehrt. Ein Mann der Praxis mit ausgeprägtem Organisationstalent. Ab 16. 5. 1983 turnusmäßig für eine Amtsperiode als Nachf. von *Petar Stambolić* Präsident des Staatspräsidiums, am 14. 5. 1984 von → *Vrhovec* abgelöst und zum Parteichef von Kroatien gewählt.

**Suazo Córdova,** *Roberto* (Honduras), * 1928; Sohn reicher Eltern, Studium d. Medizin, Karriere als Polit. der Lib. Part., seit 1957 Abg., 1977/80 Vors. d. Lib. Part., löst nach den gewonnenen Präsidentschaftswahlen vom 29. 11. 1981 am 27. 1. 1982 General *Policarpo Juán Paz García* ab und ist damit nach 10 Jahren Militärherrschaft der erste Zivilist im Amt des Staats- u. MinPräs. Gilt als enger Freund der USA und als überzeugter Antikommunist. Den »Rücktritt« des Oberbefehlshabers der Streitkräfte, *Gustavo Alvarez Martínez,* und anderer hoher Offiziere erklärt er am 21. 3. 1984 damit, daß die Verfassung die Politik den Zivilisten vorbehalte.

**Suharto** (Indonesien), * 1921 auf Java, nach Schule milit. Laufbahn in d. niederl. Kolonialarmee, seit 1945 Partisanenführer gegen NL, rasche Karriere: 1960 Stellv. Stabschef d. Armee, 1962 Generalmajor u. Kommandeur d. Truppen z. Befreiung Westirians, 1965 Niederschl. e. Putschversuchs v. Offiz. u. Komm., seither als kompromißloser Anti-Komm. Inhaber d. Macht; ab 1966 Vors. d. Kabinettspräsidiums, ab 1967 Präs. (zuletzt 1983 best.); eingeleitete Reformen v. wachsenden wirtsch. Schwierigkeiten bedroht, trotz Hinwendung zum Westen Ablehnung d. Mehrparteien-Demokratie: Pluralismus funktioniere in Indones. nicht, habe in d. Vergangenheit nur Chaos gebracht u. posit. Reformen verhindert.

**Sun Yun** [*Jun*]**-suan** (Rep. China/Taiwan), * 1913; Studium der Elektrotechnik am Polytechn. Institut in Harbin; große Auslandserfahrung (u. a. USA, Nigeria); seit 1967 Verkehrsminister, seit 1969 Wirtschaftsminister und von großem Erfolg in der Industrialisierung. Mitglied des Ständ. Komitees der regierenden Kuomintang/KMT. Seit Mai 1978 MinPräs (Präsident des Vollzugs-Yuan).

**Taleb el-Ibrahimi,** *Ahmed* (Algerien), * 1932; einstiger enger Vertrauter des 1978 verstorbenen Präsidenten *Houari Boumedienne,* dann Berater von Präsident → *Chadli,* der ihn im Mai 1983 zum Nachf. des tödlich verunglückten Außenministers *Mohammed Sadiq Benyahia* beruft.

*Teng Hsiao-ping* → Deng Xiaoping

**Thatcher,** *Margaret* (Großbritannien), * 1925. Tochter e. Gemüsehändlers, mit Stipendien Chemie- u. Jurastud., Steueranwältin; seit Beginn ihrer polit. Aktiv. kompromißlose Verfechterin verminderter Steuern (bes. zugunsten d. Mittelklasse), d. Sozialen Marktwirtsch., d. Beschränkung d. Gewerkschaftsmacht, d. Größe Großbrit.; 1959 kons. Abg., 1961/ 63 Staatssekr., 1969 im Schattenkab. v. *Edward Heath* zunächst Transport, dann Erziehung, 1970/ 74 Min f. Erziehung u. Wissenschaft, nach Wahlniederl. d. Kons. deren Sprecherin f. Umweltprobl. u. Wirtschaftsfr.; als Vertreterin d. rechten Parteiflügels im Februar 1975 bei der Neuwahl des Vorsitzenden Nachfolger v. *Edward Heath.* Nach den Wahlen vom 3. 5. 1979 als erste (gewählte) Frau in Europa an der Spitze eines Kabinetts. Bekräftigt 1980/81 mehrfach die Bedeutung der Mitgliedschaft ihres Landes in NATO u. EG und bezeichnet Entspannung als unteilbar. Für eine Stärkung der westl. Verteidigung u. die Stationierung von US-Neutronenwaffen in Europa.

Gewinnt durch ihr hartes und entschlossenes Auftreten im Falkland-Konflikt 1982 erheblich an Popularität. Durch den großen Erfolg bei den Parlamentswahlen vom 9.6.1983 ist sie nun der erste konserv. Premierminister seit 1900, der ein 2. Mal gewählt wird. Anf. Febr. 1984 Reise zu ihrem ersten Ostblock-Besuch nach Ungarn.

**Thorn,** Dr. *Gaston* (Luxemburg/EG), * 1928; Jurastud., Rechtsanwalt, Mitgl. d. Lib. Partei, 1959 Abg. auch im Europ. Parl., seit 1961 Präs. d. Demokr. Partei, ab 1969 AußenMin, 1974/79 zusätzl. MinPräs einer Koalitionsreg. mit d. Soz. Partei, 1975 Präs d. XXX. UNO-Generalvers. (deren »übermäß. Politisierung« er kritisiert), im 1. Hj. 1976 Vors. des EG-Ministerrats (enttäuscht über geringe polit. Integration); nach dem Wahlsieg der Christl.-Soz. Partei im Juni 1979 als MinPräs von *Pierre Werner* abgelöst, aber Stellv. Außen- sowie Wirtschafts- und JustizMin. Löst am 1.1.1981 *Roy Jenkins* als Präsident der EG-Kommission ab. Für eine Einschränkung des Vetorechts in den EG zugunsten von Mehrheitsentscheidungen und für eine größere Rolle der EG-Kommission in der außenpolit. Zusammenarbeit. Nach 12jähriger Amtszeit Anf. Sept. 1982 von der Spitze der Liberalen Weltunion zurückgetreten. Sein Nachf. bei d. EG-Komm. ab 1.1.85 → *Delors.*

**Tichonow,** *Nikolai Alexandrowitsch* (UdSSR), * 1905. Ukrainer, Jugendfreund v. *Leonid Breschnjew,* Lok-Heizer, Ingenieurstud., seit 1940 Mitgl. d. KPdSU, führende Stellung in d. ukr. Stahlindustrie (mehrere *Stalin*-Preise), Stellv. Min d. NE-Industrie d. SU, 1963 Stellv. Vors. d. Staatsplanungskomitees, 1965 einer der Stellv. MinPräs, 1966 ZK-Mitglied; führend in d. f. wirtsch. Zusammenarbeit mit DDR u. BR Dtld. zuständ. SU-Wirtschaftskomm., 1976 einer d. Ersten Stellv. MinPräs, 1979 Mitgl. d. Politbüros, 1980 als Nachf. von *Alexej Kossygin* MinPräs; im März 1981 wiedergewählt. Sieht seine Aufgabe in der Verbesserung des Lebensstandards. Stärkung der Wirtschaftskraft des Landes, Garantie seiner Sicherheit und Bewahrung des Friedens. Schlägt Mitte Febr. 1984 dem Plenum des ZK → *Tschernenko* zum GenSekr des ZK vor. Im April vom neugewählten Obersten Sowjet für eine weitere Amtsperiode als MinPräs bestätigt.

**Tindemans,** Dr. h. c. *Leo* (Belgien), * 1922; früh im fläm. Flügel d. Christl. Soz. Partei aktiv, 1961 Abg., 1968/71 fläm. Min. f. Gemeindeangeleg., 1972/73 Min. f. Landwirtsch. u. Mittelstand, 1973/74 Stellv. MinPräs u. HaushaltsMin, 1974–78 MinPräs; 1976 für Verdienste um Europa mit dem Internat. Karlspreis der Stadt Aachen u. 1979 mit der goldenen Stresemann-Medaille ausgezeichnet. Seit Dez. 1980 erneut Präs. der »Europäischen Volkspartei«/EVP. Seit 17.12.1981 Nachf. von *Charles Ferdinand Nothomb* als AußenMin u. im 1. Hj. 1982 Vors. des Europäischen Ministerrats. Befürwortet die Verwirklichung der Autonomie für die Palästinenser in dem von Israel besetzten Westjordanland und im Gaza-Streifen als nächsten Schritt zum Frieden in Nahost.

**Touré,** *(Ahmed) Sékou* (Guinea), * 1922; Vater ein Bauer d. Stammes Sussu, Mutter e. Malinke, T. bezeichnete sich als Abkömml. d. *Keita*-Dynastie; Besuch isl. u. frz. Schulen, Postbeamter; pol. Aufstieg als Mitbegr. d. Rassemblement Démocratique Africain (1946) u. als Gewerkschaftsführer; Kontakte m. d. frz. Komm., 1956 Abg. f. Guinea in d. frz. Nationalvers. u. Bürgerm. v. Conakry; nach Unabh. 1960 radikale Lösung aller Bez. zu Frkr., Wahl zum Staats- (regelm. wiederholt) u. MinPräs, trat stets für panafr. Sozialismus ein, ab 1972 Abgabe d. Amts d. MinPräs u. stärkerer ideol. Einsatz, überstand zahlr. Attentats- u. Putschvers. Mißwirtschaft aus ideol. Gründen, errichtete eine der grausamsten Diktaturen in Afrika (ca. 30000 als polit. unbequem betrachtete Personen gefoltert und liquidiert; mindestens 2 Mill. Flüchtlinge), bereicherte sich u. s. Familie in Mrd-$-Höhe. Wurde 1980/81 durch zunehm. Protest vor allem d. Frauen gezwungen, s. Pol. wenigstens nach außen zu ändern: bereiste Afrika als »Versöhner«, versuchte durch (Schein)Zuwendung z. Westen erneut Wirtschaftshilfen zu erlangen. † 26.3.1984 in Cleveland/Ohio (USA).

**Trudeau,** *Pierre Elliott* (Kanada), * 1919; nach Jesuitengymn. Jurastud. u. a. Montreal, Harvard, Sorbonne, London; 1949/52 Wirtschaftsberater im Büro d. MinPräs, dann Rechtsanwalt, 1961 Prof. f. Verfassungs- u. Zivilrecht in Montreal; 1965 Beitritt zur »Lib. Part.«, Abg., 1967/68 Generalstaatsanwalt u. JustizMin: setzt sich für Modernisierung v. Scheidungs- u. Strafrecht ein; seit 1968 Vors. d. »Liberalen Partei« u. MinPräs; nach dem Wahlsieg der Konservativen 1979 von *Joseph Clark* abgelöst, aber nach dessen Demission und den für die Liberalen erfolgreichen Wahlen 1980 wieder MinPräs und erneut mit den früheren Problemen konfrontiert. Erreicht am 18.4.1982, mit der Unterzeichnung einer Proklamation durch Königin *Elizabeth II.,* daß die beim brit. Parlament hinterlegte Verfassung »British North America Act« aus dem Jahre 1867 durch Kanadas erste völlig eigenständige Verfassung ersetzt wird. Im Nov. 1983 in einer »Friedensmission« Reise durch 6 westeurop. Staaten in dem Bemühen, die abgebrochenen Abrüstungsverhandlungen wiederzubeleben. Nach Rücktritt am 16.6.1984 von → *Turner* als Parteichef und am 30.6. als MinPräs abgelöst.

**Tschebrikow,** *Viktor Michajlowitsch* (UdSSR), * 1923; Ausbildung zum Ingenieur für Hüttenwesen. 1944 Beitritt zur KPdSU. Beginn seiner Funktionärskarriere zunächst im Stadt-, 1944 im Gebietsparteikomitee der KPdSU von Dnjepropetrowsk. Seit 1967 auf Empfehlung von *Leonid I. Breschnjew* im zentralen KGB-Apparat als Leiter der Kaderabteilung in einer Schlüsselstellung. Ab Sept. 1980 einer der Stellv. des damaligen KGB-Chefs → *Andropow*, zuletzt Erster Stellvertreter. Seit 1971 Kandidat, ab 1981 Vollmitglied des ZK. Seit 17.12.1982 Nachf. von → *Fedortschuk* als Leiter des Staatssicherheitsdienstes KGB. Anf. Nov. 1983 Beförderung zum Armeegeneral. Seit Dez. Kandidat im Politbüro. Am 19.4.1984 Beförderung zum Marschall.

**Tschernenko,** *Konstantin Ustinowitsch* (UdSSR), *1911; Sohn e. russ. Bauern in Sibirien, Lehrer, im II. Weltkrieg hoch dekoriert, 1943/45 Stud. an d. ZK-Hochschule f. Part.Org, 1948 Leiter d. Abt. Agitprop in d. neuen Unionsrep. Moldauen, 1956 ZK-Abt. Agitprop, 1960/64 Leiter d. Sekretariats d. Präs. d. Obersten Sowjet, dann Leiter d. Allgem. Abt. b. ZK d. KPdSU u. a. für Kaderfragen, 1966 Kandidat, 1971 Mitgl. d. ZK, 1976 ZK-Sekr f. Verwaltung u. Sicherheit d. Partei. Seit Nov. 1978 Vollmitglied des Politbüros (im März 1981 wiedergewählt). Einer der wichtigsten Männer der Partei und engster Mitarbeiter *Leonid I. Breschnjews*. Zunächst Mitkonkurrent um dessen Nachfolge, schlägt im Nov. 1982 → *Andropow* zur Wahl als GenSekr d. ZK d. KPdSU und im Juni 1983 als Vors. des Präsidiums des Obersten Sowjet vor und wird selbst Nachf. des langjährigen Chefideologen *Michail Andrejewitsch Suslow* als Vors. des Auswärtigen Ausschusses des Obersten Sowjet. Kritisiert die USA, die »Test der Entspannung« nicht verstanden hätten, und plädiert für ein besseres Verhältnis zur VR China. Im Oktober 1983 Rücktritt vom Amt des Leiters der Hauptabteilung des ZK der KPdSU. Nach dem Tod von *Andropow* am 13.2.1984 vom ZK der KPdSU einstimmig zum GenSekr des ZK gewählt; zugleich Vors. des Nationalen Verteidigungsrats. Am 4.3. Wahl zum Vors. des Präsidiums des Obersten Sowjet. In der ersten Rede nach seiner Wahl zum Parteichef Bekenntnis zur friedlichen Koexistenz und Betonung des Verteidigungswillens. Ende April Ankündigung einer an der Realität orientierten Neufassung des Programms der KPdSU. Fordert die USA am 11.6. zu Verhandlungen über ein Verbot von Satellitenabwehrwaffen auf.

**Tsedenbal** [*Tse Den Bal* bzw. *Zedenbal*], *Yumzhagijin* [*Jumschagin*] (Mongol. VR), *1916; Sohn e. Schafzüchters, 1931 Mitgl. d. komm. Jugendverbandes, 1935/38 Stud. d. Finanz- u. Wirtschaftswiss. in d. SU, 1939 Mitgl. d. Mong. Revol. Volkspartei/KP; 1939 Stellv., 1940 FinanzMin, Mitgl. d. ZK u. d. Präsidiums d. Partei sowie GenSekr d. ZK, 1941/45 Stellv. Oberbef. d. mong. Volksarmee, 1948/52 Stellv., 1952/58 MinPräs, 1954 Verzicht aufs Amt d. GenSekr (Fraktionskämpfe), 1958 nach d. Vorbild *Chruschtschows* wieder GenSekr, 1974 Rücktritt als MinPräs (Nachfolger → *Batmunch*), Übernahme d. Vors. d. Präsidiums d. Großen Volks-Chural (Parl., d. Präs. ist kollekt. Staatsoberhaupt, s. Vors. = StaatsPräs), 1971/76/77/81 in s. Ämtern bestät.; strikter Verbündeter Moskaus, vor allem in d. Auseinandersetz. m. VR China, für Modernisierung bei Beibehaltung tradit. Lebensformen (Viehzüchter, Reiterspiele usw). Am 23.8.1984 vom ZK in außerord. Sitzung »unter Berücksichtigung s. Gesundheitszustands u. mit seiner persönl. Zustimmung von d. Verpflicht. als GenSekr u. Mitgl. d. Politbüros des ZK« entbunden (Nachf.: MinPräs *Batmunch*), gleichzeitig entband ihn d. Große Volks-Chural auf einer außerord. Sitzung mit gleichen Gründen von seinen Pflichten als Vors. d. Präs., berief aber noch keinen Nachfolger.

**Turner,** *John* (Kanada), *1929 in Großbritannien; Studium in Vancouver, Wirtschaftsjurist. 1968 erfolgloser Bewerber um die Führung der »Liberalen Partei«. Bis 1975 unter → *Trudeau* zunächst Justiz-, dann Finanzminister. Verläßt das Kabinett und verzichtet 1976 ganz auf die aktive Politik; daher von den Fehlschlägen der Pol. *Trudeaus* nicht belastet. In der Folge als Anwalt großer internat. Firmen tätig. Nach dem Rücktritt *Trudeaus* auf einem Sonderparteitag am 16.6.1984 zum Parteichef und damit auch zu dessen Nachfolger als MinPräs gewählt. (Amtsantritt: 30.6.) T., der dem rechten Parteiflügel zugerechnet wird, gilt als internat. erfahren, insbesondere mit guten Kenntnissen der Wirtschaftsstrukturen der USA und auch Europas. Anhänger einer stärkeren Ausrichtung an der pazifischen Region.

**Ülüsü** [*Ulusu*], Admiral *Bülent* (Türkei), *1923; Absolvent der Marine-Akademie (1942), Militärlaufbahn: 2 Jahre NATO-Dienst auf Malta, 1964 Konteradmiral, Dienst im Verteidigungsmin., 1974 Admiral, 1977 Oberbef. d. Marine, nach Rücktritt 1980 Botsch. in Italien. Nach dem Militärputsch vom 12.9.1980 unter → *Evren* als Nachf. des gestürzten → *Demirel* MinPräs. Kandidiert als Unabhängiger auf der Liste der »Nationalen Demokratie-Partei«/MDP des ehem. Generals *Turgut Sunalp* bei der Parlamentswahl am 6. Nov. 1983. Rücktritt am 24.11.1983 (Nachf. → *Özal*).

**Ustinow,** *Dimitri Fjodorowitsch* (UdSSR), *1908; Schlosser, Dipl.Ing. d. Milit. Techn. Instituts Leningrad; 1921 KP-Mitgl., 1941 Volkskommissar f. Rüstung: erfolgr. Verlagerung des wichtigsten Teils d. Rüstungsind. v. d. dt. Angriff in u. hinter d. Ural, 1946/53 Min f. Rüstung, 1953/57 f. Rüstungsindustrie, 1957/63 Stellv., 1963/65 Erster Stellv. MinPräs sowie Vors. d. Obersten Volkswirtschaftsrats, 1965/76 ZK-Sekr f. Rüstungsindustrie u. Weltraumfahrt; seit 1976 Vollmitglied des Politbüros, VertMin und Marschall. Im Okt. 1982 mit dem Karl-Marx-Orden, der höchsten Auszeichnung der DDR, geehrt. Am 27.6.1983 Ankündigung schärfster sowjet. Gegenmaßnahmen, falls es zur Aufstellung von US-Mittelstreckenraketen in Europa komme. Fordert am

17.4.1984 angesichts der »dramatischen Verschlechterung der internat. Lage« eine Erhöhung der Kampfbereitschaft der Armee.

**Uyl,** *Joop den* [*Johannes Martens den Uyl*] (Niederlande), *1919; Volkswirtschaftstud., Journalist, Sozialdemokrat; Stadtrat v. Amsterdam, 1956 Abg. d. Partij van de Arbeid, 1965/66 WirtschaftsMin, 1967 Oppositionsführer, 1972 Wahlsieger, 1973–77 MinPräs. Seit Sept. 1981 im Kabinett *Andries van Agt* Vizepremier u. Arbeits- u. SozialMin; im Mai 1982 mit allen PvdA-Ministern zurückgetreten. Aus den vorgezogenen Wahlen vom 8.9.1982 geht seine PvdA zwar als stärkste Partei hervor, doch mißlingt das Bemühen um eine Regierungsbildung.

**Valdés Subercaseaux,** *Gabriel* (Chile), *1914, stammt aus der Oberschicht des Landes. 1964–70 AußenMin des Präsidenten *Eduardo Frei Montalva.* 1970–80 Leiter des Hilfsprogrammes der UN für Lateinamerika. Gründet nach seiner Pensionierung ein wirtschaftspolitisches Studienzentrum. Als Vors. der »Christlich-Demokratischen Partei«/PDC, Mitbegründer und Präs. der aus 5 Parteien bestehenden oppositionellen »Demokratischen Allianz«/AD. Fordert im Okt. 1983 als erster öffentlich den Rücktritt von → *Pinochet.*

**Velayati,** *Ali Akbar* (Iran), *1945; Kinderarzt. Seit 1961 politisch aktiv in der »Nationalen Front« von *Mohammad Mosaddegh.* Mitglied der regierenden IRP. V., im Okt. 1981 für das Amt des MinPräs vorgeschlagen und überraschend vom Parlament abgelehnt, wird am 15.12. als Nachf. von *Mir Hosain Mousavi* AußenMin. Wiederholt Mitte Okt. 1983 seine Drohung, bei einem Angriff auf den Ölhafen Kharg mit der Schließung der Straße von Hormuz zu antworten. Ende März 1984 Appell an den UN-Sicherheitsrat, den Irak wegen des Einsatzes chem. Waffen im Golfkrieg zu verurteilen.

**Vrhovec,** *Josip* (Jugoslawien), *1926 (Kroate); Stud. d. Gesellschaftswiss.; ab 1941 aktiv im Partisanenkrieg, 1944 KP-Mitgl., 1971 Sekr d. kroat. Parteiexekutivkomitees, Vertr. Kroatiens in d. Bundesparteileitung u. zuständig f. ideol. Fragen; 1981 AußenMin: kritisiert sowj. Invasion Afghanistans; im Mai 1982 von *Lazar Mojsov* abgelöst. Ende April 1983 als Nachf. von *Jure Bilic* zum kroat. Parteichef gewählt und damit Angehöriger des Bundesparteipräsidiums. Seit 14.5.1984 turnusmäßig für eine Amtsperiode Nachf. von → *Špiljak* als Präs. des Staatspräsidiums.

**Walesa** [*Wawensa*], *Leszek* [*»Lech«*] (Polen), *1943; Elektromonteur. Nach Gründung des unabhängigen Gewerkschaftsbundes »Solidarität« im Sept. 1980 Vors. eines Koordinationskomitees. Seit Verhängung des Kriegsrechts am 13.12.1981 als Führer der am 8.10. durch Gesetz verbotenen »Solidarität« inhaftiert, im Nov. 1982 freigelassen; seitdem wiederholt vorübergehend festgenommen. Am 23.6.1983 Begegnung mit Papst → *Johannes Paul II.* während dessen Polen-Reise. Ende Juli begrüßt er die Aufhebung des Kriegsrechts und die damit verbundene Amnestie; kündigt jedoch weitere Aktionen der Untergrund-»Solidarität« an. Erhält im März 1982 den italienischen Preis »Baumeister des Friedens«; mehrfacher Ehrendoktor. Am 5.10.1983 mit dem Friedensnobelpreis ausgezeichnet, den seine Frau *Danuta W.* am 12.12. in Oslo entgegennimmt. Als Würdigung für seine enge Bindung an die schwarze Madonna von Tschenstochau Ende März als »Ehrenmönch« in den Paulinerorden des Klosters Jasna Gora aufgenommen.

**Wazzan,** *Chafic* [*Schafik al Wassan*] (Libanon), *1925; konserv. Sunnit, Jurastud., 1947 Rechtsanwalt, 1968/72 Abg., 1969 JustizMin, seit 1973 Präs. d. Liban. Hohen (sunnitischen) Islam. Rates; seit 22.10.1980 Nachf. von *Salim al-Hoss* als Präsident des Ministerrats u. InnenMin. Reicht am 26.9.1983 das Rücktrittsgesuch für sich und sein Kabinett ein (am 5.2.1984 von → *Gemayel* angenommen), um den Weg für eine »Regierung der Nationalen Einheit« freizumachen. (Nachf. → *Karamé*).

**Weinberger,** *Caspar Willard* (USA), *1917; Jurastud. in Harvard, Ende des II. Weltkriegs Captain, danach Rechtsanwalt bis 1969; 1952 republ. Abg. im Parl. v. Kalifornien, Ende 1968 Finanzdirektor d. Gouverneurs → *Reagan,* 1970 Vors. d. US-Handelskommission in Washington, 1972/73 (unter *Richard Nixon*) Budgetdirektor, 1973/75 SozialMin, danach VizePräs e. intern. Baufirma. Im Dez. 1980 von → *Reagan* zum VertMin ernannt und am 20.1.1981 vom Senat bestätigt. W. tritt für eine drastische Erhöhung der Verteidigungsausgaben ein, die er auch von den europäischen Verbündeten und von Japan erwartet. Betont die Bereitschaft der USA, »aus einer Position beträchtlich größerer Stärke« Abrüstungsgespräche mit der UdSSR zu führen, lehnt das SALT-II-Abkommen strikt ab und verficht den 1980 von *Reagan* angeordneten Bau der Neutronenwaffe ohne Rücksicht auf die Bedenken europ. Bündnispartner. Die Rüstungsanstrengungen des Westens erscheinen ihm als bestes Mittel zur Sicherung des Friedens, er warnt vor pazifistischen Strömungen. Im April 1984 spricht er sich gegen den Verzicht auf Kernwaffen aus und erklärt im Juni, die Freiheit Europas sei Voraussetzung für die Freiheit der USA.

**Willoch,** *Kåre* [*Kaare*] (Norwegen), *1928; Studium der Volkswirtschaftslehre. 1951/53 beim Reeder-, ab 1954 beim Industrieverband, 1965 dessen Stellv. Dir.; Mitgl. d. kons. Høyre-Partei, 1952/59 Stadtrat in Oslo, ab 1957 Abg., 1961 Mitgl. d. Landesausschusses, 1963/65 GenSekr, 1970/74

Vors. d. Partei, ab 1970 Fraktionssprecher; 1963 u. 1965/70 Min. f. Handel u. Schiffahrt. Nach dem Sieg der bürgerlichen Parteien 1981 am 14.10. als Chef einer Minderheitsregierung Nachf. von *Gro Harlem Brundtland.* Seine Ziele: Enge Zusammenarbeit mit den NATO-Partnern, volle Kontrolle über die Erdölförderung vor der Küste des Landes, Bekämpfung der Inflation. Im Juni 1983 Bildung einer über die Mehrheit im Storting verfügenden Mitte-Rechts-Regierung, unter Einschluß der Høyre, der »Christl. Volkspartei« und des »Agrarischen Zentrums«.

**Wu Xueqian** [*Wu Hsue-chien*] (VR China), *1922; stellv. Leiter, dann Leiter der Abteilung Internat. Verbindungen beim ZK des Kommun. Jugendverbandes; Abteilungsleiter und Vizevors. des Allchines. Jugendverbandes. Während der Kulturrevolution aller Ämter enthoben und erst 1978 als Abgeordneter des Volkskongresses wieder politisch aktiv. Seit Mai 1982 Erster stellv. AußenMin, seit 19.11.1982 als Nachf. von *Huang Hua* Außenminister. Enger Vertrauter von → *Hu Yaobang* und → *Deng Xiaoping.* Experte für osteuropäische Länder u. Angelegenheiten der Dritten Welt. Erklärt im Febr. 1983 den ernsthaften Wunsch der VR China, ihre Beziehungen zur UdSSR zu verbessern und zu normalisieren. Im Juni 1983 vom VI. Nat. Volkskongreß in seinem Amt bestätigt. Ende Sept. 1983 stellt er an die USA die Forderung, alle »offiziellen oder halboffiziellen« Beziehungen zu Taiwan einzustellen und die Waffenlieferungen zu drosseln. Im März und April 1984 im Rahmen einer ausgedehnten Reise durch europ. und andere Staaten u.a. Besuche in Jugoslawien und Rumänien.

**Yamani** [*Jamani*], Dr. h. c. *Ahmed Zaki* [*Ahmed Sak el*] (Saudi-Arabien), *1930; Studium der Rechtswissenschaften. 1958 Kabinettsmitgl., 1960/62 StaatsMin, seit 1962 Minister für Erdöl und Bergbau sowie Vorsitzender der »General Petroleum and Minerals Organization«/PETRONIM. 1968/69 GenSekr d. OPEC, 1974/75 deren Vors. Einer der Organisatoren des Ölboykotts von 1973. Y. gilt als traditionsbewußt, aber dem Westen und der technischen Entwicklung gegenüber aufgeschlossen. Befürchtet Zugriff d. UdSSR auf Nahosterdölfelder; mäßigender Einfluß auf OPEC-Preispol.

*Zedenbal* → Tsedenbal

**Zhang Aiping** [*Dschang Ai-ping*] (VR China), *1910; Mitgl. d. KPCh, 1929 Anschluß an die »Rote Armee«, Teilnehmer am »Langen Marsch« und am Kampf gegen Japan. Einer der Gründer der Marine der »Volksbefreiungsarmee«/VBA. In der VR China Aufstieg zum Generalstabschef der VBA, Vors. d. Wissenschaftl.-Techn. Kommission für die Landesverteidigung, ZK-Mitglied und VizeMinPräs. Zuletzt Vors. des Komitees für militärische Forschung und Technologie. Löst im Nov. 1982 *Geng Biao* als VertMin ab.

**Zhao Ziyang** [*Dschao Dsi-jang*] (VR China), *1919; seit 1932 Mitglied des kommunist. Jugendverbandes, seit 1938 der KPCh. Zu Beginn der »Kulturrevolution« als Parteisekr. v. Guangdong amtsenthoben. Seit 1973 wieder Mitglied des ZK und seit Anfang 1980 des Ständ. Ausschusses des »Politbüros« sowie Stellv. MinPräs. Am 9.9.1980 als Nachf. von *Hua Guofeng* MinPräs. Verkündet im Dez. 1981 10 Prinzipien für den künftigen Wirtschaftsaufbau, deren Schwergewicht auf Wissenschaft, Technik und Erziehung, auf der »offenen Tür« zum Ausland, und der Hebung des Lebensstandards der Bevölkerung liegt. Befürworter einer Wiederaufnahme der 1980 abgebrochenen chin.-sowjet. Verhandlungen über eine Normalisierung der Beziehungen. Im Juni 1983 vom VI. Nat. Volkskongreß als MinPräs (Vors. des Staatsrates) bestätigt und seitdem auch Vors. der Staatl. Kommission für die Reform des Wirtschaftssystems. Beim Besuch der USA 1984 benennt er die Taiwanfrage als das Haupthindernis für den weiteren Ausbau der US-chines. Beziehungen. Für den Fall einer Wiedervereinigung mit dem chines. Festland sichert er Taiwan militär., wirtschaftl. u. polit. Unabhängigkeit zu. Mitte Mai beschuldigt er UdSSR und USA der Bedrohung des Weltfriedens. Bei einem Besuch in Westeuropa im Mai/Juni wirbt er für ein stärkeres Wirtschaftsengagement und schlägt am 30.5. eine internat. Abrüstungskonferenz für Kernwaffen vor.

**Zia ul-Huq** [*Sia ul-Hack*] (Pakistan), *1924 im Punjab [Pandschab]; milit. Laufbahn: mit brit. Truppen im II. Weltkrieg an d. Fronten in Birma, Malaya, Indonesien; in d. Armee Pakistans 1964 Instrukteur am GenStabs-College in Quetta, 1966/68 Komm. e. Panzerregiments (Spezialausb. in USA), 1965 im Kaschmirkrieg u. 1971 im Krieg mit Indien um Ostpak. (Bangladesch) einges., 1972 Generalmajor, 1975 Generalleutnant, 1976 von *Zulfikar Ali Chan Bhutto* zum Generalstabschef ernannt. Seit dem Staatsstreich vom 5. Juli 1977 als »Oberster Kriegsrechtsadministrator« und Oberbefehlshaber Inhaber der faktischen Macht. Auflösung des Parlaments, Einführung strenger Strafen nach islam. Recht. Seit Sept. 1978 ohne Wahl StaatsPräs. Läßt Präs *Bhutto* trotz Gnadenersuchen westl. Staatsmänner hinrichten, wird aber durch Verurt. der sowjet. Intervention in Afghanistan im Westen und in der VR China aufgewertet und empfängt Wirtschafts- und Militärhilfe von USA. Seit Aug. 1983 unter wachsendem Druck der Opposition, gegen die er mit aller Härte vorgeht. Sagt die für März 1984 in Aussicht gestellten Wahlen ab, da dies »die Lage destabilisieren« könnte.

# Internationale und supranationale Organisationen

einschließlich wichtiger staatlicher Bündnisse und Konferenzen

Dieses Kapitel enthält einige wichtige sogenannte **IGOs** *(International Governmental Organizations)*, d. h. von Staaten bzw. Regierungsorganen eingegangene politische und wirtschaftliche Zusammenschlüsse sowie Verteidigungsbündnisse. Es ist erdteilspezifisch untergliedert; die Organisationen folgen in alphabetischer Reihenfolge nach den in der deutschsprachigen Presse üblichen Abkürzungen. Die sogenannten **INGOs** *(International Non-Governmental Organizations)* sind aus Platzgründen kaum berücksichtigt, ebensowenig zahlreiche **IGOs**, bei denen keine Veränderungen auftraten.*

**Abkürzungen:**

Die Abkürzungen für Staatennamen nach int. Kfz.-Kennzeichen sind auf Sp. 33ff. zusammengefaßt.

**Bibl.** = Bibliographischer Hinweis *zur* betreffenden Organisation (normalerw. »Fremdautoren«)
**Publ.** = Publikation *der* Organisation selbst (überwiegend Public-Relations/offiziöse Materialien)
**GD** = Generaldirektor
**GS** = Generalsekretär
MSt. = Mitgliedstaat(en)
*1984 = gegründet bzw. errichtet (hier zum Beispiel) 1984

## I. WELTWEIT ODER ERDTEILÜBERGREIFEND

### 1. System der Vereinten Nationen

**UNO**
**VEREINTE NATIONEN**
(United Nations Organization/UNO od. UN, frz. ONU)

**Gründung:** Vorbereitende Konferenzen der Alliierten seit 1942. Unterzeichnung der Charta in San Francisco am 26. 6. 1945. Statuten in Kraft am 24. 10. 1945. – 51 Gründungsmitglieder. – **Aufnahme** aller »friedliebenden Staaten« nach Empfehlung durch den Sicherheitsrat und Zustimmung der Generalversammlung, Ablehnung durch Veto der Ständigen Mitglieder des Sicherheitsrates. – **Ziel:** Laut Art. 2 sollen alle Mitglieder »ihre zwischenstaatlichen Streitigkeiten auf friedlichem Wege auf solche Weise schlichten, daß Weltfriede und internationale Sicherheit und Gerechtigkeit nicht gefährdet werden«. *Hauptziele:* Erhaltung des Friedens durch Ächtung des Krieges, Abrüstung. Garantie der persönlichen Freiheit und Wahrung der Menschenrechte.
**Symbol:** Globus m. Olivenzweigen auf hellbl. Grund.

*Organe:*
1. **Generalversammlung** (General Assembly/GA): Jedes Mitglied verfügt über eine Stimme. Die GA tagt regulär einmal jährlich. Sie hat 6 Hauptkomitees, je ein Generalkom. u. Beglaubigungskom. sowie 57 Nebenorgane (1982).
2. **Sicherheitsrat** (Security Council) (15 MSt.): *Ständige Mitglieder* (mit Vetorecht): VR China, Frankreich, Großbritannien, USSR und USA plus 10 für 2 Jahre von der GA mit ⅔-Mehrheit gewählte *Nichtständige Mitglieder:* Ägypten, Indien, Ukrainische SSR, Obervolta, Peru (bis 31. 12. 1985); Malta, Niederlande, Nicaragua, Pakistan, Simbabwe (bis 31. 12. 1984). – *1946, entscheidendes Organ; zuständig auch f. d. Abrüstungskommission. Vorsitz wechselt mtl. nach alphabet. Reihenfolge der Staaten.
3. **Wirtschafts- und Sozialrat (ECOSOC):** aus 54 aus der Generalversammlung gewählten Mitgliedern (jährl. Wahl v. 18 Mitgl. f. je 3 Jahre).

* Zur Vertiefung der Angaben zu sicherheitspolitisch relevanten IGOs (NATO, WP, WEU, Golfrat, OAU, ANZUS, ANZUK, Riopakt usw.) vgl.: *Buchbender/Bühl/Quaden* (Hg.): **Sicherheit und Frieden** – Handbuch der Militärbündnisse, Rüstungen, Strategien; Herford 1983 (Standardwerk).

**UNO-Mitglieder** (158; mit Aufnahmetag) *Nichtmitglieder = kursiv* UdSSR-Republiken = *

|  |  |
|---|---|
| Afghanistan | 19.11.46 |
| Ägypten | 24.10.45 |
| Albanien | 14.12.55 |
| Algerien | 8.10.62 |
| *Andorra* | |
| Angola | 1.12.76 |
| Antigua u. Barbuda | 11.11.81 |
| Äquatorial-Guinea | 12.11.68 |
| Arabische Emirate | 9.12.71 |
| Argentinien | 24.10.45 |
| Äthiopien | 13.11.45 |
| Australien | 1.11.45 |
| Bahamas | 18.9.73 |
| Bahrain | 21.9.71 |
| Bangladesch | 17.9.74 |
| Barbados | 9.12.66 |
| *Belau* | |
| Belgien | 27.12.45 |
| Belize | 25.9.81 |
| Benin | 20.9.60 |
| Bhután | 21.9.71 |
| Birma | 19.4.48 |
| Bolivien | 14.11.45 |
| Botswana | 17.10.66 |
| Brasilien | 24.10.45 |
| *Brunei* | |
| Bulgarien | 14.12.55 |
| Burundi | 18.9.62 |
| Chile | 24.10.45 |
| *China (Taiwan)* | |
| Chines. Volksrep. | 24.10.45 |
| Costa Rica | 2.11.45 |
| Cuba | 24.10.45 |
| Cypern | 20.9.60 |
| Dänemark | 24.10.45 |
| Deutschland, BR | 18.9.73 |
| Deutschland, DDR | 18.9.73 |
| Dominica | 18.12.78 |
| Dominikan. Rep. | 24.10.45 |
| Dschibuti | 20.9.77 |
| Ecuador | 21.12.45 |
| Elfenbeinküste | 20.9.60 |
| El Salvador | 24.10.45 |
| Fidschi | 13.10.70 |
| Finnland | 14.12.55 |
| Frankreich | 24.10.45 |
| Gabun | 20.9.60 |
| Gambia | 21.9.65 |
| Ghana | 8.3.57 |
| Grenada | 17.9.74 |
| Griechenland | 25.10.45 |
| *Grönland* | |
| Großbritannien | 24.10.45 |
| Guatemala | 21.11.45 |
| Guinea | 12.12.58 |
| Guinea-Bissau | 17.9.74 |
| Guyana | 20.9.66 |
| Haïti | 24.10.45 |
| Honduras | 17.12.45 |
| Indien | 30.10.45 |
| Indonesien | 28.9.50 |
| Irak | 21.12.45 |
| Iran | 24.10.45 |
| Irland | 14.12.55 |
| Island | 19.11.46 |
| Israel | 11.5.49 |
| Italien | 14.12.55 |
| Jamaika | 18.9.62 |
| Japan | 18.12.56 |
| Jemen, AR | 30.9.47 |
| Jemen, DVR | 14.12.67 |
| Jordanien | 14.12.55 |
| Jugoslawien | 24.10.45 |
| Kambodscha (Khm.) | 14.12.55 |
| Kamerun | 20.9.60 |
| Kanada | 9.11.45 |
| Kapverden | 16.9.75 |
| Katar | 21.9.71 |
| Kenia | 16.12.63 |
| *Kiribati* | |
| Kolumbien | 5.11.45 |
| Komoren | 12.11.75 |
| Kongo | 20.9.60 |
| *Korea, Rep.* | |
| *Korea, DVR* | |
| Kuwait | 14.5.63 |
| Laos | 14.12.55 |
| Lesotho | 17.10.66 |
| Libanon | 24.10.45 |
| Liberia | 2.11.45 |
| Libyen | 14.12.55 |
| *Liechtenstein* | |
| Luxemburg | 24.10.45 |
| Madagaskar | 20.9.60 |
| Malawi | 1.12.64 |
| Malaysia | 17.9.57 |
| Malediven | 21.9.65 |
| Mali | 28.9.60 |
| Malta | 1.12.64 |
| Marokko | 12.11.56 |
| *Marshall-Inseln* | |
| Mauretanien | 27.10.61 |
| Mauritius | 24.4.68 |
| Mexiko | 7.11.45 |
| *Mikronesien* | |
| *Monaco* | |
| Mongol. Volksrep. | 27.10.61 |
| Mosambik | 16.9.75 |
| *Namibia/Nauru* | |
| Nepál | 14.12.55 |
| Neuseeland | 24.10.45 |
| Nicaragua | 24.10.45 |
| Niederlande | 10.12.45 |
| Niger | 20.9.60 |
| Nigeria | 7.10.60 |
| Norwegen | 27.11.45 |
| Obervolta | 20.9.60 |
| Oman | 7.10.71 |
| Österreich | 14.12.55 |
| Pakistan | 30.9.47 |
| Panamá | 13.11.45 |
| Papua-Neuguinea | 10.10.75 |
| Paraguay | 24.10.45 |
| Perú | 31.10.45 |
| Philippinen | 24.10.45 |
| Polen | 24.10.45 |
| Portugal | 14.12.55 |
| Ruanda | 18.9.62 |
| Rumänien | 14.12.55 |
| *Sahara/DARS* | |
| Saint Christoph & N. | 29.9.83 |
| Saint Vincent/Gren. | 16.9.80 |
| Salomonen | 19.9.78 |
| Samoa | 15.12.76 |
| Sambia | 1.12.64 |
| *San Marino* | |
| Santa Lucia | 18.9.79 |
| São Tomé u. Princ. | 16.9.75 |
| Saudi-Arabien | 24.10.45 |
| Schweden | 19.11.46 |
| *Schweiz* | |
| Senegal | 28.9.60 |
| Seschellen | 21.9.76 |
| Sierra Leone | 27.9.61 |
| Simbabwe | 25.8.80 |
| Singapur | 21.9.65 |
| Somalia | 20.9.60 |
| Sowjetunion | 24.10.45 |
| Spanien | 14.12.55 |
| Sri Lanka | 14.12.55 |
| Südafrika (RSA) | 7.11.45 |
| Sudan | 12.11.56 |
| Suriname | 5.12.75 |
| Swasiland | 24.9.68 |
| Syrien | 24.10.45 |
| Tansania | 14.12.61 |
| Thailand | 16.12.46 |
| Togo | 20.9.60 |
| *Tonga* | |
| Trinidad-Tobago | 18.9.62 |
| Tschad | 20.9.60 |
| Tschechoslowakei | 24.10.45 |
| Tunesien | 12.11.56 |
| Türkei | 24.10.45 |
| *Tuvalu* | |
| Uganda | 25.10.62 |
| *Ukrainische SSR | 24.10.45 |
| Ungarn | 14.12.55 |
| Uruguay | 18.12.45 |
| USA | 24.10.45 |
| Vanuatu | 15.9.81 |
| *Vatikanstadt* | |
| Venezuela | 15.11.45 |
| Vietnam | 20.9.77 |
| *Weißruss. SSR | 24.10.45 |
| Zaïre | 20.9.60 |
| Zentralafrik. Republ. | 20.9.60 |

*Regionale Wirtschaftskommissionen:* für Europa (**ECE,** Genf, 34 Mitgl.), f. Asien u. d. Pazifik (**ESCAP,** Bangkok, 35 Mitgl.), f. Westasien (**ECWA,** Beirut, 12 Mitgl.), für Lateinamerika (**ECLA** bzw. **CEPAL,** Sitz Santiago de Chile, 33 Mitgl.) u. f. Afrika (**ECA,** Sitz Addis Abeba, 47 Mitgl.). – Das *Amt für Technische Hilfeleistung* (Technical Assistance Board/**TAB**) für Koordinationsaufgaben u. Projektvorlagen beim ECOSOC. – UN Statistical Office/**UNSO.** Außerdem Kommission f. Abrüstung, Kom. f. Menschenrechte/**HRC** (43 Mitgl., Dir.: K. Herndl/A), Kom. f. Soz. Entwicklg., Kom. f. d. Status d. Frauen (23), Kom. f. Rauschgift, Bevölk.-Kom., Völkerrechtskommission/**ILC** (34); zahlreiche Komitees usw. – Zusammenarbeit mit über 150 nichtstaatlichen Organisationen (INGOs).

**4. Treuhandrat** (Trusteeship Council):
(5 Mitgl., derzeit F, UK, USA, USSR, VRC) als Aufsichtsorgan für die der UNO unterstellten Treuhandgebiete.

**5. Generalsekretär** (Secretary General):
bis 1986 Javier Perez de Cuellar/PE (seit 1981). – Sekretariat im UNO-Sitz in New York mit 11 Untergeneralsekretären, u. a. dem Dir. der **HRC,** sowie 5 Stellv. GS.

**6. Internat. Gerichtshof** (Int. Court of Justice):
Hauptrechtsprechungsorgan der UN
15 getrennt von GA und Sicherheitsrat für 9 Jahre gewählte Richter, Wiederwahl möglich; **Sitz:** Den Haag. Präs.: T. O. Elias/Nigeria (bis 1985). – US-Proteste gegen Mittelamerika-Rechtsprechung 1984. Seegerichtshof (21 Richter auf 9 J.) in Hamburg (gepl.). – Verwaltungsgericht (7 Richter).

**Amts- u. Arbeitssprachen:** Arabisch, Chinesisch, Englisch, Französisch, Russisch, Spanisch; Übers. wicht. Dokumente ins Deutsche. – Charta der UN im Bundesgesetzblatt 1973.

**Budget:** ord. Zweijahreshaushalt 1982/83 1,743 Mrd. $. Aufteilung der nat. Beiträge: USA 25,00%, USSR insges. 13,54%, Japan 9,58%, BR Deutschland 8,31%, DDR 1,33%, Frankreich 6,26%, VR China 5,50%, Kanada 3,28%; über 80 Staaten zahlen den Mindestbeitrag von 0,01%.

**Personal:** Die UN beschäftigt, mit Sonderorganisationen, rund 40000 Personen, davon lt. Stellenplan 11109 (690 Deutsche aus der BR Deutschland) bei den UN in New York. Große Personalanteile in den europ. UN-Zentren Genf, Wien, Bern und Rom.

**Weitere UNO-Einrichtungen** (keine Sonderorg.):

UNO-Friedenstruppe auf Cypern (UN Peace Force in Cyprus/**UNFICYP**) 1/1982 2500 Mann – UNO-Waffenstillstandsüberwachungskommission/**UNTSOP,** im Nahen Osten, 1300 Mann – UNO-Entflechtungs-Beobachtungsstreitkräfte/**UNDOF** auf den Golanhöhen, *1974; 1250 Mann – UNO-Interimsstreitkräfte im Libanon/**UNIFIL,** *1978, 7000 Mann (1983) – [Mandat der **Sondertruppen** wird normalerweise durch Sicherheitsrat halbjährl. verlängert.] – UN-Kommandostelle Korea/**UNC,** *1953 – Außerh. der UN im eigentl. Sinne:
»Multinationale Beobachtertruppe«/**MOF** im Sinai durch nat. Armeen aus USA, CO, FIJI, F, UK, AUS, NZ (2500 Mann) 1982 zusammengestellt.

**UNRWA:** UNO-Hilfswerk für Palästina-Flüchtlinge, Dir.: R. M. Gallagher.

**UNEP:** UNO-Umweltprogramm, Nairobi, Kenia, 58 Mitgl. im Verw.-Rat (Exekutivdir.: M. Tolba).

**UNCLOS:** UNO-Seerechtskonferenz (*1973), 1982 XI. Konferenzrunde (sog. UNCLOS III m. 140 Staaten), Seerechts-Konvention bis 31. 12. 1982 von 119 Staaten (nicht von D, UK, USA) unterzeichnet.

**UNDP:** UNO-Entwicklungsprogramm; Budget 1982: 675 Mill. US-$ (BR Dtld.) ca. 114 Mill. DM).

**UNDRO:** UN-Katastrophenhilfswerk, Genf
UNO-Inst. f. Ausb. u. Forschung/**UNITAR** – UNO-Bevölkerungsfonds/**UNFPA,** Budget 1982: 131 Mill. US-$, Exekutivdir.: R. M. Salas.

**UNHCR:** *Hochkommissar für Flüchtlinge* (United Nations High Commissioner for Refugees), Poul Hartling/DK, Sitz Genf. – *Kinderhilfswerk der Vereinten Nationen* (United Nations Children's Fund/**UNICEF**), Sitz New York und Kopenhagen, Programmittel f. 1983: 371 Mill. $, Exekutivdir.: J. P. Grant (seit 1980).

**UNCTAD:** UNO-Konferenz für Handel und Entwicklung (UN Conference on Trade and Development), m. Handels- u. Entw.-Amt aus 55 Mitgl., m. einer Reihe institutionalisierter Unterkonferenzen und Fonds (Getreide, Hochseeschiffahrt usw.), z. B. Gemeins. Rohstoffonds/**CFC;** *1964 – Genf, GS Gamani Corea, Schlüsselrolle im sog. *Nord-Süd-Dialog,* VI. Konferenz 1983 in Belgrad/YU (166 Mst.).

**UNISPACE** II (2. Weltraumkonf.) 8/1982 in Wien.

**Sonderorganisationen** (Specialized Agencies):
Organisationen mit eigenem Statut.

**Agrar- und Ernährungssektor:**
Sitz der Org.: Rom (»Welternährungszentrum«)

**FAO:** *Welternährungsorganisation,* *1945 (156 MSt.) – GS: E. Saouma/RL – Ordentl. Budget (Haushaltsj. 1984/85): 421,1 Mill. $; westdt. Beitrag f. 1984: 51,89 Mill. DM.

**IFAD:** *Internationaler Agrarentwicklungsfonds,* *1977 (139 MSt.). – Präs.: A. M. al-Sudeary/S.-A. – Kapitalverwendung 1981–1983: ca. 1 Mrd. $; westdt. Beitrag f. 1983: 117 Mill. $.

**WFC:** *Welternährungsrat,* *1974 (36 ständ. Mitgl. im turnusmäß. Wechsel); ExecDir.: Maurice Williams/USA.

**WFP:** *Welternährungsprogramm* [der UNO und FAO], *1962/63, Arbeitsaufnahme 1965; keine eigentl. Mitgliedstaaten. – Exekutivdir.: J. Ch, Ingram/AUS. – Verpflichtungsvolumen 1983/4: 1,4 Mrd. $ (vorgesehen); westdt. Beitrag 1982 ca. 57,7 Mill. $.

**Kommunikations- und Verkehrssektor:**
**ICAO:** *Internat. Zivilluftfahrtorganisation* *1947; Sitz Montreal (151).
**IMO:** *Internat. Schiffahrtsorganisation* (bis 1982: **IMCO**), *1958; London (106, alle Seefahrtsnationen), Budget 1982: 12 Mill. $, GS C. P. Srivastava/Indien.
**ITU/UIT:** *Internationale Fernmeldeunion* *1932 als Nachf. d. Int. Telegr. Vereins, Genf (158). Funkverwaltungskonf. 1979 u. 1984.
**UPU:** *Weltpostverein* (Universal Postal Union) *1874 als General Postal Union, Bern (167). – XIX. Weltpostkongreß 1984 in Hamburg. Präs. (1984): Staatssekr. W. Florian (Bundespostministerium).

**Kultur- und Wissenschaftssektor:**
**UNESCO:** *Erziehungs-, Wissenschafts- u. Kulturorganisation der Vereinten Nationen* *1946; Paris; 1981 162 Voll- u. mehrere assoz. Mitglieder; Budget 1984/5: 374,4 Mill. US-$ (bisher zu ¼ von den USA); GD: Amadou-Mahtar M'Bow/SN. – 1984 polit. Skandal wegen der Reformvorschläge und des Austritts der USA zum 1. 1. 1985.
**UNU:** UN-Universität, dezentralisiert, Verw.-Sitz: Tokio; Haushalt 1982 170,5 Mill. $.
**WIPO:** *Weltorganis. für Geistiges Eigentum* *1967 (101)
**WMO:** *Internationale Meteorolog. Organisation* *1950 (157), GS: G. Obasi/Nigeria.

**Weltbankgruppe:**
Präsident von **IBRD, IDA** und **IMF:** Alden W. Clausen/USA (seit 1981); Sitz: Washington D.C.
**IBRD:** *Internationale Bank für Wiederaufbau und Entwicklung,* *1944 (146 MSt.).
**IDA:** *Internationale Entwicklungsgesellschaft,* *1959 (120 MSt.); Kreditbeträge 1984/6: 9 Mrd. $.
**IFC:** *Internationale Finanz-Corporation,* *1956 (124 MSt.); Grundkapital 650 Mill. US-$, 1981/82 Projektfinanzierungen über 2,94 Mrd. $, ExecVize-Präs.: H. A. Wuttke/D.
**IMF:** *Internationaler Währungsfonds,* *1945 (146 MSt.), Exekutivdir.: J. de Larosière; mit Trustfonds u. Abtlg. Sonderziehungsrechte/**SZR** – 1982 Gesamtquoten zu 61,0598 Mrd. SZR, 1983: 47,5%ige Aufstockung.

*Residualgruppe d. Sonderorg.:*
**ILO:** *Internat. Arbeitsorganisation,* *1919 (151), GD F. Blánchard/F (bis 1988). – 1. »Weltarbeitsbericht« 1984.
**UNIDO:** *Organisation f. Industrielle Entwicklg.,* *1967; Wien (160), Büro in Köln; Exekutivdir.: Abd-el Rahman Khane/DZ, Präs.: Narasimha Rao (Indien); ord. Budget 1982/3 83,3 Mill. $ – Sonderorganisationen-Statut noch nicht in Kraft – UNIDO-Bankf. industr. u. technolog. Information **(INTIB)**. – IV. Generalkonferenz 8/1984 in Wien.
**WHO:** *Weltgesundheitsorganisation,* *1948 (162), GD Halfdan Mahler/DK, Budget 1984/85: 520 Mill. $.

*Autonome Organisationen innerhalb der UN:*
**IAEA:** *Internat. Atomenergie-Organisation,* *1957; Wien (112 bzw. 147), GD Hans Blix/S, ordtl. Budget 1981: 88,7 Mill. $. – Überwachung von (1980) 334 Nuklearanlagen. – Aufnahme der VR China 1984 (auch in den Gouverneursrat).
**GATT:** *Allgemeines Zoll- u. Handelsabkommen,* *1947, später erweitert, Mitgl. 90, 28 weitere Anwenderstaaten, GD: Dunkel; Budget 1984: 51,8 Mill. Sfrs., sorgt u. a. im »Trade Negotiating Committee«/**TNC** dafür, daß zwischen Partnern ausgehandelte Zollsenkungen auch den übrigen Mitgliedern zugestanden werden. Das GATT ist Schirmherr der Multinationalen Handelsvereinbarungen zwecks Zolltarifsenkungen (sog. Dillon-Runde 1960/2, Kennedy-Runde 1964/7, Tokio-Runde 1973/9).

**Bibl.:** A. Verdross/B. Simma: Universelles Völkerrecht [m. ausführl. Beschr. der UN und UN-Sonderorganis.], Berlin ²1981

## 2. Organisationen außerhalb der UNO

### BIZ

**BANK FÜR INTERNAT. ZAHLUNGSAUSGLEICH**
(Bank for International Settlements/BIS; frz. BRI)

**Gründung:** Ursprüngl. am 20. 1. 1930 als Organ zur Abwicklung der dt. Reparationszahlungen eingerichtet (Haager Abkommen) – damit **älteste Internat. Währungsinstitution der Welt.** – Arbeitsaufnahme 20. 5. 1930, Statuten von 1931 (rechtl. als Aktiengesellschaft) durch Staatsverträge verfestigt.
**Ziele** lt. Statut »Förderung der Zusammenarbeit zw. den Notenbanken«, um als Kontakt-, Vermittlungs- und Forschungsstelle verstärkte internat. Finanzoperationen zu ermöglichen. – Gleichzeitig Treuhänder u. Mittler f. den ihr übertragenen internat. Zahlungsausgleich der MSt. – Finanzstatist. Erfassung v. internat. Transaktionen – Wirtschaftsforschung.
**Organe:**
*Generalversammlung* (jährl.. je MSt. 1 Stimme)
*Aufsichtsrat* (Board of Directors), Präs. Jean Godeaux/B (ab 1. 1. 1985) sowie 12 Dir. aus den MSt.
*Verwaltungsrat* aus derz. 13 Zentralbankgouverneuren (Notenbankpräsidenten), Stând. Mitgl.: B, CH, D, F, I, NL, S, UK sowie 5 nichtständ. Mitgl. (Rat tagt mtl.)

*Generalsekretariat* mit General-Manager (G. Schleiminger/D, bis 28.2.1986), 4 Abtlgen.
**Sitz:** Basel/CH – **Personal** am 1.4.1980: 305 – **Arbeitssprachen:** Engl., Frz., Dt., Ital.
**Mitglieder** (30): *Eu* (25, prakt. alle Staaten m. eig. Währung, nicht DDR und UdSSR): A, AL, B, BG, CH, CS, D, DK, E, F, GR, H, I, IRL, IS, N, NL, P, PL, RO, S, SF, UK, YU; *Af:* RSA; *Am:* CDN, USA; *As:* J; *Oz:* AUS.
**Finanzierung:** Bewilligtes Kapital 1,5 Mrd. Goldfranken (SFrs.); Bilanzsumme 1982/83: 20,36 Mrd. Goldfranken sowie mehrere Mrd. Gold-$.
**Aktivitäten:** Mittler von Bankoperationen (Geld-, Gold- u. Devisenhandel) in Übereinstimmung m. der Geldpolitik der MSt., insbes.: Kauf, Annahme, Haltung, Einlage, Verwaltung u. Bewachung der Operationen (s. o.) – Goldgedeckte Kreditgewährung od. Kurzfristobligationen – Diskontsatzaktionen usw. – 1982 wesentl. an der Schaffung der sog. *SWAP*-Vereinbarungen beteiligt. Bedeutendster Kreditnehmer (12/1981): UdSSR mit 16,3 Mrd. $.
**Kooperation** mit der OECD, der *Zehnergruppe* im IMF, in der **IBRD** (seit 1974 zum System der SZR [Sonderziehungsrechte] zugelassen, → UNO), **OPEC** (Erledigung des Erdölgelder-Recycling), bei der **EGKS** Dispositär sowie Agent des **EWS** (Finanztransferabwicklung für die → **EG**) und des Europ. Währungsbeistandsfonds (EG) seit 6/1973.

**Publ.:** 54. Jahresber. (1983/84); Jubiläumsschrift 1980.

## BLOCKFREIE

### Bewegung Blockfreier Staaten

(Movement of Non-Aligned Countries; u. a. Namen)

**Gründung:** Vorläufer sind die »Afro-Asiatische Solidaritätskonferenz« von Bandung/RI (18.–24.4.1955; 29 Teiln.) und das Treffen Nassers, Nehrus und Titos auf Brioni/YU (7/1956). – Keine offizielle Gründungscharta.
Die Blockfreien verstehen sich als Katalysator innerhalb der **»Gruppe der 77«,** der wirtschaftl. Interessenorganisation von 77 Entwicklungsländern, *1964 anläßlich der UNCTAD (→ UNO), heute 124 Mitgl. – Zusammenarbeit der Gruppe neutraler und blockfreier Staaten Europas (**»N & N«-Gruppe)** seit der KSZE in Helsinki (Zypern, Jugoslawien, Liechtenstein, Österreich, San Marino, Schweden und Schweiz).
**Ziele:** Angesichts ihrer meist kolonialen Vergangenheit und der Vorherrschaft der von USA und USSR geführten Blocksysteme (NATO und Warschauer Pakt) treten die Blockfreien für die völlige Gleichberechtigung aller Staaten ein (»Demokratisierung der internationalen Beziehungen«). Fünf Prinzipien der friedlichen Koexistenz (»Panch Shila«) sollen die Beziehungen zwischen Staaten regeln.
**Hauptforderungen:**
1. Beendigung von Kolonialismus, Rassismus und jeglicher Formen der Fremdherrschaft,
2. Veränderung der für die »Dritte Welt« nachteiligen Weltwirtschaftsbeziehungen durch eine Neue Weltwirtschaftsordnung,
3. vollständige Abrüstung; dort freiwerdende Mittel sollen für Entwicklungsvorhaben verwendet werden.

Jegliche Blockpolitik wird als friedensgefährdend kritisiert (deshalb kein »Block der Blockfreien«).
**Organe:** keine festgefügte Organisation, kein Statut. Auf einer Vorbereitungskonferenz in Kairo (5.–12.6.1961) wurden heute noch gültige Mitgliedskriterien verabschiedet. – **Gipfelkonferenzen,** Gastgeberland übernimmt Präsidentschaft bis zur nächsten Konferenz (1983–86: Indien). – Jährl. Ministertreffen zur Vorbereitung der UN-Generalversammlung (im Sept./Okt.). – Regelmäßig **Außenministerkonferenz** ein Jahr vor der Gipfelkonferenz (1985 in Angola).
**Koordinationsbüro** zur Abstimmung und Diskussion laufender Aktivitäten, seit März 1983 aus 66 Mitgl. (Anzahl nicht festgelegt, da frw.). – **Koordinator der Bewegung** jeweils präsidierendes Land bzw. die entspr. UN-Botschaft in New York. Das Büro trifft sich regelmäßig in New York auf UN-Botschafterebene und führt Treffen auf Außenministerebene durch. Daneben 23 **Koordinationsgruppen** zum »Aktionsprogramm für wirtschaftliche Zusammenarbeit«. – **Sitz** des Koordinationsbüros: New York.
**Mitglieder** auf den Gipfelkonferenzen:
1. **Belgrad** 1.–6.9.1961 (25 MSt.),
2. **Kairo** 5.–10.10.1964 (47 MSt.),
3. **Lusaka** 8.–10.9.1970 (53 MSt./12 Beob.),
4. **Algier** 5.–9.9.1973 (75 MSt. + 9 Beob. + 13 »Befreiungsorganisationen« + UNO),
5. **Colombo** 16.–19.8.1976 (85 MSt. + 9 B. + PLO),
6. **Havanna** 3.–9.9.1979 (95 MSt.),
7. **Neu-Delhi** 7.–12.3.1983 (101 MSt. + 18 Beob. + 25 »Befreiungsorg.« + IGOs + INGOs).

**Finanzierung:** nationale Budgets.
**Kontakte:** Zahlreiche IGOs und INGOs, insbes. die → AJA, → OAU, → ICO sowie → UN und UN-Sonderorganisationen (als Beobachter oder Gäste bei den Konferenzen vertreten).

**Bibl.:** Dokumentationsstelle »Bewegung Blockfreier Staaten« (K. Fritsche) in Dortmund.

## CCC

### ZOLLKOOPERATIONSRAT

(Customs Co-operation Council/CCC; frz. CCD)

**Gründung** durch Abkommen v. 13 Regierungen am 15.12.1950 in Brüssel, in Kraft 26.1.1953 (13 MSt.), erweitert 1959.
**Ziele:** Verwaltung u. Weiterentwicklung d. Zolltarifnomenklatur u. Zollwertdefinitionen sowie Harmoni-

sierung des Zollverfahrenrechts. Verwaltung von 14 internat. Konventionen u. a. m. – **Symbol:** Stern m. Kokarde.
**Organe:** *Rat* (Vors.: P. Connell/CDN) beschließt; 5 *Ausschüsse.* – **Sitz:** Brüssel (Sekretariat). – **Personal:** 112 (1980). – **Arb.-Sprachen:** Engl. u. Frz.
**Mitgl.** (93): *Af* 10, *Am* 13, *As* 20, *Eu* 28, *Oz* 2.
**Haushalt** durch Beiträge: 1980 250,855 Mill. BFrs.
**Kooperation** mit der UNO (ECOSOC), OECD u. v. a.

## COCOM

### KOORDINATIONSKOMITEE OST-WEST-HANDEL

(Coordinating Comm. for East-West-Trade-Policy)

**Gründung:** 1949 auf US-amerikan. Initiative, gewissermaßen als »NATO-Ableger« und Prüfungsinstanz für »sensible« Ostexporte.
**Ziel:** Koordination, Kontrolle und Steuerung der Lieferungen strateg. und technolog. relevanter Spezialgüter (Laser-Technik, Elektronenrechner, Halbleiterchips usw.) an die UdSSR u. a. Ostblockstaaten (ohne Jugoslawien) zur Aufrechterhaltung bestehender west-östlicher Technologiegefälle. – Steuerung der Exportkreditpolitik (vor allem seitens der USA).
**Organe:** Vertrauliche ad-hoc-Ministertreffen (bis 1983 wurde europäischerseits eine ständ. Kontrollkommission abgelehnt). – COCOM ist völkerrechtl. keine IGO im eigentlichen Sinne. – Die Teilnehmer von Weltwirtschaftsgipfeln sind u. a. auch mit COCOM-Fragen befaßt. – Entscheidungsfindung einstimmig (Vetorecht jedes MSt.), auch dezentralisiert durch schriftl. Erklärungen der MSt.
**Sitz:** COCOM tagt meistens in Paris (kein ständiges Sekretariat). – **Mitglieder:** B, CDN, D, DK, E, F, GR, I, J, L, N, NL, P, TR, UK, USA.
**Aktivitäten:** COCOM stellt jährl. aktualisiert eine sog. Embargo-Liste (»Schwarze Liste«) von nicht zu exportierenden Gütern auf. Diese hatte z. B. im Zusammenhang mit dem sowjet.-westeurop. Erdgasröhrengeschäft große Bedeutung für die Außenhandelspolitik der COCOM-MSt.
**Zusammenarbeit** mit den EG, der NATO, OECD usw.

**Bibl.:** Frdr.-Ebert-Stiftung (Hg.): Auswirkungen der künft. Arbeit des COCOM auf die dt. Außenwirtschaft. Bonn 1983 [kostenlos bei der Frdr.-Eb.-St.].

## ICO

### ISLAMISCHE WELTKONFERENZ

(Islamic Conference Organization)

**Gründung:** Vorläufer sind die Islam. Weltliga (Mekka, 1962), die eigentl. Islam. Allianz (auf Anregung König Feisals/S.-A., 1966) – *Parallelorganisationen* sind die Muslimische Weltliga (1974 Islamische Bewegung), nicht jedoch die ehemalige sog. Sadat-Liga (*1980) und der sog. »Internat. Islamische Rat« (*1982 durch den Iran) sowie die »Organisation der Islam. Welt« (* durch al-Gaddafi). – Die derzeit fungierende ständige Islamische Konferenzorganisation/ICO wurde 1974 in Dschidda/S.-A. gegründet.
**Ziel:** Förderung der Einheit u. Festigung d. Zusammenarbeit zw. den islam. Staaten auf religiös., polit., wirtschaftl. u. kulturellem Gebiet. Beseitigung v. Rassendiskriminierung u. Apartheid sowie Kolonialismus. Unterstützung Palästinas, Einsetzung des Status-quo-ante im israel. besetzten Gebiet, besonders Jerusalem.
**Org.:** *Präsident* (1982 König Chalid/S.-A.)
*Ständ. Sekretariat* (GS Habib Chatti [Schatti]/TN)
*Islam. Nachrichtenagentur*/**INA** (1972)
*Islam. Entwicklungsbank*/**IsDB**
*Islam. Presseunion*/**IsPU** (1979), GS Muazzam Ali (PAK)
*Islam. Zentrum z. Handelsförd.* (1981) Ankara
*Islam. Gerichtshof* (1981 mit 11 Richtern, auf Basis des *Scharia*-Rechts).
**Sitz:** Dschidda/S.-A. (IPU: London). – **Mitgl.:** 42 (theoret. alle Staaten mit islamischer Bevölkerung), 1984 de facto 38 Staaten und Organisationen.
**Finanzierung:** **IDB**, lfd. Ausgaben durch MSt. direkt getragen.

**Bibl.:** Geneva Inst. for Internat. Studies (Hg): Islam in World Politics. Geneva 1980.

## IEA

### INTERNATIONALE ENERGIE-AGENTUR

(International Energy Agency [of the OECD])

**Gründung:** Am 15. 11. 1974 in Paris durch OECD-Ratsbeschluß und unter seiner Schirmherrschaft als Folge der ersten Ölkrise. – **Ziel:** wie OECD (s. diese), speziell auf dem Energiesektor (gesamtwirtsch.-internat. Öleinsparung, Marktbeobachtung und -information usw.).
**Organe:** *Verwaltungsrat* aus den nat. Ministern. Präs. (seit 1980) K. Miyasaki/J, Exekutivdirektor Helga Steeg/D (seit 7/1984), GD Sigvard Eklund; *Notstandsgruppe* (durch nat. zuständ. Energieminister od. deren Delegierte, ständig abrufbereit), *Solidaritätsfonds* (1975), *Kohleausschuß* (1980).
**Sitz:** Paris (wie OECD). – **Mitglieder:** 22 (europ. OECD-Staaten ohne F, IS, SF, aber AUS, CDN, USA, J).
**Aktivitäten:** Forschungs- und Entwicklungsvorhaben von Alternativenergie (geotherm. Projekte, Kohlepolitik, Nuklearenergie, Erdgasversorgung) auch unter Einschluß von Entw.-Ländern (z. B. Mexiko). Bisher kein Dialog mit der **OPEC.**

**Bibl.:** R. M. Lawrence/M. O. Heisler (Hg.): International Energy Policy. Lexington/USA 1980.

## IOC

### INTERNATIONALES OLYMPISCHES KOMITEE

(International Olympic Committee; frz. CIO)

**Gründung:** am 23.6.1894 in Paris, nach einer internat. Sportkonferenz auf Einladung *Pierre de Coubertins,* des Initiators der modernen olymp. Bewegung.

**Ziele:** Förderung physischer und moralischer Eigenschaften als Grundlage des Amateursports – Körperkultur in einem Geist der gemeins. Verständigung zur internat. (Völker-)Freundschaft und zur Erhaltung des Friedens in der Welt. – Weltweite Verbreitung des olymp. Gedankens; im 4-Jahres-Rhythmus Organisation der Zusammenkunft internat. Athleten (= Olympische Spiele).

**Organisation:** *Jahrestreffen* der kooptierten Mitgl. (84. Treffen 1981 mit 80 Mitgl. sowie 145 NOKs [Nationale Olympische Komitees]).

*Präsident:* Juan Antonio Samaranch/E (seit 1980; durch Mitgl. gewählt), VizePräs.: Berthold Beitz/D (gewählt 7/1984) [NOK-Präs. für die BR Dtld. ist Willi Daume]

*Ehrenpräsident:* Lord Killanin/IRL

*Verwaltungsrat* (Executive Board) m. 8 Mitgl.

*Verwaltungschef:* Dir. Monique Berlioux

*Internat. Olympische Akademie; Ol. Museum*

*Olympischer Kongreß* (alle 8 J.) als Gemeinschaftsveranst. des IOC sowie der IFs und NOKs.

*Regionale Dachverbände der NOK,* z.B. für Schwarzafrika (*1981 in Lome/Togo) mit 33 NOKs.

**Sitz:** Lausanne/CH – **Arbeitssprachen:** Englisch und Französisch.

**Mitglieder** 1981: 147 NOKs und 35 IFs (= Internationale Föderationen/Fachsportverbände, die die olymp. Disziplinen bestimmen)

**Aktivitäten:** Kontrolle der (bis 1984: 20) olymp. Sommer- und (14) Winterspiele – Überwachung des Doping- und Sponsorenproblems, der Amateurkriterien und der zunehmenden Kommerzialisierung.

X. Kongreß 1973 in Varna/BG; XI. 9/1981 in Baden-Baden/D (600 Delegierte sowie zahlr. Sportler)

**Doppelvertretungen:** China, Deutschland, Irland, Jemen, Korea.

**Austragungsorte:** 1988 (S.) in Seoul/Korea und (W.) in Calgary/CDN.

**Kooperation** mit der UNESCO.

**Publ.:** Olympic Review (mtl.)

**Bibl.:** W. Baare-Schmidt: Der Status des IOK im Völkerrecht. München [Jur. Diss. Tübingen] 1983.

## IPU

### INTERPARLAMENTARISCHE UNION

(Inter-Parliamentary Union; frz. UIP oder UIM)

**Gründung:** Am 30.6.1889 in Paris. Im Zusammenhang mit dieser **ältesten internat. Organisation der Welt** entstand u.a. 1920 der Vorläufer des derzeitigen IGH/**ICJ** (→ UNO) in Den Haag. – **Ziel** (in Art. 1 Statut): Wahrung und Stärkung der parlamentar. Demokratie als Gesellschaftsprinzip in Form einer losen Vereinigung von Parlamentariern aus West, Ost und Dritter Welt. – Schlichtung von internat. Streitigkeiten auf parlamentar. Ebene durch Delegationsaustausch. – **Die IPU ist** im Rahmen der UNO anzusiedeln, jedoch **keine echte »IGO«.**

**Organe:** *Ständ. Präsidium* (Präs.: Johannes Virolainen/SF), *Exekutivkomitee, Generalsekretariat* (GS: Pio-Carlo Terenzio/I), *Hauptversammlungen* (Jahreskonferenzen) mit 9–22 Stimmen pro Staat (BR Dtld. z.B. 19 Stimmen, DDR 13, USA 22, USSR 22). – **Arbeitsmittel:** Resolutionen und Empfehlungen an nationale Parlamente und Regierungen.

**Sitz:** Genf. – **Arbeitssprache:** Engl. – **Mitglieder** (1983): 98; BR Dtld. 1952 aufgenommen. – Aufnahmekriterium ist »intaktes« Parlament des betr. Staates. – **Haushalt** (1981): 2,888 Mill. SFrs., überwieg. durch nat. Beiträge der Mitgl.-Parlamente.

**Bibl.:** Dt. Bundestag (Hg.): 70. Jahreskonf. der IPU ... in Seoul (Rep. Korea). – Drs. 10/731 v. 2.12.1983, S. 1–30.

## NATO

### NORDATLANTIKVERTRAG

(North Atlantic Treaty Organization/NATO Organisation du Traité d l'Atlantique Nord/OTAN)

**Gründung:** Unter dem Vorzeichen der Schaffung des Kominform (10/1948), des »Prager Coups« (2/1948), der sowjet. Blockade von Berlin (West) (6/1948) usw. verstärkte Bereitschaft der westl. Staaten zu intensiverer Verteidigung. Die US-Beteiligung an einem westl. Sicherheitsbündnis wurde nach Annahme der sog. *Vandenberg-Resolution* im US-Senat sichergestellt; der *Nordatlantische Vertrag* am 4.4.1949 von 12 westl. Staaten unterzeichnet.

**Mitglieder:** Belgien, Dänemark, Frankreich, Großbritannien, Island, Italien, Kanada, Luxemburg, Niederlande, Norwegen, Portugal, USA. Am 18.2.1952 traten Griechenland sowie die Türkei, am 5.5.1955 die BR Deutschland und am 30.5.1982 Spanien der NATO bei. – Frankreich zog 1966 seine Truppen aus der militär. Integration zurück (blieb jedoch Mitgl.).

*Organisation:*

**Zivile Organe:** Wichtigste Einrichtung ist der **Nordatlantikrat.** Mitgl. sind die jeweil. Ressortminister (Außen-, Verteidigungs-, Wirtschafts-Min. usw.) der MSt. bzw. ihre **Ständigen Vertreter** im Range von Botschaftern. – Wichtigstes militärstrateg. Gremium ist der

**Ausschuß für Verteidigungsplanung/DPC;** bei Fragen von ausschließl. europ. Interesse die

**EUROGROUP.** – Vors. des Rates ist der **Generalsekretär** (Lord Carrington/UK, seit 25.6.1984), gleichz. auch Vors. der unten genannten **NDAC** und **NPG.** – Der

*Ausschuß für Nukleare Verteidigungsfragen/* **NDAC** ist Unterausschuß des DPC, setzt sich aus allen Mitgl. (außer F, IS, L) zusammen und unterbreitet dem NPC allg. nuklearpolit. Richtlinien. – Die *Nukleare Planungsgruppe*/**NPG** hat 7 bis 8 Mitgl. aus dem Kreise des NDAC und tagt auf Ebene der Verteidigungs-Min. od. deren Stellv. (= Ständ. Vertreter). Sie ist für Fragen des strategischen und taktischen Einsatzes von Nuklearwaffen zuständig.

**Militärische Organe:** Höchstes NATO-Gremium das **Military Committee/MC** aus den *Stabschefs* der MSt. (außer F und IS), tagt 3mal jährl. – Vors.: General Cor de Jager/NL (1.7.1983–30.6.1986). – Ihnen beigeordnet sind *Ständ. Militär. Vertreter.* – Dem MC unterstehen die Obersten NATO-Oberbefehlshaber, er berichtet dem Rat bei militär. Fragen. Exekutivbehörde des MC ist ein *Internationaler Militärstab.* – Die NATO-Militärstruktur umfaßt 3 regionale Hauptkommandos:

**1. Alliierter Kommandobereich Europa/ACE** (Nordkap bis Sizilien und Atlantik bis türk. Ostgrenze) mit Hauptquartier **(SHAPE)** in Casteau/B. Oberster Alliierter Befehlshaber Europa/**SACEUR** ist traditionsgemäß ein US-amerikan. General (z.Z. Bernard Rogers), gleichz. auch Chefkommandierender der US-Streitkräfte in Europa **(CINCEUR).** Im Kriegsfalle würde SACEUR gem. Operationsanweisungen des MC zu Lande, zu Wasser und zu Luft Operationen lenken. Ihm unterstellt sind 3 Kommando-Bereiche (Nord-, Mittel- u. Süd-Europa, → Organigramm).

**2. Alliierter Befehlsbereich Atlantik:** umfaßt dessen gesamten geograph. Bereich ohne Ärmelkanal u. Brit. Inseln. Oberster Befehlshaber/**SACLANT** mit Sitz in Norfolk/USA (seit 1982 Adm. [Sir] William Stavely/UK) hielte im Kriegsfalle enge Verbindungen zu SACEUR-Operationen. – Ständ. internat. Flottenverband ist die *NATO-Seestreitmacht Atlantik* **(STANAFORLANT),** im Ärmelkanal-u. südl. Nordseebereich ergänzt durch das

**3. Hauptquartier des Oberbefehlshabers Ärmelkanal/CINCHAN** in Northwood/GB (Kommandeur wie SACLANT). – Die

**4. US-amerikan./kanad. Regionale Planungsgruppe/CUSRPG** ist zuständig für die gesamte amerikan. Ostküste. – Als multinationale Eingreifreserve wurde die *Allied Mobile Force*/**AMF** geschaffen (→ auch oben **COCOM**).

*Bibl.:* T. P. Ireland: Creating the Entangling Alliance. The Origins of the N.A.T.O. – London 1981.

## OECD

### ORGANISATION FÜR WIRTSCHAFTLICHE ZUSAMMENARBEIT UND ENTWICKLUNG

(Org. for Economic Co-operation and Development)

**Gründung:** Vorläufer war die den Marshallplan *(ERP)* koordinierende *OEEC* (*16.4.1948), abgelöst von der OECD durch Pariser Übereinkommen vom 14.12.1960 (in Kraft am 30.9.1961).

**Mitglieder**/GründungsMSt.*: 1984: 24 Voll-Mitgl.:

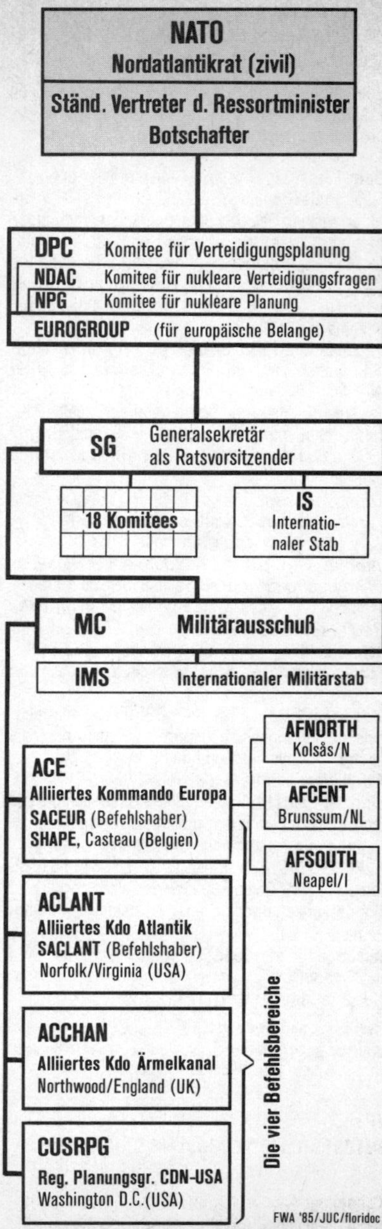


**Zivile und militärische NATO-Organisation**
Grobcharakterisierung bei Verteidigungsfragen

*A, AUS, *B, *BRD, *CH, *CDN, *DK, *E, *F, *GB, *GR, *I, *IRL, *IS, J, *L, *N, *NL, NZ, *P, *S, SF, *TR, *USA; YU mit Sonderstatus.

**Ziel:** Planung, Koordinierung und Vertiefung der wirtschaftlichen Zusammenarbeit und Entwicklung als Nachfolge der OEEC (→ Jahrestage 1985: 1960). Förderung des Wirtschaftsausbaues bei Vollbeschäftigung und Währungsstabilität und Hilfen für Entwicklungsländer (→ auch **DAC**). Heute de facto Spitzenorganisation westl. Industrieländer.

**Organe:** *Rat* aus allen Mitgliedern als Kontrollorgan, der jährlich einen Vorsitzenden wählt. GS: Jean-Claude Paye/F (seit 1. 10. 1984); *Sekretariat* mit **Sitz** in Paris (Info-Zentrum in Bonn für A, CH und D; Leiter: D. Menke).

*Ausschuß* für *Entwicklung* (Development Assistance Committee/**DAC**), 18 Mitgl. (17 MSt. + EG-Kommission); Vors. R. M. Poats/USA (1982), koordiniert multilateral langfristig die **Entwicklungshilfe** der MSt.

*Wirtschaftspol. Ausschuß, Stahl-A.* (20 Mitgl. sowie EG-Komm., Vors. *Allen D. Wolff,* USA)

*Unternehmerausschuß*/**BIAC** (beratend),

*Gewerkschaftsausschuß*/**TUAC** (ber.),

*OECD Nuclear Energy Agency*/**NEA** und u. a.

*Center for Educational Research and Innovation*/**CERI**

*Development Center,* Präs.: Louis Sabourin.

Ausschuß f. Wissenschafts- & Technologiepolitik/**CSTP.** Seit 1973 **Komitee für Währungs- und Devisenangelegenheiten** aus Vertretern der OECD-Mitglieder, Direktoren des **IWF** u. Delegierten d. → **BIZ.**

**Arbeitssprachen:** Engl. und Französ.

**Kooperationspartner** (offiziell): EG, EFTA, FAO, ILO, UNESCO, IBRD, IMF, GATT, UNCTAD, UNEP, IMO, UNHCR, ICM, CEMT, OAS, BIZ usw. – Zur OECD gehört auch die → **IEA.**

**Publ.:** OECD-Nachrichten, Paris und Bonn (mtl.).

## OPEC

### ORGANISATION ERDÖLEXPORTIERENDER LÄNDER

(Organization of Petroleum Exporting Countries)

**Gründung:** Statut vom 14. 11. 1960 mit dem Ziel, die Erdölpolitik der Förderländer zu koordinieren, die staatliche Beteiligung gegenüber den Ölkonzernen durchzusetzen und die Weltmarktpreise zu bestimmen.

**Mitglieder** 1984 (13): Algerien, Ecuador, Gabun, Indonesien, Irak, Iran, Katar, Kuwait, Libyen, Nigerien, Saudi-Arabien, Venezuela, Ver. Arabische Emirate; Brunei kandidiert (1984). – **Sitz:** Wien (auch OPEC-Fonds).

**Organe:** *Konferenz* (Erdöl- bzw. Finanzmin.), *Gouverneursrat, Wirtschaftskommissionen, Generalsekretariat:* GS N.N. (vakant seit 1983); Präs. turnusmäßig 1982/83 M. Yahaya Dikkel [Dikko]/Nigeria. – Ausschuß f. langfristige Strategien – Planungsausschuß für Preisanpassungsmechanismus.

**Unterorganisationen:** *OPEC-Fonds für Internat. Entwicklung,* GD Y. S. M. Abdulai/WAN (seit 1. 8. 1983), 1980: über 4 Mrd. $, 1981: 8,18 Mrd. $. – 1982 (vorläufig): Kredite über 893,6 Mill. $, Beihilfen über 29,8 Mill. $, IFAD-Transfergelder über 425,6 Mill. $. – Entw.-Hilfe (einschl. Darlehen) überwieg. in arab. Staaten.

**OPECNA:** Nachrichtenagentur, Chefredakteur: G. Plaza/YV, seit 1980 in Wien (bündelt die ölrelevanten Daten aus 13 nat. Presseagenturen) – OPEC-Bank geplant.

**Aktivitäten:** Die OPEC-Staaten liegen in der Entwicklungshilfe derzeit ca. 400% über dem relativen durchschnittl. Anteil der OECD-Staaten (dort: 0,7%, OPEC 3,0% vom jew. BSP).

Wichtigster Beschluß der Organisation seit der Vervierfachung des Rohölpreises von 2,89 $ noch am 1. 6. 1973 auf 11,65 $ am 1. 1. 1974 ist die **Rücknahme des Richtpreises** von 34 $ auf 29 $ je Faß (à 129 l »Arabian light«-Sorte) am 14. 3. 1983 auf der Londoner OPEC-Konferenz. → **OAPEC** Sp. 679

**Bibl.:** P. Terzian: L'étonnante histoire de l'OPEP. Paris 1983.

## RGW

### RAT FÜR GEGENSEITIGE WIRTSCHAFTSHILFE

(i. Westen oft COMECON [engl.] genannt; russ.: Sowjet ekonomitsch. wsjamopomoschtschi/SEW)

**Gründung** durch gemeins. Pressekommuniqué vom 25. 1. 1949 bekanntgeworden. Voraus ging eine Gründungskonferenz in Moskau vom 5./8. 1. 1949. – Statut von 1960 (1979 revidiert). – Rechtsnatur des RGW ledigl. zwischenstaatlich, keine juristische Durchgriffsmöglichkeit auf Bürger durch eigene Legislation und kein Gemeinsamer Markt (wie bei EWG).

**Ziel:** Koordination der Wirtschaftspläne, Arbeitsteilung, gemeins. Ausbau des Transportsystems, techn. u. wissensch. Erfahrungsaustausch.

**Oberste Organe:**

*Rat* (tagt seit 1954) aus gleichberechtigten Vertretern aller MSt.

*Ständiges Exekutiv-Komitee,* Vors.: J. Marjal/H. Statusänderung 1979 hebt Einstimmigkeitsprinzip auf (de facto bereits vorher praktiziert) und führt gegenseit. Konsultationspflicht in allg. Wirtschaftsfragen ein. Zahlreiche

*Ständige Kommissionen* für die einzelnen Wirtschaftsbereiche (Sitz in den verschiedenen Hauptstädten der Partner), *Arbeitsgruppen, Ständiges Sekretariat* (Sekretär: Nikolai Fadejew), *Ständige Stellvertretertagung* in Moskau.

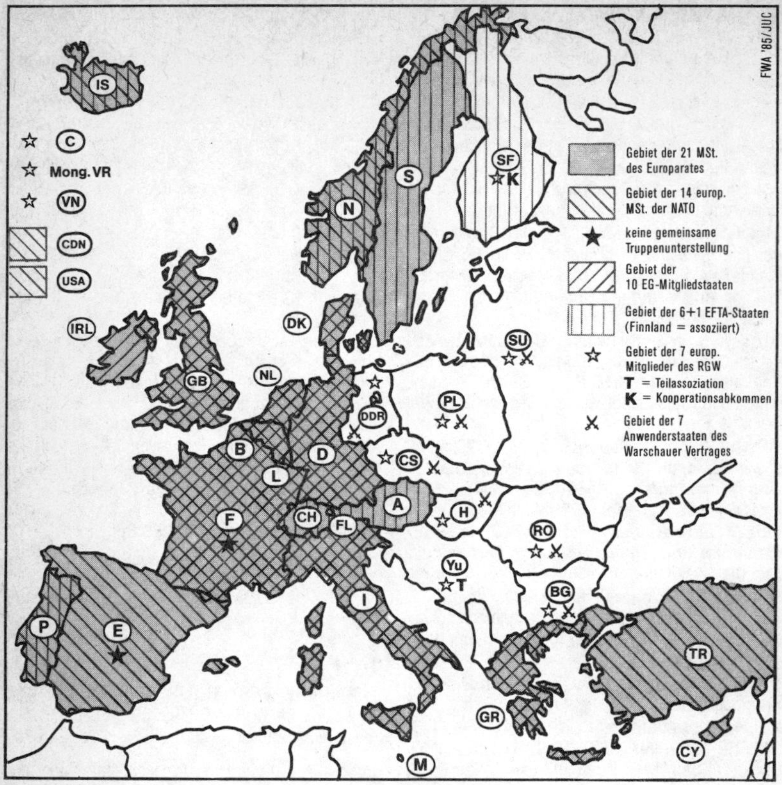


**Europarat · NATO · EG · EFTA · RGW · Warschauer Pakt**
Europäische Mitgliedstaaten 1984 (Quelle: floridoc-Weltarchiv)

**Mitglieder und Assoziierte Mitglieder:**
(Mitglieder → Karte)
Albanien (23.2.1949 – [de facto] 12/1962),
1. *Bulgarien* (Gründgs.-Mitgl.: 25.1.1949),
2. *Cuba* (1972), 3. *DDR* (28.9.1950),
Finnland (Kooperationsabkommen),
Irak (Kooperationsabkommen),
Jugoslawien (Teilassoziierung seit 1964),
Mexiko (Kooperationsabkommen),
4. *Mongolische Volksrepublik* (6.6.1962),
5. *Polen* (Gründgs.-Mitgl.: 25.1.1949),
6. *Rumänien* und 7. *ČSSR* (25.1.1949),
8. *Ungarn* und 9. *UdSSR* (25.1.1949),
10. *Vietnam* (1978).

**Beobachter:** Afghanistan, Äthiopien, Angola, Guyana, Jamaika, Jemen (DVR), Laos, Korea (DVR), Mosambik, Nicaragua (1983).

**Aktivitäten:** 1. Gipfelkonf. seit 1969 in Moskau v. **12.–14. 6. 1984** stärkt Führungsanspruch d. UdSSR u. forciert Intra-RGW-Handel zu Lasten bestehender Ost-West-Wirtschaftsbeziehungen. – Das »Komplexprogramm« einer gemeins. Infrastruktur für die Integration gilt als unerfüllt.

*Sonderorganisationen:*

**IBWZ:** *Internationale Bank für wirtschaftliche Zusammenarbeit*
*1964, mit Stammkapital v. 300 Mill. Rubel, davon zwei Fünftel d. Sowjetunion – dient in erster Linie d. Verrechnungsverkehr. – Planungs-Koordination (ab 1980 wiederum verlängert). – Seit 1969 *Güterwagenpool;* 1963 multilaterales Zahlungsabkommen. *»Institut f. Standardisierung«* in Moskau, zentr. »Dispatcher-Verwaltung« in Prag. 1971 wurde in Bukarest ein »20-Jahres-Komplex-Programm« zur weiteren wirtschaftlichen Integration der Mitgliedstaaten vereinbart, am 23. 2. 1972 die Gründung der Organisation *»Interatominstrument«* für nukleare Einrichtungen mit Sitz in Warschau.

**IIB:** *Internationale Investitionsbank*
*1971, Gewährung lang- und mittelfristiger Kredite. Stammkapital: 1 071 Mill. Rubel (zu 70% Transferrubel, zu 30% harte Währung), Unterorganis. der IIB:
**IFW:** *Internationaler Fonds für Wirtschaftshilfe*
*1977, Finanzhilfen an Entwicklungsländer in Höhe von 3 Mrd. Rubel (zu 95% nicht konvertierbar, demnach praktisch alle Lieferungen aus dem RGW-Bereich), seit 1981 vornehml. Industrie-Aufbauhilfe für Vietnam.

**Bibl.:** W. Seiffert: Kann der Ostblock überleben? Der COMECON und die Krise des sozialist. Wirtschaftssystems. Bergisch Gladbach 1983.

## WARSCHAUER PAKT-STAATEN

(Warschauer Vertragsorganisation)

**Gründung:** De facto aufgrund bereits bestehender Freundschafts- und Beistandspakte der UdSSR mit osteurop. Staaten, offiziell jedoch als Replik auf die westdt. Wiederbewaffnung und NATO-/WEU-Eingliederung. – Vertrag über »Freundschaft, Zusammenarbeit und ggf. Beistand« (Gegenstück zum NATO-Vertrag) vom 14.5.1955 in Warschau (in Kraft: 5.6.1955) für 20 Jahre m. automat. Verlängerung (bei Nichtkündigung d. Mitgl.) um jeweils 10 J.
**Organe** (seit 1969):
**1.** *Politischer Beratender Ausschuß,* wichtigstes Gremium m. allen Mitgl., für alle nichtmilitär. Angelegenheiten, aus den Ersten Sekr. der kommunist. Parteien, den Staatschefs sowie Außen- u. VertMin. der MSt., mit *Vereinigtem Sekretariat.*
**2.** *Komitee der Verteidigungsminister* (alle Mitgl.; Vorsitz bei der UdSSR).
**3.** *Vereinigtes Oberkommando der Streitkräfte* mit *Oberkommandierendem* [seit 1977 Marschall Viktor G. Kulikow] und supranat. *Militärrat* aus den nationalen Stabschefs u. *Ständ. Militär. Vertretern* d. MSt. (Stabschef seit 1976 ArmeeGen. Anatoli Gribkow).
**4.** *Ständ. Außenministerkomitee* (alle Mitgl., seit 1977) m. berat. Funktion u. *Gemeins. Sekretariat* (GS bisher immer bei UdSSR).
**Sitz** aller Organe: Moskau.
**Militärische Hauptquartiere:**
1. *Nördl. Streitkräftegruppe* (Liegnitz/Legnica in Polen)
2. *Gruppe der Streitkräfte in der DDR* (Zossen-Wünstorf bei Berlin),
3. *Zentrale Streitkräftegruppe* (Milovice/Prag),
4. *Südl. Streitkräftegruppe* (Budapest). –Taktische Luftflotten in der ČSSR, DDR, H und PL.

**Ziel:** Offiziell, gem. Vertrag, sofortiger Beistand aller Mitgl. im Falle eines bewaffneten Überfalls auf einen oder mehrere Partner, in Form der individuellen/kollektiven Selbstverteidigung (gemäß Art. 51 UN-Charta), zur Aufrechterhaltung des Friedens und der Sicherheit; de facto aber auch System-Aufrechterhaltung in den MSt. gemäß sowjet. Doktrin.
**Mitglieder** (7): Bulgarien, DDR (seit 28.1.1956), Polen, Rumänien, Sowjetunion, Tschechoslowakei, Ungarn (→ Europakarte Sp. 643/644) – (Albanien 1968 offiziell ausgetreten).
**Arbeitsweise im Kriegsfalle:** Operationelle Streitkräfteunterstellung an sowjet. Oberkommando.
**Aktivitäten:** Gemeins. Manöver, seit Besetzung der ČSSR 1968 durch Streitkräfte aus 6 MSt. (ohne Teilnahme Rumäniens). Prager Gipfelkonferenz vom 4.–6.1.**1983** schlägt Nichtangriffspakt mit NATO-Staaten vor (Vorschlag bleibt im Westen ohne Widerhall). Am 24.10. kündigt das sowjet. Verteidigungsministerium Vorbereitungsarbeiten zur Aufstellung von »Raketensystemen operationell-taktischer Art« an. Diese Waffen sollten entsprechend einer Vereinbarung mit der DDR und der ČSSR im Falle der Stationierung von *Pershing II* und *Cruise Missile* in Westeuropa auf dem Gebiet dieser beiden Staaten aufgestellt werden.

**Bibl.:** A. Ross/R. W. Dean/A. Alexiev: Die Strukturkrise des W. P. in Mitteleuropa: DDR, Polen und ČSSR. Stuttgart 1982.

# II. EUROPA

## 1. Europäische Gemeinschaften

### EG = EAG + EGKS + EWG

**Name:** Die EG umfassen 3 rechtlich voneinander unabhängige Gemeinschaften mit seit dem Fusionsvertrag vom 1.1.1967 gemeinsamen Organen.
**Gründung:** Im wesentlichen durch drei Verträge (dt. u. frz. Abkürzungen): *Pariser Vertrag* der Europäischen Gemeinschaft für Kohle und Stahl/**EGKS/CECA** (Montanunion) v. 18.4.**1951** auf 50 Jahre sowie auf unbegrenzte Zeit die *Römischen Verträge* der Europäischen Wirtschaftsgemeinschaft/**EWG/CEE** sowie der Europäischen Atomgemeinschaft/**EAG/CEA** (Euratom) v. 25.3.1957 (in Kraft 1.1.**1958**).
**Symbol:** evtl. künftig Europaratssymbol.
**Mitglieder** (10) mit Beitrittsjahr:
*Belgien*/B (seit 1951/58);
*Dänemark*/DK (oh. FR; ab 1985 oh. GRØ) 1973;
*BR Deutschland*/D (mit Land Berlin) 1951/58;

*Frankreich*/F (mit D.O.M./T.O.M.) 1951/58;
*Griechenland*/GR 1981;
*Irland*/IRL 1973; *Italien*/I 1951/58;
*Luxemburg*/L sowie *Niederlande*/NL 1951/58;
*Großbritannien und Nordirland*/UK 1973.

**Ziele:** Einheitlicher Wirtschaftsraum der MSt., d. h. freier Warenverkehr, gemeinsamer Außenzoll, Abbau zwischenstaatl. Handelsschranken, freier Personen-, Dienstleistungs- u. Kapitalverkehr.

**Mittel:** Eigene Rechtsetzung durch supranationale Organe mit exekutiven Befugnissen (ohne Einwirkung der MSt.), gemeins. Politiken m. direktem Durchgriffscharakter auf die Einzelbürger.

**Organe:** Versammlung, Rat, Kommission, Gerichtshof; Hilfsorgane: Wirtschafts- u. Sozialausschuß, Investitionsbank, Rechnungshof u. a.

**Sitz:** ungeklärt (Kompetenz der Regierungen der MSt.), als »Arbeitsorte« gelten Brüssel, Luxemburg, Straßburg u. weitere 80 Dienstorte. Die EG haben als einzige supranationale Organisation der Welt keinen festen Sitz.

**Personal:** 1983: 17989 (+ 908 auf Zeit), davon ca. 2400 beamt. Dolmetscher (insges. 96% Beamte). Nettogehaltsstruktur 10/1983: Amtsbote (Huissier) ca. DM 2600,—; GenDir. ca. DM 20000,—.

**Sprachen:** Amtssprachen *de jure* 8: Dän., Deutsch, Engl., Franz., Griech., Irisch, Ital., Ndl.; Arbeitssprachen *de facto* Frz. u. Engl., gefolgt v. Dt. u. Ital.

**Haushalt u. Finanzverfassung:**
(1 ECU = ca. DM 2,23 in 1984 [ab 18.5.1983])

Haushaltsplan 1984 rd. 25,362 Mrd. ECU (= ca. 56,5 Mrd. DM), d. h. umfangmäßig wären dies ca. 3% der nationalen Haushalte bzw. ca. 85 ECU pro EG-Bürger.

*Hauptausgaben in Prozent* (am Bsp. 1982):

| | |
|---|---|
| **Landwirtschaft** und Fischerei | 62,5% |
| **Industrie-** und Infrastrukturbeihilfen | 8,5% |
| **Regionalbeihilfen** und Finanztransfers einschl. Finanzausgleich f. Großbritannien* | 7,1% |
| **Soziales** (Beschäftigung, Berufsausbildung, Umschulung, Bildung, Kultur, Umwelt, Verbraucher) | 5,8% |
| **Verwaltung,** insbes. über 18000 Gehälter | 4,7% |
| **Entwicklungshilfe** (ohne AKP-Lomé II) | 4,1% |
| **Forschung** und Technologie, Energie | 2,4% |

* 1983/84 in der Höhe umstritten/nicht ausgezahlt.

*Einnahmen:* Gebühren, Zölle aus Drittländern, Beiträge der MSt., Abschöpfungen u. Zölle sowie Abgaben (bis 1% einer einheitl. Bemessungsgrundlage aus den nationalen MWSt.-Erträgen) (seit 1.1.1971). – **Europäisches Währungssystem/EWS.**

**Außenbeziehungen:**

1. *Beitrittswillige Staaten:*
**Spanien:** Handelspräferenzabkommen seit 1970; 60%ige Zollsenkung auf fast alle ind. Exporte in die EG-Staaten 1973. – Verhandlungseinleitung durch Rat ab 20.9.1977, Beitritt evtl. 1986.
**Portugal:** Freihandelsabkommen, seit 1962, 1976 weitgehende Zollaufhebung f. Einfuhr v. Industriegütern in die EG. Verhandlungseinleitung durch Rat ab 5.4.1977, Beitritt wahrsch. zus. m. Spanien.
**Türkei:** Verhandlungen als Überleitung des Assoziations-Abkommens von 1963 z. Z. inaktiv. – Beitritt erst in den 90er Jahren wahrscheinl.

2. *Abkommen mit Drittländern:*
(durch EGKS) m. 5 EFTA-Staaten; (durch EAG) m. USA und Australien (1981); (durch EWG) 1978 m. 12 Mittelmeer-Anrainern sowie Handelsabkommen mit Australien, VR China, Indien.

3. *Abkommen mit Internat. Organisationen:*
**ASEAN**-Staaten (s. diese): wirtschaftl. u. handelspol. Kooperationsabkommen am 7.3.1980 in Kuala Lumpur/MAL unterzeichnet (1. Abkommen der EG mit einer anderen Staatengemeinschaft). – Verhandlungen mit dem **RGW** zwecks Rahmenabk. stockend, statt dessen bilaterale Abk. m. Rumänien (7/80) und Jugoslawien (4/80) – Bilaterales Abkommen mit dem → **Andenpakt.**

4. *Sonderabkommen der EG mit Staatengruppen der Dritten Welt:*
**AKP-EWG-Abkommen von Lomé** mit (1984) 64 Staaten Afrikas, der Karibik und des Pazifiks (AKP-Staaten) am 31.10.79 neu abgeschlossen (sog. »Lomé-II-Abkommen«), in Kraft 1.3.1980 (Teil I), Geltungsdauer bis 28.2.1985. – Vertragsinh.: Freier Zugang z. EG-Markt oh. Gegenpräferenzen, Exporterlös-Stabilisierung (**STABEX,** 1980–1984: 1,32 Mrd. DM aus dem EEF, v. EG-MSt. aufgebracht) – wie auch Techn. u. Finanzhilfe in Form d. 5. Eur. Entwicklungsfonds/**EEF/FED** (Volumen 4,7 Mrd. ECU), zusätzl. im EG-Haush. ausgewiesen.

*Die Organe der EG im einzelnen:*

## Europäisches Parlament/EP

Vertreter der Völker in der EG, kontrolliert Rat u. Kommission (kann diese durch Mißtrauensvotum stürzen) besonders durch schriftl. und mündliche Anfragen (Sitzungsperiode 1983/84: 2394).
Das EP (offiz. Name »Die Versammlung«) äußert sich zu Kommissionsvorschlägen vor dem Rat. Haushaltsbefugnisse, besonders über nichtobligator. Ausgaben, kann Haush. global ablehnen. Ansonsten kaum Rechtsetzung, dafür gewichtiger berat. Einfluß auf andere EG-Organe. 1979 u. 1984 dir. gewählt.

**Zusammensetzung:** 434 in unmittelbarer Wahl gewählte Abgeordnete. – Mandat einheitlich 5 Jahre, Doppelmandat zulässig; D hat 3 Mandate f. Berlin garantiert. Die Vertretg. der Bevölkerung pro Abg. schwankt zw. 763000 (D) und 60000 (L).

**Präsidium:** Präs. Pierre Pflimlin/F (EVP-CD), 12

**Mandatsaufteilung und Fraktionen im Europäischen Parlament nach der Wahl 1984***

| *Mitgliedstaat* | | Stärkste Gruppe | (Mandate) | *SOZ* | *EVP-CD* | *ED* | *KOM* | *LIB* | *VED* | *RF* | *ER* |
|---|---|---|---|---|---|---|---|---|---|---|---|
| Belgien | (B) | Sozialisten | (24) | 7 | 6 | — | — | 5 | — | 4 | — |
| Dänemark | (DK) | (keine) | (16) | 4 | 1 | 4 | 1 | 2 | — | 4 | — |
| BR Deutschland | (D) | Christdemokraten | (81) | 33 | 41 | — | — | — | — | 7 | — |
| Frankreich | (F) | (keine) | (81) | 20 | 9 | — | 10 | 12 | 20 | — | 10 |
| Griechenland | (GR) | Sozialisten | (24) | 10 | 9 | — | 4 | — | — | — | 1 |
| Irland | (IRL) | Konservative | (15) | — | 6 | — | — | 1 | 8 | — | — |
| Italien | (I) | Christdemokraten | (81) | 12 | 27 | — | 26 | 5 | — | 3 | 5 |
| Luxemburg | (L) | Christdemokraten | (6) | 2 | 3 | — | — | 1 | — | — | — |
| Niederlande | (NL) | Sozialisten | (25) | 9 | 8 | — | — | 5 | — | 2 | — |
| Großbritannien | (UK) | Konservative | (81) | 33 | — | 46 | — | — | 1 | — | — |
| **Sitze** | | | **(434)** | **130** | **110** | **50** | **41** | **31** | **29** | **20** | **16** |

*Fraktionen (8):* *Fraktionsvorsitzende:*

SOZ = Sozialistische Fraktion (= Sozialisten, Sozialdemokraten und Nahestehende) . . . . . . . . . Rudi Arndt/D
EVP-CD = Fraktion der Europäischen Volkspartei (= Christlich-Demokratische Fraktion) . . . . . . . . Egon Klepsch/D
ED = Fraktion der Europäischen Demokraten (= Konservative) . . . . . . . . . . . . . . . . . . . . Sir Henry Plumb/UK
KOM = Fraktion der Kommunisten . . . . . . . . . . . . . . . . . . . . . . . . . . . . . . . . . Giovanni Cervetti/I
LIB = Liberale und Demokratische Fraktion . . . . . . . . . . . . . . . . . . . . . . . . . . . . Simone Veil/F
VED = Vereinigung der Europäischen Demokraten (= überwiegend Gaullisten) . . . . . . . . . . . Christian de la Malène/F
RF = Regenbogen-Fraktion . . . . . . . . . . . . . . . . . . . . . . . . . . . . . . . . . . . . . (u.a.) F.-W. Graefe zu B./D
ER = Fraktion der Europäischen Rechten . . . . . . . . . . . . . . . . . . . . . . . . . . . . . Jean-Marie Le Pen/F
(7 Abgeordnete bis Redaktionsschluß noch keiner Fraktion zugeordnet)

**Die 18 EP-Ausschüsse (mit Mitgliederzahlen) und Vorsitzenden (mit Fraktionsangabe) ab 1984**

Politischer Ausschuß (45) . . . . . . . . . . . . . . . . . . . . . . . Roberto Formigoni/I (EVP-CD)
Außenwirtschaftsbeziehungen (25) . . . . . . . . . . . . . . . . . . . Lady Shelagh Roberts/UK (ED)
Energie, Forschung und Technologie (30) . . . . . . . . . . . . . . . . Michel Poniatowski/F (LIB)
Entwicklung und Zusammenarbeit (42) . . . . . . . . . . . . . . . . . Katharina Focke/D (SOZ)
Rechte der Frau (25) . . . . . . . . . . . . . . . . . . . . . . . . . . Marlene Lenz/D (EVP-CD)
Geschäftsordnung und Petitionen (25) . . . . . . . . . . . . . . . . . Giuseppe Amadei/I (SOZ)
Haushalt (42) . . . . . . . . . . . . . . . . . . . . . . . . . . . . . Jean-Pierre Cot/F (SOZ)
Haushaltskontrolle (30) . . . . . . . . . . . . . . . . . . . . . . . . Heinrich Aigner/D (EVP-CD)
Institutioneller A. (30) . . . . . . . . . . . . . . . . . . . . . . . . Altiero Spinelli/I (KOM)
Jugend, Kultur, Bildung, Information und Sport (24) . . . . . . . . . . Winifred Ewing/UK (VED)
Landwirtschaft, Fischerei und Ernährung (45) . . . . . . . . . . . . . Teun Tolman/NL (EVD-CD)
Recht und Bürgerrechte (25) . . . . . . . . . . . . . . . . . . . . . . Marie-Claude Vayssade/F (SOZ)
Regionalpolitik und Raumordnung (28) . . . . . . . . . . . . . . . . . Pancrazio De Pasquale/I (KOM)
Soziale Angelegenheiten und Beschäftigung (30) . . . . . . . . . . . . Michael Welsh/UK (ED)
Umwelt, Volksgesundheit und Verbraucherschutz (31) . . . . . . . . . . Beate Weber/D (SOZ)
Verkehr (24) . . . . . . . . . . . . . . . . . . . . . . . . . . . . . . Georgios Anastassopoulos/GR (EVP-CD)
Wirtschaft, Währung und Industriepolitik (42) . . . . . . . . . . . . . Barry Seal/UK (SOZ)
Wahlprüfung (9) . . . . . . . . . . . . . . . . . . . . . . . . . . . . Dieter Rogalla/D (SOZ)

* Zur Europawahl vom 17. Juni 1984 → Sonderkapitel »Europawahl«, Sp. 57 ff.

VizePräs. u.a. Horst Seefeld/D (Soz) u. Siegbert Alber/D (EVP-CD), 5 Quästoren mit Sitz (ohne Stimme) im Präsidium.
**Sitz:** EP tagt in Straßburg; Ausschüsse in Brüssel; Generalsekretariat in Luxemburg, GS: H. J. Opitz/D
**Personal** (1983): 2941; ca. 1000 im Sprachendst.
**Arbeitsweise:** Plenartagungen, Ausschußsitzungen, 8 transnationale Fraktionen. – Teilweise transnationale Dachverbände – Selbstorganisationsrecht laut EP-Geschäftsordnung.
**Haushalt (EP):** 1984: 239,1 Mill. ECU (= 0,94 % des EG-Haushalts), davon 56,5 % Personalkosten (ohne Abgeordnete).

**Bibl.:** C. Schöndube: Das EP vor der zweiten Direktwahl – Bilanz und Perspektiven. Bonn 1983 (vgl. auch seine neueste ausführl. Berichterstattung in d. Zeitung PARLAMENT).

## EG-Ministerrat

(offiziell: »Rat«), aus Vertretern der MSt., mittlerweile zentrales Organ der EG, entscheidet im Regelfall aufgrund Vorschlägen der Kommission; Abände-

rungsrecht (einstimmig), Initiativrecht (selten wahrgenommen). – Rechtsakte in Form von Verordnungen (unmittelbarer Gesetzescharakter), Richtlinien (Rahmenvorgaben f. MSt.), Entscheidungen und unverbindliche Stellungnahmen.
**Zusammensetzung:** die 10 jew. Fachminister (bisher aus 13 Ressorts) – ohne nähere Bezeichnung: *Außenministerrat,* daneben wichtig der *Agrarministerrat.*
*Gemischter Rat* bei Assoz.-Abkommen.
*Ausschuß der Ständigen Vertreter*/**COREPER,** Schaltstelle zwischen der EG und den MSt. (quasi Botschafter der MSt. bei den EG), koordiniert Fachpolitiken. Rat tagt häufiger als 1mal wöchentl. – Zusätzl. ca. 1000 Expertentreffen jährlich.
Dem Rat faktisch (nicht juristisch – also nicht als EG-Organ) übergeordnet sind der
**1. Europäische Rat**
tagt seit 1974 ca. 3mal jährl., die früh. sog. Gipfelkonferenz der Regierungschefs der MSt.; trifft sich (in Personalunion mit Rat) zu in den EG-Verträgen nicht geregelten Problembereichen; sowie die de facto institutionalisierte
**2. Europäische Politische Zusammenarbeit/EPZ**
der Außenmin. zwecks polit. Kooperation u. Leitlinienfestlegung. – Präsidentschaft des (offiz.) Rates (u. die der EPZ) wechselt halbjährlich.
**Sitz:** Rat tagt in Brüssel u. 3 Mon./J. in Luxbg. Generalsekretariat in Brüssel, GS Niels Ersboell/DK (bis 1985) mit 7 GD; **Personal** (1983): 1798. – *Fachausschüsse,* bes. Agrarfachausschuß; weitere Verwaltungsausschüsse (bes. Agrarbereich).

## EG-Kommission

Hat initiative (vorbereitende u. vorschlagende), exekutive (Ratsbeschluß-Ausführung und kontrollierende Überwachung des EG-Rechts) Funktionen; 1981: 651 Vorschläge an Rat. – Erläßt z. B. Durchführungsbestimmungen im Agrarbereich, verwaltet die Fonds, führt EG-Haushalt aus, hat Auskunftspflicht gegenüber dem EP, Entsch.-Befugnis bes. auf Kohle-, Stahl- und Energiesektor; Aushandlung internat. Abkommen mit Drittländern, Einleitung von Vertragsverletzungsverfahren usw. – Im Gegensatz z. Rat: Wahrung des Gesamtinteresses d. drei Gemeinschaften (überstaatl./supranat. Charakter), formal unabhängig von den MSt.
**Zusammensetzung:** 14 Mitgl., v. MSt. entsandt, Amtszeit 4J., Wiederernennung zulässig, interne Ressortteilung (→Tabelle), Präsident und 5 Vizepräsidenten. – *Kabinette* der einz. Kommissare, *Verwaltung* m. GS (E. Noëll/F), 18 GD (Ressorts) u. 9 besondere Dienststellen.
**Personal** (1983): 12982; etwa ein Drittel im Sprachendienst (größter Sprachendienst der Welt!).
**Sitz:** Hauptarbeitsort Brüssel; Statist. Amt, Rechenzentrum mit EG-Datenverbundnetz usw. Luxbg. Forschungseinrichtungen (besonders der EAG): Personal 1981 ca. 2700 (→ »Sonstige EG-Einrichtungen«).

**Ressorts der 14 EG-Kommissare** bis 5.1.1985. (Stand: Sept. 1984; Reihenfolge nach Rang)

**Präsident;** Generalsekretariat, Kulturbereich:
*Gaston Thorn*/**L** (ab 5. 1. 1985: *Jacques Delors*/**F**)
**Wirtschaft** u. Finanzen, Kredit u. Investitionen:
*François-Xavier Ortoli*/**F** (VizePräs.)
**Auswärtiges** einschließlich Nuklearsektor:
*Wilhelm Haferkamp*/**D** (VizePräs.)
**Mittelmeerraum**-Globalpolitik; Information:
*Lorenzo Natali*/**I** (VizePräs.)
**Regionalpolitik** und Gemeinschaftsfonds:
*Antonio Giolitti*/**I**
**Industrie,** Energie; Forschung und Wissenschaft:
*Vicomte Etienne Davignon*/**B** (VizePräs.)
**Haushalt** und Finanzkontrolle; Steuerfragen:
*Christopher S. Tugendhat*/**UK** (VizePräs.)
**Verkehr** (einschl. Fremdenverkehr) und Fischerei:
*Georgios Contogeorgis*/**GR**
**Binnenmarkt und Zollunion;** Industrie; Umwelt; Verbraucherfragen; Nuklearsicherheit:
*Karl-Heinz Narjes*/**D**
**Wettbewerbspolitik;** Europäisches Parlament:
*Fransiscus H.J.J. Andriessen*/**NL**
**Sozialpolitik;** Bildung, Berufsausbildung:
*Ivor Richard*/**UK**
**EG-Verwaltungsbereich;** Sonderfragen:
*Richard Burke*/**IRL**
**Landwirtschaft** (ohne Fischereibereich):
*Poul Dalsager*/**DK**
**Entwicklungspolitik,** AKP-Lomé-Staaten:
*Edgard Pisani*/**F**

## Gerichtshof/EuGH

Rechtsprechungsorgan, entscheidet über Rechtswahrung, -auslegung und -anwendung der drei Verträge bei Vertragsverletzungen d. MSt. u.a. – Klagebefugt jeder Betroffene in EG-Angelegenh. – EuGH beeinflußt stark innerstaatl. Verfassungsrecht, obwohl er sanktionslos ist. Eindeut. Vorrangstellung vor nation. Recht seit 1978 in MSt. (ohne UK) akzeptiert und befolgt.
**Zusammensetzung:** 11 Richter, 5 Generalanwälte (meist aus D, F, I, UK), für 6J. von den MSt. ernannt; alle 3J. Teilaustausch, Wiederernennung zul.; Präs. von den Richtern für 3J. gewählt, z. Z. Lord MacKenzie Stuart/UK (seit 4/1984), 3 Kammern, meist Plenarentscheidungen.
**Sitz:** Luxbg., Ltg.: Kanzler; **Personal** (1983): 478.
**Aufgaben:** Schlichtet Streitigkeiten zw. MSt. in EG-Sachen, urteilt üb. Vertragsverletzungen zw. MSt. u. EG-Organen, zw. EG-Org. untereinander, zw. einzelnen u. EG, bes. oft zw. EG-Beamten u. deren

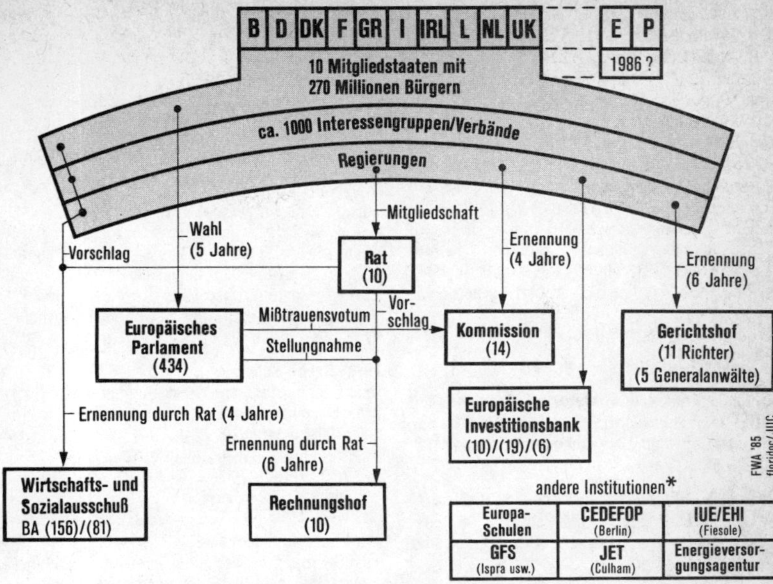


**EAG · EGKS · EWG – Europäische Gemeinschaften 1984**
Zusammensetzung der Organe und Institutionen (mit Anzahl ihrer Mitglieder)
(* zu den abgekürzt wiedergegebenen Nebenorganisationen vgl. Text)

Dienststellen. Leistet Rechtshilfe durch Vorabentscheidungen f. nationale Gerichte. Darüber hinaus Zuständigkeiten durch zwischenstaatl. Abkommen der MSt. (außerh. des EG-Rechts).

## Wirtschafts- und Sozialausschuß/WSA

Beratendes Gremium für EWG und EAG aus Interessengruppen d. MSt. (Arbeitgeber, Arbeitnehmer, Verbraucher usw.) zwecks laufender Information u. Stellungnahme der Gruppen zu Rechtsakten v. Komm. u. Rat (1981: 120 teils obligatorische Stellungnahmen an Rat).
**Zusammensetzung:** 156 Mitgl. (D, F, I, UK je 24, Benelux zus. 30; DK u. IRL je 9; GR 12), paritätische Vertreter der 3 Hauptgruppen. – Vom Rat ernannt f. 2 J., Präs. (1982–84): Frç. Ceyrac/F; 1. Vizepräs.: Alois Pfeiffer/D; GS: seit 1979 Roger Louet/F.
**Personal:** 391 (1981). – *Ausschüsse* (9 Fachgruppen, z. B. Sozialfragen, Regionalentw.).
*Beratender Ausschuß der EGKS/***BA:** für Kohle u. Stahlbereich, z. Z. 81 Mitgl. ernannt auf 4 J., je Gruppe 27 nach Proporz (für D z. B. 19 und für IRL 3).

## Rechnungshof/CC

Gegründet am 18. 10. 77, errichtet 1978, ersetzte Kontrollausschuß. – Externe Kontrolle über Haushaltsmittel u. deren Verwendung. – **Zusammensetzung:** 10 Mitgl. (je MSt. 1), Ernennung durch Rat auf 6 J., Wiederwahl zulässig; Präs.: Michael N. Murphy/IRL, dt. Mitgl. Albert Leicht (ehem. Parl. Staatssekr.); vorläufiger **Sitz:** Luxbg. – **Personal** (1983): 303. – **Haushalt** 1984: 18,1 Mill. ECU.

## Europäische Investitionsbank/EIB

**Gründung:** Finanziell u. organisatorisch selbständ. Einrichtung der EWG m. eigener Rechtspersönlichkeit (seit 1. 1. 1958).
**Arbeitsweise:** EIB beschafft Kapital auf dem freien Markt u. stellt Darlehen f. Investitionsvorhaben in schwach entwick. Regionen od. f. Vorhaben v. gemeins. Interesse f. d. Gemeinschaft als Ganzes (z. B. Verbesserung d. Energieversorgung) zur Verfügung; sie ist auch in der Entwicklungshilfe der EG eingeschaltet. – Im Regelfall max. 50 %ige Finanzierung d. Projektkosten in EG- und AKP-Staaten.
**Organe:** *Gouverneursrat* (die 10 Finanzmin. der MSt.) – *Verwaltungsrat* aus 19 Mitgl. der nat.

Ministerien u. öffentl.-rechtl. Kreditinstitute (je 3 aus den großen, je 1 aus den kl. MSt.), *Direktorium* (6 Mitgl. f. 6 J.) mit *Präsident* der EIB (Ernst-Günther Bröder/D, ab 1. 8. 1984) und 5 Vizepräs. als hauptamtl. Tätige für die und in der Bank.
**Sitz:** Luxemburg.
**Kapital** (gezeichnetes seit 31. 12. 1981): 14,4 Mrd. ECU, davon 1,465 Mrd. ECU eingezahlt bzw. noch einzuzahlen. Darlehensgewährung 1981: 3,85 Mrd. ECU (einschl. 0,39 Mrd. ECU auf dem EGKS-Sektor, 0,36 Mrd. ECU auf dem EAG-Sektor sowie 0,54 Mrd. ECU f. Energieinvestitionen). – Von den 3,85 Mrd. ECU rd. 3 Mrd. ECU innerh., der Rest außerh. der EG (insbes. in AKP-Ländern) investiert worden.

*Sonstige EG-Einrichtungen:*

1. Juristisch abhängig von den EG-Organen:

**Europ. Zentrum f. d. Förderung d. Berufsbildung/ CEDEFOP,** *1975 durch EWG-Verordnung Nr. 337/ 75 (Rat); Sitz: Berlin, Dir. Roger Faist; Haushalt 1982 ca. 7,5 Mill. DM.

**EurOnet DIANE:** (Direct Information Access Network for Europe) Erstes europ. Info-Netz mit (1982) über 300 Datenbanken oder -basen (60 Mill. Informationen bzw. Referenzen) – Projekt läuft 1984/85 aus.

**Europäisches Zentrum zur Verbesserung der Lebens- und Arbeitsbedingungen,** Dublin.

2. Unabhängige juristische Personen der EAG:

**Gemeinsame Forschungsstelle/GFS**
Arbeitsaufn. 1960/61 ursprüngl. als reines Kernforschungszentrum der EAG; bis 1981 ca. 500 Patente eingetragen. – **Personal** (1982): 1800 + 460 (Verw.), GD A. Dinkespiler/F. – **Sitz** der 4 Anstalten: Ispra/I, Karlsruhe/D, Geel/B, Petten/NL (und Brüssel/ B). **Haushalt** (1980–1983): 510 Mill. ECU.

**Energieversorgungsagentur der EAG**
zum An- u. Verkauf v. Erzen u. Kernbrennstoffen z. gleichmäß. Verteilung auf die Verbraucher (unter Aufsicht der Kommission).

**Europäische Universität/EHI/IUE**
de jure 1972 als Eur. Hochschulinstitut v. den 9 MSt. (nicht von der EG bzw. EAG) gegr., Arbeitsaufnahme 1976 in San Domenico di Fiesole (Florenz), **Präs.:** Prof. W. Maihofer/D (ab 1981, 1984 wiedergew.); 1 Vertr. der EG-Kommission im Obersten Rat, Teilfinanzierung durch die EG seit 1979/80.

**Europäische Schulen**
(durch bes. Abkommen) in Bergen/Petten (NL), Brüssel (zwei), Culham (UK), Karlsruhe, Luxemburg, Varese/Ispra (I), Mool/Geel (B). Teilfinanzierung durch die EG; Protokoll v. 12. 4. 1957.

3. Sondereinrichtungen:

**Joint European Torus/JET**
als EG-Projekt f. thermonukleare Kernverschmelzung; Mitgl. sind die EG-Staaten sowie Schweden und die Schweiz. – Dir.: Hans Otto Wüster/D; JET-Lenkungsausschuß; **Sitz:** Culham/UK. – Haushalt 1983: 620 Mill. ECU. – 1982 war konkrete Gefahr der Forschungszersplitterung innerhalb der EWG, EAG und des JET gegeben. Feierliche Einweihung der Kernfusionsanlage (bzw. des Reaktors) am 9. 4. 1984.

## 2. Europa außerhalb der EG

### BENELUX
(Union Douanière **Benelux** Economische Unie)

**Gründung:** Luxemburg und Belgien, seit 1921 für die Dauer von 50 Jahren (1971 u. 1981 jeweils f. 10 J. verlängert) zu einer Wirtschafts- (u. seit 1944 Währungs-)union vereinigt (**UEBL**-Vertrag v. 2. 2. 1958, seit dem Abkommen vom 6. 3. 1972 mit neuer finanz. Grundlage), schlossen sich durch ein Grundsatzabkommen v. 1947 zusätzlich m. d. Niederlanden zu einer **Zollunion** zusammen.
**Ziel:** Nach dem Vertrag v. 3. 2. 1958 Ausbau der Wirtschaftsunion. Zoll- und Paßunion bereits verwirklicht.
**Organe:** *Ministerausschuß* mit einem *Koordinierungsrat*
*Konsultativer Interparlamentarischer Rat*
*Kommissionen, Generalsekretariat, Gerichtshof.* – **Sitz:** Brüssel.

**Chronik** (UEBL): Der belg.-luxbg. Währungsdisput (nach Abwertung des belg. Francs im Febr. 1982) über die Fortführung der brüchig gewordenen und vertraglich auch abgelaufenen Währungsunion UEBL wurde erst am 20. 12. 1982 beigelegt. Luxbg. will seine »Monetäre Emanzipation« fortführen. Seine Eigenemission bei Banknoten wird auf 20% des Geldumlaufs im Großherzogtum erweitert. Ratifizierung eines neuen Währungsprotokolls 1983.

**Bibl.:** F. Dumon: La Cour de Justice B. Bruxelles 1980.

### CERN
### EUROPÄISCHES KERNFORSCHUNGSZENTRUM
(Centre Européen pour la Recherche Nucléaire)

**Gründung:** 1953 Pariser Konvention (in Kraft 29. 9. 1954). – **Ziel:** Zusammenarb. europ. Staaten

auf dem Gebiet der Grundlagen-Nuklearforschung (Grundbausteine d. Materie u. d. Universums); keine militär. oder anwendungsbezogene Forschung. – **Organe:** *Rat und Ratskomitee* (alle MSt.), *Science Policy Committee, Versuchsausschuß, Finanzausschuß.* – Exekutivdir. und GD: H. Schopper/D (1981–1985). – **Arbeitssprachen:** Engl. u. Franz. – **Personal** (1981): 3555 (davon ca. 1000 Forscher) sowie ca. 2000 Gastforscher.
**Sitz:** Meyrin/Genf.
**Mitglieder** (12): A, B, CH, D, DK, F, GR, I, N, NL, S, UK – Beobachter: PL, TR, YU – **Finanzierung:** Haush. 1982 rd. 600 Mill. sfr (davon 25% D).
**Aktivitäten:** Laboratorien f. Hochenergie u. Teilchenphysik, wiss. Forscheraustausch m. d. ganzen Welt (darunter USA, UdSSR, VR China, Japan). – 1981 Beschluß zum Bau eines **LEP**-Speicherringes (Large Electron Positron Collider; Umfang: 27 km) für 0,91 Mrd. sfr. (Einweihung 13.10.1983). Entdeckung des »t-Quark« 1984.

**Bibl.:** LEP – Der größte Teilchenbeschleuniger der Welt; in NZZ (Zürich), Nr. 74/1983, 33–34.

## EFTA

### EUROPÄISCHE FREIHANDELSASSOZIATION
(European Free Trade Association)

**Gründung** durch brit. Initiative nach Inkrafttreten des EWG-Vertrages zum Schutz der Handelsinteressen westeurop. Staaten, die nicht in die Römer Verträge eingebunden waren (Gründungsmitgl. → unten). – Stockholmer Abkommen vom 4.1.1960, in Kraft am 3.5.1960. – Fortführung der »Rest-EFTA« mit Sitz in Genf 1972 beschlossen.
**Mitglieder** (→ auch Karte Sp. 643/644):
– Dänemark (1960–72), 2. **Norwegen** (seit 1960),
– **Finnland** (ass. 1961), 3. **Österreich** (seit 1960),
– Großbrit. (1960–72), 4. **Portugal** (seit 1960),
– Irland (1960–72), 5. **Schweden** (seit 1960),
1. **Island** (seit 1970), 6. **Schweiz** (seit 1960).
**Ziel:** Förderung des wirtschaftl. Wachstums, der Vollbeschäftigung, Erhöhung d. Lebensstandards usw., durch Beseitigung von Handelsbarrieren unter den MSt., bei nichtagrarischen Gütern. – 1975 Erweiterung auf Rohstoffe, Währungspolitik usw. – Keine supranationale(n) Organe u. Rechtsetzung; keine polit. Union (im Gegensatz zur EWG) vorgesehen.
**Außenbeziehungen:** Freihandelsabkommen mit den EG vom 22.7.1972 (für N + SF 1973), Freihandelsabk. f. industrielle Güter u. Fisch mit Spanien vom 26.6.1979.

**Organe:**
1. *Ministerrat* (je 1 MSt., tagt 3mal jährl., Vorsitz wechselt turnusgemäß) m. zahlr. Ratskomitees,
2. *FINEFTA-Ministerrat,* *1961, Vors. wechs.,
3. *Gem. Ausschuß EFTA-Jugoslaw.,* *1978,
4. *Ständige Komitees* (Konsultativkomitees), derzeit 8, aus nation. Ministerialbürokratien,
5. *Generalsekr.,* GS Per Kleppe/N (seit 1981),
6. *Entwicklungsfonds* Portugal (100 Mill. $),
7. *Gem. Ausschuß EFTA-Spanien.*

**Sitz:** Genf. – **Personal** (1982): 75 (einschl. Halbtagskräften; z. Vgl.: EG-Brüssel: ca. 20000). – **Arbeitssprache:** Engl., Dokumente auch in and. Spr.
**Finanzierung:** Nettobudget 1982/83: 10314942 SFrs. (A, CH und S steuern zusammen ca. 75% bei; IS ca. 1½%).
**Aktivitäten und Erreichtes:**
Zollfreiheit für industrielle Güter bereits 3 Jahre vor der Planung (1967), völlige Liberalisierung 1969, für gewerbl. Güter mit den EG-Staaten weitgehend am 1.1.1977, vollständig am 1.1.1984, in Kraft. Zollautonomie gegenüber Nicht-MSt. – Finnland ist de facto MSt. und in die prakt. Arbeit voll integriert. – Der Verzicht auf Agrarprodukt-Liberalisierung ist nach den EWG-Erfahrungen offensichtlich historisch eine richtige Entscheidung gewesen.

**Publ.:** 23. Jahresber. (1.6.1982–31.12.1983), Genf 1984.

## ESA

### EUROPÄISCHE WELTRAUMORGANISATION
(European Space Agency)

**Gründung** am 30.5.1975 in Paris als Gegenstück zur US-amerikanischen NASA – und in Ablösung der 1962 entstandenen Europ. Organisation für die Entwicklung und den Bau von Trägerfahrzeugen/**ELDO** sowie der Europ. Organisation zur Erforschung des Weltraums/**ESRO.**
**Mitglieder:** B, D, CH, DK, E, F, I, NL, S, UK; IRL trat Ende 1975 bei. – Kooperationsabkommen m. CDN seit 9.1.1984 auf neuer Basis.
**Ziele:** Gemeinsame Weltraumpolitik und -forschung. Wichtige Projekte: Trägerrakete **ARIANE** (mehrere erfolgreiche Starts 1979, 1981/82, 1983/84; Auftragseingang 6/1983: 24 (+ 15 Optionen); ARIANE-4 (gepl. Start 1985); Seenavigationssatellit **MARECS** (Starts von MARECS-A 1981, MARECS-B 1982), Meteorolog. Satellit **SIRIO,** Nachrichtensatellit **ECS-1** sowie Wiss. Satellit **EXOSAT** (Start 1983), Weltraumsonde **GIOTTO** (1985).
**Organe:** *Rat.* – *Generalsekretariat* (GD: R. Lüst/D, ab 1.9.1984). – **Sitz:** Paris usw. (dezentralisiert). – **Personal** (1981): ca. 1400. – Wichtige Einrichtungen: »Space Research and Technology Centre«/**ESTEC** (Noordwijk/NL), Eur. Satellitenkontrollzentrum/**ESOC** (Darmstadt, Dir. R. Steiner/CH). »Eur. Space Research Institute«/**ESRIN** (Frascati). **Finanzierung:** (1981): Haush. üb. 403 Mill. DM.
**Kooperationen** mit: Eur. Org. f. astronom. Forschung in der südl. Hemisphäre/**ESO** (*1962) in Garching und La Silla/Chile. – Int. astronaut. Föderation/**IAF** (*1961) in Paris. – Int. Org. f. Seefunksatelli-

**Die Regelung der Amtssprachenfrage im Europarat**

| Arbeitssprachen | A | B | CH | CY | D | DK | E | F | FL | GR | I | IRL | IS | L | M | N | NL | P | S | TR | UK |
|---|---|---|---|---|---|---|---|---|---|---|---|---|---|---|---|---|---|---|---|---|---|
| Deutsch | * | | * | | * | | | | * | | | | | × | | | | | | | |
| **Englisch** | | | | × | | × | | | | | | * | × | | × | × | × | | × | | * |
| **Französisch** | | * | * | | | | × | * | | | | | | * | | | | × | | | |
| Italienisch | | | * | | | | | | | | * | | | | × | | | | | | |
| (keine) | | | | | | | | | | * | | | | | | | | | | * | |

* = *diese Europarats-Arbeitssprache ist in dem betreffenden MSt. ebenfalls eine/die Amtsprache.*
× = *diese Europarats-Arbeitssprache gilt in dem betreffenden MSt. als wichtigste Zweitsprache im internationalen Verkehr und gehört damit weitgehend zur Allgemeinbildung.*

*FAZIT: Mit vier Arbeitssprachen deckt der Europarat fast alle Amts- bzw. wichtigsten Zweitsprachen in seinen 21 MSt. ab. Lediglich GR und die TR sind mit keiner Arbeitssprache vertreten.*

ten/**INMARSAT** und **EUMETSAT** (*1983). – Kooperationsabk. mit der NASA, Norwegen u. Österreich.

**Publ.:** B. Battrick et al.: ESRO + ELDO = ESA. – The Men & the Milestones. In: esa bull. 1984, Nr. 38, S. 20–114 [= Gesch. u. Organis. d. ESA].

## EUROPARAT

(Council of Europe bzw. Conseil de l'Europe)

**Gründung:** Unterzeichnung der Statuten am 5.5.1949 in London; in Kraft am 3.8.1949.
**Ziel:** Schaffung einer engen Verbindung der MSt. zur Förderung der Ideale und Grundsätze, die ihr gemeins. europ. Erbe bilden. – In diesem Sinne Unterzeichnung der Europ. Menschenrechts-Konvention und Konstituierung (21.1.1959) des *Europ. Gerichtshofes für Menschenrechte*/**EGHMR** (21 Richter, 1 pro Staat); Präs.: Prof. Dr. *G. Balladore Pallieri*/I (seit 1974).
**Mitglieder** (21): A, B, CH, CY (z.Z. ohne parlamentar. Delegation), D, DK, E, F, FL, GR, I, IRL, IS, L, M, N, NL, P, S, UK. TR seit 15.5.1981 und trotz der türk. Wahlen vom 6.11.1983 von den anderen MSt.-Delegationen bis 5/1984 boykottiert.
**Organe:** *Minister-Ausschuß* (Präs.: K. Frydenlund/N) als Vollzugskomitee, der die Befugnisse z.T. an seine *Ständigen Beauftragten* weitergibt.
*Parlamentarische* (fr. Beratende) *Versammlung* aus 170 Mitgl., supranat. Fraktionen
*Präsident:* Karl Ahrens/D (seit 25.4.1983).
*Ausschüsse* (wichtigster A.: Menschenrechtskommission/**HRC**)
*Generalsekretariat* (GS: Marcelino Oreja Aguirre/E, seit 1.10.1984).
*Wiedereingliederungsfonds* (Fonds de Rééta-blissement pour les Réfugies Nationaux et les Excédents de Population en Europe)
*Rat f. kulturelle Zusammenarbeit*/**CDCC.**
**Sitz:** Straßburg. – **Personal:** 800. – **Amtssprachen:** Engl. und Französ., **Arbeitssprachen** derzeit zusätzl. Dt. u. Ital. – **Finanzierung:** durch Beiträge der MSt.; 1982 ca. 80 Mill. DM.
**Aktivitäten:** Bisher 90 wicht. Konventionen, insbes. über Menschenrechte, Umweltschutz, Datenschutz, neue Technologien, Gastarbeiter, Minderheiten, Raumordnung usw.

**Publ.:** Forum Europarat (vierteljährl.).

## NORDISCHER RAT

(Nordiska Rådet [schwed.] u.a. skandinav. Bez.)

**Gründung** als interparlamentar. Beratungsorgan 1951, eingesetzt am 16.3.1952; Vertragsratifizierung durch Dänemark/DK (28.5.52), Finnland/SF (28.10.55), Island/IS (10.12.52), Norwegen/N (25.6.52) u. Schweden/S (17.5.52). – Konvention von Helsinki (23.3.1962), erneute Verträge von 1971 und 1974. – *Nordischer Ministerrat:* *13.2.1971 in Kopenhagen als Ergänzung der Helsinki-Konvention und der revidierten Verträge.
**Ziele:** Zusammenarb. der Parlamente u. Regierungen auf allen Politiksektoren, insbes. in Wirtschafts-, Währungs- und Kulturfragen. – Zollunion (innerhalb der EFTA). – Nationale Gesetzesharmonisierung (aber kein Gemeinschaftsrecht analog den EG), in Kraft auf sozialpolitischem und Niederlassungssektor. – Nationale Gesetzgebung (und Souveränität) der Parlamente unberührt.
**Organe des Nordiska Rådet:** 78 (je MSt. 18, Island 6) jährl. gewählte Vertreter der Mitgliedsparlamente einschl. derer der Färöer und Åland-Inseln (nach Parteienproporz) sowie ca. 40 nichtstimmberechtigte Regierungsvertreter, tagen mind. 1mal jährl. – Präsidium (mit *Presidiesekretariat*) in Stockholm/S aus 5 vom Rat gewählten Ständ. Vertretern; Präs. derzeit E. Hetemäki-Olander/SF; je 1 Vizepräs. aus IS, N, S, DK; GS: I.-Chr. Björklund/S.
*Ausschüsse:* Rechts-, Kultur-, Sozial- und Umwelt-, Verkehrs-, Wirtschafts-, Haushalts-, Informations-Ausschuß.
**Organe des Nordiska Ministerrådet** (Oslo/N): *Generalsekretariat* (GS: Ragnar Sohlman/N), Ausschüsse. – Vorsitz im Rotationsverfahren des betr. Sitzlandes. – »Sonderräte«: die jew. Ressortminister, gleichzeitig »Betreuer« folgender Komitees: *Nordisk kulturel samerbejde,* *1972, beratend

für Bildungs-, Kultur- u. Medienzusammenarbeit (Kopenhagen; Dir.: H. Skard/DK)
*Nordiska Arbetsmarknadsutskottet*/**NAUT** als Ausschuß z. Überwachung d. nord. Arbeitsmarktübereinkommens von 1954 (einschl. der Niederlassungsfreiheit) (Oslo; Chef: Reidar Danielsen)
*Nordiska Socialpolitiska Komittén* für Sozialpolitik u. Gesundheitsfragen zuständig (Oslo/N, Kanzleichef: Emil Vindsetmo).
**Sitz der einzelnen Organe** dezentralisiert (s. o.).
**Mitgl.**: Die Gründungs-Mitgl. DK, IS, N, S, SF
**Arbeitssprachen:** alle 5 (4 skandinav. u. Finnisch)
**Haushalt:** Mitgl.-Beiträge nach BSP-Schlüssel bzw. Einzeldotationen (s. o.). – Ministerrat (1981) 112 Mill. nkr (stabil).
**Arbeitsweise** (Rat): Empfehlungen *(Rekommandationer)* an Ministerrat, nat. Parlamente bzw. Regierungen (mind. von 2 MSt. beantragt) ohne Rechtsverbindlichkeit, jedoch Berichtspflicht seitens der Betroffenen gegenüber dem Rat. – *Außenminister* mit normalerweise gemeins. Stellungnahme bei der UN-Generalversammlung. – *Ministerrat:* Verbindliche Entscheidungen an MSt. (einstimmig).
**Aktivitäten und erreichte Ziele:** *Zollunion* (innerh. der EFTA realisiert), *Paßunion* für alle Bürger der MSt., *Freizügigkeit,* insbes. *Freier Arbeitsmarkt* (ohne Island).

**Bibl.:** F. W. Wendt/Nord. Council (Hg.): Cooperation in the Nordic Countries. Achievement and Obstacles. Stockholm 1981.

## WEU

### WESTEUROPÄISCHE UNION

(Western European Union/WEU; französ. UEO)

**Gründung:** Nach Umbildung der **Westunion/WU** (Brussels Treaty Organisation/**BTO**) als kollektives Bündnis Belgiens, Frankreichs, Großbritanniens, Luxemburgs und der Niederlande gegen Deutschland durch die Aufnahme Italiens und der BR Dtld. (Pariser Verträge vom 23.10.1954) am 6.5.1955 geschaffen. – **Ziel:** Förderung der Sicherheit aller Partner durch automatischen Beistand gegen jede Aggression. – De jure einziges Forum für Sicherheitsfragen der 6 urspr. EG-Staaten und Großbritanniens; **de facto zumindest bis 1984 unwirksam.**
**Organe:** *Rat* (Ministerrat) aus 7 MSt. mit *Ständigem Rat* als Hilfsorgan.
*Versammlung* aus 89 Vertretern der MSt. in der Parlamentar. Versammlung des → Europarates.
*Verwaltungsdirektorium* (Paris),
*Generalsekretariat* (London),
*Amt für Rüstungskontrolle* (Paris),
*Ständiger Rüstungsausschuß* (Paris).
**Aktivitäten:** Insbes. Berichte über Rüstungskontrolle; Versammlung richtet Empfehlungen an Rat und an andere Organisationen; schickt Resolutionen an Regierungen und nationale Parlamente. Zahlreiche Reaktivierungsversuche des WEU-Forums durch Frankreich (1981–1984), Dtld. sowie Belgien 1982 bisher erfolglos.

**Publ.:** Annual Reports of the Council to the Assembly.

# III. AFRIKA

## OAU

### ORGANISATION DER AFRIKANISCHEN EINHEIT

(Organization of African Unity, dt. OAE, frz. OUA)

**Gründung** am 25.5.1963 durch die 30 seinerzeit unabhängigen afrikanischen Staaten unter dem Vorsitz Kaiser Hailé Selassies in Addis Abeba/ETH in Abkehr von Bestrebungen zur Gründung eines afrikan. Bundesstaates.
**Ziele:** Gemäß OAU-Charta Förderung von Einheit und Solidarität afrikan. Staaten. – Koordinierung innerafrikan. Zusammenarbeit, Verteidigung der Souveränität und territorialen Integrität der MSt., Beseitigung aller Formen von Kolonialismus (sowie der Apartheid/RSA) auf dem afrikan. Kontinent, Förderung der (universellen) internat. Zusammenarbeit unter Beachtung der UNO-Satzung. – Die OAU-Satzung normiert ferner die grundleg. Prinzipien bilateraler Beziehungen der MSt., darunter Wahrung des territorialen Status quo (*Problem:* koloniale Grenzziehung durchschneidet ethnisch und geograph. zusammengehörige Räume), Subversionsverbot (*Problem:* Häufigkeit von Putschen und Putschversuchen mit ausländ. Unterstützung), Nichteinmischungsprinzip.
**Organe:**
*Assembly of Heads of States and Governments (AHG;* Versammlung der Staats- und Regimechefs), die jährlich tagt (je MSt. 1 Stimme); Entscheidungen mit ⅔-Mehrheit), bisher 19 ord. Sitzungen (Gipfelkonferenzen), zuletzt 1983 in Addis Abeba, Präs. Mengistu Haile Mariam/ETH.
*Ministerrat* (mind. halbjährl., je MSt. 1 Stimme; Entscheidungen m. einf. Mehrheit). – Beide Organe verabschieden *Resolutionen* (häufigstes Thema: Beseitigung von Kolonialismus und Rassismus in Afrika; bei innerafrikan. Themen regelmäßig zurückhaltende Formulierungen).
*Ständige Kommissionen* u. a. zu Wirtschafts- und Verteidigungsfragen, ferner
*Befreiungskomitee* (1975; »Kooperationsaus-

schuß für die Befreiung Afrikas«). – Zusätzl. häufig Sonderausschüsse durch AHG und Ministerrat (vor allem zur Streitschlichtung).
*Panafrikanische Nachrichtenagentur* **PANA**, *1979, in Betrieb z. 20. Jubiläum der OAU am 25. 5. 1983; GD Sheik Osmane Diallo; Beteiligung von 40 Agenturen aus den OAU-MSt.
**Sitz:**
*Generalsekretariat* (GS P. Onu/WAN) Addis Ab., *Befreiungskomitee* Dar-es-Salaam/EAT.
*PANA-Agentur* Dakar (+ Regionalbüros)
**Mitglieder:** 51 (alle unabh. afrikan. Staaten sowie DARS; außer RSA u. »Homelands« sowie SWA).
**Arbeitssprachen:** Engl. u. Frz., teilw. afrik. Spr.
**Haushalt:** 19,515 Mill. US-$ durch Beiträge der MSt. (1981/82) (ca. 50–60% jährl. tatsächl. gezahlt), davon 0,7 Mill. $ für die SWAPO (→ Namibia)
**Aktivitäten:** OAU formuliert Leitlinien für afrikan. Politik. – Grundsätzl. Übereinstimmung bei Fragen des Antikolonialismus und Rassismus (zuletzt Simbabwe, heute RSA und Namibia), bei der Verurteilung von Söldnereinsatz, *nicht aber* bei militär. Einsatz nichtafrikan. Staaten in Afrika (z. B. Frankreichs in Zaïre, Cubas und der UdSSR in Angola), ferner bei prinzipiellen Fragen (Blockfreiheit, Abrüstung, Neuordnung des internat. Seerechts). – 19. Gipfel v. 8./12. 6. 1983 in Addis Abeba mit über 30 Staats- u. Reg.-Chefs, aber ohne Delegation der DARS und ohne Teilnahme Gaddafis. – Im Anschluß (bis 1984) überwiegend Mißerfolge bei Vermittlungsbemühungen (z. B. im Tschad-Konflikt).

**Bibl.:** O.d.A.E. – Resolutionen und Erklärungen 1963–1981. Berlin (Ost) 1983.

## CEDEAO/ECOWAS

### WESTAFRIKANISCHE WIRTSCHAFTSGEMEINSCHAFT

(Communauté Économique des États de l'Afrique de l'Ouest/Econ. Community of West African States)

**Gründung:** Abkommen 1975 in Lagos/Nigeria, in Kraft 22. 6. 75. – **Ziel:** wirtsch. Kooperation, Zollunion i. J. 1990 (Rohstoff-Freihandelszone 5/1981 beschlossen); gegenseitige Grenzrespektierung (seit 1978); »Regionaler Verteidigungspakt« (seit 1979) – Die CEDEAO ist eine Erweiterung der CEAO.
**Organe:** GS Boubercar Diaby Quattara. – **Sitz:** Lagos.
**Arbeitssprachen:** Engl. u. Frz. – **Mitgl.** (1984): Benin, Cap Verde, Gabun, Gambia, Ghana, Guinea, Guinea-Bissau, Elfenbeinküste, Liberia (de facto seit 1980 ausgeschlossen), Mali, Mauretanien, Niger, Nigeria, Senegal, Sierra Leone, Togo, Burkina-Faso (Obervolta).

**Bibl.:** J. Belotteau: Situation et objectifs d'une communauté régionale africaine; in: Afrique contemporaine 21 (1982) Nr. 120, 8–17.

## SADCC

### SÜDAFRIKANISCHE ENTWICKLUNGS-KOORDINATIONS-KONFERENZ

(South. African Development Coordin. Conference)

**Gründung** bereits informell vor 1979 durch 9 südafrikan. Staaten in London als Reaktion auf die von der RSA geplante *Constellation of Southern African States* unter Einschluß der sog. Autonomstaaten – Offiz. Gründung am 1. 4. 1980 in Lusaka/Z nach Ende des Rhodesien-Krieges.
**Ziele:** Wirtschaftsintegration der sog. **Frontstaaten** im südl. Afrika in Hinblick auf eine künftig geringere ökonom. Abhängigkeit von der RSA durch beschleunigte eigene Wirtschaftsanstrengungen. – Auf- und Ausbau durch folgende Maßnahmen:
Transportwesen (insbes. Mosambik mit finanz. Beteiligung der BR Deutschland), Entwicklungshilfefonds (Sambia), autonome Lebensmittelversorgung (Simbabwe), landwirtschaftl. Forschungsstation (Botswana), Energieprogramm (Angola als Rohölproduzent), wirtschaftl. Einschulungswesen –Swasiland), regionale Entwicklungsstrategien (Tansania).
**Organe:** Konferenz d. Staats- u. Reg.-Chefs; Koordinierungsvors. A. Nsekela/EAT. – **Sitz:** Sekretariat in Gaborone/Botswana gepl. (1982).
**Mitglieder** (9 + 1) [einschl. der Frontstaaten* im engeren Sinne]: Angola*, Botswana*, Lesotho, Malawi, Mosambik*, Sambia*, Simbabwe*, Swasiland, Tansania* sowie die *SWAPO* (→ Namibia) als Beobachter.
**Finanzierung:** 1981–1985 insges. 650 Mill. $ für Verkehrs- und Nachrichteninfrastruktur von den nat. Regierungen sowie der **AfDB** (380 Mill. $) 11/1980 zur Verfügung gestellt. – 0,5 Mrd. DM von der EWG (2/1984) für Agrarentwicklung.
**Aktivitäten** besonders nach Unabhängigkeit Simbabwes deutlich angestiegen: 1981 waren bereits 22 der insgesamt 97 Projekte in Angriff genommen. – Schwere Dürreschäden seit Anfang 1983 lähmen Aufbauprogramm.

**Bibl.:** P. Meyns: The SADCC; in: VRÜ 15 (1982), 261–288.

## UMOA

### WESTAFRIKANISCHE WÄHRUNGSUNION

(Union monétaire ouest-africaine)

**Gründung** am 5./12. 5. 1962 durch Frankreich aufgrund historische Zugehörigkeit zur Franc-Zone in Afrika (CFA-Franc). Revidierter Vertrag vom 14. 11. 1973.
**Ziele:** Aufrechterhaltung des an den FF gebundenen Währungsgefüges, freier Kapitalverkehr.
**Organe:** Gipfelkonf. der Staatschefs (jährl.). – Am 15./16. 12. 1981 Ministerrat in Dakar, (ca.

26.)12.1982 in Yammoussoukro/Cl Gipfel, seitdem Präsident S. Kountié/RN. – *Hauptinstrument:* **BCEAO**-Bank in Paris, darüber hinaus **BOAD**-Entwicklungsbank, *1973.
**Mitglieder:** Benin, Elfenbeinküste, Niger, Mali (17.2.1984), Burkina-Faso (Obervolta), Senagal und Togo.
**Aktivitäten:** Wiedereinführung des CFA in Mali (= Halbierung des bisherigen Mali-Francs) 1984 noch nicht abgeschlossen. Die Reintegration Malis in die CFA-Zone bzw. UMOA verzögerte sich aufgrund langjähr. Grenzstreits mit Burkina-Faso (Obervolta; 4 mineralreiche Dörfer um Agasher) und erfolgte schließlich durch französisches Drängen und aufgrund eines Währungsabkommens mit Frankreich 1967.

**Bibl.:** U.M.O.A., in: Jeune Afrique (Paris), 23 (1982/83), Nr. 1147/8, S. 13–17 [Geschichte und Bilanz].

## ZENTRALAFRIKANISCHE WIRTSCHAFTSGEMEINSCHAFT

**Gründung:** 18.10.1983; Ort u. Statut unbekannt.
**Ziele:** Zusammenarbeit in den Bereichen Landwirtschaft, Industrie, Transport u. Finanzierung.
**Mitglieder** (in Klammern MehrfachMitgl. in ähnl. Gemeinschaften) 10: Äq.-Guinea (UDEAC), Burundi, Gabun (BEAC, UDEAC), Kamerun (BEAC, UDEAC), Kongo (BEAC), Zentralafr.Rep. (BEAC, UDEAC), Ruanda, Sao Tomé & Pr., Tschad (BEAC, UEAC), Zaïre (UEAC); Angola als Sympathisant und Beob.
**Anmerkung:** Überschneidungen mit anderen, ähnlich genannten Gemeinschaften bzw. deren Nachfolgern bis Redaktionsschluß nicht zuordnungsfähig:
**BEAC/BCAEC:** Zentralafr. Bank, *15.7.1955/1973.
**UDEAC:** Zentralafrikan. Zoll- u. Wirtschaftsunion, *1.1.1966.
**UEAC:** Zentralafrikan. Staatenunion, *2.5.1963.

**Bibl.:** M. Sinamenye: La répartition des droits de douane entre membres d'une Union douanière. Aspects théoriques et études pratiques (CAE, UDEAC, CEE). Bern–Frankfurt–Las Vegas 1977.

# IV. AMERIKA

## OAS
### ORGANISATION AMERIKANISCHER STAATEN
(Organisación de los Estados Americanos/OEA)

**Gründung** Charta vom 30.4.1948 in Bogotá/CO, in Kraft seit 13.12.1951 (m. Änd. vom 27.2.1970 in Buenos Aires/RA.
**Ziele:** Heute überwieg. polit. orientiert i.S. v. Friedens- und Sicherheitswahrung in Nord-, Mittel- und Südamerika. – Schlichtungsbemühungen bei Streitfällen der Mitgl. untereinander. – Gemeins. Handlungen b. äußerer Aggression und unter den MSt. – Enge wirtschaftl., soziale und kulturelle Zusammenarbeit. – Verhängung von Sanktionen b. Nichtanerkennung von Schlichtungsverfahren u.a. Verstößen – Nichtinterventionsprinzip (zuletzt 1982 in Falkland-Krise).
**Organe:**
*Generalversammlung* (jährl.) als oberstes Organ u. entscheid. f. Formulierung d. Politik (seit 1970)
*Außenministerrat* (konsultativ, gem. Rio-Pakt/ **TIAR** von 1947), vor allem bei militär. Fragen tätig, tritt auf Verlangen eines MSt. zusammen
*Ständiger Rat* (je MSt. 1 Botschafter), dem Außenministerrat verantwortlich
*Wirtschafts- u. Sozialrat*/**CIES/IA-ECOSOC** tagt jährl. (je MSt. 1 Kabinettsmitglied).
*Kulturrat*/**IACESC** (wie CIES)
*Rechtsausschuß*/**IAJC**
*Gerichtshof für Menschenrechte*/**IACHR** (als Kommission seit 1960, als Hof seit 1978) mit 7 Mitgl./Richtern; daneben weiterhin der ursprüngl. Menschenrechtsausschuß.
*Landwirtschaftsinstitut* mit Sonderkompetenzen.
*Sonderkommission* für Koordination/CECLA.
*OAS-unabhängige Sonderorganisationen:* für Wissenschaften (Geogr. u. Gesch.), Pädagogik, Frauen, Gesundheit/**PAHO**, Indianer, Statist. Amt/ **IASI**, Eisenbahnkongreß.
**Sitz:** Washington/D.C. (Ständ. Rat m. Generalsekretariat; GS: J.C. Baena Soares/BR, ab 20.6.1984), Rio de Janeiro/BR (IAJC), Buenos Aires/RA (CECLA), San José/CR (IACHR), Ständ. Vertretg. in allen MSt.
**Arbeitssprachen:** Engl., Span., Portug., Französ.
**Mitglieder** (theoret. 33): BDS, BOL, BR, C (faktisch ausgeschlossen), CO, CR, DOM, EC, ES, GCA, Honduras, JA, MEX, NIC, PA, PE, PY, RA, RCH, RH, SME, St. Kitts/Nevis, STL, TT, USA, WD, WG, WL WV, YV sowie 16 Beobachter (u.a. BR Dtld., GUY, CDN). – US-Mitgliedschaft seit Falklandkrise angegriffen (bes. durch Costa Rica).

## ALADI
### LATEINAMERIKANISCHE INTEGRATIONSVEREINIGUNG
(Asociación Latinoamericana de Integración)

**Gründung:** Im Juli 1980 in Acapulco/MEX durch MSt. der am 18.2.1960 in Montevideo gegr. ALALC. Vertrag 12.8.1980 in Montevideo, in Kraft

1. 1. 1981. Zahlreiche ALALC-Abkommen gelten weiterhin.
**Ziel:** Regulierung u. Förderung d. Handels zur Schaffung eines gemeins. Marktes (analog der EWG, auf die sich die ALADI beruft). Regionale Zollpräferenzen (Ziel einer Freihandelszone – wie noch bei ALALC – aufgegeben), Teilabkommen zw. MSt. – Abgestufte Mitgliederstruktur mit Ausnahmebehandlung je nach Entw.-Grad u. geograph. Lage. – Marktöffnung für MSt. ohne Gegenseitigkeitsprinzip (Reziprozität); zusätzl. Handelsvorteile mit abgestuftem Modus für MSt. – Multilaterale Assoziationsmodelle m. Andenpakt, ODECA, SELA usw., auch außerhalb Lateinamerikas.
**Organe:** *Rat der Außenminister*
(polit. Entscheidungsorgan, tagt unregelmäßig)
*Konvergenz- und Begutachtungskonferenz*
(Bevollmächtigte aus den Zonen, tagen alle 3 J.)
*Repräsentantenkomitee* (ständig), Vorsitzender E. Santos Alvite/EC
*Generalsekretariat* (GS J.C. Schupp, '81–'84).
**Sitz:** Montevideo. **Mitglieder:** alle lateinamerikan. Staaten Südamerikas sowie Mexiko.
**Beobachter:** El Salvador, Honduras; Spanien (11/1982), Portugal (7/1983) sowie folgende **IGOs:** OAS, IDB, CEPAL (der → UNO).
**Bilanz bis 1984:** Die Ablösung der ALALC durch die ALADI hat die lat.-am. Integration nicht vorangebracht. Die Entwicklung stagniert, der Fortschritt ist klein, der Multilateralismus schwach. – Gründe: 1. die südamerikan. Wirtschaftskrise, 2. die Desintegration der internen Märkte der MSt. (analog → Andenpakt) und 3. der weltweit zunehmende Protektionismus.

**Bibl.:** S. F. Salazar: La personalidad juridica internacional de la organizacion creada por el Acuerdo de Cartagena; in: Integración latinoamericana 8 (1983) No. 84, 19–43. [zur ALALC- und ANDEN-Vertragsgrundlage]

## ANDENPAKT

(Grupo Andino/Andengruppe, u. a. Bezeichnungen)

**GRÜNDUNG:** 1968 innerhalb der ALALC (→ ALADI). Abkommen von Cartagena/CO (»Andenpakt«) vom 26. 5. 1969, erneuert 1979 (→ einzelne Organe).
**Ziele:** Subregionale Wirtschaftspräferenzzone; schrittweise Einführung eines gemeins. Außenzolls; supranat. Organe m. Rechtsverbindlichkeit für MSt.
**Organisation** (weitgeh. den EG nachempfunden):
**1.** *Comisión:* intergouvernementales Rechtsetzungsorgan (decisiones).
**2.** *Junta:* Rat als unabh. Gemeinschaftsexekutive aus 3 Experten (resoluciones), Koordinator 1983: E. Moncayo/CO.
**3.** *Consejo Andino:* Außenmin.-Rat aus 5 Mitgl., *13. 11. 1979 in Lima, konstituiert am 13. 1. 1980 in Sta. Cruz de la Sierra/BO; tagt 2mal jährl.; eigenes Rechtsinstrumentarium (daraus hervorgegangen: Multinat. Entw.-Agentur f. Bolivien).
**4.** *Comité consultativo* (beratend).
**5.** *Comité Asesor Economico y Social* (beratender Wirtsch.- u. Sozialausschuß).
**6.** *Parlamento Andino:* seit Vertrag vom 28. 10. 1979 als supranat. Repräsentativorgan (Direktwahl, wie bei den EG, geplant) mit zunächst je 5 nat. Abgeordneten; soll 1mal jährl. (rotationsmäßig) in einem MSt. tagen.
**7.** *Tribunal de Justicia del Acuerdo de Cartagena:* dem EuGH nachempfundener Gerichtshof, durch Abkommen vom 28. 5. 1979 errichtet.
**8.** *Cooperación Andina de Fomento*/**CAF** als Entwicklungs-Kreditinstitut.
**Sitze:** Lima (Junta), Quito (Gericht), Caracas (CAF)
**Mitglieder:** Bolivien, Chile (bis 1976), Ecuador, Panama (kandidiert), Kolumbien, Peru, Venezuela (seit 1973).
**Finanzierung** (des CAF): 500 Mill. $ (1979), dazu »Friedensfonds« 500 Mill. $ (1979).
**Kooperationen:** Abkommen üb. kommerz. u. wirtschaftl. Zusammenarb. sowie Entw.-Hilfe (einschl. Meistbegünstigungsklausel) vom 17. 12. 83/13. 4. 84 mit der **EWG** (den EG bzw. dem EP).
**Bilanz:** Erheblicher **Abbau** des Freihandels auf Gegenseitigkeit sowie Währungs- und Devisenschwierigkeiten (Auf- bzw. Abwertungen) der MSt. – Streit um kolumbian. Importstopp (4/1984) legt Wirtschaftspräferenzzone praktisch lahm. – Handelsrückgang 1983 um ca. ⅓ gegenüber 1982.

**Bibl.:** H[ellmuth] Fischer: Der Andenpakt – Ein Versuch zur Verminderung außenwirtschaftl. Abhängigkeit. Frankfurt/M.–Bern 1981 [mit 31 S. Bibliographie].

## CARICOM

### KARIBISCHE GEMEINSCHAFT

(Caribbean Community and Common Market)

**Gründung:** Vorläufer die *West Indies Federation*/**WIF** (*1958) ehemaliger brit. Kolonialgebiete der Karibik (aufgelöst 1962 durch Austritt Jamaikas) und nachfolgend das *Caribbean Free Trade Area*/**CARIFTA** (*15. 12. 1965 auf Antigua, ergänzt am 23. 2. 1968 in Georgetown/Guyana; Modell war → EFTA). – Gründung der CARICOM durch Vertrag von Chaguaramas/IT vom 4. 7. (in Kraft 1. 8.) **1973.** CARIFTA offiziell am 1. 5. 1974 aufgelöst; alle MSt. nun CARICOM.
**Ziele: 1.** Wirtschaftsintegration durch gemeinsamen Markt, **2.** Koordinierung der Außenpolitik, **3.** »Funktionale Kooperation« auf Sondergebieten.

**Mitglieder** m. Beitrittstag *(»Großer Viererclub«)*
1. Antigua [u. Barb.] 15. 12. 1965 und 5. 7. 1974,
2. Bahamas (assoziierter und zahlender MSt.),
3. *Barbados* 15. 12. 1965 und 4. 7. 1973,
4. Belize 6/1970 und 1. 5. 1974,
5. Dominica 1. 5. 1974,
6. Grenada 1. 5. 1974 [25. 10. 83 suspend.],

7. *Guyana* 15.12.1965 und 4.7.1973, Haïti (Kandidat seit 1979),
8. *Jamaika* 6/1968 und 4.7.1973,
9. Montserrat 1.5.1974,
10. St. Kitts-Nevis-Anguilla 26.7.1974,
11. St. Lucia und 12. St. Vincent 1.5.1974,
13. *Trinidad u. Tobago* 23.2.1968/4.7.1973.

»Interessierte«: Cuba, Dom. Rep., Surinam, Mexiko und Venezuela.

**Organisation:**
*Konferenz der Regierungschefs* jährl., Vetorecht jedes MSt. – Entscheidendes, de facto von Trinidad u. T. (als Erdölstaat) dominiertes Organ.
*Rat des Gemeinsamen Marktes*
*Rat für Marktstandards*
*Ministerräte* (der jew. Fachminister, z.Z. 8)
*Gemeinsame Beratungsgruppe*/**JCG**
*Generalsekretariat* (GS K. Dennis King/BDS).

**Sonderinstitutionen:**
**CDB:** Entwicklungsbank: bereits in der CARIFTA 1969; starke externe (USA, CDN, YV) Beteiligung (einschließl. des UNDP), ohne TT; Sitz Barbados,
**CFC** Ernährungsges., **RFC**-Abwicklungsorgan,
**CIC** Investmentgesellschaft,
**CMC** Wetterdienst u. meteorolog. Ausb.-Zentr.
**CMFC** Multilaterale Clearingstelle: Zahlungsausgleichsorgan der Zentralbanken (*6/1977),
**LIAT** Leeward Islands Air Transport (*1976),
**NAMUCAR** Regionaler Schiffahrtsrat als Nachfolgebzw. Aufsichtsorgan der Westindischen Schiffahrtsgesellschaft (*1.12.1976),
**RFC** Regionaler Ernährungsplan (*9/1976),
**UWI** Westind. Universität (ohne Guyana; dezentralisiert): noch unter der WIF entstanden, mit bedeutender Integrationsleistung [→ auch unter OECS]
**Währungsgemeinschaft** des »East Caribbean Dollar« (EC-$), mit 8 Mst.; Sitz St. Kitts

**Sitz (Caricom):** Georgetown/GUY, Sonderinstitutionen dezentralisiert. – **Arbeitssprache:** Englisch.

**Bisher Erreichtes:** Außen(zoll)tarif/**CET** (*1/1976), Außenhandelsschutz (im Aufbau), Doppelbesteuerungsabkommen, Unternehmensregelungen (*5/1976), Entwicklungsplanung, Trinidad-Kredit für ärmere MSt. (*1973), »Sicherheitsnetz« für MSt. mit akuten Zahlungsbilanzproblemen (*1976), »Process List« als interner Produktenindex (*1/1978).

**Aktivitäten:** Menschenrechts- und Bürgerrechts-Erklärungen, insbes. die sog. *Deklaration von Ocho Rios* (11/1982). – Unterstützung der MSt. Guyana und Belize bei ihren Territorialkonflikten mit Venezuela und Guatemala (7/1983). – Kein gemeins. Vorgehen in der Grenada-Frage (10/1983). – Anfang 1984 verdichtet sich der Eindruck einer eventuellen Auflösung von CARICOM zugunsten der → OECS usw., sofern sich nicht die Gipfelkonferenz 1984 auf Beitritte nichtanglophoner Kandidaten einigt.

**Publ.:** CARICOM-Sekretariate (Hg.): The Carribbean Community in the 1980s. Georgetown/GUY 1981.

## CONDECA

### ZENTRALAMERIKAN. VERTEIDIGUNGSRAT

(Consejo de defesa centroamericano)

**Gründung:** Ursprüngl. am 14.12.1963 in Guatemala-C. durch Vereinbarung (Carta de San Salvador) sowie 2.7.1965. – Aktivitäten seit dem »Fußballkrieg« zw. Honduras u. El Salvador 1969 und der Revolution in Nicaragua 1979 eingestellt. Wiederbelebung 1982 u. 1983 (→ unten).

**Ziele:** Ursprüngl. Defensivpakt gegen äuß. Feinde (»etwaige kommunistische Aggressoren«; = Kuba), seit 1982/83 eindeutig gegen den sandino-marxist. Staat (= NIC) gerichtet. Seit Gründung gemeins. militär. Informationspolitik u. Planung, Manöverkoordination usw.

**Mitglieder:** Honduras, ES, GCA (m. insges. ca. 100000 Soldaten), PA (nicht Vollmitgl.), USA (beratend), CR (da ohne Armee, jetzt als Beobachter), NIC (1979 ausgetreten bzw. ausgeschlossen).

**Organe:** *Rat* (1983 der Verteidigungsmin. bzw. der Generalstabschefs) mit *Präsident* (Wechsel im Turnus). – **Sitz:** zunächst in San Salvador/ES, seit 1982 Guatemala-C./GCA, c/o Ministero de Defesa.

**Aktivitäten:** Geheime Gipfeltreffen 8/ und 10/1983 in GCA unter Teiln. eines US-Generals, aber ohne CR, zur Wiederbelebung des Rates auf Betreiben von ES und Honduras.

**Bibl.:** LateinAmerikaReport Nr. 9/1983, S. 5–8.

## CONTADORA-GRUPPE

**Gründung** am 8.1.1983 als lockeres Diskussionsforum (keine eigentliche IGO!) von je 2 mittel- und südamerikanischen Staaten auf Einladung des panamesischen AußMin. auf der vorgelagerten Insel Contadora zur Befriedung des mittelamerikan. Krisenherdes.

**Name:** »Contadora-Gruppe« ist eine ex-post von der internat. Presse eingeführte Bezeichnung, die weder eine solche Betitelung noch die spätere Institutionalisierung seitens der Urheber zum damaligen Zeitpunkt beinhaltete.

**Ziele:** Initiierung eines polit. lateinamerikan. Dialoges auf Regierungs- bzw. Ministerebene. Befriedung Mittelamerikas durch regionale Rüstungskontrolle (allmähliche Entmilitarisierung), Unterbindung der Guerilla-Tätigkeit, Respektierung der Menschenrechte, Durchführung demokrat. Wahlen usw.

**Organe:** *Rat der AußMin.* (turnusmäß. Wechsel)
*3 Arbeitskomitees* (gem. Zielsetzungsdokument) unter Einschluß der betroffenen 5 Staaten.

**Mitglieder:** Kolumbien/CO, Mexiko/MEX, Paraguay/PY und Venezuela/YV (Urheber der Friedensinitiative), unterstützt von den 5 Staaten Mittelamerikas Costa Rica/CR, El Salvador/ES. Guatemala/GCA, Honduras/Hond., Nicaragua/NIC sowie außerhalb des eigentl. Konfliktbereiches: Argentinien, Bolivien,

**Schema* der Contadora-Initiative für die 5 Staaten Mittelamerikas**

| Zielsetzungspunkt | gilt vor allem für: CR | ES | GCA | Hond. | NIC |
|---|---|---|---|---|---|
| 1. Beschränkung der Rüstungsanstrengungen (Stopp der ausländ. Waffenlieferungen/Statistische Militärbilanz) | | | | × | × |
| 2. Abbau und etappenweiser Abzug ausländ. Militärberater | | × | | × | × |
| 3. Bekämpfung ausländ. Guerilleros und ihrer Hintermänner | × | | | × | × |
| 4. Respektierung der Menschenrechte | | × | × | | × |
| 5. Zulassung freier offener Wahlen nach einem Zeitplan | | | × | | × |
| 6. Hilfen für Flüchtlinge und Reemigranten | × | × | × | × | × |
| 7. Direkte Verhandlungen zwischen den einzelnen Regierungen | | × | × | | × |
| Weitere Fakten zu den 5 Konfliktstaaten: | | | | | |
| Offiziell dominierende Kraft im Lande (SD = sozialdemokrat.; CD = christdemokrat.; rM = rechtes Militär; l/M = liberaldemokrat./Militäreinfluß; SM = sandino-marxistisch) | SD | CD | rM | l/M | SM |
| Zentralregierung verfügt nicht über Herrschaft auf dem gesamten Territorium | | × | × | | × |

** Nach dem NZZ-Kommentar »Zentralamerika« vom 12.1.1984 sowie eigenen Materialien (floridoc-Weltarchiv)*

Ecuador, Dominikan. Rep. und vor allem Spanien (Contadora-Förderer MinPräs. González).
**Aktivitäten:** Zahlreiche (1983: 12) AußMinKonferenzen, teilw. mit den 5 betroffenen Staaten.
**Erklärung von Cancún** (Mexiko) am 17.7.1983: 10-Punkte-Deklaration der 4 Staatspräsidenten. (v. a. Forderungen nach Abzug aller ausländ. Militärberater, Auflösung aller fremden Militärstützpunkte, Abrüstungsgespräche usw.)
**21-Punkte-Friedensinitiative** (Zielsetzungsdokument, auch »Nichtangriffspakt« oder »Friedensplan Felipe González« genannt): die wesentliche Vereinbarung, daß ein Krieg zwischen NIC und seinen Nachbarländern nicht stattfindet (lag den »Fünfen« zur Unterzeichnung vor). 1. Entwurf vom 9.9.1983, revid. Fassung vom 8.1.1984 in Panamá-C. – **Inhalt:** Einstellung von Waffenlieferungen nach M.-Amerika (bereits 10/1983 von den 5 Staaten gebilligt), Einstellung der Guerilleros-Unterstützungen usw. (→ Tabelle). **Problem:** Die USA verlangen zunächst ein »demokratisches« NIC, bevor der Abzug ihrer Militärberater aus den Nachbarstaaten NIC's in Angriff genommen würde.
**Kooperation: IDU** (sog. Konservative Internationale), **CONDECA** (→ dort), **USA**/Kissinger-Commission (ab 7/1983) – Diese überparteiliche Mittelamerika-Kommission betrachtet die Contadora-Pläne distanziert-skeptisch. – Kontakte m. d. Sozialist. Internationale sind geplant.
**Bewertung:** Einzelpunkte des Friedensplanes widersprechen bereits den in den Urheberstaaten geltenden Praktiken (z.B. Mexikos Duldung ausländ. Guerilleros usw.). Die 21er-Initiative bleibt ohne die (unrealistische) Einschaltung von gemeinsamen → CONDECA-Friedenstruppen bei Nichteinhaltung sanktionslos und reduziert sich damit auf einen moralischen Appell an die 5 Staaten. Ein solcher Appell verhinderte im 2. Hj. 1983 tatsächlich offene Feindseligkeiten zwischen den 5 Staaten.

**Bibl.:** LateinAmerikaReport 10/1983, S. 5–15. – EuropaArchiv 20 u. 23/1983, D.557–573 u. 686–688.

## IDB

### INTER-AMERIKANISCHE ENTWICKLUNGSBANK

(Inter-American Development Bank; span. BID)

**Gründung:** Auf Initiative Brasiliens zurückgehende *Operaçao Panamericano* (1959 durch das *Komitee der 21* der OAS aufgegriffen) führte am 30.12.1959 zu einer Gründungsakte durch 21 OAS-Staaten (modifiz. 1.6.1976). Arbeitsaufnahme am 1.10.1960. **Symbol:** Globusausschnitt beider Amerika m. aufgeh. Sonne. – **Ziel:** Finanzierung regionaler Entwicklungsvorhaben nach Weltbankmuster (→ IBRD/IDA/IMF bei UNO).
**Organe:** *Gouverneursrat* aus Mitgl. aller MSt. (Präs.: A. Ortiz Mena/MEX); *Lateinam. Integrationsinstitut*/**IILA** (seit 1965). – **Mitglieder** (1984): 43, davon 16 aus Europa (auch D) sowie CDN, J, IL. – **Sitz:** Washington D.C.; Buenos Aires (IILA). – **Finanzen:** Kapitalverwendung 1979/1982 9,75 Mrd. $ – BR Dtld. hält Kapital- u. Stimmenanteil von rd. 0,8%, am Sonderfonds 18%. – **Aktivitäten:** Jährl. Gouverneurstreffen über Finanzierungsstrategien.

**Publ.:** IADB (Hg.): Economic & Social Progress in Latin America. Report 1983–84, Washington 1984.

## MCCA

### ZENTRALAMERIKAN. GEMEINSAMER MARKT

(Mercado Común Centroamericano)

**Gründung:** Vorbereitungsmaßnahmen durch El Salvador, Guatemala und Honduras *(Tratado de Asociación Económica)*. – **Ziel:** Freihandelszone, später Wirtschaftsgemeinschaft. Am 13.12.1960 folgte ein weiterer Vertrag mit Nicaragua *(Tratado General de Integración Econ. Centroamericana*/**SIECA**) über die Schaffung eines Gemeinsamen Marktes und einer **Zentralamerikanischen Bank** (Banco Centro-americano de Integración Económica/**BCIE**). 1961 zusätzl. *Tratado de Intercambio Preferencial y de Libre Comercio.* 1962 *Tratado de Integración Económica Centroamericana* über einheitliche Importzölle.
**Mitgl.** (ab 1962): Costa Rica, El Salvador, Guatemala, Honduras, Nicaragua. Funktion durch die polit. Entwicklung in Zentralamerika beeinträchtigt. – **Org.**: Generalsekretariat (GS: *R. Silva Franco*) – **Sitz:** C. de Guatemala.
**Aktivitäten,** Ziele, Neben- und Zusatzorganisationen seit 1983 zunehm. unübersichtlich, da unkoordiniert.
**Parallelorganisationen:**
*Demokratische Gemeinschaft Zentralamerikas*/**CDAC** MSt.: Costa Rica, El Salvador, Honduras (*20.1.1982), offensichtl. gegen sandinist. Nicaragua gerichtet.

## OECS

### ORGANISATION OSTKARIBISCHER STAATEN

(Organization of Eastern Caribbean States)

**Gründung:** durch Vertrag 6/1981 seitens ehemal. brit. Inselkleinstaaten der Ostkaribik als Nachfolgerin des Rates Westind. Assoz. Staaten/**WIAS.**
**Ziele:** Multinationale Zusammenarbeit demokrat. (-konservativer) karib. Staaten auf polit., militär. u. wirtschaftl. Gebiet, zunehmend als »Kleine Verteidigungsgemeinschaft«: gegenseitige Beistandspflicht usw. – Gemeins. Interventionstruppe zur Verhinderung von Staatsstreichen 25.10.1983 in Grenada (→ Weltchronik) realisiert. Darüber hinaus Küstenpolizeischutz- u.a. Aufgaben.
**Organe:** *Ministerrat* bzw. Rat der Reg.-Chefs (Präs. Mary Eugenia Charles, Premiermin. v. Dominica) – *Regionale Sicherheitstruppe* aus den MSt. (seit 11/1982, 300 Soldaten, ohne Grenada) – Rat der Verteidigungsminister mit *Regionalem Sicherheitskoordinator* auf Barbados – *Währungsunion* **ECCA** (bereits seit 1980 Ostkarib. $) – *Technical Committee* zwecks gemeins. Vertretung bei internat. Entwicklungshilfeorganisationen (11/1982) – *Westindische Universität* – Gemeins. *Zentralbank der ECCA* (12/1982).
**Mitglieder:** 7 (insges. ca. 0,5 Mill. Einw.); Antigua u. Barbuda, Dominica, Grenada (de facto suspendiert), Saint Vincent und die Grenadinen, Saint Lucia, St. Kitts/Nevis, (brit.) Montserrat; Barbados und Jamaika de facto MSt. (beides »Interventionsstaaten«).
**Sitz:** Castries/Saint Lucia.
**Arbeitsweise:** Verbindliche Beschlüsse (einstimmig).
**Aktivitäten:** Intervention im Falle Grenadas nach lange vorbereiteter Isolierung der Insel (unter Maurice Bishop); »Hilferuf« an die US-Army (gefolgt von deren Invasion), logistische Unterstützung der US-Truppen auf Grenada; Umbildung der auf Barbados stationierten »Sicherheitstruppen« in eine gemeins. OECS-Armee bis Ende 1984 geplant. – Neustrukturierung der dezentralisierten Universität. – Gemeins. Außenvertretung/Finanzierung von Botschaften.

**Bibl.:** Ch. Müllerleile: Org. Ostkarib. Staaten; in: IIS-Info 13/1983, 17–21.

## OLADE

### LATEINAMERIKAN. ENERGIEORGANISATION

(Organisación Latinoamericana de Energia)

**Gründung:** Hervorgegangen aus der CIES bzw. CECLA (→ OAS) durch Abkommen von Lima (2.11.1973) anläßl. d. dritten lateinam. Energieministertreffens. Abkommen am 19.11.1974 in Kraft.
**Organe und Sitz:** Gen-Sekr. in Quito/EC, GS G. Rodriguez E. Elizzarrarás.
**Mitgl.:** 21 lateinam. Staaten.
**Aktivitäten:** Regionale Interessenwahrnehmungen der OPEC-Staaten und Mexikos. Gesamtlateinamerikanischer Energieplan für konventionelle und alternative Energieträger, einschl. Vulkanen; Geothermik.
Am 1.8.1983 Konferenz der Energieminister Venezuelas, Mexikos, Ecuadors sowie Trinidads und Tobagos in Puerto la Cruz/YV zwecks Bildung eines eigenen Ölkartells (**»OLAPEC«**) dieser 4 Förderstaaten, von denen bisher nur 2 (YV und EC) der OPEC angehören.

## PLA

### LATEINAMERIKANISCHES PARLAMENT

(Parlamento latinoamericano/P. iberoamericano)

**Gründung:** durch 13 lateinamerikan. Staaten am 11.12.1964 (symbolisch 140 J. nach der Schlacht von Ayacucho), Statut vom 18.7.1965 in Lima/PE als erste originär polit. Organisation Lateinamerikas. – Parallelgründungsvorschlag durch die → IDB am 6.1.1965.
**Ziele:** lat.-amerikan. polit. Integration auf Basis der repräsentativen Demokratie u. d. Menschenrechte (als Gegner aller Militärdiktaturen). Förderung der latein-amerikanischen politischen Gemeinschaft

(Vorbild: Europa-Parlament) und eines Gemeinsamen Marktes (IDB-Vorschlag). Kampf gegen Imperialismus und Kolonialismus.
**Organe:** *Beratende Versammlung* (ähnl. wie Europarat) mit egalitärer Repräsentation: bis zu 16 Mitgl. je MSt.; je Delegation (kumuliert) mit 12 Stimmen – *Präsident* (Gilberto Avila Bottia) – *Generalsekretariat* (GS Andrés Townsend Ezcurra) – 5 *Regionalsekretäre*. **Sitz:** wechselt turnusmäßig i. d. Hptst. – (Gründungs*-)**Mitglieder:** RA*, BR*, RCH*, CO*, CR*, Dominikan. Rep., EC, ES*, GCA*, Honduras, MEX, NIC*, NA, PA*, PE*; PY*, U*, YV* sowie Delegationen verbotener lat.-am. Parlamente.
**Aktivitäten:** Resolutionen zur moral. Durchsetzung der PLA-Ziele bei anderen internat./regionalen Organisationen in Lateinamerika sowie nationalen Parlamenten. Gedankenaustausch mit dem EG-Parlament/EP.

**Publ.:** Parlamento latinoamericano Nr. 1, 1969ff.
**Bibl.:** U. Zelinsky, Das Lateinam. Parl.; in: VRÜ 12 (1979), 47–59 – Europ.Parlament, Doc.PE.70.678 (= 1981).

## SELA
### LATEINAMERIKAN. WIRTSCHAFTSSYSTEM
(Sistema Económico Latinoamericano)

**Gründung** auf Anregung v. Staatspräs. Echeverria/MEX am 18.10.1975 in Panamá. – **Ziel:** Regionale Interessenvertretung gegenüber anderen Gruppen, bes. USA, Finanzierung gemeinsamer Wirtschaftsvorhaben, Gründung multilateraler Unternehmen und u.a. gemeinsame Preispolitik; teilweise Übernahme von Koordinierungsaufgaben und Kooperation zwischen »Andenpakt«, MCCA und CARICOM.
**Organe:** *Lateinam. Rat*/**CL**, *Aktionskomités*/**CdA**, *Ständ. Sekretariat*/**SP** (GS Alzamora/PE).
**Mitglieder:** derzeit 25 mittel- u. südam. Staaten. – **Sitz:** Caracas/YV
*Sonderinstitutionen:* Am 18.9.1977 Unterzeichnung des Vertrages über die Gründung einer Lateinamerikanischen Exportbank **BLADEX** durch 14 MST. (Sitz Panamá). **Nachrichtenagentur** (*3/1979 bzw. 10/1983): lat.-am. Agentur f. besondere Dienste/**ALASEI** ab 1984.

**Bibl.:** R. Furtak: Das S.E.L.A.; in: Jahrb. f. Gesch. Lateinamerikas 16 (1979), 407–435.

# V. ARABISCHE STAATEN, ASIEN UND OZEANIEN

## AJA
### ARABISCHE LIGA
(Al-Jami'a al-'Arabiyah)

**Gründung:** Vorläufer waren der arab. Kongreß (Paris 1913) u. die Konferenz (1937) sowie im wesentl. der *Pakt der Liga der Arabischen Staaten* (1943, Konsultativ- u. Nichtangriffspakt v. 7 Gründungsmitgliedern). Vorbereitende Konf. 1944 in Alexandria, als eigentl. Liga durch Gründungsvertrag vom 22.3.1945 in Kairo konstituiert. – Loser Zusammenschluß verschiedener arab. Staaten.
**Ziele:** (gem. Art. 2 Pakt 1943 bzw. Charta 1945)
**1.** Förderung der wechselseit. Bez. der MSt. auf polit. gesellsch., kulturellem u. wirtschaftl. Gebiet;
**2.** Wahrung v. Unabhängigkeit u. Souveränität;
**3.** Wahrung der arab. Interessen (insbes. gegenüber damaligen Kolonialmächten);
**4.** Schlichtung und Vermittlung in Streitfällen.
Keine Kompetenzabtretung an supranat. Organe. – Zentrales polit. Ziel der Liga war bereits 1943 die Anerkennung Palästinas als unabh. Staat.
**Organe:** *Rat d. Könige u. Staatschefs* (*1964)
*Ligarat* (je 1 Mg. der Staaten u. PLO)
*Ministerrat* der versch. Fachressorts
*Ständ. Kommissionen* (z.B. Polit. Ausschuß der Außenmin., Militärausschuß, Wirtsch.-Rat),
*Oberstes Kommando der Vereinigten Streitkräfte* (nur theoret.; kollektiver Verteidigungsrat)
*Gen.-Sekretariat* (GS seit 1979: Chedli Klibi/TN)
**Unterorganisationen** m. z.T. eigener, von Liga unabh. Struktur u. Verfassung: 16 (davon nur einige v. wirklicher Relevanz)
*Arab. Gerichtshof, Arab. Parlamentar. Union* **UIA** (1974), *Arab. Rundfunktion* (1981 Vors. bei Kuwait, Stellv. bei PLO), *Entwicklungsbanken* (z.B. **AFESO;** für Afrika → **BADEA,** *Währungsfonds* **AMF** (nach IMF-Muster, 1977) *Unterstützungsfonds f. Konfrontationsstaaten* (1978), **ARABSAT** Telekommunikations- bzw. Satellitenorganisation (*vor 1981).
**Sitz:** Tunis/TN (seit 1978); **AMF** in Abu Dhabi/UAE, **UIA** in Damaskus/SYR.
**Arbeitssprachen:** Arab. u. Engl.
**Arbeitsweise:** komplizierte Abstimmungsverfahren mit Vetorecht jedes MSt. setzen formale/institutionelle Mechanismen weitgehend außer Kraft.
**Mitglieder: 7 + 1 (1943):** Ägypten/ET, Irak/IQ, Transjordanien (heute Jordanien/JOR), Jemen (heute AR Jemen und DVR Jemen), Libanon/RL, Saudi-Arabien/S.-A., Syrien/SYR sowie als Land Palästina (seit 1976 vertr. durch PLO). – **22(1977)–21(1984,** ET seit 3/1979 suspendiert). – Derzeitige Mitgliederzahl nicht aussagekräftig f. gemeins. Aktionen.
**Finanzierung: AMF**-Kapital 1979 250 Mill. $.
**Aktivitäten:**
XIII. Konferenz (von 20) arab. Staats- und Regierungschefs in Fes/Marokko (6.–9.9.1982) verabschiedet am 9.9. einstimmig als Friedensplan für den gesamten Nahen Osten die sog. **Charta von Fes.**

Diese ist im wesentlichen inhaltsgleich mit dem sog. **Fahd-Plan** der vorausgeg. Konf. von Fes (11/1981). – Seitdem keinerlei wesentl. neue Impulse.
**Parallelorganisationen:** Blockfreie, Golfrat (GCC), ICO, OAPEC, OPEC, IDB usw.

**Bibl.:** P. Goepfrich: Völkerrechtl. Aspekte des Libanonkonfliktes unter besond. Berücks. d. Rolle d. Liga d. Arab. Staaten, Heidelberg (jur. Diss.) 1982 (m. Bibl.).

## ANZUS

**PAZIFIKPAKT** (Pacific pact)

**Gründung:** Am 1.9.1951 in San Francisco unterzeichnetes Bündnis zwischen Australien (A), Neuseeland (NZ) und den USA (US).
**Ziel:** Kooperative Verteidigungsvorkehrungen als »Schutz der demokrat. Werte«.
**Organe:** *Konsultativrat;* US-Stationen für Satellitenbeobachtung usw. in Australien. – Gemeins. Manöver. – **Sitz** wechselt turnusgemäß bei den betr. Regierungen (keine eigene organisator. Infrastruktur).
**Parallelorganisationen:** Außerhalb dieses Paktes brit.-austral.-neuseel. Sicherheitsvereinbarung **ANZAM** sowie sog. Fünfmächte-Abkommen **ANZUK,** Kooperation mit dem ASEAN.
Zum Problem ANZUS/Neuseeland → Länderchronik NZ.

**Bibl.:** 32. ANZUS-Tagung; in: EA Nr. 19/1983, Dok. 531–536.

## ASEAN

**VERBAND SÜDOSTASIATISCHER NATIONEN**
(Association of South-East Asian Nations/ASEAN)

**Gründung:** Am 8.8.1967 beschlossen in Bangkok in einer »Sieben-Punkte-Deklaration«. 5 Staaten engere Kooperation in Wirtschaft, Verkehr, Kultur.
**Organe:** Ministerkonferenzen für die wirtschaftliche Entwicklung in Südostasien/**MEDSEA;** gemeins. Erziehungsorganisation/**SEAMEO;** ASEAN-Universität.
(*Gründungs-)**Mitglieder:** Brunei (1984), RI*, MAL*, RP*, SGP*, THA*; AUS (nur MEDSEA sowie Assoz. SEAMO), CL (kandidiert seit 1981).
**Aktivitäten:**
Seit 1976 nach d. 1. Gipfelkonf. (Bali-Deklaration) u.a. gemeinsamer Reeder-Verband; seit 1978 Ständ. Sekretariat einer Parlamentarierorganisation zwecks internat. Delegationsaustausch. – Verstärkte Tendenz, in Südostasien eine »Zone d. Friedens, d. Freiheit u. d. Neutralität« zu schaffen, 1977 Einigung über Vorzugszölle zwischen den Mitgliedern und Gründung von Fachausschüssen, Kompetenzen beim Ministerrat.
**Sitz:** Generalsekretariat in Jakarta/RI, Sekretariate in den einz. Hauptstädten.
**Kooperation** mit den Indochina-Staaten (Ersuche seitens K, L, VN) 1983/84 sowie Japan und den EG.

**Bibl.:** R. Colays: ASEAN – Wirtschaftsperspektiven 1980–1990; in: Lurgi Information [Frankfurt] 8 (1983), Nr. 1 [= 9/83]; Schwerpunkt-Heft »Lurgi in Asien«, 48 S.).

## CER

**TRANSTASMANISCHER GEMEINSAMER MARKT**
(Closer Economic Relationship [of AUS and NZ])

**Gründung:** Durch Abkommen Australiens und Neuseelands über »engere wirtschaftliche Zusammenarbeit« (CER) vom 14.12.1982 (Unterzeichnung in Canberra/AUS u. Wellington/NZ), in Kraft am 1.1.1983. – CER löst nach 3jährigen Verhandlungen das Neuseeländ.-Austral. Freihandelsabkommen (→ NAFTA im WA '83/680) von 1966 ab, über das bereits 60–80% des bilateralen Handels fast völlig von Zöllen und Restriktionen befreit war.
**Ziele:** 1. *Zollunion/Gemeinsamer Markt:*
Stufenweiser Abbau aller bilateralen Handelsschranken bis 1988. Dies soll durch verstärkten offenen Marktwettbewerb beider MSt. und eine größere industrielle Leistungsfähigkeit durch Rationalisierung erreicht werden.
**2.** *Regelungen für Neuseeland:*
Günstigerer Rohstoffezugang und erhebl. Markterweiterung der Produktangebotspalette durch ein Konsumentenpotential von nunmehr 18 Mill. (bisher 3 Mill.) Einw. Darüber hinaus Erweiterung und Verbilligung austral. Importgüter (= Exportankurbelung für das von der weltwirtschaftl. Rezession stärker belastete AUS). – Stufenweise Abschaffung der Importlizenzpflicht für austral. Waren bis 1992 (Übergangszeit v. 10 J. für die neuseeländ. Industrie; Strukturanpassung in NZ). – Einstellung der Subventionen bzw. Exportprämien für nach AUS exportierte Güter bis 1987.
**Organisation, Sitz** und **Finanzierung** der CER aus gemeins. Mitteln; bis 7/1984 ungeklärte Struktur.
**Arbeitssprache:** Englisch.
**Mitglieder:** Australien und Neuseeland; zahlreiche Staaten im pazifischen Raum sind interessiert.

## GCC

**GOLFRAT/GOLF-KOOPERATIONSRAT**
**Gemeinsamer Rat für die Zusammenarbeit und Koordinierung auf politischem, wirtschaftlichem, militärischem, kulturellem und sozialem Gebiet**
(engl. gebräuchl. als: Gulf Cooperation Council)
→ Sonderkapitel »Die Staaten an der ›Piratenküste‹«, Sp. 113ff.

## OAPEC

### ARABISCHE ERDÖLEXPORT-LÄNDER

(Organ. of Arab. Petroleum Exporting Countries)

**Gründung:** 1968 in Beirut/RL von den heut. MSt. (u. Ägypten; 1979 suspendiert). – **Ziel:** Förderung d. Wirtschafts- und Handelsinteressen der MSt., bes. auf dem Erdölsektor; Harmonisierung d. Rechtsvorschriften, Informationsaustausch, Ausbildungs- u. Beschäftigungshilfen f. Bürger der MSt., gemeins. Forschungsprojekte auf dem Energiesektor.
**Organe:** *Ministerrat* aus Erdölmin. (tagt mind. zweimal jährl.), *Gen.-Sekr.* (OAPEC-Sprecher) Ali Attiga, *Schiedsgericht* (geplant), *Arab Petroleum Services Company, Engineering Design Co.* Dir.: I. Ibrahim. – **Sitz:** Kuwait.
**Mitglieder** (10): [Ägypten], Algerien, Bahrein, Irak, Katar, Kuwait, Libyen, Saudi-Arabien, Syrien, UAE, Tunesien.
**Finanzierung:** In erster Linie Sonderhaush. in Form v. eigener Entw.-Hilfe (1978: 1,33 Mrd. $), überw. durch Saudi-Arabien finanziert.
**Aktivitäten:** Festlegung spezif. arab. Preispolitiken im Rahmen der → OPEC, deren Mitgl. 7 OAPEC-Staaten sind. – Techn. Forschung in Abu Dhabi (Tankerschiffbau), Werft in Algier. – Politisch ambivalent (anti-pro-Iran).

**Bibl.:** A. Maachou: L'OPAEP et le pétrole arabe, Paris 1982. [= Collection »Mondes en devenir«/Series »Worlds in Evolution« als engl. Buchausg.]

## SARC

### SÜDASIATISCHE REGIONALKOOPERATION

(South Asian Regional Cooperation)

**Gründung** nach einer vom 1981 ermordeten Staatspräs. Zia ur-Rahman/BD 1980 lancierten Idee und über 2jähr. Vorbereitungsarbeiten am 2. 8. 1983 in Delhi/IND durch Deklaration der AußMin. von 6 südasiat. Staaten.
**Ziele:** Kooperation der MSt. auf wirtschaftl., techn. u. kulturellem Gebiet; keine polit. Integrationsvorhaben. – Aktions- und Kommunikationsprogramme anhand konkret realisierbarer Einzelprojekte.
**Organe:** *Minister-* bzw. *Gipfelkonferenzen*
*Permanent Committee* der MSt.
*Group of Cooperation* (als ständige Exekutive).
**Sitz und Finanzierung:** bisher durch MSt. national bereitgestellt; mit Zuschüssen der EWG (ca. 0,3 Mrd. $) und des ASEAN wird gerechnet.
**Mitglieder** (7): Bangladesch/BD, Bhutan, Indien/IND, Malediven, Nepal, Pakistan/PAK, Sri Lanka/CL (insges. ca. 1 Mrd. Einw.).
**Aktivitäten:** Durch Ausklammern bestehender bilateraler **(politischer)** Probleme aus dem Aktionsprogramm sollen sektorale Fortschritte auf den Gebieten der Landwirtschaft (leitend: BD), Agrarentwicklung (CL), des Verkehrs (Malediven), der Kommunikation (PAK + Bhutan), Meteorologie (IND), Gesundheit u. Demographie (Nepal), bei Sport, Kultur u. Kunst (IND) sowie Wissenschaft u. Technik (PAK) durch die Koordinationsgruppe forciert werden.
Kurzfristig soll ein Daten- u. Informationsaustausch bisheriger nationaler Erfahrungen erfolgen, die ggs. Ausbildung u. Organisation v. Seminaren, der Expertenaustausch u. gemeins. techn. Studien. Langfristig sollen erfolgreiche Programme durch eine eigene Infrastruktur institutionalisiert werden.

## SPF

### SÜDPAZIFISCHES FORUM

(South Pacific Forum)

**Gründung:** 1971. Eine lockere Organisation, Veranstaltung von Tagungen seit 1971 auf wirtschaftlichem und kulturellem Gebiet.
**Mitglieder** (1984: 14): Australien, Neuseeland, Cook-Inseln, Fidschi, Kiribati, Nauru, Niue, Papua-Neuguinea, Tonga, Samoa, Salomonen, Tuvalu und Vanuatu. Daneben 3 Territorien unter US-Schutz als 1 Mitglied.
**Organe:** »South Pacific Bureau for Economic Cooperation«/**SPEC** (Sitz Suva/FIJI; *9/1972). – 200-sm-Wirtschaftszone (1977). Interims-Fischereibüro/**SPFF** in Sydney (1978).
**Aktivitäten:** Unterstützung der französ. Dekolonisierungspolitik (Neukaledonien usw., → Länderchronik Frankreich), wiederholter Protest gegen frz. Nuklearversuche auf dem Mururoa-Atoll. – Austral. Vorschlag der Schaffung einer kernwaffenfreien Zone im Pazifik (1983).

**Bibl.:** A. Papenberg: Ansätze für eine... Kooperation im Pazifischen Raum, In: IIS-Info Nr. 19/1983, 22 S.

# Weltbevölkerung – Religionen – Sprachen

## WELTBEVÖLKERUNG

| *Erdmakroregionen* | *Einwohner in Millionen (Schätzungen Mitte des jew. Jahres)* 1800 | 1900 | 1960 | 1981 | *Anteil an der Weltbevölkerung in %* 1960 | 1981 |
|---|---|---|---|---|---|---|
| **Europa** ohne Russ. Reich/UdSSR u. Türkei | | 308 | 425 | 485 | 14,1 | 10,8 |
| – davon EG-Staaten (10) | 187 | – | – | [272] | – | [6,0] |
| **Sowjetunion** (1800/1900 Russ. Reich) | | 115 | 214 | 268 | 7,1 | 5,9 |
| **Nordamerika** mit Hawaii, ohne Mexiko | 24 | 81 | 199 | 250 | 6,6 | 5,5 |
| **Lateinamerika** (Mittel- und Südamerika) | | 63 | 212 | 373 | 7,0 | 8,3 |
| **Afrika** | 90 | 120 | 276 | 484 | 9,2 | 10,7 |
| **Asien** ohne Russ. Reich/UdSSR, mit TR | 602 | 857 | 1668 | 2625 | 55,5 | 58,2 |
| – davon VR China | | | [682] | [1008] | [22,6] | [22,4] |
| **Ozeanien** ohne Hawaii | 2 | 6 | 16 | 23 | 0,5 | 0,5 |
| **Erde insgesamt** | **906** | **1550** | **3010** | **4508** | **100,0** | **100,0** |

[1] Angaben nach »Demographic Yearbook«, UNO-Publ., jährl. New York, WA '60/39

### Agglomerationen

Einwohnerzahlen der derzeit 40 größten Agglomerationen der Welt (die weit über 1000 autonome Städte/Gemeinden umfassen). Angaben bzw. Schätzungen **in Millionen Einwohnern aus den Jahren 1983–1984.** Aufgrund großer Abgrenzungsschwierigkeiten und mangelnden Datenmaterials sind die Angaben unsicher und nur bedingt vergleichbar.

29 **Tokio**
20 **New York** (-Hartford)
18 **Ciudad de México**
17 **Osaka** (-Kioto-Kobe)
14 **São Paulo**
13 **Seoul**[-Incheon]; **Kalkutta**
12 **Kairo; London; Los Angeles; Moskau; Shanghai**[1]
11 **Rhein-Ruhr-Agglomeration; Buenos Aires**
10 **Bombay; Paris; Rio de Janeiro**
9 **Jakarta; Peking** [Beijing] **Chicago-Milwaukee**
8 **Manila** (and. Angaben 5 bzw. 11)
7 **Tientsin** [Tianjin]; **Teheran**
6 **Nagoja; Karatschi; Delhi; Hongkong; Tschungking** [Chongquing; 1976][1]; **Bangkok; Lima; Lagos**
5 **Bogota; Philadelphia; Randstad; Holland; Madrid; Istanbul; Leningrad; Kanton** [Guangzhou][1]; **Washington D. C.-Baltimore; Manchester-Liverpool; Kinshasa** [-Brazzaville]

[1] Bei chinesischen Städten sind große Landgebiete enthalten.
*Quellen:* Kümmerly + Frey/Rand McNally/Westermann; floridoc-Weltarchiv, Bearb. H.-J. Grassl

### Analphabeten

einschließlich »Semi-Analphabeten« gemäß UNESCO-Werten bzw. extrapolierten Ziffern

| | *1950* | *1960* | *1970* | *1980* | *um 1990* | *um 2000* |
|---|---|---|---|---|---|---|
| Weltanzahl in Millionen | 1107,5 | 1153,6 | 760,0 | 814,0 | ca. 884,0 | ca. 900,0 |
| Anteil an der Weltbevölkerung | 44,3% | 39,0% | 32,9% | 28,6% | ca. 25,7% | ? |

## Kindersterblichkeit

im ersten Lebensjahr/zwischen 1 und 4 Jahr(en) pro 1000 Lebendgeburten

| | | | |
|---|---|---|---|
| 1. Mittleres Afrika | 173[1] / 30 | 8. Südwestasien | 115 / 10 |
| 2. Westafrika | 161 / 30 | 9. Tropisches Südamerika | 99 / 7 |
| 3. Ostafrika | 145 / 35 | 10. Mittelamerika | 6 / 56 |
| 4. Mittleres Südasien | 136 / 14 | 11. Gemäßigtes Südamerika | 72 / 3 |
| 5. Südliches Afrika | 118 / 30 | 12. Ostasien | 58 / 2 |
| 6. Südostasien | 116 / 8 | 13. Ozeanien | 28 / 1 |
| 7. Nördliches Afrika | 115 / 10 | 14. Europa, UdSSR, Nordamerika | 20[2] / 1 |

[1] Maximalangabe: Obervolta (Burkina-Faso) 218,8 [2] Minimalangabe: Schweden 7,0

*Quelle:* UNICEF-Nachrichten 107/1981 nach WHO (versch. Erhebungen), UN-Demograph. Jb 1981, Tab. 9.

## Ausgewählte Todesursachen 1978 in 14 Ländern

Todesursachen aufgrund einiger häufiger Krankheiten und (Selbst-)Verletzungen je 100000 Einwohner

| Staat (8. revid. Internat. UN-Code) | Herz und Kreislauf (27+28) | durch Geburten (43+44)* | Bösartige Tumoren (19) | Diabetes mellitus (21) | Lungenentzündung (32) | Unfallfolgen (47+48) | Selbstmord (49+53) |
|---|---|---|---|---|---|---|---|
| BR Deutschland | 252 | 737 | 253 | 28 | 24 | 49 | 21** |
| DDR | 286 | 690 | 221 | 33 | 18 | 59 | ? |
| Österreich | 308 | 703 | 252 | 18 | 33 | 69 | 26** |
| Schweiz | 162 | 341 | 218 | 19 | 18 | 47 | 25 |
| Costa Rica | 43 | 838 | 67 | 11 | 17 | 44 | 5 |
| Guatemala | 9 | 2111 | [0] | 5 | 90 | 66 | ? |
| Israel | 186 | 691 | 128 | 10 | 18 | 29 | 6** |
| Italien | 190 | 1072 | 204 | 22 | 21 | 43 | 6 |
| Japan | 56 | 388 | 132 | 9 | 25 | 26 | 18** |
| Kanada | 222 | 503 | 158 | 12 | 20 | 48 | 15 |
| Kuwait | 60 | 1052 = **1977** | 30 | 5 | 41 | 59 | [0] |
| Polen | 113 | 984 | 158 | 12 | 25 | 55 | 11** |
| Schweden | 413 | 321 | 242 | 15 | 34 | 47 | 21 |
| UK (Großbritannien) | 319 | 610 | 194 | 5 | 64 | 56 | 5 |
| USA | 302 | 661 | 182 | 16 | 25 | 48 | 13 |

* Bemessungsgrundlage: bei 100000 Lebendgeborenen; [] = unzureichende statistische Menge; ** = 1980

*Quelle:* Demographic Yearbook 1981 (UNO, New York 1983), Tabelle 15 (kumuliert und gerundet).

## Naturkatastrophen-Opfer 1970–1982

Ausgewählte Staaten (insgesamt Betroffene in Klammern); Opfer von Hunger- und Dürrekatastrophen wegen nicht exakt erfaßbarer Zeiträume nicht aufgeführt (z. B. Indien und Sahel-Zone)

**Europa, Nahost und Nordafrika**

| | | | |
|---|---|---|---|
| 1982 | Nordjemen | Erdbeben | 3000 † (300000) |
| 1982 | Südostspanien | Überschwmmg. | 20 † ( 20000) |
| 1980 | Algerien | Erdbeben | 3800 † ( 35000) |
| 1980 | Italien (Mezzog.) | Erdbeben | 4000 † (344000) |
| 1979 | Jugoslawien | Erdbeben | 100 † ( 81000) |
| 1977 | Iran | Erdbeben | 10000 † (100000) |
| 1976 | Türkei | Erdbeben | 3800 † ( 55000) |

**Asien und Lateinamerika**

| | | | |
|---|---|---|---|
| 1982 | Brasilien | Überschwmmg. | 1200 † ( 120000) |
| 1981 | Zentralchina | Überschwmmg. | 3000 † (1500000) |
| 1977 | Indien | Wirbelsturm | 25000 † (2000000) |
| 1976 | China VR | Erdbeben | 200000–600000 † |
| 1976 | Guatemala | Erdbeben | 220000 † (1600000) |
| 1970 | Bangladesch | Wirbelsturm | 225000 † ( 600000) |
| 1970 | Peru | Erdbeben | 70000 † ( 950000) |

*Quellen:* WA '70–WA '84; UNICEF Nachrichten Nr. 109-81/3, 9; Meyers Großes Jahreslexikon, Band 5–10.

## Flüchtlinge und Vertriebene 1983

nach Aufnahmestaaten, Anzahl und Herkunftsländern; neueste UNHCR-Daten in Klammern

| | | |
|---|---|---|
| **Europa** (1/83) | | |
| Belgien | 21000 | (versch.) |
| Deutschland BR | 100000 | (Asien, Afrika) |
| Frankreich | 150000 | (versch.) |
| Großbritannien | 150000 | (EAU, H usw.) |
| Italien | 14000 | (versch.) |
| Niederlande | 14000 | (versch.) |
| Österreich | 29000 | (Polen usw.) |
| Portugal | 8000 | (versch.) |
| Spanien | 24000 | (versch.) |
| Schweden | 20000 | (Vietnam usw.) |
| Schweiz | 42000 | (versch.) |
| **Nah- u. Mittelost** | | |
| Ägypten (10/83) | 6000 | (versch.) |
| Cypern *1982* | 500000 | (ETH) |
| Gaza-Streifen *1982* | 363006 | (Palästina) |
| Iran (1/83) | 1600000 | (versch.) |
| Jordanien *1982* | 699553 | (Palästina) |
| Syrien *1982* | 230830 | (Palästina) |
| Westjord. (israel. bes.) | 317614 | (Palästina) |
| **Afrika** (12/83) | | |
| Algerien | 167000 | (DARS) |
| Angola | 96000 | (ZR, SWA, RSA) |
| Äthiopien | 11000 | (Sudan) |
| Botswana | 5000 | (Zimbabwe) |
| Burundi | 214000 | (RU, Z) |
| Dschibuti | 30000 | (ETH) |
| Gabun | 30000 | (Tschad) |
| Lesotho | 11600 | (RSA) |
| Nigeria | 6000 | (Tschad) |
| Ruanda | 49000 | (Südwestuganda) |
| Sambia | 89000 | (Angola, Zaïre) |
| Simbabwe | 20200 | (Mosambik) |
| Somalia | 700000 | (ETH/Ogaden) |
| Sudan | 649000 | (ETH, EAU, Z) |
| Swasiland | 7000 | (RSA) |
| Tansania | 159000 | (RU, ZR) |
| Uganda | 116000 | (RU, ZR) |
| Zaïre | 300000 | (Ang., EAU, RU) |
| Zentralafr. Rep. | 9000 | (Tschad) |
| **Asien** (1983) | | |
| Bangladesch | 22528 | (Pakistan) |
| Burma | 50000 | (Indochina) |
| China (VRC) | 272000 | (Indochina) |
| Hongkong | 13000 | (VN, VRC) |
| Indonesien | 13000 | (Indochina) |
| Laos *1981* | 450000 | (Indochina) |
| Malaysia | 10000 | (RP, VN, K) |
| Pakistan | 2800000 | (AFG, BD) |
| Philippinen | 19000 | (Vietnam) |
| Thailand | 138000 | (K, LAO, VN) |
| Vietnam | 28000 | (Indochina) |
| **Lateinamerika** (1/83) | | |
| Argentinien | 12000 | (versch.) |
| Brasilien | 6000 | (versch.) |
| Costa Rica (8/82) | 15000 | (ES, GCA, C) |
| Guatemala (12/82) | 500000 | (El Salvador) |
| | + 70000 | (versch.) |
| Honduras | 35000 | (El Salvador) |
| Mexiko | 160000 | (ES, GCA) |
| Nicaragua | 19000 | (El Salvador) |
| Venezuela | 18000 | (El Salvador) |
| **Nordamerika** (1/83) | | |
| Kanada | 353000 | (versch.) |
| USA | 1000000 | (VN, SU, VRC) |
| **Ozeanien** (1/83) | | |
| Australien | 317000 | (versch.) |
| Neuseeland | 11000 | (versch.) |

**Die Gesamtanzahl der (auf Rückkehr aktuell wartenden) Flüchtlinge verringerte sich laut UNHCR von 17 Millionen (1981) auf ca. 10 Millionen (1984).**

Die Gesamtzahl von Flüchtlingen je Erdregion und auf der Erde insgesamt differiert von der Summe der bei den Ländern gemachten Angaben, da UNICEF, UNHCR, UNRWA usw. versch. Berechnungsmodi anwenden.

*Quellen:* UNHCR: Refugees (Genf), UNHCR Informationsdienst (Bonn), UNICEF Nachrichten (New York), Unicef prisma (Köln), Minority Rights Group Report (London), eigene Berechnungen (floridoc-Weltarchiv) 1984.

## Daueraufnahme von Indochina-Flüchtlingen in Drittländern

Zählt man die Aufnahmen »neuer Kamputscheaner« (d. h. seit 1980 geflohene Kamputscheaner) mit, so ist Ende Oktober 1983 die Gesamtzahl der seit 1975 in Drittländer übergesiedelten Indochina-Flüchtlinge auf 1170076 angestiegen. Darunter befanden sich 535526 Bootflüchtlinge (in Klammern) und 122386 »neue Kamputscheaner«.

**Führende Aufnahmeländer**

| | | | | | | | | |
|---|---|---|---|---|---|---|---|---|
| USA | 600271 | (332623) | BR Deutschland | 22598 | (17916) | Neuseeland | 6770 | (2876) |
| Frankreich | 108163 | ( 16455) | Großbritannien | 16426 | (15304) | Niederlande | 5443 | (5143) |
| Kanada | 96680 | ( 59417) | Hongkong | 9609 | ( 486) | Belgien | 4535 | (1426) |
| Australien | 91505 | ( 62975) | Schweiz | 8492 | ( 4765) | Italien | 3249 | (2119) |

*Quelle:* UNHCR Informationsdienst 1983

# DIE WICHTIGSTEN RELIGIONEN UND SEKTEN

| *Religionsfamilie bzw. Sektenbezeichnung* | | *Schätzungen in 1000 Maximal-S.* | *Minimal-S.* | *Hauptverbreitungsgebiete* |
|---|---|---|---|---|
| **Christliche Religionen** *(insgesamt)* | | **1150000** | **997500** | **Europa und (beide) Amerika** |
| *Katholiken:* | ganz überwieg. röm.-kathol. | 794380[1] | 597560 | Südeuropa und Lateinamerika |
| *Protestanten:* | Lutheraner | 75000[2] | 341000 | Nordeuropa und Nordamerika |
| | Anglikaner | 55000[2] | | England und Commonwealth |
| | Reformierte, Freikirch. usw. | 200000 | | Nordamerika und Nordeuropa |
| *Orthodoxe:* | ganz überwieg. griech. u. russ. | 100000[3] | 76400 | GR, CY, SU, RO, BG, USA |
| *Mormonen:* | Ki. J. Chr. d. Hl. d. Letzten Tage | 6000 | 5000[4] | USA (Utah); Südamerika |
| **Islam (Muslime) sowie islamähnliche Gemeinschaften** | | | | **Vorderasien und Nordafrika** |
| *Sunniten* | | 400000 | 350000 | (→ Tabelle nächste Seite) |
| *Schiiten* (12er, 7er u. 5er Sch.) | | 90000[5] | 86300[5] | zu 95% in 7 asiat. Staaten |
| *Wahabiten* u. a. Sekten | | 105000 | 95000 | Saudi-Arabien |
| *Drusen* (pseudo- bzw. vor-)islam. Sekte | | 180 | 160 | Libanon, Syrien, Israel |
| *Sikh* (Mischgemeinschaft Hindu/Muslime) | | 10000 | 9000 | Nordwestindien (Pandschab) |
| *Baha'i* (ursprüngl. schiitischer Islam) | | 400[6] | 260 | Iran (300), Afrika, USA, BRDtld. |
| **Asiatische Einzelreligionen (ohne theolog. Zusammengehörigkeit)** | | | | **Festlandasien** |
| *Konfuzianer* | | 310000 | 156070 | China (insges. zu 90% Asien) |
| *Taoisten* | | 31286 | 31243 | China (insges. zu 90% Asien) |
| *Buddhisten* (Mahajana, Hinaj., Lamaismus) | | 300000 | 254870 | Ost-, Südost- u. Zentralasien |
| *Hindus* | | 518794 | 477990 | Indien (insges. zu 90% Asien) |
| *Shintoisten* (japanische Naturreligion) | | 61156 | 57160 | Japan |
| *Dschainas* (Jainisten, Jinisten) | | 2600 | 2500 | Indien |
| *Zoroastrier* (Parsen) | | 271 | 250 | Iran |
| **Juden** | | **16821[7]** | **14340** | **zu 50% in den USA; Israel;** |
| Anhänger der jüdischen Rel. inner- u. außh. Israels | | | | daneben v. a. Eur. u. Lat.-Am. |
| **»Neue Religionen«** (einschl. Sekten mit nichttheolog. Ursprung)[8] | | | | Indien, Nordamerika, Europa |
| *Ananda Marga* (Yoga-Schule) | | 3000 | 2000 | Indien |
| *Bhagwan Shree Rajneesh* (ehem. Poona) | | 200 | 180 | Indien, USA |
| *Divine Light Mission* (Guru Maharaj Ji) | | 8000 | 400 | USA (Colorado), Indien |
| *Hare Krischna*-Bewegung (ISKCON) | | 10 | 8 | USA, Indien, Europa |
| *Kinder Gottes* (Familie der Liebe) (*»MO«*) | | 70 | 8 | CDN, Europa |
| *Scientologisten* (in Dtl. Dianetic) | | 6500 | 1000 | USA, GB, Mitteleuropa |
| *Transzendentale Meditation* (Weltplanrat) | | 2000 | 1800 | Indien, Schweiz |
| *Vereinigungskirche* (Moon-Sekte) | | 2000 | 500 | USA, Korea, Mitteleuropa |

**Alle Angaben mit großem Unsicherheitsfaktor:** Nur knapp zwei Drittel der Weltbevölkerung sind in Statistiken oder durch Schätzungen erfaßt. Außerdem sind Mehrfachnennungen möglich. In Ostasien kann ein Gläubiger z. B. gleichzeitig Buddhist und Konfuzianer oder Buddhist und Shintoist sein. – Schrumpfungsprozesse traditioneller Religionen zugunsten der großen Weltreligionen und religionsähnlicher Ideologien sind universell kaum statistisch erfaßbar.

**Absolute Schätzungen** und offizielle Angaben nach *Calendario Atlante de Agostini 1984, Brockhaus* und *Meyers* Enzyklopädien sowie den in den Fußnoten genannten Quellen.

*Quellenangaben* soweit nicht bereits oben genannt:

1 *Annuarium Statisticum Ecclesiae 1981* (= 1983) (→ auch Karte vor Titelblatt)
2 *Lutherischer Weltbund* 1983; einschl. der nicht dem Weltbund Angeschlossenen.
3 Bei Berücksichtigung abnehmender Gläubigenzahl in der UdSSR weniger.
4 *Church Almanac* 1983 (Salt Lake City/Utah)
5 *Kayhan International Teheran* 1978 (Abdruck im SPIEGEL Nr. 50/1978), vgl. Tabelle Sp. 689/690.
6 Gemäß Angaben des »Nationalen Geistigen Rates der Baha'i in Dtld.«, 6238 Hofheim 6 (für 1983).
7 *American Jewish Yearbook* 1983 (davon ca. 2600000 in der UdSSR). – Gemäß der St. Galler Diss. von *Daniela Bland-Spitz* (»Die Juden und die jüdische Opposition in der Sowjetunion«) ist hier das Kriterium »Bekenntnis« gekoppelt an das der »Nationalität«, ohne daß notwendigerweise das jüd. Bekenntnis ausgeübt wird.
8 *DIE WOCHE* – Das Informations-Magazin der Schweiz, Nr. 16/17, 1981 sowie *stern* u. *SPIEGEL* 1983.

## Anteil der Muslime an der Gesamtbevölkerung ausgewählter Staaten

Angaben in Prozent – Stark widersprechende Quellen – Verhältnis Sunniten/Schiiten nur Zirkawerte

| | *Sunniten* | *Schiiten* | | *Sunniten* | *Schiiten* | | *Sunniten* | *Schiiten* |
|---|---|---|---|---|---|---|---|---|
| Saudi-Arabien . | 98 | | Tunesien . . | 95,4 | | Malaysia . . . | 50–90 | |
| Jemen (bd. Staaten) | 99 | | Kuwait . . . | 67 | 25 | Tschad . . . . | 50–60 | |
| Katar . . . . . | 49 | 50 | Dschibuti . . | 94 | | Albanien . . . | 50 | |
| Oman . . . . . | 95 | 5 | Irak . . . . . | 48 | 45 | Äthiopien . . . | 40 | |
| Mauretanien . . | 99,4 | | Iran . . . . . | 5–10 | 85,5–94 | Libanon . . . . | 14 | 15 |
| Algerien . . . . | 98,8 | | Indonesien . | 88–90 | | Sierra Leone . . | 33 | |
| Afghanistan . . | 90 | 10 | Bahrain . . . | 45 | 45 | Israel . . . . . | 12 | |
| Ägypten . . . . | 91 | | Syrien . . . | 80 | | Jugoslawien . | 16,5 | |
| Türkei . . . . . | 98 | | Niger . . . . | 85–87 | | Indien . . . . | 7–8 | 2,7 |
| UAE . . . . . | 67 | 30 | Gambia . . . | 80–85 | | Israel . . . . . | 10 | |
| Jordanien . . . | 92 | 3 | Bangladesch | 80 | | Sowjetunion ca. | 8 | 1,2 |
| Libyen . . . . | 97 | | Senegal . . . | 75–80 | | Bulgarien . . . | 9 | |
| Pakistan . . . | 77 | 10 | Sudan . . . | 60 | | Philippinen . . | 5–9 | |
| Somalia . . . . | 99 | | Mali . . . . | 60–75 | | VR China . . . | 5–6 | |
| Marokko . . . | 95,4 | | Guinea . . . | 60 | | Frankreich . . | 2,3 | |

*Quellen:* Kayhan Int. Teheran 1978; Arabien-Ploetz, 1978; Aktuelle Jro Landkarte 1981, Globus-K. 4348/1982.

## DIE WICHTIGSTEN SPRACHEN DER WELT

Soziolinguisten und Archäologen haben insgesamt 6760 verschiedene Sprachen erforscht, von denen 3970 bereits ausgestorben sind. Die folgende Tabelle zeigt 20 verbreitete von gegenwärtig noch 2790 »lebenden« Sprachen auf. **Die Klassifizierung der afrikanischen Sprachen ist kontrovers.**

| *Sprache* | *Sprecheranzahl in Millionen* Muttersprachler **M** | + Zweitspr. | *Hauptverbreitungsgebiete* **(für Europa → nächste Seite)** |
|---|---|---|---|
| 1. **Chinesisch** [m. allen Var.][1] . | ca. 900 | 920 | beide China; andere südostasiat. Staaten |
| 2. **Englisch** . . . . . . . . . | 320 | 390 | Europa, Nordamerika, AUS + NZ + RSA |
| 3. **Spanisch** . . . . . . . . . | 210 | 250 | Spanien und Lateinamerika (ohne Brasilien) |
| 4. **Hindi** (ohne/mit Hindustan) | 180 | 245 | Indien und Pakistan |
| 5. **Russisch** . . . . . . . . . | 145 | 270 | gesamte Sowjetunion, Osteuropa |
| 6. **Arabisch** [m. allen Dialekten] | 130 | 151 | Vorderasien und Nordafrika |
| 7. **Portugiesisch** . . . . . . . | 115 | 148 | Portugal, Brasilien, Angola, Mosambik usw. |
| 8. **Bengali** (Ost-Neuindo-Arab.) | 120 | 147 | Bangladesch, (Ost-)Indien, Pakistan |
| 9. **Deutsch** . . . . . . . . . . | 110 | 119 | Europa, Nord- und Süd-Amerika, SWA |
| 10. **Japanisch** . . . . . . . . . | 110 | 118 | Japan und Hawaii (USA) |
| 11. **Sudan-Guinea-Sprachen**[2] | | über 100 | Mittel-Afrika |
| 12. **Französisch** . . . . . . . . | 90 | 280 | Westeuropa, Ostkanada, 33 afrikan. Staaten |
| 13. **Bantu** (ca. 150 Dialekte) . . . | 70 | 80 | Mittel- und südl. Afrika |
| 14. **Italienisch** . . . . . . . . | 60 | 65 | Europa, Äthiopien, Libyen, Somalia |
| 15. **Javanisch**/Indonesisch . . . | 55 | 147 | Indonesien [= Staatsspr. »Bahasa Indon.«] |
| 16. **Koreanisch** . . . . . . . . | 55 | 59 | Nord- und Süd-Korea |
| 17. **Telugu** (Dravidisch) . . . . | 54 | 59 | Südindien |
| 18. **Tamil** (Dravidisch) . . . . . | 50 | 58 | Südindien, (Nord- und Ost-)Ceylon |
| 19. **Suaheli** (Kiswaheli) . . . . | — | über 50 | Ost- und Zentralafrika |
| 20. **Pandschabi** (indoarisch) . . | 50 | 64 | Indien und Pakistan |
| **Esperanto** . . . . . . . . . | — | 3 | weltweit (bes. in Kleinstaaten u. Osteuropa) |
| **Lateinisch** . . . . . . . . . | — | 1 | weltweit (bes. Europa u. kathol. Welt) |

[1] Kanton, Mandarin, Min, Wu usw. – [2] Sprachengruppe

## 50 verbreitete Muttersprachen Europas nach ihrer Sprecherzahl

Schätzungen in Tausend; Verbreitungsgebiet nach Staaten* (Hauptverbreitungsgebiete halbfett)

| | | | |
|---|---|---|---|
| 1. | **Russisch** (nur europäische Sowjetunion)[1] | 101000 | **SU** (alle europäischen Unionsrepubliken) |
| 2. | **Deutsch** mit regionalen Varianten[2] | 92000 | in 16 europäischen Staaten[3] |
| 3. | **Englisch** mit den regionalen Varianten | 59000 | **UK,** IRL, GBG, GBJ, GBM, GBZ, M, CY |
| 4. | **Französisch** (ohne Okzitanisch) | 55000 | **F,** B, CH, I, L, MC, GBG, GBJ |
| 5. | **Italienisch** mit regionalen Varianten[2] | 53000 | **I,** CH, F, YU, M, RSM, SCV, MC |
| 6. | **Ukrainisch**[1] (einschl. Ruthenisch, ostslaw.) | 35000 | **SU,** CS, PL, YU (Ruthenisch), R |
| 7. | **Polnisch**[1] (westslaw.) | 34000 | **PL,** SU, CS; (150000 Flü. in Westeur.) |
| 8. | **Spanisch** (Kastilianisch) | 24000 | **E** (Zentral- und Südspanien), P (Miranda) |
| 9. | **Rumänisch** (mit Moldauisch u. Aromunisch) | 22000 | **R,** YU, SU, AL, BG, H, GR (Thrakien) |
| 10. | **Niederländisch** (Holländisch und Flämisch)[2] | 19000 | **NL,** B, F |
| 11. | **Serbisch/Kroatisch** (westslaw.) | 17000 | **YU,** H, A (Burgenland), R, I (Molise) |
| 12. | **Ungarisch** (Madjarisch) (Ugrische Spr.) | 14000 | **H,** R, CS, YU (Vojvodina), SU, A (Burgenland) |
| 13. | **Portugiesisch** (ohne Galicisch in Spanien) | 10000 | **P** (davon 10% in F), L (2./3. Generation) |
| 14. | **Tschechisch** (westslaw.) | 9700 | **CS,** YU, (SU), R |
| 15. | **Neugriechisch**[2] | 9500 | **GR,** CY, SU, TR, AL, R, BG, I (Apulien) |
| 16. | **Schwedisch** | 8500 | **S,** SF (bes. Südwesten u. Åland-Inseln) |
| 17. | **Bulgarisch** (ohne Mazedonisch; südslaw.) | 8300 | **BG,** SU, YU, GR, R, TR |
| 18. | **Weißrussisch** (Bjelorussisch; ostslaw.)[1] | 6708 | **SU** (Weißrußland), PL |
| 19. | **Katalanisch** (ohne Campidanes./Sardinien)[2] | 5700 | **E,** F, AND (dort Staatsspr.), I (Alghero) |
| 20. | **Tatarisch** (westl. Turksprache)[1] | 5426 | **SU** (Tatarische u. Baschkir. ASSR), R, BG, PL, T |
| 21. | **Dänisch** (ohne Färingisch) | 5000 | **DK** (mit Grönland), D (Schleswig) |
| 22. | **Slowakisch**[1] (westslaw.) | 4500 | **CS,** H, YU, PL, SU (Ukrainische SSR) |
| 23. | **Finnisch** (Finno-ugrische Sprache) | 4600 | **SF,** SU, S, N |
| 24. | **Türkisch** (nur europäische Türkei) | 4300 | **TR,** CY, BG, GR, YU (üb. 1 Mill. in D) |
| 25. | **Norwegisch** (Bokmål und Nynorsk) | 4090 | **N** (Bokmål im Osten, Nynorsk im Westen) |
| 26. | **Albanisch** (Skiptar und Arbëreshe)[2] | 3600 | **AL,** YU, GR, I, R, BG, SU, TR |
| 27. | **Litauisch**[1] (Baltische Sprache) | 2545 | **SU** (Litauen), PL |
| 28. | **Galicisch** (ohne Portugiesisch) | 2500 | **E** (Nordwestspanien: Galicien) |
| 29. | **Slowenisch** (mit reg. Varianten; südslaw.)[2] | 2000 | **YU,** I (Jul.-Venetien), A (Kärnten), H |
| 30. | **Okzitanisch** mit Provenzalisch u. a. Varianten | 2000 | **F,** I, E (Val d'Aran); **(unsichere Angabe)** |
| 31. | **Mazedonisch** (ohne Bulgarisch; südslaw.)[1] | 1500 | **YU,** GR, BG |
| 32. | **Tschuwaschisch**[1] (wolga-bulgar. Turksprache) | 1431 | **SU** (Tschuwaschische u. a. ASSR) |
| 33. | **Lettisch**[1] (Baltische Sprache) | 1357 | **SU** (Lettland) |
| 34. | **Sardisch** (Logudoresisch u. Campidanesisch) | 1000 | **I** (Sardinien ohne Nordküste) |
| 35. | **Mordwinisch**[1] (Mokscha und Erza) (finno-ugr.) | 864 | **SU** (Mordwinische u. a. ASSR; Wolgagebiet) |
| 36. | **Estnisch**[1] (Finno-ugrische Sprache) | 960 | **SU** (Estland, Lettland) |
| 37. | **Bretonisch** (keltische Sprache) | 900 | **F** (Westbretagne) |
| 38. | **Baschkirisch**[1] (nordwestl. Turksprache) | 919 | **SU** (Baschkirische und Tatarische ASSR) |
| 39. | **Baskisch** (Euskara) | 720 | **E** und F (Baskenland/Euskadi) |
| 40. | **Jiddisch** (dt.-poln.-hebräische Mischsprache) | 700 | **SU,** R, H, PL, CS, A, YU, F, UK, B, I, D |
| 41. | **Romanisch** (Friulan., Ladin. u. Romantsch)[2] | 600 | **I** (Friaul, Trent.-Südtir.), CH (Graubünden) |
| 42. | **Votjakisch**[1] (Udmurtisch) (finno-ugr. Spr.) | 580 | **SU** (Votjakische ASSR) |
| 43. | **Walisisch** (Kymrisch, keltische Sprache) | 540 | **GB** (Wales) |
| 44. | **Tscheremissisch**[1] (Finno-ugrische Sprache) | 550 | **SU** (Tscheremissische ASSR) |
| 45. | **Zigeunerisch** (Sinti- u. a. Roma-Sprachen) | 500 | **H,** BG, R, SU, CS, DDR, D, PL, YU usw. |
| 46. | **Syrjänisch und Permjakisch**[1] (Komi u. a.) | 366 | **SU** (Syrjänische ASSR) |
| 47. | **Maltesisch** (Arab.-sizilian. Mischsprache) | 330 | **M** |
| 48. | **Friesisch** (West-, Nord-, Ostfriesisch) | 310 | **NL,** D (in D nur einige Tausend) |
| 49. | **Isländisch** (altnordgermanische Sprache) | 230 | **IS** |
| 50. | **Gagausisch**[1] (osman.-türk. Dial./Turksprache) | 161 | **SU** (Moldauische u. Ukrain. SSR), BG, R |

* Abkürzungen gem. den auf Sp. 33ff. abgedruckten Staatenabkürzungen
[1] S. I. Bruk: Etnodemograficeskie processy v SSSR, in: Istorija SSSR 1980, Nr. 5, 24–47
[2] J. U. Clauss, Sprachminderheiten in den EG-Staaten am Beispiel von Italien und Belgien, Florenz 1980 ([2]1982)
[3] Deutschsprachige vgl. im Staatenteil unter: A, B, CH, CS, **D**, DDR, DK, F, FL, H, I, L, PL, R, SU, YU.

**Die Gesamtzahl der in Europa gesprochenen Sprachen beläuft sich auf ca. 120.**

# Wirtschaft

Für alle folgenden Produktionstabellen gilt: Die Zahlen für 1983 sind z. T. vorläufig und beruhen auf offiziellen Schätzungen, z. B. der UNO oder FAO; wenn nicht anders erwähnt, BR Deutschland stets einschl. Berlin (West), Großbritannien einschl. Nordirland, Südafrika einschl. Bophuthatswana, Ciskei, Transkei und Venda.

Die **Entwicklung der Weltwirtschaft** war 1983 durch die *Überwindung der schweren Rezession gekennzeichnet,* die seit 1980/81 die wirtschaftliche Situation geprägt hatte. Bereits Ende 1982 hatten sich in den USA Anzeichen für ein neues Wirtschaftswachstum gezeigt, und im Lauf des Jahres 1983 griffen die Aufschwungtendenzen verstärkt auch auf Japan, Großbritannien und die BR Deutschland über, so daß die führenden 5 Wirtschaftsforschungsinstitute der BR Deutschland in ihrem Herbstgutachten schreiben konnten: »In den westlichen Industrieländern dominieren nach 3jähriger Stagnation wieder die expansiven Kräfte.« – Die Konjunktur ging insbesondere von einer Belebung des Konsums aus und führte zu erhöhter Industrieproduktion und verbesserter Kapazitätsauslastung, dagegen in den meisten Ländern nur zu gering erhöhter Investitionstätigkeit. An der Dauerhaftigkeit des Aufschwungs auch über 1984/85 hinaus wird daher gezweifelt, zumal weltweit keine Lösung des Arbeitslosenproblems in Sicht ist.

In den **westlichen Industrieländern** (OECD-Staaten) waren die wichtigsten Kennzeichen der Wirtschaftslage 1983:

▷ Zunahme des realen Bruttosozialprodukts und der Industrieproduktion, allerdings praktisch ausschließlich durch Rationalisierung und verbesserte Kapazitätsausnutzung und somit unter Beibehaltung einer hohen Arbeitslosenquote;

▷ reales Wachstum des Außenhandels, und zwar weniger im Rohstoff- als im Fertigwarensektor;

▷ weiterhin geringe oder sogar noch sinkende Inflationsraten, begünstigt durch die Rohstoff- und Energiepreissituation, die angesichts von Überangeboten durch stabile Weltmarktpreise gekennzeichnet ist.

Besonders deutlich ist der *wirtschaftliche Aufschwung* 1983 an der Entwicklung des realen *Bruttosozialprodukts/BSP* abzulesen, das sich in allen OECD-Ländern zusammen um 2% erhöhte (1982: −0,5%). Die Entwicklung betrug 1983 (1982) u. a.: USA +3,5 (−1,9)% – Kanada +3 (−4,4)% – Japan +3 (+3,3)% – Großbritannien +3 (+2,3)% – BR Deutschland +1,3 (−1,1)% – Niederlande +1 (−1,6)% – Frankreich 0 (+1,6)% – Italien −1,5 (−0,3)% – Schweiz −0,5 (−1,2)%. (Die negativen Werte beziehen sich auf Staaten, in denen die Konjunktur sich erst in der 2. Jahreshälfte erholte, so daß hier erst für 1984 ein Wachstum deutlich wird.)

Trotz der günstigen Wirtschaftsentwicklung konnte sich das *Realeinkommen* der Bevölkerung in den meisten Staaten im Durchschnitt kaum erhöhen, da die hohen Arbeitslosenquoten Einkommensanstiege stark bremsten. Demgegenüber trugen die Erfolge der *Inflationsbekämpfung* zur Stabilisierung der Realeinkommen bei. Im OECD-Bereich sank die *Inflationsrate* 1983 mit 5,3% auf den niedrigsten Stand seit 1972 (1982: 7,8% – 1980 noch 12,9%). Die *Zunahme der Verbraucherpreise* betrug Dez. 1982–Dez. 1983 u. a.: Japan 1,8% – Schweiz

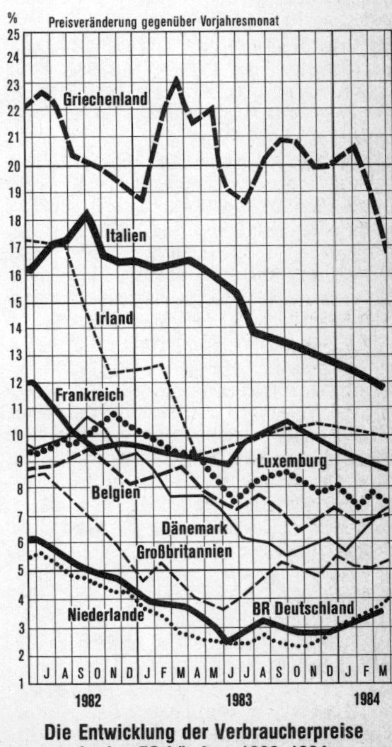


**Die Entwicklung der Verbraucherpreise in den EG-Ländern 1982–1984**
(Nach »Handelsblatt«)

2,1%–BR Deutschland 2,6%–Niederlande 3,0%–USA 3,8% – Österreich 3,8% – Kanada 4,5% – Großbritannien 5,3% – Dänemark 6,0% – Belgien 7,2% – Australien 8,6% – Schweden 9,2% – Frankreich 9,3%–Spanien 12,2%–Italien 12,4%–Griechenland 20,0% – Portugal 33,9% – Türkei 37,5% – Island 84,3% (nach OECD-Angaben)
Trotz des Wirtschaftsaufschwungs erhöhten sich 1983 in den meisten Industrieländern die *Arbeitslosenquoten* weiter; sie betrugen im Jahresdurchschnitt (Anteil der Arbeitslosen an den Erwerbspersonen) in allen OECD-Ländern zusammen 8,7% (1982: 8,2%, 1980 erst 5,8%), in den EG-Ländern zusammen 10,1%. Die Zahl der Arbeitslosen in der EG betrug Ende 1983 rd. 12,7 Mill. Die *Arbeitslosenquote* erreichte z.B. folgende Werte: Japan 2,7%–BR Deutschland 7,6%–Frankreich 8,1%–USA 9,4% – Italien rd. 10% – Kanada 11,9% – Großbritannien 13,3%–Niederlande 13,7%–Belgien 14,6% (Die nationalen Zahlen weichen z.T. von diesen standardisierten Werten ab.)
Die *Leistungsbilanzen* (Außenhandel, Dienstleistungen, private und öffentliche Übertragungen) entwickelten sich für die meisten westlichen Industrieländer günstig, da die in den Vorjahren bestehenden großen *Ungleichgewichte stark verringert* werden konnten. Diese Verbesserung ging hauptsächlich auf Kosten der OPEC-Länder, deren Bilanzen sich entsprechend verschlechterten. Das *Leistungsbilanzdefizit* der *westlichen Industrieländer* betrug 1983 (1982) – 19 (– 25) Mrd. $; die Bilanz betrug im einzelnen 1983 (1982) in Mrd. $ u.a.: Japan +20,8 (+6,9) – Niederlande +4,5 (+3,2)–BR Deutschland +3,9 (+3,5)–Großbritannien +3,1 (+9,2) – Schweiz +2,5 (+3,6) – Kanada +1,3 (+2,4) – Italien +0,5 (–5,8) – Österreich 0 (+0,7) – Dänemark –1,0 (–2,3) – Schweden –1,0 (–3,5), Belgien-Lux. –1,0 (–3,0)–Spanien –3,0 (–4,2)–Frankreich –4,0 (–12,2) – Australien –5,5 (–8,6) – USA –40,8 (–11,2)
Die wirtschaftliche Situation innerhalb der **EG** besserte sich zwar 1983 auch, aber nicht so nachhaltig wie in den USA. Die EG-Kommission sprach in ihrem Jahresbericht 1983 von einer »langsamen Erholung«, die ein Wachsen des BSP von nur rd. 0,5% mit sich brachte. Insbesondere in Italien und Frankreich verzögerte sich der *Aufschwung.* Während die *Inflation* weiter zurückging, stieg die *Arbeitslosigkeit* erneut an, ohne daß eine baldige Rückkehr zur Vollbeschäftigung in Sicht wäre.

Vom 7. bis 9.6.1984 fand in *London* die **10. Weltwirtschaftskonferenz** der *7 größten westlichen Industriestaaten* statt (USA, BR Deutschland, Japan, Frankreich, Großbritannien, Kanada, Italien). Die Staats- und Regierungschefs berieten über Fragen der weiteren wirtschaftlichen Entwicklung, kamen aber zu keinen konkreten Beschlüssen,

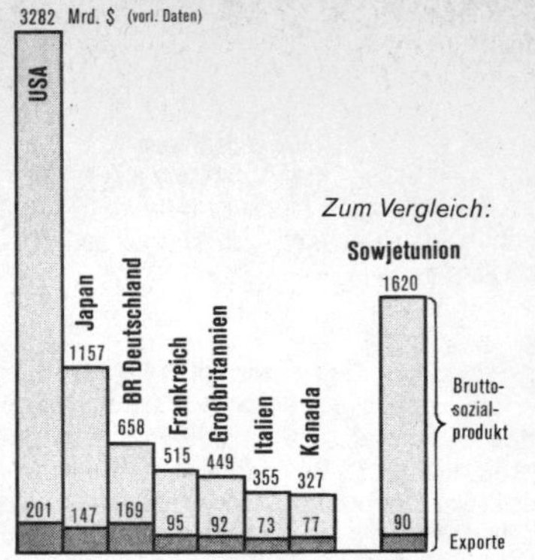


**Die Teilnehmer der Welt-Wirtschaftsgipfelkonferenzen des Westens**
Die Wirtschaftskraft der 7 größten Industriestaaten 1983

sondern bekräftigten hauptsächlich die bisherige Politik, insbesondere bezüglich der Bekämpfung der Inflation durch eine »gesunde Finanzpolitik« und der Arbeitslosigkeit durch »nachhaltiges Wachstum«.
Auch die **RGW-Staaten** (»Ostblock«) konnten 1983 eine *positive Wirtschaftsentwicklung* erzielen. Der seit mehreren Jahren anhaltende Rückgang der Wachstumsraten wurde aufgehalten, und das *Nationalprodukt* der RGW-Länder insgesamt erhöhte sich um 3,7% (1982: +2,6%). In der **UdSSR** betrug das Wachstum sogar 4,0%, während der Plan nur 3,3% vorgesehen hatte. Hohe Zuwachsraten meldeten insbesondere die *DDR* und *Polen* (allerdings nach starkem Rückgang 1982), während *Bulgarien* und *Ungarn* unterdurchschnittliche Ergebnisse aufwiesen, vor allem wegen schlechter Erträge der Landwirtschaft. Das Wirtschaftswachstum im RGW-Bereich wurde hauptsächlich von der *Industrieproduktion* getragen, die um 4,1% anstieg. Dies wird vor allem auf verbesserte Arbeitsproduktivität und

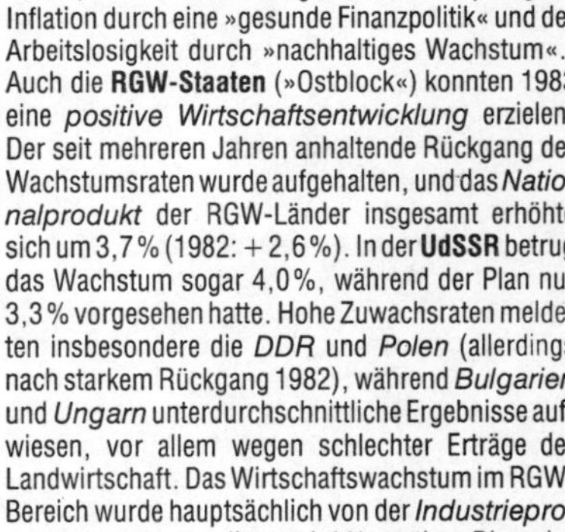


**Die Wirtschaftskraft der europäischen Ostblockstaaten 1983**

das Wirksamwerden von Rationalisierungsmaßnahmen zurückgeführt. – Zur günstigen wirtschaftlichen Situation trug auch der *Handelsbilanzüberschuß* im Warenaustausch mit den westlichen Industrieländern bei, der sich für alle RGW-Staaten auf 2,9 Mrd. $ belief. Die *Nettoverschuldung* im Westen konnte um 9,8% auf 64,5 Mrd. $ gesenkt werden. Die UdSSR allein verminderte ihre Westschulden durch erhöhte Exporte um rd. 25% auf 8 Mrd. $.

Die **Entwicklungsländer** konnten 1983, insgesamt gesehen, kaum vom wirtschaftlichen Aufschwung der Industrieländer profitieren. Ihr Wirtschaftswachstum blieb im allgemeinen niedrig, so daß sich das erwirtschaftete Sozialprodukt der meisten Entwicklungsländer kaum erhöhte, abgesehen von einigen exportorientierten »Schwellenländern« in Ost- und Südostasien. Während das jährliche Wachstum des Sozialprodukts aller Entwicklungsländer in den 60er Jahren 5,8% und in den 70er Jahren 5,2% betragen hatte, fiel es 1980–1983 auf 0,5% zurück. Allerdings darf nicht übersehen werden, daß neben dem statistisch und steuerlich erfaßten Teil der Wirtschaft gerade in vielen Entwicklungsländern die »Schattenwirtschaft« oder »Parallelwirtschaft« einen hohen Anteil ausmacht. Während der Anteil dieser illegalen bis halblegalen Wirtschaft in europäischen Industrieländern in Form von »Schwarzarbeit« meist nur 5–10% des offiziellen BSP beträgt (lediglich in Italien rd. 20%), macht er z. B. in Indien nach Schätzungen der Weltbank 48% aus und erreicht in vielen anderen Entwicklungsländern ähnliche Werte. Da die **Entwicklungsländer** in wirtschaftlicher Hinsicht nicht als eine einzige Kategorie behandelt werden können, unterteilt die Weltbank sie in

1. **»Länder mit niedrigem Einkommen«** (Pro-Kopf-Einkommen 1981 bis 400 US-$, z. B. Indien, Bangladesch, VR China, Äthiopien, Zaïre, Pakistan, Sudan),
2. **»Länder mit mittlerem Einkommen«** (Pro-Kopf-Einkommen 1981 a) über 400 bis 1650 US-$ [untere Einkommenskategorie, z. B. Kenia, Indonesien, Ägypten, Cuba, Thailand] bzw. b) über 1650 bis rd. 6000 US-$ [obere Einkommenskategorie, z. B. Rep. Korea/Süd-K., Irak, Malaysia, Mexiko, Venezuela, Brasilien]) und
3. **»Ölexporteure mit hohem Einkommen«** (Saudi-Arabien, Libyen, Kuwait, Ver. Arab. Emirate).

Insbesondere die Länder der Gruppe 2b, die vielfach als »Schwellenländer« bezeichnet werden, konnten auch 1983 ihre Situation teilweise deutlich verbessern, insbesondere durch weiteren industriellen Aufbau und Fertigwarenexporte in die Industrieländer (z. B. Rep. China/Taiwan, Singapur, Rep. Korea/Süd-Korea). Die *erdöl- und rohstoffexportierenden Länder* konnten dagegen vom wieder vermehrten Bedarf der Industrieländer nur wenig profitieren, da sich erhöhte Preisforderungen aufgrund der Überschußsituation bei den meisten Rohstoffen kaum durchsetzen ließen. Auch verhinderte die hohe Verschuldung vieler dieser Länder die Inangriffnahme neuer Entwicklungsprojekte. – Die *Entwicklungschancen der ärmsten Länder* (Gruppe 1.) blieben auch 1983 gering, zumal die Möglichkeiten und die Bereitschaft der Industrieländer zur finanziellen Hilfe durch Kredite weiter abnahmen. Hier spielt

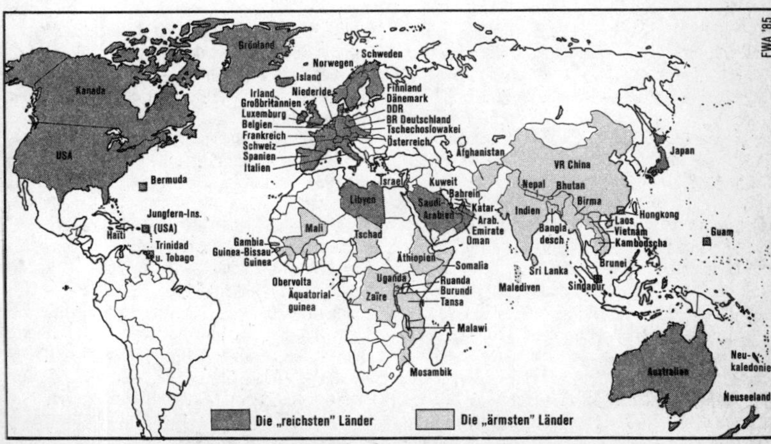


**Die »reichsten« und die »ärmsten« Länder der Erde**
Staaten mit einem Bruttosozialprodukt je Einwohner 1981 über 5000 bzw. bis 300 US-$
(Nach »Weltentwicklungsbericht 1983«)

einerseits die *Überschuldung* eine Rolle, andererseits die vielfach anzutreffende *politische Instabilität,* die Hilfsmaßnahmen wenig wirkungsvoll erscheinen läßt.
Eine nach Ländern und Weltregionen differenzierte Analyse des erwirtschafteten **Brutto-Sozialprodukts** zeigt, daß sich das *weltweite Wohlstandsgefälle* auch in den letzten Jahren *weiter vergrößert* hat. Es ergab sich *keine wesentliche Umverteilung* des globalen Sozialprodukts – mit Ausnahme des seit Mitte der 70er Jahre erfolgenden Reichtumszuwachses einiger ölexportierender Staaten.
1982 entfielen auf die *westlichen Industriestaaten* (rd. 20% der Weltbevölkerung) etwa 70% des globalen Brutto-Sozialprodukts, auf die *Entwicklungsländer* (ohne OPEC-Staaten) nur ca. 15% des BSP. Wegen nur bescheidener Zuwächse oder sogar eines Rückganges des Wirtschaftsergebnisses bei gleichzeitig meist hohem Bevölkerungswachstum ergab sich 1970–1982 für rd. 40 Entwicklungsländer sogar ein Sinken des realen Pro-Kopf-Einkommens (BSP pro Einw.).

**Brutto-Sozialprodukt** 1981 in Mrd. US-$/reale Veränderung pro Kopf 1970–1980 (nach »World Bank Atlas 1983«): USA 2946,0/+2,1% – UdSSR (1980) 1212,0/+4,1% – Japan 1186,4/+3,4% – BR Deutschland 829,6/+2,7% – Frankreich 657,6/+3,0% – Großbritannien 510,3/+1,8% – Italien 391,4/+2,5% – VR China 299,8/+4,1% – Kanada 276,2/+2,6% – Brasilien 267,7/+5,9% – Spanien 214,3/+2,6% – Indien 176,7/+1,5% – Niederlande 168,0/+2,1% – Australien 165,5/+1,3% – Mexiko 160,2/+3,1% – Polen (1980) 139,8/+5,2% – Schweden 123,8/+1,6% – DDR (1980) 120,9/+4,7% – Belgien 117,5/+2,9% – Saudi-Arabien 117,2/+9,0% – Schweiz 112,9/+0,6% – ČSSR (1980) 89,3/+4,1% – Südafrika 81,8/+0,7% – Indonesien 78,8/+4,8% – Österreich 77,1/+3,4% – Nigeria 76,2/+3,0% – Argentinien 72,1/+0,7% – Türkei 70,2/+3,0% – Dänemark 67,2%/+1,7% – Rep. Korea (Süd-K.) 66,1/+7,5% – Venezuela 65,1/+2,2% – Jugoslawien 62,9/+5,0% – Norwegen 57,6/+3,8% – Rumänien 57,0/+4,3%

Das **Brutto-Sozialprodukt je Einwohner** vermittelt ein ungefähres Bild der Einkommensverhältnisse und des nationalen Wohlstands. Die Zahlen lauten für 1981 in US-$ (nach »World Bank Atlas 1983«; nur Länder über 100000 Einw.); Katar 27720 – Verein. Arab. Emirate 24660 – Kuwait 20900 – Schweiz 17430 – Brunei 17380 – Luxemburg 15910 – Schweden 14870 – Norwegen 14060 – BR Deutschland 13450 – Dänemark 13120 – Bermuda 12910 – Island 12860 – USA 12820 – Saudi-Arabien 12600 – Frankreich 12190 – Belgien 11920 – Niederlande 11790 – Kanada 11400 – Australien 11080 – Finnland 10680 – Österreich 10210 – Japan 10080 – Großbritannien 9110 – Bahrain 8960 – Libyen 8450 – Neuseeland 7700 – DDR (1980) 7180 – Neukaledonien 7100 – Italien 6960 – Oman 5920 – ČSSR (1980) 5820 – Trinidad u. Tobago 5670 – Spanien 5640 – Singapur 5240 – Irland 5230 – Israel 5160 – Hongkong 5100 – UdSSR (1980) 4550 – Griechenland 4420 – Venezuela 4220 – Ungarn (1980) 4180 – Bulgarien (1980) 4150 – Polen (1980) 3900 – u. a. Jugoslawien 2790 – Südafrika 2770 – Portugal 2520 – Mexiko 2250 – Brasilien 2220 – Malaysia 1840 – Türkei 1540 – Elfenbeinküste 1200 – Marokko 860 – Ägypten 650 – Bolivien 600 – Indonesien 530 – VR China 300 – Indien 260 – Zaïre 210 – Äthiopien 140 – Bangladesch 140 – Tschad 110

Die **Staatsverschuldung** war 1983 wieder ein zentrales Problem der Weltwirtschaft, wobei nicht so sehr die Höhe der Schulden an sich bedenklich ist – die auch in vielen Industrieländern sehr hohe Werte erreicht –, sondern die Unfähigkeit vieler Schuldner, die geliehenen Gelder sinnvoll anzuwenden und die Kredite wieder zurückzuzahlen. So mußten beispielsweise 1983 35 Länder mit ihren Gläubigern (meist westliche Banken) Umschuldungsverhandlungen führen. – Unter den westlichen Industrieländern lag 1982 die *Staatsschuld* am höchsten (Anteil am BSP) in: Irland (103%), Belgien (98%), Italien (70%), Dänemark (64%), Großbritannien (58%), USA (56%), BR Deutschland nur 38%. – Ein großes Problem stellt die *Verschuldung der Entwicklungs- und Ostblockländer* dar, da sie den Welthandel stark behindert und vielfach die Leistungsfähigkeit dieser Länder überfordert. Anf. 1984 betrugen die *Staatsschulden der Entwicklungsländer* rd. 669 Mrd. $ (darunter Brasilien 96,5 – Mexiko 85 – Argentinien 43 – Südkorea 38,8 – Venezuela 35 – Israel 28 – Philippinen 25,4 – Indonesien 23 – Chile 20 Mrd. $) und der *RGW-Staaten* rd. 82 Mrd. $ (darunter Polen 27,5 – UdSSR 14,8 – DDR 9,3 Mrd. $) – Nach einer Schätzung der OECD betragen allein die Zinsverpflichtungen der Entwicklungsländer 1984 rd. 6 Mrd. $.
In der »Institutional Investor«-*Rangliste der Staaten nach der Bonität* (Kreditwürdigkeit) führen im März 1984: 1. USA – 2. Schweiz – 3. Japan – 4. BR Deutschland – 5. Großbritannien – 6. Kanada – 7. Norwegen – 8. Niederlande – 9. Australien – 10. Österreich – 11. Frankreich – 12. Singapur – 13. Schweden – 14. Finnland – 15. Belgien – 16. Saudi-Arabien – 17. Italien – 18. Neuseeland – 19. Dänemark – 20. Rep. China/Taiwan – den Schluß bilden: 100. Sambia – 101. Tansania – 102. Sierra Leone – 103. Sudan – 104. Grenada – 105. El Salvador – 106. Zaïre – 107. Nicaragua – 108. Uganda – 109. Dem. VR Korea/Nord-K.

Die **Weltwährungsreserven** (Gold, Devisen, Sonderziehungsrechte) der Mitgliedsländer des Internationalen Währungsfonds (IWF) nahmen 1983 nach IWF-Angaben um 23 Mrd. $ auf 427,7 Mrd. $ zu. Von der Gesamtsumme entfielen in Mrd. $ auf die OECD-Länder 251,8 (BR Deutschland 46,7 – USA 33,7 – Japan 25,6 – Frankreich 24,1 – Italien 22,9 – Großbritannien 12,1), auf die OPEC-Länder 80,8, auf die sonstigen Entwicklungsländer 61,8 (davon »Schwellenländer« 27,3) – Von der Gesamtsumme entfielen u. a. auf Gold 39,9 und Devisen 286,5 Mrd. $ (davon in US-$ 175,1 – DM 26,5 – Yen 9,1 – Schweiz. Fr. 5,9 Mrd. $)

Das **europäische Währungssystem** (EWS) wurde am 13. 3. 1984 5 Jahre alt. Die *Einheit ECU* dient als Recheneinheit und Zahlungsmittel zwischen den Zentralbanken sowie als Bezugsgröße für die Festlegung der Wechselkurse im EWS, wird aber zunehmend auch wie eine reguläre Devise gehandelt. Der Wert der **Europäischen Rechnungseinheit ECU** betrug Mitte 1984 in Währungen der Mitgliedsländer: BR Deutschland: 2,21515 DM – Frankreich: 6,79271 FF – Italien: 1 386,78 Lit – Niederlande: 2,49587 hfl – Belgien-Lux.: 44,3662 bfr/lfr – Dänemark: 8,04412 dkr – Irland: 0,71705 Punt – Großbritannien: nicht Mitglied des EWS

Die **Diskontsätze** wichtiger Industrieländer betragen z. Zt. (Stand Ende Mai 1984) u. a.: Schweiz 4 % – BR Deutschland 4 % – Österreich 4,25 % – Japan 5 % – Niederlande 5 % – Dänemark 7 % – Spanien 8 % – Schweden 8,5 % – USA 9 % – Frankreich 9,5 % – Belgien 11 % – Kanada 11,6 % – Großbritannien 12 % – Südafrika 13,5 % – Italien 15,5 %

Die **Arbeitslosigkeit** nahm auch 1983 weltweit zu. In den OECD-Ländern (westliche Industrieländer) erreichte die Zahl der Arbeitslosen Anf. 1984 rd. 34 Mill., davon EG-Länder 12,5 Mill., USA 10,5 Mill. Für die RGW-Staaten und die Entwicklungsländer liegen keine vergleichbaren Angaben vor. Im *Ostblock* wird Arbeitslosigkeit offiziell ignoriert und durch Unterbeschäftigung, unproduktive Tätigkeiten, Überbesatz in Landwirtschaft und Industrie und ineffektive Dienstleistungen verdeckt. In den *Entwicklungsländern* sind nach UNO-Schätzungen rd. 280 Mill. Menschen arbeitslos, die Quote beträgt in den meisten Ländern 15–25 %. Aussicht auf Besserung der Beschäftigungssituation bietet nach Aussicht der meisten Wirtschaftswissenschaftler nur starkes wirtschaftliches Wachstum und/oder Arbeitszeitverkürzungen bei gleichzeitigen Lohnkürzungen, um mit den gleichen Arbeitskosten mehr Menschen beschäftigen zu können. Für die Entwicklungsländer kommt insbesondere eine Förderung der Landwirtschaft als Arbeitspotential sowie ein Verzicht auf rasche Mechanisierung in der Industrie hinzu.

Die *Internationale Arbeitsorganisation (ILO)* äußerte sich 1984 sehr vorsichtig zur **Wirksamkeit von Arbeitszeitverkürzungen.** Einschlägige Untersuchungen zeigten, daß »nicht eindeutig ein Zusammenhang zwischen Arbeitszeitverkürzung und Beschäftigung« besteht. Dieser Zusammenhang sei

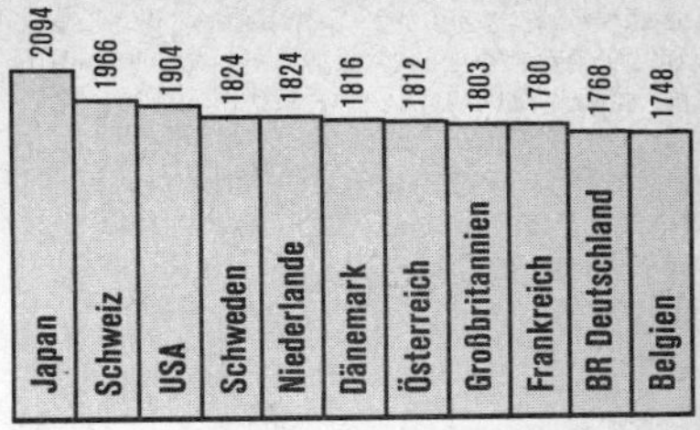


**Die Arbeitszeit im internationalen Vergleich 1983**
Durchschnittliche jährliche Soll-Arbeitszeit von Industrie-Arbeitern in Stunden

vielschichtig und von Staat zu Staat verschieden. Die **Streikbereitschaft** nahm nach ILO-Angaben 1982/83 in den meisten Ländern eher ab. Im Durchschnitt der Jahre 1970–1982 betrug die Zahl der durch Streik und Aussperrung verlorenen Arbeitstage pro 1 000 Arbeitnehmer und Jahr in Italien 1 403 – Großbritannien 512 – USA 440 – Belgien 255 – Frankreich 184 – Schweden 140 – Japan 106 – BR Deutschland 42 – Niederlande 38 – Österreich 8 – Schweiz 1

## Die wirtschaftliche Entwicklung 1983/84 in ausgewählten Staaten

(→ hierzu auch Wirtschaftsdaten im Kapitel »Die souveränen Staaten«)

**Westl. Europa: BR Deutschland, DDR, Liechtenstein, Luxemburg, Österreich, Schweiz** → Sp. 451 ff.

**Frankreich:** Hauptziele der französischen Wirtschaftspolitik waren 1983 Maßnahmen zur Stabilisierung des Staatshaushalts (Verringerung des Defizits), der Währung (Inflationsbekämpfung), des Außenhandels (Verringerung des Handelsbilanzdefizits) und des Arbeitsmarktes (Modernisierung der Industrie und Schaffung neuer Arbeitsplätze). Diese Ziele wurden nur zum geringen Teil erreicht, am ehesten noch beim Außenhandel, wo durch steigende Exporte (+ 15 %) bei nur mäßig erhöhten Importen (+ 5,7 %) das Defizit beträchtlich verringert wurde. Die Inflationsrate konnte dagegen nur wenig – auf 9,3 % – gesenkt werden, das Defizit im Staatshaushalt stieg auf 3,3 % des Brutto-Inlandprodukts an, und die Arbeitslosenquote erhöhte sich weiter (9,8 % Ende 1983 gegenüber 8,9 % im Vorjahr). Insgesamt wurden Anf. 1984 rd. 2,2 Mill. Arbeitslose gezählt. Ende 1983 lag die Nettoverschuldung gegenüber dem Ausland mit 201 Mrd. FF um 142 % höher als im Vorjahr. Insgesamt entwickelte sich Frankreich mit einer realen Erhöhung des Sozialprodukts von nur 0,1 % unter den großen Industrieländern zusammen mit Italien am ungünstigsten. Große Hoffnungen setzt die Regierung auf ihre Industriepolitik, die vor allem sog. Zukunftsindustrien fördert

(Elektronik, Flugzeugbau, Kernenergie usw.). Demgegenüber bereiten einige alte, unrentabel arbeitende Industriezweige große Sorgen (Bergbau, Stahl, Werften), da eine Sanierung nur bei gleichzeitigem Wegfall eines großen Teils der Arbeitsplätze denkbar ist.

**Großbritannien:** Nach der stärksten Rezession der Nachkriegszeit erlebte die britische Wirtschaft 1983 wieder eine Aufwärtsentwicklung. Sie ging hauptsächlich von der stark gestiegenen Inlandsnachfrage aus, die zu einer Steigerung der Industrieproduktion um rd. 2,5% und zu erhöhten Importen führte. Hierdurch ergab sich im Außenhandel mit Industrieprodukten ein Defizit von 7,88 Mrd. £ gegenüber nur 2,49 Mrd. £ im Vorjahr. Das Defizit konnte jedoch durch den hohen Exportüberschuß im Öl- und Gassektor ausgeglichen werden, der von 4,61 Mrd. £ (1982) auf 6,92 Mrd. £ stieg. – Den größten Erfolg erreichte die britische Wirtschaftspolitik bei der Inflationsbekämpfung; die Preissteigerungsrate erreichte im Juni 1983 mit nur 3,8% ihren tiefsten Stand seit vielen Jahren, stieg dann allerdings wieder an. Das größte ungelöste Problem ist die Arbeitslosigkeit. Die Quote konnte nur zeitweise unter 13% gedrückt werden und lag Anf. 1984 erneut bei rd. 13,5% (3,1 Mill. Arbeitslose). Hier macht sich insbesondere der weiter fortschreitende Abbau veralteter industrieller Kapazitäten bemerkbar (z. B. in den Bereichen Bergbau, Stahl, Werften), denen kein entsprechender Aufbau neuer Produktionen gegenübersteht.

**Italien:** Im Gegensatz zu den meisten EG-Partnern konnte sich Italien 1983 noch nicht aus der Rezession befreien. Das reale BSP nahm im Gegenteil mit einem Rückgang von rd. 1,2% noch stärker ab als schon 1981 und 1982. Die Ursachen liegen vor allem im Zusammentreffen stark verringerter Investitionen und niedrigen privaten Verbrauchs. Der Internationale Währungsfonds kritisierte 1983 scharf die italienische Wirtschaftspolitik, die allzu lange die notwendigen Anpassungsmaßnahmen versäumt habe, insbesondere bei der Verringerung der hohen Lohnsteigerungen. Erste Erfolge brachte allerdings der Anf. 1983 zwischen den Sozialpartnern abgeschlossene »Sozialkontrakt«, der die inflationsfördernde Lohn-Preis-Indexierung abschwächt und den Arbeitsmarkt flexibler gestalten soll. Zwar wurden insgesamt rd. 35000 neue Arbeitsplätze geschaffen, doch hielt sich die Arbeitslosenzahl bei rd. 2,2 Mill. (10%). Auch die Inflationsrate (15%) konnte gegenüber 1982 (16,5%) kaum gesenkt werden. Gemildert werden die Probleme für den einzelnen häufig durch die intensive »Schattenwirtschaft«, die schätzungsweise 30% des »offiziellen« BSP erreicht.

**Niederlande:** Die seit Ende 1982 im Amt befindliche christlich-soziale/liberale Koalitionsregierung verfolgte einen restriktiven Kurs in der Finanz- und Währungspolitik, um die Staatsausgaben und die sehr stark angestiegene Steuerlastquote wieder zu senken und die Wirtschaft durch Förderung des Wettbewerbs und der Marktkräfte zu sanieren. Die Wirtschaft, vor allem die Industrie, zeigt große Strukturprobleme, die in den Vorjahren vielfach nur durch Subventionen überdeckt wurden. So konnte auch 1983 noch kein Aufschwung erreicht werden; die Industrieproduktion sank erneut (– 2%), und die Arbeitslosenquote erreichte mit rd. 17% einen neuen Rekord. Lediglich bezüglich der niedrigen Inflationsrate von nur 2,8% zeigte sich eine günstige Entwicklung.

**Schweden:** Das Land konnte 1983 eine relativ günstige wirtschaftliche Entwicklung verbuchen, so eine reale Steigerung des BSP um 2,3% und der Industrieproduktion um 5,2%. Hauptursache waren die stark gestiegenen Exporte, die von der 1982 vorgenommenen Abwertung der Krone profitierten. Allerdings führte dies auch zu einer Inflationsrate von 9%. Der Inlandsverbrauch wurde vor allem vom Staat angekurbelt. Die hohen Staatsausgaben konnten auch die Arbeitslosenquote unter 4% halten, führten jedoch zu starker Zunahme der Staatsverschuldung.

**Spanien:** Die Wirtschaftspolitik war 1983 durch einen restriktiven Kurs geprägt und verfolgte vor allem das Ziel, die hohe Inflationsrate zu senken und die öffentlichen Finanzen zu sanieren. Beides gelang nur teilweise, so sank die Preissteigerungsrate nur gering auf 12,2%. Andererseits unterstützte die Konsolidierungspolitik das Wirtschaftswachstum, das zu einem Anstieg des BSP von über 2% führte. Auch die Leistungsbilanz entwickelte sich günstiger als 1982. Das Hauptproblem der spanischen Wirtschaft war jedoch die Arbeitslosigkeit, die auf eine Quote von rd. 18% und bis Mitte 1984 auf 20% anstieg (rd. 2,6 Mill.). Das Wahlversprechen von 1982, 800000 neue Arbeitsplätze zu schaffen, wird in dieser Legislaturperiode kaum eingehalten werden können, wenn auch die großen Anstrengungen bei der Modernisierung der Industrie und der Entwicklung neuer zukunftsträchtiger Branchen nicht übersehen werden können.

**Nordamerika: USA:** Nach rd. 3jähriger wirtschaftlicher Schwächephase mit insgesamt stagnierendem Sozialprodukt erlebten die USA 1983 einen Konjunkturaufschwung von einer Stärke, wie sie selbst Anfang des Jahres kaum vorhergesehen worden war. Ende des Jahres sprachen dann Wirtschaftsforscher von der »Konjunkturlokomotive« USA, die – zusammen mit Japan – das stärkste Wachstum unter den westlichen Ländern erreichte. Der reale Anstieg des BSP betrug 3,4% für das ganze Jahr, mit der stärksten Zunahme zum Jahresende hin, die sich bis

Mitte 1984 fortsetzte. Auch die Beschäftigung entwickelte sich sehr vorteilhaft. Es konnte eine große Zahl neuer Arbeitsplätze, vor allem in der Industrie, geschaffen werden, so daß die Arbeitslosenquote von über 10% (Anf. 1983) auf 7,9% (Anf. 1984) sank (Zahl der Arbeitslosen: Jan. 1983 11,5 Mill. – Jan. 1984 9 Mill.). Auch die Preisentwicklung verlief positiv. Die Inflationsrate fiel von 6,1% (1982) auf 3,2% im Durchschnitt 1983. Zwei Entwicklungen gaben jedoch Anlaß zur Sorge: das hohe Budgetdefizit und der Anstieg des Leistungsbilanzdefizits von 11,2 Mrd. $ (1982) auf 41 Mrd. $, das vor allem auf das enorm gestiegene Handelsbilanzdefizit (– 60,6 Mrd. $) zurückzuführen ist. Eine wichtige Ursache ist die Exportschwäche bei steigenden Importen, die durch den hohen $-Kurs begünstigt werden (Ende 1983 mit 2,7374 DM höchster Kurs seit 1974).

**Kanada:** Während Kanada im Jahr 1982 die schärfste Rezession unter den Industrieländern hinnehmen mußte (Rückgang des BSP um 5,3%), änderte sich die Situation 1983 sehr rasch, vor allem durch den starken Einfluß, den die Wirtschaftsentwicklung der USA auf Kanada ausübt. 1983 konnte wieder ein Wachstum von 3% erreicht werden, das allerdings nicht ausreichte, die hohe Arbeitslosenquote (rd. 11%) wesentlich zu senken.

**Lateinamerika:** Die wirtschaftliche Situation Lateinamerikas verschlechterte sich 1983 erneut, nachdem bereits 1982 als das »schlimmste Jahr der Nachkriegszeit« bezeichnet worden war. Das Bruttoinlandsprodukt nahm 1983 um weitere 3,3% ab; die Inflationsrate erreichte im Durchschnitt 130% (darunter Argentinien 300%, Brasilien 211%), die Arbeitslosenzahl stieg auf rd, 26,5 Mill. (über 22%), und die Auslandsverschuldung erreichte fast 315 Mrd. $, wobei die meisten Länder nicht fähig sind, die fälligen Zinsen, geschweige denn, die Kreditrückzahlungen zu leisten. – Besonders ungünstig war die Lage wieder in **Brasilien,** wo das BSP um 5% zurückging. Zwar konnte durch drastische Einschränkungen der Importe und Steigerung der Erdölexporte ein Handelsbilanzüberschuß von 6,5 Mrd. $ erwirtschaftet werden, doch genügte dies nicht einmal, um die Zinsen von 9,7 Mrd. $ für die Kredite von insgesamt 92 Mrd. $ aufzubringen. Nach langen Umschuldungsverhandlungen gewährte ein Konsortium von über 700 meist US-Banken Brasilien im Jan. 1984 den bisher größten Kredit in Höhe von 6,5 Mrd. $. – Auch **Mexiko** erlebte 1983 einen starken wirtschaftlichen Rückschlag (Abnahme des BIP um 4%, Anstieg der Auslandsverschuldung auf rd. 87 Mrd. $). Aufgrund steigender Produktion im Bereich Industrie und Bergbau wird jedoch für 1984 die Lage günstiger beurteilt.

**Asien und Ozeanien: Japan:** Das Land gehörte 1983 – zusammen mit den USA – zu den »Zugpferden« der internationalen Wirtschaftskonjunktur. Das Sozialprodukt erhöhte sich um 3,5%; die Arbeitslosenquote stieg zwar an, jedoch nur auf den international noch sehr niedrigen Wert von 2,7%. Neben nur leicht erhöhtem Inlandsverbrauch sorgte wiederum hauptsächlich der Export für den Konjunkturaufschwung. Er erbrachte einen Handelsbilanzüberschuß von 31,6 Mrd. $ (1982: 18,1 Mrd. $), da die Exporte 1982–1983 um rd. 9%, die Importe nur um 1,3% zunahmen. Durch die erneute Zunahme der Investitionen der Industrie 1983 wird auch für 1984 wieder mit einem hohen Wirtschaftswachstum gerechnet. Die große Preisstabilität der letzten Jahre konnte auch 1983 gehalten werden; die Verbraucherpreise nahmen nur um 1,9% zu.

**China (Volksrepublik):** Das Statistische Büro der VR China meldete für 1983 ein um rd. 10% auf umgerechnet 552 Mrd. $ gestiegenes Bruttosozialprodukt. Sowohl die Industrie mit einer Produktionssteigerung um 10,5% auf 304 Mrd. $ als auch die Landwirtschaft mit einer Erhöhung um 9,5% auf 156 Mrd. $ trugen zu der günstigen Entwicklung bei. Auch der Außenhandel erbrachte wieder einen Überschuß (825 Mill. $). Das Hauptaugenmerk der Entwicklungspolitik lag auch 1983 bei der Beseitigung von Engpässen, die in offiziellen Verlautbarungen mehrfach angesprochen wurden: mangelhafte Energieversorgung, unzureichende Verkehrsinfrastruktur und noch nicht genügend ausgebaute Zulieferbeziehungen zwischen den einzelnen Betrieben.

**Australien:** Das Land konnte auch 1983 die scharfe Rezession noch nicht überwinden. Die Industrieproduktion sank mit – 5% fast so stark wie 1982, und auch die für den Export wichtige Landwirtschaft konnte sich von den Folgen der Dürre noch nicht völlig erholen. Dagegen stieg die Ausfuhr von Bergbauprodukten wieder an (vor allem Kohle und Eisenerz), so daß das BSP insgesamt nur um rd. 1% abnahm. Für 1984 wird wieder mit einem beachtlichen Wirtschaftswachstum gerechnet, nachdem die Regierung größere Haushaltsdefizite in Kauf nahm, um mit Staatshilfe die Wirtschaft anzukurbeln.

# ERNÄHRUNG, LAND- UND FORSTWIRTSCHAFT, FISCHEREI

Die **Ernährungslage** sowie die **Situation der Landwirtschaft** veränderten sich im weltweiten Maßstab 1983 gegenüber dem Vorjahr nur unwesentlich. Zwar zeigt die folgende Tabelle über die *Entwicklung der Nahrungsmittelproduktion* global eine Stagnation bzw., bei der Betrachtung pro Einwohner, einen leichten Rückgang der Erzeugung, jedoch geht dieser hauptsächlich auf eine geringere Produktion in den westlichen Industrieländern zurück. Diese war – z. B. durch Reduzierung der Anbauflächen in den USA – zu einem großen Teil gewollt, um die anhaltende Überproduktion zu begrenzen. Nach wie vor gilt, daß auf der Erde genügend Nahrungsmittel erzeugt werden, um theoretisch alle Menschen ausreichend zu versorgen. So stellt ein Bericht des *Welternährungsrates der UNO (World Food Council)* Anfang 1984 fest, daß die globale Nahrungsmittelproduktion ausreichen würde, um alle Menschen zu ernähren, wenn es gelänge, den Armen und Hungernden den Zugang zu den Nahrungsmitteln zu verschaffen. Nicht nur Produktionssteigerungen seien notwendig, sondern auch die Entwicklung außerlandwirtschaftlicher Arbeitsplätze, um eine höhere Kaufkraft zu schaffen. Eine dauerhafte Lösung des Welternährungsproblems sei nur im Rahmen *nationaler Ernährungsstrategien* möglich.

Eine differenzierte Betrachtung der **Welternährungslage** nach Ländern und Kontinenten zeigt nach wie vor Überfluß und Überschüsse in den westlichen Industrieländern und eine akute Mangellage in gewissen, insbesondere afrikanischen, Entwicklungsländern. Insgesamt wird z. Zt. von einer Zahl von rd. 450 Mill. hungernden bzw. unter- oder mangelernährten Menschen ausgegangen (= fast 10 % der Weltbevölkerung). **Hauptgründe für die Engpässe in der Nahrungsmittelproduktion und -versorgung der Entwicklungsländer** nennt der neueste Bericht der Bundesregierung zur Entwicklungspolitik: geringe Produktivität der Landwirtschaft; Fehlen moderner Technologien; leistungshemmende Agrarverfassungen sowie fehlende Markt- und Infrastrukturen; hohe Ernte- und Nachernteverluste (z. B. durch Schädlinge, Verderb, mangelnde Lagermöglichkeiten usw.); Rückgang der Bodenfruchtbarkeit als Folge unzureichender Bodennutzungs- und -bewirtschaftungssysteme; insgesamt weitgehend unzureichende Förderung der Landwirtschaft und des ländlichen Raumes, vielfach bewußte Vernachlässigung durch die Regierungen, ungenügende Berücksichtigung des Agrarsektors in der Wirtschaftspolitik und häufig fehlende Produktionsanreize durch Niedrigpreispolitik für Nahrungsmittel. Hinzu treten unregelmäßig bis periodisch wirksame ungünstige klimatische Bedingungen, wie 1983 insbesondere die Dürre in der Sahelzone und in Südafrika.

In dem Bestreben, akute Notfälle und vorübergehende Knappheitssituationen in den Entwicklungsländern lindern zu helfen, beteiligte sich die **BR Deutschland** auch 1983/84 an verschiedenen internationalen Hilfsmaßnahmen. Insbesondere trug sie zum Nahrungsmittelhilfeprogramm der EG (1983 rd. 1,9 Mrd. DM) bei. Der deutsche Beitragsanteil am Haushalt

**Entwicklung der landwirtschaftlichen Erzeugung nach Ländergruppen insgesamt und je Einwohner**
(Nach FAO-Angaben) 1974–1976 = 100

| *Gebiet* | *Gesamte Agrarproduktion* | | | | *Nahrungsmittelproduktion* | | | |
|---|---|---|---|---|---|---|---|---|
| | *1982* | | *1983* | | *1982* | | *1983* | |
| | *insges.* | *(je Einw.)* | *insges.* | *(je Einw.)* | *insges.* | *(je Einw.)* | *insges.* | *(je Einw.)* |
| Welt insgesamt | 117 | (104) | 117 | (102) | 118 | (104) | 117 | (102) |
| *Marktwirtschaftsländer* | 115 | (109) | 107 | (101) | 116 | (110) | 108 | (102) |
| Nordamerika | 124 | (115) | 101 | (93) | 125 | (116) | 102 | (94) |
| Westeuropa | 114 | (111) | 113 | (110) | 115 | (112) | 113 | (110) |
| Australien/Ozeanien | 103 | (95) | 121 | (111) | 102 | (94) | 125 | (114) |
| sonst. Gebiete | 100 | (91) | 99 | (90) | 100 | (92) | 100 | (90) |
| *Zentralplanungsländer* | 116 | (106) | 120 | (109) | 114 | (105) | 120 | (108) |
| Asiatische kommun. Länder | 135 | (122) | 144 | (128) | 133 | (121) | 142 | (126) |
| RGW-Länder | 106 | (100) | 108 | (102) | 106 | (100) | 109 | (102) |
| *Entwicklungsländer* | 121 | (102) | 124 | (102) | 122 | (103) | 126 | (104) |
| Afrika | 116 | (94) | 112 | (89) | 117 | (95) | 113 | (89) |
| Lateinamerika | 123 | (103) | 124 | (102) | 126 | (106) | 126 | (104) |
| Naher Osten | 117 | (96) | 119 | (95) | 120 | (98) | 121 | (97) |
| Süd- u. Ostasien | 123 | (106) | 132 | (111) | 124 | (107) | 133 | (112) |
| Sonst. Entw.-Länder | 122 | (103) | 118 | (97) | 121 | (103) | 116 | (96) |

der Ernährungs- und Landwirtschaftsorganisation der UNO/**FAO** (1984/85 421,14 Mill. $) beträgt 10,3%.
Auf Veranlassung der **FAO** wurde am 16.10.83 zum 3. Mal der »**Welternährungstag**« begangen, der auf die Ernährungsprobleme insbesondere der Entwicklungsländer aufmerksam machen soll. Im Aufruf des Bundesministers für Ernährung, Landwirtschaft und Forsten, *Ignaz Kiechle,* zu diesem Tag hieß es u.a.:
»Das Leitmotiv des diesjährigen Welternährungstages – Ernährungssicherheit – [...] beruht auf den Grundpfeilern

▷ Erhöhung der Eigenproduktion in Ländern mit Nahrungsmittelmangel und Verminderung von Nahrungsverlusten

▷ angemessene Vorratshaltung

▷ regionale Absprachen und Vorkehrungen für Notsituationen

▷ Nahrungsmittelhilfe für Hungergebiete und als Hilfe zur Selbsthilfe.«

Wichtig ist hierbei vor allem der Gedanke, direkte Nahrungsmittelhilfe auf akute Notstände zu beschränken und nicht zur Dauereinrichtung werden zu lassen. Dies wird häufig empfohlen, um die Lebensmittelüberschüsse der EG und der USA zu verwerten. Abgesehen von Transport- und Verteilungsproblemen und der Frage der Kostenübernahme würde eine solche Lösung jedoch nach überwiegender Meinung von Experten nur dazu führen, die Entwicklungsländer in ständiger Unselbständigkeit und Abhängigkeit zu halten und Eigeninitiativen zu lähmen.
Beispiele für die **Veränderung der Nahrungsmittelproduktion pro Kopf der Bevölkerung und Jahr** von 1969–1971 (= 100) bis 1979–1981 (nach »Weltentwicklungsbericht 1983« der Weltbank): Kambodscha 45 – Somalia 65 – Mosambik 73 – Senegal 76 – Angola 81 – Äthiopien 85 – Kenia 85 – Nicaragua 87 – Togo 90 – Tansania 91 – Niger 93 – Madagaskar 94 – Liberia 95 – Tschad 96 – Ecuador 97 – Bolivien 102 – Sudan 102 – Birma 102 – UdSSR 102 – Indien 103 – El Salvador 104 – Pakistan 105 – Cuba 106 – Mexiko 106 – Elfenbeinküste 110 – BR Deutschland 110 – Italien 112 – Österreich 112 – Niederlande 116 – USA 116 – Frankreich 117 – Schweden 117 – Schweiz 119 – Großbritannien 122 – Kolumbien 122 – Philippinen 122 – Brasilien 125 – Spanien 125 – Rep. Korea (Süd-K.) 126 – DDR 129 – Thailand 129 – Ungarn 132 – Malaysia 139
Die **Weltmarktpreise für Nahrungsmittel und landwirtschaftliche Rohstoffe** – die 1981 und 1982 stark abgesunken waren – zeigten 1983 fast ausnahmslos steigende Tendenz. Die Ursache lag zum Teil in *Ernterückgängen* aus Witterungsgründen (Trokkenheit) oder wegen verringerter Anbauflächen. So war z.B. die Weizen-Anbaufläche in den USA mit staatlicher Unterstützung um rd. ⅕ verringert worden, um die hohen Lagerbestände abbauen zu können. Noch stärkere Preiserhöhungen scheiterten jedoch an der Kaufzurückhaltung der Hauptimporteure, die wegen eigener guter Ernten (z.B. VR China) oder Devisenknappheit (die meisten Entwicklungsländer) ihre Bestellungen drosselten. Bei **Industrierohstoffen** wirkte sich die weltweit wieder erstarkende Wirtschaftskonjunktur mit erhöhter Industrieproduktion und verstärkter Lagerhaltung in Preissteigerungen aus. – Bei den meisten Produkten setzten sich die Tendenzen von 1983 auch im Jahr 1984 fort.

| *Beispiele für Weltmarktpreise* | *Ende 1982* | *Ende 1983* |
|---|---|---|
| Weizen (Chicago, cts/bush.) | 330,75 | 363,62 |
| Hafer (Chicago, cts/bush.) | 166,62 | 186,00 |
| Gerste (Winnipeg, kan. $/t) | 99,10 | 129,60 |
| Mais (Chicago, cts/bush.) | 244,66 | 337,25 |
| Zucker (New York, cts/lb) | 6,15 | 6,93 |
| Kaffee (London, £/t) | 1767,00 | 1952,50 |
| Kakao (New York, $/t) | 1602,50 | 2756,00 |
| Sojabohnen (Chicago, cts/bush.) | 564,50 | 814,50 |
| Leinsaat (Winnipeg, kan. $/t) | 279,00 | 381,00 |
| Kautschuk (New York, cts/lb) | 42,87 | 57,50 |
| Wolle (Sydney, cts/kg) | 530,00 | 566,00 |
| Baumwolle (New York, cts/lb) | 65,92 | 77,13 |
| Jute (London, £/lgt) | 267,00 | 495,00 |

Einen Hinweis auf den **unterschiedlichen Technisierungsstand der Landwirtschaft** geben die Zahlen über den Bestand an **landwirtschaftlichen Traktoren/Mähdreschern** 1981 (nach FAO-Angaben, meist S) in 1000: Welt 21580/3600, davon u.a. in USA 4655/674 – UdSSR 2598/741 – Frankreich 1515/142 – BR Deutschland 1465/167 – Italien 1109/36 – Japan 1096/916 – VR China 792/31 – Kanada 658/161 – Polen 646/43 – Spanien 548/42 – Großbritannien 531/57 – Indien (S) 458/1 – Türkei 457/13 – Jugoslawien 445/8 – Brasilien (S) 340/37 – Australien 332/58 – Österreich 322/31 – Finnland 218/46 – Schweden 190/49 – Niederlande 182/6 – Südafrika 181/28 – Dänemark 181/38 – Argentinien 159/45 – Rumänien 156/43 – Griechenland 148/6 – DDR 147/14 – Irland 143/4 – Norwegen 136/17 – ČSSR 134/18 – Mexiko 125/16 – Belgien-Lux. 116/10 – Schweiz 96/5 – Neuseeland 93/4 – Bestand an **Melkmaschinen** 1981 in 1000 Stück: USA keine Angaben – BR Deutschland 457 – Frankreich 358 – UdSSR 235 – Australien 210 – Großbritannien 148 – Japan 140 – Italien 130 – Österreich 108 – Spanien 89 – Finnland 86 – Dänemark 64 – Niederlande 54 – Schweiz 52 – Belgien-Lux. 47 – Irland 46 – Norwegen 40 – ČSSR 24 – Neuseeland 17
Der **Weltverbrauch von Düngemitteln** betrug im Wirtschaftsjahr 1982/83 (1981/82) 114,698 (114,992) Mill. t. Es entfielen auf *Stickstoffdünger* 61,021 (60,309) – *Phosphate* 30,883 (30,933) – *Kalidünger* 22,844 (23,750) Mill. t. In den meisten Entwicklungsländern wurde der Düngereinsatz wei-

ter gesteigert und trug wesentlich zu den günstigen Ernteergebnissen und damit der verbesserten Ernährungssituation der Bevölkerung bei. In den westlichen Industrieländern ist demgegenüber weitgehend eine Sättigung erreicht. Der Düngerverbrauch kann hier aus ökonomischen und ökologischen Gründen vielfach kaum noch sinnvoll gesteigert werden. Die größten **Düngemittelverbraucher** waren 1982/83 in Mill. t:

*Stickstoff:* VR China (S) 12,210 – UdSSR 9,038 – USA 8,343 – Indien 4,043 – Frankreich 2,196 – Großbritannien 1,560 – BR Deutschland 1,465 – Mexiko 1,255 – Polen 1,239 – Kanada 1,018 – Indonesien 0,981 – Italien 0,968 – Pakistan 0,959 – Rumänien 0,880 – Türkei 0,863 – Spanien 0,799 – Japan 0,687 – Ägypten 0,668 – Ungarn 0,647 – Brasilien 0,642 – u. a. DDR 0,607 – Österreich 0,146 – Schweiz 0,060

*Phosphat:* UdSSR 6,115 – USA 3,776 – VR China (S) 3,192 – Frankreich 1,631 – Brasilien 1,210 – Indien 1,201 – Polen 0,824 – BR Deutschland 0,740 – Australien 0,721 – Japan 0,721 – Italien 0,657 – Kanada 0,652 – Türkei 0,565 – Rumänien 0,545 – u. a. DDR 0,304 – Österreich 0,083 – Schweiz 0,044

*Kali:* UdSSR 4,991 – USA 4,402 – Frankreich 1,744 – Polen 1,099 – BR Deutschland 1,042 – Brasilien 0,876 – Indien 0,622 – ČSSR 0,617 – Japan 0,582 – Großbritannien 0,521 – DDR 0,497 – VR China (S) 0,490 – Ungarn 0,490 – u. a. Österreich 0,123 – Schweiz 0,066

**Beschäftigte in der Landwirtschaft 1982 und ihr Anteil an allen Erwerbspersonen** (Staaten in Auswahl, Zahlen teils aus Volkszählungen, teils aus Schätzungen, nach FAO-Angaben).

| | *Landw.-Beschäft. in 1000* | *in %* |
|---|---|---|
| Ruanda | 2341 | 88,6 |
| Mali | 3357 | 85,9 |
| Bangladesch | 26250 | 83,1 |
| Tansania | 6151 | 79,8 |
| Äthiopien | 10457 | 78,0 |
| Sudan | 4539 | 75,7 |
| Zaïre | 9100 | 73,1 |
| Indien | 167382 | 61,7 |
| VR China | 275334 | 58,0 |
| Indonesien | 29871 | 57,3 |
| Türkei | 10065 | 51,5 |
| Nigeria | 15736 | 51,4 |
| Rumänien | 5592 | 45,4 |
| Philippinen | 7962 | 44,6 |
| Brasilien | 14798 | 36,6 |
| Polen | 5794 | 28,7 |
| Irland | 255 | 19,8 |
| Venezuela | 861 | 16,7 |
| Spanien | 2094 | 15,7 |
| UdSSR | 20487 | 15,1 |
| Argentinien | 1307 | 12,4 |
| Italien | 2154 | 10,0 |
| Japan | 5946 | 9,7 |
| DDR | 797 | 9,0 |
| Österreich | 280 | 8,3 |
| Frankreich | 1838 | 7,9 |
| Schweiz | 153 | 4,8 |
| BR Deutschland | 1042 | 3,5 |
| USA | 2084 | 2,0 |
| Großbritannien | 493 | 1,9 |
| *Industrieländer insgesamt* | 63944 | 11,6 |
| *Entwicklungsländer insges.* | 766770 | 57,6 |
| *Welt insges.* | 830714 | 44,1 |

In **Afrika** war auch 1983 die *Ernährungssituation* wieder *besonders kritisch.* Hier werden heute pro Kopf über 15% weniger Nahrungsmittel erzeugt als Anfang der 70er Jahre. In vielen Ländern nahm zwar die Lebensmittelproduktion zahlenmäßig zu, konnte jedoch mit der viel stärker steigenden Bevölkerungszahl nicht Schritt halten. Während Afrika noch Anfang der 60er Jahre Selbstversorger war, stiegen 1983 die Nahrungsmittelimporte auf insgesamt rd. 32 Mill. t, und über 50% aller Lebensmittel-Hilfslieferungen internationaler Organisationen betrafen afrikanische Staaten (1983 zusammen allein rd. 4,3 Mill. t Getreide). Betroffen sind vor allem Länder der *Sahelzone* und *Ostafrikas* (z. B. Mali, Niger, Tschad, Obervolta/Burkina-Faso bzw. Äthiopien, Somalia, Tansania), neuerdings auch *Südafrikas* (z. B. Mosambik, Angola). – Die Schuld an der zu geringen landwirtschaftlichen Produktion und den dadurch verursachten Hungersnöten tragen – neben Naturereignissen (Dürren) – vor allem ungeeignete und angesichts des Naturpotentials zu intensive Bewirtschaftungsmethoden (z. B. Überweidung, Waldabholzung), die starke Vernachlässigung der ländlichen Gebiete durch die meisten Regierungen und die weitgehend vorhandene politische Instabilität (Umstürze, Bürgerkriege, Auflösung der Verwaltungsorganisation, Fluchtbewegungen). Der UNO-Welternährungsrat kritisierte 1983 vor allem den Ersatz »grundlegender Konzepte« und »konkreter Ernährungspolitiken« durch lediglich kurzfristige Aushilfsmaßnahmen und das Vertrauen auf die internationale Hilfe. Die Produzenten weltmarktorientierter Nahrungs- und Genußmittel (z. B. Kaffee, Kakao) waren in den letzten Jahren zusätzlich durch das niedrige Preisniveau auf den Exportmärkten belastet, so daß nicht mehr – wie bisher – genügend Devisen für den Grundnahrungsmittel-Import erwirtschaftet werden konnten. Steigende Preise versprechen hier neuerdings wieder Besserung. – Im *südlichen Afrika* verschärfte sich die Lage dadurch, daß die Republik Südafrika, die in den Vorjahren als einziges afrikanisches Land beträchtliche Nahrungsmittelüberschüsse erzeugt hatte, 1982/83 und 1983/84 von einer verheerenden Dürre betroffen wurde. So sank z. B. die Maisproduktion in Südafrika von 15 Mill. t (1981) auf weniger als 4 Mill. t (1983). Zwar ist die Republik Südafrika genügend devisenkräftig, um die fehlenden Nahrungsmittel auf dem Weltmarkt zu

beschaffen, doch fällt die Republik als Nahrungsexporteur in die Nachbarländer aus (Mosambik, Botswana, Lesotho, Transkei usw.).
In **Lateinamerika** konnte auch 1983 die Nahrungsmittelerzeugung etwas stärker gesteigert werden als die Bevölkerungszunahme. In vielen Landesteilen, insbesondere von Brasilien, sowie generell unter der ärmeren städtischen Bevölkerung herrscht jedoch vielfach Unter- und Mangelernährung.
In **Indien** verbesserte sich 1983 die Ernährungssituation, vor allem durch eine vergleichsweise sehr gute Ernte (rd. 145 Mill. t Getreide). Die Lebensmittelimporte konnten weiter verringert und die Vorräte an Grundnahrungsmitteln konnten aufgestockt werden.
Auch die **VR China** meldete 1983 eine gute Ernte und eine substantielle *Verbesserung der Ernährungssituation der Bevölkerung* und der Einkommen in der Landwirtschaft. Die Getreideproduktion stieg durch Ausdehnung der Anbauflächen und Erhöhung der Flächenerträge um 9,2% auf 387 Mill. t, die landwirtschaftliche Erzeugung insgesamt nahm 1983 um 9,5% zu (1982: +11%); das Durchschnittseinkommen der rd. 800 Mill. chinesischen Bauern stieg um 14,7% auf 309,80 Yuan. Als wichtige Ursache für die günstige Entwicklung geben chinesische Quellen die Steigerung der Eigeninitiative und vermehrte materielle Anreize für die Bauern an.
Neben den Entwicklungsländern traten auch 1983/84 die **RGW-Staaten,** insbesondere die **UdSSR,** wieder mit hohem *Importbedarf* auf dem Weltmarkt auf. In der UdSSR erhöhte sich die Agrarproduktion 1982–1983 nach amtlichen Angaben um 3,6% und erreichte bei weitem nicht das Planziel von 10,5%. Die Getreideproduktion wurde auch 1983 nicht genau angegeben; man schätzt, daß das Planziel von rd. 240 Mill. t wieder um mindestens 60 Mill. t verfehlt wurde. Auch die Fleischproduktion, die seit 1978 bei 15–16 Mill. t stagniert, reichte nicht für eine gesicherte Versorgung der Bevölkerung aus. Zur Dekkung der Nahrungsmittelfehlbestände wurden 1983 Ernährungsgüter im Wert von rd. 18 Mrd. $ eingeführt, darunter allein über 34 Mill. t Getreide. – Ursachen der *zu geringen Eigenproduktion* und der vielfältigen *Versorgungsschwierigkeiten* sind vor allem systembedingte Mängel und die jahrzehntelange Vernachlässigung der Landwirtschaft zugunsten der Schwerindustrie. Besonders stark fallen der Mangel an modernen Erntemaschinen, die hohen Ernte-, Transport- und Lagerverluste der großbetrieblichen Kolchosen- und Sowchosenwirtschaft und die geringe Motivation der Landarbeiter ins Gewicht. Insbesondere unter *Andropow* wurden wiederholt die geringe Arbeitsproduktivität, die überentwickelte Bürokratie der landwirtschaftlichen Großbetriebe und die hohen Ernte- und Nachernteverluste angeprangert. Auf einer Landwirtschaftstagung unter Vorsitz des neuen Generalsekretärs *Tschernenko* wurde Anfang 1984 festgestellt, daß in den letzten 3 Jahren in keinem Bereich der Landwirtschaft das Plansoll erfüllt wurde. – In der *DDR,* in *Ungarn* und in *Bulgarien* entwickelte sich die Ernährungssituation auch 1983 relativ günstig; dagegen war die Lage in *Polen* und in *Rumänien* erneut durch starke Mängel gekennzeichnet. Beide Länder – früher typische Agrarexportländer – mußten wieder Grundnahrungsmittel importieren.
Die **USA** erzielten auch 1983 wieder bei den wichtigsten Agrarprodukten *beträchtliche Überschüsse,* die für den Weltmarkt zur Verfügung standen. Allerdings wurde die Produktion verschiedener Güter (z.B. Mais, Sojabohnen) mit Regierungsunterstützung gedrosselt – z.B. durch Zuschüsse für die Verkleinerung der Anbauflächen –, um die Lager abzubauen. Insbesondere bei Futtergetreide stehen die USA in scharfer Konkurrenz zu anderen Exporteuren, wie Argentinien und Frankreich. Die bedeutendsten Absatzmärkte für landwirtschaftliche Erzeugnisse der USA sind die EG-Länder (über 20% der US-Agrarexporte), die Ostblockländer und Entwicklungsländer.
Für die **EG** war 1983 wieder das *Hauptproblem der Landwirtschaftspolitik* nicht die Frage der Versorgungssicherheit, sondern die *Finanzierung der derzeitigen Markt- und Preispolitik,* die auf einigen Gebieten zu hohen Überschüssen führt, die wiederum wegen der über dem Weltmarktniveau liegenden EG-Preise schwer bzw. nur mit Subventionen verkäuflich sind. 1983 erreichte der *EG-Agrarhaushalt* die Höhe von 17,364 Mrd. Ecu (= 64% des gesamten EG-Haushalts); davon entfielen 95% auf Agrarmarkt- und 5% auf Agrarstrukturausgaben. Von der Summe von *16,525 Mrd. Ecu für die Agrarpreisstützung* entfielen u.a. 42,2% auf Beihilfen und Produktionsprämien, 36,8% auf Exportsubventionen und 17,3% auf die Kosten der Lagerhaltung. – Die Erzeugung der wichtigsten Produkte nahm 1983 weiter zu, so daß der *Selbstversorgungsgrad* der EG mit Nahrungsmitteln insgesamt auf rd. 108% anstieg. *Einfuhrüberschüsse* bestanden im wesentlichen nur noch bei pflanzlichen Ölen und Fetten sowie bei tropischen Produkten. Selbst bei Fleisch konnte ein leichter *Ausfuhrüberschuß* erreicht werden; bei Getreide lag der Bedarfsdeckungsgrad bei 113%. *Hohe Selbstversorgungsgrade* mit entsprechenden Exportangeboten ergaben sich 1983 z.B. bei Zucker (145%), Milchpulver (147%), Butter (131%), Weichweizen (140%), Gerste (118%) und Wein (111%). Die Überschüsse konnten auch 1983 zum Teil auf dem Weltmarkt nicht oder nur mit Hilfe von Exportsubventionen abgesetzt werden, so daß die oben erwähnten hohen finanziellen Belastungen auftraten (→ Milch). – Insgesamt ist die *EG* zu rd. 15% an den *Weltagrarexporten* beteiligt, sie ist trotzdem ein Netto-Importeur im Agrarbereich, vor allem wegen der Einfuhren von Futtermitteln, Pflanzenölen und -fet-

ten, tropischen Nahrungs- und Genußmitteln und technischen Agrarrohstoffen (z.B. Kautschuk, Baumwolle, Wolle).

Die *Zahl der landwirtschaftlichen Betriebe* (ab 1 ha Größe) betrug in der EG 1981 5,635 Mill., davon in 1000: Italien (1977) 2192 – Frankreich 1129 – BR Deutschland 780 – Griechenland 732 – Großbritannien 244 – Irland (1977) 225 – Niederlande 126 – Dänemark 113 – Belgien 89 – Luxemburg 4 – Die *landwirtschaftlich genutzte Fläche* dieser Betriebe betrug 1981 88,767 Mill. ha, davon in 1000 ha: Frankreich 28790 – Großbritannien 16975 – Italien (1977) 16271 – BR Deutschland 12112 – Irland (1977) 5068 – Griechenland (1977) 3152 – Dänemark 2896 – Niederlande 2004 – Belgien 1399 – Luxemburg 128

Zur **Lage der Landwirtschaft in der BR Deutschland** gibt der »Agrarbericht 1984« der Bundesregierung umfassende Auskunft. Nach dieser Quelle entwickelte sich die deutsche Landwirtschaft 1983 zwar regional sowie nach Betriebsformen und -größe sehr unterschiedlich, nahm aber insgesamt eine überdurchschnittlich *positive Entwicklung,* vor allem bezüglich der Einkommen. So erhöhte sich die *Bruttowertschöpfung der Landwirtschaft* 1982–1983 um 12,6% auf 30,243 Mrd. DM; die *Nettowertschöpfung* betrug 1983 (1982) 20,804 (17,842) Mrd. DM, je Arbeitskrafteinheit 21229 (17763) DM. Die Arbeitsproduktivität erhöhte sich um 21,5%. Das Einkommen der in der Landwirtschaft Beschäftigten stieg überdurchschnittlich, der *Gewinn je Familien-Arbeitskraft in Vollerwerbsbetrieben* erhöhte sich 1983 um 14,8% auf 26282 DM, insbesondere durch relativ hohe Ernteerträge und einen Anstieg der Erzeugerpreise bei einigen Produkten.

Der langjährige *Strukturwandel der Landwirtschaft,* vor allem im Hinblick auf die Aufgabe unrentabler Klein- und Mittelbetriebe, setzte sich

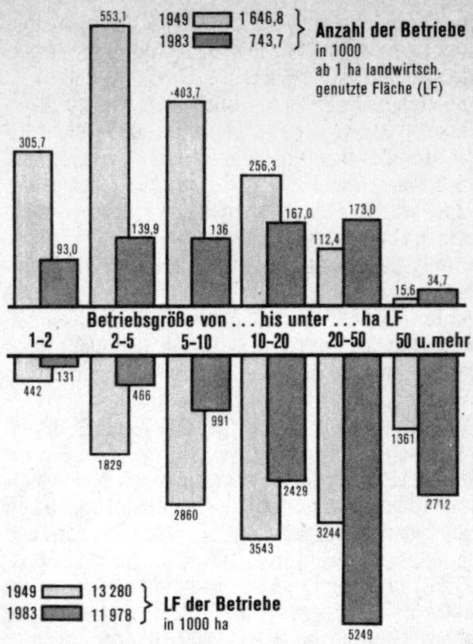


**Die Betriebsgrößenstruktur der Landwirtschaft in der BR Deutschland 1949–1983**
(Nach »Agrarbericht 1984« der Bundesregierung)

1983 fort, hauptsächlich infolge altersbedingter Betriebsaufgabe. Das Überwechseln aus der Landwirtschaft in andere Wirtschaftsbereiche war dagegen aufgrund der ungünstigen Arbeitsmarktlage stark erschwert.

Die *Zahl der landwirtschaftlichen Betriebe* (ab 1 ha Nutzfläche) verminderte sich 1982–1983 um 20381 (= 2,7%) auf nur noch 743742 (zum Vergleich: 1949 noch 1,647 Mill., 1970 1,08 Mill. Betriebe). Die Zahl der *Familienarbeitskräfte* in der Landwirtschaft sank 1982–1983 um 2,7% auf

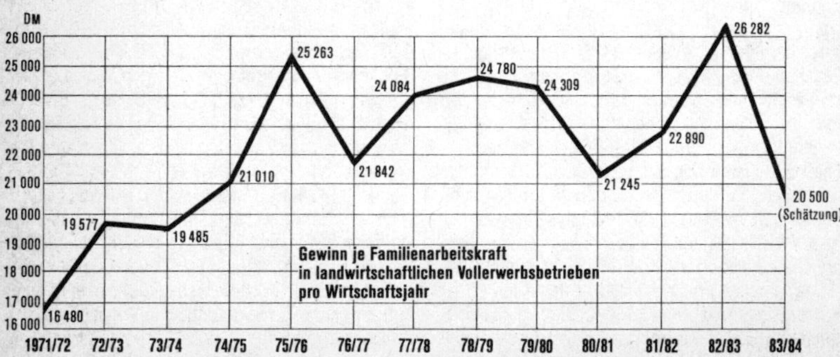


**Einkommen in der Landwirtschaft der BR Deutschland**
(Nach Angaben im »Agrarbericht 1984« der Bundesregierung)

1,969 Mill., davon 1,232 Mill. teilbeschäftigt. Die Zahl der familienfremden Arbeitskräfte *(Lohnarbeitskräfte)* nahm um 1,8% ab und betrug 1983 nur noch 95900. Nur rd. 5% aller Betriebe beschäftigen ständig fremde Arbeitskräfte. – Die *Durchschnittsgröße der Betriebe* erhöhte sich 1982–1983 um 0,3 ha auf rd. 16,10 ha (1980: 15,25; 1949 erst 8,06 ha), hauptsächlich durch Rückgang bei den Kleinbetrieben und Vergrößerung der Großbetriebe. Die Betriebsgrößen variieren regional sehr stark, vor allem aus historischen Gründen. Sie betrugen z. B. 1983 im Durchschnitt in Schleswig-Holstein 34,58, in Niedersachsen 23,43 und in Nordrhein-Westfalen 17,15, dagegen in Baden-Württemberg nur 11,66, in Rheinland-Pfalz 12,59, in Hessen 13,17 und in Bayern 13,77 ha. – Rd. 49,8% aller Betriebe im Bundesgebiet sind Vollerwerbs-, 10,0% Zuerwerbs- und 40,2% Nebenerwerbsbetriebe, jedoch entfallen auf die Vollerwerbsbetriebe 78% der landwirtschaftlich genutzten Fläche und über 80% der Verkaufserlöse.

Der *Selbstversorgungsgrad der BR Deutschland* mit Nahrungsmitteln betrug auch 1983 über 90% bzw. rd. 75% ohne die tierische Produktion aus Auslandsfuttermitteln. Hohe Überschüsse wurden bei Milch, Butter und Zucker erzielt, geringere bei Rind- und Kalbfleisch. Dagegen bestand auch 1983 ein Netto-Einfuhrbedarf an Pflanzenfetten, Geflügel- und Schweinefleisch, Eiern, Gemüse und Obst. – Die *Nahrungsmittelpreise* stiegen 1983 gegenüber dem Vorjahr um 3% und damit schwächer als der allgemeine Lebenshaltungskostenindex. Von den Gesamtausgaben für den privaten Verbrauch entfielen 19,3% auf Ernährung.

Die **BR Deutschland** gehört zu den größten Nahrungs- und Genußmittelimporteuren der Welt, steht aber auch bei den Exporten an 4. Stelle im Agrarwelthandel. Die *Einfuhren/Ausfuhren an Nahrungs- und Genußmitteln* (ohne Industrierohstoffe) betrugen im Wirtschaftsjahr 1982/83 (1981/82) 49,234 (49,187)/23,073 (23,492) Mrd. DM. Der *Einfuhrüberschuß* erhöhte sich auf 26,161 (25,695) Mrd. DM. Auf die einzelnen Ländergruppen entfielen 1982/83 in Mrd. DM von den *Einfuhren:* EG-Mitgliedsländer 26,939 – Entwicklungsländer 11,241 – westl. Industrieländer (ohne EG) 9,415 – Staatshandelsländer (Ostblock) 1,639 – von den *Ausfuhren:* EG-Mitgliedsländer 15,476 – westl. Industrieländer (ohne EG) 3,699 – Entwicklungsländer 2,890 (davon OPEC-Länder 1,588) – Staatshandelsländer 1,008 Mrd. DM – *Hauptimportgüter* waren 1982/83 Ölsaaten, Futtergetreide, Fleisch, Kaffee, Obst, Gemüse und Südfrüchte, *Hauptexportgüter* waren Milch und Milchprodukte, veredelte Öle und Fette, Fleisch und Fleischwaren, Zucker, Wein, Tabak- Kaffee- und Kakaoerzeugnisse.

## Ausgewählte Zahlen über Produktion und Verbrauch

(Angaben überwiegend nach »FAO Monthly Bulletin of Statistics«, Rom; daneben nach »Statistical Yearbook« der UNO, New York, sowie nach Statistischen Jahrbüchern einzelner Länder. S = Schätzung. Die Zahlen für 1983 sind zum Teil vorläufig und gerundet.)

**Welternte** 1983 (1982) in Mill. t

| | | |
|---|---|---|
| Getreide | 1633,046 | (1705,251) |
| Wurzelfrüchte | 559,168 | (555,457) |
| Hülsenfrüchte | 43,600 | (43,803) |
| Gemüse/Melonen | 373,721 | (369,113) |
| Früchte | 296,740 | (301,955) |
| Nüsse | 3,752 | (3,685) |
| Ölfrüchte (Ölinhalt) | 53,241 | (57,399) |
| Pflanzenfasern | 21,031 | (21,238) |

**Agrumen** *(Südfrüchte) Orangen Welternte* 1982 (1982) 38,171 (36,257) Mill. t, davon in 1000 t u. a.: Brasilien 9515 (9444) – USA 8631 (6895) – Italien 1945 (1498) – Spanien 1895 (1687) – Mexiko 1480 (1995) – Ägypten 1250 (1201) – VR China 1205 (1040) – Indien (S) 1200 (1200) – Israel 857 (1067) – Türkei 690 (665) – Marokko 690 (695) – Argentinien 619 (606) – Griechenland 550 (659) – Pakistan 520 (520) – Ecuador 500 (500) – *Mandarinen Clementinen, Tangerinen* und *Satsumas Welternte* 1983 (1982) 8,047 (7,440) Mill. t, davon in 1000 t u. a.: Japan 3167 (2864) – Spanien 1117 (879) – Brasilien 580 (572) – Italien 400 (338)

*Zitronen Welternte* 1983 (1982) 5,477 (5,394) Mill. t, davon in 1000 t u. a.: USA 921 (902) – Italien 770 (673) – Mexiko 580 (819) – Indien (S) 520 (500) – Spanien 520 (430) – Argentinien 450 (385) – Türkei 330 (312)

*Grapefruits u. ä. Welternte* 1983 (1982) 4,088 (4,563) Mill. t, davon in 1000 t u. a.: USA 2220 (2606) – Israel 450 (534) – VR China 157 (148)

Wichtige *Ausfuhrländer* für *Orangen* (mit Mandarinen, Tangerinen usw.) 1982 in 1000 t: Spanien 1394 – Israel 539 – Marokko 488 – Südafrika 356 – USA 353 – Griechenland 182 – Cuba 148 – Wichtige *Ausfuhrländer* für *Zitronen* 1982 in 1000 t: Spanien 324 – Türkei 138 – USA 135 – Italien 115

Wichtige *Einfuhrländer* von *Orangen/Zitronen* 1982 in 1000 t u. a.: Frankreich 850/126 – BR Deutschland 774/124 – Großbritannien 426/50 – Niederlande 295/24 – Kanada 275/22 – Saudi-Arabien 222/36 – u. a. DDR 101/45 – Österreich 110/28 – Schweiz 100/20

Der *Verbrauch* von *Zitrusfrüchten* in der *BR Deutschland* beträgt über 20 kg pro Einwohner und Jahr. Hauptlieferanten sind Spanien (fast 50%), Israel, Marokko und Italien.

**Ananas** *Welternte* 1983 (1982) 8,665 (8,768) Mill. t, davon 1983 in 1000 t u.a.: Thailand 1439 – Philippinen 1300 – Brasilien 841 – Indien (S) 660 – USA 549 – Mexiko 400 – Vietnam 380 – Elfenbeinküste 350 – VR China (S) 295 – Rep. China (Taiwan) 260 – Südafrika 235 – Bangladesch (S) 160

**Bananen** *Welternte* 1983 (1982) 40,700 (40,006) Mill. t, davon in 1000 t u.a.: Brasilien 6692 (6821) – Indien (S) 4500 (4195) – Philippinen 4200 (4077) – Ecuador 2020 (2000) – Thailand 2020 (2028) – Indonesien 1800 (1800) – Mexiko 1624 (1572) – Kolumbien 1280 (1274) – Honduras 1250 (1240) – Panamá 1100 (1057) – Vietnam 1100 (1000) – Costa Rica 1021 (1136) – Burundi 970 (960) – Papua-Neuguinea 964 (949) – Venezuela 944 (921) – Tansania 820 (810) – Bangladesch 678 (678) – Guatemala 675 (655) – Die wichtigsten *Exportländer* sind die genannten lateinamerikanischen Staaten; bedeutendste *Einfuhrländer* sind die EG-Staaten, USA und Japan. – Der *Verbrauch* an Bananen beläuft sich in der *BR Deutschland* auf rd. 8–9 kg pro Kopf und Jahr.

**Baumwollfasern** (entkernt) *Ernte* 1983 (1982) in 1000 t u.a.: VR China (S) 4015 (3598) – UdSSR 2760 (2786) – USA 1659 (2605) – Indien 1410 (1345) – Pakistan 560 (824) – Brasilien 552 (639) – Türkei 503 (470) – Ägypten 415 (461) – Mexiko 220 (185) – Sudan 204 (158) – Syrien 160 (157) – Griechenland 135 (115) – Australien 101 (134) – *Weltproduktion* 1983 (1982) 14,161 (14,944) Mill. t – Wichtige *Ausfuhrländer* 1982 in 1000 t u.a.: USA 1392 – UdSSR 949 – Pakistan 242 – Türkei 217 – Ägypten 180 – Mexiko 126 – Paraguay 112 – Sudan 103 – Wichtige *Einfuhrländer* 1982 in 1000 t u.a.: VR China 830 – Japan 784 – Rep. Korea (Süd-K.) 340 – BR Deutschland 213 – Italien 198 – Frankreich 193 – Polen 160 – Hongkong 159 – Portugal 129 – ČSSR 126 – Indonesien 113 – Rumänien 111 – Jugoslawien 108 – u.a. DDR 90 – Schweiz 53 – Österreich 22

**Baumwollsaat** *Produktion* 1983 in 1000 t: VR China (S) 8038 – UdSSR (S) 6000 – USA 2779 – Indien 2820 – Pakistan 1120 – Brasilien 1070 – Türkei 730 – Ägypten 680 – Sudan 360 – Mexiko 350 – Syrien 270 – Griechenland 255 – Argentinien 202 – Paraguay 171 – Peru 165 – *Welternte* 1983 (1982) 27,33 (28,16) Mill. t – Der *Welthandel* (Export) betrug 1982 149,3 Tsd. t Baumwollsaat und 500,1 Tsd. t Baumwollsaatöl

**Butter** *Erzeugung* 1983 in 1000 t u.a.: UdSSR (S) 1580 – Indien (einschl. »ghee«, S) 730 – BR Deutschland 635 – Frankreich 635 – USA 607 – Polen 340 – DDR 282 – Niederlande 281 – Neuseeland 245 – Großbritannien 245 – Pakistan 224 – ČSSR 155 – Irland 145 – Dänemark 132 – VR China 128 – Kanada 125 – Türkei 125 – Belgien-Lux. 115 – Brasilien 90 – Australien 87 – Italien 76 – Schweden 76 – Japan 74 – Finnland 70 – u.a. Österreich 48 – Schweiz 34 – *Weltproduktion* 1983 (1982) 7,938 (7,359) Mill. t – Wichtige *Ausfuhrländer* 1982 in 1000 t u.a.: Niederlande 271,5 – Neuseeland 239,5 – BR Deutschland 151,9 – Belgien-Lux. 146,7 – Frankreich 127,7 – Dänemark 75,0 – *Wichtige Einfuhrländer* 1982 in 1000 t u.a.: Großbritannien 184,9 – UdSSR 151,0 – Belgien-Lux. 161,4 – Niederlande 128,3 – Iran 70,0 – Frankreich 55,1 – BR Deutschland 54,0 – Die durch *Überproduktion* entstandenen und auf dem Weltmarkt nur mit Hilfe von Subventionen verkäuflichen »Butterinterventionsbestände« der *EG* (sog. »Butterberg«) wurden 1983 durch weiter vermehrte Produktion (+11%) bei stagnierendem Verbrauch um rd. 547 Tsd. t auf 853 Tsd. t (1.1.1984) erhöht, davon 267 Tsd. t in der BR Deutschland. Bis 1.4.1984 stiegen die Überschußbestände weiter auf rd. 890 Tsd. t. Zum Abbau der Lagerbestände wurden 1983 wiederum größere Beträge eingesetzt, insbesondere zur Subventionierung der Exporte in Drittländer; so konnten 1983 rd 835 Tsd. t zu Weltmarktpreisen (rd. ⅓ unter den EG-Preisen) abgesetzt werden; 35 Tsd. t gingen in die Nahrungsmittelhilfe – Der *Butterverbrauch* der *BR Deutschland* sank 1983 um 7% auf 398000 t (1981 noch 435000 t), d.h. rd. 6,6 kg pro Einwohner.

**Datteln** *Weltproduktion* 1983 (1982) 2,776 (2,659) Mill. t, davon 1983 in 1000 t u.a. (meist S): Ägypten 440 – Saudi-Arabien 440 – Irak 400 – Iran 300 – Pakistan 218 – Algerien 210 – Sudan 116 – Libyen 96 – Arab. Rep. Jemen 84 – Oman 75 – Tunesien 75 – Marokko 66 – Dem. VR Jemen 44

**Eier** (Hühnereier) *Erzeugung* 1983 in 1000 t u.a.: VR China (S) 5200 – UdSSR 4116 – USA 4010 – Japan 2100 – Frankreich 900 – Indien 880 – Brasilien 800 – BR Deutschland 775 – Großbritannien 730 – Spanien 720 – Niederlande 672 – Mexiko 660 – Italien 640 – Polen 400 – Rumänien 350 – Kanada 343 – DDR 330 – Argentinien 300 – ČSSR 260 – Türkei 250 – Jugoslawien 240 – Indonesien 240 – Philippinen 220 – Ungarn 215 – Australien 205 – Iran 200 – u.a. Österreich 99 – Schweiz 43 – *Weltproduktion* 1983 (1982) 30,380 (29,998) Mill. t – *Wichtige Ausfuhrländer* sind die Niederlande (1982 47% der Weltexporte von 787,6 Tsd. t), die USA, VR China und Belgien-Lux. – Wichtigstes *Einfuhrland* ist die BR Deutschland (1982 39% der Weltimporte), in der 1983 275 Eier pro Kopf verbraucht wurden. – Die durchschnittliche *Legeleistung* je Henne belief sich 1983 in der *BR Deutschland* auf rd. 252 Stück.

**Enten** *Bestand* in 1 000 Stück (meist S) 1982 u. a.: Vietnam 23 730 – Bangladesch 20 860 – Indonesien 18 750 – Thailand 13 380 – VR China 10 460 – Frankreich 9 167 – Rumänien 4 500 – Polen 3 846 – Ägypten 3 590 – u. a. BR Deutschland 877 – Österreich 120 – *Weltbestand* 1982 (1981) 151,245 (149,777) Mill. Stück.

**Erdnüsse** (in Schale) *Erzeugung* 1983 in 1 000 t: Indien (S) 7 300 – VR China (S) 3930 – USA 1 485 – Sudan 900 – Indonesien 740 – Birma 690 – Senegal 650 – Nigeria 630 – Zaïre 323 – Brasilien 288 – Argentinien 229 – Malawi 180 – Thailand 157 – Kamerun 150 – *Weltproduktion* 1983 (1982) 19,967 (18,907) Mill. t – *Welthandel* (Exporte) 1982 760/414 Tsd. t Erdnuß/-öl, davon aus USA 220/10 – China 129/42 – Sudan 98/16 – Wichtige *Einfuhrländer:* EG-Mitglieder, Japan

**Esel** *Bestand* 1982 in 1 000 Stück (meist S) u. a.: VR China 8 415 – Äthiopien 3 900 – Mexiko 3 230 – Pakistan 2 600 – Iran 1 800 – Ägypten 1 780 – Marokko 1 500 – Brasilien 1 470 – Afghanistan 1 300 – Türkei 1 270 – Indien 1 000 – Bolivien 790 – Arab. Rep. Jemen 740 – Nigeria 700 – Sudan 700 – Kolumbien 645 – Algerien 540 – Peru 490 – Mali 420 – *Weltbestand* 1982 (1981) 39,661 (38,841) Mill. Stück

**FISCHEREI**

(*See- und Binnenfischerei;* einschl. Krustentiere und Mollusken, aber ohne Wassersäugetiere wie z. B. Wale; Anlandungen im In- und Ausland; nach FAO-Angaben) *Fangerträge* 1980 (1979) in 1 000 t

| | | | | | |
|---|---|---|---|---|---|
| Japan | 10410,4 | (9945,0) | Frankreich | 765,4 | (732,2) |
| UdSSR | 9412,1 | (9114,0) | Malaysia | 736,7 | (696,3) |
| VR China | 4235,3 | (4054,3) | Ecuador | 671,3 | (644,3) |
| USA | 3634,5 | (3510,9) | Bangladesch | 650,0 | (646,0) |
| Chile | 2816,7 | (2632,3) | Polen | 640,0 | (601,2) |
| Peru | 2731,4 | (3681,2) | Südafrika (ohne Anland. in Walfischbucht und Lüderitz) | 639,5 | (654,4) |
| Indien | 2423,5 | (2339,5) | Birma | 585,1 | (565,3) |
| Norwegen | 2401,7 | (2650,2) | Nigeria | 479,6 | (535,4) |
| Rep. Korea (Süd-K.) | 2091,1 | (2162,5) | Italien | 444,5 | (426,1) |
| Dänemark | 2026,8 | (1738,4) | Türkei | 429,6 | (349,7) |
| Indonesien | 1853,2 | (1766,2) | Argentinien | 383,9 | (565,9) |
| Thailand | 1650,0 | (1716,4) | Senegal | 359,2 | (302,8) |
| Philippinen | 1556,6 | (1475,2) | Niederlande | 340,4 | (323,7) |
| Island | 1514,9 | (1645,3) | Marokko | 297,7 | (279,9) |
| Dem. VR Korea (Nord-K., S) | 1400,0 | (1330,0) | BR Deutschland (ohne Binnenfisch.) | 296,9 | (356,1) |
| Kanada | 1305,3 | (1411,2) | Pakistan | 279,3 | (300,4) |
| Mexiko | 1240,2 | (877,0) | Färöer | 274,6 | (266,6) |
| Spanien | 1240,0 | (1205,1) | Portugal | 265,2 | (241,9) |
| Vietnam | 1013,5 | (1013,5) | u. a. DDR | 235,3 | (221,9) |
| Brasilien | 850,0 | (855,1) | | | |
| Großbritannien | 823,4 | (904,7) | | | |
| Rep. China (Taiwan, S) | 820,0 | (831,8) | | | |

*Weltfangerträge* 1981 (1980) 74,760 (72,187) Mill. t, davon 8,054 Mill. t aus Binnengewässern. – Vom Gesamtfangergebnis 1981 entfielen (in Mill. t) u. a. auf Seefische 57,615 – Süßwasserfische 6,564 – Schalentiere 5,197 – Krustentiere 3,324 – Brackwasserfische 1,921

Die *Anlandungen der Hochsee- und Küstenfischerei der BR Deutschland* betrugen (nach »Wirtschaft und Statistik«) 1983 (1982) 273,6 (286,4) Tsd. t (deutsche Anlandungen im In- und Ausland). Davon entfielen 161,7 (182,9) Tsd. t auf die Große Hochseefischerei und 111,9 (93,5) Tsd. t auf die Kleine Hochsee- und Küstenfischerei. Der Rückgang der Fangerträge, der nur 1981 unterbrochen worden war, setzte sich 1983 weiter fort. 1974 (1976) hatten die Fangergebnisse beispielsweise noch 498,0 (431,9) Tsd. t betragen. Von der gesamten Fangmenge entfielen 1983 in 1 000 t auf: Nordsee (einschl.- Kanal) 103,6 – Grönland 60,7 – westbritische Gewässer 35,9 – Ostsee 33,3 – norweg. Küste 11,1 – nördl. Azoren 8,2 – Färöer 4,8 – Labrador 4,7 – sonst. Fanggebiete 22,1 – Verteilung der Fangmenge auf *Fischarten* 1983 in 1 000 t u. a.: Kabeljau 68,2 – Rotbarsch 47,1 – Seelachs 17,3 – Hering 16,5 (1969–1974 jährl. noch 100,4) – Schellfisch 2,0 – Beifangfische für Fischmehl 9,3 – sonst. Fische (z. B. Makrele, Blauer Wittling, Blauleng, Stöcker, Grenadierfisch) 60,6 – außerdem Krabben und Krebse 12,8 – Muscheln 39,8

Der *starke Rückgang der deutschen Hochseefischerei* ist auf die in den 70er Jahren erfolgte Aufteilung des Meeres – insbesondere der lohnenden Schelfgebiete – in nationale Fischereizonen zurückzuführen (200-Seemeilen-Zone). So wurde beispielsweise der Fischfang um Island, der noch 1972–1977 im Jahresdurchschnitt 70,2 Tsd. t erbracht hatte, ab 1978 für ausländische Fangschiffe völlig verboten. In anderen Teilen des Nordatlantiks (Norwegen, Grönland, Kanada) wurde die Fangmenge für Ausländer auf geringe Quoten begrenzt. – Im Vertrag, der den Austritt *Grönlands* aus der EG regelt, wurden 1984 auch die Fischfangrechte festgelegt. Für zunächst 5 Jahre gewährt die EG Grönland Wirtschaftshilfe und bekommt rd. 25000 t Fangrechte eingeräumt. – Der *EG*-Fischereirat einigte sich im Jan. 1984 auf eine neue Aufteilung der Fangmenge im »EG-Meer« (200-sm-Zone vor den Küsten der EG-Staaten in Nordsee und Nordatlantik) auf die nationalen Fangflotten. Insgesamt dürfen 1984 1,694 Mill. t Fisch gefangen werden, dazu 155 Tsd. Heringe in der Nordsee. – Wegen des Fischfangs vor fremden Küsten kam es auch 1983/84 mehrfach zu Streitigkeiten, die zwischen Frankreich und Spanien (Fanggründe in der Biskaya) zu Gewalttätigkeiten eskalierten.

Wegen des Verlustes großer Teile ihrer ehemaligen Fanggebiete und der unzureichenden Einsatzmöglichkeiten wurde die *Fangflotte* der *BR Deutschland* seit Mitte der 70er Jahre stark reduziert. So ging die Flotte der Großen Hochseefischerei 1975–1983 von 71 Schiffen (32 Fabrikschiffe und 39 Frischfischtrawler) mit 121601 BRT auf 25 Schiffe (14 bzw. 11) mit 54527 BRT zurück. Die Zahl der Beschäftigten sank auf unter 2000. Für die *Versorgung der BR Deutschland* standen 1983 zur Verfügung (in 1000 t): Fänge der Seefischerei 284,5 und der Binnenfischerei 22,8 + Einfuhr 689,2 – Ausfuhr 251,5 = Inlandsverwendung 745,0 (davon als Futter 18,7). Die fischverarbeitende Industrie ist also inzwischen weitgehend auf Importe angewiesen. Der *Fischverbrauch* pro Einwohner betrug 1983 (1982) 11,8 (10,6) kg.

**Flachs** *Produktion* 1982 in 1000 t u. a.: UdSSR (S) 270 – VR China (S) 120 – Frankreich 60 – Polen 40 – Ägypten 26 – Rumänien 24 – *Weltproduktion* 1982 (1981) 592 (543) Tsd. t.

**FLEISCHERZEUGUNG** s. nächste Seite

**Gerste** *Ernte* 1983 in 1000 t u. a.: UdSSR (S) 55000 – USA 11577 – Kanada 10616 – Großbritannien 10020 – BR Deutschland 8930 – Frankreich 8900 – Spanien 6570 – Türkei 5600 – Australien 4910 – Dänemark 4520 – VR China (S) 4000 – DDR (S) 3900 – ČSSR (S) 3800 – Polen 3650 – Schweden 2033 – Rumänien (S) 2000 – Indien 1860 – Finnland 1728 – Österreich 1442 – Iran (S) 1400 – Irland 1370 – Bulgarien 1200 – Marokko 1140 – Äthiopien 1100 – Syrien 1050 – Italien 1050 – Ungarn 1000 – u. a. Schweiz 218 – *Welternte* 1983 (1982) 169,358 (160,114) Mill. t – Wichtige *Ausfuhrländer* 1982 in 1000 t: Großbritannien 5887 – Kanada 5722 – Frankreich 3019 – Australien 1795 – USA 1375 – u. a. BR Deutschland 437 – *Welthandel* (Ausfuhren) insges. 1982 (1981) 21,916 (19,021) Mill. t – Wichtige *Einfuhrländer* 1982 in 1000 t: Saudi-Arabien 3530 – Belgien-Lux. 1453 – Japan 1330 – Italien 1294 – BR Deutschland 1084 – u. a. DDR (S) 500 – Schweiz 350

**Getränke** In der *BR Deutschland* erreichte der *Getränkeverbrauch* 1983 (1982) mit rd. 644,0 (642,2) l pro Einwohner einen neuen Höchststand. Trotz des ungewöhnlich heißen Sommers nahm somit der Getränkeverbrauch nur noch geringfügig zu, so daß von einer Marktsättigung gesprochen werden kann. Der erhöhte Verbrauch geht vor allem auf die Konsumsteigerung bei Wein (der merklich billiger wurde), Mineralwasser und Kaffee zurück; der Verbrauch von Tee, Limonaden und Spirituosen nahm gegenüber 1982 ab. Im einzelnen wurden 1983 (1982) in l pro Einwohner verbraucht (nach Ifo-Institut): Bohnenkaffee 169,5 (168,1) – Bier 148,3 (147,9) – Milch 94,6 (94,1) – Limonaden 72,0 (74,0) – Mineralwasser 51,1 (48,7) – Tee (ohne Kräutertee) 45,0 (48,5) – Wein 22,5 (20,7) – Fruchtsäfte 21,8 (21,2) – Kaffeemittel 8,5 (8,4) – Spirituosen 6,7 (6,8) – Sekt 4,0 (4,1) (→ Kaffee, Kakao, Milch, Tee, Wein; Bier)

**Getreide** insgesamt (siehe auch Einzelangaben bei den Getreidearten) *Ernte* 1983 in Mill. t: VR China (S) 331,155 – USA 206,595 – UdSSR (S) 191,980 – Indien (S) 158,860 – Kanada 48,215 – Frankreich 46,135 – Indonesien 37,870 – Argentinien 30,500 – Brasilien 29,300 – Australien 29,250 – Mexiko 25,266 – Türkei 24,635 – BR Deutschland 22,948 – Bangladesch 22,840 – Polen 22,000 – Thailand 21,500 – Großbritannien 21,410 – Pakistan 19,390 – Rumänien (S) 17,690 – Italien 17,640 – Jugoslawien 17,047 – Birma 15,100 – Vietnam (S) 14,460 – Japan 14,242 – Spanien 13,750 – Ungarn 13,010 – Philippinen 11,100 – ČSSR 11,000 – u. a. DDR 9,663 – Österreich 5,057

*Weltproduktion* 1983 (1982) 1,619 (1,707) Mrd. t – *Welthandel* mit Getreide 1981 (Ausfuhren) 202,5 Mill. t – Wichtige *Ausfuhrländer* 1981 in Mill. t: USA 110,2 – Kanada 25,0 – Argentinien 18,4 – EG-Länder 18,3 – Australien 14,3 – sonstige 16,3 – Wichtige *Einfuhrländer* 1981 in Mill. t: UdSSR 45,0 – Japan 24,1 – EG-Länder 14,5 – RGW-Länder (ohne UdSSR) 13,1 – VR China 12,7 – sonstige 93,1

Die *Welt-Getreideproduktion* 1983 lag um rd. 5% unter derjenigen der Rekordernte 1982. In den *westlichen Industrieländern* wurden trotzdem wieder hohe Überschüsse erzielt, obwohl die USA durch ein staatlich gefördertes Flächenstillegungsprogramm den Getreideanbau stark reduziert hatten, um die hohen Lagerbestände abzubauen. In den EG-Ländern stieg der Selbstversorgungsgrad auf 114%;

*Forts. → Sp. 727*

**FLEISCHERZEUGUNG**

(Angaben nach FAO; die Gesamtmenge stimmt wegen Zähldifferenzen zum Teil nicht mit der Summe der einzelnen Fleischarten überein; z. T. S.)

| *1983 in 1000 t* | *insges.* | *Rind-, Kalb- u. Büffel-F.* | *Schaf- u. Ziegen-F.* | *Schweine-F.* | *Geflügel-F.* |
|---|---|---|---|---|---|
| USA | 25319 | 10705 | 172 | 6843 | 7274 |
| VR China | 25228 | 2588 | 793 | 17700 | 3653 |
| UdSSR | 16199 | 6850 | 805 | 5700 | 2600 |
| Frankreich | 5588 | 1820 | 185 | 1830 | 1406 |
| Brasilien | 5127 | 2500 | 52 | 970 | 1566 |
| BR Deutschland | 5114 | 1446 | 27 | 3210 | 380 |
| Italien | 3606 | 1130 | 69 | 1120 | 1050 |
| Argentinien | 3214 | 2320 | 116 | 232 | 551 |
| Japan | 3205 | 490 | – | 1430 | 1260 |
| Großbritannien | 3197 | 1030 | 275 | 1020 | 857 |
| Spanien | 2785 | 410 | 140 | 1263 | 820 |
| Australien | 2620 | 1543 | 517 | 237 | 295 |
| Kanada | 2446 | 1035 | 8 | 850 | 534 |
| Polen | 2240 | 600 | 17 | 1400 | 195 |
| Niederlande | 2069 | 440 | 11 | 1230 | 385 |
| Rumänien | 1855 | 320 | 79 | 1020 | 430 |
| DDR | 1846 | 370 | 17 | 1280 | 157 |
| Ungarn | 1676 | 133 | 9 | 1080 | 425 |
| Mexiko | 1638 | 609 | 37 | 495 | 434 |
| Jugoslawien | 1458 | 343 | 60 | 755 | 190 |
| Dänemark | 1400 | 238 | – | 1045 | 113 |
| ČSSR | 1380 | 375 | 7 | 770 | 189 |
| Neuseeland | 1319 | 530 | 711 | 33 | 39 |
| Belgien-Luxemburg | 1113 | 290 | 6 | 650 | 150 |
| Südafrika | 1096 | 538 | 164 | 91 | 292 |
| u. a. Österreich | 771 | 212 | – | 470 | 78 |
| Schweiz | 478 | 154 | – | 290 | 25 |

**Weltproduktion von Fleisch insges.** (nach FAO-Angaben) 1983 (1982) 148,628 (144,841) Mill. t, davon in Mill. t 1983 (1982): *Schweinefleisch* 57,823 (55,989) – *Rind- und Büffelfleisch* 47,785 (47,087) – *Geflügelfleisch* 30,893 (29,899) – *Schaf- und Ziegenfleisch* 8,449 (8,253) – außerdem *Weltproduktion* an eßbaren *Innereien* 10,747 (10,649) – Wichtigste *Ausfuhrländer* 1982 in 1000 t u. a.: *Rindfleisch:* Australien 632,8 – BR Deutschland 327,1 – Frankreich 311,0 – Argentinien 310,3 – Neuseeland 242,2 – Niederlande 210,7 – Irland 209,3 – *Schaffleisch:* Neuseeland 580,0 – Australien 175,9 – *Schweinefleisch:* Niederlande 499,8 – Dänemark 273,9 – Belgien-Lux. 192,6 – Kanada 158,0 – Ungarn 118,5 – *Geflügelfleisch:* Frankreich 345,0 – Brasilien 296,8 – USA 266,9 – Niederlande 221,6 – Ungarn 179,4 – Wichtige *Einfuhrländer* 1982 in 1000 t u. a.: *Rindfleisch:* USA 624,3 – Italien 436,5 – UdSSR 350,0 – Frankreich 251,8 – Großbritannien 175,7 – BR Deutschland 166,6 – *Schaffleisch:* Großbritannien 222,3 – Iran 100,0 – Japan 85,1 – *Schweinefleisch:* BR Deutschland 403,2 – Italien 343,6 – Frankreich 246,4 – Japan 141,1 – *Geflügelfleisch:* BR Deutschland 224,6 – Irak 200,0 – Saudi-Arabien 170,0 – Japan 102,9

In der *EG* stieg die *Produktion* von *Rind- und Kalbfleisch* 1983 (1982) auf 6,87 (6,67) Mill. t, von *Schweinefleisch* auf 10,54 (10,24) Mill. t. Der Selbstversorgungsgrad stieg auf 104 bzw. 102%; die Überschüsse konnten trotz sinkender Preise nur z. Teil abgesetzt werden, so daß die »Interventionsbestände« (Lagerhaltung) an Rindfleisch auf 410 Tsd. t anwuchsen.

In der *BR Deutschland* ging der *Fleischverbrauch* 1983 gegenüber 1982 um 0,4% auf 88,1 kg pro Einwohner zurück, davon Schweinefleisch 50,4 kg, Rind- und Kalbfleisch 19,2 kg. 1983 existierten 27600 *Fleischerhandwerksbetriebe* mit etwa 205500 Beschäftigten und 33,4 Mrd. DM Umsatz.

**Getreide** (*Forts.*)
insbesondere Frankreich erzielte hohe Weizenüberschüsse für den Export. Aufgrund des Überangebotes auf dem Weltmarkt blieb das Getreidepreisniveau auf relativ niedrigem Stand stabil. – In den bevölkerungsreichsten *Entwicklungsländern* (z. B. China, Indien, Indonesien, Pakistan, Bangladesch, Brasilien, Mexiko) konnte die Getreideproduktion insgesamt erhöht werden, so daß sich der Importbedarf verringerte. Dagegen blieben die *Ostblockstaaten,* trotz erhöhter Erntemengen, erneut hinter den Planzielen zurück. Die *UdSSR* war auch 1983 der bedeutendste Getreideimporteur und führte rd. 32,5 Mill. t ein; für 1984 wird ein Einfuhrbedarf von 35 Mill. t erwartet, davon 20 Mill. t Weizen. Hauptlieferanten sind die USA, Argentinien und Kanada. 1983 wurde zwischen der *UdSSR* und den *USA* ein neues 5jähriges *Getreideabkommen* geschlossen, in dem sich die Sowjets verpflichten, jährlich 9 Mill. t Weizen und Mais in den USA zu kaufen; außerdem können weitere 3 Mill. t ohne Zustimmung der US-Regierung bezogen werden.

**Gurken** *Erzeugung* 1982 in 1000 t (meist S) u. a.: VR China 2790 – UdSSR 1600 – Japan 1072 – USA 807 – Türkei 535 – Niederlande 370 – Polen 350 – Ägypten 310 – Spanien 255 – Rumänien 210 – u. a. DDR 82 – BR Deutschland 56 – Österreich 37 – *Weltprod.* 1982 (1981) 11,093 (10,944) Mill. t

**Hafer** *Ernte* 1983 in 1000 t: UdSSR (S) 17000 – USA 6859 – Kanada 2773 – Polen (S) 2500 – Australien 2463 – BR Deutschland 2075 – Frankreich 1500 – Finnland 1410 – Schweden 1198 – DDR (S) 700 – VR China (S) 600 – ČSSR (S) 500 – Großbritannien 490 – Norwegen 475 – Spanien 470 – u. a. Österreich 292 – Schweiz 62 – *Welternte* 1983 (1982) 44,525 (44,949) Mill. t – Wichtige *Ausfuhrländer* 1982 in 1000 t: Schweden 331 – Frankreich 218 – DDR 128 – Kanada 121 – *Welthandel* (Ausfuhren) insgesamt 1982 (1981) 1,176 (1,139) Mill. t – Wichtige *Einfuhrländer* 1982 in 1000 t: Schweiz 128 – Japan 95 – BR Deutschland 92

**Hanf** *Produktion* 1982 in 1000 t (meist S) u. a.: VR China 92 – Indien 60 – UdSSR 50 – Rumänien 20 – Türkei 15 – Ungarn 10 – *Weltproduktion* 1982 (1981) 282 (266) Tsd. t

**Hirse** (einschl. Sorghum) *Ernte* 1983 in 1000 t (meist S): Indien 22000 – VR China 16018 – USA 12243 – Argentinien 8410 – Nigeria 6800 – Mexiko 6367 – Sudan 3500 – UdSSR 2380 – Niger 1660 – Äthiopien 1400 – Obervolta/Burkina-Faso 1100 – Uganda 1070 – Mali 750 – Dem. VR Korea (Nord-K.) 600 – Kolumbien 580 – Ägypten 580 – Pakistan 505 – *Welternte* 1983 (1982) 93,931 (98,483) Mill. t – Hirse wird in der Regel im Ursprungsland verbraucht; der internationale Handel ist gering.

**Holz** *Einschlag* 1982 (nach FAO-Angaben) in Mill. m³ *Rundholz* (ohne Brennholz): USA 312,4 – UdSSR (S) 277,7 – Kanada 131,2 – VR China (S) 68,1 – Brasilien 57,4 – Schweden 46,3 – Finnland 35,2 – Malaysia 32,6 – Japan 32,6 – Frankreich 27,5 – BR Deutschland 27,3 – Indien 19,8 – Rumänien 18,6 – Polen 17,6 – ČSSR 17,4 – Indonesien 16,3 – Australien 16,1 – Österreich 12,8 – Spanien 12,8 – Chile 12,8 – Jugoslawien 10,6 – Neuseeland 10,3 – DDR 9,4 – Südafrika 9,0 – Norwegen 8,1 – Philippinen 8,1 – Nigeria 7,3 – Türkei 7,3 – Mexiko 6,3 – *Weltproduktion* an Rundholz für Verarbeitungszwecke 1982 (1981) 1,383 (1,384) Mrd. m³ – *Brennholz* und *Holzkohle* in Mill. m³ 1982 (meist S): Indien 208,4 – Brasilien 158,5 – VR China 156,6 – Indonesien 112,3 – USA 98,9 – UdSSR 80,9 – Nigeria 75,6 – Tansania 37,4 – Thailand 35,4 – Sudan 35,1 – Zaïre 28,0 – Philippinen 27,8 – Äthiopien 27,2 – Kenia 26,3 – Uganda 23,9 – Vietnam 20,4 – Türkei 20,0 – Bangladesch 19,1 – Pakistan 18,0 – Birma 15,8 – Nepal 13,8 – Kolumbien 13,6 – Mexiko 12,9 – Mosambik 12,7 – Frankreich 10,4 – u. a. BR Deutschland 4,0 – Österreich 1,4 – *Weltproduktion* 1982 (1981) 1,590 (1,566) Mrd. m³
In der *BR Deutschland* betrug 1982 das Inlandsaufkommen *(Holzeinschlag)* insges. 29,001 Mill. m³, davon Fichte, Tanne u. Douglasie 53% – Rotbuche u. ä. 23% – Kiefer, Lärche u. ä. 20% – Eiche 4% – Der *Selbstversorgungsgrad* mit Holz betrug 1982 rd. 47%, bei Berücksichtigung von Altpapier 63%. Der Einfuhrbedarf wurde durch *Importe* vor allem aus EG-Ländern (68%), den Ostblockstaaten und Skandinavien (Nadelholz) und aus tropischen Ländern (Laubschnittholz) gedeckt. Die Einfuhren der Holzwirtschaft (einschl. Halb- und Fertigwaren, Möbel usw.) betrugen 1982 (1981) 45,6 (46,6) Mill. m³, die Ausfuhren 23,7 (23,0) Mill. m³. – Die *Holzwirtschaft* der *BR Deutschland* (holzbe- und -verarbeitende Industrie) beschäftigte 1982 rd. 696000 Arbeitskräfte in ca. 65000 Betrieben (Gesamtumsatz 1982 89,15 Mrd. DM)
Die Waldfläche der *BR Deutschland* nahm auch 1982 wieder leicht zu; sie betrug Anf. 1983 rd. 73300 km² (= ca. 29% der Staatsfläche). Verteilung nach *Eigentümern:* Privatwald ca. 43% – Staatswald ca. 32% – Körperschaftswald (Gemeinden, Kirchen u. ä.) ca. 25% – nach *Baumarten:* Fichte, Tanne u. Douglasie 42% – Kiefer u. Lärche 27% – Buche u. ä. 23% – Eiche 8%
Der *Wald* ist heute weltweit in zweifacher Hinsicht gefährdet. In vielen *Entwicklungsländern,* besonders in den Tropen, hat übermäßiger Holzeinschlag ohne nachfolgende Wiederaufforstung in den letzten Jahren zu schweren Störungen des Naturhaushaltes geführt. In den *Tropen* gehen z. Zt. jährlich rd. 15 Mill. ha Wald durch Abholzung oder Abbrennen verloren, d. h. etwa die doppelte Waldfläche der BR Deutschland. In einigen Ländern (z. B. Thailand, Philippinen, Elfenbeinküste und andere Staaten

Westafrikas) verringerte sich die Waldfläche in den letzten 10 Jahren um 25–30%. Hauptursache der Waldzerstörung in den Entwicklungsländern sind

▷ *Energiegewinnung* (rd. 80% des geschlagenen Holzes, wobei nach FAO-Schätzungen ca. 2 Mrd. Menschen beim Heizen und Kochen auf Holz angewiesen sind),

▷ *Ausdehnung der landwirtschaftlichen Nutzflächen*

▷ *übermäßige Beweidung,* vor allem der Niederwald- und Strauchgebiete in den trockenen Randtropen durch zu große Viehherden.

Bei gleichbleibendem Raubbau werden die Holzvorräte der Erde bis zum Jahr 2000 auf etwa die Hälfte vermindert sein. – Schwere Schäden richten auch *Waldbrände* an. In der *BR Deutschland* wurden 1982 durch Waldbrände 751 ha zerstört; der Schaden betrug rd. 3,7 Mill. DM.

In vielen *Industrieländern* werden seit längerem große *Waldschäden durch Luftverunreinigungen* verursacht. In der *BR Deutschland* gilt das »*Waldsterben*« seit etwa 1982 als zentrales Umweltproblem. Nach der Waldschadenserhebung 1983 des Bundeslandwirtschaftsministeriums waren Ende 1983 rd. 2,549 Mill. ha Wald (= 34,4% der Waldfläche) geschädigt; davon betrafen 24,7% Schadstufe 1 (»kränkelnd«), 8,7% Schadstufe 2 (»krank«) und 1,0% Schadstufe 3 (»sehr krank«). Am stärksten betroffen sind Bayern und Baden-Württemberg (45,9 bzw. 49,5% der Waldfläche), am wenigsten die norddeutschen Bundesländer. Nach Baumarten treten die größten Schäden auf bei Tannen (135000 ha, 75% der Bestände), Kiefern (641000 ha, 44% der Bestände), Fichten (1,195 Mill. ha, 41% der Bestände) und Buchen (326000 ha, 26% der Bestände). – Schäden ähnlicher Größenordnung werden schon seit vielen Jahren aus der ČSSR, Polen und der DDR, seit neuestem auch aus Österreich (z. Zt. 8–10% der Waldfläche), der Schweiz und Ostfrankreich gemeldet.

Nach den bisherigen wissenschaftlichen Untersuchungen entsteht das »*Waldsterben*« durch das *Zusammenwirken eines umfangreichen Ursachenkomplexes.* Hierzu gehören insbesondere:

▷ *Luftschadstoffe* (Schwefeldioxid, Stickoxide, Photooxidantien, Schwermetalle u. a.), die teils direkt auf die Bäume einwirken, teils indirekt über den Boden die Bäume schädigen;

▷ *pflanzliche und tierische Schädlinge* (Pilze, Bakterien, Borken- und andere Käfer u. ä.), die solche Bäume verstärkt angreifen können, die durch die Umwelteinflüsse in ihrer Widerstandskraft geschwächt sind. Hierzu gehören auch *extreme klimatische Bedingungen* (anhaltende Trockenperioden, starke Fröste), denen »kränkelnde« Bäume nicht mehr gewachsen sind.

Die Bundesregierung beschloß im Sept. 1983 ein Aktionsprogramm »Rettet den Wald«. Neben verstärkten finanziellen Mitteln für die Waldschadensforschung werden vor allem folgende Maßnahmen für notwendig gehalten:

1. *Verringerung des Schwefeldioxidausstoßes* – der den »sauren Regen« verursacht – durch verbesserte Abgasreinigung bei Kohle- und Ölkraftwerken. Die notwendige Sanierung der alten Kraftwerke (Rauchgasentschwefelung) soll bis 1988 durchgeführt werden. Ein Hauptproblem ist jedoch, daß über die Hälfte der $SO_2$-Immissionen aus dem Ausland stammen.

2. *Verminderung des Schadstoffausstoßes von Kraftfahrzeugen* durch Abgaskatalysatoren (die bleifreies Benzin voraussetzen). Die gesetzliche Einführung soll zum 1. 1. 1986 erfolgen.

3. *Schädlingsbekämpfung* und *Düngung der Wälder* und *Anpflanzung widerstandsfähiger Mischwälder* mit standortgemäßen Arten unter Verzicht auf höchstmöglichen Holzertrag. Hierzu gehört auch die *Verminderung des Wildbestandes,* um Jungbäumen bessere Aufwuchsbedingungen zu geben.

**Honig** *Erzeugung* 1983 in 1000 t (meist S) UdSSR 190 – VR China 101 – USA 93 – Mexiko 70 – Kanada 35 – Türkei 31 – Argentinien 28 – Polen 21 – Äthiopien 21 – Frankreich 19 – Australien 18 – Rumänien 16 – Ungarn 15 – BR Deutschland 13 – Griechenland 13 – u. a. DDR 4 – Schweiz 3 – Österreich 2 – *Weltproduktion* 1983 (1982) 887 (913) Tsd. t – Die *BR Deutschland* importiert jährlich zusätzlich zur eigenen Erzeugung rd. 50000 t Honig, hauptsächlich aus Mexiko, Argentinien und China.

**Hopfen** *Produktion* 1982 in 1000 t u. a.: BR Deutschland 42 – USA 36 – ČSSR 13 – Großbritannien 10 – UdSSR (S) 8 – Jugoslawien 4 – Polen 3 – u. a. DDR 2 – Österreich 1 – *Weltproduktion* 1982 (1981) 132 (124) Tsd. t – Die *Weltanbaufläche* wurde Anfang der 80er Jahre stark gesteigert, so daß z. Zt. eine Überschußsituation auf dem Weltmarkt besteht (1981: 88000 ha, davon in der BR Deutschland 19038 ha und in Bayern 17974 ha).

**Hühner** *Bestand* 1983 in Mill. Stück (meist S) UdSSR 1040 – VR China 884 – Brasilien 450 – USA 375 – Japan 297 – Mexiko 192 – Frankreich 190 – Nigeria 155 – Indien 150 – Indonesien 117 – Italien 110 – Großbritannien 108 – Rumänien 96 – Niederlande 90 – Kanada 84 – BR Deutschland 80 – Bangladesch 75 – Iran 74 – Pakistan 72 – Jugoslawien 68 – Thailand 65 – Ungarn 63 – Philippinen 62 – Türkei 59 – Äthiopien 55 – Spanien 54 – DDR 51 – Polen 50 – Vietnam 50 – u. a. Österreich 15 – *Weltbestand* 1983 (1982) 6,710 (6,617) Mrd. Stück – In der *BR Deutschland* nahm der Hühnerbestand bis Ende 1983 auf 75,088 Mill. Stück ab, davon Legehennen 41,018 – Küken und Junghennen 13,036 – Schlacht- und Masthähne und -hühner

21,034 Mill. – Die Zahl der Hühnerhalter ging gegenüber 1982 um 4,8% auf 361 Tsd. zurück.

**Hülsenfrüchte** (insges., trocken) *Erzeugung* 1983 in 1000 t u. a.: Indien 11790 – UdSSR (S) 6960 – VR China (S) 6045 – Mexiko 1770 – Brasilien 1700 – Türkei 1056 – Äthiopien (S) 1030 – Nigeria 960 – USA 903 – Birma 552 – Frankreich 543 – Pakistan 493 – Uganda 420 – Thailand 350 – Australien 326 – Indonesien 315 – Niger 315 – Spanien 310 – Italien 300 – *Welternte* 1983 (1982) 43,66 (43,88) Mill. t

**Jute** (mit verwandten Fasern wie Kenaf, Mesta usw.) *Erzeugung* 1983 in 1000 t u. a.: Indien 1590 – VR China 1000 – Bangladesch 910 – Thailand 212 – Brasilien 55 – UdSSR (S) 55 – Birma 45 – Nepal 40 – Vietnam 38 – *Welterzeugung* 1983 (1982) 4,015 (3,855) Mill. t

**Kaffee** (grün) *Ernte* 1983 (1982) in 1000 t

| | | |
|---|---|---|
| Brasilien | 1680 | (927) |
| Kolumbien | 798 | (840) |
| Mexiko | 240 | (237) |
| Indonesien | 233 | (265) |
| Elfenbeinküste | 225 | (243) |
| Äthiopien (S) | 204 | (202) |
| Uganda | 192 | (155) |
| Philippinen | 155 | (160) |
| El Salvador | 155 | (143) |
| Guatemala | 154 | (159) |
| Indien (S) | 135 | (155) |
| Kamerun | 130 | (138) |
| Costa Rica | 110 | (104) |
| Peru | 92 | (90) |
| Kenia | 90 | (88) |
| Madagaskar | 85 | (84) |
| Zaïre | 83 | (91) |
| Honduras | 81 | (71) |
| Venezuela | 69 | (59) |

*Welternte* 1983 (1982) 5,569 (4,889) Mill. t – *Weltexport* 1982 (1981) 3,747 (3,621) Mill. t Kaffee (grün und geröstet) – Wichtige *Ausfuhrländer* → Abbildung – Wichtige *Einfuhrländer* 1982 in 1000 t: USA 1061 – BR Deutschland 525 – Frankreich 331 – Italien 246 – Japan 186 – Niederlande 146 – Spanien 113 – Belgien-Lux. 99 – Schweden 96 – Großbritannien 94 – Kanada 89 – u. a. Schweiz 58 – DDR (S) 57 – Österreich 57

Der *Welt-Kaffeemarkt* ist seit mehreren Jahren durch Überschüsse und hohe Lagerbestände der Erzeuger gekennzeichnet. Die Preise werden jedoch durch die **ICO** (Internationale Kaffee-Organisation) auf einer für die Produzenten günstigen Höhe gehalten. Die ICO sorgt seit 1963 durch marktbeeinflussende Maßnahmen, insbesondere Ausfuhrquoten, für eine Preisstützung. Dem Wert nach ist Kaffee nach Erdöl das zweitwichtigste Exportgut (1982 rd. 33 Mrd. DM).

In der *BR Deutschland* stagniert der Kaffeekonsum auf hohem Niveau. Der Pro-Kopf-Verbrauch betrug 1983 7,12 kg Rohkaffee; rd. 10% werden als Extraktkaffee verkauft. Größte Lieferanten sind Kolumbien (rd. 30%), Brasilien und El Salvador. Seit Anf. 1984 versuchen verschiedene Kaffeefirmen, durch Kurzzeitröstung mit erhöhter Ergiebigkeit den Rohkaffee-Einsatz zu vermindern.

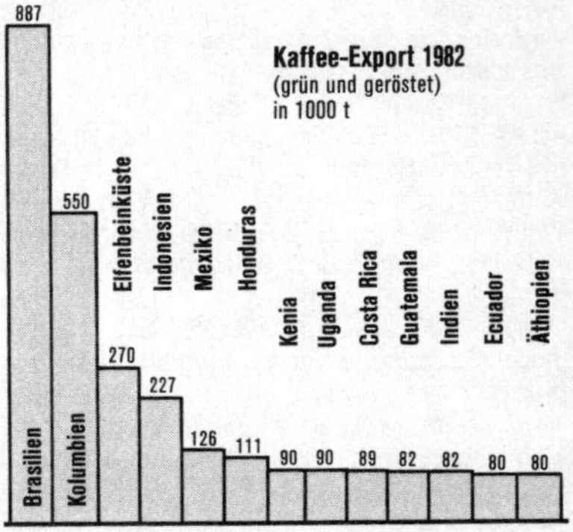


**Die wichtigsten Kaffee-Exportländer**
(Nach FAO-Angaben)

**Kakao** (Kakaobohnen) *Ernte* 1983 (1982) in 1000 t

| | | |
|---|---|---|
| Elfenbeinküste | 400 | (360) |
| Brasilien | 346 | (364) |
| Nigeria | 155 | (160) |
| Ghana | 140 | (178) |
| Kamerun | 100 | (112) |
| Ecuador | 90 | (97) |
| Malaysia | 55 | (45) |
| Mexiko | 42 | (40) |
| Kolumbien | 40 | (43) |
| Dominikan. Rep. | 40 | (35) |
| Papua-Neuguinea | 31 | (31) |

*Welternte* 1983 (1982) 1,573 (1,597) Mill. t – Der Exportanteil an der Ernte ist relativ hoch. *Welthandel* (Exporte) 1982 1,186 Mil. t – Wichtige *Ausfuhrländer* 1982 in 1000 t: Elfenbeinküste 320 – Ghana 160 – Nigeria 157 – Brasilien 144 – Kamerun 69 – Wichtige *Einfuhrländer* 1982 in 1000 t: USA 197 – BR Deutschland 196 – Niederlande 185 – UdSSR 116 – Großbritannien 112 – Frankreich 60 – Italien 39 – u. a. DDR 23 – Schweiz 19 – Österreich 13 – Die *BR Deutschland* importierte 1983 172558 t Rohkakao; Hauptlieferanten waren Elfenbeinküste (27,5%), Nigeria (14%) und Ghana. Die BR Deutschland steht nach den USA an 2. Stelle der Verbraucherländer. – Der *Welt-Kakaomarkt* ist wegen stagnierender Ernteergebnisse bei steigendem Verbrauch seit 1982 durch Preiserhöhung gekennzeichnet. Das **Internationale Kakao-Abkommen** läuft im Sept. 1984 aus;

Verhandlungen über ein neues Abkommen der Produzenten und Abnehmer (insbesondere zur Preisstabilisierung) blieben bis Mitte 1984 erfolglos.

**Kartoffeln** *Ernte* 1983 (1982) in 1000t (für 1983 meist S)

| | | |
|---|---|---|
| UdSSR | 85000 | (78000) |
| Polen | 35500 | (31950) |
| VR China | 16540 | (16042) |
| USA | 14960 | (15958) |
| Indien | 10000 | (10075) |
| DDR | 9000 | (9800) |
| Großbritannien | 6150 | (6876) |
| BR Deutschland | 5700 | (7821) |
| Frankreich | 5600 | (6793) |
| Niederlande | 5100 | (6219) |
| Spanien | 5000 | (5078) |
| Rumänien | 5000 | (4533) |
| Japan | 3700 | (3650) |
| ČSSR | 3600 | (3608) |
| Türkei | 3080 | (3000) |
| Kanada | 2750 | (2750) |
| Italien | 2680 | (2680) |
| Jugoslawien | 2640 | (2636) |
| u.a. Schweiz | 1070 | (1050) |
| Österreich | 1000 | (1121) |

*Welternte* 1983 (1982) 258,766 (255,324) Mill. t – Wichtige *Ausfuhrländer* 1982 in 1000t u.a.: Niederlande 1942 – Frankreich 450 – Italien 370 – Kanada 358 – Belgien-Lux. 300 – BR Deutschland 184 – *Welthandel* (Exporte) 1982 5,193 Mill. t – Wichtige *Einfuhrländer* 1982 in 1000t u.a.: BR Deutschland 1021 – Großbritannien 606 – Italien 400 – Algerien 354 – Frankreich 250
In der *BR Deutschland* ist die Anbaufläche für Kartoffeln 1982–1983 erneut um rd. 16% auf 224,1 Tsd. ha zurückgegangen (1970 noch 580 Tsd. ha). Hierin zeigt sich die abnehmende Bedeutung der Kartoffel als Futtermittel und als Grundnahrungsmittel.

**Käse** (alle Arten) *Erzeugung* 1983 in 1000 t u. a.: USA 2450 – UdSSR 1622 – Frankreich 1200 – BR Deutschland 843 – Italien 635 – Niederlande 475 – Polen 430 – Dänemark 247 – Großbritannien 244 – Ägypten 240 – Argentinien 230 – DDR 220 – Kanada 217 – VR China 205 – Griechenland 196 – ČSSR 188 – Bulgarien 176 – Jugoslawien 156 – Australien 153 – Spanien 141 – Türkei 134 – Schweiz 130 – u.a. Österreich 83 – *Weltproduktion* 1983 (1982) 12,314 (12,124) Mill. t – Wichtigste *Ausfuhrländer* für Käse sind die Niederlande, die BR Deutschland, Frankreich, Dänemark, Neuseeland und die Schweiz. – Die *Welt-Einfuhren* betrugen 1982 1,537 Mill. t; sie gingen (in 1000t) u.a. in die BR Deutschland 256,5 – nach Italien 235,1 – Großbritannien 130,1 – USA 115,1 – In der *BR Deutschland* betrug die Käseproduktion 1983 819209t, davon in 1000t u.a. Hartkäse 154 – Schnittkäse 165 – Weichkäse 78 – Frischkäse 402 (davon Quark 274) – Die deutschen *Käse-Einfuhren* kommen überwiegend aus den Niederlanden (rd. 45%), Frankreich und Dänemark.

**Kautschuk** (Naturkautschuk) *Erzeugung* 1983 in 1000t (Trockengewicht) u.a.: Malaysia 1488 – Indonesien 950 – Thailand 570 – Indien (S) 170 – VR China (S) 165 – Sri Lanka 135 – Philippinen 80 – Liberia 65 – Vietnam (S) 43 – Nigeria 40 – Brasilien 35 – Elfenbeinküste 24 – Zaïre 20 – *Weltproduktion* 1983 (1982) 3,848 (3,755) Mill. t – Wichtige *Ausfuhrländer* 1982 in 1000t u.a.: Malaysia 1378 – Indonesien 798 – Thailand 544 – Sri Lanka 131 – 1982 wurden über 81% der Welterzeugung exportiert – Wichtige *Einfuhrländer* 1982 in 1000t u.a.: USA 641 – Japan 415 – VR China (S) 240 – UdSSR 187 – BR Deutschland 174 – Frankreich 154 – Großbritannien 141 – Italien 133 – Rep. Korea (Süd-K.) 120 – u.a. DDR 35 – Österreich 23 – *Anteil von Naturkautschuk* an der gesamten *Kautschukproduktion* (einschl. Synthet.): 1935 99% – 1955 56% – 1965 38% – 1975 33% – 1980 30% – Wegen der Verteuerung der Synthesekautschuk-Produktion durch die Ölpreissteigerungen der 70er Jahre ist Naturkautschuk seitdem wieder voll konkurrenzfähig und wird seinen Anteil in Zukunft evtl. wieder erhöhen können. – Im Mai 1984 wurden in Kuala Lumpur die Beratungen über ein neues Naturkautschuk-Abkommen (**INRA**) aufgenommen. Die Produzenten wünschen Preiserhöhungen und Exportquotenregelungen.

**Kohl** (alle Arten, ohne Blumenkohl) *Erzeugung* 1982 in 1000t (meist S) u.a.: UdSSR 9600 – VR China 6025 – Japan 3750 – Rep. Korea (Süd-K.) 3625 – USA 1510 – Polen 1220 – Rumänien 900 – Großbritannien 788 – u.a. BR Deutschland 530 – DDR 410 – Österreich 170 – *Weltproduktion* 1982 (1981) 36,225 (35,916) Mill. t

**Kopra** *Erzeugung* 1983 in 1000t (meist S) Philippinen 1930 – Indonesien 1100 – Indien 350 – Malaysia 160 – Sri Lanka 145 – Papua-Neuguinea 138 – Mexiko 110 – Mosambik 60 – *Weltproduktion* 1983 (1982) 4,50 (4,88) Mill. t – In den *Welthandel* gelangten 1982 rd. 425,5 Tsd. t (Export), davon in 1000t aus Philippinen 178 – Papua-Neuguinea 74 – Vanuatu 35 – Salomonen 34 – Wichtige *Einfuhrländer* 1982 in 1000t: BR Deutschland 165 – Japan 82 – Schweden 31

**Leinsaat** *Erzeugung* 1983 in 1000t (meist S) Argentinien 670 – Indien 476 – Kanada 465 – UdSSR 220 – USA 187 – VR China 100 – Rumänien 40 – Frankreich 33 – *Weltproduktion* 1983 (1982) 2,38 (2,87) Mill. t – *Weltausfuhr* 1982 in 1000t: 485/243 Leinsaat/-öl, davon aus Kanada 414/8 – Argentinien 1/176 – Wichtigste *Einfuhrländer:* EG-Mitglieder, Japan

**Mais** *Ernte* 1983 (1982) in Mill. t (Körnermais)

| | | |
|---|---|---|
| USA | 104,68 | (213,30) |
| VR China (S) | 62,14 | (60,41) |
| Brasilien | 18,81 | (21,87) |
| UdSSR (S) | 16,00 | (12,00) |
| Mexiko | 13,93 | (12,22) |
| Rumänien (S) | 10,50 | (12,60) |
| Jugoslawien | 10,44 | (11,13) |
| Frankreich | 10,00 | (10,38) |
| Argentinien | 8,84 | (9,60) |
| Indien (S) | 7,00 | (6,27) |
| Ungarn | 6,90 | (7,96) |
| Italien | 6,80 | (6,85) |
| Kanada | 5,88 | (6,51) |
| Südafrika | 3,91 | (8,34) |
| Thailand | 3,55 | (3,00) |
| Philippinen | 3,40 | (3,29) |
| Indonesien | 3,37 | (3,21) |
| Ägypten (S) | 3,00 | (2,71) |
| Bulgarien (S) | 3,00 | (3,42) |
| u. a. Österreich | 1,44 | (1,55) |

*Welternte* 1983 (1982) 337,60 (452,66) Mill. t – Wichtige *Ausfuhrländer* 1982 in Mil. t: USA 48,94 – Argentinien 5,23 – Südafrika 4,00 (4,40) – Frankreich 3,19 – Thailand 2,99 – Belgien-Lux. 1,79 – *Welthandel* (Ausfuhren) insges. 1982 (1981) 69,85 (79,32) Mill. t – Wichtige *Einfuhrländer* 1982 in Mill. t: Japan 13,57 – UdSSR 11,40 – Spanien 5,43 – VR China 4,12 – Rep. Korea (Süd-K.) 2,85 – Portugal 2,43 – Niederlande 2,28 – Großbritannien 2,12 – DDR 2,10 – BR Deutschland 1,82 – u. a. Schweiz 0,23

**Maultiere** *Bestand* in 1 000 Stück 1982 u. a. (meist S): VR China 4325 – Mexiko 3 130 – Brasilien 1 680 – Äthiopien 1 400 – Kolumbien 606 – Marokko 400 – Türkei 300 – Peru 218 – Algerien 206 – Spanien 174 – Indien 130 – Iran 125 – Griechenland 107 – *Weltbestand* 1982 (1981) 14,263 (14,110) Mill. Stück.

**Milch** *Erzeugung* von *Kuhmilch* 1983 in Mill. t u. a.: UdSSR (S) 96,00 – USA 63,00 – Frankreich 34,15 – BR Deutschland 27,00 – Großbritannien 17,30 – Polen 16,70 – Indien (S) 14,20 – Niederlande 13,20 – Brasilien 10,70 – Italien 10,65 – DDR 8,50 – Kanada 7,98 – Mexiko 7,30 – Japan 7,06 – Neuseeland 6,80 – VR China (S) 6,55 – ČSSR 6,50 – Spanien 6,25 – Argentinien 5,70 – Australien 5,60 – Irland 5,50 – Dänemark 5,43 – Belgien-Lux. 5,00 – Jugoslawien 4,61 – Rumänien 4,11 – Schweden 3,77 – Schweiz 3,77 – Österreich 3,76 – Türkei 3,70 – *Weltproduktion* 1983 (1982) 456,76 (439,31) Mill. t – *Durchschnittliche Milchleistung* pro Kuh und Jahr 1983 in kg z. B.: Israel 7200 – USA 5727 – Niederlande 5333 – Großbritannien 5188 – BR Deutschland 4956 – Japan 4804 – Schweiz 4398 – DDR 4017 – Österreich 3893 – Frankreich 3413 – Australien 3184 – Südafrika 2826 – UdSSR 2192 – Argentinien 1900 – Jugoslawien 1678 – VR China 752 – Brasilien 728 – Indien 546 – Tansania 160 – Weltdurchschnitt 1 998

*Erzeugung* von *Büffelmilch* 1983 in 1 000 t u. a.: Indien (S) 18 400 – Pakistan (S) 6785 – VR China (S) 1 500 – Ägypten 1 300 – Nepal 485 – *Weltproduktion* 1983 (1982) 29,19 (28,54) Mill. t – *Erzeugung* von *Schafmilch* 1983 in 1 000 t u. a.: Türkei 1 300 – Frankreich 1 060 – Iran (S) 750 – Italien 625 – Griechenland 593 – VR China (S) 510 – Syrien 478 – Rumänien 340 – *Weltproduktion* 1983 (1982) 8,26 (8,10) Mill. t

*Erzeugung* von *Ziegenmilch* 1983 in 1 000 t u. a.: Indien (S) 950 – Türkei 636 – Bangladesch 512 – Pakistan 506 – Frankreich 460 – Griechenland 418 – Sudan 410 – UdSSR 340 – Spanien 310 – *Weltproduktion* 1983 (1982) 7,68 (7,58) Mill. t – Der *Anteil der Entwicklungsländer* an der Weltproduktion betrug 1983: Kuhmilch 17 % – Büffelmilch fast 100 % – Schafmilch 55 % – Ziegenmilch 75 % – Wichtigste *Ausfuhrländer* für *Trockenmilch* sind die BR Deutschland (1982 rd. 17% der Weltausfuhr von 2,33 Mill. t), die Niederlande, Frankreich und Neuseeland, für *Frisch- und Kondensmilch* die Niederlande und die BR Deutschland.

In den *EG-Ländern* stieg die Milcherzeugung 1983 (1982) aufgrund einer Erhöhung der Milchkuhzahl auf 25,699 (25,355) Mill. Stück und einer erhöhten Milchleistung je Kuh von 4 438 (4 338) kg/Jahr erneut an. Die *Kuhmilcherzeugung der EG* nahm auf 112,470 (108,396) Mill. t zu; die Gesamt-Milcherzeugung stieg auf 127,000 (123,000) Mill. t (einschl. Fleischkühe, Ziegen, Schafe und britische Importverpflichtungen aus Neuseeland). Der *Verbrauch* sank leicht auf 103,500 (104,400) Mill. t, so daß der *Selbstversorgungsgrad der EG* auf 123 (118) % wuchs. – Ein hoher Anteil an den Überschüssen entfällt auf die *BR Deutschland,* wo die Gesamtmilcherzeugung 1983 (1982) auf 27,230 (25,781) Mill. t stieg, der Verbrauch dagegen auf 20,900 (21,300) Mill. t zurückging. Der Selbstversorgungsgrad stieg dadurch auf 130 %, bei Milchpulver auf 287 %.

Die durch die *EG-Markt- und Preispolitik* (Preis- und Abnahmegarantien) verursachten Überschüsse konnten auch 1983 nur zu einem Teil und mit Hilfe von Subventionen (zur Verbilligung auf das niedrige Weltmarkt-Preisniveau) in Drittländern abgesetzt werden. Die überschüssigen Mengen wurden in Form von Butter und Milchpulver eingelagert, teilweise auch im Rahmen des Internat. Nahrungsmittelhilfe-Übereinkommens an Entwicklungsländer verschenkt. Die Milchpulver-Lagerbestände (»Interventionsbestände«) der EG stiegen 1982–Jan. 1984 von 576 000 t auf 980 000 t (davon 490 000 t in der BR Deutschland), trotz verbilligten Verkaufs zur Verfütterung an Jungtiere.

Die *Kosten für die EG-Milchmarktordnung* erreichten 1983 mit rd. 12 Mrd. DM fast ⅓ der gesamten EG-Agrarausgaben. Um diese hohen Kosten abzubauen und die Überschußproduktion einzudämmen, einigten sich die EG-Landwirtschaftsminister Anf. 1984 auf ein Quotensystem (Inkrafttreten 1.4.1984). Die Abnahme- und Preisgarantie gilt nur noch für eine bestimmte »Garantiemenge«, die nach Ländern aufgeteilt wurde; sie liegt 1984/85 bei 99,570 Mill. t (davon BR Deutschland 23,487 Mill. t). Wegen der zu erwartenden Einnahmeverluste kam es in der deutschen Landwirtschaft zu heftiger Kritik. Mit rd. 16 Mrd. DM Verkaufserlös war die Milch auch 1983 der wichtigste Einnahmeposten für die deutsche Landwirtschaft (ca. 27% aller Einnahmen). Durch steuerliche Maßnahmen und eine »Milchrente« (Prämie für die Reduzierung der Milchanlieferung) sollen die Einnahmeverluste ausgeglichen werden.

**Obst** *Äpfel: Ernte* 1982 in 1000t u.a.: UdSSR (S) 7400 – USA 3679 – Frankreich 3016 – BR Deutschland 2775 – VR China (S) 2450 – Italien 2200 – Polen 1890 – Türkei 1600 – Ungarn (S) 1000 – Japan 927 – Spanien 913 – Indien 900 – Argentinien 800 – Jugoslawien 746 – DDR (S) 580 – Rep. Korea (Süd-K.) 527 – u.a. Schweiz 450 – Österreich 429 – *Weltproduktion* 1982 (1981) 39,255 (33,381) Mill. t
*Birnen: Ernte* 1982 in 1000t u.a.: VR China (S) 1705 – Italien 1070 – USA 730 – UdSSR 700 – BR Deutschland 568 – Japan 492 – Spanien 447 – Frankreich 435 – Türkei 360 – u.a. Schweiz 170 – Österreich 162 – *Weltproduktion* 1982 (1981) 8,915 (8,655) Mill. t
*Pflaumen: Produktion* 1982 in 1000t u.a.: UdSSR (S) 1000 – Jugoslawien 995 – BR Deutschland 673 – Rumänien 600 – USA 524 – VR China 480 – Ungarn 180 – Frankreich 174 – Italien 160 – u.a. Österreich 106 – DDR 99 – *Weltproduktion* 1982 (1981) 6,227 (5,077) Mill. t
*Pfirsiche und Nektarinen: Produktion* 1982 in 1000t u.a.: Italien 1400 – USA 1197 – Spanien 462 – Griechenland 453 – Frankreich 438 – UdSSR 420 – Türkei 252 – Japan 228 – Argentinien 213 – Südafrika 170 – u.a. BR Deutschland 37 – Österreich 17 – *Weltproduktion* 1982 (1981) 7,107 (7,343) Mill. t
*Johannisbeeren: Ernte* 1982 in 1000t u.a.: BR Deutschland 138 – Polen 138 – UdSSR 70 – DDR 29 – ČSSR 27 – Österreich 26 – Großbritannien 20 – *Weltprod.* 1982 (1981) 510,97 (436,48) Tsd. t
*Himbeeren: Ernte* 1982 in 1000t u.a.: UdSSR 90 – Polen 30 – BR Deutschland 24 – Ungarn 20 – Großbritannien 19 – USA 13 – Jugoslawien 13 – *Weltprod.* 1982 (1981) 247,05 (221,02) Tsd. t
*Erdbeeren: Ernte* 1982 in 1000t u.a.: USA 398 – Polen 211 – Japan 200 – Italien 172 – UdSSR 100 – Frankreich 87 – Spanien 80 – Rep. Korea (Süd-K.) 79 – Mexiko 65 – Großbritannien 52 – Jugoslawien 47 – BR Deutschland 40 – DDR 37 – u.a. Österreich 13 – *Weltproduktion* 1982 (1981) 1,863 (1,790) Mill. t
*Obsternte* in der *BR Deutschland* 1983 (1982) in 1000t (nach Statist. Bundesamt): Äpfel 1254,2 (2774,6) – Birnen 344,6 (568,0) – Süßkirschen 162,6 (176,7) – Sauerkirschen 110,1 (116,9) – Pflaumen und Zwetschgen 365,5 (626,7) – Mirabellen und Renekloden 32,8 (46,1) – Aprikosen 1,5 (3,1) – Pfirsiche 27,6 (36,9) – Erdbeeren 42,8 (40,2) – Johannisbeeren rd. 130 – Stachelbeeren rd. 80 – Himbeeren rd. 24 – *Obst* (ohne Strauchbeerenobst) 2,342 Mill. t – Aufgrund zeitweise ungünstiger Witterungsbedingungen und von natürlichen Ertragsschwankungen lag die Obsternte 1983 um rd. 44% unter der Rekordernte des Jahres 1982, allerdings auch um 16% unter dem Durchschnittsergebnis von 1977–82.

**Oliven** *Produktion* von *Oliven/Olivenöl* 1983 in 1000t: Italien 3000/650 – Spanien 1500/295 – Griechenland 1300/266 – Türkei 550/70 – Tunesien 500/112 – Syrien 230/50 – Marokko 200/25 – Portugal 180/33 – Algerien 120/12 – Argentinien 113/18 – Libyen 104/16 – *Welterzeugung* von *Oliven/Olivenöl* 1983 (1982) 8,11 (10,62)/1,57 (2,07) Mill. t – Die wichtigsten *Exportländer* sind Italien, Griechenland, Tunesien und Spanien; wichtigste *Importeure* sind Italien und Frankreich.

**Palmkerne/Palmöl** *Produktion* 1983 in 1000t (meist S) Malaysia 840/3000 – Indonesien 144/950 – Nigeria 360/710 – Brasilien 250/17 – VR China 50/200 – Zaïre 65/155 – Elfenbeinküste 34/150 – Kamerun 50/100 – Kolumbien 16/98 – Papua-Neuguinea 33/80 – Benin 75/36 – *Welterzeugung* von Palmkernen/Palmöl 1983 (1982) 2,14 (2,22)/5,92 (6,31) Mill. t – Wichtige *Exportländer* waren 1982 Nigeria, Malaysia und Indonesien, wichtige *Einfuhrländer* die EG-Staaten und die USA.

**Pferde** *Bestand* 1982 in 1000 Stück u.a.: VR China (S) 10970 – USA 10155 – Mexiko 6650 – UdSSR 5570 – Brasilien 5100 – Argentinien 3000 – Mongol. VR 1990 – Kolumbien 1744 – Polen 1734 – Äthiopien 1560 – Cuba 840 – Türkei 772 – Indien 750 – Peru 653 – Indonesien 616 – Rumänien 598 – Jugoslawien 580 – Uruguay 530 – Pakistan 524 – Australien 490 – u.a. BR Deutschland 364 – DDR 76 – Schweiz 45 – Österreich 42 – *Weltbestand* 1982 (1981) 65,044 (64,563) Mill. Stück – In der *BR Deutschland* sank der Pferdebestand 1982–1983 leicht auf 353600, darunter 84300 Ponys und Kleinpferde.

**Pflanzenöle und -fette (Ölsaaten)** Die *Weltproduktion* an pflanzlichen Ölen und Fetten (wichtig vor allem als *Margarine*-Rohstoff) sank 1983 auf rd. 163 Mill. t, hauptsächlich wegen des starken Rückgangs der Sojabohnenerzeugung in den USA. Von der gesamten Ernte entfielen in Mill. t u.a. auf: Sojabohnen 77,8 – Baumwollsaat 27,3 – Sonnenblumensaat 15,6 – Raps 14,5 – Palmöl 5,9 – Kopra 4,5 –

Olivenöl 1,6 – In der *BR Deutschland* machen Pflanzenöle und -fette rd. 60 % des Fettkonsums aus, davon Sojaöl (das überwiegend aus den USA importiert wird) rd. 45 %, Sonnenblumenöl etwa 18 %. Der Verbrauch von *Margarine* belief sich 1982 auf rd. 8,5 kg pro Einwohner.

**Rapssaat** *Erzeugung* 1983 in 1 000 t: VR China (S) 4 400 – Kanada 2 681 – Indien (S) 2 470 – Frankreich 940 – Polen 588 – BR Deutschland 580 – Großbritannien 550 – Schweden 340 – DDR 303 – ČSSR 300 – Dänemark 260 – Pakistan 250 – u. a. Schweiz 31 – Österreich 10 – *Weltproduktion* 1983 (1982) 14,454 (15,073) Mill. t

**Reis** (ungeschält) *Ernte* 1983 (1982) in Mill. t

| | | |
|---|---|---|
| VR China (S) | 164,30 | (164,50) |
| Indien (S) | 85,50 | (69,95) |
| Indonesien (S) | 34,50 | (34,10) |
| Bangladesch | 21,70 | (21,32) |
| Thailand | 17,70 | (16,88) |
| Birma (S) | 14,50 | (14,76) |
| Vietnam (S) | 14,00 | (14,50) |
| Japan | 13,11 | (12,84) |
| Brasilien | 7,78 | (9,72) |
| Rep. Korea (Süd-K.) | 7,70 | (7,31) |
| Philippinen | 7,70 | (8,18) |
| Pakistan | 5,35 | (5,05) |
| DVR Korea (Nord-K., S) | 5,10 | (4,95) |
| USA | 4,69 | (7,00) |
| Rep. China (Taiwan, S) | 3,15 | (3,10) |
| UdSSR (S) | 2,60 | (2,50) |
| Ägypten | 2,40 | (2,44) |
| Nepal (S) | 2,30 | (2,30) |
| Sri Lanka | 2,20 | (2,16) |
| Malaysia | 2,15 | (2,06) |
| Madagaskar (S) | 1,95 | (2,00) |
| Kolumbien | 1,85 | (2,07) |

*Welternte* 1983 (1982) 435,78 (424,42) Mill. t; davon entfielen auf Entwicklungsländer 413,31 (399,37) Mill. t – Wichtige *Ausfuhrländer* 1982 in 1 000 t: Thailand 3 818 – USA 2 540 – Indien 960 – Pakistan 794 – VR China 776 – Italien 727 – *Welthandel* (Ausfuhren) insges. 1982 (1981) 12,67 (13,13) Mill. t, d. h. rd. 97 % der Weltreisproduktion werden im Ursprungsland verbraucht – Wichtige *Einfuhrländer* 1982 in 1 000 t: Nigeria 1 000 – UdSSR 859 – Iran 500 – Saudi-Arabien 450 – Irak 400 – Malaysia 390 – Hongkong 365 – Madagaskar 355 – Elfenbeinküste 351 – Bangladesch 350 – Rep. Korea (Süd-K.) 310 – Indonesien 310 – u. a. BR Deutschland 185 – Österreich 46 – DDR 40 – Schweiz 35 – Die *Welt-Reisernte* erreichte 1983 einen neuen Rekordstand und reichte in den meisten traditionellen Reisverbrauchsländern – wie China, Indien, Indonesien – aus, um die Bevölkerung zu ernähren. Hauptexporteure waren 1983 die USA, Thailand, Birma und Pakistan.

**Rinder** *Bestand* 1983 (1982) in Mill. Stück (vorl. Zahlen, z. T. Schätzungen)

| | | |
|---|---|---|
| Indien (ohne Büffel) | 182,00 | (182,00) |
| UdSSR | 117,20 | (115,92) |
| USA | 115,12 | (115,60) |
| Brasilien | 93,00 | (93,00) |
| VR China | 57,45 | (55,33) |
| Argentinien | 53,67 | (52,72) |
| Mexiko | 36,00 | (36,83) |
| Bangladesch | 36,00 | (35,50) |
| Äthiopien | 26,30 | (26,20) |
| Kolumbien | 24,28 | (24,50) |
| Frankreich | 23,66 | (23,49) |
| Australien | 22,47 | (24,55) |
| Sudan | 19,55 | (19,50) |
| Türkei | 17,10 | (16,98) |
| Pakistan | 16,16 | (15,96) |
| BR Deutschland | 15,10 | (14,99) |
| Großbritannien | 13,33 | (13,24) |
| Südafrika | 13,09 | (13,36) |
| Nigeria | 12,30 | (12,60) |
| Kanada | 11,60 | (12,09) |
| Kenia | 11,50 | (11,00) |
| Venezuela | 11,33 | (11,50) |
| Polen | 11,02 | (11,91) |
| u. a. DDR | 5,69 | (5,75) |
| Österreich | 2,55 | (2,53) |
| Schweiz | 1,92 | (1,95) |

*Weltbestand an Rindern* 1983 (1982) 1 226,536 (1 225,122) Mill. Stück, an *Büffeln* 123,644 (123,572) Mill. Stück, davon Indien 62,70 (62,70) – VR China 18,75 (18,65) – Pakistan 12,48 (12,20) Mill. Stück. – In der *BR Deutschland* stieg der Rinderbestand bis Dez. 1983 (1982) erneut auf 15,552 (15,098) Mill. Stück, davon 5,735 Mill. Milchkühe und 2,378 Kälber unter ½ Jahr. Die Zahl der *Rinderhalter* nahm auf 473 900 ab, davon 383 400 Halter von Milchkühen. Als Folge der neuen EG-Milchmarktbestimmungen wird 1984/85 mit einem größeren Rückgang der Zahl der Milchkühe und der rinderhaltenden Betriebe gerechnet (→ Milch).

**Roggen** *Ernte* 1983 in 1 000 t: UdSSR (S) 15 000 – Polen 8 438 – DDR (S) 2 000 – (BR Deutschland 1 594 – Kanada 831 – USA 653 – ČSSR (S) 600 – Türkei 430 – Österreich 348 – Dänemark 324 – Frankreich 300 – Spanien 274 – Schweden 244 – Argentinien 175 – u. a. Schweiz 31 – *Welternte* 1983 (1982) 33,181 (29,464) Mill. t – Der *Welthandel* mit Roggen ist relativ unbedeutend und spielt sich hauptsächlich zwischen Nordamerika und Europa ab. – *Ausfuhren* 1982 insges. 689 Tsd. t, davon Kanada 458 Tsd. t

**Schafe** *Bestand* 1983 in Mill. Stück (meist S) UdSSR 142,20 – Australien 133,19 – VR China 106,57 – Neuseeland 70,40 – Türkei 49,64 – Indien 41,70 – Iran 34,50 – Großbritannien 34,02 – Südafrika 31,75 – Argentinien 30,00 – Pakistan 23,53 – Äthiopien 23,40 – Sudan 19,50 – Brasilien 17,50 – Spanien 17,00 – Rumänien 17,00 – Marokko

15,00 – Peru 14,50 – Mongol. VR 13,00 – Nigeria 12,85 – Frankreich 12,10 – USA 11,90 – Irak 11,50 – Syrien 11,00 – u. a. DDR 2,20 – BR Deutschland 1,17 – Österreich 0,20 – *Weltbestand* 1983 (1982) 1136,935 (1146,396) Mill. Stück.

**Schweine** *Bestand* 1983 (1982) in Mill. Stück (z.T. S)

| | | |
|---|---|---|
| VR China | 305,58 | (298,53) |
| UdSSR | 76,70 | (73,30) |
| USA | 53,94 | (58,69) |
| Brasilien | 33,50 | (33,50) |
| BR Deutschland | 22,48 | (22,31) |
| Mexiko | 18,00 | (18,37) |
| Polen | 17,56 | (19,47) |
| DDR | 12,11 | (12,87) |
| Rumänien | 12,00 | (12,46) |
| Frankreich | 11,71 | (11,42) |
| Spanien | 11,70 | (11,65) |
| Niederlande | 10,59 | (10,25) |
| Japan | 10,27 | (10,04) |
| Kanada | 9,92 | (10,04) |
| Dänemark | 9,29 | (9,35) |
| Italien | 9,13 | (9,02) |
| Ungarn | 9,04 | (8,30) |
| Indien | 8,60 | (8,60) |
| u. a. Österreich | 3,98 | (4,01) |
| Schweiz | 2,17 | (2,09) |

*Weltbestand* 1983 (1982) 774,359 (767,284) Mill. Stück – In der *BR Deutschland* stieg der Schweinebestand bis Dez. 1983 (gegenüber 1982) um 4,3% auf 23,449 Mill. Stück, darunter 6,360 Mill. Ferkel. 6,035 Mill. Jung- und 8,216 Mill. Mastschweine. Die Zahl der Schweinehalter ging erneut auf 451600 zurück.

**Seide** (Rohseide) *Erzeugung* 1983 in 1000t u. a.: VR China (S) 38 – Japan 13 – UdSSR (S) 4 – Indien 3 – Rep. Korea (Süd-K.) 3 – *Weltproduktion* 1983 (1982) 67000 (65000) t

**Sesamsaat** *Erzeugung* 1983 in 1000t (meist S) u. a.: Indien 470 – VR China 330 – Birma 205 – Sudan 200 – Mexiko 100 – *Weltproduktion* 1983 (1982) 1,938 (1,830) Mill. t

**Sisal** *Produktion* 1983 in 1000t u. a.: Brasilien 188 – Tansania 82 – Kenia 51 – Angola 20 – Haïti 15 – Madagaskar 14 – Mosambik 10 – *Weltproduktion* 1983 (1982) 396000 (434000) t

**Sojabohnen** *Produktion* 1983 in 1000t u. a.: USA 43421 – Brasilien 14593 – VR China (S) 9310 – Argentinien 3570 – Mexiko 880 – Indien (S) 730 – Paraguay 730 – Kanada 721 – Indonesien 590 – UdSSR 550 – Dem. VR Korea (Nord-K., S) 380 – Rumänien 280 – Rep. Korea (Süd-K.) 233 – Jugoslawien 220 – Japan 210 – Bulgarien 127 – Thailand 126 – Vietnam 107 – *Welternte* 1983 (1982) 77,825 (93,193) Mill. t – *Welthandel* (Ausfuhr) 1982 28,907 Mill. t Sojabohnen und 3,376 Mill. t Sojabohnenöl – Wichtige *Ausfuhrländer* 1982 in 1000t: USA 25520 – Argentinien 1889 – Brasilien 501 – Wichtige *Einfuhrländer* 1982 in 1000t: Japan 4344 – BR Deutschland 3777 – Spanien 3099 – Niederlande 2957 – Belgien-Lux. 1619 – VR China 1513 – UdSSR 1506 – Italien 1458 – Brasilien 1252 – Großbritannien 1140 – Sojabohnen gewannen in den letzten Jahren zunehmend an Bedeutung als Rohstoff für die *Margarine*herstellung (Sojaöl) und als proteinhaltiges *Viehfutter* (Sojaschrot). Die *Anbaufläche* erhöhte sich weltweit von rd. 29,2 Mill. ha (1969–71) auf 49,0 Mill. ha (1983), davon in den USA von 17,0 auf 25,2 und in Brasilien von 1,3 auf 8,1 Mill. ha.

**Sonnenblumensaat** *Produktion* 1983 in 1000t u. a.: UdSSR (S) 5400 – Argentinien 2300 – USA 1482 – VR China (S) 1370 – Frankreich 790 – Rumänien 730 – Spanien 646 – Ungarn 638 – Türkei 600 – Bulgarien 370 – Südafrika 207 – Italien 140 – Jugoslawien 135 – *Welternte* 1983 (1982) 15,641 (16,299) Mill. t

**Tabak** (Rohtabak) *Welternte* 1983 (1982) 6,090 (6,686) Mill. t – *Produktion* 1983 in 1000t u. a.: VR China (S) 1523 – USA 640 – Indien 594 – Brasilien 400 – UdSSR 350 – Türkei 225 – Italien 141 – Japan 138 – Indonesien 122 – Bulgarien 118 – Griechenland 115 – Kanada 109 – Simbabwe 98 – Rep. Korea (Süd-K.) 95 – Thailand 92 – Polen 85 – Jugoslawien 77 – Argentinien 74 – Pakistan 73 – Malawi 72 – Mexiko 66 – Burma 55 – Bangladesch 52 – Dem. VR Korea (Nord-K.) 50 – Philippinen 45 – Spanien 42 – Kolumbien 42 – Südafrika 38 – Cuba 37 – Rumänien 37 – Frankreich 37 – u. a. BR Deutschland 6 – Wichtige *Ausfuhrländer* von Rohtabak 1982 in 1000t: USA 261 – Brasilien 166 – Türkei 105 – Indien 98 – Italien 97 – Simbabwe 86 – Bulgarien 65 – Griechenland 65 – Malawi 43 – VR China 35 – Thailand 35 – Wichtige *Einfuhrländer* 1982 in 1000t: BR Deutschland 165 – USA 164 – Großbritannien 128 – UdSSR 124 – Niederlande 88 – Japan 84 – Spanien 66 – Frankreich 55 – Ägypten 43 – Belg.-Lux. 38 – VR China 38 – Italien 31 – u. a. Schweiz 23 – DDR 18 – Österreich 11 – In der *BR Deutschland* beträgt der Jahresverbrauch an Tabak rd. 2,1 kg pro Einwohner (→ Zigarettenindustrie).

**Tee** *Ernte* 1983 (1982) in 1000t

| | | |
|---|---|---|
| Indien (S) | 605 | (564) |
| VR China (S) | 458 | (425) |
| Sri Lanka | 175 | (188) |
| UdSSR (S) | 150 | (140) |
| Indonesien | 132 | (83) |
| Kenia | 112 | (96) |
| Japan | 102 | (99) |
| Türkei | 68 | (64) |

**Tee** *(Forts.)*

| | | |
|---|---|---|
| Bangladesch | 42 | (42) |
| Rep. China (Taiwan, S) | 40 | (38) |
| Argentinien | 39 | (33) |
| Malawi | 38 | (38) |

*Welternte* 1983 (1982) 2,096 (1,938) Mill. t – Wichtige *Ausfuhrländer* 1982 in 1000t: Indien 193 – Sri Lanka 181 – VR China (S) 106 – Kenia 80 – Indonesien 64 – Malawi 37 – Bangladesch 31 – Wichtige *Einfuhrländer* 1982 in 1000t: Großbritannien 208 – USA 83 – UdSSR 73 – Pakistan 73 – Ägypten 40 – Irak 30 – Polen 27 – Niederlande 22 – Kanada 21 – u. a. BR Deutschland 16 – Österreich 1,4 – Die *BR Deutschland* bezieht Tee vor allem aus Indien, Sri Lanka, China und Kenia. Der Verbrauch betrug 1983 rd. 250g pro Einwohner. Der Teeverbrauch stieg in den letzten Jahren weltweit an, so daß das Angebot trotz steigender Erntemengen 1983 nicht mit der Nachfrage Schritt halten konnte. Die Folge der Verknappung war eine Verdoppelung der Weltmarktpreise im Laufe des Jahres 1983.

**Tomaten** *Ernte* 1983 in 1000t (meist S) u.a.: UdSSR 7600 – USA 7500 – VR China 4480 – Italien 4000 – Türkei 3920 – Ägypten 2600 – Griechenland 1900 – Spanien 1800 – Brasilien 1590 – Rumänien 1450 – Mexiko 1090 – Japan 1020 – Frankreich 925 – Bulgarien 890 – *Welternte* 1983 (1982) 53,600 (53,639) Mill. t

**Wale** *Fang* 1979/80 (1978/79) 3420 (10549) Wale insges. (1970/71 noch 38771), davon Spermwale 2091 (8536) – Seiwale 624 (1042) – Finnwale 472 (743) – Blauwale – (–) – wichtigste *Walfänger:* Japan 1499 (1867) – Peru 665 (1042) – Island 437 (440) – Spanien 234 (547) – Portugal 210 (179) – UdSSR 178 (6261) – *Walölproduktion* 1979/80 (1978/79) 15,9 (55,1) Tsd. t, davon Japan 7,1 (7,7) – UdSSR 3,6 (43,9) – Island 2,1 (2,2) – In den 70er Jahren gaben die meisten ehemaligen Walfangländer (u. a. Australien, Südafrika, Kanada) wegen der stark reduzierten Bestände aus wirtschaftlichen Gründen den Walfang auf. – Die internationale Walfangkommission (**IWC**), der 38 Mitgliedstaaten angehören (seit 1982 auch die BR Deutschland), setzte für die Saison 1983/84 die *Fangquoten* erneut herab. Insgesamt dürfen 10160 Wale gefangen werden. Um diesen größten und vom Aussterben bedrohten Säugetieren die Chance des Überlebens zu geben, soll der kommerzielle Fang ab 1986 völlig eingestellt werden, jedoch bekräftigten Japan, Norwegen und die UdSSR ihren Widerstand gegen diese Entscheidung. – Nach neuesten Zählungen existieren z. Zt. noch ca. 1000 Stück der größten Walart, des Blauwals (gegenüber ca. 200000 um 1900).

**Wein** *Welt-Weintraubenernte* 1983 (1982) 65,167 (70,487) Mill. t, davon in 1000t u. a.: Italien 12255 (11449) – Frankreich 8550 (9850) – UdSSR (S) 7200 (7837) – Spanien 5046 (6075) – USA 4791 (5946) – Argentinien 3555 (3571) – Türkei 3400 (3650) – BR Deutschland 1739 (2054) – Rumänien 1710 (2192) – Jugoslawien 1629 (1780) – Griechenland 1600 (1350) – Südafrika 1200 (1300) – Portugal 1150 (1400) – Bulgarien 1034 (1246) – Chile 1000 (988) – Ungarn 1000 (1047) – Iran 1000 (988) – Australien 750 (885) – u. a. Österreich 518 (697) – Schweiz 209 (239)
*Welt-Weinerzeugung* 1983 (1982) 33,388 (36,009) Mill. t, davon in 1000t u. a. Italien 8000 (7265) – Frankreich 6000 (6700) – UdSSR 3300 (3490) – Spanien 3157 (3743) – Argentinien 2500 (2505) – USA 1450 (1950) – BR Deutschland 1356 (1601) – Rumänien 1000 (1307) – Portugal 795 (974) – Jugoslawien 720 (858) – Südafrika 660 (773) – Ungarn 640 (678) – Chile 575 (574) – Griechenland 530 (560) – Bulgarien 464 (574) – Österreich 370 (491) – Australien 340 (400) – Brasilien 259 (275) – Algerien 258 (262) – u. a. Schweiz 161 (184)
Führende *Weinausfuhrländer* waren 1982 (in 1000hl) u.a.: Italien 20719 – Frankreich 9435 – Spanien 4989 – Bulgarien 2829 – Ungarn 2615 – BR Deutschland 2251 – Algerien 1900 – Jugoslawien 1554 – Portugal 1450 – Rumänien 1000 – Zypern 494 – Österreich 445 – Marokko 400 – Die bedeutendsten *Einfuhrländer* waren 1982 (in 1000hl) u.a.: BR Deutschland 9945 – Frankreich 7686 – UdSSR 6664 – Großbritannien 4520 – USA 4516 – Schweiz 2674 – Belgien-Lux. 2276 – Niederlande 2076 – DDR 1950 – Kanada 1266 – Dänemark 890
In der *BR Deutschland* stieg der *Verbrauch* von *Wein* und *Sekt* 1983 auf 26,6 l/Einw., davon inländischer Wein 12 l, ausländischer Wein 11 l, Schaumwein und Sekt 3,6 l. Wegen der hohen Eigenproduktion sank die Weineinfuhr 1983 auf 9,1 Mill. hl, während die Ausfuhr auf 2,4 Mill. hl gesteigert werden konnte.
Die *Rebfläche der BR Deutschland* vergrößerte sich 1983 (gegenüber 1982) leicht auf 90372 (89022) ha (nach Angaben des Statistischen Bundesamtes). Aufgrund günstiger Witterungsbedingungen konnte wiederum ein hoher Ertrag erzielt werden. Mit 13,041 Mill. hl wurde zwar die Rekordernte von 1982 (15,403 Mill.) nicht erreicht, jedoch lag die Weinmosternte 1983 um fast 50% über dem langjährigen Durchschnitt und erbrachte das zweitbeste Mengenergebnis der deutschen Weinbaugeschichte. – Von der Gesamternte entfielen 11,476 Mill. hl auf Weiß- und 1,566 Mill. hl auf Rotmost. Die Qualität übertraf die des Vorjahres; die Durchschnittswerte betrugen 1983 (1982) 75° (70°) Öchsle bzw. 8,5 (8,4)‰ Säuregehalt. Die Ernte eignet sich zu 2,5 (8)% für Tafelwein, 50,9 (69)% Qualitätswein und 46,6 (23)% Qualitätswein mit Prädikat. – *Regionale Verteilung der Ernte 1983:* Rheinland-Pfalz 68,5% – Baden-Württemberg 23,9% – Bayern 5,2% – Hessen 2,3% – Saarland

0,1% – *Ernte nach Rebsorten:* u.a. Müller-Thurgau 28,5% – Weißer Riesling 15,6% – Grüner Silvaner 9,2% – Blauer Portugieser 3,3% – Blauer Spätburgunder 3,0% – Die hohe Erntemenge, die auf noch weitgehend volle Lager der Vorjahresernte kam, führte zu einem weiteren Preisverfall. Die durchschnittlichen Verkaufserlöse für Weinmost betrugen im Herbst 1983 (1982) 83 (124) DM/hl (1981 noch 195 DM/hl).

**Weizen** *Ernte* 1983 (1982) in 1000t (1983 meist S)

| | | |
|---|---|---|
| UdSSR | 83000 | (87000) |
| VR China | 80000 | (68420) |
| USA | 65525 | (76443) |
| Indien | 42500 | (37452) |
| Kanada | 26914 | (26790) |
| Frankreich | 24800 | (25342) |
| Australien | 20000 | (8900) |
| Türkei | 16400 | (17542) |
| Pakistan | 12380 | (11126) |
| Argentinien | 12000 | (15130) |
| Großbritannien | 10830 | (10320) |
| BR Deutschland | 8960 | (8632) |
| Italien | 8400 | (8903) |
| Iran | 6670 | (6500) |
| Jugoslawien | 5520 | (5218) |
| ČSSR | 5300 | (4613) |
| Rumänien | 5000 | (6460) |
| Polen | 4920 | (4476) |
| Ungarn | 4800 | (5762) |
| Bulgarien | 4500 | (4913) |
| Spanien | 4330 | (4368) |
| Mexiko | 3698 | (4468) |
| u.a. DDR | 3000 | (2947) |
| Österreich | 1415 | (1236) |
| Schweiz | 400 | (423) |

*Welternte* 1983 (1982) 493,367 (485,715) Mill. t – *Welthandel* (Ausfuhr) 1982 97,336 Mill. t *Weizen* und 6,300 Mill. t *Weizenmehl* – Wichtige *Ausfuhr- und Einfuhrländer* → Abbildung.

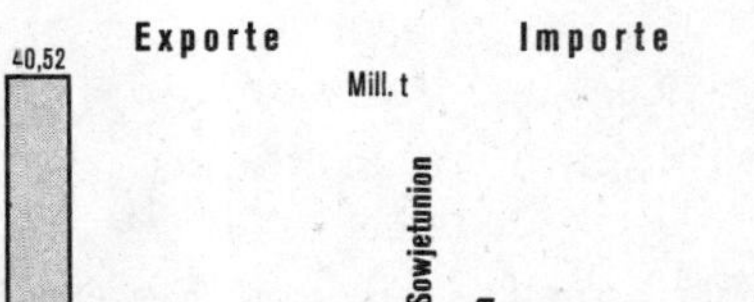


**Die wichtigsten Weizenexport-/-importländer 1982**
(Nach Angaben der FAO)

Die *BR Deutschland* führte 1982 924,8 Tsd. t Weizen und 579,9 Tsd. t Weizenmehl aus und importierte gleichzeitig 1,611 Mill. t Weizen; es ergab sich also ein leichter Einfuhrüberschuß.

Die *Ernte-Erträge* sind nach wie vor in den einzelnen Ländern sehr unterschiedlich; sie liegen z. B. in der EG bei rd. 45 dz/ha, in den Ostblockländern bei durchschnittlich 18–20 und in den meisten Entwicklungsländern unter 15 dz/ha. *Flächenerträge* in dz/ha 1983 u. a.: Niederlande 71 – Dänemark 68 – BR Deutschland 54 – Frankreich 51 – DDR 43 – Polen 34 – USA 27 – Indien 18 – UdSSR 16 – Brasilien 11 – Algerien 5 – Der *Weltweizenmarkt* war auch 1983/84 durch hohe *Überschüsse der westlichen Industrieländer* und *Einfuhrbedarf der Ostblockstaaten* (insbes. UdSSR und Polen) *und der Entwicklungsländer* (insbes. VR China, Afrika) gekennzeichnet. (→ Getreide)

**Wolle** (Schafwolle roh) *Erzeugung* 1983 in 1000t u. a.: Australien 701 – UdSSR (S) 460 – Neuseeland 371 – VR China (S) 210 – Argentinien 137 – Südafrika 106 – Uruguay 82 – Türkei 64 – Großbritannien 52 – Pakistan 52 – USA 49 – Indien (S) 37 – Rumänien 37 – Bulgarien 35 – u. a. DDR 13 – BR Deutschland 4 – *Weltproduktion* 1983 (1982) 2,870 (2,858) Mill. t – Die größten Produzenten sind auch die Haupt-Exportländer; Japan und die EG-Staaten sind die wichtigsten *Importeure.* – Der Anteil der Wolle am Rohstoffverbrauch der Textilindustrie beträgt z. Zt. weltweit rd. ⅓ (zum Vergleich: Chemiefasern etwa 50%).

**Ziegen** *Bestand* 1983 in Mill. Stück (meist S) Indien 77,50 – VR China 75,40 – Pakistan 27,72 – Nigeria 26,30 – Türkei 18,21 – Äthiopien 17,24 – Iran 13,80 – Sudan 12,90 – Bangladesch 12,00 – Mexiko 10,38 – Brasilien 8,50 – Indonesien 8,00 – UdSSR 6,30 – Marokko 6,27 – Tansania 6,03 – Südafrika 5,95 – Griechenland 4,63 – Mongol. VR 4,50 – Irak 3,70 – u. a. BR Deutschland 0,04 – Österreich 0,03 – *Weltbestand* 1983 (1982) 475,835 (475,178) Mill. Stück, davon 449,247 (448,915) Mill. in Entwicklungsländern

**Zucker** (Rohzucker, zentr.; Zucker aus Zuckerrohr und -rüben) *Erzeugung* 1983 (1982) in Mill. t (1983 meist S)

| | | |
|---|---|---|
| Brasilien | 9,400 | (9,314) |
| Indien | 8,950 | (9,150) |
| UdSSR | 8,100 | (7,400) |
| Cuba | 7,250 | (8,279) |
| USA | 5,211 | (5,244) |
| VR China | 4,650 | (4,649) |
| Frankreich | 3,700 | (4,800) |
| Mexiko | 3,100 | (2,873) |
| Australien | 3,075 | (3,535) |
| BR Deutschland | 2,720 | (3,586) |
| Philippinen | 2,450 | (2,527) |

**Zucker** *(Forts.)*

| | | |
|---|---|---|
| Thailand | 2,268 | (2,930) |
| Polen | 1,978 | (1,949) |
| Indonesien | 1,907 | (1,629) |
| Türkei | 1,700 | (1,860) |
| Argentinien | 1,700 | (1,623) |
| Südafrika | 1,590 | (2,304) |
| Italien | 1,415 | (1,290) |
| Kolumbien | 1,385 | (1,318) |
| Dominikan. Rep. | 1,281 | (1,255) |
| Großbritannien | 1,250 | (1,544) |
| Pakistan | 1,199 | (1,381) |
| u.a. DDR | 0,700 | (0,710) |
| Österreich | 0,370 | (0,612) |

*Welterzeugung* von Zucker 1983 (1982) 96,597 (102,149) Mill. t – Die Produktion von *Zuckerrohr* betrug 1983 (1982) 897,891 (886,143) Mill. t, davon 1983 in Mill. t u.a.: Brasilien 209,214 – Indien 189,129 – Cuba (S) 66,000 – VR China (S) 44,300 – Mexiko 35,000 – Pakistan 32,500 – Kolumbien 28,000 – USA 27,864 – Thailand 23,916 – Australien 22,500 – Die Produktion von *Zuckerrüben* betrug 1983 (1982) 275,642 (287,889) Mill. t, davon 1983 in Mill. t u. a.: UdSSR (S) 82,000 – Frankreich 24,000 – USA 19,108 – BR Deutschland 16,500 – Polen 15,700 – Türkei 12,000 – Italien 10,000 – Spanien 9,199 – Großbritannien 8,500 – ČSSR 7,800 – VR China (S) 7,500 – u. a. DDR 7,00 – Österreich 2,200 Wichtige *Ausfuhrländer* von Zucker (Rohbasis) 1982 in 1000t: Cuba 7735 – Frankreich 3004 – Brasilien 2677 – Australien 2415 – Thailand 2166 – BR Deutschland 1310 – Philippinen 1261 – Südafrika 883 – Dominikan. Rep. 827 – Belgien-Lux. 769 – Mauritius 629 – Indien 500 – VR China 446 – Niederlande 363 – *Weltexporte* 31,195 Mill. t – Wichtige *Einfuhrländer* 1982 in 1000t u. a.: UdSSR 7373 – USA 2578 – VR China (S) 2172 – Japan 2164 – Großbritannien 1274 – Nigeria 1087 – Kanada 890 – Indonesien 745 – Ägypten 723 – Rep. Korea (Süd-K.) 673 – Algerien 601 – Venezuela 523 – u. a. DDR 204 – Schweiz 189 – BR Deutschland 173

Die *BR Deutschland* erzeugte 1983 rd. 2,50 Mill. t Zucker. Diese Menge lag – vor allem witterungsbedingt (Trockenheit) – erheblich unter der Erzeugung von 1982 (3,31 Mill. t), aber immer noch über dem Inlandsverbrauch von 2,20 Mill. t, so daß erneut Überschüsse für den Export zur Verfügung standen. – Die *EG-Länder* erzeugten 1983 insgesamt 11,12 Mill. t (1982: 13,94 Mill. t) bei einem Verbrauch von 9,70 Mill. t. Die für den Export zur Verfügung stehenden Mengen konnten wegen der Angebotssituation auf dem Weltmarkt wiederum nicht vollständig verkauft werden. – Die *Welterzeugung* nahm zwar 1983 gegenüber dem Vorjahr ab, lag jedoch immer noch um ca. 3 Mill. t über dem Weltverbrauch, so daß sich die unverkäuflichen Lagerbestände bei den Produzenten Anf. 1984 auf ca. 38 Mill. t erhöhten. Die *Weltmarktpreise* sanken erneut und lagen Anf. 1984 bei nur noch ca. 6–7 cts./lb. (Mitte der 70er Jahre bis über 60 cts.). – Der *Zuckerverbrauch* ist in den Industriestaaten, insbesondere in den USA, seit Jahren rückläufig wegen der Konkurrenz von Süßstoffen. Er betrug 1983 in kg/Einw.: Japan 24 – USA 32 – BR Deutschland 35 – Großbritannien 38 – Schweiz 42 – UdSSR 43 – DDR 45 – Die wichtigsten *Verbraucher* sind in der BR Deutschland: Haushalte 31% – Getränkeindustrie 22% – Süßwarenhersteller 18% – Backwaren- und Nährmittelindustrie 8% – Bäcker und Konditoren 7% – Die Produktion von *Treibstoff-Alkohol* aus Zuckerrohr wird hauptsächlich in Brasilien betrieben (1983 ca. 8 Mrd. l). 1,2 Mill. Autos fahren hier mit Zuckerrohr-Alkohol.

**Zwiebeln** *Ernte* 1983 in 1000t (meist S) u. a.: VR China 2835 – Indien 2790 – UdSSR 2200 – USA 1750 – Japan 1200 – Türkei 1100 – Spanien 1017 – Brasilien 700 – Ägypten 660 – Niederlande 585 – Italien 495 – Rep. Korea (Süd-K.) 474 – Pakistan 440 – Polen 428 – Jugoslawien 325 – *Welternte* 1983 (1982) 22,59 (22,27) Mill. t

## BERGBAU, ROHSTOFFGEWINNUNG UND -VERSORGUNG

Die Diskussion über **Rohstoffe,** ihre **Bezugsmöglichkeiten** und ihre **Preisentwicklung** war jahrelang unter dem Eindruck des ersten »Ölschocks« von 1973 und der pessimistischen Studie des »Club of Rome« über die »Grenzen des Wachstums« geführt worden, in der die baldige Erschöpfung vieler Rohstoffvorräte behauptet worden war. In den letzten Jahren zeigte sich jedoch, daß – entgegen den meisten Prognosen – bei fast allen Rohstoffen **keine Mangellage,** sondern ein **Überangebot** entstanden ist und daß die Preise größtenteils stagnierten oder sogar zurückgingen. Die Ursachen sind vielfältig. Sie hängen einerseits mit dem verringerten Bedarf zusammen durch

▷ die Rezession der Weltwirtschaft mit entsprechend verminderter Industrieproduktion,

▷ Sättigungseffekte und Strukturwandlungen in den hochentwickelten Industriestaaten,

▷ Einsparungen von Rohstoffen und verstärkte Wiederverwendung gebrauchten Materials (Recycling).

Andererseits entstand bei vielen Rohstoffen ein erhöhtes Angebot, insbesondere durch Entwicklungsländer, die zur Deckung ihres Devisenbedarfs dringend auf die Einnahmen aus den Rohstoffexporten angewiesen sind. Neuere wissenschaftliche Untersuchungen – u. a. der Bundesanstalt für Geowissenschaften und des Instituts für Weltwirtschaft in Kiel – ergeben eindeutig, daß auf absehbare Zeit bei **keinem wichtigen Rohstoff eine Verknappung durch Erschöpfung der Lagerstätten zu befürchten** ist. Lediglich bei einigen strategischen Rohstoffen, insbes. seltenen Metallen, deren Abbau auf wenige Länder konzentriert ist, könnten sich u. U. politisch bedingte Schwierigkeiten durch Kriege, Ausfuhrembargos, Störung der Transportwege u. ä. ergeben. Aus diesem Grund ließen die Regierungen großer Industriestaaten, z. B. der USA, Frankreichs, Großbritanniens, Japans, inzwischen »strategische Rohstoffreserven« anlegen, die einen staatlichen Vorrat für Krisenzeiten beinhalten (z. B. Chrom, Titan, Molybdän, Mangan, Kobalt, Antimon, Wismut, Platin, Vanadium, Selen). Die deutsche Bundesregierung bekräftigte 1983 erneut, sich auch in Zukunft auf die Vorratshaltung der Industrie verlassen zu wollen. Sie sorgt lediglich für staatliche Energiereserven (Kohle und Öl).

Das **Rohstoffproblem der Gegenwart** ist also weniger ein Problem baldiger Erschöpfung der Lagerstätten als vielmehr des gesicherten Zugangs zu den Reserven, der Kosten der Erschließung und der sinnvollen, sparsamen und umweltschonenden Nutzung der Materialien. In den Rohstoff- und Energiediskussionen der Gegenwart wird häufig übersehen, daß die **Höhe der Reserven** überwiegend vom **Preis** und dem **Stand der Abbau- bzw. Fördertechnik** abhängt. Bei steigenden Preisen rentiert sich auch der Abbau ärmerer Lagerstätten, bzw. es entsteht ein Anreiz zur Erforschung und Erschließung bisher noch unbekannter, nur vermuteter oder noch nicht wirtschaftlich nutzbarer Ressourcen. Alle Angaben über Rohstoffvorkommen sind also unter der Prämisse »nach dem gegenwärtigen Stand der Technik und zu gegenwärtigen Preisen wirtschaftlich gewinnbar« zu sehen. Bei fast allen mineralischen Rohstoffen hat in den letzten Jahren die statische Lebensdauer (= Vorräte bei gleichbleibender Förderung) aufgrund der gestiegenen Preise, der verbesserten Abbautechnologie und der Erforschung neuer Lagerstätten trotz des Abbaus großer Mengen nicht ab-, sondern zugenommen. So sind beispielsweise im letzten Jahrzehnt viermal soviel Kupfervorkommen neu entdeckt wie abgebaut worden. An Bauxit sind in 10 Jahren 720 Mill. t verbraucht und 11 Mrd. t neu gefunden worden.

**Statistische Lebensdauer ausgewählter Rohstoffe** in Jahren: Chrom 350 – Mangan 250 – Eisen 220 – Braunkohle 190 – Nickel 160 – Phosphat 140 – Steinkohle 120 – Zinn 120 – Erdgas 75 – Kupfer 60 – Blei 60 – Silber 45 – Zink 35 – Quecksilber 35 – Erdöl 35 (einschl. Teersande und Ölschiefer rd. 90)

**Die Preisentwicklung ausgewählter mineralischer Rohstoffe**

| | *Ende 1982* | *Ende 1983* |
|---|---|---|
| Kupfer (£/t) | 925,25 | 980,75 |
| Zink (£/t) | 413,50 | 617,75 |
| Zinn (£/t) | 7430,00 | 8452,50 |
| Blei (£/t) | 288,25 | 290,37 |
| Aluminium ($/t) | 1185,00 | 1595,00 |
| Gold ($/oz.) | 448,00 | 381,50 |
| Silber (p/oz.) | 673,05 | 614,25 |
| Platin (£/oz.) | 238,20 | 269,85 |

Die *steigende Preistendenz,* die sich bei den meisten Rohstoffen Ende 1982/Anfang 1983 bemerkbar gemacht hatte, setzte sich im weiteren Verlauf des Jahres 1983 fort. Lediglich die Preise für Energierohstoffe, insbesondere Erdöl, blieben weitgehend stabil, da hier nach wie vor ein Angebotsüberhang in Form weltweiter Überproduktion bestand. Bei anderen Rohstoffen, vor allem Buntmetallen, sorgte jedoch zunehmender Bedarf wegen der Konjunkturerholung in den wichtigen Industriestaaten für steigende Preise, die zum Teil durch Markteingriffe der Produzenten weiter erhöht werden konnten (z. B. Zinn). Bei anderen Metallen wurden jedoch stärkere Preissteigerungen durch erhöhte Produktion der Förderländer vermieden, die wegen Devisenmangel starkes Interesse an vermehrten Verkäufen hatten (z. B. südamerikanische Kupferproduzenten). – Die *Edelmetallpreise* nahmen 1983 einen unregelmäßigen Verlauf, zeigten aber, insgesamt gesehen, einen Rückgang. Hier spielten z. T. erhöhte

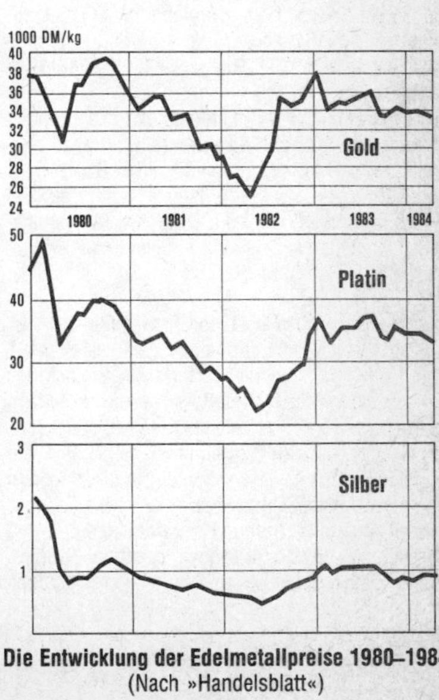


**Die Entwicklung der Edelmetallpreise 1980–1984**
(Nach »Handelsblatt«)

Förderung eine Rolle (Gold), z. T. verstärkte staatliche Verkäufe zur Devisenbeschaffung, teils die Nachfrageschwäche der OPEC-Länder und teils die hohen Zinsen in den USA. Hierdurch wurde der US-$ vielfach für Geldanlagen attraktiver als Edelmetalle. Die **Erforschung und Erschließung neuer Lager- bzw. Abbaustätten,** die durch die starken Preissteigerungen in den 70er Jahren angeregt worden war, verlangsamte sich ab 1981/82 wieder wegen des Verbrauchs- und vielfach auch Preisrückgangs. So wurden weltweit insbesondere Projekte zur Erschließung neuer Kohleabbaufelder und zur Gewinnung von Mineralöl aus Teersanden und Ölschiefern wegen des gesunkenen Energiepreisniveaus und des zeitweiligen Überangebots wieder rückgängig gemacht bzw. zunächst einmal verschoben.

Dagegen wurden die Anstrengungen zur Wiederverwendung gebrauchter Rohstoffe (**Recycling**) weiter verstärkt, insbesondere auch im Interesse des Umweltschutzes (Problem der Abfallbeseitigung). Während **Energierohstoffe** (Kohle, Erdöl, Erdgas) beim Verbrennen unwiderruflich verbraucht werden, handelt es sich bei der Verarbeitung **mineralischer** (z. B. Metalle) und zum Teil auch **organischer Rohstoffe** (z. B. Papier) nur um ein »Durchgangsstadium«. Ein beträchtlicher Teil kann nach Ablauf der Verwendungszeit wieder zurückgewonnen und neu verarbeitet werden. Nach neueren Berechnungen technologischer und geowissenschaftlicher Forschungsinstitute könnten folgende **Wiederverwendungsraten** erreicht werden: Kupfer rd. 75% (z. Zt. 40%) – Zinn 60% (1981 ca. 48%) – Papier 60% (1982 46%) – Blei 55% (1982 52%) – Aluminium 50% (z. Zt. ca. 32%) – Nickel 45% – Eisen und Stahl 45% (z. Zt. 38–40%) – Glas 40% (1982 rd. 32%) – Zink 35% (1982 30%)

1982 betrug in den westlichen Industrieländern der **Anteil von Alt- und Abfallmaterial** am Gesamtverbrauch von Metallen: Aluminium 27% – Kupfer 38% – Zink 24% – Blei 46% – Zinn 17% – In der *BR Deutschland* werden z. Zt. jährlich an Abfallmaterial verwendet: u. a. 3,2 Mill. t Papier und Pappe im Wert von 128 Mill. DM, 600 Tsd. t Glas (18 Mill. DM), 200 Tsd. t Weißblech (4 Mill. DM). Papier- und Pappeverpackungen bestehen inzwischen zu 85% aus Altpapier. – Ein noch nicht gelöstes Problem stellt bisher die Wiederverwertung von Kunststoffen dar, vor allem wegen der unterschiedlichen Zusammensetzung.

Für die **Entwicklungsländer** sind die Folgen der jüngsten Rohstoffpreisentwicklung ungünstig. Für die **erdölexportierenden Staaten** brachten die Jahre 1983/84 erneut fallende Deviseneinnahmen, so daß viele Projekte zur Wirtschafts- und Infrastrukturentwicklung storniert oder verschoben werden mußten (z. B. in Nigeria, Algerien, den arabischen Golfstaaten). Selbst Saudi-Arabien mußte 1983 ein Defizit im Staatshaushalt hinnehmen und kürzte die Ausgaben für Verkehrs- und Industrialisierungsprojekte um über 25%. – Die Länder, die auf den **Export mineralischer Rohstoffe** angewiesen sind, litten ebenfalls stark unter den immer noch relativ niedrigen Weltmarktpreisen und versuchten teilweise, durch stark gesteigerte Exporte ihre Einnahmen zu verbessern (z. B. Kupferexporte aus Chile). – Für die **rohstoffarmen Entwicklungsländer,** zu denen die ärmsten Länder der Erde gehören, brachten die niedrigen Energiepreise kaum Erleichterung, zumal die Möglichkeiten der Industrie- und der OPEC-Länder zur Leistung von Entwicklungshilfe spürbar nachgelassen haben.

Den rohstoffexportierenden Entwicklungsländern soll der **»Gemeinsame Fonds für Rohstoffe«** zugute kommen, um dessen Verwirklichung sich die **UNCTAD** (UN-Konferenz für Handel und Entwicklung) seit der Welthandelskonferenz 1976 in Nairobi bemüht. Geplant ist, nach einer Übereinkunft von 1979/80, ein Fonds mit einer Anfangsausstattung von 750 Mill. $, die von Industrie- und Entwicklungsländern anteilig nach ihrem Sozialprodukt einbezahlt werden sollen. Mit dieser finanziellen Ausstattung soll der Fonds den einzelnen – noch abzuschließenden – Rohstoffabkommen Hilfestellung leisten, insbesondere durch die Bereitstellung von Mitteln zum Aufbau von »Buffer Stocks« (»Pufferlager«), mit denen die Rohstoffmärkte und -preise stabilisiert werden sollen. Ursprünglich sollte der Fonds am 1. 1. 1984 seine Arbeit aufnehmen, doch gelang es nicht, bis zum Stichtag 30. 9. 1983 mindestens 90 Staaten dazu zu bringen, den Vertrag zu ratifizieren und zusammen ⅔ des Kapitals einzubezahlen. Statt dessen hatten nur 64 Länder (mit rd. 40% der Mittel) unterzeichnet. Insbesondere die USA sind zurückhaltend, da sie gegen die planwirtschaftlichen Elemente des Abkommens opponieren.

Einen ähnlichen Zweck erfüllt das in Lomé (Togo) abgeschlossene und am 1. 1. 1981 in Kraft getretene **2. Abkommen zwischen der EG und den AKP-Staaten** (z. Zt. 66 Entwicklungsländer aus dem **a**frikanischen, **k**aribischen und **p**azifischen Raum). Lomé II enthält ein System zur Stabilisierung der Exporterlöse für Rohstoffe landwirtschaftlicher und bergbaulicher Art (**STABEX**) und läuft bis 28. 2. 1985. Seit Herbst 1983 wird zwischen den EG- und den AKP-Staaten über ein neues Abkommen beraten. Es soll noch engere Zusammenarbeit, höhere europäische Leistungen und noch besseren Zugang zum EG-Markt bringen und damit den Rohstoffexporteuren ausreichende und sichere Einnahmen garantieren.

## Ausgewählte Zahlen über Produktion und Verbrauch

**Antimon** (*Bergwerksproduktion;* Sb-Inhalt von Erzen, z.T. von Konzentraten; nach »Metallstatistik«) *Gewinnung* 1982 (1981) in t: Bolivien 13978 (15296) – Südafrika 9134 (9747) – VR China (S) 9000 (10000) – UdSSR 6500 (6500) – Mexiko 1565 (1800) – Jugoslawien 1517 (1455) – Türkei 1237 (838) – Thailand 970 (1750) – Kanada 906 (1670) – Australien 1203 (1126)
*Weltproduktion* 1982 (1981) 50,916 (55,657) Tsd. t

**Bauxit** (unterschiedl. Nässegehalt und Zusammensetzung) *Produktion* (nach »Metallstatistik«) in Mill. t 1982 (1981)

| | | |
|---|---|---|
| Australien | 23,621 | (25,441) |
| Guinea | 11,827 | (13,822) |
| Jamaika (Trockengew.) | 8,334 | (11,606) |
| UdSSR (einschl. Alunit, Nephelin u. ä., S) | 6,000 | (6,400) |
| Brasilien | 4,187 | (4,463) |
| Jugoslawien | 3,668 | (3,249) |
| Surinam | 3,276 | (4,006) |
| Griechenland | 2,853 | (3,216) |
| Ungarn | 2,627 | (2,914) |
| VR China (S) | 1,950 | (1,800) |
| Indien | 1,854 | (1,923) |
| Guyana (Trockengew.) | 1,783 | (2,396) |
| Frankreich | 1,737 | (1,828) |
| USA (Trockengew.) | 0,732 | (1,510) |
| Indonesien | 0,704 | (1,203) |
| Rumänien (S) | 0,670 | (0,680) |
| Sierra Leone | 0,630 | (0,612) |
| Malaysia | 0,589 | (0,701) |

*Weltproduktion* nach »Metallstatistik« 1982 (1981) 78,174 (88,516) Mill. t – Die führenden *Ausfuhrländer* (ohne RGW-Länder und China) sind in der **IBA** (»Internat. Bauxit Association«) zusammengeschlossen. – Rd. ¾ der Weltexporte entfallen auf Entwicklungsländer, von denen einige inzwischen auch das Aluminiumoxid (Tonerde) produzieren und exportieren.
*Produktion von Aluminiumoxid* 1982 in Mill. t u. a.: Australien 6,631 – USA 4,280 – UdSSR (S) 3,900 – Jamaika 1,758 – BR Deutschland 1,509 – Japan 1,262 – Surinam 1,136 – Kanada 1,127 – Frankreich 1,087 – Jugoslawien 1,072
*Produktion* von *Aluminium* → Sp. 781 ff.
Nach dem starken Produktionsrückgang von 1982 infolge der Rezession der Weltwirtschaft (mit verringertem Aluminiumbedarf) stieg die Bauxitproduktion 1983 wieder stärker an. Auch die Preise, die für Länder wie Guinea oder Jamaika (70% der Deviseneinnahmen) entscheidend für die wirtschaftliche Entwicklung sind, erholten sich wieder.

**Blei** (*Bergwerksproduktion;* Pb-Inhalt, z.T. von Konzentraten; nach »Metallstatistik«) *Gewinnung* 1982 (1981) in 1000 t

| | | |
|---|---|---|
| UdSSR | 575,0 | (570,0) |
| USA | 522,9 | (454,6) |
| Australien | 456,7 | (388,1) |
| Kanada | 341,2 | (332,1) |
| Peru | 201,4 | (189,1) |
| Mexiko | 167,9 | (157,4) |
| VR China (S) | 160,0 | (160,0) |
| Jugoslawien | 113,1 | (118,6) |
| Marokko | 105,4 | (116,2) |
| DVR Korea (Nord-K., S) | 95,0 | (110,0) |
| Bulgarien | 95,0 | (90,0) |
| Südafrika | 90,3 | (98,9) |
| Schweden | 80,8 | (85,1) |
| Spanien | 72,2 | (83,4) |
| Japan | 45,9 | (46,9) |
| Polen | 45,3 | (44,2) |
| Irland | 36,2 | (28,8) |
| Südwestafrika/Namibia | 34,9 | (48,1) |
| BR Deutschland | 29,6 | (29,0) |
| Argentinien | 27,9 | (32,7) |
| Rumänien (S) | 27,0 | (20,0) |
| Grönland | 26,5 | (26,9) |
| Iran (S) | 25,0 | (20,0) |
| Brasilien | 19,4 | (21,6) |
| u. a. Österreich | 4,9 | (5,7) |

*Weltproduktion* 1982 (1981) nach »Metallstatistik« 3,572 (3,472) Mill. t – Produktion von *raffin. Blei* (einschl. Rückgewinnung aus Altmaterial) 1982 (1981) 5,268 (5,377) Mill. t, davon in 1000 t u. a.: USA 1032,9 (1067,5) – UdSSR (S) 800,0 (800,0) – BR Deutschland 350,5 (348,3) – Großbritannien 306,2 (333,4) – Japan 302,3 (317,0) – Australien 247,1 (239,2) – Kanada 241,9 (238,1) – Frankreich 208,6 (228,0)
*Weltverbrauch* von *raffin. Blei* 1982 (1981) 5,267 (5,274) Mill. t, davon 1982 in 1000 t u. a.: USA 1106,2 – UdSSR (S) 810,0 – Japan 354,0 – BR Deutschland 333,2 – Großbritannien 271,9 – Italien 243,0 – VR China (S) 215,0 – *Bleiverbrauch* der *BR Deutschland* 1982 (1981) 333,2 (331,6) Tsd. t – *Einfuhr* von *Rohblei* (einschließlich Altmaterial) 190,0 – *Ausfuhr* 114,0 Tsd. t – *Einfuhr* von *Bleierzen* 192,4 Tsd. t, davon aus Kanada 37,9 – Schweden 33,2 – Südafrika 31,4 – Irland 20,7 – Thailand 18,7
Die wirtschaftlich gewinnbaren *Welt-Bleivorräte* werden auf rd. 180 Mill. t geschätzt, von denen sich etwa 35% in den westlichen Industrieländern befinden. – Der *Welt-Bleimarkt* war 1979–1982 durch stetigen Verbrauchsrückgang gekennzeichnet. 1983/84 stieg der Bedarf aufgrund der Automobilkonjunktur wieder an. Der größte *Bleiverbraucher* ist die

Batterieproduktion (in der BR Deutschland rd. 50% des Bedarfs). Die Rückgewinnungsquote ist relativ hoch (über 50%, bei Autobatterien 90%). – Die Einführung bleifreien Benzins wird den Bleiverbrauch in Zukunft wieder absinken lassen.

**Braunkohle** (Lignit) *Förderung* 1983 (1982) in Mill. t (nach UNO-Angaben)

| | | |
|---|---|---|
| DDR | 277,97 | (276,04) |
| VR China (→ Steinkohle) | | |
| UdSSR (1982 bzw. 1981) | 159,32 | (156,49) |
| BR Deutschland | 124,28 | (127,31) |
| ČSSR | 102,41 | (97,09) |
| Jugoslawien (1981 bzw. 1980) | 51,54 | (46,62) |
| USA | 46,73 | (48,83) |
| Polen | 42,53 | (37,64) |
| Australien (1982 bzw. 1981) | 37,81 | (32,89) |
| Bulgarien (1982 bzw. 1981) | 31,94 | (28,98) |
| Rumänien (1982 bzw. 1981) | 30,70 | (28,64) |
| Griechenland | 30,68 | (27,29) |
| Spanien (1982 bzw. 1981) | 23,50 | (20,68) |
| Ungarn | 22,39 | (23,04) |
| u. a. Österreich | 2,95 | (3,30) |

*Weltförderung* (ohne VR China, nach UNO-Angaben) 1983 (1982) 1,018 (1,062) Mrd. t – Die *Weltreserven* belaufen sich (nach UNO-Angaben, nicht alle Länder umfassend) auf ca. 2900 Mrd. t, davon in Mrd. t: UdSSR 1800 – USA 650 – Australien 90 – BR Deutschland 55 – DDR 30
In der *BR Deutschland* sank die Förderung 1983 leicht auf 124,3 Mill. t, von denen 117,4 Mill. t auf das rheinische Revier zwischen Köln und Aachen entfielen. Daneben lieferten die Reviere Helmstedt 4,6 Mill. t und Nordhessen 2,3 Mill. t. In der Oberpfalz (Schwandorf) wurde 1983 nicht mehr gefördert. – Die *Braunkohleförderung der BR Deutschland* wurde 1983 zu rd. 87% zur *Elektrizitätsgewinnung* verfeuert; sie trug 10,5% zur Primärenergieversorgung bei. Die Produktion von Briketts verminderte sich wegen der gesunkenen Nachfrage um 10,4% auf 3,53 Mill. t. – Die *DDR* ist weltgrößter Produzent und Verbraucher von Braunkohle. Sie liefert dort das Fundament der gesamten Energieversorgung; 83% der Elektroenergie werden aus Braunkohle gewonnen. Die Vorräte reichen noch mehrere Jahrzehnte, jedoch verteuert sich die Förderung von Jahr zu Jahr wegen der Erschöpfung der leicht abzubauenden Lager.

**Cadmium** (Kadmium; *Hüttenproduktion* nach »Metallstatistik«) *Gewinnung* 1982 in t u. a.: UdSSR (S) 2800 – Japan 2021 – USA 1351 – Kanada 1109 – BR Deutschland 1030 – Belgien-Lux. 1001 – *Weltproduktion* 1982 (1981) 17,009 (17,592) Tsd. t – *Verbrauch* 1982 in t u. a.: USA 4127 – UdSSR (S) 2250 – Belgien-Lux. 1652 – BR Deutschland 1502 – Japan 1143

**Chrom** *Gewinnung* von Chromerz (nach »Metallstatistik«) 1981 (1980) in 1000 t u. a.: Südafrika mit Südwestafrika/Namibia 2866,7 (3413,7) – UdSSR (S) 2404,0 (2449,4) – Ost- und Südosteuropa (ohne UdSSR; S) 2433,0 (2494,8) (insbes. Albanien) – Simbabwe 712,2 (759,3) – Finnland 412,8 (341,1) – Brasilien 408,2 (286,7) – Indien 335,7 (319,3) – *Weltproduktion* 1981 (1980) 9,276 (9,749) Mill. t – Die *Weltreserven* sind relativ hoch, aber stark konzentriert; sie liegen zu rd. 80% in Südafrika, 15% in Simbabwe und 34% in der UdSSR. Die Importe der BR Deutschland stammen zu über 70% aus Südafrika.

**Diamanten** *Gewinnung* 1980 (1979) in 1000 Karat – Industrie-/Schmuck-Diamanten (nach UNO-Angaben):

| | | | | |
|---|---|---|---|---|
| UdSSR (S) | 8600 | (8500)/ | 2250 | (2200) |
| Zaïre | 9890 | (8440)/ | 345 | (294) |
| Südafrika | 5119 | (4845)/ | 3403 | (3539) |
| Botswana | 4336 | (3735)/ | 765 | (659) |
| Südwestafrika/ Namibia | 78 | (83)/ | 1482 | (1570) |
| Ghana | 1100 | (1128)/ | 100 | (125) |
| Angola | 250 | (188)/ | 750 | (562) |
| Sierra Leone | 450 | (436)/ | 400 | (419) |
| Venezuela | 575 | (556)/ | 250 | (247) |
| Liberia | 130 | (132)/ | 170 | (170) |
| Zentralafrikan. Rep. | 99 | (110)/ | 180 | (205) |

*Weltproduktion* 1980 (1979) 30,867 (28,417) Mill. Karat *Industriediamanten* und 10,321 (10,320) Mill. Karat *Schmuckdiamanten* (wertmäßig machen Schmuckdiamanten ca. 80% der Förderung aus). – Rd. 85% der Rohdiamanten der Welt werden über die CSO (Central Selling Organisation) der südafrikanischen de Beers-Gruppe vermarktet. Nach dem starken Absatzrückgang von 1982 stieg der Diamantenverkauf 1983 wieder deutlich an. Zwar stagnierte der Absatz bei wertvollen Schmuckdiamanten, doch steigerte sich der Verkauf von billigeren Schmuck- und von Industriediamanten. Der jährliche *Bedarf an Industriediamanten* (insbesondere für Bohr- und Schleifzwecke) betrug 1982 in der westlichen Welt über 100 Mill. Kt., in der BR Deutschland allein rd. 12 Mill. Kt. (einschl. synthet. Diamanten).

**Eisenerz** *Förderung* 1982 (1981) in Mill. t (nach UNO-Angaben)
(eingeklammerte %-Zahl nach dem Ländernamen = durchschn. Fe-Gehalt der Erze)

| | | |
|---|---|---|
| UdSSR (60%) | 244,00 | (242,00) |
| Australien (64%) | 86,23 | (94,50) |
| Brasilien (68%, nur Exporte) | 62,72 | (64,91) |
| Indien (63%) | 42,00 | (41,46) |
| VR China (S) | 42–44 | |
| USA (63%) | 36,00 | (75,46) |
| Kanada (61%, Abtransport von Bergwerken) | 33,19 | (49,55) |
| Südafrika (60–65%) | 24,55 | (28,32) |

| | | |
|---|---|---|
| Liberia (68 %, 1981 bzw. 1980) | 19,70 | (18,35) |
| Frankreich (30 %) | 19,39 | (21,58) |
| Schweden (60–65 %) | 16,14 | (23,22) |
| Venezuela (64 %) | 11,68 | (15,53) |
| Mauretanien (65 %, 1981 bzw. 1980) | 8,88 | (8,60) |
| Mexiko (63 %) | 8,56 | (9,05) |
| Spanien (50 %) | 7,62 | (8,41) |
| Chile (61 %) | 6,47 | (8,35) |
| Peru (60 %) | 5,80 | (5,66) |
| Jugoslawien (35 %) | 5,11 | (4,79) |
| Algerien (53–55 %, 1981 bzw. 1980) | 3,35 | (3,50) |
| Österreich (31 %) | 3,34 | (3,05) |
| Norwegen (65 %) | 3,26 | (4,07) |
| Türkei (55–60 %) | 2,62 | (2,88) |
| Rumänien (26 %, 1981 bzw. 1980) | 2,40 | (2,33) |
| Ägypten (50 %) | 2,21 | (1,80) |
| ČSSR (26 %) | 1,86 | (1,93) |
| u. a. BR Deutschland (32 %) | 1,31 | (1,61) |
| DDR (39 %) | 0,05 | (0,05) |

*Weltförderung* von Eisenerz 1982 (1981) nach UNO-Angaben 695 (708) Mill. t – Die *Eisenerzförderung* ging 1982 vor allem in den Industriestaaten stark zurück, da sich der Eisenverbrauch infolge des verringerten Stahlbedarfs entsprechend verminderte (→ Stahlindustrie). Außerdem ist der Eisenerzbergbau in den westlichen Industriestaaten gegenüber den billiger produzierenden Entwicklungsländern kaum noch konkurrenzfähig, die aus Devisenmangel hochwertiges Eisenerz auch 1983 teilweise zu Dumpingpreisen anboten. In Ländern wie Frankreich, Schweden oder Norwegen kann die Erzförderung nur noch mit staatlichen Subventionen aufrechterhalten werden; in der *BR Deutschland* fördern z. Zt. nur noch 3 Eisenerzgruben (1960 noch ca. 60). Zwar sind Vorräte von insgesamt rd. 2,25 Mrd. t Eisenerz nachgewiesen, jedoch lohnt der Abbau dieser armen Erze (10 – max. 45 % Eisengehalt) derzeit nicht. – 1983 änderte sich nach vorläufigen Zahlen die Situation nicht wesentlich. Wegen der niedrigen Weltmarktpreise für Eisenerz wurden in verschiedenen Ländern Projekte zur Erschließung neuer Abbaustätten vorläufig zurückgestellt.

**Erdgas** (»Naturgas«, einschl. Erdölgas) *Netto-Förderung* (d. h. Brutto-Förderung abzügl. zurückgepreßtes und abgefackeltes Gas und Eigenverbrauch) 1983 (1982) in Mrd. m$^3$, nach »ESSO-Öldorado '83« (Zahlen für 1983 z. T. vorläufig)

| | | |
|---|---|---|
| UdSSR | 535,7 | (500,8) |
| USA | 470,0 | (522,0) |
| Niederlande | 77,0 | (76,0) |
| Kanada | 69,0 | (70,4) |
| Großbritannien | 40,0 | (35,8) |
| Rumänien | 39,0 | (39,0) |
| Mexiko | 30,0 | (31,5) |
| Norwegen | 24,8 | (25,4) |
| Algerien | 20,0 | (26,0) |
| BR Deutschland | 17,7 | (16,8) |
| Venezuela | 15,8 | (16,0) |
| Argentinien | 15,4 | (10,6) |
| Indonesien | 15,0 | (19,2) |
| Italien | 13,5 | (14,6) |
| Australien | 12,4 | (11,6) |
| Saudi-Arabien | 10,8 | (9,0) |
| VR China | 10,5 | (10,8) |
| Iran | 10,0 | (7,1) |
| Pakistan | 9,6 | (9,7) |
| Brunei | 8,9 | (8,9) |
| DDR | 8,0 | (8,1) |
| u. a. Österreich | 1,1 | (1,3) |

*Weltförderung* 1983/vorl. (1982) 1 545,2 (1 556,8) Mrd. m$^3$ – Außer der wirtschaftlich genutzten Fördermenge werden jährlich große Mengen Erdgas »abgefackelt«, d. h. an Ort und Stelle nutzlos verbrannt (1982 ca. 140 Mrd. m$^3$). Es handelt sich um solches Gas, das bei der Erdölförderung anfällt (»assoziiertes«, d. h. ölgebundenes Gas) und noch nicht sinnvoll verwendet werden kann. In den OPEC-Ländern werden bisher weniger als 50 % des anfallenden Erdgases kommerziell genutzt.

Die *Erdgasförderung* nahm 1982–1983 leicht ab. Dies geht vor allem auf den starken Rückgang der nordamerikanischen Förderung zurück, während insbesondere die UdSSR ihre Produktion kräftig erhöhte (vor allem für Exportzwecke). Erstmals war 1983 die UdSSR vor den USA das größte Erdgasförderland.

Die nachgewiesenen *Weltreserven* stiegen (nach ESSO) 1983 – trotz der Förderung – um über 5 % auf 91 Mrd. m$^3$, vor allem wiederum durch neue Funde in der UdSSR. Die Reserven reichen bei Aufrechterhaltung der gegenwärtigen Fördermenge und ohne Berücksichtigung zu erwartender neuer Funde noch für ca. 59 Jahre. 44 % der *Weltreserven* lagern in der *UdSSR* (39 640 Mrd. m$^3$); die weitere Verteilung in Mrd. m$^3$: *Naher Osten* 21 930 (davon Iran 13 590 – Saudi-Arabien 3 425 – Katar 1 755) – *Nordamerika* 8 175 (davon USA 5 610 – Kanada 2 565) – *Afrika* 5 370 (davon Algerien 3 120 – Nigeria 985) – *Mittel- und Fernost und Australien* 5 340 (davon Malaysia 1 360 – VR China 860 – Indonesien 855) – *Mittel- und Südamerika* 5 280 (davon Mexiko 2 135 – Venezuela 1 545) – *Westeuropa* 4 865 (davon Niederlande 1 725 – Norwegen 1 665 – Großbritannien 710 – BR Deutschland 290 – u. a. Österreich 15) – *RGW-Länder* ohne UdSSR 470. – Der Anteil des Erdgases an der *Energieversorgung* steigt seit etwa 1970 stark an; er lag 1983 weltweit bei etwa 20 %. Allerdings ist die Erdgasverwendung stark konzentriert; rd. ⅔ des Weltverbrauchs entfallen allein auf die USA und die UdSSR.

Der *Außenhandel* mit Erdgas ist wegen der *Transportschwierigkeiten* noch relativ schwach entwikkelt und auf wenige Handelsströme begrenzt. 1982 wurden nur 12 % des verbrauchten Erdgases im internationalen Handel bezogen (rd. 181 Mrd. m$^3$).

Hiervon wurden 80% durch Pipelines und 20% mit Flüssiggastankern transportiert. 1983 waren die wichtigsten *Exportländer* (Anteile am Welthandel): UdSSR 30% – Niederlande 18% – Norwegen 13% – Kanada 10% – Algerien 10% – Indonesien 7% – Brunei 4% – die wichtigsten *Importländer:* BR Deutschland 18% – USA 14% – Japan 14% – Frankreich 12% – Italien 8% – Großbritannien 6% – Belgien-Lux. 5%.

In der *BR Deutschland* erhöhte sich der *Erdgasverbrauch* 1983 gegenüber dem Vorjahr um 2,9% auf 55,9 Mill. t SKE. Erdgas steigerte damit seinen Anteil am gesamten Primärenergieverbrauch auf 15,3%. Der Hauptteil des Verbrauchszuwachses entfiel auf die Haushalte. Die Zahl der gasbeheizten Haushalte erhöhte sich 1983 um 300000 auf 6,3 Mill. (rd. ¼ aller Wohnungen), weitere 2,1 Mill. Haushalte verwendeten Gas zum Kochen oder Warmwasserbereiten. Im Industriebereich nahm der Gasverbrauch um rd. 2,5% zu, dagegen sank er bei Kraftwerken um 2%.

Die *Eigenförderung der BR Deutschland* deckte 1983 rd. ⅓ des Bedarfs. Die einheimischen Quellen liegen vor allem im Gebiet Weser-Ems (⅔ der Reserven), daneben in Schleswig-Holstein, im Oberrheintal und im schwäbisch-oberbayerischen Alpenvorland. – Weitere 32% des Gasbedarfs kamen aus den Niederlanden, rd. 18% aus der UdSSR, der Rest aus der Nordsee (Norwegen). Der Anteil der UdSSR soll in den nächsten Jahren auf rd. 30% steigen. Die neue *sowjetische Erdgasleitung* Urengoj–Uschgorod–Westeuropa (4450 km), die mit westlichen Krediten gebaut wurde, ist Ende 1983 provisorisch fertiggestellt worden. Die vertraglichen Gaslieferungen sollen 1985 aufgenommen werden, 1989 sollen sie 10,5 Mrd. $m^3$ für die BR Deutschland, 8 Mrd. $m^3$ für Frankreich und kleinere Mengen für Österreich und die Schweiz betragen.

Der Absatz von *Flüssiggas* ging in der *BR Deutschland* 1983 um 6,6% auf 2,027 Mill. t zurück, weitere 712 Tsd. t wurden exportiert. Der Absatz von *Autogas* stagnierte; es wurde von ca. 620 Tankstellen angeboten und von ca. 25000 PKW benutzt.

**Erdöl** *Förderung* 1983 (1982), für 1983 z. T. vorläufige Zahlen, in Mill. t (einschl. Naturbenzin, Kondensate, Flüssiggas und Öl aus Teersanden; nach »ESSO-Öldorado '83« und UNO-Angaben)

| | | |
|---|---|---|
| UdSSR | 618,0 | (613,0) |
| USA | 486,7 | (486,2) |
| Saudi-Arabien[1] | 246,0 | (323,3) |
| Mexiko | 149,0 | (150,4) |
| Iran[1] | 124,0 | (120,4) |
| Großbritannien | 114,5 | (103,4) |
| VR China | 105,0 | (102,1) |
| Venezuela[1] | 97,5 | (100,2) |
| Kanada | 76,5 | (74,2) |
| Indonesien[1] | 63,0 | (64,6) |
| Nigeria[1] | 60,0 | (63,5) |
| Ver. Arabische Emirate[1] | 54,5 | (60,7) |
| Kuwait[1] | 54,0 | (41,6) |
| Libyen[1] | 52,0 | (55,2) |
| Irak[1] | 46,0 | (49,6) |
| Ägypten | 38,0 | (33,4) |
| Algerien[1] | 32,0 | (32,7) |
| Norwegen | 30,0 | (24,5) |
| Argentinien | 24,6 | (24,4) |
| Indien | 24,0 | (19,7) |
| Australien | 19,5 | (17,5) |
| Oman | 18,5 | (16,0) |
| Malaysia | 18,0 | (15,2) |
| Brasilien | 16,5 | (13,4) |
| Katar[1] | 14,0 | (16,0) |
| Rumänien | 12,5 | (11,7) |
| Ecuador[1] | 12,1 | (10,7) |
| Brunei | 8,8 | (8,0) |
| Peru | 8,7 | (9,5) |
| Trinidad und Tobago | 8,5 | (9,1) |
| Syrien | 8,4 | (8,2) |
| Gabun[1] | 8,0 | (7,8) |
| Angola (Cabinda) | 8,0 | (6,4) |
| Kolumbien | 7,5 | (7,3) |
| u. a. BR Deutschland | 4,1 | (4,3) |
| Österreich | 1,2 | (1,3) |

[1] = OPEC-Länder

Die *Weltförderung* von Erdöl betrug 1983 2759,6 Mill. t und lag damit nur um 1% unter der Vorjahresförderung (2787,9 Mill. t). Die Jahre starker Förderrückgänge (insbes. 1980–1982) wurden somit beendet, vor allem durch den Konjunkturaufschwung in den wichtigsten Industrieländern.

Der Rückgang der Förderung betraf hauptsächlich die OPEC-Länder, die 1983 Förderquoten zur Preisstabilisierung einführten. Insbesondere Saudi-Arabien senkte seine Förderung um 24%; insgesamt förderte der Nahe Osten nur noch rd. 570 Mill. t – gegenüber noch mehr als 1 Mrd. t 1979. Die Absatzschwierigkeiten der OPEC-Länder gingen u. a.

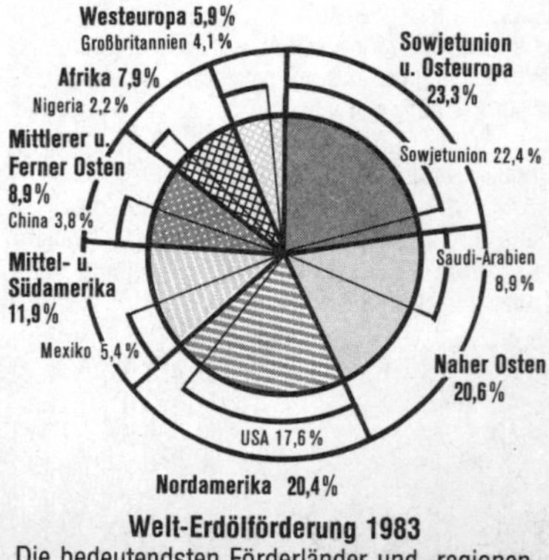


**Welt-Erdölförderung 1983**
Die bedeutendsten Förderländer und -regionen
(Nach »ESSO-Öldorado '83«)

auch darauf zurück, daß einige westliche Hauptverbrauchsländer ihre eigene Förderung halten (z. B. USA) oder steigern konnten (z. B. Großbritannien) bzw. daß nahe gelegene kostengünstige Exportquellen genutzt wurden (z. B. steigende Bedeutung des Nordsee-Erdöls für Westeuropa und des mexikanischen Erdöls für die USA). Auch die östlichen Hauptverbraucher UdSSR und China konnten ihre Eigenproduktion leicht erhöhen.

Der Anteil der **OPEC-Länder** (1983/84: 13 Mitglieder) an der Welt-Erdölförderung sank von 54 % (1973) auf nur noch 32,5 %. Der noch 1979 bestehende beherrschende Einfluß der OPEC auf das Welt-Energiepreisniveau wurde somit erneut reduziert. Selbst der eskalierende Golfkrieg Iran–Irak hatte bis Mitte 1984 keinen Einfluß auf die internationale Ölversorgung. Der *Erdölmarkt* war auch 1983/84 ein **Käufermarkt** mit **Angebotsüberschüssen.**
Die *Rohölpreise,* die 1981 auf dem Weltmarkt erstmals seit Anfang der 70er Jahre nicht mehr angestiegen waren und 1982/83 zurückgingen, blieben 1983/84 relativ stabil. Die OPEC-Staaten hatten Anf. 1983 den *Referenzpreis* auf *29 $/Barrel* ermäßigt und die *Gesamtproduktion* von Rohöl auf *17,5 Mill. Barrel* pro Tag mit festgelegten Förderquoten für die einzelnen Mitglieder gedrosselt, um Überangebot und Preisverfall zu verhindern. Diese Regelung wurde auch bei den folgenden OPEC-Konferenzen beibehalten. Aufgrund der Konkurrenz von Nicht-Mitgliedstaaten und wegen akuten Devisenmangels verschiedener Erdölexporteure kam es jedoch auch 1983/84 wiederholt auf dem Weltmarkt zu Preisunterbietungen. Wegen des Rückgangs von Verbrauch und Förderung erlitten insbesondere die großen OPEC-Förderländer empfindliche Einnahmeverluste. So sanken die Erdöleinnahmen Saudi-Arabiens von 113,2 Mrd. $ (1981) auf 46,1 Mrd. $ (1983); die gesamten OPEC-Erlöse aus den Ölexporten sanken vom Höchststand 1980 (279 Mrd. $) um über 40 % auf nur noch 160 Mrd. $ (1984). – Aufgrund des Überangebotes auf dem Weltmarkt hatte bis Mitte 1984 auch der Krieg Irak–Iran mit den Behinderungen der Ölverschiffungen im Persischen Golf keine preistreibenden Wirkungen.
*Erdöl* deckt z. Zt. immer noch – trotz rückläufiger Anteile in den letzten Jahren – *rd. 45 % des kommerziellen Welt-Energieverbrauchs.* Dieser Anteil soll, insbesondere in den Industriestaaten, in den nächsten Jahren durch verstärkten Einsatz anderer Energieträger gesenkt werden, um die allzu große Abhängigkeit von einem Rohstoff abzubauen. Aufgrund der hohen Kosten für die Erschließung anderer Energieträger und wegen der seit einigen Jahren stagnierenden oder sogar rückläufigen Preise für Erdöl erfolgte bisher die Erdölsubstitution wesentlich langsamer als in den 70er Jahren geplant.
Die bestätigten *Weltreserven* an Erdöl beliefen sich Ende 1983 (1982) auf 91,137 (91,348) Mrd. t, ohne das in Sanden und Schiefern enthaltene Mineralöl. Die Reserven verringerten sich somit gegenüber dem Vorjahr – trotz der Fördermenge – nur relativ geringfügig, vor allem durch größere Neufunde im Nahen Osten und in Südamerika. In Nordamerika, Afrika und Ostasien hielt die Entdeckung neuer Lager dagegen nicht Schritt mit der Förderung. Bei gleich-

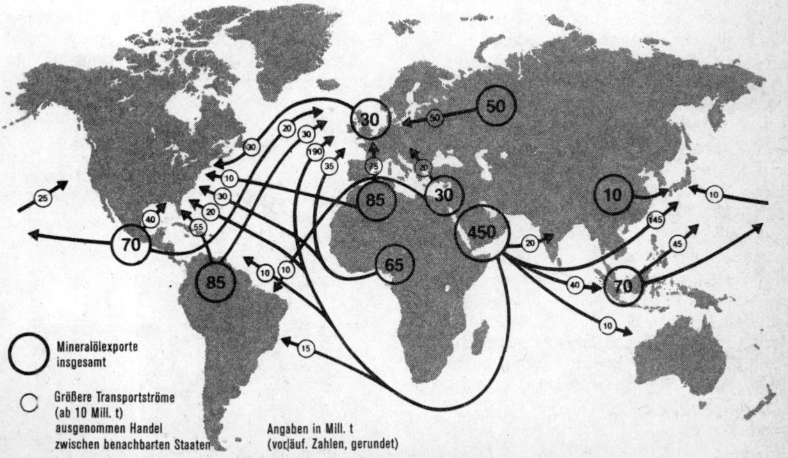


**Die Transportströme des Erdöls 1983**
Welthandel mit Rohöl und Fertigprodukten (Nach »Shell«)

bleibender Förderung reichen die z. Zt. bekannten Reserven noch rd. 33 Jahre. Eine bedeutende Verlängerung der Nutzungsdauer könnte durch bessere und wirkungsvollere, aber auch teurere Förderungstechniken erreicht werden (z. B. Einpressen von Heißdampf in die erdölführenden Gesteine). Mit den derzeit angewandten Methoden werden nur 30–35 % des vorhandenen Erdöls ausgebeutet. – Etwa ⅔ der Erdölreserven lagern in den OPEC-Ländern, allein 25 % aller Vorräte besitzt Saudi-Arabien.
*Verteilung der Reserven* in Mrd. t: *Naher Osten* 50,346 (davon Saudi-Arabien 22,710 – Kuwait 8,814 – Iran 6,892 – Irak 5,733) – *RGW-Länder und China* 11,584 (davon UdSSR 8,630 – VR China 2,610) – *Mittel- und Südamerika* 11,522 (davon Mexiko 6,760 – Venezuela 3,550) – *Afrika* 7,478 (davon Libyen 2,828 – Nigeria 2,236 – Algerien 1,175) – *Nordamerika* 4,585 (davon USA 3,680– Kanada 0,905) – *Westeuropa* 3,117 (davon Großbritannien 1,760 – Norwegen 1,008 – Italien 0,118 – BR Deutschland 0,062) – *Mittel- und Fernost und Ozeanien* 2,505 (davon Indonesien 1,205 – Indien 0,459 – Malaysia 0,392)
Seit Beginn der Erdölförderung im Jahr 1859 sind rd. 160 Mrd. t Erdöl entdeckt worden. Davon wurden bisher rd. 69,6 Mrd. t gefördert und verbraucht.
Die starken Preissteigerungen der 70er Jahre hatten die *Förderung untermeerischer Vorkommen* (»offshore«) in größerem Umfang rentabel werden lassen. 1983 stammten über 20 % der Weltförderung aus offshore-Lagerstätten. Rd. 25 % der bestätigten Reserven liegen unter dem Schelfmeer (bis 200 m Tiefe), weitere 25 % unter dem Tiefseeboden. Z. Zt. sind in etwa 30 Ländern über 700 Bohrinseln und -türme für die untermeerische Erdöl- und -gasförderung im Einsatz. Die größten Tiefen erreichen bis 1 800 m. Die stärkste offshore-Fördertätigkeit findet im Golf von Mexiko, in der Nordsee (seit 1964), im Persischen Golf und im Südchinesischen Meer statt. – Aufgrund der entspannten Versorgungslage wurden weltweit die meisten Projekte zur Erschließung von *Teersandöl* und *Ölschiefervorkommen* vorerst zurückgestellt.
Der *Mineralöl-Weltverbrauch* belief sich 1983 – bei einem Rückgang von 1,7 % gegenüber 1982 – auf 2,770 Mrd. t )Höchststand 1979 mit 3,171 Mrd. t). Der Verbrauchsrückgang verlangsamte sich gegenüber den Vorjahren durch den wirtschaftlichen Aufschwung in vielen Industriestaaten; er erfolgte vor allem durch Einsparungsmaßnahmen bzw. Ersatz durch andere Energieträger, z. B. in Japan um 6 %, Westeuropa um 4 % und Nordamerika um 2 %. In der UdSSR und den übrigen RGW-Ländern, in China und vielen Entwicklungsländern nahm dagegen der Mineralölverbrauch leicht zu.
Vom *Weltverbrauch* entfielen 1983 (1982) 27,9 (27,9) % auf Nordamerika, 23,8 (23,3) % auf die RGW-Länder und China, 19,8 (20,2) % auf Westeuropa, 13,9 (14,3) % auf Mittel- und Fernost und Australien, 8,4 (8,3) % auf Mittel- und Südamerika und nur 2,9 (2,8) % auf Afrika – *Größte Verbraucher* waren 1983 (1982) in Mill. t: USA 707,0 (712,4) – UdSSR 460,0 (458,0) – Japan 206,5 (219,8) – BR Deutschland 110,1 (112,2) – Italien 88,6 (90,0) – VR China 87,1 (83,7) – Frankreich 85,8 (89,9) – Großbritannien 72,8 (76,6) – Mexiko 67,5 (67,0) – Kanada 67,2 (75,0) – Brasilien 50,0 (50,0) – Spanien 48,8 (49,8) – Indien 29,0 (30,0) – Australien 28,9 (30,0) – Niederlande 28,6 (31,0) – Argentinien 23,5 (23,5) – u. a. DDR 17,9 (18,8) – Schweiz 12,3 (11,2) – Österreich 9,4 (10,4) – Auf die 10 größten Verbraucher entfielen über 70 % des Weltverbrauchs.
Die *Welt-Raffineriekapazität* wurde wegen der sinkenden Nachfrage 1983 erneut um rd. 3 % auf nunmehr 3,751 Mrd. t vermindert. Am stärksten wurden in den letzten Jahren die Kapazitäten in Westeuropa abgebaut, wo seit 1976 rd. 220 Mill. t Verarbeitungskapazität stillgelegt wurden. Dagegen wurden in einigen Förderländern wieder Raffinerien erweitert und neu eingerichtet, um zukünftig stärker Mineralölprodukte anstatt Rohöl exportieren zu können. **Raffineriekapazitäten** 1983 in Mill. t u. a.: USA 796,5 – UdSSR 600,0 – Japan 251,0 – Italien 152,5 – Frankreich 133,5 – BR Deutschland 114,0 – Großbritannien 104,6 – VR China 102,5 – Kanada 90,3 – Niederlande 77,6 – Spanien 74,7 – Brasilien 65,1 – Mexiko 63,5 – Venezuela 61,2 – Singapur 55,1 – Saudi-Arabien 43,0 – Indien 38,9 – Niederl. Antillen 37,0 – u. a. DDR 23,5 – Österreich 13,4 – Schweiz 6,8 – In der *BR Deutschland* wurde die jährliche Durchsatzkapazität der Rohölraffinerien 1983 durch Stillegungen erneut auf nunmehr 114,4 Mill. t (Anf. 1984) verringert (1979 noch 159,4 Mill. t). Dadurch konnte die Kapazitätsauslastung 1983 (1982) auf 59,6 (56,9) % erhöht werden. Die Raffineriestillegungen wurden nicht nur wegen des sinkenden Bedarfs, sondern auch wegen der steigenden Einfuhr von Mineralölfertigprodukten notwendig.

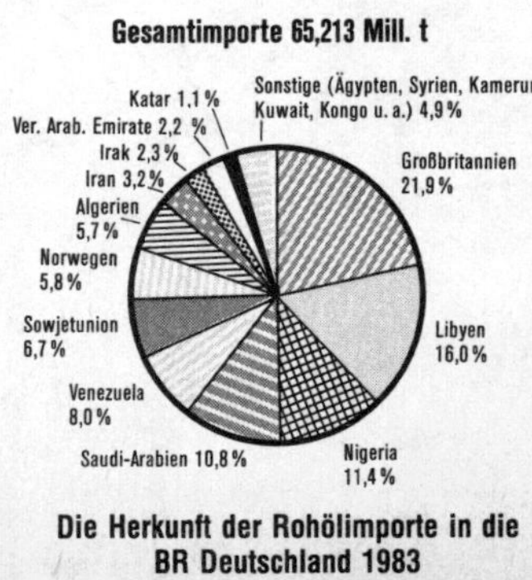


**Die Herkunft der Rohölimporte in die BR Deutschland 1983**
(Nach »Shell-Erdölnachrichten« 1984/3

In der *BR Deutschland* verminderte sich die *Rohöleinfuhr* 1982–83 um 10,1 % auf 65,213 Mill. t, nachdem sie im Vorjahr um 8,8 % zurückgegangen war. Dagegen stieg 1983 (1982) die Einfuhr von *Mineralölfertigprodukten* um 14,8 % (6,4 %) auf 41,571 Mill. t (+ 2,371 Mill. t aus der DDR). Der Preis für Rohöleinfuhren sank von 44,6 Mrd. DM (1982) auf 37,8 Mrd. DM, der für Fertigprodukte stieg von 23,4 (1982) auf rd. 26 Mrd. DM. – Die eigene *Förderung* der *BR Deutschland* ging erneut leicht zurück (1970 noch 7,5 – 1980 4,6 – 1982 4,256 – 1983 4,116 Mill. t); es entfielen auf die Fördergebiete (in Mill. t): westl. Ems 1,465 – Elbe-Weser-Gebiet 1,030 – Weser-Ems-Gebiet 0,970 – Schleswig-Holstein 0,296 – Alpenvorland 0,272 – Oberrheintal 0,080 – Verteilung der *Raffineriekapazität* 1983 (in Mill. t): Nordrhein-Westfalen 26,0 – Bayern 24,5 – Baden-Württemberg und Hessen 18,5 – Niedersachsen 17,4 – Hamburg, Bremen, Schleswig-Holstein 15,5 – Rheinland-Pfalz und Saarland 12,1

Gesamtbilanz für die *BR Deutschland:* Das *Aufkommen* an *Mineralölprodukten* sank 1983 (1982) auf 113,364 (114,507) Mill. t – davon inländische Raffinerieerzeugung 84,814 (88,587), Importe 41,571 (36,209) gegenüber Exporten 9,266 (9,741); der *Inlandsabsatz* sank auf 100,438 (101,208) Mill. t, der *Verbrauch* betrug 1983 (1982) in Mill. t u. a.: Heizöl leicht 33,477 (33,383) – Vergaserkraftstoff 23,039 (22,730) – Dieselkraftstoff 13,862 (13,449) – Rohbenzin 11,748 (10,232) – Heizöl schwer 11,434 (14,013) – Bitumen 2,801 (2,991) – Flugturbinenkraftstoff 2,468 (2,432) – Flüssiggas 2,027 (2,172) – Petrolkoks 1,438 (1,426) – Schmierstoffe 1,030 (1,032) – Raffineriegas 0,884 (0,695)

Erzeugung von **Mineralölprodukten** → Kapitel »Industrie«

**Gold** *Gewinnung* 1982 (1981) in kg (nach »Metallstatistik« und UNO-Angaben)

| | | |
|---|---|---|
| Südafrika | 657000 | (674000) |
| UdSSR (S) | 262100 | (258200) |
| VR China (S) | 52900 | (7000) |
| Kanada | 47000 | (50600) |
| USA | 42900 | (30200) |
| Brasilien | 37300 | (40400) |
| Papua-Neuguinea | 21000 | (19000) |
| Philippinen | 18000 | (17000) |
| Australien | 13200 | (13500) |
| Simbabwe (S) | 11000 | (11000) |
| Ghana (S) | 10000 | (10000) |
| Chile | 9200 | (6800) |
| Peru | 6800 | (4600) |

*Weltgewinnung* (nach »Metallstatistik«) 1981 (1980) 1268,6 (1217,4) t – Für 1983 wird die Weltgoldproduktion nach vorläufigen Schätzungen mit 1385 t angegeben, davon Südafrika 678 t, Sowjetunion 283 t. – Die *Weltvorräte* (Lagerstätten) an Gold werden auf rd. 40000 t geschätzt, davon etwa ½ in Südafrika. Der Goldbergbau ist der weitaus bedeutendste Wirtschaftszweig der Republik *Südafrika* und erbringt mit über 20 Mrd. DM (1982) fast 50 % des südafrikanischen Exportwertes. – Über die genaue Fördermenge des zweitgrößten Produzenten *UdSSR* ist nichts bekannt. Die sowjetischen Goldverkäufe gingen stark zurück und betrugen 1983 nur rd. 56 t.

Der *Goldpreis* lag zwar 1983 wesentlich höher als 1982, verharrte aber auf relativ niedrigem Niveau – im Vergleich zu früheren Jahren – meist bei Werten um 400 $ pro Unze (1980 hatte der Preis bei 850 $ gelegen).

In den letzten 100 Jahren wurden 81200 t Gold gefördert. Davon kauften die Zentralbanken 35600 t für Währungszwecke, 21300 t wurden von Privatleuten erworben, 24300 t wurden von der Industrie verarbeitet und stehen als potentielles Altmaterial zur Verfügung.

*Welt-Goldbilanz* 1983 (1982) nach »International Gold Corporation« in t Feingold

| | | |
|---|---|---|
| *Angebot* | 1459 | (1537) |
| davon Minenproduktion westl. Länder (insbes. Südafrika, Kanada, USA, Brasilien) | 1026 | (983) |
| Verkäufe kommunist. Länder | 72 | (208) |
| Verkäufe von Zentralbanken | 50 | (–) |
| Recycling (insbes. Rückgewinnung aus Industrieabfällen) | 311 | (346) |
| *Nachfrage* | 1459 | (1537) |
| davon Industriebedarf (insbes Schmuck 697, Elektronik 100, Zahnmedizin 56) | 884 | (1095) |
| Privathortung (davon Münzen 193, Barren 345, Medaillen 37) | 575 | (411) |
| Ankäufe von Zentralbanken | – | (31) |

**Kupfer** (*Bergwerksproduktion;* Cu-Inhalt von Erzen, z.T. von Konzentraten; nach »Metallstatistik«) *Erzeugung* 1982 (1981) in 1000 t

| | | |
|---|---|---|
| Chile | 1240,7 | (1081,1) |
| UdSSR (S) | 1180,0 | (1140,0) |
| USA | 1139,8 | (1538,2) |
| Kanada | 606,3 | (691,3) |
| Sambia | 529,6 | (587,4) |
| Zaïre | 502,8 | (504,8) |
| Polen | 376,0 | (294,6) |
| Peru | 356,3 | (327,6) |
| Philippinen | 293,1 | (302,3) |
| Australien | 241,8 | (231,3) |
| Mexiko | 239,1 | (230,5) |
| Südafrika | 207,1 | (210,6) |

**Kupfer** *(Forts.)*

| | | |
|---|---|---|
| VR China (S) | 175,0 | (170,0) |
| Papua-Neuguinea | 170,0 | (165,4) |
| Jugoslawien | 119,3 | (111,0) |
| Mongolische VR (S) | 95,0 | (71,8) |
| Indonesien | 75,1 | (62,2) |
| Bulgarien | 70,0 | (62,0) |
| Spanien | 58,1 | (57,0) |
| Schweden | 55,4 | (50,7) |
| Japan | 51,0 | (51,5) |
| Südwestafrika/Namibia | 48,8 | (44,3) |
| Iran (S) | 43,0 | (2,0) |
| Finnland | 38,2 | (38,2) |
| Rumänien (S) | 33,0 | (30,0) |
| Türkei | 31,4 | (33,6) |
| Malaysia | 30,9 | (28,6) |
| u. a. DDR (S) | 13,0 | (12,0) |
| BR Deutschland | 1,3 | (1,4) |

*Weltproduktion* nach »Metallstatistik« 1982 (1981) 8,215 (8,304) Mill. t – Der *Weltverbrauch* von raffin. Kupfer sank 1982 (1981) auf 9,064 (9,525) Mill. t, davon 1982 in Tsd. t u. a.: USA 1658,7 – UdSSR (S) 1340,0 – Japan 1243,1 – BR Deutschland 730,7 – Frankreich 407,4 – VR China (S) 400,0 – Großbritannien 355,4 – Italien 342,0 – Kupferbilanz der *BR Deutschland* 1982 in 1000 t: *Einfuhr* von *Cu-Erzen* 554,0, davon aus Papua-Neuguinea 246,1 – Mexiko 114,3 – USA 58,1 – Südafrika 41,5 – Norwegen 41,5 – *Einfuhr* von *Rohkupfer* 504,4 – *Ausfuhr* 84,6 – *Hüttenproduktion* 161,8 – direkter Schrotteinsatz 222,2 – *Gesamtverbrauch* 1982 (1981) 952,9 (978,9)

Die sicheren und wahrscheinlichen *Welt-Kupfervorräte* werden auf rd. 600 Mill. t geschätzt, davon Chile 120 – USA 100 – UdSSR 50 – Sambia 40 – Kanada 36.

Die wichtigen *Exportländer* Chile, Peru, Australien, Indonesien, Sambia, Zaïre und Papua-Neuguinea sind im **CIPEC** (Rat der kupferexportierenden Länder) zusammengeschlossen. Das Hauptziel, den Preis auf höherem Niveau zu stabilisieren, gelang jedoch bisher kaum, da auf dem Weltmarkt Überangebot herrscht. Trotz erhöhten Verbrauchs durch den wirtschaftlichen Aufschwung stiegen 1983 die Vorräte auf fast 2,5 Mill. t, so daß der Weltmarktpreis nur leicht anstieg. Insbesondere Chile, Peru und die Philippinen erweiterten 1983 ihre Produktionskapazitäten, um durch erhöhte Verkäufe ihre Deviseneinnahmen zu steigern.

**Magnesit** *Gewinnung* von Erz 1980 in Mill. t u. a.: UdSSR (S) 2,000 – VR China (S) 2,000 – Dem. VR Korea (Nord-K., S) 1,850 – Griechenland 1,598 – Österreich 1,318 – Türkei 0,499 – Spanien 0,390 – *Weltproduktion* 1980 (1979) nach UNO-Angaben 13,101 (13,509) Mill. t

**Magnesium** (*Hüttenproduktion;* nach »Metallstatistik«) *Gewinnung* 1982 in 1000 t u. a.: USA 89,9 – UdSSR (S) 77,0 – Norwegen 35,9 – Italien 9,9 – Frankreich 9,6 – Kanada 7,9 – VR China (S) 7,5 – *Weltproduktion* 1982 (1981) 248,4 (297,6) Tsd. t – Wichtigste *Verbraucher* 1982 in 1000 t u. a.: USA 67,7 – UdSSR (S) 62,0 – BR Deutschland 27,6 – Japan 19,0

**Mangan** (Mn-Erz, nach »Metallstatistik«) *Gewinnung* 1981 (1980) in Mill. t: UdSSR (S) 9,400 (9,750) – Südafrika 5,039 (5,695) – Brasilien 1,896 (2,360) – Gabun 1,713 (2,400) – VR China (S) 1,597 (1,588) – Indien 1,497 (1,645) – Australien 1,409 (1,961) – Mexiko 0,578 (0,447) – *Weltproduktion* 1981 (1980) 23,573 (26,390) Mill. t – Mangan wird fast ausschließlich für Stahllegierungen verwendet. Die z. Zt. bekannten *Weltreserven* betragen rd. 1,8 Mrd. t; sie liegen zu 44 % in Südafrika und 38 % in der UdSSR.

**Molybdän** (*Bergwerksproduktion;* Mo-Inhalt; nach »Metallstatistik«) *Gewinnung* 1981 in 1000 t: USA 63,5 – Chile 15,1 – Kanada 14,1 – UdSSR (S) 10,7 – Peru 2,5 – VR China (S) 2,0 – *Weltproduktion* 1981 (1980) 109,0 (109,7) Tsd. t – Verwendung vor allem für Stahllegierungen. Die *Weltvorräte* werden auf rd. 8,8 Mill. t geschätzt; davon in USA 3,5 – UdSSR 1,0 – Kanada 0,6

**Nickel** (*Bergwerksproduktion;* Ni-Inhalt, z. T. von Konzentraten; nach »Metallstatistik«) *Gewinnung* 1982 in 1000 t: UdSSR (S) 170,0 – Kanada 88,7 – Australien 88,6 – Neukaledonien (m. Ni-Inhalt von Ferronickel u. ä.) 60,0 – Indonesien 48,5 – Kuba 37,6 – Südafrika 20,5 – Philippinen 19,7 – Botswana 17,8 – Simbabwe 13,4 – VR China (S) 12,0 – Albanien 9,0 – Finnland 6,3 – u. a. DDR 2,5 – *Weltproduktion* 1982 (1981) 623,6 (706,2) Tsd. t – Der *Weltverbrauch* belief sich 1982 (1981) nach »Metallstatistik« auf 633,0 (660,1) Tsd. t; größte *Verbraucher* waren 1982 UdSSR (S) 138,0 – Japan 106,7 – USA 94,3 – BR Deutschland 57,8 – Frankreich 31,8 – Italien 24,0 – Großbritannien 22,5 – VR China (S) 19,0 – Schweden 15,0

**Phosphat** (Naturphosphat u. Apatite, ohne Guano; unterschiedlicher $P_2O$-Gehalt; nach UNO-Angaben) *Gewinnung* 1980 in Mill. t: USA 54,415 – UdSSR (S) 26,000 – Marokko 18,824 – VR China (S) 5,500 – Tunesien 4,502 – Jordanien 3,911 – Südafrika 3,185 – Togo 2,933 – Israel 2,307 – Brasilien 2,200 – Nauru (Export; S) 2,000 – Christmas Island 1,713 – Senegal 1,425 – Syrien 1,319 – Algerien (S) 1,025 – Ägypten (S) 0,700 – Indien 0,590 – Vietnam (S) 0,500 – *Weltgewinnung* 1980 (1979) 135,245 (130,785) Mill. t – Hauptlieferanten der *BR Deutschland* sind die USA, Marokko und die UdSSR.

**Platin** *Weltproduktion* von Platinmetallen 1981 (1980) nach »Metallstatistik« 212,2 (212,6) t, davon in t u. a.: UdSSR (S) 104,2 (101,1) – Südafrika mit Südwestafrika/Namibia 93,3 (96,4) – Kanada 12,4 (12,8) – Japan 1,1 (1,3) – Jugoslawien 0,2 (0,2) – USA 0,2 (0,1) – Wichtigster Versorger der westlichen Welt ist *Südafrika,* dessen Produktion überwiegend aus der für unabhängig erklärten Republik Bophuthatswana stammt. – *Hauptverbraucher* sind die Erdöl- und chemische Industrie (Katalysatoren), die Elektronik, Flugzeug- und Schmuckindustrie. Durch die allgemeine Einführung von Abgas-Katalysatoren in Autos wird der Platinbedarf in Zukunft relativ stark steigen. Für Westeuropa rechnet man mit einem jährlichen Mehrbedarf von rd. 15 t. Der Preis dürfte daher wohl noch über den von Gold steigen.

**Quecksilber** *Produktion* 1982 (nach »Metallstatistik«) in t u. a.: UdSSR (S) 1700 – Spanien 1656 – USA 888 – VR China (S) 800 – Algerien (S) 600 – Türkei 229 – Mexiko 225 – Italien 159 – ČSSR 150 – Finnland 71 – BR Deutschland 53 – *Weltproduktion* 1982 (1981) 6533 (6879) t.

**Salz** (NaCl; Stein-, Siede- und Meersalz; nach UNO-Angaben) *Gewinnung* 1980 in Mill. t u. a.: USA 36,607 – VR China 17,280 – UdSSR 14,606 – BR Deutschland 12,655 – Indien 8,004 – Frankreich 7,103 – Kanada 7,029 – Großbritannien 6,586 – Mexiko 5,987 – Australien 5,335 – Rumänien 5,056 – Polen 4,533 – Italien 3,997 – u. a. DDR 3,128 – Österreich 0,713 – Schweiz 0,378 – *Weltproduktion* 1980 (1979) 164,728 (169,816) Mill. t

**Silber** (*Bergwerksproduktion;* Ag-Inhalt, nach »Metallstatistik«) *Gewinnung* 1982 (1981) in t

| | | |
|---|---|---|
| Peru | 1654,2 | (1317,9) |
| UdSSR (S) | 1595,0 | (1580,0) |
| Mexiko (Hüttenproduktion) | 1550,2 | (1654,8) |
| Kanada | 1283,6 | (1129,4) |
| USA | 1241,6 | (1265,4) |
| Australien | 900,3 | (743,6) |
| Polen (S) | 654,0 | (640,0) |
| Chile | 382,2 | (361,1) |
| Japan | 306,2 | (280,2) |
| Südafrika | 216,0 | (235,4) |
| Bolivien | 170,2 | (205,3) |
| Schweden | 167,8 | (160,8) |
| Spanien | 117,8 | (192,4) |
| Jugoslawien (Hüttenproduktion) | 104,5 | (137,5) |
| Argentinien | 82,7 | (77,4) |
| VR China (S) | 70,0 | (65,0) |
| u. a. DDR (S) | 45,0 | (45,0) |
| BR Deutschland | 39,7 | (39,3) |

*Weltproduktion* von Silber (Bergwerksproduktion) 1982 (1981) 11531,4 (11175,1) t – *Hauptverbraucher* sind die Fotochemie (rd. ⅔ des Weltbedarfs), die Elektroindustrie, daneben die Besteck- und Schmuckindustrie. – Das weltweite Silberangebot beruhte auch 1983 zu einem beachtlichen Teil auf der Aufarbeitung und Rückgewinnung; die Recycling-Rate für industrielles Silber beträgt z. Zt. über 40% (insbes. aus Filmen). Bei Berücksichtigung von eingeschmolzenem Schmuck, Münzen u. dgl. entfällt über die Hälfte des Silberangebotes auf Umschmelz- und Recyclingware. – Der *Silberpreis* schwankte 1983 stark (Höchstkurs: 9,49, Tiefstkurs 5,60 £/Feinunze), zeigte aber insgesamt rückläufige Tendenz, da am Weltmarkt das Angebot die Nachfrage übertraf.

**Steinkohle** *Förderung* 1983 (1982) in Mill. t (nach UNO-Angaben)

| | | |
|---|---|---|
| VR China (einschl. Braunkohle) | 715,00 | (665,30) |
| USA | 683,65 | (707,23) |
| UdSSR (1982 bzw. 1981) | 488,03 | (481,32) |
| Polen | 191,06 | (189,36) |
| Südafrika (1982 bzw. 1981) | 136,91 | (131,18) |
| Indien (1982 bzw. 1981) | 128,32 | (123,11) |
| Großbritannien | 119,22 | (124,72) |
| Australien (1982 bzw. 1981) | 96,79 | (87,38) |
| BR Deutschland | 89,62 | (96,31) |
| ČSSR | 26,92 | (27,47) |
| Kanada (1982 bzw. 1981) | 22,38 | (21,74) |
| Rep. Korea (Süd-K.) | 18,95 | (20,23) |
| Frankreich | 17,00 | (17,06) |
| Japan (einschl. ca. 7% Braunkohle) | 16,98 | (17,60) |
| Spanien (1982 bzw. 1981) | 15,59 | (14,27) |
| Rumänien (1982 bzw. 1981) | 7,20 | (8,29) |
| Brasilien (1982 bzw. 1981) | 6,41 | (5,69) |
| Belgien | 6,10 | (6,54) |

*Weltförderung* von Steinkohle (nach UNO-Angaben) 1983 (1982) 2,80 (2,86) Mrd. t. Die *Welt-Kohlenförderung* stagnierte 1983, bedingt durch Zunahmen in den meisten Entwicklungsländern und Ostblockstaaten bei gleichzeitiger starker Produktionsabnahme in fast allen westlichen Industriestaaten. Der *Förderungsrückgang* war besonders *in den EG-Ländern* relativ stark, wo offiziell von *»Kohlenkrise«* gesprochen wurde. Eine Ursache liegt darin, daß durch die Verbilligung des Rohöls die aus den 70er Jahren stammenden *Pläne zum forcierten Einsatz der Kohle als Energielieferant stark reduziert* wurden (→ Energie). Beispielsweise wurden fast alle Pläne zum Bau von Kohleverflüssigungsanlagen zur Treibstoffgewinnung wegen der Verbilligung des Benzins aus Mineralöl wieder aufgegeben, und die Umrüstung von Kraftwerken von Öl- auf Kohlefeuerung wurde stark verlangsamt. Außerdem verursachte die *Krise der Stahlindustrie* (→ Stahl), des nach den Kraftwerken zweitwichtigsten Abnehmers von Steinkohle, einen starken Rückgang der Lieferungen an die Stahlwerke. So sanken z. B. innerhalb der EG die Kokslieferungen an die Hochöfen 1983 gegenüber dem Vorjahr um rd. 10%. – Hinzu kommen in West- und Mitteleuropa die *hohen Förderkosten* der Steinkohle, die *international nicht wettbewerbsfähig* ist und sich nur durch Einfuhrkontingentierung gegen die überseeischen Importe behaupten kann bzw. nur mit Hilfe von hohen Exportsubventionen auf dem Weltmarkt verkäuflich wäre. In den *EG-Ländern* wurde der Steinkohlenbergbau 1983 mit insgesamt 5,4 Mrd. DM subventioniert, um sein Überleben zu sichern (davon in der *BR Deutschland* 2,146 Mrd. DM). Die Bundesregierung teilte im Sept. 1983 mit, sie sei bereit, den Kohlenbergbau weiterhin zu stützen, wenn dieser die Förderkapazitäten dem verringerten Bedarf anpasse und die Beschäftigtenzahlen weiter verringere. – In *Großbritannien* trat im März 1984 aus Protest gegen geplante Zechenstillegungen und die Entlassung von 20000 Bergarbeitern (von rd. 185000) ein Teil der Bergleute in einen Streik. Er war zeitweise von Gewalttätigkeiten begleitet und dauerte in Teilen Englands Mitte 1984 noch an.

Eine starke Zunahme erlebte die Kohleförderung in den letzten Jahren in *Südafrika:* Die Exporte der billig abzubauenden Steinkohle erreichten 1983 fast 30 Mill. t (nach Gold wichtigstes Exportgut); außerdem ist Südafrika der einzige Staat, in dem Kohleverflüssigung in großem Maßstab betrieben wird. 1983 wurden rd. 30 Mill. t Steinkohle zu Benzin hydriert, um das Land von Mineralöleinfuhren unabhängig zu machen.

In den **EG-Ländern** ging die *Kohleförderung* 1983 mit 228,70 Mill. t gegenüber 1982 (241,24 Mill. t) um 5,2% zurück; die Haldenbestände wuchsen auf 50,50 Mill. t. Die Zahl der *Untertage-Beschäftigten* betrug im Jahresdurchschnitt 1983 320800, davon in Großbritannien 159300 (– 6,3%) und in der BR Deutschland 118300 (– 3,0%). Die *Förderleistung* pro Mann unter Tage und Stunde stieg 1983 auf 449 kg (+ 2,3%). in der BR Deutschland sogar auf 545 kg.

In der *BR Deutschland* sank die *Steinkohlenförderung* 1983 (1982) um 7% auf 89,620 (96,318) Mill. t. Dieser Rückgang entsprach ungefähr dem Absatzrückgang, so daß die Haldenbestände mit 20,639 Mill. t leicht abnahmen. Die größten Kohleabnehmer waren 1983 (1982) Kraftwerke mit 46,8 (44,5) Mill. t und Kokereien mit 29,7 (34,3) Mill. t. Der *Beitrag der Steinkohle zur Energieversorgung* stieg leicht auf rd. 22%. Anfang 1984 waren neue *Steinkohlenkraftwerke* mit einer Leistung von zusammen 6910 MW im Bau, die zwischen 1984 und 1987 in Betrieb gehen sollen. Die Gesamt-Baukosten liegen bei rd. 13 Mrd. DM. 26% davon entfallen auf Umweltschutz-Investitionen wie Anlagen zur Rauchgasentschwefelung und Elektrofilter für den Staub. – Von der *Gesamtförderung* von 89,620 Mill. t entfielen 1983 auf die einzelnen Reviere/Zahl der Gruben: Ruhr 71,466/25 – Saar 10,548/6 – Aachen 5,186/2 – Ibbenbüren 2,420/1 – Die größte deutsche Kohlegesellschaft ist die *Ruhrkohle AG* mit 1983 58 Mill. t Förderung in 23 Zechen mit 119000 Beschäftigten – Die *Einfuhr* von Steinkohle in die BR Deutschland betrug 1983 (1982) 9,506 (10,951) Mill. t, insbesondere aus Südafrika (2,424), Polen (2,028) und USA (1,872).

**Uran** *Gewinnung* von $U_3O_8$ (nach »Metallstatistik« und UNO-Angaben) 1981 (1980) in t: USA 14771 (16810) – Kanada 8400 (7150) – Südafrika 6700 (6146) – Niger (S) 4500 (4100) – Südwestafrika/Namibia 3940 (4042) – Frankreich 2824 (2634) – Australien 2860 (1561) – Gabun (S) 1000 (1200) – Argentinien 180 (187) – Spanien 165 (167) – Indien 150 (150) – u. a. BR Deutschland 36 (41) – RGW-Länder und VR China: keine Angaben – *Gesamtproduktion* von Uran in der westlichen Welt nach UNO-Angaben 1981 (1980) 43998 (43965) t – *Uranreserven* (nach UNO-Angaben) 1981 in 1000 t (Vorräte bei Produktionskosten bis max. 50 $ pro Pfund $U_3O_8$): USA 605 – Südafrika 356 – Australien 317 – Kanada 258 – Niger 160 – Südwestafrika/Namibia 135 – Brasilien 119 – Frankreich 75 – Indien 32 – Argentinien 30 – Algerien 26 – u. a. BR Deutschland 1 – Für die RGW-Länder und die VR China liegen keine Angaben vor, doch werden die Vorräte der UdSSR und Chinas relativ hoch geschätzt.

Wegen der großen *energiewirtschaftlichen und militärischen Bedeutung* des Urans wurde in den 60er und 70er Jahren eine intensive Erforschung der Lagerstätten betrieben. Der Abbau wird jedoch seit mehreren Jahren gedrosselt, da auf dem Weltmarkt ein Überangebot besteht, nachdem der weitere Ausbau der Kernenergie-Erzeugung langsamer vonstatten geht, als ursprünglich erwartet worden war. Dies ist auch der Grund für den Preisrückgang (1983) auf den niedrigsten Stand seit 1978. – In der *BR Deutschland* wurden abbauwürdige *Lagerstätten* in Nordostbayern und im südlichen Schwarzwald (Menzenschwand) intensiv erforscht. Von einer Förderung wird vorerst abgesehen, da der deutsche Bedarf ohne Schwierigkeiten im Ausland gedeckt werden kann. Die *BR Deutschland* bezog 1982/83 Natururan hauptsächlich aus Südafrika (43%), Australien (28%) und Kanada (17%), angereichertes Uran aus den USA (41%), der UdSSR (40%) und Frankreich (19%).

**Vanadium** (V-Inhalt von Erzen und Konzentraten; nach »Metallstatistik« *Gewinnung* 1981 (1980) in 1000 t: Südafrika mit Südwestafrika/Namibia 12,8 (12,7) – UdSSR (S) 9,5 (9,5) – USA 6,4 (5,8) – VR China (S) 4,6 (4,5) – Finnland 3,1 (2,8) – *Weltproduktion* 1981 (1980) 37,8 (36,8) Tsd. t – Vanadium gehört zu den Stahlveredlern (Legierungen). *Vorräte* sind reichlich vorhanden, jedoch stark konzentriert auf Südafrika, die UdSSR und Australien. Die *BR Deutschland* importiert Vanadium vor allem aus Südafrika und der UdSSR.

**Wasser** Nach Baumgartner u. Reichel (Die Weltwasserbilanz, München 1975) beläuft sich der gesamte *Wasservorrat der Erde* auf 1384120000 km³, davon befinden sich 97,39 % in den Meeren, 2,01 % in den polaren Eiskappen und in sonstigen Gletschern, 0,58 % im Grundwasser, 0,02 % in Seen und Flüssen und 0,001 % in der Atmosphäre. – Nach Brockhaus, Bd. 20, wird der Wasservorrat der Erde auf 1,64 · $10^{18}$ t geschätzt, wovon 1,37 · $10^{18}$ t als flüssiges Wasser auf Meere, Seen und Flüsse, 29,1 · $10^{15}$ t auf das Eis der Polkappen und Gletscher, 12,4 · $10^{12}$ t auf den Wasserdampf der Atmosphäre und 36 · $10^{15}$ t auf Wasser in gebundener Form in den Sedimentgesteinen entfallen. – Schätzungsweise 9–10 % des Abflusses aller Flüsse werden heute bereits wasserwirtschaftlich genutzt. Die zur Bewässerung landwirtschaftlicher Flächen benötigte Wassermenge nimmt laufend zu. 1980 betrug nach FAO-Angaben die *künstlich bewässerte Fläche* (in Mill. ha) in Europa 14,54 – Asien 134,32 – Nord- und Mittelamerika 27,80 – Südamerika 7,41 – Afrika 8,44 – Australien und Ozeanien 1,67 – Länder mit der größten *Bewässerungsfläche* in 1000 ha 1980: VR China 46000 – Indien 39350 – USA 20517 – Pakistan 14300 – Iran 5900 – Indonesien 5418 – Mexiko 5100 – Japan 3250 – Spanien 3067 – Italien 2870 – Ägypten 2855 – Afghanistan 2680 – Thailand 2650 – Rumänien 2300 – Türkei 2070 – Brasilien 1800 – Irak 1750 – Sudan 1750 – Vietnam 1700 – Bangladesch 1620 – Argentinien 1580 – Philippinen 1300 – Chile 1255 – Bulgarien 1197 – Perú 1190 – Rep. Korea (Süd-K.) 1150 – u. a. BR Deutschland 315

In vielen Trockengebieten der Erde gehört *Trinkwassermangel* zu den größten Problemen. Nach Berechnungen der WHO (Weltgesundheitsorganisation) leiden über 800 Mill. Menschen an Krankheiten, die durch Mangel an einwandfreiem Trinkwasser verursacht werden. – Die UNO hat die Jahre 1981–1990 zur *»Internationalen Trinkwasser-Dekade«* erklärt, in der die Trinkwasserversorgung weltweit entscheidend verbessert werden soll. – Der *Pro-Kopf-Verbrauch* von trinkbarem Wasser pro Tag beträgt z. Zt. im Durchschnitt in Indien ca. 50 – Ostafrika 60 – Lateinamerika 120–150 – Österreich 290 – Großbritannien 300 – BR Deutschland 320 – Schweden 450 – Schweiz 475 – USA rd. 900 (jeweils einschl. Verbrauch von Industrie und Gewerbe aus dem öffentlichen Netz) – In der *BR Deutschland* waren 1983 97 % der Bevölkerung an die öffentliche Wasserversorgung angeschlossen. Der Privatbedarf (ohne Gewerbe) betrug 140 l pro Kopf und Tag; er gliedert sich etwa folgendermaßen auf: Baden, Waschen und Körperpflege 35 % – Toilettenspülung 20 % – Wäschereinigung 20 % – Kochen und Küchenbedarf 10 % – Wohnungs- und Autoreinigung 5 % – Gießen von Pflanzen und Gärten 5 %.

**Wolfram** (W-Inhalt von Erzen und Konzentraten; nach »Metallstatistik«) Gewinnung 1981 (1980) in 1000 t u. a.: VR China (S) 13,5 (15,0) – UdSSR (S) 8,8 (8,7) – Thailand (S) 4,0 (3,9) – USA 3,6 (2,8) – Australien 3,3 (3,6) – Rep. Korea (Süd-K.) 3,3 (3,3) – Bolivien 2,7 (2,7) – Kanada 2,0 (3,2) – Dem. VR Korea (Nord-K., S) 2,0 (2,2) – Österreich 1,5 (1,5) – Brasilien 1,2 (1,1) – Japan 0,7 (0,7) – Frankreich 0,5 (0,6) – *Weltgewinnung* 1981 (1980) 49,1 (51,7) Tsd. t – Die *Weltvorräte* sind stark konzentriert; rd. ⅔ der Vorräte von ca. 2 Mill. t entfallen auf die UdSSR, die VR China und Nord-Korea.

**Zink** (*Bergwerksproduktion;* Zn-Inhalt von Erzen und Konzentraten; nach »Metallstatistik«)
*Gewinnung* 1982 (1981) in 1000 t

| | | |
|---|---|---|
| Kanada | 1183,0 | (1096,3) |
| UdSSR (S) | 1020,0 | (1010,0) |
| Australien | 661,7 | (518,3) |
| Peru | 540,9 | (496,9) |
| USA | 330,0 | (343,3) |
| Japan | 251,4 | (242,0) |
| Mexiko | 245,4 | (216,0) |
| Schweden | 185,4 | (180,9) |
| Polen | 183,5 | (201,5) |
| Spanien | 173,1 | (176,4) |
| Irland | 167,2 | (120,3) |
| VR China (S) | 160,0 | (160,0) |
| DVR Korea (Nord-K., S) | 120,0 | (130,0) |
| BR Deutschland | 105,8 | (110,7) |
| Südafrika | 90,5 | (86,7) |
| Brasilien | 86,7 | (71,0) |
| Jugoslawien | 83,8 | (88,6) |
| u. a. Österreich | 19,9 | (20,5) |

*Weltbergwerksproduktion* 1982 (1981) 6,497 (6,133) Mill. t ausbringb. Zn-Inhalt – *Welthüttenproduktion* 1982 (1981) 5,952 (6,190) Mill. t, davon *BR Deutschland* 0,334 (0,366). – Der *Weltverbrauch* an Rohzink belief sich 1982 (1981) auf 5,961 (6,077) Mill. t, davon u. a. UdSSR (S) 1,050 – USA 0,801 – Japan 0,703 – BR Deutschland 0,369 – Frankreich 0,264 – VR China (S) 0,260 – Die *BR Deutschland* führte 1982 (1981) 186,2 (172,8) Tsd. t Rohzink und 556,9 (506,1) Tsd. t Zinkerze ein; die wichtigsten Lieferanten waren Kanada, Schweden, Peru, Grönland und Südafrika. – Die *Rückgewinnung* von Zink aus Alt- und Abfallmaterial belief sich 1982 in der *BR Deutschland* auf insges. ca. 160 Tsd. t.

**Zinn** (*Bergwerksproduktion;* Sn-Inhalt von Erzen und Konzentraten; nach »Metallstatistik«)
*Gewinnung* 1982 (1981) in 1000 t

| | | |
|---|---|---|
| Malaysia | 52,3 | (59,9) |
| Indonesien | 33,8 | (35,3) |
| Bolivien | 26,8 | (29,8) |
| Thailand | 26,2 | (31,5) |
| UdSSR (S) | 16,0 | (16,0) |
| VR China (S) | 16,0 | (16,0) |
| Australien | 12,2 | (12,3) |
| Brasilien | 8,3 | (7,3) |
| Großbritannien | 4,2 | (3,9) |
| u. a. DDR | 1,7 | (1,6) |

*Weltbergwerksproduktion* (Sn-Inhalt) 1982 (1981) 222,5 (237,5) Tsd. t – *Welthüttenproduktion* (Reinzinn) 1982 (1981) 219,5 (237,2) Mill. t – Die *BR Deutschland* verbrauchte 1982 (1981) 13,8 (14,5) Tsd. t Rohzinn. Wichtigste Lieferanten waren 1982 Thailand, Indonesien, Malaysia und Bolivien. – Die *Zinnförderung* ist seit Jahren höher als der *Zinnverbrauch*. Um den Produzenten trotzdem angemessene Preise zu sichern, trat 1982 im Rahmen der geplanten Rohstoffabkommen der UNCTAD das *internationale Zinnabkommen* in Kraft, das durch Preisstützungskäufe und ein Ausgleichslager – das im März 1984 bereits 58 000 t Zinn enthielt – zur Marktstabilisierung beitragen soll. Daneben existiert seit längerem der *»Internationale Zinnrat« (ITC);* außerdem gründeten Malaysia, Indonesien und Thailand, die zusammen mehr als ⅔ der Weltproduktion auf sich vereinigen, 1983 das Zinnproduzentenkartell »Association of Tin Producing Countries« (ATPC), das vor allem die Interessen der Produzenten gegenüber den Verbraucherländern vertreten soll. Inzwischen traten der Vereinigung auch Bolivien, Nigeria und Zaïre bei.

## INDUSTRIE

Die Situation der Industrie war 1983/84 weltweit durch *Produktionszuwächse* gekennzeichnet, so daß die Industrie als der eigentliche Motor des weltwirtschaftlichen Aufschwungs angesehen werden kann. Während 1982 in fast allen Ländern reale Rückgänge der Industrieproduktion gegenüber den Vorjahren auftraten, änderte sich die Lage ab Anfang 1983. Für das ganze Jahr ergaben sich *Zuwächse der industriellen Erzeugung* von beispielsweise 5% in den EG-Staaten und je mehr als 6% in den USA und Japan. In den meisten Ländern war sowohl die verstärkte Investitionstätigkeit von Industrie und Gewerbe als auch erhöhter Verbrauch der privaten Haushalte (Verbrauchsgüterproduktion) ursächlich am wirtschaftlichen Aufschwung beteiligt.

Lediglich die *Arbeitsmarktsituation* verbesserte sich 1983 kaum. In den meisten Industriestaaten des Westens blieb die Arbeitslosenquote auf relativ hohem Niveau, da die Erhöhung der Produktion aus Kostengründen kaum durch Neueinstellungen, sondern durch erhöhte Produktivität, verbesserte Auslastung der Anlagen und verstärkte Automatisierung erreicht wurde. – Die durchschnittlichen *Lohnkosten je Industriearbeiterstunde* betrugen 1983 in DM (z. T. gerundet): Großbritannien 17,15 – Japan 19,05 – Österreich 20,00 – Frankreich 20,20 – Italien 21,50 – Schweden 23,50 – Niederlande 25,00 – BR Deutschland 27,42 – Schweiz 29,43 – USA 31,13 – Die durchschnittliche *jährliche Soll-Arbeitszeit eines Industriearbeiters* betrug 1983 in Stunden: Belgien 1748 – BR Deutschland 1768 – Frankreich 1780 – Großbritannien 1803 – Österreich 1812 – Schweden 1824 – Niederlande 1824 – Italien 1824 – USA 1904 – Schweiz 1966 – Japan 2095

Der **Anteil der Industrie am Bruttoinlandsprodukt und an den Erwerbstätigen** ging 1983/84 in den meisten Ländern weiter zurück, da der tertiäre Sektor der Wirtschaft (Handel, Verkehr, Dienstleistungen, Tourismus, Bildung usw.) eine zunehmende Rolle spielt. In *abnehmender Arbeitsplatzbedeutung bei weiterhin steigender Produktion* spiegelt sich auch die zunehmende Automatisierung der Industrie (z. B. Robotereinsatz).

Beispiel der *EG-Länder: Anteil der Beschäftigten in der Industrie an den zivilen Erwerbstätigen insges.* 1982 (1979) in %: BR Deutschland 42,7 (44,9) – Luxemburg 37,5 (40,7) – Italien 37,0 (37,7) – Großbritannien 34,7 (39,0) – Frankreich 34,6 (36,3) – Belgien 32,4 (36,7) – Irland 31,1 (31,9) – Griechenland 29,0 (30,0) – Niederlande 28,7 (32,7) – Dänemark 26,3 (30,2) – zum Vergleich: Österreich 40,0 (40,6) – UdSSR 39,0 (38,3) – Schweiz 38,4 (39,4) – Japan 34,9 (35,3) – Spanien 33,9 (36,1) – USA 28,4 (30,7) – Kanada 26,5 (28,6)

Die **Industrie der BR Deutschland** zeigte 1983 einen *deutlichen Aufschwung* gegenüber dem Vorjahresergebnis, der hauptsächlich auf die Belebung der Inlandsnachfrage, daneben auch auf eine Zunahme der Exporte zurückgeht. Insbesondere die verstärkte Investitionstätigkeit im Inland sorgte für eine Produktionssteigerung der Industrie. – Der *Umsatz* des gesamten Verarbeitenden Gewerbes (d. h. der Industrie) nahm 1983 nominal (wertmäßig) um 3,1% zu (1982: + 1,9%), nach Abzug der Preissteigerungen ergab sich eine reale Zunahme von 1,5% (1982: Abnahme von 2,7%). Besonders stark profitierte das *Grundstoff- und Produktionsgütergewerbe* von der konjunkturellen Erholung (Zunahme nominal und real um 3,9%). Das zweitbeste Ergebnis erreichte das *Verbrauchsgüter produzierende Gewerbe* mit einer Umsatzzunahme um 2,9% (nominal) bzw. 1,1% (real), während das *Investitionsgüter produzierende Gewerbe* nur eine Steigerung seines Umsatzes um 2,8% (nominal) bzw. 0,2% (real) melden konnte. – Die *Zahl der Beschäftigten* in den Betrieben von Bergbau und Industrie nahm im Jahresdurchschnitt 1983 (1982) gegenüber dem Vorjahr um 4,1 (3,5)% auf 6,927 (7,226) Mill. ab. Vom Rückgang waren insbesondere die Arbeiter betroffen (– 4,8% auf 4,758 Mill.); die Angestelltenzahl ging um 2,6% auf 2,169 Mill. zurück. Der

Angestelltenanteil an allen Industriebeschäftigten stieg somit auf 31,3%.
Einige Strukturdaten zur **Industrie der BR Deutschland** (nach Statist. Bundesamt, jeweils Bergbau und Verarbeitendes Gewerbe einschl. Produzierendes Handwerk, ohne Baugewerbe und Energieversorgung, Betriebe ab 20 Beschäftigte, Daten für 1983 vorläufig): *Beschäftigte* im Jahresdurchschnitt 1983 (1982) in Tsd.: 6927 (7226), nach Branchen u. a.: Maschinenbau 956 (998) – Elektrotechnik 874 (909) – Straßenfahrzeugbau 777 (788) – Chemie 549 (559) – Nahrungs- und Genußmittel 454 (472) – Eisen-, Blech- und Metallwaren 271 (290) – Textil 241 (260) – Eisenschaffende Industrie 238 (257) – Holzverarbeitung 200 (210) – Metallbau und Schienenfahrzeugbau 196 (206) – Bekleidung 194 (210) – *Umsatz* (ohne Mehrwertsteuer) 1983 (1982)/davon *Auslandsumsatz* (Exporte) 1983 (1982) in Mrd. DM 1312,7 (1284,4)/355,2 (348,0), darunter u. a.: Nahrungs- und Genußmittel 166,6 (162,7)/13,7 (13,3) – Straßenfahrzeugbau 156,6 (145,9)/70,1 (69,2) – Chemie 153,9 (141,6)/61,4 (56,1) – Maschinenbau 130,8 (131,0)/58,4 (59,3) – Elektrotechnik 127,5 (121,6)/39,0 (37,7) – Mineralölverarbeitung 99,2 (108,7)/5,2 (5,8) – Eisenschaffende Industrie 41,7 (45,4)/15,6 (18,0) – Eisen-, Blech- und Metallwaren 37,6 (37,3)/9,1 (8,9) – Textil 33,0 (32,5)/7,7 (7,6) – Bergbau 32,3 (33,2)/4,2 (4,4) – Die höchsten *Umsatzzuwächse* unter den Industriezweigen der *BR Deutschland* erreichten 1983 in %: Büro- und Datenverarbeitungsmaschinen 20,0 – Ledererzeugung 12,1 – NE-Metallerzeugung 11,7 – Schiffbau 10,8 – Tabakverarbeitung 10,2 – Chemie 8,7 – Straßenfahrzeugbau 7,3 – die stärksten *Umsatzrückgänge* wiesen 1983 auf in %: Luft- und Raumfahrzeugbau 12,3 – Spielwaren, Musikinstru-

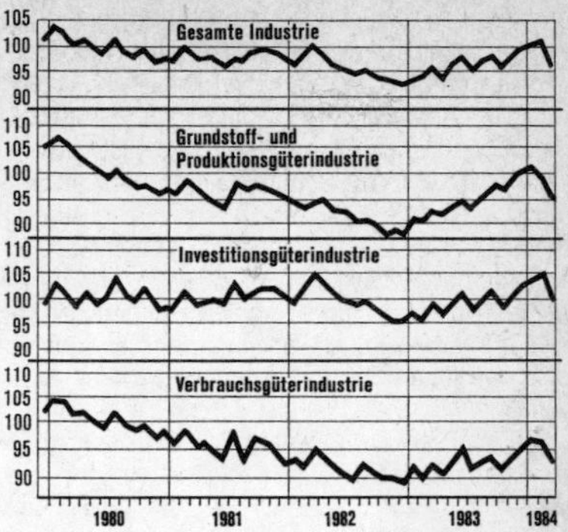


**Die Entwicklung der Industrieproduktion in der BR Deutschland**
Index der industr. Nettoproduktion (1980 = 100), saisonbereinigt (Nach »Handelsblatt«)

mente u. ä. 11,5 – Mineralölverarbeitung 8,7 – Eisenschaffende Industrie 8,1 – Erdöl- und Erdgasgewinnung 7,6 – Metallbau u. Schienenfahrzeugbau 4,5 – Die *Bruttolohnsumme* der Industrie verringerte sich 1982–1983 um 1,6% auf 155,153 Mrd. DM.
Die **RGW-Länder** (Ostblock) meldeten für 1983 überwiegend eine Überwindung der Wachstumsschwäche der Vorjahre. Die **UdSSR** meldete eine Erhöhung der Industrieproduktion um 4% und damit eine Übererfüllung der im Plan vorgesehenen 3,2%. Im einzelnen wuchs die Produktionsmittelindustrie um 3,9%, die Konsumgüterindustrie um 4,3%. Die Steigerung wird als ein Erfolg der unter *Andropow*

| *Industriebereich* | *Betriebe* | | *Beschäftigte ohne Lehrlinge* | | *Industrielle Warenproduktion (Mill. Mark) in konstanten Preisen* | |
|---|---|---|---|---|---|---|
| | *1981* | *1982* | *1981* | *1982* | *1981* | *1982* |
| Energie- u. Brennstoffindustrie | 51 | 50 | 215091 | 217717 | 36971,0 | 41015 |
| Chemische Industrie | 308 | 309 | 338922 | 341006 | 54408,7 | 85301 |
| Metallurgie | 44 | 43 | 136828 | 137443 | 29328,7 | 32917 |
| Baumaterialienindustrie | 196 | 168 | 94701 | 93019 | 6616,4 | 6425 |
| Wasserwirtschaft | 16 | 16 | 22948 | 23500 | 2147,7 | 2320 |
| Maschinen- u. Fahrzeugbau | 1438 | 1351 | 936488 | 942142 | 78186,3 | 86486 |
| Elektrotechnik/Elektronik/Gerätebau | 366 | 359 | 436320 | 443827 | 32886,9 | 36957 |
| Leichtindustrie (ohne Textilindustrie) | 1059 | 933 | 489539 | 491825 | 33259,7 | 40435 |
| Textilindustrie | 254 | 205 | 255578 | 223828 | 19716,4 | 25508 |
| Lebensmittelindustrie | 600 | 595 | 274939 | 276054 | 49496,3 | 58752 |
| **Industrie zusammen** | **4332** | **4029** | **3171354** | **3190361** | **343016,0** | **416116** |

(Nach »Stat. Jahrbuch der DDR« 1982 und 1983)

einsetzenden und auch 1984 fortgesetzten Kampagne zur Erhöhung der Arbeitsmoral der Beschäftigten und der Effizienz der Betriebe angesehen. Die im Vergleich zu westlichen Ländern sehr niedrige *Arbeitsproduktivität* wurde um 3,5% gesteigert.
Auch die **DDR** meldete für 1983 mit einer Zunahme der Industrieproduktion um 4,1% eine Übererfüllung des Plans, der nur von 3,8% ausgegangen war. Die Arbeitsproduktivität erhöhte sich sogar um 5,8%, sie liegt aber nach eigenen Angaben immer noch um rd. 30% unterhalb derjenigen der BR Deutschland. Daher lag auch 1983 das Schwergewicht der Investitionen im Bereich Rationalisierung, Automatisierung, daneben Energie- und Rohstoffeinsparung. Die Statistik der DDR macht folgende Angaben zur **Industriestruktur** 1982 (1981): → Tabelle auf Sp. 777/778.
Der Anteil der **Entwicklungsländer** an der *Welt-Industrieproduktion* stieg bisher nur langsam von rd. 6% (1960) über 7% (1965) und 7,5% (1970) auf etwa 10–11% (1983), davon rd. 5,7% in Lateinamerika, 3,5% in Südostasien und 1,1% in Afrika. Das durchschnittliche *jährliche Wachstum der Industrie* lag 1960–1980 mit rd. 8% wesentlich höher als in den Industrieländern, schwächte sich jedoch seitdem deutlich ab. Man kann folgende Gruppen von Entwicklungsländern unterscheiden:
Die **erdöl- bzw. rohstoffexportierenden Länder** besitzen von der Rohstoff- und Energiebasis und z.T. auch von den finanziellen Mitteln her die Voraussetzungen für eine rasche Industrialisierung. Allerdings können Preisschwankungen auf dem Weltmarkt – wie seit 1982 beim Erdöl – zu Entwicklungskrisen führen. Aus dieser Ländergruppe stehen insbesondere Saudi-Arabien und die arabischen Golfstaaten, Algerien, Venezuela, Mexiko und Brasilien in einer industriellen Aufbauphase. Neben der Rohöl- und Gasverarbeitung werden bevorzugt Konsumgüterindustrien (z.B. Nahrungsmittel, Textil) und energieintensive Exportindustrien errichtet. Beispiele sind Petrochemie (Saudi-Arabien, Algerien, Katar u.a.), Stickstoffdünger (Irak, Kuwait, Katar, Saudi-Arabien, Libyen u.a.) und Stahlproduktion (Brasilien, Algerien, Katar, Nigeria u.a.).
Die **energie- und rohstoffarmen Länder** haben kaum Chancen für eine baldige Industrialisierung. Ihre Entwicklung kann in absehbarer Zeit wohl nur auf der Landwirtschaft beruhen. Eine Ausnahme stellen die Länder mit relativ gut ausgebauter Infrastruktur, besserem Bildungsniveau, einer gewissen einheimischen Führungsschicht und anderen günstigen Voraussetzungen dar, die sich für eine *wachstumsorientierte Entwicklungsstrategie* und die *Förderung arbeitsintensiver exportorientierter Industrien* entscheiden. Aus dieser Gruppe kommen vor allem die **»Schwellenländer«** bzw. **»Länder mit mittlerem Einkommen«** (nach der UNO-Terminologie). Beispiele sind Singapur, Hongkong, Rep. China (Taiwan), Philippinen, verschiedene karibische Inselstaaten u.a. Den »alten« Industriestaaten erwächst hier auf dem Weltmarkt zunehmend Konkurrenz. Sie wird vor allem bei solchen Produkten noch zunehmen, die mit ausgereifter Technologie in großen Serien hergestellt werden können (z.b. Elektrogeräte, Textilien, Metallwaren, einfachere Maschinen). – Nach Untersuchungen des Ifo-Instituts kann heute angenommen werden, daß *bis 2000 etwa 10 heutige Entwicklungsländer zu Industrieländern geworden* sind und weitere 10 den Stand von heutigen »Schwellenländern« erreicht haben werden. – Nach UNIDO-Angaben entfallen z.Zt. rd. 19% der Welt-Textilproduktion, 11% der Schuhproduktion, 10% der Eisen- und Stahlerzeugung, 8% der Papierfertigung und 7% der Produktion elektrischer Maschinen auf Entwicklungsländer.
Die **VR China** meldete für 1983 wieder starkes Wachstum. Der *industrielle Brutto-Produktionswert* wuchs gegenüber 1982 um 10,5% auf 608,8 Mrd. Yuan. Die Produktion der *Schwerindustrie* erhöhte sich um 12,4% auf 313,4 Mrd. Yuan, die der *Leichtindustrie* um 8,7% auf 295,4 Mrd. Yuan. Besonders stark stieg die Produktion von Maschinen, Fahrzeugen usw., wo einem sehr starken Bedarf bisher nur eine geringe Produktion gegenüberstand. Der Hauptteil der Investitionen ging auch 1983/84 in den Ausbau der noch sehr mangelhaften Verkehrs- und Energieinfrastruktur.

**Die größten Industrieunternehmen der westlichen Welt nach ihrem Umsatz 1982 in Mrd. DM/Beschäftigte in 1000** (nach »Süddeutsche Zeitung«, Rang 1982 (1981): 1. (1.) Exxon (USA) 236,0/173 – 2. (2.) Royal Dutch/Shell (Großbrit./Niederl.) 203,1/165 – 3. (4.) General Motors (USA) 145,8/657 – 4. (3.) Mobil Oil (USA) 145,6/197 – 5. (6.) British Petroleum/BP (Großbrit.) 124,4/140 – 6. (5.) Texaco (USA) 114,1/64 – 7. (8.) Ford (USA) 90,0/379 – 8. (11.) Internat. Business Machines/IBM (USA) 83,5/360 – 9. (7.) Standard Oil of California (USA) 83,5/43 – 10. (15.) Du Pont de Nemours (USA) 81,0/171 – 11. (12.) Gulf Oil (USA) 69,0/55 – 12. (9.) Standard Oil of Indiana (USA) 68,2/58 – 13. (10.) ENI (Italien) 66,0/–– 14. (14.) General Electric (USA) 64,4/367 – 15. (13.) Atlantic Richfield (USA) 64,3/53 – 16. (–) IRI (Italien) 60,0/–– 17. (16.) Unilever (Großbrit./Niederl.) 50,8/288 – 18. (19.) Total (Frankreich) 48,7/47 – 19. (17.) *VEBA* (BR Deutschland) 48,5/82 – 20. (23.) Petróleo Brasileiro 46,0/66 – 21. (–) US Steel (USA) 44,6/120 – 22. (–) Occidental Petroleum (USA) 44,2/51 – 23. (25.) Elf Aquitaine (Frankreich) 42,5/59 – 24. (–) B. A. Tobacco (Großbrit.) 41,0/178 – 25. (22.) Nippon Oil (Japan) 40,8/3 – 26. (37.) *Siemens* (BR Deutschland) 40,1/329 – 27. (20.) Petróleos de Venezuela (Venez.) 40,0/42 – 28. (34.) Philips (Niederl.) 39,1/342 – 29. (32.) *Daimler-Benz* (BR Deutschland) 38,9/187 – 30. (27.) Internat. Telephone & Telegr./ITT (USA) 38,8/304 – 31. (30.) Hitachi (Japan) 38,5/155 – 32. (34.) Phillips Petroleum

(USA) 38,1/32 – 33. (26.) Nissan Motor (Japan) 38,1/100 – 34. (33.) Renault (Frankreich) 38,0/20 – 35. (40.) SUN (USA) 37,7/43 – 36. (29.) Toyota Motor (Japan) 37,6/51 – 37. (31.) *Volkswagen*/VW (BR Deutschland) 37,4/243 – 38. (21.) Fiat (Italien) 37,3/264 – 39. (36.) Tenneco (USA) 37,0/100 – 40. (24.) Pemex/Petróleos Mexicanos 36,0/132 – u. a. 42. (38.) *Hoechst* – 43. (39.) *BASF* – 44. (42.) *Bayer* (BR Deutschland) – (Umsätze der Erdölunternehmen jeweils ohne Mineralölsteuern; Schwankungen in der jährlichen Reihenfolge sind z. T. durch Wechselkursschwankungen gegenüber der jeweiligen Landeswährung bedingt.) – Bemerkenswert ist insbesondere der hohe Anteil an Mineralölkonzernen (19 der größten Unternehmen). Die Zahl der europäischen Firmen unter den 40 größten ist 1982 auf 14 gesunken (1980 noch 20).

**Die größten Industrieunternehmen der BR Deutschland** 1982 waren in der Rangfolge ihres Umsatzes 1982 (1981) in Mrd. DM (ohne Mehrwertsteuer)/Tsd. Beschäftigten (nach »Süddeutsche Zeitung«: 1. (1.) VEBA 50,5/81 – 2. (4.) Siemens 40,1/324 – 3. (3.) Daimler-Benz 38,9/186 – 4. (2.) VW 37,4/239 – 5. (5.) Hoechst 35,0/182 – 6. (6.) BASF 34,8/116 – 7. (7.) Bayer 34,8/180 – 8. (8.) Thyssen 30,6/145 – 9. (9.) Deutsche BP 23,2/9 – 10. (11.) RWE 23,0/70 – 11. (12.) Deutsche Shell 21,1/5 – 12. (10.) Esso 20,8/5 – 13. (14.) Gutehoffnungshütte 18,7/86 – 14. (13.) Ruhrkohle 17,6/135 – 15. (16.) Krupp 16,7/78 – 16. (15.) Mannesmann 16,5/113 – 17. (19.) Ruhrgas 14,1/3 ( 18. (18.) Bosch 13,8/112 – 19. (17.) AEG-Telefunken 13,3/93 – 20. (25.) Opel 12,7/60 – 21. (20.) Mobil Oil 11,8/3 – 22. (22.) Ford 112,7/49 – 23. (27.) BMW 11,6/48 – 24. (23.) Preußag 11,2/21 – 25. (21.) Deutsche Texaco 10,1/5 – 26. (24.) Metallgesellschaft 9,7/28 – 29. (30.) Flick-Gruppe 9,0/44 – 30. (26.) Degussa 8,9/21 – 31. (31.) Deutsche Unilever 8,6/32 – 32. (29.) Henkel 8,2/34 – 33. (34.) Ph. Holzmann 7,5/38 – 34. (32.) Hoesch 7,4/38 – 35. (42.) Klöckner 6,7/33 – 36. (35.) Reemtsma 6,2/11 – 37. (36.) Saarberg 6,2/33 – 38. (44.) Deutsche Philips 6,1/33 – 39. (39.) VIAG 5,9/25 – 40. (41.) MBB 5,7/39 – Der *größte private Arbeitgeber* war 1982 *Siemens* mit 324 000 Beschäftigten, der nur von Bundespost (544 000) und Bundesbahn (332 700) übertroffen wurde. – Das *höchste Aktienkapital* unter den deutschen Aktiengesellschaften wiesen 1982 auf (in Mrd. DM): Bayer 2,53 – Hoechst 2,35 – RWE 2,25 – Siemens 2,15 – BASF 2,06 – VEBA 1,68 – Daimler-Benz 1,53 – Thyssen 1,30 – VW 1,20 – Mannesmann 1,14

## Ausgewählte Produktionszahlen und Branchenübersichten

**Aluminium** (*Gesamtproduktion,* d. h. Hüttenproduktion und Gewinnung aus Abfällen, Schrott u. ä.) 1982 (1981) in 1000 t (nach UNO-Angaben)

| | | |
|---|---|---|
| USA | 4939,2 | (6279,6) |
| UdSSR (S) | 2900,0 | (2800,0) |
| Japan | 1152,0 | (1617,6) |
| BR Deutschland | 1128,0 | (1119,6) |
| Kanada (nur Exporte) | 1075,2 | (1118,4) |
| Norwegen | 645,6 | (646,8) |
| Frankreich | 542,4 | (595,2) |
| Australien | 380,4 | (344,4) |
| Spanien | 366,0 | (397,2) |
| Großbritannien | 356,4 | (486,0) |
| Niederlande | 301,2 | (312,0) |
| Brasilien | 298,8 | (256,8) |
| Jugoslawien | 246,0 | (196,8) |
| Italien | 232,8 | (273,6) |
| Indien | 216,0 | (212,4) |
| Venezuela (1981 bzw. 1980) | 202,8 | (327,6) |
| VR China (S) | 200,0 | (190,0) |
| Rumänien (S) | 190,0 | (185,0) |
| u. a. Österreich | 133,2 | (141,6) |
| Schweiz (S) | 90,0 | (90,0) |
| DDR (S) | 75,0 | (70,0) |

*Weltproduktion* nach UNO-Angaben 1982 (1981) 18,581 (18,459) Mill. t

Erzeugung von *Hüttenaluminium* (nach »Metallstatistik«) 1982 in 1 000 t u. a.: USA 3274,6 – UdSSR (S) 2400,0 – Kanada 1069,9 – BR Deutschland 722,8 – Norwegen 645,1 – Frankreich 390,4 – VR China (S) 390,0 – Australien 381,2 – Spanien 366,5 – Japan 350,7 – Brasilien 299,1 – Venezuela 273,6 – Niederlande 248,2 – Großbritannien 240,8 – Rumänien 240,0 – Italien 232,9 – Jugoslawien 220,1 – Indien 210,4 – Ghana 174,2 – Bahrain 171,0 – Neuseeland 166,8 – Dubai 148,7 – u. a. Österreich 93,9 – Schweiz 75,3 – DDR (S) 58,0 – *Weltproduktion* von *Hüttenaluminium* 1982 (1981) 13,986 (15,694) Mill. t – Der *Gesamtverbrauch* von *Aluminium* (einschl. Umschmelzaluminium) belief sich 1982 (1981) nach »Metallstatistik« auf 18,886 (19,202) Mill. t, davon 1982 in 1000 t u. a.: USA 5463,9 – RGW-Staaten und sonst. kommunist. Länder (S) 4180,0 – Japan 2229,8 – BR Deutschland 1382,9 – Frankreich 731,5 – Italien 711,0 – Großbritannien 431,9 – Brasilien 319,7 – Kanada 278,5 – u. a. Schweiz 120,2 – Österreich 115,4 – Wegen des hohen Stromverbrauchs bei der Aluminiumherstellung wurden in den letzten Jahren zunehmend neue Hüttenwerke in Ländern mit billiger Energie errichtet, z. B. in den arabischen Staaten und Venezuela (Erdöl), in Brasilien (Wasserkraft) und Australien (Kohle). Weltweit herrscht daher z. Zt. ein Kapazitäts- und Produktionsüberschuß, so daß die Weltmarktpreise 1983/84 abnehmende Tendenz zeigten, obwohl der Bedarf wegen des wirtschaftlichen Aufschwungs in wichtigen aluminiumverbrauchenden Branchen 1983 um 10% anstieg (Bauwirtschaft, Automobilbau).

**Baumwollgewebe** (ganz oder überwiegend aus Baumwolle; nach UNO-Angaben) *Produktion* 1982 (1981)

| | | |
|---|---|---|
| *in Mill. lfd. m* | | |
| VR China (S) | 15120 | (14268) |
| Indien | 7744 | (8120) |
| USA | 2236 | (2586) |
| Rep. China (Taiwan; S) | 1000 | (950) |
| Ägypten | 834 | (631) |
| Polen[1] | 694 | (784) |
| ČSSR[1] (1981 bzw. 1980) | 636 | (613) |
| Bulgarien[1] | 365 | (354) |
| Großbritannien | 260 | (254) |
| Türkei[1] | 234 | (227) |
| *in 1000t* | | |
| Italien | 184 | (169) |
| Frankreich | 155 | (151) |
| BR Deutschland | 168 | (146) |
| Mexiko[1] (1981 bzw. 1980) | 71 | (67) |
| Portugal | 65 | (66) |
| Belgien | 53 | (48) |
| Österreich | 14 | (16) |
| *in Mill. $m^2$* | | |
| UdSSR[1] (1981 bzw. 1980) | 8143 | (7798) |
| Japan | 2029 | (2066) |
| Rumänien[1] (1980 bzw. 1979) | 748 | (707) |
| Hongkong (1981 bzw. 1980) | 616 | (660) |
| Rep. Korea (Süd-K.)[1] | 490 | (403) |
| Jugoslawien | 362 | (377) |
| DDR | 360 | (287) |
| Pakistan | 317 | (316) |
| Ungarn[1] | 282 | (316) |
| Südafrika | 202 | (228) |

[1] = Menge bzw. Gewicht nach dem Fertigungsprozeß (Färben, Bleichen usw.)

**Bauindustrie** Zahl der fertiggestellten *Wohnungen* (Neubauten; nach UNO-Angaben) 1982 in 1000 u. a.: Japan 1360,6 – USA 1068,0 – Frankreich 362,7 – BR Deutschland 347,0 (1973 noch 714, 1974 604) – Brasilien (1981) 291,1 – Spanien 235,0 – DDR 187,1 – Kanada 176,2 – Großbritannien (ohne Nordirland) 170,7 – Italien (1979) 136,7 – Australien 130,4 – Polen (nur öffentl.) 129,0 – Niederlande 126,3 – ČSSR 100,7 – u. a. Schweiz 14,0 – keine Angaben u. a. für UdSSR und VR China. – Wegen unterschiedlicher Definition des Begriffs »Wohnung« und nicht vollständiger Erfassung ist die internationale Vergleichbarkeit erschwert. – In der *BR Deutschland* erlebte die Bauwirtschaft 1983 nach mehreren rückläufigen Jahren wieder einen Aufschwung. Die Zahl der Baugenehmigungen im Wohnungsbau stieg gegenüber dem Vorjahr um 19% auf 419569 Wohnungen. Die Zahl der fertiggestellten Bauvorhaben ging dagegen noch einmal zurück und erreichte im Wohnungsbau mit 340594 Wohnungen den niedrigsten Wert seit Kriegsende. Von den neu gebauten Wohnungen entfielen 1983 29% auf Einfamilien-, 25% auf Zweifamilien- und 46% auf Mehrfamilienhäuser. – Einen starken Rückgang erlebte 1983 erneut der Tief-, insbesondere Straßenbau (–9%). Auch der Auslandsbau ging wegen der Finanzprobleme der Entwicklungsländer und der sinkenden Einnahmen der OPEC-Staaten erneut zurück und erreichte ein Auftragsvolumen von nur noch 3,6 Mrd. DM (1981: 12,1 Mrd. DM, 1982: 8,3 Mrd. DM). – Das *Bauhauptgewerbe* der BR Deutschland umfaßte 1983 (1982) 59644 (63411) Betriebe mit 1,148 (1,183) Mill. Beschäftigten und einem Umsatz von (1982) 106,921 Mrd. DM.

**Bier** *Ausstoß* 1980 (nach UNO-Angaben) in Mill. hl u. a.: USA 215,460 – BR Deutschland 89,321 – Großbritannien 64,830 – UdSSR 61,330 – Japan 45,589 – Mexiko 26,876 – Kanada (1979) 24,106 – DDR 23,633 – ČSSR 23,393 – Frankreich 21,289 – Australien 20,232 – Spanien (1979) 18,500 – Niederlande 15,483 – Brasilien (1979) 15,100 – Belgien 14,291 – Jugoslawien 11,712 – Polen 11,155 – Nigeria 9,946 – Rumänien 9,897 – Dänemark 9,168 – Italien 8,718 – Ungarn 7,841 – Österreich 7,698 – Südafrika 7,508 – Philippinen (1979; S) 7500 – Rep. Korea (Süd-K.) 5,790 – Bulgarien 5,500 – Peru (1979) 5,350 – Zaïre (1979; S) 5,000 – Irland (1977) 4,400 – Schweiz (Brauereiverkauf) 4,082 – Neuseeland 3,783 – Portugal 3,664 – *Weltproduktion* 1980 (1979) 892,449 (865,192) Mill. hl – In der *BR Deutschland* wurden 1983 (1982) 94,979 (94,826) Mill. hl Bier gebraut, davon 29,3% in Nordrhein-Westfalen und 27,6% in Bayern. – Die Zahl der *Brauereien* ging durch Konzentration auf Großbetriebe weiter zurück und betrug 1983 nur noch 1292 – davon 867 in Bayern – mit einem Umsatz von 13,7 Mrd. DM.

### Chemische Industrie

Nach mehreren Jahren der wirtschaftlichen Flaute erlebte die Chemie 1983 in fast allen Industrieländern wieder überdurchschnittliche Zuwachsraten, vor allem durch die günstige Entwicklung bei den wichtigsten Abnehmerbranchen (Automobil, Bau, Textil, Kunststoffverarbeitung). Durch den erhöhten Absatz löste sich auch z. T. das Problem weltweiter Überkapazitäten, insbesondere im Bereich Kunstfasern, Petrochemie und Düngemittel. Daneben sind in den letzten Jahren in den westlichen Industriestaaten größere Produktionskapazitäten abgebaut worden, vor allem im Hinblick auf die Errichtung neuer – kostengünstig produzierender – Industriebetriebe in Entwicklungs- und sog. »Schwellenländern«.
In der *BR Deutschland* war das Jahr 1983 für die Chemie sehr erfolgreich. Der *Umsatz* stieg nominal um 8,7% auf 153,899 Mrd. DM (reale Steigerung rd.

7%). Der Auslandsumsatz (61,443 Mrd. DM) erreichte 39,9%. Die *Beschäftigtenzahl* sank durch Rationalisierungsmaßnahmen um 1,8% auf 548834. Von der Produktion entfielen 1982 wertmäßig u. a. auf organische Industriechemikalien 20,5% – Pharmazeutika 14,6% – Kunststoffe 14,5% – Farben und Lacke 10,1% – anorganische Industriechemikalien 7,9% – Körperpflegemittel 4,3% – Chemiefasern 3,9% – Seifen und Waschmittel 3,2% – Düngemittel 2,9% – Pflanzenschutzmittel 2,3% – International liegt die *chemische Industrie der BR Deutschland* mit 7% der Weltproduktion an 4. Stelle nach USA (25%), Japan (11%) und UdSSR (10%). Im Export steht sie mit 16% des Chemie-Welthandels an 1. Stelle.

**Kunstfasern** auf Zellulose- und Synthetikbasis *Produktion* 1982 in 1000 t u. a.: USA (1983) 3689,6 – Japan 1699,8 – BR Deutschland (1983) 904,8 – Rep. Korea (Süd-K., 1981) 646,0 – Italien 549,7 – Großbritannien 333,7 5 Frankreich 251,6 – Polen 175,2 – ČSSR 168,5 – Indien 162,2 – DDR 129,7 – *Weltproduktion* nach UNO-Angaben 1982 (1981) 12,229 (13,604) Mill. t, davon 8,961 Mill. t Synthetics. – Nach Jahren des Produktionsrückgangs in den westlichen Industriestaaten belebten sich 1983 Absatz und Produktion wieder deutlich (in der BR Deutschland Zunahme um 9%). Ein Problem bleiben jedoch die weltweiten Überkapazitäten, die durch den forcierten Aufbau von Produktionsstätten in Entwicklungs- und »Schwellenländern« entstanden.

**Kunststoff-Produktion** 1982 in Mill. t u. a.: USA (unvollständ. Erfassg.; 1980) 12,418 – BR Deutschland (1983) 6,784 – Japan 5,986 – UdSSR 4,057 – Niederlande 2,502 – Frankreich 2,480 (1981) – Italien 2,142 – Belgien 2,023 – Großbritannien 1,966 – DDR 0,989 – ČSSR 0,961 – Australien 0,715 – Polen 0,600 – Österreich 0,454 – Jugoslawien 0,409 – Auch im Bereich der Kunststoffproduktion besserte sich 1983 die wirtschaftliche Lage deutlich durch den erhöhten Verbrauch und die in den letzten Jahren vorgenommene Stillegung von Überkapazitäten.

**Synthetischer Kautschuk** *Produktion* 1982 (1981) in 1000 t u. a.: USA 1832 (2248) – Japan 931 (1020) – Frankreich 480 (487) – BR Deutschland 404 (415) – Brasilien 228 (223) – Großbritannien 222 (193) – Italien 210 (235) – Niederlande 202 (211) – Kanada 182 (263) – DDR 155 (155) – Rumänien 145 (146) – VR China (S) 115 (95) – Mexiko 115 (105) – Belgien 100 (108) – Polen 100 (112) – ČSSR 66 (63) – Rep. Korea (Süd-K.) 64 (82) – keine Angaben für UdSSR

**Schwefelsäure** ($H_2SO_4$) *Produktion* 1982 in Mill. t u. a.: USA 29,647 – UdSSR 23,844 – VR China 8,160 – Japan 6,530 – BR Deutschland 4,411 – Frankreich 4,136 – Kanada 3,085 – Spanien 2,870 – Polen 2,682 – Großbritannien 2,587 – Mexiko 2,297 – Italien 2,287 – Indien (1981) 2,134 – Australien 1,932 – Rumänien (1981) 1,814 – Belgien 1,718 – u. a. DDR 0,920

**Kaustische Soda** (NaOH) *Produktion* 1982 in Mill. t u. a.: USA 9,758 – BR Deutschland 3,026 – Japan 2,792 – UdSSR 2,784 – VR China 1,734 – Frankreich 1,402 – Kanada 1,375 – Italien 0,870 – DDR 0,695 – Indien 0,612 – Spanien 0,431

**Handelsdünger** (Mineraldünger) *Welterzeugung* 1982/83 (nach FAO-Angaben) in Mill. t: *Stickstoffdünger* (N) 63,349, davon UdSSR 11,481 – VR China (S) 10,456 – USA 8,715 – Indien 3,430 – Kanada 1,897 – Rumänien 1,840 – Frankreich 1,530 – Niederlande 1,505 – Großbritannien 1,399 – Polen 1,298 – Japan 1,126 – Italien 1,195 – Mexiko 1,067 – Pakistan 0,999 – BR Deutschland 0,985 – Indonesien 0,951 – DDR 0,948 – u. a. Österreich 0,255 – Schweiz 0,030

*Phosphatdünger* ($P_2O_5$): 32,990, davon USA 7,653 – UdSSR 6,560 – VR China (S) 2,589 – Frankreich 1,200 – Brasilien 1,139 – Indien 1,002 – Polen 0,868 – Rumänien 0,750 – Australien 0,734 – Italien 0,635 – Japan 0,625 – u. a. BR Deutschland 0,564 – DDR 0,286 – Österreich 0,088

*Kalidünger* (K): 24,417, davon UdSSR 8,079 – Kanada 5,379 – DDR 3,434 – BR Deutschland 2,226 – USA 1,681 – Frankreich 1,601 – Israel 0,902 – Spanien 0,680

*Düngerexporte/-importe der BR Deutschland* 1982/83 in 1000 t: Stickstoff 454,0/815,6 – Phosphat 135,9/321,3 – Kali 1323,0/269,6

**Eisen** Erzeugung von *Roheisen*, einschl. Hochofenlegierungen, nach UNO-Angaben, 1983 (1982) in Mill. t

| | | |
|---|---|---|
| UdSSR (1982 bzw. 1981)[1] | 107,00 | (107,80) |
| Japan | 73,96 | (79,20) |
| USA | 44,22 | (39,13) |
| VR China (1982 bzw. 1981) | 35,51 | (34,50) |
| BR Deutschland | 26,71 | (27,74) |
| Frankreich | 14,21 | (15,05) |
| Brasilien | 12,24 | (11,40) |
| Italien | 10,42 | (11,78) |
| Polen | 9,72 | (8,52) |
| ČSSR | 9,62 | (9,68) |
| Großbritannien | 9,46 | (8,39) |
| Indien | 9,25 | (9,84) |
| Rumänien (1981 bzw. 1980)[1] | 8,86 | (9,01) |
| Kanada | 8,72 | (8,18) |
| Rep. Korea (Süd-K.) | 8,15 | (8,57) |
| Belgien | 8,04 | (7,84) |
| Spanien | 5,52 | (6,08) |
| Südafrika | 5,21 | (6,79) |
| Australien[1] | 4,90 | (6,58) |
| Rep. China (Taiwan) | 4,25 | (4,20) |
| Mexiko | 4,13 | (4,91) |
| Niederlande | 3,76 | (3,61) |
| Österreich[1] | 3,32 | (3,12) |
| u. a. DDR (1982 bzw. 1981)[1] | 2,15 | (2,44) |

[1] = ohne Eisenlegierungen

*Welterzeugung* von Roheisen und Eisenlegierungen (nach UNO-Angaben) 1983 (1982) 524 (512) Mill. t – Zur aktuellen Problematik der Eisen- und Stahlindustrie → **Stahl**

**Elektrotechnische Industrie**

Die *Welt-Elektroindustrie* erlebte 1983 ein starkes Wachstum. Während in den westlichen Industrieländern vor allem die Bereiche *Datenverarbeitung* und *Bürotechnik* zunahmen, erlebten die ost- und südostasiatischen »Schwellenländer« sowie Japan erneut einen Boom im Bereich *Unterhaltungselektronik*. Die japanische Industrie steigerte z. B. die Produktion von Videorecordern 1982–1983 von 13,13 auf 18,20 Mill. Geräte, von denen 15,24 Mill. Stück exportiert wurden. Der Bereich *Haushaltsgeräte* stagnierte in den meisten Industriestaaten wegen weitgehender Bedarfssättigung. – In der *BR Deutschland* erlebte die Elektrotechnik 1983 einen Zuwachs von 4,9% (real ca. 3%) auf 127,539 Mrd. DM *Umsatz*. Die Zahl der *Beschäftigten* sank um 3,9% auf 873715. Der Auslandsumsatz erreichte 39,002 Mrd. DM. Die deutsche Elektroindustrie ist mit 15% Anteil am Welthandel nach USA und Japan der drittgrößte Exporteur. Allerdings sind auch die Importe relativ hoch und erreichten 1983 46% des Inlandsabsatzes.

**Fernsehgeräte** *Erzeugung* (nach UNO-Angaben) 1980 in Mill. u. a.: Japan 15,205 – USA (1979) 9,500 – UdSSR 7,528 – Rep. Korea (Süd-K.) 6,819 – BR Deutschland 4,425 – Brasilien 3,211 – VR China 2,492 – Großbritannien 2,357 – Italien 1,984 – Frankreich 1,928 – Singapur 1,889 – Mexiko 0,964 – u. a. DDR 0,578 – *Weltproduktion* 1980 (1979) 69,396 (64,061) Mill. Stück.

**Rundfunkgeräte** *Erzeugung* (nach UNO-Angaben) 1980 in Mill. u. a.: Hongkong (Exporte) 48,262 – VR China 30,038 – Singapur 17,068 – Japan 15,343 – USA (1979) 11,024 – UdSSR 8,478 – Rep. Korea (Süd-K.) 4,143 – BR Deutschland 3,707 – Polen 2,695 – Belgien 2,246 – Frankreich 2,141 – Indien 1,918 – Indonesien 1,110 – u. a. DDR 0,915

**Energieproduktion und -verbrauch**

**Elektrizitätserzeugung** 1982 (1981) in Mrd. kWh (nach UNO-Angaben)

| | | |
|---|---|---|
| USA (Netto-Prod.) | 2304,2 | (2359,3) |
| UdSSR | 1367,1 | (1325,0) |
| Japan | 581,1 | (583,2) |
| Kanada (Netto-Prod.) | 376,6 | (380,1) |
| BR Deutschland | 366,9 | (368,8) |
| VR China | 327,7 | (315,2) |
| Großbritannien | 272,1 | (277,7) |
| Frankreich | 262,2 | (260,8) |
| Italien (nicht vollständ.) | 183,7 | (181,8) |
| Brasilien | 152,1 | (142,2) |
| Indien | 138,7 | (130,6) |
| Südafrika | 119,9 | (97,4) |
| Polen | 117,6 | (115,0) |
| Spanien | 113,8 | (110,7) |
| Australien | 104,9 | (102,5) |
| DDR | 102,9 | (100,7) |
| Schweden | 96,6 | (100,0) |
| Norwegen | 91,9 | (92,8) |
| Mexiko (Netto-Prod.) | 80,6 | (73,6) |
| ČSSR | 74,7 | (74,1) |
| Rumänien | 68,9 | (70,1) |
| Niederlande | 60,3 | (64,1) |
| Jugoslawien (1981 bzw. 1980) | 60,1 | (59,3) |
| Schweiz (Netto-Prod.) | 50,8 | (48,0) |
| Belgien | 50,7 | (50,6) |
| Rep. Korea (Süd-K.) | 47,2 | (43,7) |
| Österreich | 44,4 | (42,9) |
| Bulgarien | 40,4 | (37,0) |
| Finnland (Netto-Prod.) | 39,4 | (39,3) |
| Argentinien | 36,2 | (35,2) |

*Welterzeugung an Elektrizität* (nach UNO-Angaben) 1982 (1981) 8234 (8357) Mrd. kWh, Erzeugung 1983 nach vorläufigen Schätzungen rd. 8400 Mrd. kWh

Der Anteil der verschiedenen *Primärenergiequellen* an der Elektrizitätserzeugung ist international sehr unterschiedlich. Der Anteil des *Erdöls* ist besonders in den arabischen Ländern (fast 100%), in Italien (1983 59%) und in Japan (rd. 60%) sehr hoch; die *Steinkohle* dominiert in Südafrika (rd. 96%), Großbritannien (1983 70,5%) und Dänemark (1983 95%), die *Braunkohle* in der DDR (rd. 82%) und in Griechenland (1983 69%), *Stein- und Braunkohle* zusammen in der BR Deutschland (1983 rd. 61%); einen hohen Anteil des *Erdgases* erreichen die Niederlande (1983 58%) und Irland (1983 52%); der Anteil der *Kernenergie* betrug 1983 u. a.: Schweden 45%, Frankreich 60,6%, Schweiz 35%, Belgien 48%, BR Deutschland rd. 18%, Großbritannien rd. 20%; der Anteil der *Wasserkraft* erreicht hohe Werte z. B. in Kanada (über 70%), der Schweiz und Österreich (je fast ⅔) sowie in vielen Entwicklungsländern – (Derartige Berechnungen können leicht voneinander abweichen, je nachdem auf welcher Basis umgerechnet wird [z. B. Steinkohle- oder Rohöleinheiten] und ob nur die öffentliche oder auch private, industrielle u. ä. Stromerzeugung einbezogen wird.)

In der *BR Deutschland* stieg der *Brutto-Strom-*

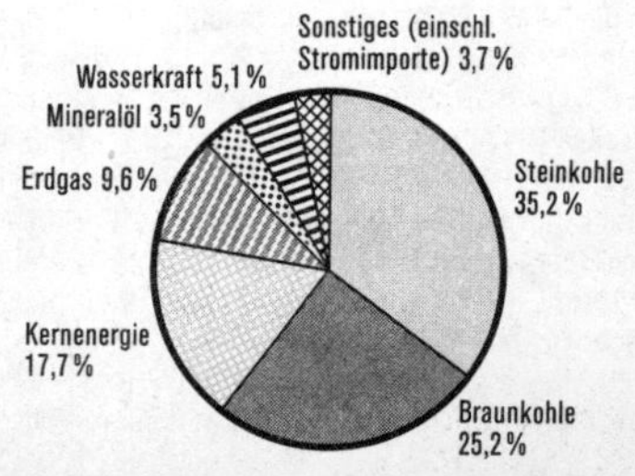


**Die Stromerzeugung in der BR Deutschland 1983**
Einsatz von Primärenergieträgern
(nach Angaben des Bundeswirtschaftsministeriums)

**Einsatz von Energieträgern für den Welt-Energieverbrauch 1970–1982**
(nach »ESSO« und »Yearbook of World Energy Statistics«, UNO)

| | *1970* | | *1980* | | *1982* | |
|---|---|---|---|---|---|---|
| | *Mill. t SKE* | *%* | *Mill. t SKE* | *%* | *Mill. t SKE* | *%* |
| Erdöl | 3010 | 45,3 | 3977 | 45,4 | 3702 | 43,1 |
| Kohle | 2185 | 32,9 | 2616 | 29,8 | 2656 | 30,9 |
| Erdgas | 1294 | 19,5 | 1861 | 21,3 | 1904 | 22,1 |
| Kernenergie | 11 | 0,1 | 83 | 1,0 | 111 | 1,3 |
| Wasserkraft | 145 | 2,2 | 218 | 2,5 | 227 | 2,6 |
| *insgesamt* | 6645 | 100,0 | 8755 | 100,0 | 8600 | 100,0 |

*verbrauch* 1983 um 2,6% auf 383,6 Mrd. kWh (1982: 373,7 Mrd. kWh), davon 322,0 Mrd. kWh aus dem öffentlichen Netz (Rest: industrielle Erzeugung). Der Stromverbrauch der Industrie stieg 1982–1983 um 2,7%, derjenige der Haushalte um 2,6%. Die *Kraftwerkskapazität* erhöhte sich 1983 um 1,8% auf 92000 MW. Es wurden Kraftwerke mit 2200 MW in Betrieb genommen und mit 600 MW stillgelegt. – Vom gesamten *Stromverbrauch* entfielen 1983 auf Industrie 47,6% – Haushalte 26,2% – Eisenbahn 2,9% – sonstige (Landwirtschaft, Handel, öffentl. Verbrauch usw.) 23,3% – Vom *Haushaltsstromverbrauch* entfallen u.a. auf Raumheizung 25% – Elektroherd, Warmwasserzubereitung, Kühlschrank je 10–12% – Gefriergerät und Waschmaschine je 8–9% – Beleuchtung 7–8% – Radio, Fernsehen, Phono je 4–5% – Insgesamt stieg in der Vergangenheit der Stromverbrauch stärker als das Bruttosozialprodukt; die *Steigerungsraten* betrugen im Durchschnitt der Jahre 1973–1983 2,18% bzw. 1,61%.

**Energieproduktion** Die *Welt-Erzeugung von Energie* erreichte 1983 nach ersten Schätzungen rd. 9,1 Mrd. t SKE (Steinkohleeinheiten) und stieg gegenüber 1982 um etwa 1%; der *Verbrauch* belief sich 1983 (1982) auf 8,70 (8,60) Mrd. t SKE. Erzeugung und Verbrauch nahmen aufgrund des wirtschaftlichen Aufschwungs, insbesondere in den wichtigsten Industrieländern, nach 2 Jahren des Rückgangs wieder zu. Die Tabelle zeigt die Veränderungen des Einsatzes von Energieträgern bezüglich des Verbrauchs. Derartige Berechnungen können in unterschiedlichen Quellen stark differieren, je nach Umrechnungsmodus und je nachdem, inwieweit nichtkommerzielle Energieträger (z.B. privat genutzte Wasserkräfte und Windmühlen, eigengenutztes Brennholz, tierische Energie u.ä.) einbezogen werden.

Der **Weltverbrauch von Primärenergie** steigerte sich 1970–1982 um rd. 29,4%. Am stärksten nahm der Einsatz der *Kernenergie* zu, doch blieb ihr Anteil insgesamt relativ gering (1982: 1,3%). Der wichtigste Energieträger blieb mit Abstand das *Erdöl,* dessen Verbrauch in den 70er Jahren stark zunahm und das einen Großteil des Energie-Mehrbedarfs deckte. Seit 1979 ist es absolut und prozentual wieder rückläufig. Beim *Erdgas* war die jährliche Steigerung sogar größer als die allgemeine Verbrauchszunahme, d.h. sein Anteil stieg kontinuierlich an. Der Verbrauch von *Stein- und Braunkohle,* dem zweitwichtigsten Energieträger, steigerte sich zwar in den 70er Jahren, jedoch nahm der Anteil am Gesamtverbrauch ab; er steigt erst seit 1980 wieder. Der Anteil von *Wasserkraft* und anderen regenerierbaren Energiequellen nahm leicht zu, vor allem durch Kraftwerksbau in Entwicklungsländern, ist aber insgesamt relativ unbedeutend (vor allem in den Industrieländern).

Der **Energieverbrauch** ist nach wie vor in den einzelnen Staatengruppen der Erde je nach ihrer wirtschaftlichen und technischen Entwicklung sehr unterschiedlich. 1982 entfielen auf Nordamerika und Westeuropa mit nur 16% der Weltbevölkerung 47% des Welt-Energieverbrauchs, auf den Ostblock mit China (29% der Bevölkerung) 32% des Energieverbrauchs, dagegen auf Afrika mit 11% und Lateinamerika mit über 8% der Bevölkerung nur 2,6 bzw. 5,2% des Energieverbrauchs. – *Energieverbrauch* 1970/1982 in Mrd. t SKE: Nordamerika 2,418/2,583 – Westeuropa 1,361/1,468 – Osteuropa, UdSSR, China 1,754/2,774 – Mittel- und Südamerika 0,263/0,448 – Afrika 0,112/0,222 – Naher Osten 0,106/0,169 – Mittlerer und Ferner Osten und Australien 0,631/0,936 – In den *westlichen Industriestaaten* ist weitgehend Sättigung erreicht, der Zuwachs ist nur noch gering bzw. hier machen sich bereits Abnahmetendenzen durch Automatisierung und Rationalisierung, verbesserte Heizungs- und Verkehrstechniken usw. bemerkbar. – Der *Pro-Kopf-Verbrauch* an Energie hängt vom technischen Entwicklungsstand eines Landes ab, aber auch von der Wirtschafts- und insbesondere Industriestruktur, von den verwendeten Energieträgern, vom Grad der Rationalisierung bzw. Verschwendung beim Energieeinsatz und auch vom Klima (Dauer der Heizperiode).

**Energieverbrauch pro Kopf** (kommerzielle Energie) (umgerechnet in kg SKE, nach »Weltentwicklungsbericht 1983«)

| | *1960* | *1980* |
|---|---|---|
| Nepal | 3 | 13 |
| Äthiopien | 5 | 25 |
| Mali | 10 | 31 |
| Niger | 5 | 54 |
| Haïti | 16 | 88 |
| Vietnam | 95 | 148 |
| Kenia | 57 | 208 |
| Philippinen | 159 | 380 |
| Bolivien | 169 | 452 |
| Tunesien | 173 | 652 |
| Türkei | 258 | 779 |
| Brasilien | 385 | 1102 |
| Rep. Korea (Süd-K.) | 208 | 1563 |
| Griechenland | 516 | 2605 |
| Italien | 1452 | 3725 |
| Japan | 1354 | 4649 |
| Österreich | 2482 | 5102 |
| Schweiz | 2709 | 5223 |
| Frankreich | 2858 | 5368 |
| BR Deutschland | 3859 | 6053 |
| UdSSR | 2896 | 6422 |
| DDR | 4609 | 7412 |
| USA | 8408 | 11626 |

Die Schätzungen über die **Weltvorräte an Energieträgern** schwanken sehr stark, je nachdem, ob nur die heute wirtschaftlich ausbeutbaren Vorkommen berücksichtigt werden oder die nach derzeitiger Kenntnis überhaupt vorhandenen oder auch die nur vermuteten Reserven. Auch gehen die Expertenmeinungen weit darüber auseinander, in welchem Maße regenerierbare und sog. *»alternative Energiequellen«* wirtschaftlich sinnvoll einsetzbar sind (z. B. Wasserkraft, Sonnen- und Windenergie, geothermische Energie, Gezeitenenergie u. ä.). Die nach heutigen Maßstäben wirtschaftlich gewinnbaren *Reserven an fossilen und mineralischen Energieträgern* werden auf rd. 1200 Mrd. t SKE geschätzt, davon in Mrd. t SKE: Kohle 690 – Ölschiefer und -sande 150 – Erdöl 130 – Uran 130 – Erdgas 100 – Während die Erschöpfung der Mineralölvorräte mittelfristig absehbar ist, reichen selbst die heute wirtschaftlich gewinnbaren Kohle- und Uranvorräte noch mehrere Generationen. Im weltweiten Maßstab wird heute davon ausgegangen, daß der Anteil des Erdöls – mittelfristig auch des Erdgases – langsam, aber kontinuierlich zurückgehen wird, während der Ersatzbedarf für Erdöl und Gas sowie der weitere Zuwachs des Verbrauchs hauptsächlich von Kohle und Kernkraft gedeckt werden. Die Abhängigkeit von den *traditionellen fossilen Energieträgern* Kohle, Erdöl und Gas wird nach Meinung der Internationalen Energie-Agentur (IEA) noch lange bestehenbleiben. Das Hauptproblem der *regenerativen Energiequellen* ist ihre geringe Energiedichte und das z. T. ungünstige Verhältnis zwischen den Gewinnungskosten und dem Ertrag. Sie kommen daher für eine großtechnische Anwendung nur beschränkt in Frage und eignen sich eher zur Lösung von Energieproblemen in lokalem Maßstab, z. B. in Entwicklungsländern mit mangelhafter Versorgungsinfrastruktur. Sie können dazu beitragen, den Raubbau am Wald (Brennholznutzung) zu beenden, nachdem Öl-, Gas- und Kohleimporte für die meisten Entwicklungsländer finanziell kaum mehr tragbar sind.

In der **BR Deutschland** erhöhte sich der *Gesamt-Energieverbrauch* 1960–1970–1983 von 211 über 337 auf 362 Mill. t SKE. 1980 gelang jedoch – nach dem bisherigen Höchstverbrauch von 408 Mill. t SKE 1979 – erstmals in stärkerem Maße ein »Abkoppeln« von Wirtschaftswachstum und Energieverbrauch. Diese Tendenz setzte sich bis heute fort, d. h. der Energieverbrauch nahm 1981 und 1982 bedeutend stärker ab als das Bruttosozialprodukt, und er nahm 1983 – im Gegensatz zum BSP – nicht zu. Die Ursache liegt teilweise in erfolgreichen Sparmaßnahmen, zum Teil aber auch in wirtschaftlichen Umstrukturierungen, wie z. B. im Produktionsrückgang der besonders energieintensiven Eisen- und Stahlindustrie.

Der *Primärenergieverbrauch* der *BR Deutschland* betrug 1983 (1982) 362,0 (361,5) Mill. t SKE; davon entfielen auf Mineralöl 43,1 (44,2) % – Steinkohle 21,7 (21,2) % – Erdgas 15,3 (15,2) % – Braunkohle 10,6 (10,6) % – Kernenergie 5,9 (5,7) % – Wasserkraft, Brennholz und sonstiges einschließlich Einfuhren von Strom 3,4 (3,1) % – Anteilsmäßige *Zunahmen* erzielten auch 1983 die Steinkohle, die Kernenergie und das Erdgas. Ebenso wie in den

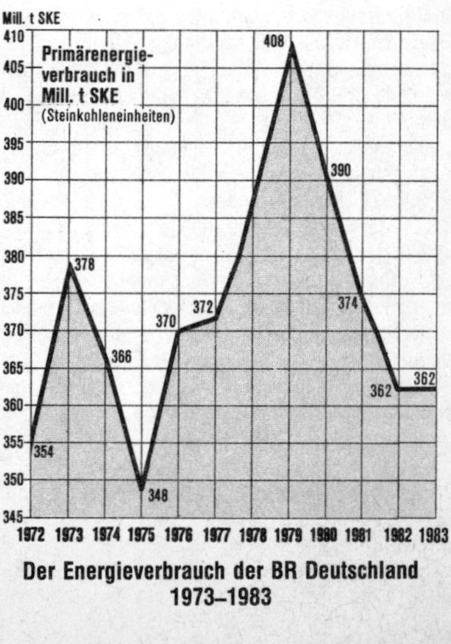


**Der Energieverbrauch der BR Deutschland 1973–1983**

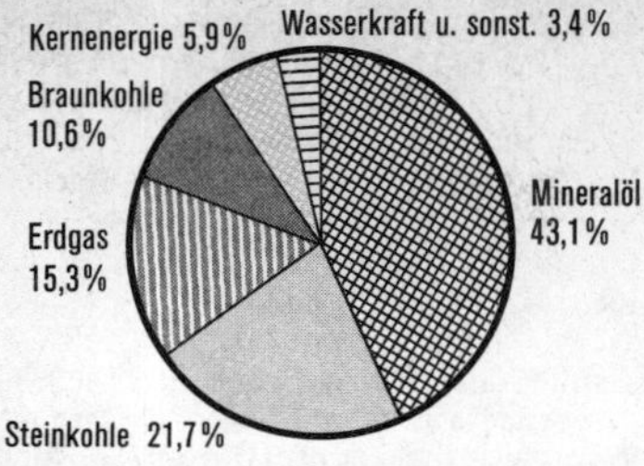


**Die Energieträger der BR Deutschland 1983**
Anteil der Energieträger am Primärenergieverbrauch (Nach »Arbeitsgemeinschaft Energiebilanzen«)

Vorjahren konnte auch 1983 der Einsatz von Erdöl nicht nur prozentual, sondern auch mengenmäßig relativ stark gesenkt werden, vor allem durch Umstellung der Industrie und von Kraftwerken (Ersatz des schweren Heizöls). (Der Verbrauch durch den Kraftfahrzeugverkehr stieg dagegen erneut an.) Der Einsatz der Steinkohle stieg absolut und anteilsmäßig an, doch ist ihre Verwendung im Vergleich zur ersten Nachkriegszeit immer noch gering. 1955 hatte sie noch 72% des Primärenergieverbrauchs getragen.

**Primärenergieträger – Heizwerte und Umrechnung in Steinkohleeinheiten**

| | *Heizwert in kcal* | *SKE in kg* |
|---|---|---|
| Steinkohle (kg) | 7000 | 1,00 |
| Steinkohlenbriketts (kg) | 7500 | 1,07 |
| Steinkohlenkoks (kg) | 6800 | 0,97 |
| Braunkohle (kg) | 1800 | 0,26 |
| Braunkohlenbriketts (kg) | 4800 | 0,69 |
| Staub- u. Trockenkohle (kg) | 4800 | 0,69 |
| Torf (kg) | 3000 | 0,43 |
| Brennholz (kg) | 3500 | 0,50 |
| Kokerei- u. Stadtgas ($m^3$) | 4300 | 0,57 |
| Klärgas ($m^3$) | 4300 | 0,57 |
| Erdgas ($m^3$) | 8000 | 1,10 |
| Erdölgas ($m^3$) | 10400 | 1,49 |
| Benzin (kg) | 10400 | 1,49 |
| Heizöl (kg) | 9800 | 1,40 |
| Petroleum (kg) | 10000 | 1,43 |
| Flüssiggas (kg) | 11200 | 1,60 |
| Wasserkraft (kWh) | 2800 | 0,40 |
| Elektr. Strom in der Endenergiebilanz (kWh) | 860 | 0,123 |

Die Anteile der großen *Verbrauchergruppen* am *Endenergieverbrauch* betragen z. Zt. in der *BR Deutschland* (meist Schätzungen): Haushalt, gewerbl. Kleinverbraucher, Landwirtschaft 48% – Industrie 33% – Verkehr 19% – Vom *Haushaltsenergieverbrauch* entfallen fast 80% auf die *Raumheizung,* so daß hier das größte Einsparpotential besteht (Haushaltsmaschinen rd. 16% – Licht 4%). – An der *Raumheizung* in Haushalten sind z. Zt. folgende Energieträger beteiligt: Heizöl 47% – Erdgas 25% – Kohle 10% – Fernwärme 9% – Strom 8% – Holz und sonstiges (z. B. Wärmepumpen) 1% – Für *Wohnungsneubauten* wurden 1982 folgende Heizungen vorgesehen: Erdgas 50,4% – Heizöl 34,1% – Strom 6,6% – Fernwärme 6,7% – Kohle bzw. Koks 1,3% – Wärmepumpe und sonstiges 0,9%.

Die *Energieverluste* sind nach wie vor relativ hoch, obwohl die *BR Deutschland* eine, international gesehen, besonders fortgeschrittene Energietechnologie besitzt. Nur *rd. ⅓ der eingesetzten Energie* wird tatsächlich *vom Verbraucher genutzt.* Zunächst betragen die Umwandlungsverluste bei der Überführung der Primärenergieträger (Kohle, Rohöl usw.) in »veredelte Energie« (Strom, Benzin, Heizöl u. a.) rd. 30%, und schließlich entstehen beim Endverbraucher Verluste in Höhe von weiteren 36–38% der eingesetzten Rohenergie.

Die *Prognosen* über den künftigen *Energiebedarf* der *BR Deutschland* und seine Deckung sind mit großen Unsicherheitsfaktoren belastet, da die wirtschaftlichen und gesellschaftlichen Rahmenbedingungen, die Unsicherheit über das mögliche Ausmaß von Einsparungen und nicht zuletzt auch ideologische Einflüsse eine wichtige Rolle spielen. Für 1984 wird der Bedarf auf 372 Mill. t SKE geschätzt. Für 1990 gehen neuere Studien von einem Bedarf zwischen 380–420 Mill. t SKE und für 2000 zwischen 350–500 Mill. t SKE aus. Eine Prognose der ESSO AG von 1983 rechnet für das Jahr 2000 mit 415 Mill. t SKE. Realistischer sind Prognosen über den *zukünftigen Anteil der einzelnen Energieträger,* da hierfür durch politische Entscheidungen und Investitionen bereits frühzeitig die Weichen gestellt werden. So dürfte bis 2000 der Erdölanteil auf etwa 30–35% zurückgehen und sich weitgehend auf den Kfz-Verkehr und die Raumheizung beschränken. Für die Steinkohle rechnet man mit einem Zuwachs auf 26–28%, hauptsächlich zur Stromerzeugung (ebenso wie die Braunkohle mit rd. 8%). Erdgas wird bei etwa 14–16% liegen, und auch die Kernenergie soll auf diesen Wert steigen. Für Wasserkraft und andere regenerierbare Energien wird ein Anteil von etwa 5% angenommen.

Die *deutsche Bundesregierung* verfolgt folgende **Ziele der Energiepolitik:**

▷ Förderung aller sinnvollen Möglichkeiten zur Energieeinsparung. Insbesondere bei der Gebäudeheizung, im Verkehrswesen und bei vielen industriellen Fertigungsprozessen werden noch Sparreserven gesehen.

▷ weitere Einschränkung des immer noch hohen Anteils des Erdöls an der Energieversorgung;

▷ Vergrößerung des Kohleanteils, als sichere einheimische Energiequelle, auch unter Inkaufnahme hoher Subventionen. 1979–1983 wurden die

Energieträger in der BR Deutschland mit 96 Mrd. DM subventioniert, davon über 70 Mrd. DM für die sonst nicht konkurrenzfähige Steinkohle.

▷ vermehrter Einsatz der Kernenergie zur Stromerzeugung im Grundlastbereich;

▷ Beibehaltung der gegenwärtigen Bedeutung von Erdgas und Braunkohle und damit eines stark differenzierten und somit sicheren Angebots von Energieträgern;

▷ Fortführung der gegenwärtigen Vorratspolitik zur Überbrückung von Krisensituationen. Hier sind insbesondere zu nennen die Mineralöl-Pflichtbevorratung der Erdölwirtschaft (1983 14,8 Mill. t), die Bundesrohöl-Reserve von z. Zt. 7,3 Mill. t und die nationale Steinkohlenreserve von 10 Mill. t.

▷ weitere Ausschüttung staatlicher Mittel für die Energieforschung. Z. Zt. werden jährlich rd. 90 Mill. DM hierfür ausgegeben; weitere 655,9 Mill. DM für Energieforschung und -technik erhalten 1984 die überwiegend vom Staat finanzierten Großforschungseinrichtungen.

▷ weitere Erforschung regenerierbarer Energien und ihrer Anwendungsmöglichkeiten. In diesen Bereich fällt z. B. die mit staatlicher Hilfe errichtete »Große Windenergieanlage« (GROWIAN) im Kreis Dithmarschen (Schleswig-Holstein). Sie nahm Anfang 1984 ihren Betrieb auf (Nennleistung 3000 kW).

▷ schließlich die Reduzierung umweltschädigender Emissionen von thermischen Kraftwerken. Hierzu zählt vor allem die Rauchgasentschwefelung (Reduzierung der Schwefeldioxidemissionen) und die Stickoxidreduzierung bei Kohlekraftwerken, die durch die im Juni 1983 erlassene neue Großfeuerungsanlagenverordnung erreicht werden soll.

Für die **EG-Länder** ergab sich 1983 eine weitere Erhöhung der Versorgungssicherheit durch verstärkte Nutzung einheimischer Energiequellen und Fortsetzung der Diversifizierungspolitik. Die *Energiebilanz* sah 1983 (1982) folgendermaßen aus (in Mill. t Rohöleinheiten [RÖE]): Erzeugung 509,2 (494,4) – Einfuhren 619,5 (651,7) – Ausfuhren 242,6 (233,4) – EG-Verbrauch 876,3 (883,5) – (Differenzen durch Vorratsveränderungen) – Die *Erzeugung von Primärenergieträgern* setzte sich folgendermaßen zusammen (Veränderung gegenüber 1982): insgesamt 509,2 (+3,0%) – davon Steinkohle 140,6 (–7,1%) – Erdöl 128,9 (+9,4%) – Erdgas 119,8 (+3,3%) – Kernenergie 75,5 (+18,2) – Braunkohle und Torf 30,8 (–1,9%) – Wasserkraft und sonstiges 13,6 (–1,4%) – *Zusammensetzung des Verbrauchs:* insgesamt 876,3 (–0,8%) – Erdöl 411,0 (–4,5%) – Steinkohle 177,0 (–3,4%) – Erdgas 164,9 (+4,2%) – Kernenergie 75,5 (+18,2%) – Braunkohle und Torf 32,5 (–0,3%) – Wasserkraft und sonstiges 15,4 (0%) – Die *Netto-Einfuhren der EG* betrugen 1983 (1982) in Mill. t RÖE: insgesamt 376,9 (418,3) – davon Erdöl 273,1 (305,8) – Erdgas 47,9 (44,3) – Steinkohle 39,5 (45,9) – Mineralölprodukte 14,1 (20,4) – Die *Abhängigkeit von Energie-Importen* betrug 1983 in den EG-Ländern: Luxemburg 98,7% – Dänemark 86,6% – Italien 81,2% – Belgien 73,3% – Griechenland 64,9% – Irland 62,6% – Frankreich 61,8% – BR Deutschland 51,2% – Niederlande 7,3% – Großbritannien –17,4% (Überschuß) – EG insges. 41,9%

In den **RGW-Staaten** (Ostblock) wurde auch 1983/84 die Wirtschaftsentwicklung in vielen Bereichen durch Energiemangel beeinträchtigt. Die **UdSSR** ist zwar das einzige Industrieland mit genügend großen eigenen Reserven an allen Energieträgern, jedoch wird die Nutzung sehr erschwert und verteuert durch *Infrastrukturmängel* (insbes. ungenügend entwickeltes Transportwesen) und durch die sehr *ungünstige räumliche Verteilung von Bodenschätzen und Industrie.* Über 80% der Energie werden im europäischen Teil konsumiert, aber rd. 90% der Reserven liegen in Sibirien und Zentralasien, so daß die Brennstoffe vielfach über Entfernungen von 3000–4000 km befördert werden müssen. Die *UdSSR* ist zudem immer weniger in der Lage, die übrigen *RGW-Länder* mit Erdöl zu versorgen, da sie aus Devisenmangel gezwungen ist, einen Großteil der frei verfügbaren Mengen an westliche Länder zu verkaufen. Da die Kohleförderung wegen allmählicher Erschöpfung der »alten« Abbaustätten (z. B. Donbass) nur schwer zu steigern ist, wird zur Verbesserung der Energiesituation intensiv am weiteren Ausbau der *Erdgasförderung* und der *Kernenergie-Erzeugung* gearbeitet. Daneben lief 1983 erneut eine Kampagne zur *Energie-Einsparung,* um den übermäßig hohen Energieverbrauch der Industrie zu senken. – Unter den anderen Ostblockländern arbeiten **Polen** und die **ČSSR** verstärkt am weiteren Ausbau der *Kohleförderung,* während die **DDR** ihre *Braunkohlenproduktion* noch steigern und ihre *Kernenergiekapazität* erhöhen will. Daneben wird auch in der DDR von der Industrie verstärkt Energieeinsparung gefordert, um den hohen Pro-Kopf-Verbrauch an Energie zu senken. Er ist durch ungünstigen Wirkungsgrad der Energieumwandlung (veraltete Kraftwerke), relativ hohe Netzverluste, geringe Elektrifizierung der Eisenbahn, zu hohen Wärmebedarf für die Raumheizung (ungenügende Wärmedämmung) u. ä. bedingt.

Die **Entwicklungsländer** ohne ausreichend erschlossene eigene Energiequellen litten auch 1983/84 stark unter den – in Anbetracht ihrer Devisenlage und Verschuldung – zu hohen Energiepreisen. Für viele Länder sind erdöl- oder Kohleeinfuhren kaum möglich, so daß die wirtschaftliche Entwicklung stark gehemmt wird und zur Deckung der dringendsten privaten Bedürfnisse (Heizung und Kochen) die Holzvorräte übermäßig beansprucht werden (→ Holz). Projekte zur *Nutzung* einheimischer *Ener-*

*giequellen* gehören daher zu den wichtigsten Maßnahmen der *Entwicklungshilfe.* Das Bundesministerium für wirtschaftliche Zusammenarbeit veröffentlichte 1983 ein »Programm der Bundesregierung für die Zusammenarbeit mit Entwicklungsländern auf dem Gebiet der Energie«. Als wichtigste Ziele werden genannt, den *Einfuhrbedarf der Entwicklungsländer zu verringern* und die *Nutzung einheimischer Energieträger zu fördern,* von – je nach Vorkommen – Erdöl, Erdgas, Kohle und Kernenergie bis zu erneuerbaren Energiequellen. Letztere eignen sich vielfach insbesondere für bisher gar nicht versorgte ländliche Gebiete (Sonnen- und Windenergie, Verbrennung oder Vergasung von Biomasse aus Ernteabfällen). Ein sehr großes ungenutztes Potential stellt außerdem für viele Entwicklungsländer die *Wasserkraft* dar. Zusammen verfügen sie über rd. 65% des technisch nutzbaren Wasserkraftpotentials der Erde. Genutzt sind z.B. in Afrika erst weniger als 5%, in Lateinamerika rd. 10% (dagegen in Europa 59%). – Als *größtes Wasserkraftwerk der Welt* wurde 1984 *Itaipú* am Rio Paraná von *Brasilien* und *Paraguay* mit den ersten Generatoren in Betrieb genommen (gebaut 1975–1983). Die Höchstleistung nach dem Endausbau – die vorerst noch nicht benötigt wird – beträgt 12600 MW. Die Jahresproduktion an elektrischer Energie soll dann 75 Mrd. kWh betragen. – Im Mai 1984 wurde zwischen *Mosambik* und *Südafrika* ein Vertrag über die gemeinsame Nutzung der im Kraftwerk *Cabora Bassa* am Sambesi erzeugten Elektroenergie geschlossen. Das noch unter portugiesischer Verwaltung gebaute Kraftwerk wurde 1977 in Betrieb genommen (volle Ausbauleistung 4000 MW). Ein Teil der Stromerzeugung – der in Mosambik noch nicht genutzt werden kann – wird über eine 1400 km lange Leitung nach Südafrika transportiert und soll künftig rd. 8% des südafrikanischen Stromverbrauchs decken.

Die **Energiegewinnung durch Kernkraftwerke** blieb in den westlichen Industrieländern auch 1983/84 umstritten, obwohl von Fachleuten nicht ernstlich bezweifelt wird, daß – zumindest mittelfristig – eine gesicherte und kostengünstige Energie-, insbesondere Stromversorgung, bei Verminderung des Öleinsatzes und Abschaltung besonders umweltschädlicher Kohlenkraftwerke nur durch vermehrte Kernenergieproduktion gewährleistet werden kann. Auch die *deutsche Bundesregierung* vertritt die Meinung, daß die *Kernenergie einen steigenden Beitrag zur Energieversorgung leisten sollte.* Sie wurde hierin neuerdings durch ein Gutachten des Battelle-Instituts bestätigt, in dem berechnet wurde, daß – unter Berücksichtigung aller Neben- und Folgekosten – Strom in Kernkraftwerken wesentlich kostengünstiger als in Kohlekraftwerken erzeugt werden kann. – Von den Gegnern der Kernenergie werden als Hauptargumente mögliche Umweltgefahren (z.B. Strahlenverseuchung bei einem schweren Unfall) und die Problematik der Endlagerung radioaktiver Abfälle genannt. Demgegenüber stellten Forschungsinstitute wiederholt die Umweltfreundlichkeit (z.B. Abgasfreiheit) der Kernenergieerzeugung fest, insbesondere im Gegensatz zu den Schadstoffemissionen der Kohle- und Ölkraftwerke. Durch wissenschaftliche Gutachten, die die Gefahren beim Bau und Betrieb von Kraftwerken sowie bei der Gewinnung und beim Transport der Brennstoffe und bei der Abfallbeseitigung berücksichtigen, ist bewiesen, daß gegenwärtig alle konventionellen thermischen Kraftwerke weitaus gefährlicher und umweltbelastender sind (z.B. Unfallgefahren in Kohlegruben, bei der Gewinnung und Verschiffung von Öl, Umweltbelastung durch die Verbrennung von Kohle, Öl und Gas usw.).

Ende 1983 waren **weltweit in 25 Ländern 301 Kernkraftwerksblöcke** mit einer Bruttoleistung von insges. rd. 203000 MW in Betrieb; sie erzeugten rd. 10% der Weltstromproduktion. Weitere 212 Kraftwerksblöcke mit 212000 MW waren in 29 Ländern im Bau. (Die Zahlen über KKW werden in verschiedenen Quellen z.T. unterschiedlich angegeben, je nachdem, ob Forschungs- und Versuchsreaktoren oder zeitweilig abgeschaltete Kraftwerke einbezogen werden.) Die *installierte Leistung der Kernkraftwerke* betrug Ende 1983 in GW (Gigawatt = 1 Mrd. Watt): USA 64,9 – Frankreich 26,3 – UdSSR 19,1 – Japan 17,7 – BR Deutschland 11,1 – Großbritannien 10,0 – Schweden 7,4 – Kanada 6,4 – Belgien 3,5 – Rep. China (Taiwan) 3,1 – Spanien 2,8 – Finnland 2,2 – Schweiz 1,9 – DDR 1,8 – Rep. Korea (Süd-K.) 1,8 – Bulgarien 1,7 – Italien 1,3 – Indien 1,0 – Argentinien 0,9 – ČSSR 0,8 – Brasilien 0,6 – Jugoslawien 0,6 – Niederlande 0,5 – Ungarn 0,4 – Pakistan 0,1 – Die größten Anstrengungen zur Erhöhung ihrer Kernkraftwerksleistung unternehmen z.Zt. Japan und die UdSSR. 1983 wurden in folgenden Ländern KKW in Betrieb genommen: Frankreich (4), UdSSR (3), USA (3), Japan (3), Spanien (2), BR Deutschland (2), Argentinien, Großbritannien, Indien, Kanada, Rep. Korea (Süd-K.), ČSSR. Südafrika beginnt 1984 mit 2 Kraftwerksblöcken à 920 MW die Kernenergieerzeugung.

Das Kraftwerk Grafenrheinfeld produzierte 1983 die größte Strommenge aller Kernkraftwerke der Welt; das KKW Isar I hatte die beste Arbeitsausnutzung aller Siedewasserreaktoren. Das KKW Krümmel an der Elbe, der größte Siedewasserreaktor der Welt (1260 MW), ging 1983 in Betrieb; der Prototyp eines *Thorium-Hochtemperaturreaktors (THTR 300)* in Hamm-Uentrop begann mit dem Probebetrieb. Der *»Schnelle Brüter« SNR 300* in Kalkar, dessen Weiterbau aus technologischen und Kostengründen zeitweise gefährdet war, wird seit 1983 zügig fertiggestellt. – Die *Entsorgung der Kernkraftwerke* ist nach dem Entsorgungsbericht 1983 der Bundesregierung gesichert. Hierzu gehören Wiederaufarbei-

tungsverträge mit Frankreich und Großbritannien, die in Betrieb befindliche Wiederaufarbeitungsanlage in Karlsruhe, die Planungen für eine große Wiederaufarbeitungsanlage entweder in Dragahn (Niedersachsen) oder bei Schwandorf (Bayern) mit einer Jahreskapazität von 350 t Uran-Brennstoff, in Betrieb oder im Bau befindliche Zwischenlager für radioaktive Abfälle bei den Kraftwerken, in Gorleben (Niedersachsen), Ahaus (Nordrhein-Westfalen), in der ehemaligen Erzgrube Konrad bei Salzgitter u. a. sowie die Planungen für ein zentrales Endlager bei Gorleben.
Eine Übersicht über die *Kernenergieerzeugung der BR Deutschland* gibt folgende Tabelle (nach »Deutsches Atomforum«)

**Betriebsergebnisse der Kernkraftwerke der BR Deutschland**

| | *Stromerzeugung in Mrd. kWh* | | *Arbeitsverfügbarkeit in %* | |
|---|---|---|---|---|
| | *1982* | *1983* | *1982* | *1983* |
| **Versuchskraftwerke** | | | | |
| Kahl | 0,091 | 0,079 | 64,8 | 55,7 |
| Karlsruhe I | 0,428 | 0,360 | 84,3 | 70,8 |
| Jülich | 0,084 | 0,103 | 64,1 | 78,3 |
| Karlsruhe II | 0,039 | 0,024 | 22,5 | 13,5[1] |
| **Leistungsreaktoren** | | | | |
| Obrigheim | 2,530 | 2,052 | 83,8 | 67,9 |
| Würgassen | 1,163 | 1,484 | 19,7 | 25,3[1] |
| Stade | 5,057 | 5,018 | 87,2 | 86,5 |
| Biblis A | 9,482 | 8,220 | 89,9 | 78,0 |
| Brunsbüttel | 3,607 | 2,415 | 55,1 | 34,2[1] |
| Philippsburg | 5,239 | 5,731 | 66,4 | 72,7 |
| Neckarwestheim | 6,170 | 6,391 | 82,4 | 85,3 |
| Ohu/Isar | 7,676 | 7,458 | 21,1 | 93,9 |
| Esenhamm/Unterweser | 9,668 | 8,696 | 84,9 | 76,4 |
| Biblis B | 9,747 | 6,893 | 85,6 | 60,7 |
| Grafenrheinfeld | 8,636 | 9,969 | 75,9 | 87,6 |
| Krümmel | – | 1,002 | – | 33,7[2] |
| *Gesamtproduktion* | *63,618* | *65,895* | | |

[1] = zeitweise außer Betrieb wegen Umrüstung
[2] = Inbetriebnahme am 28. 9. 1983

(Reihenfolge nach dem Datum der Inbetriebnahme)

**Kraftfahrzeugherstellung** → Abschnitt »Verkehr«

**Maschinenbau** Der Maschinenbau war auch 1983 einer der größten Industriezweige der *BR Deutschland,* mußte allerdings einen leichten Umsatzrückgang auf 130,8 Mrd. DM hinnehmen (1982: 131,0 Mrd. DM). Auch der Auslandsumsatz schrumpfte 1983 (1982) auf 58,4 (59,3) Mrd. DM, ebenso wie die Beschäftigtenzahl, die von 998,4 auf 956,4 Tsd. zurückging. Am Rückgang ist vor allem die verringerte Nachfrage im Großanlagen- und Kraftwerksbau sowie nach Bergwerks- und Gießereimaschinen schuld, während die Bereiche Büro- und Datentechnik, Druck- und Textilmaschinen expandierten. Dem Produktionsumfang nach steht der deutsche Maschinenbau international an 3. Stelle nach USA und UdSSR und vor Japan, Italien, Frankreich und Großbritannien. Als Exporteur steht die BR Deutschland an 1. Stelle und erreichte auch 1983 mit allen anderen Ländern einen Überschuß im Maschinenhandel, ausgenommen Japan.

**Mineralölprodukte** *Produktion von Benzin/Kerosin und Flugzeugbenzin/leichtem Heizöl/schwerem Heizöl* (nach UNO-Angaben) 1982 in Mill. t u. a.: USA (1983) 272,7/53,1/123,9/46,7 – Japan 26,4/21,9/35,0/62,5 – Italien 15,2/4,4/23,9/29,1 – BR Deutschland (1983) 20,1/1,5/33,8/15,7 – Großbritannien 19,2/6,3/20,6/18,8 – Kanada 25,1/5,5/19,4/10,8 – Frankreich 16,9/4,4/17,3/18,5 – Mexiko 12,5/3,6/11,8/19,3 – Brasilien 8,7/3,0/16,9/13,6 – Venezuela (1981) 7,0/1,1/8,6/22,2 – Niederlande 7,6/3,6/13,6/13,3 – Spanien 4,4/2,5/9,9/18,3 – Saudi-Arabien 3,3/1,4/7,6/13,1 – Australien 11,3/2,3/7,2/3,2 – Iran 3,1/3,9/6,5/8,9 – Rep. Korea (Süd-K., 1983) 0,6/1,1/6,8/13,1 – Belgien 3,7/1,7/7,9/7,1 – Indonesien 2,0/4,3/0,9/10,6 – u. a. DDR 3,9/–/5,7/– – Österreich 1,8/0,1/2,1/2,7 – Schweiz 1,1/0,2/1,7/0,7 – keine Angaben für UdSSR und VR China

**Nahrungs- und Genußmittelindustrie** Der Bereich Nahrungs- und Genußmittelbe- und -verarbeitung war 1983 wiederum der umsatzstärkste Industriezweig in der *BR Deutschland.* Der *Umsatz* betrug 1983 (1982) 166,639 (162,733) Mrd. DM; hiervon entfielen 1983 in Mrd. DM u. a. auf Molkereien und Käsereien 22,194 – Tabakverarbeitung 18,412 – Brauereien 13,677 – Fleischwarenindustrie 10,603 – Futtermittelherstellung 10,203 – Süßwarenherstellung 9,998 – Kaffee- und Teeverarbeitung 9,531 – Schlachthäuser 7,414 – Obst- und Gemüseverarbeitung 5,924 – Die Zahl der *Beschäftigten* sank 1982–1983 um 3,9% auf rd. 454000, davon in Brauereien 61000, in Molkereien und Käsereien 35500 und in der Tabakverarbeitung 20000.

**Papier** *Produktion von Zeitungspapier* 1982 in 1000 t (nach UNO-Angaben) u. a.: Kanada 8117 – USA 4574 – Japan 2580 – UdSSR 1508 – Schweden 1322 – Finnland 1297 – VR China (S) 1200 – Norwegen 662 – BR Deutschland 662 – Australien 364 – Frankreich 248 – Südafrika (1981) 226 – Rep. Korea (Süd-K.) 212 – Italien 198 – Österreich 181 – Niederlande 151 – Türkei 139 – Chile 124 – Spanien (1981) 108 – Brasilien 106 – DDR (1981) 106 – Argentinien 95 – Großbritannien 86 – *Weltproduktion* 1982 (1981) 21,03 (26,60) Mill. t
*Produktion von sonst. Papier und Pappe* (ohne Zeitungspapier) 1980 in Mill. t u. a.: USA 55,030 – Japan 15,295 – UdSSR 7,376 – VR China 7,346 – BR Deutschland 6,895 – Frankreich 4,860 – Kanada 4,794 – Italien 4,786 – Schweden 4,648 – Finnland

4,353 – Großbritannien 3,428 – Brasilien 2,835 – Spanien 2,458 – Mexiko 1,722 – Indien 1,558 – u. a. Österreich 1,420 – DDR 1,100 – Schweiz 0,704 – *Weltproduktion* 1980 (1979) 147,975 (148,345) Mill. t

In der *BR Deutschland* wurden 1983 rd. 8,3 Mill. t Papier und Pappe produziert. Der Import steigerte sich auf 3,9 Mill. t, während 2,4 Mill. t exportiert wurden. 3,5 Mill. t Altpapier wurden wieder verarbeitet, so daß die Papierindustrie mit einer Recyclingquote von 42% einer der am stärksten Recycling betreibenden Industriezweige ist.

**Schiffbau** → Kapitel »Verkehr«

**Stahl** (Rohstahl) *Erzeugung* 1983 (1982) in Mill. t (nach UNO-Angaben und Intern. Iron & Steel Inst., 1983 vorl.)

| | | |
|---|---|---|
| UdSSR | 152,0 | (147,0) |
| Japan | 97,2 | (99,5) |
| USA | 76,6 | (66,1) |
| VR China | 39,9 | (37,2) |
| BR Deutschland | 35,7 | (35,9) |
| Italien | 21,7 | (24,0) |
| Frankreich | 17,6 | (18,4) |
| Polen | 16,4 | (14,5) |
| ČSSR | 15,1 | (15,0) |
| Großbritannien | 15,0 | (13,7) |
| Brasilien | 14,7 | (12,9) |
| Rumänien | 13,5 | (13,0) |
| Kanada | 12,8 | (11,9) |
| Spanien | 12,7 | (12,7) |
| Rep. Korea (Süd-K.) | 11,9 | (11,8) |
| Indien | 10,3 | (10,9) |
| Belgien | 10,2 | (9,9) |
| DDR | 7,5 | (7,2) |
| Südafrika | 7,1 | (8,2) |
| Mexiko | 7,0 | (6,9) |
| DVR Korea (Nord-K.) | 5,9 | (5,8) |
| Australien | 5,6 | (7,3) |
| Rep. China (Taiwan) | 5,0 | (4,1) |
| Niederlande | 4,5 | (4,3) |
| Österreich | 4,4 | (4,7) |
| Schweden | 4,2 | (3,9) |

*Weltproduktion* von Rohstahl (nach IISI) 1983 (1982) 663,9 (643,6) Mill t

Die *Weltstahlproduktion,* die 1981/82 konjunkturbedingt sehr stark zurückgegangen war, erholte sich 1983 wieder. In den meisten Ländern stieg die Stahlerzeugung, entsprechend dem weltwirtschaftlichen Aufschwung, wieder leicht an. Lediglich in den *EG-Ländern* sank die Produktion gegenüber 1982 noch einmal um 1,7% auf 109,5 Mill. t (1982: 111,4, 1981 noch 126,1 Mill. t). Hier macht sich vor allem die Tatsache bemerkbar, daß angesichts der im letzten Jahrzehnt aufgebauten *Produktionskapazitäten in Entwicklungsländern* – die billiger produzieren als die EG-Länder – die europäischen Exportmöglichkeiten stark abgenommen haben, so daß,

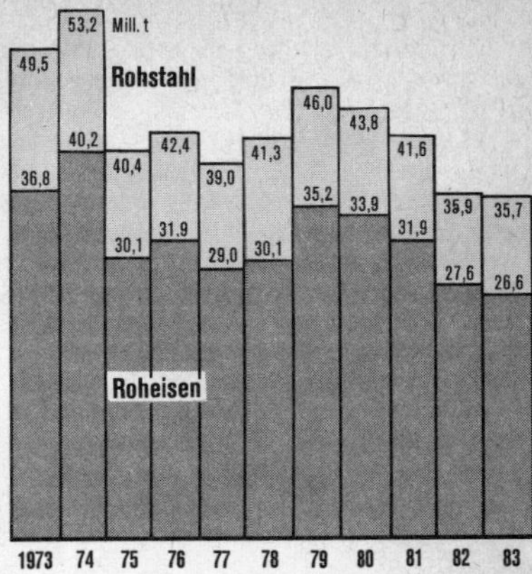


**Die Eisen- und Stahlproduktion der BR Deutschland**
Jahresproduktion 1973–1983

unter Berücksichtigung des enger gewordenen Binnenmarktes und der Importe aus Drittländern, große Überkapazitäten bestehen. Zur Bewältigung der Krise legte die EG-Kommission 1981 ein System von Produktions- und Absatzquoten fest, das 1984 bis 31.12.1985 verlängert wurde. Mit Hilfe staatlicher und EG-Subventionen werden seitdem Kapazitäten abgebaut und die weiter produzierenden Werke modernisiert. Insgesamt wurden in der EG Mitte 1984 nur noch 470000 Stahlarbeiter beschäftigt gegenüber 790000 im Jahr 1974. Die Zahl der *Beschäftigten in der Eisen- und Stahlindustrie* betrug Ende 1979/Ende 1983 in Tsd.: BR Deutschland 204,8/163,7 – Frankreich 120,6/90,7 – Italien 98,7/87,1 – Großbritannien 156,6/63,7 – Belgien 48,7/39,6 – Niederlande 21,2/19,2 – 1984 entschärfte sich die Absatzkrise und die europäische Stahlproduktion stieg wieder an.

In den *USA* war der Höhepunkt der Krise bereits 1982 erreicht worden mit einer Produktion von nur noch rd. 66 Mill. t (1981 noch 110 Mill. t). Aufgrund des wirtschaftlichen Aufschwungs und mit Hilfe von Einfuhrbeschränkungen konnte die Stahlerzeugung 1983 wieder auf rd. 77 Mill. t gesteigert werden. Die Kapazitäten wurden inzwischen stark abgebaut, die Zahl der Beschäftigten sank von 286000 (1981) auf 242000 (1983) – gegenüber einem Höchststand von 544000 (1953).

In der *BR Deutschland* sank die Stahlproduktion 1983 erneut leicht ab, konnte aber bis Mitte 1984 wieder gesteigert werden. Trotz eines Abbaus von Kapazitäten war die wirtschaftliche Lage der Stahlindustrie 1983 unverändert schlecht. Arbed-Saarstahl konnte nur durch Staatsmittel von über 300 Mill. DM vor dem Konkurs bewahrt werden. Dagegen scheiterte der geplante Zusammenschluß der Stahlproduzenten Thyssen und Krupp, den die Bundesregierung mit 500 Mill. DM Zuschuß unterstützen wollte. – Insgesamt wird wegen der veränderten Absatzlage ein *Abbau der deutschen Stahlproduktionskapazitäten* von gegenwärtig fast 70 Mill. t/Jahr auf etwa 45–50 Mill. t für notwendig gehalten.

Unter den *Stahlunternehmen der Welt* standen die wichtigsten deutschen Firmen an folgender Stelle (Produktion in Mill. t): 1. Nippon Steel 26,9 – 2. US Steel 13,4 – 3. British Steel 12,7 – 8. Thyssen 10,0 – 11. Klöckner 4,4 – 14. Krupp 3,9 – 16. Salzgitter 3,1 – 17. Mannesmann 3,1 – 18. Arbed Saarstahl 2,4

**Textilindustrie** Die Textilindustrie der *BR Deutschland,* die sich seit Jahren in einer Strukturkrise befindet und ihre Kapazitäten laufend verringert, konnte 1983 erstmals seit längerer Zeit ihren *Umsatz* wieder leicht ausweiten. Er stieg auf 32,986 Mrd. DM (1982 32,499 Mrd. DM), allerdings bei wiederum stark gesunkener *Beschäftigtenzahl* (241,5 Tsd. gegenüber 260,3 Tsd. 1982). Ein ähnliches Bild bietet die *Bekleidungsindustrie;* der *Umsatz* stieg 1983 (1982) auf 20,171 (19,944) Mrd. DM, die Zahl der Beschäftigten sank auf 193,9 (209,7) Tsd. Insgesamt gingen in den vergangenen 25 Jahren im Bereich der deutschen Textil- und Bekleidungsindustrie rd. 400000 Arbeitsplätze durch Automatisierung und Betriebsschließungen verloren. Trotzdem gehört die *BR Deutschland* zu den bedeutendsten Textilproduzenten und war 1983 zweitgrößter Exporteur – allerdings auch größter Importeur. – Bedeutendste *Exportländer* für Textil und Bekleidung (in Mill. $): Italien 8402 – BR Deutschland 8131 – Japan 6435 – Hongkong 5976 – Rep. Korea (Süd-K.) 5159 – Frankreich 5067 – USA 4874 – *Importländer* (in Mill. $): BR Deutschland 12590 – USA 11190 – Großbritannien 6457 – Frankreich 5921 – Hongkong 4379 – Niederlande 4052 – Japan 3535

**Wollgewebe** (ganz oder überwiegend aus Wolle) *Erzeugung* 1982 (1981) nach UNO-Angaben

*in Mill. lfd. m*

| | | |
|---|---|---|
| VR China (1981 bzw. 1980) | 106 | (101) |
| USA (1977 bzw. 1976) | 94 | (89) |
| Polen | 92 | (106) |
| Frankreich | 86 | (111) |
| ČSSR | 61 | (60) |
| Bulgarien | 40 | (38) |

*in Mill. m²*

| | | |
|---|---|---|
| UdSSR (1981 bzw. 1980) | 973 | (972) |
| Japan | 294 | (242) |
| Großbritannien | 100 | (97) |
| Jugoslawien | 89 | (96) |
| Rep. Korea (Süd-K.) | 58 | (58) |
| DDR | 40 | (39) |
| Ungarn | 26 | (29) |

*in 1000t*

| | | |
|---|---|---|
| BR Deutschland (1981 bzw. 1980) | 34 | (39) |
| Belgien | 33 | (36) |
| Spanien (1978 bzw. 1977) | 30 | (29) |
| Mexiko | 12 | (13) |
| Portugal | 9 | (9) |
| Österreich | 5 | (5) |

**Zement** *Erzeugung* 1982 (1981) in Mill. t (nach UNO-Angaben)

| | | |
|---|---|---|
| UdSSR | 124,00 | (127,00) |
| VR China | 95,20 | (82,90) |
| Japan | 79,21 | (84,83) |
| USA (Fabrikversand, ohne Naturzement) | 58,01 | (64,92) |
| Italien | 40,25 | (42,10) |
| BR Deutschland | 30,37 | (31,50) |
| Spanien | 29,60 | (28,75) |
| Frankreich | 26,15 | (28,22) |
| Brasilien | 25,44 | (26,05) |
| Indien | 22,49 | (20,77) |
| Mexiko | 19,10 | (17,84) |
| Rep. Korea (Süd-K.) | 17,89 | (15,61) |
| Polen | 16,03 | (14,23) |
| Türkei | 15,72 | (15,04) |
| Rumänien | 14,96 | (14,75) |
| Griechenland | 13,21 | (13,26) |
| Großbritannien | 12,96 | (12,73) |
| Rep. China (Taiwan) | 12,02 | (11,80) |
| DDR | 11,72 | (12,20) |
| ČSSR | 10,32 | (10,64) |
| Jugoslawien | 9,71 | (10,08) |
| Kanada | 8,14 | (10,15) |
| Südafrika | 8,08 | (8,10) |
| u.a. Österreich | 5,02 | (5,28) |
| Schweiz | 4,18 | (4,34) |

*Weltproduktion* (nach UNO-Angaben) 1982 (1981) 888 (875) Mill. t – In der *BR Deutschland* sank die Produktion 1983 leicht auf rd. 29,5 Mill. t, da die Zunahme der Hochbautätigkeit das stark verringerte Volumen des Tiefbaus nicht ausgleichen konnte. Der Absatz betrug 27,9 Mill. t, davon nur 6% Export. Der Inlandsabsatz ging zu fast 50% in die Transportbetonindustrie und zu rd. 25% in die Betonfertigteilindustrie.

**Zigaretten** *Welterzeugung* (nach UNO-Angaben, ohne VR China und Dem. VR Korea) 1980 (1979) 3497,183 (3450,747) Mrd. Stück – *Produktion* 1980 in Mrd. Stück u.a.: USA 697,000 – UdSSR 363,971 – Japan 303,177 – BR Deutschland 160,993 – Brasilien (nur größ. Fabr.) 142,300 – Großbritannien (ohne kleinere Fabr.) 135,908 – Polen 93,446 – Bulgarien 85,180 (einschl. Zigarren) – Indonesien 81,610 – Indien (ohne klein. Fabr.) 77,376 – Frankreich 73,125 – Italien 73,090 – Rep. Korea (Süd-K.) 70,351 – Kanada 67,180 – Jugoslawien 59,103 – Philippinen 58,810 – Spanien (S) 57,800 – Mexiko 54,520 (Türkei 51,977 – Niederlande 40,705 – u. a. Schweiz 31,264 – DDR 26,008 – Österreich

15,260 – In der *BR Deutschland* nahmen 1983 *Produktion* und Absatz von *Tabakerzeugnissen* zu. Folgende Mengen wurden 1983 (1982) im Inland versteuert (in Mrd. Stück): Zigaretten 121,661 (112,715) – Zigarillos 0,942 (0,946) – Zigarren 0,867 (0,861), dazu 17,942 (20,185) Tsd. t Feinschnitt und 1,806 (1,945) Tsd. t Pfeifentabak.
In der *BR Deutschland* nahm der *Zigarettenverbrauch* – der wegen der Steuererhöhung auf 1816 Stück zurückgegangen war – 1983 erneut zu; er betrug 1981 Stück pro Einwohner und Jahr. In der *DDR* stieg der Verbrauch auf rd. 1800. – Die führenden *Zigarettenmarken* in der *BR Deutschland* waren Anf. 1984 (Anteil in %): HB 15,6 – Marlboro 13,1 – Camel Filter 7,7 – Lord Extra 6,9 – Stuyvesant 5,5 – West 5,2 – Ernte 23 4,8 – R6 3,9 – Reval 3,8

# WELTHANDEL

**Entwicklung des Welthandels (Exporte) 1976–1983** (in Mrd. US-$, nach UNO-Angaben)

| | *1976* | *1977* | *1978* | *1979* | *1980* | *1981* | *1982* | *1983* |
|---|---|---|---|---|---|---|---|---|
| Volumen . . . . . . | 995,0 | 1127,0 | 1298,9 | 1642,6 | 1999,4 | 1974,5 | 1852,3 | 1804,6 |
| Zunahme nom. . . . | +14% | +13% | +15% | +26% | +22% | −1% | −6% | −3% |
| real . . . . | +11% | + 4% | + 6% | + 6% | + 1% | ±0% | −2% | +2% |

Der **Welthandel** hatte 1981 zum ersten Mal seit 1958 leicht abgenommen und war 1982 – im Verlauf der Rezession der Weltwirtschaft – sowohl nominal als real relativ stark zurückgegangen. 1983 nahm, als Folge der Belebung der Wirtschaftskonjunktur, auch das Welthandelsvolumen wieder deutlich zu. Insbesondere die verstärkte Importnachfrage der westlichen Industrieländer ließ den Welthandel wieder ansteigen. Nach vorläufigen Schätzungen der UNO belief sich der Wert der **Exporte aller am Welthandel beteiligten Länder** 1983 auf rd. 1805 Mrd. $. Dies ist zwar gegenüber dem Wert von 1982 (1852,3 Mrd. $) ein nominaler Rückgang von rd. 3%, der jedoch ausschließlich auf das in US-$ berechnete gesunkene durchschnittliche Preisniveau des Welthandels zurückgeht (Aufwertung des $ um rd. 5%). Real ergab sich eine Zunahme um rd. 2%.
Der freie Welthandel wurde auch 1983 durch 2 verschiedene Tendenzen stark beeinträchtigt, auf die das GATT-Sekretariat in seinem Jahresbericht war-

**Die führenden Welthandelsländer**
(Nach Angaben der UNO und des IWF, Werte für 1983 vorläufig; Einfuhr cif., Ausfuhr fob.)

| *1983* | *(1982)* | *Einfuhr in Mrd. $* | *1983* | *(1982)* |
|---|---|---|---|---|
| 1. | (1.) | USA . . . . . . . | 260,9 | (254,9) |
| 2. | (2.) | BR Deutschland . . | 152,9 | (155,9) |
| 3. | (3.) | Japan . . . . . . . | 126,4 | (131,9) |
| 4. | (4.) | Frankreich . . . . | 105,4 | (115,6) |
| 5. | (5.) | Großbritannien . . | 100,1 | (99,7) |
| 6. | (7.) | UdSSR . . . . . . | 86,0 | (77,8) |
| 7. | (6.) | Italien . . . . . . . | 80,4 | (86,2) |
| 8. | (8.) | Niederlande . . . . | 61,6 | (62,6) |
| 9. | (10.) | Kanada . . . . . . | 61,3 | (55,1) |
| 10. | (9.) | Belgien-Luxemburg | 56,5 | (58,2) |
| 11. | (11.) | Saudi-Arabien . . . | 39,8 | (40,7) |
| 12. | (12.) | Spanien . . . . . . | 29,2 | (31,5) |
| 13. | (13.) | Schweiz . . . . . . | 29,1 | (28,7) |
| 14. | (14.) | Singapur . . . . . | 28,2 | (28,2) |
| 15. | (16.) | Rep. Korea (Süd-K.) | 26,3 | (24,3) |
| 16. | (15.) | Schweden . . . . . | 26,1 | (27,6) |
| 17. | (18.) | Hongkong . . . . . | 24,0 | (23,6) |
| 18. | (17.) | Australien . . . . . | 19,4 | (24,2) |
| 19. | (22.) | VR China . . . . . | 19,2 | (19,0) |
| 20. | (21.) | DDR . . . . . . . | 19,0 | (20,2) |

| *1983* | *(1982)* | *Ausfuhr in Mrd. $* | *1983* | *(1982)* |
|---|---|---|---|---|
| 1. | (1.) | USA . . . . . . . . | 201,0 | (212,3) |
| 2. | (2.) | BR Deutschland . . | 169,4 | (176,4) |
| 3. | (3.) | Japan . . . . . . . | 146,7 | (138,9) |
| 4. | (4.) | Großbritannien . . | 91,7 | (97,0) |
| 5. | (5.) | Frankreich . . . . | 91,3 | (92,6) |
| 6. | (6.) | UdSSR . . . . . . | 89,5 | (86,9) |
| 7. | (9.) | Kanada . . . . . . | 73,8 | (68,5) |
| 8. | (8.) | Italien . . . . . . . | 72,7 | (73,5) |
| 9. | (10.) | Niederlande . . . . | 65,7 | (66,3) |
| 10. | (7.) | Saudi-Arabien . . . | 54,8 | (79,1) |
| 11. | (11.) | Belgien-Luxemburg | 51,5 | (52,4) |
| 12. | (12.) | Schweden . . . . . | 27,4 | (26,8) |
| 13. | (13.) | Schweiz . . . . . . | 25,6 | (26,0) |
| 14. | (16.) | Rep. Korea (Süd-K.) | 22,3 | (21,9) |
| 15. | (18.) | Hongkong . . . . . | 22,0 | (21,0) |
| 16. | (19.) | Singapur . . . . . | 21,8 | (20,8) |
| 17. | (17.) | Mexiko . . . . . . | 20,4 | (21,0) |
| 18. | (15.) | VR China . . . . . | 20,2 | (21,9) |
| 19. | (14.) | Australien . . . . . | 20,0 | (22,0) |
| 20. | (20.) | Spanien . . . . . . | 19,7 | (20,5) |

nend hinwies. Einerseits ist der *Protektionismus* weiter am Wachsen, und in vielen Ländern wird der Außenhandel, insbesondere die Einfuhren, zum Schutz der eigenen Wirtschaft immer stärker behindert und reglementiert. 45–50% des Welthandelsvolumens unterliegen bereits irgendwelchen Restriktionen (z. B. Schutzzölle, diskriminierende Einfuhrhindernisse, Importbesteuerungen usw.). Andererseits führt die hohe *Verschuldung und Devisenknappheit der meisten Entwicklungsländer* dazu, daß diese immer weniger als Käufer auf dem Weltmarkt auftreten können. Auch der zunehmende *Tauschhandel* im Verkehr mit den Entwicklungsländern und einigen Ostblockländern ist ein Ergebnis des Devisenmangels dieser Länder. Inzwischen werden fast 30% des Welthandels über Gegengeschäfte (Tauschhandel) abgewickelt.

Bezüglich der **Stärke der wichtigsten Welthandelsströme** gab es auch 1982–1983 nur geringe Verschiebungen, abgesehen vom weiteren *Bedeutungsverlust der OPEC-Staaten.* Vom Gesamtwert der *Weltexporte* entfielen 1983 (1982) 64 (65)% (= rd. 1 158 [1 177] Mrd. $) auf die westlichen Industrieländer und 11 (10)% auf die RGW-(Ostblock-)Staaten (= geringe Zunahme auf 195 [189] Mrd. $). Die OPEC-Länder verringerten ihr Exportvolumen nominal relativ stark auf 187 (222) Mrd. $ (= 10 [12] % der Weltexporte), während auf die übrigen Entwicklungsländer rd. 265 (251) Mrd. $ (= 15 [14] %) entfielen (vorläufige Werte nach UNO-Angaben). – Gewisse Verschiebungen der Reihenfolge und Veränderungen der Außenhandelswerte, die international in US-$ berechnet werden, ergaben sich für einige Länder durch Wechselkursschwankungen gegenüber dem $.

Nach z. T. vorläufigen Berechnungen der UNO lagen 1983 (1982) bei den exportierenden Ländern die **USA,** trotz eines Ausfuhrrückgangs, mit 201,0 (212,3) Mrd. $ wiederum deutlich vor der **BR Deutschland** mit einer Ausfuhrhöhe von 169,4 (176,4) Mrd. $. Bei den Importen ist die Reihenfolge die gleiche. Auch hier stehen die USA, sogar mit vergrößertem Abstand, an der Spitze mit 260,9 (254,9) Mrd. $ vor der **BR Deutschland** mit 152,9 (155,9) Mrd. $. Das *Handelsbilanzdefizit der USA* vergrößerte sich auf 59,9 (42,6) Mrd. $, während für die *BR Deutschland* wiederum ein relativ hoher *Außenhandelsüberschuß* von 16,5 (20,5) Mrd. $ erwirtschaftet wurde. Auch das 3. Welthandelsland **Japan** hatte wieder einen Exportüberschuß (20,3 Mrd. $ gegenüber 7,0 Mrd. $ im Vorjahr). Das Land steht weiterhin mit deutlichem Abstand vor Frankreich und Großbritannien bei den

**Die wichtigsten Außenhandelspartner der BR Deutschland 1983**
(Herstellungs- und Verbrauchsländer, nach »Wirtschaft und Statistik« 1984/2)

| *Einfuhr* | *Mrd. DM* | *Anteil in % a. d. ges. Einf. 1983* | *(1982)* | *Ausfuhr* | *Mrd. DM* | *Anteil in % a. d. ges. Ausf. 1983* | *(1982)* |
|---|---|---|---|---|---|---|---|
| 1. Niederlande | 48,188 | 12,3 | (12,2) | 1. Frankreich | 55,564 | 12,9 | (14,1) |
| 2. Frankreich | 44,569 | 11,4 | (11,4) | 2. Niederlande | 37,849 | 8,8 | (8,5) |
| 3. Italien | 31,581 | 8,1 | (7,6) | 3. Großbritannien | 35,400 | 8,2 | (7,3) |
| 4. Belgien-Lux. | 28,091 | 7,2 | (6,8) | 4. USA | 32,848 | 7,6 | (6,6) |
| 5. USA | 27,730 | 7,1 | (7,5) | 5. Italien | 32,084 | 7,4 | (7,6) |
| 6. Großbritannien | 27,137 | 7,0 | (7,2) | 6. Belgien-Lux. | 31,839 | 7,4 | (7,3) |
| 7. Japan | 14,797 | 3,8 | (3,4) | 7. Schweiz | 22,376 | 5,2 | (5,1) |
| 8. Schweiz | 13,974 | 3,6 | (3,4) | 8. Österreich | 22,122 | 5,1 | (4,8) |
| 9. Österreich | 12,604 | 3,2 | (3,0) | 9. Schweden | 11,271 | 2,6 | (2,7) |
| 10. UdSSR | 11,864 | 3,0 | (3,0) | 10. UdSSR | 11,245 | 2,6 | (2,2) |
| 11. Norwegen | 10,809 | 2,8 | (2,6) | 11. Dänemark | 8,583 | 2,0 | (2,0) |
| 12. Schweden | 8,428 | 2,2 | (2,0) | 12. Iran | 7,716 | 1,8 | (0,8) |
| 13. Dänemark | 6,983 | 1,8 | (1,7) | 13. Saudi-Arabien | 7,604 | 1,8 | (2,0) |
| 14. Libyen | 6,343 | 1,6 | (1,9) | 14. Spanien | 7,589 | 1,8 | (1,7) |
| 15. Spanien | 5,794 | 1,5 | (1,3) | 15. Japan | 5,603 | 1,3 | (1,2) |
| 16. Nigeria | 4,677 | 1,2 | (1,2) | 16. Jugoslawien | 5,139 | 1,2 | (1,1) |
| 17. Brasilien | 4,192 | 1,1 | (1,1) | 17. Norwegen | 5,027 | 1,2 | (1,3) |
| 18. Saudi-Arabien | 4,001 | 1,0 | (2,8) | 18. Südafrika | 4,982 | 1,2 | (1,4) |
| 19. Finnland | 3,626 | 0,9 | (0,9) | 19. Griechenland | 4,612 | 1,1 | (1,1) |
| 20. Hongkong | 3,565 | 0,9 | (0,9) | 20. Finnland | 4,186 | 1,0 | (1,0) |
| 21. Jugoslawien | 3,555 | 0,9 | (0,8) | 21. Irak | 3,695 | 0,9 | (1,8) |
| 22. Kanada | 3,317 | 0,8 | (0,9) | 22. Kanada | 3,179 | 0,7 | (0,6) |
| 23. Algerien | 3,167 | 0,8 | (1,0) | 23. Argentinien | 3,056 | 0,7 | (0,3) |
| 24. Venezuela | 3,114 | 0,8 | (0,3) | 24. Türkei | 2,969 | 0,7 | (0,6) |
| 25. Griechenland | 2,751 | 0,7 | (0,7) | 25. Ägypten | 2,946 | 0,7 | (0,6) |

Einfuhren bzw. vor den gleichen Ländern in umgekehrter Reihenfolge bei den Ausfuhren. Es folgen dann die UdSSR sowie Italien, Kanada und die BENELUX-Länder als wichtigste Handelsmächte, während Saudi-Arabien aufgrund seiner stark verminderten Ölausfuhren nicht mehr in die Spitzengruppe gehört.

Der **Außenhandel der BR Deutschland** entwickelte sich 1983 wiederum relativ günstig, vor allem

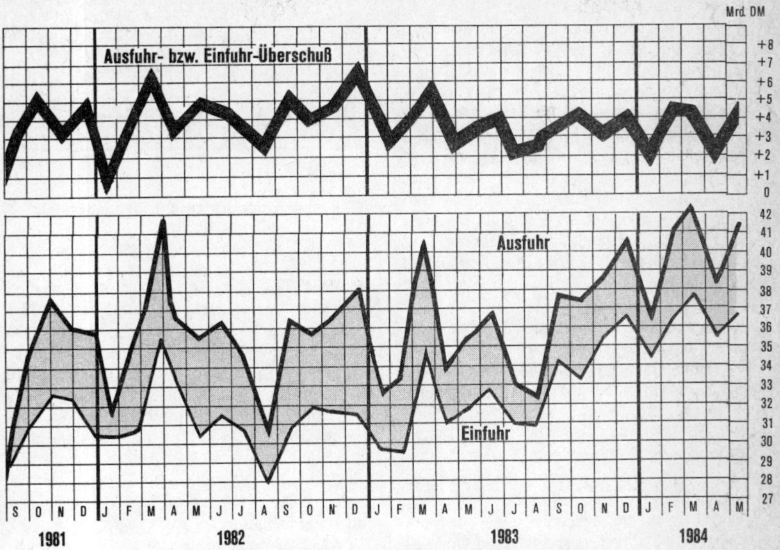


**Der Außenhandel der BR Deutschland – Monatliche Entwicklung**
(Nach Angaben des Statist. Bundesamtes)

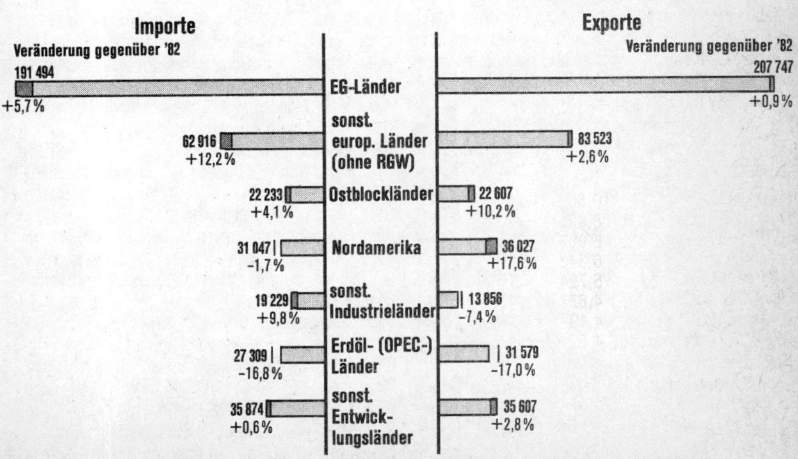


**Der Außenhandel der BR Deutschland 1983 nach Ländergruppen in Mrd. DM**
(Nach »Wirtschaft und Statistik« 1984/2)

aufgrund der ab Jahresmitte im Inland und in wichtigen Außenhandels-Partnerländern deutlichen wirtschaftlichen Belebung, die auch die Handelsströme wieder verstärkte. Im Gegensatz zum Vorjahr stiegen jedoch die Einfuhren stärker an als die Ausfuhren, so daß die Rekordhöhe des 1982 erzielten Exportüberschusses 1983 nicht mehr gehalten werden konnte. Trotzdem wurde auch 1983 wieder ein *Aktivsaldo der gesamten Leistungsbilanz* erreicht, obwohl sich im Dienstleistungsverkehr und bei den sonstigen Übertragungen nach wie vor größere Defizite ergaben (→ BR Deutschland, Sp. 508). Die *Verringerung des Außenhandelsüberschusses,* die gegenüber 1982 zu verzeichnen war, ging vor allem auf das Konto der EG-Partner und der sonstigen westlichen Industrieländer. So verringerte sich der Exportüberschuß gegenüber der EG von 24,736 Mrd. DM (1982) auf 16,253 Mrd. DM (1983), gegenüber der EFTA von 19,086 Mrd. DM auf 15,570 Mrd. DM. (Alle Angaben nach »Wirtschaft und Statistik«, 1984/1–3)

Die **BR Deutschland** konnte auch 1983 ihren Vorsprung vor Japan aufrechterhalten und den **2. Rang als Welthandelsland** nach den USA und vor Japan, Frankreich und Großbritannien behaupten. Die **Einfuhren** nahmen 1983 (1982) nominal um 3,7 (1,9) % auf 390,375 (376,464) Mrd. DM zu. Real, d. h. volumenmäßig (ohne Berücksichtigung von Preisbewegungen) betrug die Zunahme dagegen rd. 5%, da es in verschiedenen Sparten zu Preissenkungen gegenüber dem Vorjahr kam (insbesondere bei Erdöl und anderen Rohstoffen). Die **Ausfuhren** erhöhten sich 1983 (1982) nominal um nur 1,1 (7,2) % auf 432,338 (427,741) Mrd. DM; real betrug die Steigerung wegen insgesamt leicht erhöhter Exportpreise nur 0,4%. – Der **Außenhandelsüberschuß** verminderte sich dementsprechend 1983 (1982) auf 41,981 (51,277) Mrd. DM. Wegen günstiger Entwicklung der übrigen Posten konnte der **Leistungsbilanzüberschuß** 1983 (1982) trotzdem auf einer Höhe von 8,4 (8,6) Mrd. DM gehalten werden.

Die höchsten **Überschüsse** (in Mrd. DM) erzielte die BR Deutschland 1983 im Handel mit Frankreich (11,0 gegenüber 17,3 im Jahr 1982), Österreich (9,5), der Schweiz (8,4), Großbritannien (8,3), Iran (6,1), USA (5,1), Belgien-Luxemburg (3,7), Saudi-Arabien (3,6), Schweden (2,8), Irak (2,7), Südafrika (2,2) und Ägypten (2,2). – Die größten **Defizite** ergaben sich im Handel mit den Niederlanden (10,3), Japan (9,2), Norwegen (5,8), Libyen (4,2), Nigeria (2,9), Brasilien (2,8), Venezuela (2,5), Hongkong (2,1), Rep. China (Taiwan) 1,2, Rep. Korea (Süd-K.) 0,8, Kolumbien (0,7) und Chile (0,7).

Als **Außenhandelspartner der BR Deutschland** standen 1983 sowohl als Einkaufs- wie auch als Käuferländer *(Herstellungs- und Verbrauchsländer)* die *westlichen Industriestaaten* wieder mit großem Abstand an der Spitze. Auf sie entfielen 1983 (1982) 78,9 (77,8) % der Ausfuhren und 78,1

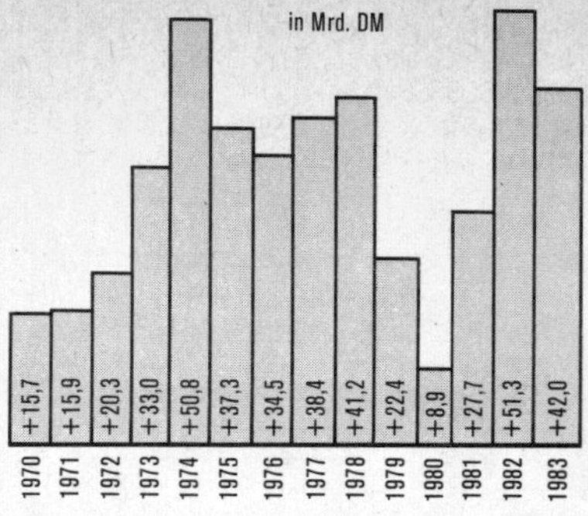


**Die Exportüberschüsse der BR Deutschland 1970–1983**

(76,1) % der Einfuhren; die **EG** war allein zu **48,1** (48,1) % **an der deutschen Ausfuhr** und zu **49,1** (48,1) % an **der Einfuhr beteiligt,** die anderen europäischen Industrieländer des Westens (vor allem **EFTA**) zu 19,3 (19,0) % an den Exporten und zu 16,1 (14,9) % an den Importen. Der Anteil des Handels mit den EG-Partnern nahm also erneut leicht zu, wobei sich 1983 (1982) ein Ausfuhrüberschuß gegenüber den anderen EG-Ländern in Höhe von 16,3 (24,7) Mrd. DM ergab. – Die Exporte in die **USA** konnten 1983 (1982) um 16,8 (8,3) % gesteigert werden, so daß ihr Anteil an den Gesamtausfuhren auf 7,6 (6,6) % zunahm. Da andererseits die Einfuhren aus den USA um 1,7% abnahmen, ergab sich – gegenüber Defiziten der vergangenen Jahre – ein deutscher Überschuß von 5,1 Mrd. DM. – Die **Niederlande** blieben, bei einer Steigerung ihres Anteils auf 12,3%, das **wichtigste Lieferland** mit einem um 4,9% gewachsenen Importwert. **Frankreich** behielt seinen Rang als **wichtigstes Abnehmerland,** allerdings mit einem auf 12,9% gesunkenen Anteil (1982 noch 14,1% der deutschen Exporte). Überdurchschnittlich stark wuchsen die Ausfuhren nach **Großbritannien** (+13,0%) und nach Irland (+6,8%), während bei den Einfuhren aus dem EG-Raum vor allem Irland (+19,4%), Belgien-Luxemburg (+10,2%) und Italien (+10,0%) hohe Zuwächse erreichten. – In den Außenhandelsbeziehungen mit **Japan** setzte sich der langjährige Trend wachsender deutscher Defizite, der nur 1982 unterbrochen worden war, weiter fort. Während die deutschen Exporte nur von 5,166 auf 5,603 Mrd. DM (+8,5%) gesteigert werden konnten, erhöhten sich die Importe aus Japan von 12,647 auf 14,797 Mrd. DM (+17,0%), so daß das Defizit der BR Deutschland auf 9,194 Mrd. DM anstieg.

Beim **Handel mit den außereuropäischen Entwicklungsländern** sanken die **Ausfuhren,** die 1981 um 36% und 1982 noch um 3% angewachsen waren, 1983 um 7,6% auf 67,186 Mrd. DM. Auch die

**Einfuhren,** die schon 1982 zurückgegangen waren, nahmen 1983 weiter ab, diesmal um 7,7% auf 63,183 Mrd. DM. Somit konnte der deutsche Überschuß, der – nach Jahren hoher Defizite – 1982 in Höhe von 4,208 Mrd. DM erwirtschaftet worden war, auch 1983 in fast gleicher Höhe (4,003 Mrd. DM) gehalten werden. Dies ist vor allem auf den Handel mit den *OPEC-Ländern* zurückzuführen, mit denen sich 1983 (1982) ein deutscher Aktivsaldo von 4,270 (5,219) Mrd. DM ergab, nachdem die Bilanz noch 1980 mit –14,603 Mrd. DM stark negativ gewesen war. Die Einfuhren sanken wegen der verminderten Ölimporte um 16,8% auf 27,309 Mrd. DM (1981 noch 37,449 Mrd. DM); allerdings mußten auch die Ausfuhren wegen des stark verminderten finanziellen Spielraumes dieser Länder Einbußen um 17% auf 31,579 Mrd. DM hinnehmen. So sanken z. B. die deutschen Exporte in den Irak um 51,4%, nach Nigeria um 51,0%, nach Libyen um 24,4% und nach Saudi-Arabien um 11,0%. Eine Ausnahme machte lediglich Iran mit einer Zunahme der deutschen Bezüge um 126,8%. – Im Handel mit den *übrigen Entwicklungsländern* ging der deutsche Passivsaldo von 1,012 Mrd. DM (1982) auf nur noch 0,267 Mrd. DM zurück. Die deutschen Ausfuhren erhöhten sich um 2,8% auf 35,607 Mrd. DM, die Einfuhren aus diesen Ländern nahmen nur um 0,6% auf 35,874 Mrd. DM zu.

Der **Handelsaustausch mit den RGW- und anderen kommunistischen Ländern** (»Staatshandelsländer«, hier ohne die DDR) entwickelte sich 1983 etwas stärker als der Außenhandel insgesamt. Zwar nahmen die deutschen *Einfuhren* nur um 4,1% auf 22,233 Mrd. DM zu (1982: 21,359 Mrd. DM). Die

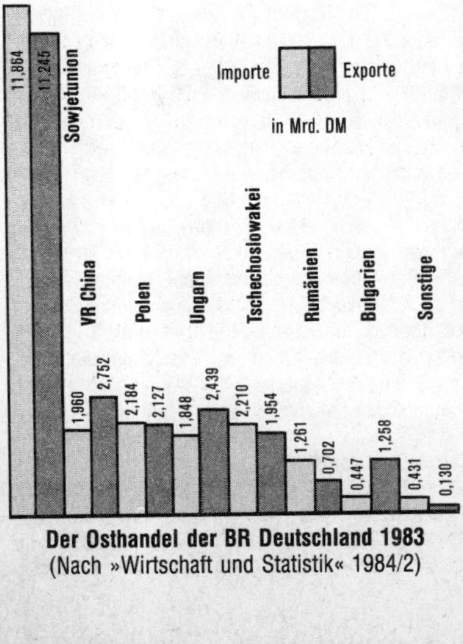


**Der Osthandel der BR Deutschland 1983**
(Nach »Wirtschaft und Statistik« 1984/2)

*Ausfuhren* in diese Länder stiegen jedoch um 10,2% auf 22,607 Mrd. DM (1982: 20,522 Mrd. DM), so daß – im Gegensatz zum 82er Defizit – der deutsche »Osthandel« 1983 wieder mit einem Aktivsaldo abschloß (0,374 Mrd. DM). Der Anteil des »Osthandels« am gesamten deutschen Außenhandel ist weiterhin relativ unbedeutend; er betrug 1983 (1982) bei der Ausfuhr 5,2 (4,8)%, bei der Einfuhr 5,7 (5,7)%. Bei den Importen standen wiederum Rohstoffe (z. B. Erdgas), bei den Exporten Industriegüter (Maschinen, Fahrzeuge, Stahl, Chemieprodukte) im Vordergrund. Wichtigster *Osthandelspartner* war auch 1983 wieder mit weitem Abstand die UdSSR mit 49,7% der deutschen Ausfuhren und 53,4% der Einfuhren aus den Staatshandelsländern. Bei den Ausfuhren steigerten sich 1982–1983 am stärksten die Lieferungen in die VR China (+33%) und die UdSSR (+19,7%), bei den Einfuhren die Bezüge aus der VR China (+15,4%), der ČSSR (+7,8%) und der UdSSR (+4,5%). Der Handelsaustausch mit den anderen RGW-Ländern stagnierte oder nahm ab, besonders stark mit Rumänien (A: –23,0%; E: –7,1%).

In der **Warenstruktur** des Außenhandels der *BR Deutschland* traten auch 1983 gegenüber den Vorjahren keine schwerwiegenden Veränderungen ein, wenn es auch bei einzelnen Produkten stärkere Zunahmen oder Abnahmen gab (z. B. Rückgang der Erdöleinfuhr 1982–83 um 10,0% mengenmäßig bzw. 15,4% wertmäßig). Der Anteil der Waren der gewerblichen Wirtschaft betrug 1983 (1982) bei der Einfuhr 85,5 (85,4)%, bei der Ausfuhr sogar 93,9 (93,7)%, der Anteil der Land- und Ernährungswirtschaft ging auf 12,9 (13,2)% bzw. 5,5 (5,6)% zurück. – Die höchsten *Zuwachsraten* bei den *Einfuhren* hatten 1982–83 Büromaschinen und Datenverarbeitungsgeräte (+27,1%), Straßenfahrzeuge (+22,5%), Spiel- und Sportgeräte, Schmuck u. ä. (+11,1%), Mineralölerzeugnisse (+9,5%) und chemische Erzeugnisse (+9,0%) – Die *wichtigsten Einfuhrgüter* waren 1983 (mit Anteil am Gesamt-Einfuhrwert): Erdöl und Erdgas 13,5% –

**Die Ausfuhr der BR Deutschland nach Warengruppen 1983**
(Nach »Wirtschaft und Statistik« 1984/3)

chemische Erzeugnisse 8,8% – Erzeugnisse der Land- und Forstwirtschaft und Fischerei 7,5% – elektrotechnische Erzeugnisse 6,7% – Nahrungs- und Genußmittel (verarbeitet) 6,7% – Mineralölerzeugnisse 6,6% – Straßenfahrzeuge 5,4% – Textilien 4,7% – Maschinenbauerzeugnisse einschl. Traktoren 4,5% – Bei der *Ausfuhr* dominierten auch 1983 Erzeugnisse des Maschinen- und Fahrzeugbaus (→ Abb. Sp. 814). Hohe Zuwachsraten hatte die Ausfuhr von Büromaschinen und Datenverarbeitungsgeräten (+19,6%), NE-Metallen (+11,7%) und chemischen Erzeugnissen (+10,4%)

Die **Außenhandelsbilanz der Waren und Güter** ergab 1983 folgendes Bild: Der *größte Einfuhrüberschuß* war bei Erdöl und Erdgas zu verzeichnen (49,704 Mrd. DM gegenüber 1982 56,364 Mrd. DM); es folgten mit hohen Passiva in Mrd. DM 1983: Erzeugnisse der Land- und Forstwirtschaft und Fischerei (23,689) – Mineralölerzeugnisse (19,536) – Erzeugnisse des Nahrungs- und Genußmittelgewerbes (6,596) – Bekleidung (5,952) – Textilien (4,086) – Papier, Pappe, Zellstoff u. ä. (3,781) – Nichteisenmetalle (3,640) – Die *größten Außenhandelsüberschüsse* ergaben sich (in Mrd. DM) bei: Straßenfahrzeuge (51,395) – Maschinenbauerzeugnisse einschl. Traktoren (46,179) – chemische Erzeugnisse (25,224) – elektrotechnische Erzeugnisse (15,702) – Eisen-, Blech- und Metallwaren (6,162) – Eisen und Stahl (6,148)

Beim **Innerdeutschen Handel,** d. h. im **Warenverkehr der BR Deutschland mit der DDR** (einschl. Ost-Berlin) – der nicht zum Außenhandel zählt – ergab sich 1983 mit +6,2% eine geringere Zunahme als im Vorjahr (+12,0%), die jedoch höher lag als der Zuwachs beim Handel mit anderen Ländern (insges. +2,3%). Die Lieferungen und Bezüge des Bundesgebiets stiegen 1983 (1982) auf 13,825 (13,022) VE (1 Verrechnungseinheit = 1 DM). Die *Lieferungen der BR Deutschland* (einschl. West-Berlin) betrugen 1983 (1982) 6,947 (6,382) Mrd. DM, die *Bezüge aus der DDR* stiegen auf 6,878 (6,639) Mrd. DM, so daß sich wieder – wie schon von 1969–1979 – ein Überschuß zugunsten der BR Deutschland ergab (+69 Mill. DM). Lediglich 1980–1982 hatten die Bezüge aus der DDR überwogen (1982: +257 Mill. DM). Der Abbau der hohen Schulden der DDR wurde somit 1983 wieder unterbrochen (z. Zt. Netto-Verbindlichkeiten im innerdeutschen Handel von rd. 3,8 Mrd. DM), jedoch wurde der »swing«, ein zinsloser Kredit für die DDR bis zur Höhe von 770 Mill. DM, 1983 nicht voll in Anspruch genommen. – Der *Anteil des innerdeutschen Handels* am gesamten grenzüberschreitenden Warenverkehr der BR Deutschland ist zahlenmäßig nach wie vor relativ unbedeutend (1,65%) – Bei den *bundesdeutschen Lieferungen* dominierten 1983 (in Mill. DM): chemische Erzeugnisse 1322,8 – Eisen und Stahl 1000,9 – Nahrungsmittel 942,0 – Maschinen 769,2 – Bergbauerzeugnisse 741,5 – Bei den *Bezügen aus der DDR* standen wiederum Mineralölerzeugnisse im Vordergrund (1574,0) vor chemischen Erzeugnissen 800,3 – Textilien 450,5 – Bekleidung 439,7 – Eisen und Stahl 327,7 – Die *Menge* des innerdeutschen Warenverkehrs belief sich 1983 auf 17,2 Mill. t; infolge der unterschiedlichen Zusammensetzung von Lieferungen und Bezügen entfielen hiervon 12,3 Mill. t auf Bezüge aus der DDR.

Über den **Außenhandel der DDR,** zu dem seitens der DDR auch der innerdeutsche Handel gezählt wird, liegen für 1983 noch keine genauen Angaben vor. 1982 (1981) betrug nach DDR-Angaben die gesamte *Ausfuhr* 75,231 (65,927) Mrd. VM, die *Einfuhr* 69,878 (67,000) Mrd. VM (= »Valuta-Mark«, Rechnungseinheit für den Außenhandel, entspricht 0,214 Rubel). Von den *Ausfuhren* entfielen 1982 (1981) 47,984 (43,637) Mrd. VM auf »sozialistische« und 27,247 (22,290) Mrd. VM auf »nichtsozialistische« Länder; bei den Einfuhren betrug die Relation 47,851 (44,907) Mrd. VM gegenüber 22,028 (22,093) Mrd. VM. Für den gesamten *Außenhandelsumsatz* wird eine nähere Aufgliederung gegeben: Von 145,109 Mrd. VM entfielen 1982 auf »sozialistische Länder« 95,500 (darunter UdSSR 55,164) – »kapitalistische Industrieländer« 40,845 – Entwicklungsländer 8,430

Getrennte Export- und Importzahlen mit einzelnen Ländern werden von der DDR in der Regel nicht publiziert, so daß es nicht möglich ist, exakte Aussagen über Außenhandelsbilanzen zu machen. Die größten **Außenhandelspartner der DDR** waren 1982 (1981) nach dem Umsatz (Importe + Exporte) in Mrd. VM: 1. UdSSR 55,164 (49,888) – 2. BR Deutschland mit Berlin (West) 12,527 (11,047) – 3. ČSSR 10,499 (10,098) – 4. Ungarn 7,630 (6,861) – 5. Polen 7,205 (7,316) – 6. Bulgarien 4,587 (4,060) – 7. Rumänien 4,409 (4,091) – 8. Österreich 3,021 (2,592) – 9. Jugoslawien 2,950 (2,856) – 10. Frankreich 2,674 (3,215) – 11. Schweiz 2,500 (2,519) – 12. Großbritannien 2,256 (1,712) – 13. Schweden 2,225 (1,584) – 14. Belgien-Lux. 1,973 (1,807) – 15. Irak 1,924 (0,713)

Der mit großem Abstand *wichtigste Handelspartner der DDR ist die UdSSR,* auf die 38% des gesamten Außenhandels entfallen. Auch umgekehrt ist die DDR der wichtigste sowjetische Handelspartner. Die UdSSR lieferte 1983 vornehmlich Energie und mineralische Rohstoffe, Maschinen und Fahrzeuge; die DDR Motoren, Maschinen, Schiffe und chemische Produkte in die Sowjetunion.

**Österreich** konnte 1983 (1982) seine Ausfuhren um 3,8 (6,0)% – real um 4,1 (1,4)% – auf 277,139 (266,860) Mrd. S steigern. Da sich jedoch die Einfuhren um 5,1% – real um 6,4% – auf 348,339 Mrd. S erhöhten (1982 Verminderung um 0,6%), stieg auch das *Handelsbilanzdefizit* wieder auf 71,200 (1982: 65,691) Mrd. S an. Bei den *Importen* dominierten wieder die EG-Länder, aus denen Österreich 62,8% seiner Einfuhren bezog (BR Deutschland allein 41,4%). Der Anteil der EFTA-Länder betrug demgegenüber nur 7,8% und wurde noch von den Ostblockstaaten (RGW) mit 10,5% übertroffen. – Bei den *Ausfuhren* stieg der EG-Anteil von 53,1% (1982) auf 53,7%; das hohe Defizit mit der EG erhöhte sich 1983 (1982) auf 69,626 (61,734) Mrd. S. Hiervon entfielen allein auf den Handel mit der BR Deutschland 59,247 (56,675) Mrd. S. Mit der EFTA, auf die 10,7% der Exporte entfielen, ergab sich ein gegenüber dem Vorjahr verringerter Außenhandelsüberschuß von 2,540 (5,617) Mrd. S, der vor allem auf den Handel mit der Schweiz zurückging (+2,373 Mrd. S). Der Saldo mit den Ostblockstaaten war wiederum negativ, verbesserte sich aber aufgrund verringerter Einfuhren auf –2,943 (–7,298) Mrd. S. Die wichtigsten *Handelspartner* waren 1983 (Einfuhr/Ausfuhr in Mrd. S): 1. BR Deutschland 144,594/85,347 – 2. Italien 30,970/24,600 – 3. Schweiz 16,539/18,912 – 4. UdSSR 14,856/10,782 – 5. Frankreich 14,284/10,391 – 6. USA 11,719/8,211 – 7. Großbritannien 7,477/11,320 – 8. Niederlande 9,575/6,694 – 9. Japan 12,199/2,830 – 10. Ungarn 5,930/6,112 – 11. Belgien-Luxembg. 6,831/4,668 – 12. Schweden 6,138/5,177 – 13. ČSSR 7,369/3,586 – 14. Jugoslawien 3,484/7,203 – 15. DDR 2,726/6,328 – Bei den *Einfuhrgütern* standen Maschinen und Fahrzeuge mit 103,646 Mrd. S an erster Stelle vor Energierohstoffen (48,077 Mrd. S) und chemischen Erzeugnissen (35,027 Mrd. S); bei den *Ausfuhren* ebenfalls Maschinen und Fahrzeuge mit 83,566 Mrd. S vor Textilien und Bekleidung (28,988 Mrd. S), Eisen und Stahl (24,032 Mrd. S).

In der **Schweiz** erhöhten sich 1983 sowohl die Ein- als auch die Ausfuhren gegenüber dem Vorjahr. Da die Importe stärker anstiegen, wuchs das Defizit der Handelsbilanz, das 1981 und 1982 zurückgegangen war, wieder an.

| | *Einfuhr* | *Ausfuhr* (in Mrd. Fr.) | *Saldo* |
|---|---|---|---|
| 1978 . . . . | 42,300 | 41,780 | – 0,520 |
| 1979 . . . . | 48,730 | 44,025 | – 4,706 |
| 1980 . . . . | 58,972 | 48,581 | –10,392 |
| 1981 . . . . | 60,094 | 52,822 | – 7,272 |
| 1982 . . . . | 58,060 | 52,659 | – 5,401 |
| 1983 . . . . | 61,065 | 53,724 | – 7,341 |

Der größte Teil des Außenhandels wurde wieder mit den EG-Staaten abgewickelt (Einfuhren 40,047 – Ausfuhren 26,424 Mrd. Fr.), mit denen sich ein Defizit von 13,623 Mrd. Fr. ergab. Der Handel mit den übrigen EFTA-Ländern erbrachte wieder einen Überschuß (Exporte 4,559 – Importe 4,043 Mrd. Fr.), der Handel mit den Ostblockstaaten erneut ein Defizit (Importe 2,076 – Exporte 1,632 Mrd. Fr.). Die *bedeutendsten Außenhandelspartner* waren 1983 (Einfuhr/Ausfuhr in Mrd. Fr.): 1. BR Deutschland 17,413/10,698 – 2. Frankreich 7,131/4,641 – 3. Italien 6,141/3,804 – 4. USA 4,994/4,594 – 5. Großbritannien 3,303/3,482 – 6. Österreich 2,167/2,211 – 7. Niederlande 2,691/1,420 – 8. Belgien-Lux. 2,491/1,252 – 9. Japan 2,342/1,508 – 10. Schweden 1,030/1,067 – 11. Spanien 0,883/1,265 – 12. Hongkong 0,689/0,875 – Die wichtigsten *Einfuhrgüter* waren 1983 (in Mrd. Fr.): Maschinen 9,378 – Chemikalien 6,973 – Energieträger 6,708 – Fahrzeuge 6,612 – Erzeugn. der Land- und Forstwirtschaft und Fischerei 6,293 – Textilien und Bekleidung 5,727 – Metalle und Metallwaren 5,078 – Papier und Papierwaren 2,157 – Die wichtigsten *Ausfuhrgüter* waren 1983 (in Mrd. Fr.): Maschinen 16,376 – Chemikalien einschl. Pharmazeutika 11,508 – Instrumente und Uhren 9,595 – Metalle und Metallwaren 4,794 – Textilien und Bekleidung 3,897 – Nahrungs- und Genußmittel 2,198 – Papier und Papierwaren 1,199

Die **EG** war auch 1983/84 bemüht, ihre Außenhandelsposition gegenüber Drittländern weiter zu verbessern und den innergemeinschaftlichen Handel zu erleichtern. Im internationalen Warenaustausch entfielen 1983 auf die EG, die als Zollunion einen gemeinsamen Außentarif hat, rd. 19–20% des Welthandels. Sie ist damit vor den USA und Japan die größte am Welthandel beteiligte Wirtschaftseinheit. Im innergemeinschaftlichen Warenverkehr gab es dagegen auch 1983/84, wie eine amtliche Publikation der EG schrieb, »bei der Beseitigung der ... Handelsschranken hartnäckige Widerstände«, die »z. T. auf objektive Schwierigkeiten, z. T. aber auch auf das Wiedererstarken protektionistischer Tendenzen in den Mitgliedsländern zurückzuführen« seien. Dazu kämen »populäre Besorgnisse des Gesundheits- und Verbraucherschutzes«, ... »fiskalische Erwägungen und Beharrungstendenzen in den Ministerial- und Zollverwaltungen«. Die auf mehrere der obigen Gründe zurückgehenden häufigen Behinderungen der Wareneinfuhr nach Italien führten Anfang 1984 zu längeren Protestaktionen der LKW-Spediteure mit zeitweiliger Blockade des Brenners und anderer Grenzübergänge. – Problematisch waren auch 1983/84 die Handelsbeziehungen mit *Japan,* dem »Abschottung« seiner Märkte gegenüber Einfuhren aus den EG-Ländern vorgeworfen wird. Der Handel mit Japan erbrachte 1983 für die EG das Rekorddefizit von 10,4 Mrd. $.

**Frankreich,** zweitgrößte Handelsmacht in der EG nach der BR Deutschland, konnte 1983 eine günstige Entwicklung seines Außenhandels verbuchen. Das Defizit im Außenhandel, das 1982 noch 92,6 Mrd. FF betragen hatte, sank auf 42,3 Mrd. FF, da die

Ausfuhren um 22%, die Einfuhren nur um 10% erhöht wurden. Die wichtigsten Warengruppen im Außenhandel waren 1983 (Einfuhr/Ausfuhr in Mrd. FF): Energierohstoffe 195,0/26,1 – Investitionsgüter 142,5/190,4 – Agrarprodukte und Lebensmittel 102,8/124,4 – Konsumgüter 119,4/102,5 – Chemikalien 104,7/107,5 – Metalle und Metallwaren 72,7/81,2 – Transportmittel (einschl. Kfz.) 58,7/83,2. Ebenso wie Frankreich für Deutschland, so ist auch die *BR Deutschland* für *Frankreich* der mit Abstand *größte Handelspartner.* Der Warenaustausch brachte 1983 eine Verringerung des französischen Defizits von 38,1 Mrd. FF (1982) auf 27,5 Mrd. FF, da die Ausfuhren gesteigert werden konnten, während die Einfuhren real abnahmen. Bei einem Verhältnis der Ausfuhren/Einfuhren von 108,0/135,5 Mrd. FF entstand jedoch wieder der höchste französische Fehlbetrag mit einem Handelspartner.

Die **USA** waren auch 1983 das *führende Welthandelsland* mit beträchtlichem Vorsprung vor der BR Deutschland. Allerdings verschlechterte sich die Handelsbilanz erneut stark und erreichte das Rekorddefizit von 69,4 Mrd. $ (1982: 42,6 Mrd. $), da einem verminderten Ausfuhrwert beträchtlich gestiegene Einfuhren gegenüberstanden. Die Ursache liegt einerseits im relativ starken Wirtschaftswachstum, das hohe Importe initiierte, andererseits im hohen Kurs des $ begründet. Hierdurch wurden Ausfuhren verteuert und Einfuhren verbilligt. Für 1984 wird eine Fortsetzung dieses Trends und ein Außenhandelsdefizit von über 100 Mrd. $ erwartet. – Die USA zählen – neben der BR Deutschland und Japan – bei fast allen Industrieprodukten zu den drei wichtigsten Exporteuren. Im Handel mit der *BR Deutschland* trat erstmals seit 5 Jahren wieder ein Defizit der USA auf (rd. 5 Mrd. DM). – Wichtigster Handelspartner der USA war auch 1983 **Kanada.** Trotz einer stärkeren Steigerung der Importe gegenüber den Exporten kam Kanada wiederum zu einem Handelsbilanzüberschuß, der sich 1983 auf rd. 18 Mrd. kan. $ belief.

**Japan,** das *drittgrößte Welthandelsland,* erreichte 1983 einen *Außenhandelsüberschuß* in der Rekordhöhe von 20,45 Mrd. $. Die größten Ausfuhrüberschüsse wurden im Handel mit den USA (+18,13 Mrd. $) sowie mit den EG-Ländern (+10,41 Mrd. $) erzielt, während größere Defizite nur im Handel mit den wichtigsten Rohstoff-, insbesondere Erdöllieferanten auftraten. – Die *BR Deutschland* ist Japans drittwichtigster Absatzmarkt und bezieht vor allem Kraftfahrzeuge, elektronische Geräte (Büro- und Unterhaltungselektronik), Film-, Foto- und Videogeräte u. ä. – Aufgrund neuerlicher Forderungen der EG-Kommission nach stärkerer Öffnung der Grenzen für Importe gab die japanische Regierung im April 1984 mehrere Maßnahmen zur Einfuhrerleichterung bekannt, u. a. Zollsenkungen und erhöhte Einfuhrquoten für Agrarprodukte. Die EG fordert weitere Maßnahmen, um das starke Ungleichgewicht im gegenseitigen Handelsaustausch zu vermindern, u. a. Mäßigung beim Automobil- und Maschinenexport und verbesserte europäische Investitionsmöglichkeiten in Japan. – Mit einer »Leistungsschau« (23. 4.–6. 5. 84) in Tokio hofft die deutsche Wirtschaft ihre Exportchancen in Japan wesentlich verbessern zu können.

Der **»Ost-West-Handel«** zwischen den westlichen Industrieländern und den RGW-Staaten (Ostblock) verlor 1983 erneut an Bedeutung. Sein Anteil am gesamten Welthandel sank von 5,5% anfangs der 70er Jahre auf 4,8%. Hauptursachen sind die *Devisenknappheit* und *hohe Verschuldung* der *RGW-Länder,* die höhere Bezüge aus dem Westen verhindern, sowie mangelnde Leistungsfähigkeit und ungenügendes technologisches Niveau, die höherwertige Lieferungen des Ostens erschweren. So bestehen z. B. 80% der sowjetischen Exporte in die BR Deutschland aus Erdöl, Erdgas und Mineralölprodukten. Insbesondere die Bedeutung der hoch verschuldeten Länder Polen und Rumänien für den Welthandel ging stark zurück. Der Anteil der UdSSR am gesamten Ost-West-Handel stieg von 36% (1970) auf 60% (1983).

Der Außenhandel der **UdSSR** stieg 1982–1983 um 6,4% auf 127,5 Mrd. Rubel (= 163,4 Mrd. $). Von diesem Gesamtvolumen des Handels entfielen 38,4 Mrd. R auf die westlichen Industrieländer, 71,4 Mrd. R auf den Außenhandel mit den übrigen »sozialistischen« Staaten und 17,7 Mrd. R auf Entwicklungsländer. Im *Westhandel* betrugen die Exporte 19,7 Mrd. R und die Importe 18,7 Mrd. R, so daß sich ein Überschuß ergab. Die wichtigsten *westlichen Handelspartner* waren 1983 (Volumen in Mrd. R): 1. BR Deutschland 7,0 – 2. Finnland 5,2 – 3. Italien 4,4 – 4. Frankreich 4,1 – Der Handel mit Japan (3,0) und mit den USA (1,9 Mrd. R) war stark rückläufig. – Im Handel mit den *»sozialistischen« Staaten* betrugen die Exporte 37,7 und die Importe 33,7 Mrd. R. *Wichtigster Handelspartner* war hier die DDR (Volumen 13,4 Mrd. R) vor Polen (10,0 Mrd. R). Der Handel mit den *Entwicklungsländern* bestand aus Exporten von 10,5 und Importen von 7,2 Mrd. R.

Die **VR China** weitete ihren Außenhandel 1983 erneut aus. Nach offiziellen chinesischen Angaben stieg das gesamte Handelsvolumen 1983 (1982) auf 40,14 (38,90) Mrd. $; auf den Export entfielen 22,00 (21,80) Mrd. $, auf den Import 18,14 (17,10) Mrd. $. Der *Handelsbilanzüberschuß* verringerte sich somit auf 3,86 (4,70) Mrd. $. Beim Export stieg der Anteil der Fertigwaren (insbes. Industrieerzeugnisse) auf 57%, bei entsprechend rückläufigem Anteil von landwirtschaftlichen und mineralischen Rohstoffen. – Der größte chinesische Handelspartner war auch 1983 Japan.

# Verkehr

Die Nachfrage nach Verkehrsleistungen steigerte sich 1983 international entsprechend der Erholung der Wirtschaftskonjunktur. Insbesondere der Güterverkehr nahm in den meisten Ländern sowie – infolge des erhöhten Welthandelsvolumens – im zwischenstaatlichen Transport zu.

In der *BR Deutschland* erhöhte sich 1983 das Transportvolumen im Güterverkehr um rd. 2,2%, der *Individual-Personenverkehr* um 2,4%. Dagegen nahm der *öffentliche Personenverkehr* um 2,3% ab. Hier macht sich insbesondere der Rückgang des öffentlichen Personennahverkehrs um 2,7% auf 4,59 Mrd. beförderte Personen bemerkbar. Neben der wieder verstärkten Hinwendung zum PKW sind an dieser Entwicklung vor allem die niedrigeren Schüler- und Beschäftigtenzahlen (Pendelverkehr) schuld. Der öffentliche Personenverkehr hatte dagegen eine leichte Zunahme zu verzeichnen. Für 1984 zeichnet sich ein weiteres Wachstum aller Verkehrsarten ab. Nach einer Vorausschätzung des ifo-Instituts gliedert sich der *Personenverkehr* 1984 folgendermaßen: insges. 605 Mrd. Personen-km, davon PKW 485 – U-Bahn, Straßenbahn, Busse 73 – Eisenbahn 36 – Flugzeug 11 – der *Güterverkehr* setzt sich 1984 folgendermaßen zusammen: insges. 250 Mrd. t-km, davon LKW 129 (Fernverkehr 88 – Nahverkehr 41) – Eisenbahn 57 – Binnenschiffahrt 52 – Rohrleitungen 9 – Flugzeug 3

Die *deutsche Bundesregierung* sieht die Hauptaufgabe der *Verkehrspolitik* in den nächsten Jahren in der *Sanierung der hoch verschuldeten Bundesbahn* (einschließlich Streckenneubauten). Die finanziellen Mittel für den *Straßenbau,* der jahrelang Priorität genoß, sollen dagegen auf gegenwärtiger Höhe stagnieren, wobei ein zunehmender Teil nicht in den Neubau, sondern in die Bestandserhaltung (Reparatur und Ersatzbedarf) und in die Verbesserung der Sicherheit fließen soll. Aufgrund ihrer hohen Defizite entfallen inzwischen mehr als 50% des Bundes-Verkehrshaushalts auf die Bundesbahn (1984 rd. 12,9 Mrd. DM), obwohl sie im Personenverkehr nur einen Marktanteil von ca. 6% und im Güterverkehr von 23% hat.

## KRAFTFAHRZEUGBESTAND UND -PRODUKTION STRASSENVERKEHR UND STRASSENBAU

**Weltbestand an Kraftfahrzeugen** (ohne VR Korea und ohne motoris. Zweiräder, landwirtsch. Zugmaschinen, Anhänger, Polizei- und Militärfahrzeuge u.ä.) nach UNO-Angaben 1980 (1979) 403,760 (390,380) Mill. Stück, davon 316,400 (306,730) Mill. PKW (einschl. Kombi) und 87,360 (83,650) Mill. LKW und Busse.

*Kraftfahrzeugbestand* nach Kontinenten und wichtigen Ländern 1980 (nach UNO-Angaben, z.T. S) in 1000 Stück PKW u. Kombi/LKW u. Busse: **Afrika** 5800/2820 (u.a. Südafrika [1977] 2164/821 – Marokko [1978] 394/179 – Ägypten 432/130 – Algerien [1976] 322/171 – Libyen [1975] 263/131 – Simbabwe [1974] 180/70 – Kenia 114/84 – Nigeria [1978] 115/65 – Sambia [1976] 94/78 – Tunesien [1975] 103/67) – **Amerika** a) *Nord- und Mittelamerika* 135080/38670 (u.a. USA 118459/33411 – Kanada 10256/2955 – Mexiko 4255/1572 – Puerto Rico [1978] 807/165 – Trinidad u. Tobago [1978] 132/37 – Guatemala [1978] 91/44) – b) *Südamerika* 13030/4540 (u.a. Brasilien [1978] 7124/1575 – Argentinien [1974] 2028/880 – Venezuela [1977] 1187/498 – Chile 466/227 – Kolumbien [1977] 454/105 – Peru [1977] 300/166 – **Asien** (ohne UdSSR und DVR Korea) 31550/17630 (u.a. Japan 23659/13193 – Indien [1979] 925/809 – VR China 238/1436 – Indonesien 640/560 – Iran [1977] 933/204 – Malaysia [1978] 657/212 – Philippinen [1978] 464/370 – Türkei [1976] 472/231 – Thailand [1978] 271/297 – Rep. Korea (Süd-K.) 249/269 – Israel 415/96 – Pakistan 283/108 – Kuwait [1977] 286/95 – Saudi-Arabien [1978] 153/167 – Hongkong 200/69 – Irak [1978] 170/86 – Singapur [1978] 146/62) – **Australien/Ozeanien** 7310/1840 (u.a. Australien [1978] 6819/1708 – Neuseeland 1323/267 – **Europa** (ohne UdSSR) 115340/14460 (u.a. BR Deutschland 23192/1571 – Frankreich 18400/2686 – Italien 17686/1688 – Großbritannien [1978] 14659/1841 – Spanien 7557/1383 – Niederlande 4550/381 – Belgien 3159/319 – Schweden [1978] 2856/163 – DDR [1978] 2392/601 – Österreich 2247/526 – ČSSR 2275/340 – Polen [1978] 1835/606 – Schweiz 2247/181 – Jugoslawien [1978] 1857/257 – Dänemark 1398/268 – Portugal [1978] 1161/369 – Norwegen 1233/164 – Finnland 1226/158 – Griechenland 863/420 – Ungarn 1013/163 – UdSSR [1973] 1815/5060)

Nach Schätzungen betrug der **Weltbestand an PKW** 1983 330 Mill. Fahrzeuge; davon entfielen auf Nordamerika rd. 42% – Westeuropa 33% – Asien 10% – Osteuropa und UdSSR 6%.

**Neuzulassung von Kraftfahrzeugen** 1982 in 1000 (PKW/LKW und Busse): USA 7754/2430 – Japan 2976/898 – Frankreich 2057/363 – BR Deutschland 2156/116 – Italien 1900/152 – Großbritannien 1610/235 – Kanada 714/207 – Spanien 536/104 – Australien 484/148 – Niederlande 407/39 – Südafrika 296/128 – Belgien 368/32 – Schweiz 293/20 – Schweden 221/19 – Österreich 201/18 – Für die RGW-Länder und die meisten Entwicklungsländer stehen keine Daten zur Verfügung.

Die **Weltproduktion an Kraftwagen** belief sich 1983 auf ca. 39 Mill., davon 29 Mill. PKW und 10 Mill. LKW und Nutzfahrzeuge. Die größten **Automobilhersteller** waren 1982 in Tsd. Stück PKW/Nutzfahrzeuge (einschl. LKW und Busse) – ohne Montage importierter Teile: Japan 6336/3857 – USA (Fabrikabgabe) 5050/1906 – BR Deutschland 3776/258 – Frankreich 3086/446 – UdSSR (1981) 1324/874 – Italien 1296/156 – Kanada 808/468 – Großbritannien 888/269 – Spanien 916/102 – Brasilien (einschl. Montage) 659/144 – Australien (einschl. Montage) 379/37 – Mexiko (einschl. Montage) 328/94 – Schweden 269/54 – Polen 229/48 – ČSSR 174/89 – Jugoslawien 158/71 – DDR 182/38 – Indien 64/89 – Argentinien (mit Montage) 110/24 – Niederlande 91/13 – Rumänien 103/– – Österreich 7/7 – Ungarn –/11

*Montage von Kraftfahrzeugen aus importierten Teilen* 1982 in Tsd. Stück: Belgien 950/42 – Südafrika 292/128 – Rep. Korea (Süd-K.) 99/61 – Indonesien 23/130 – Neuseeland 87/24 – Malaysia 84/16 – Portugal 19/69 – Türkei 31/52 – Thailand 25/53 – Kolumbien 27/9

Auch 1983 war *Japan* der größte Autoproduzent (mit einer PKW-Produktion von 7,2 Mill.) vor USA (6,78 Mill.) und der BR Deutschland (3,9 Mill.) – Größter einzelner *PKW-Hersteller* war 1983 General Motors (6,2 Mill.) vor Ford (3,6), Toyota (2,5), Nissan (2,0), VW (1,9), Renault (1,8), Peugeot (1,6) und Fiat (1,4 Mill.).

Die **PKW-Dichte** betrug 1982 (PKW pro 1000 Einw.): USA 537 – Kanada 428 – BR Deutschland 385 – Schweiz 370 – Frankreich 349 – Schweden 348 – Belgien 325 – Italien 325 – Niederlande 323 – Österreich 308 – Großbritannien 283 – Dänemark 267 – Spanien 211 – Japan 209 – DDR 152 – Portugal 128 – Griechenland 94 – UdSSR 34 – Türkei 15

In der **BR Deutschland** stieg die *Produktion von Kraftfahrzeugen* 1983 (1982) auf 4,17 (4,06) Mill. und erreichte damit die zweithöchste Zahl (Höchstproduktion 1979: 4,25 Mill.). Von der Gesamtzahl waren 3,88 (3,76) Mill. PKW und Kombis sowie 0,292 (0,301) Mill. Nutzfahrzeuge (insbes. LKW). – Die *Exporte* erreichten 1983 mit 2,37 Mill. fast den Rekord von 1982 (2,40 Mill.), hiervon waren 2,19 Mill. PKW und 0,18 Mill. LKW und andere Nutzfahrzeuge.

Der **Bestand an zugelassenen Kraftfahrzeugen** erhöhte sich in der *BR Deutschland* von Anf. 1983 bis 1. 1. 1984 um rd. 577000 auf 30,838 Mill., davon (in Mill.) PKW mit Kombi 24,580 – Krafträder 2,959 (davon 1,716 zulassungsfreie, z. B. Mopeds) – Traktoren 1,426 – LKW 1,277 – Omnibusse 0,071 – sonstige 0,524 (darunter rd. 0,120 Wohnmobile), außerdem 1,593 Mill. Kfz-Anhänger (Angaben nach Statist. Bundesamt). Auf 1000 Einwohner entfielen 1983 rd. 400 PKW

**Neuzulassung von Personenkraftwagen** und Kombis in der *BR Deutschland* 1983 (1982)

| *Hersteller* | *1983 in 1000* | *(1982)* | *Anteil 1983 in %* |
|---|---|---|---|
| 1. VW/Audi . . | 660 | (610) | 27,8 |
| 2. Opel . . . . | 448 | (390) | 18,9 |
| 3. Ford . . . . | 283 | (237) | 11,9 |
| 4. Daimler-Benz | 240 | (227) | 10,8 |
| 5. BMW . . . . | 156 | (127) | 6,0 |
| 6. Fiat . . . . . | 93 | (87) | 4,1 |
| 7. Renault . . . | 89 | (84) | 4,0 |
| 8. Mazda . . . | 59 | (41) | 2,5 |
| 9. Toyota . . . | 53 | (38) | 2,2 |
| 10. Datsun . . . | 46 | (42) | 1,9 |
| 11. Citroën . . . | 42 | (39) | 1,8 |
| 12. Honda . . . | 31 | (32) | 1,3 |
| 13. Peugeot . . . | 29 | (23) | 1,2 |
| 14. Mitsubishi . . | 28 | (29) | 1,2 |
| 15. Talbot . . . . | 19 | (22) | 0,8 |
| 16. Volvo . . . . | 15 | (13) | 0,6 |
| Sonstige . . | 82 | (71) | 3,5 |
| *Insgesamt* . . . | 2373 | (2112) | |

Nach Angaben des Kraftfahrt-Bundesamts wurden in der *BR Deutschland* 1983 insgesamt 2,848 Mill. fabrikneue Kraftfahrzeuge neu zugelassen, 10,5% mehr als 1982 (2,578 Mill.). Davon waren 1983 (1982) 2,427 (2,156) Mill. PKW und Kombi.

Die Zahl der *Besitzumschreibungen* gebrauchter Kraftfahrzeuge stieg von 5,686 Mill. auf 6,123 Mill, davon 5,33 Mill. PKW. Der durchschnittliche Gebrauchtwagen war 1983 5,1 Jahre alt und 66300 km gefahren.

Der *Anteil ausländischer PKW* an den Neuzulassungen betrug 1983 – wie im Vorjahr – 24,2%. An der Spitze lagen wiederum japanische PKW mit 10,3% (1982: 9,6%) vor französischen mit 7,6% und italienischen mit 4,8% Anteil.

Die *beliebtesten Typen* waren 1983 (in Tsd. Stück): VW-Golf 225 – Opel-Kadett 190 – Mercedes-123 136 – Opel-Ascona 118 – VW Passat 108 – Ford-Sierra 97. Der Anteil der *Diesel-Fahrzeuge* an den neu zugelassenen PKW sank 1983 (1982) auf 11,2 (15,0)%. Der **PKW-Bestand** in der *BR Deutschland* verteilte sich Anfang 1983 folgendermaßen auf einzelne Marken: VW 25,0% – Opel 19,4% – Ford

12,5% – Daimler-Benz 9,5% – Audi 7,1% – BMW 5,4% – Renault 4,8% – Fiat 3,5%

In der **DDR** waren 1982 zugelassen (in Tsd.): PKW 2921,6 – Motorräder 1302,0 – Traktoren 233,7 – LKW 228,4 – Omnibusse 53,0 – sonst. Fahrzeuge 127,7 – Die *Produktion* betrug 183000 PKW; davon wurden 85000 exportiert. Der Import betrug nur 33000.

In den **USA** brachte das Jahr 1983 der Automobilindustrie eine wirtschaftliche Wende, nachdem in den vorhergehenden 3–4 Krisenjahren Verluste von insges. 5,5 Mrd. $ enstanden waren. Dagegen konnte die Kfz-Industrie 1983 Gewinne von rd. 6,2 Mrd. $ erwirtschaften (General Motors allein rd. 3,7 Mrd. $). Diese günstige Entwicklung ist auf steigenden Absatz, vor allem aber auf massive Kosteneinsparungen und Rationalisierungen (insbes. Entlassung von Beschäftigten) zurückzuführen. Außerdem wurde die einheimische Kfz.-Produktion durch die Selbstbeschränkung bei den japanischen Importen begünstigt. Insgesamt betrug der PKW-Absatz in den USA 1983 (1982) aus US-Produktion 6,80 (5,76) Mill. und an Importen 2,37 (2,22) Mill. Stück. Der Importanteil sank auf 25,8 (27,8)%. Auch bis Mitte 1984 hielt die Hochkonjunktur in der Automobilbranche an.

**Japan** war auch 1983 *weltgrößter Kraftfahrzeughersteller* mit einer Steigerung der Produktion um rd. 4% auf 11,21 Mill. Fahrzeuge im Wirtschaftsjahr 1983/84, davon 7,15 Mill. PKW, 4 Mill. LKW. Hinzu kommt eine Motorradproduktion von 4,31 Mill. Der Export stagnierte bei rd. 5,7 Mill. Fahrzeugen, da bei den Ausfuhren in gewisse Länder (z. B. USA) Zurückhaltung geübt wurde, um Handelssanktionen zu vermeiden. Der Auto-Import nach Japan ist minimal und beträgt weniger als 1% der Neuzulassungen.

Der **Individualverkehr** mit PKW nahm auch 1983 in der *BR Deutschland* wieder zu. Er stieg in Personen-km gegenüber 1982 um rd. 2,4%. Da sich der PKW-Bestand um rd. 1,8% erhöhte, ist von einer leicht erhöhten Fahrleistung pro PKW von rd. 13100 km/Jahr auszugehen. Auch der Benzinverbrauch nahm wieder zu. Er betrug 1983 pro PKW im Durchschnitt 10,1 l/100 km. Insgesamt wurden im Straßenverkehr verbraucht: 15,5 Mrd. l Superbenzin, 13,0 Mrd. l Normalbenzin und 12,5 Mrd. l Dieselkraftstoff, davon 3,7 Mrd l für PKW (→ **Erdöl**) – Die Zahl der *Tankstellen* schrumpfte seit dem Höchststand 1968 (46700) auf rd. 20800 (1984), davon Aral 3256 – Esso 1917 – Shell 1905 – Texaco 1852 – BP 1350 – Avia 811 – Fina 685

Im **Straßenbau** werden größere Projekte zur Zeit hauptsächlich in großflächigen Staaten mit noch ungenügender Verkehrserschließung durchgeführt, z. B. in der USSR, der VR China (jährlicher Neubau von ca. 6000 km Überlandstraßen) und in südamerikanischen und afrikanischen Entwicklungsländern. In den westlichen Industriestaaten hat der Straßenbau in den letzten Jahren wegen weitgehender Bedarfsdeckung und aus finanziellen und Umweltschutzgründen stark abgenommen. Auch in der *BR Deutschland* wurde der Straßenneubau 1983 weiter eingeschränkt. An *Autobahnen* sollen im Endzu-

**Das Autobahnnetz der Schweiz**

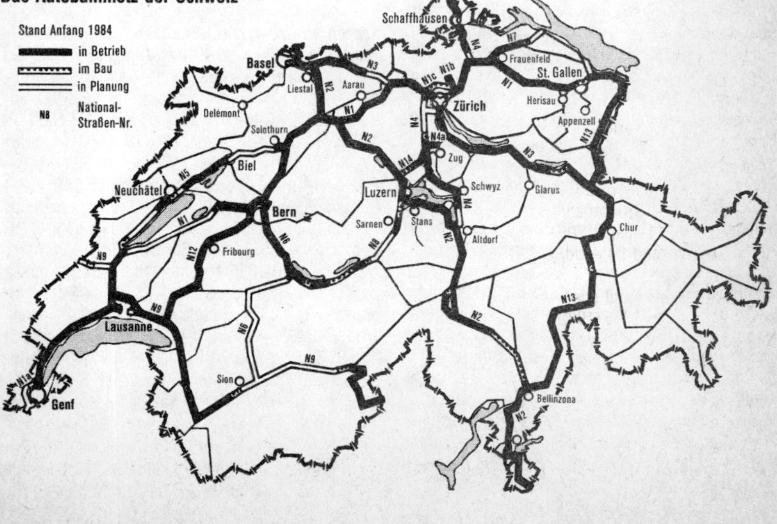

stand rd. 10500km zur Verfügung stehen; hiervon sind rd. 8000km inzwischen befahrbar. 1983/84 wurden nur kleinere Autobahn-Teilstrecken neu in Betrieb genommen, u. a. Teilstücke der A1 bei Trier, der A29 bei Oldenburg und der A3 zwischen Straubing und Deggendorf. Mit letzterer Strecke wurde die Autobahn Frankfurt–Nürnberg–Passau–Österreich fertiggestellt und Niederbayern als letzter deutscher Regierungsbezirk an das Autobahnnetz angeschlossen. Das **Straßennetz der BR Deutschland** betrug Anf. 1983 rd. 487000km; davon waren rd. 314000km Gemeindestraßen und 172973km Straßen des überörtlichen Verkehrs. Hiervon entfielen (in Tsd. km) auf Autobahnen 7,92 – Bundesstraßen 32,24 – Landesstraßen 65,78 – Kreisstraßen 67,04 – Nach den Ergebnissen der letzten Flächenerhebung 1981 wurden in der *BR Deutschland* 1,169 Mill. ha (= 4,7% der Fläche) für Verkehrszwecke genutzt (Verkehrsflächen einschl. Parkplätze, Böschungen, Seitenstreifen usw.).

Während in der *BR Deutschland* Autobahnen auch weiterhin gebührenfrei bleiben sollen, beschloß die *Schweiz* in einer Volksabstimmung die Einführung einer jährlich zu zahlenden *Benutzungsgebühr für die Nationalstraßen* (Autobahnen).

In der *BR Deutschland* und anderen *EG-Ländern* wird seit 1983 heftig über die Frage der Einführung von **Abgaskatalysatoren** (und bleifreien Benzins) zur Verminderung des Schadstoffausstoßes, des Termins (vorgesehen ab 1. 1. 1986) und der entstehenden Mehrkosten diskutiert. Eine staatliche Subventionierung der abgasarmen Autos, evtl. durch Steuernachlaß, ist vorgesehen.

## EISENBAHNVERKEHR

Das **Streckennetz der Eisenbahn** (Personen- und Güterverkehr) hat weltweit eine Länge von rd. 1,3 Mill. km (1983), davon rd. 350000km in Nordamerika und rd. 298000 in Europa. Größere *Erweiterungen* und Modernisierungen des Netzes sind z. Zt. im asiatischen Teil der *UdSSR* (»Baikal-Amur-Magistrale« als nördlichere Parallele zum östlichen Teil der Transsibirischen Eisenbahn), in der *VR China* (Bau von jährlich 800–1000km neuer Strecken, u. a. einer Linie nach Tibet; Elektrifizierung von Hauptstrecken), in Indien (Elektrifizierung einiger Hauptstrecken), in Australien und Südafrika im Bau. Kleinere Neubauvorhaben laufen in verschiedenen Entwicklungsländern. – In den *westlichen Industrieländern* war auch 1983/84 eine differenzierte Entwicklung zu beobachten. Einerseits wurden gering belastete *Nebenbahnstrecken* aus Rentabilitätsgründen völlig oder nur im Personenverkehr stillgelegt, andererseits werden stark belastete Hauptstrecken modernisiert und beschleunigt, z. T. ganz neu trassiert (z. B. in Frankreich, Japan, Großbritannien, BR Deutschland). – In Frankreich wurde im Sept. 1983 der 116km lange Nordabschnitt der insgesamt 427km langen *Neubaustrecke Paris–Lyon* in Betrieb genommen. Die neuen TGV (»Trains à Grande Vitesse«) legen die Strecke mit einer Höchstgeschwindigkeit von 270km/h in 2 Stunden zurück. Der Schnellverkehr erweist sich als großer Erfolg, so daß inzwischen weitere TGV-Strecken geplant werden. – In der *BR Deutschland* waren 1983/84 – neben kleineren Streckenverbesserungen – die beiden *Neubaustrecken* Hannover–Würzburg (327km) und Mannheim–Stuttgart (99km) etwa zur Hälfte im Bau. Bis Ende 1983 wurden bereits 2,35 Mrd. DM in die Neubauten investiert. Sie sollen 1988 auf längeren Teilstrecken (z. B. Fulda–Würzburg) und 1991 vollständig in Betrieb genommen werden.

Die **Streckenlänge** der staatlichen Bahnen betrug 1981 in km u. a. (befahrenes Netz, nach »Eurostat«): USA 288073 – UdSSR 142800 – Kanada 59240 – Frankreich 34383 – BR Deutschland 28417 – Japan 21421 – Großbritannien 17876 – Italien 16157 – DDR 14233 – Spanien 13543 – Schweden 11340 – Türkei 8193 – Finnland 6092 – Österreich 5811 – Norwegen 4242 – Belgien 3954 – Portugal 3616 – Schweiz 3179 – Niederlande 2956 – Dänemark 2461 – Irland 1987

**Transportleistung der Eisenbahn** 1982 (nach UNO-Angaben) in Mill. Netto-Tonnen-km/Mill. Passagier-km (ohne Militärtransporte, Post- und Gepäckbeförderung, ohne Straßen-, Industrie- und Seilbahnen) u. a.: UdSSR 3464484/347856 – USA 1168152/17700 (1980) – Kanada 200844/1608 – Indien 174372/220572 – Polen (1983) 118032/50148 – Südafrika (mit Südwestafrika/Namibia) 82032/– – Rumänien (1978) 73740/22812 – Tschechoslowakei 71580/19044 – Frankreich 61200/56856 – BR Deutschland 57264/36828 – DDR 54012/22704 – Mexiko 38748/5352 – Australien 37332/– – Japan 31320/314940 – Jugoslawien 25812/10824 – Ungarn 22728/11868 – Bulgarien 18276/7092 – Italien 16908/40020 – Großbritannien (ohne Nordirland) 15876/27780 – Schweden 13740/6384 – Argentinien 11472/10152 – Rep. Korea (Süd-K.) 10716/21036 – Spanien 10560/14652 – Österreich 10104/7212 – Finnland 8004/3324 – Pakistan 7068/16500 – Belgien 6792/6924 – Schweiz 6504/8964 – Türkei 6012/5436 – Marokko 3852/1380 – Niederlande 2844/9372

In der **BR Deutschland** betrug die *Streckenlänge der Eisenbahnen* (Bundesbahn und nichtbundeseigene Eisenbahnen mit rd. 3100 km) Ende 1983 31 011 km, davon 11 499 elektrifiziert. Die Streckenlänge verminderte sich 1983 um 225 km. Neben diesen Betriebsstillegungen wurde der Verkehr 1983/84 auf zahlreichen Nebenstrecken stark eingeschränkt, indem wenig frequentierte Personenzüge durch Busse ersetzt wurden. Dagegen geht in mehreren großen Verdichtungsräumen der S-Bahn-Ausbau weiter (z. B. Rhein-Ruhr, Rhein-Main, Stuttgart, München, Nürnberg). Die *S-Bahn in West-Berlin* wurde im Jan. 1984 von der »Reichsbahn« der DDR an die »Berliner Verkehrsbetriebe« übergeben und soll in modernisierter Form auf einem mit der U-Bahn abgestimmten Streckennetz weiterbetrieben werden.

*Fahrzeugbestände* der Eisenbahnen in der *BR Deutschland* Ende 1983: Loks 9629 (davon elektrisch 2651), Triebwagen 2497, Personenwagen 13930, Güterwagen 317733 – *Transportleistungen* 1983 (1982): beförderte Personen 1,147 (1,127) Mrd.; geleistete Personen-km 39342 (38,644) Mrd.; beförderte Güter 309,6 (317,7) Mill. t, geleistete Tonnen-km 57,411 (58,779) Mrd., davon im Binnenverkehr 33,243 (35,771) Mrd.

Die **Deutsche Bundesbahn** meldete für 1983 eine leichte Zunahme im Personenverkehr (insbes. im Fernverkehr) und eine Abnahme im Güterverkehr. Die Einnahmen erhöhten sich 1983 (1982) auf 26,72 (26,69) Mrd. DM, die Ausgaben konnten auf 30,47 (30,84) Mrd. DM – davon 68% Personalkosten – verringert werden, so daß sich ein *Jahresverlust* von 3,75 Mrd. DM ergab (1982: 4,15 Mrd. DM); die gesamten Schulden der DB betragen 35,6 Mrd. DM. Die *Verringerung der Bahnverluste* zählt zu den Hauptaufgaben der Bonner Verkehrspolitik. Sie soll u. a. durch folgende Maßnahmen erreicht werden: weitere Rationalisierung des Betriebsablaufs und damit Verringerung des gegenwärtigen Personalbestandes von rd. 303000 (Ende 1983) um 69000 Beschäftigte bis 1990; weiterer völliger oder teilweiser Rückzug aus der Bedienung stark defizitärer Strecken; Verbesserung des Angebots auf den gewinnbringenden Fernstrecken, sowohl im Personen- als auch im Güterverkehr. Hierzu dienen insbesondere die Investitionen für Neubaustrecken zur Betriebsbeschleunigung. Im Güterverkehr wurde am 4. 6. 1984 der *»Inter Cargo«-Verkehr* mit 88 schnellen Güterzügen eröffnet, die nachts ohne Zwischenaufenthalte und Rangieren wichtige Bahnhöfe direkt miteinander verbinden. – Insgesamt wird die *Bundesbahn* 1984 5,13 Mrd. DM investieren, davon 1,5 Mrd. DM für die Neubaustrecken (1983: 4,43 bzw. 1,0 Mrd. DM). Auch in das Lokmaterial soll verstärkt investiert werden, da ein großer Teil des derzeitigen Lokbestandes überaltert und technisch überholt ist.

In der **DDR** umfaßte das Schienennetz der *Deutschen Reichsbahn* Anf. 1983 14231 km, davon 1930 elektrifiziert. Zur Energieeinsparung und Transportverbesserung wurden 1982 weitere rd. 150 km elektrifiziert, vor allem im Raum Berlin. Im *Güterverkehr* betrug 1982 die beförderte Transportmenge 322,532 Mill. t (= 32,4% aller Gütertransporte), die Transportleistung betrug 54,016 Mrd. t/km (= 40,6%), im *Personenverkehr* wurden 623 Mill. Personen befördert, die Leistung betrug 24,785 Mrd. Personen/km.

In der **Schweiz** erreichten die *Bundesbahnen (SBB)* 1983 folgendes Ergebnis: Im *Reiseverkehr* stagnierte die Zahl der Passagiere bei rd. 216,3 Mill.; die Transportleistung steigerte sich um 1,2% auf 9,1 Mrd. Personen/km. Im *Güterverkehr* sank die Transportmenge um 0,9% auf 41,5 Mill. t. Der Gesamtertrag stieg um 4,3% auf 3,589 Mrd. Fr., der Fehlbetrag konnte leicht auf 495 Mill. Fr. gesenkt werden. – Eine Zunahme des Verkehrs erhofft man sich vom 1983 eingeführten Taktfahrplan.

In **Österreich** stagnierte nach vorläufigen Angaben die Zahl der Benutzer der *Bundesbahnen (ÖBB)* 1983 bei rd. 170 Mill., wobei der Anteil des S-Bahn-Verkehrs zu-, derjenige des Fernverkehrs abnahm (geringere Bahnbenutzung im Urlaubsreiseverkehr). Der *Güterverkehr* erreichte wieder ein Volumen von rd. 50 Mill. t.

## SCHIFFAHRT (BINNEN- UND SEESCHIFFAHRT); SCHIFFBAU

**Güterverkehr auf Binnenwasserstraßen** (Empfang + Versand + Durchgangsverkehr) insges. in Mill. t/Mill. t/km 1981 u. a.: USA 1813,4/-- UdSSR 594,5/255600 – Niederlande 253,8/31792 – BR Deutschland 231,7/50010 – Belgien 97,2/5442 – Frankreich 83,6/11068 – Jugoslawien 31,1/7532 – Polen 16,8/1913 – DDR 16,6/2359 – ČSSR 10,4/3636 – Schweiz 9,3/53 – Österreich 7,2/1428 – Großbritanien 4,6/72

In der **BR Deutschland** hatten die *befahrbaren Binnenwasserstraßen* (ohne Binnenseen) 1983 eine Länge von 4322 km, davon 1440 km Kanäle. Die Zahl der *Güterschiffe* betrug 1983 (1982) 3411

(3496) mit einer Ladekapazität von 3,42 (3,46) Mill. t; 506 (535) davon waren Tankschiffe. Dazu kamen 429 (434) Schlepper und Schubboote sowie rd. 470 Fahrgastschiffe. Die Tendenz zur Verringerung der Zahl bei gleichzeitiger Vergrößerung der durchschnittlichen Kapazität setzte sich auch 1983 fort. Der *Güterverkehr* auf den *Binnenwasserstraßen* der *BR Deutschland* erhöhte sich 1983 (1982) leicht auf 223,2 (221,9) Mill. t, die Transportleistung stieg auf 50,031 (49,401) Mrd. t/km, davon 14,284 (14,291) Mrd. im Binnenverkehr. Der Verkehr innerhalb des Bundesgebietes sank im Volumen auf 70,1 (71,7) Mill. t; im grenzüberschreitenden Verkehr stieg die Empfangsmenge auf 92,3 (90,3) Mill. t, die Versandmenge auf 48,6 (48,3) Mill. t; der Transitverkehr betrug 12,2 (11,7) Mill. t. Befördert wurden vor allem Steine, Erden und Baustoffe, Erze, Schrott, Erdöl und Mineralölerzeugnisse und Kohle. – Die bedeutendsten Binnenwasserstraßen sind der Niederrhein (rd. 30 % des Hafenumschlags), der Oberrhein (25 %), der Mittelrhein (einschl. Mosel 12 %), das westdeutsche Kanalgebiet (10 %), der Main (einschl. Main-Donau-Kanal 7 %), der Neckar (5 %) und das Mittelland-Kanalgebiet (einschl. Elbe-Seiten-Kanal 4,5 %). Der nach dem Umschlag größte *Binnenhafen* ist Duisburg mit rd. 50 Mill. t jährlich.

Der zeitweise heftig umstrittene Bau des **Rhein-Main-Donau-Kanals** wurde 1983/84 zügig fortgesetzt, nachdem Anf. 1983 die politische Entscheidung zugunsten eines Weiterbaus gefallen war. Von der 677 km langen Strecke zwischen Aschaffenburg und Passau sind seit 1979 578 km fertiggestellt (Mainkanalisierung bis Bamberg, Kanal Bamberg–Nürnberg, Donauteilausbau Kelheim–Passau). Um einen durchgehenden Verkehr vom Rhein- zum Donaugebiet zu gewährleisten – für den sich insbesondere Österreich und die anderen Donau-Anliegerstaaten einsetzen –, fehlen noch 99 km Kanalstrecke Nürnberg–Kelheim, von denen Anf. 1984 42 km fertig und 5 km im Bau waren. Von den 9 Schleusen sind 4 fertig und 3 im Bau. 1983 wurden 180 Mill. DM

**Der neue Donau-Schwarzmeer-Kanal**
(amtl. Eröffnung Ende Mai 1984)

in den Bau der Wasserstraße investiert. Die Fertigstellung wird für Anf.–Mitte der 90er Jahre erwartet.
In **Rumänien** wurde im Mai 1984 nach 8jähriger Bauzeit der neue **Donau-Schwarzmeer-Kanal** amtlich eröffnet (64,2 km lang, 70–120 m breit, 7 m tief), der den Schiffahrtsweg von der Donau zum Schwarzen Meer um ca. 340 km abkürzt (bisher noch nicht dem Verkehr freigegeben).

Der **Welt-Seegüterverkehr** (geladene Güter im Außenhandel) belief sich nach UNO-Angaben 1982 (1981) auf 3,273 (3,555) Mrd. t, davon 1,480 (1,691) Mrd. t Tankgut und 1,793 (1,864) Mrd. t Trockengut. Das *Übergewicht des Trockengutes* setzte sich weiter fort, nachdem bis 1980 jährlich das Tankgut dominiert hatte. Während bei den *Industrieländern* der Empfang von Gütern überwiegt, handelt es sich bei den *Entwicklungsländern* überwiegend um Verschiffungen (Rohstoffe). Insgesamt wurden 1982 im Seegüterverkehr geladen/entladen (in Mrd. t): westliche Industrieländer 1,337/2,278 – Entwicklungsländer 1,694/0,927 – Ostblockländer 0,242/0,187 –
Trotz einer gewissen Zunahme des per Schiff abgewickelten Außenhandels konnte die seit 1981/82 anhaltende *Krise des Seegüterverkehrs* 1983 noch nicht überwunden werden. Das große Problem waren weiterhin die nicht ausgelasteten Überkapazitäten, insbesondere bei den Tankern. Im Mai 1983 erreichte die Aufliegertonnage mit 15 % der Welthandelsflotte den höchsten jemals verzeichneten Stand. ¾ dieser beschäftigungslosen Schiffe waren Tanker. Auch die Zahl der abgewrackten Schiffe erreichte 1983 neue Höchstwerte. Da die Frachtraten aufgrund der starken Konkurrenz vielfach kaum mehr die Kosten deckten, konnten in vielen Ländern Reedereien nur durch staatliche Subventionen vor dem Zusammenbruch bewahrt werden. – Bis zur Mitte 1984 zeichnete sich eine leichte Besserung der Situation ab.
Insgesamt besitzen 140 Staaten eigene **Handelsflotten,** darunter die Schweiz mit der größten Flotte unter den Binnenstaaten. – *Welthandelsflotte* am 1. 1. 1984 (1983) insges.: 34308 (34732) Schiffe mit 383,826 (387,979) Mill. BRT bzw. 647,824 (659,303) Mill. dwt, davon *Trockenfrachter:* 26728 (27091) Schiffe mit 224,158 (220,425) Mill. BRT und *Tanker:* 7580 (7641) Schiffe mit 158,667 (167,554) Mill. BRT. – Die größten **Tankerflotten** haben Liberia (28 % der Kapazität), Japan, Griechenland, Norwegen, Großbritannien, die USA und Panama. Der *Tankermarkt* ist von der Krise der Seeschiffahrt besonders betroffen. Anf. 1984 waren von der Welt-Öltankerflotte 18 % wegen Nichtbeschäftigung aufgelegt, 14 % wurden durch Langsamfahrt vorläufig vor dem Aufliegen bewahrt und 4 % dienten als schwimmende Öltanks.
Die Gesamtzahl der **aufgelegten Schiffe** betrug am 1. 4. 1984 (1983) 1311 (1460) mit 39,406 (43,858)

Mill. BRT, davon 307 (352) Tanker mit 27,528 (28,546) Mill. BRT. – **Abgewrackt** wurden 1983 (1982) 1328 (1082) Schiffe mit rd. 20,350 (17,690) Mill. BRT; neugebaut wurden 1983 Schiffe mit einem Volumen von 19,9 Mill. BRT – die meisten staatlich subventioniert –, so daß die Überkapazität bestehen blieb.

**Handelsflotte**

Bestand am 1.1.1984; einschl. US-»Reserveflotte« von etwa 1,3 Mill. BRT; Seeschiffs-Einheiten von 300 BRT und darüber, Zahlen gerundet
(Nach »Statistik der Schiffahrt«, hg. v. »Institut für Seeverkehrswirtschaft« in Bremen)

| *Nr.* | *Land* | *Schiffe* | *Mill. BRT* | *Nr.* | *Land* | *Schiffe* | *Mill. BRT* |
|---|---|---|---|---|---|---|---|
| 1. | Liberia[1] | 1865 | 63,153 | 23. | Schweden | 329 | 3,697 |
| 2. | Japan | 4163 | 37,221 | 24. | Polen | 328 | 3,207 |
| 3. | Griechenland | 2465 | 34,613 | 25. | Philippinen | 415 | 2,869 |
| 4. | Panama[1] | 3694 | 31,647 | 26. | Türkei | 449 | 2,612 |
| 5. | UdSSR | 3030 | 18,625 | 27. | Jugoslawien | 320 | 2,590 |
| 6. | Norwegen | 710 | 17,745 | 28. | Rep. China (Taiwan) | 173 | 2,563 |
| 7. | Großbritannien | 1033 | 16,588 | 29. | Rumänien | 262 | 2,474 |
| 8. | USA | 1026 | 16,303 | 30. | Kuwait | 88 | 2,400 |
| 9. | Frankreich | 392 | 9,285 | 31. | Finnland | 210 | 2,367 |
| 10. | Italien | 850 | 8,980 | 32. | Argentinien | 208 | 2,193 |
| 11. | VR China | 973 | 8,342 | 33. | Belgien | 95 | 2,096 |
| 12. | Spanien | 705 | 6,437 | 34. | Australien | 93 | 1,812 |
| 13. | Singapur[1] | 598 | 6,386 | 35. | Indonesien | 674 | 1,637 |
| 14. | BR Deutschland | 1071 | 6,164 | 36. | Iran | 120 | 1,634 |
| 15. | Indien | 428 | 6,030 | 37. | Irak | 61 | 1,473 |
| 16. | Rep. Korea (Süd-K.) | 650 | 5,674 | 38. | Malaysia | 226 | 1,427 |
| 17. | Brasilien | 422 | 5,545 | 39. | DDR | 190 | 1,308 |
| 18. | Dänemark[2] | 561 | 4,869 | 40. | Kanada | 203 | 1,298 |
| 19. | Hongkong | 200 | 4,591 | 41. | Algerien | 78 | 1,271 |
| 20. | Niederlande[3] | 663 | 4,385 | 42. | Bulgarien | 120 | 1,204 |
| 21. | Cypern[1] | 613 | 4,343 | 62. | Schweiz | 36 | 0,363 |
| 22. | Saudi-Arabien | 285 | 4,136 | 81. | Österreich | 24 | 0,113 |

[1] = überwiegend sog. »Fluchttonnage« (»Billigflagge«) [2] = einschl. Färöer [3] = einschl. Niederl. Antillen

Der **Schiffsbestand der BR Deutschland** belief sich am 29.2.1984 (1983) auf 1948 (1954) Einheiten mit 6,338 (6,888) Mill. BRT, davon 1078 (1079) Trokkenfrachter mit 3,903 (4,048) Mill. BRT, 148 (152) Tanker mit 1,942 (2,328) Mill. BRT, (davon 58 [60] Öltanker), 146 (147) Fahrgastschiffe mit 107005 (125658) BRT, 88 (86) Seefischereifahrzeuge mit 63368 (64640) BRT, 42 (41) Jachten und 446 (449) sonstige, nicht Handelszwecken dienende Schiffe. – Rd. 38% der deutschen Handelsschifftonnage fährt aus finanziellen Gründen unter fremden Flaggen (insbes. Panama und Liberia). Wichtigster Heimathafen für die deutsche Handelsflotte ist Hamburg, wo fast ⅔ der Schiffe registriert sind.

Für die **deutschen Seehäfen** dauerte die rezessive Entwicklung 1983 an; insbesondere der Massengutumschlag – vor allem Rohstoffeinfuhr – nahm ab, der gesamte **Seegüterumschlag** in den Häfen der *BR Deutschland* betrug 1983 (1982) 125,7 (137,0) Mill. t, davon 121,5 (131,8) Mill. t Verkehr mit ausländischen Häfen. Mit 80,7 (88,9) Mill. t dominierte der Güterempfang gegenüber 40,8 (43,0) Mill. t Versand. Auf Massengut (z.B. Öl, Erze) entfielen 82,518 (95,184) Mill. t, darunter Rohöl 23,228 (25,972) – Mineralölprodukte 18,415 (19,774) – Erze 11,095 (14,170) – Kohle 5,600 (6,611) – Futtermittel 5,424 (5,562) – Getreide 4,767 (8,151). – Der *Güterumschlag* in den *wichtigsten Häfen* betrug 1983 (1982) in Mill. t u.a.: Hamburg 58,882 (60,156), davon Massengüter 31,153 (43,496) – Bremer Häfen 25,023 (24,611) – Wilhelmshaven 21,874 (19,985), davon Massengüter (Erdöl) 21,844 (19,908) – Lübeck 8,023 (6,851) – Brunsbüttel 5,062 (6,174) – Brake 3,490 (4,388) – Nordenham 3,479 (4,239) – Emden 3,018 (4,972) – Bützfleth 2,470 (2,391) – Kiel 1,553 (1,400) – Flensburg 0,754 (0,751) – Rendsburg 0,507 (0,425)

In der **DDR** erreichte der **Seegüterumschlag** der 3 Ostseehäfen Rostock, Wismar und Stralsund 1983 23,5 Mill. t, davon Rostock 17,7 Mill. t. 8 Mill. t Güter entfallen auf den Außenhandel mit der UdSSR. Im Rahmen ihres Außenhandels wickelte die DDR 1983 zusätzlich einen Umschlag von 5,4 Mill. t über den Hamburger Hafen ab.

**Güterverkehr in führenden Seehäfen 1982**
(wenn kein anderes Jahr angegeben; Gesamtumschlag in Häfen mit 10 Mill. t und darüber im Jahr, meist nach Angaben des »Inst. f. Seeverkehrswirtschaft«, Bremen. Ö = haupts. Ölumschlag)

| | | | | | |
|---|---|---|---|---|---|
| Rotterdam (Niederl.) | 237,8 | | Part Cartier (Kanada) | 22,7 | |
| New Orleans (USA, 1981) | 166,1 | | Newcastle (Austral.) | 22,2 | |
| Chiba (Japan) | 134,8 | | Southampton (Großbrit.) | 22,0 | |
| Yokohama (Japan) | 111,8 | | Montreal (Kanada) | 20,3 | |
| Nagoya (Japan) | 103,0 | | Wilhelmshaven (BR Dtld.) | 20,0 | Ö |
| Singapur | 101,0 | | Melbourne (Austral.) | 19,6 | |
| Marseille (Frankr.) | 91,8 | | Seven Islands (Kanada) | 18,9 | |
| Osaka (Japan) | 84,9 | | Rouen (Frankr.) | 18,9 | |
| Antwerpen (Belgien) | 84,2 | | Tarragona (Spanien) | 18,8 | |
| Hampton-Roads (USA) | 62,1 | | Gladstone (Austral.) | 18,5 | |
| Hamburg (BR Dtld.) | 61,6 | | Algeciras (Spanien) | 18,3 | Ö |
| Le Havre (Frankr.) | 56,8 | Ö | Seattle (USA) | 18,2 | |
| Vancouver (Kanada) | 49,1 | | Quebec (Kanada) | 17,5 | |
| London (Großbrit.) | 46,9 | | Casablanca (Marokko) | 17,1 | |
| Genua (Italien) | 44,0 | | Stettin (Polen) | 17,1 | |
| New York (USA, ohne Küstenverk.) | 43,7 | | Port Kembla (Austral.) | 16,7 | |
| Kaohsiung (Rep. China/Taiwan) | 43,3 | | Nantes-St. Nazaire (Frankr.) | 15,8 | |
| Tampa (USA) | 39,9 | | Neapel (Italien) | 15,7 | |
| Mobile (USA) | 38,3 | | Ijmuiden (Niederl.) | 14,8 | |
| Hongkong | 37,1 | | Piräus (Griechenl.) | 14,6 | |
| Milford Haven (Großbrit., ohne Küstenverk.) | 35,8 | Ö | Shimizu (Japan) | 14,3 | |
| Tees & Hartlepool (Großbrit.) | 35,4 | Ö | Livorno (Italien) | 13,4 | |
| Sydney (Austral.) | 34,9 | | Danzig (Polen) | 13,2 | |
| Los Angeles (USA) | 33,7 | Ö | Mormugao (Indien) | 12,8 | |
| Dünkirchen (Frankr.) | 32,9 | | Savannah (USA) | 12,7 | |
| Port Hedland (Austral.) | 30,5 | | La Spezia (Italien) | 12,2 | |
| Dampier (Austral.) | 30,4 | | Madras (Indien) | 12,1 | |
| Pusan (Rep. Korea/Südkorea) | 29,1 | | Manila (Philippinen) | 11,8 | |
| Triest (Italien) | 28,0 | Ö | Gijon (Spanien) | 11,5 | |
| Baltimore (USA) | 27,8 | | Halifax (Kanada) | 11,2 | |
| Firth of Forth (Großbrit.) | 27,5 | Ö | Akaba (Jordanien) | 11,0 | |
| Bremen mit Bremerhaven (BR Dtld.) | 26,2 | | Port Everglades (USA) | 10,8 | |
| Bangkok (Thailand) | 26,0 | | Keelang (Malaysia) | 10,5 | |
| Chicago (USA) | 24,9 | | Kalkutta (Indien) | 10,5 | |
| Venedig (Italien) | 24,1 | | Narvik (Norwegen) | 10,4 | |
| Amsterdam (Niederl.) | 23,7 | | Bordeaux (Frankr.) | 10,4 | |
| Santos (Brasilien) | 23,1 | | Portland (USA) | 10,3 | |
| Gent (Belgien) | 22,9 | | Oakland (USA) | 10,1 | |
| Göteborg (Schweden) | 22,7 | | San Juan (Puerto Rico/USA) | 10,1 | |

Für eine größere Anzahl von Häfen stehen keine neueren Angaben zur Verfügung, z. B.:
über 50 Mill t: Ras Tanura (Saudi-Arabien) Ö – Kharg (Iran) Ö – Kobe (Japan) – Kawasaki (Japan) – Aruba (Curaçao/Ndl. Antillen) Ö – Macapá (Brasil.) – Tokio (Japan) – Houston (USA) – Bonny (Nigeria) Ö
über 20 Mill. t: Alexandria (Ägypten) – Richards Bay (Südafrika) – Dumai (Indones.) – Bahia de Amuay (Venez.) Ö – Philadelphia (USA) – Norfolk (USA) – La Salina (Venez.) Ö – Puerto Miranda (Venez.) Ö – Hakodate (Japan) – Leningrad (UdSSR) – Es Sidrah (Libyen) Ö – Coatzacoalcos (Mexiko) Ö – Odessa (UdSSR) – Tarent (Italien) – Durban (Südafrika) – Bilbao (Spanien) – Shanghai (VR China)

Die wichtigsten **Kanäle für den Seeschiffsverkehr** waren 1983 (Transittonnage in Mill. t): Suez-Kanal 378,23 – Panama-Kanal 141,84 – Nord-Ostsee-Kanal 52,74

**Schiffbau** fertiggestellte Handelsschiffe 1983 (1982) in 1 000 BRT (nach UNO und Inst. f. Seeverkehrswirtsch.): Japan 6670 (8300; 1975 noch 17740) – Rep. Korea (Süd-K.) 1539 (1531) – BR Deutschland 798 (682; 1975 noch 2545) – Spanien 501 (613) – Großbritannien 497 (525) – Dänemark 444 (419) – USA 381 (282) – UdSSR 353 (380) – Polen 346 (302) – Rep. China (Taiwan; S) 330 (320) – DDR 337 (320) – Schweden 328 (280) – Portugal 312 (250) –

Frankreich 308 (321) – Jugoslawien 304 (240) – Belgien 300 (263) – Finnland 260 (275) – Brasilien 259 (469) – Niederlande 232 (213) – Der *Welt-Schiffbau* betrug 1983 (1982) 15,911 (17,970) Mill. BRT (nur Fahrzeuge ab 100 BRT).
Der bisherige Höchststand im Schiffbau war 1974 mit 34,624 Mill. BRT erreicht worden, vor allem durch den Bau von Großtankern. Bis 1979 sank der Schiffbau auf die seit längerem niedrigste Produktion von nur noch 11,458 Mill. BRT. Nach einer Steigerung auf über 17 Mill. BRT (1981/82), vor allem durch den zeitweilig stärkeren Bedarf an Trockengutfrachtern (z. B. für Kohle, Erze, Getreide), stagniert der Schiffbau wieder. Weltweit ist eine Bedarfssättigung eingetreten, insbesondere bei Öltankern, wo große Überkapazitäten bestehen (→ Zahlen über aufliegende Schiffe). Gleichzeitig besteht eine starke Konzentration des Schiffbaus auf Ostasien; auf Japan allein entfielen 1983 42% der Neubautonnage. – Für die Werftindustrie sind global hohe unausgelastete Kapazitäten vorhanden, und in vielen Ländern überlebte der Schiffbau auch 1983 nur dank staatlicher Finanzhilfen.
Die *Werften der BR Deutschland* lagen 1983 wiederum auf dem 3. Platz im internationalen Schiffbau, stellten jedoch nur rd. 5% der Welt-Neubautonnage (gegenüber Japan mit 42% und Südkorea mit 10%). Insgesamt lieferten die deutschen Werften 1983 130 Schiffe mit rd. 798 Tsd. BRT ab. Die Umsätze betrugen 8,55 Mrd. DM, davon 3,2 Mrd. DM Exporte. Rd. 50% der Umsätze entfielen auf den Handelsschiffneubau, die andere Hälfte auf Reparaturen, Wartung, Marineaufträge und sonstige Fertigungen. Insbesondere die Klein- und Mittelbetriebe konnten durch Diversifizierung ein besseres Ergebnis als im Vorjahr erzielen, während die Großbetriebe auch 1983 stark unter dem Rückgang des Baues von größeren Schiffen litten. Die Zahl der *Beschäftigten* auf den deutschen Werften sank 1982–1983 um 7392 auf 49098 (1975 noch rd. 75000).

## LUFTVERKEHR

Im **Weltluftverkehr** machte sich 1983 der wirtschaftliche Aufschwung in den wichtigsten Industrieländern in deutlich erhöhter Nachfrage und entsprechend *vermehrten Transportleistungen* bemerkbar. Während der Luftverkehr 1981 und 1982 nur noch geringe Zuwächse zu verzeichnen hatte, wird für 1983 wieder eine Zunahme von 5–6% geschätzt. Insbesondere die US-Luftverkehrsunternehmen, die zur besseren Kapazitätsauslastung z. T. beträchtliche Preissenkungen durchgeführt hatten, meldeten um 7–8% höhere Fluggastzahlen. Auch der *Luftfrachtverkehr* profitierte weltweit von der günstigen Wirtschaftskonjunktur. – Trotz des erhöhten Verkehrsaufkommens arbeiten wiederum viele Luftverkehrsgesellschaften mit *Verlusten* und mußten staatlich subventioniert werden. Insgesamt erwirtschafteten die der IATA angeschlossenen Gesellschaften 1983 125 Mill. $ Verluste (1982 noch 1,8 Mrd. $). Erst 1984 wird bei weiter steigendem Luftverkehr wieder allgemein mit Gewinnen gerechnet.
Der **Flugzeugbestand** der ICAO-Mitgliedsländer (ohne UdSSR und China) betrug 1982 weltweit 8950 (Maschinen ab 9t max. Startgewicht), davon 6560 Strahlturbinenflugzeuge, 1480 Propellerturbinenflugzeuge, 910 Kolbenmotorflugzeuge.

**Flugleistungen im Zivilluftverkehr** (Verkehr mit Fluglinien des betr. Landes; national und international) Fluggast-km/Fracht-t/km in Mill. 1982 (nach ICAO-Angaben): USA 387972/9845 – Japan 55728/2343 – Großbritannien 43956/1226 – Frankreich 37608/2298 – Kanada 29436/844 – Australien 25236/634 – BR Deutschland 21624/1688 – Singapur 18156/759 – Spanien 16452/482 – Niederlande 15912/1086 – Mexiko 13284/115 – Indien 13260/446 – Italien 12576/582 – Rep. Korea (Süd-K.) 12108/1069 – Schweiz 11784/501 – Brasilien 11244/585 – UdSSR (nur international) 10248/330 – Südafrika 9216/339 – u. a. Österreich 1236/20

Die **Welt-Flugzeugindustrie** litt auch 1983 stark unter der Absatzflaute, die durch die wirtschaftlichen Schwierigkeiten vieler Luftverkehrsunternehmen so-

**Flugleistungen** im zivilen Welt-Luftverkehr
(nur Gesellschaften der ICAO-Mitglieder; nach »Monthly Bulletin of Statistics« der UNO und ICAO-Statistiken)

| *in Mill.* | *1965* | *1978* | *1979* | *1980* | *1981* | *1982* |
|---|---|---|---|---|---|---|
| Geflogene km . . . . | 4100 | 8500 | 9150 | 9440 | 9030 | 9010 |
| Fluggast-km . . . . | 198400 | 936400 | 1060200 | 1088000 | 1116900 | 1143900 |
| Fracht-t/km . . . . . | 4800 | 25940 | 27980 | 29110 | 30610 | 30950 |
| Luftpost-t/km . . . . | 1100 | 3270 | 3430 | 3680 | 3800 | 3870 |

**Verkehrsleistungen führender internationaler Flughäfen 1982**
(Nach »Arbeitsgemeinschaft der deutschen Verkehrsflughäfen«/ADV 1983)

| *Flughafen* | *Fluggäste in 1000* | *Veränderung gegen Vorjahr in %* | *Luftfracht in 1000 kg* | *Veränderung gegen Vorjahr in %* |
|---|---|---|---|---|
| | *Ankünfte und Abflüge* | | | |
| Chicago/O'Hare, USA . . . . | 37744 | – 0,7 | 720014 | – 4,2 |
| Atlanta, USA . . . . . . . . . | 34702 | – 7,7 | 339259 | + 0,5 |
| Los Angeles Intern., USA . . . | 32383 | – 1,0 | 652387 | – 6,5 |
| New York/J. F. Kennedy, USA . | 26453 | + 2,7 | 1009127 | – 6,6 |
| London/Heathrow, Großbrit. . | 26406 | + 0,0 | 441324 | – 2,0 |
| Dallas–Fort Worth, USA . . . | 24767 | + 5,0 | 204173 | – 6,7 |
| Denver, USA . . . . . . . . | 24553 | + 8,6 | 144457 | + 5,2 |
| Tokio/Haneda, Japan . . . . . | 21929 | + 3,3 | 241305 | + 19,3 |
| San Francisco/Intern., USA . . | 21029 | + 6,0 | 290232 | – 8,7 |
| Miami . . . . . . . . . . . | 19388 | – 2,3 | 522765 | – 2,2 |
| New York/La Guardia, USA . . | 18517 | + 2,0 | 32127 | – 3,7 |
| Frankfurt/Rhein-Main, BR Dtld. | 16493 | – 2,5 | 589026 | – 0,2 |
| Paris/Orly, Frankr. . . . . . . | 16062 | – 5,6 | 155459 | – 8,9 |
| Osaka, Japan . . . . . . . . | 16049 | – 6,1 | 223049 | + 3,0 |
| Boston, USA . . . . . . . . | 15868 | + 7,0 | 181287 | + 3,0 |
| Honolulu, USA . . . . . . . . | 15611 | + 8,8 | 163903 | – 1,5 |
| Toronto, Kanada (1981) . . . | 14663 | – | 175800 | – |
| Washington/National, USA . . | 13321 | – 6,0 | 17704 | – 12,3 |
| Paris/Ch. de Gaulle, Frankr. . . | 12923 | + 18,2 | 469460 | + 4,7 |
| Houston, USA . . . . . . . . | 12501 | + 7,8 | 138166 | – 10,0 |
| St. Louis, USA . . . . . . . . | 12007 | + 13,0 | 39848 | + 33,1 |
| New York/Newark . . . . . . | 11731 | + 15,2 | 107894 | – 0,4 |
| Mexico City . . . . . . . . . | 11416 | – 11,9 | 99170 | – 24,6 |
| Rom/Fiumicino, Italien . . . . | 11408 | + 4,5 | 146668 | + 9,1 |
| London/Gatwick, Großbrit. . . | 11154 | + 4,0 | 120243 | – 9,3 |
| Madrid, Spanien . . . . . . . | 10252 | + 2,9 | 152666 | + 1,1 |
| Taipeh, Rep. China/Taiwan . . | 10234 (1980) | – | 216665 | + 0,7 |
| Pittsburgh, USA . . . . . . . | 9986 | – 1,5 | 29906 | + 5,5 |
| Amsterdam, Niederlande . . . | 9744 | + 0,8 | 316760 | – 3,9 |
| Las Vegas Intern., USA . . . . | 9439 | – 0,3 | 7717 | – 19,2 |
| Seattle, USA . . . . . . . . . | 9279 | + 1,8 | 198682 | – 5,7 |
| Philadelphia, USA . . . . . . | 9233 | + 2,5 | 78692 | – 15,6 |
| Minneapolis, USA . . . . . . | 8854 | + 11,0 | 75991 | + 3,3 |
| Hongkong . . . . . . . . . . | 8648 | + 5,3 | 305757 | + 5,3 |
| Athen, Griechenland . . . . . | 8623 (1980) | – | 62500 (1979) | – |
| Palma, Spanien . . . . . . . | 8605 | + 8,6 | 24672 | – 4,9 |
| Sydney, Australien (1981) . . | 8465 | – | 146911 | – |
| Kopenhagen, Dänemark . . . | 8401 | + 2,6 | 139015 | – 0,4 |
| Detroit/Metrop., USA . . . . . | 8255 | – 9,3 | 60522 | – 27,5 |
| Tokio/Narita, Japan (1981) | 8210 | – | 493245 | – |
| Zürich/Kloten, Schweiz . . . . | 7977 | – 0,3 | 168052 | + 3,7 |
| Dschidda [Jeddah], Saudi-Arab. | 7800 | + 7,3 | 103030 | + 33,5 |
| Tampa, USA . . . . . . . . . | 7742 | + 9,3 | 23347 | – 5,9 |
| Singapur . . . . . . . . . . | 7553 | + 6,5 | 216953 | + 12,3 |
| Phoenix, USA . . . . . . . . | 7492 | + 12,8 | 40306 | – 11,6 |
| Vancouver, Kanada (1981) . . | 7278 | – | 68331 | – |
| Düsseldorf, BR Deutschland . | 7157 | – 0,8 | 28782 | – 7,9 |
| Montreal/Dorval, Kanada (1981) . . . . . . . | 6486 | – | 35930 | – |
| Orlando, USA (1981) . . . . . | 6072 | – 7,0 | 24367 | – |
| Melbourne, Australien (1981) . | 6048 | – | 109855 | – |
| Moskau/Sheremetjewo, UdSSR 1981 | 5976 | – | 89753 | – |
| Riad, Saudi-Arabien . . . . . | 5960 | + 12,4 | 65565 | + 50,8 |
| New Orleans, USA . . . . . . | 5897 | – 4,3 | 39813 | – 10,0 |
| Caracas, Venezuela (1980) . . | 5864 | – | 102569 | – |

**Verkehrsleistungen führender internationaler Flughäfen 1982** *(Forts.)*

| *Flughafen* | *Fluggäste in 1000* | *Veränderung gegen Vorjahr in %* | *Luftfracht in 1000 kg* | *Veränderung gegen Vorjahr in %* |
|---|---|---|---|---|
| | *Ankünfte und Abflüge* | | | |
| Fort Lauderdale, USA | 5846 | + 1,8 | 21077 | – 10,2 |
| Rio de Janeiro/Gal., Brasilien | 5727 | + 6,5 | 110012 | + 8,3 |
| Salt Lake City, USA | 5694 | + 40,9 | 27124 | + 23,4 |
| Bombay, Indien | 5668 | + 12,0 | 112114 | + 16,2 |
| San Diego, USA | 5630 | + 12,1 | 25512 (1981) | – |
| München/Riem, BR Dtld. | 5628 | – 0,0 | 29721 | + 1,5 |
| São Paulo/Int., Brasilien (1981) | 5622 | – | 69204 | – |
| Cleveland, USA (1981) | 5550 | – 9,3 | 55455 | – 10,6 |
| Barcelona, Spanien | 5489 | – 0,9 | 52560 | – 6,3 |
| San Juan, Puerto Rico/USA | 5265 | – 0,8 | 119354 | – 7,5 |
| Kairo, Ägypten (1981) | 5239 | – | 56828 | – |
| Bangkok, Thailand | 5111 | + 1,9 | 118483 | + 3,8 |
| Kansas City/Int., USA | 5069 | + 10,3 | 20811 | – 10,7 |
| Manila, Philippinen | 5001 | + 12,7 | 103716 | + 51,3 |
| Manchester, Großbritannien | 4991 | + 5,7 | 23658 | – 18,0 |
| Brüssel, Belgien | 4984 | – 1,5 | 147288 | – 6,0 |
| Stockholm/Arlanda, Schweden | 4942 | + 6,6 | 40636 | – 4,4 |
| Mailand/Linate, Italien | 4932 | – 11,7 | 42106 | – 13,7 |
| Bogotá, Kolumbien | 4848 | + 9,2 | 176174 | + 9,5 |
| Houston/W.P. Hobby, USA | 4729 | + 19,5 | 10204 | – 25,9 |
| Buenos Aires, Argentinien | 4639 | + 7,1 | 20769 | – 5,4 |
| Memphis, USA | 4610 | + 11,8 | 26976 | + 2,3 |
| Calgary, Kanada (1981) | 4408 | – | 26257 | – |
| Dallas/Love Field, USA | 4363 | + 13,3 | – | – |
| Dhahran, Saudi-Arabien | 4360 | + 18,4 | 72769 | + 41,9 |
| Johannesburg, Südafrika | 4299 | + 2,5 | 123739 | + 8,3 |
| Oslo/Fornebue, Norwegen | 4225 | + 14,4 | 27408 | + 16,4 |
| Genf, Schweiz | 4170 | – 0,0 | 32561 | – 0,4 |
| Hamburg, BR Deutschland | 4130 | – 4,2 | 24329 | – 13,4 |
| Seoul, Rep. Korea (Süd-K.) | 4078 | + 6,0 | 230713 | + 18,0 |
| Berlin/Tegel, BR Deutschland | 4063 | – 8,0 | 9526 | – 9,1 |
| Las Palmas, Spanien | 4048 | + 4,2 | 33676 | – 2,0 |

**Verkehrsleistungen der Verkehrsflughäfen der BR Deutschland 1983**
(Nach ADV; einschl. nichtgewerbl. Verkehr und Transit)

| *Flughafen* | *Fluggäste insges.* | *Veränderung geg. 1982 in %* | *Luftfracht insges. in t* | *Veränderung geg. 1982 in %* | *Luftpost insges. in t* |
|---|---|---|---|---|---|
| Frankfurt a. M. | 17727018 | +2,9 | 662452 | + 6,7 | 97313 |
| Düsseldorf | 7403619 | +0,5 | 40742 | +17,0 | 5472 |
| München | 6362897 | +7,6 | 36971 | – 0,4 | 12285 |
| Hamburg | 4295030 | –0,8 | 32147 | – 4,4 | 12514 |
| Berlin (West) | 4135317 | +1,8 | 8455 | –11,3 | 10217 |
| Stuttgart | 2614434 | +3,1 | 13965 | – 5,2 | 6378 |
| Hannover | 1801475 | –0,2 | 9003 | + 3,7 | 4583 |
| Köln/Bonn | 1743229 | ±0,0 | 55621 | +11,3 | 8490 |
| Nürnberg | 761735 | +1,2 | 3091 | – 4,7 | 4649 |
| Bremen | 672269 | +4,6 | 3713 | + 7,0 | 2748 |
| Saarbrücken | 153179 | +1,5 | 1 | –98,5 | – |
| *Insgesamt* | 47670202 | +2,4 | 866161 | + 6,1 | 164649 |

wie – bei Sport- und Geschäftsreiseflugzeugen – durch eine weitgehende Marktsättigung verursacht wurde. So wurden 1983 weniger als 200 Verkehrsflugzeuge bestellt (1978 noch über 700). Wegen der ungünstigen Absatzlage gaben die Firmen Lockheed völlig und McDonnell Douglas weitgehend die Fertigung ziviler Großraumflugzeuge auf, so daß in Zukunft außerhalb des Ostblocks nur noch 2 Firmen *Großraumflugzeuge* herstellen werden: der US-amerikanische Boeing-Konzern und das multinationale europäische Airbus-Unternehmen, an dem französische, britische, deutsche und spanische Firmen beteiligt sind. Anf. 1984 bewilligte die Bundesregierung 1,5 Mrd. DM Zuschuß zu den Entwicklungskosten des neuen »Airbus A 320«, der neben die Typen A 300 und A 310 treten soll. Bis April 1984 waren 259 Airbus-Maschinen ausgeliefert, der Auftragsbestand beträgt 406. Für die nächsten Jahre wird wegen des Nachholbedarfs vieler Gesellschaften mit deutlich höherem Absatz gerechnet.

In der **BR Deutschland** nahm der Flugverkehr – nach einem konjunkturbedingten Rückgang 1982 – im Jahr 1983 wieder zu. Nach Angaben des Statistischen Bundesamtes stieg die Zahl der *beförderten Personen* von 35,025 Mill. (1982) auf 35,875 Mill. (1983), davon 75,0% im Auslandsverkehr (Ankünfte und Abflüge). Die *Frachtbeförderung* stieg 1983 (1982) auf 619,4 (585,5) Tsd. t, davon 76,3% im Auslandsverkehr und 22,0% im Transitverkehr. Die *Luftpostbeförderung* stieg leicht auf 114,0 (112,7) Tsd. t. Im Inlands-*Personenverkehr* wurden 93% der Passagiere mit Liniendiensten befördert, im Auslandsverkehr entfielen 61% auf Linien- und 39% auf Charterflüge.
Die Zahl der in der BR Deutschland *zugelassenen Flugzeuge* betrug am 31.12.1983 (1982) 14201 (14119), davon 5630 (5703) einmotorige Flugzeuge bis 2t, 167 (166) Maschinen über 20t, 387 (371) Hubschrauber, 983 (915) Motorsegler, 6270 (6194) Segelflugzeuge und 2 (2) Luftschiffe. Insgesamt 278 Unternehmen hatten 1983 die Genehmigung, gewerblichen Luftverkehr zu betreiben, darunter 128 ausländische. Zum Inlands-Linienverkehr – ausgenommen Berlin-Verkehr – war nur die *Deutsche Lufthansa* zugelassen, zum internationalen Linienverkehr daneben 82 ausländische Gesellschaften. – Die *Lufthansa* betrieb 122 Flugzeuge, die bei rd. 183000 Flügen 227 Mill. km zurücklegten. Es wurden 1983 14,3 Mill. Passagiere (+3,3% gegenüber 1982) und 457,4 Tsd. t Luftfracht (+16,1%) befördert; die Auslastung verbesserte sich im Passagierverkehr auf 60% (Sitzladefaktor), insgesamt auf 63% (Nutzladefaktor). Beschäftigt wurden Ende 1983 31600 Personen; der Gewinn konnte von 45 (1982) auf 63 Mill. DM (1983) gesteigert werden. – An **Flughafenneubauten** wurde im April 1984 die viele Jahre heftig umstrittene und während des Baues gewaltsam bekämpfte *»Startbahn West«* des Frankfurter Rhein-Main-Flughafens in Betrieb genommen. – Für den neuen *Münchner Flughafen* im Erdinger Moos, dessen Bau seit April 1981 nach einer Verwaltungsgerichtsentscheidung ruht, wurde im Juni 1984 eine neue Planung mit wesentlich verringertem Flächenbedarf vorgelegt. – Die Länder Hamburg und Schleswig-Holstein erklärten Ende 1983, den lange Jahre geplanten Bau eines neuen *Hamburger Flughafens* bei Kaltenkirchen endgültig nicht mehr weiter zu verfolgen.
In **Österreich** wurden 1983 (1982) im gewerblichen Luftverkehr der 6 Verkehrsflughäfen 4,036 (3,854) Mill. Passagiere befördert (+4,7%; einschl. Transit); das Luftfracht-Aufkommen stieg um 17,7% auf 43567 (38989) t, die Luftpostmenge um 3,7% auf 6295 (6069) t. – Auf die einzelnen Flughäfen entfielen 1983 an Fluggästen in Tsd./Luftfracht in t: Wien 3262/38313 – Salzburg 290/1166 – Linz 146/2516 – Graz 128/834 – Innsbruck 126/450 – Klagenfurt 84/288 – Die Luftfahrtgesellschaft *»Austrian Airlines«* beförderte 1983 1,865 Mill. Passagiere.
In der **Schweiz** erreichten die 3 Verkehrsflughäfen 1983 (1982) folgende Werte (Passagierzahl – ohne Transit – in Tsd./Luftfracht in t): Zürich 8662 (8368)/221081 (161993) – Genf 4790 (4749)/36436 (32561) – Basel-Mülhausen 976 (974)/14655 (15265) – Die *»Swissair«* beförderte 1983 7,177 Mill. Passagiere und 208,9 Tsd. t Luftfracht.

## POST- UND FERNMELDEWESEN

**Fernsprecher** Zahl der Telefon-Sprechstellen (ohne Nebenstellen) insges. in Mill./pro 100 Einw. 1980 (nach UNO-Angaben): USA 180,424/79 – Japan 53,634/46 – BR Dtld. 28,554/46 – Großbritannien 26,651/48 – Frankreich 24,686/46 – UdSSR 23,707/9 – Italien 19,277/34 – Kanada 16,531/69 – Spanien 11,945/32 – Brasilien 7,496/6 – Niederlande 7,230/51 – Australien 7,153/49 – Schweden 6,621/80 – Mexiko 4,992/7 – Schweiz (mit Liechtenstein) 4,632/73 – VR China 4,355/0,4 – Belgien 3,636/37 – Polen 3,387/10 – Dänemark 3,283/64 – DDR 3,156/19 – ČSSR 3,150/21 – Österreich 3,010/40 – Rep. Korea (Süd-K.; 1979) 2,898/8 – Griechenland 2,796/29 – Südafrika 2,662/11 – Argentinien 2,588/9 – Indien (1979) 2,424/0,4 – Finnland 2,374/50 – Jugoslawien 2,139/10 – Türkei 1,902/4 – Norwegen 1,852/45 – Neuseeland 1,730/55 – Kolumbien 1,718/6 – Hongkong 1,676/33 – Portugal 1,372/14 – Ungarn 1,261/

12 – 1982 gab es auf der Erde ca. 530 Mill. *Telefonanschlüsse,* davon in USA 182 – Japan 60 – BR Dtld. 30 Mill. Das *dichteste Telefonnetz* (Anschlüsse pro 100 Einw.) hatten (nach Siemens) 1982 Schweden (83), die USA (79), die Schweiz (75), Kanada (70) und Dänemark (67) – demgegenüber Afrika rd. 1,3 und VR China 0,4. Unter den Großstädten haben das dichteste Netz: Washington D.C. 164 – Stockholm 126 – Paris 120 – Zürich 116 – Genf 110 – Basel 100 – Frankfurt/M. 82 – München 67 Telefone pro 100 Einwohner.
Am 18.6.1984 wurde in Hamburg der *XIX. Weltpostkongreß* eröffnet, eine Arbeitstagung des *Weltpostvereins.* Dieser mitgliederstärksten internationalen Organisation gehören z. Zt. 166 Staaten an.

Die *Deutsche Bundespost* verzeichnete auch 1983 wieder einen erhöhten Umsatz. Die Betriebseinnahmen betrugen 46,6 Mrd. DM, die Aufwendungen 43,4 Mrd. DM, so daß sich ein Überschuß von 3,2 Mrd. DM ergab. Die gesetzliche Ablieferung an den Bundeshaushalt erhöhte sich auf 4,4 Mrd. DM. – Dem Volumen nach nahm das Fernmeldewesen 1983 um 6,0% zu, während das Postwesen um 3,5% zurückging. An den Umsatzerlösen war das Fernmeldewesen zu 66,2% und das Postwesen zu 33,8% beteiligt. – Die wichtigsten *Postleistungen* waren 1982 (1981): beförderte Briefsendungen 12,79 (12,61) Mrd., davon 937 Mill. im Juli (geringste Zahl) und 1,252 Mrd. im März (höchste Zahl); Postsendungen 264 (276) Mill., Telegramme 6,240 (7,068) Mill., Telefon-Sprechstellen (Haupt- und Nebenanschlüsse und öffentl. Sprechstellen) 31,365 (30,122), abgehende Ferngespräche 8,70 (8,30) Mrd., Einzahlungen auf Zahlkarten und Postanweisungen 354,852 (333,424) Mrd. DM, Guthaben auf Postscheckkonten im Monatsdurchschnitt 9,848 (9,610) Mrd. DM, Teilnehmer am Hörfunk 24,035 (23,661) Mill., am Fernsehfunk 21,740 (21,448) Mill. (jeweils Jahresende). – Die *Telefonselbstwahl* wurde 1983/84 weiter ausgebaut. Mitte 1984 waren von der BR Deutschland aus Selbstwählgespräche mit 116 Ländern möglich (rd. 95% aller Telefonanschlüsse der Erde). – Ende 1983 wurden verschiedene *Vereinbarungen mit der DDR* getroffen, die u. a. eine Erhöhung der von der Bundespost an die Deutsche Post der DDR zu zahlenden Pauschale auf 200 Mill. DM jährlich vorsehen. Der gegenseitige Postverkehr soll außerdem verbessert werden, und weitere Ortsnetze der DDR werden an den Selbstwählverkehr angeschlossen. – Anfang 1984 verkündete die Bundespost aus Rationalisierungsgründen verschiedene *Leistungseinschränkungen,* u. a. den weitgehenden Wegfall der Vormittags- und Nachtleerungen der Briefkästen. Bisher erreichten im Bereich der Bundespost rd. 90% aller Briefsendungen den Empfänger am nächsten Tag.

## VERKEHRSUNFÄLLE UND -SCHÄDEN

Eine umfassende Statistik über **Unfälle im Straßenverkehr** auf internationaler Basis existiert nicht. Die »Weltgesundheitsorganisation« (WHO) schätzt, daß jährlich auf der ganzen Welt über 250000 Menschen im Straßenverkehr getötet und rd. 9 Mill. verletzt werden. Ein genauer internationaler Vergleich der Verkehrstoten ist nicht möglich, da z. B. in manchen Ländern die nach einem Unfall im Krankenhaus Gestorbenen gar nicht oder nur bis zu einem Tod innerhalb von 1 Tag, 3 oder 7 Tage usw. hinzugezählt werden. Für 1981 gibt das Statistische Bundesamt folgende Vergleichsdaten für einige Länder: **Verkehrstote/Verletzte** in Tsd.: USA 49,3/3410 (1980) – Frankreich (1980) 12,4/334 – BR Deutschland. 11,7/476 – Italien 8,1/225 – Großbritannien 6,1/327 – Jugoslawien (1979) 5,5/67 – Spanien 4,9/106 – Portugal 2,3/46 – Belgien 2,2/80 – Niederlande 1,8/54 – ČSSR 1,8/30 – Österreich 1,7/63 – Schweiz 1,2/32

In der **BR Deutschland** sind (nach Angaben in »Wirtschaft und Statistik« 1984/3) **von Anfang 1953 bis Ende 1983 mehr als 450000 Menschen bei Straßenverkehrsunfällen getötet** und rd. 14 Mill. verletzt worden. 1953 belief sich die Zahl der Verkehrstoten auf 11449; sie stieg dann fast Jahr für Jahr an und erreichte 1970 mit 19193 Getöteten ihren Höhepunkt. Die Zahl blieb in den beiden folgenden Jahren bei jeweils über 18000, sank 1973 auf 16302 und konnte in der Folgezeit bei unter 15000 jährlich gehalten werden. 1979 und 1980 konnten weitere Rückgänge auf 13222 bzw. 13041 verzeichnet werden. 1981 und 1982 sanken die Zahlen erneut auf 11674 bzw. 11608. **1983** mußte erstmals wieder ein Anstieg auf **11715 Verkehrstote** verzeichnet werden. Die Zahl der gemeldeten *Schadensunfälle* insges. stieg in der BR Deutschland 1982–1983 um 3,9% auf 1,692 Mill., d. h. den höchsten je gezählten Jahreswert. Hiervon waren 374034 Unfälle mit Personenschaden (+4,3%). Die Zahl der Verletzten betrug dabei 489148. – 64% aller Verunglückten wurden 1983 bei Unfällen innerhalb von Ortschaften verletzt oder getötet. Zusammensetzung der Verunglückten: 54% Insassen von PKW, 14% Motorradfahrer, 12% Radfahrer, 6% Moped- und Mofafahrer, 10% Fußgänger – Getötete: 51% Insassen von PKW, 12% Motorradfahrer, 4% Moped- und Mofafahrer, 21% Fußgänger – Die wichtigsten *Ursachen von Unfällen* mit Personenschaden waren 1983: zu hohe

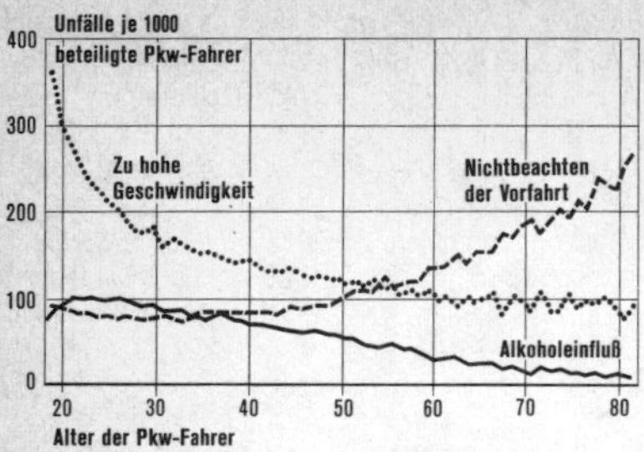


**Wichtige Ursachen**
**von Verkehrsunfällen in der BR Deutschland**
(Unfälle mit Personenschaden 1982
nach dem Alter der PKW-Fahrer)
(Nach »Wirtschaft und Statistik« 1984/3)

Geschwindigkeit 22%, Vorfahrtsfehler 15%, Fehler beim Abbiegen, Wenden, Anfahren u.ä. 14%, Alkoholeinfluß 8,5%, ungenügender Sicherheitsabstand 6,5%

In der **DDR** nahm die Unfallzahl ebenfalls leicht zu. 1983 (1982) ereigneten sich 49215 (48939) Verkehrsunfälle, bei denen 1587 (1600) Menschen getötet und 41054 (41172) verletzt wurden. In den **USA** konnte die Zahl der Verkehrstoten 1983 auf 43028, d.h. die niedrigste Zahl seit 20 Jahren, gedrückt werden. Dies wird hauptsächlich einer verschärften Bekämpfung der Trunkenheit im Verkehr zugeschrieben.

Die **Eisenbahn** war 1983/84 wieder ein relativ sicheres Verkehrsmittel; Unfälle ereigneten sich hauptsächlich in Entwicklungsländern, wo die technischen Anlagen zum Teil in sehr schlechtem Zustand sind. – In der *DDR* kam es im März 1984 zu einem schweren Unfall bei Halle. Ein D-Zug fuhr auf einen Personenzug auf, wodurch 11 Menschen den Tod fanden und rd. 45 verletzt wurden.

Die **Welthandelsflotte** wurde 1983 vom *Totalverlust* von 210 Schiffen mit 1,352 Mill. BRT betroffen. – Die größten *Menschenverluste* traten auch 1983/84 wieder in Entwicklungsländern beim Sinken überladener oder nicht verkehrssicherer Fähren auf. So ertranken im Sept. 1983 rd. 30 Menschen beim Kentern einer Nilfähre bei Kairo. Im Jan. 1984 kamen bei einem Fährunglück vor der philippinischen Insel Mindanao rd. 100 Menschen ums Leben. – Bei Stürmen im Ärmelkanal gerieten im Okt. 1983 und im Jan. 1984 mehrere Schiffe in Seenot, ca. 20 Seeleute ertranken. – Im Nov. 1983 sank ein amerikanisches Ölbohrschiff bei einem Taifun im Südchinesischen Meer. Die rd. 80 Besatzungsmitglieder fanden den Tod. – Nach UNO-Berichten ist in verschiedenen Meeresgebieten die *Seeräuberei* wieder zu einer Bedrohung für die Handelsschiffahrt geworden. Insbesondere die Seegebiete zwischen Malaysia und Indonesien wurden genannt.

Im **Flugverkehr** war die Sicherheit wieder sehr hoch, allerdings kam es 1983 zu den größten Verlusten seit Beginn der internationalen Zivilluftfahrt. Nach Angaben von »Lloyds« gingen insgesamt 27 in westlichen Ländern gebaute Passagiermaschinen verloren, darunter 4 Großraumflugzeuge. (Die Ostblockländer informieren nicht vollständig über Unfälle.) Die Gesamtzahl der Verluste an Menschenleben betrug 1983 (1982) 988 (553), dazu kamen ca. 2000 Tote in der Privat- und Sportfliegerei. – Besonders schwere Unfälle gab es u.a. im Sept. 1983 bei Abu Dhabi (118 Tote bei Absturz), im Nov. 1983 bei Enugu in Nigeria (53 Tote, Absturz beim Landeanflug), ebenfalls im Nov. 1983 bei Madrid (181 Tote, Absturz beim Landeanflug), im Dez. 1983 auf dem Flugplatz Medellin in Kolumbien (53 Tote, Explosion einer Frachtmaschine beim Start). Der spektakulärste Verlust geschah am 31.8.1983, als sowjetische Kampfflugzeuge einen südkoreanischen Jumbo-Jet mit 269 Menschen an Bord, der aus bisher unbekannten Gründen von seiner Flugroute abgekommen war, über der Insel Sachalin abschossen. Dieser Gewaltakt löste weltweite Empörung aus und führte dazu, daß viele westliche Länder zeitweise der UdSSR die Überflug- oder Landerechte entzogen und den Flugverkehr mit der UdSSR boykottierten. Auch die deutsche Bundesregierung suspendierte ab 15.9. für 14 Tage die Verkehrsrechte von »Aeroflot«.
In der *BR Deutschland* ereigneten sich nach Angaben des Luftfahrt-Bundesamtes 1983 (1982) 550 (489) *Flugbetriebsunfälle* mit 168 (114) Toten und 165 (164) Verletzten. Der Linienverkehr war gänzlich unfallfrei. Die meisten Unfälle betrafen wieder den privaten Reise- und Sportflugverkehr, einschließlich Segelflugzeuge und Motorsegler.

## FREMDENVERKEHR

**Internationaler Touristenreiseverkehr** Zahl der einreisenden Touristen (in Mill.)/Einnahmen aus dem internat. Tourismus (in Mill. US-$) 1980 u.a.: Frankreich 30,100/8235 – Spanien 22,500/6968 – USA 22,500/10100 – Italien 22,194/8914 – Österreich 13,879/6441 – Kanada 12,426/2284 – Großbritannien 12,393/6932 – BR Deutschland 11,288/6640 – Schweiz 10,650/3149 – Belgien 6,700/1813

– Jugoslawien 6,410/1115 – UdSSR 5,590/– – Griechenland 4,796/1734 – Mexiko 4,145/1670 – Niederlande 3,840/1640 – Portugal 3,763/1146 – Singapur 2,562/845 – Schweden 2,485/960 – Hongkong 2,279/1317 – Thailand 1,847/867 – Irland 1,699/617 – Puerto Rico 1,679/615 – Jordanien 1,636/512 – Tunesien 1,602/605 – Brasilien 1,498/182 – Marokko 1,425/397 – Ägypten 1,253/562 – Norwegen 1,252/742 – Kolumbien 1,210/357 – Bahamas 1,181/650 – Argentinien 1,120/344 – DDR 1,069/– – Uruguay 1,067/298 – Israel 1,066/866 – Venezuela 1,003/246 – Rep. Korea (Süd-K.) 0,976/369 – Türkei 0,902/327 – Daten nach »World Tourism Organization«, Madrid, und »International Monetary Fund«, Washington, D.C.; für verschiedene Länder liegen keine Daten vor (z. B. Südafrika) oder sie sind nicht vergleichbar und daher nicht aufgeführt (z. B. die meisten Ostblockländer). – Unter den Begriff »Tourist« wird im allgemeinen jeder Ausländer gezählt, der die Grenze überschreitet und sich mindestens 24 Stunden im Land aufhält (ausgen. Gastarbeiter, Transitreisende u. ä.). Teilweise werden auch die Ankünfte in Hotels gezählt oder nur Stichproben gemacht; die Daten sind daher nur bedingt miteinander vergleichbar. Die Angaben über die Deviseneinnahmen sind meist Schätzungen bzw. erfassen nur den offiziellen Geldumtausch.

Der **Welt-Tourismus,** der 1982 erstmals in der Nachkriegszeit keine Zunahme mehr zu verzeichnen hatte, konnte 1983 wieder ein *leichtes Wachstum* melden. Gezählt anhand der Zahl der Urlaubsreisen, der Gästeübernachtungen und der internationalen Deviseneinnahmen aus dem Tourismus, wird weltweit eine Zunahme von 1,5–2% geschätzt. Insgesamt reisten nach Schätzungen der Welttourismus-Organisation 1983 rd. 3–3,5 Mrd. Menschen (einschl. Mehrfachzählungen), ca. 280 Mill. davon ins Ausland. Die *Einnahmen aus dem internationalen Reiseverkehr* werden auf rd. 100 Mrd. $ geschätzt. Größere Zunahmen als Touristenziele verzeichneten 1983 insbesondere Japan, Schweden, Großbritannien, die Türkei und China, Abnahmen hatten die Niederlande, Italien, Österreich, die Schweiz, Griechenland und die afrikanischen Zielgebiete zu verzeichnen. – Auch 1983 wurden rd. 80% aller Auslandsreisen von den westlichen Industrieländern aus unternommen, je etwa 10% von Touristen aus den Ostblock- und den Entwicklungsländern. Rd. 56% aller *Touristenausgaben* der Welt wurden 1983 im westlichen Europa getätigt, 15% in Nordamerika.

In der **Reiseintensität** bezüglich Auslandsreisen stehen die Bewohner der *BR Deutschland* an der Spitze; sie geben auch mit weitem Abstand die absolut höchsten Summen im Ausland aus (→ Tabelle). Bei der Reise-Intensität insgesamt (Anteil der erwachsenen Einwohner, die mindestens einmal jährlich eine Urlaubsreise machen), liegen an der Spitze Schweden (83%), Schweiz (76%), Großbritannien (59%), Frankreich (58%), BR Deutschland (55%), Österreich (47%), Italien (46%).

**Devisen-Ausgaben und -Einnahmen im internationalen Reiseverkehr 1982**

| | *Ausgaben* | *Einnahmen* |
|---|---|---|
| | *in Mrd. $* | |
| BR Deutschland | 16,218 | 5,520 |
| USA | 12,347 | 11,392 |
| Großbritannien | 6,376 | 5,561 |
| Frankreich | 5,157 | 6,991 |
| Mexiko | 4,650 | 5,700 |
| Japan | 4,113 | 0,759 |
| Niederlande | 3,302 | 1,543 |
| Kanada | 3,203 | 2,449 |
| Saudi-Arabien | 2,700 | – |
| Österreich | 2,685 | 5,548 |
| Schweiz | 2,216 | 3,015 |
| Belgien-Lux. | 2,191 | 1,578 |
| Schweden | 1,896 | 1,012 |
| Australien | 1,850 | 1,114 |
| Italien | 1,737 | 8,338 |
| Norwegen | 1,633 | 0,725 |
| Dänemark | 1,311 | 1,306 |
| Spanien | 1,017 | 7,173 |
| Griechenland | 0,235 | 1,556 |

(nach OECD-Angaben)

**Fremdenverkehr in der BR Deutschland:** Die Zahl der *Gästeankünfte in Beherbergungsbetrieben* betrug 1983 (1982) 51,996 (51,326) Mill., die der Übernachtungen 190,839 (196,091) Mill. (davon 169,239 [175,226] Mill. Inländer und 21,600 [20,865] Mill. Ausländer). Die durchschnittliche Aufenthaltsdauer lag bei 3,7 (3,8) Tagen, die Bettenausnutzung der Betriebe bei 34 (36)%. (Diese Zahlen der amtlichen Statistik beziehen sich nur auf Beherbergungsbetriebe mit mindestens 9 Gästebetten. Insbesondere Privatquartiere, Übernachtungen auf Campingplätzen, in Kinderheimen, Jugendherbergen u. ä. sind hierin nicht enthalten.) Die Zahl der *Fremdenübernachtungen* ging also 1983 gegenüber 1982 um 3% zurück, und zwar durch geringere Inanspruchnahme durch Inländer, während die Zahl der Ausländerübernachtungen um 4% anstieg. – Nach *Bundesländern* entfielen von den Übernachtungen 1983 auf Bayern 29% – Baden-Württemberg 16% – Nordrhein-Westfalen 14% – Niedersachsen und Hessen je 11% – Schleswig-Holstein und Rheinland-Pfalz je 7% – Unter den *Ausländern* waren die wichtigsten Gäste (Übernachtungen 1983 in 1000): Niederlande 4473,8 – USA 3527,7 – Großbritannien 1970,9 – Schweiz 994,5 – Frankreich 980,9 – Dänemark 951,8 – Belgien/Lux. 911,5 – Italien 889,1 – Österreich 830,6 – Schweden 721,3 – Japan 644,7 – Neben den *Beherbergungsbetrie-*

*ben* entfielen 1983 außerdem 18,9 Mill. Übernachtungen auf *Campingplätze* (darunter 4,2 Mill. von Ausländern), 9,3 Mill. auf *Jugendherbergen* und 2,8 Mill. auf *Kinderheime.*

Nach der »Reiseanalyse 1983« des »Studienkreises für Tourismus« in Starnberg ging die **Reise-Intensität** der Deutschen 1983 gegenüber den Vorjahren erneut zurück. Nur noch 54,4% (1982: 55,0%, 1981: 55,9%) der Bundesbürger über 14 Jahre machten eine oder mehrere **Urlaubsreisen** (d. h. 26,2 Mill. Einw.), darunter 4,8% 2 oder mehrere. Als *Verkehrsmittel* wurde gewählt 1983 (1982) in %: PKW (auch mit Wohnwagen) 58,8 (58,9) – Flugzeug 15,0 (14,3) – Eisenbahn 12,8 (15,0) – Bus 9,7 (10,6) – Schiff 0,6 (0,6) – sonstiges 3,2 (0,6) – Die beliebtesten *Reiseziele* waren 1983 (1982) in %: Inland (d. h. BR Deutschland) 37,0 (38,6) – bei den Auslandsreisen (= 100%) dominierten: Italien 20,9 (19,6) – Österreich 19,3 (17,9) – Spanien 15,5 (17,4) – Frankreich 6,7 (8,7) – Jugoslawien 5,7 (6,5) – Schweiz 4,1 (3,3) – Dänemark 3,6 (3,8) – Griechenland 3,6 (3,3) – Niederlande 2,7 (3,8) – Großbritannien und Irland 2,6 (1,6) – Skandinavien 2,4 (1,1) – außereuropäische Länder 7,0 (7,6) – innerhalb der BR Deutschland (= 100%) lautet die Reihenfolge: Bayern 30,8 (28,2) – Baden-Württemberg 17,4 (16,0) – Schleswig-Holstein 13,8 (14,5) – Niedersachsen 13,6 (13,7) – Nordrhein-Westfalen 6,8 (7,6) – Hessen 6,0 (7,6) – Rheinland-Pfalz und Saarland 5,7 (4,6) – In folgenden Ländern Europas stehen *Deutsche als Touristen* u. a. an der Spitze: Österreich 70% – Schweiz 44% – Dänemark 44% – Italien 43% – Jugoslawien 42% – Spanien 28% (nach Großbritannien mit 36%) – Schweden 21% (nach Norwegen mit 29%) – Türkei 12% – Frankreich 12% (nach USA mit 13%) – Griechenland 11% (nach Großbritannien mit 19%)

**Ausgaben deutscher Touristen im Ausland 1983**
(Nach Angaben der Commerzbank)

Die **Einnahmen aus dem Auslandsreiseverkehr** in der **BR Deutschland** erhöhten sich 1982–1983 von 13,095 auf 13,946 Mrd. DM. Da sich die **Ausgaben** deutscher Reisender im Ausland verringerten (von 39,396 auf 38,388 Mrd. DM), konnte auch das **Defizit im Reiseverkehr** von 26,301 auf 24,442 Mrd. DM verringert werden. Ein besonders großes Defizit ergab sich im Reiseverkehr mit Italien, Österreich, Spanien, der Schweiz, Frankreich und Jugoslawien. Überschüsse konnten nur mit wenigen Ländern erzielt werden, u. a. mit den USA, Japan, den Niederlanden sowie mit den arabischen Ländern.

In **Österreich** ging der Tourismus 1983 bereits im 2. Jahr hintereinander zurück. Die Zahl der *Gästeübernachtungen* sank von 121,139 Mill. (1981) über 118,394 Mill. (1982) auf 115,794 Mill. (1983), wobei insbesondere der *Ausländerverkehr* abnahm (1983: 87,445 Mill.). Entsprechend verringerten sich auch die Deviseneinnahmen aus dem Tourismus von 94,647 Mill. öS auf 83,242 Mill. öS. Die österreichische Fremdenverkehrswirtschaft wurde insbesondere durch den Rückgang der Gäste aus den wichtigsten Herkunftsländern BR Deutschland (69,1% Anteil, Rückgang von 3,6%) und Niederlande (10,3% Anteil, Rückgang von 7,0%) getroffen. Zunahmen verzeichneten demgegenüber die Übernachtungen von Touristen aus USA (+21,0%), Großbritannien (+14,1%) und der Schweiz (+10,6%). – Die größte Zahl an Gästeübernachtungen erreichten 1983 die Bundesländer Tirol (36,863 Mill. Ausl./2,835 Mill. Inl.), Salzburg (16,041 bzw. 5,427 Mill.) und Kärnten (12,898 bzw. 3,819 Mill.). Auch in der **Schweiz** nahm der Fremdenverkehr 1983 erneut leicht ab. Die Zahl der Gästeübernachtungen fiel von 76,357 Mill. auf 75,367 Mill. Hiervon entfielen auf Hotels, Gaststätten u. ä. 33,595 Mill., auf die sog. Parahotellerie (Ferienwohnungen, Privatzimmer u. ä.) 40,134 Mill. Die Zahl der Ausländerübernachtungen betrug 1983 (1982) 35,977 (36,738) Mill., davon aus den wichtigsten Herkunftsländern 1983 in Mill.: BR Deutschland 15,727 (–1,7% gegenüber 1982) – Niederlande 3,350 (–9,1%) – Großbritannien 2,808 (+5,3%) – USA 2,615 (+13,2%) – Frankreich 2,438 (–16,0%) – Belgien 1,916 (–11,4%)

In den **RGW-Ländern** (Ostblock) ging der grenzüberschreitende Tourismus 1982 – wie im Vorjahr – zurück. Für 1983 liegen noch keine genauen Angaben vor, jedoch wird mit einer Fortsetzung des Abnahmetrends gerechnet. Während der Tourismus innerhalb des Ostblocks stagnierte, geht der Rückgang auf die geringeren Zahlen westlicher Besucher zurück. Die Ursachen dürften hauptsächlich in Beschränkungen der Freizügigkeit, Versorgungsschwierigkeiten, Zwangsumtauschregelungen und Mängeln der Unterkünfte und der touristischen Infrastruktur liegen. Insgesamt wurden in den RGW-Ländern 1982

62 Mill. Besucher gezählt, davon rd. 77% Reisende innerhalb des Ostblocks.

Für die **Entwicklungsländer** ist der Fremdenverkehr in Einzelfällen bereits zu einer wichtigen Devisenquelle geworden (z.B. Inselstaaten in der Karibik – Bahamas, Jamaika, Barbados – und im Indischen Ozean – Seschellen; Tunesien, Kenia, Jordanien); allerdings werden die negativen Auswirkungen zunehmend kritisiert (Abhängigkeit von Touristikunternehmen, negative soziokulturelle Auswirkungen, hohe Ausgaben für Importe von Touristikbedarf). – Insgesamt entfielen 1982 rd. 14% des Tourismus auf Entwicklungsländer; etwa ¾ davon waren Reisende aus den westlichen Industrieländern.

In der **VR China** erhöhte sich – nach chinesischen Angaben – die Zahl der einreisenden Touristen auf 9,480 Mill., die 1,86 Mrd. Yuan Deviseneinnahmen erbrachten. Allerdings waren darunter nur rd. 875000 »echte« Ausländer, die große Mehrzahl dagegen Übersee- und Hongkongchinesen, die häufig zu Verwandtenbesuchen einreisen. – *Hongkong* meldete 1983 eine Steigerung der Einreisen um über 6% auf 2,78 Mill. Gäste, und die *Rep. China (Taiwan)* zählte 1983 1,45 Mill. Touristen.

**Deutsche Devisen-Einnahmen und -Ausgaben im internationalen Reiseverkehr 1982 und 1983** (in Mill. DM) (nach Angaben der Deutschen Bundesbank)

| *Reihenfolge des Touristenvolumens 1983* | *Einnahmen* *1982* | *1983* | *Ausgaben* *1982* | *1983* | *Saldo* *1982* | *1983* |
|---|---|---|---|---|---|---|
| *Insgesamt* | 13095 | 13946 | 39396 | 38388 | −26301 | −24442 |
| 1. Österreich | 1985 | 2168 | 8058 | 7694 | − 6073 | − 5526 |
| 2. Italien | 917 | 1016 | 7450 | 7390 | − 6533 | − 6374 |
| 3. Schweiz | 825 | 920 | 3851 | 3697 | − 3026 | − 2777 |
| 4. Niederlande | 2030 | 2252 | 2086 | 2126 | − 56 | + 126 |
| 5. Frankreich | 1349 | 1215 | 3251 | 3093 | − 1902 | − 1878 |
| 6. Spanien | 242 | 240 | 3261 | 3213 | − 3019 | − 2973 |
| 7. USA | 1023 | 1444 | 1245 | 1156 | − 222 | + 288 |
| 8. Dänemark | 836 | 858 | 912 | 1071 | − 76 | − 213 |
| 9. Großbritannien | 607 | 576 | 1234 | 1314 | − 627 | − 738 |
| 10. Jugoslawien | 155 | 136 | 1127 | 1092 | − 972 | − 956 |
| 11. Belgien/Luxemburg | 510 | 473 | 662 | 610 | − 152 | − 137 |
| 12. Griechenland | 69 | 60 | 904 | 800 | − 835 | − 740 |
| 13. Schweden | 444 | 350 | 428 | 413 | + 16 | − 63 |
| 14. Norwegen | 220 | 219 | 258 | 246 | − 38 | − 27 |
| 15. Tunesien | 9 | 10 | 479 | 453 | − 470 | + 443 |
| 16. Kanada | 129 | 165 | 264 | 274 | − 135 | − 109 |
| 17. Japan | 280 | 303 | 133 | 138 | + 147 | + 165 |
| 18. Finnland | 157 | 179 | 168 | 164 | − 11 | + 15 |
| 19. Portugal | 60 | 54 | 313 | 258 | − 253 | − 204 |
| 20. Polen | 2 | 2 | 107 | 143 | − 105 | − 141 |

# Ausgewählte Kulturstatistik

## DEUTSCHE PRESSE

(Auswahl wichtiger Tages- und Wochenzeitungen)

**Richtung:** bürgerl. = bürgerlich; christl. = christlich; dem. = demokratisch; gewerksch. = gewerkschaftlich; kath. = katholisch; komm. = kommunistisch; kons. = konservativ; lib. = liberal; n. parteigeb. = nicht parteigebunden; parteipol. = parteipolitisch; protest. = protestantisch; republ. = republikanisch; sa. = samstags; so. = sonntags bzw. zum Wochenende erscheinend; soz. = sozialistisch; überkonf. = überkonfessionell; überpart. = überparteilich; unabh. = unabhängig; unpart. = unparteilich; unpolit. = unpolitisch; wo. = wochentags; m. Neb.-A. = mit Nebenausgaben. – **Auflagenhöhe** (Druckauflage) in Exemplaren meist 1983/84: (1) = über 5 Mill.; (2) = 1 bis unter 5 Mill.; (3) = 0,5 bis unter 1 Mill.; (4) = 0,2 bis unter 0,5 Mill.; (5) = 0,1 bis unter 0,2 Mill.; (6) = 50000 bis unter 100000; (7) = weniger als 50000.

**BUNDESREPUBLIK DEUTSCHLAND**
mit Berlin (West)

*Tageszeitungen (Publizistische Einheiten):*

**Aachener Nachrichten,** Aachen (6)/unabh. – **Aachener Volkszeitung,** Aachen (5)/unabh. – **Abendpost/Nachtausgabe,** Frankfurt a. M. (5)/unabh. – **Abendzeitung,** München/Nürnberg (4)/unabh. – **8-Uhr-Blatt,** Nürnberg (6, sa. 5)/unpol. – **Allgäuer Zeitung,** Kempten (5)/unabh. – **Allgemeine Zeitung,** Mainz (5)/unabh., überpart. – **Augsburger Allgemeine,** Augsburg (4)/unabh., überpart. – **Badische Neueste Nachrichten,** Karlsruhe (5)/unabh. – **Badische Zeitung,** Freiburg (4)/unabh. – **Berliner Morgenpost,** Berlin (5, so. 4)/unabh., überpart. – **B. Z.,** Berlin (4)/unabh., überpart. – **Bild-Zeitung,** Hamburg, Berlin, Düsseldorf, Frankfurt, Hannover, München, Stuttgart (1)/unabh., überpart. – **Braunschweiger Zeitung,** Braunschweig (5)/unabh., n. parteigeb. – **Bremer Nachrichten,** Bremen (7)/unabh. – **Darmstädter Echo,** Darmstadt (6)/unabh. – **Deutsche Tagespost,** Würzburg (7)/unabh., kath. – **Donau Kurier,** Ingolstadt (6)/unabh. – **Esslinger Zeitung,** Esslingen (6)/unabh. – **Express,** Köln, Bonn, Düsseldorf (3)/unabh. – **The Financial Times,** Frankfurt (7) – **Flensburger Tageblatt,** Flensburg (5)/unabh. – **Frankenpost,** Hof (m. Neb.-A. 6)/unabh. – **Frankfurter Allgemeine** Zeitung für Deutschland, Frankfurt a. M. (4)/unabh. – **Frankfurter Neue Presse,** Frankfurt a. M. (5)/unabh. – **Frankfurter Rundschau,** Frankfurt a. M. (4)/unabh., linkslib. – **Fränkischer Tag,** Bamberg (6)/unabh. – **General-Anzeiger Bonn** (6)/pol. unabh. – **Gießener Allgemeine,** Gießen (7)/unabh. – **Gießener Anzeiger,** Gießen (6)/unabh. – **Die Glocke,** Oelde (6)/unabh. – **Hamburger Abendblatt,** Hamburg (4)/unabh., überpart. – **Hamburger Morgenpost,** Hamburg (4)/unabh. – **Handelsblatt,** Wirtschafts- und Finanzzeitung, Düsseldorf/Frankfurt a. M. (5, börsentäglich)/unabh. – **Hannoversche Allgemeine Zeitung,** Hannover (4)/unabh. – **Hannoversche Neue Presse,** Hannover (6)/unabh. – **Heilbronner Stimme,** Heilbronn (6)/unabh., überpart. – **Hessische Allgemeine,** Kassel (4)/unabh., überpart. – **Kieler Nachrichten,** Kiel (5)/unabh. – **Kölner Stadt-Anzeiger,** Köln (4)/unabh., überpart. – **Kölnische Rundschau,** Köln (5)/unabh., lib.-kons. – **Kreiszeitung,** Syke (6)/unabh. – **Lübecker Nachrichten,** Lübeck (5)/unabh., überpart. – **Ludwigsburger Kreiszeitung,** Ludwigsburg (7)/unabh. – **Main-Echo,** Aschaffenburg (6)/unabh. – **Main-Post,** Würzburg (5)/unabh. – **Mannheimer Morgen,** Mannheim (5)/unabh., überpart. – **Mindener Tageblatt,** Minden (7)/unabh. – **Mittelbayerische Zeitung,** Regensburg (5)/unabh. – **Münchner Merkur,** München (5, m. Neb.-A. 4)/unabh.-kons. – **Münstersche Zeitung,** Münster (6)/unabh. – **Neue OZ. Osnabrücker Zeitung,** Osnabrück (4)/unabh., überpart. – **Der Neue Tag,** Weiden (6)/unabh. – **Neue Westfälische,** Bielefeld (4)/unabh., überpart. – **Nordwest-Zeitung,** Oldenburg (4)/überpart. – **NRZ, Neue Ruhr-Zeitung/Neue Rhein-Zeitung,** Essen (5)/unabh. – **Niedersächs. Tageblatt,** Lüneburg (5) – **Nordsee-Zeitung,** Bremerhaven (6)/unabh., überpart. – **Nürnberger Nachrichten,** Nürnberg (4)/unabh., lib. – **NWZ, Neue Württembergische Zeitung,** Göppingen (7)/unabh. – **Oberbayerisches Volksblatt,** Rosenheim (6) – **Offenbach-Post,** Offenbach (6)/unabh. – **Offenburger Tageblatt,** Offenburg (6)/unabh. – **Passauer Neue Presse,** Passau (5)/unabh., überpart. – **Recklinghäuser Zeitung,** Recklinghausen (6)/unabh. – **Rheinische Post,** Düsseldorf (4)/Zeitung für christliche Kultur und Politik – **Rhein-Neckar-Zeitung,** Heidelberg (5)/unabh., christl. – **Die Rheinpfalz,** Ludwigshafen (4)/unabh. – **Rhein-Zeitung,** Koblenz (4)/unabh. – **Ruhr-Nachrichten,** Dortmund (4)/unabh., überpart. – **Saarbrücker Zeitung,** Saarbrükken (4)/unabh., überpart. – **Schleswig-Holsteinische Landeszeitung,** Rendsburg (7)/unabh. –

**Schwäbische Zeitung,** Leutkirch (5)/unabh., christl. Grunds. – **Schwarzwälder Bote,** Oberndorf (5)/unabh. – **Siegener Zeitung,** Siegen (6)/unabh. – **Straubinger Tagblatt,** Straubing (5)/unabh. – **Stuttgarter Nachrichten,** Stuttgart (6, m. Kopfbl. 4)/unabh., überpart. – **Stuttgarter Zeitung,** Stuttgart (5)/unabh./lib. – **Süddeutsche Zeitung,** München (4)/polit. unabh. – **Südkurier,** Konstanz (5)/unabh. – **Südwest-Presse,** Ulm (4)/unabh. – **Der Tagesspiegel,** Berlin (5)/unabh. – **Die Tageszeitung/taz,** Berlin (7)/links – **Trierischer Volksfreund,** Trier (6)/unabh. – **tz,** München (4)/unabh. – **unsere zeit/uz,** Neuss (7)/Organ d. DKP – **Volksblatt Berlin,** B.-Spandau (7)/linkslib. – **Die Welt,** Hamburg (4)/unabh., lib.-kons. – **Weser-Kurier,** Bremen (5)/unabh., überpart. – **Westdeutsche Allgemeine,** Essen (3)/überpart., unabh. – **Westfalen-Blatt,** Bielefeld (5)/unabh., lib.-kons. – **Westfalenpost,** Hagen (6)/parteipol. unabh., christl.-dem. – **Westfälische Nachrichten,** Münster (4)/unabh. – **Westfälischer Anzeiger,** Hamm (6)/unabh. – **Westfälische Rundschau,** Dortmund (5)/unabh., soz.-lib. – **Wetzlarer Neue Zeitung,** Wetzlar (6)/unabh. – **Wiesbadener Kurier,** Wiesbaden (6)/unabh. – **WZ-Westdeutsche Zeitung,** Düsseldorf (4)/unabh.

*Wochen- und Sonntags-Zeitungen, Magazine usw.*

**Allgemeine Jüdische Wochenzeitung,** Düsseldorf (7) – **Ambiente** Wohnen international, Offenburg (6) – **art** (Kunstmagazin) (6) – **Bayernkurier,** München (5)/CSU – **Berliner Stimme,** Berlin (7)/SPD – **DAS BESTE** (2)/unabh. – **Bild am Sonntag,** Hamburg (2)/unabh., überpart. – **bild der wissenschaft** (5) – **Capital** (Wirtschaftsmagazin, monatl., m. Capital vertraulich), Köln (4)/unabh. – **Das Deutsche Monatsblatt** (3)/CDU (mtl.) – **Deutsche Nationalzeitung,** München (5)/«national-freih.«, unabh., rechts – **Deutsches Allgemeines Sonntagsblatt,** Hamburg (5)/unabh., protest. – **Deutsche Volkszeitung,** Düsseldorf (7)/linksdem.-fortschr. – **Deutsche Wochenzeitung,** Rosenheim (7)/unabh. – **DM** (5)/unabh. – **Esprit,** Bonn (7)/Gesellsch. Mag. – **GEO** (4) – **Hamburger Rundschau** (7)/linkslib. – **impulse** (Wirtschaftsmagazin) (5) – **Journal für Geschichte** – **Kasseler Sonntagsblatt,** Kassel (5)/unabh., evangel. – **kosmos** (5) – **Das Liberale Forum** (7)/F.D.P. (mtl.) – **Merian** (4) – **Natur** (Umweltmagazin) (4) – **Das Ostpreußenblatt,** Hamburg (6)/überpart. Org. d. Ldsm. Ostpreußen – **PAN** (Kunstzeitschr.) (5) – **Das Parlament,** Bonn (5)/überpart. – **Playboy,** München (3) – **P. M.** (4)/populärwiss. Magazin (mtl.) – **Publik-Forum** (7)/christl. – **Rheinischer Merkur/Christ und Welt,** Koblenz (5)/unabh., kons.-lib., christl. – **Der Schlesier,** Breslauer Nachrichten, Recklinghausen (7), Org. d. Ldsm. Schlesien – **Sonntag aktuell,** Stuttgart (3)/unabh. – **Sozialdemokrat** – Magazin für die Mitgl. d. SPD (3) (mtl.) – **Der Spiegel** Das deutsche Nachrichten-Magazin, Hamburg (3)/unabh. – **Sudetendeutsche Zeitung,** Org. d. Sudetdt. Ldsm., München (7) – **Die Umschau,** Das Wissenschaftsmagazin, Frankfurt a. M. (7) – **Vorwärts,** Bonn-Bad Godesberg (6)/SPD-Organ – **Welt am Sonntag,** Hamburg (4)/unabh. – **Welt der Arbeit,** Köln (5)/gewerksch. (DGB) – **Weltkunst** – **Wirtschaftswoche,** Düsseldorf (5)/unabh. – **Die Zeit,** Hamburg (4)/unabh., lib.

*Kulturzeitschriften* (Auswahl) **Akzente – Allmende – Analle – Arena – BrennGlas – Debatte – Delfin-Dokumente – Exil – Frankfurter Hefte – Freibeuter – die horen – impressum – Konkursbuch – kürbiskern – Kursbuch – L'80 – Lesezeichen – LiLi – der literat – Literatur-Magazin – Litfass – Merkur – Der Monat – Neue Deutsche Hefte – Neue Rundschau – NZ,** Neue Zeitschrift für Musik – **Schreibheft – Simplex – Spuren – Stimmen der Zeit – Tintenfaß – Titanic – TransAtlantik – Universitas – Wanderbühne – Westermanns Monatshefte**

*Illustrierte Zeitschriften/Frauenzeitschr. usw.*

**auf einen Blick** (2) – **die aktuelle** (3) – **die zwei** (3) – **bella** (3) – **Bild der Frau** (2) – **Bild + Funk** (2) – **Bildwoche** (3) – **Bravo** (Jugendzeitschrift) (2) – **Brigitte** (2) – **Bunte** (2) – **burda moden** (2) – **Carina** (3) – **Charme** (4) – **cinema** (Kino-Programmzeitschrift) (5) – **Cosmopolitan** (4) – **Echo der Frau** (4) – **Eltern** (3) – **Emma** (4) – **essen & trinken** (4) – **Fernsehwoche** (2) – **frau aktuell** (3) – **Frau im Leben** (4) – **Frau im Spiegel** (3) – **Frau mit Herz** – **Freizeit Revue** (2) – **freundin** (3) – **Für Sie** (2) – **Funk Uhr** (2) – **Gabi** (4) – **Gala** (6) – **Das Goldene Blatt** (3) – **Gong** (2) – **Das Haus** A (2) u. B (2) – **Heim und Welt** (4) – **HÖRZU** (2) – **Ingrid** (4) – **Irene** (4) – **Journal für die Frau** (3) – **Katrin** (4) – **konkret** (6) – **meine Familie & ich** (3) – **mein schöner Garten** (4) – **Metropolis-das neue** (3) – **DAS NEUE BLATT** (2) – **Neue Post** (2) – **Neue Revue** (2) – **Neue Welt** (4) – **Nicole** (4) – **Penthouse** (4) – **petra** (3) – **Pop/Rocky** (Jugendzeitschr.) (3) – **Praline** (2) – **Quick** (3) – **Schöner Wohnen** (4) – **Sexy** (4) – **stern** (2) – **7 Tage** – **tina** (2) – **TV Hören + Sehen** (2) – **Weltbild** (4) – **Wochenend** (3) – **Zuhause** (4)

*Nachrichtenagenturen* (Auswahl)

**Deutsche Presse-Agentur (dpa),** Hamburg – **Deutscher Depeschendienst (ddp),** Bonn – **Deutschland-Union-Dienst (DUD),** Bonn (CDU) – **Dienst mittl. Tageszeitungen (DIMITAG/dmt),** Bonn – **Evangelischer Pressedienst (epd),** Frankfurt a. M. – **Freie Demokratische Korrespondenz,** Bonn (F.D.P.) – **Katholische Nachrichtenagentur (KNA),** Bonn – **Parlamentarisch-Politischer Pressedienst (PPP),** Bonn – **Progreß-Presse-Agentur GmbH (ppa),** Düsseldorf (kommunist.) – **Sozialdemokratischer Pressedienst,** Bonn (SPD) – **Sport-Informationsdienst (SID),** Düsseldorf – **Vereinigte Wirtschaftsdienste**

**(VWD),** Frankfurt a. M. – Deutscher Dienst von **Agence France-Press (AFP),** Bonn – **Associated Press (AP),** Bonn – **Inter Press Service (IPS),** Bonn – **Reuters Ltd.,** Bonn – **United Press International (UPI),** Bonn

**Pressestatistik 1982** des Statistischen Bundesamtes: In der Bundesrep. Deutschland wurden 1982 von **2511 Unternehmen** innerhalb und außerhalb des Verlagsgewerbes **1219 Zeitungen** (364 Hauptausgaben, 855 abhängige Nebenausgaben) mit einer verkauften Auflage je Erscheinungstag von 25,74 Mill. Exemplaren (15,93 Mill. Abonnement- und 9,81 Mill. Straßenverkaufszeitungen) und **6572 Zeitschriften** mit einer verkauften Auflage je Erscheinungstag von 252,77 Mill. Exemplaren jeweils im Jahresdurchschnitt verlegt. **2052 Unternehmen** innerhalb des Verlagsgewerbes (nach ihrem wirtschaftlichen Schwerpunkt waren 309 Unternehmen Zeitungsverlage, davon 83 reine Zeitungsverlage, 1385 Unternehmen Zeitschriftenverlage, davon 830 reine Zeitschriftenverlage u. 358 Unternehmen mit Schwerpunkt außerhalb der periodischen Presse) mit **insgesamt 198481 Beschäftigten** (davon 23266 in den Redaktionen) erzielten **1982** einen **Umsatz von 23,81 Mrd. DM** (10,35 Mrd. aus dem Vertrieb, 10,33 Mrd. DM aus Anzeigen u. a.). 459 Unternehmen mit 29 Zeitungen (Hauptausg.) u. 695 Zeitschriften (insges. 22161 Beschäftigte, 2,85 Mrd. DM Umsatz) werden nicht dem Verlagsgewerbe, sondern anderen Wirtschaftszweigen zugerechnet. – Nach mehr als 13 Wochen ging am 8. Juli 1984 ein **Streik in der Druckindustrie** zu Ende, der zu erheblichen Produktionsausfällen bei Zeitungen und Zeitschriften führte.

## DEUTSCHE DEMOKRATISCHE REPUBLIK
mit Berlin (Ost)

*Tageszeitungen*

**Bauern-Echo,** Berlin (6)/Zentralorg. d. DBD – **Berliner Zeitung,** Berlin (4)/SED – **BZ am Abend,** Berlin (5) – **Brandenburgische Neueste Nachrichten,** Potsdam (7)/NDPD – **Der Demokrat,** Rostock (7)/Ost-CDU – **Deutsches Sportecho,** Berlin (5)/DTSB Sporttageszeitung – **Freie Erde,** Neubrandenburg (5)/SED – **Freie Presse,** Karl-Marx-Stadt (3)/SED – **Freies Wort,** Suhl (5)/SED – **Freiheit,** Halle (3)/SED – **Junge Welt,** Berlin (2)/Org. des Zentralrats d. FDJ – **Lausitzer Rundschau,** Cottbus (4)/SED – **Leipziger Volkszeitung,** Leipzig (4)/SED – **Liberal-Demokratische Zeitung,** Halle (6)/LDPD – **Märkische Union,** Dresden (7)/Ost-CDU – **Märkische Volksstimme,** Potsdam (4)/SED – **Mitteldeutsche Neueste Nachrichten,** Leipzig (7)/NDPD – **Der Morgen,** Berlin (6)/Zentralorg. d. LDPD – **National-Zeitung,** Berlin (6)/Zentralorg. d. NDPD – **Neuer Tag,** Frankfurt/Oder (5)/SED – **Neues Deutschland,** Berlin (2)/Zentralorg. d. SED – **Der Neue Weg,** Halle (7)/Ost-CDU – **Neue Zeit,** Berlin (6)/Zentralorg. d. Ost-CDU – **Norddeutsche Neueste Nachrichten,** Rostock (7)/NDPD – **Norddeutsche Zeitung,** Schwerin (7)/LDPD – **Nowa Doba,** Organ der Lausitzer Sorben (7) – **Ostsee-Zeitung,** Rostock (4)/SED – **Sächsische Neueste Nachrichten,** Dresden (7)/NDPD – **Sächsisches Tageblatt,** Dresden (6)/LDPD – **Sächsische Zeitung,** Dresden (3)/SED – **Schweriner Volkszeitung,** Schwerin (5)/SED – **Thüringer Neueste Nachrichten,** Weimar (7)/NDPD – **Thüringer Tageblatt,** Weimar (7)/Ost-CDU – **Thüringische Landeszeitung,** Weimar (7)/LDPD – **Tribüne,** Berlin (4)/Org. des Bundesvorstandes d. FDGB – **Die Union,** Dresden (6)/Ost-CDU – **Das Volk,** Erfurt (4)/SED – **Volksstimme,** Magdeburg (4)/SED – **Volkswacht,** Gera (4)/SED

*Wochenzeitungen, polit. Monatsschriften usw.*

BERLIN: **Einheit** (4)/Org. d. ZK d. SED f. wiss. Soz. – **Eulenspiegel** (4)/satir. Wochenz. – **FF-dabei** (2)/Programmzeitschr. – **Freie Welt** (4) – **Für Dich** (3)/Frauenzeitschr. – **horizont** (5) – **Die Kirche** (7)/Org. d. Ev. Kirche v. Berlin-Brandenburg – **Das Magazin** (3) – **Neue Berliner Illustrierte NBI,** Die Zeit im Bild (3) – **Neue Deutsche Bauernzeitung** (5)/Org. d. ZK d. SED – **Neuer Weg** (3)/Org. d. ZK d. SED f. Fragen des Parteilebens – **Sonntag** (7)/kulturpolit. Wochenz. – **St. Hedwigsblatt** (7)/kath. Bistumsblatt – **Trommel** (4)/Jugendzeitschr. – **Volksarmee** – **Die Weltbühne** (7)/Wochenschrift f. Politik, Kunst u. Wirtschaft – **Wochenpost** (2). – Außer den 39 Tageszeitungen mit einer tägl. Gesamtaufl. v. 8,9 Mill. Expl. existieren 31 Wochenzeitungen u. Illustrierte mit einer Gesamtauflage von 9,3 Mill. Expl. Die 653 Betriebszeitungen haben eine Gesamtauflage von über 2 Mill. Expl. Nach dem DDR-Jahrbuch 1982 erreichte die Jahresgesamtauflage der 519 Zeitschriften 1981 insgesamt eine Höhe von 262,3 Mill. Expl.

*Nachrichtenagentur*

**Allgemeiner Deutscher Nachrichtendienst (ADN),** Berlin (Ost); regierungseigene Nachrichtenagentur in der DDR

# INTERNATIONALE PRESSE

**ÄGYPTEN**
*Tageszeitungen:* KAIRO: **Al-Ahram** (4), freitags (3)/unabh., offiziös. – **Al-Akhbar** (3)/gemäß. rechts – **Al-Gomhurija** (4), Org. d. »Arab.-Soz. Union« – **Le Journal d'Égypte** (7)/franz. – **The Egyptian Gazette** (7)/engl. – *Nachrichtenagentur:* **MENA**

**ALBANIEN**
*Tageszeitungen:* TIRANA: **Bashkimi** (7)/Organ der Dem. Front – **Zëri i Popullit** (5)/Organ des ZK d. PPSH – *Nachrichtenagentur:* **ATA**

**ALGERIEN**
*Tageszeitungen:* ALGIER: **Al Chaab** (6)/nationalist., arab. – **El Moudjahid** (5), nationalist., franz. – *Nachrichtenagentur:* **Algérie Presse Service/APS**

**ARGENTINIEN**
*Tageszeitungen:* BUENOS AIRES: **Argentinisches Tageblatt** (7)/lib. – **Clarín** (4, so. 3)/kons. – **Crónica** (3) – **La Nación** (4)/kons. – **La Opinión** (6)/rechts – **La Prensa** (4)/liberal – **La Razón** (4) – CORDOBA: **Córdoba** (5) – **La Voz del Interior** (6)/unabh. – MAR DEL PLATA: **La Capital** (5) – MENDOZA: **Los Andes** (6)/kons. – ROSARIO: **La Capital** (6)/kons. – TUCUMÁN: **La Gaceta** (6)/lib.-kons. – *Nachrichtenagentur:* **Agencia Noticiosa Saporiti/ANS**

**AUSTRALIEN**
*Tageszeitungen:* CANBERRA: **The Canberra Times** (7) – ADELAIDE: **Advertiser** (6) – **News** (5) – BRISBANE: **Courier-Mail** (4) – **Telegraph** (5) – MELBOURNE: **The Age** (4) – **The Herald** (2) – **Sun News-Pictorial** (3) – PERTH: **Daily News** (5) – **West Australian** (4) – SYDNEY: **The Australian** (5) – **Daily Mirror** (4) – **Daily Telegraph** (5) – **The Sun** (4) – **The Sydney Morning Herald** (4) – *Wochen- u. Sonntags-Zeitungen:* ADELAIDE: **Sunday Mail** (4) – BRISBANE: **Sunday Mail** (4) – **Sunday Sun** (4) – MELBOURNE: **Melbourne Sunday Press** (5) – **Nation Review** (6) – PERTH: **Sunday Times** (4) – SYDNEY: **National Times** (5) – **Sun-Herald** (3) – **Sunday Telegraph** (3) – *Nachrichtenagenturen:* **Australian Associated Press/AAP** – **Australian United Press Ltd./AUP**

**BELGIEN**
*Tages- und Wochenzeitungen:* BRÜSSEL: **De Nieuwe Gids** (5, zus. m. **Het Volk** in Gent)/kath. – **De Standaard** (6)/kath., flämisch – **Het Laatste Nieuws** (4)/unabh. – **La Cité** (7)/christl.-dem. – **La Dernière Heure** (5)/lib. – **La Libre Belgique** (5)/kath., unabh. – **L'Echo de la Bourse** (7)/unabh. – **Le Soir** (5) m. **La Lanterne**/unabh. – ANTWERPEN: **De Nieuwe Gazet** (4, zus. m. **Het Laatste Nieuws** in Brüssel)/unabh. – **De Volksgazet** (6)/soz. – **Gazet van Antwerpen** (5)/kath. – CHARLEROI: **La Nouvelle Gazette** (6)/unabh. – **Le Rappel** (6)/unabh. – GENT: **Het Volk – De Nieuwe Gids** (Brüssel) (5)/kath. – **Voorhuit** (7)/soz. – LÜTTICH: **La Meuse** (5)/unabh. – EUPEN: **Grenz Echo** (7)/unabh.-christl., dt.-spr. – *Nachrichtenagentur:* **Agence BELGA**

**BRASILIEN**
*Tageszeitungen:* BRASILIA: **Correiro Brasiliense** (6)/lib. – RIO DE JANEIRO: **Jornal do Brasil** (5, so. 4)/lib. – **O Globo** (4)/kons. – SÃO PAULO: **Fôlha de São Paulo** (4)/lib. – **O Estado de São Paulo** (4)/lib. – *Nachrichtenagentur:* **Agência Nacional/AN**

**BULGARIEN**
*Tageszeitungen:* SOFIA: **Narodna Mladesch** (4)/komm. junge Union – **Otetschestven Front** (4)/Vaterld. Front – **Robotnitschesko Delo** (3)/Org. d. ZK der KP – **Semedelsko Sname** (5)/Bauernpartei – **Sofioter Nachrichten** (7)/dt.-spr. – **Trud** (4)/gewerksch. – **Vetscherni Novini** (5) – *Nachrichtenagentur:* **Bulgarian Telegraph Agency/BTA**

**CHILE**
*Tageszeitungen:* SANTIAGO: **El Mercurio** (4)/lib. – **La Segunda** (6)/unabh. – **Las Últimas Noticias** (5)/unabh. – **La Tercera** (4)/unabh. – *Nachrichtenagentur:* **Agencia Informativa Orbe de Chile/ORBE**

**CHINA**
a) **Volksrepublik China**
BEIJING (PEKING): **Beijing Ribao** (Beijinger Tageszeitung) (4) – **Beijing Wanbao** (Beijinger Abendzeitung) (3) – **Cankao Xiaoxi** (1)/Informationsblatt f. Funktionäre – **Gongren Ribao** (Arbeiterzeitung) (2) – **Guangming Ribao** (2) – **Jiefangjun Bao** (»Tageszeitung der Befreiungsarmee«) – **Renmin Ribao** (Volkszeitung) (1)/KP-Zentralorgan – **Zhongguo Nongmin Bao** (Bauernzeitung) – **Zhongguo Qingnian Bao** (Jugendzeitung) (2) 4mal wöch. – **Zhongguo Shaonian Bao** (Kinderzeitung) (1) 1mal wöch. – **Shichang Bao** (Der Markt) (2) 3mal monatl. – **Xinhua** (Hsinhua)/**NCNA** (offiz. Nachrichtenagentur) – In deutscher Sprache: **Beijing Rundschau, China im Bild, China im Aufbau;** in engl. Sprache u. a.: **China Daily** (6). – Mitte 1983 insges. 2836 Zeitungen u. Zeitschriften mit einer Gesamtaufl. v. 9,9 Mrd. Exempl.
b) **Republik China** (Taiwan)
TAIPEH: u. a. **Tschung-Jang Jih-Pao** u. **Tschunghua Jih-Pao,** beide Kuomintang-Organe – **Lien-Ho Pao** – **China Times** (3) – **Commercial Times** (5) – **Economic Daily News** (5) – **United Daily News** (3) – **News from China,** hg. v. Chin. Inf. Service, New York – *Nachrichtenagentur:* **CNA**

**CUBA**
HAVANNA: **Granma** (3)/KP-Organ – *Nachrichtenagentur:* **Prensa Latina/PL** u. **Agencia Informativa Nacional/AIN**

**CYPERN**
*Tageszeitungen* (griechisch): NIKOSIA: **Agon** (7)/rechte Mitte – **Apogevmatini** (7)/lib. – **Eleftheri Kypros** (7)/Org. d. Dem. Partei – **Haravghi** (7)/Organ d. kommun. AKEL – **Makhi** (7)/rechtsopp. – **Phileleftheros** (7)/lib. – **Simerini** (7)/rechtsopp. – **TANEA** (7)/sozial. EDEK – **Cyprus Mail** (7)/engl. – *Wochenzeitungen* u. a. **Dimokratia** (7)/AKEL-Organ – **Dimokratiki** (7)/lib. – **Kypros** (7)/lib. – *Nachrichtenagentur:* **Cyprus News Agency**

**DÄNEMARK**
*Tageszeitungen:* KOPENHAGEN: **Aktuelt** (6, so. 5)/sozialdem. – **B. T.** (4)/kons. – **Berlingske Tidende** (5, so. 4)/kons. – **Ekstra Bladet** (4) – **Politiken** (5, so. 4)/lib. – ÅBENRÅ: **Der Nordschleswiger** (6)/dt.-spr. – ÅLBORG: **Ålborg Stiftstidende** (6, so. 5)/unabh. lib. – ÅRHUS: **Århus Stiftstidende** (6)/unabh. lib. – **Jyllands-Posten** (6, so. 5)/unabh. – ESBJERG: **Vestkysten** (6)/lib. – KOLDING: **Jydske Tidende** (7, so. 6)/unabh. – ODENSE: **Fyens Stiftstidende** (6, so. 5)/unabh. – **Fyns Tidende** (7, so. 5)/lib. – *Nachrichtenagenturen:* **Ritzau's Bureau – Dansk Telegrammbureau/RB**

**FINNLAND**
*Tageszeitungen:* HELSINKI: **Helsingin Sanomat** (4)/unabh. lib. – **Hufvudstadsbladet** (6)/schwed., unabh. – **Ilta-Sanomat** (5)/unabh. – **Kansan Uutiset** (6)/komm. – **Suomen Sosialidemokraatti** (7)/sozialdem. – **Uusi Suomi** (6)/unabh. – KUOPIO: **Savon Sanomat** (6)/Zentr. – TAMPERE: **Aamulehti** (5)/kons. – TURKU: **Turun Sanomat** (5)/unabh. – *Nachrichtenagentur:* **Suomen Tietotoimisto – Finska Notisbyrån/STT-FNB**

**FRANKREICH**
*Tageszeitungen:* PARIS: **France-Soir** (4)/gemäßigt – **La Croix** (5)/kath. – **L'Aurore** (6)/rechtsgerichtet – **Le Figaro** (4)/gem. rechts – **L'Humanité** (5)/komm. – **International Herald Tribune** (5)/engl. – **Le Matin de Paris** (5)/den Soz. nahestehend – **Le Monde** (4)/unabh., lib. – **Le Nouveau Journal** (6)/wirtsch. Inform.-Blatt – **Le Parisien Libéré** (4)/rechts, kons. – **Le Quotidien de Paris** (6)/lib. – **Les Echos** (6)/finanzwirtsch., unabh. – **Libération** (5)/links – *Sonntagszeitungen und Nachrichtenmagazine:* PARIS: **France-Dimanche** (3) – **Le Journal du Dimanche** (4) – *Meinungs-Wochenblätter:* **Figaro-Magazine** (3)/gem. rechts – **Le Canard Enchaîné** (4)/satir. – **Le Nouvel Observateur** (4)/gem. links – **Le Point** (4)/gem. rechts – **L'Express** (3)/unabh. – **Magazine Hebdo**/gem. rechts – *Illustrierte Wochenzeitschriften:* **Echo des Françaises** (3) – **Elle** (3) – **Femmes d'Aujourd'hui** (3) – **Ici Paris** (3) – **Jours de France** (3) – **La Vie Catholique** (3) – **Le Pèlerin** (3) – **Modes de Paris** (3) – **Nous-Deux** (3) – **Paris-Match** (3) – *Wirtschaftszeitung:* **L'Expansion** (5)/unpart. – *Provinzzeitungen:* BORDEAUX: **Sud-Ouest** (4)/gemäßigt – CLERMONT-FERRAND: **La Montagne** (4) – GRENOBLE: **Le Dauphiné Libéré** (4)/unabh. – LILLE: **La Voix du Nord** (4)/gemäßigt – LYON: **Le Progrès de Lyon** (4)/links, unabh. – MARSEILLE: **Le Provençal** (5)/soz. – METZ: **Le Républicain Lorrain** (4) – MONTPELLIER: **Midi-Libre** (5) – MÜLHAUSEN: **L'Alsace** (5) – NANCY: **L'Est Républicain** (4)/unabh. – NICE: **Nice-Matin** (4) – RENNES: **Ouest-France** (3)/bürgerl. – STRASSBURG: **Les Dernières Nouvelles d'Alsace** (4) – TOULOUSE: **La Dépêche du Midi** (4)/radik.-soz. – TOURS: **La Nouvelle République du Centre-Ouest** (4)/unabh. – *Nachrichtenagentur:* **Agence France-Press/AFP** – Gesamtauflage der 87 Tageszeitungen, davon 11 in Paris, 1981 11,3 Mill. Expl.

**GRIECHENLAND**
*Tageszeitungen:* ATHEN: **Akropolis** (6)/rechtskons. – **Apoghevmatini** (5)/unabh. – **Avghi** (7)/nat. kommun. – **Eleftherotypia** (5)/sozialist. – **Estia** (7)/kons. – **Kathimerini** (7)/rechts – **Rizospastis** (7)/KP – **Ta Nea** (5)/linkslib. – **To Ethnos** (5)/komm. – **To Vima** (5, so.)/linkslib. – **Vradyni** (5)/unabh. – **Athens News** (7)/engl. – THESSALONIKI: **Makedonia** (6)/lib. – **Thessaloniki** (7) – *Nachrichtenagentur:* **Athens News Agency/ANA**

**GROSSBRITANNIEN**
*Tageszeitungen:* LONDON: **Daily Express** (2)/unabh., pro-kons. – **Daily Mail** (2)/unabh., kons. – **Daily Mirror** (2)/unabh., links – **The Daily Telegraph** (2)/unabh., rechte Mitte – **The Financial Times** (4)/unabh. – **The Guardian** (m. Manch.-Ausg. 4)/unabh., links, progr., LP nahest. – **The New Standard** (4)/unabh., kons. – **The Sun** (2)/unabh. – **The Times** (4)/unabh. – CARDIFF: **South Wales Echo** (5)/unabh. – GLASGOW: **Daily Record** (3)/unabh., liberale Tendenz – **Glasgow Herald** (5)/unabh. – MANCHESTER: **Daily Star** (2)/unabh., überreg. – *Sonntagszeitungen:* LONDON: **News of the World** (2)/unabh. – **Sunday Express** (2)/unabh., kons. – **Sunday Mirror** (2)/unabh., links – **Sunday People** (2)/progr., LP nahest. – **The Mail on Sunday** (3)/unabh., kons. – **The Observer** (3)/unabh. – **The Sunday Telegraph** (3)/unabh. – **The Sunday Times** (2)/unabh. – *Wochenzeitschriften:* **New Statesman** (7)/unabh., soz. – **The Economist** (5)/liberal, unabh. – **The Listener** (6)/unabh. – **The Spectator** (7)/unabh. – **Tribune** (7)/soz. – **The Voice** (3)/f. d. farb. Bevölk. Londons – **Encounter** (7)/Monatsmagazin – *Nachrichtenagenturen:* **Associated Press/AP – Press Association/PA – Reuters** Ltd./**REUTER – The Exchange Telegraph** Co. Ltd./**EXTEL**

**INDIEN**
*Tageszeitungen:* DELHI: **Hindustan** (4)/Hindi – **Hindustan Times** (4)/engl. – **Indian Express** (9 Ausg., u.a. Delhi 5, Bombay 5)/engl. – **Navbharat Times** (Delhi 4, Bombay 6)/Hindi – **Statesman** (Delhi 4, Calcutta 5) – **Times of India** (Delhi 5, Bombay 4, Ahmedabad 7) – BOMBAY: **Loksatta** (4)/Marathi – **Maharashtra Times** (5)/Marathi – CALCUTTA: **Amrita Bazar Patrika** (5)/engl. – **Ananda Bazar Patrika** (4)/Bengali – KOTTAYAM: **Malayala Manorama** (4)/Malayalam – MADRAS: **Daily Thanthi** (8 Ausg., 4)/Tamil – **The Hindu** (5 Ausg., 4)/engl. – *Wochenzeitungen:* BOMBAY: **Blitz News Magazine** (3)/engl., Hindi, Urdu, Marathi – **Dharmayug** (4)/Hindi – **Illustrated Weekly of India** (4)/engl. – *Nachrichtenagenturen:* **Hindustan Samachar – Press Trust of India/PTI – Samachar Bharati – United News of India/UNI**

**INDONESIEN**
*Tageszeitungen:* JAKARTA: **Berita Buana** (6)/unabh. – **Kompas** (4)/kath.-lib., unabh. – **Merdeka** (5)/linksnat. – **Pos Kota** (5) – **Sinar Harapan** (4)/prot.-lib., unabh. – **The Indonesia Times** (6)/engl. – **Indonesian Observer** (6)/engl. – *Nachrichtenagentur:* **ANTARA,** staatl.

**IRAN**
*Tageszeitungen:* TEHERAN: **Bamdad – Ettela'at-Kayhan** – *Nachrichtenagentur:* **IRNA**

**IRLAND**
*Tageszeitungen:* DUBLIN: **Evening Herald** (5) – **Evening Press** (5) – **Irish Independent** (5) – **Irish Press** (5) – **The Irish Times** (6) – *Sonntagszeitungen:* **Sunday Independent** (4) – **Sunday World** (4) – **The Sunday Press** (4)

**ISLAND**
*Tageszeitungen:* REYKJAVÍK: **Dagbladid** (7)/unabh. – **Morgunbladid** (7)/kons. – **Tíminn** (7)/lib. – **Vísir** (7)/unabh.

**ISRAEL**
*Tageszeitungen:* TEL AVIV: **Al Hamishmar** (7)/Organ der Mapam – **Davar** (6)/Gewerksch.-Organ – **Ha'aretz** (6)/unabh., lib. – **Hatzofeh** (7)/nationalrelig. – **Israel Nachrichten** (7)/deutschspr. – **Ma'ariv** (5)/unabh. – **Yedioth Aharonoth** (5)/unabh. – JERUSALEM: **Al Anba** (7)/arab. – **Al Quds** (7)/arab. – **Jerusalem Post** (7)/englischspr. – *Nachrichtenagenturen:* **Jewish Telegraphic Agency/JTA – News Agency of the Associated Israel Press/ITIM**

**ITALIEN**
*Tageszeitungen:* ROM: **Avanti!** (m. Mail. 5)/Org. des PSI – **Il Giornale d'Italia** (6)/unabh., rechts – **Il Globo** (7)/wirtsch.-pol., linke Mitte – **Il Messaggero** (4)/unabh., links – **Paese Sera, Paese Seranotte** (zus. 5)/unabh., komm. – **Il Popolo** (5)/Organ d. DC – **La Repubblica** (4)/linkslib. – **Il Secolo d'Italia** (6)/Organ des MSI-DN – **Il Tempo** (4)/kons., rechte Mitte – **Umanità** (6)/PSDI-Organ – **Vita Sera** (5)/kons. – BARI: **Gazzetta del Mezzogiorno** (5)/unabh. – BOLOGNA: **Il Resto del Carlino** (4)/lib. Mitte – BOZEN: **Alto Adige** (6, mit **Adige** in Trient)/chr.-demokr. – **Dolomiten** (7)/Tageblatt d. Südtiroler f. dt.-spr. Bevölk., SVP-nahest. – FLORENZ: **La Nazione** (4)/lib., kons. – GENUA: **Il Lavoro** (7)/links – **Il Secolo XIX Nuovo** (5)/unabh. – MAILAND: **Corriere della Sera** (3) – **Il Giornale Nuovo** (5)/kons. – **Il Giorno** (4)/linke Mitte – **L'Informatore della Sera – La Gazzetta dello Sport** (3) – **La Sinistra** /links – **L'Unità** (insg. 3)/Org. des PCI – **24 Ore** (m. **Il Sole**) (5)/Inform.-Organ f. Wirtsch. u. Finanz. – MESSINA: **Gazzetta del Sud** – NEAPEL: **Il Mattino** (5)/rechtsger. – **Roma** (6)/unabh. – REGGIO CALABRIA: **Il Giornale di Calabria** – TURIN: **La Stampa**/morgens (4), abends **La Stampa Sera** (5), montags (4)/linkslib. – **Gazzetta del Popolo** (5)/christl.-demokr. – VENEDIG: **Il Gazzettino** (5)/unabh. – *Wochenzeitungen:* **Candito** (6)/unabh. – **L'Espresso** (5)/links – **L'Europeo** (5)/Mitte – **Oggi** (3)/unabh., rechts – **Panorama** (4)/lib.-links – **Tempo** (4)/unabh. – **tandem,** Bozen (7)/links – **Volksbote,** Bozen (7)/Org. d. SVP – *Nachrichtenagenturen:* **Agenzia Nazionale Stampa Associata/ANSA** – 1983 erschienen 75 Tageszeitungen mit einer verkauften Aufl. v. tägl. 5,7 Mill. Expl. u. 95 Wochen- od. Monatszeitungen.

**JAPAN**
*Größte Tageszeitungen:* TOKIO: **Asahi Shimbun** (1)/unabh., lib. – **Mainichi Shimbun** (2)/unabh. – **Sankei Shimbun** (2)/unabh. – **Yomiuri Shimbun** (1)/unabh. – Führende Wirtschaftszeitung: **Nihon Keizai Shimbun** (2) – Englischsprachig: **Japan Times** (7)/unabh. – **Shipping and Trade News** (7)/unabh. – *Nachrichtenagenturen:* **Foreign Press Centre – Jiji Press/JP** (Jiji Tsushin-Sha) – **Kyodo News Service** (Kyodo Tsushin)

**JUGOSLAWIEN**
*Tageszeitungen:* BELGRAD: **Borba** (6)/kommun. Parteiorgan – **Politika** (4) – **Politika ekspres** (4) – **Večernje Novosti** (4) – LJUBLJANA: **Delo** (6) – SARAJEWO: **Oslobodjenje** (6) – SKOPJE: **Nova Makedonija** (7) – ZAGREB: **Večernji list** (4) – **Vjesnik** (6) – *Wochenzeitungen:* BELGRAD: **NIN** (5) – **Politikin Zabavnik** (4) – ZAGREB: **Danas** (5) – *Nachrichtenagentur:* **Telegrafska Agencija Nova Jugoslavija/Tanjug**

**KANADA**
*Tageszeitungen:* EDMONTON: **Edmonton Journal** (5)/unabh. – MONTREAL: **La Presse** (4)/unabh. – **The Gazette** (4) – QUEBEC: **Le Soleil** (5)/unabh. – TORONTO: **The Globe and Mail** (4)/gem. kons. – **Toronto Star** (3)/unabh. – **Toronto Sun** (4) – VAN-

COUVER: **Vancouver Sun** (4)/lib. – WINNIPEG: **Winnipeg Free Press** (5)/lib. – *Nachrichtenagentur:* **The Canadian Press/CP**

**KOREA**

**a) Rep. K.** (Süd-K.): SSÓUL [SEOUL]: **Chosun Ilbo** (3)/unabh. – **Dong-A Ilbo** (3)/unabh. – **Hankook Ilbo** (3)/unabh. – **Joong-ang Ilbo** (3)/unabh. – **Kyunghyang Shinmun** (4)/unabh. – **Seoul Shinmun** (4)/unabh. – engl.: **The Korea Herald** (5)/unabh. – **The Korea Times** (5)/unabh. – Gesamtaufl. von 27 überreg. u. regionalen Zeitungen mehr als 6,12 Mill. Expl. (1980). – *Nachrichtenagenturen:* **Hapdong News Agency** u. **Orient Press,** beide Ssóul

**b) VDR K.** (Nord-K.): **Rodong Sinmun** (3)/Organ des ZK d. PdAK – *Nachrichtenagentur:* **Korean Central News Agency/KCNA**

**LAOS**

**Siang Pasason** (7)/Organ des ZK der Laot. Revolut. Volkspartei. – *Nachrichtenagentur:* **Khao San Pathet Lao/KPL**

**LIBANON**

*Tageszeitungen:* BEIRUT: **Al Amal** (7)/kons. – **Al Anwar** (7)/unabh. – **An Nahar** (6)/unabh.-lib. – **As Safir** (7)/unabh. – frz.: **L'Orient-Le Jour** (7) – **Le Réveil** (7)/rechts

**LUXEMBURG**

**Letzeburger Journal** (7)/lib.-dem. – **Luxemburger Wort** (6)/christl.-sozial – **Tageblatt** Le Journal d'Esch (7)/soz. – *Nachrichtenagentur:* **Luxenews**

**MEXIKO**

*Tageszeitungen:* C. DE MÉXICO: **El Heraldo de México** (5) – **El Sol de México** (5) – **El Universal** (5)/unabh. – **Esto** (4) – **Excélsior** (5)/unabh.-lib. – **Novedades** (5) – *Nachrichtenagentur:* **Informex S.A.**

**NICARAGUA**

*Tageszeitungen:* MANAGUA: **Barricada** (7)/Organ der FSLN – **La Prensa** (6)/unabh. – **Nuevo Diario** (7)/reg.-freundl.

**NIEDERLANDE**

*Tageszeitungen:* AMSTERDAM: **De Telegraaf** (3)/unabh., kons. – **de Volkskrant** (4)/progressiv – **De Waarheid** (6)/komm. Partei-Organ – **Het Parool** (5)/Mitte, progr. – **Trouw** (5)/kalvinistisch – ROTTERDAM: **Algemeen Dagblad** (4)/unabh., lib. – **Het Vrije Volk** (5) – **NRC-Handelsblad** (5)/unabh., lib. – *Wochenzeitungen:* AMSTERDAM: **Elseviers Weekblad** (5)/kons. – **Haagse Post** (6)/unabh., progr. – **Vrij Nederland** (5)/progr. – *Nachrichtenagentur:* **Algemeen Nederlands Persbureau/ANP**

**NORWEGEN**

*Tageszeitungen:* OSLO: **Aftenposten** (4)/kons., unabh. – **Arbeiderbladet** (6)/Arbeiterpartei – **Dagbladet** (5)/lib. – **Verdens Gang** (4)/unabh. – BERGEN: **Bergens Tidende** (6)/lib. – STAVANGER: **Stavanger Aftenblad** (6)/lib. – TRONDHEIM: **Adresseavisen** (6)/kons. – *Nachrichtenagentur:* **Norsk Telegrambyrå/NTB,** Oslo

**ÖSTERREICH**

*Tageszeitungen:* WIEN: **Arbeiterzeitung** (5)/Zentralorgan der SPÖ – **Die Presse** (6)/unabh. – **Kurier** (wo. 4, sa./so. 3)/unabh. – **Neue Kronen-Zeitung** (wo. 3, so. 2)/unabh. – **Volksstimme** (wo. 7, so. 6)/Zentralorgan d. KPÖ – **Wiener Zeitung** (7)/überpart. Hrsg.: Die Rep. Österreich – BREGENZ: **Neue Vorarlberger Tageszeitung** (7)/unabh. – **Vorarlberger Nachrichten** (6)/unabh. – GRAZ: **Grazer Montag** (6)/unpart. – **Kleine Zeitung** (5)/unabh. – **Neue Zeit** (6)/sozialdem. – **Südost-Tagespost** (7)/ÖVP nahest., unabh. – INNSBRUCK: **Tiroler Tageszeitung** (6)/unabh. – KLAGENFURT: **Kärntner Montag** (7)/unpart. – **Kärntner Tageszeitung** (6)/soz. – **Kleine Zeitung**/Schwesterblatt d. Grazer (6)/unabh. – **Volkszeitung** (7)/bürgerl. ÖVP – LINZ: **Linzer Tagblatt** (7)/soz. – **Neues Volksblatt** (7)/ÖVP – **Oberösterreichische Nachrichten** (wo. 6, sa. 5)/unabh. – SALZBURG: **Salzburger Nachrichten** (6)/unabh. – *Wochenzeitungen:* **Die Furche** (7)/freie kulturpolitische Wochenschrift, kath. – **Niederösterreichische Nachrichten** (6)/unabh. – **Oberösterreichische Rundschau** (6)/unabh. – **präsent**/unabh. österr. Wochenblatt (7)/christl. – **profil** (6)/unabh. – **Wiener Samstag** mit **Grazer Samstag** u. **Nachrichten für den Sonntag** (5)/unpart. – **Wochenpresse** (7)/unabh. – *Illustrierte Zeitschriften:* **Die Frau,** Wien (5) – **Hör zu,** Wien (5) – **RZ illustr. Romanzeitung,** Wien (6) – *Nachrichtenagenturen:* **Austria Presse-Agentur/APA**/Genossenschaftliche Einrichtung der Österreichischen Tageszeitungen (ohne Neue Kronen-Zeitung) und des ORF. Eine tägliche Presseübersicht – **»Der Österreich-Bericht«** – wird vom Bundespressedienst des Bundeskanzleramtes herausgegeben.

**PAKISTAN**

*Tageszeitungen:* KARACHI: **Daily Jang** (4)/Urdu – **Musawat** (6)/Urdu – LAHORE: **Imroze** (6)/Urdu – **Mashriq Daily** (4)/Urdu – **Nawa-i-Waqt Daily** (4)/engl., Urdu – **The Pakistan Times** (7)/engl. – *Nachrichtenagenturen:* **APP – UPP – PPI**

**PALÄSTINA**

**Palestine al Saoura**/PLO-Zentralorgan

**PERU**

*Tageszeitungen:* LIMA: **El Comercio** (5) – **Expreso** (5) – **La Prensa** (7) – **La República** (5)

**PHILIPPINEN**

*Tageszeitungen:* MANILA: **Balita** (4)/Tagalog – **Bulletin Today** (4) – **Daily Express** (5) – **The Times Journal** (5)/alle engl. – *Nachrichtenagentur:* **Philippines News Agency/PNA**

**POLEN**

*Tageszeitungen:* WARSCHAU: **Dziennik Ludowy** (5)/Organ d. ZSL – **Express Wieczorny** (3)/unabh. – **Głos Pracy** (5)gewerksch. – **Kurier Polski** (5)/Organ d. SD – **Rzeczpospolita**/Regierungszeitung – **Trybuna Ludu** (3)/Żentralorg. d. PZPR – **Żolnierz Wolności** (5)/Armeezeitung – **Życie Warszawy** (4)/allg. Tageszeitung – *Wochenzeitungen:* **Perspektywy** (4) – **Polityka** (4) – **Przekrój** (3) – *Nachrichtenagentur:* **Polska Agencja Prasowa/PAP**

**PORTUGAL**

*Tageszeitungen:* LISSABON: **A Capital** (7)/links-lib. – **Correio da Manhã** (7) – **Diário da República**/offiz. Regierungsorgan – **Diário de Lisboa** (7)/unabh. – **Diário de Notícias** (5)/linke Mitte – **Diário Popular** (6)/links – **O Dia** (6) – **O Diário** (6) – PORTO: **Jornal de Notícias** (6)/unabh., links – **O Comércio do Porto** (6)/Handelsblatt – **O Primeiro de Janeiro** (7)/lib. republik. – *Wochenzeitungen:* **Expresso** (6)/unabh., lib.-demokr. – **Tempo** (5)/unabh., lib.-rechts – *Nachrichtenagenturen:* **Agência Noticiosa Portuguesa/ANOP** – **Notícias de Portugal/NP**

**RUMÄNIEN**

*Überreg. Zeitungen:* BUKAREST: **Elöre** (5) – **Informaţia Bucureştiului** (4) – **Neuer Weg** (6) – **România Liberă** (4) – **Scînteia** (2)/Organ des ZK der PCR – **Scînteia Tineretului** (4)/Zentralorg. der Union der kommun. Jugend – **Sportul** (4) – *Zeitschriften:* **Albina** (4) – **Cinema** (5) – **Cutezătorii** (4) – **Femeia** (4) – **Flacăra** (4) – **Lumea** (5) – **Luminiţa** (4) – **Magazin** (4) – **Munca** (4) – **Şaimii patriei** (5) – **Urzica** (5) – *Nachrichtenagentur:* **Agerpres**

**SCHWEDEN**

*Tages- und Wochenzeitungen:* STOCKHOLM: **Aftonbladet** (4)/sozialdem. – **Dagens Nyheter** (4)/linkslib. – **Expressen** (3)/lib. – **Svenska Dagbladet** (5)/bürgerl., nicht parteigeb. – **Vi** (4)/Wochenschr. d. Konsumgen. – GÖTEBORG: **Göteborgs-Posten** (4)/lib. – MALMÖ: **Arbetet** (5)/sozialdem. – **Kvällsposten** (5)/unabh., lib. – **Skånska Dagbladet** (7)/Zentr.-Partei – **Sydsvenska Dagbladet** (5)/unabh., lib. – *Nachrichtenagentur:* **Tidningarnas Telegrambyrå/TT,** Stockholm

**SCHWEIZ**

*Tages- und Wochenzeitungen* usw.: BERN: **Berner Tagwacht** (7)/soz.-dem. – **Berner Zeitung** (5)/unabh., überpart. – **Der Bund** (6)/lib. – **evolution** (7)/Monatsschrift – **Prisma** (7)/Monatsmagazin – **Sonntags-Zeitung** (6) – AARAU: **Aargauer Tagblatt** (6)/lib.-konserv. – BADEN: **Badener Tagblatt** (7)/unabh., sozial-lib. – BASEL: **Basler AZ** (7)/soz. – **Baslerstab,** Tagblatt der Stadt Basel (5)/neutr. Inseratenanzeiger – **Basler Zeitung** (5)/unabh., lib. – **Vorwärts** (7)/kommun. Wochenzeitung – BELLINZONA: **Il Dovere** (7)/freisinnig – **Popolo e Libertà** (7)/CVP – BIEL: **Bieler Tagblatt** (7) – CHUR: **Bündner Zeitung** (6)/unabh. – FRAUENFELD: **Thurgauer Zeitung** (7)/lib. – FRIBOURG: **La Liberté** (7)/CVP nahest. – GENF: **Journal de Genève** (7)/lib. – **La Suisse**/Journal du Matin (wo. 6, so. 5)/neutr. – **La Tribune de Genève** (6)/unabh. – **La Voix Ouvrière** (7)/komm. – **Le Courrier** (7)/CVP nahest. – LAUSANNE: **Gazette de Lausanne/Journal Suisse** (7)/lib. – **24 heures** (5)/lib. – **Nouvelle Revue de Lausanne** (7)/rad.-dem. – **Tribune de Lausanne le Matin** (6, so. 5)/neutr. – LUGANO: **Corriere del Ticino** (7)/unabh. – **Gazetta Ticinese** (7)/lib. – **Giornale del Popolo** (7)/kath., kons. – LUZERN: **Luzerner Neuste Nachrichten** (6)/unabh. – **Luzerner Tagblatt** (7)/lib. – **Vaterland** (6)/Organ d. CVP – NEUCHÂTEL: **Feuille d'Avis de Neuchâtel** (7)/national, aber völlig unabh. – ST. GALLEN: **Die Ostschweiz** (7)/nicht parteigeb., christl.-dem. – **St. Galler Tagblatt** (6)/lib. – SOLOTHURN: **Berner Rundschau** (7)/soz.-christl. – **Solothurner Zeitung** (7)/lib. – THUN: **Thuner Tagblatt** (7)/fortschrittl.-bürgerl. – WEINFELDEN: **Thurgauer Tagblatt** (7) – WINTERTHUR: **Der Landbote** (7)/parteipol. unabh., bürg. – ZUG: **Zuger Tagblatt** (7)/lib. – ZÜRICH: *Tageszeitungen:* **Blick** (4)/unabh., dem.-freiheitl., sozial – **Neue Zürcher Zeitung** (5)/unabh., lib. – **Sonntags-Blick** (5) – **Tages-Anzeiger** (4)/überpart., unabh. – **Zürichsee-Zeitung** Stäfa (7)/freis.-lib. – *Wochenzeitungen:* **der schweizerische Beobachter** (14tägl., 4)/parteipol. unabh., konfess. neutr. – **Die Weltwoche** (5)/unabh. – **Glückspost** (5)/unabh. – **L'Hebdo** (7) – **Nebelspalter** (6)/unabh., humorist.-sat. – **Schweizerzeit** (7)/kons. – **Sonntag aktuell** (4) – *Illustrierte Zeitschriften:* **Annabelle** (5)/Frauenmag. – **Femina** (5)/Frauenzeitschr. – **Le nouvel Illustré,** Zofingen (5) – **Omni** (4)/Wissensch.-Mag. – **Schweizer Illustrierte,** Zofingen (4) – **Tele/TV Radio Zeitung,** Zofingen (4) – *Nachrichtenagenturen:* **Schweizerische Depeschenagentur** (Agence Télégraphique Suisse/Agenzia Telegrafica Svizzera) **SDA/ATS** – **Schweizerische Politische Korrespondenz** (Correspondance Politique Suisse/Corrispondenza Politica Svizzera)/bürgerl. überpart.

**SOWJETUNION**

Nach »Sowjetunion heute«, hrsg. v. d. Botschaft der UdSSR in Bonn/Rolandseck, hat die **Prawda** (Org. d. ZK der KPdSU) eine Aufl. von rd. 11 Mill., **Iswestija** (Org. d. Präsidiums d. Obersten Sowjet) 8,6 Mill., **Pionjerskaja Prawda** (Org. d. ZK d. Leninist. Jungkomm. Verb. d. UdSSR) 11 Mill., **Komsomolskaja Prawda** (Org. d. Leninist. Kommun. Jugendverb. d. UdSSR) 10 Mill., **Sjelskaja Schisnj** (Org. d. ZK der

KPdSU) 8,2 Mill., **Trud** (Org. d. Zentralrats d. Gewerkschaften) 15,4 Mill., **Sowjetskaja Rossija** (Org. d. ZK der KPdSU u. des Obersten Sowjet d. RSFSR u. d. Ministerrats) 3 Mill. Exemplare; insgesamt erscheinen Zeitungen und Zeitschriften in 58 Sprachen, die in der SU gesprochen werden. 1976 gab es 8100 Zeitungen; tägliche Auflage: über 165 Mill. Exemplare (u.a. 28 Allunions-, 153 Republik-, über 2800 Rayons- u. 3250 Betriebsinstituts-Blätter), davon etwa 80% in Russisch – Von Zeitschriften sind u.a. hervorzuheben: **Partinaja Schisnj-Kommunist – Agitator – Problema mira i sozialisma – Neues Leben** (deutschsprach. Wochenzeitung des Prawda-Verlags) – *Führende Illustrierte:* **Ogonjok – Rabotniza** – *Satirische Zeitschrift:* **Krokodil – Moscow News International**/2 × wö., f. Ausländer – **Guten Tag** (7)/Monatszeitschr. in russ. Sprache, hrsg. v. Presse- und Informationsamt der Bundesreg. der BR Deutschld. – *Nachrichtenagenturen:* **Telegrafnoje Agentstwo Sowjetskowo, Sojusa/TASS – Agentstwo Petschati Nowosti/APN,** Moskau

## SPANIEN

*Tageszeitungen:* MADRID: **A.B.C.** (5, so. 4)/kons. – **Diario 16** (5) – **El Alcázar** (6)/weit rechts – **El Imparcial**/rechts – **El País** (4)/lib. – **Informaciones** (6)/unabh., lib. – **Mundo Obrero** (5)/komm. – **YA** (5)/kath. – BARCELONA: **Avui** (6)/katalan. – **Diario de Barcelona** (7)/gem. – **La Vanguardia** (5, so. 4)/lib.-kons. – *Wochenzeitung:* **Cambio 16** (5)/unabh. – *Nachrichtenagentur:* **Agencia EFE**

## SÜDAFRIKA

*Tageszeitungen:* PRETORIA: **Hoofstad** (7)/reg.-freundl. – **Pretoria News** (7)/oppos. – KAPSTADT: **Cape Times** (6)/oppos. – **Die Burger** (6)/reg.-freundl. – **The Argus** (5)/oppos. – DURBAN: **Daily News** (6)/oppos. – **Natal Mercury** (6)/oppos. – JOHANNESBURG: **Beeld** (6)/reg.-freundl. – **Die Transvaler** (6)/reg.-freundl. – **Die Vaderland** (6)/reg.-freundl. – **Rand Daily Mail** (5)/oppos. – **The Citizen** (7)/reg.-freundl. – **The Star** (5)/oppos. – PORT ELIZABETH: **Evening Post** (7)/oppos. – **Herald** (7)/oppos. – **Die Oosterlig** (7)/reg.-freundl. – *Sonntagszeitungen:* DURBAN: **Sunday Tribune** (5) – JOHANNESBURG: **Rapport** (4) – **Sunday Express** (6) – **Sunday Post** (5) – **Sunday Times** (4) – Insges. 24 Tageszeitungen, 5 Sonntagszeitungen u. 130 Wochenzeitschriften – Außerdem: *Zeitungen m. überwieg. schwarzer Leserschaft:* **Bona** (Mon.-Mag., in Zulu, Xhosa, Sotho, Tswana, 4) – **Umva** (Xhosa u. Engl., 7) – **Ilanga** (Zulu u. engl., 5) – **Sowetan** (Mo.–Fr., engl., 6) – **Drum** zweiwöch., engl., 5) – *Nachrichtenagentur:* **South African Press Association/SAPA**

## TSCHECHOSLOWAKEI

*Tageszeitungen:* PRAG: **Lidová Demokracie** (4)/Org. d. tschechoslow. Volkspartei – **Mladá Fronta** (4)/Org. d. Vereinig. Tschechoslow. Jugend – **Práce** (4)/gewerksch. – **Rudé Právo** (3)/Zentralorg. der KPČ – **Svobodné Slovo** (4)/Org. d. tschechoslow. soz. P. – **Zemědelské Noviny** (4)/Org. d. Genossenschaftsbauern – PRESSBURG: **Práca** (5)/gewerksch. – **Pravda** (4)/Org. d. slowak. KP – **Neue Prager Presse** (deutschspr.) – **Prager Volkszeitung**/Org. d. dt. Minderheit – *Nachrichtenagentur:* **Československá tísková kancelář/ČTK**

## TUNESIEN

*Tageszeitungen:* TUNIS: **Al Amal** (6)/PSD-Organ, arab. – **L'Action** (6)/PSD-Organ, franz. – *Nachrichtenagentur:* **Tunis Afrique Presse/TAP**

## TÜRKEI

*Tageszeitungen:* ISTANBUL: **Bulvar** (4) – **Cumhuriyet** (6)/soz. – **Günaydin** (4)/überpart. – **Hürriyet** (3)/lib. – **Milliyet** (4)/soz. – **Tan** (3) – **Tercüman** (4)/nationalkons. – *Nachrichtenagenturen:* **Akdeniz Haber Ajansi/AK,** Ankara – **Anatolian News Agency,** Ankara, Istanbul – **Anka Ajansi/ANKA,** Ankara – **Türk Haberler Ajansi/THA** (Turkish News Agency), Istanbul

## UNGARN

*Tageszeitungen:* BUDAPEST: **Esti Hírlap** (4)/Abendzeitung – **Magyar Nemzet** (5)/Patriot. Volksfront – **Népszabadság** (3)/Zentralorg. d. Ung. soz. Arbeiterpartei – **Népszava** (4)/gewerksch. – *Wochenschriften:* BUDAPEST: **Képes Újság** (3)/Illustr. – **Ludas Matyi** (3)/satir. – **Magyar Ifjúság** (4) – **Magyarország** (4)/Nachrichtenmag. – **Neue Zeitung** (7)/deutsch – **Nők Lapja** (2)/Frauenjourn. – **Rádió és Televízió Újság** (2)/Programmzeitschr. – **Szabad Föld** (4)/Patriot. Volksfront – *Nachrichtenagentur:* **Magyar Távirati Iroda/MTI**

## VATIKAN

*Tageszeitung:* **L'Osservatore Romano** (7)

## VEREINIGTE STAATEN VON AMERIKA

*Tageszeitungen:* WASHINGTON, D.C.: **Washington Post** (3)/unabh. – **Washington Times** (5)/kons. – BOSTON, Mass.: **Boston Globe** (3)/unabh. – **Christian Science Monitor** (5)/unabh. – CHICAGO, Ill.: **Chicago Sun-Times** (3)/unabh. – **Chicago Tribune** (3)/unabh., republ. – **Chicagoer Abendpost/Sonntagspost** (einzige deutschspr. Tageszeitg. i. d. USA) – CLEVELAND, Ohio: **Plain Dealer** (4)/unabh., dem. – LOS ANGELES, Cal.: **Los Angeles Times** (2)/republ. – NEW ORLEANS, La.: **Times Picayune** (4)/unabh., dem. – NEW YORK, N.Y.: **New York Daily News** (2)/unabh. – **New York Post** (3)/lib. – **New York Times** (wo. 3, so. 2)/unabh., dem. – **Wall Street Journal** (2)/finanzwirtschaftlich u. allgemein – PHILADELPHIA, Pa.: **Bulletin** (4)/unabh. – **Inquirer** (4)/unabh., republ. – SAN FRANCISCO, Cal.: **Chronicle** (4)/unabh., republ. – **Examiner** (5)/unabh. – ST.

LOUIS, Mo.: **St. Louis Post Dispatch** (4)/unabh. – *Überreg.*: **USA Today** (2) – *Wochenschriften:* NEW YORK: **Business Week** (3) – **Life** (2)/Monatsmagazin – **Look** (2)/Photomagazin – **Newsweek** (2)/ Nachrichtenorgan – **New York Magazine** (4)/unabh. – **People** (2) – **Time** (2)/Nachrichtenorgan – **The New Yorker** (4)/unabh. – WASHINGTON: **U.S. News & World Report** (2)/Nachrichtenorgan – **TV Guide,** alle Ausgaben, Aufl. über 19 Mill. Exemplare – *Nachrichtenagenturen:* (Auswahl) **Associated Press/ AP,** New York – **United Press International/UPI,** New York – 1982 hatten die 1710 englischsprachigen Morgen- und Abendzeitungen der USA eine Gesamtauflage v. 62,4 Mill. Expl., die 768 Sonntagszeitungen eine Auflage v. 56,1 Mill. Expl.

**VIETNAM**

*Tageszeitungen:* HANOI: **Nhân Dân** (4)/Organ d. kommun. Partei Vietnams – **Quân Dôi Nhân Dân** (4)/ Armeezeitung – *Nachrichtenagentur:* **Vietnam News Agency/VNA**

## SCHRIFTTUM ZUR MEDIENFORSCHUNG UND ÜBER KULTURPREISE

**»Media Perspektiven«,** hg, im Auftrag der »Arbeitsgemeinschaft Rundfunkwerbung« von *Klaus Berg,* Frankfurt am Main (monatl.) – Zeitschrift **»medium«,** Gemeinschaftswerk der Evangelischen Publizistik, Frankfurt a. M. (monatl.) – Zeitschrift **»Medien«,** Verlag Volker Spieß, Berlin (vierteljährl.) – **Telematik** von *Klaus Brepohl,* Bastei-Lübbe-Verlag, Bergisch Gladbach 1982 – **Presse, Funk und Fernsehen** von *Karlhans Müller,* Ensslin & Laiblin Verlag, Reutlingen 1982 – **Handbuch der Neuen Medien** von *Dietrich Ratzke,* Deutsche Verlags-Anstalt, Stuttgart 1982 – ZDF Jahrbuch 1982, Mainz 1983 – »Internat. Handbuch f. Rundfunk und Fernsehen 1984/85«, »ARD-Jahrbuch '83« u. »Rundfunk u. Fernsehen«, Vierteljahreszeitschr., alle hg. v. »Hans-Bredow-Institut«, Hamburg – **Kürschners Deutscher Literatur-Kalender 1984«** (de Gruyter Berlin) bringt eine umfassende **Aufstellung der deutschsprachigen Schriftsteller** und ein Verzeichnis der **Literarischen Gesellschaften, Akademien und Stiftungen sowie der Literaturpreise – »Handbuch der Kulturpreise und der individuellen Künstlerförderung in der Bundesrepublik Deutschland 1978«,** im Auftrag des Bundesministeriums des Innern erstellt von *Karla Fohrbeck* und *Andreas J. Wiesand* (DuMont Buchverlag, Köln).

**Bibl. Hinweis:** *Höhne, H. J.:* Report über Nachrichtenagenturen, Baden-Baden 1984. – *Holzweißig, G.:* Massenmedien in der DDR, Berlin 1983. – *Koszyk, K.* u. *Pruys, K. H.:* Handbuch der Massenkommunikation, München 1981. – Stamm 1984, Presse- und Medienhandbuch, Essen – »The Europa Year Book 1983«, Europa Publ., London – »Statistical yearbook 1983«, UNESCO-Publ. – »World Press/Newspaper and news agencies«, UNESCO-Publ. – Auflagenliste der Informationsgemeinschaft der Verbreitung von Werbeträgern e. V. (IVW), Bonn

Das **»Internationale Presse-Institut« (IPI)** stellte in seinem Jahresbericht 1983 häufiger denn je Verletzungen der Pressefreiheit in allen Teilen der Welt fest, vor allem in der Türkei und in Südafrika. In vielen Staaten Osteuropas, Asiens, Afrikas und Lateinamerikas würden Journalisten und Schriftsteller nach wie vor verfolgt, nur in einem kleinen Teil der Welt sei die Presse frei.

## RUNDFUNK UND FERNSEHEN

### Rundfunk- und Fernsehsender

**BUNDESREPUBLIK DEUTSCHLAND**

**Bayerischer Rundfunk (BR),** München
Rundfunkplatz 1, Postfach 200508,
8000 München 2, F (089) 59000, FS 5-21070; Fernsehstudio Mü.-Freimann F (089) 38061, FS 5-215675; Fernsehstudio Unterföhring b. Mü. F (089) 92251

**Hessischer Rundfunk (HR),** Frankfurt am Main
Bertramstraße 8, Postfach 3111,
6000 Frankfurt am Main 1, F (069) 1551, FS 4-11127, 4-11583

**Norddeutscher Rundfunk (NDR),** Hamburg
Rothenbaumchaussee 132–134, 2000 Hamburg 13, F (040) 4131, FS 2-19891

**Radio Bremen (RB)**
Heinrich-Hertz-Straße 13, Postfach,
2800 Bremen 33, F (0421) 246-0, FS 2-51811/2 (Hörfunk), FS 2-46131 (Fernsehen)

**RIAS Berlin**
Kufsteiner Straße 69, 1000 Berlin 62, F (030) 8503-1, FS 1-83790

**Saarländischer Rundfunk (SR),** Saarbrücken
Funkhaus Halberg, Postfach 1050, 6600 Saarbrükken, F (0681) 6021, FS 4-428977

**Sender Freies Berlin (SFB)**
Masurenallee 8–14, 1000 Berlin 19, F (030) 3081, FS 1-82813

**Süddeutscher Rundfunk (SDR),** Stuttgart
Neckarstraße 230, Postfach 837, 7000 Stuttgart 1, F (0711) 2881, FS 7-23456, Fernsehen FS 7-23074

**Südwestfunk (SWF),** Baden-Baden
Hans-Bredow-Straße, Postfach 820, 7570 Baden-Baden, F (07221) 276-1, FS 7-8781-0

**Westdeutscher Rundfunk (WDR),** Köln
Appellhofplatz 1, Postfach 101950, 5000 Köln 1, F (0221) 2201, FS 8-882575

**Deutsche Welle (DW),** Anstalt des öffentlichen Rechts – Kurzwellendienst der Bundesrepublik für das Ausland, Raderberggürtel 50, Postfach 100444, 5000 Köln 51, F (0221) 3890, FS 8-888485

**Deutschlandfunk (DLF),** Köln
Raderberggürtel 40, 5000 Köln 51, F (0221) 37071, FS 8-884920

**Zweites Deutsches Fernsehen (ZDF),** Mainz
Essenheimer Landstraße, Postfach 4040, 6500 Mainz 1, F (06131) 701, FS 4-187661

**Deutsches Rundfunkarchiv (DRA)**
Bertramstraße 8, 6000 Frankfurt am Main 1, F (069) 550666, FS 4-11155; dazu gehört das Historische Archiv der ARD

**Arbeitsgemeinschaft der öffentlich-rechtlichen Rundfunkanstalten der Bundesrepublik Deutschland (ARD)**
Geschäftsführende Anstalt 1984 Norddeutscher Rundfunk; ARD-Büro, Bertramstraße 8, 6000 Frankfurt am Main 1, F (069) 590607, FS 4-11127
Vorsitzender der ARD: Friedrich Wilhelm Räuker (NDR)

**Programmdirektion Deutsches Fernsehen/ARD**
Postfach 200622, Arnulfstraße 42, 8000 München 2, F (089) 59000, FS 5-22480; Programmdirektor: Dietrich Schwarzkopf

*Weitere Sender:* **Radio Free Europe/RFE** u. **Radio Liberty/RL** Oettingenstr. 67, 8000 München 22, F (089) 21020, FS 5-23228. – Sender der alliierten Streitkräfte: **AFN, BFBS, FFB, CFN.** – **»Europa Nr. 1«,** Europäische Rundfunk & Fernseh AG, Telesaar, Richard-Wagner-Str. 58–60, Postfach 111, 6600 Saarbrücken, F (0681) 30781.

## DEUTSCHE DEMOKRATISCHE REPUBLIK

**DDR-Rundfunk:**
**Radio DDR I – Radio DDR II – Stimme der DDR – Berliner Rundfunk – Radio Berlin International (RBI)**
**Fernsehen der DDR** (I. und II. Programm)
(Außerdem **»Radio Wolga«,** Sender der sowjetischen Streitkräfte)

## LUXEMBURG

**Radio Luxembourg**
(»Compagnie Luxembourgeoise de Télédiffusion«/ CLT, privat., »Radio Télé Luxembourg«/RTL, »RTL-plus« mit deutschsprach. Fernsehprogramm)
Ausgedehntes Hörfunk-, In- u. Auslandsprogramm in fünf Sprachen; als »Télé Luxembourg« Inlandsfernsehprogramm.

## ÖSTERREICH

**Österreichischer Rundfunk (ORF)**
Generalintendanz, Fernsehintendanz 1, Fernsehintendanz 2, Technische Direktion, Kaufmännische Direktion, Auslandsdienst auf Kurzwelle
ORF-Zentrum Wien
Würzburggasse 30, A-1136 Wien, F (0222) 8291-0
Hörfunkintendanz:
Funkhaus Wien
Argentinierstraße 30a, A-1040 Wien, F (0222) 6595-0

**Landesstudios:**

**Studio Wien, Studio Niederösterreich,** Funkhaus Wien
Argentinierstraße 30a, A-1040 Wien, F (0222) 6595-0

**Studio Burgenland,** Buchgraben 51, A-7000 Eisenstadt, F (02682) 4661-0

**Studio Oberösterreich,** Franckstraße 2a, A-4010 Linz, F (0732) 53481-0

**Studio Salzburg,** Nonntaler Hauptstraße 49d, A-5010 Salzburg, F (06222) 43511-0

**Studio Steiermark,** Marburgerstr. 20, A-8011 Graz, F (0316) 41180-0

**Studio Kärnten,** Sponheimerstraße 13, A-9010 Klagenfurt, F (04222) 55670-0

**Studio Tirol,** Rennweg 14, A-6010 Innsbruck, F (05222) 37631-0

**Studio Vorarlberg,** Höchster Straße 38, A-6850 Dornbirn, F (05572) 64681-0

## SCHWEIZ

**Schweizerische Radio- und Fernsehgesellschaft/ SRG** Gesellschaft privaten Rechts
Konzessionsbehörde: Der Schweizerische Bundesrat (Regierung)
Aufsichtsbehörde: Eidg. Verkehrs- und Energiewirtschaftsdepartement

*Programminstitution:*

**Generaldirektion SRG,** Giacomettistraße 3, Postfach, CH-3000 Bern 15, F (031) 439111, FS 32116 SSR CH
Generaldirektor: *Leo Schürmann*

**Direktion Radio und Fernsehen der deutschen und der rätoromanischen Schweiz (DRS)**
Fernsehstraße 1–4, Postfach, CH-8052 Zürich
Programmdirektion Radio DRS, Güterstr. 91, Postfach, CH-4024 Basel
Programmdirektion Fernsehen DRS, Fernsehstraße 1–4, Postfach, CH-8052 Zürich

**Schweizer Radio International** und **Telefonrundspruch**
Giacomettistraße 1, Postfach, CH-3000 Bern 15
Auslandsprogramme der SRG auf Kurzwelle: Schweizer Radio International/Radio Suisse Internationale/Radio Svizzera Internazionale/Radio Svizzer Internaziunal/Swiss Radio International

**Direction de la Radio-Télévision Suisse Romande**
6, Avenue de la Gare, case postale 1075, CH-1001 Lausanne
Direction des programmes de la Radio Suisse Romande, Maison de la Radio, CH-1010 Lausanne
Direction des programmes de la Télévision Suisse Romande, 20, Quai Ernest Ansermet, case postale, CH-1211 Genève 8

**Direzione della radiotelevisione della Svizzera italiana** v. Canevascini, casella postale, CH-6903 Lugano-Besso
Direzione dei programmi della radiotelevisione della Svizzera italiana, casella postale, CH-6903 Lugano

*Trägerschaft:*

**Schweizerische Radio- und Fernsehgesellschaft (SRG)**
Giacomettistraße 3, Postfach, CH-3000 Bern 15
Zentralpräsident: *Yann Richter*

**Radio- und Fernsehgesellschaft der deutschen und der rätoromanischen Schweiz (RDRS)**
Postfach, CH-8052 Zürich

**Société de radiodiffusion et de télévision de la Suisse romande (SRTR)**
case postale 1075, CH-1001 Lausanne

**Società cooperative per la radiotelevisione nella Svizzera italiana (CORSI)**
casella postale, CH-6903 Lugano-Besso

(Außerdem: Red Cross Broadcasting Service, 7 Avenue de la Paix, CH-1211 Genève – United Nations Radio, Rue de Nations, CH-1211 Genève)

Nach Angaben des »Amtes für Internat. Rundfunk«/ BIB werden die Sendungen von **»Radio Free Europe«/RFE** in Rumänien von 64%, in Ungarn von 58%, in Polen von 66%, in Bulgarien von 38% u. in der Tschechoslowakei von 31% der Bevölkerung regelmäßig gehört; gemeinsam mit **»Radio Liberty«/ RL,** das in 15 Sprachen der UdSSR sendet, strahlt der ebenfalls in München stationierte Sender **RFE je Woche 1040 Stunden** in 21 Sprachen aus.
Rund 600 Delegierte aus 115 Nationen nahmen im Febr. 1984 an einer **Konferenz der Internat. Fernmeldeunion (UIT)** in Genf teil, bei der die techn. u. planerischen Grundlagen der künftigen Frequenzzuteilung für den Kurzwellenrundfunk erarbeitet wurden. – Nach dreijähriger Versuchsphase wurde Mitte Sept. 1983 der **Bildschirmtextdienst Btx** der Deutschen Bundespost bundesweit in Betrieb genommen. Der Videokonferenzdienst verbindet ab 1984 versuchsweise über Satellit die wichtigsten Städte der Bundesrepublik. – Am 1. Jan. 1984 startete in Ludwigshafen das erste von vier **Kabelfernseh-Pilotprojekten** (Ludwigshafen, München, Dortmund, Berlin) in der Bundesrepublik. – Die Ministerpräsidenten der Länder einigten sich am 23.2.1984 in Bonn auf ein **gemeinsames Satelliten-Nutzungskonzept;** damit kann die Deutsche Bundespost den **Ostkanal** (»Ostbeam«) des **ECS-Satelliten** (»European Communication Satellite«) dem ZDF u. den **Westkanal** (»Westbeam«) der »Anstalt für Kabelkommunikation« (AKK) in Ludwigshafen für private Programmanbieter zuteilen. – Ende Febr. 1984 wurde in Frankfurt a. M. von 165 im Bundesverband Deutscher Zeitungsverleger (BDZV) organisierten Tageszeitungen die private Fernsehgesellschaft **»Aktuell-Presse-Fernsehen GmbH & Co. KG« (APF)** mit Sitz in Hamburg gegründet, die auf dem Westkanal (»Westbeam«) des europ. Kommunikatikonssatelliten **ECS-1** bundesweit ab 1. Jan. 1985 ein Vollprogramm ausstrahlen wird. Partner der APF sind u. a. die Großverlagshäuser Bauer, Burda, Holtzbrinck u. Springer, die FAZ, der O.-Maier-Verlag, die Kabel-Media-Ges. sowie die Programmges. f. Kabel- u. Satellitenfunk (PKS), die für den Bereich Unterhaltung des Gesamtprogramms verantwortlich sind. – Die Verlagsgruppe von Holtzbrinck GmbH, Stuttgart, faßte ihr Fernsehengagement in der **»AV Euromedia Ges. f. Audiovision mbH«** zusammen, die Fernsehbeiträge für das ECS-Konsortium produziert. – Am 1. April 1984 wurden die Programme des ZDF-Musikkanals u. des zeitversetzten Programms **»ZDF 2«** von Mainz aus erstmals in die Kabelpilotprojekte Ludwigshafen u. München über Satellit eingespeist u. gesendet. Am 1. Juli 1984 nahm die zu gleichen Teilen von den Verlagen Bertelsmann und Gruner + Jahr getragene **»Ufa-Film- u. Fernseh-GmbH«** mit Sitz in Hamburg u. München ihre Arbeit auf. Die

»Ufa« hält die Beteiligung von 40 % an der luxemburgischen Fernsehprogrammges. »RTL-plus«, der Tochtergesellschaft von »Radio Télé Luxembourg«, die seit Jan. 1984 ein deutschsprach. Fernsehprogramm ausstrahlt, das Teile der Bundesrepublik erreicht. – Unter dem Namen **»3 SAT Satellitenfernsehen des deutschen Sprachraumes ZDF – ORF – SRG«** wird über den Ostkanal des europ. Kommunikationssatelliten »ECS-1« ab 1. Dez. 1984 ein deutschsprach. Gemeinschaftsprogramm der 3 Fernsehanstalten ausgestrahlt, das mit Kabelanschluß empfangen werden kann. – Die Beta-Film GmbH u. Co. und die Ufa-Film- u. Fernseh-GmbH bieten ab Okt. 1984 erstmals ein **Abonnement-Fernsehen** im Münchner Kabelpilotprojektraum an. Die europ. Trägerrakete »Ariane-3« brachte am am 4./5. 8. 1984 auf dem Raumfahrtzentrum Kourou (Franz.-Guayana) 2 Nachrichtensatelliten, den europ. »ECS-2« u. den franz. »Télécom-1 A«, in ihre geostationäre Umlaufbahn in 36000 km Höhe über dem Äquator. »ECS-2« ist die Weiterentwicklung des am 20. 7. 83 gestarteten europ. Satelliten »ECS-1«. – Nach dem deutsch-franz. Abkommen über die technisch industrielle Zusammenarbeit auf dem Gebiet von Rundfunksatelliten wird ein **deutsch-franz. Direktrundfunksatellit (TV-Sat)** gebaut. – Die Deutsche Bundespost beauftragte ein dt. Firmenkonsortium mit dem Bau eines Fernmeldesatellitensystems, das aus 2 Betriebs- u. 1 Ersatzsatelliten sowie 34 Erdfunkstellen bestehen soll; über den Satelliten **»Kopernikus«** werden ab 1987 Fernmeldedienste u. Fernsehprogramme vermittelt. – Niedersachsen verabschiedete im Mai 1984 als erstes Bundesland ein Landesrundfunkgesetz, das die Zulassung privater Rundfunkveranstalter regelt.

**Bibl. Hinweis:** *C. J. Both,* »Große Sendertabelle«, Franzis-Verlag, München. – World Radio TV Handbook, Billboard AG, Kopenhagen 1984. – ARD Jahrbuch 83, Hans-Bredow-Institut, Hamburg 1983. – ZDF-Jahrbuch 1982, Mainz 1983. – SRG-Agenda 84, Bern. – ORF-Almanach 1984, Wien. – BBC-Annual Report and Handbook 1984, London 1983.

**Lizenzen für Fernseh- und Rundfunkgeräte in ausgewählten Ländern der Europäischen Rundfunkunion/EBU**

| Stand 31.12.1983<br>*Land* | *Separate Lizenzen für Rundfunkgeräte*<br>*I* | *Separate Lizenzen für Fernsehgeräte*<br>*II* | *Kombinierte Lizenzen für Rundfunk- u. Fernsehgeräte*<br>*III* | *Lizenzen je 100 Einwohner Rundf.*<br>*(I u. III)* | *Ferns.*<br>*(II u. III)* |
|---|---|---|---|---|---|
| Belgien | 4617037 | 2976383 | 2667221[4] | 73,89 | 57,25 |
| BR Deutschland | 3112817 | — | 21527118 | 39,96 | 34,91 |
| Dänemark | 124260 | — | 1900016 | 39,58 | 37,15 |
| Finnland | 2515000[1] | 1738432 | — | 51,72 | 35,75 |
| Frankreich | 20000000[1] | 17289331 | — | 36,80 | 31,82 |
| Griechenland[1] | 3250000 | 1700000 | — | 33,48 | 17,51 |
| Großbrit. u. Nordirl. | 41000000[1] | 18869794 | — | 73,42 | 33,79 |
| Irland | 1315000[1] | 721146 | — | 38,19 | 20,95 |
| Island | 73493 | 71560 | — | 30,80 | 30,00 |
| Israel | 250000[2] | — | 605000 | 20,85 | 14,75 |
| Italien | 899679 | — | 13831260 | 25,51 | 23,95 |
| Jugoslawien | 1198870 | — | 4650386 | 26,08 | 20,74 |
| Luxemburg[1] | 225000 | 91100 | — | 61,71 | 24,98 |
| Niederlande | 175978 | — | 4453847 | 32,15 | 30,93 |
| Norwegen | 1500000[1] | 1325964 | — | 36,28 | 32,07 |
| Österreich | 546700[3] | — | 2348030 | 38,00 | 31,08 |
| Portugal | 2155000[1] | 1522597 | — | 21,91 | 15,48 |
| Schweden | 3327000[1] | 3236067 | — | 39,94 | 38,84 |
| Schweiz | 2424269 | 2134672 | — | 37,70 | 33,20 |
| Spanien[1] | 10000000 | 9912000 | — | 26,10 | 25,87 |
| Türkei[3] | 4300000[1] | 4929732 | — | 9,28 | 10,64 |

[1] Geräte (Schätzung) – [2] Autoradio-Lizenzen – [3] 31. 12. 1982 – [4] Kabel-Radio und/oder -Fernsehen
*Quelle:* EBU-Review 5/1984

*Nicht EBU-Mitglieder u. a.:*

| | | | | | |
|---|---|---|---|---|---|
| DDR | ca. 6444000 | Hörfunkgeräte | ca. 5850000 | Fernsehgeräte (1982) |
| UdSSR | ca. 130000000 | Hörfunkgeräte | ca. 58000000 | Fernsehgeräte |
| USA | ca. 450000000 | Hörfunkgeräte | ca. 130000000 | Fernsehgeräte |

(Nach »Internat. Handbuch für Rundfunk und Fernsehen 82/83«)

**Höchste Fernmeldebauten** Sendemast (Stahlmast) von Konstantynow bei Płock (Polen) **646 m,** Fernsehmast in Fargo (Nord-Dakota) **629 m.** Fernsehturm in Toronto **553 m,** in Moskau **537 m,** in Berlin (Ost) **362 m,** im Kreis Lüchow-Danneberg **344 m** (Richtfunkmast), in Frankfurt a. M. **331,4 m** u. St.-Chrischona-Turm bei Basel **248 m** (höchstes Bauwerk der Schweiz). (*Höchste Gebäude:* Sears Tower in Chicago **443 m,** World Trade Center **411 m** und Empire State Building **381 m** [m. Fernsehturm **446,6 m**] in New York.)

## FERNSEH- UND RUNDFUNKAUSZEICHNUNGEN

*Vorbemerkung:* In den folgenden Abschnitten dieses Kapitels werden die Namen der Preisträger, wenn sie aus Sprachen mit nichtlateinischen Alphabeten übertragen sind, in der Form wiedergegeben, wie sie sich im internationalen Kulturbetrieb eingebürgert haben.

**DAG-Fernsehpreis** der Deutschen Angestellten-Gewerkschaft (DAG), 1984 Preis in Gold (10000 DM) an *Reinhart Hoffmeister* für »Die große Kapitulation« (ZDF), Preis in Silber (5000 DM) an *Jochen von Lang* und *Avner W. Less* für »Das Protokoll« (NDR).

**Deutscher Darstellerpreis** des »Bundesverbandes der Fernseh- u. Filmregisseure in Deutschland e. V.«, München, 1984 »Chaplin-Schuhe« an *Rosel Zech* u. *Gerhard Polt;* Nachwuchspreise an *Sunnyi Melles* u. *Claude Oliver Rudolph.*

**Ehrenpreis für Fernsehunterhaltung** des Westdeutschen Rundfunks (WDR), erstmals 1983 an den Volksschauspieler *Willy Millowitsch.*

**Fernseh-Bambi** der im Burda-Verlag erscheinenden Fernsehzeitschrift »Bild + Funk«, 1984 verliehen a) durch die Redaktion an *Pamela Sue Martin, Peter Angerer, Götz George, Wolfgang Penk, Bernhard Vogel* u. *Friedrich Wilhelm Räuker;* b) durch die Leser an *Thekla Carola Wied, Peter Weck, Dieter Kronzucker* u. *Gitte Haenning.*

**Fernsehpreis der Bundesarbeitsgemeinschaft der Freien Wohlfahrtspflege e. V.,** Bonn, 1984 (5000 DM) an *Gebhard Plangger* für »Spastiker treiben Sport« (SWF).

**Fernsehpreis der Deutschen Akademie der Darstellenden Künste,** Frankfurt a. M., 1983 an *Fritz Lehner* für »Schöne Tage« (ORF/SFB). Sonderpreis an *Hans Rüdiger Minow, Rainer Boldt* u. *Martin Wiebel* für »Im Zeichen des Kreuzes«.

**Fernsehpreis der Zürcher Radio-Stiftung** 1983 (10000 sfr) geteilt an *Armin Brunner,* Leiter des Ressorts Musik im Fernsehen DRS, u. an *Werner Vetterli* für die Sendung »Heute abend im Manöver«.

**Film- und Fernsehpreis des Hartmannbundes** (Verband der Ärzte Deutschlands e. V., Bonn), 1983 an *Wolfgang Moser* für »Ein Mann, der sterben will – der Fall Heinz Nöckel« (abgelehnt).

**Goldene Europa – Erfolge '83** von SR1 Europawelle Saar. Preisträger: *Mireille Mathieu, Udo Jürgens, Peter Hofmann, Sydne Rome, Bonnie Tyler, Taco, Peter Schilling, Nicki, Culture Club, Geier Sturzflug,* »China Girl« (Video des Jahres). Entertainer des Jahres: *Friedrich Nowottny* u. *Alfred Biolek.*

**Goldene Kamera** der Programmzeitschrift »HÖRZU« für die beste Fernsehleistung des Jahres 1983 an *Gonsela-Beatrix Dahlke, Curth Flatow, Gert Fröbe, Gitte Haenning, Sigi Harreis, Werner Hinz, Gerhard Polt, Gyula Trebitsch, Dieter Zilligen* u. an *Prinz Philip* für sein Engagement als Präs. des »World Wildlife Fund«. Goldene Kamera der HÖRZU-Leser an *Peter Alexander, Frank Elstner, Uschi Glas, Thomas Gottschalk, Carolin Reiber* u. *Thekla Carola Wied.*

**Goldener Löwe** von Radio Luxemburg (RTL), 1983 an *F. R. David* (Frankr.) für »Words«. Silberner Löwe an *Andy Borg* (Österr.) für »Arrivederci Claire«. Bronzener Löwe an *Peter Schilling* für »Major Tom« u. an die Gruppe *Geier Sturzflug* für »Bruttosozialprodukt«. Ehrenlöwe an *Peter Hofmann.*

**Goldene Rose von Montreux** 24. Internat. Fernsehwettbewerb für Unterhaltungssendungen. 1984 Goldene Rose (10000 sfr) für »I am a Hotel« (Canadian Broadcasting Corporation, CBC, Toronto). Silberne Rose für »Raw war – The military might of independent Finland meets the enemy« (Oy. Yleisradio AB., YLE, Helsinki). Bronzene Rose für »Musicomicolor« (Belgische Radio en Televisie, BRT, Brüssel). Spezialpreis der Stadt Montreux für »The Benny Hill Show) (United Kingdom Independent Broadcasting/ Thames Television, UKIB/TTV, London). Spezialpreis für Sendungen unabhängiger Produzenten für »Burnett discovers Domingo« (Telepictures Corporation, California).

**Golden Globe** der Hollywood Foreign Press Association, 1984 beste Fernsehserie »Denver Clan«, beste Schauspieler *John Forsythe* (»Denver Clan«) u. *Jane Wyman* (»Falcon Crest«), beste Musikserie »Fame«; → Filmpreise.

**Grand Prix d'Eurovision de la Chanson** Schlagerwettbewerb 1984 in Luxemburg. Grand Prix an Schweden für »Diggi-Loo-Diggi-Ley« von *Torgny Söderberg,* interpretiert v. d. Gr. »Herrey's«.

**20. Grimme (Adolf-G.)-Preis** Fernsehpreis des »Deutschen Volkshochschul-Verbandes e. V.« in

Marl für Produktionen des Jahres 1983. Allgemeine Programme, Sparte Fernsehspiel: Gold an *Horst Königstein* u. *Joop Admiraal* für »Du bist meine Mutter« (NDR), an *Egon Monk* für »Die Geschwister Oppermann« (ZDF); Sparte Unterhaltung: Silber an *Otto Waalkes* für »Hilfe, Otto kommt« (ZDF); Sparte Information/Dokumentation: Gold an *Peter Krebs* für »Kinder in Vietnam« (NDR), Bronze an *Gordian Troeller* u. *Marie-Claude Deffarge* für »Bitterer Zucker« (RB); Sparte Kultur u. Wissenschaft/Experimente/Sonstiges: Gold an *Heinrich Breloer* für »Treffpunkt im Unendlichen – die Lebensreise des Klaus Mann« (NDR/WDR). Sonderpreis des Kultusministers von Nordrhein-Westfalen an *Antonio Skarmeta* für »Mit brennender Geduld« (ZDF). Adolf-Grimme-Sonderpreis an *Werner Höfer.* Adolf-Grimme-Live-Preis an *Brigitte Kramer* für »Gefährlich nah – Mütter und Töchter« (ZDF). Ehrenpreis an *Walter Jens.*

**Hörfunkpreis der Bundesarbeitsgemeinschaft der Freien Wohlfahrtspflege e. V.,** Bonn, 1984 (5000 DM) an *Beate Schubert* für »Dabei kann dir keiner helfen« (SFB).

**Hörspielpreis der Kriegsblinden** des »Bundes der Kriegsblinden Deutschlands e. V.«, Bonn, 1983 an *Gerhard Rühm* für »Wald. Ein deutsches Requiem« (WDR).

**15. Hörspiel- u. Erzählwettbewerb der Stiftung Ostdeutscher Kulturrat,** Bonn, zum Thema »Farben, Töne und Gerüche – Spuren der Heimat«. 1983 1. Pr. nicht vergeben, 2. Pr. (je 3000 DM) an *Oskar Kreibich, Siegmar Faust* u. *Ulrich Pietzsch,* 3. Pr. (je 1000 DM) an *Helga Lippelt, Robert Schiff* u. *Hans Stilett.*

**XI. Internat. Fernseh-Festival »Goldene Truhe«** 1984 in Plovdiv (Bulgarien). 1. Fernsehspiele f. Erwachsene: Gr. Pr. für »Im kommenden Sommer« (Spanisches Fernsehen), Sonderpr. für »Herzoperation« (Zentrales Sowjet. Fernsehen), Pr. f. beste schauspieler. Leistung an *Boris Juch* in »Hundepfad« (Jugoslawien). 2. Fernsehspiele f. Kinder u. Jugendliche: Gr. Pr. für »Beim Schwan« (Tschechoslow.), Sonderpr. für »Wo kann geholfen werden« (Ungar. Fernseh-Theater), Regiepreis an *Peter Podehl* (BR Deutschld.), Pr. f. beste schauspieler. Leistung an *Angelina Stepanowa* (UdSSR).

**24. Internat. Fernseh-Festival von Monte Carlo** 1984 Nymphe d'Or (Goldene Nymphe) für die Produktionen »Nigerian Exodus« (BBC, Großbrit.), »Vluchtelingen« (N.C.R.V., Niederlde.), »Über Berge und durch Ebenen zum Licht« (Nippon Hoso Kyokai, Japan), »Les Tilleuls de Lautenbach« (F.R.3, Frankr.), an *Vlastimil Brodsky* in »Tažni Ptáci« (Tschechoslow.), an *Ann Margret* in »Who will love my children?« (ABC, USA). Prix Cino del Duca an *Lars Molin* für »Mitvinterduell« (Schweden). Prix UNDA für »Windscale: The Nuclear Laundry« (UK Independent Broadcasting, Großbrit.) u. für »Tažni Ptáci« (Tschechoslow.). Prix de S.A.S. le Prince Rainier III. für »Windscale: The Nuclear Laundry« (Großbrit.). Prix de l'Association mondiale des amis de l'enfance – UNESCO für »Tažni Ptáci« (Tschechoslow.). Prix de la critique internationale des magazines de télévision für »1 + 1 = 3« (CORSI, Schweiz) u. an »Über Berge und durch Ebenen zum Licht« (Japan).

**21. Internat. Fernseh-Festival von Prag** 1984 Hauptpr. »Das goldene Prag« in der Kat. Musikfilme für »An meine Tochter« (ZDF); Pr. f. d. beste Gestaltung eines musik.-dramat. Werks f. »Pulcinella« (ARD/ZDF).

**Internat. Film- und TV-Festival von New York** 1983 Gold Award für »Die Geschwister Oppermann« von *Egon Monk* (ZDF).

**International Emmy Awards 1983** der amerik. »National Television Academy«. Kat. Drama: »King Lear« (Granada Television, England). Kat. Documentary: »Miracle of Life« (Swedish Television). Kat. Popular Arts: »The black adder: The Archbishop« (BBC London). Kat. Performing Arts: »Dangerous Music« (HTV Limited, England). Kat. Kinderprogramm: »Fraggle Rock« (CBC Canada).

**Journalistenpreis Entwicklungspolitik 1983** für Fernsehbeiträge, verliehen v. Bundesministerium f. wirtsch. Zusammenarbeit. 2. Pr. (je 6000 DM) an »Und ewig sterben die Wälder« (ZDF) von *Norbert Brieger,* »Millionen vom Hunger bedroht – Dürre in Äthiopien« (SWF) von *Hannelore Gadatsch* u. an »Begegnung in M'Kondedzi – Schüler u. Lehrer helfen auf einer Schulfarm in Mosambik« (WR) von *Gernot Schley.*

**Kaiser (Jakob-K.)-Preis 1983** Fernsehpreis des Bundesministers für innerdeutsche Beziehungen für Sendungen, die ihr Thema aus dem Problem der Teilung Deutschlands und dem Verhältnis der Menschen in den beiden deutschen Staaten zueinander herleiten. Kategorie politische Informationssendungen: Preis (10000 DM) für die ZDF-Sendereihe »Kennzeichen D«.

**Kritikerpreis des Verbandes der deutschen Kritiker e. V.** in Berlin (West), 1983 für Fernsehen an *Dieter Hildebrandt* für die Sendereihe »Scheibenwischer«; → Preise für Bildende Kunst, Film, Literatur u. Musik.

**Kulturpreis** des Zentralrats Deutscher Sinti u. Roma, 1983 an *Karoline Reifarth* für die WDR-Hörfunk-Sendung »Csárdás Macabre – Schnuckenack Reinhardt oder: Zigeunermusik, um Auschwitz zu überleben«.

**Magnus (Dr.-Kurt-M.)-Stiftung** der ARD zur Förderung von Nachwuchskräften des deutschen Hörfunks, 1984 (insges. 50000 DM) an *Wolfgang Küpper* (BR), *Holger Senzel* (HR), *Wilhelm Heinrich Pott* (NDR), *Peter Hahne* (SR), *Susanne Alck* (SFB), *Martin Bräuning* (SDR) u. *Martin Zagatta* (DLF).

**Media-Preis** des Süddeutschen Rundfunks (SDR) für Verdienste um die Entwicklung von Hörfunk u.

Fernsehen; erstmals 1983 (20000 DM) an Sir *Hugh Carleton Greene* (Großbrit.).
**Prix Danube '83** 7. Internat. Fernsehwettbewerb für Kinder- u. Jugendprogramme in Bratislava (Preßburg). Kat. I (Information): 1. Pr. an »Silencio« (DR, Dänemark). Kat. II (Musik u. Unterhaltung): 1. Pr. an »Die Sendung mit der Maus« (WDR). Kat. III (Drama): 1. Pr. an »Mein Vater in der Tinte« (DDR-F). Kat. IV (Animationsfilm): 1. Pr. an »Willi Wiberg ist kein Lausbub mehr« (SVT, Schweden).
**Prix de l'œil** der französischen Vereinigung von Fernsehkritikern, 1983 an *Fabio Carpi* für »Le quatuor Basileus« (Koproduktion des Westschweizer Fernsehens/TSR und der franz. Antenne 2).
**Prix Italia 1983** Internat. Rundfunk- u. Fernsehwettbewerb in Capri. **I. Radio** 1. Musikprogramm: Prix Italia (8,5 Mill. Lit) an »The little I remember« von *Ivana Trišić,* Musik *Krzysztof Penderecki* (JRT, Jugoslawien). 2. Drama: Prix Italia an »Seagull-Eaters« von *Cecilie Løveid,* Musik *Synne Skounen* (NRK, Norwegen); Spezialpreis (8,5 Mill. Lit) an »Tempori pestis non aperiatur« von *Gabrielle Botti* u. *Giuseppe Rocca* (RAI, Italien). 3. Dokumentation: Prix Italia an »Nobody stays in this house long« von *Piers Plowright* (BBC, Großbrit.); Preis der ital. Pressevereinigung (8,5 Mill. Lit) an »Short Cut or Way of Life« von *Pertti Saloma, Seppo Partanen* u. *Martti Timonen.* **II. Fernsehen** 1. Musikprogramm: Prix Italia an »Gustav III.« von *Inger Aby, Ture Rangström* u. *Ivo Cramér* (SVT, Schweden); RAI-Preis (8,5 Mill. Lit) an »Die Nachtigall« von *Hans Hulscher,* Musik *Theo Loevendie* (NOS, Niederlande). 2. Fernsehspiel: Prix Italia an »Die eiserne Zeit« von *Kalle Holmberg* u. *Paavo Haavikko* (YLE/TV 2, Finnland); Spezialpreis (8,5 Mill. Lit) an »Das Dorf an der Grenze« von *Fritz Lehner* u. *Thomas Pluch* (ORF, Österreich). 3. Dokumentation: Prix Italia an »Le corps de mon identité: être transexual« von *Michel Follin* (FR3, Frankreich). Preis der Region Campania (8,5 Mill. Lit) an »Umgang – Geschichten aus einem Mietshaus« von *L. Jochimsen* u. *L. M. Böhmer* (ARD/NDR, BR Deutschld.).
**Prix Jeunesse International 1984** der »Stiftung Prix Jeunesse« im Bayerischen Rundfunk für Kinder- u. Jugendfernsehsendungen. Kat. Geschichten erzählen: Pr. an »Danny's Egg« (National Nine Network, Willoughby, Australien), »The Snowman« (ITV/Channel 4, London). Kat. Information: Pr. an »Des Ingenieurs en Herbe« (VR China), »Curiosity Show« (Southern Television, Adelaide, Australien). Kat. Musik/Unterhaltung: Pr. an »Don't eat the Pictures« (Children's Television Workshop, New York), »The Door opens and ...« (Danmarks Radio, Kopenhagen). UNESCO-Sonderpreis an »Access Community Television, Programme 3: Derry« (Radio Telefis Eireann, Dublin).
UNICEF-Sonderpreis an »Vi Vil – Vi Kan« (Norsk Rikskringkasting, Oslo).
**Prix Suisse** der Schweizerischen Radio- u. Fernsehgesellschaft (SRG), 1984 Kat. Dramatik: Pr. für »Spontaneität« von *Fred Lindegger,* Regie *Hans Jedlitschka* (Radio DRS); Kat. Musik: Pr. für »Villes« von *Gérard Suter* u. *Pierre-Laurent Ellenberger* (Radio Suisse Romande).
**Reuter (Ernst-R.)-Preis** (Hörfunkpreis) des Bundesministers für innerdeutsche Beziehungen, 1983 (10000 DM) in der Kategorie Informationssendung zu gleichen Teilen für »Der Arbeiteraufstand« von *Karl Wilhelm Fricke* (Deutschlandfunk) u. für »Die Elbe – ein Strom mit Geschichte« von *Charlotte Drews-Bernstein* (NDR), in der Kategorie Hörspiel lobende Anerkennnung für »Schlesisches Himmelreich« von *Erich Loest.*
**Rhein (Eduard-R.)-Ring** der gleichnamigen Stiftung in Hamburg, 1983 an den ehem. Intendanten *Karl Holzamer* für seine Verdienste beim Aufbau des ZDF.
**Rhein (Eduard-R.)-Stiftung** Forschungspreise (insges. 110000 DM) für besond. Leistungen im Bereich der audiovisuellen Techniken. 1983 an *Lubo Micic* (Jugoslawien) u. sein Team für die Entwicklung eines Konzepts für digitale Signalverarbeitung in Fernsehempfängern, an *Etsuro Saito* (Japan) für die Entwickl. des Mavica-Systems, der ersten elektron. gespeicherten Einzelbildkamera für den Konsumentenbereich, und an *Horst Redlich* für die Entwickl. des Direct Metal-Mastering (DMM)-Verfahrens zur Verbesserung der Tonqualität bei der Wiedergabe konventioneller Schallplatten.
**Rhein (Eduard-R.)-Stiftung** Preise für Fernsehsendungen im deutschen Fernsehen in den Bereichen »Aktuelle Berichterstattung« u. »Populärwissenschaft«, erstmals 1983 (je 35000 DM) an *Ulrich Kienzle* für »Blutiger Sommer – Wiedersehen mit Beirut« (RB) u. an *Marlene Linke* für »Das Erlanger Wunschkind« (ZDF).
**Salzburger Fernsehopernpreis** 1983 (25000 S) an den norwegischen Film »Ein Schachspiel«, Regie *Erik Astby,* Komposition *Björn Kruse,* Libretto *Arild Feldborg.*
**Schneider (Ernst-S.)-Preis** der deutschen Industrie- und Handelskammern für Wirtschaftssendungen in Hörfunk und Fernsehen, 1983 an Autoren von Fernsehsendungen. Preis (10000 DM) in der Kat. 1 (große Wirtschaftssendungen, Dokumentationen, Feature, Spiel) geteilt an *Walter Sucher* für »Handelspartner Burenstaat: Über Politik und Geschäft im Süden Afrikas« (SDR) u. an *Markus Kutter* für »Herr Herr – Ein Lehrstück in 7 Lektionen« (NDR). In der Kat. 2 (Magazinbeiträge) keine Preisvergabe. Sonderpreise für Schulfernsehen an *Werner Nowak* für »Mechanisierung – Arbeitsteilung – Automation: Warum denn vom Fließband?« (NDR) u. an *Franz-Josef Kaiser* u. *Hans Kaminski* für »Der regionale Wirtschaftsraum: Wirtschaftsplanung und Raumordnung« (WDR). Sonderpreis für Sendereihen an die SWF-Redaktion der Sendung »Markt«.

**Sczuka (Karl-S.)-Preis** des Südwestfunks (SWF) Baden-Baden für die beste Produktion eines Hörwerkes, das in akustischen Spielformen musikalische Materialien u. Strukturen benutzt. 1983 (15000 DM) an den chilenischen Komponisten *Juan Allende-Blin* für das Hörspiel »Rapport Sonore. Relato Sonoro. Klangbericht« (WDR/CERM).

**»Tele«-Preis** der Schweizer Fernseh- und Radiozeitschrift »Tele«, 1983 (10000 sfr) an *Heidi Abel.*

**11. Wettbewerb der Fernseh-Regionalprogramme 1984** veranstaltet von Radio Bremen. Kategorie I (Kurzbeiträge): 1. Pr. (3000 DM) an den SWF für »Geburtenmanipulation« von *H. Hölzer-Bobinger,* 2. Pr. (2000 DM) an RB für »Zwangsversteigerung« von *K. Ulderup,* 3. Pr. (1000 DM) an das ZDF/Niedersachsen für »Ein Theater im Bad« von *J. Thorsting.* Kategorie II (Aktuelle Reportagen u. Berichte): 1. Pr. (3000 DM) an den SR für »Grenzfall Leidingen« von *A. Gulden,* 2. Pr. (2000 DM) an das ZDF für »Stadthotel Gaggenau« von *G. Gassner, H.-J. Haug,* 3. Pr. (1000 DM) an den WDR für »Staatsstahl« von *M. Rühl.* Kategorie III (Präsentation u. Moderation von Magazinen): 2. Pr. (2000 DM) an RB für »Buten un Binnen« von *D. Lesche.*

## FILMPREISE

### DEUTSCHLAND

**Bayerischer Filmpreis 1983** verliehen durch den Freistaat Bayern. Darstellerpreis (50000 DM) an *Gustl Bayrhammer* für seine Rolle als »Meister Eder« in »Pumuckl«, Nachwuchsdarstellerpreis (50000 DM) geteilt an *Anja Jaenicke, Susanne Herlet, Lena Stolze* u. *Joachim Bernhard* für ihre Rollen in »Die Schaukel« (Regie Percy Adlon), Regiepreis (50000 DM) an *Peter Schamoni* für »Frühlingssinfonie«, Produzentenpreis (100000 DM) an *Karel Dirka* für die Dokumentation »Marlene Dietrich« (Regie Maximilian Schell).

**42. Deutsche Amateurfilm- und Videofestspiele 1984** in Bayreuth, Sonderpreise an »Stufen« von *Joseph Wimmer* (Film des Jahres), »20 km täglich« von *Manfred Busshart* u. *Wolfgang von Ulardt* u. an »Wanderer im Nebelmeer« von *Christiane Heuwinkel* u. *Matthias Müller.*

**Deutscher Filmpreis 1984** verliehen vom Bundesminister des Innern. **1. Programmfüllende Spielfilme: Filmband in Gold** u. Prämie von 400000 DM für »Wo die grünen Ameisen träumen« (Werner Herzog Filmproduktion). **Filmband in Silber** u. Prämien von je 300000 DM für »Kehraus« (Solaris Film), »Morgen in Alabama« (Film-Fernsehen-Autoren Team; Project Filmproduktion) u. für »White Star« (Roland Klick Filmproduktion). **2. Programmfüllende Filme ohne Spielhandlung: Filmband in Silber** u. Prämien von je 100000 DM für »Marlene« (OKO-Film Karel Dirka) u. für »Der Versuch zu leben« von *Johann Feindt* (Regie). **3. Kurzfilme: Filmband in Gold** u. Prämie von 50000 DM für »Traumoiden« (Atelier-Film, Jan Walter Habarta). **Filmband in Silber** u. Prämien von je 30000 DM für »Eine Kohlenmine in Südwales« (Joachim Kreck), »Die Landarbeiter« (Werner Klett, Filmproduktion) u. für »Umbra« (Jörg Moser-Metius, Filmproduktion). **4. Einzelleistungen: Filmband in Gold** an *Josef Rusnak* (Regie in »Kaltes Fieber«), *Uwe Schrader* (Regie in »Kanakerbraut«), *Horst Buchholz* (darstell. Leistung in »Wenn ich mich fürchte«), *Maximilian Schell* (darstell. Leistung in »Morgen in Alabama«), *Marie Colbin* (darstell. Leistung in »Der Fall Bachmeier – Keine Zeit für Tränen«), *Nina Hoger* (darstell. Leistung in »Flucht nach vorne«), *Hans Christian Müller, Gerhard Polt* u. *Carlo Fedier* (Drehbuch »Kehraus«), *Jörg Schmidt-Reitwein* (Kamera in »Wo die grünen Ameisen träumen«) u. an *Helga Borsche* (Schnitt in »Ediths Tagebuch«). **5. Langjähriges und hervorragendes Wirken im deutschen Film: Filmband in Gold** an den Komponisten *Georg Haentzschel,* an die Schauspieler *Heidemarie Hatheyer, Georg Thomalla, Paula Wessely* u. *Sonja Ziemann,* an den Filmtechniker *Theo Nischwitz,* an den Autor *Heinz Pauck* u. an den Regisseur *Peter Pewas.*

**Deutscher Wirtschaftsfilmpreis 1983** verliehen vom Bundesminister für Wirtschaft. 1. Preisträger **Gruppe Kinofilm:** »Ein Wunder, das keins war« von *Harald Schott* (DIDO – Dt. Industrie- u. Dokumentarfilm GmbH), »Der Bagger – der größte Transport in der Geschichte der Technik« von *Uwe Schmidt* (Co Film), »Bayer forscht für sicheren Pflanzenschutz« von *Jochen Reimer* (Profil-Film GmbH), »Antennen zur Sonne« von *Manfred Baier* (Ges. f. bildende Filme), »Die Evolution einer Grenzfläche« von *Günter Nöll* (Leonaris-Film). 1. Preisträger **Gruppe Fernsehfilm:** »Querschnitte: Räuber auf Bestellung – Neue Wege im Pflanzenschutz« von *Uta Henschel, Herbert Steinert* u. *Stefan Tauschek* (Geo-Film GmbH).

**Friedberger Filmtage 1983** – »Tage des internat. religiösen Films«. **Preise für professionelle Filme:** 1. Pr. »Die Kinder von Himmlerstadt« v. *Elke Jonigkeit* u. *Hartmut Kaminski,* 2. Pr. »Danke, es geht mir gut!« v. *Wolfgang Fischer,* 3. Pr. »Babaji und Dokrimaa« v. *Reinhard* u. *Werner Penzel.* **Preise für Amateurfilme:** 1. Pr. »Die Wahrheit, die ich brauche« v. *Tobias Dodt,* 2. Pr. »Das Jubiläum« v. *Werner Eichhorn,* 3. Pr. »Ein Gastmahl auf dem Totenacker« v. *Lauri Mustonen* (Finnland).

**Gilde-Filmpreis** der »Gilde deutscher Filmkunst-

theater«, 1984 an »Kehraus« v. *H. Ch. Müller*, »Die Heartbreakers« v. *P. F. Bringmann*, »Carmen« v. *C. Saura* u. an »Gandhi« v. *R. Attenborough*.
**Goldener Jupiter 1984** der Kinoprogramm-Zeitschrift »cinema« für »Die Rückkehr der Jedi-Ritter« von *George Lucas* (beliebtester Film des Jahres) u. an *Jennifer Beals* u. *Dustin Hoffman* (beliebteste Schauspieler).
**Hamburger Axt** (10000 DM) bei der »Hamburger Filmschau '84« erstmals an Filmemacher verliehen, denen die Filmförderungsprämie vom Bundesinnenministerium gesperrt wurde. 1984 an *Rüdiger Neumann* für »Meridian oder Theater vor dem Regen«.
**34. Internat. Filmfestspiele Berlin 1984 – I. Lange Spielfilme: Goldener Berliner Bär** (Gr. Preis) an »Love Streams« von *John Cassavetes* (USA). **Silberne Berliner Bären** an »Schmutziger Kleinkrieg« von *Héctor Olivera* (Argentinien; Spezialpreis der Jury), an *Ettore Scola* für »Le Bal« (Frankreich/Italien; beste Regie), an *Monica Vitti* in »Flirt« von *Roberto Russo* (Italien; beste Hauptdarstellerin), an *Inna Tschurikova* in »Frontromanze« von *Pjotr Todorovskij* (UdSSR; beste Darstellerin), an *Albert Finney* in »Ein ungleiches Paar« von *Peter Yates* (Großbritannien; bester Darsteller), an »Morgen in Alabama« von *Norbert Kückelmann* (BR Deutschld.) für »seine gelungene, filmische Darstellung eines akuten Problems unserer Zeit«, an »Rembetico« von *Costas Ferris* (Griechenland) für »die Darstellung und Wiederentdeckung einer bedeutenden kulturellen Ausdrucksform«. **Lobende Erwähnung der Internat. Jury** für *Jean-Marie Straub* u. *Daniele Huillet* für »Klassenverhältnisse« in Anerkennung ihres »einzigartigen, kontinuierlichen Beitrags zur universellen Filmkunst«. – **II. Kurzfilme: Goldener Berliner Bär** an »Fahrrad-Symphonie« von *Åke Sandgren* (Dänemark). **Silberner Berliner Bär** an »Der Kampf zwischen Schnepfe und Muschel« von *Hu Jinqing* (VR China) für eine herausragende Einzelleistung. – **CICAE** (Internat. Verband der Filmkunsttheater)-**Preis** an »Schmutziger Kleinkrieg« von *Héctor Olivera* (Argentinien) u. an »Ah Ying« von *Allen Fong* (Hongkong). – **CIDALC** (Internat. Komitee zur Verbreitung von Kunst u. Literatur im Film)-**Preis** an »Ein ungleiches Paar« (»The Dresser«) von *Peter Yates* (Großbritannien). – **OCIC** (Internat. Katholische Filmorganisation für Kino u. audiovisuelle Medien)-**Preis** an »Mann ohne Gedächtnis« von *Kurt Gloor* (Schweiz). **OCIC-Förderpreis** an einen Film im 14. Internat. Forum des Jungen Films an »Tiznao« von *Dominique Cassuto de Bonet* u. *Salvador Bonet* (Venezuela). – **INTERFILM** (Internat. Evangelische Filmjury)-**Preis** (Otto-Dibelius-Filmpreis; 5000 DM) zu gleichen Teilen an »Der Mann ohne Gedächtnis« von *Kurt Gloor* (Schweiz) u. an den Film im Forum des Jungen Films »Segne ihre kleinen Herzen« von *Billy Woodberry* (USA). – **FIPRESCI** (Fédération Internationale de la Presse Cinématographique)-**Preis** ex aequo an »Love Streams« von *John Cassavetes* (USA), »Schmutziger Kleinkrieg« von *Héctor Olivera* (Argentinien) u. im Forum des Jungen Films an »Das Dörfchen Furuyashiki« von *Shinsuke Ogawa* (Japan). – **Domnick-Film-Stipendium** im Rahmen des Internat. Forums des Jungen Films, erstmals 1984 (20000 DM) geteilt an *Heinz Emigholz* für »The Basis of Make Up« u. an *Rotraut Pape* für »Flieger dürfen keine Angst haben«. – **ZITTY-Leser-Preis** 1984 (2000 DM) im Rahmen des Internat. Forums des Jungen Films an *Sally Potter* für »The Gold Diggers« u. an *Mike Leigh* für »Meantime«. – **Preis der Leserjury der Tageszeitung »Berliner Morgenpost«** an »Le Bal« von *Ettore Scola*. – **7. Kinderfilmfest** des 34. Internat. Filmfestspiele Berlin: **UNICEF-Preis** (3000 DM) an »Pessi und Illusia« von *Heikki Partanen* (Finnland). – **CIFEJ** (Internat. Zentrum für Kinder- u. Jugendfilm)-**Preis** an »Gülibik« von *Jürgen Haase* (BR Deutschld./Türkei).
**XXXII. Internat. Filmwoche Mannheim 1983 – Großer Preis der Stadt Mannheim** (10000 DM) an »Muzhskoje wospitanije« (»Männererziehung«) von *Usman Saparow* (UdSSR). **Sonderpreis des Oberbürgermeisters der Stadt Mannheim** (6000 DM) an »Din nabos son« (»Der Sohn deines Nachbarn«) von *Joergen Flindt Pedersen* u. *Erik Stephensen* (Dänemark). **Josef-von-Sternberg-Preis** an »SL-1« von *Diane Orr* u. *C. Larry Roberts* (USA). **Spezialpreis der Jury** an »La Bête lumineuse« (»Das glänzende Tier«) von *Pierre Perrault* (Kanada). **Filmdukaten** (je 2000 DM) an »Phaniyamma« von *Prema Karanth* (Indien), »Der Versuch zu leben« von *Johann Feindt* (BR Deutschld.), »Lucien Brouillard« von *Bruno Carrière* (Kanada), »In Our Hands« (»In unseren Händen«) von *Robert Richter* u. *Stanley Warnow* (USA) u. an »Freckled Rice« (»Sommersprossen-Reis«) von *Stephen C. Ning* (USA). **Sonderpreis für den besten Fernsehfilm** an »Anou Banou oder Die Töchter der Utopie« von *Edna Politi* (BR Deutschld.). **Wettbewerb Junger Filmländer** des Bundesministeriums für wirtschaftl. Zusammenarbeit: Preise an »Le Courage des Autres« von *Christian Richard* (Obervolta; 4000 DM), »The House of Mr. Haghdoost« von *Mahmoud Samiy* (Iran; 3000 DM) u. an »Turumda« von *Kidlat Tahimik* (Philippinen; 3000 DM). **FIPRESCI-Preis** (Preis der Internat. Filmkritik) an »Phaniyamma« von *Prema Karanth* (Indien) u. an »Die Kinder von Himmlerstadt« von *Elke Jonigkeit* u. *Hartmut Kaminski* (BR Deutschld.). **Internat. Evangelischer Filmpreis** an »Hunderennen« von *Bernard Safarik* (Schweiz). **Internat. Katholischer Filmpreis 1983** an »Din nabos son« (»Der Sohn deines Nachbarn«) von *Joergen Flindt Pedersen* u. *Erik Stephensen* (Dänemark).
**26. Internat. Leipziger Dokumentar- und Kurzfilmwoche 1983 – Goldene Tauben** für »Nicaragua:

Bericht von der Front« von *Deborah Shaffer* u. *Tom Sigel* (USA), »Aufstehen und Widersetzen« von *Klaus Volkenborn* u. *Johann Feindt* (BR Deutschld.), »Black and White« (Tschechoslow.), »Die letzte Tagesschau« (Jugoslawien).

**Käutner (Helmut-K.).Preis** der Stadt Düsseldorf, 1984 (10000 DM) postum an den Filmregisseur *Wolfgang Staudte.*

**Kritikerpreis des Verbandes der deutschen Kritiker e. V.** in Berlin (West), 1983 für Film an die Regisseurin *Marianne Rosenbaum* für »Peppermint Frieden«; → Preise für Bildende Kunst, Fernsehen, Literatur u. Musik.

**Kritikerpreise 1984 des Verbandes der Film- und Fernsehschaffenden der DDR** für die besten Spielfilme u. dramatischen Filmproduktionen des Jahres 1983. Bester DEFA-Spielfilm »Der Aufenthalt« von *Frank Beyer;* bester Fernsehfilm »Martin Luther« von *Kurt Vieth.*

**Kunstpreis Berlin** der Akademie der Künste in Berlin (West), Förderungspreis 1984 (10000 D M) für Film/Hörfunk/Fernsehen an die Filmemacherin *Ilse Hofmann;* → Preise für Kunst, Literatur, Musik.

**Lubitsch (Ernst-L.)-Preis** des »Clubs der Filmjournalisten e. V.«, Berlin (West), für die beste Leistung in einer deutschsprach. Filmkomödie. 1984 an *Gerhard Polt* in »Kehraus« v. *Hans-Christian Müller.*

**25. Nordische Filmtage in Lübeck 1983** Publikumspreis »Die Lübecker Filmlinse« für »Die Piraten« von *Morten Kohlstad* (Norwegen).

**Ophüls (Max-O.)-Preis** der Landeshauptstadt Saarbrücken für Nachwuchsregisseure des deutschsprachigen Raumes. 1984 (20000 DM) an *Marianne Rosenbaum* für »Peppermint Frieden«. Sonderpreis (3000 DM) der Saarfilm, Saarbrücken, an *Andreas Gruber* für »Drinnen & Draußen« (Österreich). Förderpreis (2000 DM) der Concorde-Film an *Wieland Samolak* in »Der Sprinter« von Christoph Böll. Förderpreis (2000 DM) der Stadtsparkasse Saarbrücken an *Bernard Safarik* für »Hunderennen« (Schweiz). Förderpreis (1000 DM) von »La Femme« u. Leserpreis (1000 DM) der »Saarbrücker Zeitung« an *Beate Jensen* in »Mitten ins Herz« von Doris Dörrie. Preis der UNIFILM-Jury (1000 DM) an *Hans-Ulrich Schlumpf* für »Transatlantique« (Schweiz).

**Preis der deutschen Filmkritik** der Arbeitsgemeinschaft der Filmjournalisten der BR Deutschland für den besten Spielfilm des Jahres 1983 an *Werner Nekes* für »Uliisses« (BR Deutschld.).

**30. Westdeutsche Kurzfilmtage** in Oberhausen 1984. Preise des »Deutschen Volkshochschul-Verbandes«: **Großer Preis der Stadt Oberhausen** (5000 DM) ex aequo für »Vamos patria a caminar« von Cinematografia Guatemalteca (Guatemala) u. für »Protokól Zniszczenia« (»Das Protokoll der Vernichtung«) von *Jadwiga Zajicek* (Polen). **Hauptpreise** (je 2000 DM) für »Radio Bélen« von *Gianfranco Annichini* (Perú), »Mo Sámi Váldet« (»Wie sie das Samiland nehmen«) von *Skule Eriksen* u. *Kare Tannvik* (Norwegen), »Hanyas Vagy?« (»Jahrgang '28«) von *Béla Vajda* (Ungarn), »Polska Kronika Non-Camerowa Nr. 6« (»Polnische Chronik Non-Camera Nr. 6«) von *Julian J. Antoniszczak* (Polen), »Marxijanci« (»Die Marxianer«) von *Zoran Jovanović* (Jugoslaw.), ex aequo »Shelter« (»Ein Dach über dem Kopf«) von *Uma Segal* (Indien) u. »Hinter den Fenstern« von *Petra Tschörtner* (DDR). – **Preis des Kultusministers von Nordrhein-Westfalen** (5000 DM) für den besten Film mit bildungspolit. Thema für »Jahrgang '28« von *Béla Vajda* u. *Dezsö Badványi* (Ungarn). **Preis der Unterzeichner des Oberhausener Manifests** an *Hermann Höcherl* für seine Verdienste um den Jungen Deutschen Film. **Preis der Internat. Filmkritik (FIPRESCI)** (2000 DM) für »Otec« (»Der Vater«) von *Lewan Zakareischwili* (UdSSR) u. für »Polnische Chronik Non-Camera Nr. 6« von *Julian Antoniszczak* (Polen). **Preis der Internat. Föderation der Filmclubs (FICC)** für »Film Animowany« von *Aleksander Skrocynski* (Polen). **Preis der Katholischen Filmarbeit** (2000 DM) für »Ein Dach über dem Kopf« von *Uma Segal* (Indien). **Preis des Evangelischen Filmzentrums (INTERFILM)** (2000 DM) für »Jahrgang '28« von *Béla Vajda* (Ungarn). **Preis des Kinder- und Jugendfilmzentrums in der BR Deutschld.** (3000 DM) für »Hinter den Fenstern« von *Petra Tschörtner* (DDR). **Preis der Jungsozialisten von Nordrhein-Westfalen** für »Ihr habt es gewußt« von *Heribert Schwan* u. *Rolf Steininger.* **Preis der Mitarbeiter der 30. Westdeutschen Kurzfilmtage** (1000 DM) für »Diese unsere Jugendzeit« von *Andrzej Warchal* (Polen). – **16. Informationstage** mit Kurzfilmen aus der BR Deutschld. u. Berlin (West): Förderpreis (2000 DM) der Jury der AG der Filmjournalisten für »The Sound of Freedom« von *Thomas Carle.*

**3. Wettbewerb Europäischer Filmhochschulen** 1983 in München. Preise (Sachpreise) für Spielfilm an »Zizi« von *Attila Janisch* (Budapest), für Kurzspielfilm an »Jajko« von *Dorota Kedzierzawska* (Lodsch), für Dokumentarfilm an »Chzopcy« (Knaben) von *Maciej Deyczer* (Kattowitz), für Trickfilm an »Night Club« (Nachtclub) von *Jonathan Hodgson* (London). Spezialpreis der Jury an »Matka« (Die Reise) von *Pirjo Hokkanen* (Helsinki). Preis für das interessanteste Programm einer Schule an das »Institut des Arts de Diffusion«, Brüssel.

**EUROPÄISCHE GEMEINSCHAFT**

**Filmpreis der EG** erstmals 1984 (10000 DM u. 50000 DM Vertriebsförd.) an *Tony Gatlif* (Frankr.) für »Les Princes« beim »1. Europ. Filmfestival« in München verliehen.

**FRANKREICH**

**César der Akademie für Filmkunst u. Kinotechnik in Paris 1984** für den besten franz. Film des Jahres

1983 an *Maurice Pialat* für »A nos amours« u. an *Ettore Scola* für »Le Bal«, für die beste Regie an *Ettore Scola* für »Le Bal«, für die besten Darsteller an *Isabelle Adjani* in »L'Été meurtrier« u. an *Coluche* in »Tchao pantin«, für die besten Nebenrollen an *Suzanne Flon* in »L'Été meurtrier« u. an *Richard Anconina* in »Tchao pantin«, für die besten Nachwuchsdarsteller an *Sandrine Bonnaire* in »A nos amours« u. an *Richard Anconina* in »Tchao pantin«, für das beste Erstlingswerk an *Euzhan Palcy* für »Rue Cases Nègres«, für das beste Originaldrehbuch an *Hervé Guibert* u. *Patrice Chéreau* für »L'Homme blessé«, für die beste Drehbuchbearbeitung an *Sébastien Japrisot* für »L'Été meurtrier«, für die beste Kamera an *Bruno Nuytten* in »Tchao pantin«, für die beste Ausstattung an *Hilton McConnico* für »La Lune dans le caniveau«, für den besten Schnitt an *Jacques Witta* in »L'Été meurtrier«, für den besten Ton an *Jean Labussière* u. *Gerard Lamps* in »Tchao pantin«, für die beste Musik an *Vladimir Cosma* in »Le Bal«, für die besten Kurzfilme an *Jean-Manuel Costa* für »Le Voyage d'Orphée«, an *Agnès Varda* für »Ulysse« u. an *Stéphane Drouot* für »Star Suburb, la Banlieue des étoiles«, für den besten ausländ. frankophonen Film an *Alain Tanner* (Schweiz) für »Dans la ville blanche«, für den besten ausländ. Film an *Ingmar Bergman* (Schweden) für »Fanny und Alexander«. Ehren-César an *Georges de Beauregard, René Clément* u. *Edwige Feuillère.*

**3. Europäische Filmwoche in Straßburg 1983** Preis für »Mord in einem englischen Garten« von *Peter Greenaway* (Großbrit.).

**Grand Prix der französischen Filmakademie** 1983 für »Coup de foudre« von *Diane Kurys.*

**Grand Prix du Cinema – Louis Lumière** 1983 an *Alain Resnais* für »La Vie est un Roman«.

**Grand Prix national** 1983 (20000 F) für Filmkunst an den Filmausstatter *Alexandre Trauner;* → Preise für Kunst, Literatur u. Musik.

**Internat. Festival des komischen Films in Chamrousse 1984** Grand Prix für »Local Hero« von *Bill Forsyth* (Großbrit.); Kritiker- u. Zuschauerpreis für »Unfaithfully Hours« von *Howard Zieff* (USA).

**12. Internat. Festival des phantastischen Films in Avoriaz 1984** Grand Prix für »The lift« (Niederlde.). Spezialpreis der Jury für »Le 4e homme« (Niederlde.), Prix du suspense für »Dead zone« von *David Cronenberg* (Kanada).

**12. Internat. Filmfestival für Menschenrechte in Straßburg 1984** Grand Prix für den franz. Film »Mauvaise Conduite« von *Nestor Almendros* u. *Orlando Jimenez Real* (Cuba), Sonderpreis der Jury für »Hamsin« von *Daniel Wachsmann* (Israel).

**37. Internat. Filmfestival in Cannes 1984 – Goldene Palme** an *Wim Wenders* für »Paris, Texas« (BR Deutschld.). Sonderpreis der Jury an den Regisseur *John Huston* (USA) für sein Gesamtwerk. Regiepreis an *Bertrand Tavernier* für »Un dimanche à la campagne« (»Ein Sonntag auf dem Lande«; Frankr.). Beste Darsteller *Helen Mirren* in »Cal« von *Pat O'Connor* (Irland), *Francisco Rabal* u. *Alfredo Landa* in »Los santos inocentes« von *Mario Camus* (Spanien). Spezialpreis der Jury an *Márta Mészáros* für »Napló« (»Intimes Tagebuch«; Ungarn). Preis für die beste künstl. Leistung an *Peter Biziou* (Kamera) für »Another Country« von *Marek Kanievska* (Großbrit.). Drehbuchpreis an *Theo Angelopoulos* für »Taxidi sta Kithira« (»Eine Reise nach Kythera«; Griechenld.). Preis der Internat. Filmkritik (FIPRESCI) an *Wim Wenders* für »Paris, Texas« u. an *Theo Angelopoulos* für »Eine Reise nach Kythera«. Goldene Kamera für den besten Erstlingsfilm an *Jim Jarmusch* für »Stranger than paradise« (USA). Preis für Filmtechnik an *Lars von Trier* für »The element of crime« (Dänemark). Besond. Würdigung an *Deborah Kerr* für ihre schauspiel. Leistungen. Preis der Internat. ökumenischen Jury an *Wim Wenders* für »Paris, Texas«.

**6. Internat. Frauenfilm-Festival in Sceaux 1984** Gr. Preis der Jury für »Mit starrem Blick aufs Geld« von *Helga Reidemeister* (BR Deutschld.), 2. Pr. für »Smartgransen« von *Agneta Jarleman* (Schweden); 1. Pr. des Publikums für »Krzyk« von *Barbara Sass* (Polen), 2. Pr. für »Dorian Gray im Spiegel der Boulevardpresse« von *Ulrike Ottinger* (BR Deutschld.).

**7. Internat. Kunstfilmfestival in Paris 1983** Grand Prix für »Valentine« von *Jürg Bruschweiler* u. *Herbert E. Meyer* (Schweiz); Spezialpreis der Jury für »Sculptures sonores Baschet« von *Jacques Barsac* (Frankr.); Preise für »L'atelier de musique« von *Gérard Paroldi* (Frankr.) u. für »Ensor« von *Marc Julian Ghen* (Belgien).

**Prix Louis Delluc 1983** an *Maurice Pialat* für »A nos amours«.

**Prix Melies** der franz. Filmkritik für die beste franz. Produktion des Jahres 1983 an *Eric Rohmer* für »Pauline à la Plage«.

**Prix Moussinac** der franz. Filmkritik für den besten ausländ. Film des Jahres 1983 an *Ingmar Bergman* für »Fanny und Alexander« (Schweden).

**Prix Unifrance Film 1984** an *Pascal Cane* für »Liberty Belle« (Frankr.).

**UNICA'83** (Union Internationale du Cinema Non-Professionnel) – 45. Weltbegegnung des Amateurfilms in St. Nazaire (Frankreich). Bronzemedaille an »Korrekturen« von *Gert Richter* (BR Deutschld.). Insgesamt wurden 3 Gold-, 7 Silber- u. 19 Bronzemedaillen vergeben. UNICA-Avantgarde-Filme: 1. Pr. an »Das Erbe« von *Horst Orlich* (BR Deutschld.).

**GROSSBRITANNIEN**

**Preise der britischen Film- und Fernsehakademie** Bester Film des Jahres 1983 »Educating Rita« von *Lewis Gilbert* (Großbrit.), beste Darsteller *Julie Walters, Michael Caine* (»Educating Rita«) u.

*Dustin Hoffman* (»Tootsie«), beste Nebendarsteller *Jamie Lee Curtis* u. *Denholm Elliott* (»Trading Places«), bester Regisseur *Bill Forsyth* (»Local Hero«), beste Nachwuchsschauspielerin *Phyllis Logan* (»Another Time, Another Place«). Preise für die beste Filmmusik an *Ryuichi Sakamoto* (Japan) in »Merry Christmas, Mr. Lawrence« u. für das Lied »Up where we belong« aus »An Officer and Gentleman«. Bester ausländ. Film »Danton« von *Andrzej Wajda* (Frankr./Polen).

**ITALIEN**

**15. Filmfestival von Taormina 1984 – Charybdis** in Gold für »Les Princes« von *Tony Gatlif* (Frankr.), in Silber für »Berget pa Manens Baksida« (»Der Berg auf der Rückseite des Mondes«) von *Lennart Hjuilstrom* (Schweden), in Bronze für »Constance« von *Bruce Morrison* (Neuseeld.).
**40. Internat. Filmfestival in Venedig 1983 – Goldener Löwe** für »Prénom: Carmen« (»Vorname: Carmen«) von *Jean-Luc Godard* (Frankr.). **Spezialpreise** der Jury für techn. Leistungen an *Raoul Coutard* (Kamera) u. *François Musy* (Ton) in »Prénom: Carmen«. **Silberner Löwe** für den besten Erstlingsfilm u. **OCIC-Preis** für »Rue Cases Nègres« (»Die Straße der Negerhütten«) von *Euzhan Palcy* (Frankr./Martinique). **Preis für die besten Schauspieler** an die männl. Hauptdarsteller (*Guy Boyd, George Dundza, David Allan Grier, Mitchell Lichtenstein, Matthew Modine* u. *Michael Wright*) in »Streamers« von *Robert Altman* (USA) und an *Darling Legitimus* in »Rue Cases Nègres« von *Euzhan Palcy* (Frankr./Martinique). **Spezialpreis** der Jury für »Biquefarre – 35 Jahre später« von *Georges Rouquier* (Frankr.). **Sonderpreis** der Jury für das Gesamtwerk an *Michelangelo Antonioni* (Italien). **Pasinetti-Preis** der ital. Filmkritiker für »Zelig« von *Woody Allen* (bester Film), an *Angela Winkler* in »Ediths Tagebuch« von *Hans W. Geissendörfer* u. an *Carlo delle Piane* in »Una gita scolastica« von *Pupi Avati* (beste Schauspieler). **FIPRESCI-Preis** für »Fanny und Alexander« von *Ingmar Bergman* (Schweden), u. für »Die Macht der Gefühle« von *Alexander Kluge* (BR Deutschld.).
**Premio David di Donatello 1984** an *Ingmar Bergman* für »Fanny und Alexander« (beste ausländ. Produktion u. Regie und bestes ausländ. Drehbuch), an *Shirley MacLaine* in »Zeit der Zärtlichkeit« u. *Woody Allen* in »Zelig« (beste ausländ. Darsteller); für ital. Produktionen an *Federico Fellinis* »E la nave va« u. an *Ettore Scolas* »Le Bal«.
**Premio Luchino Visconti 1984** an den Regisseur *Federico Fellini.*

**KANADA**

**7. Weltfilmfestival in Montreal 1983** Gr. Preis für »The Go-Masters« von *Junya Sato* u. *Duan Ji-Shun* (VR China/Japan). Spezialpreis für »Benvenuta« von *André Delvaux* (Belg./Frankr.) u. für »Bearn o la sala de las muñecas« von *Jaime Chavarri* (Spanien). Darstellerpreise an *Gérard Depardieu* u. *Wojciech Pszoniak* in »Danton« von *A. Wajda* u. an *Yuko Tanaka* in »Amagi-Paß« von *Haruhiko Mimura.* Preis für den besten Kurzfilm für »Die Pflanze« von *Thomas Vamos* u. *Joyce Borenstein* (Kanada). Preis der ökumenischen Jury für »The Go-Masters« von *Junya Sato* u. *Duan Ji-Shun* (VR China/Japan).

**ÖSTERREICH**

**Förderungspreise des Bundesministeriums für Unterricht und Kunst** für Filmkunst 1982 (40000 S) an *Andreas Gruber,* 1983 an *Maria Knilli;* → Preise für Kunst, Literatur u. Musik.
**Großer Österreichischer Staatspreis für Filmkunst** 1983 (200000 S) an den aus Österreich stammenden US-Filmregisseur *Billy Wilder.*
**Würdigungspreise des Bundesministeriums für Unterricht und Kunst** für Filmkunst 1982 u. 1983 (75000 S) an *Mansur Madavi;* → Preise für Kunst, Literatur u. Musik.

**PORTUGAL**

**12. Filmfestival von Figueira da Foz 1983** Gr. Preis für »Imperativ« von *Krzysztof Zanussi* (BR Deutschld.). Preise für Dokumentarfilm u. Kreation für »Uliisses« von *Werner Nekes* (BR Deutschld.) u. für »Rot sehen« von *J. R. Eichert* u. *J. Klein* (USA). Glauber-Rocha-Preis für »Meine Tante Nora« von *Jorge Preloran* (Ecuador/USA).
**Filmfestival von Porto 1984** Gr. Preis für »Le dernier combat« von *Luc Besson* (Frankr.).

**SCHWEDEN**

**10. Internat. Filmfestival in Varna** 1984 Goldmedaille an *Lennart Nilsson* für »Sagan om livet« (»Die Sage vom Leben«).
**Preise des schwedischen Filminstituts 1983 – Film des Jahres 1983** »Fanny und Alexander« von *Ingmar Bergman.* **Goldener Widder** (125000 skr) für die beste Regie an *Ingmar Bergman* für »Fanny und Alexander«. Beste Darsteller *Jarl Kulle* in »Fanny und Alexander«, *Kim Anderson* in »Andra Dansen« u. *Malin Ek* in »Mamma«.

**SCHWEIZ**

**Anerkennungspreis des Kantons Bern** 1983 (je 5000 sfr) an den Filmemacher *Stefan C. Kaspar* u. an den Trickfilmer *Georges Dufaux* (10000 sfr) an die Schauspielerin *Janet Haufler* in »Max Haufler: Der Stumme«; → Kunstpreise.
**14. Internat. Alpinfilmfestival von Les Diablerets 1983** Gr. Pr. für »Diamir: les envoûtés du Nanga Parbat« von *Kurt Diemberger* (Frankr.). »Diable d'or« in der Kat. »Besteigungen, Ski« für »La vie au bout des doigts« von *Jean-Paul Janssen* (Frankr.), in der Kat. »Schutz der Bergwelt« für »Les

noces de glace« von *Michel Strobino* (Schweiz). Preis des Schweizer Fernsehens für »Les noces de glace«.
**15. Internat. Dokumentarfilmfestival in Nyon 1983 – Goldene Sesterz** für »Celso und Cora« von *Gary Kildea* (Australien). **Silberne Sesterzen** für »Goodbye war« von *Gwynne Dyer* (Kanada), »First contact« von *Bob Conolly* u. *Robin Anderson* (Australien), »La turlute des années dures« von *Richard Boutet* u. *Pascal Gélinas* (Kanada). Goldene Sesterz für die Gesamtheit seiner dokumentarischen Arbeiten an *Jean-Jacques Lagrange* (Schweiz). Preis von Télévision Suisse romande für »Books under fire« von *Grady Watts* u. *Arnold Benner* (USA). Preis der ökumenischen Jury für »La turlute des années dures« von *Richard Boutet* u. *Pascal Gélinas* (Kanada).
**3. Internat. Festival des Komödienfilms in Vevey 1983 – Canne d'or** für »Barbarosa« von *Fred Schepisi* (USA). Darstellerpreis an *Krysztof Majchrzak* (Polen) in »Ko-no-piel-ka«. Kurzfilmpreis für »Ballet robotique« von *Bob Rogers* (USA). Publikumspreis für »Ko-no-piel-ka« von *Witold Leszcynzky* (Polen) u. für »Ballet robotique« von *Bob Rogers* (USA).
**37. Internat. Filmfestival in Locarno 1984 – Goldener Leopard** u. Zusatzpr. (10000 sfr) für »Stranger than Paradise« von *Jim Jarmusch* (USA), **Silberner Leopard** (5000 sfr) für »Le Roi de la Chine« von *Fabrice Cazeneuve* (Frankr.), **Bronzener Leopard** (3000 sfr) für »Donauwalzer« von *Xaver Schwarzenberger* (Österr.) u. ex aequo (Ernst-Artaria-Pr.) für »Nunca fomos tão felizes« (»Glücklicher denn je«) von *Murilo Salles* (Brasilien, 1000 sfr) u. für »Öszy Almanach« (»Herbstalmanach«) von *Béla Tarr* (Ungarn, 1000 sfr)

**SOWJETUNION**

**13. Internat. Filmfestspiele in Moskau 1983 – Goldmedaille** für »Vassa« von *Gleb Panfilov* (UdSSR), »Alcino und der Condor« von *Miguel Littin* (Nicaragua) u. für »Amok« von *Souheil Ben Barka* (Koprod. Marokko/Guinea/Senegal). **Silbermedaille** für »Grazing Horses on Asphalt« (Tschechoslow.) u. für »Doktor Faustus« von *Franz Seitz* (BR Deutschld.). Preis des sowjet. Schriftstellerverbandes für »Doktor Faustus«.

**SPANIEN**

**10. Internat. Festival der Filmkomödie in La Coruña 1983** Hauptpreis für »Local Hero« von *Bill Forsyth* (Großbrit.), Regiepreis an *Peter Schamoni* für »Frühlingssinfonie« u. an *José Fonseca* für »Sem sombre de pecado« (Port.).
**31. Internat. Filmfestspiele von San Sebastián 1983 – Donostia-Preis** ex aequo für »El Torrado« von *J. A. Zorrilla* (Spanien) u. für »Brüssel bei Nacht« von *Marc Didden* (Belgien). Gr. Preis der Internat. Filmkritik (FIPRESCI) für »Coup de foudre« von *Diane Kurys* (Frankr.).

**TSCHECHOSLOWAKEI**

**24. Internat. Filmfestival in Karlovy Vary (Karlsbad) 1984** Gr. Preis (Kristallglobus) für »Leo Tolstoi« von *Sergei Gerasimow* UdSSR); Hauptpreise für »Jäger des Herzens« von *Peter Obrist* (BR Deutschld.) u. für »Eine sonderbare Liebe« von *Lothar Warneke* (DDR) u. a.; Pr. der Filmjournalisten für »Peppermint Frieden« von *Marianne Rosenbaum* (BR Deutschld.); Darstellerpr. an *Marie Colbin* in »Keine Zeit für Tränen« u. an *Susu Pecorar*.

**VEREINIGTE STAATEN VON AMERIKA**

**Golden Globe der Hollywood Foreign Press Association 1984** Bester dramatischer Film »Terms of Endearment« (»Zeit der Zärtlichkeit«) von *James Brooks*. Preise für das beste Drehbuch an *James Brooks*, für die beste weibl. Hauptdarstellerin an *Shirley MacLaine* u. für den besten männl. Nebendarsteller an *Jack Nicholson* (»Terms of Endearment«). Beste männl. Hauptdarsteller in einem ernsten Film *Tom Courtenay* (»The Dresser«) u. *Robert Duvall* (»Tender Mercies«). Bester Unterhaltungsfilm »Yentl« von *Barbra Streisand*, Preis für die beste Regie an *Barbra Streisand* (»Yentl«). Beste Hauptdarsteller in einer Filmkomödie *Michael Caine* u. *Julie Walters* (»Educating Rita«), beste weibl. Nebendarstellerin *Cher* (»Silkwood«). Preise für Filmmusik u. Titelsong an den Komponisten *Giorgio Moroder* (»Flashdance«). Bester ausländischer Film »Fanny und Alexander« von *Ingmar Bergman*. Cecil B. DeMille-Preis an *Paul Newman* für sein Gesamtwerk. → Fernsehauszeichnungen.
**Life Achievement Award 1984** des Amerikanischen Film-Instituts (AFI) an die amerik. Filmschauspielerin *Lillian Gish*.
**Motion Picture Academy Awards 1984 – 56. »Oscar«-Verleihung** in Hollywood für Filme des Jahres 1983. Bester (englischsprach.) Film des Jahres: »Terms of Endearment« (»Zeit der Zärtlichkeit«) von *James L. Brooks* (USA). Bester fremdsprach. Film: »Fanny und Alexander« von *Ingmar Bergman* (Schweden). Preise für beste Regie an *James L. Brooks* (»Terms of Endearment«), für Hauptdarsteller an *Shirley MacLaine* (»Terms of Endearment«) u. *Robert Duvall* (»Tender Mercies«), für Nebendarsteller an *Linda Hunt* (»The Year of Living Dangerously«, »Ein Jahr in der Hölle«) u. *Jack Nicholson* (»Terms of Endearment«), für Originaldrehbuch an *Horton Foote* (»Tender Mercies«), für adaptiertes Drehbuch an *James L. Brooks* (»Terms of Endearment«), für Kamera an *Sven Nykvist* (»Fanny und Alexander«), für Originalsong an *Giorgio Moroder, Keith Forsey* u. *Irene Cara* (»Flashdance... What a Feeling« aus »Flashdance«), für Originalpartitur an *Bill Conti* (»The Right Stuff«, »Die Helden der Nation«), für Originalsongpartitur an *Michel Legrand, Alan* u. *Marilyn Bergman* (»Yentl«), für Ton an *Mark Berger, Tom Scott,*

*Randy Thom* u. *David MacMillan* (»The Right Stuff«), für Toneffekte an *Jay Boekelheide* (»The Right Stuff«), für Kostüme an *Marik Vos* (»Fanny und Alexander«), für Filmschnitt an *Glenn Farr, Lisa Fruchtman, Stephen A. Rotter, Douglas Stewart* u. *Tom Rolf* (»The Right Stuff«), für Spezialeffekte an *Richard Edlund, Dennis Muren, Ken Ralston* u. *Phil Tippet* (»Die Rückkehr der Jedi-Ritter«), für Ausstattung an *Anna Asp* u. *Susanne Lingheim* (»Fanny und Alexander«), für Dokumentarfilm an »He makes me feel like Dancing«, für Dokumentarkurzfilm an »Flamenco at 5:15«, für Kurztrickfilm an »Sunday in New York«, für Kurzfilm an »Boys and Girls«. Ehren-Oscar an den Produzenten *Hal Roach*. Sonderauszeichnungen an *Kurt Larche* u. *John Frayne* für ihre filmtechn. Arbeit. Jean Hersholt Humanitarian Award an *M. J. Frankovich*.

**National Society of Film Critics Awards 1983** Bester Film des Jahres »Terms of Endearment« u. »Betrayal«. Bester ausländ. Film »Fanny und Alexander« von *Ingmar Bergman* (Schweden). Bester Regisseur *James Brooks* (»Terms of Endearment«), beste Darsteller *Shirley MacLaine* (»Terms of Endearment«) u. *Tom Conti* (»Reuben, Reuben« u. »Merry Christmas, Mr. Lawrence«), bester Nebendarsteller *Jack Nicholson* (»Terms of Endearment«).

## DATEN AUS DEM FILMBEREICH

Im Kalenderjahr **1982 wurden in der BR Deutschland 68 Spielfilme** (1981: 76) **produziert;** der Marktanteil des deutschen Films, der 1981 noch 18,7% betrug, verringerte sich 1982 auf 11,3%. – Nach Angaben der »Spitzenorganisation der Filmwirtschaft e.V.«, Wiesbaden, gab es **Ende 1983 in der BR Deutschland** u. in Berlin (West) **3664** ortsfeste **Filmtheater mit 821413 Sitzplätzen,** 23 Autokinos mit 18160 Einstellplätzen und 25 Wanderfilmbetriebe mit 202 Spielorten. Die **Zahl der Kinobesucher** betrug **1983** insges. **125,3 Mill.** (plus 0,6%), die Bruttoeinnahmen der Filmtheater lagen bei 872,3 Mill. DM (plus 3,1%), die Nettoeinnahmen bei 841,7 Mill. DM. Die Werbeeinnahmen gingen um 4,9% auf 105,9 Mill. DM zurück. 1983 wurden in der Bundesrepublik **77 Spielfilme erstaufgeführt.**

Im Berichtsjahr 1983 der **Filmförderungsanstalt (FFA)** in Berlin (West) betrug das **Aufkommen aus der Filmabgabe** 30,586 Mill. DM (1982: 29,685 Mill. DM), 3669 Filmtheater wurden dazu herangezogen. Für **Förderungsmaßnahmen der FFA** standen 1983 insgesamt 40,8 Mill. DM zur Verfügung (30,5 Mill. aus FFA-Mitteln, 3,8 Mill. aus dem 2. Film-Fernseh-abkommen, 6,5 Mill. von Bund und Ländern), davon wurde 1983 über 37,2 Mill. DM verfügt. Grund- und Zusatzbeträge der FFA wurden in 28 programmfüllende Filme investiert, 28 Filmen wurde ein Grundbetrag und 24 Filmen ein Zusatzbetrag zuerkannt. **Darlehen** in einer Gesamthöhe von 8,030 Mill. DM erhielten 23 Projekte; 4 Projekte bekamen nach dem deutsch-französischen Coproduktions-Abkommen Darlehen von insges. 500000 DM. Im Haushaltsjahr 1983 wurden 51 **Kurzfilme** mit 1,471 Mill. DM gefördert; im Haushaltsjahr 1984 kommen 1,629 Mill. DM zur Verteilung. Für die **Filmtheaterförderung** wurden 1983 für 128 Projekte Darlehen in einer Gesamthöhe von 7,790 Mill. DM vergeben (3,391 Mill. DM aus FFA-Mitteln). Insges. 1,192 Mill. DM wurden von der FFA für **Werbung** für den deutschen Film im In- und Ausland ausgegeben. – Das **3. Film/Fernseh-Abkommen** vom 10. 11. 1983 zwischen der Filmförderungsanstalt und den Rundfunkanstalten ARD und ZDF sieht in den Jahren **1984 bis 1986 Fördermittel von ARD und ZDF** in Höhe von insges. **51 Mill. DM** vor. Für Gemeinschaftsproduktionen der Filmwirtschaft und des Fernsehens werden 36 Mill. DM, für Nachwuchs- und Innovationsförderung 5,25 Mill. DM, für Projektfilmförderungsmaßnahmen 9 Mill. DM und für Drehbuchförderung und Entwicklungsmaßnahmen 0,75 Mill. DM je zur Hälfte von ARD und ZDF zur Verfügung gestellt. – Für die Förderung des künstlerisch wertvollen Films wurden von der Bundesregierung 55 Filmtheatern in der Bundesrepublik Auszeichnungen u. Anerkennungen im Rahmen des **»Filmprogrammpreises 1983«** verliehen; insgesamt standen hierfür 540000 DM zur Verfügung. – Nach dem **Bayerischen Filmförderungsprogramm** wurden im Freistaat Bayern 1983 Filmvorhaben, Filmtheater, Drehbücher u. Verleih mit insges. 10,7 Mill. DM unterstützt u. gefördert. – Am 1. 3. 1984 wurden die neuen **»Richtlinien zur Förderung des deutschen Films«** durch das Bundesinnenministerium in Kraft gesetzt, durch die die Qualität der Produktionen verbessert und die »Wiedergewinnung des Publikums« erreicht werden soll. – Nach Angaben der Sektion Film des Schweizerischen Bundesamtes für Kulturpflege wurden 1983 für die **Förderung des schweizerischen Filmschaffens** 4,592 Mill. sfr ausgegeben, 2,315 Mill. sfr entfielen auf 23 Herstellungsbeiträge. In die Schweiz wurden 1983 insges. 477 Spielfilme (Normalformat) eingeführt, davon 189 aus den USA, 101 aus Frankreich u. 53 aus der BR Deutschld.

Von der **Filmbewertungsstelle Wiesbaden (FBW)** bekamen 1983 von 130 vorgelegten deutschen (74) und ausländischen (56) Langfilmen 63 Filme (30 BR Deutschld, 17 USA, 7 Frankr., 3 Italien, je 2 Großbrit. u. Spanien, je 1 Schweden u. Schweiz) das Prädikat

»Besonders wertvoll«, 46 Filme (26 BR Deutschld, 14 USA, 3 Großbrit., je 1 Frankr., Italien u. UdSSR) das Prädikat »Wertvoll«, 21 Filme (18 BR Deutschld., 2 Frankr., 1 USA) erhielten kein Prädikat. Von 223 Kurzfilmen wurden 41 (35 BR Deutschld.) mit »Besonders wertvoll« und 111 (102 BR Deutschld.) mit »Wertvoll« ausgezeichnet; 71 (66 BR Deutschld.) erhielten kein Prädikat. – Die Länder Bayern, Niedersachsen Rheinland-Pfalz u. Schleswig-Holstein kündigten zum Jahresende 1984 die Verwaltungsvereinbarung über die Filmbewertungsstelle Wiesbaden (FBW); eine Änderung der Bewertungsrichtlinien u. der Berufungsverfahren für die Gutachterausschüsse soll erreicht werden.

Ein erstes **»Europäisches Filmfestival«** wurde Ende Juni 1984 in **München** vom Verband der Europäischen Filmregisseure (FERA) u. der Internat. Münchner Filmwochen GmbH im Rahmen des »2. Filmfests München 1984« veranstaltet. – Am **1. Weltkongreß der Filmregisseure** 1983 auf Madeira nahmen 168 Regisseure aus 48 Ländern an Beratungen über Autorenrechte und Möglichkeiten einer kooperativen Filmpolitik teil. – Frankfurt erhält außer dem 1984 eröffneten **»Deutschen Filmmuseum«** das »Deutsche Dokumentarfilm-Institut« und das »Institut für Filmkunde«.

**Bibl.**: W. Schobert u. a.: Fischer Film Almanach 1984, Fischer Taschenbuch Verlag, Frankfurt/M. – L. R. Just: Das Filmjahr '83/84, Filmland Presse, München. – H. G. Pflaum: Jahrbuch Film 83/84, C. Hanser Verlag, München. – Spitzenorg. der Filmwirtschaft (SPIO): Filmstatistisches Taschenbuch 1984, Wiesbaden. – Statistisches Bundesamt: Filmwirtschaft, Verlag W. Kohlhammer, Mainz. – H.-M. Bock: Cinegraph, Lexikon zum deutschsprach. Film, edition text + kritik, München.

## KUNSTPREISE

### DEUTSCHLAND

**Arbeitsstipendium der Stadt Nordhorn** (Projekt »Stadtpark Nr. 16«), 1984 (freies Wohnen u. monatl. 2000 DM) an den Fotografen *Robert Häusser.*

**Architekturpreis Beton** des »Bundesverb. der Dt. Zementindustrie e. V.«, Köln: nächste Verl. 1985.

**Architekturpreis der Landeshauptstadt München** 1983 (10000 DM) an den Architekten *Alexander von Branca;* Verleihung alle 3 Jahre.

**Bampi (Richard-B.)-Preis** der »Gesellschaft der Keramikfreunde e. V.«, Mannheim; Verl. Okt. 1984.

**Beckmann (Max-B.)-Preis** der Stadt Frankfurt a. M., 1984 (50000 DM) an den amerik. Maler *Willem de Kooning;* Verleihung alle 3 Jahre.

**Behinderten-Kunstpreis der Stadt Radolfzell** (Carl-Müller-Mettnau-Stiftung) 1983 1. Pr. (1000 DM) an *Anna Heinrich,* Sonderpreis (1000 DM) an *Ya Ya Orman;* Verl. alle 2 Jahre.

**3. Biennale der Europäischen Grafik Baden-Baden** 1983 Preis der Stadt Baden-Baden (5000 DM) an *Jörg Immendorf.* Silbermedaille des Europarates Straßburg an *Martin Disler* (Schweiz). Preis der Biennale der Europäischen Grafik (3000 DM) an *Dušan Džamonja* (Jugoslawien).

**Bode (Arnold-B.)-Preis** der gleichnamigen Stiftung in Kassel, 1983 (10000 DM) an den Maler u. Grafiker *Gerhard Merz,* 1984 an den Zeichner u. Bildhauer *Walter Pichler* (Österr.).

**Bremer Bildhauerpreis** der gleichnamigen Stiftung der Freien Hansestadt Bremen, 1984 (10000 DM) an *Waldemar Grzimek.*

**Bremer Förderpreis für Bildende Kunst** der Freien Hansestadt Bremen, 1983 (5000 DM) an den Maler *Zoppe Voskuhl de Carneé.*

**Bremer Förderpreis für Kunsthandwerk** der Freien Hansestadt Bremen, 1983 (5000 DM) an die Keramikerin *Vera Vehring.*

**Corinth (Lovis-C.)-Preis** der »Künstlergilde e. V.«, Esslingen, 1983 (10000 DM) an den Maler *Hans Fronius;* Ehrengabe (4000 DM) an den Maler *Gerhard Neumann,* Förderungspreis (4000 DM) an die Bildhauerin *Ute Steffens.*

**Danner'sche (Benno und Therese D.) Kunstgewerbestiftung** in München, erstmals 1984 (15000 DM) geteilt an die Textilgestalterin *Tanja Ehrenfeld* u. an die Keramikerin *Mira Prus.* Jahresstipendium für Fotografie 1984 (monatl. 1700 DM, Material- u. Reisekosten) an *Monika Miller.*

**DEUBAU-Preis** der Stadt Essen: nächste Verleihung 1985.

**»Deutsche Landschaft – heute«** Künstlerwettbewerb des Kunstmagazins »art« und der Deutschen Bank. 1983 1. Pr. (15000 DM) an *Klaus Vogelgesang,* 2. Pr. (10000 DM) an *Heiner Altmeppen.*

**Deutscher Architekturpreis 1983** gestiftet von der Ruhrgas AG, Essen, ausgelobt unter der Schirmherrschaft der Bundesarchitektenkammer, Bonn. Hauptpreis (30000 DM) an *Hans Hollein* (Österr.). Auszeichnungen (je 15000 DM) an *Kurt Ackermann* u. Partner und an *Otto Steidle* u. Partner.

**Deutscher Preis für Denkmalschutz** des Deutschen Nationalkomitees für Denkmalschutz, Bonn. 1983 Karl-Friedrich-Schinkel-Ring an *Albert Knoepfli* (Schweiz). Silberne Halbkugel an *Gertrud Diepolder, Nikolai von Michalewsky, Rolf Romero, Georg Simnacher, Gisela* u. *Reinhold Wiedenmann.*

**Ehrenpreis Deutsche Keramik '83** des Westerwaldkreises an den Keramikkünstler *Hubert Griemert.*

**Ernst (Max-E.)-Stipendium** der Stadt Brühl, 1984

(5000 DM) an *Jörg Eberhard* u. *Stefan Laskowski.*

**Förderkreis Bildende Kunst in Nürnberg** Förderpreise 1984 (je 5000 DM) an *Victor Kraus* u. *Michael Reiter.* **Lisa- u. David-Lauber-Preis** 1984 (Reisestipendium von 5000 $) an *Peter Kampehl.*

**Förderpreis der Sparkasse Karlsruhe** Malerwettbewerb »Vorbild und Verwandlung – Neue Bildwirklichkeiten«. 1983 (15000 DM) geteilt an *Tina Juretzek* (Jurypreis) u. an *Erik Hoffmann* (Publikumspreis).

**Förderpreis des Niederrheinischen Kulturvereins** 1983 (5000 DM) an *Anna Kubach-Wilmsen.*

**Förderpreis des Westfälischen Kunstvereins** in Münster, 1983 (4000 DM) für Video an *Ingo Günther.*

**Förderpreis für Bildende Kunst der Landeshauptstadt Düsseldorf** 1983 (je 6000 DM) an *Manfred Müller* u. *Wolfgang Robbe.*

**Förderpreis Glockengasse 1984** für Bildende Kunst, gestiftet von der »Eau de Cologne- & Parfümerie-Fabrik Glockengasse No. 4711«, Köln. Preise (je 15000 DM) an *Rainer Mang, Michael Witlatschil* u. *Rainer Wittenborn.*

**Förderstipendien an junge Künstler der Stadt Aachen** 1983 (je 3000 DM) an *Thomas Virnich* u. *Günter Beckers;* → Literaturpreise.

**Förderstipendium der Stadt Köln** für Video/Fotografie (18000 DM, monatl. 1500 DM) 1984 an *Astrid Klein;* → Preise für Lit. u. Musik.

**Förderstipendium Friedrich Vordemberge der Stadt Köln** für Bild. Kunst (18000 DM, monatl. 1500 DM) 1984 an *Hella Berent;* → Pr. für Lit. u. Musik.

**Förderungspreis der Landeshauptstadt München** 1984 (je 8000 DM) an *Hermann Bigelmayer* (Bildhauerei), *Albert Hien* (Objektkunst), *Somboon Hormtientong* (Grafik), *Jan Roth* (Design), *Regina Schmeken* (Fotografie) u. *Christina Weck* (Silberschmiede); → Preise f. Lit. u. Musik.

**Förderungspreis der Stadt Nürnberg** 1984 (5000 DM) an die Malerin *Jitka Lewerentz;* → Literaturpr.

**Förderungspreis des Landes Nordrhein-Westfalen** für junge Künstler, 1982 (je 6000 DM) für Bildende Kunst an *Astrid Klein* u. *Jürgen Partenheimer,* für Architektur an *Kurt Joa Wimmer;* → Preise für Literatur u. Musik.

**Förderungsstipendien für zeitgenöss. dt. Photographie** verl. v. Museum Folkwang, Essen; 1984 (je 8000 DM) an *Hans-Martin Küsters, Michael Schmidt* u. *Wolfgang Voss.*

**Fugel (Gebhard-F.)-Kunstpreis** der »Deutschen Gesellschaft für christliche Kunst«, München. 1983 Preise für Bildhauerei (je 5000 DM) an *Norbert Kraus* u. *Konrad Loder.* Förderpreise für Malerei (je 3000 DM) an *Victor Kraus, WTH Regensburger, Dieter Rehm* u. *Maximilian Ostermann,* für Bildhauerei (3000 DM) an *Michael Plaetschke.*

**Grohmann (Will-G.)-Preis** der Akademie der Künste in Berlin (West), 1983 (12500 DM) an den Konzeptkünstler *George Brecht.*

**Großer BDA-Preis** Großer Preis des Bundes Deutscher Architekten, Bonn: 1984 keine Verleihung.

**Hesselbach (Walter-H.)-Preis/Ortsbegehung** der Bank für Gemeinwirtschaft (BfG), Frankfurt a. M., 1983 (20000 DM) geteilt an die Planungsgruppen Niederalteich (*H. Jahn, B. Obermayer, M. Reichenbach-Klinke*), Hochheim a. M. (*R. Hytrek, H. Thomas, A. u. H. Weyell*) u. Mannheim-Jungbusch (*J. Kleinhans, Ch. u. M. Paulitschek, A. K. Scherer*).

**Hessischer Kulturpreis** des Landes Hessen, 1983 (50000 DM) an den Maler *Bernhard Schultze.* Förderpreis (10000 DM) an den Jazzmusiker *Albert Mangelsdorff.*

**Hessischer Staatspreis für das Deutsche Kunsthandwerk** 1983 (5000 DM) an den Holzbildhauer *Erich Brüggemann.*

**Hill (David-Octavius-H.)-Medaille** der Gesellschaft Deutscher Lichtbildner, 1984 an den Fotografen *Robert Häusser* für sein Gesamtwerk.

**Hofer (Karl-H.)-Preis** der Berliner Hochschule der Künste (HdK), 1983 nicht vergeben. Auszeichnungen an *Bernd Heller* (4000 DM), *Matthias Müller* (2500 DM), *Fernando Lafferrières* (2000 DM) u. an *Martin Rupprecht, Horst Birr, Gaby Sailer* u.a. (1500 DM).

**7. Internat. Grafik-Triennale Frechen 1983** des Kunstvereins zu Frechen, 1. Pr. (3000 DM) *Lutz Hülsen,* 2. Pr. (2500 DM) *Akira Murakami* (Japan), 3. Pr. (2000 DM) *Shigeo Risho* (Japan).

**Internat. Senefelder-Preis** der gleichnamigen Stiftung in Offenbach a. M.: nächste Verl. Nov. 1984.

**Internat. Wettbewerb »Salzbrand«** der Handwerkskammer Koblenz: nächste Verl. 1986.

**Jugendpreis der Künstlergilde Ulm** 1984 1. Pr. an *Manuela Heinz, Joachim Kranz* u. *Susanne Mansen.*

**Kahnweiler (Daniel-Henry-K.)-Preis** der gleichnamigen Stiftung in Rockenhausen, 1984 (10000 DM) an *Guido Ludes, Dietmar Groß* u. *Peter Großbach.*

**Kaiser-Lothar-Preis** der Europ. Vereinigung Bildender Künstler aus Eifel u. Ardennen, Prüm. 1984 (5000 DM) an *Christel Schneider.*

**Kaiserring der Stadt Goslar** 1984 an den amerik. Maler *Willem de Kooning.*

**Keramikpreis der Frechener Kulturstiftung:** nächste Verl. Frühjahr 1985.

**Kritikerpreis des BDA** (Bund Deutscher Architekten) 1983 (5000 DM) an *Julius Posener;* 1984 keine Verl.

**Kritikerpreis des Verbandes der deutschen Kritiker e. V.** in Berlin (West), 1983 für Bildende Kunst an *Raffael Rheinsberg;* → Preise für Fernsehen, Film, Literatur u. Musik.

**Kultureller Ehrenpreis der Landeshauptstadt München** 1984 (20000 DM) an den Bildhauer *Josef Henselmann.*

**Kulturkreis im Bundesverband der Deutschen Indu-**

**strie (BDI) e. V.** in Köln, 1983 Förderpreise (je 8000 DM) an die Maler *Hans-Peter Adamski, Max Neumann, Albert Oehlen, Huyn-Sook Song, Volker Tannert, Elisabeth Wagner* u. *Troels Wörsel.* 1984 Förderpr. (je 8000 DM) f. Arbeiten zum Thema »Farbige Plastik« an *H. Dorner, L. Fritsch, C. Kaletsch, A. Lieber, M. Nemeczek, P. Telljohann* u. *C. Wall.* → Preise für Lit. u. Musik.

**Kulturpreis der Deutschen Gesellschaft für Photographie** 1984 an den Photographen *Jacques-Henri Lartigue* (Frankr.).

**Kulturpreis der Dr. Hanns-Simon-Stiftung,** Bitburg/Eifel, 1983 (10000 DM) an den Bildhauer *Hanns Scherl.*

**Kulturpreis der Stadt Koblenz** 1983 (je 5000 DM) an den Grafiker *Clément Moreau* u. an den Maler *Johann Georg Müller;* → Literaturpreise.

**Kulturpreis der Sudetendeutschen Landsmannschaft für bildende Kunst u. Architektur** 1984 (2000 DM) an den Bildhauer *Ernest Hofmann-Igl;* → Preise für Literatur u. Musik.

**Kulturpreis Schlesien** des Landes Niedersachsen, 1983 (10000 DM) an den Glasgestalter *Hanns Model.* Sonderpreis (5000 DM) an den Lyriker *Kurt Heynicke.*

**Kunstförderpreis der Dr.-Hermann-Schmitt-Vokkenhausen-Stiftung** erstmals 1983 an sechs Flüchtlinge aus Südostasien. 1. Pr. (5000 DM) an *Pham Van Duong* u. an *Nguyen Hoang Nam.*

**Kunstförderungspreis der Stadt Augsburg** 1983 (7500 DM) für Bildende Kunst an den Maler *Andreas Osten;* → Musikpreise.

**Kunstpreis Berlin** der Akademie der Künste in Berlin (West), Förderungspreise 1984 (je 10000 DM) für Bildende Kunst geteilt an den Maler *Rolf Eisenburg* u. an den Environment-Künstler *Raffael Rheinsberg,* für Baukunst an den Architekten *Uwe Kiessler;* → Preise für Literatur, Musik, Film/Hörfunk/Fernsehen.

**Kunstpreis der Heitland Foundation** in Celle, 1984 (25000 DM) an den Bildhauer *Franz Bernhard.*

**Kunstpreis der Kreissparkasse Esslingen-Nürtingen** 1984 (10000 DM) an *Rudolf Schoofs.*

**Kunstpreis der Landesbank Stuttgart** 1983 für Druckgrafik, 1. Pr. (je 5000 DM) an *Matthias Mansen* u. *Urs Lüthi* (Schweiz).

**Kunstpreis der NORD/LB** erstmals 1983 (25000 DM) an *Timm Ulrichs.*

**Kunstpreis der Stadt Darmstadt** 1983 (10000 DM) an den Maler u. Bildhauer *Wolfgang Bier.*

**Kunstpreis der Stadt Gelsenkirchen:** nächste Verl. Ende 1984 (10000 DM).

**Kunstpreis der Stadt Kempten** 1984 (5000 DM) an die Bildhauerin *Maria-Mundt-Natterer.* **Thomas-Dachser-Gedenkpreis** 1984 (1200 DM) an *Hansjörg Schäfer.* Förderpreis der Rudolf-Zorn-Stiftung 1984 (1200 DM) an *Manfred Hürlimann.*

**Kunstpreis der Stadt Kirn** mit Unterstützung der Wilhelm-Dröscher-Stiftung: nächste Verl. 1985.

**Kunstpreis der Stadt Konstanz** 1984 (10000 DM) an den Schweizer Architekten u. Bildhauer *Walter M. Förderer.*

**Kunstpreis der Südlichen Weinstraße** des »Vereins zur Förd. v. Kunst u. Kultur an der Südl. Weinstraße e.V.«, Landau: nächste Verl. Ende 1984.

**Kunstpreis des Landes Rheinland-Pfalz** 1983 → Musikpreise.

**Kunstpreis für Lithographie Maxberg/Solnhofen** 1984 1. Pr. (3000 DM) an *Peter Häring.*

**Kunstpreis »Junger Westen«** der Stadt Recklinghausen, 1983 (10000 DM) für Druckgrafik an *Hartmut Neumann.*

**Kunststiftung Baden-Württemberg GmbH** Stuttgart, Stipendien in der Sparte Bildende Kunst 1984 (je 12000 DM) an *J. Eberhard, Th. Grünfeld, K. Hummel, M. Kasimir, S. Knorr, C. Martinez-Naves, J.-C. Mondot, S. Müller, F. Raßl. K. Sachs, R. Schad, D. Schosser, B. Striebel, I. Teipelke* u. *H. Wentscher.* Atelierstipendien an *H. Albrecht, H. J. Madaus, W. Pilz, S. Probst* u. *U. Schmid;* → Preise f. Lit. u. Musik.

**Lehmbruck (Wilhelm-L.)-Preis** der Stadt Duisburg: nächste Verl. 1986.

**Lehmbruck (Wilhelm-L.)-Stipendium** der Stadt Duisburg, 1.4.1984–31.3.1986 (Atelier u. Unterhaltszuschuß von monatl. 1000 DM) an *Anton Himstedt, Eberhard Boßlet* u. *Raimund von Well.*

**Lichtwark-Preis** der Freien und Hansestadt Hamburg: nächste Verl. Ende 1984.

**Macke (August-M.)-Preis** der Stadt Meschede: nächste Verl. Ende 1984.

**Märkisches Stipendium** für Bildende Kunst der »Märkischen Kulturkonferenz e.V.« in Iserlohn, 1984 (24000 DM) an *Rolf Nickel;* → Preise für Literatur u. Musik.

**Max-und-Moritz-Preis** für Comics, verl. von der Stadt Erlangen u. dem Interessenverband der Comic-Zeichner u. -Autoren (Icom), gestiftet von Bulls Pressedienst; erstmals 1984 an *Dik Browne* (USA) für »Hägar«, *Chris Scheuer* (Österr.) u. an den Carlsen Verlag f. die Reihe »Comic-Art«.

**Mies-van-der-Rohe-Preis** gestiftet vom »Fachverband Flachglasindustrie« mit Unterstützung der Bundesarchitektenkammer für vorbildliche architektonische Lösungen. 1984 (30000 DM) an den Architekten *Kurt Ackermann.*

**Mies-van-der-Rohe-Stipendium** der Stadt Krefeld, Atelier im Museum Haus Esters in Krefeld mit Wohnmöglichkeit u. Unterhalt für 5 Monate. 1983 an den Maler und Bildhauer *Norbert Prangenberg,* 1984 an den Bildhauer *Hubert Kiecol.*

**Mönchehaus-Preis** für Kunst und Umwelt des Mönchehaus-Museums in Goslar, 1984 an *Friedensreich Hundertwasser* (Österreich).

**Morgner (Wilhelm-M.)-Preis für junge Künstler** gestiftet von der Stadt Soest: 1983 nicht verliehen.

**Nast (Thomas-N.)-Preis** der gleichnam. Stiftung in

Landau i. d. Pf., Wettbewerb für deutsche u. amerik. Polit-Karikaturisten, 1983 (je 1500 DM u. Weinrente) an *Horst Haitzinger* u. *Paul Szep* (USA).

**New-York-Stipendium (»P.S.1«)** des Landes Berlin, 1984/85 an die bild. Künstler *Susanne Mahlmeister* (34440 DM) u. *Raimund Kummer* (18900 DM), an den Bildhauer *Rainer Mang* (38500 DM) u. an den Musiker *Peter Kowald* (21240 DM).

**Niedersächsisches Künstlerstipendium** des Niedersächs. Ministeriums für Wissenschaft u. Kunst. 1984 (je 8000 DM) für Bild. Kunst an *Christiane Möbus, Günter Tollman* u. *Alfred Winter-Rust;* Nachwuchsstipendium 1984 (je 5000 DM) an *Anne Frechen, Peter Marggraf* u. *Hartmut Neubauer;* → Preise für Lit. u. Musik.

**Oberschwäbischer Kunstpreis** Förderpreis des Zweckverbandes Oberschwäbischer Elektrizitätswerke, 1983 (25000 DM) zu gleichen Teilen an den Zeichner *Reinhold Adt,* an die Bildhauerin *Christiane Häringer* u. an die Maler *Patricia Birkhold, Ursula Ott* u. *Hermann Weber.*

**Ordre de Saint Fortunat** Goldmed. der Übernat. Ges. f. Wiss. u. Künste, Mainz, 1984 an d. Maler *Heribert Losert.*

**Osthaus (Karl-Ernst-O.)-Preis** der Stadt Hagen: nächste Verl. 1985.

**Perron-Kunstpreis der Stadt Frankenthal (Pfalz)** 1983 (6000 DM) an den Maler *Henryk Cześnik* (Polen). Förderpreise (je 2000 DM) an die Maler *Otto Buhr* u. *Friedrich Zimmer.* Nächste Verl. 1985 für Kleinplastik.

**Pfalzpreis für Bildende Kunst** des Bezirksverbandes Pfalz, Neustadt/Weinstr., 1983 (15000 DM) an *Bernd Benedix.* Verl. alle 3 Jahre.

**Pfalzpreis für das Kunsthandwerk** des Bezirksverbandes Pfalz, Neustadt/Weinstr., 1983 (5000 DM) an *Reiner Gehrig;* nächste Verl. 1985.

**Piatti (Celestino-P.)-Preis für Verlagsgraphik** gestiftet v. Deutschen Taschenbuch Verlag (dtv), einem Förderkreis bayerischer Druckereien u. dem Verband Bayerischer Verlage u. Buchhandlungen; erstmals 1983 1. Pr. (10000 DM) an *Rotraut Susanne Berner,* 2. Pr. (3000 DM) an *Michaela Melián* u. *Marc Sargent,* 3. Pr. (2000 DM) an *Susanne Geiger.* Verl. alle 2 Jahre.

**Preis der Neuen Darmstädter Sezession** für junge Künstler, 1984 (4000 DM) an den Bildhauer *Volker Brüggemann.*

**Preis der Stadt Essen für Plakatgestaltung** 1983 (15000 DM) an den Grafiker *Heinz Edelmann;* Verl. alle 3 Jahre.

**Preis der Stadt Mainz zur Förderung bildender Kunst** 1983 (5000 DM) an *Gerd O. Stegner;* Verl. alle 2 Jahre.

**Purrmann (Hans-P.)-Preis** der Stadt Speyer, 1984 (3000 DM) für Grafik an *Felizitas Mentel.*

**Ramboux-Preis** Kunstpreis der Stadt Trier, 1982 (6000 DM) an *Klaus Swoboda;* Verl. Ende 1984.

**Rubens-Preis** der Stadt Siegen: nächste Verl. 1986.

**Salomon (Erich-S.)-Preis** der »Deutschen Gesellschaft für Photographie e.V.« für herausragende Leistungen im Bildjournalismus. 1984 Preis (Histor. Kamera) an das »Frankfurter Allgemeine Magazin«.

**Scharff (Edwin-Sch.)-Preis** der Freien und Hansestadt Hamburg, 1983 (15000 DM) an den Bildhauer *Ulrich Rückriem.*

**Schinkelwettbewerb 1983/84** des »Architekten- und Ingenieur-Vereins zu Berlin« in Berlin (West). Sparte Hochbau: Anerkennungspreise (je 5000 DM) an *Walter Nauerschnig* (Österr.) u. an die Arbeitsgemeinschaft *K. M. Erstmann, S. Mark* u. *R. Stamm,* (je 3000 DM) an *Gerhard Ihrig* u. *Norbert E. Tischler* (Österr.). Sparte Kunst und Bauen: Schinkelpreis (6000 DM) an die Arbeitsgemeinschaft *B. Liedke, A. Heuer* u. *E. Weinmann.* Sparte Städtebau: Schinkelpreis (6000 DM) an die Arbeitsgemeinschaft *G. Dirks, H. Kraaz, U. Tietz* u. *T. Votsmeier;* Anerkennungspreise (je 3000 DM) an die Arbeitsgemeinschaften *H. Blohm, F. Böhme, K. Tödtmann, U. Schildberg* und *S. Forster, B. Meier, I. Reimann.* Sparte konstruktiver Ingenieurbau: Anerkennungspreis (3000 DM) an *Thomas Nicklisch.* Sparte Eisenbahnbau: Schinkelpreis (6000 DM) an *Wolfhard Leichnitz.* Sparte Straßenbau und Verkehrswesen: Schinkelpreis (6000 DM) an *Elke Bisoke* u. *Hans-Theo Kühr.* Sparte Wasserbau: Schinkelpreis (6000 DM) an *Peter Emde;* Anerkennungspreis (3000 DM) an *Norbert Engelhardt.*

**Schmidt-Rottluff (Karl-Sch.-R.)-Stipendien** der Studienstiftung des Deutschen Volkes/Bonn e.V., 1984 (je 30000 DM) an *Wolfgang Luy, Klaus Mettig, Stephan Nentwich* u. *Elisabeth Wagner.*

**Schneider (Reinhold-Sch.)-Preis** der Stadt Freiburg im Breisgau: nächste Verl. Ende 1984.

**Schumacher (Fritz-Sch.)-Preis** der Freien u. Hansestadt Hamburg: nächste Verl. 1986.

**Schwabinger Kunstpreis** der Landeshauptstadt München, 1984 (je 2000 DM) für Malerei u. Grafik an *D. Hanitzsch,* für Bildhauerei an *H. Elsässer;* → Pr. f. Lit. u. Musik.

**Schwitters (Kurt-Sch.)-Preis** der Landeshauptstadt Hannover, 1983 (15000 DM) an *Robert Filliou* (Frankr.).

**Seeling (August-S.)-Förderpreis** für Objektkunst: nächste Verl. 1985.

**Seerosen-Preis** der Landeshauptstadt München, 1984 (je 8000 DM) an den Plastiker *Ingo Glass,* an den Bildhauer *Walter Grill* u. an den Maler *Erhard Haller.*

**Sickingen-Kunstpreis** des Landkreises Kaiserslautern, 1983 an *Eberhard Linke* (10000 DM), *Gert Schulze* (5000 DM) u. an *Karin Bohrmann* (3000 DM).

**Soest (Konrad-von-S.)-Preis** des »Landschaftsverbandes Westfalen-Lippe« in Münster, zuletzt 1982 (10000 DM) an den Bildhauer *Reiner Ruthenbeck.*

**Sprengel (Bernhard-S.)-Preis** für Bildende Kunst, zuletzt 1982 (25000 DM) an die Malerin *Heike Ruschmeyer.*

**Staatlicher Förderungspreis für junge Künstler und Schriftsteller des Freistaates Bayern** 1983 (je 10000 DM) für bildende Kunst an die Maler *Peter Casagrande, Stephan Dillemuth* u. *Waltraud Honsell Johne,* an den Bildhauer *Norbert Kleinlein* u. an die Textilkünstlerin *Birgit Bossert;* → Preise für Literatur u. Musik.

**Staatspreis für Architektur und Städtebau** des Landes Rheinland-Pfalz; nächste Verl. Ende 1985.

**Staatspreis für Bildende Kunst und Architektur** des Landes Rheinland-Pfalz; nächste Verl. Okt. 1984.

**Staatspreis für das Kunsthandwerk Rheinland-Pfalz:** nächste Verl. Ende 1984.

**Stadtkünstler der Stadt Bocholt** Wohnung u. Arbeitsraum für 2 Jahre u. 12000 DM; 1984/85 *Michael Kohnert.*

**Stadtzeichner von Nürnberg** Freies Wohnen für 6 Monate u. monatl. 2000 DM; 1984 *Alois Köchl* (Österr.).

**Steinert (Otto-St.)-Preis** der »Deutschen Gesellschaft für Photographie« (DGPh), 1983 (5000 DM) an *Thomas Berndt.*

**Stipendien des Deutsch-Französischen Jugendwerks** für bildende Künstler, 1984 (1400 DM bzw. 4200 F monatl. f. einen Aufenthalt in Frankreich od. in der BR Deutschld., der bis zu 6 Monate dauern kann u. der Realisierung eines künstlerischen Projekts dient) an *M. Bauer, T. Conzelmann, R. Fischer, S. Kessler, F. Kleinefenn* u. *P. Telljohann* aus der BR Deutschld.; an *D. Bailly, J.-L. Cornec, C. Dlugos, S. Renard* u. *M. Tillard* aus Frankreich.

**Stipendium der Werkstatt Altena** (monatl. 800 DM u. freies Wohnen) 1983/84 an *Erik Hoffmann.*

**Tetra Pak-Preis** zur Förderung der konkret-konstruktiven Kunst, 1984 (25000 DM) an den Maler *Frank Badur.*

**Thoma (Hans-T.)-Preis** des Landes Baden-Württemberg, 1983 (10000 DM) an den Maler *Anselm Kiefer;* Verl. alle 2 Jahre.

**Triennale '83** des Deutschen Plakatmuseums in Essen, 1. Preise an *Tomi Ungerer, Robert Pütz, Doris Schlüter-Casse, Rambow/Lienemeyer/van de Sand, Heinz-Jürgen Kristahn.*

**Villa-Massimo-Stipendium** Studienaufenthalt für Bildende Künstler und Architekten in der Deutschen Akademie Villa Massimo, Rom, verliehen vom Bundesministerium des Innern in Verbindung mit den Kultusministerien der Bundesländer (6–12monatige freie Unterkunft und 1100 DM monatl.). Studiengäste 1982–1984 Sektion Bildende Kunst: *Renate Anger, Michael Bette, Renate Flaskamp, Ralph Fleck, Friedemann Hahn, Thomas Hartmann, Michael Heindorff, Dagmar Rhodius, Michael Ruetz, Stefan Szczesny, Klaus Stümpel, Ohannes Tapyuli, Dietmar Zapf, Bernd Zimmer;* Architektur: *Jörg Friedrich, Georg Hermann, Peter Christian Riemann* u. *Manfred Sundermann;* → Preise für Literatur u. Musik.

**Villa-Romana-Preis** der gleichnamigen Stiftung in Düsseldorf; freies Wohnen in der Villa Romana in Florenz u. Unterhaltszuschuß f. 6–10 Monate; 1984 an die Maler *Rolf Behm, Doris Hadersdorfer, Georg Meissner* u. *Marianne Pohl.*

**Warburg (Aby-M.-W.)-Preis** der Freien u. Hansestadt Hamburg: nächste Verl. 1984.

**Weisgerber (Albert-W.)-Preis** der Stadt St. Ingbert: nächste Verl. 1985.

**Westerwaldpreis für Keramik:** nächste Verl. Herbst 1985.

**Wormland (Theo-W.)-Kunstpreis:** nächste Verl. Ende 1984.

## EUROPARAT

**Europäisches Museum des Jahres 1983** Preis des Europarates in Straßburg an das Regionalmuseum von Sargans (Kanton St. Gallen, Schweiz).

## FRANKREICH

**Grand Prix d'architecture** verl. v. Ministerium für Städteplanung u. Wohnungsbau, 1983 an den Architekten *Henri Ciriani.*

**Grand Prix national** 1983 (je 20000 F) für Malerei an *Jean Hélion,* für Bildhauerei an *Jean-Pierre Raynaud,* für Fotografie an *Robert Doisneau,* für Kunsthandwerk an *Jean Bernard;* → Preise für Film, Literatur u. Musik.

## ITALIEN

**Premio Feltrinelli** der Accademia dei Lincei, 1983 (25 Mill. Lit) an den Maler u. Illustrator *Giuseppe Santomasó.*

**Premio Grafico Fiera di Bologna** Grafikpreis der 21. Kinderbuchmesse in Bologna 1984; bestes Kinderbuch »Little Red Riding Hood« (»Rotkäppchen«) illustriert von *Sarah Moon* (Grasset, Frankr.), bestes Jugendbuch »Alice im Wunderland«: u. »Alice hinter den Spiegeln« illustriert von *Markéta Prachatická-Kalibalová* (Albatros, Tschechoslow.). **Premio Critici in Erba** Preis der Kinderjury für »Mame's Cats 1, 2, 3« illustriert von *Ann Mame* u. *Midori Yumezuku* (Kaisei-Sha, Japan).

## ÖSTERREICH

**Förderungspreise des Bundesministeriums für Unterricht und Kunst** für Bildende Kunst 1983 (40000 S) an *Dimitris Manikas,* für Künstlerische Fotografie 1983 (40000 S) an *Branko Lenart* jr.; → Preise für Film, Literatur u. Musik.

**Großer Österreichischer Staatspreis für Bildende Kunst** 1983 (200000 S) an den Architekten *Hans Hollein.*

**Körner (Theodor-K.)-Stiftungsfonds** zur Förderung von Wissenschaft u. Kunst. Preise f. Kunst u. Kunstfotografie 1984 (20000 S) an *J. Dabernig, H.*

*Heuer, L. Höfinger-Winter, C. Schmid, L. Schrammel,* (15000 S) an *G. Baur, G. Cervenka, M. Fellin, E. Friedrich, G. Kodytek-Kiss, G. Kohlbauer, M. Kozera, I. Opitz. R. Pirker, R. Quitta, Ch. M. Springer, I. Winepal, W. J. M Wippersberg, W. Würtinger, K. D. Zimmer;* → Pr. f. Lit. u. Musik.

**Kunstpreis des Landes Tirol** erstmals 1984 (100000 S) an *Walter Pichler.*

**Preise der Stadt Wien:** Würdigungspreise 1984 (je 75000 S) für Malerei an *Wolfgang Hollegha,* für Graphik an *Flora Pakosta,* für Bildhauerei an *Zbynek Sekal,* für Angewandte Kunst an *Ulrike Kaufmann* u. für Architektur an *Viktor Hufnagl.* Förderungspreise 1983 (je 40000 S) für Bildende Kunst an den Bildhauer *Rudolf Moratti* u. an den Maler *Hubert Scheibl;* → Preise für Literatur u. Musik.

**Würdigungspreise des Bundesministeriums für Unterricht und Kunst** für Bildende Kunst 1982 (75000 S) an *Heinz Tesar,* 1983 an *Ch. L. Attersee;* → Preise für Film, Literatur u. Musik.

**SCHWEIZ**

**Andersen (Hans-Christian-A.)-Preis** des »Internat. Kuratoriums für das Jugendbuch« (IBBY), 1984 an den Illustrator *Mitsumasa Anno* (Japan).

**Anerkennungspreise des Kantons Bern** 1983 (je 10000 sfr) an den Galeristen *Emil von Gunten* u. an die Maler u. Pädagogen *Hermann Plattner* u. *Hans Schwarzenbach;* → Filmpreise.

**Foto- und Filmpreis des Kantons Bern** 1983 (25000 sfr) an *Kurt Blum.*

**Kunstpreis der Stadt Zürich** 1983 (20000 sfr) an den Objektkünstler *Jean Tinguely.*

**Kunststipendium der F. Vordemberge-Gildewart-Stiftung** in Rapperswil, 1984 (30000 sfr) an den Maler *Rolf Winnewisser;* Anerkennung (5000 sfr) an *Peter Fischli.*

**Preise der Stiftung für graphische Kunst** 1983 (je 5000 sfr) an *Verena Loewensberg, Martial Leiter* u. *Willi Lobsiger.*

## VOM WELTKUNSTMARKT – AUSSTELLUNGEN – MUSEEN – KUNSTDIEBSTÄHLE

Die **UNO-Generalversammlung** sprach sich **für die Rückkehr von Kulturbesitz in die Ursprungsländer** aus. Die Entschließung wurde mit 123 Ja-Stimmen ohne Gegenstimme bei 13 Enthaltungen angenommen. Neben Großbritannien enthielten sich auch die BR Deutschland, Österreich, Frankreich, Italien, Schweden, Dänemark, die BENELUX-Länder, Irland, Israel u. die USA der Stimme; 22 Länder waren nicht anwesend. – Die **Parlamentarische Versammlung des Europarats** forderte in einer **Resolution über die »Wiedererlangung von Kunstwerken«** die Regierungen auf, den Begriff eines »allen Europäern gehörenden europäischen Kulturguts« anzuerkennen. Eine Unterscheidung wurde bei Anträgen außereurop. Länder auf Rückerstattung von Kulturgütern getroffen, die selbst keine nationalen Sammlungen besitzen. – Die alle 3 Jahre stattfindende **Generalversammlung des Internat. Museumsrats (ICOM)** stand 1983 in London unter dem Thema »Museen in einer sich verändernden Welt«, der Organisation gehören rund 8000 Mitglieder aus 120 Ländern an. In einer Resolution wurde die Rückführung von Kulturgütern in ihr Ursprungsland gefordert.

Dem **New Yorker Museum of Modern Art** wurden von der »McCorory Corporation« 249 abstrakte Kunstwerke, u.a. von J. Albers, R. Delaunay u. W. Kandinsky, vermacht. In dreijähriger Bauzeit wurde das New Yorker Museum of Modern Art erweitert u. im Mai 1984 wiedereröffnet. – Dreißig Skulpturen des franz. Bildhauers Auguste Rodin im Wert von 7 Mill. $ wurden von dem amerik. Ehepaar *Iris* u. *Gerald Cantor* dem **New Yorker Metropolitan Museum of Art** u. dem **Brooklin Museum** gestiftet. – 285 Werke des aus Lettland stammenden amerik. Malers Mark Rothko im Wert von 100 Mill. $ wurden von der »Rothko-Stiftung« der **Nationalgalerie in Washington** vermacht. – Der »J. Paul Getty Trust« gab die Bereitstellung von 100 Mill. $ für die **Errichtung eines Kunstzentrums in Los Angeles** bekannt. – In Lissabon wurde 1983 von der **Gulbenkian-Stiftung** ein Museumsbau eröffnet, der neben portugiesischer Moderne die umfangreiche Kunstsammlung Gulbenkians (1869–1955) beherbergt. – Der span. Maler *Salvador Dalí* gab die Gründung einer **»Stiftung Gala-Salvador Dalí«** mit Sitz in Figueras bekannt. Der Stiftung wurden 621 Werke Dalís übertragen, der Gesamtwert des Stiftungsbesitzes wird auf 3,5 Mrd. Peseten geschätzt. – Im Ehrenhof des **Pariser Louvre** wird nach den Plänen des amerik. Architekten *Ieoh Ming Pei* eine 32 Meter hohe Glaspyramide errichtet, die den künftigen unterirdischen Haupteingang des Museums überdacht. – Das **»Nationale Zentrum für Zeitgenössische Kunst« (CNAC) in Nizza** wurde im Frühjahr 1984 eröffnet. – Im Okt. 1983 wurde das **Richtfest für den Bau des Kölner Kulturzentrums** gefeiert; in dem 247-Mill.-Projekt, das im Juli 1986 eröffnet wird, werden das Wallraf-Richartz-Museum, das Museum Ludwig u., ein Konzertsaal untergebracht. – Der Aachener

Kunstmäzen *Peter Ludwig* überließ in einer Schenkung rund 400 Objekte präkolumbianischer Kunst, bisher als Dauerleihgaben im Rautenstrauch-Joest-Museum, der Stadt Köln. *Karl Ruhrberg* wurde von seinen Aufgaben als Direktor des Museums Ludwig in Köln entbunden. – Im Okt. 1983 wurde in Mannheim der mit einem Kostenaufwand von 27,5 Mill. DM errichtete **Erweiterungsbau der Mannheimer Kunsthalle,** in Bochum ein Anbau des Städtischen Museums eröffnet. – Für rund 42 Mill. DM wurde in Essen ein **Neubau für das Ruhrland-Museum** und ein **Erweiterungsbau des Museums Folkwang** errichtet. – Die **Bayerische Staatsgalerie moderner Kunst** im Münchner »Haus der Kunst« wurde nach einer Neuordnung und Erweiterung im Febr. 1984 wieder eröffnet, die Sammlung Wormland wurde eingegliedert. – Nach sechsjähriger Bauzeit wurde im März 1984 der von *James Stirling* entworfene **Erweiterungsbau der Stuttgarter Staatsgalerie** eröffnet; die Baukosten betrugen rund 90 Mill. DM. – Das **Hessische Landesmuseum in Darmstadt** eröffnete im Mai 1984 einen Anbau mit über 300 Werken der Kunst des 20. Jahrhunderts. – Als erster Neubau des Frankfurter »Museumsufers« wurde im Mai 1984 das **Deutsche Architekturmuseum** eröffnet. – Eine **Kunsthalle der Stadt Emden** soll nach dem Beschluß des Stiftungsrats der »Henri-Nannen-Stiftung« nach den Plänen *F. Spengelins* entstehen. – Der Kunsthistoriker u. Denkmalpfleger *Jürgen Julier* wurde als Nachfolger von *Martin Sperlich* zum Direktor der Staatlichen Schlösser u. Gärten in Berlin (West) berufen. – Zum neuen Generaldirektor der Staatl. Museen in Berlin (Ost) wurde *Günther Schade* berufen, er tritt die Nachfolge von *Eberhard Bartke* an. Das »Neue Museum« auf der Ostberliner Museumsinsel soll wieder aufgebaut werden. – **»Der deutsche Museumsführer in Farbe«,** hrsg. v. *K. Mörmann,* erschien im Krüger Verlag, Frankfurt a. M., in zweiter, völlig überarbeiteter u. erweiterter Auflage. Im gleichen Verlag erschien erstmals der Führer **»Die deutschen Heimatmuseen«,** hrsg. v. *Hw. Haefs.* – Bei Westermann erschien **»Die deutschen Museen«,** ein Führer durch alle bedeutenden Museen und Sammlungen in der Bundesrep. Deutschld. u. der DDR.

Nach einer Statistik des **Instituts für Museumskunde** der Staatl. Museen Preußischer Kulturbesitz, Berlin, wurden **1983 52,0 Mill.** (1982: 52,4 Mill.) **Besucher in 1560 bundesdeutschen Museen** gezählt. Zu den meistbesuchten Sammlungen zählten 794 Heimatmuseen mit 11,1 Mill., 206 Kunstmuseen mit 10,0 Mill., 107 Schloß- u. Burgmuseen mit 7,9 Mill. u. 101 Technik- u. Verkehrsmuseen mit 7,0 Mill. Besuchern.

Die Berliner Nationalgalerie zeigte im Okt. 1983 mit Unterstützung des im Aufbau befindlichen Pariser »Musée Picasso«, das im Frühjahr 1985 im Hôtel de Salé eröffnet wird, 199 Hauptwerke des plastischen Gesamtwerks von Pablo Picasso in der Ausstellung **»Picasso-Plastiken«.** – 350 Künstler aus der Bundesrepublik und Berlin (West) beteiligten sich 1983 an der **31. Jahresausstellung des Deutschen Künstlerbundes** im Berliner »Martin-Gropius-Bau« u. in der Neuen Nationalgalerie; der Künstlerbund beging zugleich sein 80jähriges Bestehen. – Zum **50jährigen Bestehen des »British Council«** fand im Pariser Grand Palais Ende 1984 eine umfangreiche Ausstellung mit Werken des engl. Malers **William Turner** aus Beständen der Tate Gallery, des British Museum u. anderer brit. u. amerik. Sammlungen statt. – Die Ausstellung **»The Genius of Venice 1500–1600«** in der Royal Academy in London im Winter 1983/84 vereinte 147 Gemälde, über 140 Zeichnungen, Stiche u. Holzschnitte und 42 Plastiken venezianischer Künstler. – Abschluß des **Raffael-Jahres** bildeten Anfang 1984, nach nationalen Ausstellungen in Washington, Wien, München u. London zum 500. Geburtstag des Künstlers, Gedächtnisausstellungen in Paris u. Chantilly u. die Schau »Raffael in Florenz« im Palazzo Pitti. – Zum **100. Geburtstag Max Beckmanns** wurde im Febr. 1984 im Münchner »Haus der Kunst« die bisher umfassendste Ausstellung des Malers u. Grafikers mit 132 Gemälden, 77 Zeichnungen u. Aquarellen sowie 88 druckgrafischen Werken eröffnet. – Zum **150. Geburtstag von Edgar Degas** zeigte die Tübinger Kunsthalle Anfang 1984 in einer Retrospektive Pastelle, Ölskizzen u. Zeichnungen des franz. Malers. – Das Berliner Brücke-Museum feierte den **100. Geburtstag von Karl Schmidt-Rottluff** 1984 mit vier Sonderausstellungen, die dem Maler, Aquarellisten, Holzschneider u. Mäzen galten. – Vor Fertigstellung des »Museo Marino Marini« in Florenz wurden rund 150 Werke des ital. Bildhauers, Malers u. Grafikers Marini 1984 in einer Wanderausstellung in München gezeigt. – Eine erste umfassende **Retrospektive** auf das Werk des amerik. Malers **Willem de Kooning** fand im Frühjahr 1984 in der Berliner Akademie der Künste in Zusammenarbeit mit dem New Yorker Whitney Museum u. dem Pariser Musée National d'Art Moderne statt. – Unter dem Titel **»Kunstlandschaft Bundesrepublik«** stellten im Sommer 1984 48 der insges. 94 Mitglieder der »Arbeitsgemeinschaft deutscher Kunstvereine« in 10 Einzelausstellungen die Werke von 396 zeitgenössischen Künstlern vor. – Zum **300. Geburtsjahr des franz. Malers Jean Antoine Watteau** wurde in der Washingtoner Nationalgalerie 1984 eine Wanderausstellung von Gemälden und Zeichnungen aus Beständen amerik. u. europ. Sammlungen eröffnet. – Zum **100. Todestag des Malers Ludwig Richter** wurde im Dresdner Albertinum 1984 die Ausstellung »L. Richter und sein Kreis« gezeigt. – Zum **100. Geburtstag des ital. Malers u. Bildhauers Amedeo Modigliani** wurde in seiner Geburtsstadt Livorno im Mai 1984 eine Gedenkausstellung eröffnet. – Das **»Ludwig-Institut für Kunst der DDR«** in Oberhausen wurde in der Städt. Galerie Schloß Oberhausen eingerichtet; in der Ausstellung »Durchblick« wurden im Sommer 1984 rund 260 Werke von 42 DDR-Künstlern gezeigt. – Die Künstler *Lothar Baumgarten* u. *A. R. Penck (Ralph Winkler)* vertraten die Bundesrepublik auf der **41. Kunst-Biennale 1984 in Venedig,** auf der 33 Länder zeitgenössische Kunst präsentierten.

Aus dem **Budapester »Museum für Schöne Künste«** wurden im Nov. 1983 sieben Gemälde von Raffael (u. a. die »Esterházy-Madonna«), Tiepolo, Tintoretto u. Palma il Vecchio im Schätzwert von 66 Mill. DM entwendet; alle Bilder konnten im Jan. 1984 in Griechenland und Ungarn sichergestellt werden. – Mit der **Herausgabe von 48 Gemälden des** 1956 verstorbenen **Malers Lyonel Feininger** ging ein langjähriger Rechtsstreit zwischen der DDR und den in den USA lebenden Söhnen des Künstlers zu Ende. – Nach Angaben des franz. Innenministeriums wurden **in Frankreich in den vergangenen 30 Jahren** rund **12 000 Kunstwerke,** vor allem Gemälde, Gravuren oder Zeichnungen, **entwendet;** 49 Prozent der Einbrüche wurden bei Privatleuten verübt. – Aus der **»Akademie der Schönen Künste« in Neapel** wurden im Mai 1984 34 Gemälde im Gesamtwert von 1,6 Mill. DM geraubt. – Ein Selbstbildnis Rembrandts in der **Australischen Nationalgalerie in Melbourne** im Schätzwert von rd. 7,1 Mill. DM wurde als ein im Stil des Malers geschaffenes Werk des 18. Jh. erkannt. – Gemälde von van Gogh, Goya, Picasso u. Rembrandt, die aus der **Norwegischen Nationalgalerie in Oslo** im Okt. 1982 entwendet wurden, konnten im Juni 1984 im Raum Hanau sichergestellt werden. – Die **Kathedrale von York,** die zu den bedeutendsten Sakralbauten Englands zählt, wurde am 9. Juli 1984 durch ein Feuer schwer beschädigt.

**Für die Erhaltung und den Wiederaufbau von Baudenkmälern** mit nationaler und kultureller Bedeutung wurden **1984** vom Bundesinnenministerium **5,5 Mill. DM** zur Verfügung gestellt. – Die 7. Gen.Vers. des **Internat. Rats für Baudenkmäler u. Kunststätten (ICOMOS),** an der Vertreter von 41 Ländern teilnahmen, fand 1984 in Rostock u. Dresden statt; neuer Präsident: *Michel Parent* (F). In einer Erklärung wurden alle Nationen zur Intensivierung des Denkmalschutzes aufgerufen. – Die Liste der 136 schutzwürdigen **»Weltkulturgüter«** wurde von der UNESCO um 29 Kulturstätten erweitert, darunter die Altstadt von Bern, das Kloster von St. Gallen, die Wallfahrtskirche in der Wies bei Steingaden und die Inka-Städte Cuzco u. Machu Picchu. – Am **Germanischen Nationalmuseum** in Nürnberg wurde ein Institut für Kunsttechnik und Konservierung mit 25 Ausbildungsplätzen für Restauratoren gegründet. – **»Handwerk und Denkmalpflege«** war das Thema eines Kongresses, den der Europarat zus. mit dem Zentralverband des Deutschen Handwerks 1984 in Würzburg veranstaltete. – Ein **Gesamtverzeichnis aller deutschen Kunstwerke** soll mit Mitteln des »Stifterverbandes für die dt. Wissenschaft« in Essen angelegt werden.

Im Geschäftsjahr Sept. 1983/Aug. 1984 verzeichneten die Londoner Auktionshäuser **Sotheby Parke Bernet** 401 Mill. £ und **Christie** 350,6 Mill. £ **Weltumsatz; Philips** erreichte 1983 einen Jahresumsatz von 41,6 Mill. £. – Den **höchsten Grafikpreis** erlangte mit 181 500 $ im Nov. 1983 bei Christie's in New York ein Blatt von **Rembrandt,** das den heiligen Hieronymus zeigt; der Abzug wurde 1891 in London für 58 £ verkauft. – **Edouard Manets** Frauenporträt »La Promenade« u. **Paul Cézannes** Stilleben »Suriier, Poires et Tapis« wurde bei Christie's in New York im Nov. 1983 **zu Höchstpreisen von je 3,6 Mill.** $ **versteigert; Egon Schieles** »Porträt des Malers Karl Zakovsek« erreichte zur gleichen Zeit bei Sotheby's 2,2 Mill. $. – Das Gemälde des amerik. Malers **Mark Rothko** »Black, Maroons and White« wurde für den Rekordpreis von 1,815 Mill. $ von einem japanischen Sammler bei einer Sotheby-Auktion für zeitgenöss. Kunst im Nov. 1983 in New York erstanden. – Das Gemälde »La sortie du bain« des franz. Malers **Balthus** (Balthasar Klossowski) erreichte im März 1984 bei Sotheby's in London mit 847 000 £ den höchsten Auktionspreis für das Werk eines noch lebenden Künstlers. – Ein Gemälde von **Camille Pissarro** »La Route de Sydenham« erzielte zur gleichen Zeit bei Christie's den Höchstpreis von 561 000 £. – Eine Auktion zeitgenöss. Kunst bei Sotheby's in New York im Mai 1984 erbrachte für **Willem de Koonings** Gemälde »Bolton Landing« 770 000 $ u. für **Alexander Calders** Stabile/Mobile »Big Crinkly« 775 000 $. – Den **Rekordpreis von 3,85 Mill.** $ **erzielte Gauguins Gemälde »Mata Mua«** bei einer Sotheby-Auktion mit Werken des Impressionismus u. der klassischen Moderne im Mai 1984 in New York; **Degas'** Pastell »Au Musée du Louvre« u. **Monets** »Cathedrale de Rouen« kamen auf je 2,3 Mill. $. **Manets** Porträt der »Madame Brunet« erreichte bei Christie's im gleichen Monat den Höchstpreis von 2 Mill. $. – Im Juli 1984 brachte William *Turners* »Seascape: Folkestone« bei Sotheby's in London mit 7,73 Mill. £ den **höchsten Auktionspreis,** der je **für ein Gemälde** gezahlt wurde.

Im selben Monat wurden 71 Blätter der »Chatsworth-Sammlung« von Altmeister-Zeichnungen bei Christie's in London für insgesamt 21 Mill. £ versteigert; den Spitzenpreis erzielte dabei eine Studie von *Raffael* mit 3,56 Mill. £. – Das Gemälde **»Einschiffung nach Cythera« von Antoine Watteau,** aus dem Besitz von Prinz Louis Ferdinand von Preußen, wurde **für 15 Mill. DM vom Land Berlin erworben;** je ein Drittel der Kaufsumme wurde durch Bürgerspenden, von der Deutschen Klassenlotterie Berlin u. der BR Deutschland erbracht.

Auf der **28. Deutschen Kunst- und Antiquitäten-Messe 1983 in München** waren 152 Aussteller, davon 66 aus Bayern, mit über 20 000 Exponaten vertreten; es wurden 38 000 Besucher gezählt. Schwerpunkte lagen bei der Malerei der Münchner Schule, der klassischen Moderne u. den Möbeln des

18. u. frühen 19. Jahrhunderts. – In Berlin (West) fand im Sept. 1983 zum zweitenmal die Verkaufsausstellung **»Orangerie '83 Deutscher Kunsthandel im Schloß Charlottenburg«** mit 94 Ausstellern aus Berlin u. der Bundesrepublik statt. – Auf der **15. Westdeutschen Kunstmesse** im März 1984 in **Düsseldorf** waren 162 Aussteller vertreten; Schwerpunkte waren Gemälde des 19. Jahrhunderts, Grafiken von Dürer und Rembrandt und französische Stilmöbel. – Die **16. Kunst- und Antiquitätenmesse in Hannover-Herrenhausen 1984** wurde von 81 Ausstellern beschickt, eine Sonderschau war »Hannovers Königen auf Englands Thron« gewidmet. – Zur **»Art 15 '84«** in Basel, der bedeutendsten internat. Messe für Kunst des 20. Jahrhunderts, kamen 319 Aussteller aus 23 Ländern, davon 88 aus der Bundesrepublik u. 71 aus der Schweiz. – Der in Köln und Düsseldorf alternierende »Internationale Kunstmarkt«, Verkaufsmesse für zeitgenössische Kunst, findet künftig unter dem Namen **»Modern Art Cologne«** alljährlich nur noch in Köln statt. – Den Schwerpunkt der **25. Basler Kunst- und Antiquitätenmesse 1984,** bedeutendste Messe des Schweizer Kunsthandels, bildete das Antikenangebot u. Helvetica-Grafik.

*Otto Dressler* wurde zum neuen Vorsitzenden des **Bundesverbandes Bildender Künstler (BBK)** gewählt; der BBK zählt rund 8000 Mitglieder. – Der Maler *Willi Sitte* wurde auf dem IX. Kongreß des **Verbandes Bildender Künstler der DDR** in seinem Amt als Präsident bestätigt; der Verband zählt rund 5700 Mitglieder. – Der **Kunstfonds e.V.** in Bonn vergab 1984 **767000 DM an Arbeits- und Werkstipendien** für 48 Künstler und Modellvorhaben zur Weiterentwicklung der zeitgenössischen Kunst; es war die vierte Förderungsmaßnahme im Rahmen eines Fünfjahresprogramms des Bundesinnenministeriums. – Die **Einnahmen aus der Wahrnehmung der Folgerechte der bildenden Künstler** lagen nach Angaben der VG Bild-Kunst, Bonn, 1982 in der BR Deutschld. bei 0,828 Mill. DM; Reproduktionsrechte erbrachten 0,447 Mill. DM, Bibliothekstantiemen 0,795 Mill. DM. Das Folgerecht beteiligt die bild. Künstler bei jedem Weiterverkauf an der Wertsteigerung ihrer Werke.

# LITERATURPREISE

## DEUTSCHLAND

**Adenauer (Konrad-A.)-Preise** der »Deutschland-Stiftung e.V.«, 1984 (je 10000 DM) für Literatur an *Wladimir Bukowski,* für Publizistik an *Herbert Kremp,* für Wissenschaft an *Peter R. Hofstätter.*

**Adorno (Theodor-W.-A.)-Preis** der Stadt Frankfurt a.M., 1983 (50000 DM) an den Schriftsteller u. Philosophen *Günther Anders.* Verl. alle 3 Jahre.

**Alemannischer Literaturpreis** gestiftet von der Stadt Waldshut-Tiengen, der »Badischen Zeitung« u. dem »Südkurier«, 1983 (10000 DM) an *Maria Beig.*

**Arbeitsstipendien des Landes Baden-Württemberg** für Schriftsteller, 1983 Jahresstipendien (monatl. 2000 DM) an *Hans Bender* u. *Peter Renz.*

**Arndt (Große Ernst-Moritz-A.)-Medaille** der »Pommerschen Landsmannschaft e.V.« in Hamburg, 1983 an *Franz Schwenkler.*

**Autorenstiftung des Verlags der Autoren** in Frankfurt am Main, 1983 (15000 DM) zu gleichen Teilen an den Dramatiker *István Eörsi,* an die Filmemacherin *Erika Runge* u. an den Hörspielautor *Hubert Wiedfeld.*

**Bayerische Akademie der Schönen Künste** in München, 1984 Literaturpreis (10000 DM) an die Lyrikerin *Rose Ausländer.* Ehrengabe (5000 DM) an *Bernhard Zeller,* Leiter des Deutschen Literaturarchivs.

**Bayerischer Literaturpreis (Jean-Paul-Preis)** des Freistaats Bayern zur Würdigung des literarischen Gesamtwerkes eines deutschsprachigen Schriftstellers; erstmals 1983 (25000 DM) an *Hans Egon Holthusen.* Verl. in jährlichem Wechsel mit dem Karl-Voßler-Preis.

**Benediktspreis** der Stadt Mönchengladbach für Heimat- und Brauchtumspflege, 1984 an *Pierre Pierrard,* Roubaix (Frankr.).

**Biermann-Ratjen-Medaille** der Freien u. Hansestadt Hamburg, 1983 an *Wilhelm Brückner-Rüggeberg.*

**Bodensee-Literaturpreis** der Stadt Überlingen, 1983 (10000 DM) an *Ingrid Puganigg* (Österr.).

**Boy-Gobert-Preis** der Körber-Stiftung, Hamburg, 1983 (6000 DM) an *Esther Hausmann.*

**Brüder-Grimm-Preis** der Philipps-Universität in Marburg, 1983 (10000 DM) an den Historiker *Walter Schlesinger.* Verl. alle 2 Jahre.

**Brüder-Grimm-Preis** der Stadt Hanau, erstmals 1983 (10000 DM) an den Schriftsteller *Wolfgang Hilbig* (DDR).

**Brüder-Grimm-Preis** des Landes Berlin zur Förd. des mod. Kinder- u. Jugendtheaters, 1983 (10000 DM) an den Autor *Friedrich Karl Waechter,* an die Schauspieler *M. Altmann, S. Gubser, H.-W. Kraehkamp* u. *B. Sukowa* sowie an den Musiker *H. Goebbels* für das Stück »Kiebich und Dutz« in der Inszen. des Münchner Theaters im Marstall.

**Büchner (Georg-B.)-Preis** der »Deutschen Akademie für Sprache und Dichtung e.V.« in Darmstadt, 1984 (30000 DM) an den österr. Schriftsteller *Ernst Jandl.*

**Buchpreis des Deutschen Alpenvereins** 1984 1. Pr. an die Neuausg. v. »Das Buch vom Wilden Kaiser« v. *Fritz Schmitt* u. an den Roman »Schlüsselstellen« v. *Lucy Rees* u. *Alan Harris.*

**Buchpreis des Deutschen Verbandes Evangelischer Büchereien** 1984 (3000 DM) an *Erika Schuchardt.*

**Buxtehuder Bulle** Jugendbuchpreis der Stadt Buxtehude, 1984 (8000 DM) an *Gudrun Pausewang.*

**Buxtehuder Igel** Kleinkunstpreis, 1983 (5000 DM) an den österr. Schauspieler *Ernst Stankovski.*

**15. Choreographischer Wettbewerb Köln** der Internat. Sommerakademie des Tanzes in Köln, 1984 1. Pr. an *Nacho Duato* (Spanien) für »Jardi Tancat«.

**Christophorus-Autorenpreise** des »HUK-Verbandes« in Hamburg für publiz. Verdienste um die Sicherheit im Straßenverkehr, 1983 an *Rudolf P. Jonas, Gerd E. Bittrich, Gerold Lingnau, Horst Georg Breden, Klaus-Michael Schaal, Jörgpeter Ahlers* u. *Jürgen Orthaus;* Buchpreise an *Johannes D. Damm, Gerold Lingnau* u. *Beate Zartmann.*

**Curtius (Ernst-Robert-C.)-Preis** für Essayistik, gestiftet von dem Bonner Buchhändler Thomas Grundmann, erstmals 1984 (10000 DM) an *Golo Mann.*

**Das politische Buch des Jahres 1984** Preis der Arbeitsgem. der Verleger, Buchhändler u. Bibliothekare in der »Friedrich-Ebert-Stiftung« an *Andrew Wilson* (»Das Abrüstungshandbuch«), *Johano Strasser/Klaus Traube* (»Die Zukunft des Fortschritts. Der Sozialismus und die Krise des Industrialismus«) u. an *August Rathmann* (»Ein Arbeiterleben. Erinnerungen an Weimar und danach«).

**Dehio (Georg-D.)-Preis** der »Künstlergilde e. V.« in Esslingen für Kultur- u. Geistesgeschichte, 1984 (10000 DM) an *Erhard Riemann;* Ehrengabe (je 4000 DM) an *Hertha Karasek-Strzygowski* u. *Beda (Franz) Menzel.*

**Deutsche Akademie für Kinder- und Jugendliteratur** in Volkach, 1984 Gr. Pr. (6000 DM) an den Grafiker *Herbert Holzing;* »Volkacher Taler« an *Hildegard Krahé* u. *Thomas Ostwald.*

**Deutsche Akademie für Sprache und Dichtung e. V.** in Darmstadt, 1983 Prämie (5000 DM) für die Beantwortung der 12. Preisfrage »Spricht die Jugend eine andere Sprache?« geteilt an *Uwe Pörksen* u. *Heinz Weber* (je 2000 DM) sowie an eine Schülergruppe aus Bad Hersfeld (1000 DM).

**Deutscher Fantasy-Preis** 1983 an *Peter Wilfert* für die Förd. der Fantasy-Lit. im deutschsprach. Raum.

**Deutscher Jugendliteraturpreis 1984** des Bundesministeriums für Jugend, Familie u. Gesundheit, Bilderbuchpr. an *Annegert Fuchshuber,* Kinderbuchpr. an *Gudrun Mebs,* Jugendbuchpr. an *Tilman Röhrig,* Kindersachbuchpr. an *Christina Björk* u. *Lena Anderson* (je 10000 DM).

**Deutscher Kleinkunstpreis** des Mainzer Forum-Theaters »unterhaus«, 1983 (je 5000 DM) an *Wolfgang Neuss, Franz Josef Degenhardt* u. an die österr. Rock-Kabarett-Gruppe »Schmetterlinge«; Förderpreis der Stadt Mainz (5000 DM) an das Duo *Claudia Schlenger–Hans Meilhamer.*

**Deutsch-Französischer Übersetzerpreis** der Bäder- und Kurverwaltung der Stadt Baden-Baden 1984 (2000 DM) an *Edouard Sans,* Toulouse.

**Döblin (Alfred-D.)-Preis** der gleichnamigen Stiftung von Günter Grass, 1983 (15000 DM) an den österr. Schriftsteller *Gerhard Roth* für sein Werk »Landläufiger Tod«.

**Donauschwäbischer Kulturpreis** des Landes Baden-Württemberg, 1983 (5000 DM) an den Schriftsteller *Hans Christ;* Ehrengaben (je 2500 DM) an den Maler *Viktor Stürmer* u. an den Kameramann *Jakob Bohn.*

**Dramatikerpreis** des Bundes der Theatergemeinden e. V., Bonn, 1984 gestiftet (25000 DM u. Aufführungsgarantie f. den ersten Preisträger). Verl. 1985.

**Drexel (Joseph-E.-D.)-Preis** der gleichnamigen Stiftung in Nürnberg für hervorragende Arbeiten auf dem Gebiet des Pressewesens im weitesten Sinne, 1983 (je 10000 DM) an *Franz Alt* u. *Karsten de Riese;* 1984 nicht verliehen.

**Duden (Konrad-D.)-Preis** der Stadt Mannheim und des Bibliographischen Instituts in Mannheim für besondere Verdienste um die deutsche Sprache, 1983 (15000 DM) an die sowjet. Germanistin *Mirra Moisejewna Guchman.* Verl. alle 2 Jahre.

**Eichendorff-Literaturpreis** der Ges. f. Literatur u. Kunst »Der Osten« e. V. in Lörrach u. des »Wangener Kreises«, 1984 (5000 DM) an *Reiner Kunze.*

**Elsaßpreis der Stadt Schongau** verliehen von der »Académie d'Alsace« in Colmar, 1984 (1000 DM) an *Monique Fuchs.*

**Engelke (Gerrit-E.)-Literaturpreis** der Landeshauptstadt Hannover, 1983 (15000 DM) an *Axel Eggebrecht.* Verl. alle 2 Jahre.

**Engert (Joseph-E.)-Preis** der Stadt Regensburg, 1984 (3000 DM) an *Dirk Götschmann.*

**Erhard (Ludwig-E.)-Preis** für Wirtschaftspublizistik, 1984 (je 10000 DM) an *Raymond Barre* (Frankr.) u. an *Thomas Löffelholz* (Stuttgarter Zeitung).

**Fallada (Hans-F.)-Preis** der Stadt Neumünster, 1983 (10000 DM) an den Schriftsteller *Ludwig Fels.* Verl. alle 2 Jahre.

**F.A.Z.-Preis für Literatur** der Frankfurter Allgemeinen Zeitung, 1983 für 1982 (10000 DM) an *Karin Reschke.*

**Flach (Karl-Hermann-F.)-Preis** verl. v. Bundesvorstand der F.D.P. u. der Friedrich-Naumann-Stiftung, Bonn, 1983 an den Leiter der Sendung »Report« des SWF *Franz Alt.* Verl. alle 2 Jahre.

**Flad-Schnorrenberg (Beatrice-F.-Sch.)-Preis** der Deutschen Stiftung für Umweltpolitik, Bonn, für Veröffentlichungen zur Umweltpolitik, 1983 (10000 DM) an *Marion Kern.*

**Fördergabe für Literatur** des Bezirksverbandes Pfalz, Neustadt/Weinstr., 1983 (5000 DM) an *Monika Beckerle.*

**Förderpreis der Landeshauptstadt Saarbrücken** 1983 (5000 DM) geteilt an die Lyrikerin *Maria Hoffmann* u. an *Erwin Stegentritt;* Verl. alle 2 Jahre.

**Förderpreis der Stadt Goslar** 1983 (3000 DM) an *Thomas Moritz.*

**Förderpreis der Stadt Mannheim für junge Künstler** 1984 (10000 DM) für Darst. Kunst.

**Förderpreis des Vereins der Freunde des Bayerischen Staatsschauspiels e. V.** erstmals 1983 (5000 DM) an den Schauspieler *Peter Pius Irl.*

**Förderpreise der Stadt Konstanz** für junge Künstler, erstmals 1983 an den Lyriker *Hans Georg Bulla,* an den Maler *Philippe Mahler* u. an den Pianisten *Michael Tschätsch.*

**Förderpreis für eine kleinverlegerische Leistung – Verlag, Grafik, Literatur** (V.-O.-Stomps-Preis) der Stadt Mainz, 1983 (3000 DM) an die Zeitschrift »Heft«, Verlag Maier, Schaffhausen.

**Förderpreis für Literatur der Landeshauptstadt Düsseldorf** 1983 (je 6000 DM) an *Anton Bachleitner* u. an die Schauspielerin *Krista Posch.*

**Förderstipendien an junge Künstler der Stadt Aachen** 1983 (3000 DM) an *Sulemann Taufiq;* → Kunstpreise.

**Förderstipendium der Stadt Köln** für Literatur (18000 DM, monatl. 1500 DM) 1984 an *Alexander Rall;* → Preise für Kunst u. Musik.

**Förderungspreis der Landeshauptstadt München** 1984 (je 8000 DM) an *Rainald Goetz* (Lit.), *Olivia Grigolli* (Schauspiel) u. *Anna Seidl* (Ballett); → Preise für Kunst u. Musik.

**Förderungspreis der Stadt Nürnberg** 1984 (5000 DM) an die Schriftstellerin *Natascha Wodin;* → Kunstpr.

**Förderungspreis des Landes Nordrhein-Westfalen** für junge Künstler, 1982 (je 6000 DM) für Literatur an die Schriftsteller *Wolfgang Komm* u. *Jochen Schimmang,* für darstellende Kunst an den Schauspieler *Michael Lesch* u. an die Sängerin *Cynthia Makris;* → Preise für Kunst u. Musik.

**Freud (Sigmund-F.)-Preis** für wissenschaftl. Prosa, verl. von der »Deutschen Akademie für Sprache und Dichtung e. V.« in Darmstadt, 1984 (10000 DM) an den Philosophen *Odo Marquard.*

**George (Stefan-G.)-Preis** der Stadt Bingen, 1983 (5000 DM) an *Rudolf Eilhard Schierenberg.*

**Gerstäcker (Friedrich-G.)-Preis** der Stadt Braunschweig, 1984 (6000 DM) an *Sigrid Heuck.*

**Geschwister-Scholl-Preis** der Landeshauptstadt München u. des »Verbandes Bayerischer Verlage und Buchhandlungen e. V.«, 1983 (20000 DM) an den Schriftsteller *Walter Dirks.*

**Goethe-Medaille** des »Goethe-Instituts«, München, für besondere Verdienste um die Förderung der deutschen Sprache im Ausland. Goldmedaille 1984 an *Ilja Moissojewitsch Fradkin* (UdSSR), *Robert David MacDonald* (Großbrit.) u. *Antal Mádl* (Ungarn).

**Goethe-Plakette** der Stadt Frankfurt am Main, 1984 an *Marcel Reich-Ranicki.*

**Goethe-Plakette** des Hessischen Kultusministers, 1984 an die Schriftstellerin *Ilse Langner.*

**Goetz (Curt-G.)-Ring** gestiftet von Valerie von Martens, 1984 (für 5 Jahre) verliehen an den Schauspieler *Carl-Heinz Schroth.*

**Gryphius (Andreas-G.)-Preis** der »Künstlergilde e. V.« in Esslingen, 1984 (10000 DM) an *Hans Sahl;* Förderpreise (je 4000 DM) an *Felicitas Frischmuth, Karin Vogt* u. *Siegfried Heinrichs.*

**Gundolf (Friedrich-G.)-Preis** für Germanistik im Ausland, verl. von der »Deutschen Akademie für Sprache und Dichtung e. V.« in Darmstadt, 1984 (10000 DM) an *Stuart Atkins* (USA).

**Gutenberg-Preis der Stadt Mainz** u. der Gutenberg-Ges. Mainz, 1983 (20000 DM) an *Willem Ovink.* Verl. alle 3 Jahre.

**Hans-im-Glück-Preis** des »Vereins zur Förderung der Kinder- u. Jugendliteratur e. V.« in Nomborn/Westerwald, 1983 an *Herbert Friedmann.*

**Härtling (Peter-H.)-Preis für Kinderliteratur** gestiftet vom Programm Beltz + Gelberg im Beltz-Verlag, Weinheim/Basel; erstmals 1984 (10000 DM).

**Hasse (O.-E.-H.)-Preis** vergeben durch die Akademie der Künste in Berlin (West), 1984 (je 4000 DM) an die Schauspieler *Corinna Kirchhoff, Hans Piesberger* u. *Helmut Zhuber.*

**Hauptmann (Gerhart-H.)-Preis** der »Freien Volksbühne e. V,« in Berlin (West), 1983 (10000 DM) geteilt an die Schriftsteller *Friederike Roth* u. *E. Y. Meyer* (Schweiz).

**Hebel (Johann-Peter-H.)-Preis** des Landes Baden-Württemberg, 1984 (10000 DM) an den Literaturwissenschaftler *Claude Vigée.*

**Heine (Heinrich-H.)-Ehrengabe** der gleichnam. Gesellschaft in Düsseldorf, 1984 an den Schriftsteller *Peter Rühmkorf.*

**Heine (Heinrich-H.)-Preis** der Landeshauptstadt Düsseldorf, 1983 (25000 DM) an *Carl-Friedrich Freiherr von Weizsäcker.* Verl. alle 3 Jahre.

**Heinemann (Gustav-H.)-Friedenspreis** für Kinder- u. Jugendbücher, verl. von der Deutschen Ges. f. Friedens- u. Konfliktforschung, 1983 (10000 DM) geteilt an *Rudolf Frank* u. *Els Pelgrom.*

**Heinse (Wilhelm-H.)-Medaille** der Akademie der Wissensch. u. der Literatur in Mainz, 1983 an *Marcel Reich-Ranicki,* 1984 an *H. H. Stuckenschmidt.*

**Hersfeld-Preis für Schauspieler** der »Ges. der Freunde der Stiftsruine e. V.« und der Stadt Bad Hersfeld, 1983 nicht verliehen; 1984 Gr. Pr. an *Tilly Lauenstein,* Kl. Pr. an *Jutta Speidel* u. *O. E. Fuhrmann.*

**Hesse (Hermann-H.)-Preis** der Förderungsgemeinschaft der deutschen Kunst e. V. u. der Stadt Karlsruhe: nächste Verl. Nov. 1984.

**Heydt (Eduard-von-der-H.)-Preis** der Stadt Wuppertal, 1983 (10000 DM) geteilt als Förderpreise an den Lyriker *Peter Beicken* u. an den Geiger *Boris Schmitz.*

**Hoferichter (Ernst-H.)-Preis** der gleichnam. Stiftung in München, 1984 (je 10000 DM) an *Philip Arp, Oliver Hassencamp, Ellis Kaut* u. *Marianne Sägebrecht.*

**Hölderlin (Friedrich-H.)-Preis** der Stadt Bad Homburg vor der Höhe, 1984 (15000 DM) an die Lyrikerin *Sarah Kirsch;* Förderpreis (5000 DM) an *Marcel Konrad* (Schweiz).

**Huch (Ricarda-H.)-Preis** der Stadt Darmstadt, 1984 (10000 DM) an den Verleger *Siegfried Unseld.* Verl. alle 3 Jahre.

**Huchel (Peter-H.)-Preis** des Südwestfunks (SWF) u. des Landes Baden-Württemberg, erstmals 1984 (10000 DM) an den Lyriker *Manfred Peter Hein.*

**Humboldt-Gesellschaft e. V.** in Mannheim, Goldene Medaille 1983 an *Dolf Sternberger* u. *Heinrich Schipperges;* Silb. Medaille 1984 an *Hanno Beck.*

**Jaspers (Karl-J.)-Preis** der Stadt u. der Universität Heidelberg, 1983 (10000 DM) an den franz. Philosophen *Emmanuel Levinas.*

**Journalistenpreis der Bundesarbeitsgemeinschaft der Freien Wohlfahrtspflege e. V.,** Bonn, 1984 (3000 DM) an *Stefan Geiger,* (2000 DM) an *Evelyn Holst.*

**Journalistenpreis** der Gewerkschaftszeitung »metall« für »Reportagen aus der Arbeitswelt«, 1983 an *Sabine Reuter, Dietmar Hawranek, Bernd Ellerbrock, Werner Heine* u. *Burkhard Plemper.*

**Journalistenpreis** der IG Druck und Papier zum Thema »Faschismus in Deutschland«, 1983 (10000 DM) zu gleichen Teilen an *Gaby Gillen-Klump, Hans Holzhaider, Ekkehardt Jürgens, Otto Köhler* u. an *Michael Sylvester Koziol/Gerd E. Haida/Alfred Schmidt.*

**Journalistenwettbewerb** der »Bundesvereinigung Lebenshilfe« für Beiträge über Behinderte, 1984 Preise (insges. 11000 DM) an *Heinz Welz* (Kölner Stadtanzeiger), *Elisabeth Moosmann* (Ludwigsburger Kreiszeitung), an die Lokalredaktion der »Rieser Nachrichten«, an *Karl-Heinz Biermann* (Sulinger Kreiszeitung), *Johannes Taubert* (stern), *Hans R. Herbst, Heiner Gatzemeier* (ZDF), *Dietmar Niedrich* (SFB), *Gisela Geier* (HR), *Monika Seifert* (SFB) u. an *Maria Rosenkranz* (BR).

**Kästner (Erich-K.)-Preis** der gleichnamigen Ges. in München, 1984 (10000 DM) an *Vico von Bülow* (»Loriot«).

**Katholischer Kinderbuchpreis** der Deutschen Bischofskonferenz, 1983 (10000 DM) an den Schweizer Pädagogen u. Schriftsteller *Max Bollinger.*

**Kerr (Alfred-K.)-Preis für Literaturkritik** des Börsenblatts für den Deutschen Buchhandel, 1984 (5000 DM) an die Literaturredaktion des österr. Wochenmagazins »profil«.

**Kinderbuch-Literaturpreis** der Ausländerbeauftragten des Berliner Senats, 1984 (je 4000 DM) an *Ursula Kirchberg* u. *Angelika Mechtel,* Anerkennungspreis (2000 DM) an *Fakir Baykurt,* Preis der Jury an *Klaus Kordon.*

**Kisch (Egon-Erwin-K.)-Preis** des Hamburger Magazins »stern« für hervorragende Reportagen in dt. Sprache, 1984 1. Pr. (25000 DM) an *Peter Sartorius* (SZ), 2. Pr. (15000 DM) an *Hans Halter* (Der Spiegel), 3. Pr. (10000 DM) an *Evelyn Holst* (stern).

**Kogge-Ehrenring** der Stadt Minden, 1983 an *Theodor Knief.*

**Kogge-Literaturpreis** der Stadt Minden, nächste Verl. 1985 (10000 DM). Förderpreis der Stadt Minden 1983 (2500 DM) an *Manfred Hausin;* Studienpreis der Stadt Minden 1983 (2500 DM) an *Urs Karpf* (Schweiz).

**Konsalik-Romanpreis** der Verlage Bastei-Lübbe, Goldmann u. Heyne (je 4000 DM) u. Heinz G. Konsalik (8000 DM), 1983 an *Eva Wolf;* nächste Verl. Ende 1984.

**Korczak (Janusz-K.)-Preis** Jugendliteraturpreis der poln. Sektion des Internat. Kuratoriums für das Jugendbuch, 1983 (je 50000 Złoty) an *Ewa Nowacka* (Polen) u. *Miep Diekmann* (Niederlande).

**Kranich mit dem Stein** Autorenpreis des Wettbewerbs »Kranichsteiner Literaturtage« für ehem. Stipendiaten des Deutschen Literaturfonds e. V. in Darmstadt; erstmals 1983 (10000 DM) an *Rainald Goetz.*

**»Kriegspreis«** der Gewerkschaft Handel, Banken u. Versicherungen (HBV), Fachgruppe Buchhandel u. Verlage, 1983 an *Colin S. Gray* (USA) für sein Buch »MX Interkontinentalraketen und nat. Sicherheit«.

**Kritikerpreis des Verbandes der deutschen Kritiker e. V.** in Berlin (West), 1983 für Literatur an den Schriftsteller *Christoph Hein* (DDR), für Theater an den Regisseur *Luc Bondy,* für Tanz an den Tänzer u. Choreographen *Antonio Gades* (Spanien); → Preise für Bildende Kunst, Film, Fernsehen u. Musik.

**Kulturförderpreis der Stadt Erlangen** 1984 (je 4000 DM) an *Osvaldo Parisi* (Musik), *Koschka Hildenbrand* (Lit.), *Christian Manhard* (Bild.K.), *G. D. Peschel* u. *W. Kittler* (Puppentheater) u. an die Erlanger Rockmusikerinitiative.

**Kulturkreis im Bundesverband der Deutschen Industrie (BDI) e. V.** in Köln, 1984 Ehrengabe der Literatur (15000 DM) an den Schriftsteller *Wolfgang Bächler;* Fördergaben (je 10000 DM) an *Anne Duden* u. *Libuse Monikova;* → Preise für Kunst u. Musik.

**Kulturpreis der Bayerischen Landesstiftung** 1984 (je 10000 DM) an den Bildhauer *Fritz König* u. an den »via-nova-chor«, München.

**Kulturpreis der Landsmannschaft Mecklenburg** 1984 (2000 DM) an den Schriftst. *Walter Kempowski.*

**Kulturpreis der Stadt Bielefeld** 1983 (5000 DM) an den Paläontologen *Walter Adrian.*

**Kulturpreis der Städte Ravensburg und Weingarten** 1983 Wissenschaftspreis (6000 DM) an den Musikpädagogen *Franz Beyer*, Kunstpreis (6000 DM) an den Bildhauer *Josef Henger*, Förderpreis (3000 DM) an den Jungfilmer *Jürgen Brezinger*.
**Kulturpreis der Stadt Essen** 1984 (15000 DM) geteilt an *Walter Wimmer, Ernst Schmidt, Detlev Peukert* u. *Gustav Streich*.
**Kulturpreis der Stadt Kiel** 1983 (10000 DM) an den Schauspieler *Heinz Reincke;* 1984 nicht verliehen.
**Kulturpreis der Stadt Koblenz** 1983 (5000 DM) an *Edwin Maria Landau;* → Kunstpreise.
**Kulturpreis der Stadt Passau für die Böhmerwäldler** 1984 (2000 DM) an *Rupert Essl*.
**Kulturpreis der Stadt Regensburg** 1984 (5000 DM) an *Ernst Emmerig;* Förderpreise (je 2500 DM) an den Arbeitskreis Schiffahrtsmuseum Regensburg e.V. u. an den Maler *Rainer Silbereisen*.
**Kulturpreis des Deutschen Bundeswehr-Verbandes** für herausragende Veröffentlichungen zur Thematik »Deutscher Soldat heute«; erstmals 1983 (10000 DM) postum an *Christian Potyka* (SZ).
**Kulturpreis des Deutschen Jagdschutz-Verbandes e.V. (DJV)** 1984 (10000 DM) geteilt an *Friedrich Vorreyer* u. *Wilhelm Brenner* (Österr.); Preis für Öffentlichkeitsarbeit (5000 DM) an *Julius Behnke*.
**Kulturpreis deutscher Freimaurer** 1983 (5000 DM) an *Lew Kopelew;* 1984 nicht verliehen.
**Kunstpreis Berlin** der Akademie der Künste in Berlin (West); Förderungspreise 1984 (je 10000 DM) für Literatur an den Schriftsteller *Guntram Vesper*, für Darstellende Kunst geteilt an die Schauspieler *Benedict Freitag* u. *Ernst Stötzner;* → Preise für Kunst, Musik, Film/Hörfunk/Fernsehen.
**Kunstpreis der Landeshauptstadt Saarbrücken:** nächste Verl. Ende 1984 (5000 DM).
**Kunstpreis des Landes Schleswig-Holstein** 1984 (20000 DM) an den Schriftsteller *Hans Egon Holthusen;* Förderpreis (5000 DM) an den Schriftsteller u. Maler *Gerrit Bekker*.
**Kunststiftung Baden-Württemberg GmbH** Stuttgart, Stipendien in der Sparte Literatur 1984 (je 8000 DM) an *R. Kress-Fricke. R. Mennicken. R. Zähringer* u. *H. Zengeler*, (2000 DM) an *Th. Breuer;* in der Sparte Darstell. Kunst (je 2000 DM) an *A. Balzer, F. Brunner, R. Kneissler, B. Lafrenz, A. Nöthlichs* u. *P. Zimmermann*, (3000 DM) an *P. Wyss*, (10000 DM) an *F. Nögge;* → Preise f. Kunst u. Musik.
**Literarischer März** (Leonce-und-Lena-Preis) des Magistrats der Stadt Darmstadt: nächste Verl. 1985.
**Literaturpreis der Bundesärztekammer** 1984 (je 7500 DM) an *Ernst Rossmüller* u. *Paul Lüth*.
**Literaturpreis »Der erste Roman«** der »Neuen Literarischen Gesellschaft Hamburg e.V.«, 1983 (3000 DM) an *Theodor Schübel* für »Kellerjahre«.
**Literaturpreis der Freien Hansestadt Bremen** 1984 (15000 DM) an den Schriftsteller *Paul Wühr;* Förderpreis (7500 DM) an *Bodo Morshäuser*.
**Literaturpreis der Landeshauptstadt Hannover** 1983 (15000 DM) an *Axel Eggebrecht*.
**Literaturpreis der Stadt Bad Wurzach** erstmals 1983 (10000 DM) an den Publizisten u. Historiker *Sebastian Haffner* für »Anmerkungen zu Hitler«.
**Literaturpreis der Stadt Köln** 1983 (25000 DM) an *Uwe Johnson;* 1984 an *Helmut Heißenbüttel*.
**Literaturpreis des Deutschen Architekten- und Ingenieur-Verbandes** 1984 an *Wolfgang Pehnt*.
**Literaturpreis des ZDF-Kulturmagazins »aspekte«** 1983 (10000 DM) geteilt an *Zsuzsanne Gahse* (Ungarn) u. an *Beat Sterchi* (Schweiz).
**Lübke (Wilhelmine-L.)-Preis** des »Kuratoriums Deutsche Altershilfe e.V.«, 1983 für Literatur (je 4000 DM) an *Jochen Schmauch* u. *Lore Bartholomäus*.
**Lyrik-Wettbewerb** des Bayerischen Rundfunks, 1984 1. Pr. (3000 DM) an *Barbara Maria Kloos*, 2. Pr. (2000 DM) an *Sabine Goettel*, 3. Pr. (1000 DM) an *Ulrich Johannes Beil*.
**Mackensen (Georg-M.)-Literaturpreis** des Georg-Westermann-Verlags in Braunschweig, 1983 (5000 DM) an *Werner Helmes*.
**Mann (Heinrich-M.)-Preis** der Akademie der Künste der DDR in Berlin (Ost), 1984 an *Heinz Czechowski*.
**Marienburg-Preis** der Landsmannschaft Westpreußen e.V. in Münster, 1984 an *Heinz Schön*.
**Märkisches Stipendium** für Literatur der »Märkischen Kulturkonferenz e.V.« (Altena), 1984 (24000 DM) an *Guntram Vesper*, 1985 an *Ulla Hahn;* → Preise für Kunst u. Musik.
**Meckauer (Walter-M.)-Plakette** vom gleichnam. Kreis aus Anlaß des 50. Jahrestages der Bücherverbrennung gestiftet, 1983 an die Bibliothek »Germania Judaica« in Köln, 1984 an die deutschsprach. New Yorker Wochenzeitung »Aufbau«.
**Medaille für Kunst und Wissenschaft** der Freien und Hansestadt Hamburg, 1984 an *Walter Jens*.
**Medizin im Wort** Preis des Kollegiums der Medizinjournalisten, 1983 (10000 DM) an *Hedda Heuser-Schreiber*.
**Merck (Johann-Heinrich-M.)-Preis** für literarische Kritik und Essay, verl. von der »Deutschen Akademie für Sprache und Dichtung e.V.« in Darmstadt, 1984 (10000 DM) an *Erwin Chargaff* (Österr.).
**Miegel (Agnes-M.)-Plakette** des gleichnam. Kuratoriums in Münster, 1984 an *Ursula Schmidt-Görtz*.
**Mülheimer Dramatikerpreis** der Stadt Mülheim an der Ruhr, 1984 (10000 DM) an *Lukas B. Suter* (Schweiz) für »Schrebers Garten«.
**Münchner Literaturjahr** der Landeshauptstadt München, Stipendien (je 12000 DM) für junge Schriftsteller, 1984 an *Zafer Senocak, Michael Koetzle, Gerhard Köpf* u. *Hartmut Geerken*.
**Nationalpreis der DDR** für Kunst und Literatur, 1983 an den Maler *Herbert Sandberg* u. an den Regisseur *Harry Kupfer*.

**Neumann (Günter-N.)-Stiftung** in Berlin (West), Nachwuchsförderpreise für Talente der Leichten Muse, 1983 (je 20000 DM) an die Interpreten *Anja Kruse, Gerald Mann* u. *Gottfried Schlögl,* an den Autor *Eberhard Streul* u. an den Komponisten *Franz Wittenbrink* für das Opern-Grusical »Die Leiche im Sack«.

**Niedersachsenpreis** für Publizistik, Wissenschaft und Kultur, 1984 (je 10000 DM) an den Schriftsteller *Hugo Dittberner,* an den Wissenschaftler *Fritz Sennheiser* u. an den Bildhauer *Emil Cimiotti.*

**Niedersächsisches Künstlerstipendium** des Niedersächs. Ministeriums für Wissenschaft u. Kunst, 1984 (je 8000 DM) für Lit. an *Adam Seide, Erich Loest* u. *Georg-Oswald Cott;* Nachwuchsstipendium 1984 (5000 DM) an *Heinz Kattner;* → Preise für Kunst u. Musik.

**Nordgaupreis des Oberpfälzer Kulturbundes** 1984 (je 2000 DM) f. Lit. an *Eberhard Dünninger,* f. Heimatpflege an *Hermann Braun,* f. Musik an *Anton Zimmert.*

**3. Nordrhein-Westfälisches Autorentreffen** der Landeshauptstadt Düsseldorf, 1983 Preise für Lyrik an *Reinhard Kiefer* (2000 DM) u. *Lydia Lehmann* (1000 DM); für Prosa an *Ursula Erler* (2000 DM), *Willi Thomczyk* (500 DM) u. *Heinrich Detering* (500 DM); für Kinder- u. Jugendliteratur an *Heinz Knappe* (2000 DM) u. *H. Heske* (1000 DM).

**Nürnberger Trichter** Buchpreis der Bundesanstalt für Arbeit in Nürnberg, 1983 (15000 DM) an *Stefan M. Gergely* (Österr.) für »Mikro-Elektronik – Computer, Roboter und neue Medien erobern die Welt«.

**Oberschlesischer Kulturpreis** des Landes Nordrhein-Westfalen, 1983 (10000 DM) an den Schriftsteller *Heinz Piontek.* Förderpreis (5000 DM) an *Otmar Krettek.*

**Ohnsorg (Richard-O.)-Preis** der »Stiftung F.V.S.« zu Hamburg, 1983 (je 7500 DM) an die Schauspieler *Heidi Kabel* u. *Heinrich Kunst.*

**Oldenburger Kinder- und Jugendbuchpreis** der Stadt Oldenburg, 1983 (10000 DM) zu gleichen Teilen an *Gudrun Maecker* u. *Michael Brenner.*

**Ossietzky (Carl-von-O.)-Preis** der Stadt Oldenburg, 1984 (10000 DM) geteilt an den Historiker *Matthias von Hellfeld* u. an die Germanistin *Hannelore Oelke.*

**Ostpreußischer Kulturpreis** der Landsmannschaft Ostpreußen e.V. in Hamburg, 1982 (3000 DM) an *Lieselotte Plangger-Popp* (Bild. Kunst), *Hugo Wellems* (Publizistik), *Helmut Motekat* (Wissensch.) u. *Arno Surminski* (Lit.); 1983 u. 1984 nicht verliehen.

**Paul (Jean-P.)-Preis** → Bayerischer Literaturpreis.

**Petrarca-Preis** des Verlegers Hubert Burda, Offenburg, 1984 (25000 DM) an den in Kärnten lebenden slowenischen Lyriker *Gustav Januš.*

**Pfalzpreis für Literatur** des Bezirksverbandes Pfalz, Neustadt/Weinstr., 1984 (15000 DM) an *Heinrich Kraus;* Verl. alle 3 Jahre.

**Phantastikpreis der Stadt Wetzlar** zur Förd. der phantastischen Lit. im dt.-sprach. Raum, erstmals 1983 (2500 DM) an *Wolfgang* u. *Heike Hohlbein.*

**Plakette »Dem Förderer des deutschen Buches«** verliehen vom Börsenverein des Deutschen Buchhandels, 1984 an *Ursula Assmus.*

**Pommerscher Kulturpreis** der »Pommerschen Landsmannschaft e.V.« in Hamburg, 1984 an den Historiker u. Publizisten *Walter Görlitz.*

**Ponto (Jürgen-P.)-Stiftung** zur Förderung junger Künstler. Förderung im Bereich der Literatur 1984 (15000 DM) an *Markus Werner* (Schweiz).

**Preis der Bayerischen Volksstiftung** 1983 (5000 DM) an den Historiker *Karl Bosl.*

**Preis der Robert-Bosch-Stiftung** in Stuttgart für polnische Übersetzer deutscher Literatur, 1983 (5000 DM) an *Teresa Rządkowska (Jętkiewicz).*

**Preis der Stadt Nürnberg** 1984 (10000 DM) geteilt an die Schauspielerin *Sofie Keeser* u. an die Sängerin *Elizabeth Kingdon.*

**Preis des Historischen Kollegs** des Stiftungsfonds Deutsche Bank im Stifterverband für die Deutsche Wissenschaft, erstmals 1983 (40000 DM) an den Historiker *Alfred Heuß.* Künftig als »Deutscher Historikerpreis« alle 3 Jahre vergeben.

**Preis des Literaturmagazins des Südwestfunks Baden-Baden** 1984 (10000 DM) an *Christa Reinig.*

**Proust (Marcel-P.)-Preis** der geichnamigen Gesellschaft, erstmals 1983 (3000 DM) an *George Pistorius.*

**Raabe (Wilhelm-R.)-Preis** der Stadt Braunschweig, 1984 (10000 DM) an *Alois Brandstetter* (Österr.)

**Reporter der Wissenschaft** Wettbewerb des Bundesmin. f. Forschung u. Technologie u. des Presse- u. Informationsamtes der Bundesreg., 1984 1. Pr. (3000 DM) an *Hans-Dieter Wolz,* 2. Pr. (2000 DM) an *Alexander Busch,* 3. Pr. (1000 DM) an *Uwe Andresen.*

**Reuchlin-Preis** der Stadt Pforzheim, 1983 (10000 DM) an *Jan Białostocki.* Verl. alle 3 Jahre.

**Ringelnatz (Joachim-R.)-Preis** der Stadt Cuxhaven für Dichtung u. Vortragskunst; Verl. erstmals 1985 (10000 DM).

**Roswitha-Gedenkmedaille** Literaturpreis der Stadt Bad Gandersheim, 1984 (10000 DM) an die Lyrikerin *Greta Schoon.*

**Rückert (Friedrich-R.)-Preis** der Stadt Schweinfurt, nächste Verl. 1986.

**Ruhrpreis für Kunst und Wissenschaft** der Stadt Mülheim a.d. Ruhr, 1983 Förderpr. (2500 DM) an *Hannes Hellmann* (Darst. Kunst) u. *Susanne Küster* (Musik).

**Sachs (Nelly-S.)-Preis** (Kulturpreis) der Stadt Dortmund, 1983 (20000 DM) an die Schriftstellerin *Hilde Domin.* Verl. alle 2 Jahre.

**Schiller-Gedächtnispreis** des Landes Baden-Württemberg, 1983 Ehrenpreis (25000 DM) an *Christa Wolf;* Fördergaben (je 12500 DM) an *Herbert Kapfer* u. *Klaus Pohl.*

**Schillerpreis der Stadt Marbach** am Neckar, 1983 (5000 DM) postum an den Prähistoriker u. Denkmalpfleger *Rainer Christlein.*
**Schillerpreis des deutschen Volkes** des »Deutschen Kulturwerks Europäischen Geistes« (DKEG) in München, 1983 (10000 DM) an den Dichter u. Verleger *Gerhard Schuman.*
**Schmidt (Arno-Sch.)-Preis** der gleichnamigen Stiftung in Bargfeld, 1984 (50000 DM) an den Schriftsteller *Wolfgang Koeppen.*
**Schriftsteller im Bücherturm** der Stadt Offenbach, Okt. 1983–Okt. 1984 (insges. 44000 DM) *Horst Bingel.*
**Schubart-Literaturpreis** der Stadt Aalen, 1984 (4000 DM) an *Gerhard Storz,* (je 3000 DM) an *Walter Dürr* u. *Dieter Wieland.*
**Schwabinger Kunstpreis** der Landeshauptstadt München, 1984 (je 2000 DM) f. Lit. an *Wolfgang Ebert,* f. Darst. Kunst an *Gunnar Petersen;* Ehrenpr. an »Ponkie«; → Pr. f. Kunst u. Musik.
**Seidel (Hanns-S.)-Preis** der gleichnamigen Stiftung für politische Publizistik junger Autoren, erstmals 1984 (10000 DM).
**Selbert (Elisabeth-S.)-Preis** der Hessischen Landesregierung zur Anerkennung journalistischer u. wissenschaftl. Arbeiten über die besondere Situation der Frau, erstmals 1983 (je 6000 DM) an *Inge Kurtz, Barbara Sichtermann* u. *Gisela Wülfing.* Förderpreis (2000 DM) an *Ursula Wartmann.*
**Sheckley (Robert-S.)-Preis** für Science-fiction-Kurzgeschichten, gestiftet v. Bastei-Lübbe-Verlag; 1983 1. Pr. (2000 DM) an *Eike Barmeyer.*
**Silbernes Blatt** der »Dramatiker-Union e. V.«, Berlin (West), 1984 an *Elisabeth Bergner, Ida Ehre, Martin Held* u. *Rudolf Platte.*
**Sinsheimer (Hermann-S.)-Preis** der Stadt Freinsheim i. d. Pfalz, 1983 (3000 DM) an *Wolfgang Schwarz.* Verl. alle 3 Jahre.
**Sölderer (Ossi-S.)-Preis** der Mundartfreunde Bayerns e. V., 1983 (2000 DM) an *Wolfgang Asenhuber.*
**Sommer (Sigi-S.)-Literaturpreis** gestiftet vom Verlag R. S. Schulz, Percha, 1984 (10000 DM) an den Schriftsteller u. Regisseur *Kurt Wilhelm.*
**Staatlicher Förderungspreis für junge Künstler und Schriftsteller des Freistaats Bayern** 1983 (je 10000 DM) für Literatur an den Schriftsteller *Gerhard Köpf,* für Tanz an *Claudia Jung,* für darstellende Kunst an die Opernsängerin *Sabine Fues* u. an den Schauspieler *August Zirner;* → Preise für Kunst u. Musik.
**Stadtliterat der Stadt Bocholt** Wohnung u. Arbeitsraum für 2 Jahre u. 12000 DM, 1984/85 *Helga Lippelt.*
**Stadtschreiber der Stadt Kelsterbach** (Kreis Groß-Gerau) erstmals 1984 Stipendium von monatl. 2500 DM für 2 Jahre an *Horst Peisker.*
**Stadtschreiber der Stadt Mainz** Freies Wohnen u. monatl. 2000 DM für 1 Jahr, gestiftet vom ZDF u. der Stadt Mainz, erstmals 1985 an *Gabriele Wohmann.*
**Stadtschreiber von Bergen-Enkheim** (Frankfurt a. M.) Freies Wohnen u. monatl. 2000 DM für 1 Jahr, 1983/84 *Günter Kunert,* 1984/85 *Friederike Roth.*
**Stifter (Adalbert-St.)-Medaille** der Sudetendeutschen Landsmannschaft, 1983 an *Franz Rotter, Heinrich Wamser* (Österr.), *Otto Pohl, Maria Müller-Indra, Erich Fussek, Erhard Marschner, Wilh. Pfeifer* u. *Wilh. Österreicher* (Österr.).
**Sudetendeutsche Förderpreise** der Sudetendeutschen Landsmannschaft, 1983 für Wissenschaft an *Heinrich Michel,* für ausübende Kunst an *Beate Knobloch* u. *Thomas Lehnhart,* für bildende Kunst an *Helga Hohn,* für Schrifttum u. Publizistik an *Wolfgang Herles,* für Volkstumspflege an *Alfred Pichl.*
**Sudetendeutscher Kulturpreis** der Sudetendeutschen Landsmannschaft, 1984 **Hauptpreis** (5000 DM) an den Physiker *Herwig Schopper.* **Kulturpreis für Schrifttum** (2000 DM) an die Schriftstellerin *Barbara König.* **Kulturpreis für Wissenschaft** (2000 DM) an die Historikerin *Monika Gettler.* **Preis für Volkstumspflege** (2000 DM) an den Bezirksheimatpfleger *Adolf Eichenseer;* → Preise für Kunst u. Musik.
**Tappert (Georg-T.)-Preis** der Gewerkschaft Erziehung u. Wissenschaft (GEW), 1984 (je 2500 DM) an die »Staatl. Schule f. Gehörlose u. Schwerhörige« in Neckargemünd, an die »Hauptschule am Deutenberg« in Villingen-Schwenningen u. an die »Matthäus-Beger-Hauptschule« in Reutlingen.
**Thoma (Ludwig-Th.)-Medaille** der Landeshauptstadt München, 1984 an *Dieter Hildebrandt, Karl Obermayr, Gisela Schneeberger* u. an die »Biermösl-Blosn«.
**Thurn-und-Taxis-Förderpreis** erstmals 1984 (20000 DM) geteilt an den Schauspieler *Ernst Hofstetter,* an den Choreographen *Gabriel Sala* u. an 7 bayerische Bühnen.
**Troll (Thaddäus-T.)-Preis** des Förderkreises Deutscher Schriftsteller in Baden-Württemberg, 1984 (5000 DM) an *Rainer Wochele.*
**Turmschreiber von Deidesheim** 1983 (vierwöchiger Aufenthalt u. 5000 DM) *Ludwig Harig.*
**Übernationaler Weinpreis für Literatur** der Edition Text + Kritik, München, 1983 (99 Flaschen Wein) an *Beat Sterchi* (Schweiz) für »Blösch«.
**Ullstein (Rudolf-U.)-Ring** der gleichnamigen Stiftung/Bundesverband Druck e. V. in Wiesbaden, 1983 an den Schriftkünstler u. Typographen *Georg Trump;* 1984 an *Gerold Mack.*
**Vestischer Preis** Marl, erstmals 1984 (2000 DM) an *Tisa von Schulenburg.*
**Villa-Massimo-Stipendium** Studienaufenthalt für Autoren in der »Deutschen Akademie Villa Massimo«, Rom, verliehen vom Bundesministerium des Innern in Verbindung mit den Kultusministerien der Bundesländer (6–12monatige freie Unterkunft u.

1100 DM monatl.). Studiengäste 1982–1984 *Ulla Hahn, Michael Krüger, Frank-Wolf Matthies, Friederike Roth* u. *Peter Schalmey;* Ehrengast *Oskar Pastior;* → Preise für Kunst u. Musik.

**Voss (Johann-Heinrich-V.)-Preis** für Übersetzung, verl. von der »Deutschen Akademie für Sprache und Dichtung e.V.« in Darmstadt, 1984 (10000 DM) an *Anneliese Botond.*

**Voßler (Karl-V.)-Preis** des Freistaats Bayern zur Würdigung wissenschaftlicher Darstellungen von literarischem Rang. Verl. erstmals 1984 (25000 DM) in jährlichem Wechsel mit dem Jean-Paul-Preis → Bayerischer Literaturpreis.

**Wächterpreis der Tagespresse** der Stiftung »Freiheit der Presse« in Frankfurt a.M., 1983 1. Pr. (10000 DM) an *Bernd Stadelmann* (Stuttgarter Nachrichten), 2. Pr. (5000 DM) an *Winfried Rohloff* (Frankfurter Rundschau), 3. Pr. (3000 DM) an drei Journalisten vom »Haller Tagblatt«.

**Weber (Herwig-W.)-Preis** des Presse-Club München e.V. für publizistische Darstellungen Münchens, 1983, 1. Pr. (5000 DM) an *Joseph Rovan,* 2. Pr. (3000 DM) an *Horst Krüger,* 3. Pr. (2000 DM) an *Dieter Mayer-Simeth.*

**Wieland-Übersetzerpreis** des »Freundeskreises zur internat. Förderung lit. u. wiss. Übersetzungen e.V.« in Stuttgart, 1983 (10000 DM) für eine Hörspiel-Übersetzung an *Klaus Reichert.*

**Wolff (Theodor-W.)-Preis** des »Bundesverbandes Deutscher Zeitungsverleger e.V.«, Bonn, für Beiträge, die 1983 in dt. Tages- od. Wochenzeitungen erschienen sind; Hauptpreis (je 6000 DM) an *Klaus-Ulrich Möller, Christian Schmidt-Häuer, Joachim Neander, Claus-Peter Mühlbeck* u. *Jutta Stössinger;* Förderpreise (je 3000 DM) an *Kathrin Kramer* u. *Anke Breitlauch.*

**Wortelmann (Fritz-W.)-Preis** der Stadt Bochum für das Amateurfigurentheater, 1984 1. Pr. (je 2500 DM) an die Puppenspielgruppe »Gugge mol«, Wiesbaden, u. an das »Fadenspiel Marionettentheater«, Spenge.

**Zuckmayer (Carl-Z.)-Medaille** des Landes Rheinland-Pfalz, 1984 an den Schweizer Dramatiker *Friedrich Dürrenmatt.*

### FINNLAND

**Internat. Ballettwettbewerb in Helsinki 1984** des Internat. Theaterinstituts e.V. (ITI). Junioren: 1. *Caroline Campo* (BR Deutschld.), 2. *Kiki Lammersen* (BR Deutschld.); Senioren: 1. *Oliver Matz* (DDR) u. *Natalia Tscherowskaja* (UdSSR).

### FRANKREICH

**Grand Prix du Roman de l'Académie Française** 1983 (50000 F) an *Liliane Guignabodet* für »Natalia«.

**Grand Prix national** 1983 (je 20000 F) für Literatur an *Jean Genet,* für Lyrik an *André du Bouchet,* für Theater an *Denise Gence,* für Tanz an *Maguy Marin,* für Zirkus an die Akrobatengruppe »Les Antares«, für Geschichtswissenschaft an *Vadime Eliseff,* für Archäologie an *Roger Agache;* → Preise für Film, Kunst u. Musik.

**Grands Prix de la SACEM** (Société des auteurs, compositeurs, éditeurs de musique) 1983 Grand Prix des poètes an *Luc Berimont,* Grand Prix de l'humour an *Bernard Haller* (Schweiz); → Musikpreise.

**Ordre des Arts et des Lettres** 1983 u.a. an die Schriftsteller *Lawrence Durrell, Graham Greene, Norman Mailer, Arthur Miller* u. *William Styron,* an den Maler *Francis Bacon,* an die Bildhauerin *Louise Berliawski-Nevelson,* an den Dirigenten *Paul Sacher,* an den Leiter der Bayreuther Festspiele *Wolfgang Wagner,* an den Kunsthistoriker *François Daulte* u. an den Präsidenten der Cinémathèque suisse *Freddy Buache.*

**Prix Apollinaire** 1984 an *Pierrette Micheloud* (Schweiz).

**Prix Aujourd'hui** 1983 an *Jean-François Rebel* für »Comment les democraties finissent«.

**Prix Châteaubriand** 1983 (50000 F) an *Henri Amoureux* für »L'impitoyable guerre civile«.

**Prix des Deux-Magots** 1984 an *Jean Vautrin* für »Patchwork«.

**Prix Femina** 1983 an *Florence Delay* für »Riche et légère«.

**Prix-Femina-Vacaresco** 1984 an *François Chapon.*

**Prix Goncourt** 1983 an *Frédérick Tristan* für »Les Égarés«.

**Prix Interallié** 1983 an *Jacques Duquesne* für »Maria Vandamme«.

**Prix Littéraire France-Canada** 1983 an *Roger Fournier* für »le Cercle des arènes«.

**Prix Médicis** 1983 an *Jean Echenoz* für »Cherokee«. **Prix Médicis etranger** 1983 an *Kenneth White* (Großbrit.) für »La route bleue«.

**Prix Renaudot** 1983 an *Jean-Marie Rouart* für »Avant-Guerre«.

### GROSSBRITANNIEN

**Booker McConnell Award** 1983 (10000 £) an *John M. Coetzee* (Südafrika) für den Roman »Life and Times of Michael K.«.

**Maschler (Kurt-M.)-Preis** der National Book League, 1983 (1000 £) an den Bilderbuchautor *Anthony Browne* für »Gorilla«.

**Royal Society of Literature Award 1983** an *Graham Swift* für den Roman »Waterland«.

**Whitbread Literary Awards 1983** Kinderbuchpreis (3000 £) an *Roald Dahl* für »The Witches«, Biographiepreis (3000 £) geteilt an *Victoria Glendinning* u. *Kenneth Rose,* Romanpreis (3000 £) an *William Trevor* für »Fools of Fortune«.

**Wolfson-Literaturpreis** 1983 (15000 £) geteilt an

*Martin Gilbert* u. *Kenneth Rose* für Biographien über Winston Churchill u. König Georg V.

**ITALIEN**

**Premio Campiello** 1983 (4 Mill. Lit.) an *Carlo Sgorlon* für den Roman »La conchiglia di Anataj«.
**Premio Ponte Vecchio** 1983 an *Eka von Merveldt.*
**Premio Strega** 1984 an *Pietro Citati* für eine Tolstoi-Biographie.
**Premio Ubu** Kritikerpreis für die beste ausländ. Inszenierung, 1983 an *Klaus Michael Grübers* Inszenierung des »Faust« mit *Bernhard Minetti* (Freie Volksbühne Berlin) u. an *Pina Bausch* u. ihre Tanztheater-Truppe.

**NORDISCHER RAT**

**Literaturpreis des Nordischen Rats** 1984 (75000 dkr) an den schwed. Schriftsteller *Göran Tunström* für den Roman »Juloratoriet«.

**ÖSTERREICH**

**Bachmann (Ingeborg-B.)-Wettbewerb** für erzählende Prosa in Klagenfurt. **Ingeborg-Bachmann-Preis** 1984 (120000 S, gestiftet v. d. Landeshauptstadt Klagenfurt) an *Erica Pedretti* (Schweiz), »Preis der Klagenfurter Jury« (75000 S, gestiftet v. Land Kärnten) an *Renate Schostack* (BR Deutschld.), Preis der Kärntner Industrie (60000 S) an *Wolfgang Hegewald* (DDR/BR Deutschld.), Ernst-Willner-Stipendien (je 40000 S) an *Helen Meier* (Schweiz) u. *Thomas Strittmatter* (BR Deutschld.).
**Canetti (Elias-C.)-Stipendien** der Stadt Wien, Jahresstipendien für Wiener Autoren (monatl. 10000 S). 1983 an *Marianne Fritz* u. *Gert Jonke,* 1984 an *Marianne Fritz, Helmut Eisendle* u. *Gernot Wolfgruber.*
**Donauland-Sachbuchpreis** 1983 (100000 S) an *Hugo Portisch.*
**Förderungspreise des Bundesministeriums für Unterricht und Kunst** für Literatur (je 40000 S) 1983 an *K. Hoffer,* 1984 an *E. Czurda, F. Mitterer* u. *M. Scharang;* → Preise für Film, Kunst u. Musik.
**Grillparzer-Ring** verliehen vom Bundesministerium für Unterricht und Kunst, 1983 an *Ryuichi Sugawara,* 1984 an *Walter Naumann* u. *Hilde Haider-Pregler.*
**Großer Österreichischer Staatspreis** für Literatur, 1984 (200000 S) an *Ernst Jandl.*
**Kainz (Josef-K.)-Medaille** der Stadt Wien, 1984 an die Schauspielerin *Hilde Krahl,* an den Bühnenbildner *Herbert Kapplmüller* u. an den Regisseur *Peter Gruber.*
**Körner (Theodor-K.)-Stiftungsfonds** zur Förderung von Wissenschaft u. Kunst. Preise für Lit. 1984 (20000 S) an *E. Czurda, E. Mühlberger-Blum, M. Pichler, M. L. Villaman-Kaltenegger, E. Zuzak,* (15000 S) an *H. Heide, G. Hlawaty, M. Meyrath, B. Pilz-Kögel, W. Siegmund;* → Preise f. Kunst u. Musik.
**Kritikerpreis des Steirischen Herbstes** 1984 an *Klaus Colberg* (BR Deutschld.).
**Literaturpreis des Landes Steiermark** 1983 (50000 S) an *Wilhelm Muster.*
**Nestroy-Ring** der Stadt Wien, 1983 an *Hans Kann* u. *Heinz Petters.*
**Österreichischer Staatspreis für Europäische Literatur** 1982 (200000 S) an den polnischen Schriftsteller *Tadeusz Różewicz,* 1983 (200000 S) an den Schweizer Dramatiker *Friedrich Dürrenmatt.*
**Österreichischer Staatspreis für Kulturpublizistik** 1983 (50000 S) an *Wolfgang Kraus.*
**Preise der Stadt Wien: Würdigungspreise 1984** (je 75000 S) für Literatur an *Gerhard Rühm,* für Publizistik an *Wieland Schmied* u. für Volksbildung an *Leopold Wiesinger.* **Förderungspreise 1983** (je 40000 S) für Literatur an *Gerhard Jaschke* u. *Wilhelm Pellert,* für Volksbildung an *Peter Dusek* u. *Johann Steinringer;* → Preise für Kunst u. Musik.
**Raimund-Ring** verliehen vom Bundesministerium für Unterricht und Kunst, 1983 an *Josef Meinrad,* 1984 an *Inge Konradi.*
**Rauriser Literaturpreis** des Landes Salzburg, 1984 (80000 S) geteilt an *Alain Claude Sulzer* (Schweiz) u. an *Erwin Einzinger* (Österr.). Förderungsstipendium an *Ingo Springenschmid.*
**Skoda (Albin-S.)-Ring** verliehen vom Bundesministerium für Unterricht und Kunst, 1983–1987 an *Ernst Meister.*
**Sperber (Manès-S.)-Preis** 1984 gestiftet von den Bundesministern f. Unterricht u. Kunst und Wissenschaft u. Forschung; Verleihung alle 2 Jahre, erstmals 1985 (100000 S).
**Trakl (Georg-T.)-Preis für Lyrik** verl. v. Bundesmin. f. Unterricht u. Kunst (40000 S) u. dem Land Salzburg (35000 S), 1984 an *Kurt Klinger.*
**Wettbewerb für christliche Literatur** der Wochenzeitung »Die Furche« u. des Grazer Styria Verlags, 1982 Preise für Erzählungen an *Catarina Carsten, Ingo Cesaro* (BR Deutschld.), *Cordelia Spaemann* (BR Deutschld.), *Silja Walter* (Schweiz), *Andrea Wolfmayr.* 1983 Preise für Lyrik an *Markus Jaroschka, Ilse Leitenberger, Gabriele Markus* (Schweiz), *Christa Peikert-Flaspöhler* (BR Deutschld.), *Gerhard Rößler* (DDR), *Rudolf Weilhartner.* 1984 Preise für Romane.
**Wildgans (Anton-W.)-Preis** der österreichischen Industrie, gestiftet von der Vereinigung österr. Industrieller. 1983 (100000 S) an die Schriftstellerin *Jutta Schutting.*
**Würdigungspreise des Bundesministeriums für Unterricht und Kunst** für Literatur 1982 (75000 S) an *Alfred Kolleritsch,* 1983 an *Elfriede Jelinek;* → Preise für Film, Kunst u. Musik.
(Preise z.T. nach der Zeitschrift »Literatur und Kritik«, Salzburg, und »Österreich-Bericht«, Wien)

**SCHWEIZ**

**Aargauer Literaturpreis** 1984 (20000 sfr) an *Hermann Burger.*

**Andersen (Hans-Christian-A.)-Preis** des »Internat. Kuratoriums für das Jugendbuch« (IBBY), 1984 an *Christine Nöstlinger* (Österreich) für ihr Gesamtwerk; → Kunstpreise.

**Anerkennungspreis des Kantons Zug** 1983 (8000 sfr) an die Schriftstellerin *Helen Keiser.*

**Baselbieter Kulturpreis** 1984 (100000 sfr) an *Fritz Klaus.*

**Baseler Literaturpreis** des Kantons Basel-Stadt, erstmals 1984 (20000 sfr) an den Schriftsteller *Christoph Geiser.*

**Bündner Kulturpreis** 1984 an den Historiker u. Publizisten *Jean Rudolf von Salis.*

**Deutschfreiburger Kulturpreis** der Deutschfreiburgischen Arbeitsgemeinschaft, 1984 (10000 sfr) an die Archäologin *Hanni Schwab.*

**Europäischer Essay-Preis** der Stiftung Charles Veillon in Bussigny-près-Lausanne, 1983 (15000 sfr) an den schwedischen Schriftsteller *Lars Gustafsson.*

**Förderpreise des Kantons Aargau** in der Sparte Literatur u. Theater 1983 an *Dieter Bachmann* (20000 sfr für ein Werkjahr), *Urs Faes* u. *Werner Schmidli* (je 15000 sfr Werkbeiträge), *Matthias Zschokke, Hansjörg Schertenleib* u. *Erika Burkart* (je 10000 sfr Anerkennungsbeiträge), *Brigitta Merki* (10000 sfr Produktionsbeitrag); → Kunstpreise.

**Großer Preis der Schweizerischen Schillerstiftung** 1983 (25000 sfr) an die Lyrikerin *Maria Lutz-Gantenbein.*

**7. Internat. Wettbewerb für Choreographie in Nyon** 1983 Compagnie: 2. Pr. *Edward Cook* (USA); Pas de deux: 1. Pr. geteilt an *Ivonice Satie* (Brasilien) u. an *Catherine Diverres* u. *Bernard Montet* (Frankr.), 2. Pr. *Oded Harari* (Schweiz), 3. Pr. *Christine Graz* (Frankr.); Solo: Prix spécial Nyon *Christian Mattis* (Schweiz), 2. Pr. *Fabienne Berger* (Schweiz).

**Jugendbuchpreis des Schweizerischen Lehrer- und Lehrerinnenvereins** 1983 (3000 sfr) an *Katharina Zimmermann.*

**Keller (Gottfried-K.)-Preis** der Martin-Bodmer-Stiftung, 1983 (18000 sfr) an den Schriftsteller *Hermann Lenz* (BR Deutschld.). Ehrengaben an *Alice Vollenweider* u. *Peter Marxer.*

**Kleiner Basler Kunstpreis** 1984 an *Henri E. Gugelmann* u. *Jürg Laederach.*

**Kulturförderungskredite des Kantons Zürich** Literaturkredit 1983 (insges. 146000 sfr): Werkjahrbeiträge an *Roswitha Reinhard-Hamadani, Jürg Schubiger, Toni Stalder* u. *Claudia Storz;* Ehrengaben an *Margrit Baur, Hugo Becker, Armin Bollinger, Beat Brechbühl, Benita Cantieni, Werner Catrina, Jürg Federspiel, Anna Felder, Fritz Hauswirth, Al Imfeld, Peter Riesterer, Elisabeth Schack, Fritz Senn* u. *Manfred Züfle.*

**Kulturpreis der Stadt Biel** 1983 (10000 sfr) an den Schriftsteller *Jörg Steiner* u. an den Maler *Jörg Müller.*

**Kulturpreis des Kantons Uri** 1984 Förderungsbeiträge (je 3000 sfr) an die Theatergruppe »Zeigfinger« (Erstfeld) u. an die Schriftsteller *Emanuel Müller, Rento Gamma* u. *Niklaus Regli,* (2000 sfr) an den Fotografen *Peter Hauck.*

**Kulturpreis des Kantons Wallis** 1984 an den Schriftsteller *Pierre Inhasly.* Förderpreise an den Schriftsteller *Jean-Marc Lovay,* an den Keramiker *Jean-Jacques Putallaz* u. an den Oboisten *Roman Schmid.*

**Kulturpreise der Stadt St. Gallen** 1983 Förderungspreis (3000 sfr) an die Geigerin *Susanne Frank.* Anerkennungspreise (je 3000 sfr) an den Lyriker *Martin Hamburger,* an den Leiter der St. Galler Kammeroper *David Geary,* an den Leiter des Dachateliers *Josef Murer* u. an die Textilkünstlerin *Lucie Schenker.*

**Kulturpreis von Ascona** 1983 an die Schriftsteller *Arnaldo Alberti* u. *Isabella Bossi-Fedrigotti* (Italien).

**Kunstpreis des Kantons Solothurn** 1983 (15000 sfr) an den Schriftsteller u. Kabarettisten *Franz Hohler.*

**Literaturpreis der Stadt Bern** 1984 (10000 sfr) an den Schriftsteller *Paul Nizon.* Buchpreise (je 4000 sfr) an *Dres Balmer, Daniel Lukas Bäschlin, Maja Beutler, Urs Frauchiger* und *Mariella Mehr.*

**Literaturpreise der Stadt und des Kantons Luzern** 1983 Werkpreise (je 4000 sfr) an *Franziska Greising* u. an *Gebhard Butz,* Förderbeiträge (je 3000 sfr) an *Erika Frey* u. *Kurt Steinmann,* Werkjahrbeiträge an *Hans Stutz* (18000 sfr) u. an *Franz Stadelmann* (12000 sfr), Gastpreis (6000 sfr) an *Clemens Mettler.*

**Literaturpreise des Kantons Bern** 1984 (je 5000 sfr) an *Margrit Baur, Ernst Därendinger, Fritz H. Dinkelmann, Alex Gfeller* u. *Beat Sterchi.* Anerkennungspreis (5000 sfr) an *Walter Eschler.*

**Literaturpreis der Stadt Zürich** 1984 (20000 sfr) an den Schriftsteller *Adolf Muschg.*

**Literaturvergabung der Stadt Zürich** 1983 je ein halbes Werkjahr (12000 sfr) an *Silvio Blatter* u. *Renate P. Arlati.* Ehrengaben (je 5000 sfr) an *Gerold Späth, Jaroslav Marek-Vejvoda* u. *André Grab,* für Hörspielarbeiten (je 2500 sfr) an *Peter Jost* u. *Freddy Fretz.*

**Preis der Oertli-Stiftung** 1984 an *Iso Camartin, Flavio Zanetti, Jean-Pierre Vougas* u. *Théo Chopard.*

**Preis des Genfer Schriftstellerverbandes** gestiftet von der Stadt Genf, 1983 an *Jean-Jacques Odier.*

**Preis des Schweizer Buchhandels** 1983 (10000 sfr) an den Buchhändler *Heinrich Fries.*

**Preise der Schweizerischen Schillerstiftung** 1984 an die Schriftsteller *E. Y. Meyer, Jean Rudolf von Salis, Fritz Senft, Otto Steiger, Beat Sterchi,*

*Markus Werner, Jean-Louis Kuffer, Catherine Safonoff, Pierre Alain Tâche, Aurelio Buletti, Silvana Lattmann, Alberto Nessi, Gion Peder Thöni* u. *Peter Cadotsch.*

**Prix de Belles-Lettres** der gleichnam. Ges., 1984 (5000sfr) an *Philippe Mentha.*

**Prix de Lausanne 1984** (12. Internat. Tanzwettbewerb)Auszeichnungen (kostenloses Studium für 1 Jahr u. 7500sfr) an *Kumi Hiramoto* (Japan), *Mehdi Manglunki* (Belgien), *Hisako Takabe* (Japan) u. *Roberta Mazzoni* (Italien). Prix Fondation Johnson an *Eugenio Burratti* (Italien, 4000sfr), *Viviana Durante* (Italien, 3000sfr) u. *Stéphane Dalle* (Frankr., 2000sfr).

**Prix de poésie C.-F. Ramuz** 1983 an *José-Flore Tappy.*

**Reinhart (Hans-R.)-Ring** der Schweizerischen Ges. f. Theaterkultur (SGTK), 1984 an den Schauspieler *Ruedi Walter.*

**Waadtländer Buchpreis** der Waadtländer Schriftstellervereinigung, 1983 an *André Guex.*

**Welschberner Literaturpreis** des Kantons Bern, 1984 an den Historiker *Jean-Jacques Fiechter.* Aufmunterungspreise an *Bernadette Richard* u. *France-Line Bourquin.* »Prix de l'auteur invité« an *Georges Haldas.*

**Zürcher Journalistenpreis** des Zürcher Pressevereins, 1984 (je 3000sfr) an *Dieter Bachmann* u. *Georg Gerster.*

**SPANIEN**

**Premio Josep Plá** des Verlags Destino in Barcelona, für Romane in katalanischer Sprache. 1984 an *Paul Farner* für »Fins al cel«.

**Premio Miguel de Cervantes** Nationalpreis für Literatur, 1983 (10 Mill. Pesetas) an den span. Lyriker *Rafael Alberti,* bedeutendster span. Literaturpreis.

**Premio Nadal** des Verlags Destino in Barcelona, 1984 (1 Mill. Pesetas) an *Salvador García Aguilar Bankett* für den Roman »Regocijo en el hombre«.

**Premio Planeta** des gleichnamigen Verlags in Barcelona, 1983 (8 Mill. Pesetas) an *José Luis Olaizola* für den Roman »La guerra del general Escobar«.

**VEREINIGTE STAATEN VON AMERIKA**

**Pulitzer Price Awards** der New Yorker Columbia-Universität, 1984 (je 1000$) für Belletristik an *William Kennedy* für »Ironweed«, für Drama an *David Mamet* für »Glengarry Glen Ross«, für Lyrik an *Mary Oliver* für »American Primitive«, für internat. Berichterstattung an *Karen Elliott House* (Wall Street Journal), für Lokalberichterstattung an den »Boston Globe«, für Kritik an *Paul Goldberger* (New York Times), für Innenpolitik an *John Wilford* (New York Times), für Leitartikel an *Vermont Royster* (Wall Street Journal), für Karikatur an *Paul Conrad* (Los Angeles Times), für aktuelle Fotos an *Stan Grossfeld* (Boston Globe), für Featurefotos an *Anthony Suau* (Denver Post).

## VON LITERARISCHEN GESELLSCHAFTEN, SCHRIFTSTELLERN, VERLAGEN, BÜCHERN UND BÜHNEN

Auf der **46. Jahresversammlung 1983 des Internat. P.E.N.-Clubs in Caracas** wurde die Freilassung von mehr als 500 wegen ihrer politischen Überzeugung inhaftierter Schriftsteller und Journalisten in aller Welt gefordert. Allein in der UdSSR befinden sich nach Angaben des »Komitees für Schriftsteller im Gefängnis« 114 Autoren, in Lateinamerika 146 u. in Afrika 41 Autoren in Gefängnissen oder Arbeitslagern oder gelten als »verschwunden«. Schwerwiegende politische Verfolgungen seien auch in Cuba, Chile, Uruguay, Vietnam, den Philippinen, Polen u. in der Türkei bekannt geworden. – Auf dem **47. Internat. P.E.N.-Kongreß 1984 in Tokio,** der unter dem Thema »Literatur im Atomzeitalter – Warum schreiben wir?« stand, wurde eine Resolution für Frieden und Abrüstung verabschiedet. – *Martin Gregor-Dellin* wurde 1984 für weitere 2 Jahre zum Präsidenten des 485 Mitglieder zählenden P.E.N.-Zentrums der BR Deutschld. gewählt. – *Hans Peter Bleuel* wurde im April 1984 zum neuen Vorsitzenden des **Verbands deutscher Schriftsteller (VS)** gewählt. – Zum neuen Direktor des **Freien Deutschen Hochstifts** in Frankfurt a. M. wurde *Christoph Perels* bestellt; das Archiv des Hochstifts besitzt etwa 25000 Dichterhandschriften. – Zum neuen Direktor des **Schiller-Nationalmuseums** u. des **Deutschen Literaturarchivs** in Marbach wurde *Ulrich Ott* gewählt. – Der ehem. Präsident von Senegal, *Léopold Sédar Senghor,* wurde als erster afrikanischer Schriftsteller in die Académie Française aufgenommen.

»Sprache der Bibel – unsere Sprache?« war das Leitthema der Herbsttagung 1983 der **Deutschen Akademie für Sprache und Dichtung** in Darmstadt, mit »Ich und die Welt. Über autobiographische Tendenzen in der neuesten deutschen Literatur« befaßte sich die Frühjahrstagung 1984 in Regensburg. *Herbert Heckmann* wurde zum neuen Präsidenten, *Reinhard Baumgart, Jurek Becker, Jürgen Habermas, Michael Krüger* u. *Hans Wollschläger* wurden zu neuen Mitgliedern der Akademie gewählt. – Der **22. Kongreß der Internat. Verleger-Union (IVU)** 1984 in C. de México mit über 1000 Teilnehmern aus 43 Staaten beschäftigte sich unter anderem mit den Autorenrechten, der freien Verbreitung des Buches und der Freiheit des Verlegens. – Die **IV. Europäische Kulturministerkonfe-**

**renz 1984** in Berlin (West) befaßte sich mit »Kultur und Kommunikationstechnologien« als Hauptthema und mit der Verabschiedung der »Europäischen Erklärung über die kulturellen Zielsetzungen«, die »einen Beitrag zur Entwicklung des europ. Bewußtseins« leisten soll. – Zu den bedeutendsten **Veranstaltungen zum 500. Geburtstag Martin Luthers** zählten die historische Ausstellung »Martin Luther und die Reformation in Deutschland« im Nürnberger Germanischen Nationalmuseum u. die Ausstellungen »Martin Luther – Leben und Werk« in Erfurt und »Martin Luther und seine Zeit« im Ostberliner Museum für Deutsche Geschichte. – Zum **100. Geburtstag von Lion Feuchtwanger** veranstaltete die Akademie der Künste in Berlin (West) im Sommer 1984 die Ausstellung »Lion Feuchtwanger (1884–1958) Leben und Werk«; seine Romane u. Erzählungen erschienen im Fischer Taschenbuch Verlag. – In Weimar wird zum **225. Geburtstag Friedrich von Schillers** am 10. Nov. 1984 der Grundstein zum **Bau eines Schiller-Museums,** dem ersten Museumsneubau in der DDR, gelegt. – Zum **200. Geburtstag der Brüder** Jakob und Wilhelm **Grimm** wird in Kassel 1985 eine Ausstellung **»Brüder Grimm – Dokumente ihres Lebens und Wirkens«** von der Brüder-Grimm-Gesellschaft u. der Stiftung Preußischer Kulturbesitz Berlin gestaltet. – Der Deutsche Taschenbuch Verlag (dtv) brachte als fotomechanischen Nachdruck der Erstausgabe das zwischen 1854 und 1971 im Leipziger Hirzel Verlag erschienene **»Deutsche Wörterbuch« von Jacob und Wilhelm Grimm** heraus. – Im Bibliographischen Institut Mannheim erschien unter dem Titel **»Deutsches Universalwörterbuch«** ein neuer Duden mit rund 120000 Artikeln, 150000 Anwendungsbeispielen und mehr als 500000 Angaben zu Rechtschreibung, Aussprache, Herkunft, Grammatik und Stil. – **»Der Große Brockhaus«** erschien in einer ungekürzten u. aktualisierten Kompaktausgabe in 26 Bänden, zusammengefaßt in 2 Kassetten. – Im Frühjahr 1984 wurde die 36bändige **»Große Bertelsmann Lexikothek«** vorgestellt. Das 15bändige aktualisierte Lexikon, die 16bändige Enzyklopädie und ein Weltatlas wurden durch die Reihe »Unser Jahrhundert in Wort, Bild und Ton« ergänzt. Jeder der vier Bände zur Zeitgeschichte von den 40er bis zu den 70er Jahren enthält eingebundene Schallfolien mit insges. 288 Originalton-Dokumenten, die über ein mitgeliefertes Abspielgerät abgehört werden können.

Nach Angaben des Statistischen Bundesamtes lag das **Gesamtvolumen des Außenhandels der Bundesrepublik Deutschland** einschl. Berlin (West) mit **»Gegenständen des Buchhandels«** (Bücher, Zeitungen u. Zeitschriften, Bilderbücher, Noten, kartographische Erzeugnisse) **1982** bei **2,258 Mrd. DM** (1981: 2,220 Mrd. DM), davon entfielen **1604,562 Mill. DM** auf die **Ausfuhr** (+2,7%) und **654,301 Mill. DM** auf die **Einfuhr** (+4,4%). 86,7% der Ausfuhren blieben in Europa, 7,6% gingen nach Amerika, 4,0% nach Asien, 1,2% nach Afrika und 0,5% nach Australien. Bücher wurden 1982 für 774,677 Mill. DM (1981: 777,303 Mill. DM) exportiert und für 441,003 Mill. DM (439,579 Mill. DM) importiert; Zeitungen u. Zeitschriften erreichten einen Ausfuhrwert von 802,411 Mill. DM (763,677 Mill. DM) und einen Einfuhrwert von 182,445 Mill. DM (181,444 Mill. DM). **Wichtigste Handelspartner** waren **Österreich** und die **Schweiz.** Nach Österreich wurden 1982 für 210,170 Mill DM Bücher (27,1% der Buchausfuhr) und für 198,071 Mill DM Zeitungen u. Zeitschriften ausgeführt; in die Schweiz gingen für 202,087 Mill. DM Bücher (26,1% der Buchausfuhr) und für 192,669 Mill. DM Zeitungen u. Zeitschriften. Aus Österreich wurden 1982 für 95,306 Mill. DM Bücher (21,6% der Bucheinfuhr) und für 28,403 Mill. DM Zeitungen u. Zeitschriften eingeführt, aus der Schweiz kamen für 77,255 Mill. DM Bücher (17,5% der Bucheinfuhr) und für 30,555 Mill. DM Zeitungen u. Zeitschriften. **1983** erreichte der **Außenhandel mit Gegenständen des Buchhandels 2,344 Mrd. DM** (+3,8%), davon entfielen **1,677 Mrd. DM** (+4,5%) auf die **Ausfuhr.** Der Ausfuhrwert für Bücher betrug 1983 777,8 Mill. DM (+0,4%), der für Zeitungen u. Zeitschriften 869,2 Mill. DM (+8,3%). – Im **Innerdeutschen Handel** mit Gegenständen des Buchhandels lagen **1982** die **Lieferungen der Bundesrepublik Deutschland** einschl. Berlin (West) bei 9,393 Mill. (1981: 10,701 Mill.) Verrechnungseinheiten (VE) für Bücher und bei 14,058 Mill. (12,995 Mill.) VE für Zeitungen und Zeitschriften; im gleichen Zeitraum lagen die **Bezüge aus der DDR** bei 22,398 Mill. (18,367 Mill.) VE für Bücher und bei 1,279 Mill. (1,488 Mill.) VE für Zeitungen und Zeitschriften.

Nach Angaben des Börsenvereins des Deutschen Buchhandels in **Buch und Buchhandel in Zahlen** (Ausgabe 1983) stieg die **Buchproduktion der Bundesrepublik Deutschland** einschl. Berlin (West) **1982** mit **61332 Titeln** (1981: 59168 Titel) um 3,7%; rund 48900 Titel erschienen als Bücher mit 49 und mehr Seiten. Das Verhältnis von Erst- zu Neuauflage lag bei der Gesamttitelproduktion bei 79:21 (48730 Erstaufl., 12602 Neuaufl.). Als **Taschenbuch** wurden 1982 **8602 Titel** (1981: 8606 Titel) herausgebracht; 5083 Titel (59%) waren Erstauflagen, 3519 Titel (41%) Neuauflagen. Die Taschenbuchtitel machten 14% der Gesamttitelproduktion aus (1981: 14,6%); jeder 7. Titel war ein Taschenbuch. Die »Belletristik« lag 1982 mit 10875 Titeln oder 17,7% (1981: 20,2%) an erster Stelle der Buchproduktion und mit 4185 Titeln oder 48,7% (1981: 50,2%) an erster Stelle der Taschenbuchproduktion; auf »Jugendschriften« entfielen 4096 (6,7%) der Buchtitel und 839 (9,8%) der Taschenbuchtitel. 6773 Titel (1981: 6561 Titel) oder 11% der gesamten Titelproduktion 1982 waren **Übersetzungen** ins Deutsche; 66,6% dieser Titel entstammen dem englischsprachigen Raum, 13,1% wurden aus dem Französischen übernommen; insgesamt wurden Veröffentlichungen aus 52 Sprachen übersetzt. 26,6% der aus fremden Sprachen übernommenen Titel entfallen auf »Schöne Literatur«, 26% auf »Jugendschriften«. Der Anteil der Übersetzungen an Taschenbuchveröffentlichungen erreichte mit 3258 Titeln 37,9%; auf »Schöne Literatur« kommen 51,6%, auf »Jugendschriften« 35,5% der aus anderen Sprachen übersetzten Titel. (Quelle: Wöchentliches Verzeichnis der Deutschen Bibliographie). Nach Erhebungen des Börsenvereins wurden 1982 **2200 Lizenzen** von Verlagen in der Bundesrepublik Deutschland einschl. Berlin (West) ins Ausland vergeben.

Auf der **35. Frankfurter Buchmesse 1983** waren 5890 Verlage aus 77 Ländern vertreten; die Bundesrepublik nahm mit 1558, die DDR mit 58 Verlagen teil. Von den rund 298000 ausgestellten Buchtiteln waren etwa 88000 Neuerscheinungen. Die Zahl der Besucher lag bei 179000. Die **36. Frankfurter Buchmesse** fand vom 3.–8. Okt. 1984 mit dem Schwerpunktthema »Orwell 2000« statt. Auf der 7. Gegenbuchmesse 1983 der Arbeitsgemeinschaft Alternativer Autoren und Verlage (AGAV) im Frankfurter »Haus der Jugend« stellten rund 130 Verlage aus. – An der **Leipziger Buchmesse 1984** beteiligten sich nahezu 1000 Verlage aus 22 Ländern mit über 50000 Titeln. 78 Buchverlage der DDR stellten rund 6000 Titel vor, darunter fast 1000 Arbeiten von DDR-Autoren. Im Mittelpunkt der Ausstellung standen Bücher, die dem 35. Jahrestag der DDR-Gründung gewidmet waren. 1983 erschienen in der DDR 6388 Titel mit einer Gesamtauflage von 141,4 Mill. Exemplaren; jedes siebte Buch war eine Übersetzung.

Das **»Börsenblatt für den Deutschen Buchhandel«**, erstmals am 3. Jan. 1834 in Leipzig erschienen, feierte sein 150jähriges Bestehen als Verbandsorgan des Börsenvereins für den Deutschen Buchhandel.

Die **Deutsche Bibliothek** in Frankfurt a. M., zentrale Archivbibliothek u. bibliographisches Informationszentrum der Bundesrepublik, hatte Ende 1982 einen Bestand von 3298590 (Ende 1981: 3092077) »bibliographischen Einheiten«, davon 2657535 Buchbinderbände. Die Bibliothek verfügte zur gleichen Zeit über 350300 Bände deutscher Hochschulschriften, 50415 Bände im Ausland erschienener fremdsprachiger Werke über Deutschland und Übersetzungen aus dem Deutschen und über 69050 Dokumente zur deutschen Emigration 1933 bis 1945. Deutsche Tageszeitungen werden auf Mikrofilmen und Sprechplatten gesammelt. Der Auskunftsdienst der Deutschen Bibliothek erteilte 1982 über 34000 Auskünfte. Ein **Neubau der Deutschen Bibliothek** soll nach einem Entwurf des Stuttgarter Architektenteams M. Arat/H.-D. Kaiser/G. Kaiser für rund 200 Mill. DM im Frankfurter Holzhausenviertel entstehen. – Mehr als **193 Mill. Ausleihungen** verzeichneten 1982 nach Angaben des Deutschen Bibliotheksinstituts 11000 von 14000 öffentliche Büchereien in der BR Deutschld., die insgesamt über fast 80 Mill. Medieneinheiten (Bücher, Schallplatten, Karten) verfügten. Das **Deutsche Literaturarchiv in Marbach a. N.** erstellte ein neues umfassendes Verzeichnis der Nachlässe und Sammlungen mit Abbildungen u. Beschreibungen der 573 Autorennachlässe, die heute in Marbach verwahrt werden. – Die Stadt Köln erwarb das **Archiv des Schriftstellers Heinrich Böll** für 2,34 Mill. DM; die Summe wird in 20jährlichen Raten an den Lit.-Nobelpreisträger od. seine Erben ausgezahlt.

Zur Förderung und Erhaltung deutscher Kunst und Kultur von nationalem Rang wurde von den Ministerpräsidenten der Bundesländer gemeinsam mit dem Bund die Gründung einer **Kulturstiftung** beschlossen. Die Länder wollen zusammen bis zu 10 Mill. DM, der Bund 13,5 Mill. DM jährlich in die Stiftung einbringen, die am 1. Jan. 1985 ihre Arbeit aufnehmen soll.

Nach einer Dokumentation der Kultusministerkonferenz entfielen von den insges. 4815,7 Mill. DM **Kulturausgaben** des Jahres **1981 in der BR Deutschld.** 2666,1 Mill. DM od. 55,4% auf Theater- u. Musikpflege, 783,2 Mill. DM auf Museen, Sammlungen u. Ausstellungen, 298,7 Mill. DM auf Denkmalschutz u. Denkmalpflege, 115,9 Mill. DM auf Naturschutz u. Landschaftspflege, 720,2 Mill. DM auf sonstige Kulturaufgaben u. 231,5 Mill. DM auf die Verwaltung der kulturellen Angelegenheiten. Zwischen 1976 und 1981 erhöhten sich die Ausgaben für Kunst- und Kulturpflege von 2,774 auf 4,816 Mrd. DM. Pro Einwohner wurden 1981 für Kunst- und Kulturpflege vom Bund 1,9 DM, von den Ländern 32 DM u. von den Gemeinden 43,7 DM ausgegeben.

Mit 146 Kulturinstituten im Ausland und 5 Instituten in der Bundesrepublik und Berlin (West) ist das **Goethe-Institut** die größte Mittlerorganisation der auswärtigen Kulturpolitik. 1982 wurde Deutschunterricht an 68700 Studenten im Ausland und an 20000 Studenten im Inland erteilt.

Im Geschäftsjahr 1983 wurden vom Kuratorium des **»Deutschen Literaturfonds e.V.«** insges. 698000 DM für 34 Stipendien, 2 Projekt- u. 4 Druckkostenzuschüsse vergeben. Im Frühjahr 1984 erhielten 14 Schriftsteller (*G. Bekker, M. Buselmeier. J. Christ, D. Eue, P. H. Gogolin, J. Grusa, H. Kinder, A. H. Kiss, J. Lind, H. J. Schädlich, E. Schleef, S. Schollak, G. Steffens* u. *J. Zoderer*) Stipendien u. 1 Projekt (Literaturzeitschrift »Manuskripte«) einen Zuschuß von insges. 269600 DM. Seit 1981 wurden 153 Autoren u. 29 Projekte mit insges. 3,52 Mill. DM gefördert.

Die **VG Wort** (Verwertungsgesellschaft Wort, vereinigt mit der Verwertungsgesellschaft Wissenschaft), die die Urheberrechte von etwa 50000 Autoren u. Verlegern im deutschsprachigen Raum wahrnimmt, feierte ihr 25jähriges Jubiläum. Die Gesellschaft erzielte 1982 einen Gesamtertrag von 25,307 Mill. DM (u. a. 11,4 Mill. DM Bibliothekstantiemen, 5,6 Mill. DM Geräteabgaben im Bereich Hörfunk u.

Fernsehen, 1,7 Mill. DM Fotokopiervergütung im gewerblichen Bereich, 1,7 Mill. Pressespiegelverg.) Das **Budget der UNO-Organisation für Erziehung, Wissenschaft und Kultur (UNESCO)** beläuft sich für die Periode 1984/85 auf 374,4 Mill. $. – Die US-Regierung erwägt für Ende 1984 den **Austritt der USA aus der UNESCO** als Protest gegen eine angebliche antiwestliche Tendenz der Organisation u. ihre Versuche zur Umstrukturierung der Weltnachrichtenordnung, die dem Prinzip der Pressefreiheit zuwiderlaufen; Großbritannien u. die Niederlande wollen sich diesem Schritt anschließen. – Nach einer UNESCO-Erklärung gehören **824 Mill.** Erwachsene auf der Welt zu den **Analphabeten,** sie leben zu 97% in den Entwicklungsländern; 16 der 25 Länder mit mehr als 70% Analphabeten sind afrikanische Staaten. Die Zahl der Analphabeten in der Bundesrepublik Deutschld. wird auf 500000 bis 3 Mill. geschätzt. Das **Evangeliar Heinrichs des Löwen** wurde bei Sotheby's in London am 6. Dez. 1983 für den bisher höchsten Kunstauktionspreis von 8,14 Mill. £ (32,15 Mill. DM) von den Antiquaren B. Quaritch u. H. P. Kraus in deutschem Auftrag ersteigert. An dem Erwerb waren der Bund, die Länder Niedersachsen und Bayern, die Stiftung Preußischer Kulturbesitz und private Spender beteiligt. Das um 1175 im niedersächs. Kloster Helmarshausen entstandene 226 Seiten starke Werk mit 41 ganzseitigen Illustrationen wurde in die Herzog-August-Bibliothek in Wolfenbüttel integriert. – An der **23. Stuttgarter Antiquariatsmesse 1984,** zu der 12500 Besucher kamen, nahmen 64 in- und ausländische Aussteller teil; zu den bedeutendsten Verkäufen zählten 34 Briefe Richard Wagners an Mathilde Maier für 140000 DM, 50 Otto-Dix-Radierungen für 145000 DM und eine Tuschfederzeichnung von Giambattista Tiepolo für 189000 DM.

Nach der **Werkstatistik des Deutschen Bühnenvereins** erreichten in der Spielzeit 1982/83 in der BR Deutschland die **höchsten Aufführungszahlen: Schauspielwerke:** »Die Physiker« v. Dürrenmatt (378 Auff.), »Faust I« v. Goethe (374), »Amadeus« v. Shaffer (311); **Opern/Operetten/Musicals:** »My Fair Lady« v. Loewe (332 Auff.), »Die Zauberflöte« v. Mozart (278), »Die Fledermaus« v. Strauß (232); **Ballette:** »Romeo und Julia« v. Prokofieff (110 Auff.), »Der Nußknacker« v. Tschaikowsky (94), »Dornröschen« v. Tschaikowsky (59). Die **höchsten Besucherzahlen** erreichten 1982/83: **Schauspielwerke:** »Reigen« v. Schnitzler (168643), »Von der Hand in den Mund« v. Bothe-Pelzer (155000), »Faust I« v. Goethe (147002); **Opern/Operetten/Musicals:** »Die Zauberflöte« v. Mozart (316798), »Die Fledermaus« v. Strauß (208904), »Hänsel und Gretel« von Humperdinck (198205). Die **meistgespielten Autoren** in der BR Deutschland waren 1982/83: Goethe (14 Werke/1710 Auff./70 Insz.), Brecht (17/1343/56), Shakespeare (18/1251/60), Ayckbourn (8/730/19).

Für das **21. Berliner Theatertreffen 1984** wurden von der Jury die 13 »bemerkenswertesten Aufführungen« des deutschsprachigen Schauspieltheaters ausgewählt. Schaubühne am Lehniner Platz Berlin: Tschechows »Drei Schwestern« (Regie *Stein*) u. »An der großen Straße« *(Grübner)*; Bayerisches Staatsschauspiel: Ibsens »Baumeister Solness« *(Zadek)*; Münchner Kammerspiele: Becketts »Warten auf Godot« *(Tabori)*, Lessings »Emilia Galotti« *(Langhoff)* u. Kroetz' »Nicht Fisch, nicht Fleisch« *(Kroetz)*; Schauspielhaus Bochum: Müllers »Verkommenes Ufer« *(Karge/Langhoff)*, Bernhards »Der Schein trügt« *(Peymann)* u. Shakespeares »Wintermärchen« *(Peymann)*; Bremer Tanztheater: »Callas«, ein Tanzabend v. *Reinhild Hoffmann;* Thalia-Theater Hamburg: Hauptmanns »Michael Kramer« *(Noelte)*; Nationaltheater Mannheim: Tschechows »Onkel Wanja« *(Clemen)*; Schauspielhaus Köln: Wilsons Opera »The Civil Wars« *(Wilson)*.

Nach Angaben des **Deutschen Bühnenvereins,** Bundesverband Deutscher Theater, für die **Spielzeit 1982/83,** gab es in der BR Deutschland in 74 Gemeinden 84 **öffentliche Theater** und 258 **Spielstätten;** die Zahl der Plätze betrug insges. 6144779. In 32241 Veranstaltungen wurden 17054967 **Besucher** gezählt; nach Sparten: Schauspiel 6005372, Oper 5004679, Ballett 1320245, Operette 1730810, Musical 814339, Konzert 635634, Kinder- u. Jugendstücke 1543888 Besucher. **Betriebseinnahmen** im Rechnungsjahr 1982 von 295,541 Mill. DM standen **Ausgaben** in Höhe von 1897,581 Mill. DM gegenüber. Der Anteil der Personalausgaben lag bei 1481,399 Mill. DM; ständig beschäftigt waren 27018 Personen. **Zuweisungen, Zuschüsse** u. Einnahmen aus Schuldenaufnahmen betrugen 1602,040 Mill. DM. Das **Einspielergebnis** betrug 16,7%, der Betriebszuschuß je Besucher 80,62 DM, die gesamte öffentl. Zuweisung je Einw. 78,91 DM. 81 **Privattheater** (21665 Plätze, 18158 Veranstaltungen, 4362634 Besucher) erhielten 47,631 Mill. DM Zuweisungen aus öffentl. Mitteln. 27 **Festspieltheater** (Bühnen) (48529 Plätze, 858 Vorstellungen, 1195177 Besucher) wurden mit 17,158 Mill. DM unterstützt. – Die **Betriebseinnahmen der vier österreichischen Bundestheater in Wien** (Staatsoper, Burgtheater, Volksoper, Akademietheater) betrugen im Rechnungsjahr 1982 343,679 Mill. S, die **Betriebsausgaben** 1611,038 Mill. S. Bei einem Einspielergebnis von 21,3% wurden 1267,359 Mill. S Subventionen erforderlich. 1477261 zahlende Besucher wurden in der Spielzeit 1982/83 registriert. – Nach Angaben des **Schweizerischen Bühnenverbandes** wurden in der Spielzeit 1982/83 in 137 Veranstaltungen des **Opernhauses Zürich** 136223 Besucher bei einer Platzausnutzung von 66,1% gezählt. Eine Platzausnutzung von 45,6% wurde im **Schauspielhaus Zürich** mit 222353 Besuchern in 490 Veranstaltungen erreicht. **Betriebseinnahmen** von 7,901 Mill. sfr des Opernhauses u. 5,180 Mill. sfr des Schauspielhauses standen **Ausgaben** von 38,995 Mill. sfr u. 20,176 Mill. sfr gegenüber. Nach zweijähriger Renovierungsarbeit wurde 1983 das **Deutsche Theater in Ost-Berlin** als »führende Schauspielbühne des sozialistischen Nationaltheaters in der DDR« wiedereröffnet. – Der Schauspieler *Dieter Mann* wurde zum Intendanten des Deutschen Theaters in Ost-Berlin ernannt, er löst *Rolf Rohmer* ab; Oberspielleiter wurde *Friedo Solter.* – In **Essen** wird nach den Plänen des finnischen Architekten *Albar Aalto* für 134,5 Mill. DM ein **Theaterneubau** errichtet, der bis 1988 fertiggestellt sein soll. – Nach dem Rücktritt von *David Esrig* als kommissarischer Leiter der Essener Bühnen wurde *Werner Mützel,* bisher Generalintendant in Aachen, zum künstlerischen Geschäftsführer der neuen »Bühnen und Philharmonisches Orchester GmbH« in Essen bestellt. – Der Schauspieler *Günter Pavel Fieber* wird 1985 Intendant des Städt. Theaters Ulm u. Nachfolger von *Volkmar Clauß,* der die Generalintendanz der Städt. Bühnen Kiel übernimmt; sein Vorgänger *Horst Fechner* wird Leiter der Städt. Bühnen Dortmund. – *Eike Gramss,* Oberspielleiter des Schauspiels am Hessischen Staatstheater in Darmstadt, wird Generalintendant des Zweistädte-Theaters Krefeld/Mönchengladbach. – Der Regisseur *Tobias Richter* wird mit Beginn der Spielzeit 1985/86 Generalintendant der Theater der Freien Hansestadt Bremen u. Nachfolger von *Arno Wüstenhöfer.* – Der Schweizer Regisseur *Guido Huonder* wird neuer Direktor des Schauspielhauses in Dortmund. – Der Dramaturg *Knut Boeser* wird Intendant des Berliner Renaissance-Theaters u. damit Nachfolger von *Heribert Sasse,* der 1985 als Generalintendant zu den Staatl. Schauspielbühnen Berlins wechselt. – Der Direktor des Schauspiels Frankfurt, *Adolf Dresen,* will seinen Vertrag nach dem Ende der Spielzeit 1984/85 nicht verlängern. – Der bisherige Leiter des Schauspielhauses Bochum, *Claus Peymann,* wird ab Herbst 1986 Direktor des Wiener Burgtheaters. – Der Leiter des Tübinger Landestheaters, *Klaus Pierwoß,* wird Intendant des Kölner Schauspielhauses u. Nachfolger von *Jürgen Flimm,* der Regisseur *Horst Siede* wird Schauspieldirektor. *Jürgen Flimm* übernimmt 1985 die Intendanz des Hamburger Thalia-Theaters. – *William Forsythe* wurde zum neuen Chefchoreographen u. künstl. Direktor des Balletts der Städt. Bühnen Frankfurt, *Paolo Bortoluzzi* zum neuen Ballettdirektor der Deutschen Oper am Rhein (Düsseldorf/Duisburg) berufen. – *Ronald Hynd* wurde Nachfolger von *Edmund Gleede* als Ballettdirektor der Bayerischen Staatsoper. – Das Zentrum Bundesrepublik Deutschland des Internat. Theaterinstituts (ITI) wählte *August Everding* erneut zum Präsidenten.

## MUSIKPREISE

### DEUTSCHLAND

**Bach-Preis der Freien und Hansestadt Hamburg** 1983 (20000 DM) an d. Kompon. *Hans-Werner Henze.* Stipendien (je 10000 DM) an d. Kompon. *Helmut W. Erdmann* u. *Manfred Stahnke.*

**Bach-Preis der Landeshauptstadt Wiesbaden** für Orgel, 1983 1. Pr. (3000 DM) *Bernhard Haas,* 2. Pr. (1000 DM) *Stefan Palm,* 3. Pr. (500 DM) *Gerhard Jentschke.*

**Beethovenpreis der Stadt Bonn zur Förderung junger Komponisten** 1983 (15000 DM) zu gleichen Teilen an *Manuel Hidalgo* (Spanien), *Joachim Krebs* u. *Manfred Stahnke;* Verl. alle 3 Jahre.

**Brahms-Wettbewerb 1983** der »Johannes-Brahms-Gesellschaft Internat. Vereinigung e.V.« in Hamburg. Preise der »Oscar und Vera Ritter-Stiftung«: 1. Pr. nicht vergeben, 2. Pr. an das Klaviertrio »Trio Sanderi« *(Bücker, Hemkemeier, Grote)* u. an das Klaviertrio *Maurizzi–Mazza–Ballarini* (Italien); Preise der »Franz-Wirth-Gedächtnis-Stiftung«: 1. Pr. nicht vergeben, 2. Pr. an das Duo *Smietana-Douglas* (Violine/Klavier) u. an das Duo *Yanase–Tanaka* (Klarinette/Klavier); Sonderpreise der »J.-Brahms-Ges.« an das Trio *Shinohe–Schwalke–Alder* (Klarinette/Violoncello/Klavier) u. an das »Pannonia-Trio« *(Zempléni, Kuschnir, Schuster;* Horn/Violine/Klavier).

**Bremer Förderpreis für Musik der Freien Hansestadt Bremen** 1983 (5000 DM) an den Pianisten *Markus Pawlik.*

**28. Bundesauswahl Konzerte junger Künstler** (»Das Podium junger Solisten«) des Deutschen Musikrats, Bonn. Teilnehmer 1984/85: »Mannheimer Streichquartett« *(A. Oppelcz, C. Hohorst, U. Knörzer, A. Fromm),* »Grüneburg-Trio« *(U. Koneffke, S. Stoodt, J. Griesheimer), Olaf Dressler* (Klavier), *Matthias Kirschnereit* (Klavier), *Gabriele Schwarz* (Flöte), *Detlef Tewes* (Mandoline) u. *Thomas Scharkowski* (Gitarre).

**12. Bundeswettbewerb Gesang Berlin 1983** des »Verbandes Deutscher Musikerzieher u. Konzertierender Künstler« (VDMK), Landesverband Berlin e.V. – Sparte **Musical, Chanson, Song. Kategorie A** (ohne stimmliche Ausbildung): Förderprämien an *Tatjana Clasing* (3000 DM), *Claudia Berger* (2500 DM), *Claudio Maniscalco, Ariane Jontzyk* u. *Darja Godec* (je 2000 DM); Sonderpreis (2000 DM) für die beste Interpretin im Fach Musical an *Tatjana Clasing.* **Kategorie B** (in gesanglicher oder schauspielerischer Ausbildung): Förderprämien an *Marina Edelhagen* für Chanson u. *Regine Böhm* für Song (je 5000 DM), *Marianne Sczeponek* u. *Christoph Späth* (je 3000 DM), *Susanne Schempp* u. *Dieter Winterle* (je 2000 DM), *Andreas Zürn* (1500 DM), *Conrad Roediger, Claudia Knipp* u. *Sibylle Egle* (je 1000 DM).

**Busch (Brüder-B.)-Preis** der gleichnamigen Gesellschaft in Hilchenbach-Dahlbruch, 1983 an die Bratschistin *Barbara Westphal.*

**Buxtehude-Preis** der Hansestadt Lübeck, 1984 (5000 DM) an das Ensemble »Musica Antiqua Köln«; Verl. alle 3 Jahre.

**1. Chopin-Klavierwettbewerb** der »Chopin-Gesellschaft« in Darmstadt, 1983 1. Pr. (3000 DM) an *Junko Otake* (Japan), 2. Pr. (2000 DM) zu gleichen Teilen an *Hiroko Mukunoki* (Japan) u. *Iwan König,* 3. Pr. (1000 DM) zu gleichen Teilen an *Keum-Bong Kim* (Korea) u. *Oliver Dunkelberg.*

**Deutscher Musikwettbewerb 1984** veranstaltet vom »Deutschen Musikrat«, Bonn. Preise für junge deutsche Solisten u. Kammermusikvereinigungen mit musikal. Berufsausbildung: 1. Pr. nicht verliehen, 2. Pr. (je 3000 DM) an *Stephan Picard* (Violine), *Ramon Jaffé* u. *Armin Fromm* (Violoncello) u. an *Clara-Christine Hohorst* (Horn), 3. Pr. (je 2000 DM) an *Kolja Blacher* u. *Martin Dehning* (Violine), *Konrad Elser* (Klavier), *Eckart Wiewinner* (Posaune) u. (5000 DM) an das »Albert-Schweitzer-Bläserquintett«.

**Droste-Hülshoff (Annette-von-D.-H.)-Preis** des Landschaftsverb. Westfalen-Lippe in Münster, 1983 (10000 DM) an den Komponisten *Rudolf Mors.*

**Fischer (Ernst-F.)-Preis** Wettbewerb der »GEMA-Stiftung« in Zusammenarbeit mit dem Deutschlandfunk, Köln, für Nachwuchs-Komponisten der gehobenen Unterhaltungsmusik. 1983 (20000 DM) geteilt an *Barry Ross-Arias* u. *Gert Wilden* jun.

**Folkwang-Preis** der »Ges. der Freunde u. Förderer der Folkwangschulen e.V.«, Essen; 1984 (je 3000 DM) an die Pianistin *Jeon-Won Ham* (Rep. Korea) u. an die Flötistin *Ursula Kamp;* Förderprämie (1000 DM) an die Pianistin *Saito Saori* (Japan).

**Förderpreis der Mozart-Gesellschaft Wiesbaden** 1984 (4000 DM) an *Stephan Rüdiger* (Fagott).

**Förderpreis der Stadt Fürth** 1983 (je 2000 DM) an die Pianistin *Angelika Schemm* u. an die Tänzerin *Doris Lamatsch.*

**Förderpreis für Musik der Landeshauptstadt Düsseldorf** 1983 (je 6000 DM) an den Tenor *Manfred Fink* u. an den Komponisten *Francisco Estévez.*

**Förderpreis 6-Uhr-Konzerte** der Bayerischen Vereinsbank in Zusammenarbeit mit der Städt. Musikbibliothek München, 1984 (je 3000 DM) an die Pianisten *Michael Endres* u. *Hugo Seebach,* an die Flötistin *Stephanie Hamburger,* an die Sopranistin *Elisabeth Haumann* u. an die Bratschistin *Sylvia Mayinger.*

**Förderstipendium der Stadt Köln** für Musik (18000 DM, monatl. 1500 DM) 1984 an *Christopher Newman;* → Preise für Kunst u. Literatur.

**Förderungspreis der Landeshauptstadt München** 1984 (je 8000 DM) an den Flötisten *Jannis Kaimakis* u. an die Dirigentin *Alicja Mounk;* → Preise für Kunst u. Lit.

**Förderungspreis des Landes Nordrhein-Westfalen** für junge Künstler, 1982 (je 6000 DM) für Musik an den Oboisten *Klaus Becker* u. an den Komponisten *Thomas Blomenkamp;* → Preise für Kunst u. Lit.

**Förderungspreise der Landeshauptstadt Stuttgart für junge Komponisten ernster Musik** 1983 an *Wolfgang Motz* (7000 DM), *Ole Lützow-Holm* (5000 DM), *Violeta Dinescu* (4000 DM) u. *Norbert Fröhlich* (4000 DM).

**Frankfurter Musikpreis** gestiftet vom Bundesverband der Deutschen Musikinstrumenten-Hersteller u. der Frankfurter Messe-und Ausstellungsgesellschaft. 1984 (25000 DM) an den Pianisten *Alfred Brendel.*

**Händel (Georg-Friedrich-H.)-Ring** des Verbandes Deutscher Oratorien- und Kammerchöre, 1983 an *Wolfram Röhrig;* Verl. alle 4 Jahre.

**Hochschulwettbewerb** der staatl. Musikhochschulen in der BR Deutschland u. Berlin (West) 1984 in Detmold. Klavier: 1. Pr. (3000 DM) *Tomoko Ogasawara,* 2. Pr. (1500 DM) *Michael Endres* u. *Silke-Thora Matthies.* Gesang: 1. Pr. *Ralf Lukas,* 2. Pr. *Thomas Mohr.* Oboe: 1. Pr. *Volkmar Schöller,* 2. Pr. *Christian Hommel.*

**Internat. Dirigentenwettbewerb der Herbert-von-Karajan-Stiftung** in Berlin (West): nächster Wettbewerb Sept. 1984.

**2. Internat. Gitarrenwettbewerb der Stadt Mettmann** 1983 1. Pr. (je 4000 DM) an *Barbara Sieker* u. an *Istvan Römer* (Jugoslawien).

**VII. Internat. Johann-Sebastian-Bach-Wettbewerb** in Leipzig, 1984 1 Pr. *Wolfgang Ritter* (Flöte; BR Deutschld.) u.a.

**2. Internat. Klavierwettbewerb Premio Tomassoni** in Köln, 1983 1. Pr. nicht vergeben, 2. Pr. (je 7000 DM) an *Thomas Duis* u. *Christian Beldi* (Rumänien).

**3. Internat. Kuhlau-Wettbewerb** für Flötisten in Uelzen, 1984 (Flöte Solo u. Duo) 1. Pr. (5000 DM) *Evamarie Müller* (Flöte) u. *Ilona Sàndor* (Klavier), 3. Pr. (2000 DM) *Irmela Boßler* u. *Bernhard Kastner.*

**32. Internat. Musikwettbewerb der Rundfunkanstalten der Bundesrepublik Deutschland (ARD) in München** 1983 Klavier: 1. Pr. (8500 DM) *Kei Itoh* (Japan), 2. Pr. nicht vergeben, 3. Pr. (je 5000 DM) *Andrei Nikolsky* (UdSSR) u. *Hai-Kyung Suh* (Korea). Viola: 1. Pr. nicht vergeben, 2. Pr. (5500 DM) *Barbara Westphal,* 3. Pr. nicht vergeben. Horn: 1. Pr. (7000 DM) *Radovan Vlatković* (Jugoslawien), 2. Pr. nicht vergeben, 3. Pr. (je 4000 DM) *Marie-Luise Neunecker* u. *Corbin Wagner*

(USA). Harfe: 1. Pr. nicht vergeben, 2. Pr. (5500 DM) *Isabelle Moretti* (Frankreich), 3. Pr. nicht vergeben. Duo Violine/Klavier: 1. Pr. nicht vergeben, 2. Pr. (10000 DM) *Peter Matzka/Teresa Turner-Jones* (USA), 3. Pr. (8000 DM) *Kazuki Sawa/Emiko Sawa* (Japan).

**3. Internat. Orgelwettbewerb »Dom zu Speyer«** veranstaltet vom Domkapitel, v. d. Stadt Speyer u. dem SWF Baden-Baden. 1983 Stipendien (je 1500 DM) an *Eberhard Lauer* u. *Dominique Sauer.*

**3. Internat. Wettbewerb für Streichquartett der Karl-Klingler-Stiftung** in Hannover. – **Karl-Klingler-Preis** 1983 1. Pr. (18000 DM) an das Londoner »Fairfield-Quartett« *(Ruth Ehrlich, Jennifer Godson, Catherine Marwood, Julia Desbruslais),* 2. Pr. (12000 DM) an das »Mannheimer Streichquartett« *(Alfred Oppelcz, Claudia Hohorst, Ulrich Knörzer, Armin Fromm).* Karl-Klingler-Stipendium an das Warschauer »Quartett Academia«. Nächster Wettbewerb 1986.

**»Jugend musiziert«** 21. Bundeswettbewerb 1984 in Erlangen u. Nürnberg für Klavier u. Streichinstrumente in der Solowertung, in der Gruppenwertung für Klavierkammermusik, Blasinstrumente, Blockflöte u. Schlaginstrumente. (Preise des Bundesministers f. Jugend, Familie u. Gesundh. in Höhe bis zu insges. 60000 DM; Stipendien, Förderungsprämien u. Sonderpr. v. Stiftungen u. Verbänden in Höhe bis zu insges. 100000 DM). Solowertung Violine: 1. Pr. *E. Glass, W. Schröder, B. Klink;* Viola: 1. Pr. *B. Faust, M. Sommer, T. Gaede;* Violoncello: 1. Pr. *J. Breuninger, P. Hörr, M. Menking, U. Bolten;* Kontrabaß: 1. Pr. *U. Rathe, Ch. Geldsetzer;* Klavier: 1. Pr. *L. Vogt, C. M. Mehner, A. Bach, I. Schibilak, P. Kölcze, M. Kretzer.* Gruppenwertung Klavierkammermusik: 1. Pr. *U., W. u. R. Zippelius.*

**Kirchenmusikpreis der Stadt Neuss** 1984 (10000 DM) an *Herbert Callhoff.*

**Knab (Armin-K.)-Preis** der gleichnamigen Stiftung in Würzburg, 1984 (je 2000 DM) an *Martin Hummel* (Solo-Gesang) u. *Ulrich Schultheiß* (Kompos.)

**Kompositionswettbewerb** zur Vertonung des latein. Vaterunser-Textes für den Katholikentag 1984 in München. 1. Pr. (10000 DM) *Ernst Ludwig Leitner* (Österr.), 2. Pr. (6000 DM) *Wolfgang Schrott,* 3. Pr. (4000 DM) *Bernhard Lewkovitch* (Dän.).

**Kompositionswettbewerb der Ges. der Freunde der sommerlichen Musiktage Hitzacker** 1984 Preise an *Andrea Mannucci* (Italien), *Kyu-Tae Kim* (Rep. Korea), *Keith Gifford* (Großbrit.) u. *Gelon Hann Doswell* (USA).

**2. Kompositionswettbewerb der Stiftung Ostdeutscher Kulturrat,** Bonn, für Chorwerke nach Texten ostdeutscher Dichter. 1983 1. Pr. (je 5000 DM) *Hermann Große-Schware, Klaus Hochmann,* 2. Pr. (3000 DM) *Christian Ridil,* 3. Pr. (je 2000 DM) *Rudolf Halaczinsky, Hans-Joachim Tiedemann.*

**Kranichsteiner Musikpreis** der »Internat. Ferienkurse für Neue Musik« in Darmstadt, 1984 (10000 DM) an *Magnus Andersson* (Gitarre, Schweden), *Alan Brett* (Violoncello, Großbrit.), *Sharan Leventhal* (Violine, USA), *Nancy Ruffer* (Flöten, Großbrit.), *Gilles de Talhouet* (Flöten, Frankr.) u. an die Komponisten *Chris Dench* (Großbrit.), *Calin Ioachimescu* (Rumänien) u. *Bernardo Kuczer* (Argent.).

**Kritikerpreis des Verbandes der deutschen Kritiker e. V.** in Berlin (West), 1983 für Musik an *Heinz-Klaus Metzger* u. *Rainer Riehn* als Herausgeber der Zeitschrift »Musik-Konzepte«; → Preise für Bildende Kunst, Fernsehen, Film u. Literatur.

**Kulturkreis im Bundesverband der Deutschen Industrie (BDI) e. V.** in Köln, 1983 Förderpreise an die Geiger *Boris Schmitz* (6000 DM), *Dagmar Schwalke* u. *Helke Würtenberger* (je 4000 DM), *Martin Dehning, Midori Goto-Schicht, Konstantin Stoianov* u. *Christian Vasile* (je 3000 DM); Studienbeihilfen (je 1000 DM) an *Takashi Bernhöft, Gottfried v. d. Goltz, Agnes Malich, Alvaro Palmen-Montoya, Stephan Picard, Sabine Scheffel, Hildegard Schlaud, Christian Stadelmann, Sören Uhde* u. *Ingrid Wick;* → Preise für Kunst u. Literatur.

**Kulturpreis der Sudetendeutschen Landsmannschaft für Musik** 1984 (2000 DM) an den Komponisten *Gerhard Dorda.* **Kulturpreis für darstellende u. ausübende Kunst** (2000 DM) an den Cellisten *Jörg Metzger;* → Preise für Kunst u. Literatur.

**Kunstförderungspreis der Stadt Augsburg** 1983 (7500 DM) für Musik an den Flötisten *Christian Ohlenroth;* → Kunstpreise.

**Kunstpreis Berlin** der Akademie der Künste in Berlin (West), Kunstpreis 1984 (30000 DM) an den französ. Komponisten *Olivier Messiaen.* Förderungspreis 1984 (10000 DM) für Musik an den Geiger *Kolja Blacher;* → Preise für Kunst, Literatur, Film/Hörfunk/Fernsehen.

**Kunstpreis des Landes Rheinland-Pfalz** 1983 (10000 DM) an den Geiger *Ulf Hoelscher;* Förderpreise an die Geiger *Melitta Keller* (5000 DM) u. *Anette Behr* (2500 DM).

**Kunststiftung Baden-Württemberg GmbH** Stuttgart, Stipendien in der Sparte Musik 1984 (je 5000 DM) an *G. Degenhardt. V. Dinescu, U. Gneiting, J. Greve, W. Keitel, J. Krebs, B. Mager, T. Wick,* (2000 DM) an *U. Schleich,* (1000 DM) an *K. Zeller,* Leihflügel an *H.P. Stenzl;* → Preise f. Kunst u. Lit.

**Liebermann (Rolf-L.)-Preis** für Opernkomponisten der »Körber-Stiftung« in Hamburg, erstmals 1983 (75000 DM) an *Konrad Boehmer* für sein Werk »Dr. Faustus«. Gründungs-Ehrenpreis (75000 DM) an den franz. Komponisten *Olivier Messiaen.*

**Lincke (Paul-L.)-Ring** der Stadt Goslar, 1983 an den Komponisten *Ralph Siegel;* Verl. alle 2 Jahre.

**Löns (Hermann-L.)-Medaille** für Verdienste um die Pflege deutscher Volksmusik und volkstümlicher

Unterhaltung, gestiftet v. »Das Neue Blatt«, H. Bauer Verlag, Hamburg. 1984 in Platin an *Maria Hellwig, Heidi Kabel* u. *Willy Schneider,* in Gold an *Hans Rosenthal, Willy Millowitsch, Franzl Lang,* das »Medium-Terzett« u. die »Menskes Chöre«, in Bronze an das »Eilemann-Trio«, die »Ochsenfurter Blasmusik« mit *German Hofmann* u. an *Karl Ganzer.* Robert-Stolz-Büste an *R. Clayderman,* die holländ. »Kirmesmusikanten« u. an *Siegfried Wendel.*

**Märkisches Stipendium** für Musik der »Märkischen Kulturkonferenz e. V.« in Iserlohn, 1984 (24 000 DM) an die Klarinettistin *Diemut Schneider;* → Preise für Kunst u. Lit.

**Mendelssohn (Felix-M.-Bartholdy)-Preis** der »Stiftung Preußischer Kulturbesitz« in Berlin (West) für Studierende der deutschen Musikhochschulen. 1984 Förderungsprämien an *Matthias Ranft* (Violoncello) u. *Rumi Shima* (Klavier).

**Mottl (Felix-M.)-Gedächtnispreis** der Staatl. Hochschule für Musik in München, 1983 (4 000 DM) an *Peter Ullrich;* Verl. alle 2 Jahre.

**Niedersächsisches Künstlerstipendium** des Niedersächs. Ministeriums für Wissenschaft u. Kunst, 1984 (je 8 000 DM) für Musik an den Komponisten *Manfred Trojahn* u. an den Liedermacher *Heinz-Rudolf Kunze;* Nachwuchsstipendium 1984 (je 5 000 DM) an *Wolfgang Manz, Peter Finger* u. *Ulrich Busch-Orphal;* → Preise für Kunst u. Lit.

**Opernpreis von Bad Hersfeld** 1984 an *Thanos Petrakis* u. *Dispina Calavati* (Griechenld.)

**Pachelbel (Johann-P.)-Preis** der 33. Internat. Orgelwoche Nürnberg 1984, 1. Pr. (5 000 DM) *Eberhard Lauer,* 2. Pr. (2 000 DM) *Andreas Rothkopf,* 3. Pr. (1 000 DM) *Stefan Palm.*

**Pitz (Wilhelm-P.)-Preis** der Vereinigung dt. Opernchöre u. Bühnentänzer für Verdienste um das dt. Musiktheater, erstmals 1984 an *Wolfgang Wagner.*

**6. Pop-Nachwuchs-Festival '83 der Deutschen Phono-Akademie in Würzburg** Förderpreise (je 10 000 DM) in der Sparte Rock an die Gruppe »The Touch« (Frankfurt a. M.), in der Sparte Jazz geteilt an das »Steven Reich – Hendrik Meurkens-Quartett« (Berlin) u. an das »Willers/Ullmann-Duo« (Hamburg), in der Sparte Folk/Lied/Song an »Herbold & Schnörr« (Mannheim).

**Preis der deutschen Schallplattenkritik** Jahrespreise 1983 für 10 richtungsweisende Produktionen: Brahms-Edition, Gesamtwerk (Versch. Interpreten. DG); A. Bruckner, Sinfonien Nr. 3, 4 u. 8 (*Eliahu Inbal,* Radio-Sinfonieorchester Frankfurt, Teldec); J. S. Bach, Aria mit 30 Veränderungen, BWV 988, »Goldberg-Variationen« (*Glenn Gould,* CBS); John Cage, Music of Changes (*Herbert Henck,* Wergo); F. Schubert, Lieder on Record 1898–1952 (Versch. Interpreten, EMI/HMV); Lauren Newton, »Timbre« (Hat Musics); Juan José Mosalini, »Buenas Noches Che Bandonéon« (Eigelstein/Teldec); Tri Yann, »Café Du Bon Coin« (Marzelle); Maria Farantouri/Zülfü Livaneli-Ensemble (Pläne); René Bardet, Poesie u. Musik, »Alles ist rund«, Worte von Indianern an den weißen Mann (Wundertüte).

**Pro-Musica-Plakette** aus Anlaß des 100jährigen Bestehens einer Musikvereinigung vom Bundespräsidenten verliehen; 1984 an 32 Liebhaberorchester oder Volksmusikgruppen.

**Raiffeisen-Kulturpreis** des Bayerischen Raiffeisenverbandes, 1983 (20 000 DM) an den Komponisten und Dirigenten *Leonard Bernstein.*

**Schwabinger Kunstpreis der Landeshauptstadt München** 1984 (2 000) für Musik an *Roberto Détreé;* → Preise f. Kunst u. Lit.

**Siemens (Ernst-von-S.)-Musikpreis** der gleichnamigen Stiftung, München u. Zug (Schweiz), 1984 (150 000 sfr) an den Geiger u. Dirigenten *Yehudi Menuhin.* Förderungszuwendungen (je 25 000 sfr) an: »Bayerisches Landesjugendorchester« (Augsburg), »Institute of Contemporary Arts« (London), »Internat. Hans-Swarowsky-Dirigenten-Wettbewerb« (Wien), »Schweizer Jugend-Sinfonie-Orchester« (Zürich), »Atlantis Musikverlag« (Zürich), »Composer's Show Case« (New York).

**SPIDEM-Kristall** des Spitzenverbandes Deutsche Musik für Verdienste um die Förderung zeitgenössischer Musik, erstmals 1984 an *Dieter Stolte, Dietrich Schwarzkopf, Hans Maier, Jack Lang* (Frankr.) u. *Hermann Rauhe.*

**Staatlicher Förderungspreis für junge Künstler und Schriftsteller des Freistaats Bayern** 1983 (je 10 000 DM) für Musik an die Pianistin *Margarita Höhenrieder,* an den Gitarristen *Michael Tröster,* an den Geiger *Florian Sonnleitner* u. an den Opernsänger *Ludwig Baumann;* → Preise für Kunst u. Literatur.

**Stamitz (Johann-Wenzel-St.)-Preis** der »Künstlergilde e. V.« in Esslingen, 1984 (10 000 DM) an den Komponisten *Günter Friedrichs,* Ehrengabe (4 000 DM) an den Komponisten *Friedrich Zehm,* Förderpreis (4 000 DM) an den Dirigenten *Felix Werder.*

**Steinbrenner (Wilfried-St.)-Stiftung** zur Förderung der ernsten Musik, 1983 (6 000 DM) an den Komponisten *Detlef Müller-Siemens.*

**Stipendium der Mozart Gesellschaft Dortmund e. V.** 1983 (5 000 DM) für Gesang an *Carmen Mammoser.*

**Stolz (Robert-S.)-Preis** der gleichnam. Stiftung in München, 1984 an *Peter Gerlach.*

**Villa-Massimo-Stipendium** Studienaufenthalt für Komponisten in der »Deutschen Akademie Villa Massimo«, Rom; verliehen v. Bundesmin. d. Innern in Verbindung mit den Kultusministerien der Bundesländer (6–12monatige freie Unterkunft u. 1 100 DM monatl.). Studiengäste 1982–84 *Renate Birnstein, Reinhard Febel. York Höller, Peter Kiesewetter* u. *Gerhard Müller-Hornbach;* → Preise f. Lit. u. Kunst.

**BELGIEN**

**Internat. Musikwettbewerb »Reine Elisabeth« in Brüssel** 1983 Klavierwettbewerb, 1. Pr. *Pierre Volondat* (Frankr.), 2. Pr. *Wolfgang Manz* (BR Deutschld.), 3. Pr. *Boyan Vodenitcharov* (Bulgarien).

**5. Internat. Wettbewerb für lyrische Lieder in Verviers** 1983 Grand Prix (100000 bfr) *Teodor Ciurdea* (Rumänien), 1. Pr. (je 75000 bfr) *Johann Werner Prein* (Österr.), *Anca Damaceanu* (Rumänien), 2. Pr. (je 37500 bfr) *Anton Scharinger* (Österr.), *Hélène Jossoud* (Frankr.), 3. Pr. (25000 bfr) *Xenia Konsek* (Belgien).

**Interpretationswettbewerb für Cembalo u. Pianoforte in Brügge** 1983 Cembalo: 1. Pr. u. Publikumspreis *Christophe Rousset* (Frankr.), 2. Pr. *Pierre Hantaï* (Frankr.); Pianoforte: 1. Pr. nicht vergeben, 2. Pr. geteilt an *Linda Nicholson* (Großbrit.) u. *François Verry* (Frankr.), 3. Pr. *David Mason* (Großbrit.).

**CHILE**

**Internat. Musikwettbewerb in Viña del Mar** für Klavier, 1982 1. Pr. (3000 $) *J. Kimura Parker* (Kanada), 2. Pr. (2000 $) *David Buechner* (USA), 3. Pr. (1000 $) *Eduardus Halim* (Indonesien).

**Nationaler Kunstpreis 1983** an den in Chile geborenen Pianisten *Claudio Arrau* (USA).

**FRANKREICH**

**Grand Prix Audivisuell de l'Europe** der Académie du Disque Française, 1984 an die Pianisten *Alfons* u. *Aloys Kontarsky* für die Einspielung von Bizets »Jeux d'enfants«, Faurés »Dolly« u. Milhauds »Scaramouche« (DG).

**Grand Prix national** 1983 (je 20000 F) für Musik an den Klarinettisten *Michel Portal,* für Chanson an *Jacques Higelin,* für »Nationales Erbe« an den Organisten u. Musikwissenschaftler *Norbert Dufourcq;* → Preise für Film, Kunst u. Literatur.

**Grands Prix de la SACEM** (Société des auteurs, compositeurs, éditeurs de musique) 1983 Grand Prix de la musique symphonique an den Komponisten *Gilbert Amy;* Grand Prix de la musique de jazz an den Jazz-Geiger *Jean-Luc Ponty;* Grand Prix d'interprétation de la musique française d'aujourd'hui an die Pianistin *Elisabeth Chojnacka* (Polen); → Literaturpreise.

**6. Internat. Bach-Klavierwettbewerb in Paris** 1984 1. Pr. *Inge Rosar* (BR Deutschld.), 2. Pr. *Eva Weingarth* (BR Deutschld.).

**6. Internat. Cembalowettbewerb in Paris** 1983 2. Pr. (15000 F) *Ilton Wjuniski* (Brasilien) u. *Władysław-Marek Klosiewicz* (Polen), 3. Pr. (10000 F) *Charlotte Mattax* (USA); Preis für Basso continuo (10000 F) an *Ilton Wjuniski* u. *Charlotte Mattax;* Preis für zeitgenöss. Musik (10000 F) an *Władysław-Marek Klosiewicz.*

**Internat. Charpentier-Wettbewerb** für Harfe, 1984 1. Pr. an *Marie-Pierre Langlament.*

**33. Internat. Dirigentenwettbewerb in Besançon** 1983 Goldene Lyra (10000 F) an *Michael Zilm* (BR Deutschld.).

**Internat. Flötenwettbewerb Jean-Pierre Rampal der Stadt Paris** 1983 1. Pr. *Yumiko Sakuma* (Japan), 2. Pr. *Motaki Kato* (Japan), 3. Pr. *Mitchell Alison* (Australien).

**29. Internat. Gesangswettbewerb der Stadt Toulouse** 1983 1. Pr. *Teresa Ringholz* (USA), 2. Pr. *Elena Vassilieva* (Frankr.), *Rentaro Kurosaki* (Japan), 3. Pr. *Maria Diaconu* (Rumänien), *Wiesław Nowak* (Polen).

**Internat. Klavierwettbewerb in Épinal** 1983 1. Pr. (15000 F) *Kornelia Ogorkowna* (Polen), 2. Pr. (5000 F) *Hervé Billaut* (Frankr.), 3. Pr. (3000 F) *Hélène Jeanney* (USA).

**9. Internat. Streichquartett-Wettbewerb in Evian** 1984 2. Pr. (30000 F) an das »Mannheimer Streichquartett« (BR Deutschld.); Presse-Preis (30000 F) an das »Wiener Artis-Quartett« (Österr.).

**8. Internat. Wettbewerb der Musikfestspiele von Toulon** 1983 für Posaune, 1. Pr. (15000 F) *Bruno Pongy* (Frankr.), 2. Pr. (9000 F) *Christian Lindberg* (Schweden), 3. Pr. (6000 F) *Yves Favre* (Frankr.).

**17. Internat. Wettbewerb für Kammermusik-Ensembles in Colmar** 1984 für Streichquartette, 1. Pr. nicht vergeben, 2. Pr. »Leopolder-Quartett« (BR Deutschld.), 3. Pr. »Pro Musica-Quartett« (Rumänien) u. »Roth-Quartett« (Großbrit.).

**Internat. Wettbewerb Marguerite Long–Jacques Thibaud in Paris** 1983 für Klavier, 1. Gr. Pr. *Stanislav Bounine* (UdSSR), 2. Gr. Pr. *Jania Aoubakirova* (UdSSR), 3. Gr. Pr. *Hervé Billaut* (Frankr.), 4. Pr. *Alexandre Fomenko* (UdSSR), 5. Pr. *Vladimir Vinnitsky* (UdSSR), 6. Pr. *Dan-Wen Wei* (VR China). Prix S.A.S. le Prince Rainier de Monaco an *Hervé Billaut* (Frankr.).

**1. Internat. Xenakis-Kompositionswettbewerb in Paris** für Klavier u. Klarinette mit u. ohne Orchesterbegleitung. 1983 1. Preise an *Kunitaka Kokaji* (Japan) für Klavier solo u. an *Michael Jarrell* (Schweiz) für Klarinette. Weitere Preise an *Fabio Maestri* (Italien), *Kasuko Yoshida* (Japan) u. an *Masanori Kasai* (Japan).

**Prix Arthur Honegger** de la Fondation de France, 1984 (30000 F) an den bulgarischen Komponisten u. Dirigenten *Stefan Dragostinow.*

**Prix Maurice Ravel** 1984 an den aus Ungarn stammenden Komponisten *György Ligeti.*

**ISRAEL**

**4. Internat. Klavierwettbewerb »Arthur Rubinstein« in Tel Aviv** 1983 1. Pr. (10000 $) *Jeffrey Kahane* (USA), 2. Pr. (5000 $) *Hung-Kuan Chen* (Taiwan), 3. Pr. (3000 $) *Fei-Ping Hsu* (China).

**ITALIEN**

**11. Internat. Dirigentenwettbewerb »Premio Guido Cantelli« in Mailand** 1983 2. Pr. (2 Mill. Lit) *Francesco Leonetti* (Italien).

**35. Internat. Klavierwettbewerb »F. Busoni« in Bozen** 1983 1. Pr. nicht vergeben, 2. Pr. (2,5 Mill. Lit) *Robert McDonald* (USA), 3. Pr. (1,5 Mill. Lit) geteilt an *Arthur Greene* (USA) u. *Frederick Blum* (USA), 4. Pr. (1 Mill. Lit) *Gülsin Onay* (Türkei), 5. Pr. (900000 Lit) geteilt an *Bernd Glemser* (BR Deutschld.) u. *Rumi Shima* (Japan).

**4. Internat. Klavierwettbewerb »Premio Dino Ciani« in Mailand** 1983 1. Pr. (5 Mill. Lit) *Andrea Lucchesini* (Italien), 2. Pr. (2,5 Mill. Lit) *Jean-Marie Luiseda* (Frankr.), 3. Pr. (1,5 Mill. Lit) *Dan Atanasiu* (Rumänien).

**30. Internat. Violinwettbewerb »Premio N. Paganini« in Genua** 1983 2. Pr. *Laurent Korcia* (Frankr.), 3. Pr. *Sung-Sic Yang* (Korea), 4. Pr. *Reiko Watanabe* (Japan), 5. Pr. *Boris Schmitz* (BR Deutschld.).

**22. Internat. Wettbewerb der Stadt Triest für symphonische Komposition** 1983 für Flöte u. Orchester: 1. Pr. *Gianpaolo Coral* (Italien), 2. Pr. *Piotr Warzecha* (Polen), 3. Pr. *Vladimir Pantschev* (Bulgarien).

**16. Internat. Wettbewerb für klassische Gitarre »Citta di Alessandria«** 1983 (2 Mill. Lit) *Francesco Moccia* (Italien), 2. Pr. (1 Mill. Lit) *Elena Casoli* (Italien), 3. Pr. (500000 Lit) *Aldo Rodriguez Delgado* (Cuba).

**34. Internat. Wettbewerb »G. B. Viotti« in Vercelli** 1983 für Gesang: 2. Pr. *Valeria Errante* (USA), *Chie Wada* (Japan), *Antonio Marceno* (Italien), *Santo Sciuto* (Italien), 3. Pr. *Elena Skolnikova* (UdSSR), *Giuseppe Fallisi* (Italien); für Klavier: 1. Pr. *Mari Tsuda* (Japan), 3. Pr. *Olivier Cazal* (Frankr.), *Marie Noelle Damien* (Belgien), 4. Pr. *Laure Rivierre* (Frankr.), *Hiroko Miki* (Japan), *Emi Oyama* (Japan); für Kammermusik: 1. Pr. *Alexandru* u. *Tatiana Morosanu* (Rumänien, Violoncello/Klavier), 2. Pr. *Boris Kuschnir* u. *Claus Christian Schuster* (Österr., Violine/Klavier), 3. Pr. *Fuminori Shinozaki* u. *Okuda Tomoko* (Japan, Violine/Klavier), 4. Pr. *Carlo De Martini, Silvio Righini* u. *Alessandro Curtis* (Italien, Violine/Violoncello/Klavier).

**Premio Franco Abbiati** Preis der ital. Musikkritik für die beste Opernaufführung der vergangenen Spielzeit, 1983 an Alban Bergs »Lulu« des Turiner Opernhauses unter *Zoltan Pesko* u. *Jury Ljubimov.*

**JAPAN**

**2. Internat. Musikwettbewerb von Japan in Tokio** 1983 für Klavier: 1. Pr. (2 Mill. Yen) *Hiromi Okada* (Japan), 2. Pr. (1,2 Mill. Yen) *Noriko Ogawa* (Japan), 3. Pr. (800000 Yen) *Laurent Cabasso* (Frankr.) u. *Aleksandr Tselyakov* (UdSSR), 5. Pr. (400000 Yen) *Ning-Wu Du* (China) u. *Rainer Becker* (BR Deutschld.); für Violine: 1. Pr. (2 Mill. Yen) *Asako Urushihara* (Japan), 2. Pr. (1,2 Mill. Yen) *Yuri Torchinsky* (UdSSR), 3. Pr. (800000 Yen) *Wei Xi* (China).

**KANADA**

**16. Internat. Musikwettbewerb von Montreal** 1983 für Violine: 2. Pr. *Chin Kim* (Korea), 3. Pr. *Yuriko Naganuma* (Japan), 4. Pr. *Ming Hsin* (Taiwan), 5. Pr. *Kyoko Kimura* (Japan).

**MONACO**

**Grand Prix Prince Pierre de Monaco** 1984 an den brit. Komponisten *Michael Tippett* für sein Gesamtwerk.

**NIEDERLANDE**

**Edison-Preis 1983** für die besten niederländ. u. internat. Schallplattenproduktionen. Kat. historische u. dokumentatorische Ausgaben: Preis an den Präs. des Deutschen Musikrates *Richard Jakoby* für die bisher erschienenen 4 Kassetten der Schallplattendokumentation »Zeitgenössische Musik in der Bundesrepublik Deutschland seit 1945«.

**30. Internat. Gesangswettbewerb 's-Hertogenbosch** 1983 für Sopran: 2. Pr. (1000 hfl) *Mila Krustnikova* (Bulgarien), *Alison Pearce* (Großbrit.) u. *Nellie van der Sijde* (Niederlde.); für Mezzosopran/Alt: 1. Pr. (3000 hfl) *Judith Malafronte* (USA), 2. Pr. (1000 hfl) *Elizabeth Campbell* (Austr.); für Bariton/Baß: 2. Pr. (1000 hfl) *Harald Bjørkøy* (Norwegen) u. *John Hancorn* (Großbrit.).

**ÖSTERREICH**

**3. Internat. Belvedere-Wettbewerb** für Opernsänger, Wien, veranstaltet von der Wiener Kammeroper, Pr. gestiftet von der »Creditanstalt-Bankverein«. 1984 1. Pr. (50000 S) geteilt an *Jieyi Zhang* u. *Manhua Zhan* (VR China), 2. Pr. (30000 S) *Jacek Strauch* (Großbrit.), 3. Pr. (15000 S) *Mariana Soina Cioromila* (Rumänien). Gulbenkian-Verdi-Preis (30000 S) geteilt an *J. Strauch* u. *Mario Malagnini* (Italien).

**3. Internat. Hans-Swarowsky-Dirigentenwettbewerb 1984** in Wien, 1. Pr. (75000 S) geteilt an *Karlos Kalmar* (Österr.) u. *Ken Takaseki* (Japan), 3. Pr. (25000 S) *Zbigniew Graca* (Polen).

**Körner (Theodor-K.)-Stiftungsfonds** zur Förderung von Wissenschaft u. Kunst. Preise für Musik 1984 (25000 S) an *Ch. Ofenbauer,* (20000 S) an *R. G. Frieberger, Lui Wai Hung, Jung Sun Suh,* (15000 S) an *Raimund Langner;* →Preise f. Kunst u. Lit.

**Preise der Stadt Wien:** Würdigungspreis 1984

(75 000 S) für Musik an *Erich Urbanner*, Förderungspreis 1983 (40 000 S) für Musik an *Werner Schulze;* → Preise für Kunst u. Literatur.
**Würdigungspreise des Bundesministeriums für Unterricht und Kunst** für Musik 1982 (75 000 S) an *Erich Urbanner*, 1983 nicht vergeben; → Preise für Film, Kunst u. Literatur.

**POLEN**
**2. Internat. Dirigentenwettbewerb »Grzegorz Fitelberg« in Katowice (Kattowitz)** 1983 1. Pr. *Chikara Imamura* (Japan), 2. Pr. *Anton Zapf* (BR Dtld.), 3. Pr. u. Sonderpreise der Schlesischen Philharmonie u. des Gr. Polnischen Rundfunk-Sinfonieorchesters an *Andreas Weiss* (BR Dtld.).

**SCHWEIZ**
**Concours international de musique d'opéra et de ballet in Genf** 1983 Kompositionswettbewerb für Orchester- od. Ballettmusik, 1. Pr. *Patric John Stanford* (Großbrit.) für »Requiem-Symphonie«, 2. Pr. *Louis Saguer* (Frankr.), 3. Pr. *Christoph Delz* (Schweiz) u. *Hubert Stuppner* (Italien).
**2. Eurovisionswettbewerb für junge Musiker** 1984 in Genf, 1. Pr. (5 000 sfr) an die Geigerin *Isabelle van Keulen* (Niederlde.), 2. Pr. (3 000 sfr) an den Pianisten *Olli Mustonen* (Finnld.), 3. Pr. (1 500 sfr) an die Klarinettistin *Emma Johnson* (Großbrit.).
**7. Internat. Kammermusikwettbewerb in Martigny** 1984 1. Pr. u. Spezialpr. des Kantons Wallis an das Bläseroktett »La banda classica«, Zürich.
**39. Internat. Musikwettbewerb in Genf** 1983 für Gesang (Oper): 1. Pr. *Juliana Gondek* (USA), 2. Pr. *Joyce Guyer* (USA); für Gesang (Oratorium, Lied): 2. Pr. *Giovanna De Liso Vaio* (Italien) u. *William Sharp* (USA); für Saxophon: 2. Pr. *Steve Jordheim* (USA); für Kontrabaß: 1. Pr. *Nico Abondolo* (USA), 2 Pr. *Vincent Pasquier* (Frankreich); für Flöte: 2. Pr. *Hideaki Sakai* (Japan) u. *José-Daniel Castellon* (Frankreich).
**1. Internat. Orgelwettbewerb »Frescobaldi« in Romainmôtier** 1983 2. Pr. *Pierre-Alain Clerc* u. *Wolfgang Zerer* (BR Deutschld.), 3. Pr. *Michael Kapsner* (BR Deutschld.).
**17. Internat. Violinwettbewerb »Tibor Varga« in Sion** 1983 2. Pr. *Boris Kuschnir* (Österr.), 3. Pr. *Luc Hery* (Frankr.) u. *Lothar Strauss* (DDR).
**Komponistenpreis des Schweizerischen Tonkünstlervereins (STV)** 1984 an *Rudolf Kelterborn.*
**Kunstpreis der Stadt Luzern** 1983 (7 000 sfr) an die Sängerin *Clara Wirz;* Anerkennungspreise (je 3 000 sfr) an den Bildhauer *René Büchi* u. an den Maler *Peter Roesch.*
**Mozart (Wolfgang-Amadeus-M.)-Preis** der »Joh.-Wolfgang-von-Goethe-Stiftung« in Basel, 1984 (20 000 sfr) an den ehem. Bürgermeister der Stadt Colmar, *Joseph Rey*, für seine Bemühungen um das musikalische Leben der Stadt.
**Preise der Stiftung B.A.T.** (British American Tabacco) 1983 an die Sängerin *Kathrin Graf* u. an den Komponisten *Henri Scolari.*
**16. Prix Mondial du Disque de Montreux** 1983 für die Aufnahmen von Schuberts »Lazarus« (*G. Chmura, E. Mathis. H. Prey;* Radiosymphonieorch. Stuttgart; Orfeo), Mendelssohns Streichquartette (Melos-Quartett; DG), H. Dutilleuxs »Métaboles« u. »Timbres, espace, mouvement« (*M. Rostropowitsch;* Orchestre National de France; Erato) u. für Mozarts Klavierkonzerte KV 450 u. KV 467 (*A. Brendel, N. Marriner;* Academy of St. Martin in the Fields; Philips). Prix d'honneur an das Beaux-Arts Trio (New York). Prix historique für Wagners Ring-Tetralogie (*W. Furtwängler;* Teatro alla Scala, Milano 1950).
**Solistenpreis des Schweizerischen Tonkünstlervereins (STV)** 1983 1. Pr. (8 000 sfr) an den Klarinettisten *Rolf Weber*, 2. Pr. (3 000 sfr) an den Pianisten *Olivier Sörensen.*

**SPANIEN**
**Internat. Klavierwettbewerb in Jaén** 1983 1. Pr. (750 000 Pesetas) *Akiyoshi Sako* (Japan), 2. Pr. *Alain Armand* (Frankr.), 3. Pr. *Jeanne Marie Cottet* (Frankr.).
**8. Internat. Klavierwettbewerb »Paloma O'Shea« in Santander** 1984 1. Pr. (1,3 Mill. Pesetas) *Hugh Tinney* (Irland).
**29. Internat. Musikwettbewerb »Maria Canals« in Barcelona** 1983 für Gesang: 1. Pr. *Mabel Perelstein* (Argentinien), 2. Pr. *Jennifer May Larmore* (USA), 3. Pr. *Catalina Moncloa* (Spanien) u. *Elise Bedard* (Kanada); für Klavier: 2. Pr. *Bernd Glemser* (BR Deutschld.) u. *Kyoko Koyama* (Japan), 3. Pr. *Antonella Vignali* (Italien); für Flöte: 1. Pr. *Erika Sebök* (Ungarn), 2. Pr. *Motoaki Kato* (Japan), 3. Pr. *Monica Hegedüs* (Ungarn).

**TSCHECHOSLOWAKEI**
**35. Internat. Musikwettbewerb »Prager Frühling«** 1983 für Violoncello: 1. Pr. (20 000 Kčs) *Michal Kanka* (Tschechoslow.), 2. Pr. (15 000 Kčs) *Natalija Savinova* (UdSSR) u. *Michaela Fukačová* (Tschechoslow.), 3. Pr. (10 000 Kčs) *Jitka Vlašanková* (Tschechoslow.).

**UNESCO**
**UNESCO/IMC Awards** (Musikpreise der UNESCO u. des Internationalen Musikrates) 1983 an den Dirigenten *Herbert von Karajan*, an den Pianisten *Claudio Arrau* u. an die Königlich Schwedische Musikakademie Stockholm.

**UNGARN**
**21. Internat. Musikwettbewerb von Budapest** 1983 Orgelwettbewerb »in memoriam Ferenc Liszt«: 1. Pr. *Andreas Rothkopf* (BR Deutschld.) u. *Naomi Matsui* (Japan), 2. Pr. *Aleš Bárta* (Tschechoslowakei), 3. Pr. *László Révész* (Ungarn).

**VEREINIGTE STAATEN VON AMERIKA**
**Grammy Awards** Schallplattenpreise der National Academy of Recording Arts and Sciences (NARAS). 1984 an *Michael Jackson* (»Beat it«, Song des Jahres; Album des Jahres; bester Vokalist u. a.), *Irene Cara* (beste Vokalistin), *Herbie Hancock* (»Rock it«, beste Instrumentalnummer), *Wynton Marsalis* (Trompete, Jazz u. Klassik); in Anerkennung ihres Lebenswerks an den Rockmusiker *Chuck Berry,* u. postum an den Dirigenten *Arturo Toscanini* u. an den Jazz-Pionier *Charlie Parker.*

**6. Internat. Klavierwettbewerb »Gina Bachauer« in Salt Lake City/UT** 1983 1. Pr. (Steinway-Flügel) *Michael Gurt* (USA), 2. Pr. (5000 $) *Diana Kacso* (Brasilien/USA), 3. Pr. (3000 $) *Alexander Kuzmin* (UdSSR/USA).
**5. Internat. Klavierwettbewerb »Robert Casadesus« in Cleveland/OH** 1983 1. Pr. (4000 $) *Youngshin An* (Korea), 2. Pr. (2000 $) *Mayumi Kameda* (Japan), 3. Pr. (1500 $) *Stéphane Lemelin* (Kanada).

## AUS DEM MUSIKLEBEN

Im Verlag Herder, Freiburg, erschien **»Das Große Lexikon der Musik«** in 10 Bänden, hrsg. von *Marc Honegger, Günther Massenkeil* u. *Gerald Abraham.* – Im Bibliographischen Institut, Mannheim, erschien **Meyers Taschenlexikon Musik** in 3 Bänden mit rund 8000 Biographien u. Sachartikeln aus allen Bereichen der Musik. – Im Laaber-Verlag erscheint fortlaufend bis 1989 ein 11bändiges **»Neues Handbuch der Musikwissenschaft«,** hrsg. von *Carl Dahlhaus.* – Die **»Neue Musikzeitung«** (NMZ), auflagenstärkste deutschsprachige Musikfachzeitschrift, bringt ab 1984 einen erweiterten u. neugestalteten Schallplattenteil als **»phonomagazin«.** – Im Musikverlag Doblinger Wien/München erschien das **»Musikhandbuch für Österreich«** v. *H. Goertz,* eine Publikation des Österr. Musikrats. – Im Atlantis Musikbuch-Verlag, Zürich, erschien die überarbeitete Neuauflage des **»Schweizer Musik-Handbuchs«,** hrsg. vom Schweizerischen Musik-Archiv. – Der **Bärenreiter Verlag** in Kassel feierte im Nov. 1983 sein 60jähriges Bestehen; zu den Schwerpunkten des Musikverlags zählen Musiker-Gesamtausgaben u. a. von Bach, Händel, Janáček, Mozart, Schubert u. Schütz, die Pflege zeitgenössischer Musik, Musikzeitschriften, Bücher u. musikpädagogische Veröffentlichungen.

Eine **Instrumentenauktion bei Sotheby's** in New York erbrachte 210000 $ für eine Violine (»Lyall«-Stradivari, Cremona 1702) u. bei Sotheby's in London den neuen Höchstpreis von umgerechnet 1,04 Mill. DM für ein Violoncello von Antonio Stradivari. – Eine **Autographenauktion bei Sotheby's** in London im Mai 1984 erbrachte für die Partitur von Mahlers 1. Symphonie 143000 £, der Textentwurf für »Siegfrieds Tod« von R. Wagner erzielte 63000 £. – Das Manuskript einer im Jahre 1768 komponierten, nie aufgeführten **Messe Joseph Haydns,** die »Missa sunt bona mixta malis«, wurde in Nordirland **entdeckt** u. für 151000 £ bei Christie's in London versteigert. – Fragmente der bisher unbekannten **Oper** »Elisabetta« **von Gaetano Donizetti** wurden im Londoner Opernhaus Covent Garden **entdeckt.** – Der **Nachlaß** des österreichischen Komponisten **Anton von Webern** wurde von der Paul-Sacher-Stiftung in Basel erworben.

Beim **»Internat. Musikfest Stuttgart«,** das 1985 in der BR Deutschld. Hauptveranstaltung zum Europäischen Jahr der Musik sein soll, sind 55 Konzerte u. ein wissenschaftl. Kongreß mit dem Thema »Bach, Händel, Schütz – Alte Musik als ästhetische Gegenwart« vorgesehen. – Die DDR plant zum 400. Geburtstag von Heinrich Schütz u. zum 300. Geburtstag von Johann Sebastian Bach u. Georg Friedrich Händel für 1985 eine **»Bach–Händel–Schütz-Ehrung der DDR«** im Rahmen der 34. Händel-Festspiele im Febr. in Halle, des V. Internat. Bachfestes im März in Leipzig u. der »H.-Schütz-Festtage« im Okt. in Dresden. – Das Geburtshaus des Komponisten Heinrich Schütz in Bad Köstritz (Bez. Gera) wird zum 400. Geburtstag 1985 neu gestaltet und als **»Forschungs- und Gedenkstätte Heinrich Schütz«** der DDR eingerichtet. – Die **Metropolitan Opera** in New York feierte am 22. Okt. 1983 ihr 100jähriges Bestehen. Der Musikdirektor der Met, *James Levine,* wurde zum künstlerischen Leiter des Instituts ernannt. – Der aus Uruguay stammende kanadische Architekt *Carlos Ott* erhielt den Auftrag für den **Bau eines Pariser Opernhauses** an der Place de la Bastille. – Die **Berliner Philharmonie** konnte 1983 auf ein 20jähriges Bestehen zurückblicken; der **Bau eines Kammermusiksaals** nach den Plänen *H. Scharouns* soll zur 750-Jahr-Feier Berlins 1987 für 98,7 Mill. DM fertiggestellt werden. – Die 1945 zerstörte **Dresdner Semper-Oper** wird nach achtjähriger Bauzeit im Februar 1985 mit Carl Maria von Webers »Freischütz« wiedereröffnet.

*Klaus Tennstedt* trat sein neues Amt als Chefdirigent u. musikalischer Direktor des London Philharmonic Orchestra an, er ist Nachfolger von Sir *Georg Solti.* – *Giuseppe Sinopoli* übernahm als Nachfolger von *Riccardo Muti* die Position des Chefdirigenten des Philharmonia Orchestra London. – *Zubin Mehtas* Vertrag als Musikdirektor der New Yorker Philharmoniker wurde um weitere vier Jahre bis zum

Ende der Saison 1989/90 verlängert. – Der Frankfurter Operndirektor *Michael Gielen* wurde zum Chefdirigenten des Südwestfunk-Symphonieorchesters berufen, er löst 1986 *Kazimierz Kord* ab. – *Gary Bertini* übernahm als Chefdirigent das WDR-Sinfonieorchester in Köln, er löste *Hiroshi Wakasugi* ab, der als GMD an die Deutsche Oper am Rhein verpflichtet wurde. Ab der Spielzeit 1987/88 wird *G. Bertini* neuer Direktor der Frankfurter Oper. – *Claus Helmut Drese,* Direktor des Opernhauses Zürich, wird ab 1986 Direktor der Wiener Staatsoper u. Nachfolger von *Lorin Maazel,* der seinen Rücktritt zum 1. Sept. 1984 erklärte, *Claudio Abbado* wird ab 1986/87 Musikdirektor der Wiener Staatsoper. Kammersänger *Eberhard Wächter* übernimmt 1987 die Direktion der Wiener Volksoper. – An die Stelle von *C. H. Drese* als Direktor des Zürcher Opernhauses tritt 1986 *Christoph Groszer,* Intendant des Hessischen Staatstheaters in Wiesbaden. – *Riccardo Muti* wird ab 1986/87 neuer Musikalischer Leiter der Mailänder Scala u. Nachfolger von *Claudio Abbado.* – *Bernard Haitink* wurde als Nachfolger von *Colin Davis* zum musikalischen Direktor der Königlichen Oper Covent Garden in London ernannt. – *Günther Rimkus* wurde Intendant der Deutschen Staatsoper in Ost-Berlin u. Nachfolger von *Hans Pischner,* der nach 20jähriger Amtszeit ausscheidet. – *Hans Vonk,* Musikdirektor der niederländ. Opernstiftung Amsterdam, übernimmt ab Sept. 1985 die musikalische Leitung der Dresdner Staatsoper u. der Staatskapelle. – *Hans Zender* wurde 1984 Generalmusikdirektor, *Kurt Horres* Intendant der Hamburgischen Staatsoper; *Hans Wallat,* bisher GMD in Dortmund, übernimmt 1985/86 die neugeschaffene Position eines Staatskapellmeisters in Hamburg, *Klaus Weise* wird Generalmusikdirektor in Dortmund. – *Hans Zanotelli,* bisher GMD in Stuttgart, wird 1985 neuer Generaldirektor des Musiktheaters in Kiel, *Volkmar Clauß* wird Generalintendant. – *Antoni Wicherek,* bisher GMD in Warschau, wurde Direktor des Musiktheaters in Oberhausen u. Nachfolger von *Dietfried Bernet.* – *Pinchas Steinberg* wird 1985/86 Generalmusikdirektor am Theater der Freien Hansestadt Bremen, er löst *Peter Schneider* ab, der nach Mannheim geht. – Ein Konflikt zwischen dem Berliner Philharmonischen Orchester u. seinem künstl. Leiter *Herbert von Karajan* war bei Redaktionsschluß noch nicht beigelegt.

**Der Jahresbericht des Bundesverbandes der Phonographischen Wirtschaft,** Hamburg, gibt für die im Bundesverband zusammengeschlossenen Hersteller, die knapp 90% des Inlandsumsatzes repräsentieren, für **1983** einen **Umsatz** von **2,05 Mrd. DM** (Endverbraucherpreise incl. MWSt.; 1982: 2,16 Mrd. DM) u. einen **Gesamt-Stückabsatz** (Inlandsabsatz über alle Vertriebswege, einschl. Clubs) von **207,8 Mill.** (1982: 207,7 Mill.) **Schallplatten, MusiCassetten u. Compact Discs** an. Der Absatz gliedert sich in 62,1 Mill. (1982: 54,7 Mill.) Stück Singles, 91,7 Mill. (101,9 Mill.) Langspielplatten, 53,1 Mill. (51,1 Mill.) MusiCassetten u. 0,9 Mill. Compact Discs. **Der Inlandsabsatz über den Handel** lag **1983** bei insgesamt **162,3 Mill.** (1982: 165,8 Mill.) **Stück Schallplatten, MusiCassetten u. Compact Discs** (50,8 Mill. Singles, 68,7 Mill. LPs, 41,9 Mill. MCs u. 0,9 Mill. CDs). Ende 1983 wurden 34143 Schallplatten u. MusiCassetten angeboten, davon waren **8030 Neuveröffentlichungen** im Jahr 1983 (Klassik: 1065 LPs, 472 MCs; Pop: 2847 Singles, 2050 LPs u. 1596 MCs). Insgesamt wurden 1983 **32,9 Mill.** (1982 39,6 Mill.) **Tonträger exportiert;** 42,5% der exportierten Langspieltonträger waren Klassik-Produkte. Auf nicht erfaßte Mitbewerber, auf Direktimporte des Handels u. auf den illegalen Absatz gefälschter Tonträger kam 1983 ein Inlandsumsatz von ca. 240 Mill. DM. – **Tonträgerabsatz wichtiger Länder 1982** in Mill. Stück: USA 575,6 (137,2 Singles, 241,5 Langspielplatten, 183,2 MusiCassetten, 13,7 Cartridges), BR Deutschld. 207,7 (54,7 Singles, 101,9 LPs, 51,1 MCs), Japan 199,1 (63,0 Singles, 58,4 LPs, 48,5 MCs, 29,2 Cartridges), Großbrit. 167,9 (78,6 Singles, 57,8 LPs, 31,5 MCs), Frankreich 152,8 (66,5 Singles, 58,6 LPs, 27,7 MCs), Kanada 68,5 (12,3 Singles, 36,5 LPs, 18,2 MCs, 1,5 Cartridges), Niederlande 39,5 (14,5 Singles, 21,0 LPs, 4,0 MCs), Italien 66,0 (23,0 Singles, 22,0 LPs, 21,0 MCs). (Nach »Phono-Press« Nr. 1/April 1984.)

Der Deutsche Musikverleger-Verband (DMV) u. der Internat. Verband der Produzenten von Ton- u. Videoaufnahmen (IFPI) forderten eine schärfere Bestrafung von **Urheberrechtsverletzungen.** Durch Bild- und Tonträgerpiraterie entstand 1983 in der Bundesrepublik ein Schaden von 580 Mill. DM. – Der **Bielefelder Katalog Klassik,** ein Verzeichnis lieferbarer Langspielplatten, MusiCassetten u. Compact Discs klassischer Musik, nennt rund 60000 Titel von über 5200 Komponisten. – Bei »harmonia mundi« erscheint die **Schallplatten-Dokumentation des Deutschen Musikrats** »Zeitgenössische Musik in der Bundesrepublik Deutschland« 1945–1980 (10 Folgen), die über die vielfältigen Strömungen des kompositorischen Schaffens in der Bundesrepublik informiert.

Rund 48000 Besucher kamen zur **Musikmesse '84 in Frankfurt a. M.,** auf der 748 Aussteller Musikinstrumente und Musikverlagserzeugnisse vorstellten. Die **Produktion von Musikinstrumenten in der BR Deutschland** erzielte 1983 einen Wert von 602 Mill. DM (1982: 596,6 Mill. DM). Die **Ausfuhr** fiel um 1,5% auf 356 Mill. DM (361,5 Mill. DM), die **Einfuhr** stieg um 0,5% auf 345 Mill. DM (343,3 Mill. DM). Der **Inlandsabsatz** aus westdeutscher Produktion stieg 1983 um 4,6% auf 246,0 Mill. DM (235,1 Mill. DM). Der **Gesamtabsatz von Musikinstrumenten in der BR Deutschld.** lag 1983 bei 591 Mill. DM (578,4 Mill. DM). (Nach Angaben des Stat. BA.)

Die **GEMA** (Ges. f. musik. Aufführungs- u. mechan.

Vervielfältigungsrechte) erzielte 1983 aus der Wahrnehmung von Musikurheberrechten **Erträge** von 501,02 Mill. DM (1982: 532,78 Mill. DM); zur Verteilung an in- und ausländische Berechtigte standen 432,67 Mill. DM zur Verfügung. An das Ausland wurden 146,62 Mill. DM Urheberrechtserträge abgeführt, 46,36 Mill. DM gingen aus dem Ausland ein. Die **Bayreuther Festspiele 1984** brachten Wiederaufnahmen von »Der fliegende Holländer« *(H. Kupfer, W. Nelsson)*, »Der Ring des Nibelungen« *(P. Hall, P. Schneider)*, »Parsival« *(G. Friedrich, J. Levine)* u. »Die Meistersinger von Nürnberg« *(W. Wagner, H. Stein)*. – Die **Salzburger Festspiele 1984** brachten die Neuinszenierung von Verdis »Macbeth« *(P. Faggioni, R. Chailly)*, die Uraufführung von Luciano Berios Oper »Un Rè in ascolto« *(G. Friedrich, L. Maazel)* u. Wiederaufnahmen von »Der Rosenkavalier« von Strauss *(H. v. Karajan)*, Mozarts »Idomeneo«, »Zauberflöte« *(J. Levine)* u. »Cosi fan tutte« *(R. Muti)*. Das Schauspiel brachte u. a. die Neuinszenierung von Lessings »Nathan der Weise« *(J. Schaaf); John Neumeiers* Choreographie der »Matthäuspassion« wurde auf dem Domplatz gezeigt. Das Festspielprogramm 1984 umfaßte 133 Veranstaltungen, darunter 38 Opernvorstellungen, 28 Schauspielaufführungen u. 14 Orchesterkonzerte.

## PREISE FÜR FRIEDEN UND VERSTÄNDIGUNG, GESAMTSCHÖPFERISCHE LEISTUNGEN UND TATEN DER MENSCHLICHKEIT

**Adenauer (Konrad-A.)-Freiheitspreis** d. »Deutschland-Stiftung e. V.«, 1984 an den sowj. Bürgerrechtskämpfer *Wladimir Bukowski.*

**Alternativer Nobelpreis** der »Right Livelihood Foundation« des Schweden Jakob von Uexküll, 1983 (350000 skr) geteilt an *Amery* u. *Hunter Lovins* (USA), *Ibedul Yutkaka Gibbons* (Belau) u. an *Manfred Max-Neef* (Chile); Sonderehrung an *Leopold Kohr* (Österreich).

**Balzan-Preise** für Menschlichkeit, Frieden und Brüderlichkeit unter den Völkern, verliehen von der gleichnamigen internat. Stiftung (Sitz Mailand) des ital. Industriellen Eugenio Balzan, 1983 (je 250000 sfr) an den Orientalisten *Francesco Gabrieli* (Italien), an den Soziologen *Edward Shils* (USA) u. an den Zoologen *Ernst Mayr* (USA).

**Bauer (Fritz-B.)-Preis** der Humanistischen Union für Verdienste um die Humanisierung, Liberalisierung u. Demokratisierung des Rechtsstaats, 1984 an den Pastor *Ulrich Finckh.*

**Bayerischer Friedenspreis** der »Deutschen Friedensgesellschaft – Vereinigte Kriegsdienstgegner« (DFG – VK), erstmals für 1983/84 an den Schriftsteller *Carl Amery* für sein Engagement in der Friedensbewegung.

**Bayerischer Maximiliansorden für Wissenschaft und Kunst** 1984 an *Hansjochem Autrum, Bernhard Bischoff, Ludwig Bölkow, Karl Bosl, Bernhard Degenhart, Ludwig Demling, Ulrich Grigull, Hermann Heimpel, Rolf Huisgen, Bernhard Ilschner, Konrad Lorenz, Reimar Lüst, Rudolf Mössbauer, Oswald von Nell-Breuning SJ, Lothar Rohde, Michael Schmaus, Günter Schmölders, Julius Speer, Konrad Zuse; Elisabeth Bergner, Kurt Böhme, Georg Brenninger, Dietrich Fischer-Dieskau, Rudolf Hartmann, Hans Hartung, Ludwig Hölscher, Hans Egon Holthusen, Hans Hotter, Wilhelm Kempff, Wolfgang Sawallisch, Wolfgang Wagner, Hans Wimmer, Maria Wimmer, Mac Zimmermann.*

**Bech (Joseph-B.)-Medaille in Gold** der »Stiftung F.V.S.« zu Hamburg, für beispielhaftes Wirken für die Einigung Europas, 1983 an *Karl Joseph Hahn.*

**Bech (Joseph-B.)-Preis** der »Stiftung F.V.S.« zu Hamburg, der Würdigung bedeut. Leistungen f. Europa gewidmet, 1984 (20000 DM) an *Dirk Spierenburg* (Niederlde.), ehem. Vizepräs. der Hohen Behörde der EGKS.

**Black Woman's Hall of Fame** 1983 Aufnahme von Col. *Clara L. Adams-Ender* f. Verdienste um das Gesundheitswesen.

**Böckler (Hans-B.)-Preis** der gleichnam. Stiftung des Deutschen Gewerkschaftsbundes (DGB) für Verdienste um die gesellschaftspolitische Durchsetzung von Arbeitnehmerinteressen, 1983 (20000 DM) geteilt an *Bernhard Tacke* u. *Alois Wöhrle.*

**Buber-Rosenzweig-Medaille** des Deutschen Koordinierungsrates der »Gesellschaft für Christlich-Jüdische Zusammenarbeit e. V.«, 1984 an den ev. Pfarrer *Siegfried Theodor Arndt* (Leipzig) u. an den Historiker *Helmut Eschwege* (Dresden).

**Burckhardt (Jacob-B.)-Preis** der »Joh.-Wolfgang-von-Goethe-Stiftung« in Basel, 1983 (20000 sfr) an den franz. Zeichner *Tomi Ungerer.*

**Coudenhove-Kalergi-Preis** der »Paneuropa-Union«, 1984 an den ital. Staatspräs. *Sandro Pertini.*

**Dunant (Henri-D.)-Medaille** Höchste Auszeichnung der »Ges. v. Internat. Roten Kreuz«, 1983 an *Walter Bargatzky*, Ehrenpräs. des DRK.

**Einstein (Albert-E.)-Friedenspreis** der gleichnamigen Stiftung in Chicago, 1983 (50000 $) an Kardinal *Joseph Bernardin*, 1984 an *Pierre Trudeau.*

**Erasmus-Preis** für herausrag. Leistungen auf kulturellem od. soz. Gebiet im Rahmen der EG, verliehen von der Amsterdamer »Stiftung Praemium Erasmianum«, 1984 (100000hfl) an den ital. Archäologen *Massimo Pallottino.*

**Erhard (Ludwig-E.)-Medaille** für Verdienste um die soziale Marktwirtschaft, 1984 an *Heinz Nixdorf.*

**Europa-Goldmedaille für Denkmalpflege** der »Stiftung F.V.S.« zu Hamburg, 1983 an *Raymond R. Lemaire* (Belgien); 1984 an die Stadt Leningrad u. an die Hansestadt Lübeck.

**Europäischer Karlspreis** der »Sudetendeutschen Landsmannschaft e.V.« für besondere Verdienste um das Selbstbestimmungsrecht u. die Völkerverständigung, 1984 an *Josef Stingl.*

**Europapreis** Auszeichnung des Europarats in Straßburg für europ. Gemeinden, die sich um die Förderung des Europagedankens besonders verdient gemacht haben, 1983 an die Stadt Lausanne.

**Europa-Preis für Landespflege** der »Johann-Wolfgang-von-Goethe-Stiftung« in Basel, 1984 (20000sfr) an *Myrrha* u. *Carl Adam von Aretin.*

**Europa-Preis für Volkskunst** der »Stiftung F.V.S.« zu Hamburg, 1984 (20000 DM) geteilt an den »Cercle Celtique de Vannes« in Vannes (Frankr.), an die Tanz- u. Musikgruppe »Sikali« in Larnaka (Cypern) u. an den Volkskundeforscher u. -sammler *Karl Haiding,* Steinach (Steiermark).

**Friedenspreis der Vereinten Nationen** 1983 an den Ehrenvorsitzenden der buddhistischen Laienorganisation »Soka Gakkai« in Japan, *Daisako Ikeda,* für seine Bemühungen um Abrüstung und Frieden.

**Friedenspreis des Deutschen Buchhandels** 1984 (25000 DM) an den mexikanischen Dichter u. Essayisten *Octavio Paz.*

**»Geo«-Umweltpreis** der Zeitschrift »Geo«, 1983 (20000 DM) an *Bernhard Grzimek.* Umweltpreise (je 10000 DM) an den »Deutschen Jugendbund für Naturbeobachtung« u. an *Hans Steiner* von der Landesanstalt für Pflanzenschutz in Stuttgart.

**Goldmedaille der »Fondation du Mérite Européen** 1984 an *Walter Scheel.*

**Guardini (Romano-G.)-Preis** der Katholischen Akademie in Bayern für »hervorrag. Verdienste um Interpretation v. Zeit u. Welt« im Sinne Guardinis, 1984 (10000 DM) an den Maler u. Bildhauer *Georg Meistermann.*

**Hahn (Otto-H.)-Preis** der Stadt Frankfurt am Main, 1984 (25000 DM) an den Physiker *Heinz Maier-Leibnitz.*

**Heinemann (Gustav-H.)-Bürgerpreis** des Bundesvorstandes der SPD, 1984 (20000 DM) zu gleichen Teilen an die »Zentralstelle für Recht und Schutz der Kriegsdienstverweigerer« in Bremen u. an den Major der Bundeswehr *Helmuth Prieß* für Verdienste um die Wahrung u. Mehrung der Bürgerrechte.

**Herder (Gottfried-von-H.)-Preise** der »Stiftung F.V.S.« zu Hamburg, »der Pflege u. Förderung der kulturellen Beziehungen zu den ost- u. südosteurop. Völkern sowie der Würdigung bedeutsamer Beiträge aus diesen Ländern zur europ. Kultur gewidmet«. 1984 (je 20000 DM) an den Kunsthistoriker *Emilijan Cevc* (Jugoslawien), an den Literaturwissenschaftler *Constantin Dimaras* (Griechenland), an den Sprachwissenschaftler *Karel Horálek* (Tschechoslow.), an den Schriftsteller *György Konrád* (Ungarn), an den bildenden Künstler *Constantin Lucaci* (Rumänien), an den Sprachwissenschaftler *Krassimir Mančev* (Bulgarien) u. an den Komponisten *Krzysztof Meyer* (Polen).

**Heuss (Theodor-H.)-Preis** der gleichnamigen Stiftung in München zum Thema »Politischer Stil in der demokratischen Auseinandersetzung«, 1983 an *Richard von Weizsäcker.*

**Internat. Karlspreis der Stadt Aachen** für die beste Leistung im Dienst der Verständigung u. der internat. Zusammenarbeit im europ. Raum, 1984 an den ehem. Bundespräs. *Karl Carstens.*

**Internat. Preis Paul VI.** erstmals 1984 (100 Mill. Lit) an den kath. Theologen *Hans Urs von Balthasar.*

**Karpinskij (Alexander-Petrowitsch-K.)-Preis** der »Stiftung F.V.S.« zu Hamburg. Auszeichnung überrag. Leistungen v. internat. Bedeutung, die in der Sowjetunion auf dem Gebiete der Naturwissenschaften erbracht werden, 1983 (30000 DM) an *V. I. Goldanskij.*

**Klinger (Paul-K.)-Preis** der Bundesfachgruppe Bühne–Film–Fernsehen (BFF) in der Deutschen Angestellten-Gewerkschaft (DAG) für Verdienste um die sozialen Belange der Kulturschaffenden in der Bundesrep. Deutschld., 1983 an *Hermann Höcherl.*

**Knoeringen (Waldemar-von-K.)-Preis** der Georg-von-Vollmar-Akademie, 1984 (5000 DM) an den Publizisten *Richard Löwenthal.*

**Lindrath (Hermann-L.)-Preis** der gleichnamigen Gesellschaft in Hannover, 1983 an *Willy Linder* (Schweiz), *Ulrich Fritsch, Hans-Günter Guski, Hermann Adam, Pierre Werner* (Luxemburg); 1984 an *Josef Stingl.*

**Lorenz (Konrad-L.)-Preis** Österr. Staatspreis für Kunst u. Ökologie, 1984 (100000 S) geteilt an *Arik Brauer, W.* u. *T. Gamerith* u. an *Hubert Weinzierl.*

**Medaille des Europarates »pro merito«** 1984 an den Hamburger Mäzen *Alfred C. Toepfer.*

**Menschenrechts-Preis des Europarates** in Straßburg, 1983 Medaille an die medizinische Sektion der Gefangenen-Hilfsorganisation »amnesty international« für ihren weltweiten Kampf gegen Folter und Todesstrafe.

**Montaigne-Preis** der »Stiftung F.V.S.« zu Hamburg, für »bedeutsame Beiträge zur europ. Kultur aus Ländern der romanischen Sprachfamilie«, 1983 (25000 DM) an den belgischen Sprach- u. Literaturwissenschaftler *Roland Mortier.*

**Nansen (Fridtjof-N.)-Medaille** der Vereinten Nationen, 1983 (50000 $) an den tansanischen Präsidenten *Julius Nyerere* »in Anerkennung der außeror-

dentlichen Leistungen zugunsten von Flüchtlingen«.
**Onassis (Alexander-O.)-Stiftung: Athen-Preis** für Völkerverständigung und Menschenrechte, 1984 (100000 $) an den Auslandsdienst der BBC für objektive Berichterstattung. **Olympia-Preis** für Umweltschutz und kulturelles Erbe, 1984 (100000 $) zu gleichen Teilen an *Francesco Nicosia,* Leiter des Zentrums für die Restaurierung von Kunstwerken in Florenz und an *Dillon Ripley,* Sekretär der amerik. Smithsonian Institution.
**Palach (Ján-P.)-Preis** des Internat. Komitees zur Unterstützung der tschech. Bürgerrechtsbewegung »Charta 77«, 1984 an die Herausgeber des im Untergrund in der Tschechoslowakei verbreiteten Informationsblattes dieser Organisation.
**Prix France-Allemagne** für Politik, Wissenschaft u. Kultur, 1984 an *Hans Koschnick* für sein Bemühen um die deutsch-französischen Beziehungen.
**Reichsbund-Rehabilitationspreis** des Reichsbunds der Kriegsopfer, Behinderten, Sozialrentner u. Hinterbliebenen, 1984 an *Josef Stingl* für seine Verdienste um die Integration Behinderter.
**Reuter (Ernst-R.)-Plakette** Ehrengabe des Senats von Berlin an Persönlichkeiten, die sich um Berlin besondere Verdienste erworben haben, 1983 an *Zeno Schindler, Franz Ehrke* u. *Elisabeth Bergner.*
**Schalom-Preis** des »Arbeitskreises für Gerechtigkeit und Frieden« an der kath. Universität Eichstätt, 1984 (10000 DM) an *Juan Gerardi Conedera,* Bischof der Diözese Quinche in Guatemala.
**Schubert (Bruno-H.-Sch.)-Preis** für herausrag. Verdienste auf dem Gebiet des Tier- und Naturschutzes, 1984 (40000 DM) an *Berndt Heydemann,* Direktor d. Zoolog. Inst. der Universität Kiel, (je 15000 DM) an *Günter Peter* u. *Josef Koller,* (je 10000 DM) an drei Jugendgruppen.
**Schumacher (Fritz-Sch.)-Preis** der »Stiftung F.V.S.« zu Hamburg für besondere Leistungen im Städtebau u. in der Denkmalpflege, 1983 (je 20000 DM) an *Bernhard Klemm* (Dresden) u. an die »Landelijke Vereniging Centraal Wonen« (Hilversum).
**Schuman (Robert-Sch.)-Medaille** in Gold der »Stiftung F.V.S.« zu Hamburg für Verdienste um die europäische Einigung, 1983 an den ehem. italien. Ministerpräs. *Amintore Fanfani.*
**Schuman (Robert-Sch.)-Preis** der »Stiftung F.V.S.« zu Hamburg für überragende Leistungen für die europ. Einigung, 1983 (30000 DM) an den Minister a. D. Comte *Snoy et d'Oppuers* (Belgien); **Louise-Shakespeare-Preis** der »Stiftung F.V.S.« zu Hamburg, 1984 (25000 DM) an den brit. Dirigenten Sir *Colin Davis.*
**Steffens (Henrik-St.)-Preis** der »Stiftung F.V.S.« zu Hamburg, Auszeichnung von Persönlichkeiten aus skandinavischen Ländern für kulturelle od. wissenschaftl. Leistungen von europ. Bedeutung, 1984 (25000 DM) an den Grafiker *Palle Nielsen.* Stipendium (9000 DM) an die Malerin *Dorte Dahlin.*
**Straßburg-Goldmedaille** der »Stiftung F.V.S.« zu Hamburg für außergewöhnliche Verdienste um Förderung und Stärkung der deutsch-französischen Freundschaft, 1983 an *Alfred Kastler* (Frankreich).
**Templeton-Preis** der gleichnam. amerik. Stiftung, 1984 (170000 $) an den anglikanischen Geistlichen *Michael Bourdeaux* (Großbrit.) für seinen Einsatz zugunsten verfolgter Christen im Ostblock.
**Tienhoven (van T.)-Preis** der »Stiftung F.V.S.« zu Hamburg, 1984 an den span. Naturschützer *José A. Valverde.*
**UNESCO-Friedenspreis** 1983 an die Organisation »Pax Christi International«.
**UNO-Bevölkerungspreis** 1983 an den Vorsitzenden der chinesischen Staatl. Kommission für Familienplanung *Qian Xinzhong* u. an die indische Ministerpräsidentin *Indira Gandhi* in Anerkennung ihres Einsatzes für die Familienplanung.
**Vondel (Jost-van-den-V.)-Preis** der »Stiftung F.V.S.« zu Hamburg für hervorragende kulturelle Leistungen im nordniederländischen, flämischen und niederdeutschen Raum, 1983 (20000 DM) an den belgischen Maler u. Grafiker *Roger Raveel;* 1984 (20000 DM) an die niederländ. Schriftstellerin *Judith Herzberg.*
**Westrick (Ludger-W.)-Preis** gestiftet von der »Deutschen Honeywell« für besondere Verdienste um die Partnerschaft in den Unternehmen der gewerblichen Wirtschaft und um den sozialen und inneren Frieden, 1983 an den SPD-Politiker *Georg Leber.*

## NOBELPREISE 1983

**Friedensnobelpreis** Verliehen 1983 vom Nobelkomitee des norwegischen Parlaments in Oslo an den polnischen Arbeiterführer *Leszek (»Lech«) Wałęsa* (geb. 1943 in Popowo bei Bromberg, Elektromonteur) »für seinen mit erheblichen persönlichen Opfern verbundenen Beitrag zur Sicherung der Rechte der Arbeiter auf Gründung eigener Organisationen«.

**Nobelpreis für Literatur** Verliehen 1983 von der »Schwedischen Akademie der Schönen Künste« in Stockholm an den britischen Romancier *William Gerald Golding* (geb. 1911 in St. Columb Minor/Cornwall) »für seine Romane, die mit Anschaulichkeit, realistischer Erzählkunst und der vieldeutigen Allgemeingültigkeit des Mythos die menschlichen Bedingungen in der heutigen Welt beleuchten«.

**Nobelpreis für Chemie** Verliehen 1983 von der »Schwedischen Akademie der Wissenschaften« in Stockholm an den aus Kanada stammenden US-Wissenschaftler *Henry Taube* (geb. 1915 in Saskatoon/Kanada, seit 1942 US-Staatsbürger, Professor am Chemischen Institut der Stanford University in Palo Alto/CA) für seine Arbeiten über die »Reaktionsmechanismen der Elektronenübertragung vor allem bei Metallkomplexen«.

**Nobelpreis für Physik** Verliehen 1983 von der »Schwedischen Akademie der Wissenschaften« in Stockholm, zu gleichen Teilen an den aus Indien stammenden US-Wissenschaftler *Subrahmanyan Chandrasekhar* (geb. 1910 in Lahore/Indien, seit 1953 US-Staatsbürger, Professor am Yerkes-Observatorium der University of Chicago) für seine »theoretischen Studien der physikalischen Prozesse, die für die Struktur und Entwicklung der Sterne von Bedeutung sind« und an den US-Wissenschaftler *William A. Fowler* (geb. 1911 in Pittsburgh/USA, Professor am California Institute of Technology in Pasadena/CA) für seine »theoretischen und experimentellen Studien der Kernreaktionen, die für die Bildung der chemischen Elemente im Weltall von Bedeutung sind«.

**Nobelpreis für Medizin und Physiologie** Verliehen 1983 durch das »Kgl. Karolingische Medico-Chirurgische Institut« in Stockholm an die US-Genetikerin *Barbara McClintock* (geb. 1902 in Hartford CT/USA, u. a. an der Cornell University in Ithaca/NY u. seit 1974 am Cold Spring Harbor Laboratory für Molekularbiologie tätig) für ihre Entdeckung der »beweglichen Strukturen in der Erbmasse«.

**Nobelpreis für Wirtschaftswissenschaften** Verliehen 1983 von der »Schwedischen Akademie der Wissenschaften« in Stockholm an den aus Frankreich stammenden US-Wirtschaftswissenschaftler und Mathematiker *Gerard Debreu* (geb. 1921 in Calais/Frankreich, seit 1975 US-Staatsbürger, Professor an der University of California in Berkeley) für die Einführung »neuer analytischer Methoden in die Wirtschaftstheorie« und für eine »strenge Neuformulierung der Theorie des allgemeinen Gleichgewichts der Märkte«.

1983 belief sich die Geldprämie je Sparte auf 1,5 Mill. schwed. Kronen (skr); für das Jahr 1984 werden die Nobelpreise mit je 1,65 Mill. schwed. Kronen dotiert.

## Orden »Pour le mérite für Wissenschaften und Künste«
(Jahr der Aufnahme)

A) *Deutsche Mitglieder*

I. Mitglieder des Ordenskapitels

Autrum, Hansjochem (Zoologe, 1977) – Bittel, Kurt (Archäologe, 1967) – Butenandt, Adolf (Biochemiker, 1962) – Clemen, Wolfgang (Anglist, 1981) – Coing, Helmut (Rechtsgelehrter, 1973) – Dahlhaus, Carl (Musikwissenschaftler, 1983) – Eigen, Manfred (Chemiker, 1973) – Eschenburg, Theodor (Politologe, 1968) – Fischer-Dieskau, Dietrich (Kammersänger, 1984) – Gadamer, Hans-Georg (Philosoph, 1971) – Gutbrod, Rolf (Architekt, 1971) – Haken, Hermann (Physiker, 1984) – Hillebrecht, Rudolf (Architekt, 1964) – Ligeti, György (Komponist, 1975) – Maier-Leibnitz, Heinz (Ordenskanzler; Physiker, 1976) – Mann, Golo (Historiker u. Schriftsteller, 1973) – Meyer-Schwickerath, Gerd (Ophthalmologe, 1978) – Paul, Wolfgang (Physiker, 1980) – Reichardt, Werner (Biologe, 1980) – Reidemeister, Leopold (Kunsthistoriker, 1980) – Rossow, Walter (Gartenarchitekt und Landschaftsplaner, 1972) – Schieder, Theodor (Historiker, 1971) – Schumacher, Emil (Maler, 1981) – Snell, Bruno (Klassischer Philologe, 1977) – Weizsäcker, Carl Friedrich Frhr. v. (Physiker, 1961) – Wieacker, Franz (Rechtsgelehrter, 1969) – Wimmer, Hans (Bildhauer, 1966) – Wimmer, Maria (Schauspielerin, 1973) – Zachau, Hans-Georg (Molekularbiologe, 1981)

B) *Ausländische Mitglieder*

Bethe, Hans (Physiker, 1984) – Boulez, Pierre (Komponist u. Dirigent, 1975) – Canetti, Elias (Schriftsteller, 1979) – Casimir, Hendrik Brugt (Physiker, 1982) – Gaudemet, Jean (Rechtshistoriker, 1983) – Gilbert, Felix (Historiker, 1981) – Gombrich, Sir Ernst (Kunsthistoriker, 1977) – Grabar, André (Kunsthistoriker, 1963) – Hartung, Hans (Maler, 1977) – Hayek, Friedrich August von (Nationalökonom, 1977) – Higashiyama, Kaii (Maler, 1984) – Huggins, Charles (Mediziner, 1957) – Ionesco, Eugène (Schriftsteller, 1983) – Katz, Sir Bernard (Physiologe, 1982) – Kennan, George Frost (Diplomat u. Historiker, 1976) – Kitzinger, Ernst (Kunsthistoriker, 1982) – Kratky, Otto (Chemiker, 1984) – Kuttner, Stephan (Kanonist u. Rechtshistoriker, 1969) – Lipmann, Fritz (Biochemiker, 1974) – Lorenz, Konrad (Zoologe, 1969) – Moore, Henry (Bildhauer, 1972) – Popper, Sir Karl (Wissenschaftstheoretiker, 1980) – Schwarzkopf, Elisabeth Legge-(Kammersängerin, 1983) – Serkin, Rudolf (Pianist, 1981) – Staiger, Emil (Literaturhistoriker, 1966) – Syme, Sir Ronald (Althistoriker, 1974) – Tange, Kenzo (Architekt, 1975) – Todd, Lord Alexander (Chemiker, 1966) – Waerden, Bartel Leendert van der (Mathematiker, 1973) – Weißkopf, Victor Friedrich (Physiker, 1978)

# Verstorbene Persönlichkeiten

**1983**

1. 9. der demokr. US-Senator *Henry M.* **Jackson** (71) in Everett (WA/USA) u. der franz. Schriftsteller *Stanislas* **Fumet** (87) in Rozes (Frankr.)
2. 9. der Verleger *Josef Gotthard* **Bläschke** (80) in Feistritz b. Bleiburg (Kärnten)
4. 9. die griechische Schauspielerin *Elli* **Lambeti** (57) in New York
5. 9. der britische Ballettänzer *John* **Gilpin** (53) in London
6. 9. der kath. Religionsphilosoph *Bernhard* **Welte** (77) in Freiburg i. Br.
7. 9. der deutsche Kurienkardinal *Joseph* **Schröffer** (80) in Nürnberg
8. 9. der Komponist *Alexander* **Ecklebe** (79) in Berlin (West), der Kunsthistoriker *Franz* **Winzinger** (73) in Regensburg u. der ehem. sudanes. Staatspräs. *Ibrahim* **Abboud** (82) in Khartoum
10. 9. der ehem. südafrik. Premiermin. u. Staatspräs. *Balthazar Johannes (John)* **Vorster** (67) in Kapstadt, der aus der Schweiz stammende US-Nobelpreisträger für Physik *Felix* **Bloch** (77) in Zürich u. die brit. Schriftstellerin *Norah* **Lofts** (79) in Bury St. Edmunds (Suffolk)
12. 9. der Zeitschriften- u. Buchdesigner *Willy* **Fleckhaus** (57) in Castelfranco di Sopra (Toskana)
17. 9. der Erzbischof von Boston Kardinal *Humberto* **Medeiros** (67) in Boston
18. 9. der Drusenführer *Madschid* **Arslan** (79) in Beirut u. der österr. Schriftsteller u. Historiker *Friedrich* **Heer** (67) in Wien
19. 9. der ehem. österr. Vizekanzler u. frühere SPÖ-Vors. *Bruno* **Pittermann** (78) in Wien
21. 9. der aus Österr. stamm. Schauspieler u. Regisseur *Willy* **Trenk-Trebitsch** (81) in Berlin (West)
22. 9. der ehem. chines. Außenmin. **Tschiao Kuan-hua (Qiao Guanhua)** (71) in Peking
24. 9. der aus Rumänien stammende franz. Schriftsteller u. Kunstkritiker *Anatole* **Jakovsky** (74) in Paris u. die brit. Sopranistin *Isobel* **Baillie** (88) in Manchester
25. 9. der ehem. belgische König **Leopold III.** (81) in Brüssel u. der ehem. isländ. Ministerpräs. *Gunnar* **Thorrodsen** (72) in Rejkjavik
26. 9. der franz. Chanson-Sänger *Tino* **Rossi** (76) in Neuilly-sur-Seine bei Paris
1. 10. der deutsch-franz. Maler, Zeichner u. Radierer *Paul* **Eliasberg** (76) in Hamburg
3. 10. der deutsch-schwed. Schriftsteller, Kunsthist. u. Publizist *Kurt* **Kusenberg** (79) in Hamburg
4. 10. der kath. Sozialwissenschaftler *Wilhelm* **Weber** (57) in Münster
6. 10. der Erzbischof von New York Kardinal *Terence* **Cooke** (62) in New York
8. 10. die US-Filmschauspielerin *Joan* **Hackett** (49) in Encino (CA/USA)
9. 10. der ehem. Hamburger Bürgermeister u. SPD-Politiker *Herbert* **Weichmann** (87) in Hamburg
10. 10. der deutsch-amerik. Physiker u. Raketenpionier *Kurt H.* **Debus** (74) in Cocoa (FL/USA) u. der brit. Schauspieler Sir *Ralph* **Richardson** (80) in London
12. 10. der tschechoslowak. Bürgerrechtler u. Schriftsteller *Jiří* **Lederer** (59) in Bad Reichenhall
15. 10. der US-Filmschauspieler *Pat* **O'Brien** (83) in Santa Monica (CA/USA)
16. 10. der Schweizer Bundesrat *Willi* **Ritschard** (65) auf einer Bergwanderung
17. 10. der franz. Publizist u. Soziologe *Raymond* **Aron** (78) in Paris
19. 10. der Ministerpräs. von Grenada *Maurice* **Bishop** (39) in St. George's (bei einem Militärputsch erschossen) u. der Komponist *Adolf* **Lohmann** (76) in Düsseldorf
20. 10. der span. Bürgerkriegsgeneral *Valentín* **González (»El Campesino«)** (73) in Madrid u. die Schriftstellerin u. Physikerin *Irene Reinhild* **Saenger-Bredt** (72) in Stuttgart
22. 10. der Pathologe u. Chromosomenforscher *Alfred* **Gropp** (59) in Lübeck
23. 10. der Jugendbuchautor *Wolfgang* **Ecke** (55) bei einem Verkehrsunfall u. der griech. Kunstkritiker u. -förderer *Stratis (Efstratios)* **Eleftheriadis (E. Tériade)** (86) in Paris
25. 10. der Physiker *Kurt* **Symanzik** (59) in Hamburg
28. 10. der ehem. Präs. des Außenamts der Ev. Kirche in Deutschld. *Adolf* **Wischmann** (75) in Frankf. a. M.
29. 10. der Vorstandsvors. der Daimler-Benz AG *Gerhard* **Prinz** (54) in Stuttgart
30. 10. der Schriftsteller *Fred* **Denger** (63) in Hohegeiß (Harz) u. *Lillian* **Carter** (85), Mutter des ehem. US-Präs. Jimmy Carter, in Americus (GA/USA)
31. 10. der sowjet. Politbürokand. u. Parteichef der Usbek. SSR *Schaharaf* **Raschidow** (65) in Taschkent [Im Okt. starben auch der Literaturwissenschaftler *Richard* **Samuel** (83) in Melbourne, der ital. Schriftsteller *Giovanni* **Mosca** (75) in Mailand u. der span. Anarchistenführer *Diego* **Abad de Santillan** (86) in Barcelona]
1. 11. der niederländ. Musikwissenschaftler *Anthony van* **Hoboken** (97) in Zürich

2\. 11. der Verlagsbuchhändler u. Antiquar *Ernst Ludwig* **Hauswedell** (82) in Hamburg u. der brit. Sowjetologe *Leonard* **Schapiro** (75) in London

7\. 11. die franz. Komponistin *Germaine* **Tailleferre** (91) in Paris u. der Karikaturist u. Illustrator *Hanns Erich* **Köhler** (78)

8\. 11. der franz. Schriftsteller u. Historiker *André* **Chamson** (83) in Paris u. der rumän. Philosoph *Pavel* **Apostol** (82) in Paris

11\. 11. der franz. Geiger *Alfred* **Loewenguth** (72) in Paris u. der Gräzist *Walter* **Marg** (73) in Mainz

15\. 11. der franz. Schriftsteller *Marc* **Bernard** (83) in Paris

18\. 11. der Schriftsteller *Martin* **Morlock** (*Günther* **Goercke**) (65) in München

20\. 11. der franz. Filmschauspieler *Marcel* **Dalio** (83) in Paris

23\. 11. der Choreograph u. Ballettdirektor *Erich* **Walter** (55) in Düsseldorf

25\. 11. die Filmhistorikerin *Lotte* **Eisner** (87) in Garches bei Paris u. der brit. Tänzer u. Choreograph *Anton* **Dolin** (79) in Paris

26\. 11. der Autor u. Publizist *Artur* **Joseph** (86) in Frankfurt a. M. u. der Pianist *Carl* **Seemann** (73) in Freiburg i. Br.

27\. 11. der peruanische Schriftsteller *Manuel* **Scorza** (55) u. der uruguayische Schriftsteller u. Literaturkritiker *Angel* **Rama** (57) bei einem Flugzeugabsturz bei Madrid, die Vizepräs. der »Weltkonferenz der Religionen für den Frieden« *Maria Alberta* **Lücker** (76) in Bonn, der langjähr. Leiter der Leibniz-Edition *Kurt* **Müller** (76) in Hannover u. der ehem. sowjet. Geheimdienstchef *Semjon D.* **Ignatjew** (79)

29\. 11. der franz. Filmjourn. u. Kunstkrit. *Alexandre* **Alexandre** (*Alexander* **Albrecht**) (82) in Paris

30\. 11. der Kunsthistoriker u. ehem. Generaldirektor der Museen der Stadt Köln *Gert von der* **Osten** (73) in Brühl u. der brit. Schriftsteller *Richard* **Llewellyn** (77) in Dublin
[Im Nov. starben auch der Dirigent u. Komponist *Frieder* **Meschwitz** (47) in Stockholm u. der Bühnenbildner u. Maler *Richard* **Panzer** (84) in München]

2\. 12. der ugandische Armeestabschef *David* **Ojok** bei einem Hubschrauberabsturz

3\. 12. die österr. Schauspielerin *Angelika* **Hauff** (59) in Wien, der Journalist *Paul Wilhelm* **Wenger** (71) in Bonn u. der ehem. jap. Außenminister *Toshio* **Kimura** (74) in Tokio

4\. 12. der gebürtige Schweizer Alttestamentler *Walther* **Zimmerli** (76) in Göttingen

5\. 12. der Schweizer Schriftsteller *Kurt* **Guggenheim** (87) in Zürich, der US-Filmregisseur *Robert* **Aldrich** (65) in Los Angeles u. das ehem. ungar. Politbüromitgl. *Károly* **Kiss** (80) in Budapest

6\. 12. die franz. Chansonsängerin *Lucienne* **Boyer** (82) in Paris

16\. 12. der sowjet. Filmregisseur *Grigorij* **Alexandrow** (80) in Moskau

19\. 12. der Schweizer Maler u. Zeichner *Paul* **Bodmer** (97) in Zollikon u. die franz. Sängerin u. Pianistin *Fania* **Fénelon** (65) in Paris

20\. 12. der brit. Fotograf *Bill* **Brandt** (79) in London

21\. 12. der US-Literaturwissenschaftler *Paul de* **Man** (64) in New Haven

22\. 12. der Schauspieler *Bruno* **Hübner** (84) in München

25\. 12. der span. Maler, Grafiker u. Bildhauer *Joan* **Miró** (90) in Palma de Mallorca u. der österr. Schriftsteller *Gunter* **Falk** (41) in Graz

27\. 12. der Schweizer Schriftsteller, Zeichner u. Kabarettist *Arnold* **Kübler** (93) in Zürich u. der ev. Theologe *Hans Werner* **Bartsch** (68) in Gießen

31\. 12. die österr. Schriftstellerin *Paula* **Grogger** (91) in Oeblarn (Steiermark)
[Im Dez. starben auch der österr. Komponist *Karl* **Loube** (76) in Wien, der franz. Verleger *Benjamin* **Arthaud** (87) in Paris, der Pressezeichner u. Maler *Hans* **Liska** (76) in Scheßlitz, der Kunsthistoriker u. Museumskurator *Harold* **Joachim** (75) in Chicago u. der Pionier des dt. populärwissensch. Films *Ulrich K. T.* **Schulz** (86) in Potsdam]

## 1984

1\. 1. der Schriftsteller u. Publizist *Augustin* **Souchy** (91) in München u. der brit. Bluesmusiker *Alexis* **Korner** (55) in London

2\. 1. der Publizist u. Politologe *Klaus* **Mehnert** (77) in Freudenstadt (Schwarzwald)

3\. 1. der ehem. Präses der Ev. Kirche im Rheinland *Karl* **Immer** (67) in Düsseldorf

5\. 1. der Opernregisseur *Wolf* **Völker** (87) in Wedel bei Hamburg

6\. 1. der brit. Militärhistoriker *Ronald* **Lewin** (69) in Guildford (Surrey)

7\. 1. der franz. Physiker u. Nobelpreisträger *Alfred* **Kastler** (81) in Bandol, der Musikwissensch. *Karl Gustav* **Fellerer** (81) in Köln u. der Außenmin. v. Tschad *Idriss* **Miskine** (35) in N'Djaména

9. 1. der ehem. Leiter der Bayer. Landesstelle f. Naturschutz *Otto* **Kraus** (78) in Bad Tölz u. der irische Politiker *Sean* **MacEntee** (95) in Dublin
10. 1. der ehem. Ministerpräs. v. Laos Prinz **Souvanna Phouma** (82) in Vientiane
11. 1. der Komponist *Fritz* **Geißler** (62) in Bad Saarow (Bez. Frankfurt/Oder)
13. 1. der US-Theaterkritiker *Brooks* **Atkinson** (89) in Huntsville (AL/USA)
14. 1. der Führer der christl. Milizen der »Unabh. Rep. Freies Libanon« Major *Saad* **Haddad** (47) in Marjayoun (Libanon) u. der israel. Komponist *Paul* **Ben-Chaim** (87) in Tel Aviv
15. 1. der ehem. Führer der türkischen Minderheit auf Cypern *Fazil* **Küçük** (78) in London
18. 1. der ehem. stellvertr. sowj. Ministerpräs. u. ZK-Sekr. *Pantelejmon* **Ponomarenko** (81), der ehem. Landeshauptmann v. Oberösterr. *Heinrich* **Gleissner** (90) in Linz, der Zirkusdirektor *Carl* **Sembach** (75) in München, der Chirurg *Rudolf* **Zenker** (80) in München, der Ehrenpräs. der Bundesver. d. Dt. Arbeitgeberverbände *Hans Constantin* **Paulssen** (91) in Konstanz u. der Komponist u. Sänger griechischer Volksmusik *Vassili* **Tsitsanis** (72) in London
19. 1. der Film- u. Fernsehregisseur *Wolfgang* **Staudte** (77) in Kroatien, der Gründer u. Direktor des Berliner Bauhaus-Archivs *Hans Maria* **Wingler** (64) in Berlin (West) u. der F.D.P.-Politiker *Everhard* **Bungartz** (83) in München
20. 1. der US-Tarzan-Darsteller *Johnny* **Weissmüller** (79) in Acapulco, der Publizist u. Dichter *Georg* **Thurmair** (74) in München
21. 1. der franz. Schauspieler u. Regisseur *Roger* **Blin** (76) in Paris u. die Schauspielerin *Leny* **Marenbach** (75) in Berlin (West)
22. 1. der ehem. Erzbischof von Malta Sir *Michael* **Gonzi** (98) in Paris, der Maler *Anton* **Lamprecht** (82) in München u. der ehem. österr. Abfahrts-Skiweltmeister *Sepp* **Walcher** (29) nach einem Skiunfall bei Schladming (Österr.)
25. 1. der Philosoph *Michael* **Landmann** (70) in Haifa
28. 1. der US-Countrysänger *Al* **Dexter** (78) in Denton (TX/USA) u. der ägypt. Schauspieler *Imad* **Hamdi** (75) in Kairo
29. 1. der Schriftsteller *Edzard* **Schaper** (75) in Bern, der ehem. Generalbundesanwalt *Max* **Güde** (82) in Werl u. die US-Schriftstellerin *Frances* **Goodrich** (93) in New York
30. 1. der Literaturwissenschaftler *Walter A.* **Berendsohn** (99) in Stockholm u. der irische Folkmusiker *Luke* **Kelly** (44) in Dublin
[Im Jan. starben auch der sowjet. Choreograph *Rostislaw* **Sacharow** (76), der US-Schauspieler *Jack* **Larue** (80) in Santa Monica, der franz. Schauspieler *Samson* **Fainsilber** (79) in Paris u. der ital. Maler *Virgilio* **Guidi** (92) in Venedig]
1. 2. der Schweizer Kunsthist. *Hans* **Reinhardt** (81) in Basel u. der Sultan **Idris** (59) v. Perak (Malaysia)
2. 2. der albanische Politiker *Myslim* **Peza** (87)
3. 2. der saarld. CDU-Politiker *Hubert* **Ney** (91) in Saarlouis
4. 2. der Schweizer Chansonnier u. Komponist *Pierre* **Dudan** (68) in Epalinges bei Lausanne
5. 2. der aus Ostgalizien stammende franz. Schriftsteller *Manès* **Sperber** (78) in Paris
6. 2. der span. Lyriker *Jorge* **Guillén** (91) in Málaga
7. 2. der ehem. iran. General u. Schah-Anhänger *Gholamali* **Oweissi** (66) in Paris (ermordet)
8. 2. der franz. Historiker *Philippe* **Ariès** (69) in Paris
9. 2. der Generalsekr. des ZK der KPdSU u. Vors. des Präsidiums des Obersten Sowjets der UdSSR *Juri Wladimirowitsch* **Andropow** (69) in Moskau
11. 2. der franz. Bühnenbildner *Georges* **Wakhevitch** (79) in Paris
12. 2. der brit. Maler u. Kunstfälscher *Tom* **Keating** (66) in Colchester (Essex), der argent. Schriftsteller *Julio* **Cortázar** (69) in Paris u. *Anna* **Anderson-Manahan** (82), die angebl. Tochter Anastasia des Zaren Nikolaus II., in Charlottesville (VA/USA)
13. 2. der Kunstauktionator *Hugo* **Ruef** (91) in Garmisch-Partenkirchen
14. 2. der Opernregisseur *Heinz* **Rückert** in Berlin (Ost)
15. 2. der Vizepräs. der Bundesanstalt für Arbeit *Helmut* **Minta** (60) in Nürnberg
16. 2. der sowjet. General u. ehem. Chef der Informationsabt. der Sowjet. Militäradministration in Deutschld. (SMAD) *Sergej Iwanowitsch* **Tulpanow** (81) in Leningrad
20. 2. der sudetendt. Maler u. Zeichner *Oskar* **Kreibich** (67) in Backnang u. der Maler u. Grafiker *Otto* **Niemeyer-Holstein** (87) in Lüttenort (DDR)
21. 2. der sowjet. Schriftsteller *Michail A.* **Scholochow** (78) in Wjoschenskaja
23. 2. der sowjet. Komponist *Fikret* **Amirow** (61) in Baku
24. 2. der Soziologe *Helmut* **Schelsky** (71) in Münster, der poln. Schriftsteller *Lech* **Badkowski** (64) in Danzig, der Theaterregisseur *Joachim* **Preen** (44) in Konstanz u. der Schriftsteller u. Übersetzer *Otto F.* **Babler** (83) in Olmütz

27. 2. die franz. Opernsängerin, Filmschauspielerin u. Theaterleiterin *Simone* **Berriau** (87) in Paris
28. 2. der aus Olmütz stammende US-Dirigent *Fritz* **Zweig** (90) in Los Angeles, der franz. Varietékünstler *Georges* **Tabet** (79) in Paris u. der franz. Ballettfotograf *Serge* **Lido** (77) in Paris
[Im Febr. starben auch die aus Griechenld. stammende Sopranistin *Margherita* **Perras** (75) in Zürich, der franz. Fotograf *Maurice* **Tabard** (87) in Nizza, der Prähistoriker *Otto* **Kunkel** (88) in München, der Schauspieler *Walter* **Jokisch** (69) in München, die US-Schauspielerin u. Sängerin *Ethel* **Merman** (75) in New York, die franz. Schauspielerin *Arlette* **Marchal** (82) in Paris u. der Kunstsammler *Kurt* **Stavenhagen** (84) in C. de México]
1. 3. der US-Schauspieler *Jackie* **Coogan** (69) in Santa Monica (CA/USA)
2. 3. der Verleger *Karl* **Gutbrod** (78) in Stuttgart
3. 3. der Bildhauer *Heinrich* **Kirchner** (81) in Pavolding
4. 3. der österr. Schauspieler u. Regisseur *Kurt* **Nachmann** (67) in Wien u. der Schweizer Verleger u. Schriftsteller *Martin* **Hürlimann** (87) in Zollikon
5. 3. der franz. Organist u. Komponist *Pierre* **Cochereau** (59) in Lyon, der ital. Bariton u. Regisseur *Tito* **Gobbi** (70) in Rom, der US-Filmschauspieler *William* **Powell** (91) in Palm Springs (CA/USA) u. der franz. Filmproduzent *Gérard* **Lebovici** (51) in Paris (ermordet)
6. 3. der Pastor *Martin* **Niemöller** (92) in Wiesbaden u. der US-Filmschauspieler *Henry* **Wilcoxon** (78)
7. 3. der brit. Dokumentarfilmer u. Filmtheoretiker *Paul* **Rotha** (76)
9. 3. die brit. Dirigentin u. Musikpädagogin *Imogen Clare* **Holst** (76) in Aldeburgh
12. 3. der Schriftsteller *Uwe* **Johnson** (49) in Sheerness-on-Sea (Großbrit.) tot aufgefunden (Todestag 23./24. Febr.) u. der Film-, Funk- u. Fernsehautor *Heinz Oskar* **Wuttig** (76) in Berlin (West)
13. 3. der brasilian. Dramatiker *Jorge* **Andrade** (62) in São Paulo
14. 3. der ital. Wirtschaftswissensch. u. Gründer des »Club of Rome« *Aurelio* **Peccei** (75) in Rom
19. 3. der Schauspieler u. Hörspielregisseur *Ivo* **Veit** (74) in Berlin (West)
23. 3. der ehem. dän. Außenminister *Knud* **Andersen** (69)
24. 3. der US-Schauspieler *Sam* **Jaffe** (93) in Beverly Hills (CA/USA) u. der Schriftst. *William* **Voltz** (46)
25. 3. der Schriftsteller u. Shakespeare-Übersetzer *Rudolf* **Schaller** (92) in Schwerin
26. 3. der Staatspräs. v. Guinea *Achmed* **Sékou Touré** (62) in Cleveland (OH/USA) u. der jugoslaw. Schriftsteller *Branko* **Ćopić** (68) in Belgrad (Freitod)
29. 3. der Grafiker u. Maler *Herbert* **Tucholski** (87) in Berlin (Ost)
30. 3. der kath. Theologe *Karl* **Rahner** SJ (80) in Innsbruck
[Im März starb auch der Pianist u. Komponist *Hans* **Priegnitz** (70) in Hannover]
1. 4. der US-Soulsänger *Marvin* **Gaye** (44) in Los Angeles (ermordet), der brit. Kunsthistoriker u. Kunstkritiker *Douglas* **Cooper** (73) in London u. die brit. Schriftstellerin *Elizabeth* **Goudge**
2. 4. der ehem. japan. Außenminister *Sunao* **Sonoda** (70) in Tokio
5. 4. der Schauspieler *Herbert* **Fleischmann** (59) in Cavigliano bei Locarno, der ital. Orientalist *Giuseppe* **Tucci** (89) bei Rom u. der brit. Luftmarschall Sir *Arthur* **Harris** (91) in Goring
8. 4. der sowjet. Physiker u. Nobelpreisträger *Pjotr* **Kapiza** (89) in Moskau
9. 4. der brit. Verleger Sir *Basil* **Blackwell** (94) bei Oxford u. die Schauspielerin u. Autorin *Carlamaria* **Heim** (50) in München (Freitod)
10. 4. der Schauspieler *Willy* **Semmelrogge** (61) in Berlin (West)
11. 4. der österr. Schlagerkomponist u. Texter *Fritz* **Rotter** (83) in Ascona
12. 4. der tansanische Ministerpräs. *Edward* **Sokoine** (46) bei Dodoma (Autounfall)
13. 4. der US-Cembalist *Ralph* **Kirkpatrick** (72) in Guilford (CT/USA) u. der Verleger *Franz Karl* **Maier** (73) in Berlin (West)
15. 4. der Schriftsteller u. Schauspieler *Wugg* **Retzer** (78) in München
17. 4. der US-General *Mark* **Clark** (87) in Charleston (SC/USA)
18. 4. der aus Österr. stamm. Schweizer Regisseur *Leopold* **Lindtberg** (81) in Sils Maria (Schweiz)
19. 4. der Flötist *Gustav* **Scheck** (82) in Freiburg i. Br.
21. 4. der argentin. Schriftsteller *Manuel Mujica* **Laínez** (73) in Cruz Chica u. der aus Rumänien stammende israelische Maler *Marcel* **Janco** (89) in Tel Aviv
22. 4. der US-Fotograf *Ansel* **Adams** (82) in Carmel (CA/USA)
23. 4. der brit. Kunsthistoriker, Kunstkritiker u. Schriftsteller Sir *Roland* **Penrose** (83), der Kunsthistoriker *Adolf* **Jannasch** (85) in Berlin (West) u. der dt. Jazzpionier *Olaf* **Hudtwalcker** (68) in Barcelona
24. 4. der Journalist *Michael* **Schwarze** (39) in Frankfurt a. M.
26. 4. der US-Jazzpianist u. Bandleader *William »Count«* **Basie** (79) in Hollywood u. die US-Schauspielerin *May* **McAvoy** (82) in Los Angeles
[Im April starben auch der ital. Schriftsteller u. Journalist *Luigi* **Barzini** (75) in Rom u. der sowjet. Lyriker *Wasili* **Fjodorow** (67)]

3. 5. der US-Regisseur *Alan* **Schneider** (66) in London
4. 5. die brit. Filmschauspielerin *Diana* **Dors** (52) in Windsor, der franz. Schauspieler *Roger* **Trouve** (*Roger* **Karl**) (102) in Paris u. der franz. Geiger *Joseph* **Calvet** (86) in Paris
5. 5. der franz. Maler *Gustave* **Singier** (75) in Paris
8. 5. die Mitbegründerin des Reader's Digest *Lila* **Acheson Wallace** (94) in Mount Kisco (NY/USA)
11. 5. der ehem. Nationaltorhüter *Toni* **Turek** (65) in Neuss
13. 5. der franz. Schauspieler *Pierre* **Bertin** (92) in Paris
14. 5. der ehem. Chefredakteur u. Mithrsg. des »Handelsblatt« *Joseph Maria* **Hunck** (84) in Düsseldorf
16. 5. der US-Schriftsteller *Irwin* **Shaw** (71) in Davos
18. 5. die Malerin *Christine von* **Kalckreuth** (86) in München
19. 5. der Schriftsteller *Otto* **Rombach** (79) in Bietigheim u. der brit. Lyriker Sir *John* **Betjeman** (77) in Cornwall
20. 5. der Verleger *Alfred* **Bauer** (86) in Hamburg u. der ev. Theologe *Edmund* **Schlink** (81) in Heidelberg
22. 5. der sozialdem. finnische Politiker *Karl-August* **Fagerholm** (82) in Helsinki
23. 5. der Schriftsteller *Stephan* **Stolze** (53) in Berlin (West)
26. 5. der Bildhauer *Waldemar* **Grzimek** (65) in Berlin (West)
29. 5. der Pianist *Michael* **Raucheisen** (95) in Beatenberg (Schweiz) u. der Dokumentarfilmproduzent u. Fotograf *Alfred* **Ehrhardt** (83) in Hamburg
30. 5. der Journalist u. Hörfunk-Redakteur *Klaus* **Sauer** (43)
31. 5. der Erzbischof *Bruno* **Wüstenberg** (72), Nuntius in den Niederlanden, in Freiburg i. Br.
[Im Mai starben auch der Grafiker, Maler u. Autor *Werner von* **Scheidt** (89) in Bad Bergzabern u. **Ho Tsu-tschen** (73), zweite Frau von Mao Tse-tung]
4. 6. der brit. Auktionator u. Kunsthändler *Peter* **Wilson** (71) in Paris
5. 6. der ägypt. Ministerpräs. *Ahmed Fuad* **Mohieddin** (58) in Kairo
6. 6. der militante Sikh-Führer *Jarnail Singh* **Bhindranwale** (36) in Amritsar/Indien (erschossen), der Pionier des dt. Fotohandels *Hanns* **Porst** (88) in Nürnberg u. der SPD-Sozialpolitiker *Ernst* **Schellenberg** (77) in Berlin (West)
8. 6. der Forstwissenschaftler *Julius* **Speer** (78) in Schliersee-Fischhausen
11. 6. der ehem. Bundesminister *Siegfried* **Balke** (82) in München, der ehem. Programmdirektor (Hörfunk) des BR *Walter von* **Cube** (77) in Quinten (Schweiz), der österr. Regisseur u. Theaterdirektor *Ernst* **Haeusserman** (68) in Wien u. der Generalsekr. der Kommunist. Partei Italiens (PCI) *Enrico* **Berlinguer** (62) in Padua
12. 6. der ungarische Dirigent *János* **Ferencsik** (77) in Budapest u. der Schauspieler u. Kabarettist *Bruno* **Fritz** (84) in Berlin (West)
15. 6. der Maler *Harald* **Duwe** (58) im Kr. Stormarn (nach einem Autounfall) u. der US-Komponist *Meredith* **Willson** (82) in Santa Monica (CA/USA)
16. 6. der Schweizer Maler u. Zeichner *Reinhold* **Kündig** (96) in Hinterrüti auf dem Horgenberg
19. 6. der Schweizer Komponist *Wladimir* **Vogel** (88) in Zürich
22. 6. der US-Film- u. Theaterregisseur *Joseph* **Losey** (75) in London, der aus Wales stammende US-Jazzpianist *Dill* **Jones** (60) in New York u. die Frau des bayer. Ministerpräs. *Marianne* **Strauß** (54) bei Rottach-Egern (bei einem Autounfall)
24. 6. der ital. DC-Politiker *Antonio* **Bisaglia** (55) bei Portofino (im Meer ertrunken)
25. 6. der franz. Philosoph u. Sozialhistoriker *Michel* **Foucault** (57) in Paris
26. 6. der US-Drehbuchautor u. Filmregisseur *Carl* **Foreman** (69) in Beverly Hills (CA/USA)
27. 6. der Kunsthistoriker *Fritz* **Schmalenbach** (75) in Lübeck
28. 6. der israelische General, Politiker u. Archäologe *Yigal* **Yadin** (67) in Jerusalem u. der Bildhauer *Norbert* **Kricke** (61) in Düsseldorf
29. 6. der Schauspieler *Herbert A. E.* **Böhme** (86) in Hamburg u. der franz. Ingenieur *Henri* **Fabre** (101), Erfinder des Wasserflugzeugs, in Le Touvet b. Grenoble
30. 6. die US-Schriftstellerin u. Dramatikerin *Lillian* **Hellman** (77) in Vineyard Haven (MA/USA)
[Im Juni starben auch der Schauspieler, Regisseur u. Theaterleiter *Otto* **Lang** (77) in Weimar u. der Historiker *Walter* **Schlesinger** (76) in Marburg]
1. 7. der aus der UdSSR stammende Atomphysiker u. Neurotherapeut *Moshe* **Feldenkrais** (80) in Tel Aviv u. der Schweizer Verleger *Friedrich* **Witz** (90) in Zürich
3. 7. der franz. General u. ehem. Führer der Armee-Untergrundorg. OAS *Raoul* **Salan** (85) in Paris
7. 7. die brit. Schauspielerin *Flora* **Robson** (82) in Brighton, der Schauspieler *Rudi* **Schmitt** (70) in Berlin (West) u. der Verlagsleiter der »Münchener Kath. Kirchenzeitung« Msgr. *Hans* **Schachtner** (54) in München

8. 7. der Schriftsteller *Franz* **Fühmann** (62) in Berlin (Ost) u. der aus Kronstadt stammende franz. Fotograf, Bildhauer u. Schriftsteller **Brassaï** (*Gyula* **Halász**) (84) in Nizza
9. 7. der österr. Kunsthistoriker *Hans* **Sedlmayr** (88) in Salzburg u. der Präs. des Verbandes der Automobilindustrie (VDA) *Horst* **Backsmann** (63) in Bad Homburg
12. 7. der Schauspieler, Kabarettist u. Funk-Conférencier *Emil* **Vierlinger** (74) in Stockdorf
14. 7. der Intendant der Dresdner Staatsoper u. Präs. des Verb. der Komponisten u. Musikwissenschaftler der DDR *Siegfried* **Köhler** (57) in Berlin (Ost) u. der US-Drehbuchautor u. Romancier *Ernest* **Tidyman** (56) in London
15. 7. die Schauspielerin *Magdalena* **Montezuma** (*Erika* **Kluge**) (41) in Berlin (West) u. der ehem. General der Waffen-SS *Karl* **Wolff** (84) in Rosenheim
16. 7. der franz. Orchesterleiter *Jo* **Bouillon** (76) in Buenos Aires
17. 7. der Slavist *Maximilian* **Braun** (81) in Göttingen
23. 7. der span. Romancier *Angel María de* **Lera** (73) in Madrid
25. 7. der Zeitschriftenverleger u. Filmpublizist *Paul* **Franke** (102) in Bad Tölz
26. 7. der Geiger u. Konzertmeister der Münchner Philharm. *Fritz* **Sonnleitner** (64) in München
27. 7. der brit. Schauspieler *James* **Mason** (75) in Lausanne, der US-Meinungsforscher *George H.* **Gallup** (82) in Thun u. der franz. Opernsänger *Jean-Henry* **Laurens** (70) in Nizza
29. 7. der Tenor *Lorenz* **Fehenberger** (71) in München u. der span. Literaturhistoriker u. Lyriker *Guillermo* **Diaz-Plaja** (75) in Barcelona
30. 7. der ehem Chefredakteur der dpa u. SPD-Politiker *Fritz* **Sänger** (82) in München
[Im Juni starben auch die franz. Diseuse *Irene de* **Noiret** (88) in München, der griechische Maler *Yannis* **Gaitis** (61), der spanische Historiker *Claudio* **Sánchez Albornoz** (91) in Avila, die Dokumentarfilmregisseurin *Claude* **Defarges** (56) bei Paris, der Maler *Jürgen* **Wegener** (82) in Feldafing u. der Mongolenführer **Oqirhuyakt** (84), letzter direkter Nachkomme von Dschingis-Khan]
5. 8. der Schriftsteller u. Vors. des Bundesverbandes Deutscher Autoren *Rudolf* **Hagelstange** (72) in Hanau u. der brit. Filmschauspieler *Richard* **Burton** (58) in Genf
7. 8. die US-Blues- u. Rock-Sängerin *Esther* **Phillips** (49) in Los Angeles
8. 8. der Diplomat *Werner Otto von* **Hentig** (98) in Lindesnes (Norw.), der ehem. Chefredakteur der dpa *Erich* **Eggeling** (81) in Hamburg u. der Kölner Dompropst *Heinz-Werner* **Ketzer** (69) in Köln
9. 8. *Nina Petrowna* **Chruschtschowa** (84), Witwe des sowj. Partei- u. Regierungschefs Nikita S. Chruschtschow, bei Moskau
11. 8. der Verleger *Heinrich* **Reclam** (73) in Stuttgart u. der US-Verleger *Alfred A.* **Knopf** (91) in Purchase (NY/USA)
14. 8. der brit. Schriftsteller *J. B. (John Boynton)* **Priestley** (89) in Stratford-on-Avon u. der ehem. sowj. Schachweltmeister *Tigran Wartanowitsch* **Petrosjan** (55) in Moskau
19. 8. der Regisseur u. ehem. Intendant der Wiener Festwochen *Ulrich* **Baumgartner** (66) in Graz u. der Maler *Werner* **Peiner** (87) in Leichlingen
21. 8. der Filmregisseur *Wolfgang* **Schleif** (72) in Berlin (West)
23. 8. der Schauspieler *Norbert* **Kappen** (56) in Klosterneuburg bei Wien (Freitod)
25. 8. der US-Schriftsteller *Truman* **Capote** (59) in Los Angeles
26. 8. der Schauspieler und Regisseur *Hans* **Tügel** (90) in Hamburg
28. 8. der ehem. ägypt. Staatspräs., General *Ali Muhammad* **Nagib** (83), in Kairo
29. 8. der libanes. Politiker *Pierre* **Gemayel** (78), Vater des Staatspräs. Amin G., in Beirut
30. 8. der bayerische Volksschriftsteller *Hans Ernst* **Kurz** (79) in München
31. 8. der italien. Pianist u. Dirigent *Carlo* **Zecchi** (81) in Salzburg
[Im August starben auch der cubanische Komponist u. Sänger *Raul* **Zequeira** (64) in Paris, die Schauspielerin *Hertha* **Thiele** (76) in Berlin (Ost), der sowj. Schriftsteller *Wladimir* **Tendrjakow** (61), der span. Schriftsteller *Marcial Lafuente* **Estefanía** (81) in Madrid, der ehem. Leiter des Wilhelm-Busch-Museums in Hannover *Friedrich* **Bohne** (76) in Neustadt am Rübenberge, der irische Dramatiker *Denis* **Johnston** (83) in Dublin, der ndl. Kunsthistoriker *Hans* **Jaffé** (69), der Vors. des Vorstandes der Dt. Welthungerhilfe *Claus W.* **Broicher** (74) u. die japan. Schriftstellerin *Sawako* **Ariyoshi** (53)]

# Olympische Spiele 1984

## WINTERSPIELE in Sarajewo/Bosnien-Herzegowina (YU)
## SOMMERSPIELE in Los Angeles/Kalifornien (USA)

### Überblickstatistik der Spiele 1960 und 1972–1984

Rekonstruktion einiger wesentlicher Daten, sofern bis Redaktionsschluß publiziert

| Jahr | Austragungsort W = Winterspiele S = Sommerspiele | Anzahl der Disziplinen (Wettbew.) | Anzahl der Sportarten | Teilnehmerstaaten W | Teilnehmerstaaten S | Anzahl der vergebenen Medaillen W/S | Anzahl der vergebenen Medaillen Summe | neue Weltrekorde | Anzahl d. teilnehmend. Sportler |
|---|---|---|---|---|---|---|---|---|---|
| 1960 | W Squaw Valley/USA | 27 | | 30 | | | | | 677 |
| | S Rom/I | 150 | 17 | | 84 | | | | 5396 |
| ... | | | | | | | | | |
| 1972 | W Sapporo/J | 36 | 7 | 35 | | | | | 1129 |
| | S München/D | 198 | 21 | | 123 | | | | 7863 |
| 1976 | W Innsbruck/A | 37 | | 37 | | 111 | 723 | | 1380 |
| | S Montreal/CDN | 198 | | | 96 | 612 | | | 7334 |
| 1980 | W Lake Placid/USA | 38 | | 37 | | 114 | 744 | | 1278 |
| | S Moskau/SU | 204 | | | 81 | 630 | | 55 | |
| 1984 | W Sarajewo/YU | 39 | 13 | 49 | | 117 | 804 | | |
| | S Los Angeles/USA | | | | 141 | 687 | | 11 | 6708 |

Zur Funktion und Rolle des Internationalen Olympischen Komitees (IOC) sowie der Nationalen Olympischen Komitees (NOK) → Kapitel Internationale Organisationen.

## XIV. OLYMPISCHE WINTERSPIELE vom 8. bis 19.2.1984 in Sarajewo

Eröffnung durch das Staatsoberhaupt des Gastgeberlandes, *Mika Špiljak*, im Kosero-Stadion der Hauptstadt der Sozialistischen Republik Bosnien-Herzegowina. Die Einzeldisziplinen fanden in und im Umkreis von ca. 20 km um Sarajewo statt, darunter in Jahorina (1915 m ü. d. M.) und Bjelašnica (2065 m).

### Vollständiger Medaillenspiegel der Winterspiele

| Rang 1984 | Staat | Gold 84 | Gold 80 | Gold 76 | Silber 84 | Silber 80 | Silber 76 | Bronze 84 | Bronze 80 | Bronze 76 | Gesamt 84 | Gesamt 80 | Gesamt 76 | Abweichung (1984 v. 1980) |
|---|---|---|---|---|---|---|---|---|---|---|---|---|---|---|
| 1. | **DDR** | 9 | 9 | 7 | 9 | 7 | 5 | 6 | 7 | 7 | 24 | 23 | 19 | + 1 |
| 2. | UdSSR | 6 | 10 | 13 | 10 | 6 | 6 | 9 | 6 | 8 | 25 | 22 | 27 | + 3 |
| 3. | USA | 4 | 6 | 3 | 4 | 4 | 3 | | 2 | 4 | 8 | 12 | 10 | − 4 |
| 4. | Finnland | 4 | 1 | 2 | 3 | 5 | 4 | 6 | 3 | 1 | 13 | 9 | 7 | + 4 |
| 5. | Schweden | 4 | 3 | | 2 | | | 2 | 1 | | 8 | 4 | | + 4 |
| 6. | Norwegen | 3 | 1 | 3 | 2 | 3 | 3 | 4 | 6 | 1 | 9 | 10 | 7 | − 1 |
| 7. | **Schweiz** | 2 | 1 | 1 | 2 | 1 | 3 | 1 | 3 | 1 | 5 | 5 | 5 | 0 |
| 8. | **BR Dtld.** | 2 | | 2 | 1 | 2 | 5 | 1 | 3 | 3 | 4 | 5 | 10 | − 1 |
| | Kanada | 2 | | 2 | 1 | 1 | | 1 | 1 | | 4 | 2 | | + 2 |
| 10. | Italien | 2 | | 1 | | 2 | | | | | 2 | 2 | 1 | 0 |
| 11. | Großbritannien | 1 | 1 | | | | | | | | 1 | 1 | | 0 |
| 12. | ČSSR | | | | 2 | | | 4 | 1 | | 6 | 1 | | + 5 |
| 13. | Frankreich | | | 1 | 1 | | 2 | 2 | 1 | 3 | 3 | 1 | 6 | + 3 |
| 14. | Jugoslawien | | | | 1 | | | | | | 1 | | | + 1 |
| | Japan | | | | 1 | 1 | | | | | 1 | 1 | | 0 |
| 16. | **Liechtenstein** | | 2 | 1 | | 2 | 2 | 2 | | 1 | 2 | 4 | 4 | − 2 |
| 17. | **Österreich** | | 3 | 2 | | 2 | 2 | 1 | 2 | 2 | 1 | 7 | 6 | − 6 |

## XXIII. OLYMPISCHE SOMMERSPIELE vom 28.7. bis 12.8.1984 in Los Angeles

Die vom US-Präsidenten *Ronald Reagan* eröffneten und (in einer Art Nationalfeier) auch geschlossenen Sommerspiele im Kolloseum der kalifornischen Millionenstadt fanden in insgesamt 22 Sportzentren im Umkreis von ca. 175 km um die City und an der Pazifikküste statt. Die starke Kommerzialisierung der von einem privaten Konsortium ohne staatliche oder städtische finanzielle Förderung organisierten Spiele führte dazu, daß sie den US-Steuerzahler nicht belasteten.

Trotz der offiziellen sowjet. Absage an das IOC bereits am 8.5.1984, für die die UdSSR »Sicherheitsgründe« verantwortlich machte (zu entsprechenden Zwischenfällen kam es jedoch während der Spiele nicht) und der sich bis auf Rumänien alle Ostblockstaaten anschlossen, nahm an den Sommerspielen eine nie dagewesene Zahl von Staaten bzw. deren Sportdelegationen teil und ergab sich ein neuer Besucherrekord von über 5,8 Mill. Zuschauern (Moskau 1980: 5,4; München 1972: 4,4).

Insgesamt sagten 20 – davon 17 kommunistische – Staaten ab. Bei den Moskauer Spielen, die erstmals einem politischen Boykott großen Stils ausgesetzt waren, fehlten 57 der ursprünglich angemeldeten 138 nationalen Delegationen.

### Medaillenspiegel Sommerspiele[1]

Die **Rangfolge** ist allein durch die Goldmedaillen bestimmt. So liegt z.B. Schweden mit insgesamt 19 Medaillen nur knapp vor Marokko mit 2 Medaillen.

In den meisten Fällen ist die Tabelle durch den **erfolgreichsten Athleten** einer nationalen Mannschaft ergänzt. Bei Teilnehmerstaaten mit mehreren gleichwertigen Medaillengewinnern wird nur eine(r), in Fällen von Mannschaftssiegen (z.B. Staffellauf) kein Sportler namentlich aufgeführt.

| Rang | Staat | Gold | Silber | Bronze | Gesamt | Erfolgreichster Athlet sofern nicht Mannschaftssieg | Disziplin LA = Leichtathletik |
|---|---|---|---|---|---|---|---|
| 1. | USA | 83 | 61 | 30 | 174 | Carl Lewis (4 G) | LA |
| 2. | Rumänien | 20 | 16 | 17 | 53 | Ecaterina Szabo (3G, 2S) | Turnen |
| 3. | **Deutschland, BR** | 17 | 19 | 23 | 59 | Michael Groß (2 G, 2 S) | Schwimmen |
| 4. | China, VR | 15 | 8 | 9 | 32 | Li Ning (3 G, 2 S, 1 B) | Turnen |
| 5. | Italien | 14 | 6 | 12 | 32 | Mauro Numa (G) | Fechten |
| 6. | Kanada | 10 | 18 | 16 | 44 | Alex Baumann (G) | Schwimmen |
| 7. | Japan | 10 | 8 | 14 | 32 | K. Gushiken (2G, 1S, 2B) | Turnen |
| 8. | Neuseeland | 8 | 1 | 2 | 11 | Ian Ferguson (3 G) | Kanu |
| 9. | Jugoslawien | 7 | 4 | 7 | 18 | Vlado Lisjak (G) | Ringen |
| 10. | Korea, Rep. | 6 | 6 | 7 | 19 | Hyang-Soon Seo (G) | Schießen |
| 11. | Großbritannien | 5 | 10 | 22 | 37 | Daley Thompson (G) | LA |
| 12. | Frankreich | 5 | 7 | 15 | 27 | Jean-François Lamour (G) | Fechten |
| 13. | Niederlande | 5 | 2 | 6 | 13 | Jolanda De Rover (G) | Schwimmen |
| 14. | Australien | 4 | 8 | 12 | 24 | Kevin Nichols (G) | Radfahren |
| 15. | Finnland | 4 | 3 | 6 | 13 | Arto Härkönen (G) | Speerwerfen |
| 16. | Schweden | 2 | 11 | 6 | 19 | Agneta Andersson (2 G) | Kanu |
| 17. | Mexiko | 2 | 3 | 1 | 6 | Raul Gonzales (G) | LA |
| 18. | Marokko | 2 | 0 | 0 | 2 | Said Aouita (G) | LA |
| 19. | Brasilien | 1 | 5 | 2 | 8 | Joaquim Cruz (G) | LA |
| 20. | Spanien | 1 | 2 | 2 | 5 | (José Abascal) | (LA) |
| 21. | Belgien | 1 | 1 | 2 | 4 | Roger Ilegens (G) | Radfahren |
| 22. | **Österreich** | 1 | 1 | 1 | 3 | Peter Seisenbacher (G) | Judo |
| 23. | Portugal | 1 | 0 | 2 | 3 | Carlos Lopes (G) | LA |
| 24. | Kenia | 1 | 0 | 1 | 2 | Julius Kourir (G) | LA |
| 25. | Pakistan | 1 | 0 | 0 | 1 | (Mannschaftssieg) | (LA) |
| 26. | **Schweiz** | 0 | 4 | 4 | 8 | Markus Ryffel (S) | LA |

[1] Die Liste enthält komplett die Verteilung der Goldmedaillen auf die 25 erfolgreichsten Mannschaften und darüber hinaus ergänzend die Schweiz auf Platz 26. (Da die DDR nicht teilnahm und Liechtenstein sowie Luxemburg in keinem Fall einen der ersten 3 Plätze erreichten, sind alle deutschsprachigen Staaten vollständig erfaßt.)

# Maße und Gewichte

(In den USA und in Großbritannien ist z. T. die Umstellung auf metrische Maße eingeleitet.)

## VERGLEICH METRISCHER UND ANGELSÄCHSISCHER LÄNGENMASSE

| | |
|---|---|
| 1 inch (in.) = 25,399 mm | 1 mm = 0,03937 inch |
| 1 foot (ft) = 12 inches = 30,480 cm | 1 m = 3,280840 feet |
| 1 yard (yd) = 3 feet = 91,44 cm | |
| 1 pole, perch, rod (rd) = 5,5 yards = 5,029 m | |
| 1 chain (ch) = 4 poles = 20,12 m | |
| 1 furlong (fur) = 10 chains = 201,17 m | |
| 1 mile (mi) od. statute mile = 8 furlong = 1,609341 km | 1 km = 0,62137 mile |
| 1 geogr. Meile = 7,42044 km | |

### Nautische Längenmaße

| | |
|---|---|
| 1 sm = internationale nautische Meile = 1,852 km | 1 cable length = 185,2 m |
| 1 fathom = 6 feet = 1,829 m | 1 imperial nautical mile = 1,853 km |

## VERGLEICH METRISCHER UND ANGELSÄCHSISCHER FLÄCHENMASSE

| | |
|---|---|
| 1 Quadratmeter ($m^2$) = 100 $dm^2$ = 10000 $cm^2$ = 10,7639 sq. ft | |
| 1 square foot (sq. ft) = 0,09290 $m^2$ | |
| 1 square inch (sq. in.) = 6,452 $cm^2$ | |
| 1 square yard (sq. yd) = 9 sq. ft = 0,836 $m^2$ | |
| 1 square rod, pole, perch = 30,25 sq. yd = 25,293 $m^2$ | |
| 1 square foot (sq. ft) = 144 sq. in. = 9,2903 $dm^2$ | |
| 1 rood = 40 rod = 10,12 a | |
| 1 acre = 4 rood = 0,40468 ha | 1 ha = 2,4711 acres |
| 1 Ar (a) = 100 $m^2$ = 119,599 sq. yd | |
| 1 Hektar (ha) = 100 a = 2,4711 acres | |
| 1 square mile = 2,5899 $km^2$ | 1 $km^2$ = 0,3861 square miles |
| 1 Quadratkilometer ($km^2$) = 100 ha = 1000000 $m^2$ = 247,11 acres | |

## VERGLEICH METRISCHER UND ANGELSÄCHSISCHER RAUM- UND HOHLMASSE

| | |
|---|---|
| 1 cubic inch (cu. in.) = 16,387 $cm^3$ | 1 $cm^3$ = 0,06102 cubic inch |
| 1 cubic foot (cu. ft) = 1728 cubic inches = 28,32 $dm^3$ | |
| 1 cubic yard (cu. yd) = 27 cubic feet = 0,7646 $m^3$ | |
| 1 cubic foot = 0,02832 $m^3$ | 1 $m^3$ = 35,315 cubic feet |
| 1 imperial bushel (bu) = 0,36369 hl | 1 hl = 2,7496 imperial bushels |

1 Liter (l) = 1 $dm^3$ = 1,760 imp. pints (pt) = 2,144 US-pints / 1 imp. pt = 0,568 l
1 Hektoliter (hl) = 100 l = 21,997 imp. gallons (gal) = 26,417 US-gallons

### Flüssigkeitsmaße

| | |
|---|---|
| 1 imp. gill = 0,142 l | 1 US-gill = 0,118 l |
| 1 imp. pint (pt) = 4 gills = 0,568 l | 1 US-pint (liq pt) = 4 gills = 0,473 l |
| 1 imp. quart (qt) = 2 pints = 1,136 l | 1 US-quart (liq qt) = 2 pints = 0,946 l |
| 1 imp. gallon (gal) = 4 quarts = 4,546 l | 1 US-gallon (liq gal) = 4 quarts = 3,785 l |
| 1 imp. petroleum gallon = 4,54596 l | 1 US-petroleum gallon = 3,78533 l |
| | 1 US-petroleum barrel = 42 petroleum gallons = 158,984 l |

## VERGLEICH METRISCHER UND ANGELSÄCHSISCHER GEWICHTE

### Allgemeine Handelsgewichte

| | |
|---|---|
| 1 avoirdupois pound (avdp.lb) = 0,45359 kg | 1 kg = 2,2046 avoirdupois pounds |
| 1 dram (dr) = 27,34 grains = 1,772 g | 1 pound (lb) = 16 oz = 453,59 g |
| 1 ounce (oz) = 16 dr = 28,350 g | 1 stone (st) = 14 lb = 6,35 kg |

1 brit. quarter (qr) = 2 st = 12,70 kg; in USA: 1 quarter = 11,339 kg
1 brit. hundredweight (cwt) = 4 qr = 50,802 kg; 1 US-hundredweight = 45,359 kg

| | |
|---|---|
| 1 long ton = 1,0160 t | 1 t = 0,98421 long ton |
| 1 long ton = 20 cwt = 1016,05 kg | |
| 1 cental oder short cwt bzw. US-cwt = 100 lb = 45,359 kg | |
| 1 short ton = 0,90718 t | 1 t = 1,10231 short ton |
| 1 short ton = 20 short cwt = 907,185 kg | |

**Edelmetallgewichte (Troy-System)**

1 grain (gr) = 0,065 g
1 ounce (oz) = 20 dwt = 31,104 g
1 pennyweight (dwt) = 24 gr = 1,555 g
1 pound (lb) = 12 oz = 373,24 g

## MASSEINHEITEN FÜR ENERGIE/WÄRME/ARBEIT – LEISTUNG – DRUCK – KRAFT – WINKELNEIGUNG

*Energie/Wärme/Arbeit:* 1 J (Joule) = 1 Nm (Newtonmeter) = 1 Ws (Wattsekunde)
*Leistung:* 1 W (Watt) = 1 J (Joule)/s = 1 VA (Voltampere)
*Druck:* 1 Pa (Pascal) = 1 N (Newton)/m$^2$; 1 bar = 10$^5$ Pa = 0,1 MPa (Megapascal)
1 mbar = 100 Pa = 1 hPa (Hektopascal)
*Kraft:* 1 N (Newton) = 1 kg · m/s$^2$
*Winkelneigung:* 1 gon = der vierhundertste Teil des Vollwinkels

## TEMPERATUR-UMRECHNUNGSFORMELN

| | *°Celsius* | *°Réaumur* | *°Fahrenheit* |
|---|---|---|---|
| °C | — | $\frac{4}{5} \cdot C$ | $\frac{9}{5} \cdot C + 32$ |
| °R | $\frac{5}{4} \cdot R$ | — | $\frac{9}{4} \cdot R + 32$ |
| °F | $(F - 32) \cdot \frac{5}{9}$ | $(F - 32) \cdot \frac{4}{9}$ | – |

0 °F = $-17\frac{7}{9}$ °C = $-14\frac{2}{9}$ °R
Das Verhältnis je eines Grades von C : R : F = wie 5 : 4 : 9

Die Temperaturspanne zwischen dem Gefrierpunkt und dem Siedepunkt des Wassers (je bei 760 mm Druck) ist bei Réaumur (R) in 80, bei Celsius (C) in 100 und bei Fahrenheit (F) in 180 Grad eingeteilt. Die Kelvin-(K)Skala zählt vom absoluten Nullpunkt der Temperatur (– 273,15° C).

| | | | | |
|---|---|---|---|---|
| Der Gefrierpunkt liegt bei | 0 °C | 0 °R | 32 °F | 273 K |
| Der Siedepunkt liegt bei | 100 °C | 80 °R | 212 °F | 373 K |
| Die Körpertemperatur des Menschen beträgt | 37 °C | 29,6 °R | 98,6 °F | 310 K |

**SCHALLPEGEL** (nach DIN 1318)
gemessen in dB (Dezibel)

| dB (A) | Typische Geräusche |
|---|---|
| 0– 10 | = Hörschwelle |
| 10– 20 | = Blätterrascheln |
| 20– 30 | = Grillenzirpen (10 m) |
| 30– 40 | = Flüstern (1 m) |
| 40– 50 | = Trittgeräusche |
| 50– 60 | = Leise Unterhaltung |
| 60– 70 | = Schreibmaschine |
| 70– 80 | = Verkehrsreiche Straße |
| 80– 90 | = D-Zug (10 m) |
| 90–100 | = Autohupe (4 m) |
| 100–110 | = Diskothek |
| 110–120 | = Düsenflugzeug (200 m) |
| 120–130 | = Preßlufthammer |
| 130–140 | = Schmerzschwelle |

**WINDSTÄRKEN**

| Beaufort-Skala (Windstärke) | Bezeichnung | Windgeschwindigkeit m/sec | Knoten |
|---|---|---|---|
| 0 | Windstille | 0,0– 0,2 | < 1 |
| 1 | Leichter Windzug | 0,3– 1,5 | 1– 3 |
| 2 | Leichte Brise | 1,6– 3,3 | 4– 7 |
| 3 | Schwache Brise | 3,4– 5,4 | 8–11 |
| 4 | Mäßige Brise | 5,5– 7,9 | 12–15 |
| 5 | Frische Brise | 8,0–10,7 | 16–21 |
| 6 | Starker Wind | 10,8–13,8 | 22–27 |
| 7 | Steifer Wind | 13,9–17,1 | 28–33 |
| 8 | Stürmischer Wind | 17,2–20,7 | 34–40 |
| 9 | Sturm | 20,8–24,4 | 41–47 |
| 10 | Schwerer Sturm | 24,5–28,4 | 48–55 |
| 11 | Orkanartiger Sturm | 28,5–32,6 | 56–63 |
| 12 | Orkan | 32,7–36,9 | 64–71 |
| 13–17 | Orkan | 37,0–> 56,1 | 72–> 109 |

**ERDBEBENSTÄRKE** (Auswirkungen an der Erdoberfläche)

Nach der von Wood und Neumann verbesserten **Mercalli-Skala:**
I = Vom Menschen nicht wahrnehmbar – II = Von Personen im Ruhezustand wahrgenommen, bes. i. oberen Stockwerken – III = Schwingung von hängenden Gegenständen – IV = Starkes Schwingen von hängenden Gegenständen, Bewegung von Fenstern und Türen – V = Außerhalb des Hauses merkbar, Wecken von Schlafenden, Bewegungen auf der Oberfläche von Flüssigkeiten – VI = Bruch von Fenstern und Geschirr, Herabfallen von Bildern und Büchern; Flucht aus dem Hause – VII = Schwierig, sich auf den Beinen zu halten, Bruch von Möbeln, Glockenläuten; spürbar beim Autolenken – VIII = Herabfallen von Baumästen und Kaminen, Umsturz von Monumenten – IX = Panik; Einsturz von Mauern, Bruch von unterirdischen Rohren, tiefe Erdrisse – X = Schwere Gebäudeschäden, Zerstörung von Brücken, Erdrutsche – XI = Umfangreiche Zerstörungen aller Art – XII = Totalzerstörung von Ortschaften, umfangreicher Felssturz, Emporschleudern schwerer Gegenstände – Nach der sogen. **Richter-Skala** gelten Beben bis Stärke 4 als Klein-, von 4–5,5 als Mittel- und ab Stärke 7 als Weltbeben.

# Politisches Kalendarium

Eine Auswahl aus den wichtigsten geplanten Terminen, soweit sie bei Redaktionsschluß (10.9.1984) bereits bekannt waren.

## 1984

SEPTEMBER: 9.–21. **Kanada:** Besuch Papst *Johannes Paul II.*
14. **Marokko:** Parlamentswahlen
16. **Saudi-Arabien:** 12. Sitzung des Rats der Außenminister des Golfkooperationsrates
18. **New York:** Beginn der 39. ordentl. Tagung der UNO-Generalversammlung
18. **Südafrika:** Konstituierende Sitzung des neuen Dreikammerparlaments, das das bisher nur von Weißen besetzte Parlament ablöst
21.–23. **San José:** 1. gemeinsame Konferenz von Außenministern aus Westeuropa u. Lateinamerika
22. **Verdun:** Treffen v. *Helmut Kohl/François Mitterrand* zum Gedenken an die Kriegstoten
23. **Kongo:** Wahlen zur Nationalversammlung
25. **Algier:** Tagung des Palästinensischen Nationalrats (Exilparlament d. Palästinenser)
30. **Nordrhein-Westfalen:** Kommunalwahlen

OKTOBER: –?– **Dominikanische Republik:** Besuch Papst *Johannes Paul II.*
7. **DDR:** Besuch *Konstantin Tschernenkos* aus Anlaß des 35. Jahrestages der DDR
7.–15. **VR China:** Besuch von Bundeskanzler *Helmut Kohl*
20. **Irak:** Wahlen zur Nationalversammlung
26./27. **Paris:** WEU-Außen- u. Verteidigungsministertreffen aus Anlaß des 30jähr. Bestehens d. WEU
30./31. **Bremen:** Internationale Nordseeschutzkonferenz

NOVEMBER: 4. **Nicaragua:** Wahlen Präsident und Verfassunggebende Versammlung
6. **USA:** Präsidentschaftswahlen
11.–16. Nordatlantische Versammlung
12.–15. **Addis Abeba:** 20. Gipfeltreffen der Organisation für Afrikanische Einheit (OAU)
–?– **Indien:** Parlamentswahlen
25. **Uruguay:** Parlaments- u. Präsidentschaftswahlen
26. **Kuwait:** 5. Sitzung des Obersten Rates des Golfkooperationsrates

DEZEMBER: 6. **Dublin:** EG-Gipfel
7.– 9. **Hamburg:** Bundesparteitag der Grünen

## 1985

JANUAR: –?– **Ecuador, Perú und Venezuela:** Besuch Papst *Johannes Paul II.*
1. **Grönland:** EG-Austritt
6. **EG:** Ablösung von EG-Kommissionspräsident *Gaston Thorn* durch *Jaques Delors*
15. **Brasilien:** Wahl des Präsidenten durch ein Wahlmännergremium aus Abgeordneten des Bundeskongresses und der Regionalparlamente

MÄRZ: –?– **Simbabwe:** 1. Parlamentswahlen seit der Unabhängigkeit
1. **Uruguay:** Regierungsübernahme durch den gewählten Präsidenten
10. **Saarland:** Landtagswahlen
10. **Berlin (West):** Wahlen zum Abgeordnetenhaus
10. **Hessen:** Kommunalwahlen
15. **Brasilien:** Präsidentenwechsel
23. **Pakistan:** Parlamentswahlen

APRIL: 14. **Perú:** Präsidentschaftswahlen

MAI: 9. **Sowjetunion:** »Volksfeiertag« aus Anlaß des 40. Jahrestages des sowjetischen Sieges im II. Weltkrieg
12. **Nordrhein-Westfalen:** Landtagswahl
14. **Warschauer Pakt:** Ablauf des bisherigen Paktvertrages

NOVEMBER: 24. **Uruguay:** Volksabstimmung über Verfassungsentwurf

# Literaturverzeichnis

## Ausgewertete Periodika und Handbücher


Almanaque Mundial (Madrid und Panamá)
American Political Science Review (Wash., D.C.)
Annotierte Bibliographie für die politische Bildung (BzB Bonn)
Archiv des öffentlichen Rechts (Tübingen)
Archiv des Völkerrechts (Tübingen)
Atlante Enciclopedia Geografica Garzanti
aus politik und zeitgeschichte (beilage zur wochenzeitung parlament)
Außenhandelsblätter der Commerzbank
Außenpolitik (dt. u. engl. Ausg., Hambg.)
Beijing Rundschau (dt., Peking)
BfG: Außenhandelsdienst [Bk. f. Gemeinwirtsch.]
Blätter für deutsche und internat. Politik
Börsenbild und Wirtschaftsspiegel [Dt. Bank]
Börsenblatt für den deutschen Buchhandel (Frankfurter Ausgabe)
Bonner Almanach [Bundespresseamt]
Bulletin der Europäischen Gemeinschaften
bulletin des Europäischen Parlaments
Calendario Atlante De Agostini (Novara)
Church Almanac (Salt Lake City/Utah)
criticon – vereinigt mit »Konservativ heute«
Deutsche Bank Bulletin
Deutschland Archiv
Diercke-Weltstatistik
EGmagazin [EG-Verbindungsbüro Bonn]
Energiewirtschaftliche Tagesfragen
Entwicklung und Zusammenarbeit [DSE] (Zeitschr.)
Etnismo – informilo pri etnaj problemoj (Zeitschr.)
Europa-Archiv (Bonn)
Europa Ethnica (Wien)
Europäische Integration – Auswahlbibliographie
Europäische Zeitung – Europa Union Deutschland
Europa Year Book (London)
European Journal for Political Research
European Security [bi-weekly bulletin]*5/1984
Finanzierung und Entwicklung [Weltbank]
Fischer Weltgeschichte
Fochler-Hauke, Gustav: Länder – Völker – Kontinente, I–III
Francia – Forschungen z. westeurop. Geschichte
Frankfurter Allgemeine Zeitung für Deutschland
Frankfurter Rundschau
Geographische Rundschau
Handelsblatt – Wirtschafts-und Finanzzeitung
ifo-Schnelldienst
Informations Please Almanac
Internationale Monatszahlen [Statist. Bundesamt]
Internationale Politik/Medjunarodna Politika (dt.)
Internationales Handbuch – Länder aktuell (Munzinger Archiv Ravensburg)
Italienische Studien (Wien)
Jahrbuch Dritte Welt (München und Hamburg)
Karlsruher Juristische Bibliographie
Latein Amerika Report
Merkblätter für den Außenhandel [Dresdner Bank]
Mitteilungen des wirtschafts- und sozialwissenschaftlichen Instituts des DGB
Le Monde (Paris)
monitor-dienst der Deutschen Welle
Münchner Merkur
Nachrichten für Außenhandel
Neue Musikzeitung
Neue Zürcher Zeitung (Fernausgabe)
Österreich-Berichte der Bundesregierung (Wien)
Österr. Zeitschr. für Politikwissenschaft
osteuropa (mit: -wirtschaft, -recht)
Panorama (Segrate/Milano) [Nachrichtenmagazin]
Das Parlament – Die Woche im Bundeshaus
Political Handbook of the World
Politische Dokumentation – Referatedienst Deutschsprachige Zeitschriften (FU Berlin)
Politisches Lexikon Europa (München)
Politische Studien (Ztschr.)
Politische Zeitschriften-und Zeitungsdokumentation (FU Berlin)
Sozialistische Theorie und Praxis (Belgrad)
Der Spiegel – Das deutsche Nachrichtenmagazin
Staat und Recht (Zeitschr., Potsdam–Babelsbg.)
The Statesman's Yearbook (London u. Berlin)
Süddeutsche Zeitung (München)
Vereinsbank-Informationen: Außenhandel
Vereinsbank: Kundendienst
Vereinte Nationen (Zeitschr., Bonn)
Verfassung und Recht in Übersee – Law and Politics in Africa, Asia and Latin America
Die Welt (Bonn und Hamburg)
Weltpolitik – [Campus-]Jahrbuch für internationale Beziehungen (Frankfurt/M.–New York)
Wirtschaft und Statistik [Statist. Bundesamt]
Wochenbericht des Deutschen Instituts für Wirtschaftsforschung
Die Zeit – Wochenzeitung für Politik, Wi. u. K.
Zeitschrift für ausländisches öffentliches Recht und Völkerrecht (Stuttgart)
Zeitschrift für Parlamentsfragen (Leverkusen)

# Register

Die im **Fettdruck** erscheinenden Seitenzahlen verweisen auf Anfänge eines eigenen Kapitals oder Artikels. Aus Platzgründen konnten leider nur die wichtigsten geographischen Namen aufgenommen werden. Folgende Kapitel sind nur durch die Stichworte der Oberabschnitte im Register berücksichtigt worden: »Abkürzungen« (→ Sp. 29ff. u. 213ff.), »Jahrestage 1985« (→ Sp. 37ff.) und »Ausgewählte Kulturstatistik« (→ Ap. 855ff.).